中国口岸年鉴

（2013年版）

国家口岸管理办公室主管
中国口岸协会主编

中国海关出版社

图书在版编目（CIP）数据

中国口岸年鉴：2013年版／中国口岸协会主编．—北京：中国海关出版社，2013．9
ISBN 978-7-80165-985-9

Ⅰ.①中… Ⅱ.①中… Ⅲ.①通商口岸—中国—2013—年鉴 Ⅳ.①F752.5-54

中国版本图书馆CIP数据核字（2013）第223383号

中国口岸年鉴（2013年版）

ZHONGGUO KOU' AN NIANJIAN（2013 NIAN BAN）

作　　者：中国口岸协会
策　　划：杨振庆
责任编辑：左桂月
助理编辑：熊　芬　李璞娜
出版发行：中国海关出版社
社　　址：北京市朝阳区东四环南路甲1号　　邮政编码：100023
网　　址：www.hgcbs.com.cn；www.hgbookvip.com
编 辑 部：01065194242-7530（电话）　　01065194231（传真）
发 行 部：01065194242-7540/42/44/45（电话）　　01065194233（传真）
社办书店：01065195616/5127（电话/传真）　　01065194262/63（邮购电话）
北京市建国门内大街6号海关总署东配楼一层
印　　刷：廊坊市晶艺印务有限公司　　经销：新华书店
开　　本：889mm×1194mm　1/16
印　　张：51　　字数：1430千字
版　　次：2013年9月第1版
印　　次：2013年9月第1次印刷
书　　号：ISBN 978-7-80165-985-9
地图审图号：GS（2013）1537号　　地图编制：测绘出版社
定　　价：300.00元

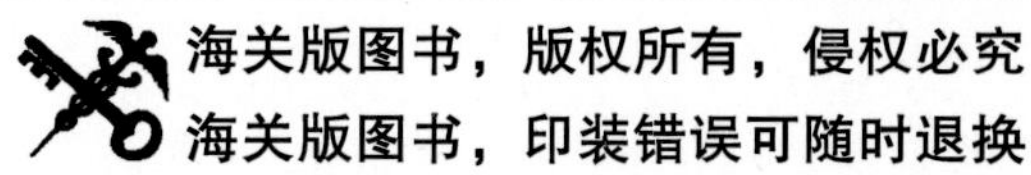

《中国口岸年鉴》（2013 年版）编辑委员会

编 辑 说 明

一、《中国口岸年鉴》（2013 年版）是由国家口岸管理办公室主管，由中国口岸协会主编的一部全面、翔实记录中国口岸发展状况的编年书，是一部具有基础性、史料性、权威性的工具书。

二、本版年鉴版式结构进行了优化调整，采用条目体结构，点面结合，条块结合，收录了 2012 年度国家口岸管理工作概要、查验管理工作概要、全国口岸运行情况通报分析，以及香港、澳门、台湾地区口岸运行情况和主要数据；新增了全国各省、自治区、直辖市（香港、澳门、台湾地区除外）口岸分布示意图，各地区开放口岸建设和运行情况。同时，还收录了权威部门提供的 2012 年度全国口岸重要贸易统计数据和各口岸主管部委新颁布实施的口岸工作法规。

三、本版年鉴引用的各类数据和资料均截至 2012 年年底。第六篇的全国进出口贸易统计资料，由海关总署综合统计司提供，由于统计资料中数据均采用四舍五入，因此分项数据之和与总计数据可能不完全一致。其他统计数据，分别来自海关、边检、检验检疫和各省级口岸办公室。由于各部门职能不同，数据统计口径、范围和方法亦有所不同，因此，本书中有些数据可能不尽一致。

四、本版年鉴的稿件资料，主要由各有关部委及各省、自治区、直辖市口岸办公室汇总提供。在年鉴编辑过程中，得到了国家口岸管理办公室、国家电子口岸委办公室、海关总署办公厅、公安部出入境管理局、交通运输部海事局、国家质检总局通关司，以及各地口岸办公室、各口岸查验单位的大力支持与配合，在此一并表示诚挚感谢！

五、本版年鉴在成书体例、资料收集等方面还有许多不尽如人意之处，加之编辑水平有限，疏漏或瑕疵在所难免，敬请广大读者予以批评指正。

《中国口岸年鉴》（2013 年版）编辑委员会

2013 年 8 月

序

口岸是国家的门户。党中央、国务院历来十分重视口岸工作。改革开放以来，为满足日益增长的对外经贸、人员往来的需要，国家投入了大量人力物力进行口岸建设，已经形成沿海沿江水运、航空和内陆边境立体化的开放口岸体系。口岸开放与全方位、宽领域、多层次的对外开放格局基本相适应，为促进对外经济贸易和国际交往的发展起到了重要的保障作用。

当前，进一步提高口岸工作效率的要求更为紧迫。经济全球化对口岸工作必然会提出更多更高的新要求，为适应参与国际竞争的需要，我国口岸工作要全面贯彻“三个代表”重要思想，落实十六大提出的“发展要有新思路，改革要有新突破，开放要有新局面，各项工作要有新举措”的要求，结合我国口岸工作的实际，紧紧围绕提高口岸工作效率，加快通关速度，处理好把关与服务的关系，为促进对外经济贸易和国际交往发展作出新贡献。为提高口岸工作效率，国务院曾在深圳进行口岸管理体制改革试点。1998年政府机构改革，对口岸管理体制作了重大调整。2001年，国务院办公厅为推广口岸电子执法系统和提高口岸工作效率相继发出了两个文件。今年5月，国务院批准海关总署等8部门在上海召开了提高口岸工作效率现场会。我国口岸要通过建立“大通关”机制，提高工作效率，改变传统管理模式，整顿和规范进出口秩序，促进口岸管理各部门转变职能、改进服务、提高管理水平，形成适应我国社会主义市场经济发展需要的新的口岸管理和运行机制，提供与发达国家相类似的口岸通关服务。

中国口岸协会从新世纪开始组织编撰《中国口岸年鉴》，是一件很有意义的工作。它不仅直接记录口岸管理运行的资料和数据，而且是在我国加入“WTO”以后，书写中国口岸深化体制改革、努力提高工作效率、为“大通关”服务的历史。

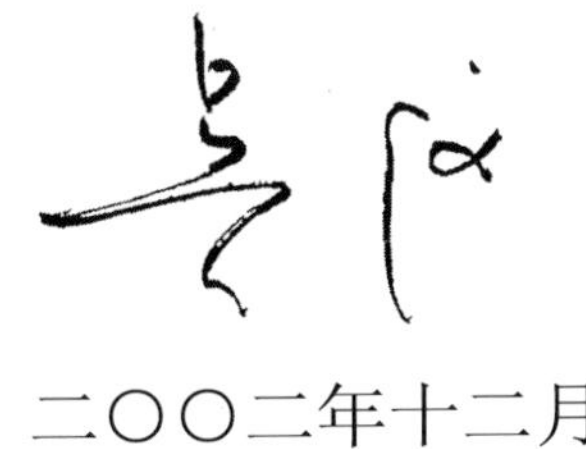

二〇〇二年十二月

俯视全景图

外卡口及综合配套办公楼

中心夜景图

北京亦庄保税物流中心

北京亦庄保税物流中心于2011年1月5日经国家海关总署、财政部、国家税务总局、国家外汇管理局批准设立（署加函【2011】8号），是从事保税仓储物流业务的海关集中监管场所,物流中心内设立仓库、堆场、海关监管及检验检疫查验工作区。

中心集保税物流、出口退税、转口贸易、简单加工及增值服务等功能于一体，并享有保税政策。中心总规划面积20万平方米，一期建设总面积13.88万平方米，保税仓库总面积约为5万平米，于2011年12月9日通过国家四部委联合验收，12月19日正式封关运行。

北京亦庄保税物流中心位于北京经济技术开发区核心区，地处五环路和六环路之间，东临京沪高速公路；距首都机场约30公里，距筹建中的北京第二机场约25公里，距市中心约20公里，距天津新港约140公里，往来北京城区、天津港口、环渤海地区顺畅便捷，交通路网发达，具有得天独厚的区位优势。

北京亦庄保税物流中心的建设是服务北京南部制造业基地的重要举措，有利于提高企业物流运作效率、降低成本，促进企业供应链的优化升级。中心将通过向企业提供优质的保税物流服务方式，立足于服务北京经济技术开发区内及其周边区域的企业，并逐步扩大服务范围和区域，把业务辐射至北京市各区县及整个华北地区。

北京亦庄保税物流中心由博大世通国际物流（北京）有限公司具体负责项目的前期调研、开发建设及后期运营管理的工作。博大世通公司成立于2010年11月23日，注册资本金为人民币3.4亿元，是由北京经济技术开发区管理委员会委托北京经济技术投资开发总公司投资设立。公司主营业务范围包括仓储服务、物品包装、货运代理、分批包装、专业承包、房地产开发、物业管理、劳务服务、货物进出口、技术进出口、代理进出口等。

报关大厅

内卡口

车辆进区

保税仓库及配套办公用房

地址：中国北京经济技术开发区西环南路36号 邮编：100176 招商：010-56352008 传真：010-56352016
网址：www.bjblc.com.cn 信箱：yzbswl@bjblc.com.cn

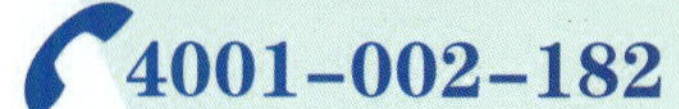

公司简介 Company Introduce

上海瑞示电子科技有限公司是国际领先的安检解决方案供应商，专业为海关、民航、城市轨道交通、铁路、公路、港口和重点安防机构等单位提供完整的安检解决方案和产品。公司通过了世界著名ISO认证机构德国南德公司ISO9001:2008质量体系认证、ISO14001:2004环境认证和GB/T28001-2001职业健康安全认证，并获得了中国权威机构 AAA级企业信用评定，公司拥有自主知识产权的RScan系列安检产品通过了公安部等权威机构的检测，并获得欧盟CE认证和多项国家专利，产品的各项指标在国际中均处于领先水平。

公司始终坚持以“做最好的安检产品，让世界更和谐”为使命，遵循“秉持诚信、致力创新”的核心价值观，打造性价比最优的安检产品保障服务体系，并依靠良好的信誉、先进的技术、优质的产品和完善的服务，在海关、民航、城市轨道交通、铁路、公路、港口等行业中成绩斐然，得到了世界各国用户的一致好评！

行邮安全检查系统

人体安全检查系统

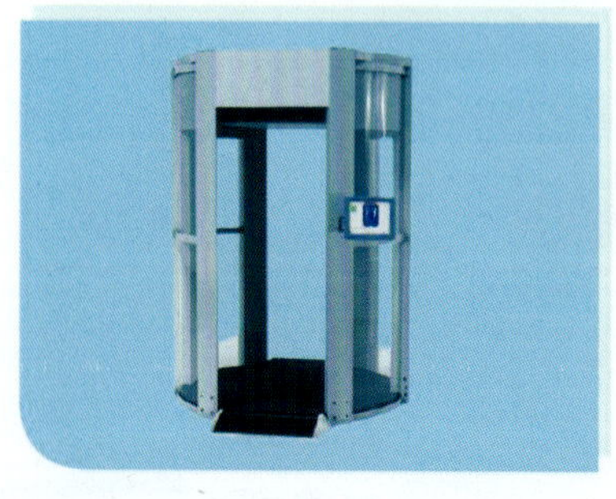

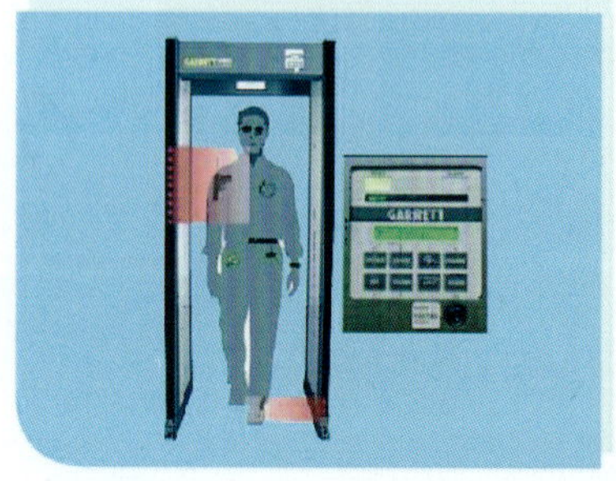

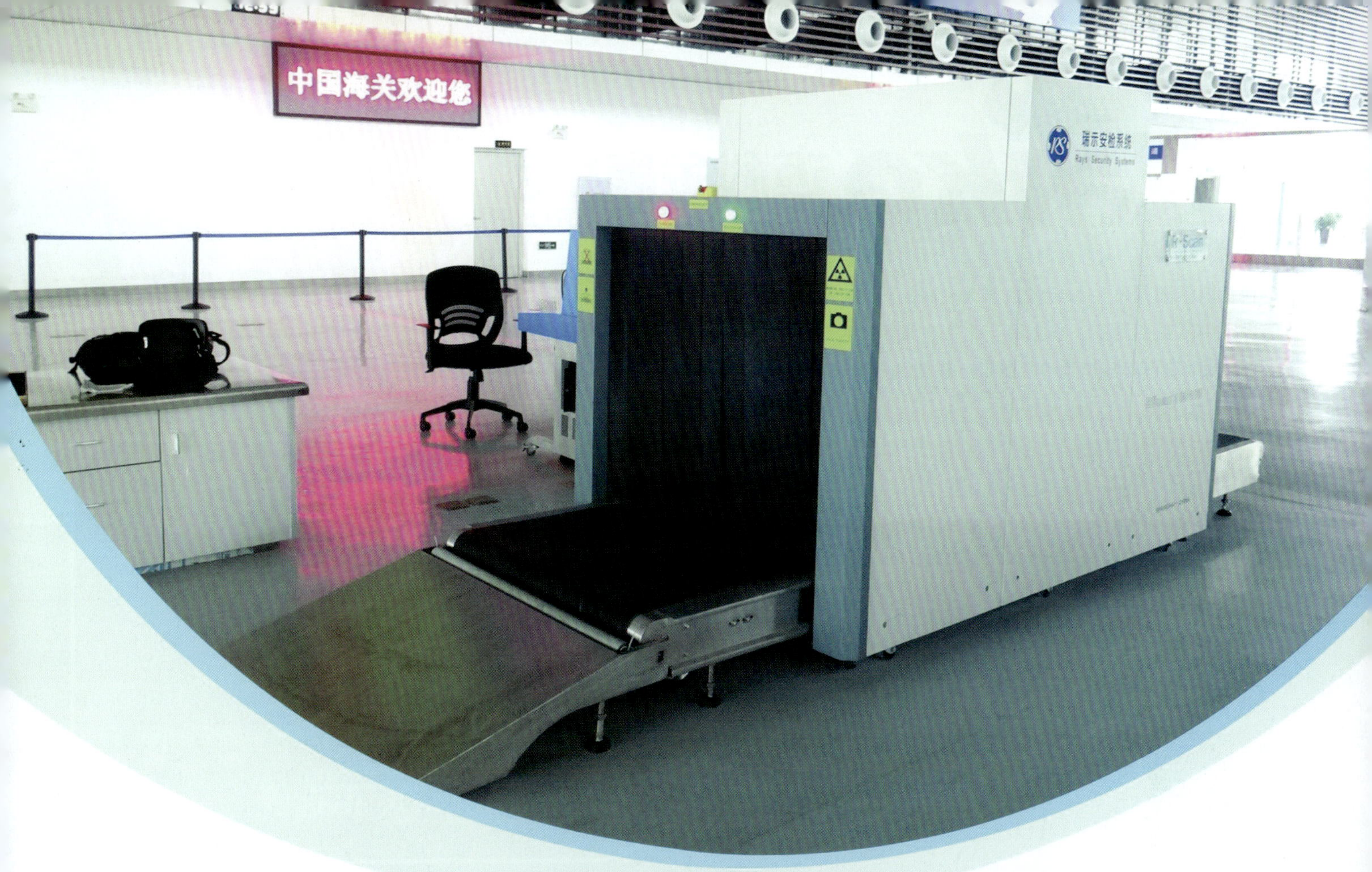

车辆、集装货物安全检查系统

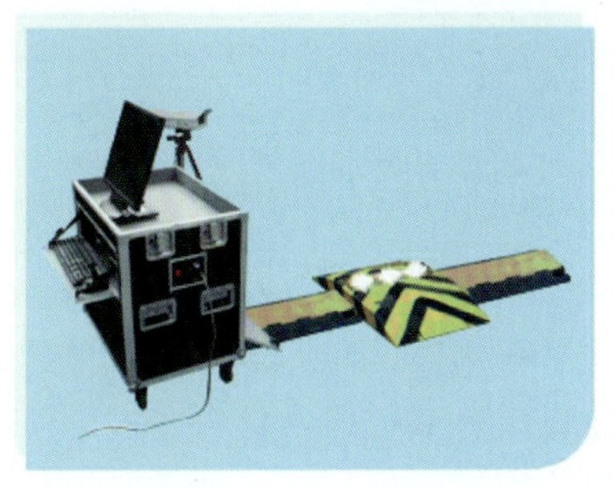

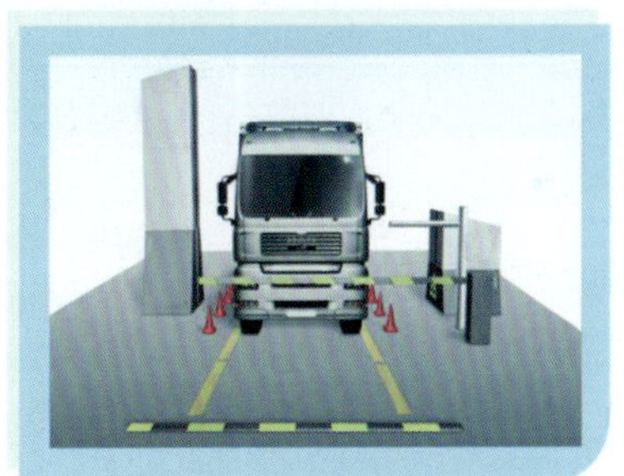

卓越品质　彰显实力

我们的客户已遍及海关、民航、城市轨道交通、铁路、公路、港口等

海关

港口

城市轨道交通

铁路

公路

民航

迈科金属集团是一家综合性从事大宗商品贸易、物流链管理的大型企业集团，是中国最大的有色金属及矿产品供应商之一。集团总部设在中国陕西西安，在上海、北京、深圳、香港、成都、广州、大连、郑州、宁夏、青岛、新加坡等地设有20多家经营机构及办事处，目前拥有超过1 000名员工。截至2012年年底，迈科金属集团总资产达260亿元人民币。

- **有色金属领域** 集团常年从事电解铜、铝、铅、锌、镍、镉等有色金属和钢铁等黑色金属的贸易，是中国有色金属国际贸易领域最大运营商之一，年贸易量达200万吨，年贸易额达600亿元人民币。其中，电解铜销量常年占中国精铜销售量的10%，占进口市场份额20%左右。
- **市场物流领域** 集团形成以西安、上海为中心，覆盖华东、华南、华北、西南、西北的物流体系。将以逐步推动物流板块进入资本市场为发展目标。
- **期货经纪领域** 集团旗下的迈科期货公司已成为西北地区实力最强的期货公司，2012年成功完成了海外收购，拓展国际业务，并全面启动期货公司的上市工作。
- **资产管理领域** 集团充分利用强大的现货贸易背景及对基本金属市场的深刻了解，于2008年与Red Kite合作在香港成立了HFZ资产管理有限公司，管理总部设在香港，目前管理资产已达到5亿美元。
- **矿产资源投资领域** 集团先后投资了全球范围内最大的钨矿，与五矿集团合作投资云南稀土项目，未来将努力打造矿产资源上市板块。
- **冶炼加工领域** 上海鑫冶厂与青铜峡铝业为集团提供了稳定货源保证，对集团在完善产业链、提高抵抗市场风险方面夯实了基础。
- **商业地产领域** 集团投资20亿元人民币，在西安高新技术产业开发区中央商务区内，建设集集团总部办公、商务租赁、高档商业、五星级君悦酒店于一体的大型城市综合体“迈科商业中心”。未来周边区域将会形成西安新的高档商圈，酒店也将成为西安乃至西北最高档的君悦酒店。

中西部商品交易中心

- 中西部商品交易中心项目是陕西省西安市2012年重点建设项目。
- 由迈科金属集团投资建设的融和运输业、仓储业、货代业和信息业等为一体的大型复合型现代物流平台。
- 交易中心联合行业内龙头企业、内外资银行、国际知名物流服务企业实现大宗商品现货连续交易。
- 利用现代化的电子平台，采用国际先进的管理模式，融大宗商品仓储、交易、加工、配送、资讯发布及金融服务等为一体，实现大宗商品的物流、信息流和资金流的集成管理。
- 交易品种涉及能源、煤炭、有色金属、稀有贵金属、黑色金属及农产品等，设立各类商品专属交易厅，以及其他相关配套服务机构，实现大宗商品物流专业化交易模式。
- 预计2013年年底开始引进战略合作者，完成经营机构建设。
- 将是中国大宗商品仓储与LME对接的有效平台，实现内陆大宗商品保税业务与沿海地区保税业务的有效对接。
- 未来将带来地区产业聚集效应，为地方提供大量就业机会，带动区域经济发展。

迈科洋山分拨中心

- 迈科洋山分拨中心项目位于上海洋山综合保税区，总投资6亿元人民币。
- 11万平方米的大宗商品物流仓储，完全按照上海交易所保税交割仓库和LME交割仓库的标准进行建造，并按照“仓库前移”的模式运营，主要用于存储有色金属、小金属、稀有金属、PVC、机电产品和农产品等商品。
- 以LME保税仓库的标准进行建设，在上海洋山港期货保税交割库的基础上，有望成为LME在国内的首个认证库。
- 将聘请世界知名第三方独立的物流仓储管理企业进行运营。
- 2013年7月底投入运营后将成为LME等世界交易所的亚太仓储中心，辅助上海洋山港建立离岸金属现货电子交易市场。

集团总部

联系地址：西安市高新区唐延路33号迈科国际大厦23层
邮编：710075
总机：029-88830500
网址：www.maikemetals.com

INTER IKEA SYSTEMS B.V.

英特艾基系统有限公司

宜家

荷兰的英特艾基系统有限公司 (INTER IKEA SYSTEMS B.V. ，以下称宜家公司) 拥有独一无二的销售家具及家居用品概念，在此概念下所有货品都以“IKEA”商标销售。宜家公司同时拥有一个独特的用于其宜家商场内餐厅的“ 宜家食品概念 ”。IKEA 概念始于 20 世纪 40 年代初期，当时宜家公司的创办人 Ingvar Kamprad 于瑞典一个小镇成立 IKEA 家具公司。“IKEA”之名取自宜家公司创办人的姓名 Ingvar Kamprad 及其成长时居住的农场 Elmtaryd 和村庄 Agunnaryd 的缩写。宜家公司的商业模式以特许经营权制度运营，只有已跟宜家公司签署合约的授权特许经营商可以使用 IKEA 概念，包括“IKEA”商标。

在华语地区，宜家公司精心为 IKEA 选取了对应的中文商标 ——“ 宜家 ”。宜家公司拥有 IKEA、宜家、IKEA 及 IKEA 商标，这些商标在许多国家包括中国注册于不同的货品和服务上。目前，共有 300 多家 IKEA (宜家) 商场分布于世界超过 35 个国家和地区，以 IKEA、宜家、 IKEA 及 IKEA 之商标出售广泛系列之家具及家居用品，并提供广泛的服务。在中国，首间 IKEA (宜家) 商场开设于 1998 年。现时，中国内地共有 11 家 IKEA (宜家) 商场，分别位于北京、上海 (北蔡及徐汇)、广州、成都、深圳、南京、大连、沈阳、天津及无锡。这些商场的地址可在宜家公司的网站 www.ikea.com/cn 上找到。在中国，宜家公司并不授权在特许 IKEA (宜家) 商场以外的任何地方售卖附有 IKEA、宜家、 IKEA 及 IKEA 商标之商品。所有 IKEA (宜家) 商场都采用独特的蓝色和黄色为其装饰设计标志，IKEA (宜家) 商场亦拥有多项显著的特色，例如在其店内的规划及店内陈列商品的方式。

宜家公司十分重视保护其知识产权。在中国，宜家公司曾向行政部门作出投诉，在人民法院提出诉讼，对与 IKEA、宜家、 IKEA 及 IKEA 商标相同或相近的商标申请提出异议或申请撤销该种商标注册，对含“ IKEA ”或“宜家”的域名作出投诉等。近年来，中国各地海关不懈地为宜家公司查验假冒货品，并及时通知宜家公司，以令宜家公司可即时申请措施阻止假冒货品出境。

联系方式
Legal.Affairs@inter-IKEA.com

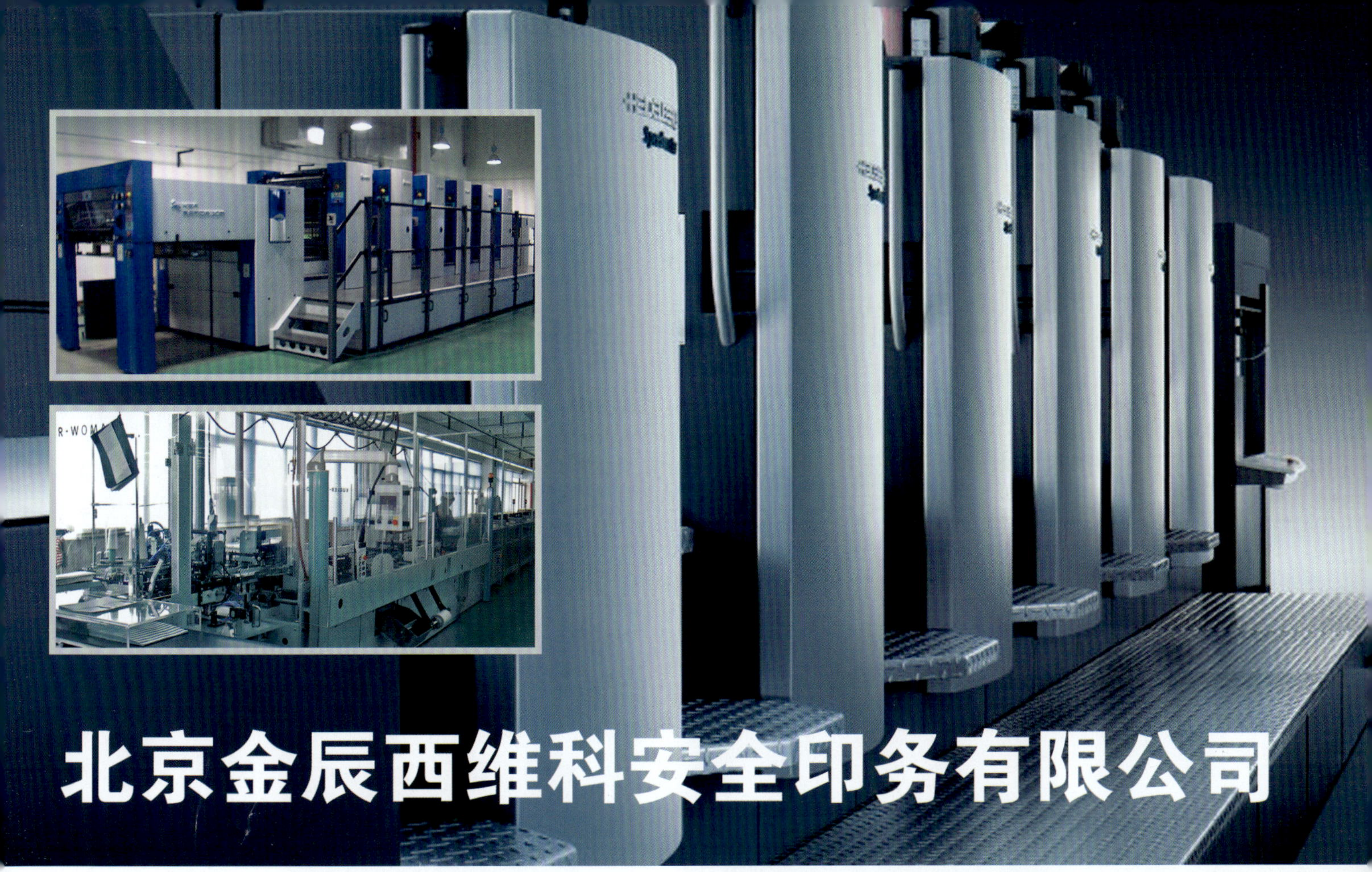

北京金辰西维科安全印务有限公司

北京金辰西维科安全印务有限公司（Beijing Jinchen Cvic Security Printing Co., Ltd）（以下简称公司）是1995年12月成立的一家专业从事国家级出入境等高安全防伪证件印刷企业，是中央国家机关定点印刷企业。公司地处北京经济技术开发区荣昌东街甲1号，占地面积10 000平方米，注册资本6 640万元。

公司拥有一支素质较高、富有创新精神、朝气蓬勃的生产、科研和经营管理队伍。现有员工200多人，其中拥有印刷专业执业资格的超过总员工数的2/3，员工队伍年龄结构年轻又合理。同时，公司还从国内外著名高等学府和权威科研机构聘请了一批知名专家学者，组成多学科的顾问团，为企业的长远发展和技术储备奠定了坚实的基础。公司还有一大批优秀的技术人员，绝大多数技术骨干都曾到国外接受过专业的技术培训。

公司通过了ISO9001-2000质量管理体系认证，ISO14001:2004环境管理体系认证证书，GB/T28001-2001职业健康安全管理体系认证证书，GB/T 22080-2008/ISO/IEC 27001:2005信息安全管理体系认证证书，并先后取得了中央国家机关涉密防伪票据、证书类国家秘密载体定点复制单位，印刷复制国家秘密载体定点单位，中央国家机关印刷政府采购定点单位，北京市市级政府采购印刷定点单位，全国诚信印刷企业，印刷行业诚信企业，北京市重质量守信用企业，中华名特优产品指定供货单位等资格和荣誉。

目前公司年生产能力可达2 000万本本式防伪证件，公司规模、产品质量和生产能力均处于国内同行业领先地位，国家多个部委和知名企业成为公司的重要客户。公司拥有世界防伪印刷的最高技术手段，并引进了国际最先进的安全生产和制版系统。近年来，公司在大力发展巩固国内客户的基础上，努力开拓国际市场，成功承揽并完成了多个国家的护照设计和印制任务，增强了公司在国际专业领域中的影响力。公司始终把产品质量和产品安全视为企业的生命，建立了严格的质量控制和数字控制体系并且具有一整套严密的安全保障系统，实行24小时全程电视监控、录像封闭管理。为客户提供满意的服务，让每位与公司合作的客户感到安全、可靠、放心，是公司生产和经营的一贯宗旨。

BOTTEGA VENETA

BOTTEGA VENETA INTERNATIONAL SARL

柏蒂·温妮达国际有限责任公司

低调、质量及工艺——自1966年起，BOTTEGA VENETA为奢华创造了一套新定义，尤以具代表性的intrecciato编织皮革为品牌象征。汇集意大利出色传统皮革工艺技师及历史悠久的超卓皮革产品，BOTTEGA VENETA最近迅速成为世界顶级尊贵品牌之一。品牌的格言 “When your own initials are enough”，即“当你的名字已经足够”，流露富个性及自信的哲学理念，现在更可应用在不同的产品类别上，如男士及女士服装、珠宝、家具等。

虽然BOTTEGA VENETA不断发展，品牌的宗旨却永恒不变：精湛工艺，创新设计，实用功能及优质素材。另一个不变定律是BOTTEGA VENETA对其工坊的坚持，那里汇聚掌握精巧工艺及传统技术的工匠和令人赞叹的创作。事实上，工匠和设计师之间有着非一般的紧密合作关系，他们在BOTTEGA VENETA的核心共创品牌奢华之路。为了对工艺技术的重要性作出肯定，同时令传统工艺得以保存，BOTTEGA VENETA于2006年夏天成立了一所学院，致力于支持及培育未来皮革工匠。

细说BOTTEGA VENETA的进程可以回到2001年2月，当时品牌被 PPR LUXURY GROUP（前名为GUCCI GROUP）收购，同年6月Tomas Maier加盟出任创意总监一职，随即推出加入品牌后首个系列——2002春夏系列，作品得到热烈回响。由那时起，品牌多年来秉承一贯特质——瑰丽细致，富美感和具个人风格，可以说是为优雅和自信的顾客而设。GUCCI集团于2004年7月被 PPR 收购。自此，BOTTEGA VENETA 推出多个新系列，将创新意念注入现有的产品类别中，包括珠宝、腕表、家具及家居用品系列，同时不断丰富原有的产品种类：提供一系列尊贵独特和精巧典雅的服饰、手袋、皮鞋、小皮具、眼镜、行李及礼品。

BOTTEGA VENETA品牌为PPR全资拥有。PPR是全球奢华品零售商，是法国Euronext Paris联交所的上市公司。PPR旗下的其他奢侈品品牌有ALEXANDER MCQUEEN、BALENCIAGA、BOUCHERON、SERGIO ROSSI、STELLA MCCARTNEY及YVES SAINT LAURENT等。

■ **BOTTEGA VENETA 在中国海关备案的主要商标**

BOTTEGA VENETA

■ **BOTTEGA VENETA 商标使用的主要商品范围**

皮革制品、皮包、皮箱、皮夹、鞋履、衣服、配饰、手表、珠宝、太阳镜、眼镜、香水等。

■ **BOTTEGA VENETA 的部分产品**

BOTTEGA VENETA 的维权联络：柏蒂·温妮达（中国）贸易有限公司（021-52285533 转 742/13560702247）

GUCCI

GUCCIO GUCCI S.P.A.
古乔古希股份公司

GUCCI品牌于1921年在意大利佛罗伦萨诞生，至今已有90多年的历史。创始人Guccio Gucci先生凭借高雅品味及创新设计，配以托斯卡纳工匠超凡的技艺，成为典雅和奢华的象征。作为全球现今最大的奢侈品品牌之一，GUCCI的高档豪华产品（包括皮革制品、鞋履、衣服、配饰、手表、珠宝、眼镜及香水等）居世界领先地位。

Guccio Gucci先生于1935～1936年间在物资短缺的情况下，运用那不勒斯的原材料，制造出第一个成功的“GUCCI”手提包。GUCCI于1966年为摩纳哥王妃格蕾斯设计出Flora印花图案丝巾。GUCCI一系列的经典设计如“竹节包”、“Jackie O”肩背包等，风靡了大半个世纪。

截至2012年11月中，GUCCI在中国内地于北京、上海、深圳、成都、西安、苏州、杭州、厦门、福州、昆明、沈阳、青岛、长春、大连、石家庄、常州、温州、宁波等共设有超过50间的专卖店。此外，手表、珠宝、眼镜及香水也经由授权分销商进口和销售。

GUCCI高度重视知识产权的保护，GUCCI系列商标在世界许多国家及地区已被认定为驰名商标或高知名度商标。中国海关总署及各地方海关长期以来给予GUCCI品牌悉心的保护和支持，GUCCI在此表示衷心的感谢。

GUCCI品牌为PPR全资拥有。PPR是全球奢华品零售商，是法国Euronext Paris联交所的上市公司。PPR旗下的其他奢侈品品牌有ALEXANDER MCQUEEN、BALENCIAGA、BOTTEGA VENETA、BOUCHERON、SERGIO ROSSI、STELLA MCCARTNEY及YVES SAINT LAURENT等。

GUCCI 在中国海关备案的主要商标：

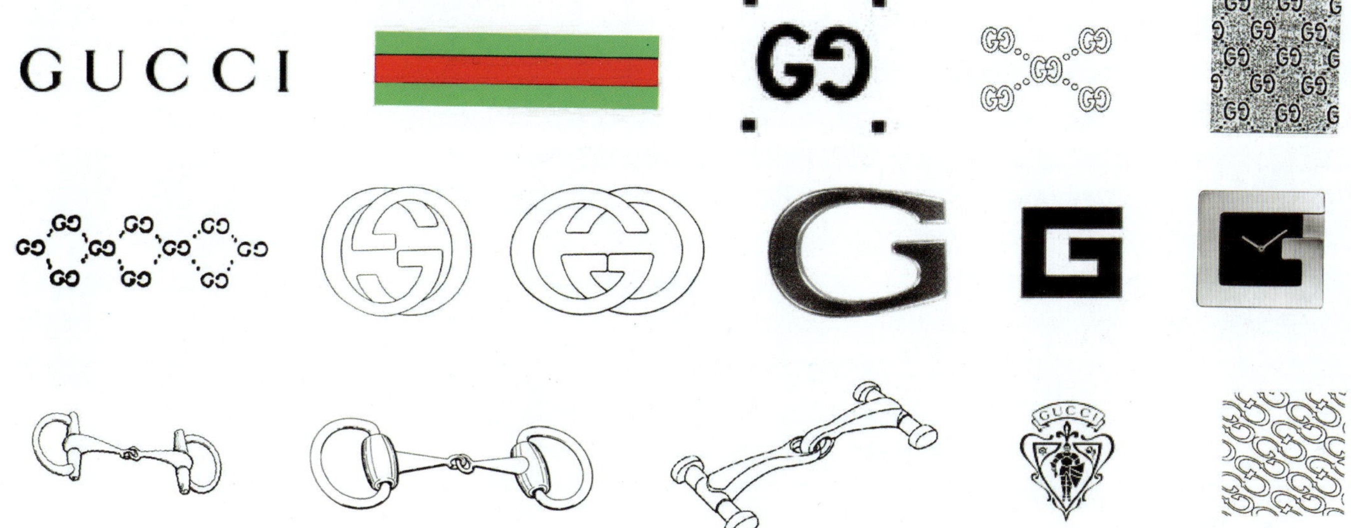

GUCCI 商标使用的主要商品范围：

皮革制品、皮包、皮箱、皮夹、鞋履、衣服、配饰、手表、珠宝、太阳镜、眼镜、香水等。

GUCCI 的部分产品：

GUCCI 的维权联络：古驰（中国）贸易有限公司（021-52285533 转 742 / 13560702247）

舟山港综合保税区

——舟山群岛新区蓝色引擎

2012年9月29日，国务院正式批复设立舟山港综合保税区，这是继浙江舟山群岛新区批复后的又一项国家政策落户舟山。舟山港综合保税区是浙江海洋经济发展示范区的重要载体，是浙江舟山群岛新区的核心功能区，是浙江省委省政府、舟山市委市政府贯彻落实我国大力发展海洋经济的重要战略部署。

舟山港综合保税区将依托独特的区位优势、罕见的岸线资源、优越的航运区位，努力建设成为我国富有特色的现代海洋产业基地、重要的进口商品基地、大宗商品国际物流配送中心，成为面向亚太地区以大宗商品为主的综合保税区。

舟山港综合保税区按照既符合舟山实际，又满足监管需要的原则，采取“一区两片”模式，设置本岛分区和衢山分区，总规划面积5.85平方公里。本岛分区位于舟山本岛北部舟山经济开发区，规划面积2.83平方公里，另外设置综合配套区0.18平方公里。本岛分区的主要功能定位为以海洋装备制造业、海洋生物产业、电子信息产业等先进制造业和仓储物流、进出口贸易为重点，并探索建立区域性大宗商品定价中心，发展航运服务业和保险金融业、咨询研发、商品会展及租赁等相关服务业。本岛分区配套建设2个5万吨级泊位、2个3万吨级泊位作为配套码头设施，岸线长度1 218米。衢山分区位于衢山鼠浪湖岛，规划陆域面积3.02平方公里。鼠浪湖岛地理位置、水深岸线条件优越，是水水中转的最佳区域，目前已通过核准建设2个30万吨级码头、1个10万吨级和2个5万吨级装船泊位，为开展铁矿石、煤炭、液体散货等保税业务提供有利条件。衢山分区将发挥鼠浪湖岛深水岸线资源优势，重点发展矿石、油品、煤炭等大宗商品的仓储、配送业务，建成我国重要的大宗商品仓储、中转基地，配套岸线长度3 375米。

舟山港综合保税区分两期建设，本岛分区作为一期封关区域，预计2013年9月封关运作；衢山分区因属无人岛屿，土地围海而成，大泊位码头所需工期较长，故作为二期工程进行建设。目前，本岛分区口岸联检大楼、配套码头及作业区、信息化平台、监管设施、基础设施及保税仓储等六大项目建设均已启动。

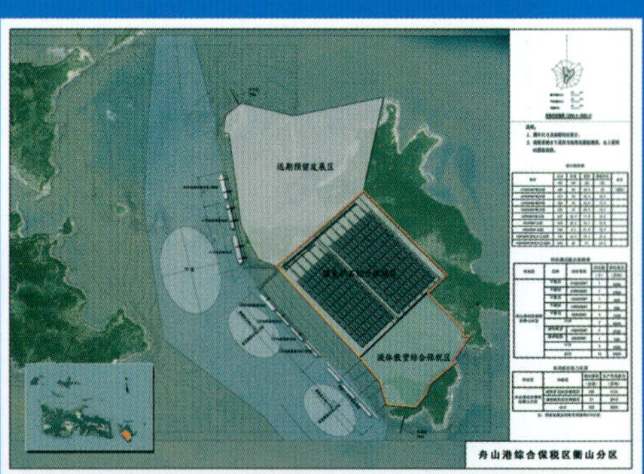

舟山港综合保税区是浙江舟山群岛新区深化开发开放、推进海上开放门户建设的重要载体。舟山港综合保税区将依托相对优越的航运区位条件，积极探索开展保税燃料、离岸金融等新业务。同时，通过更为优惠和自由的金融、物流、贸易等政策，集聚和吸引大宗商品交易及相关物流、金融、人才资源。进一步创新口岸监管模式，优化信息服务体系，为浙江舟山群岛新区打造国际物流岛提供功能支撑。

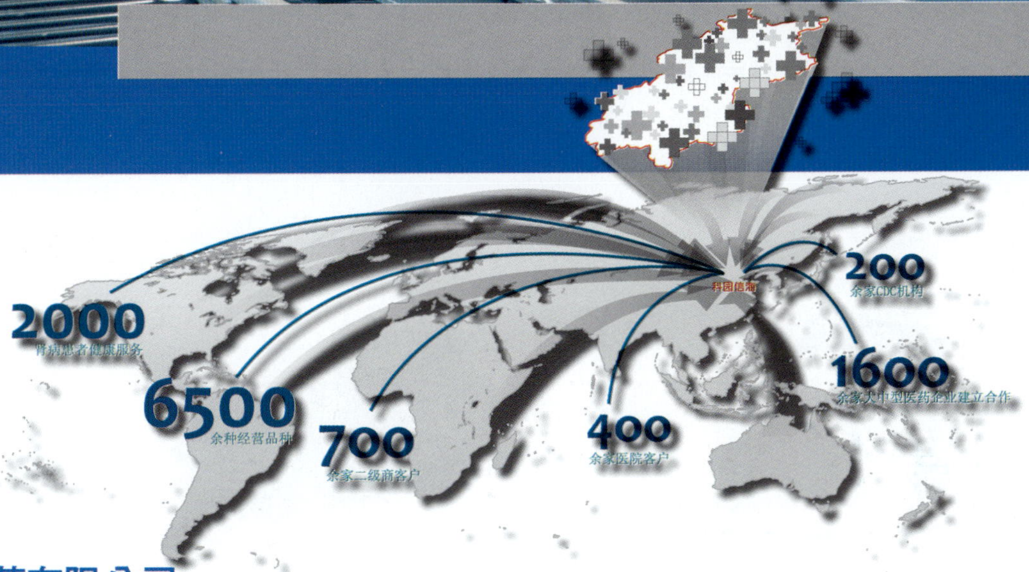

威视®
让世界更安全！

同方威视技术股份有限公司，简称“威视股份”，是一家源于清华大学，以辐射成像技术为核心，以提供自主知识产权的高科技安检产品为主要特征的安检解决方案和服务供应商。

威视股份立足于自主创新、集成创新与引进消化吸收再创新，拥有全部核心技术的自主知识产权。在计算机断层扫描成像、X射线辐射成像、痕量爆炸物与毒品分析检测、放射性物质监测识别等安检技术应用领域，威视股份拥有代表世界领先水平的设计理念和品质卓越的产品。

威视股份以健康、稳定、协调和可持续发展为目标，坚持“走出去战略”，产品及服务已遍布五大洲，涵盖民航、海关、城市轨道交通、铁路、公路、港口和重点安防机构等行业，得到世界各国用户的广泛认可，在全球市场上占据重要地位。

行李物品检查系统

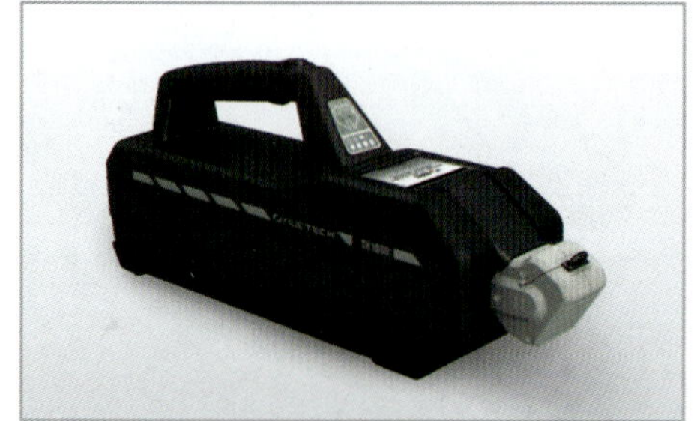

爆炸物/毒品检测系统

CT型行李物品检查系统

放射性物品检查系统

人体检查系统

航空集装货物检查系统

同方威视技术股份有限公司

地址：北京市海淀区双清路同方大厦A座2层　邮编：100084

电话：010-82393456　82393451　传真：010-82393457　网址：www.nuctech.com

威视®加速口岸通行

WWW.NUCTECH.COM

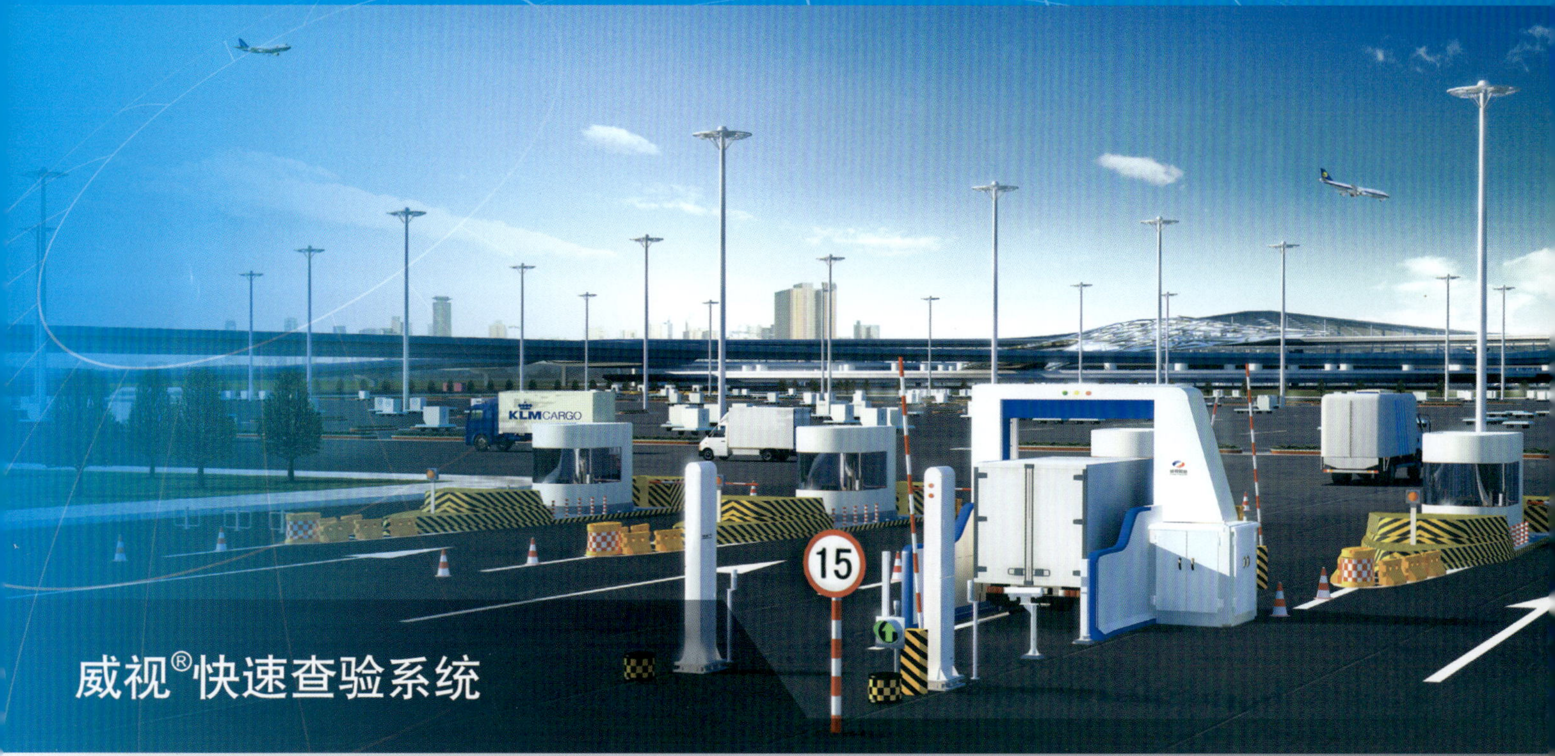

威视®快速查验系统

威视®车载移动式检查系统

威视®组合移动式检查系统

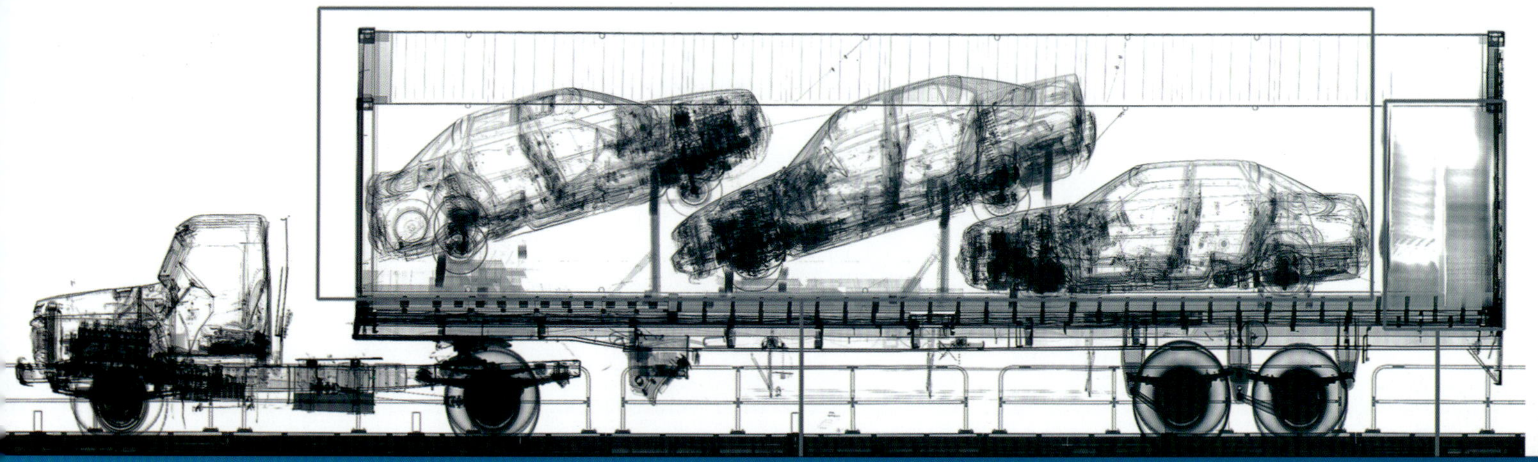

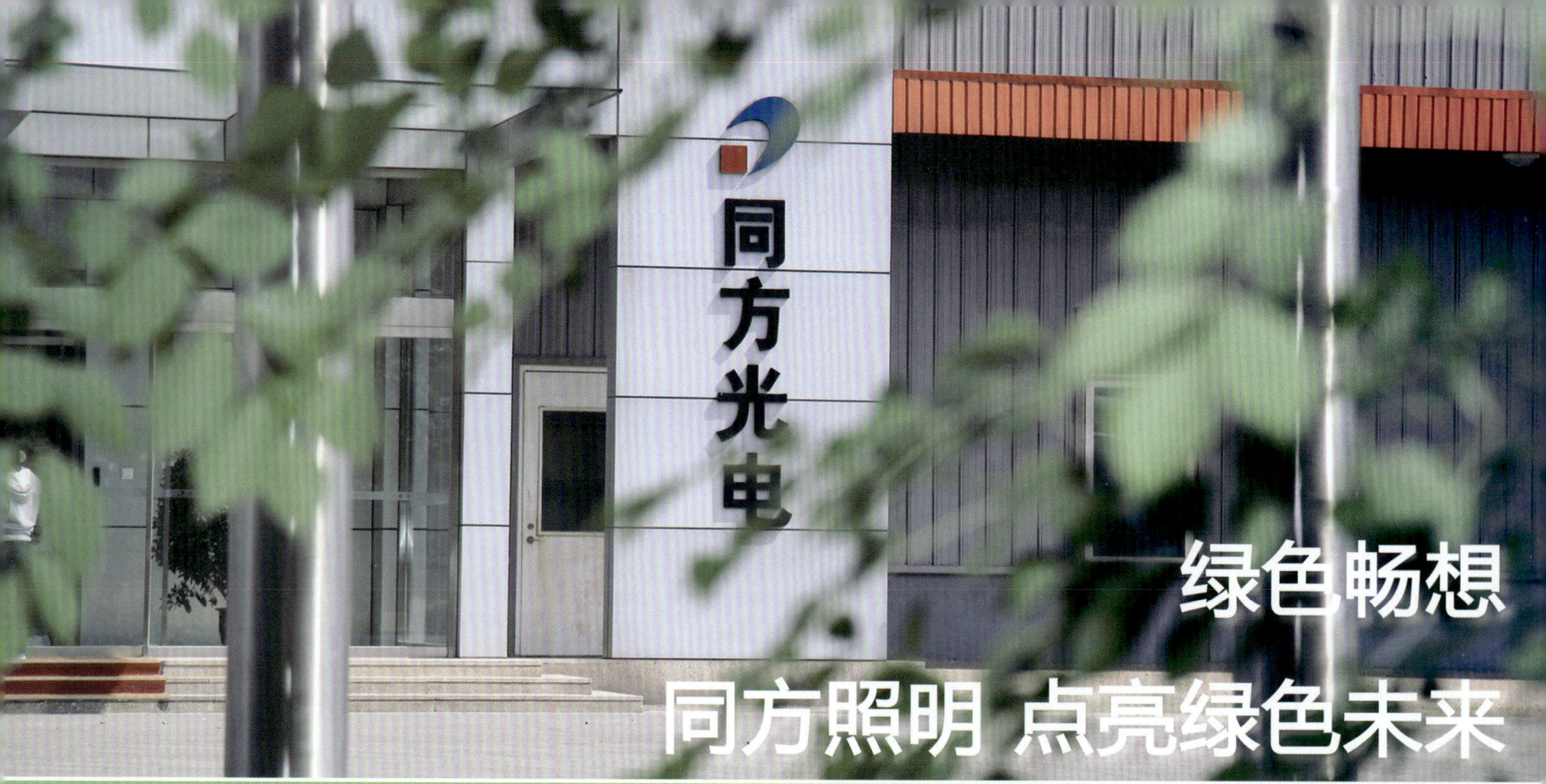

绿色畅想

同方照明 点亮绿色未来

同方光电科技有限公司以外延片及高亮度 LED 芯片为主营产品，产品位于 LED 产业链的上游。在外延生产方面，公司目前使用的图形化衬底技术是世界级 LED 领导厂商所使用的技术，性能指标已达到国内同类企业的顶尖水平，有效提升了 LED 的出光效率，使发光效率可以达到150 lm/W，更好地满足了使用者对于高亮度 LED 的需求。

同方光电科技有限公司的 GaN基 LED 芯片制作技术采用SWE、CBL、DBR、SD以及独有专利技术，有效提高了 LED 芯片的发光效率和可靠性。经过技术优化和创新，同方光电科技有限公司高亮度 GaN基蓝光 LED 芯片封装白光后发光效率已经达到140~150 lm/W，月产外延片 20 000 片，芯片 200KK，产品广泛应用于背光及室内外照明领域。

目前同方光电科技有限公司共申请发明专利23项，实用新型专利17项，公司通过了ISO9001质量认证，并获得了北京市高新技术企业证书。随着技术的成熟和不断完善，产线的扩大和规模化，同方光电科技有限公司将不断地为 LED 市场输送更多更高品质的 LED 芯片，为更多的 LED 产业链中下游的企业提供更好的中国制造的 LED 芯片。

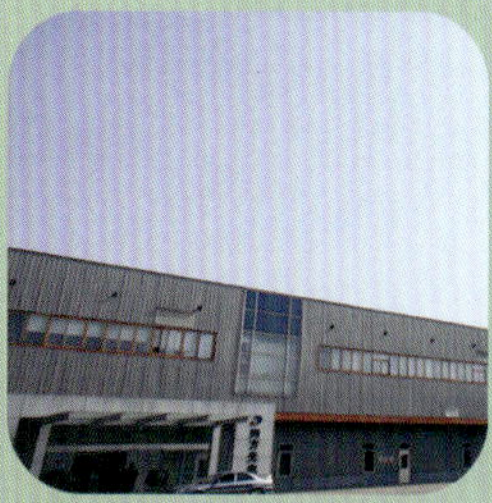
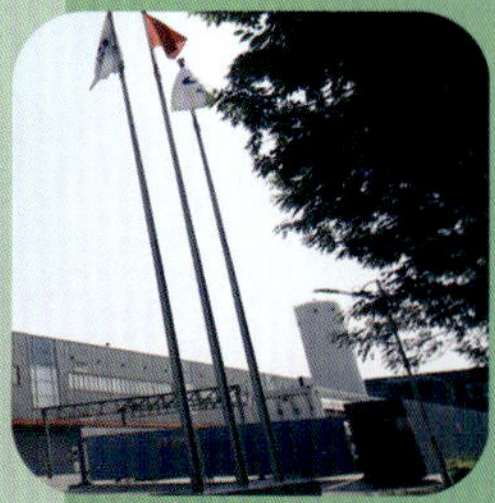
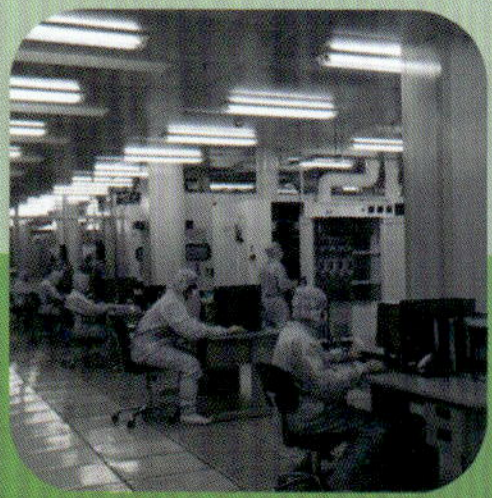
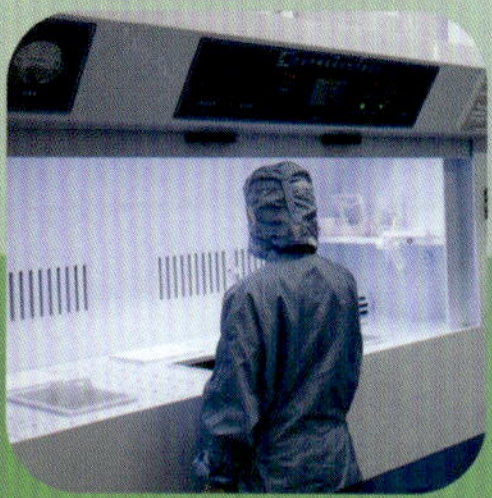
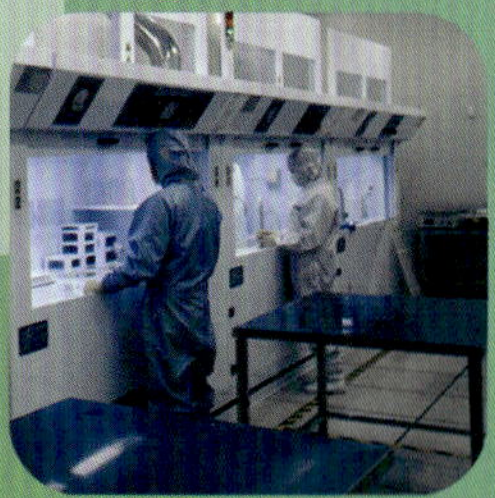
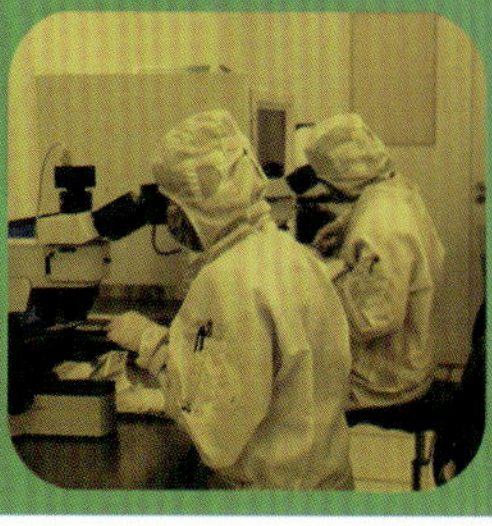
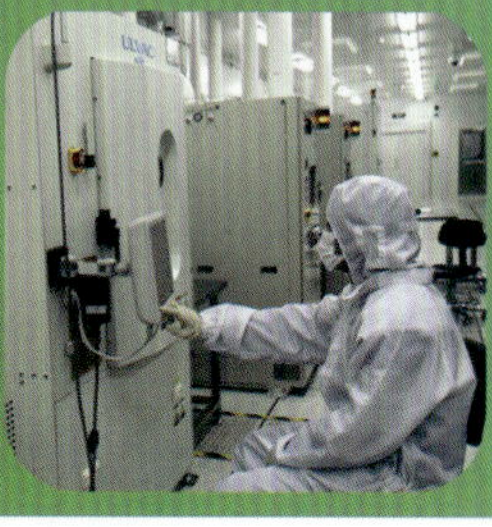

同方光电科技有限公司
TONGFANG OPTO-ELECTRONICS TECHNOLOGY CO.,LTD

公司地址：北京市顺义区天竺综合保税区竺园四街一号 | 邮政编码：101312 | 联系电话：010-83181700 | 传真：010-83181808 | 网址：www.tf-opto.com

昆明中铁大型养路机械集团有限公司

昆明中铁大型养路机械集团有限公司（简称昆明中铁）隶属于国务院国资委管理的中国铁建股份有限公司，始建于1954年。多年来，昆明中铁肩负着“为铁路强基固本”的神圣使命，以发展我国铁路养路机械事业为己任，通过引进技术、消化吸收和再创新，积累了一批自有技术和核心技术，具备了较强的自主创新能力，创立了符合国情的大型养路机械发展模式和技术体系，开发了一批具有自主知识产权的新产品，形成了良好的品牌效应。

昆明中铁现已形成清筛、捣固、配砟、稳定、物料、焊轨等多个系列40多种产品配套的格局，实现了大型养路机械国产化配套，产品遍布全国各铁路局、工程局、地方铁路和城市地铁，市场占有率超过80%，是中国研发制造能力最强、产销量最大的铁路大型养路机械制造和修理基地，中国铁路养路机械设备的领军企业。公司通过了ISO9001质量管理体系和OHSMS28001职业健康安全管理体系认证，多次荣获国家科学技术进步奖、国家火炬计划重点高新技术企业、国家国际科技合作基地、中国标准创新贡献奖、中国名牌产品、全国质量工作先进单位、全国设备管理先进单位、全国文明单位、全国模范职工之家、全国爱国拥军模范单位、全国群众体育工作先进单位、中央企业先进基层党组织、中央企业先进集体等荣誉称号。

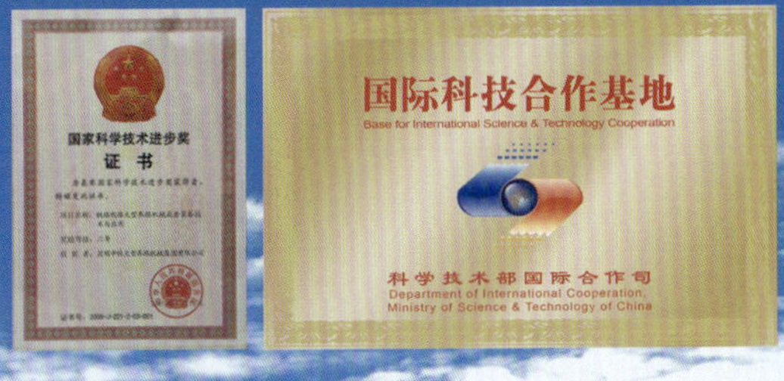

大型养路机械是铁路技术装备现代化的重要组成部分，对提高线路质量和作业效率具有重要作用，是确保铁路高速重载和安全运营不可缺少的重要装备。随着中国铁路技术进步和装备现代化的发展，大型养路机械的广泛使用大大提高了线路维修作业质量，结束了我国铁路依靠人工养护的历史，促进了铁路工务修程、修制的改革，在我国铁路历次大面积提速和青藏铁路等新线建设中发挥了不可替代的作用，使我国铁路养路机械的整体技术装备水平进入了世世界先进行列，成为铁路科技进步的标志之一。

昆明中铁将继续坚持“自主创新、重点跨越、支撑发展、引领未来”的指导方针，按照“引进先进技术、联合设计生产、打造中国品牌”的总体要求，大力推进原始创新、集成创新、引进消化吸收再创新，全面提升企业的自主创新能力，推进产业结构调整，转变经济发展方式，实施精益化管理，把企业做大做强。按照“立足昆明、布局全国、迈向世界”的战略，努力打造“世界铁路工程机械的制造中心，世界铁路大型养路机械的技术中心，工程实验检测中心和培训中心”，把公司建成“国内最具竞争力，国际一流的铁路工程机械国际知名企业，世界一流的铁路养护机械设备基地”，全面推进我国大型养路机械事业再上新台阶！

地址：云南省昆明市羊方旺384号 网址：www.kcrc.com.cn 邮编：650215 电话：0871-63920888 传真：0871-63920051

雷诺汽车公司成立于1898年，是目前法国最大的工业企业之一，也是欧洲最重要的汽车
当前，雷诺拥有13款荣获Euro NCAP（欧洲新车评估组织）最高级——5星安全评价的车型。在参与F1赛事3
其中在2005~2006年以100%厂队身份，连续两年荣膺F1车队和车手双冠军。2012赛季，雷诺F1发动机获得
斯F1车队在内的4支车队的青睐，充分证明了雷诺F1发动机的可靠性及雷诺F1运动部的专业性。

2009年是雷诺在中国的一个全新起点：推出了“Casual Luxury”的品牌定位，先后引进了第三代拉古那和
体验计划——“诺相随”，以媲美豪华汽车品牌的服务项目，为客户提供“安心、贴心、放心、关心”的

2010年，雷诺（北京）汽车有限公司正式成立，主要业务为在中国境内销售雷诺品牌汽车。近两年，雷诺
新科雷傲、梅甘娜CC、拉古那古贝、塔利斯曼等8款新车型，完成了从中级车、中高级车、轿跑车、MPV到

截至2012年年底，雷诺在中国的经销商数量已经达到95家，并全部完成雷诺全新零售环境更新计划（R-R
相成，让雷诺车主享受到堪比豪华品牌的高端、便捷和专业的服务。

随着整体市场环境变化以及雷诺总部提升中国区战略地位，2012年7月19日，雷诺中国正式发布“第二阶
策略，以贴近消费者为目标的网络拓展和以客户为本的售后服务升级等三方面举措。秉承“以客户为本”的
服务及品牌体验。

雷诺汽车关怀热线：400-800-8886　雷诺官方网站：www.renault.cn　雷诺汽车移动官网：m.renault.cn

之一。总资本达到11.26亿欧元，员工总数为128 322人。
历史中，雷诺曾经夺得10次车队冠军和9次车手冠军，
王红牛车队、莲花F1车队、卡特汉姆F1车队、威廉姆

雷傲两款全新车型。同时，雷诺还发布了全方位客户
障。

后引进了新风景与大风景、新拉古那、纬度、风朗、
V的完整产品布局。

诺相随”全方位客户体验计划与“诺生活”车友会相辅

计划”，其中包括以提升品牌价值为导向的品牌建设
雷诺中国将持之不懈地为消费者提供更加优质的产品、

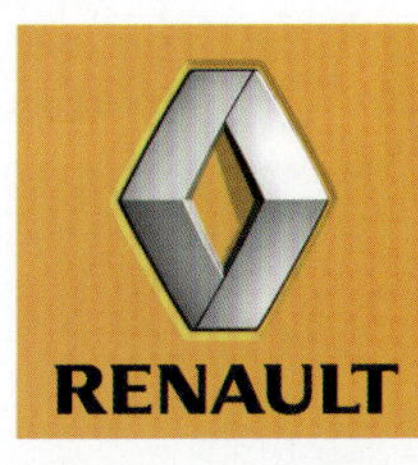

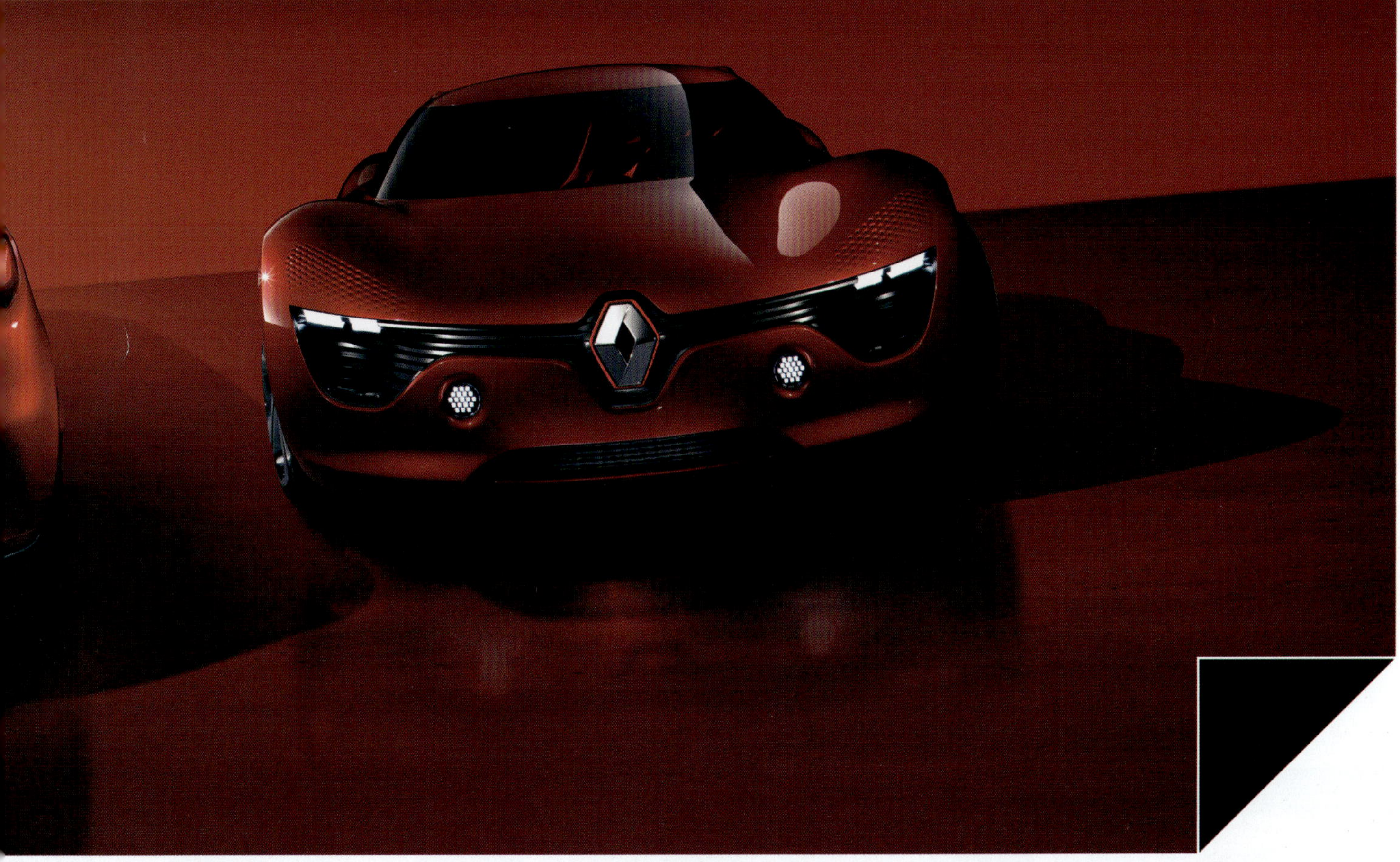

DRIVE THE CHANGE

RENAULT

汽车有限公司

车身车间

总装车间

截至2013年2月，北京现代已拥有雅绅特、瑞纳、伊兰特、悦动、朗动、i30、MOINCA名驭、第八代索纳塔、途胜、ix35、全新胜达等11个系列车型，产品线涵盖A0、A、B、SUV等各个级别，让中国消费者享受品质汽车的至高礼遇。为应对汽车市场的快速发展，北京现代积极探索科学的营销管理体系，销售及售后服务网络已遍布全国，4S店数量641家，卫星店数量160家，累计销售429万辆，实现销售收入4 130亿元，累计纳税514亿元，带动163家（北京地区51家）配套企业就业约15万人，为振兴北京现代制造业、发展首都经济、稳定社会就业作出了应有的贡献。

北京现代精心打造的CSR企业社会责任系统工程，形成以教育、环保、社会救助等九大领域为核心的发展体系，累计投入超过3亿元。

北京现代良好的经营业绩对北京汽车工业和北京市整体的经济发展起到了极大的推动作用，成为北京乃至全国经济增长的亮点。北京现代的企业理念为“用精细的经营管理创造最好的回报，让股东满意；以舒适的现场提供最好的环境，让员工满意；靠完美的汽车开辟最好的生活，让顾客满意”。公司全体中韩员工将牢记使命，抓住机遇，迎接挑战，不断谱写新的篇章，把北京现代建设成为一个在全国乃至全世界有较高知名度和美誉度的“首都”品牌，为北京工业的繁荣兴盛，为首都经济的稳步发展，为中国建设社会主义和谐社会作出贡献。

第八代索纳塔

朗动

名驭

瑞纳

i30

http://www.beijing-hyundai.com.cn

捷豹路虎·中国

捷豹路虎是一家拥有两个顶级奢华品牌的英国汽车制造商。拥有辉煌历史的捷豹和奢华SUV品牌路虎，以其迷人设计、领先科技和非凡性能成为引领现代奢华的潮流标志，其众多代表车型已被列为世界汽车发展进程中的瑰宝。

自进入中国以来，捷豹路虎以顶级的产品、尊崇的品牌体验和专业的客户服务深受市场青睐。现今，中国已经成为捷豹路虎全球增长最快的市场，同时也跃升为捷豹路虎全球第三大市场，并在公司全球战略中占据至关重要的地位。为了更好地应对中国市场的快速发展，2010年7月，捷豹路虎正式在华设立国家销售公司，为中国业务的整体发展掀开了新的篇章。基于多年积淀，捷豹路虎明确了在华发展的战略宏图，即致力于实现对中国市场的长期承诺，立志成为产品技术、客户满意度和企业社会责任等方面最成功的豪华汽车企业。

捷豹路虎一直以最优秀的产品与最尖端的技术广受消费者欢迎。截至目前，捷豹路虎在中国市场已经引入了全系车型并不断进行更新，而多款专为中国消费者度身定制的车型更是备受追捧。产品技术的不懈创新为捷豹路虎赢得了独树一帜的感召力，捷豹的轻量化全铝车身、路虎的全地形反馈适应系统等先进技术享誉车坛。未来5年，捷豹路虎将加大产品创新方面的投资。为了更好地服务中国消费者，捷豹路虎还特别在华设立了设计研发团队，把中国消费者的意愿融入到全球产品设计研发当中，以期为中国市场提供最适合并代表着最先进技术的创新、高效车型。

在产品多元化的同时，捷豹路虎还通过尊崇的服务和体验在客户中享有良好的声誉。捷豹路虎大力投入渠道建设，加强对经销商的支持和培养，服务质量不断优化。在不断完善一、二线城市经销商网络布局的基础上，捷豹路虎·中国也始终积极拓展在三、四线城市的经销商网络。截至2012年6月份，捷豹路虎在华签约授权经销商数目已达130家，其中约90家已投入运营。另外，捷豹路虎在北京、上海设有两大培训中心，每年为约5 000名经销商员工提供专业培训，促进捷豹路虎在各地的服务水平持续提升。目前，第3个培训中心正在广州筹建，而新的区域办公室于2012年内在广州落成。

此外，捷豹路虎还在苏州、北京、广州和重庆设立了5家备件配送中心，高效灵活的备件网络有效地促进了服务效率，而2个首屈一指的路虎体验中心，在向广大车迷展示路虎英伦风范的同时，也为路虎车主提供了独特的尊享体验服务。2013年，捷豹路虎还将在中国新增2家路虎体验中心，满足更多车迷和车主的需求。

在践行企业社会责任方面，捷豹路虎坚持以可持续发展作为核心理念，认为恪守企业公民的社会责任、回馈社会与社区是企业实现可持续发展的重要组成部分。捷豹路虎围绕引进创新技术、节能减排与自然保护、人道主义关怀及教育这四大可持续发展核心投入并开展了多个保护项目和社会公益活动。自2009年10月1日起，捷豹路虎在中国展开全球“My Planet”行动下的二氧化碳减排补偿计划（CO_2 offset programme）。公司对在中国售出路虎新车的首个72 000公里中排放的二氧化碳，通过环保项目进行排放补偿。截至目前，捷豹路虎在全世界开展的50个二氧化碳减排补偿计划项目中，落户中国的就有17个。这17个项目投资总计近775万英镑，对中国社会的生态环境保护作出了卓越贡献。这些项目包括路虎协同二氧化碳补偿专业机构ClimateCare气候关爱公司，在山东禹城援建的一所先进的生物能发电站。在河北省，捷豹路虎为84座风力涡轮机的建设提供资金支持，现已建成投产，发电总量达到每年110GWh，这也极大地减少了该地区对化石能源的依赖度，改善了当地生态环境。2011年9月，捷豹路虎启动了在中国的首个校企合作“卓越培训项目”，旨在为中国汽车产业的可持续发展培养高技能人才，并支持中国职业教育发展。北京电子科技职业学院成为捷豹路虎该项目的第一个合作伙伴。2012年3月，该项目的第二站也在上海交通职业技术学院正式启动，这再次印证了捷豹路虎不断履行其责任承诺的决心。

2011年，捷豹路虎在华销量首次突破42 000辆，全年61%的同比增幅领先豪华汽车市场平均水平。其中，捷豹全年销量同比增长高达123%，共交付5 976辆汽车，而路虎则继续刷新年度销量纪录，全年共交付36 087辆汽车，同比增长54%，豪华SUV领导者的地位不可撼动。

2012年1~6月，捷豹路虎的销售取得稳固增长，共

交付汽车36 451台，较2011年同期增长100%。其中，搭载小排量发动机，具有卓越燃油经济性，进行了轻量化设计的车型最受欢迎，如捷豹XJ 3.0、全新XF以及揽胜极光、神行者2代2.0升涡轮增压汽油版，都助力捷豹路虎在2012年上半年取得了稳定快速的增长。

在2012第十二届中国（北京）国际车展上，捷豹路虎携旗下两大顶级奢华品牌捷豹（Jaguar）、路虎（Land Rover）联袂登场，为观众呈现出一场无与伦比的视觉盛宴。捷豹首次揭开XJ巅峰创世版的神秘面纱，再次彰显其在豪华车领域的领先地位。同时，捷豹向世人首次展示其充分体现“中国定制”战略的最新动力科技成果；C-X16概念车及XKR-S敞篷版更以豪华超跑的旷世气魄闪耀登场，抒发捷豹无可复制的生命力。路虎则带来了揽胜极光维多利亚·贝克汉姆限量版，这款全球首发车型成为展台万众瞩目的焦点所在。不仅如此，中国首演的路虎DC100卫士概念车，全球第100万辆路虎发现的到来，全面展现了路虎品牌传承英伦血统的品质内涵和极致奢华、卓尔不群的迷人风范。此外，捷豹路虎向全球正式推出公司旗下的专属定制服务部门

（ETO部门），其未来将为捷豹路虎担当更多特殊车型及个性化车型的设计及服务工作。

“中国是捷豹路虎全球规模最大并且增长最为迅速的市场之一。今天，捷豹路虎携空前豪华阵容亮相北京车展，表明我们致力于在中国市场深耕细作，为中国消费者带来其梦寐以求的顶级产品和尖端科技，使他们能够与世界同步享受驾乘捷豹路虎汽车带来尊享感。”捷豹路虎首席执行官施韦德博士(Dr. Ralf Speth)表示。

“北京车展成为见证捷豹路虎荣耀的最佳平台，这是我们在中国发展的一个令人激动的时刻。”捷豹路虎中国总裁高博先生（Mr. Bob Grace）表示，“捷豹路虎将为尊贵的中国客户打造最为豪华、专享的品牌体验；同时，深化中国定制策略，进一步回馈中国市场。如今，我们越来越多地考虑为中国消费者量身打造，并且已经体现在对新产品的设计与研发中。比如我们逐步为中国市场带来的更多搭载小排量发动机的车型选择，将最大程度满足中国客户的需求与期待。”

捷豹路虎与奇瑞汽车在中国建立合资公司的计划已达成协议，双方计划以股比对等的形式建立合资公司。协议内容包括：生产捷豹路虎品牌车型及合资自主品牌车型，生产配套的发动机，销售合资公司生产的汽车产品，建立研发中心等。

传承尊贵的英伦血统，秉持卓越非凡的科技创新，专注无微不至的本土客户体验，作为值得信赖的合作伙伴和全球品牌，捷豹路虎致力于加强在中国的长期、可持续发展，植根中国，面向未来，阔步前进。

捷豹路虎·中国

http://www.jaguar.com.cn　http://www.landrover.com.cn

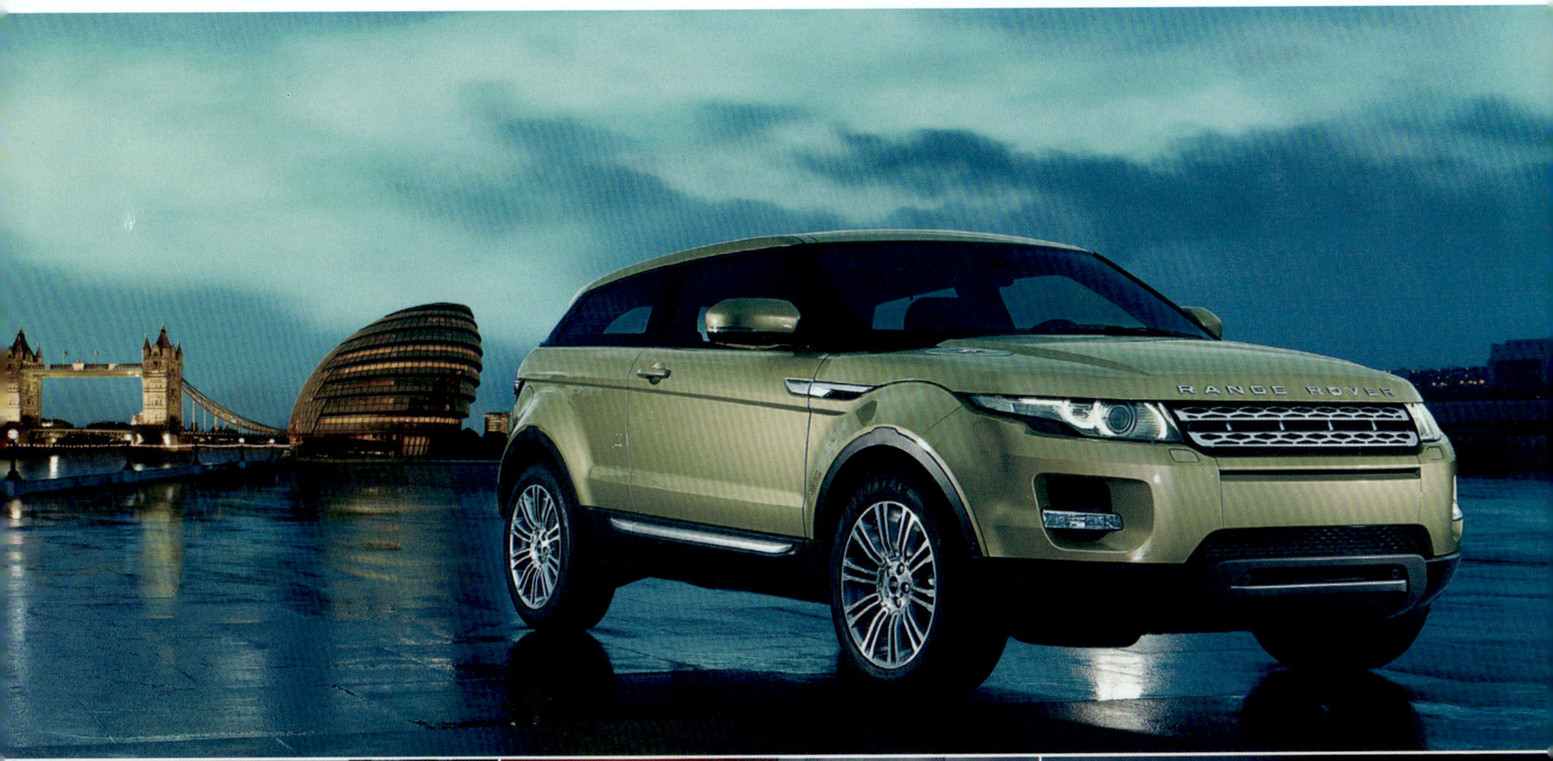

做最优秀的国际贸易商

GZLI

新轻出 新发展

NEW GZLI NEW DEVELOPMENT

集团概况

成立于1956年的广州轻出集团股份有限公司在繁华秀丽的珠江水岸屹立了半个多世纪。作为中国最早的专业进出口企业之一，广州轻出集团股份有限公司已经发展成为一家集进出口贸易、国内贸易、仓储物流于一体的国际贸易集团公司，是中国外经贸质量效益型先进企业、全国进出口企业500强之一和广东省企业100强。

多领域 多品牌

广州轻出集团股份有限公司下属有11个全资子公司，经营的产品涵盖家用电器、服装鞋包、日用百货、文体用品、五金机械、矿产资源等。公司立足珠三角，在国内拥有庞大的供应网络，产品出口到120多个国家和地区。同时，公司也为国内企业采购或进口原材料、设备等，将国际品牌引入国内市场。持续不断的创新和强大的资源整合能力，赋予广州轻出集团股份有限公司更强的竞争力，公司根据不同市场的特点和客户的需求，提供优质服务，为客户打造最优的供应链。

2011年获得中国驰名商标荣誉称号

前景目标

坚持和谐进步、奉献社会的企业精神，广州轻出集团股份有限公司致力于为世界各地的客户提供优质和富有竞争力的产品，打造中国轻工产品的国际品牌，努力成为专业、卓越的国际贸易商和服务商，为广大客户缔造更具成果的商业前景。

广西凭祥综合保税区

GUANGXI PINGXIANG INTEGRATED FREE TRADE ZONE

2008年12月19日广西凭祥综合保税区经国务院批准设立，规划总面积为8.5平方公里，分三期建设。一期规划面积1.2平方公里，分为保税物流区、口岸作业区和配套服务区3个功能区，2011年9月30日正式封关运营。二期规划建设已启动，面积1.5平方公里，以高端保税加工、保税仓储、维修检测功能为主。

广西凭祥综合保税区位于广西凭祥市友谊关口岸，与越南同登友谊口岸直接相通，是中国第一个在陆路边境线上设立的综合保税区，是第一个与境外实现“直接相连”的具有跨境合作背景的综合保税区，是中国通往东盟的陆路主通道。

广西凭祥综合保税区管委会常务副主任孙剑秋与越南谅山同登口岸经济区管委会常务副主任何鸿签订中越跨境合作区——中国广西凭祥综合保税区、越南谅山同登口岸经济区非关税区建设情况交流会会议纪要

凭祥紧邻越南谅山省，有国家一类口岸2个，二类口岸1个，距越南首都河内约为170公里。自谅山往南至越南国内腹地及相邻的柬埔寨、老挝、泰国、马来西亚、新加坡等国，交通便利，历史上就是中国与东盟经贸交往的主要陆路通道。

广西凭祥综合保税区作为广西北部湾经济区保税物流体系的重要节点，是南宁经凭祥至新加坡经济走廊的重要枢纽，也是南宁—崇左经济带重要组成部分，其周边200公里范围内已经形成陆海空立体物流运输便利条件，可方便通达世界各地。广西凭祥综合保税区距北部湾港口和越南海防港分别为230公里和300公里，距广西首府南宁市195公里，距越南首都河内市约170公里，毗邻越南谅山省会谅山市，南宁至友谊关高速公路、湘桂铁路在友谊关口岸分别与越南的一号公路和铁路网相接，是中国陆路和铁路直达中南半岛各国最便捷的主通道。友谊关口岸区与保税区一体化规划建设，海关查验、边防检查、检验检疫实现“三检合一”，方便货物、司乘人员便捷入出境，有效地降低通关物流成本、时间，为企业赢得先机。

同时，广西凭祥综合保税区作为中越凭祥—同登跨境经济合作区的重要组成部分，正积极与越南海防港合作，开展陆港联运，打造综合保税区无水港。

广西凭祥综合保税区除了享有入区保税、区内免税、入区退税等保税区应有的优惠政策外，还同时享有国家西部大开发政策、广西北部湾经济区开放开发特殊政策和大湄公河次区域合作等优惠政策，是目前我国享受优惠条件较多的保税区之一。此外，广西凭祥综合保税区管委会还根据国家和广西壮族自治区有关规定，制定凭祥综合保税区入区产业差别化的鼓励政策。对重点发展的产业出台一系列扶持政策。

广西凭祥综合保税区积极发展面向东盟，服务大西南的国际中转、国际配送、国际采购和国际转口贸易。一期重点培育和发展橡胶国际贸易及保税加工中心、机电产品展示中心、工程机械检测维修及国际租赁中心、中国—东盟文化产业交易中心、中国—东盟农产品配送中心、香料国际贸易及保税加工中心、保税物流基地等七大优势特色产业。2013年以来，已陆续开展进出口贸易、保税仓储物流、工程机械展示等业务。2012年，预计通过广西凭祥综合保税区口岸作业区进出口货物吨数50万吨，通关运行车辆54 500辆次，进出口货值160亿元。

郑州新郑综合保税区

ZHENGZHOU XINZHENG INTEGRATED BONDED ZONE

2011年11月4日海关总署于广洲署长参加封关仪式

【开发建设】郑州新郑综合保税区是我国第十三个获批的综合保税区，位于郑州市东南方向，距离郑州市中心20公里，紧邻4E级新郑国际机场和一类铁路口岸，交通优势十分突出。郑州新郑综合保税区于2010年10月24日正式获得国务院批准，规划面积5.073平方公里，总体规划分为两期建设完成，一期已封关围网面积2.49平方公里，于2011年8月3日通过国家十部委联合验收，2011年11月4日正式封关运行。

【功能分区】郑州新郑综合保税区主要规划有保税加工、保税物流、口岸作业和综合服务四大功能区，将重点发展保税加工、现代物流、服务贸易、保税研发、检测维修、保税展示、特色金融等产业。目前，已封关区域中的企业主要以生产高端电子产品的保税加工业为主。

【改革创新】作为我国中部地区第一个实现封关运行的综合保税区，郑州新郑综合保税区在申请设立和规划建设中呈现了诸多鲜明特点。**一是审批速度快**，从申报到国务院批复同意设立，仅历时100天；**二是建设速度快**，一期基础和监管设施从开工建设到基本完成仅用7个多月时间；**三是模式新**，郑州新郑综合保税区是一个典型的“先有项目后有区”的综合保税区，为使其效能最大化，郑州新郑综合保税区建设采用“三边管理”模式，即“政府边建设，企业边生产，海关边监管”；**四是作用大**，郑州新郑综合保税区作为中部地区承接国际、国内产业转移的重要平台，扩大了河南对外贸易规模。

【经济发展】郑州新郑综合保税区2012年1月至11月份累计完成进出口报关单110 339票，完成进出口总值250.872 6亿美元（进口约112.709 8亿美元，出口约138.162 8亿美元），占全省进出口的54.16%，带动河南省外贸进出口连续11个月居中部六省第一位，已快速进入全国海关特殊监管区第一方阵，2012年郑州新郑综合保税区进出口总值已突破300亿美元大关。

郑州新郑综合保税区除了富士康郑州项目，现已有海程邦达、华商、商通等10余家报关企业在综合保税区开展报关、报检业务。另有郑州畅联、郑州中外运、富泰通、金象物流、郑州天隽、邦达吉通等知名物流企业进驻综合保税区，为区内企业提供物流服务。

【发展趋势】在科学设计区内业务流程、有效整合信息系统的基础上，郑州新郑综合保税区将加快“区港联动、区区联动”建设步伐，建立与河南省内其他海关特殊监管区、口岸之间的大通关协调机制。同时，以新郑国际机场口岸为载体，构建连接世界、辐射中西部的现代口岸物流大通关体系，进一步提升综合保税区的辐射力、带动力和影响力，进一步扩大河南对外开放格局。

宁波保税区

宁波保税区于1992年11月经国务院批准设立，是浙江省唯一的保税区。保税区管委会统一管理宁波保税区、宁波出口加工区两个国家级对外开放经济功能区，总规划面积5.3平方公里，具有国际贸易、进出口加工、保税仓储、国际中转、国际采购及国际配送等功能，实行“免证、免税、保税”等特殊政策。

经过20年的发展，这里集聚了3 500多个投资项目，目前每平方公里年产出生产总值28亿元，工业产值100亿元，外贸进出口30亿美元，财政收入7亿元，已成为浙江省投资密度最大且回报率最高的特殊经济区域。

依托区域功能政策优势，宁波保税区重点推进国际贸易、先进制造业和现代物流三大产业体系建设，是长三角南翼重要的：

国际贸易大通道。集聚国际贸易企业3 000多家，2011年外贸进出口占宁波市15%，其中进口占26%。

先进制造业高地。形成了液晶光电产业、计算机产业、半导体集成电路三大产业群体，培育了一批节能环保、高端装备、新能源、智能电网等创新型骨干企业。2011年实现工业产值540亿元，高新技术产品出口占全省14%，宁波市40%。

保税物流集散地。有130多家仓储物流企业，保税仓储面积近100万平方米，形成四大物流分拨中心：铁矿砂分拨中心、固体化工品分拨配送中心、进口食品仓储配送中心、出口采购配送中心。

进口商品大市场。培育了固体化工品、铁矿砂、钢材、有色金属、船舶等大宗生产资料市场和进口葡萄酒、水果、橄榄油等生活性消费品市场。目前集聚各类市场会员企业980余家，2012年预计实现市场交易额1 200亿元。

高端服务业先行区。投资基金、金融担保、航运物流、人力资源等新兴服务业发展迅猛。在全省率先试水单机单船融资租赁。

进口商品市场

宁波奇美电子液晶显示器检测车间

宁波梅山保税港区

宁波梅山保税港区地处长三角南翼，宁波—舟山港核心区域，2008年2月24日经国务院批准设立，是全国第五个保税港区，规划面积7.7平方公里，一期2.5平方公里于2010年6月29日通过国务院联合验收组验收，同年8月26日开港试运行。2012年3月2日，口岸正式开放获国务院批复同意。

作为目前浙江省唯一的保税港区，梅山坚持“立足宁波、依托浙江、服务长三角、辐射中西部、对接海内外”的开放战略，重点发展以国际贸易为龙头，以港航运营为基础，以现代物流为支撑，以离岸服务和休闲旅游为配套的现代服务业，致力于打造亚太地区重要国际门户城市的核心功能区、浙江深化对外开放和实施港航强省战略的先导先行区、长三角建设资源配置中心和上海国际航运中心的重要功能区、国家建设自由贸易园区的先行试验区。

自开发建设启动以来，梅山保税港区坚决贯彻国务院批复精神和省市党委、政府的战略部署，高标准、高起点开展功能定位及产业研究，全面科学构建规划体系。港区基础设施加快完善，口岸功能不断拓展，产业培育快速集聚，先后建成梅山跨海大桥、行政商务中心、首期1#和2#集装箱码头、一期封关监管设施等重大基础工程，区域内实现“七通一平”，累计固定资产投资逾120亿元。2012年1月，梅山成为全国第二家进口罗汉松特定口岸，同年11月，梅山汽车整车进口口岸获国务院批复同意，成为继广西、福州之后第三个具备汽车整车进口口岸功能的保税港区。

当前，宁波梅山保税港区牢牢抓住“产业培育、城市建设、环境优化”主线，坚持走产城融合、资源节约、环境友好、宜居宜业宜游的科学发展之路，大力培育国际贸易、战略性新兴产业、高端制造业、滨海休闲旅游产业、企业研发中心和运营总部五大主导产业，已集聚各类企业2 170家，注册资金达280亿元，进口汽车贸易园、先进制造产业园、冷链物流产业园、生命科学与医学装备产业园、休闲旅游产业带等具有梅山特色的产业布局正加快打造中。

西安综合保税区

世界500强企业塔塔钢铁入驻西安综合保税区

西安综合保税区位于西安国际港务区内，2011年2月14日获国务院正式批准设立，总体规划用地6.18平方公里，验收区面积1.36平方公里。2012年，西安综合保税区在西安海关的大力支持下，全力加快建设、运营、招商等重点工作，较好地完成了各项目标任务。

西安综合保税区二期标准厂房建设即将封顶

一、西安综合保税区建设稳步推进

验收区：截至2012年年底，西安综合保税区已完成验收区内巡关道、围网等项目建设70%的工程量，信息化建设单位已进场施工，计划2013年4月前全部完成验收区的场站建设，6月前完成信息化建设，确保6月30日前顺利通过西安海关预验收。标准厂房：建筑面积为77 000平方米的综合保税区一期1号标准厂房进展顺利，已完成全部地下工程，部分建至地上三层，累计完成整个项目40%以上的工程量，计划2013年10月前竣工。配套服务区：综合保税区配套设施项目进展较快，17层陆港大厦、锦江之星和会所已全部完成主体建设，正在进行内部装修，装修已完成70%的工程量，配套区市政给水工程和供电工程已全部完成。

安综合保税区配套的陆港大厦和综合会所进入内部装修阶段

二、西安保税物流中心运营效益逐步显现

西安综合保税区一期暨西安保税物流中心自2010年4月封关以来，运营效益逐步显现。截至2012年12月28日，已实现通关业务1 924票，进出口贸易额约57 582万美元。其中，2012年已实现通关业务1 165票，进出口贸易额29 200万美元。较上年同期24 385万美元增长了19.75%。据西安海关统计，西安保税物流中心全年实现税收13 987万元，其中关税2 159万元，代征增值税和消费税11 828万元。保税物流中心内面积28 000平方米的两座仓库已累计出租和使用近22 000平方米，出租和使用率由年初的40%跃升至80%。

西安综合保税区形成功能叠加效益的西安铁路集装箱中心站

三、西安综合保税区招商引资亮点频频

西安保税物流中心的成功运营，有力地促进了综合保税区的招商工作。2012年，西安综合保税区累计接待客商100余批次，包括国际500强企业十余家。全年已签约5家进出口物流企业，2个进出口交易基地项目，6个进出口保税加工类项目，特别是成功引进塔塔特钢(西安)有限公司正式进驻西安综合保税区，有力地扩大了综合保税区的招商品牌效应。目前，西安综合保税区与富士康的合作已进入实质性谈判阶段，项目落户西安综合保税区已指日可待。

西安综合保税区一期（保税物流中心）

西安综合保税区效果图

中国国际石油化工联合有限责任公司

中国国际石油化工联合有限责任公司（China International United Petroleum & Chemicals Co., Ltd.，英文缩写UNIPEC，中文简称联合石化）是1993年2月经国务院批准正式成立的大型国际石油贸易公司，是中国石油化工股份有限公司的全资子公司，是中国最大的贸易公司。公司注册资金30亿元人民币。公司总部位于北京市朝阳区朝阳门北大街22号中国石化大厦。

公司总部下设综合管理及业务部门11个；在境内的宁波、青岛及二连浩特设有3个口岸分公司；在海外设立了5个境外子公司，1个代表处，即联合石化亚洲有限公司、联合石化英国有限公司、联合石化美洲有限公司、联合石化新加坡有限责任公司、中石化冠德控股有限公司（香港上市公司）、联合石化越南代表处。

联合石化主要经营范围包括四大板块，即原油贸易、成品油贸易、LNG贸易等国际石油贸易及国际仓储物流业务。2011年，其原油贸易量首次突破2亿吨，贸易额首次突破万亿元人民币。2009年公司被海关认证为AA类企业，多次被北京市国家税务局和地方税务局评为“纳税信用A级企业”。

经过多年的积累发展，联合石化形成了具有一定国际竞争优势的国际石油贸易公司。目前在全球范围内建立了多元化的石油贸易渠道和网络体系，与全球70多个国家（地区）的900余家交易伙伴建立了广泛的贸易往来，开展良好的合作关系。联合石化致力于开发资源、拓展市场，以保障国家能源安全稳定经济供应为己任，倡导用事业凝聚人、用文化鼓舞人、用感情温暖人、用机制激励人的理念，讲求诚信经营的商业道德。联合石化正朝着“打造具有市场领导地位的国际一流贸易商”的目标奋勇前进。

天津港东疆建设开发有限公司

天津港东疆建设开发有限公司是天津港集团下属全资子公司，成立于2004年3月，注册资金为36.8亿元。公司的主要经营范围为：东疆港区的建设开发，基础设施建设及相关服务，设施、设备的租赁，房屋租赁，劳务服务，会议服务，展览展示服务，港口机电设备销售，物业管理，港口业务信息咨询服务，自营和代理各类商品和技术的进出口业务，市政公共设施管理与服务，污水处理及其再生资源利用，海水淡化，城市绿化管理与服务，城市环境卫生管理与服务，广告业务，仓储服务，装卸搬运服务，建材、五金交电批发。

公司下设办公室、党群部、计划财务部、规划建设部、工程管理部、技术设备部、设施管理部、招商一部和招商二部等“八部一室”。目前在册员工77人，其中中、高级职称人员占员工总数的61%，研究生以上学历人员占员工总数的35%。

公司主要承担东疆港区吹填造陆和基础配套设施的建设，港区内公共设施的维护与管理，以及参与东疆招商引资等工作，并为驻东疆企业提供良好的政策和服务支持。

多年来，公司对东疆港区主要实施了包括吹填造陆、地基加固、市政道路与管线、绿化、公共设施建设等在内的一系列基础设施建设工程。截至2012年年底，总共投资约185亿元人民币，累计吹填泥方约2.54亿立方米；东疆港区30平方公里已于2011年年底全部成陆；东疆北防波堤工程于2012年10月18日正式启动；新港八号路北侧及新港九号路等重点建设项目按计划实施；在港区范围内，完成道路建设约80公里。另外，东疆港区南部约4平方公里、东海岸一期范围约2平方公里、保税港区物流加工区等重点区域内的路网已基本完善或正在完善之中。

在市政设施配套方面，东疆港区已铺设雨水管线约88公里，输水管线约22公里，配水管线约73公里，污水管线约60公里，并在港区南部已落成一座日处理能力约3万立方米的污水处理厂，同时南部配水厂及北部配水加压泵站也已建成。目前，东疆港区绿化面积已达207万平方米，建成了长约2公里的人工沙滩及占地面积约4万平方米的开发建设纪念公园。在东疆港区沙滩景区附近，一座面积约1 700平方米的公交车站已经竣工，进一步改善了东疆港区的交通出行环境与条件。

在区域项目招商落地方面，截至2012年12月底，累计注册企业1 218家，内联引资额100.800 7亿元人民币，合同外资额3.209 7亿美元，实际利用外资额2.497 2亿美元。

在已建成的仓储设施招商方面，按照国务院对东疆保税港区批复的八大功能，积极引入功能性项目，目前由集团（包括合资单位）负责开发运营的仓储设施占地面积为182.9万平方米，物流园区整体利用率达到90%以上。

首期4平方公里封关运作的东疆保税港区

东疆开发纪念公园为游人提供了休闲观海的场所

沙滩

Wilson®

诞生于美国芝加哥的威尔逊运动用品公司，其品牌威尔胜Wilson是世界知名的运动品牌，在全球拥有超过1 600名员工和完善的销售网络，为超过100个国家的消费者提供最优质的运动体验。

威尔胜Wilson拥有运动器材（Hard goods)、服装球鞋 (Soft goods)和团队运动(Team sports)　三大产品线，核心产品有网球、棒球、美式足球、高尔夫、篮球、垒球、羽毛球和壁球。在近一个世纪的体育运动发展中，威尔胜Wilson一直专注于打造和推动包括网球、高尔夫、棒球及美式橄榄球等在内的体育项目。

作为引领创新科技的先锋，威尔胜Wilson为其涉及的每一个领域的运动用品创造了无数个传奇的经典之作，深受全球消费者的支持及信赖，威尔胜Wilson亦因此非常重视知识产权的保护, 以确保消费者能购买及使用正版威尔胜Wilson产品。为此, 威尔胜Wilson积极开展打击假冒或其他侵犯品牌知识产权的行动，已为其主要商标在中国申请了商标注册和海关保护。

威尔胜Wilson 部份产品

威尔胜 Wilson 品牌在中国的注册商标

Wilson

BLX

中国寰球工程公司

中国寰球工程公司隶属于中国石油天然气集团公司，是以技术为先导，以设计为龙头，集咨询、研发、设计、采购、施工管理、设备制造、开车指导等多功能于一体的，具有项目管理承包和工程总承包综合能力的国际工程公司，是智力密集、技术密集的科技型国有骨干企业。

公司成立60年来，先后完成了2000多项跨行业的国内外大中型项目的咨询、设计、施工和总承包建设任务，在国际规模的大型乙烯、大型炼油、大型聚丙烯、大型LNG和大型化肥等十五大类装置上具备总承包能力并拥有丰富业绩。业务遍及全国30个省、市、自治区，以及东南亚、西欧、美洲、中东的近20个国家和地区，是国内同行中国际化程度较高、项目运营国家较多的企业，也是独立率先进入沙特、新加坡、加拿大、意大利等炼化工程建设高端市场的公司。

公司以北京总部为核心，构建了完整的EPC业务链，形成了覆盖华北、华东、华南、西北、东北的五大区域运营中心及建安业务中心；在海外，初步形成亚太、中亚、中东、北美、南美五大海外运营中心。

公司拥有雄厚的科研实力，承担了多项大型化工装置的科技攻关任务，获得国家授权专利115项，已受理专利103项；国家级工法3项，省部级工法14项；有60项具有竞争优势的专有技术，10余项自行开发或正在开发的具有市场价值的工艺创新技术，38项自行开发的计算机软件；荣获国际和国家级、省部级发明奖及科技进步奖、优秀工程设计奖等奖项491项，主编和参编的国家标准规范33项、行业标准规范47项、中国石油天然气集团公司企业标准9项、协会标准规范8项，为大型化工装置的国产化及以高新技术带动国际工程承包和机电产品进出口奠定了坚实基础。随着海内外工程总承包业务发展壮大，公司进出口物资品种范围不断扩大，进出口额逐年提高。

公司建立了系统的、与国际接轨的总承包项目管理体系和项目运作管理模式，建立了ISO9001质量保证体系、ISO14000环境管理体系和OHSAS18000职业健康安全管理体系并通过认证；拥有工程设计综合甲级资质，可承担所有行业工程项目的设计任务；形成了“一个平台、三大系统”的信息化体系，拥有国际先进水平的网络硬件系统、工程应用软件系统、工程项目管理集成系统和各种数据库；组织和参与行业技术中心的建设。国家和行业的若干工程技术标准规范的编制及管理机构均设在寰球公司。

凭借先进的技术、丰富的工程业绩和良好的企业资信，寰球公司被评为国庆60周年全国勘察设计行业“十佳工程承包企业”，获得首批“AAA级信用企业”和北京市“高新技术企业”称号，并连续14年被评为ENR全球最大的225家国际工程承包商和全球最大的200家国际设计公司，是连续14年同时进入上述排行榜的唯一一家中国公司。

中国石油大连LNG接收站项目

大庆乙烯全景图

安塞项目夜景

越南化肥

伊顿公司

全 球 动 力 之 源

伊顿公司是一家多元化动力管理公司，致力于提供高效节能的解决方案，帮助客户更有效地管理电力、液压和机械动力。2012年公司销售额达163亿美元。伊顿在许多工业领域都是全球技术领先者，包括应用于电能质量、配电和控制、电力传输、照明和布线产品、系统和服务，工业设备和移动工程机械所需的液压动力元件、系统和服务，商用航空航天所需的燃油、液压和气动系统，以及帮助卡车和汽车提升性能、燃油经济性和安全性的动力及传动系统。2012年伊顿收购库柏工业集团（Cooper Industries plc）。目前伊顿公司拥有约10.3万名员工，产品销往175个国家。如需进一步信息，请访问公司网站www.eaton.com。

1993年，伊顿签订了一份生产转向器和液压马达产品的合资协议，自此进入中国市场。2004年，伊顿将其亚太总部自香港迁至上海。目前伊顿的所有电力、航天、液压和车辆等业务集团均已在中国开展商业项目。另外，伊顿目前在中国的苏州、常州、泸州、宁波和无锡等城市设有生产基地27个及研发中心4所。伊顿在中国生产的品牌中有许多属于国际知名的品牌，其中最重要的是EATON标志：

EATON 伊顿 EATON

除上述重要的EATON标志外， 伊顿公司还拥有其他全球知名品牌，如CULTER-HAMMER、CH标志和Xpole标志等。同时，伊顿及其子公司持有的其他著名品牌还包括MEM、Moeller、Cooper、Bussman等。以下是伊顿及其子公司的部分重要商标：

Cutler-Hammer

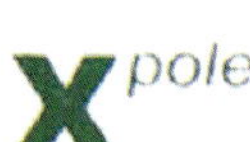

Crouse-Hinds

Bussmann

BUSS LynxPOWER Edison MAGNUM

LOW-PEAK PRE-formance Steeler POWERMATE

以上商标均已在中国海关总署登记备案以保护其合法权益。

伊顿商标在部分产品的使用：

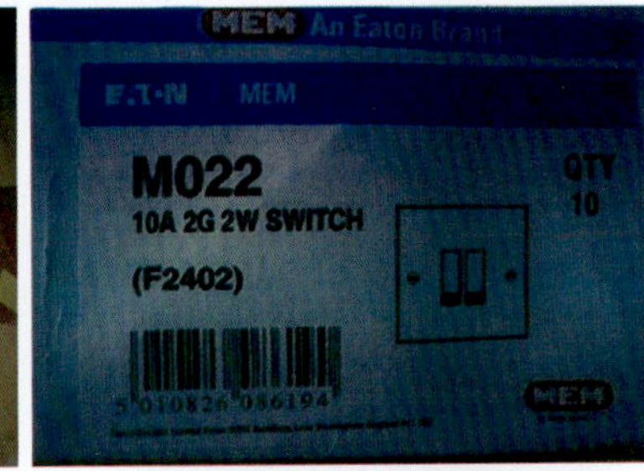

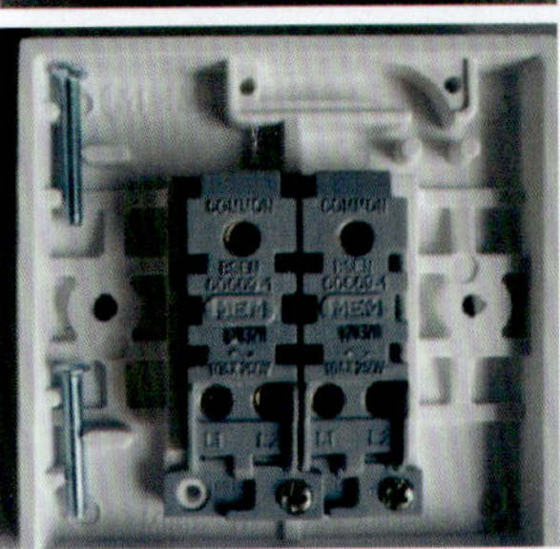
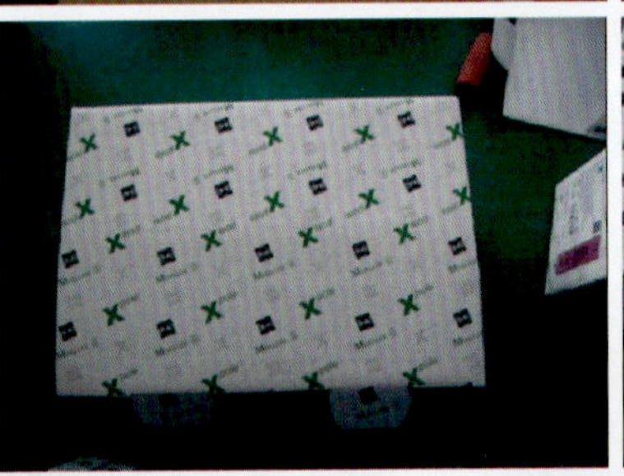
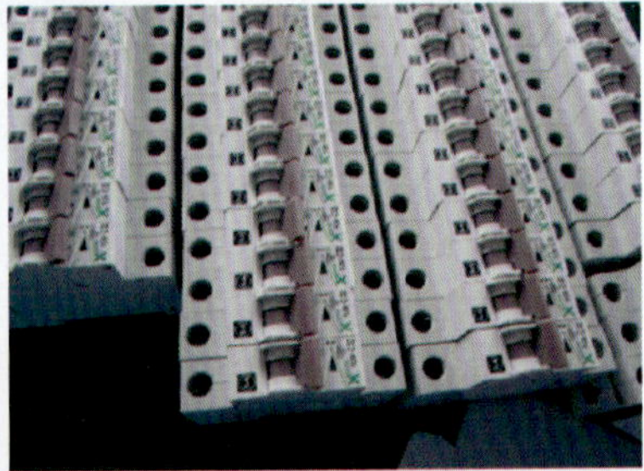

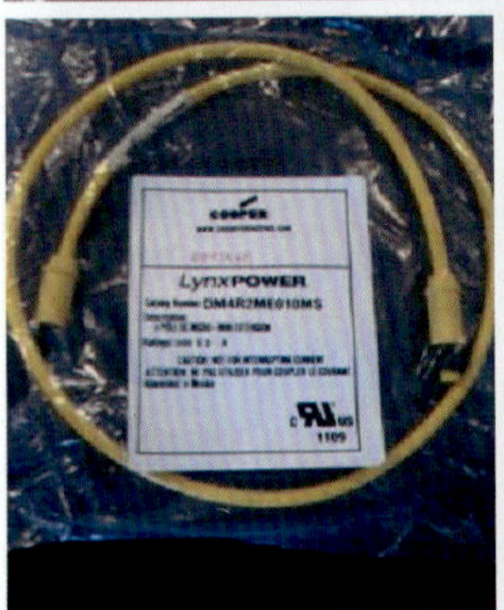

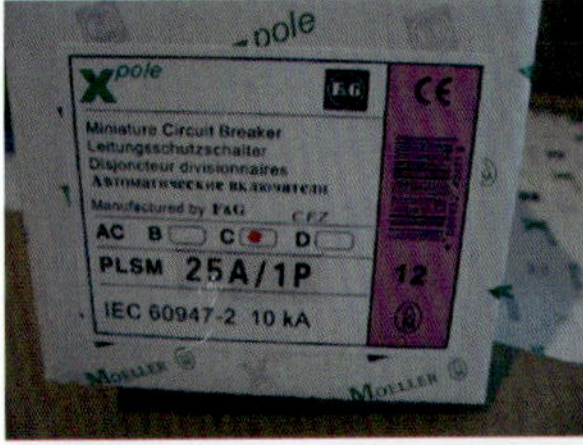

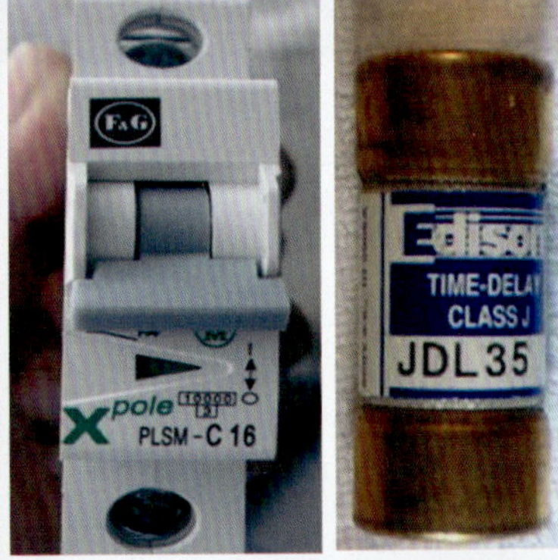

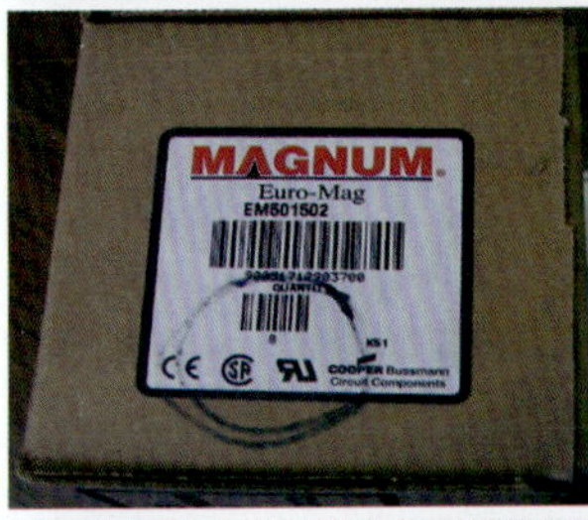

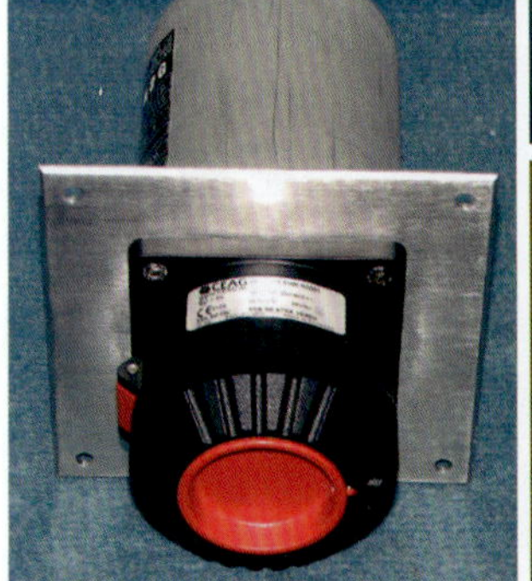

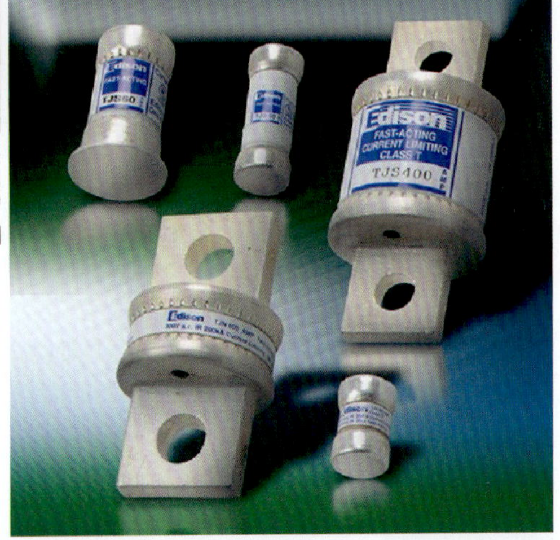

有关更多伊顿公司和其产品的信息请访问 www.eaton.com 和 www.eaton.com.cn 网站。

目　　录

第一篇　口岸综合

第二篇　口岸查验监管

第三篇　全国口岸运行情况

第四篇　各地口岸运行管理

北京市

天津市

河北省

山西省

内蒙古自治区

辽宁省

吉林省

黑龙江省

上海市

江苏省

浙江省

安徽省

福建省

江西省

山东省

河南省

湖北省

湖南省

广东省

广西壮族自治区

海南省

重庆市

四川省

贵州省

云南省

西藏自治区

陕西省

甘肃省

青海省

宁夏回族自治区

新疆维吾尔自治区

台湾地区

香港地区

澳门地区

第五篇 口岸相关法规

第六篇 全国口岸运行主要数据

第七篇 和谐口岸创建

第八篇 附 录

各地区开放口岸索引

上海市开放口岸

江苏省开放口岸

浙江省开放口岸

安徽省开放口岸

福建省开放口岸

江西省开放口岸

山东省开放口岸

河南省开放口岸

湖北省开放口岸

湖南省开放口岸

广东省开放口岸

广西壮族自治区开放口岸

海南省开放口岸

重庆市开放口岸

四川省开放口岸

贵州省开放口岸

云南省开放口岸

西藏自治区开放口岸

陕西省开放口岸

甘肃省开放口岸

宁夏回族自治区开放口岸

新疆维吾尔自治区开放口岸

第一篇

口岸综合

第一章

2012年国家口岸管理工作概要

国家口岸管理办公室

2012年，国家口岸管理办公室（以下简称国家口岸办）全面践行“四好”要求，认真履行工作职责，强化自身建设，提升管理服务水平，努力擦亮“国家口岸办”牌子，各项工作取得长足进展。

一、主要工作完成情况

（一）加强队伍建设，强化内部管理

一是坚持以人为本，针对口岸办人员少、任务重、压力大的实际，把队伍建设作为重中之重，加强教育引导，完善日常管理，把全办人员思想行动统一到党组决策部署上来。

二是转变工作方法，学会办大事、解难题，把工作重心由完成日常事务工作转向中央和海关总署党组关心关注的问题上。

三是推行精细管理，规范工作行为，以加强自身能力建设、提升综合素质促进口岸工作水平的提升。

（二）服务国家战略，做好口岸文章

一是牵头推动落实《国家口岸发展规划（2011年—2015年)》和年度口岸开放审理计划。2012年以来，经国家口岸办审理并报国务院批复开放（扩大开放）口岸共3个（新开内蒙古自治区阿尔山公路口岸，浙江宁波、舟山水运口岸扩大开放)，牵头验收口岸开放、扩大开放项目7个（丽江航空口岸、温州航空口岸、晋江航空口岸、唐山港口岸曹妃甸港区、洋浦港口岸、额布都格及阿尔山公路口岸、舟山港扩大开放)。

二是大力支持新疆维吾尔自治区（以下简称新疆）跨越式发展战略。将伊宁机场、霍尔果斯铁路口岸开放等5个项目列入“十二五”国家口岸发展规划；支持巴克图口岸设立农产品快速通关“绿色通道”；争取国家发展改革委加大对新疆口岸资金投入（2012年全年向新疆口岸投资4 028万元，占全国投资计划的10.07%）。

三是积极服务云南面向西南开放桥头堡战略。对规范完善云南边民通道管理问题进行实地调研，在对方听取意见基础上，研究提出“尊重历史，正视民意；富民为本，政治成边；疏管结合，分类管理”的工作思路和“一口岸、多通道”监管模式。

四是落实支持海西经济区战略。指导福建口岸办高水平规划建设平潭口岸，加快推动平潭口岸开放。

五是组织召开中部六省、泛珠三角地区等口岸工作座谈会，倾听吸纳地方口岸办意见建议，研究推动解决口岸管理服务和工作中的困难与问题。

（三）加强沟通协调，发挥牵头作用

一是大力推进口岸“大通关”建设。牵头组织召开第15次口岸工作联络协调机制会议，对2011年口岸工作座谈会以来各单位落实“六个一”工作部署情况进行逐一点评，交流“大通关”建设经验，围绕如何促进口岸发展达成共识。

二是加大口岸重点项目的协调推动力度。落实中哈两国领导人关于第二条跨境铁路（霍尔果斯—阿腾科里）2012年年底前通车共识和海关总署领导指示，牵头调研并召开现场协调会，明确相关部门、地方政府的职责任务和工作时限，确保铁路通车运行的同时实现口岸临时开放。会同有关部门和地方政府就广深港高铁专线设立口岸、港珠澳大桥口岸建设、横琴口岸扩容改造和

延长工作时间等问题提出建设性意见；加强与铁道部和北京市、上海市的沟通协调，推动北京西站、上海站铁路口岸开放取得积极进展。

三是妥善应对口岸现场急难问题。采取措施有效缓解新疆霍尔果斯公路、阿拉山口铁路口岸货物积压、通关不畅问题，协调解决新疆巴克图口岸哈方一侧随意闭关问题，推动解决内蒙古策克口岸蒙方一侧堵塞中方车辆问题，为国际组织援助尼泊尔物资过境西藏、甘肃等地穆斯林群众赴麦加朝觐、中朝黄金坪经济区建设口岸通关、珠海国际航展等重要活动的人员和货物进出审批临时开放口岸。

（四）加大宣传力度，扩大社会影响

一是重视日常宣传。利用《口岸简讯》等载体，及时传达国务院领导对口岸工作的指示精神，向有关部委、地方政府传递海关总署党组关于口岸工作的决策部署，推广口岸系统的成功经验和做法。

二是深化专项宣传。以“十二五”口岸发展规划实施为契机，通过新华社、人民日报等中央媒体集中宣传报道口岸发展与建设，全国40余家网络媒体相继转载。指导各地口岸办配合开展宣传，形成全方位、多视角、立体化的宣传高潮，收到良好成效。

（五）突出分类指导，提升管理水平

一是按照海关总署署长于广洲加大对地方口岸工作指导力度的指示，本着“分类指导、区别对待、突出特色、发挥优势”原则，选取北京、天津、河南、湖南为首批试点单位，分省份研究制定口岸工作指导意见，提供点对点的工作指导。

二是以深圳罗湖口岸火灾事故为借鉴，组织全国各口岸深入开展安全隐患排查工作，为“十八大”召开营造良好氛围。

三是结合天津市委提出的建设“国际一流大口岸”目标，指导天津市口岸办与南开大学共同创办全国首家现代口岸协同创新中心，支持办好口岸理论研究机构。

（六）开展课题研究，提供理论支撑

一是抓好《国家口岸检查检验基础设施建设标准》研究和编制工作。申报开展“口岸查验设施建设标准”署级课题研究工作，分别委托中国口岸协会和上海市口岸办协助开展“空运、水运口岸查验设施建设标准”课题研究工作，2012年年底前课题基本完成。

二是认真落实海关总署领导关于“研究一批课题”要求，统筹推进一批口岸课题研究，分别是优化和共享口岸查验监管资源，加快我国空运口岸发展，提升内蒙古口岸向北开放水平，推进新形势下海南、新疆口岸发展，天津一流大口岸建设等，为口岸科学发展提供理论支撑。

（七）深化口岸合作交流，拓展口岸工作舞台

一是中哈口岸合作取得新突破。在海关总署领导高度重视、亲自指挥下，成功争取在中哈两国元首见证下，由于广洲署长代表中国政府与哈方签署《中哈边境口岸及其管理制度协定》。

二是中俄口岸合作不断深化。成功组织召开中俄口岸工作组第十五次会议，取得多项务实合作成果。积极回应俄方关切，就征收船舶吨税、卫生检疫费及旅客行李限重等问题认真研究，稳妥处理。

三是中朝口岸合作稳步推进。召开对朝罗先经济贸易区和黄金坪、威化岛经济区口岸通关组第二次会议，与朝方就安民—黄金坪口岸选址、口岸通道设置和基础设施建设等问题达成一致，得到中朝两个经济区指导委员会的充分肯定。

（国家口岸管理办公室提供）

2012 年国家电子口岸建设概要

国家电子口岸建设协调指导委员会办公室

2012 年，为有效应对复杂的国际经济和贸易形势，国务院出台了促进外贸稳定增长、加强进口稳定外贸平衡发展等一系列措施，都将加快推进电子口岸建设作为一项重要内容。商务部、海关总署、国家税务总局、国家质检总局等多个国家电子口岸委成员单位研究制定了促进外贸稳定增长的配套措施，加快推进政府部门间的互联互通和大通关信息共享，提升口岸管理部门联合执法、业务协同和综合服务能力。各地方政府认真贯彻落实国务院的要求，以服务企业为核心，加快大通关综合服务项目建设，改善口岸通关环境，促进贸易便利化。在各部门、各地方的共同推动下，中央和地方两个层面电子口岸建设取得了新的进展。

一、中央层面建设进展情况

（一）国务院办公厅正式印发《电子口岸发展“十二五”规划》

《电子口岸发展“十二五”规划》从 2010 年 6 月开始编制，得到了国务院办公厅及相关部委、地方政府的高度重视，国家电子口岸委领导多次听取汇报，并就该规划编制工作提出了具体要求。2012 年 6 月，国务院办公厅组织召开了国家电子口岸委第二次全体会议，审议通过《电子口岸发展“十二五”规划》。2012 年 7 月 27 日，经国务院领导同意，正式下发了《国务院办公厅关于印发电子口岸发展“十二五”规划的通知》（国办发〔2012〕41 号）。

（二）完善国家电子口岸委领导和工作机制

完成国家电子口岸委成员调整增补工作，在征求各成员单位意见的基础上，重新确定国家电子口岸委成员名单，并增补农业部、林业局作为新的成员单位。2012 年 10 月，国务院办公厅正式印发了新的电子口岸委成员名单，目前国家电子口岸委共有 17 个成员单位。

（三）推动了一批跨部门联网应用项目，取得良好的经济社会效益

中国电子口岸累计上线运行了 29 个跨部门联网应用项目。近年来陆续推动了多个跨部门联网项目，如出口退税联网核查系统，在中国电子口岸平台上增加企业数据下载和导入申报功能，据国家税务总局统计，该功能上线后，减少了企业 90% 的出口退税申报录入工作量，惠及近 30 万家出口企业；农药进出口管理电子联网核销系统，实现了农药进出口网上申领、审批发证、联网核查、通关核销的全程电子化管理，在便利企业通关、维护我国农药进出口秩序和国际形象等方面显示出积极作用，新华社、人民日报、新华网、人民网等国内主流媒体对此进行了广泛报导，并得到美国、加拿大、澳大利亚等国，以及联合国粮农组织、世界经济合作组织等农药管理部门的好评；自动进口许可证联网系统，作为商务部与海关总署促进外贸稳定增长的一项重要措施，可实现自动进口许可证电子数据的联网，加快企业通关速度，目前该系统正在加紧研发；密码产品进出口许可证联网系统，实现国家密码管理局与海关总署对密码产品进出口的联网核查，进一步加强监管，有效打击和防范伪造监管证件等违法行为；启运港退税联网核查系统，通过海关与国税部门启运港退税通关数据的共享，保障了国务院有关启运港退税政策的实施，缩短了从青岛、武汉启运至上海洋山港中转货物的退税时间，提高了退税效率；货物贸易外汇管理制度改

革联动系统，通过海关总署与国家外汇管理局进出口报关单电子数据交换，实现货物贸易外汇业务联网监管，有效防范跨境资金流动风险；香港CEPA原产地累计规则联网系统，加强对内地和香港地区适用累计规则商品的通关管理，保障CEPA累计规则补充协议在香港地区的实施，促进了内地与香港地区更紧密经贸关系的发展；推动ECFA货物原产地联网，配合两岸经贸协议ECFA的实施，便利双方原产货物通关，同时为加强ECFA货物在香港地区过境的管理，保障香港中转港口的地位，中国电子口岸数据中心为香港海关开发了ECFA货物过境证明联网系统，有效地提高了监管效能；海关税费电子支付系统在全国推广应用，规范了电子支付管理，进一步便利企业网上缴纳税费。与此同时，组织开发船舶吨税电子支付及管理系统，实现船舶吨税电子化管理及船舶吨税电子支付功能，方便企业办理吨税执照，该项目也是海关总署电子文件管理试点项目。

（四）国家电子口岸委各成员单位加大电子口岸建设支持和参与力度

工业和信息化部加强电子政务规划指导，编发了《国家电子政务“十二五”规划》，优先推进大通关等重点业务协同应用。公安部指导下属部门与交通、铁路、海关、质检、民航等部门合作推动出入境人员联网信息共享。交通运输部加强与海关、质检等部门的横向联系配合，研究推动多式联运、船舶联检、危险品、舱单及海事等相关数据的共享。铁道部进一步加强铁路口岸信息平台的推广使用，积极探索“铁水联运”的建设模式和实现方法，并开展通过电子口岸实现中俄、中哈等国际铁路联运货物电子信息交换的可行性研究。农业部与海关总署密切合作，加强农药进出口电子联网的宣传，开展应用效果评估，积极拓展联网需求，加快推进兽药、苗种等监管证件的联网核查。商务部与海关总署签署《协作备忘录》，进一步拓展部际协作领域和内容，共同推进自动进口许可证联网核查和加工贸易联网审批。海关总署认真贯彻落实国务院各项政策要求，出台了促进外贸稳定增长的若干措施，加快与相关部门的信息共享，推动跨部门联网应用项目，推进进出口企业综合资信数据库建设，开展分类通关、无纸化通关作业改革，提高通关效率，降低企业成本。海关总署、国家质检总局共同推动“三个一”关检合作，在广东地区进行试点，实现一次录入、分别申报。国家税务总局不断提高出口退税效率，与海关总署完善启运港退税、加工贸易退税等电子数据联网传输。国家质检总局与海关总署紧密合作，推动通关单联网核查及原产地证书联网；与铁路部门积极合作推行检验检疫口岸快速查验系统，实现舱单信息共享，支持引导地方检验检疫部门参与地方电子口岸建设，并下发了相关指导意见。民航局研究推进多式联运信息共享，探索航空信息与海关、检验检疫等部门的共享。国家外汇管理局与海关总署共同研究推动货物贸易外汇管理制度改革联动，加强外汇联网监管，提高进出口企业办理收、付汇业务的效率，等等。

二、地方层面建设进展情况

（一）地方电子口岸领导体制逐步健全

电子口岸建设以来，在省一级都签署了地方电子口岸建设合作备忘录，建立以主管省（自治区、直辖市）领导为组长、相关口岸部门为成员的地方电子口岸建设领导小组及其办公室，沿海业务量大的地区创办实体公司、部分内陆业务量小的地区设置事业单位专职从事电子口岸平台建设和运营。目前，全国已建设35个地方电子口岸平台，初步形成了沿海、沿边地区以实体平台建设为主、内陆地区以虚拟平台为主的建设格局，地方电子口岸已成为各地唯一的大通关信息平台。

（二）结合本地区特点，研究提出建设规划和工作任务

上海、浙江、天津、辽宁等省市按照国家“十二五”区域战略发展要求，结合当地经济社会及外贸发展，在全面分析评估电子口岸建设情况的基础上，提出了本地区口岸信息化及电子口岸“十二五”时期的建设目标和任务；福建省围绕海峡西岸经济区发展规划和平潭智慧岛建设，研究制定《福建省电子口岸平台总体技术框架》，服务两岸直接“三通”和大通关机制建设；粤东五市联合制定了《粤东电子口岸总体规划》及《粤东电子口岸实施方案》。

（三）建设一批新的地方电子口岸综合服务项目

广西海运物流服务平台，通过口岸管理部门、港务、船代、货代、企业的互联互通，实现船舶动态、舱单、运输工具、集装箱、运抵报告等信息的共享互传，缩减了单证流转与审批时间，提高了物流效率，降低了企业物流与人力成本。浙江电子口岸义乌小商品出口综合管理信息平台，利用信息化手段将市场采购、外贸代理、仓储发运、货代组货、委托报关等环节全部纳入联网管理，实现源头可追溯，目前联网用户3万多家，超过义乌商户的70%。宁波电子口岸建设口岸监控指挥中心视频与数据监控平台，结合船舶AIS监控系统、GPS监控系统，汇集口岸各单位物流作业监管指挥及运营维护的数据、图像、语音等资源，借助大屏幕拼接墙显示系统，形成一个立体网络的、实时可视化的接收、处理联动指挥平台，提升了口岸综合监管效能。辽宁电子口岸电力进口智能管理系统，运用物联网及GPRS无线传输技术对电量进口情况进行远程实时采集和监控，实现了丹东地区从朝鲜进口电能的智能监控管理，达到了加强口岸部门监管和便利企业合理调度生产作业的双赢效果。粤东电子口岸进出境船舶联检系统，为船公司、船代等企业提供一次录入船舶基本信息和动态信息，分别向海关、检验检疫、边检、海事等部门申报的功能，实现联检部门网上办理进出境船舶联检手续和船舶信息资源共享，简化企业申报手续，提高船舶通行效率；等等。

（四）地方电子口岸互联互通不断加强

浙江、宁波电子口岸加快合作进程，依托中国电子口岸平台，进行功能整合展示，逐步推动宁波—舟山港一体化进程，促进长三角综合性枢纽港口群的联动发展。天津电子口岸依托港口资源，积极与山西、陕西等内陆无水港搭建合作平台，区域辐射作用明显增强。辽宁电子口岸牵头推进黑、吉、辽、蒙四省区东北区域电子口岸建设，取得初步共识。陕西电子口岸牵头推进的陕、甘、宁、青四省区西北区域电子口岸建设，得到积极响应。

（五）各地加强地方电子口岸建设和运营资金保障

辽宁、上海、江苏、浙江、宁波、福建、广州等沿海地区继续保持稳定的资金投入，广西壮族自治区、新疆、湖南等延边内陆地区资金投入逐步加大。同时，地方电子口岸资金保障机制逐步完善，广西创新资金投入模式，逐步形成了自治区财政拨款与地市政府配套的长效资金保障机制，实现了可持续发展；福建将电子政务项目建设和运营维护经费纳入省财政预算，研究制定《福建电子口岸建设专项资金管理办法》。

三、国家电子口岸委办公室加强协调，推进中央和地方两个层面电子口岸建设

（一）组织做好《电子口岸发展“十二五”规划》的编印和宣贯落实工作

组织成立该规划起草小组，全面总结电子口岸建设情况，汇总提炼各成员单位、各地方的应用需求和建设要求，确定电子口岸“十二五”时期重点建设项目，多次征求各成员单位、各地方的意见和建议，形成规划正式报国办印发。《电子口岸发展“十二五”规划》印发后，组织召开国家电子口岸委成员单位全体会议、联络员会议及联系人会议，召开第七期和第八期全国地方电子口岸建设经验交流会，宣讲“十二五”时期电子口岸建设的指导思想、基本原则、发展目标、重点任务，就该规划落实工作进行研讨、部署。研究制订并正式下发《电子口岸发展“十二五”规划分工方案》，明确各项重点任务的牵头部门、参与部门，以及有关职责分工、各项目的负责人

和联系人等，明确责任，分头推进规划落实工作。积极部署该规划地方层面重点建设任务，组织召开地方电子口岸建设经验交流会和地方电子口岸工作座谈会，针对地方层面7个重点项目，结合项目特点及地方实际情况，委托天津、辽宁、上海、江苏、浙江、广州及中国电子口岸数据中心开展相关课题研究。

（二）加大协调，推动跨部门数据共享

加强与相关部门的沟通协调，与交通运输部、商务部、国家税务总局、国家外汇管理局有关部门就信息共享和技术合作进行交流沟通；为满足税务部门办理出口退税业务的迫切需要，积极协调海关总署与国家税务总局相关部门，经过多次沟通协商，确定新增海关“商品名称”数据给国家税务总局。

（三）积极推动地方电子口岸建设

加强对地方电子口岸指导，配合国家区域发展规划的制定和实施，在相关区域规划中明确电子口岸作用；在口岸管理部门与地方政府签署的合作备忘录中，提出加快推进电子口岸建设的要求。推动大通关综合应用项目，协调有关部门向地方电子口岸提供大通关相关数据，解决政府部门与企业通关信息不对称问题；组织召开报关报检“一单两报”系统建设模式研讨会，研究“一单两报”系统全国统一版本建设模式、系统业务需求总体方案。

（四）积极推进跨境贸易电子商务服务试点工作

在国家发展改革委联合商务部、中国人民银行、海关总署、国家税务总局、国家工商总局、国家质检总局等八部委共同推动国家电子商务试点工作框架下，组织做好跨境贸易电子商务服务试点申报、评审、启动部署等工作。按照国家发展改革委和海关总署的工作要求，组织召开地方试点方案评审会，结合各地试点方案申报情况，经过专家评审，确定了郑州、杭州、重庆、上海、宁波等5个城市作为首批跨境贸易电子商务服务试点项目。组织召开试点工作座谈会，听取试点承建单位、跨境电子商务企业、物流企业、支付企业对这次试点的意见和建议。2012年10月，海关总署成立了跨境贸易电子商务试点工作领导小组，并召开试点工作领导小组第一次会议，研究确定了署内各部门职责分工、试点工作任务及工作计划。2012年12月，在郑州组织召开由国家发展改革委、海关总署、5个试点城市政府、试点承建单位代表共同参加的试点工作启动部署会，为试点单位授牌并部署试点工作计划和要求。

（五）加大电子口岸建设宣传沟通力度

加强电子口岸建设部门之间的信息交流与沟通，通过《国家电子口岸工作简报》及社会媒体，及时通报、宣传电子口岸建设成效，定期召开地方电子口岸建设座谈会，交流共享建设经验，推进共性项目移植推广。

同时，中国电子口岸数据中心作为中央层面电子口岸平台的建设运营维护部门，牢固树立为国家宏观经济发展服务、为电子口岸成员单位服务、为进出口企业服务的理念，积极承担跨部委联网应用项目建设，不断提升平台技术支撑和服务保障水平，确保电子口岸高效、安全、稳定运行，并在电子口岸专网利用、安全认证、公共项目推广等方面加强对地方电子口岸的技术支持和服务力度，积极促进电子口岸两级平台的协调发展。

（国家电子口岸委办公室提供）

国家口岸办大事记（2012年）

2月24日

中部六省口岸工作座谈会在长沙召开。为推动落实2012年全国口岸工作的总体思路和部署要求，筹备召开全国口岸工作会议，2月24日，国家口岸管理办公室在湖南长沙召开中部六省口岸工作座谈会。山西、安徽、江西、河南、湖南、湖北省口岸办主要负责人及部分专家参会。座谈会上，与会代表交流了“十一五”时期本省口岸工作取得的成绩和体会，目前面临的困难和问题，“十二五”时期口岸工作的主要思路和重点任务，以及对国家口岸办工作的意见、建议。国家口岸办常务副主任赵福地简要通报了2011年12月9日口岸工作座谈会精神和2012年国家口岸办重点工作部署并作会议小结，充分肯定了中部六省口岸工作取得的成绩，并就如何更好地服务中部崛起、促进中部六省口岸工作科学发展与参会代表进行了沟通交流。同时，他还希望各省口岸办进一步加强对本省口岸工作的调查研究，会同国家口岸办研究提出口岸工作服务本省经济社会发展的针对性指导意见，为促进中部地区经济社会发展提供良好的口岸保障。

5月16日～18日

第十五次口岸工作联络协调机制会议在重庆召开。口岸工作联络协调机制各成员单位（国家发展改革委、公安部、交通运输部、铁道部、商务部、海关总署、国家质检总局和民航局）参加会议，外交部、人力资源社会保障部国家公务员局，北京市口岸办、重庆市口岸办，以及人民日报社、新华社、经济日报社、中央电视台等单位应邀参会。其间，重庆市副市长刘学普会见全体会议代表。会上，国家口岸办常务副主任赵福地通报了第十四次口岸工作联络协调机制会议以来的工作进展情况：一是口岸“大通关”建设取得的成效，重点通报了协调机制各成员单位和有关部门在大通关建设和口岸工作方面所取得的主要成绩；二是口岸重点工作完成情况，重点通报了国家口岸办牵头落实的2011年12月9日口岸座谈会议定事项，特别是于广洲主任在会上提出的“六个一”工作目标的进展情况；三是2012年下半年主要工作设想，重点通报了推进2012年5个方面10项重点工作的主要安排和完成措施。

与会代表围绕国家口岸办的通报和第十四次口岸工作联络协调机制会议议定事项，介绍了本部门为加快口岸建设发展所做的工作，并就下阶段工作提出相关建议，主要如下：外交部建议国家有关主管部门加大对边境口岸查验部门财力、人力投入；国家发展改革委建议尽快制定口岸查验基础设施建设标准；公安部建议各有关部门携手建设安全、顺畅的口岸通关环境；国家公务员局表示积极支持口岸系统开展“和谐口岸”评比表彰；交通运输部建议加大与周边接壤国家口岸合作协调力度，为国际道路运输创造便利的通关环境，加强对铁水联运项目的支持；铁道部建议国家口岸办定期组织相关部门对重点铁路口岸进行联合调研；商务部建议有关部门共同推动区域通关便利化；海关总署建议严格口岸临时开放标准，共同推进口岸正式开放；电子口岸办和电子口岸数据中心建议充分利用电子口岸平台，提升口岸管理服务水平；国家质检总局建议国家口岸办牵头组织有关部门提前介入口岸重点课题研究工作；民航局建议从严控制航空口岸临时审批；北京市、重庆市口岸办建议国家有关部委加大对内陆地区口岸工作的指导力度；中央新闻媒体建议国家口岸办定期汇总与口岸相关的信息，统一向新闻单位发布。

5月30日

外交部边海司、国家口岸办力促新疆巴克图口岸恢复正常通关。巴克图口岸地处新疆塔城地区，与哈萨克斯坦共和国东哈州巴克特口岸相对应，是新疆重要的粮食、棉花、水果、蔬菜出口通道，经该口岸出口的蔬菜占自治区出口总量的50%以上。自2011年12月以来，哈方以国内爆发“口蹄疫”疫情为由单方面关闭巴克特口岸，给塔城地区外贸出口企业和广大出口果蔬种植户造成巨大损失。获知此情况后，国家口岸办迅速致函外交部边海司，商请其就巴克图口岸恢复通关事照会哈方，外交部边海司对此高度重视。经努力，巴克图口岸于2012年5月30日恢复正常通关。

6月6日

《中哈边境口岸及其管理制度协定》在北京签署。经过中哈（哈萨克斯坦）两国外交、口岸等部门近4年的共同努力，两国政府于2012年就签订《中哈边境口岸及其管理制度协定》（以下简称《中哈口岸协定》）达成共识。6月6日，在国家主席胡锦涛和哈萨克斯坦总统纳扎尔巴耶夫共同见证下，海关总署署长于广洲和哈萨克斯坦交通通讯部部长朱马卡里耶夫在北京签署《中哈口岸协定》。这表明中哈在边境口岸的合作方面达成政府间共识，将进一步促进双边之间的经贸发展和友好交往。

近年来，随着贸易发展和跨境交通基础设施的建设，中哈两国对于开放更多口岸和便利通关的需求越来越高，原有的口岸协定（1992年签署）已无法满足实际需要。为进一步提升两国开放合作能力，经我国外交部、海关总署（国家口岸办）等部门与哈方有关部门多次磋商，于2012年5月完成了对协定的修订。《中哈口岸协定》对两国边境口岸的对等设立、开关时间、开放程度、通关管理、设施建设和沟通机制等作了明确约定。

7月17日

国家口岸办召开研究制定地方口岸工作指导意见座谈会。为进一步加大对地方口岸工作的指导力度，促进地方口岸工作水平的整体提升，国家口岸办将出台对各省地方口岸工作的指导意见列为2012年一项重点工作。7月17日，国家口岸办在大连召开研究制定地方口岸工作指导意见座谈会。国家口岸办常务副主任赵福地、副主任白石，北京、天津、内蒙古、辽宁、江苏、河南、湖南、广东、云南和大连等10省（自治区、直辖市）口岸管理部门负责人参加会议。会议通报了国家口岸办进一步加强试点省市口岸工作的有关设想，听取了与会代表对《国家口岸管理办公室关于进一步加快天津口岸发展的指导意见》（初稿）和《国家口岸管理办公室关于进一步加强湖南省口岸工作的指导意见》（初稿）的意见和建议。常务副主任赵福地在小结讲话中介绍了国家口岸办出台地方口岸工作指导意见的总体考虑和基本原则，简要通报了口岸工作在海关总署内独立运行以来的重点工作进展情况及下一步工作安排，并对各地口岸综合管理部门提出4点希望：一是要主动适应形势发展变化，跟上国家口岸工作的总体节奏，形成“共振”；二是要切实强化口岸安全运行意识，为“十八大”召开创造和谐、稳定的口岸环境；三是要不断加大口岸工作宣传力度，主动争取各方面对口岸工作的理解和支持；四是要抢抓机遇，顺势而为，不断提升口岸工作地位和水平。

（国家口岸管理办公室提供）

第二篇

口岸查验监管

2012年海关工作概要

中华人民共和国海关总署

2012年，全国海关坚决贯彻中央决策部署，深入学习领会党的十八大精神，认真践行“四好”总体要求，依法行政，始终牢记把好国门的神圣使命；服务大局，找准海关服务经济社会发展的切入点；从严治关，坚决守住系统性、区域性风险底线；以人为本，不断增强队伍凝聚力和战斗力；和谐共进，营造良好的内外部发展环境，各项工作取得了新的成绩。

一、把好国门有力有效

把加强实际监管摆在更加突出的位置。全年监管进出境货物34.5亿吨，比2011年（以下同比）增长3.8%。进出口查验率、查获率实现“双提高”，查得更多、更准。积极开展监管场所、“水客”、快件“三项综合治理”，开展出口监管“蓝海”行动和查缉非法出版物“清水”行动，运输工具、舱单、监管场所、查验“四位一体”物流监控体系初步建立。分类通关改革、通关无纸化改革、差别化海关作业制度、“两单一审”、关检合作“一次申报”［一次申报（一次录入、分别申报）、一次查验（一次开箱、关检依法查验/检验检疫）、一次放行（关检联网核放）］等试点取得成效，行邮快件监管明显得到加强。企业稽查、减免税核查和保税中后期核查“三查合一”扎实推进，后续监管更为到位。探索横琴、平潭新型管理模式取得初步进展。

海关税收再创历史新高。全国海关上下一心、全力以赴，克服困难，坚持依法征税、科学征管，不征“过头税”。全年税收净入库17 579.1亿元，同比多收1 437.0亿元，增长8.9%。落实进口税收优惠政策和结构性减税政策，全年共减免进口税收536.3亿元，同比增长22.6%。积极实施自贸区战略，牵头20个自贸协定、优惠贸易安排等多双边原产地规则谈判与实施。

打击走私的“国门之盾”行动取得丰硕战果。部署开展19个专项行动，立案侦办涉嫌偷逃税额千万元以上的重特大走私犯罪案件80起。全年查办各类走私案件数为近10年来新高，走私活动高发势头得到有效遏制。全年共立案侦办走私案件17 021起，案值354.7亿元，涉嫌偷逃税额63.6亿元，同比分别增长36.8%、65.2%和62.2%。反走私综合治理取得重大进展，打击北仑河沿线、珠江口水域非设关地走私和“水客”治理取得阶段性成果。立案处理涉及“水客”的各类非法情事1.9万起，案值24.22亿元，涉税4.4亿元；摧毁6个大型“水客”走私网络，打掉团伙47个。反走私工作实现了打得准、叫得响的目标。

认真落实“明法、守法、执法”要求，海关法治化水平稳步提升。扎实推动执法统一性建设，解决了执法领域8个突出问题。加强自主知识产权保护，开展对侵权药品、食品等专项整治，扣留侵权货物1.5万批次。

加强与有关部门沟通协调，在加强海关监管能力等方面得到大力支持，协作配合成效显著，形成共把国门的良好局面。

加强海关国际合作，参与世界海关组织重要事务决策和多边贸易规则制定，签订双边多边等海关事务合作协议文件28项。首次倡议发起全球性联合执法“天网行动”。截至年底，中国海关已对外签署双边合作协议文件104个。

二、做好服务积极主动

2012年，我国外贸进出口总值达38 667.6亿美元，同比增长6.2%。其中，出口20 489.3亿美元，增长7.9%；进口18 178.3亿美元，增长4.3%。全国海关始终把稳增长作为一项重要任务，及时制定改进海关监管和服务的意见、促进外贸增长16条措施，以及支持中小型企业发展、支持企业创新和“走出去”等举措，取消3项海关行政审批和5项进出口环节收费，调整企业分类标准，实现全国海关“12360”服务热线互联互通。2012年“12360”服务热线受理各类问题44万多个，日均1 206个；当场答复40.7万个，转后台处理3.3万个，当场答复率在90%以上。通过一系列“组合拳”，帮助企业减负增效。

认真做好统计分析和监测预警，定期研判外贸态势，及时反映重大突发事件的影响。全年中办、国办采用海关各类监测预警信息310篇。

积极推动《国务院关于促进海关特殊监管区域科学发展的指导意见》的出台。海关特殊监管区域布局更加优化，年内报请国务院批准设立11个综合保税区。主动服务地方重大项目建设。大力推进东莞、苏州加工贸易转型升级试点，以及重庆、成都、郑州、西安、银川等中西部加工贸易梯度转移承接地建设，使其产业结构、对外贸易实现新的跨越。署省、署部合作扎实推进，健全完善备忘录落实制度机制，积极推动开放型经济发展。

发挥口岸管理职能，牵头完成《国家口岸发展规划（2011年—2015年）》，加快口岸开放和验收；依托口岸工作联络协调机制，大力推进口岸大通关建设；制定《电子口岸发展“十二五”规划》。

三、防好风险继续加强

反腐倡廉工作进一步加强，加大“一案双查”力度，得到中央领导充分肯定。深化应用海关执法廉政风险预警处置系统（HL2008），整合完善海关廉政纪律规定，认真整治利益冲突行为。加强廉政文化建设，认真执行党风廉政建设责任制。

深化内控机制建设。启动清权确权，基本摸清海关权力行为的运行底数。运用“制度+科技”手段，实现了64%的执法作业和20%的行政管理内控措施通过信息化系统自动控制。2012年通过内控监督，追补税款12.25亿元，完善规章制度、操作规程146项。

统筹做好巡视、监察、干部监督、督察审计工作，确保海关总署党组重大决策落实。年内组织184个审计项目，离任审计率达到100%。

四、带好队伍扎实推进

深入推进创先争优。开展“四好”主题实践活动。强化为民服务，打造亲民、利民、为民的窗口服务品牌。认真落实“基层组织建设年”各项任务。深入开展学雷锋、学郭明义活动，树立了一批典型。

领导班子结构进一步优化。竞争性选拔和从基层选拔干部工作取得新突破。加大竞争性选拔和竞争上岗力度，2012年首次面向社会公开选拔厅局级职位。干部人事工作满意度比2011年提高2.11分，比在京中央单位高1.89分。在科技、关税、统计系统率先开展专家评任试点，首批分别评任一、二、三级海关专家8名、34名、177名。积极争取机构编制。教育培训和院校建设扎实推进。离退休干部工作得到加强。

落实“海关文化建设年”各项部署，开展“送文化、送欢乐、送温暖”进边关等文化教育活动，推出了一批优秀文化作品。《国门英雄》获中宣部“五个一工程奖”。

继续对基层和边远艰苦地区海关给予支持，对口支援工作取得成效。

同时，海关科技装备建设取得重大进展。H2010工程建设圆满完成。金关工程一期通过国家验收，二期立项在短时间内做了大量积极有效的工作，顺利通过国家立项并全面启动。缉私码头等 6 个重大建设项目及缉私艇、H986 等重大装备升级改造取得突破，对海关监管、打击走私形成长效支撑。

（海关总署办公厅提供）

2012 年出入境边防检查工作概要

中华人民共和国公安部出入境管理局

2012 年，全国出入境边防检查机关坚持“以服务为中心，坚持顺畅通关，坚持严密管控”的新时期边检工作指导方针，结合国家和地方经济社会发展需求，不断创新边检管理政策，推出便利措施，提高执法服务水平，全力营造安全畅通的出入境环境。全年共检查出入境人员 4.31 亿人次，同比增长 4.76%；检查出入境交通运输工具2 504.88 万辆（艘/列/架）次，同比增长 0.82%，圆满完成了各项边检工作任务。

【研究调整边检政策措施，提高服务经济社会发展能力】 公安部出入境管理局积极跟进国家关于横琴开发、上海“两个中心”建设、广州南沙新区开发、云南桥头堡建设、中朝两个经济区建设、深圳前海深港现代服务业合作区建设、振兴东北老工业基地、大图们江区域开发等区域发展规划，研究创新边检政策，出台了往来粤港一次性小汽车试行 24 小时直接过境免办边检手续，以及北京、上海对部分国家人员实行 72 小时过境免签等边检配套政策。全国边检机关立足口岸实际，主动服务地方经济社会发展的重点项目。上海边检总站会同有关部门认真做好试行 24 小时直接过境旅客免办边检手续工作，取得了良好的试行效果。北京边检总站积极研究 72 小时过境免签配套边检措施，从免签申报、临时入境许可式样，以及与出入境管理部门、机场当局及航空公司协作配合等方面提出了意见建议。珠海边检总站在横琴口岸试行部分需扶助人员乘坐 5 座及以下车辆随车办理边检手续。海口边检总站与省旅游委共同举办了旅行社出入境旅客业务专员培训班，为海南 15 天免签旅游团入出境提供优质服务工作。新疆边防总队在中哈霍尔果斯国际合作中心实施了车辆一站式检查措施。云南、广西边防总队根据公安部出入境管理局批复，对持“出入境通行证”人员从同一口岸出入境简化了验讫章加盖手续，减少了持证人的换证频率。辽宁丹东边检站为赴黄金坪岛开发建设人员提供通关便利，积极推进中朝两个经济区建设。

【贯彻落实公安部便民措施，进一步提高边检服务水平】 公安部于 2012 年 1 月 1 日起实施包括扩大自助查验通道适用范围、提供查询本人出入境记录服务等 12 项便民措施。全国边检机关按照公安部出入境管理局部署，明确责任分工，细化工作流程，扎实做好各项工作，确保各项便民措施落实到位。上海、厦门、天津、青岛等地边检站配合邮轮母港建设，进一步明确了登陆和登轮证件受理、审批、签发工作流程，签发“年度多航次有效登陆证”，为船员登陆提供便利。深圳边检总站改造了跨境学童专用通道，设置跨境学童交接区，在深圳湾边检站试行了深港走读学童电子标签查验模式。天津机场、西安、乌鲁木齐等边检站实施旅游团信息网上申报，便利旅游团出入境。各地围绕服务对象的需求和期待，在职权范围内推出了一些新的便民措施。深圳湾边检站将出境候检大厅划分不同区域，实现普通旅客、需扶助旅客、自助通道旅客三向分流，有效缩短旅客候检时间。内蒙古自治区甘其毛都边检站积极改造口岸设施，实现不同类型出入境车辆分流，提高车辆通关速度。

【创新边检管理模式，提高边检科学化管理水平】 公安部出入境管理局于 2012 年 6 月份在上海召开港口边检管理改革现场会，明确了海港边检勤务改革的方向，部署全国边检机关开展港口边检管理改革工作。公安部边防管理局于 2012 年9 月份在大连召开现役港口边检创新座谈会，对现役港口边检管理创新作了部署。各海港边检站按照公安部出入境管理局的部署，积极创新港口边检管理，在风险评估、信誉管理、协作机制和情报调研等方面做了有益的探索，港口综合管理能力和效率得到提升。上海、天津边检总站通过实施风险评估、信誉管理和情报调研，对国际航行船舶和港口实现了分级分类管理的目标。厦门边检总站明确边检、船方、码头、代理在国际航行船舶管理中的责任，构建边检机关主导、相关单位共同参与的综合防控体系。海口边检总站对不同港区进行分类管理，制定和完善港口边检管理改革工作的配套机制。深圳盐田、蛇口、大铲湾边检站试行风险评估及信誉管理系统，建立了与码头、船舶公司、港区内其他经营企业及联检单位的协作共管机制。辽宁边防总队推广应用边检网上报检平台和门户网站，建立了锚地协作共管、船舶风险评估和诚信管理机制。福建边防总队开展码头分类管理，引入诚信管理和定量评估机制，依据考评结果实施不同等级管理。同时，各边检站积极推进勤务模式改革，结合本口岸实际，加强对旅客流量与执勤警力动态关系的研判，科学安排民警执勤、培训、休息时间，提高了勤务组织管理的精细化水平。上海机场边检站通过调整勤务班次，实施旅客高峰期动态警力支援，减少了民警在岗时间。厦门高崎边检站采取科队领导上台验证、增加双章检查员数量的措施，积极落实顺畅通关服务承诺。广州白云边检站实行小单元执勤，根据旅客流量错时上下班，实现了旅客高峰期警力充足、低峰期警力合理。珠海拱北边检站实行四班人员三班倒，“滚动式”调配警力，将当天旅客低峰时部分班次警力充实高峰执勤队，解决高峰时警力不足的问题。

【夯实执法基础工作，提高执法规范化水平】 公安部出入境管理局规范了接收境外遣返我国内地居民工作，进一步明确“先核查，后遣返”的原则。北京边检总站组织执法案卷观摩活动，以实物展示结合办案民警现场讲解的形式，交流案卷文书制作的经验做法和创新举措。上海边检总站通过探索建立柔性执法机制，主动加强对航空公司的指导和培训，加大对出入境人员的政策宣讲，上半年查处航空公司违法案件同比减少27%，查处非法居留案件同比减少10%。珠海边检总站组织汇编执法规范化文件，分类制作示范案例，形成一套标准化、定式化的执法办案指南。广州边检总站采取交叉互评的方式，开展季度执法质量考评，有效提升了各边检站的执法水平。江苏、黑龙江边防总队通过现场检查、视频巡视等方式，加强对边检站勤务组织、执勤执法等工作督导检查，形成及时反馈、定期通报制度。

【推进岗位能力建设，提高队伍的整体业务素质】 公安部出入境管理局在制定《岗位基本能力标准》和《考核实施办法》的基础上，会同公安部边防管理局组织深圳、北京、上海、广州、珠海等边检总站及广西、福建、内蒙古、浙江等边防总队编发了岗位能力考核题库，共5.7万道题240余万字。各边检总站、边防总队结合本单位实际情况，认真制定考核实施方案，积极开展业务培训，定期组织模拟考核。北京、上海、广州、深圳、珠海边检总站及辽宁、浙江边防总队按照公安部出入境管理局要求成立专项课题组，会同相关总站、总队编制了48个精品课程。北京边检总站针对证件鉴别、资料录入等考核项目制作了专门的培训课程，在一线执勤单位巡讲，帮助民警尽快熟悉考核形式。上海边检总站组织全总站范围的抽测，针对考核发现的薄弱环节，开展专题业务学习和训练。珠海边检总站将岗位基本能力考核纳入2012年新招民警培训课程，要求所有新警培训结束前通过考核。

【加强证件研究工作，提高证件研究专业化水平】 公安部出入境管理局调整和成立了新的证件研究室，各边检站积极开展证件样本采集整理工作，提高证件研究信息报送质量，推动全国出入境证件研究工作均衡发展。公安部出入境管理局与澳大利亚移民部合作，分别在上海、广州组织了两期证件鉴别培训班，对86名一线证件研究骨干力量进行了培训，与国际移民组织合作编写了对外培训的证件鉴别教材。各边检总站、边防总队注重提升执勤人员证件鉴别的整体能力，通过自主培训、交流学习等形式，提高基层检查员识别伪假证件的能力。深圳总站建立了证件研究人员准入机制，组织准入资格考试，充实了证件研究专家队伍。珠海总站制定了《后台证件鉴别工作规范》，明确了后台证件鉴别人员的岗位设置和职责分工，规范了证件送检与鉴别流程，使证件鉴别工作走上了规范化、专业化、标准化道路。此外，公安部出入境管理局以证件研究工作为载体，积极推进证件研究工作走出去，为美国、英国驻华使馆和部分银行的员工提供证件鉴别培训。

【强化科技应用，信息化水平不断提升】 公安部出入境管理局通过建设梅沙辅助验放系统，实现对录入信息与发证信息、出入境记录的自动校验，以及快捷提取基础资料信息功能，有效提高前台录入的工作效率和准确性，降低了录入差错，减轻了一线检查员的工作量和工作压力。通过升级自助通关系统，统一全国自助通关人员数据，实现了“一地备案，全国通行”的目标。通过认真组织申报部级技术评奖工作，北京边检总站的“出入境边防检查无线验放系统”和广州边检总站“出入境船舶动态监管系统”项目分别获得2012年度公安部科学技术三等奖。各级边检机关注重提高保障能力，加强对技术设备的运行维护，完善技术应急预案，明确岗位责任，细化技术故障处置流程，确保了梅沙系统和查验设施设备的正常运行，为边检业务工作提供了有力保障。

【以边检国际合作为媒介，加强与各国移民机关的交流合作】 公安部出入境管理局于2012年8月份成功举办了29个国家和地区参加的口岸通关移民管理与服务国际研讨会，介绍了中国边检服务工作情况，提高了中国边检机关国际影响力。同时，公安部出入境管理局继续加强与德国、韩国、法国、荷兰、越南、朝鲜等国移民部门及国际移民组织的交流与合作；建立了北京机场边检站和韩国仁川机场出入国管理事务所之间的工作互访机制；深化与澳大利亚移民部门在证件研究领域的合作，继续派证件专家赴澳大利亚学习；牵头跟进巴厘进程、APEC、中朝、中蒙、中越、中老等15个固定国际合作（会议）机制。北京、上海边检总站通过与德国联邦警察总局法兰克福、慕尼黑分局的互访，进一步强化了双方执法合作。深圳、珠海边检总站与香港、澳门出入境管理部门保持密切沟通，共同做好口岸客流高峰期的旅客疏导分流工作。福建边防总队与澳大利亚新南威尔士州移民局在福州机场举行业务交流座谈。新疆阿拉山口、黑龙江黑河等陆地边境口岸边检站与邻国对口部门共同开展提高边检服务水平工作，增进了双方的相互理解与信任，拓展了合作的深度和广度。通过开展交流合作，跟进掌握了相关国家、地区边检工作的最新发展趋势，宣传和展示了中国边检机关在服务和管控方面取得的成果。

（公安部出入境管理局提供）

2012年出入境检验检疫工作概要

中华人民共和国国家质量监督检验检疫总局

2012年，在党中央、国务院的正确领导和各级党委、政府的大力支持下，全国出入境检验检疫系统在邓小平理论、“三个代表”重要思想的指导下，深入贯彻落实科学发展观，围绕迎接党的十八大召开和贯彻党的十八大精神，以科学发展和转型发展为主题主线，积极发挥质检职能作用，全力以赴抓质量、保安全、促发展、强质检，细化措施，狠抓落实，各项工作取得了明显成效。

一、全面开展质量发展规划工作

2012年2月，国务院正式颁布《质量发展纲要》（以下简称《纲要》），明确提出建设质量强国的奋斗目标，国家质检总局将学习宣传《纲要》作为抓质量的新起点，大力宣传《纲要》、宣传质量强国，掀起了学《纲要》、用《纲要》的热潮。联合中组部、国家发展改革委等17个部门建立质量工作部联席会议制度，协调34个部门起草和组织实施2012年质量行动计划，推动27个省（自治区、直辖市）政府出台实施质量强（兴）省战略的政策措施。深入开展“3·15国际消费者权益日”、世界标准日、计量日、认可日、质量月等活动。质量月期间，王岐山副总理出席首届中国质量发展论坛并作重要讲话。协调教育部首次增设质量专业本科目录。建成140多家中小学生质量教育社会实践基地，开展万名大学生质量安全志愿服务活动、万家企业质量诚信承诺活动及千家食品企业质量安全承诺活动。全国评比达标表彰协调小组批准设立“中国质量奖”，23个省（自治区、直辖市）、90个市（地、州）设立政府质量奖，25个城市成为首批“全国质量强市示范城市”，13个工业园区成为首批“全国知名品牌创建示范区”。经严格考核，全国重点推介的出口食品农产品质量安全示范区从55个增加到90个。质量诚信体系建设加快，10余个省（自治区、直辖市）将质量诚信纳入全省社会信用征信体系。211家企业被评定为检验检疫信用管理AA级企业，29家企业被列入出口食品违规企业名单。建立产品质量监督约谈制度，首次就产品质量问题集体约谈化肥抽查不合格企业和电梯抽查存在问题企业。完善产品“三包”制度，制定《家用汽车产品修理更换退货责任规定》，起草家用汽车质量担保主要零部件目录及相关国家标准，着手建立全国汽车“三包”信息管理系统和技术咨询专家库。推动企业广泛开展群众性质量活动。组织开展“计量服务走进万家中小企业”活动，有567家企业通过测量管理体系认证。备案进口食品境外出口商和代理商26 806家，进口收货人9 218家。

二、加大质量安全风险管理和检验检疫监管力度

成立国家质检总局产品质量安全风险监测工作领导小组，启动全国产品质量安全风险监测协作网，开展了18类重点工业产品质量安全风险监测，共排查出风险点2 400多个，制定并落实防范整治措施2 100多项，检查生产企业23.6万家，发现并依法处理问题企业4.5万家。持续做好食品生产加工环节风险监测工作，全年监测样品约4万个，获得监测数据40多万条。印发《计量突发事件应急预案》，对计量器具安全隐患进行风险研究和评估。对39 156批退运商品、

1 680起通报召回案例依法进行调查。组织对进口的12 220批次乳制品中的3 421批次进行全项目检测，基本覆盖了我国进口乳制品的所有品种和品牌。建立质量安全风险、疫病疫情和强制性产品认证风险的预警通报体制，先后发布进出口工业品质量安全风险预警 143 个，发布进出口食品安全风险警示通报 190 个，发布疫病疫情警示通告 25 个，通报强制性产品认证风险信息 53 条。加大了网络舆情监测力度，及时编发多种舆情信息刊物。整治质量安全重点问题，对电线电缆等 9 种 CCC 目录内产品开展专项整治，查处无证或不符合认证要求的企业1 364家。处置各类食品安全问题 83 起次，组织排查同类企业6 408家次，抽检同类产品样品5 313个，立案查处问题企业10 997家；查处酒类案件1 681起，查获假酒货值 11. 16 亿元，查处窝点 202 个。开展特种设备“打非治违”专项行动，取缔无证生产企业 150 家，责令整改各类问题 6 万余个，全年事故死亡率下降 10% 以上。督促企业严把质量安全关键控制点，严格落实质量控制、出厂检验、注册备案等制度，规范生产经营行为。动态调整生产许可管理目录、强制性产品认证目录和进出口商品法检目录，取消电焊条、验配眼镜生产许可，对矿用橡套软电缆等 8 种产品不再实施强制性产品认证，将 255 个编码调出法检目录，将涉及食品添加剂、危险化学品、稀土产品的共 242 个编码纳入进出境检验检疫监管，强化了发证后监管、进出口商品检验监管和疫病疫情检疫措施。严打质量违法行为，共出动执法人员 246 万人次，查办各类案件 16 万多起。开展加油机、热量表计量专项监督检查，电子计价秤专项整治，查处计量违法行为近4 000起。开展对违法翻新改造气瓶、假冒游乐设施等的专项整治，取缔一批气瓶检验站，封停大型游乐设施 350 台（套）。向公安机关移送案件1 687起，同比增长 41. 7% 。

三、加强口岸综合能力建设和疫病疫情防控

参与 21 个对外开放口岸审理和验收工作，研究制定了进一步加强口岸检验检疫设施、口岸综合能力等建设的指导意见，组织交流检验检疫集中查验建设工作经验做法。积极推进集中查验和电子闸口建设。首批 18 个直属出入境检验检疫局 61 个口岸通过世界卫生组织口岸核心能力达标单位的检查考核。2012 年各地检验检疫部门共查验出入境人员 3. 63 亿人次，发现患有传染病疑似病例 2. 56 万例，同比分别增长 5. 83%、116. 95% 。开展传染病监测体检 118. 7 万人次，检出各类传染病7 140例，预防接种 112. 86 万人次。开展朝觐体检14 804万人次，预防接种14 159人次。截获输入性医学媒介生物1 417种，共449. 1 万只。在口岸区域内开展食品卫生监管37 447次，发现不合格1 049次。报告核与辐射超标事件1 920起。进出口农产品检验检疫 158. 5 万批，价值1 001亿美元，截获有害生物 48. 4 万次3 999种。全国各口岸通过旅、邮检截获禁止进境物 29. 9 万批次。查验进出口食品 221. 6 万批749. 6 亿美元，检出不合格进口食品10 615批，检出并禁止出口不合格食品 494 批。检验进出口商品1 353. 5万批12 794. 5亿美元，检出不合格进出口商品 8. 6 万批 526. 7 亿美元。检验进出口危险化学品及其包装 18. 01 万批，检出不合格5 597批。

四、加强基础保障能力建设

进一步完善法规体系，正式发布《缺陷汽车产品召回管理条例》。全国人民代表大会对《特种设备安全法》进行了首次审查。计量法、卫生检疫法、限制商品过度包装条例、进出口食品安全条例、设备监理条例立法工作得到推进。与农业部联合发布《中华人民共和国禁止携带、邮寄进境的动植物及其产品名录》，修订了《出入境人员携带物检疫管理办法》。清理规范性文件1 083件。进一步夯实法治工作基础，开展乳制品法规制度和检验检疫行政强制实务研究，产品召回制度和进出口食品安全办法评估取得阶段性成果，加强全系统行政复议统计库及检验检疫行

政处罚统计库建设。进一步加大政务公开力度，深化行政审批制度改革，办理依申请公开政府信息事项 218 件，处理复议申请 288 件。开展质检法制文化建设年活动，建立并完善行政处罚裁量权基准制度。加强技术机构建设，批准筹建国家质检中心 35 家、国家检测重点实验室 17 家，批准建立国家型式评价实验室 11 个。各直属出入境检验检疫局与质量技术监督局“12365”电话全部实现连通。加强科技人才培养，完成出国（境）培训项目 18 个，培训人员 294 人次，引进发达国家专家 13 人次，对 7 个科研和管理项目进行咨询、指导、培训上千人次，选派 17 名高级专家分别赴云南和贵州开展技术咨询服务。加强质检科研工作，争取国家科技计划立项 23 项，质检公益性行业科研专项 116 项；2 个项目荣获国家科技奖励，其中 1 个项目获国家科技发明二等奖。加强技术机构的管理，建立产品质量检验机构工作质量分类监管制度，制（修）订实验室管理条例、国家产品质检中心管理办法、实验室和检查机构资质认定管理办法，规范食品检验机构委托检验行为。以质检文化、基层能力、干部队伍、党的建设、反腐倡廉、内部审计、质检形象等各方面为抓手，加强和谐质检建设。

五、进一步推进“大通关”建设

大力推进进出口企业诚信体系建设，总结检验检疫诚信管理工作经验，组织修订了《出入境检验检疫企业信用管理工作规范（试行）》。深入开展检验检疫窗口建设，进一步完善窗口建设规范。大力推进国际电子证书联网核查，已与美国、加拿大、荷兰、智利、德国、韩国、印度尼西亚、比利时、新西兰等国进行电子证书合作交流，有 15 个国家近 200 名官员使用我国电子证书系统。全力推进中国电子检验检疫主干系统研发，完成了中国电子检验检疫主干系统“数据、应用全国大集中”建设方案等工作并按计划推进研发。顺利实施进出口电子监管系统。

六、严格处置突发事件

积极有效地处置了新型冠状病毒疫情、黄曲霉毒素超标、工业明胶、问题蜜饯、问题汽油、可口可乐氯污染、进口雷诺汽车缺陷、大众 DSG 群体投诉、假冒游乐设施、进口麻醉系统不符合标准、伊利部分乳粉汞含量异常、韩国农心方便面含致癌物、进口菲律宾香蕉、输德问题草莓、输美宠物食品涉美投诉等突发事件和热点问题。加大正面宣传，引导社会舆论，完善新闻发布制度，召开新闻发布会 12 场，发布重要质检新闻 665 条。

七、推动区域经济协调发展

与河南、黑龙江、浙江等省政府签署合作备忘录，出台了国家质检总局促进贵州、南京、宁波发展的意见，支持中西部地区企业申请绿色通道。研究平潭综合试验区、横琴创新通关检验检疫实施方案，发布中哈霍尔果斯国际边境合作中心中方区域检验检疫监管办法，参与研究制定海南离岛免税政策的实施效果评估和调整方案。出台促进国际邮轮产业发展的指导意见，组织召开首届国际邮轮卫生检疫研讨会。积极抓好地理标志产品保护。与青岛、宁波市政府有关部门及杭州婴童产业协会签署合作备忘录，在安徽、贵州、江西、宁夏面向企业开展技术性贸易措施宣讲活动，直接服务企业转型升级。

八、促进对外贸易稳定发展

积极贯彻落实国务院促进外贸稳定增长的若干意见，迅速出台并严格执行 6 个方面 17 条措施，认真执行检验检疫收费调整政策。积极应对国外技术性贸易措施，实现砂梨输美、葡萄输澳，恢复木制工艺品对美出口，推进东盟、中日韩、中澳等自贸区建设，签发普惠制原产地证书和区域性优惠原产地证书 374 万份，获得国外关税减免146亿美元。组织开展服务外贸企业检验检疫知识宣讲活动。积极推动出口企业对外注册，新增224家国外注册食品生产企业。圆满完成青岛亚沙会、天津夏季达沃斯论坛、海峡两岸农产品贸易洽谈会、中国东盟博览会、中国亚欧博览会等重大国际活动的检验检疫服务保障任务。成功举办第三届中国东盟质检部长（SPS合作）会议。配合国家领导人高层访问5次，陪同国家领导人接待3位国家元首。国家质检总局领导率团访问20个国家和地区，举行部级磋商50余场。与美、欧等9个重要贸易伙伴磋商90多个重要质检议题，新建双边部级磋商合作机制2个，新签质检合作协议74项。经国务院批准，代表中国政府正式参选联合国框架下的金伯利进程2013年度副主席。配合外交外贸需要，落实31亿元援外物资检验。承办11期援外培训项目，培训73个国家283名检验检疫官员。

（国家质检总局通关司提供）

2012 年海事工作回顾

中华人民共和国交通运输部海事局

2012 年是实施海事“十二五”规划、推进海事科学发展的重要一年。在交通运输部和各级地方政府的正确领导下，海事系统坚持以科学发展观为指导，紧紧围绕水上交通安全监管中心工作，认真践行“三个一”理念，扎实推进“四型海事”建设，全面履行海事职责，圆满完成了各项目标任务。

一、安全形势持续稳定

2012 年，全国共发生运输船舶交通事故 270 件，死亡失踪 277 人，沉船 165 艘，直接经济损失 4.66 亿元，与 2011 年同期相比分别下降 9.4%、4.8%、5.7% 和上升 19.0%。一是切实加强源头治理。健全水上交通安全形势月度分析制度，加强事故规律研究，完善安全监管措施。深入开展通航安全影响论证与评估，强化涉水工程全过程监管。规范现场复核要求，深入推进船舶吨位丈量统一管理。制定自卸砂船检验技术要求，提升重点船舶安全技术保障水平。全面启动船员履约过渡期培训，顺利完成了师资培训工作。严格安全体系审核，6 家公司、4 艘国内航行船舶被吊销安全管理证书。出台《船舶标志电子标签管理办法》，加强船舶身份识别。上海、江苏、浙江、安徽等海事局加强区域合作，实现了船检资源共享。云南、陕西等地制定《内河小型船舶船员适任考试和发证办法》。二是深入排查安全隐患。以开展“安全生产年”活动和“打非治违”为契机，认真开展客渡船乘客定额复核、砂石运输船联合治理、水上危险品运输安全和污染风险隐患排查等专项活动，努力杜绝违规违章行为。安徽、陕西等地方海事局对辖区水上交通安全隐患进行拉网式排查，对隐患和漏洞挂牌督办。浙江海事局以通航桥梁等为重点彻底排查安全隐患，辖区通航秩序持续改善。广东海事局开展中小海轮专项整治行动，到港船舶安全状况逐步好转。三是全面加强现场监管。全年共对 12.2 万艘次船舶进行了防污染检查，PSC（港口国监控）和 FSC（船旗国检查）检查同比分别增长 6.4%、3.5%。推进实施《中国沿海船舶定线制总体规划》，优化航路和锚地设置。组织开展长期停航船舶普查，切实加强停航船舶安全管理。江西地方局设立三道“拦截检查线”，严厉查处超载行为。山东、江苏、长江等海事局深入推进网格化管理，监管效率明显提升。四是通力打造共管格局。建立健全水上交通安全监管长效机制，强化企业主体责任，打造齐抓共管的工作格局。贵州海事局推动水上交通安全监管经费纳入同级政府财政预算，并作为安全目标考核内容。上海海事局与水务、环境等涉水单位共同建立内河安全联防联动机制。深圳海事局组织引导港航企业和涉海部门等 100 多家单位，合力打造“海上安全服务链”。

二、服务水平不断提升

一是全力保障民生安全。全面加强渡运安全管理，全国已有 27 个省（自治区、直辖市）完成渡口渡船专项整治并验收达标。开展“救生衣行动”，提高客渡船救生设备配备要求。免费为内河四级以上航道 100 总吨以下客船和部分界河航行船舶安装 AIS（船舶自动识别系统）设备 4 520套。重庆海事局推动市财政出资，每年为全市农村客运船舶统一购买承运人责任保险。四川海事局推进公益性渡口建设和渡船技术改造，改善了群众出行条件。河南海事局实施库区安全监管设施建设“八个一”工程，保障库区游客水上交通安全。二是倾力提供航海保障。推进内河AIS岸基网络系统建设，并实现了与沿海AIS岸基网络的互联互通。长江干线甚高频无线电监测系统基本实现全线覆盖。提升航标和测绘服务质量，实施海区航标升级换代和配布调整，完善海区助航服务体系，全年航标正常发光率达99.94%，维护正常率达99.99%。三是助推航运转型发展。出台《“十二五”推进船舶节能减排实施方案》，稳步开展LNG燃料动力船舶试点工作。举办“世界海员日”系列活动，营造全社会关心航海、关注海员的良好氛围。天津海事局成立了首个船员行业服务协会，汕头海事局建立了服务海员工作机制。江苏海事局实施号牌制和弹性限航等措施，船舶通过苏北运河由15天~20天缩短到5天~7天。上海海事局在船舶保税登记方面取得突破，降低了国际航运船舶营运成本。山东海事局通过船舶抵押登记，协助航运、造船企业融资14.5亿元。四是服务地方经济建设。围绕建设上海国际航运中心、长江黄金水道、海峡西岸经济区等国家战略，在口岸开放、临港经济开发、涉水工程建设等方面提供专业支持和安全保障。积极服务港珠澳大桥、泰州长江大桥、西气东输等重点工程项目建设。青海海事局主动做好第八届国际抢渡黄河极限挑战赛的服务保障工作，海南海事局推出服务三沙经济社会发展七大举措，福建海事局创新举措服务两岸直航。

三、规范管理深入推进

一是持续提升依法行政能力。推动国务院批准出台了《船舶油污损害赔偿基金征收使用管理办法》，推动修订出台《内河交通事故调查处理规定》等4个部令和《非冷冻液化气体罐柜充灌要求》等3个部颁标准。制定了海事行政执法督察管理办法，开展了专职督察人员培训，进一步规范行使自由裁量权。地方立法取得重要进展，河北海事局推动出台《河北省内河交通安全管理规定》，重庆海事局推动修订实施《重庆市水上交通安全管理条例》。二是大力加强正规化建设。规范海事船舶和制服装具管理，实施直属海事系统公务车辆编制管理。印发了窗口单位深入推进“四型海事”建设实施意见，开展VTS（船舶交通服务）品牌创建。江西、浙江等海事局开展执法标志、执法证件、工作服装和执法场所外观的“四统一”工程，山西海事局明确了队伍建设、文明执法等7个方面的建设标准和具体要求，山东、广东、长江等海事局大力开展基层单位标准化建设，规范管理水平明显提升。三是逐步提高综合管理质量。强化目标考核，建立运行质量管理体系。狠抓预算管理，年度预算执行率提高至97%。强化内部财务管控，扎实推进公务卡结算。加强港口建设费征管工作，在费率降低20%的情况下，全年累计征收171亿元，同口径涨幅超过50%。安徽地方局规范车船管理工作，组织开展工作趸船和海巡艇配备标准研究。深圳海事局实施预算执行目标责任制，强化了经费执行督查。

四、软硬实力协调发展

一是信息化建设扎实推进。加快实施信息系统顶层设计，推进“智慧海事”建设，筹建中国海事局船舶动态监控中心。升级改造海船船员和船舶动态管理系统，初步实现系统互通、数据共享。船舶远程电子签证工作试点取得阶段性成果。在非水网地区推广使用船检发证集中管理系统。四川采用“电信建设、政府租用、海事使用”模式，加快码头和船载视频监控系统建设。吉林地方海事局建成船舶动态信息化管理系统，加强对重点水域船舶和冬季不封冻渡口的实时监控。江苏海事局初步建成综合管理信息平台，实现了内部业务管理系统的有机整合。二是装备设施明显改善。全年直属海事系统在建基本建设项目180个，大连船舶溢油应急设备库等39个工程交付使用。加快船艇建设，12 艘 60 米级巡逻船同时开工，大型巡航救助船“海巡 01”进入后期建设，3 艘中型溢油回收船交付使用。通过转移支付和集中采购方式，为中西部地方海事局配备了 35 艘巡逻船。三是科技应用不断深化。制定了中国海事局科技发展纲要和科技项目指南。加快 LRIT（船舶远程识别与跟踪系统）国家数据中心建设，试点开展 LRIT 系统应用和服务。研究探索无人机应用，大力推进立体巡航。加强北斗卫星导航系统在水上搜救演习和人命救助等方面的应用。加强海事调查、溢油鉴定等实验室建设，完成了内河水域船舶溢油应急体系等课题研究并取得重要成果。

五、应急能力稳步提升

一是应急机制更加完善。推进建立了国家重大海上溢油应急处置部际联席会议制度。加强搜救综合训练基地建设，进一步提升水上应急能力。推动出台了《河南省水上突发事件应急预案》、《天津市防治船舶溢油污染海洋环境应急能力建设专项规划》，推动成立了云南省水上搜救应急中心。二是演习演练继续强化。举行“2012 年海峡两岸海上联合搜救演练”、“东海民用航空器遇险联合搜救演习”、“西北太平洋四国溢油应急通讯演习”，赴境外参加“中韩联合海上溢油应急演习”。甘肃、新疆等地方海事局结合辖区实际，积极开展水上突发事件应急演练活动。三是应急处置妥善有效。积极采取措施，缓解电煤压港，迎战长江枯水和黄河特大汛情，防抗“苏拉”、“海葵”等台风和渤海湾冰冻。成功处置“雅典娜”轮自沉、“巴莱里”轮触礁等多起重大事故。妥善处理“祥华门”轮在伊朗遭海盗劫持事件，29 名中国籍船员顺利获救。全年组织协调海上搜救行动1 954次，获救人员16 392人，救助成功率达 96. 7%。

六、交流合作不断深化

一是拓展双边多边交流。落实第四轮中美战略与经济对话成果，圆满完成“海巡 31”船出访夏威夷任务。举办中国—东盟海事磋商机制第八次会议。加强与俄罗斯、澳大利亚等国海事主管机关的交流合作。开展中韩班轮联合 PSC 检查，参与中老缅泰澜沧江—湄公河联合巡逻执法，推进签署《中俄界河海事合作备忘录》。二是深化部门区域合作。推动交通运输部与海关总署签署合作备忘录，在便利通关、危险货物查验等方面建立协调联动机制。分别联合农业部、水利部，加强水上交通安全管理和长江河道采砂管理。深化护航军地合作共建模式，配合完成海军护航编队赴亚丁湾、索马里海域。加强区域联动，全力保障京杭运河畅通。云南、贵州地方海事局和广西海事局等单位联手加强跨省共管库区监管，建立长效机制。三是提升履约立约能力。全面建立直属海事系统履约体系。如期完成 STCW（1978 年海员培训、发证和值班标准国际公约）公约马尼拉修正案的履约准备工作。顺利接受了欧盟海事局对我国船员培训、考试和发证体系的评估。首次担任国际海事组织 DSC 分委会主席。认真组织参加国际会议，提交了 11 份提案，在海运温室气体减排等方面切实维护国家利益。

（国家海事局提供）

第三篇

全国口岸运行情况

全国口岸2012年度运行情况的通报

国家口岸管理办公室

2012年是贯彻落实《国家口岸发展规划(2011年—2015年)》的开局之年，也是口岸事业承上启下的重要一年。综合分析全国口岸运行状况，有针对性地加强口岸开放与管理工作，是促进口岸工作又好又快发展的一项重要的基础性工作。为进一步加强口岸科学管理，现将2012年度全国口岸运行情况通报如下：

一、口岸运行基本情况

截至2012年年底，全国共有经国务院批准的口岸285个。全年通过全国口岸进出的货运总量达28.47亿吨，其中水运口岸26.98亿吨，铁路口岸0.49亿吨，公路口岸0.92亿吨，航空口岸0.08亿吨（此次统计数据为口岸外贸货物吞吐量，既包括从口岸直接进出口的货运量，也包括从口岸转关的货运量，与往年有所不同）；出入境人员达43 103万人次（2011年为41 084万人次，同比增长4.9%，未含持边民通行证进出的人员，下同），其中公路口岸32 273万人次，航空口岸8 331万人次，水运口岸2 000万人次，铁路口岸499万人次；出入境交通工具达2 523.2万辆（艘、列、架）次（2011年为2 482.4万，同比增长1.6%），其中汽车2 407.2万辆次，船舶51.1万艘次，飞机58.4万架次，火车6.5万列次。

其中有18个口岸因统计代码无法分开被合并到其他口岸进行统计，2个内陆铁路、公路口岸未进行统计，7个口岸因对方原因未开放或常年无货运量，8个口岸经国务院批准开放但未满3年，8个沿边口岸（满洲里、阿拉山口、二连、河口、图们、丹东、珲春、绥芬河）根据实际情况按铁路和公路运输方式分别统计。

2012年持边民通行证进出的人员超过2 660万人次，集中在云南、广西、西藏、内蒙古、吉林等省（自治区）。

二、简要分析

2012年口岸整体运行形势趋于平稳，在各口岸部门的共同努力下，全国口岸总体运量水平与2011年相比稳步提升。总体而言，全国口岸通过能力和通关环境不断改善，口岸效益进一步提高。希望各地认真总结分析2012年口岸运营情况，深入查找未达标的原因，按照“十八大”提升开放型经济水平的要求，认真研究分析目前本地口岸开放的布局、结构，以及与各主体功能区、区域发展战略衔接协调的问题，根据《国家口岸发展规划（2011年—2015年）》的总体要求，切实采取有效措施，重视并加强口岸管理，提升口岸管理水平，改善口岸设施，提高口岸运行效率，协调推动沿海、沿边、内陆口岸开放优势互补，充分发挥口岸开放在促进开放型经济发展中的作用。

三、全国口岸统计情况说明

截至2012年年底，共有国家对外开放口岸285个。本次统计仍将全国口岸按属地分为沿海地区、内陆地区、沿边地区3类区域。沿海地区为：辽宁、北京、天津、河北、山东、江苏、上海、浙江、福建、广东、海南11个省（市）；内陆地区为：甘肃、青海、宁夏、陕西、山西、河南、湖北、湖南、安徽、重庆、四川、贵州、江西13个省（自治区、直辖市）；沿边地区为：黑龙江、吉林、内蒙古、新疆、西藏、云南、广西7个省（自治区）。

14个因代码无法分开被合并统计的口岸、4个内陆口岸、8个开放未满3年的口岸不进行达标统计；边境口岸的运行状况受邻国影响较大，政府间协定的口岸未参照“十二五”规划中货（客）运量标准，因此部分边境口岸虽未达标，但未纳入达标率统计；2012年持边民通行证进出的人员超过2 660万人次，集中在云南、广西、西藏、内蒙古、吉林等省（自治区）。详见下表：

合并统计的水运口岸情况表

序　号	被合并口岸	并入口岸	省（自治区、直辖市）
1	东角头港、赤湾港、妈湾港	蛇口港	广东
2	企沙、江山	防城港	广西
3	石头埠	北海港	广西
4	洞头	温州港	浙江
5	大陈、红光	台州港	浙江
6	黄兴岛	舟山港	浙江
7	桦川	佳木斯港	黑龙江
8	绥滨	富锦港	黑龙江
9	绿华岛	上海港	上海
10	渤中	天津港	天津
合计	14	10	

未统计的内陆铁路、公路口岸表

序　号	口岸名称	口岸性质	省（自治区、直辖市）
1	哈尔滨	铁路	黑龙江
2	郑州	铁路	河南
3	河源	公路	广东
4	马鬃山	公路	甘肃

国务院批准开放未满3年的口岸表

序　号	口岸名称	口岸性质	省（自治区、直辖市）	开放时间
1	揭阳	沿海海运	广东	2010
2	靖江	沿海海运	江苏	2012
3	长兴岛	沿海海运	辽宁	2011

续表

序　号	口岸名称	口岸性质	省（自治区、直辖市）	开放时间
4	平孟	沿边公路	广西	2011
5	勐康	沿边公路	云南	2011
6	河口公路	沿边公路	云南	2011
7	阿尔山	沿边公路	内蒙古	2012
8	丽江	沿边航空	云南	2011

运量未达标但列入双边协定不进行达标率统计的口岸表

序　号	口岸名称	口岸性质	省（自治区、直辖市）
1	室韦	公路	内蒙古
2	阿日哈沙特	公路	内蒙古
3	图们	铁路	吉林
4	集安	铁路	吉林
5	珲春	铁路	吉林
6	开山屯	公路	吉林
7	临江	公路	吉林
8	沙坨子	公路	吉林
9	虎林	公路	黑龙江
10	密山	公路	黑龙江
11	逊克	水运	黑龙江
12	孙吴	水运	黑龙江
13	呼玛	水运	黑龙江
14	龙邦	公路	广西
15	河口	铁路	云南
16	打洛	公路	云南
17	金水河	公路	云南
18	普兰	公路	西藏
19	吉隆	公路	西藏
20	红山嘴	公路	新疆
21	阿黑土别克	公路	新疆
22	木扎尔特	公路	新疆
23	卡拉苏	公路	新疆
24	乌拉斯台	公路	新疆

持边民通行证人员进出情况表

序号	国别	人员（万人次）
1	中缅（甸）	1 685.1
2	中越（南）	652.3
3	中老（挝）	77.0
4	中尼（泊尔）	137.4
5	中蒙（古）	68.3
6	中朝（鲜）	44.7
7	中印（度）	1.7

2012 年沿边地区海运口岸运营情况统计一览表

序号	省（区）	口岸名称	外贸货物吞吐量（吨）	排名	集装箱（箱次）	排名	出入境人员（人次）	排名	运输工具（艘）	排名
1	广西	防城，江山港，企沙（企沙）	60 718 166	1	93 549	1	59 635	1	3 146	1
2	广西	钦州港（果子山，钦州）	27 038 030	2	12 635	3	24 590	2	1 226	2
3	广西	北海港，石头埠港（石头埠）	7 599 914	3	37 301	2	17 554	3	1 099	3

表注：1. 该表以“进出口货运量”项递减排序；
2. 口岸名称栏中“（）”内为公安部统计用名称。

2012 年沿边地区公路口岸运营情况统计一览表

序号	省（区）	口岸名称	外贸货物吞吐量（吨）	排名	集装箱（箱次）	排名	出入境人员（人次）	排名	运输工具（辆）	排名
1	新疆	霍尔果斯	16 626 226	1	851	7	774 665	5	71 505	11
2	内蒙古	※甘其毛都	12 389 801	2	164	11	374 469	11	277 137	3
3	新疆	阿拉山口公路（阿拉山口）	10 465 763	3	16 187	1	57 673	23	26 849	22
4	内蒙古	※策克	9 465 946	4	4	18	229 419	15	204 610	5
5	广西	友谊关	2 085 538	5	11 034	3	896 810	4	1 381	44
6	内蒙古	二连浩特公路（二连）	1 881 916	6	9 759	4	1 264 675	3	425 139	2
7	新疆	※老爷庙	1 733 568	7	0	23	41 217	29	40 250	17
8	云南	瑞丽	1 578 014	8	15	17	432 715	10	2 137 405	1
9	云南	※腾冲猴桥	1 454 746	9	0	23	169 984	16	43 794	15
10	云南	河口公路	1 312 820	10	0	23	647 561	7	114 519	8
11	云南	※磨憨	1 004 581	11	0	23	322 060	12	112 258	9
12	内蒙古	珠恩嘎达布其	968 669	12	0	23	78 838	20	60 874	12
13	黑龙江	绥芬河公路（绥芬河）	591 666	13	0	23	672 453	6	60 492	13
14	新疆	伊尔克什坦	581 309	14	222	10	47 236	26	36 977	18
15	新疆	※吐尔尕特	466 263	15	695	8	45 367	27	34 010	19
16	内蒙古	满洲里公路	458 512	16	228	9	1 331 172	2	221 282	4
17	广西	东兴	448 032	17	11 442	2	2 005 910	1	55	47
18	内蒙古	※满都拉	446 834	18	1	22	55 000	25	21 000	23
19	黑龙江	※东宁	333 756	19	0	23	502 725	8	42 932	16
20	新疆	※塔克什肯	304 985	20	0	23	76 257	21	18 819	27
21	吉林	珲春公路（珲春）	278 329	21	4 719	6	317 322	13	19 016	25
22	云南	※孟定清水河（清水河）	265 772	22	0	23	40 442	30	55 895	14

续表1

序号	省（区）	口岸名称	外贸货物吞吐量（吨）	排名	集装箱（箱次）	排名	出入境人员（人次）	排名	运输工具（辆）	排名
23	吉林	圈河	242 900	23	5 478	5	259 984	14	101 156	10
24	新疆	※都拉塔	242 661	24	35	14	43 383	28	20 240	24
25	吉林	※三合	228 026	25	0	23	4 697	41	13 047	31
26	吉林	※南坪	211 935	26	0	23	823	48	14 297	28
27	西藏	※樟木（聂拉木）	173 854	27	1	22	107 918	18	30 430	21
28	吉林	图们公路（图们）	160 283	28	96	12	15 218	37	11 327	32
29	吉林	※长白	151 442	29	2	20	3 767	43	10 501	34
30	云南	畹町	131 123	30	0	23	9 865	38	151 082	7
31	新疆	吉木乃	127 362	31	38	13	138 792	17	11 217	33
32	广西	※水口	103 501	32	0	23	16 669	36	0	48
33	吉林	※古城里	92 006	33	0	23	0	50	0	48
34	新疆	巴克图	77 865	34	4	18	57 606	24	6 721	36
35	云南	※天保	77 521	35	0	23	102 646	19	31 431	20
36	内蒙古	※额布都格	59 501	36	0	23	18 000	35	6 000	38
37	新疆	红其拉甫	59 481	37	1	22	18 232	34	13 193	30
38	内蒙古	黑山头（额尔古纳）	57 039	38	0	23	37 564	31	13 455	29
39	云南	※打洛	49 222	39	0	23	446 504	9	159 315	6
40	吉林	※临江	44 893	40	0	23	1 248	47	3 394	41
41	内蒙古	室韦	36 990	41	0	23	4 110	42	3 901	40
42	黑龙江	※密山	28 460	42	16	16	26 257	33	4 152	39
43	黑龙江	虎林	22 856	43	0	23	8 997	39	2 626	42
44	内蒙古	※阿日哈沙特	22 172	44	0	23	32 561	32	8 302	35
45	广西	※龙邦	21 853	45	0	23	8 390	40	0	48
46	吉林	※沙坨子	14 228	46	21	15	0	50	0	48

续表 2

序号	省（区）	口岸名称	外贸货物吞吐量（吨）	排名	集装箱（箱次）	排名	出入境人员（人次）	排名	运输工具（辆）	排名
47	吉林	※开山屯	11 872	47	2	20	2 484	45	2 484	43
48	云南	※金水河	4 430	48	0	23	3 281	44	6 720	37
49	新疆	※乌拉斯台	1 009	49	0	23	113	49	66	46
50	西藏	※吉隆	579	50	0	23	0	50	0	48
51	新疆	※红山嘴	109	51	0	23	1 965	46	223	45
52	西藏	※普兰	26	52	0	23	0	50	0	48
53	新疆	卡拉苏	0	53	0	23	0	50	0	48
54	新疆	木扎尔特	0	53	0	23	0	50	0	48
55	新疆	※阿黑土别克	0	53	0	23	0	50	0	48
56	云南	#※勐康	0	53	0	23	58 282	22	18 985	26
57	广西	#※平孟	0	53	0	23	0	50	0	48
58	内蒙古	#※阿尔山	0	53	0	23	0	50	0	48

表注：1. 该表以“进出口货运量”项递减排序；
2. 口岸名称栏中“（）”内为公安部统计用名称；
3. 口岸名称前带“※”的为限双边口岸；
4. 口岸名称前带“#”的表示该口岸为国务院批准开放时间不足 3 年。

2012年沿边地区铁路口岸运营情况统计一览表

序号	省（区）	口岸名称	外贸货物吞吐量（吨）	排名	集装箱（箱次）	排名	出入境人员（人次）	排名	运输工具（列）	排名
1	内蒙古	满洲里铁路	18 670 186	1	21 022	2	42 099	5	10 530	2
2	新疆	阿拉山口铁路（阿拉山口）	13 344 026	2	108 808	1	69 195	4	14 108	1
3	黑龙江	绥芬河铁路（绥芬河）	8 177 089	3	36	4	118 189	2	7 870	4
4	内蒙古	二连浩特铁路（二连）	7 576 719	4	2 687	3	262 035	1	8 770	3
5	广西	凭祥	596 186	5	0	5	72 741	3	3 120	5
6	吉林	图们铁路（图们）	90 198	6	0	5	644	7	232	7
7	吉林	集安	34 898	7	0	5	6 885	6	948	6
8	云南	河口铁路（河口）	4 945	8	0	5	481	8	85	8
9	吉林	珲春铁路	0	9	0	5	14	9	2	9

表注：1. 该表以“进出口货运量”项递减排序；

2. 口岸名称栏中“（）”内为公安部统计用名称。

2012 年沿边地区航空口岸运营情况统计一览表

序号	省（区）	口岸名称	出入境人员（人次）	排名	外贸货物吞吐量（吨）	排名	运输工具（架）	排名
1	云南	昆明机场（昆明）	1 484 990	1	15 839	2	12 885	1
2	新疆	乌鲁木齐机场（乌鲁木齐）	696 630	2	18 664	1	6 945	2
3	黑龙江	哈尔滨机场（哈尔滨）	507 136	3	2 258	3	4 505	3
4	广西	南宁机场（南宁）	452 739	4	905	5	4 055	4
5	广西	桂林机场（桂林）	411 852	5	353	6	2 707	6
6	吉林	延吉机场（延吉）	393 296	6	0	11	2 334	7
7	吉林	长春机场（长春）	362 820	7	1 963	4	2 830	5
8	黑龙江	牡丹江	68 691	8	0	11	556	10
9	内蒙古	呼和浩特机场（呼和浩特）	45 000	9	194	7	698	8
10	内蒙古	满洲里机场（满洲里）	43 000	10	0	11	670	9
11	甘肃	兰州机场（兰州）	34 039	11	8	10	207	13
12	云南	西双版纳机场（西双版纳）	29022	12	0	11	484	12
13	西藏	拉萨机场（拉萨）	27 847	13	100	8	187	14
14	内蒙古	海拉尔机场（海拉尔）	19 000	14	0	11	524	11
15	黑龙江	佳木斯机场	11 095	15	0	11	119	16
16	云南	#丽江	6 259	16	0	11	88	17
17	广西	※北海机场	4 337	17	0	11	166	15
18	黑龙江	齐齐哈尔	2 037	18	0	11	14	19
19	新疆	喀什机场（喀什）	959	19	62	9	32	18

表注：1. 该表以“出入境人员”项递减排序；
2. 口岸名称栏中“（）”内为公安部统计用名称；
3. 口岸名称前带“※”的为限国内航空公司进出口岸；
4. 口岸名称前带“#”的表示该口岸为国务院批准开放时间不足 3 年。

2012 年内陆地区内河口岸运营情况统计一览表

序号	省（区、市）	口岸名称	外贸货物吞吐量（吨）	排名	集装箱（箱次）	排名	出入境人员（人次）	排名	运输工具（艘）	排名
1	湖北	武汉（汉口）	22 437 584	1	237 489	2	16	8	1	7
2	安徽	马鞍山港	12 151 793	2	60 383	4	594	1	46	1
3	重庆	※重庆港	6 500 645	3	333 263	1	0	9	0	9
4	安徽	铜陵港（铜陵）	1 716 139	4	5 419	9	545	2	42	2
5	安徽	芜湖港（芜湖）	1 176 394	5	122 319	3	544	3	40	3
6	湖北	黄石	956 398	6	12 127	7	0	9	0	9
7	江西	九江	898 710	7	47 238	5	22	7	1	7
8	湖南	岳阳城陵矶（岳阳）	629 140	8	30 724	6	179	5	12	5
9	安徽	池州港（池州）	392 076	9	3 691	10	539	4	37	4
10	安徽	安庆港（安庆）	165 131	10	10 507	8	24	6	2	6

表注：1. 该表以“进出口货运量”项递减排序；
2. 口岸名称栏中“（）”内为公安部统计用名称；
3. 口岸名称前带“※”的为限国轮进出口岸。

2012年内陆地区航空口岸运营情况统计一览表

序号	省（区、市）	口岸名称	出入境人员（人次）	排名	外贸货物吞吐量（吨）	排名	运输工具（架）	排名
1	四川	成都机场（成都）	1 959 485	1	31 391	3	15 124	1
2	重庆	重庆机场（重庆）	938 166	2	90 837	1	8 824	2
3	湖南	长沙机场（长沙）	780 228	3	5 811	6	5 357	3
4	湖北	武汉机场（武汉）	684 134	4	18 808	4	5 133	4
5	陕西	西安机场（西安）	544 914	5	11 933	5	4 073	5
6	河南	郑州机场（郑州）	410 490	6	48 593	2	3 946	6
7	安徽	合肥机场（合肥）	249 622	7	2 995	7	2 270	7
8	山西	太原机场（太原）	231 677	8	412	9	2 135	8
9	江西	南昌机场（南昌）	122 508	9	1 656	8	906	10
10	贵州	贵阳机场（贵阳）	114 257	10	353	10	1 071	9
11	安徽	黄山机场（黄山）	83 768	11	84	14	842	11
12	湖南	张家界机场（张家界）	44 553	12	0	16	309	12
13	宁夏	银川机场（银川）	18 165	13	217	12	161	14
14	湖北	※宜昌三峡机场（三峡机场）	18 132	14	14	15	162	13
15	河南	※洛阳机场（洛阳）	1 480	15	110	13	20	15
16	青海	西宁机场（西宁）	0	16	249	11	0	16

表注：1. 该表以“出入境人员”项递减排序；
2. 口岸名称栏中“（）”内为公安部统计用名称；
3. 口岸名称前带“※”的为限国内航空公司进出口岸。

2012 年沿海地区内河口岸运营情况统计一览表

序号	省（区、市）	口岸名称	外贸货物吞吐量（吨）	排名	集装箱（箱次）	排名	出入境人员（人次）	排名	运输工具（艘）	排名
1	江苏	张家港	69 387 858	1	270 290	5	80 428	5	4 322	7
2	江苏	南通港（南通）	39 341 188	2	234 676	7	49 288	8	2 654	9
3	江苏	太仓	37 174 141	3	445 228	3	48 065	9	2 571	10
4	江苏	镇江	22 739 377	4	131 448	11	31 865	16	1 668	15
5	江苏	南京港	18 274 503	5	621 161	2	35 738	14	1 745	14
6	江苏	高港（泰州）	17 452 928	6	46 673	20	39 725	12	2 073	12
7	江苏	江阴港（江阴）	17 309 943	7	54 545	19	42 643	11	2 337	11
8	江苏	常熟	12 844 035	8	181 164	9	15 992	18	910	17
9	江苏	如皋港	6 068 295	9	21	22	8 057	20	395	22
10	江苏	扬州港（扬州）	5 541 357	10	88 761	13	10 837	19	550	21
11	广东	虎门港（东莞，沙田）	4 921 049	11	69 146	17	449 229	3	12 356	3
12	江苏	常州	3 974 129	12	69 987	16	6 644	21	390	23
13	广东	※中山港（中山）	3 955 515	13	771 364	1	1 377 526	1	20 149	1
14	广东	※高明港（高明）	2 820 133	14	163 359	10	59 057	6	3 952	8
15	广东	※江门港（江门）	2 814 659	15	285 078	4	127 103	4	6 447	5
16	广东	※肇庆港（肇庆）	2 755 545	16	206 647	8	34 871	15	4 361	6
17	广东	新会港（新会）	2 594 761	17	79 339	14	16 400	17	1 869	13
18	广东	※南海港（南海）	2 293 591	18	246 894	6	48 063	10	6 636	4
19	广东	※新塘港（新塘）	631 156	19	73 299	15	4 368	23	591	20
20	广东	※三埠港（开平）	558 538	20	33 229	21	5 682	22	754	19
21	广东	※斗门港（斗门）	546 507	21	95 721	12	38 677	13	781	18
22	广东	※容奇港（顺德）	368 209	22	4	23	815 363	2	12 741	2
23	广东	※鹤山港（鹤山）	305 600	23	58 574	18	50 640	7	1 165	16

表注：1. 该表以“进出口货运量”项递减排序；

2. 口岸名称栏中“（）”内为公安部统计用名称；

3. 口岸名称前带“※”的为限国轮进出口岸。

2012 年沿海地区海运口岸运营情况统计一览表

序号	省（区、市）	口岸名称	外贸货物吞吐量（吨）	排名	集装箱（箱次）	排名	出入境人员（人次）	排名	运输工具（艘）	序号
1	上海	上海港（金山、浦江、外高桥、吴淞、洋山），绿华岛	261 022 635	1	22 384 682	1	1 008 177	5	25 637	3
2	山东	青岛港（黄岛、青岛、油港）	245 409 223	2	1 896 477	6	371 009	8	11 387	9
3	天津	天津港，渤中（东港、南疆、塘沽、天津）	209 834 499	3	358 001	16	298 658	12	10 808	10
4	河北	唐山	198 370 551	4	6 909	49	96 354	25	4 473	17
5	浙江	宁波港（北仑、大榭、宁波、镇海、穿山）	175 563 179	5	8 866 110	2	233 924	16	12 266	8
6	山东	石臼港（日照）	147 972 296	6	176 883	21	226 635	17	4 063	19
7	浙江	舟山港（马迹山、舟山），黄兴岛	93 839 205	7	147 198	23	92 251	27	4 363	18
8	江苏	连云港	91 128 138	8	645 039	9	237 358	15	5 206	16
9	辽宁	大连港（大连、大连大窑湾、大连湾、大连新港分站、和尚岛）	87 157 737	9	5 071 935	4	268 602	13	9 242	12
10	广东	湛江港（调顺、南油、霞海、湛江）	72 578 738	10	171 007	22	48 751	33	2 733	27
11	山东	岚山港（岚山）	68 978 307	11	3 440	52	50 308	32	2 482	29
12	福建	厦门港（东渡、海沧、同益）	60 298 521	12	1 870 482	7	1 758 381	3	22 614	4
13	辽宁	营口港（鲅鱼圈、营口）	52 960 042	13	59 289	32	99 747	24	2 420	30
14	山东	龙口港（龙口）	42 962 640	14	101 787	27	39 413	36	2 088	32
15	广东	蛇口港，赤湾港，东角头港，妈湾港（妈湾）	41 904 221	15	3 425 964	5	2 677 877	1	56 273	1
16	广东	※梅沙，盐田港（盐田）	40 381 908	16	6 479 494	3	201 524	18	13 581	7
17	山东	烟台港（烟台）	35 672 080	17	358 870	15	145 366	21	2 777	26
18	福建	福州港（福州）	30 857 209	18	600 389	11	93 565	26	3 711	20
19	广东	南沙港	22 417 064	19	1 262 972	8	85 098	28	6 452	14
20	广东	惠州港（惠州）	21 482 125	20	36 232	37	36 181	38	3 485	22
21	广东	※湾仔港（湾仔）	19 479 386	21	111 122	26	1 015 571	4	22 278	5
22	海南	洋浦港（洋浦）	19 474 797	22	29 082	40	41 197	35	3 075	24

续表 1

序号	省（区、市）	口岸名称	外贸货物吞吐量（吨）	排名	集装箱（箱次）	排名	出入境人员（人次）	排名	运输工具（艘）	序号
23	福建	城澳港（宁德）	17 543 767	23	1 140	56	21 473	40	1 176	38
24	福建	泉州港（泉州）	16 552 237	24	146 466	24	123 082	23	3 703	21
25	广东	珠海港（高栏、桂山）	14 183 893	25	45 863	34	38 312	37	2 313	31
26	广东	水东港（茂名）	12 666 246	26	37 290	36	17 595	43	1 098	40
27	河北	秦皇岛	11 417 956	27	61 123	31	77 763	29	1 310	36
28	河北	黄骅	10 173 415	28	1 392	54	7 704	51	350	54
29	福建	漳州港（漳州）	9 779 603	29	38 298	35	17 882	42	1 034	42
30	辽宁	锦州港（锦州）	8 801 761	30	9 547	46	10 379	49	562	49
31	广东	阳江港（阳江）	8 369 096	31	5 006	50	8 151	50	362	53
32	福建	松下港（福清）	7 799 828	32	35 639	38	127 054	22	885	45
33	山东	莱州港（莱州）	7 453 229	33	34 668	39	10 539	48	617	48
34	浙江	乍浦港（嘉兴）	7 056 686	34	292 324	18	25 537	39	1 554	34
35	浙江	大陈岛，台州港（台州、大麦屿），红光港（红光）	7 034 313	35	51 064	33	63 140	30	2 778	25
36	福建	肖厝港（肖厝）	6 730 137	36	5	61	10 602	47	483	50
37	山东	威海港（威海）	6 433 758	37	627 414	10	341 214	10	1 650	33
38	广东	汕头港（龙湖，汕头）	6 309 481	38	586 370	12	41 583	34	3 421	23
39	山东	潍坊	6 133 427	39	449 544	13	2 972	59	221	59
40	辽宁	丹东港	5 845 824	40	85 270	29	191 990	20	2 576	28
41	浙江	温州港，洞头港（洞头港）	5 567 978	41	131 895	25	5 331	54	280	56
42	广东	潮州港（潮州）	5 298 641	42	3 630	51	5 239	55	241	57
43	福建	秀屿港（莆田）	5 257 858	43	11 272	43	5 121	56	206	60
44	广东	潮阳港（潮阳）	5 168 432	44	12 575	42	12 048	46	702	46
45	山东	东营港（东营）	3 960 063	45	359 993	14	82	62	4	64
46	山东	蓬莱港（蓬莱）	3 742 122	46	8 113	47	12 566	45	640	47
47	广东	广海港（台山）	3 591 304	47	22 207	41	58 314	31	6 048	15
48	海南	八所港（八所）	3 173 706	48	65	58	6 279	52	367	52

续表 2

序号	省（区、市）	口岸名称	外贸货物吞吐量（吨）	排名	集装箱（箱次）	排名	出入境人员（人次）	排名	运输工具（艘）	序号
49	广东	汕尾港（汕尾）	3 057 237	49	1 776	53	3 541	57	235	58
50	海南	海口港（马村、秀英）	2 885 617	50	66 715	30	14 893	44	1 086	41
51	江苏	大丰港（大丰）	2 449 792	51	10 005	45	5 744	53	318	55
52	广东	大铲湾	1 547 239	52	209 518	20	18 045	41	1 204	37
53	海南	三亚港（三亚）	1 246 631	53	681	57	245 453	14	368	51
54	广东	九州港，九洲港（九洲）	1 159 042	54	332 697	17	2 017 112	2	17 447	6
55	山东	龙眼港	1 153 212	55	85 976	28	197 557	19	1 137	39
56	山东	石岛港（石岛）	1 032 591	56	217 529	19	343 132	9	1 428	35
57	辽宁	旅顺新港	792 746	57	10	60	0	63	913	44
58	广东	万山港（万山）	727 643	58	2	62	3 098	58	932	43
59	辽宁	※葫芦岛港（葫芦岛）	604 220	59	18	59	195	61	9	63
60	广东	莲花山港（番禺、莲花山）	395 516	60	0	63	853 700	6	10 109	11
61	辽宁	庄河（大连庄河）	104 212	61	0	63	0	63	10	62
62	广东	#揭阳	80 617	62	10 146	44	0	63	0	65
63	海南	清澜港（清澜）	71 360	63	1 183	55	399	60	54	61
64	广东	广州港（广州开发区、黄埔、南沙、新港、新沙、洲头嘴）	52 058	64	7 702	48	331 831	11	30 946	2
65	广东	大亚湾港	331	65	0	63	0	63	0	65
66	广东	深圳福永码头	0	66	0	63	532 531	7	7 213	13
67	辽宁	#长兴岛	0	66	0	63	0	63	0	65
68	江苏	#靖江	0	66	0	63	0	63	0	65

表注：1. 该表以“进出口货运量”项递减排序；
2. 口岸名称栏中“（）”内为公安部统计用名称；
3. 口岸名称前带“※”的为限国轮进出口岸；
4. 口岸名称前带“#”的表示该口岸为国务院批准开放时间不足 3 年。

2012 年沿海地区公路口岸运营情况统计一览表

序号	省（区、市）	口岸名称	外贸货物吞吐量（吨）	排名	集装箱（箱次）	排名	出入境人员（人次）	排名	运输工具（辆）	排名
1	广东	皇岗（福田、皇岗）	12 700 879	1	2 258 054	1	38 923 198	4	9 542 202	1
2	广东	文锦渡	5 995 733	2	370 714	2	1 749 728	8	1 527 917	4
3	辽宁	丹东公路	1 755 029	3	1 189	7	195 040	10	155 253	7
4	广东	横琴	1 358 667	4	7 512	6	3 124 500	7	657 888	6
5	广东	深圳湾公路（深圳湾）	635 472	5	96 213	3	32 085 381	5	3 820 849	2
6	广东	沙头角	593 327	6	36 901	4	4 090 775	6	917 489	5
7	广东	珠澳跨境工业区专用口岸（茂盛围）	285 872	7	11 209	5	511 395	9	23 996	8
8	广东	拱北	131 949	8	179	8	93 285 743	2	2 756 258	3
9	广东	罗湖	0	9	0	9	95 605 081	1	0	9
10	广东	福田（福田地铁）	0	9	0	9	41 347 631	3	0	9

表注：1. 该表以“进出口货运量”项递减排序；

2. 口岸名称栏中“（）”内为公安部统计用名称。

2012 年沿海地区铁路口岸运营情况统计一览表

序号	省（区、市）	口岸名称	外贸货物吞吐量（吨）	排名	集装箱（箱次）	排名	出入境人员（人次）	排名	运输工具（列）	排名
1	辽宁	丹东铁路（丹东）	475 393	1	7	3	81 252	6	1 432	3
2	广东	深圳笋岗（笋岗）	44 976	2	6 679	1	3 196	8	0	7
3	广东	佛山铁路（佛山）	22 386	3	10	2	92 653	5	8 382	1
4	广东	广州铁路（天河）	222	4	0	4	3 465 838	1	8 055	2
5	广东	肇庆铁路（端州）	0	5	0	4	54 382	7	731	4
6	广东	东莞铁路（常平）	0	5	0	4	441 578	2	0	7
7	上海	上海站（上海铁路）	0	5	0	4	160 278	3	366	5
8	北京	北京西站（北京西客站）	0	5	0	4	116 564	4	363	6

表注：1. 该表以“进出口货运量”项递减排序；
2. 口岸名称栏中“（）”内为公安部统计用名称。

2012 年沿海地区航空口岸运营情况统计一览表

序号	省（区、市）	口岸名称	出入境人员（人次）	排名	外贸货物吞吐量（吨）	排名	运输工具（架）	排名
1	上海	上海机场（虹桥、浦东）	25 658 793	1	4 273 797	1	174 378	1
2	北京	首都机场（北京机场）	20 230 492	2	1 823 569	2	109 396	2
3	广东	广州机场（白云）	8 941 902	3	1 105 893	3	61 729	3
4	浙江	杭州机场（杭州）	2 547 247	4	69 985	8	16 872	6
5	福建	厦门机场（高崎）	2 335 840	5	152 083	5	17 936	4
6	山东	青岛机场	1 835 130	6	114 404	6	15 638	7
7	广东	深圳机场（福永、深圳机场）	1 464 315	7	100 715	7	17 914	5
8	辽宁	大连机场（周水子）	1 432 537	8	52 804	9	13 119	8
9	江苏	南京机场（南京）	1 379 999	9	42 688	10	9 188	9
10	辽宁	沈阳机场（沈阳）	1 090 899	10	15 119	13	7 988	11
11	福建	福州机场	994 056	11	12	25	7 513	12
12	天津	天津机场	870 888	12	156 568	4	8 796	10
13	浙江	宁波机场	781 046	13	15 954	12	6 310	13
14	海南	海口机场（海口美兰机场）	450 480	14	27 147	11	3 808	14
15	江苏	※无锡机场（无锡）	395 467	15	1 194	18	3 404	15
16	海南	三亚机场（凤凰机场）	334 264	16	829	20	2 756	17
17	山东	烟台机场	297 778	17	9 677	14	2 978	16
18	山东	济南机场（济南）	266 787	18	2 271	16	2 318	20
19	山东	威海机场	256 803	19	2 119	17	2 607	18
20	福建	晋江机场（泉州）	247 521	20	5	27	2 581	19
21	广东	※汕头机场（外砂）	183 048	21	1 084	19	1 544	21
22	浙江	温州机场	138 838	22	690	21	1 144	23

续表

序号	省（区、市）	口岸名称	出入境人员（人次）	排名	外贸货物吞吐量（吨）	排名	运输工具（架）	排名
23	河北	石家庄机场	126 302	23	5 287	15	1 246	22
24	江苏	盐城机场	120 215	24	275	22	1 070	25
25	江苏	徐州机场（徐州）	118 653	25	147	23	1 079	24
26	广东	※湛江机场	7 773	26	40	24	257	26
27	广东	※梅州机场（梅州）	4 594	27	10	26	209	27
28	福建	※武夷山机场（武夷山）	0	28	0	28	0	28

表注：1. 该表以“出入境人员”项递减排序；
2. 口岸名称栏中“（）”内为公安部统计用名称；
3. 口岸名称前标“※”的为限国内航空公司进出口岸。

第四篇

各地口岸运行管理

北 京 市

北京市口岸分布示意图

口岸名称	批准开放时间	开放状态
首都国际机场航空口岸	1958.3	国际常年
北京西站铁路口岸	2009.11	国际常年

口岸数量及分布

截至2012年年底，北京市共有常年对外开放的口岸5个。其中，经国务院批准的一类口岸2个，分别是首都国际机场口岸和北京西站铁路口岸；经北京市人民政府批准的原二类口岸3个，其中公路口岸2个，分别是朝阳口岸和平谷国际陆港，铁路口岸1个，为北京丰台货运口岸。

口岸运行数据

2012年，北京口岸实现进出境人员2 046.40万人次，同比增长9.18%；海关监管进出口货物154.30万吨，同比减少1.86%；海关征收关税及代征税493.60亿元人民币，同比增长9.99%。首都国际机场客运量迈上新台阶，出入境旅客突破2 000万；旅客吞吐量突破8 000万，达到8 192.93万，同比增长4.14%，连续3年保持世界第二。北京西站铁路口岸进出境旅客116 563人次，同比下降12.19%；北京丰台货运口岸外运进出口货运38 281吨，同比增长61.93%；北京朝阳口岸陆港公司进出口货运量46 741标箱，同比增长1.89%。

口岸监管与服务

【北京航空口岸实行72小时过境免签政策】 为进一步贯彻落实国务院关于加快发展旅游业的指示精神，大力推进北京建设世界城市的步伐，北京航空港口岸自2013年1月1日起对45个国家和地区部分持有第三国签证和机票的外国人实行72小时过境免签政策（以下简称72小时免签政策）。72小时免签政策的实施，将加快首都机场枢纽建设的步伐，对首都机场“打造大型国际枢纽机场”战略目标的实现具有重要意义。根据国外城市的经验和调研的结果测算，预计2015年，首都机场年国际转国际客流将达128万人次，其中中转入境人数将达到64万人次，2012年~2015年中转入境人数累计将达到180万人次。为此，北京口岸各联检单位已做好充分准备工作。首先，首都机场持续地对运行资源和设备设施进行改造，2号航站楼扩容增效、A380保障资源扩充改造等工作将进一步提高资源容量。另外，着眼于长远，北京新机场的建设已经提上议程，随着北京新机场建设进程的推进，首都机场将为不断增长的旅客提供更加充裕的运行和服务资源。其次，首都机场优化中转流程，做好引导协助工作。目前，首都机场已与边防、海关及检验检疫等部门多次沟通，优化了72小时过境免签旅客的中转流程，同时设立明显的引导标志，并在现场加派工作人员，引导旅客办理过境免签手续，帮助旅客快速通关。72小时免签政策的实施无疑为首都机场开启了适度宽松的政策环境，而适度宽松的签证政策是大型国际枢纽机场吸引中转旅客的通用法则，是有效提升国际中转旅客比例的内在需要，是提升旅客满意度、进一步优化航线网络的重要保障。

北京口岸对部分外国人适用72小时过境免签政策国家名单为：奥地利、比利时、捷克、丹麦、爱沙尼亚、芬兰、法国、德国、希腊、匈牙利、冰岛、意大利、拉脱维亚、立陶宛、卢森堡、马耳他、荷兰、波兰、葡萄牙、斯洛伐克、斯洛文尼亚、西班牙、瑞典、瑞士、俄罗斯、英国、爱尔兰、塞浦路斯、保加利亚、罗马尼亚、乌克兰、美国、加拿大、巴西、墨西哥、阿根廷、智利、澳大利亚、新西兰、韩国、日本、新加坡、文莱、阿联酋、卡塔尔。

【北京海关加大首都航空口岸建设力度】 根据首都经济政治文化社会发展总体战略和北京建设中国特色世界城市、打造国际商贸中心总体要求，进一步优化口岸结构，完善口岸功能，构筑以航空口岸为主导、铁路口岸为延伸、公路口岸为补充，布局更加合理、效益更加突出的北京口岸体系。

（一）丰富首都机场口岸功能方面。一是推动北京首都机场申请设立汽车整车进口口岸。

2012年11月，国务院下发了《国务院办公厅关于同意宁波梅山保税港区等为汽车整车进口口岸的复函》[国办函（2012）189号]，正式批复北京首都国际机场为国内唯一的空运整车进口口岸，北京市副市长程红特批示："拟请管委会会同海关研究提出充分发挥政策优势，加快汽车贸易口岸建设的专题报告。"为抓紧抓好筹建工作，北京海关党组高度重视，认真研究相关问题，抓紧制订监管方案，撰写了《关于在首都国际机场建设汽车整车口岸的意见》、《北京海关关于北京首都国际机场整车监管场所建设要求的函》报送北京市人民政府及天竺综合保税区管委会，目前，相关工作正在有序开展。二是完成快件中心搬迁工作。新快件中心是北京市人民政府的折子工程，也是北京海关2012年的重点工作。北京海关专门成立了机场海关新快件中心搬迁领导小组，主动协调综合保税区管委会与航港公司、各快件企业召开工作会议，听取相关工作意见和建议，推动解决面临的困难和问题，加快搬迁进度。经过各方不懈努力，2012年12月26日，新快件中心正式启动运行，成为北京口岸集约化管理的又一典范。三是支持天竺综合保税区高端产业聚集。充分发挥天竺综合保税区政策优势，壮大首都临空经济。利用预约式入库查验与直通式分拨，进一步降低医药企业冷链药品抵港后在清关过程中的存储风险，鼓励区内高端医药物流产业做大做强，成功吸引永裕、康德乐等知名医药企业入区开展业务。为电子企业量身定制物流解决方案，提供"7×24小时"全天候通关，吸引"苹果"手机物流代理商在区内开展业务。助推国家对外文化贸易基地即北京国际文化贸易服务中心在区内设立，吸引拍卖、展览展示等相关配套产业入区，区内文化贸易产业已初现端倪。

（二）拓宽铁路进出通道工作方面。一是推进北京西站口岸正式开放。根据海关监管场所设置标准，研究提出海关监管设施建设需求，与相关部门沟通协商，形成《北京西站铁路口岸正式开放协调会议纪要》，初步确定满足海关监管要求的建设方案。截至目前，该方案已经北京市领导同意，但铁路部门尚在会签中，下一步将积极跟进，推进口岸尽快完成正式开放。二是推进百子湾海关监管场所建设。配合北京市铁路局货运口岸调整，将北京东站海关监管点移至百子湾站。签订《北京铁路局、北京海关关于在百子湾车站设立海关驻站监管的备忘录》，联合成立工作小组，定期召开联系协调会议，实地调研工程进度，拟订工作流程、配合机制和监管方案。目前，百子湾海关监管场所工程主体已基本完成，预计2013年中投入使用。三是改善丰台货运口岸发展环境。协调铁路等多部门，完成丰台铁路专用线前期维护修缮工作，推进铁路专用线重新启用。目前铁路线路已接入石景山南站，实现路网贯通，技术方面问题已全部解决，待铁路部门批准后即可通车。

（三）做好"海运通道"建设工作方面。一是积极推动朝阳口岸搬迁工作。为配合朝阳口岸外移马驹桥工作，专门成立领导小组和工作小组，按照高起点、高标准、高水平的要求参与口岸监管方案、科学布局及合理规划的制定和组织实施工作，提出海关监管区建设标准及办公场所需求。研究马驹桥口岸和亦庄保税物流中心B型的衔接，通过专用连接通道，实现海关模式下的"港区联动"，进一步增强马驹桥口岸海关业务涵盖的多样性，为企业提供便利。二是做好平谷国际物流中心的推动工作。与天津海关组成集中工作组，制订卡口联网方案，在企业政策咨询会上重点推介，确保实现箱量稳步增长。2012年，平谷马坊国际物流中心监管集装箱突破3万标箱，同比增长一倍多，业务稳步增长，转关效率大幅提升。三是积极推动京津海运货物特别通道建设。开展专题调研，撰写《北京海关关于落实署市领导座谈会关于京津海运货物特别通道建设有关事项的请示》，向海关总署汇报建设特别通道的必要性、紧迫性和实施建议，寻求总署的支持。多次与天津海关就加强区域合作进行深入研究和座谈，拟定《关于建设京津海运特别通道监管方案操作规程（讨论稿）》送天津海关征求意见。

【首都机场年旅客吞吐量突破8 000万人次】 2012年12月26日12时10分，随着执飞广州至北京的南航CZ3099航班的A380客机平稳落地，首都机场2012年的旅客吞吐量突破8 000万人次。至此，连续3年稳居世界第二的首都机场已完全具备了国际一流的业务规模，按此速度，2015年首都机场的年旅客吞吐量突破9 000万人次已无悬念，“中国第一国门”问鼎世界第一将指日可待。首都机场的国际枢纽建设和运行效率大幅提升，行业领先地位也不断增强。近年来，首都机场稳步推进建设大型国际枢纽机场的战略目标，强化枢纽平台的建设、运行资源的补充、综合交通体系的建设，形成了“4－4－3”管控体系，运行保障能力显著提高，枢纽建设取得了重大突破。目前，首都国际机场拥有覆盖最广的国内航线网络和日益强大的国际及地区航线网络，运营航空公司94家，国内通航点127个，国际及地区通航点达到109个，首都机场的国际及港澳台旅客数量也于2012年的12月24日突破了2 000万人次，达到所有旅客吞吐量的1/4，创造了多项历史新高。

【首都机场推行国际转国内通程行李直挂】 2012年9月14日，北京出入境检验检疫局、北京首都国际机场股份有限公司、中国国航就开通国际转国内通程行李直挂服务共同签署了合作协议，这也是检验检疫等监管部门为便捷中转旅客积极探索、创新合作取得的重大突破。此前北京首都国际机场股份有限公司、中国国航已与首都机场海关签署了合作备忘录，并进行了积极的准备。这次与检验检疫部门签署协议标志着筹备工作全部到位，各方已就国航开通此服务的航点、流程及行李监管等业务事宜达成了共识。这项服务推出后，由德国法兰克福、意大利米兰、瑞典斯德哥尔摩三地经北京中转至中国内地其他城市的国航旅客，可在始发站一次办妥将行李直接托运至终点站的全程托运手续，以往在中转站自取行李办理二次托运的烦琐工作转为由国航通过后台运行代理操作。旅客抵达北京首都国际机场之后，仅需办结入关手续，无须提取并再次托运行李，可尽情享受中转的轻松与便捷。此次法兰克福、米兰和斯德哥尔摩欧洲三城市经北京首都机场中转行李直挂服务的推出，对加强北京航空口岸枢纽的建设具有里程碑式的意义。在未来，各方将继续挖掘合作潜力，提升中转服务品质，努力做好“行李管家”，为旅客打造更加轻松、顺畅、舒心、无忧的中转旅途。同时，各方也希望能够将通程登机行李直挂服务推广至更多的通航城市，使更多的旅客从中受益。

【北京出入境检验检疫积极推动北京地区出口汽车产品质量安全示范区建设】 北京出入境检验检疫局以北汽集团为重点，将北汽集团及旗下8家大型企业纳入园区，作为示范区的建设主体，再逐步扩大到相关零部件制造、物流、仓储、进出口贸易等整个产业链条上的骨干企业入区，最终实现汽车产业全覆盖。发挥地方政府等各方资源优势，采用联合发文、签署合作备忘录等形式，建立了由北京检验检疫局局长齐京安和北京市商务委主任卢彦任组长，市经信委、北汽集团及北京汽车行业协会等有关部门为成员单位的示范区建设领导小组，把示范区建设定位成各方的共同责任，形成政府牵头、检企共同推动的示范区建设格局。2012年11月28日，示范区建设顺利通过国家质检总局专家组验收。12月27日，国家质检总局下文正式批准在北京地区建立国家级出口汽车产品质量安全示范区，从而成为全国建设周期最短、起点最高、成效显著的第一个出口工业产品国家级质量安全示范区。示范区建设成效主要在于：

第一，助推北京外贸出口，促进地方经济发展。从目前来看，示范区建设对北京市汽车产业的发展，特别是对促进汽车产品出口已经起到了积极的推动作用。在当前出口贸易日益严峻的形势下，示范区对汽车产业聚集区逐步显示出更为强大的风险抵御能力、产业发展整体拉动能力和企业的自检自控能力。2012年1月～11月，北京市汽车累计产量为150.8万辆，同比增长9.4%，高于全国增速4.9个百分点；全市汽车产品出口金额16.5亿美元，同比增长21.3%，分别高于全市外贸和全国汽车产品出口增速19.9个和15个百分点。

第二，国检职能优势进一步发挥，社会影响进一步扩大。北京国检局在示范区建设工程中，充分结合产业特点，发挥职能优势，为示范区在公共检测、信息、技术培训等平台建设，以及行业标准制定、技术创新、自主品牌研发、国外技术贸易措施应对等方面提供了强大支撑，同时创新检验监管模式，对出口成套汽车散件、出口汽车产品包装、出口汽车企业供应商管理等方面均进行了积极的探索，履职能力得到提升，社会影响进一步扩大。

第三，企业得到明显实惠，受到企业热烈欢迎。通过示范区的建设，北汽集团完善了质量管理体系，增强了对下属企业的管控能力，实现了资源的有效整合，突显了北京地区汽车产业的特色。利用示范区平台，北京市政府支持北京现代等9家汽车企业累计资金606万元，用于进口先进技术和关键设备；支持北汽福田537万元开展汽车检测平台建设；支持北汽福田、北汽有限等6家企业在51个国家和地区建立营销网点累计147个；支持20余家汽车企业通过参加广交会、美国汽车零部件博览会等展会开拓国际市场。

【北京边检总站与北京出入境检验检疫局签署“对问题旅客加强管控”的合作协议】 为进一步加强口岸边检机关与检验检疫机关之间的相互配合，防止疫情传入传播，防止口岸核生化恐怖事件，共同打击利用非法手段逃避检疫、故意携带国家明令禁止入境物品等行为，2012年7月19日下午，北京边检总站与北京出入境检验检疫局共同签署《关于对问题旅客加强管控的合作协议》。此次双方进一步加强合作，是当前“大进大出、快进快出、强调服务”的口岸通关环境下，整合口岸管控资源，充分发挥双方各自优势的必然要求，是对双方2006年签署的《关于进一步加强首都机场口岸入出境特殊人群管理工作的合作办法》的发展和补充。此次合作协议的签署，标志着北京口岸监管模式进入了一个新的历史阶段。

【中国边检服务品牌推介会隆重举行】 2012年8月19日，由公安部出入境管理局主办、北京边检总站承办的中国边检服务品牌推介会在王府井大街隆重举行。北京市委常委、公安局长傅政华，公安部出入境管理局局长郑百岗和市属相关部门、民航及驻首都机场相关单位领导出席会议，首都各界群众和游客约5万人参与。本次推介会主要介绍了边检机关工作性质、任务，并作中国边检服务品牌项目推介。为更加直观地传递边检机关的服务理念、职业追求和服务承诺，特推出服务品牌形象“天天”。“天天”以拟人化现代卡通元素为基础，盾形轮廓体现边检机关的公安属性，光环型头冠寓意阳光国门、阳光服务，橘黄色主色调、微笑表情和张开的双手体现对服务对象的尊重、体恤、热情和友好，将中华民族独特的问候语“你好”作为口号，象征边检机关作为文明国家窗口，向国际社会和出入境人员发出的诚挚问候。边检机关将以推出服务品牌为新起点，按照构建和谐社会、建设服务型政府的要求，以人民群众满意为根本标准，以服务为中心，以“友好、高效、专业”为职业特色，以正规化建设为基本途径，为国家的经济社会发展提供有力支持。傅政华和郑百岗共同为中国边检服务品牌形象揭幕，现场LED和北京市百货大楼、新东安商场、贵友商场大屏共同播放中国边检服务品牌形象介绍视频和广告片。总站和市公安局出入境管理总队共20名民警为群众提供了现场咨询服务。

【北京通州口岸建设工作正式启动】 2012年12月26日上午，北京通州口岸建设启动工作现场会在马驹桥通州物流基地召开，标志着朝阳口岸外迁通州马驹桥工作正式展开。通州口岸项目占地总面积约56万平方米，总建筑面积约70万平方米，建设总投资约30亿元。项目位于北京东南京津塘高速与北京城市六环路的交汇处，距市中心15.5千米，距首都国际机场30千米，距即将建设的北京新机场约50千米，并与京沈、京开、京石等高速公路相连，是北京海、陆、空多式联运的最佳结合点。通州口岸将按照高水平、高标准、现代化的要求，进行规划设计和建设。

开放口岸

【首都国际机场口岸】 北京首都国际机场（简称首都机场）是中国地理位置最重要、规模最大、设备最齐全、运输生产最繁忙的大型国际航空港，为全球第二大机场，不但是中国首都北京的空中门户和对外交往的窗口，而且还是中国民航最重要的航空枢纽，是中国民用航空网络的辐射中心，被胡锦涛同志赞誉为中国的“第一国门。”

首都机场地处东纬40°04′48″，北经116°35′04″，位于北京市区东北方向顺义区境内。首都机场于1958年3月2日投入使用，是中华人民共和国首个投入使用的民用机场，也是中国历史上第四个开通国际航班的机场。它共有3座航站楼：1号航站楼于1980年1月1日投入使用，有10个登机口；2号航站楼于1999年11月1日投入使用，可以同时处理20架飞机的停靠；2008年，3号航站楼投入使用后，北京首都国际机场成为中国第一个拥有3座航站楼，双塔台、3条跑道同时运营的机场。此外，还有位于3号航站楼西侧的首都机场专机候机楼，以及位于专机候机楼西南侧的首都机场公务机候机楼。

首都机场拥有远近机场位322个，2条4E级跑道，1条4F级跑道，是中国国内仅有的两座拥有3条跑道的国际机场之一。截至2012年年底，首都机场拥有覆盖最广的国内航线网络和日益强大的国际及地区航线网络，总计94家航空公司入驻首都机场运行，连通全世界54个国家和地区，包括国内通航点127个、国际通航点110个，每日进出航旅客22万人次左右，包括接送人员在内每天约有50万人次进出机场，共有500余家单位约59 000名工作人员持证上岗，保障首都机场的正常运行。近年来，首都机场荣获ACI机场服务质量最佳进步奖、全球“四千万级以上最佳机场”第二名、中国首家Skytrax四星机场等一系列殊荣。同时，首都机场开通了通程航班行李直挂服务试点，大力推进了与星空联盟、天合联盟和寰宇一家的战略协同与合作，2013年1月1日成为国内首个具备实行72小时过境免签政策资格的机场，加快推动了《国务院关于促进民航业发展的若干意见》的落实。

2008年7月23日，北京天竺综合保税区获得国务院批复（国函［2008］64号），总体规划面积594.4万平方米，成为全国首家依托空港口岸设立的综合保税区。2010年12月，天竺综保区港区一体化功能启动，首都机场货物流转效率全面提高。综合保税区内一级货站总占地面积28万平方米，相比旧货站面积扩展近60%，年设计吞吐量由原来的34万吨扩展到超过100万吨；进口二级监管库从原有的1.2万平方米扩展至4.6万平方米，出口拼装区面积从1万平方米扩展到1.5万平方米，收货场地宽度从60米扩展到150米，极大地提高了出口拼装区同时接收货物的能力。2012年年底，国务院批准天竺综合保税区为整车进口口岸，成为国内首家依托空港设立的整车进口口岸。

【北京西站铁路口岸】 北京西站铁路口岸位于北京市西三环莲花桥以东的莲花池东路上，南邻莲花池公园，北接中华世纪坛，地处北京西部的交通枢纽位置，是经国务院批准，于2003年10月1日起临时开放的一类口岸。该口岸运行北京直通香港列车（T97、T98次），隔日到发各一对，运行时间不到24小时。北京西站临时口岸拥有1 160平方米的联检大厅，由原来的北京西站软卧候车室临时改造而成，口岸内驻有海关、检验检疫和边防检查三家联检单位。

2009年11月24日，国务院正式批复铁道部和北京市人民政府，同意北京西站铁路口岸正式对外开放。2012年11月，北京市人民政府口岸办公室上报北京市人民政府的《北京西站铁路口岸正式开放实施方案》获批。

2012年，西站铁路口岸实现进出境人员11.7万人次，较2007年增长50%，平均列车到发日进出境旅客量为640人次左右。

北京市口岸大事记

2月9日

我国在南苏丹遭劫持的29名获救工人和11名解救小组成员搭乘QR898航班，降落在北京首都机场T3航站楼。

2月10日

北京边检总站在北京西客站边检现场和首都机场边检入境现场的自助通关系统扩大通关人员范围。除持有效“港澳居民往来内地通行证”的港澳居民可继续自助通关外，持已备案的有效“因公香港澳门特别行政区通行证”、“往来港澳通行证”、“大陆居民往来台湾地区通行证”及多次有效签注的内地居民亦可选择自助通关。

2月29日

首都机场检验检疫局与国航进出口公司举行合作备忘录签字仪式，启动“无纸申报”通关新模式。

3月10日

载有刚果（布）爆炸事故受伤人员的包机降落在北京首都机场，北京口岸各联检单位启动应急预案，迅速为31名伤员、7名先遣人员及12名机组人员办理入境手续，为伤员赢得救治时间。外交部副部长谢杭生，北京市常务副市长吉林、副市长程红和有关部门与企业负责人前往迎接，并转达了党中央、国务院领导对事件中遇难的6名同胞的深切哀悼和对遇难人员家属及受伤人员的诚挚慰问。

4月10日

北京市口岸领导小组会议在市政府召开，市口岸领导小组成员、联络员出席会议。会议对北京市口岸领导小组成员进行了调整补充；领导小组副组长、口岸办主任王卫平代表领导小组办公室作了题为《抓住机遇，奋发进取，把中国特色世界城市口岸体系的建设推向前进》的工作报告；北京市副市长、领导小组组长程红作重要讲话，提出要着眼于世界城市发展的新要求，进一步提升首都口岸工作水平。

4月16日

在第十届亚洲航线发展论坛上，首都机场连续第二年获得中国及东北亚地区机场营销奖。该奖项是由航线发展论坛设立的年度奖项，由全球航空公司投票选举产生。

4月19日

在奥地利首都维也纳举行的2011年~2012年度SKYTRAX世界机场奖项颁奖典礼上，首都机场凭借其在旅客服务方面所做出的持续努力，再次荣膺SKYTRAX中国最佳机场（Best Airport - China）奖，并首次获得全球最佳机场行李运输（Best Airport Baggage Delivery）奖。同时，首都机场还被SKYTRAX评为全球十佳机场之一。

4月24日

首都机场检验检疫局与北京飞机维修工程有限公司签署《进口航材“无纸申报”合作备忘录》。

5月21日

北京市委书记郭金龙同志主持召开“北京市

72小时过境免签”专题会议，北京市口岸办主任王卫平参会。

6月20日

由首都精神文明建设委员会办公室、北京市政府口岸办公室、首都机场集团公司主办，北京首都国际机场股份有限公司承办的“世界城市国门形象”中国服务之星颁奖仪式在首都机场希尔顿酒店圆满召开。民航局局长李家祥为本次活动题词——“中国服务”。民航局副局长李军、北京市副市长程红亲临现场并为新当选的服务之星颁奖。

8月1日

首都机场海关启动通关无纸化改革试点工作。试点首日，首都机场口岸接受无纸通关进口申报2票，由富士康精密电子（廊坊）有限公司委托嘉里大通物流有限公司申报，两票货物风险判别均为“低风险快速放行”，通关作业无纸化系统自动完成接单、放行工作。

8月19日

由公安部出入境管理局主办、北京边检总站承办的中国边检服务品牌推介会在王府井大街隆重举行。北京市委常委、市公安局局长傅政华，公安部出入境管理局局长郑百岗和市属相关部门、民航及驻首都机场相关单位领导出席会议，首都各界群众和游客约5万人参与。

9月9日

首都机场首次入选“亚洲品牌500强”，成为全亚洲唯一入选的机场管理公司。

9月25日

北京边检总站出入境证件研究室及加挂“公安部出入境管理局证件研究室”牌子揭牌仪式在北京边检总站勤务基地举行。

10月25日

首都精神文明建设委员会正式启动首都机场地区“同创共建精神文明，合力展示国门形象”活动。48家“同创共建”活动成员单位缔结了《首都机场地区同创共建精神文明公约》。

12月26日12时10分

随着执飞广州至北京的南航CZ3099航班的A380客机平稳落地，首都机场2012年的旅客吞吐量突破8 000万人次。至此，连续3年稳居世界第二的首都机场已完全具备了国际一流的业务规模。

12月26日

首都机场海关新快件中心一站式办公正式运营。

（撰稿人：魏增、谭峰、陈世勃、郑琪、宋悦谦）

2012 年北京市口岸流量统计表

口岸类型		口岸名称	货运量（万吨）				集装箱量（万标箱）				人员（万人次）				交通工具（辆、艘、架、列次）			
			出口	进口	合计	同比（%）	出口	进口	合计	同比（%）	出境	入境	合计	同比（%）	出境	入境	合计	同比（%）
空运口岸		首都机场空港口岸	24.69	26.56	51.25	+1.03					1 013.26	1 021.45	2 034.71	+9.33	60 572	60 935	121 507	+6.36
		分计																
陆运口岸	公路口岸	朝阳口岸	1.64	85.15	86.79	-12.40	0.53	12.76	13.29	-9.84								
		平谷国际陆港	0.02	15.26	15.28	+125.70	0.002	2.12	2.12	+180.26								
		分计																
	铁路口岸	丰台货运口岸	0.56	0.37	0.93	+57.63	0.01	0.03	0.04	-42.86								
		西站铁路口岸									6.43	5.23	11.66	-12.13				
		分计																
合计			26.91	127.34	154.25		0.54	14.91	15.45		1 019.69	1 026.68	2 046.37		60 572	60 935	121 507	
同比（%）			+2.53	-2.74	-1.86		+125.00	-2.74	-0.71		+9.74	+8.67	+9.18		+6.44	+6.28	+6.36	

（北京市口岸办提供）

2012年北京口岸运营情况表

项目	本年累计	去年同期	同比（%）
北京首都机场口岸			
旅客吞吐量（万人次）	8 192.93	7 867.51	+4.14
其中：进港（万人次）	4 089.89	3 914.12	+4.49
出港（万人次）	4 103.04	3 942.76	+4.07
进出境旅客（万人次）	2 034.70	1 861.01	+9.33
其中：进出境外籍旅客（万人次）	892.50	881.43	+1.26
货邮运量（万吨）	174.50	163.26	+6.88
飞机起降（架次）	557 168	533 257	+4.48
其中：进港（架次）	278 603	266 664	+4.48
出港（架次）	278 565	266 589	+4.49
进出境飞机起降（架次）	121 507	114 242	+6.36
海关监管空运货物（万吨）	51.25	50.73	+1.03
其中：监管进口货物（万吨）	26.56	25.93	+2.43
监管出口货物（万吨）	24.69	24.80	-0.44
海关征收关税及代征税（亿元）	334.29	315.63	+5.91
北京西站铁路口岸			
进出境旅客（人次）	116 563	132 738	-12.19
其中：进出境外籍旅客（人次）	7 438	7 546	-1.43
北京丰台货运口岸			
外运进出口货运（吨）	38 281.00	23 641.00	+61.93
海关监管货物（吨）	9 263.00	5 921.74	+56.42
其中：监管进口货物（吨）	3 679.00	3 487.61	+5.49
监管出口货物（吨）	5 584.00	2 434.13	+129.40
海关征收关税及代征税（万元）	3 756.00	3 110.46	+20.75
北京朝阳口岸			
陆港公司进出口货运量（标箱）	46 741	45 876	+1.89
海关监管货物（标箱）	56 367	55 818	+0.98
其中：监管进口货物（标箱）	55 912	55 199	+1.29
监管出口货物（标箱）	455	619	-26.49
海关监管货物（万吨）	86.79	99.08	-12.40
其中：监管进口货物（万吨）	85.15	97.91	-13.03
监管出口货物（万吨）	1.64	1.17	+40.17

续表

项目	本年累计	去年同期	同比（%）
海关征收关税及代征税（亿元）	141.83	125.10	+13.37
北京平谷国际陆港			
北京京港国际物流有限公司进出口货运量（标箱）	22 499	7 482	+200.71
海关监管货物（标箱）	21 260	7 649	+177.94
其中：监管进口货物（标箱）	21 239	7 629	+178.40
监管出口货物（标箱）	21	20	+5.00
海关监管货物（万吨）	15.28	6.77	+125.70
其中：监管进口货物（万吨）	15.26	6.74	+126.41
监管出口货物（万吨）	0.02	0.03	-33.33
海关征收关税及代征税（亿元）	17.10	7.71	+121.79
北京天竺综合保税区			
实际进出境货物（吨）	31 271.00	35 915.00	-12.93
海关征收关税及代征税（亿元）	64.43	27.75	+132.18
北京口岸合计			
出入境旅客吞吐量合计（万人次）	2 046.36	1 874.28	+9.18
其中：外籍旅客进出境合计（万人次）	893.24	882.18	+1.25
海关监管货物合计（万吨）	154.25	157.17	-1.86
其中：监管进口货物（万吨）	127.34	130.93	-2.74
监管出口货物（万吨）	26.91	26.24	+2.53
海关征收关税及代征税合计（亿元）	493.60	448.75	+9.99

表注：朝阳口岸不含属地申报和口岸验放。

（北京市口岸办提供）

2012 年北京海关主要数据统计表

项目		2012 年	2011 年	同比（%）
进出口货运量（万吨）	合计	154.25	157.17	-1.86
	进口	127.34	130.93	-2.74
	出口	26.91	26.24	+2.53
进出口贸易总值（万美元）	合计	9 273 098.00	9 600 251.74	-3.41
	进口	5 552 680.00	6 002 452.21	-7.49
	其中：江、海运输	994 520.00	1 106 849.77	-10.15
	铁路运输	2 783.00	1 991.44	+39.75
	汽车运输			
	航空运输	4 555 377.00	4 893 611.00	-6.91
	邮件运输			
	其他运输			
	出口	3 720 418.00	3 597 799.53	+3.41
	其中：江、海运输	53 243.00	23 993.92	+121.90
	铁路运输	968.00	1 537.61	-37.05
	汽车运输			
	航空运输	3 666 207.00	3 572 268.00	+2.63
	邮件运输			
	其他运输			
税收（万元）	两税合计	4 935 969.00	4 487 552.27	+9.99
	关税入库			
	进口环节税入库			

表注：以上数据为北京口岸业务数据。

（北京海关提供）

2012 年北京市口岸出入境主要数据表

单位：（人员）人次；（交通工具）辆、艘、架、列次

<table>
<tr><th colspan="3">项目</th><th>2012 年</th><th>2011 年</th><th>同比（%）</th></tr>
<tr><td rowspan="14">出入境人员</td><td colspan="2">出入境人员总数</td><td>20 463 588</td><td>18 742 844</td><td>+9.18</td></tr>
<tr><td colspan="2">入境人员</td><td>10 266 722</td><td>9 447 804</td><td>+8.67</td></tr>
<tr><td colspan="2">出境人员</td><td>10 196 866</td><td>9 295 040</td><td>+9.70</td></tr>
<tr><td colspan="2">出入境旅客</td><td>19 107 224</td><td>17 496 559</td><td>+9.21</td></tr>
<tr><td colspan="2">出入境员工</td><td>1 356 364</td><td>1 246 285</td><td>+8.83</td></tr>
<tr><td rowspan="5">中国公民</td><td>小计</td><td>10 156 265</td><td>9 921 032</td><td>+2.37</td></tr>
<tr><td>内地居民（因公）</td><td rowspan="2">9 999 739</td><td rowspan="2">8 573 599</td><td rowspan="2">+16.63</td></tr>
<tr><td>内地居民（因私）</td></tr>
<tr><td>港澳居民</td><td rowspan="2">156 526</td><td rowspan="2">1 347 433</td><td rowspan="2">-88.38</td></tr>
<tr><td>台湾同胞</td></tr>
<tr><td colspan="2">外籍人员</td><td>8 924 906</td><td>8 821 812</td><td>+1.17</td></tr>
<tr><td colspan="2">从海港出入境人数</td><td></td><td></td><td></td></tr>
<tr><td colspan="2">从陆港出入境人数</td><td>116 563</td><td>7 546</td><td>+1 444.70</td></tr>
<tr><td colspan="2">从空港出入境人数</td><td>20 347 025</td><td>8 814 266</td><td>+130.84</td></tr>
<tr><td rowspan="5">交通运输工具</td><td colspan="2">总计</td><td></td><td></td><td></td></tr>
<tr><td colspan="2">船舶</td><td></td><td></td><td></td></tr>
<tr><td colspan="2">飞机</td><td>121 507</td><td>114 242</td><td>+6.36</td></tr>
<tr><td colspan="2">火车</td><td></td><td></td><td></td></tr>
<tr><td colspan="2">机动车辆</td><td></td><td></td><td></td></tr>
</table>

（北京市公安出入境管理局提供）

2012 年北京市出入境检验检疫业务统计表

项目	货物检验检疫				交通工具				集装箱（标箱）		发现动植物疫情		货物通关		出入境人员查验（人次）	健康检查及预防接种（人次）			
	批次	金额（万美元）	检验检疫不合格																
			批次	金额（万美元）	船舶（艘）	飞机（架）	火车（节）	汽车（辆）	合计	检出问题	种类数	种次	批次	金额（万美元）		健康检查	艾滋病监测	发现病例	预防接种
本年累计	226 321	1 878 256																	
其中 出境	123 494	1 192 877																	
其中 入境	102 827	685 379																	
与上年同比（%）	0.30	-0.52																	
其中 出境	4.61	15.43																	
其中 入境	-4.42	-17.87																	

（北京市出入境检验检疫局提供）

天　津　市

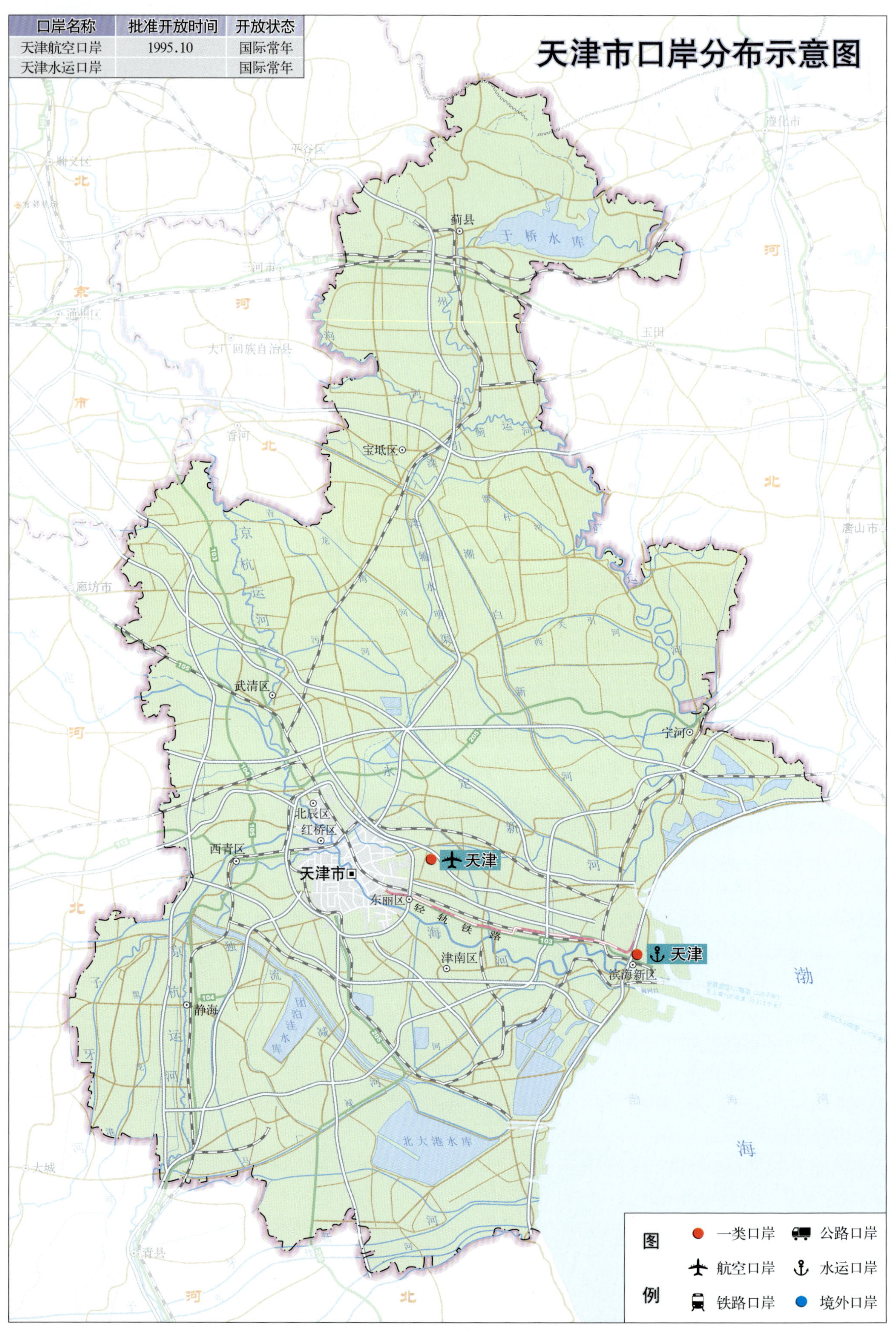
天津市口岸分布示意图
口岸名称 批准开放时间 开放状态
天津航空口岸 1995.10 国际常年
天津水运口岸 国际常年
天津
天津
图例
一类口岸
公路口岸
航空口岸
水运口岸
铁路口岸
境外口岸
天津市
北辰区
红桥区
西青区
东丽区
津南区
滨海新区
武清区
宝坻区
蓟县
宁河
静海
于桥水库
北大港水库
团泊洼水库
轻轨铁路
渤海
北京市
河北
平谷区
顺义区
三河市
通州区
大厂回族自治县
香河
廊坊市
玉田
遵化市
唐山市
大城
青县

口岸数量及分布

天津口岸地理位置优越，交通条件便利，是中国北方对外开放门户，是滨海新区开发开放的基础性功能区域。天津口岸目前拥有两个经国务院批准对外开放的口岸，其中1个水运口岸和1个航空口岸。

口岸运行数据

2012年，天津口岸进出口贸易额为2 042亿美元，同比增长3.6%。其中，进口贸易额为1 062亿美元，同比增长4.8%；出口贸易额为980亿美元，同比增长2.2%。

天津港货物吞吐量为4.77亿吨，同比增长5.2%，其中外贸货物吞吐量2.45亿吨，同比增长10.6%。集装箱吞吐量为1 230万标箱，同比增长6.2%，其中外贸集装箱683万标箱，同比增长5.4%。

天津滨海国际机场旅客吞吐量为814万人次，同比增长7.8%；货邮吞吐量为19.42万吨，同比增长6.2%，其中出入境货邮11.54万吨，同比增长4.7%。

天津口岸出入境人员为112.66万人次，同比增长14.2%。其中，空港口岸出入境旅客82.35万人次，同比增长9.8%；海港口岸出入境旅客30.31万人次，同比增长28.1%。

口岸监管与服务

【口岸扩大对外开放成果显著】 编制完成并向国务院上报《天津口岸扩大对外开放计划》，该计划包括南港工业区、临港经济区和滨海旅游区在内的约100千米岸线新建97个码头泊位。完成了东疆保税港区二期600万平方米封关工作，全面实现了东疆保税港区1 000万平方米整体封关运作，为建设中国北方国际航运中心和国际物流中心的核心功能区奠定了坚实基础。

【重点区域口岸设施建设取得积极成果】 天津东疆保税港区7.53万平方米、南港工业港区2.83万平方米通关服务中心已开工建设，临港经济区6.5万平方米通关服务中心已完成规划设计，静海海关机构办公大楼建设已基本完成。

【大通关工作实现创新发展】 积极开展“调结构、惠民生、上水平”活动。建立服务重大项目、重点企业工作机制。天津海关全面实施“分类通关”改革，出口分类通关低风险货物快速验放率达到78%，进口低风险货物分类通关快速验放率达到36%。全面推行了进出口货物无纸化通关改革试点，办理无纸化通关9.7万票。天津检验检疫局深化流程再造和无纸化报检，查验效率提高67%，无纸化报检率超过50%。天津海事局积极推动“国际航行船舶进出口岸电子查验系统”的应用，使天津港成为全国率先实现口岸海事全面无纸化通关的港口；科学组织水上交通，进出港船舶衔接时间由原来的25分钟缩短到5分钟。天津边检总站推出6项服务措施，有效提高了船舶和人员的通关效率。

【推进汽车重点商品通关减负提速】 2012年，天津口岸进口汽车40.27万辆，继续保持全国第一的地位。汽车进口通关时间由最初的17天缩短到4.4天，物流成本由984元/辆减少到684元/辆，全年为企业节约通关成本1亿元以上。对进口封志不符集装箱实行“保函验放”新模式，通关时间由2周~4周缩短到1天~3天。

【天津东疆保税港区加快发展】 2012年，东疆保税港区外贸进出口53亿美元，同比增长130%；进出区保税货值110亿美元；货物吞吐量3 620万吨，同比增长15%；集装箱吞吐量261万标箱，同比增长6%。简化备案清单，实施进境入区保税货物备案清单试点实施方案，东疆飞机船舶租赁业务创新试点取得重大突破，国际船舶登记制度创新试点工作取得新的进展。

【空港口岸功能建设逐步完善】 加强空港口岸功能建设，出口拼装中心实现了正式运营。无纸化通关改革在空港试行。2012年共新开和加密客、货运航线8条，其中客运6条，货运2条。

空港口岸客货运吞吐量实现稳步增长。高标准保障夏季达沃斯论坛、发展中国家院士大会、全国大学生运动会、天津·台湾名品博览会等要客通关和重大外事活动通关，保障德国总理、巴基斯坦总理等国内外政要及市领导和嘉宾900多人次顺利通关。

【积极推进亚欧大陆桥口岸物流服务】 宁夏惠农无水港成为“铁水联运”试点，亚欧大陆桥运输畅通，2012年，亚欧大陆桥运输累计完成14.21万标箱，天津港集装箱班列累计完成25.11万标箱。

【口岸信息化建设扎实推进】 天津电子口岸通关服务应用项目累计26项，处理各类信息报文1 394.5万条。国际航行船舶进出口岸电子查验系统正式开通运行，实现了国际航行船舶进出口岸海事查验手续的全部网上受理和审批。国际航行船舶累计申报1.99万艘次，正班出入境航班集中申报7 563架次，实现了口岸全部交通运输工具的电子申报。进出口商品一单两报项目完成申报63.08万票，被列入国家电子口岸“十一五”建设成就项目。

【跨区域口岸合作工作取得积极成效】 天津海关累计与内地26个关区开展区域通关合作，天津检验检疫局累计与14个内地检验检疫机构签订了直通合作协议。无水港建设取得新进展，新增太原、呼和浩特、安阳3个无水港，无水港总数达到23个，覆盖了整个华北地区和绝大部分西北地区。太原、张家口、呼和浩特、银川4个无水港投入运营，总数达到14个，累计完成运输17.7万标箱，同比增长15.3%。

【区县口岸服务功能继续增强】 天津海关在静海县创新“圈区管理、集中查验、转场运抵”操作模式，实施新型机检，静海县子牙镇第七类固体废物快速通关取得重大进展。2012年，天津口岸进口第七类固体废物50 447标箱，同比增长3%；货重65万吨，同比增长5%。通关时间由原来的26天缩短到16天。

【深化口岸放行模式，提升口岸辐射带动能力】 天津检验检疫局已与14个内地检验检疫局签署合作协议，进一步优化完善相关政策，理顺天津口岸和内陆的检验检疫协作关系。继续扩大直通放行范围，增加直通放行企业和商品的数量。2012年共实施直通放行3.2万批，货值16.88亿美元，促进天津口岸的辐射带动能力进一步提升。同时，积极向天津本地出口企业推广直通放行模式。无纸化报检为企业提速、减负、增效。大力推行无纸化报检模式，逐步扩大出口无纸化报检企业的范围和商品种类。2012年受理出口无纸化报检11.4万批，货值101亿美元，无纸化报检率超过50%，较2011年同期提高了近20个百分点。积极开拓创新，对部分低风险进口货物率先试行无纸化报检。2012年受理进口无纸化报检18.7万批次。

【进一步推进滨海新区开发开放10项举措】 天津海事局建立海事部门、地方政府和企事业单位参加的LNG项目、口岸管理等综合协调机制，主动服务天津港南疆南LNG等重大项目实施。协助天津市政府制定《天津市邮轮游艇产业发展“十二五”规划纲要》、《关于推进滨海新区邮轮游艇产业发展意见》等文件，研究制定《天津市游艇管理暂行办法》、《天津游艇安全管理试行办法》及其配套制度，支持东疆国际邮轮母港、游艇项目等水上旅游品牌建设。按照国务院关于北方国际航运中心核心功能区建设方案的要求，充分发挥海事在北方国际航运中心建设中的引领助推作用，开展国际船舶登记制度创新试点政策研究，完成《天津东疆国际船舶登记制度创新试点方案》，起草《天津东疆国际船舶登记实施细则》。协助地方政府制定促进航运业发展及减免船员所得税的政策措施。

【坚持科技强警，着力推进信息化建设】 天津边检总站优化了视频监控系统镜头，改造了东港、南疆边检站监控存储和视频监控系统，升级了数字集群通讯系统，改造了电视电话会议系统及视频会议室。优化了海港综合信息管理系统，增加了登轮、搭靠单位及人员备案管理等功能；研发了电子“登轮证”签发管理系统，实现了对登轮人员的信息化管理；升级了旅游团零散验放软件，与电子口岸合作搭建了旅游团信息网上预申报平台，实现了旅游团的散客式验放；研发了二代居民身份证信息读取核对软件、口岸限定区域管理软件、网上报检系统大型邮轮专用软件，提高了通关效率。

开放口岸

【天津港口岸】 天津港是国际性海港口岸，位于渤海湾海河入海口，地处京津城市带和环渤海经济圈交汇点，是我国北方最大的人工深水港。

天津港的历史最早可以上溯到汉代，自唐代以来形成海港，1860 年正式对外开埠，是我国最早对外通商的港口之一。塘沽新港始建于 1939 年，新中国成立后经过 3 年恢复性建设，于 1952 年 10 月 17 日重新开港通航。

天津港口岸同世界上 180 多个国家和地区的 600 多个港口有贸易往来。天津港口岸对外开放水域面积 470 平方千米，国家批准对外开放岸线长 47.9 千米。天津港口岸分为一港八区及中心渔港。目前，东疆港区、南疆港区、北疆港区、大沽口港区、海河港区等 5 个港区口岸正式对外开放。天津港现有生产性泊位 143 个，规划设计货物通过能力 3.7 亿吨，集装箱吞吐能力1 075万标箱，实际运营规模为 4.7 亿吨、1 200万标箱。

2012 年，天津港口岸出入境货物吞吐量 47 697万吨，同比增长 5.3%；集装箱吞量1 230 万标箱，同比增长 6.2%；出入境旅客吞吐量 303 080万人次，同比增长 28.1%。

【天津航空口岸】 天津空港口岸位于天津市东丽区，距天津市中心 13 千米，距天津港 30 千米，距北京 134 千米。天津空港口岸是我国主要的航空货运中心之一，是国内干线机场、国务院批准对外开放的航空口岸、国际定期航班机场，是滨海新区开发开放的重要组成部分。

天津空港的建设目标是北方国际航空物流中心和大型门户枢纽机场。天津空港现有航线 84 条，其中出入境航线 21 条；航班6 090班次，其中出入境航班 852 班次；通航城市 71 个，其中境外通航城市 21 个。天津空港口岸共有进出境人员边检查验通道 28 条，海关出境申报通道 8 条，检验检疫出境查验通道 2 条、入境查验通道 5 条，设有出入境口岸签证处。天津滨海国际机场飞行区等级为 4E 级，跑道 2 条，可满足空客 A380 运行要求，高峰架次为每小时 24 架次。天津空港 T1 航站楼规模为 11.6 万平方米，设计旅客吞吐能力 800 万人次，货邮吞吐能力 50 万吨。天津空港口岸现有一级货站 3 家，库房面积合计 6.7 万平方米，年累计货邮周转能力 65 万吨。天津空港口岸货物出入境查验监管区域共有 5 个，其中海关 4 个，检验检疫局 1 个。天津空港实施“客货并举、以货为主”的发展战略，全力打造中国北方国际航空物流中心和大型门户枢纽机场。

2012 年，天津空港口岸出入境货物吞吐量为 115 383.4万吨，同比增长 4.7%；出入境旅客吞吐量823 470万人次，同比增长 9.8%。

天津市口岸大事记

2 月 15 日

中共中央政治局委员、天津市委书记张高丽深入天津市交通港口行业调研，听取天津机场专题汇报。

天津东疆保税港区海关举行国际航行船舶备案业务开通仪式。

2 月 23 日

天津市口岸办组织临港工业港区口岸有关码头对外开放验收会。

3 月 22 日

“天津机场二期扩建工程 T2 航站楼建筑工程施工及总承包管理合同签约仪式”隆重举行。

3 月 26 日

天津关区首票报关企业电子支付税单缴付成功。按照《海关总署关于在环渤海地区推广海关税费电子支付系统的通知》要求，天津海关受理、审批首批 7 家报关企业电子支付三方协议的备案。

4 月 18 日

天津边检总站召开新闻发布会，正式推出天津边检总站大力促进天津口岸大通关、全力支持天津经济社会发展 6 项措施。

6 月 18 日

天津空港出口拼装中心正式运营，初步显现口岸辐射集聚效应。

8 月 1 日

天津海关成功启动海运进口货物通关作业无纸化改革试点工作。H2000 系统、电子口岸三方协议签约系统、代理报关委托系统运行平稳。

8 月 13 日

天津检验检疫局与静海县政府签署《推动经济发展合作备忘录》。

8 月 18 日

举行东疆保税港区二期 6 平方千米封关验收仪式，实现了东疆保税港区 10 平方千米整体封关运作。

8 月 19 日

天津边检总站举办了“中国边检、阳光国门”服务品牌集中推介活动。

9 月 11 日

国家质检总局“第二次中蒙进出口食品安全司局级工作会议”在天津召开。

9 月 11 日

天津出口加工区首票保税展示货物顺利入区。

9 月 15 日

天津机场 2012 夏季达沃斯公务机保障工作圆满落幕。天津机场共保障专机 4 架次，公务机飞行 42 架次，接待与会客人 595 人次，出动保障车辆 526 车次，共计 900 人次参与达沃斯保障任务。

9 月 28 日

泰国捷特亚洲（Jet Aisa）航空公司正式开通了普吉—天津往返的客运航线。

10 月 12 日

中华人民共和国北疆海事局、海河海事局、新港海事局和南疆海事局正式成立。

10 月 26 日

天津现代口岸协同创新中心授牌仪式在天津大礼堂举行。天津市副市长任学锋出席会议并代表市政府向天津市口岸办和南开大学授牌。

10 月 30 日

天津海关成功启动海运出口货物通关作业无纸化改革试点工作。

10 月 31 日

天津市政府正式同意天津港口岸临港工业港区 7、8 号液体化工码头正式对外开放。

11 月 5 日

天津海关与长沙海关首票“属地申报，口岸验放”模式货物顺利通关。

11 月 8 日

天津市口岸办与天津检验检疫局签订关于加快天津口岸信息化平台建设推进天津电子口岸发展的合作备忘录。

12 月 3 日

天津海关海运出口现场全面取消纸质装货单，实行电子信息放行。

12 月 28 日

中共中央政治局委员、天津市委书记孙春兰到天津机场二期扩建建设工地调研，详细了解并现场查看了机场二期扩建和综合交通中心工程建设情况。

（撰稿人：赵倩、王天威、李文华、王金楼、刘旭亮）

2012 年天津市口岸流量统计表

口岸类型	口岸名称	货运量（万吨）				集装箱量（万标箱）				人员（万人次）				交通工具（辆、艘、架、列次）			
		出口	进口	合计	同比（%）	出口	进口	合计	同比（%）	出境	入境	合计	同比（%）	出境	入境	合计	同比（%）
空运口岸	天津空港	43 534.20	71 849.20	115 383.40	+4.70					409 997.00	413 473.00	823 470.00	+9.80	5 570.00	5 517.00	11 087.00	-1.60
水运口岸	天津港	海港口岸	22 381.00	25 316.00	47 697.00	+5.30	622.00	608.00	1 230.00	+6.20	303 080.00	+28.10			40 275.00	-11.50	
合计		65 915.20	97 165.20	163 080.40		622.00	608.00	1 230.00									
同比（%）																	

（天津港集团、天津滨海国际机场提供）

2012 年天津海关主要数据统计表

项目		2012 年	同比（%）
进出口货运量（万吨）	合计	18 110	+8.2
	进口	12 869	+11.9
	出口	5 241	+0.1
进出口贸易总值（万美元）	合计	20 423 938	+3.5
	进口	10 623 502	+4.8
	其中：江、海运输	8 914 196	+1.9
	铁路运输	5 591	+48.9
	汽车运输	3 621	+56.1
	航空运输	1 691 822	+25.7
	邮件运输	802	-19.8
	其他运输	7 470	-78.4
	出口	9 800 436	+2.2
	其中：江、海运输	8 476 851	+0.5
	铁路运输	132 298	+16.3
	汽车运输	9 141	-26.7
	航空运输	1 107 839	+16.6
	邮件运输	777	-38.9
	其他运输	73 530	-0.2
税收（万元）	两税合计	1 863.93	+10.65
	关税入库	475.31	+10.36
	进口环节税入库	1 388.62	+10.75

（天津海关提供）

2012 年天津市口岸出入境主要数据表

单位：（人员）人次；（交通工具）辆、艘、架、列次

<table>
<tr><th colspan="4">项目</th><th>2012 年</th><th>2011 年</th><th>同比（%）</th></tr>
<tr><td rowspan="15">出入境人员</td><td colspan="3">出入境人员总数</td><td>136.2</td><td>117.3</td><td>+16</td></tr>
<tr><td colspan="3">入境人员</td><td>68.9</td><td>59.4</td><td>+16</td></tr>
<tr><td colspan="3">出境人员</td><td>67.3</td><td>57.9</td><td>+16</td></tr>
<tr><td colspan="3">出境旅客</td><td>51.2</td><td>43.4</td><td>+ −18</td></tr>
<tr><td colspan="3">入境旅客</td><td>51.0</td><td>43.7</td><td>+17</td></tr>
<tr><td colspan="3">出境员工</td><td>16.1</td><td>14.5</td><td>+11</td></tr>
<tr><td colspan="3">入境员工</td><td>17.9</td><td>15.7</td><td>+14</td></tr>
<tr><td rowspan="6">中国公民</td><td rowspan="2">内地居民</td><td>入境</td><td>34.3</td><td>23.4</td><td>+46</td></tr>
<tr><td>出境</td><td>33.8</td><td>23.5</td><td>+44</td></tr>
<tr><td rowspan="2">港澳居民</td><td>入境</td><td>0.9</td><td>0.8</td><td>+13</td></tr>
<tr><td>出境</td><td>0.8</td><td>0.7</td><td>+14</td></tr>
<tr><td rowspan="2">台湾同胞</td><td>入境</td><td>3.8</td><td>3.2</td><td>+19</td></tr>
<tr><td>出境</td><td>3.3</td><td>2.9</td><td>+14</td></tr>
<tr><td colspan="2" rowspan="2">外籍人员</td><td>入境</td><td>29.9</td><td>31.8</td><td>−6</td></tr>
<tr><td>出境</td><td>29.4</td><td>30.9</td><td>−5</td></tr>
<tr><td rowspan="6">交通运输工具</td><td colspan="2" rowspan="2">总计</td><td>入境</td><td>10 551.0</td><td>9 783.0</td><td>+8</td></tr>
<tr><td>出境</td><td>9 055.0</td><td>9 228.0</td><td>−2</td></tr>
<tr><td colspan="2" rowspan="2">船舶</td><td>入境</td><td>5 835.0</td><td>5 618.0</td><td>+4</td></tr>
<tr><td>出境</td><td>4 972.0</td><td>4 939.0</td><td>+1</td></tr>
<tr><td colspan="2" rowspan="2">飞机</td><td>入境</td><td>4 716.0</td><td>4 165.0</td><td>+13</td></tr>
<tr><td>出境</td><td>4 083.0</td><td>4 289.0</td><td>−5</td></tr>
</table>

（天津出入境边检总站提供）

2012年天津市出入境检验检疫业务统计表

项目		货物检验检疫				交通工具				集装箱（标箱）		发现动植物疫情		货物通关		出入境人员查验（人次）	健康检查及预防接种（人次）			
		批次	金额（万美元）	检验检疫不合格																
				批次	金额（万美元）	船舶（艘）	飞机（架）	火车（节）	汽车（辆）	合计	检出问题	种类数	种次	批次	金额（万美元）		健康检查	艾滋病监测	发现病例	预防接种
本年累计		610 497	8 407 588.4	13 012	796 245.22	10 232	10 451	0	0	1 398 538	12 483	262	565	763 759	10 457 702.7	1 213 176	42 714	30 205	7 731	24 004
其中	出境	324 651	2 358 259.7	246	1 547.13	4 640	5 118	0	0	271 224	0	0	0	510 707	3 544 715.9	593 237	37 440	24 931	6 097	23 973
	入境	285 846	6 049 328.7	12 766	794 698.09	5 592	5 333	0	0	1 127 314	12 483	262	565	253 052	6 912 986.75	619 939	5 274	5 274	1 634	31
同比（%）		+4.37	+5.08	+11.33	+5.15	+19.45	+6.23	0	0	+8.65	-14.7	+9.17	+53.06	+5.95	+4.16	+19.37	+15.3	+12.28	+7.73	+13.05
其中	出境	+2.94	-1.46	+0.82	+11.97	+22.11	+4.05	0	0	+4.39	0	0	0	+5.22	+1.19	+22.19	+16	+12.64	+6.55	+12.98
	入境	+6.04	+7.87	+11.55	+5.13	+17.33	+8.42	0	0	+9.72	-14.7	+9.17	+53.06	+7.44	+5.75	+16.78	+10.61	+10.61	+12.38	+106.67

（天津出入境检验检疫局提供）

2012 年天津海事局进出港船舶统计汇总表

船舶类别	进港船舶							出港船舶						
	艘数（艘）	总吨（吨位）	总载重量（吨）	载客量（客位）	船员人数（人次）	货物到达量（吨）	旅客到达量（人）	艘数（艘）	总吨（吨位）	总载重量（吨）	载客量（客位）	船员人数（人次）	货物发送量（吨）	旅客发送量（人）
总　数	163 875	431 797 586	506 253 232	2 731 754	727 188	196 424 051	149 425	168 912	448 597 355	525 746 926	2 714 554	819 822	182 251 054	152 518
中国籍船舶	155 599	175 674 642	162 728 146	2 578 295	531 663	51 868 856	46 178	160 498	187 562 311	175 451 572	2 560 491	620 381	128 843 505	50 633
其中：外贸船	689	9 290 700	9 776 522	9 576	13 109	6 391 529	2 173	740	9 873 598	10 029 008	9 177	14 556	3 578 498	657

（天津海事局提供）

河　北　省

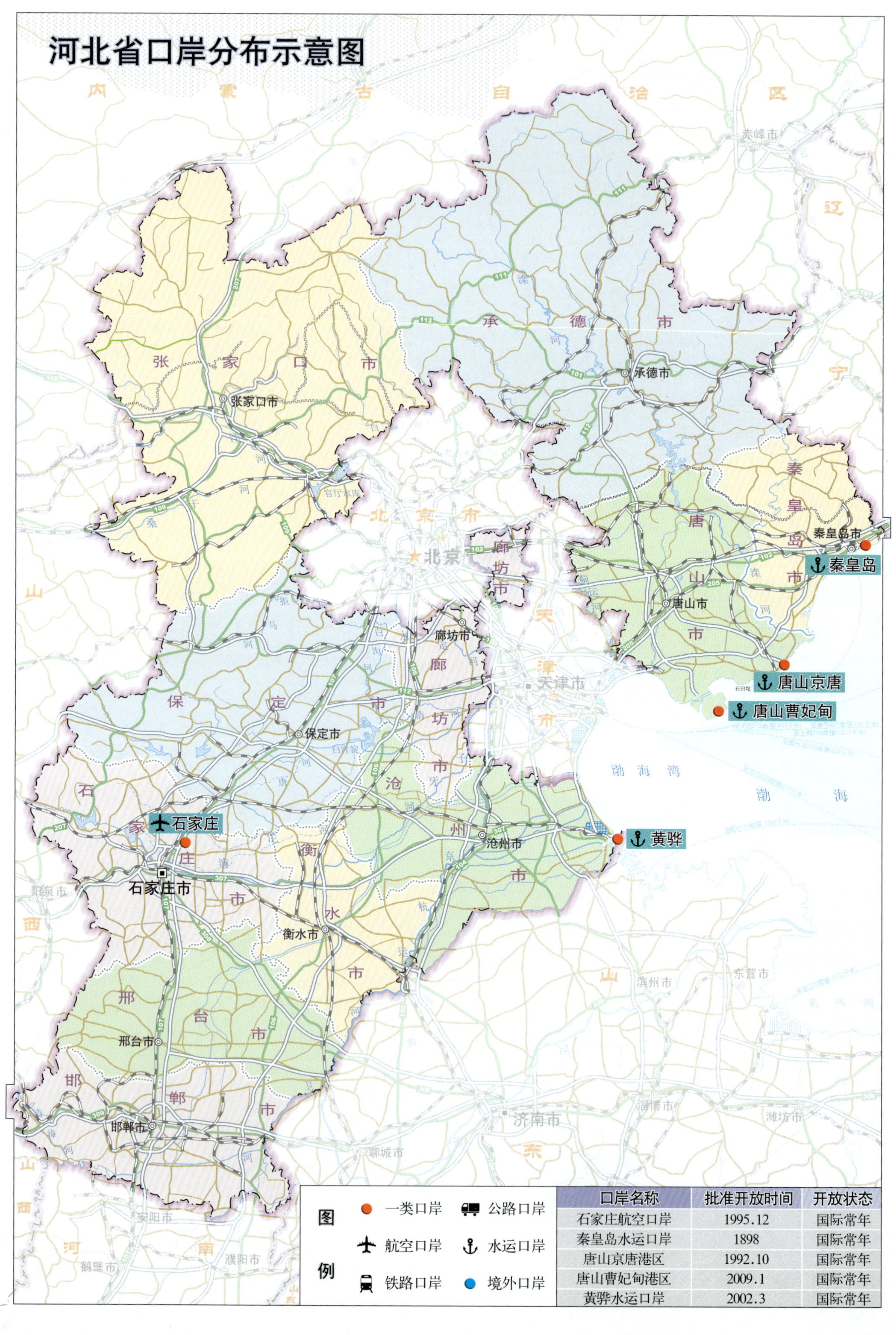

口岸名称	批准开放时间	开放状态
石家庄航空口岸	1995.12	国际常年
秦皇岛水运口岸	1898	国际常年
唐山京唐港区	1992.10	国际常年
唐山曹妃甸港区	2009.1	国际常年
黄骅水运口岸	2002.3	国际常年

口岸数量及分布

截至2012年年底，河北省共有经国务院批准的对外开放口岸4个。其中，海运口岸3个，分别是秦皇岛港、唐山港、黄骅港；航空口岸1个，即石家庄航空口岸。

口岸运行数据

2012年，河北省外贸运量完成21 088.68万吨，同比增长28%。

秦皇岛港口岸：外贸货运量完成1 260.5万吨，同比增长1.30%；国际集装箱完成12万标箱，同比下降12.30%；进出境人员4.5万人次，同比下降33.3%；进出境交通工具1 359艘次，同比增长0.4%。

唐山港口岸：外贸货运量完成18 902万吨，同比增长32.36%；国际集装箱完成0.515 9万标箱，同比增长18.37%；进出境人员14.8万人次，同比增长7.1%；进出境交通工具6 562艘次，同比增长10.1%。

黄骅港口岸：外贸货运量完成907.55万吨，同比增长16.11%；进出境人员0.961 4万人次，同比增长13.20%；进出境交通工具229艘次，同比增长4.57%。

石家庄航空口岸：共完成国际、地区航线进出港航班1 376架次，同比增长72%；出入境旅客首次突破10万人次，达10.68万人次，同比增长67%；出入境货物6 253.2吨，同比增长46%。

口岸监管与服务

【口岸开放进一步深化】 一是曹妃甸港区口岸对外开放通过国家验收。2012年7月9日至11日，曹妃甸港区口岸通过了由国家口岸办牵头，海关总署、公安部、交通运输部、国家质检总局、总参作战部等部门组成的国家级口岸开放验收，于8月28日起正式对外开放。二是曹妃甸综合保税区获得国家批复。2012年7月23日，国务院正式批复设立曹妃甸综合保税区，这是河北省首个综合保税区，其功能和有关税收、外汇标准按洋山保税港区政策执行。三是黄骅港综合港区口岸开放工作成效显著。“十二五”期间，黄骅港综合港区扩大开放项目列入国家口岸办首批审理计划。2012年8月，国家口岸办启动了国家层级的审理程序，正式征求国家有关部委意见。目前，公安部、总参谋部、交通运输部、海关总署、国家质检总局均已出具支持性意见。四是石家庄航空口岸国际（地区）航线快速增加。相继开通了台中、曼谷等旅游包机新航线，原有航线的飞行航班也得到大幅度的加密。五是山海关机场连续六年实现季节性临时开放。临时开放期间出入境通关继续保持零差错，通关时间缩短到1小时以内。2012年直接拉动消费5亿多元，成为河北省发展口岸旅游经济新的增长点。

【河北省正式设立“文明口岸奖”】 该奖项列入河北省委、省政府批准的表彰项目，并将在2013年启动实施，河北省口岸软环境建设将得到全面提升。

【加大口岸建设力度】 一是丰南港区开发建设正式启动。丰南区与投资方合资成立了丰南港区建设公司，完成了港区通港公路的建设，启动了港区填海造地工作，港区基础设施建设正式启动。二是内陆港建设有序推进。张家口内陆港投资控股有限公司暨海关监管区正式启动运营。保定内陆港完成征地工作，一期工程开工建设。石家庄至黄骅、张家口至秦皇岛的矿石和煤炭集装箱专列开通运营。

【电子口岸建设】 2012年，针对外贸形势严峻的情况，深入开展为民服务创新争优活动，始终把做好服务摆在突出位置，妥善解决进出口企业实际困难；深入推广运行项目，运营维护保障能力持续增强。梳理本关区联网监管电子账册企业信息，配合数据中心做好数据传输（MQ）维护调整、业务数据验证测试等电子口岸执法系统数据库切换工作，2012年12月31日前完成切换；通过信息发布推广新系统使用注意事项，发布操作文档，做好对企业的公告、解释工作。全年电子口岸共完成企业入网1 657家，政务 IC 及 RA 卡解锁等业务共 79 张，接听热线电话17 320次，处理舱单企业集中入网授权 90 家，电子账册企业入网授权 10 份，完成 MQ 配置申请、变更共计 13 次，对电子口岸 QP 系统正式环境、培训环境进行 12 次测试及升级，全年下发、重置激活码 38 个，办理代理预录入企业授权 15 家，加工贸易手册企业授权 25 家，协助业务部门维护电子口岸系统、读卡器、打印机、扫描仪等 73 次。截至 12 月中旬，电子口岸入网企业已突破 2 万家。

【石家庄海关积极促进河北外贸稳定增长】 认真落实国家各项优惠政策，主动跟踪河北省经济社会发展重点项目，引导企业用足用好优惠政策，积极开展调研工作，跟踪反馈政策实施效果，主动建言献策，努力营造效率快、措施优、成本省的通关大环境，确保河北省对外贸易平衡发展。根据海关总署统一部署，从 2012 年 10 月 1 日起，全面落实取消收取进出口货物纸质报关单证明联（进口付汇用、出口收汇用）和出口报关单退税联打印费、报关单条码费和海关监管手续费，巩固和完善分类通关改革，积极向海关总署申请在河北开展无纸化通关改革；进一步扩大“属地申报，口岸验放”通关模式适用范围，从原来仅适用于 A 类以上企业，扩大到一年内无走私违规记录、资信良好的 B 类生产型出口企业，拓宽区域通关的企业受惠面；实行“7 ×24 小时”预约通关，落实“首问负责制、限时办结制、服务承诺制”；调整企业分类标准，将 AA 类企业评定标准从年出口值3 000万美元下调为 50 万美元。自 2012 年 10 月 1 日起至 2013 年 12 月 31 日止，对上一年度进出口额未达到 50 万美元或进出口报关单票数未达到3 000票的，企业报关差错率虽超过 3%、5%，但记分次数总计不超过 20 次的 AA 类、A 类企业，暂不下调其管理类别，保持企业原分类等级；此前已下调 AA 类、A 类企业类别的，经申请恢复企业原分类类别。对 A 类生产型企业适用较低查验率，实施更加便捷的通关待遇；扩大税费电子支付企业适用范围，开展进口商品预审价和原产地预确定工作，对于符合条件的企业，给予免担保待遇，最大限度为企业降低通关成本。

【河北出入境检验检疫局为河北外向型经济发展做贡献】 一是以全面落实河北省政府与国家质检总局签署的《关于实施质量兴冀推动河北外向型经济发展战略合作备忘录》各项内容为契机，采取措施确保河北检验检疫事业与河北“经济强省”建设同步发展。优化机构配置，积极推进唐山、京唐港、曹妃甸三地检验检疫机构的整合升级，加大石家庄出入境检验检疫局的筹建力度，继续加大对各分支机构软硬件设施的投入力度，使各单位在执法水平和技术能力上与河北省外向型经济发展的新形势、新任务相适应；确保河北“经济强省”建设重大项目完成，对于重点工程项目建设做到提前介入，现场办公，贴身服务，确保建设项目顺利完成；落实《冀晋蒙辽豫陕检验检疫快速通关合作备忘录》，引领华北、东北和西部地区进出口物流向河北口岸聚集，推动河北海港口岸跨越式发展。二是全力服务河北产业结构调整，加大对优势进出口企业的帮扶力度。强化“品牌”战略意识。积极推进“出口食品农产品质量安全示范区”建设，提水平、上档次，打造河北县域特色出口品牌，力推更多“示范区”提升为国家“知名品牌示范区”；在全省出口企业中开展“千家企业质量管理达标帮促活动”，积极推动生产企业通过质量管理等体系认证，持续增强企业质量安全意识和产品质量保证能力，提升企业综合竞争力；助力河北新兴产业发展，及时跟踪研究国内外先进的绿色环保认证技术和标准，引导企业大力推进先进技术、标准的应用。积极对接曹妃甸电动汽车等产业园区建设，助力保定光伏电池、承德风力发电等新兴产业做大做强；积极帮助河北出口企业应对国外技术性贸易壁垒。密切关注和研究国外技术法规、标准等技术性贸易措施动态，广泛搜集相关信息，及时发布风险预警。深入开展技术性贸易措施影响调研和世界贸易组织信息通报的评议工作，进一步加强 WTO/TBT－SPS 技术性贸易措施的应用研究，扎实做好进口产品质量安全风险分析和河北产业发展研究，及时提出保护河北省产业的合理化技术性贸易措施建议，强化技术性贸易措施的应用，保护河北省经济发展和产业布局；积极推行实验室检验检测技术共享和资源共享，充分发挥“大型仪器设备共享服务联盟”对河北经济发展的支持作用，提升服务的整体实力。建立公共检测技术服务平台，参与社会服务与社会竞争。推行“企业实验室水平提升检企共建计划”，加大对进出口企业检验检测人员、实验室建设的培训力度，帮助提高企业自检自控能力。三是大力提升检验检疫口岸综合服务能力。主动加强与口岸相关部门的沟通，巩固合作机制。落实《口岸卫生检疫核心能力建设基本标准》和国家质检总局“口岸卫生检疫核心能力”验收标准，加快建设口岸公共卫生应急处置中心，完善口岸突发公共卫生事件应急预案，发挥口岸传染病防控体系和外来有害生物防御体系的作用，进一步提高出入境疫情防控和应对突发事件的能力，强化航空口岸核生化恐怖事件处置能力。四是强势推进对外贸易便利化。继续推进与天津出入境检验检疫局直通放行合作，加强与山西、内蒙古、辽宁、河南、陕西等周边检验检疫局合作；深化河北口岸快速通关合作机制，积极主动地与交通、海事、港务等口岸单位协同配合，联合制定电子数据交换标准与工作流程，建立闸口放行机制，实现对进出境货物、交通工具、集装箱、旅客及口岸服务单位的数据采集、电子监管和电子放行，共同推进口岸信息化平台建设；加快省内通关模式研究，努力实现河北省内货物在秦唐沧等海港口岸、石家庄机场等空港口岸的“直通放行”。五是全力服务河北省“质量兴冀”战略。广泛宣传《质量发展纲要(2011 年—2020 年)》，积极开展“质量月”、“实验室开放日”等活动，提升全社会“质量第一”的意识，营造全社会重视质量的良好氛围；扎实推进执法稽查工作，净化进出口市场环境。严厉打击逃漏检、制售使用假冒检验检疫证书等违法行为，深挖行业“潜规则”，集中整治一批重点产品、重点行业；确保进出口食品农产品质量安全，建立健全出口食品农产品过程监管体系，加强对出口食品农产品种植、养殖、生产、加工、包装、储存、中转、发运等各个环节的监管。重点加强进口肉类、食用油、乳制品、水产品、酒类、水果等高风险产品的检验检疫，构筑有毒有害物质防控体系，确保国内外消费者健康、安全。

【河北省边防总队推行“口岸民生警务”】 紧紧围绕河北省委、省政府加快转变经济发展方式的战略部署，大力推行“口岸民生警务”。一是全面推进“三访三评”大走访活动。以创建爱民固边模范港区为突破口，以开展“服务经济转型升级、帮助企业克难解困”活动为主线，积极服务口岸招商引资，从简化手续、优质服务、提高通关效率等方面入手，在国家政策法律规定允许范围内，最大限度地减轻企业负担，降低生产经营成本。二是积极应对社会各界的新需求和新期待。定期向口岸部门报送《口岸出入境形势分析报告》，及时研究推出船舶快速通关、口岸设施规划等 8 项配套服务保障方案，将边检系统建设与口岸发展紧密融合，有效缓解了警力紧张与口岸快速发展的矛盾，推动口岸企业屡创生产作业新纪录；及时推出了集装箱班轮“一站式”通关服务、“船员家属亲情服务通道”等 20 项便民服务新举措，进一步优化了边检手续办理环节，提高了通关效率。三是将传统群众工作与现代信息化手段相结合。通过“边检微博”全面了解服务对象的最新需求，先后推出了预约办理团体证件、上门开展登轮培训等 40 余项便民服务举措。为载运生鲜水产品、奶牛等活体货物和需要在锚地买卖、维修的船舶开通了“绿色通道”服务，先后为船方、企业挽回直接经济损失 400 余万元，间接带来经济效益1 500余万元。

【河北海事局制订“两个应急”方案】 一是强化预警预控，促进海上搜救应急处置机制不断完善。召开河北省海上搜救应急预案专家评审会，对《省海上搜救应急预案》运行情况进行评估，推动海上搜救工作科学、安全发展；部署河北辖区2012年~2013年防抗寒潮大风工作，做好恶劣天气下、节假日预警预控工作，加强台风灾害防御工作和开展防汛（台）抗旱检查工作；2012年6月20日与河北省渔港监督局就水上安全监管工作达成共识；2012年6月26日，与河北省气象局确定了海上预警发布工作流程。下发了《关于建立渔商矛盾处置机制的通知》，指导分支机构制定了渔商矛盾协商机制，完成了渔船预警预控研究报告的编印工作。全年共组织海上搜救行动51次，成功救助267人，救助成功率达96.4%。二是海上船舶污染应急能力获得新提升。成立了秦皇岛市船舶污染应急指挥中心，并正式挂牌运行；落实船舶污染清除协议制度，协助部海事局辖区12家一级船舶污染清除单位的建设工作；对辖区港口、码头船舶进行污染海洋环境风险评价、专项验收；对辖区有关作业单位实施防污染等级管理；由不明油污防治工作领导小组深入实施《秦皇岛碧海行动计划》，严厉打击海上非法排污，有效履行海事监管职责。

开放口岸

【石家庄航空口岸】 石家庄航空口岸于1995年2月建成，当年实现国际通航，1996年3月正式对外开放。2010年6月，国家民航局与河北省签署《关于加快推进河北民航发展的会谈纪要》，确定石家庄机场为国内唯一一个航空大众化试点机场，是首都机场的备降机场和分流机场，是中国联合航空河北分公司、河北航空有限公司、春秋航空公司、中国货运邮政航空公司基地，是河北省重要的空中交通门户和对外开放窗口，现已发展成中国北方重要的国际航空货运中转基地。

石家庄正定国际机场飞行区等级为4E级，跑道全长3 400米，宽45米，每侧道肩7.5米，总宽60米，建有等长平行滑行道1条，快速出口滑行道2条，可保障B747、A380、AN225在内的各类大型飞机起降。停机坪总面积21万平方米，停机位31个。高峰小时旅客吞吐能力达1 500人次，可满足年旅客吞吐量500万人次的需要。

石家庄航空口岸已跨入高速发展阶段，先后开通了石家庄至香港客运定期航线，至韩国、俄罗斯等独联体国家货运机航线，至韩国、泰国、日本等临时客运包机航线。目前有近30家航空公司执飞运营，其中国外、地区航空公司7家。

2012年，石家庄机场新增张家界、邯郸、桂林、北京（南苑）、台中、首尔、阿克托比、卡拉干达、塔林、考纳斯等10个通航城市，周航班量突破1 100架次。新增、恢复、加密航线达到56条，其中新开石家庄机场首条国际定期直航货运航线——石家庄至首尔定期全货运航线。航线网络覆盖国内主要大中城市及部分周边国家城市。

2012年年底，京广高铁全线通车，高铁正定机场站投入运营，石家庄机场高铁候机楼正式启用，石家庄航空口岸已形成以航空为基础，以陆路为衔接，以铁路为节点的贯穿全省、辐射周边的复合型交通枢纽。

河北省机场集团在保定、沧州、邢台、衡水地区建成了6座异地城市候机楼并投入使用，将机场候机楼除安全检查功能外全部前移至异地市区；与冀运集团合作开通了石家庄机场—保定、邢台、邯郸、衡水、沧州—石家庄机场的旅客直通车，搭建起了与周边地区便捷的地面交通网络；在北京西客站设旅客服务台及乘车站点，分流北京团队客源，努力打造首都“第二机场”；针对北京、山西等地团队旅客开通团队班车服务，提升石家庄航空口岸区域竞争力；2012年年底推出石家庄机场“空铁快线”产品，提供机场候机楼与高铁正定机场间免费往返摆渡车，不断吸引北京、郑州、太原、济南等周边地区旅客，为打造进京“第二通道”奠定坚实基础。机场集团还精心打造“从家飞”服务品牌，搞好“差异化服务”，开设“绿色通道”，提供高效、便捷的异地办理乘机手续，通过优质服务吸引周边，分流京津客源。

不断优化通关政策。2010年，机场集团成立了货运开发办公室，加大国际货运开发力度和货运航班审批跑办力度，加强与驻场联检单位的联系协调，进一步缩短手续的办理时间，为货物的及时通关赢得便捷；石家庄机场海关推出陆空联运、空运转关等新业务模式，协助开通了石家庄机场至欧洲的定期货运航班和经香港中转至全球60个城市的国际航空货运业务，实现了国际货物“一单到底”直达；石家庄海关机场办事处与首都机场海关正式签署了《进出口空陆联程货物监管联系配合办法》，实现了国际货物“本地报关、异地出境”。

2012年石家庄机场完成旅客吞吐量485.21万人次，同比增长20.7%；共保障国际和地区客运航班912架次，同比增长58.6%；完成国际和地区旅客吞吐量10.7万人次，同比增长67.1%；保障国际和地区货运航班464架次，同比增长108.1%；完成国际（地区）货邮吞吐量6 253.2吨，同比增长46.4%。

正在建设中的新航站楼预计2013年竣工，并于年内投入运营，新增候机楼面积13.3万平方米，新建货运区1.34万平方米，扩建飞行区及相应的配套工程。新航站楼竣工后，石家庄机场年旅客吞吐量保障能力将达到2 000万人次，货邮吞吐量为25万吨。

为适应民航高速发展的需要，不断加大机场建设支持力度，规划机场与铁路、公路、港口、城市公共交通的有效衔接。谋划建设了石家庄空港工业园，享受省级开发区政策，积极吸引航空运输服务企业在河北设立地区总部、分支机构，大力促进旅游、会展、商贸物流、金融保险等民航相关产业发展。空港工业园已经向国务院递交了保税区申请。

【秦皇岛水运口岸】 秦皇岛水运口岸开通于1898年，至今已有100多年历史，是以能源运输为主的综合性国际贸易港口，也是当今世界最大的煤炭输出港和干散货港。它共有海岸线11.7千米，水域面积222平方千米，陆域面积10.8平方千米。秦皇岛海运口岸下辖秦皇岛港、新开河、秦山化工、山海关船厂四大港区。秦皇岛港东港区以能源（煤炭、油品）运输为主，西港区以杂货、集装箱装卸运输为主。现有泊位55个，其中生产泊位47个，最大靠泊吨级为15万吨级，设计年通过能力2.26亿吨。其中，煤炭泊位21个，年设计通过能力1.93亿吨；杂货泊位17个，设计年通过能力1 480万吨；石油化工品泊位6个，设计年通过能力1 630万吨；集装箱泊位3个，设计年通过能力75万标箱。

【黄骅水运口岸】 黄骅水运口岸位于沧州市以东约90千米处，东经117°48′，北纬38°17′，由煤炭港区、综合港区、散货港区和河口港区4个港区组成。黄骅港一期工程于1997年11月25日开工建设，2001年年底建成并投入使用。建有2个5万吨级和1个3.5万吨级大型煤炭船泊位，设计年吞吐能力3 000万吨。一期完善项目于2002年10月开工建设，2003年5月竣工，规模为1个1万吨级码头泊位，设计年吞吐能力500万吨。2004年12月9日，黄骅港一期工程通过国家级验收。黄骅港二期工程于2002年9月开工建设，2004年10月建成。规模为1个10万吨级和2个5万吨级煤炭专用泊位，设计年吞吐能力3 000万吨。黄骅港三期工程于2010年6月开工建设，新建4个5万吨级的专业化煤炭装船泊位，其中1个泊位按15万吨级预留，设计年吞吐能力5 000万吨。

煤炭港区杂货码头于2000年7月开工建设，2003年年底建成，2004年6月投入运营。规模为2个1.5万吨级泊位，设计年吞吐量90万吨。煤炭港区油品码头由原化学品码头改造而成，规模为1个2万吨级泊位，设计年吞吐量300万吨。

黄骅港综合港区规划29个泊位。起步工程于2009年3月开工建设，2010年8月1日建成投入运营，总投资127亿，共建设8个泊位。其中，4个10万吨级通用散杂货泊位，设计年通过能力800万吨；4个10万吨级多用途泊位，设计年通过能力1 000万吨

2011年3月30日，黄骅港综合港区二期工

程开工，包括20万吨级航道及防波堤延长工程，4个15万吨~20万吨级矿石泊位，2个5万吨~10万吨级集装箱泊位，5个5万吨~10万吨级煤炭泊位，2个10万吨级原油泊位及储备，2个5万吨级液体化学品专业泊位，1个10万吨级粮油泊位。

2002年3月，黄骅港煤炭港区一期工程经国务院批准为一类海运口岸对外开放（国函〔2002〕19号文件）。2003年11月，黄骅港口岸通过省级口岸开放预验收。2005年12月，国家对黄骅港口岸正式验收。2005年12月29日，交通部以交函海〔2005〕470号文件公布黄骅港口岸于2006年1月10日起正式对外开放。

综合港区海运口岸自2010年8月1日起临时对外开放（交海批〔2010〕36号文件）。2011年1月27日、2011年7月、2012年1月18日和7月27日，国家交通运输部分别以交海批〔2011〕6号、交海批〔2011〕45号、交海批〔2012〕2号和交海批〔2012〕25号文件批准国际航行船舶临时进靠黄骅港口岸综合港区。

2012年3月，黄骅港口岸综合港区扩大对外开放列入国家“十二五”口岸发展规划；4月，黄骅港口岸综合港区扩大对外开放列入2012年国家口岸开放年度计划。

2012年，黄骅港共接卸船舶3 847艘次，完成吞吐量12 538.92万吨、集装箱10.2万标箱。其中，外贸货物907.55万吨，外贸船舶229艘次，同比分别增长16.11%和16.24%。

煤炭港区共接卸船舶3 230艘次，完成吞吐量10 541.9万吨。其中，外贸货物190万吨，外贸船舶75艘次，同比分别下降38.8%和53.99%。

综合港区共接卸船舶617艘次，完成吞吐量1 996.99万吨、集装箱10.2万标箱。其中，外贸货物717.46万吨，外贸船舶155艘次，同比分别增长52.31%和78.16%。

【唐山口岸】 唐山口岸位于唐山南部沿海，下设京唐港区和曹妃甸港区，是我国北方新兴的极具活力和发展潜力的现代化国际港口。2012年唐山港全港完成货物吞吐量3.64亿吨，在全国港口排名第八位，全球港口排名第十位。

唐山港京唐港区于1989年启动开发建设，1992年10月经国务院批准为一类口岸，1993年正式对外国籍船舶通航。伴随着京唐港区的开发开放，国家在唐山市陆续设立了唐山海关、唐山边防检查站、唐山出入境检验检疫局、河北出入境检验检疫局京唐港办事处、唐山海事局等检查检验单位，负责唐山港对外开放的监管监护工作。曹妃甸港区于2003年启动开发建设，2005年试通航，2009年1月获得国务院批准扩大开放为一类口岸，2012年8月正式对外开放。国家陆续在曹妃甸港区设立了石家庄海关驻曹妃甸港区办事处、曹妃甸边防检查站、河北出入境检验检疫局曹妃甸办事处、曹妃甸海事处等检查检验单位，负责曹妃甸港区对外开放的监管监护工作。

京唐港区位于唐山市东南部，距市区80千米，规划面积88平方千米，规划建设6个港池。目前已建成1号、2号两个港池，3号、4号、5号港池部分完工。现有件杂、散杂、多用途等1.5万吨~2万吨级泊位35个，航线通达国内120多个港口，与50多个国家和地区的港口建立了业务往来关系；运营货种涵盖煤炭、钢铁、矿石、水泥、原盐、粮食、纯碱和集装箱等。2012年完成货物吞吐量1.7亿吨，同比增长23.6%。其中，完成集装箱吞吐量35.5万标箱，同比增长32%，在河北港口中增幅最大。

曹妃甸港区东距京唐港区33海里，北距唐山市区80千米，是渤海沿岸唯一不需开挖航道和港池即可建设30万吨级大型泊位的天然港址。依据规划，曹妃甸港区重点建设进口矿石、原油、天然气和煤炭等专业泊位、大型化码头，最终可建成生产性泊位260余个，形成5亿吨以上的综合通过能力，建成中国北方最大的能源原材料集疏港。2012年，4个25万吨级矿石泊位、1个30万吨级原油泊位及22个4万吨~10万吨级干散货泊位建成并投入试运营。2012年港区完成货物吞吐量1.95亿吨。

河北省口岸大事记

1月16日

河北省向国家口岸管理办公室报送《关于山海关机场2012年继续临时对外开放的请示》(冀政口岸[2012]1号)。4月13日，国家口岸管理办公室批复《同意山海关机场2012年临时对外开放》(国岸发[2012]6号)。

1月18日

国家交通运输部正式批准河北省黄骅港口岸综合港区临时开放，开放时间为2月1日至7月31日。

1月30日

唐山港京唐港区新选划锚地由交通运输部海事局予以批复，锚地面积由原来的52.8平方千米增至294.63平方千米，有效解决了京唐港区锚地容量不足的问题。

2月22日

曹妃甸港区海关办事处正式挂牌成立。曹妃甸海关办事处挂牌标志着国家驻曹妃甸港区4家口岸查验单位机构已经完备，曹妃甸港区具备口岸独立运行能力。

2月23日

黄骅港煤炭港区二期扩容码头、液体化工码头正式投入运营。

3月19日

对外发布航行通告公布京唐港区和黄骅综合港区锚地设置，结束了黄骅综合港区没有锚地的历史。

4月7日

京唐港区与韩国京仁港签订友好港口协议，为进一步开拓集装箱外贸航线奠定了基础。

4月12日

曹妃甸港区矿石码头三期2个25万吨级专用矿石泊位投入试运营。

4月27日

海关总署《关于印发国家口岸发展规划(2011年—2015年)的通知》，将河北省秦皇岛港、唐山港、黄骅港3个口岸扩大开放项目列入国家规划。

5月9日

黄骅港水运口岸综合港区扩大开放列入国家2012年度口岸开放审理计划。

5月23日

国家交通运输部正式批准曹妃甸港区口岸临时开放，开放时间为6月1日至11月30日。

6月26日

海关总署党组成员集体到廊坊海关调研。

7月9日至11日

由国家口岸管理办公室、公安部、交通运输部、国家质检总局、总参谋部作战部组成的口岸验收组赴曹妃甸港区进行检查验收。验收组认为曹妃甸港区基础设施和查验设施基本建成，能够满足各查验单位业务需要；口岸查验单位人员到位，能够承担港区对外开放后的监管服务工作；有关军事安全保密措施也已落实，同意唐山港口岸曹妃甸港区对外开放通过正式验收。

7月23日

国务院正式批准设立曹妃甸综合保税区，这是河北省设立的第一个综合保税区。

7月27日

国家交通运输部正式批准黄骅港口岸综合港区临时开放，开放时间为8月1日至2013年1月31日。

8月8日

黄骅港综合港区4号、6号锚地获批投入使用。

8月21日

国家交通运输部对外公告，自2012年8月28日河北省唐山水运口岸曹妃甸港区正式对外国籍船舶开放。

8月24日

黄骅港综合港区通用散货码头起步工程、通用散杂货码头工程、多用途码头进入运营阶段。

9月6日

曹妃甸港区口岸正式开放、综合保税区获批新闻发布暨推介签约会在北京人民大会堂举行。海关总署（国家口岸办）、交通运输部、公安部、国家质检总局、总参谋部相关领导出席会议。

10月17日

曹妃甸海事工作船码头工程顺利通过验收并交付使用。

10月26日

黄骅港煤炭港区5万吨级双向航道实现双向通航。

11月30日

河北省委副书记、省长张庆伟及副省长杨汭到石家庄海关调研工作，听取石家庄海关关长连文生2012年重点工作完成情况、河北省外贸形势分析预测及明年工作初步设想的工作介绍。张庆伟对石家庄海关工作及全面建设情况予以充分肯定，对其服务河北经济社会发展所作出的贡献表示感谢。

黄骅港煤炭港区三期码头正式投入营运。

12月6日

曹妃甸海事工作船码头工程正式交付使用。

12月27日

海关总署署长于广洲在石家庄会见河北省委书记张庆黎、省长张庆伟。于署长感谢河北省委、省政府长期以来对海关工作的支持与厚爱，表示海关将努力推动曹妃甸综合保税区尽早封关运行；张庆黎衷心感谢海关为河北经济社会发展作出的贡献，表示将一如既往关心支持海关建设。双方还就海关总署防辐射监测中心建设问题深入交换了意见。驻署纪检组组长胡玉敏，副署长吕滨、邹志武及办公厅、研究室、关税司、加贸司、财务司、关保司、政工办、石家庄海关等部门主要负责人陪同。

12月28日

海关总署署长于广洲视察石家庄海关。驻署纪检组组长胡玉敏，副署长吕滨、邹志武及办公厅、研究室、关税司、加贸司、财务司、关保司、政工办等部门主要负责同志陪同。

（撰稿人：高雅平、吴迪、杨磊、杨朝晖、王晓川）

2012 年河北省口岸流量统计表

口岸类型		口岸名称	货运量（万吨）				集装箱量（万标箱）				人员（万人次）				交通工具（辆、艘、架、列次）			
			出口	进口	合计	同比（%）	出口	进口	合计	同比（%）	出境	入境	合计	同比（%）	出境	入境	合计	同比（%）
空运口岸		石家庄机场	0.48	0.14	0.62	+46.00					5.37	5.31	10.68	+67.00	689	687	1 376	+72.00
		分计	0.48	0.14	0.62	+46.00					5.37	5.31	10.68	+67.00	689	687	1 376	+72.00
陆运口岸	公路口岸																	
		分计																
	铁路口岸																	
		分计																
水运口岸		黄骅口岸	186.36	721.19	907.55	+16.11					0.46	0.50	0.96	+13.20	64	165	229	+4.57
		秦皇岛口岸	879.00	381.50	1 260.50	+1.30	6.00	6.00	12.00	-12.30	2.40	2.10	4.50	-33.30	756	603	1 359	+0.40
		唐山口岸	17 935.10	966.90	18 902.00	+32.36	0.26	0.26	0.52	+18.37	7.60	7.20	14.80	+7.10	3301	3 281	6 582	+10.10
		分计	19 018.46	2 069.59	21 088.05		6.26	6.26	12.52		10.46	9.80	20.26		4 121	4 049	8 170	
合计			19 018.94	2 069.73	21 088.67		6.26	6.26	12.52		15.83	15.11	30.94		4 810	4 736	9 546	
同比（%）																		

（河北省口岸办提供）

2012 年石家庄海关主要数据统计表

项目		2012 年	同比（%）
进出口货运量（万吨）	合计	22 999.00	+28.70
	进口	22 064.00	+30.94
	出口	935.00	-8.43
进出口贸易总值（万美元）	合计	4 282 884.00	+4.40
	进口	3 690 270.00	+5.94
	其中：江、海运输	3 669 454.00	+5.69
	铁路运输	15.00	
	汽车运输	1 612.00	-1.00
	航空运输	11 909.00	+20.49
	邮件运输		
	其他运输	7 280.00	
	出口	592 612.00	-10.48
	其中：江、海运输	451 580.00	-18.50
	铁路运输	868.00	-18.50
	汽车运输	291.00	-72.92
	航空运输	121 840.00	+23.26
	邮件运输	0.17	-99.80
	其他运输	18 033.00	+34.34
税收（万元）	两税合计	400.93	+4.40
	关税入库	10.77	-21.00
	进口环节税入库	390.16	+5.40

（石家庄海关提供）

2012 年河北省口岸出入境主要数据表

单位：（人员）人次；（交通工具）辆、艘、架、列次

项目			2012 年	2011 年	同比（%）
出入境人员	出入境人员总数		308 123	271 073	+13.67
	入境人员		157 532	138 949	+13.37
	出境人员		150 591	132 124	+13.98
	出入境旅客		164 065	137 460	+19.35
	出入境员工		144 058	133 613	+7.82
	中国公民	小计	204 156	161 603	+26.33
		内地居民（因公）	55 437	53 561	+3.50
		内地居民（因私）	138 454	99 228	+39.53
		港澳居民	2 826	4 422	-36.09
		台湾同胞	7 440	4 392	+69.40
	外籍人员		103 967	109 470	-5.03
	从海港出入境人数		176 806	190 053	-6.97
	从陆港出入境人数				
	从空港出入境人数		131 317	81 020	+62.08
交通运输工具	总计		7 409	6 547	+13.17
	船舶		6 133	5 693	+7.73
	飞机		1 276	854	+49.41
	火车				
	机动车辆				

（河北省公安边防总队提供）

2012 年河北省出入境检验检疫业务统计表

项目	货物检验检疫				交通工具				集装箱（标箱）		发现动植物疫情		货物通关		出入境人员查验（人次）	健康检查及预防接种（人次）			
	批次	金额（万美元）	检验检疫不合格 批次	检验检疫不合格 金额（万美元）	船舶（艘）	飞机（架）	火车（节）	汽车（辆）	合计	检出问题	种类数	种次	批次	金额（万美元）		健康检查	艾滋病监测	发现病例	预防接种
本年累计	189 375	4 637 369	2 456	852 965. 62	5 987	1 274			31 956	16	18	124	23 378	3 406 726. 57	26 1308	24 438	23 577	11 960	33 609
其中 出境	170 226	1 182 899	226	3 323. 6	2 839	583			3 656		1		15 361	235 249. 8	127 360	21 813	21 151	10 698	33 593
其中 入境	19 149	3 454 470	2 230	849 642. 02	3 148	691			28 300	16	17	124	8 017	3 171 476. 77	133 948	2 625	2 426	1 262	16
同比（%）	+12. 03	+15. 12	+9. 06	−9. 99	+9. 55	+50. 77			+1 005. 50		+5. 88	+264. 71	+3. 17	+4. 84	+26. 05	+2. 44	+1. 90	+10. 73	−1. 69
其中 出境	+12. 15	+12. 81	+3. 20	−62. 54	+10. 73	+39. 14			+2. 50				+1. 25	−10. 3	+27. 15	+3. 13	+2. 06	+12. 09	−1. 71
其中 入境	+11. 00	+15. 93	+9. 69	−9. 49	+8. 51	+62. 21			+128. 76		0	+264. 71	+7. 05	+6. 17	+25. 02	−3. 03	+0. 50	+0. 40	+33. 33

（河北出入境检验检疫局提供）

2012 年河北海事局进出港船舶统计汇总表

船舶类别	进港船舶							出港船舶						
	艘数（艘）	总吨（吨位）	总载重量（吨）	载客量（客位）	船员人数（人次）	货物到达量（吨）	旅客到达量（人）	艘数（艘）	总吨（吨位）	总载重量（吨）	载客量（客位）	船员人数（人次）	货物发送量（吨）	旅客发送量（人）
总计	201 813	583 453 520	799 592 970	3 201 620	1 476 006	232 166 710. 2	119 651	196 380	601 406 835	799 067 080	3 065 567	1 531 199	530 895 226	142 987
中国籍船舶	198 282	449 458 782	550 825 315	3 201 420	1 401 998	43 791 216	119 651	192 870	468 714 316	552 597 258	3 065 367	1 457 214	522 969 839. 70	142 987
其中：外贸船	367	10 835 327	17 052 284	34 452	11 188	13 420 952. 97	7 585	258	7 150 005	11 337 715	34 452	8 424	940 916. 39	7 323

（河北海事局提供）

山　西　省

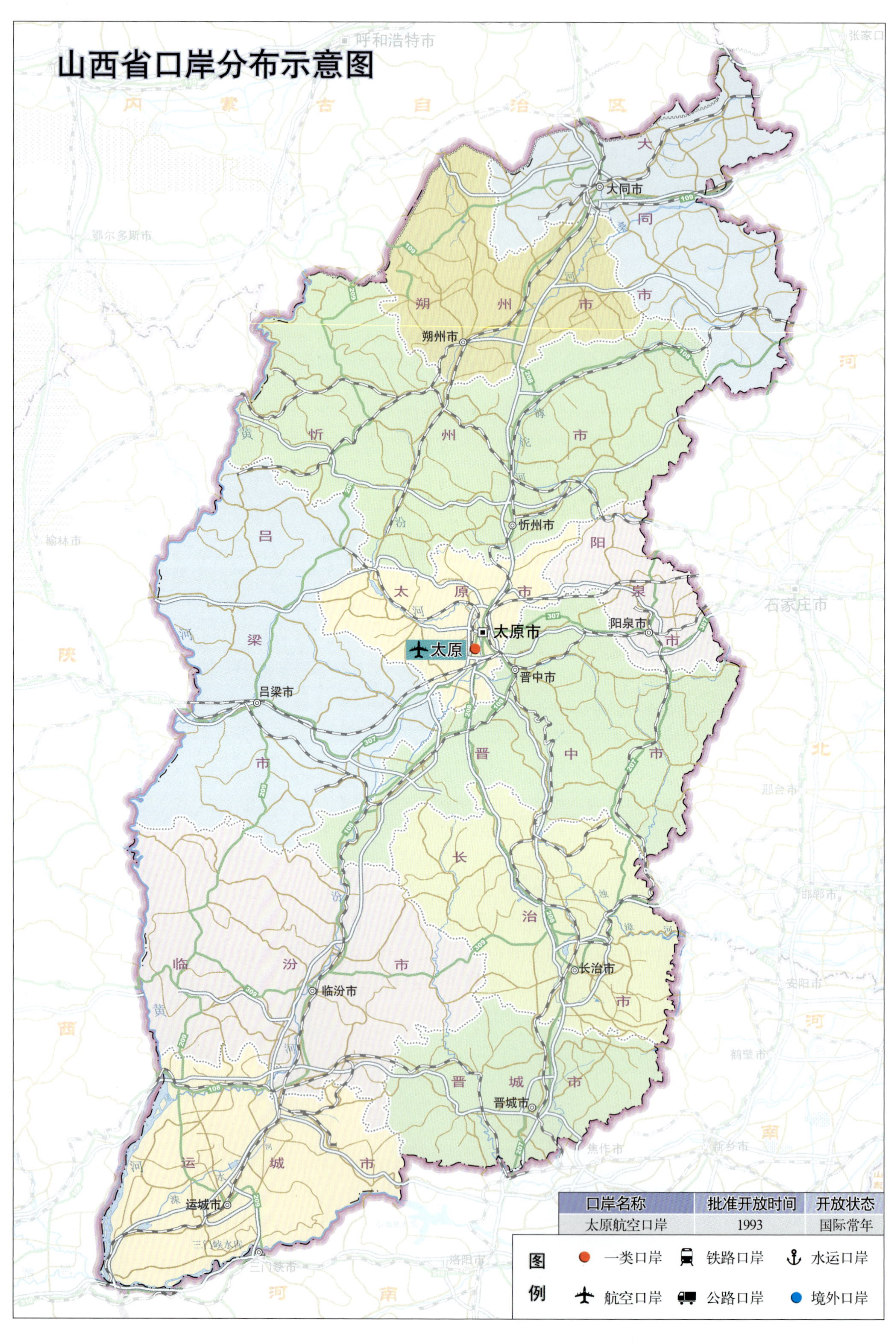
山西省口岸分布示意图
呼和浩特市
张家口
内蒙古自治区
大同市
大同市
鄂尔多斯市
朔州市
朔州市
忻州市
忻州市
榆林市
吕梁市
吕梁市
太原市
太原市
太原
阳泉市
阳泉市
石家庄市
晋中市
晋中市
陕西
河北
邢台市
长治市
长治市
邯郸市
临汾市
临汾市
安阳市
晋城市
晋城市
鹤壁市
运城市
运城市
焦作市
新乡市
三门峡水库
三门峡市
洛阳市
河南
黄河
汾河
滹沱河
浊漳河
108
109
207
208
209
307
309
口岸名称
批准开放时间
开放状态
太原航空口岸
1993
国际常年
图例
一类口岸
铁路口岸
水运口岸
航空口岸
公路口岸
境外口岸

口岸数量及分布

截至2012年年底，山西省仅有1个经国务院批准的对外开放口岸———太原航空口岸。口岸作业区分别为太原武宿综合保税区和山西方略保税物流中心。

口岸运行数据

2012年，太原航空口岸共出入境飞机2 134架次，同比增长196%；出入境人员23.1万人次，同比增长210%；进出境货运量872吨，同比增长23.86%。2012年，山西省全年进出口总值达到150.4亿美元，同比增长2%，其中出口70.1亿美元，同比增长29.4%；监管货运量1 920万吨，同比增长5.1%。

口岸监管与服务

【太原武宿综合保税区获得国务院批准】 2012年，太原海关积极服务太原武宿综合保税区申建工作，一方面努力争取海关总署和相关部委支持，另一方面及时为山西省和太原市的相关部门提供详细的政策咨询和参考，请求海关总署邀请国家多个部委来晋调研，加快审批进度。2012年8月26日，太原武宿综合保税区正式获得国务院批准，它的设立对促进山西省外向型经济发展、综改试验区建设、调整经济结构、承接产业转移都具有重要意义。

【太原海关出台服务山西外贸发展措施】 2012年，太原海关出台“服务和支持山西转型跨越发展的20项措施”、“促进山西外贸稳定增长的30条措施”，积极协调海关总署出台《关于支持山西省国家资源型经济转型综合配套改革试验促进外贸稳定增长的意见》；加强统计预警分析，坚持定期向省、市政府和商务部门提供海关统计数据和进出口贸易重点商品的进出口情况分析，为省市政府科学决策提供依据；积极开展“一包两转”工作。太原关区首次开展煤炭进出口、焦炭和硅铁出口通关业务；停止收取进出口环节7项收费，大力推进税费网上支付和电子支付，合计支付达5.63亿元；提供“一次申报、一次查验、一次放行”的区域通关服务，支持73家企业升级为A类，将区域通关适用范围放宽至1年内无走私违规记录、资信良好的B类生产型出口企业，适用区域通关的企业由原来的27家上升为98家。

【太原海关与多地海关建立区域通关合作机制】 2012年，太原海关认真贯彻落实关区监管工作会议精神，认真组织推进扩大区域通关合作口岸海关范围，先后与呼和浩特海关、满洲里海关、大连海关、福州海关、厦门海关、宁波海关、湛江海关建立了区域通关合作机制，开通了“属地申报，口岸验放”结对关系。目前，与太原海关区域通关合作关系的口岸海关由2011年年底的8个增至15个，为山西省A类以上进出口企业及资信良好的B类生产型出口企业适用“属地申报，口岸验放”通关模式提供了便利条件。

【山西出入境检验检疫局与太原海关签署合作备忘录】 2012年11月5日，山西出入境检验检疫局与太原海关签署《关于共同服务山西省国家资源型经济转型综合配套改革试验区建设合作备忘录》。根据备忘录内容，检关双方将从10个方面深化合作：一是积极创新通关模式，加快口岸验放效率；二是全力支持海关特殊监管区建设，促进太原武宿综合保税区的各项建设工作；三是积极扶持龙头企业，合力帮扶龙头企业做大做强；四是重视培育中小企业发展，提高中小企业国际市场竞争力；五是大力推进“一包两转”工作，为相关外贸企业提供良好的发展环境；六是加强诚信体系建设，共同加大对诚信等级高的企业的扶持力度；七是进一步强化执法协作力度，在海关监管、稽查、缉私、知识产权保护和检验检疫打击逃、漏检等方面加强配合协调；八是建立信息数据资源交换制度；九是共同加强对代理中介机构的监督管理；十是强化口岸突发事件应急处置合作，严把国门。

【山西出入境检验检疫局全力服务山西综改试验区建设】 一是立足实际，持续推进政府主导质量工作成效更明显。山西出入境检验检疫局向山西省政府报送了4期《检验检疫工作专报》及辖区31种进出口商品《年度进出口商品质量状况综合分析报告》，各分支机构向当地政府报送制度得到各地市党委、政府的欢迎和好评；山西省委常委、副省长高建民对山西出入境检验检疫局《关于促进山西省综改试验区建设和破解国外技术性贸易壁垒的工作建议》，在《省长专报》中作出了重要批示，对该局报送的有关玻璃器皿召回通报，要求相关部门"在检验检疫局四条建议基础上，举一反三提出具体解决措施并落到实处，加大对进出口企业的业务指导、监督、服务的力度"。二是加强合作，内外执法环境持续优化。进一步落实与质监、海关、商务、农业、卫生、民航、工商等部门和各级政府的合作协议，继续推进山西特色农产品质量安全示范区扩点增面，4个国家级出口质量安全示范区通过验收并获牌；与山西省粮食局、山西省粮食监测中心积极推进共建大同市国家粮食质量监测中心合作事宜。山西出入境检验检疫局与山西省质监局联合建成的"12365"电话平台，共接听电话近200个；联合开展了市场认证监督检查等工作，对超市列入3C目录的6类儿童玩具进行了检查；向怀仁县政府提送了《关于推动建立怀仁肉羊养殖示范区、共促区域经济发展的指导意见》。三是落实责任，企业质量管理水平得到持续有效提升。组织食品、农产品、危险化学品及包装等重点敏感行业公开作出质量安全承诺，与山西质监局共同召集15家进出口企业和10家国内企业参加"千家食品企业质量安全共承诺"活动；在实现辖区4家企业实施电子监管系统上线运行后，又新增3家企业；通过开展"树标杆"活动，发挥优势企业引领作用，挑选树立了一批质量管理典型企业，有力推动了优势企业质量管理的成功经验和先进方法向产业链两端延伸、输出。四是因势利导，质量诚信体系建设逐步健全。制定《山西检验检疫局进一步推进进出口企业诚信体系建设实施意见》，召开诚信体系建设专题研讨会；在原有企业质量监管档案基础上，对所辖企业建立了质量信用档案；强化进出口企业诚信系统信息录入、应用工作，对需纳入信用管理系统的928家出口企业和814家进口企业全部完成企业信用评级，根据评级的结果实施了分级管理，共有5家企业被国家质检总局评为"AA"级企业；建立进出口企业红、黑名单制度，加大了对质量问题企业的检验检疫监管和处罚力度，对存在失信行为的企业采取了即时布控、降级和预备黑名单等措施；实行出口企业约谈制度，强化企业作为质量安全第一责任人的主体意识；重新梳理分类管理企业底数、产品风险定级底数，对新验产品的风险等级进行评估，并修订了分类管理实施细则。

【口岸突发事件应急处置能力显著增强】 2012年，山西出入境检验检疫局在太原航空口岸举行了"口岸生物有害因子突发事件应急处置演练"、"核与辐射恐怖事件应急处置演练"；山西省民航机场集团公司举行了4次太原武宿国际机场大面积航班延误应急桌面演练。

【山西省公安边防总队不断提高服务水平】 山西省公安边防总队找准边检工作与加强和创新社会管理的结合点、切入点，从尊重个体服务向制度化群体服务转变，在管理中体现服务，在服务中创新管理，充分考虑和尊重服务对象的差异化需求，不断创新服务举措，积极回应服务对象对边检工作的新期待、新需求，相继推出了"预检通关、全天候通关、紧急通关"3种通关模式。根据太原航空口岸以出境旅游团队为主的客流特点，总队全面推行了旅游团"网上报检"服务举措，实行旅游团"预检通关"、免排队查验方式，缩短了团队旅客的候检时间，提高了通关效率。针对2012年来晋考察投资商务包机较多且时间不固定的实际，投资启用了3G网络无线验放设备，提出了"全天候通关"服务承诺，实现了公务机"随到随检"的工作目标。通过增设应急查验通道、完善勤务组织方案等措施，为身体不适、晚到机场等有紧急情况的旅客提供“紧急通关”服务，进一步增强了边检服务的针对性。

【山西省公安边防总队创新服务举措】 山西省公安边防总队通过不定期走访旅行社、航空公司和口岸联检单位、向出入境旅客发放征求意见表，组织召开旅客现场座谈会、旅行社负责人征求意见会和特邀监督员联席会议，利用和强化互联网的“快速效应”和“广泛效应”适时更新发布边检工作信息动态等一系列工作举措，“走出去访、请进来评”，广泛征求服务对象的意见建议，自觉接受社会各界的监督评议，使人民群众更加理解和支持边检工作。同时，围绕“中国边检服务品牌集中推介活动”和“查验出入境人员突破20万大关”等内容，加强宣传，扩大影响，不断提升边检工作的社会知名度，叫响边检服务品牌，全力塑造太原航空口岸国门卫士形象。

【山西省公安边防总队全力维护口岸安全稳定】 山西省公安边防总队积极稳妥地处理严密管控与顺畅通关之间的关系，为党的十八大的顺利召开营造了安全、和谐的口岸通关环境。坚持每月开展口岸安全形势风险评估工作，充分利用API国际航班信息预报系统，把握口岸管控主动权。细化完善了总队处突预案，认真组织开展模拟演练，提升官兵处突实战能力。拓宽了与海关、公安国保和反恐等相关职能部门的合作空间，积极开展区域警务合作，切实做好反偷渡信息交流。举办了重点范围人员暨违禁物品查缉技能培训，全面加强检查员的口岸查缉能力。成立了证件研究小组，认真开展证件研究工作，增强了对伪假证件的研究和鉴别能力。深入开展了勤务安全隐患专项排查工作，对执勤现场设施、勤务组织设置、信息技术保障及检查员队伍管理中存在的安全隐患进行了逐一整改，有效确保了口岸通关安全有序。邀请法制专家为总队官兵进行执法专题授课，集中开展了执法问题排查整改活动，启用了边检行政案件办理辅助系统，筑牢了“平和、理性、文明”的执法理念，规范了执法办案流程，提升了办案效率。配齐了基层执法信息化证据采集设备，建立了执法电子档案，全面实现了“执法电子化”工作目标，连续第五年实现了“零违纪”、“零投诉”、“零复议”、“零诉讼”、“零赔偿”的执法工作目标。

【山西省和海南省建立“两地口岸”联系配合机制】 为做好海南航空公司开通太原—海口—新加坡“中途分程权”国际航线的通关查验服务保障工作，海南省口岸办组织口岸查验、服务单位于2012年4月来晋考察。两地口岸查验、服务单位就该航线的查验监管和流程对接、行李托运等焦点问题进行了深入探讨，并实地考察了太原武宿国际机场2号航站楼国际厅，就该航线通关流程手续对接交换了意见。晋琼两省口岸对口单位签署两地口岸联系配合机制相关协议，促进双方口岸密切协作、共同发展。

开放口岸

【太原航空口岸】 太原武宿国际机场位于太原市，距市区13.2千米。太原航空口岸于2004年经国务院批复同意扩大对外国籍飞机开放，并于2005年1月通过国家正式验收。2007年11月太原武宿机场更名为太原武宿国际机场，为国内省会级干线机场，是北京首都国际机场的备降机场。太原武宿国际机场场区占地面积为588万平方米，飞行区等级指标为4E级，跑道长3 600米，宽75米，站坪34万平方米，机位43个，可起降B747机型，同时满足F类A380备降需要。新建的2号航站楼于2008年7月投入使用，面积为5.5万平方米，其中国际厅面积1.8万平方米。1号航站楼经过改造，面积为2.6万平方米，1、2号航站楼通过联廊相连接。新货运楼于2010年4月投入使用，总建筑面积1.2万平方米，其中海关监管货运库约2 000平方米。太原航空口岸查验机构太原机场海关、太原机场出入境检验检疫局、山西省公安边防总队均设有独立办公楼。截至2012年12月，太原武宿国际机场通航航线80余条，通航城市54个，实现了与（石家庄、拉萨除外）所有省会城市的通航。太原航空口岸开通了中国香港地区、中国澳门地区、中国台湾地区、韩国、日本、泰国、新加坡等13条国际航线。

【太原武宿综合保税区】 太原武宿综合保税区于2012年8月26日获国务院正式批准。该区是山西省首个综合保税区，规划总面积2.94平方千米，预计投资25亿元。太原武宿综合保税区规划分东西两区，西区为太原经济开发区富士康D区厂房，现已投入使用，面积为0.2平方千米；东区紧邻太原武宿国际机场，面积为2.74平方千米，东西两区通过专用通道进行连接。

【山西方略保税物流中心】 山西方略保税物流中心位于山西省侯马市，于2009年6月16日通过国务院验收并封关运营。该中心规划总面积223万平方米，总投资19.2亿元，其中海关特殊监管区域50万平方米。共分两期建设：一期建设面积23万平方米，投资5亿元，其中海关特殊监管区域9.03万平方米，口岸功能区域13.7万平方米，现已建成运营；二期规划面积200万平方米，投资14.2亿元，其中海关特殊监管区域40.97万平方米。保税物流中心一期已建成并验收运营，建有海关特殊监管区、查验办公大楼、监管及保税仓库，组建有公路运输车队、海关监管运输车队；口岸作业区建有可进行4个万吨大列装卸作业的铁路专用线2条，高标准站台2个；配置有技术领先的专业物流设备；投资8 700万元，建起了高标准的网络信息平台、无盲点监控系统等。

山西省口岸大事记

2月23日

山西省政府口岸办参加了国家口岸办在长沙召开的中部六省口岸工作座谈会。

3月26日

韩国易斯达航空公司开通太原—仁川国际航线。

4月12日

东方航空山西分公司开通太原—大阪国际航线。

5月7日

东方航空山西分公司开通太原—静冈国际航线。

5月11日

太原—海口—新加坡“中途分程权”国际航线正式开通。

5月15日

山西省政府口岸办参加了海关总署天津特派办赴晋组织开展的以“促进区域经济发展，发挥口岸辐射作用”为主题的专题调研活动。

6月17日

香港航空有限公司执飞的太原—香港航线正式开通。

8月26日

太原武宿综合保税区获国务院正式批准。

9月20日

山西省政府口岸办组织口岸相关单位赴大同对大同云冈机场进行实地考察并就大同航空口岸临时开放召开座谈会。

10月26日

山西省政府口岸办参加了由天津市政府主办的“创新口岸、港口运行模式，推动黄河滨海区域合作”第二届中国黄河滨海经济发展合作论坛。

11月21日~23日

山西省政府口岸办参加了国家电子口岸委办公室在厦门召开的“第八期地方电子口岸建设经验交流会”。

11月27日

泰国都市航空公司开通太原—曼谷—普吉国际航线。

11月29日

山西省政府口岸办参加了由上海口岸办组织召开的上海与中部六省、川渝沪口岸区域大通关合作联席会议。

12月4日

韩国济州航空公司开通太原—仁川国际航线。

（撰稿人：杨建业、梁引国、乔溪）

2012 年山西省口岸流量统计表

口岸类型		口岸名称	货运量（吨）				集装箱量（万标箱）				人员（万人次）				交通工具（辆、艘、架、列次）			
			出口	进口	合计	同比	出口	进口	合计	同比	出境	入境	合计	同比	出境	入境	合计	同比
空运口岸		太原			872	+23.86%							23.1	+210%			2 134	+196%
空运口岸		分计																
陆运口岸	公路口岸																	
陆运口岸	公路口岸	分计																
陆运口岸	铁路口岸																	
陆运口岸	铁路口岸	分计																
合计					872	+23.86%							23.1	+210%			2 134	+196%
同比																		

（山西省口岸办提供）

2012 年太原海关主要数据统计表

项目		2012 年	同比（%）
进出口货运量（万吨）	合计	1 920	+5.1
	进口	3	−0.4
	出口	1 917	+5.1
进出口贸易总值（万美元）	合计	427 932.74	−12.5
	进口	423 484.13	−11.9
	其中：江、海运输	398 676.70	−13.1
	铁路运输	73.44	
	汽车运输	5 485.02	+351.8
	航空运输	19 248.97	−8.2
	邮件运输		
	其他运输		
	出口	4 448.61	−46.3
	其中：江、海运输	4 195.36	−48.4
	铁路运输	189.44	+99.5
	汽车运输		
	航空运输	63.81	+34.0
	邮件运输		
	其他运输		
税收（万元）	两税合计	478 479.1	+12.6
	关税入库		
	进口环节税入库		

（太原海关提供）

2012年太原航空口岸出入境主要数据表

单位：（人员）人次；（交通工具）辆、艘、架、列次

项目			2012年	2011年	同比（%）
出入境人员	出入境人员总数		231 681	74 841	+209.56
	入境人员		115 025	36 478	+215.33
	出境人员		116 656	38 363	+204.08
	出入境旅客		214 531	68 766	+211.97
	出入境员工		17 150	6 075	+182.30
	中国公民	小计	191 837	68 518	+179.98
		内地居民（因公）	5 102	2 732	+86.75
		内地居民（因私）	186 735	52 824	+253.50
		港澳居民	9 307	5 569	+67.12
		台湾同胞	18 163	7 393	+145.68
	外籍人员		12 374	6 323	+95.70
	从海港出入境人数				
	从陆港出入境人数				
	从空港出入境人数		231 681	74 841	+209.56
交通运输工具	总计		2 134	720	+196.39
	船舶				
	飞机		2 134	720	+196.39
	火车				
	机动车辆				

（山西公安边防总队提供）

2012 年山西出入境检验检疫业务统计表

项目		货物检验检疫				交通工具			集装箱（标箱）		货物通关		出入境人员查验（人次）	健康检查及预防接种（人次）			
		批次	金额（万美元）	检验检疫不合格													
				批次	金额（万美元）	飞机（架）	火车（节）	汽车（辆）	合计	检出问题	批次	金额（万美元）		监测体检	HIV监测	发现病例	预防接种
本年累计		21 368	568 028	158	20 381	2 134			5 413				231 681	5 371	5 316	120	6 331
其中	出境	19 061	452 479	19	77	1 068			567				116 656				
	入境	2 307	115 549	139	20 304	1 066			4 846				115 025				
同比（%）		+28.8	+114.7	+51.9	+569.5	+196.4			-6.6				+209.6	+0.1	-1.0	-27.3	+17.2
其中	出境	+38.3	+215.0	-50.0	-68.7	+199.2			-28.9				+204.1				
	入境	-17.8	-4.5	+110.6	+625.7	+193.7			-3.1				+215.3				

（山西出入境检验检疫局提供）

内蒙古自治区

内蒙古自治区口岸分布示意图

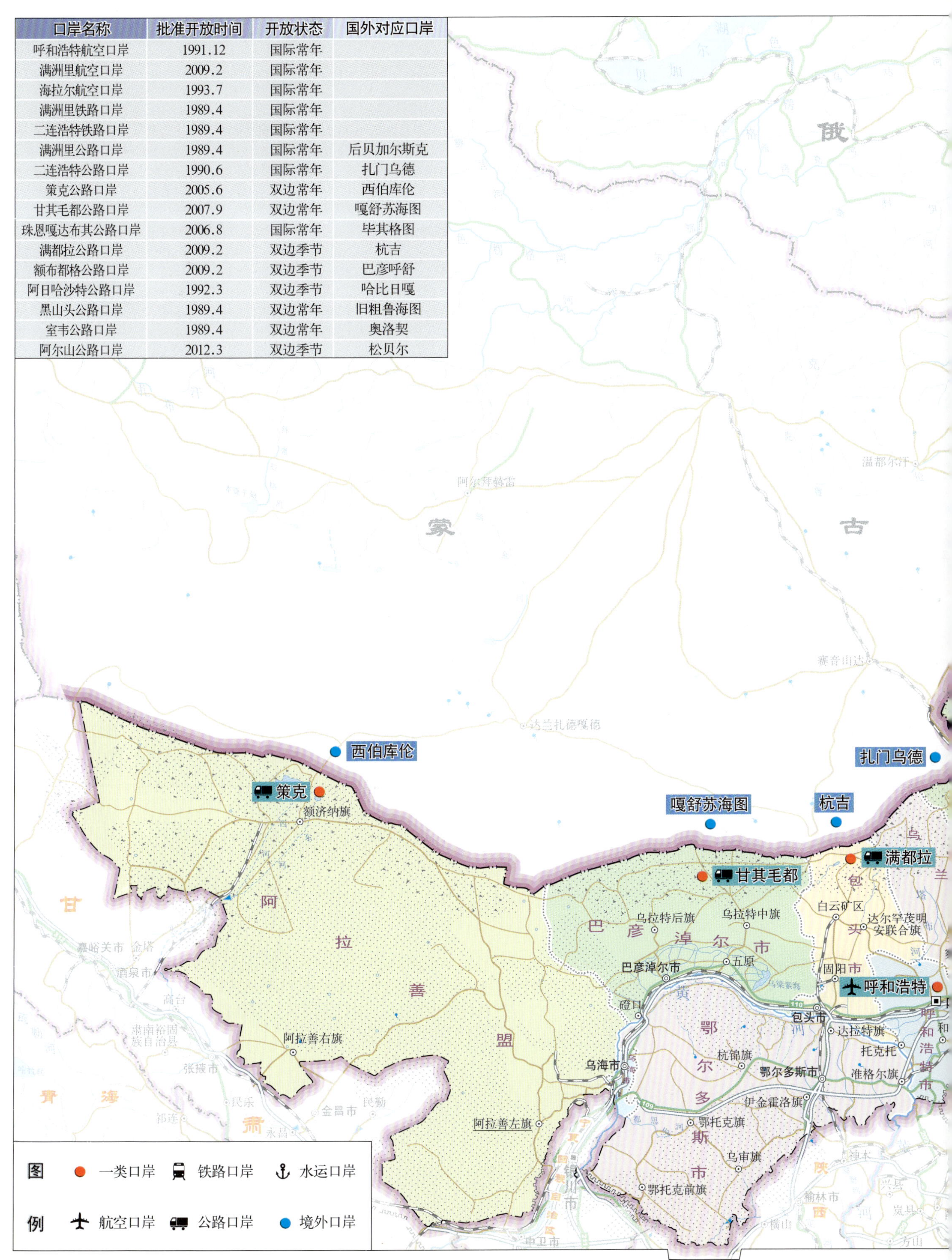

口岸名称	批准开放时间	开放状态	国外对应口岸
呼和浩特航空口岸	1991.12	国际常年	
满洲里航空口岸	2009.2	国际常年	
海拉尔航空口岸	1993.7	国际常年	
满洲里铁路口岸	1989.4	国际常年	
二连浩特铁路口岸	1989.4	国际常年	
满洲里公路口岸	1989.4	国际常年	后贝加尔斯克
二连浩特公路口岸	1990.6	国际常年	扎门乌德
策克公路口岸	2005.6	双边常年	西伯库伦
甘其毛都公路口岸	2007.9	双边常年	嘎舒苏海图
珠恩嘎达布其公路口岸	2006.8	国际常年	毕其格图
满都拉公路口岸	2009.2	双边季节	杭吉
额布都格公路口岸	2009.2	双边季节	巴彦呼舒
阿日哈沙特公路口岸	1992.3	双边季节	哈比日嘎
黑山头公路口岸	1989.4	双边常年	旧粗鲁海图
室韦公路口岸	1989.4	双边常年	奥洛契
阿尔山公路口岸	2012.3	双边季节	松贝尔

口岸数量及分布

截至2012年年底，内蒙古自治区共有经国务院批准对外开放的口岸16个，其中航空口岸3个，分别是呼和浩特、海拉尔、满洲里；铁路口岸2个，分别是二连浩特、满洲里；公路口岸11个，分别是满洲里、二连浩特、策克、甘其毛都、珠恩嘎达布其、满都拉、额布都格、阿日哈沙特、黑山头、室韦、阿尔山。其中，对俄罗斯口岸有4个，对蒙古国口岸有9个。

口岸运行数据

2012年，内蒙古自治区口岸进出口货运量达6 729.2万吨，同比增长9%，其中进口货运量4 808万吨，同比增长7.1%；出口货运量1 170.3万吨，同比增长28.4%；转口750.9万吨，同比下降2.8%。其中，铁路口岸进出口货运量3 653.4万吨，同比增长6.3%；公路口岸进出口货运量2 656万吨，同比增长8.5%；对俄口岸进出口货运量2 836.9万吨，同比增长6.5%；对蒙口岸进出口货运量3 472.5万吨，同比增长7.8%；陆港国际集装箱中转货运量419.8万吨。全区口岸进出口货值105.22亿美元。外贸进出口总值112.6亿美元，同比下降4.9%，其中出口39.7美元，同比下降15.3%；进口72.9亿美元，同比增长1.9%。从各口岸情况看，甘其毛都、二连浩特、满洲里3个口岸货运量超过千万吨大关，分别为：甘其毛都口岸1 241.7万吨，同比增长16.3%；二连浩特口岸1 160.4万吨，同比增长12.6%；满洲里口岸在进口原油取消900多万吨的情况下，积极扩大原木、铁矿粉、化肥等进口量，完成货运量2 815.6万吨，同比增长5.9%。从进出口货物情况看，进口货物排前3位的商品为：原煤2 088.5万吨，同比增长2.4%；各种矿石和矿石粉1 102.6万吨，同比增长4.5%；木材762.5万吨，同比下降20.6%。其次是化肥、纸类、原油等。2012年受国内外经济形势的影响，各类货物进口量增长乏力。出口排前3位的商品有：矿产品及建材82.3万吨，同比增长13.8%；轻工品及家电78.5万吨，同比增长24.1%；菜果30.9万吨，同比减少32.5%。其次还有机电产品、日用百货等。全区口岸进出境客运量为479.4万人次，同比增长7.2%，其中铁路口岸客运量56.3万人次，同比增长91.5%；公路口岸客运量412.5万人次，同比增长0.5%；航空口岸进出境客运量10.6万人次，同比增长45.2%。其中，对俄口岸进出境客运量179万人次，同比增长21.2%；对蒙口岸进出境客运量300.4万人次，同比增长0.3%。全区口岸进出境交通工具130.3万列（辆、架）次，同比下降3%，其中铁路口岸进出境交通工具2.2万列次，同比增长4.8%；公路口岸进出境交通工具127.9万辆次，同比下降4.2%；航空口岸进出境交通工具0.2万架次，同比增长18.8%。其中，对俄口岸进出境交通工具27.3万列（辆、架）次，同比增长4.9%；对蒙口岸进出境交通工具103万列（辆、架）次，同比下降4.9%。

2012年内蒙古自治区各盟市进出口统计表

单位：万美元

盟、市	进出口额	出口额	进口额	累计比去年同期增减（%）		
				进出口	出口	进口
总值	1 125 667	397 045	728 622	-4.9	-15.3	+1.9
包头市	209 982	116 358	93 624	-23.9	-36.0	-0.6
锡林郭勒盟	197 485	91 129	106 356	+20.9	38.7	+8.9

续表

盟、市	进出口额	出口额	进口额	累计比去年同期增减（%）		
				进出口	出口	进口
二连浩特市	191 387	88 351	103 036	+21.0	+37.3	+9.8
呼和浩特市	170 128	83 292	86 836	-15.9	-18.6	-13.2
呼伦贝尔市	219 128	27 694	191 434	-14.6	+17.1	-17.8
满洲里市	212 875	25 064	187 811	-11.9	+24.0	-15.2
巴彦淖尔市	127 131	24 640	102 491	+32.6	+16.7	+37.1
鄂尔多斯市	42 260	22 903	19 357	-31.4	-26.2	-36.6
赤峰市	77 531	12 731	64 800	+50.9	-41.0	+117.2
通辽市	10 384	7 288	3 096	+11.3	-1.3	+58.9
阿拉善盟	61 085	5 803	55 282	-6.1	-15.1	-5.0
乌兰察布市	5 174	4 298	876	-50.1	-34.6	-76.9
兴安盟	761	745	16	+100.1	+102.9	+21.1
乌海市	4 618	164	4454	+1 122.8	-53.2	+16 319.4

表注：按出口额排序

（内蒙古自治区商务厅提供）

口岸监管与服务

【口岸开放进一步深化】 2012年3月，中华人民共和国外交部正式向蒙古国外交部发出开通巴格毛都口岸照会，5月，在《中蒙边境口岸及其管理制度协定》执行情况第四轮司局级会晤中，中蒙双方同意将巴格毛都口岸开通作为重要议题进行研究。额布都格、满都拉、阿尔山3个口岸于2012年正式通过国家验收，口岸常年开放事宜已纳入国家2012年年度执行计划。甘其毛都口岸设立保税仓库，积极申建综合保税区。二连浩特至乌兰巴托国际航线实现首航。呼和浩特“陆港”实现首票通关。呼和浩特至香港定期航班开通。海拉尔航空口岸于2012年年初实现北京—海拉尔—赤塔的统一航班号，实现了国际航班国内段以同一航班号联运；8月，海拉尔航空口岸落地签业务得到国务院批复；9月1日开通了海拉尔至俄罗斯伊尔库茨克航线，对俄航线增至两条；海拉尔至香港航线延伸至台湾。

【加大口岸基础建设投入】 二连浩特公路口岸启用公路口岸进出口物流园区及进出境货运通道总卡口，实现海关监管场所、货运通道、总卡口一体化监管，推行监管场所内快速查验、通道卡口直接核放的监管模式；公路口岸进出口物流园区二期工程和旅检通道改扩建项目建设正在进行，查验部门业务用房已经投入使用；新建、扩建联检大厅主体框架已经完成。甘其毛都口岸建成9.2千米的疏港公路和“五进五出”煤炭专用通道，投资1.29亿元；正在进行32项口岸基础建设项目，总建筑面积105.49万平方米，总投资21.82亿元，完成投资12.1亿元。策克口岸继续加大基础设施投入，完成投资1.1亿元，市政道路工程完成51.7千米建设，集中供热一期工程完成8千米管网铺设，绿化工程给水管网铺设安装完成。2012年黑山头口岸进行国门建设项目，总建筑面积781平方米。满都拉口岸开展400平方米海关出境监管仓库、3 000平方米的边检中队营房、1.6万平方米的出境检验检疫处理场所，以及海关监管场所封闭、电子卡口、“一关两检”独立监控系统等工程，进行11平方千米国际物流园区建设，项目总投资8亿元。额布都格口岸建设完成口岸候检场地回填及护坡工程、检验检疫管理办公室和熏蒸库等工程。

【满洲里口岸开展优化口岸通关环境“百日竞赛”活动】 优化口岸通关环境是加快口岸发展建设的内在要求，是增强口岸吸引力和竞争力的重要举措。为确保优化口岸通关环境工作取得实效，满洲里市口岸委开展了优化通关环境、创建和谐文明口岸“百日竞赛”活动，将活动分为“制订方案、部署动员”、“全员参与、全面推进”、“检查考评、确保实效”和“总结表彰、巩固成果”等4个阶段进行，并成立了“百日竞赛”活动领导小组，下设铁路口岸、公路口岸、航空口岸3个专项推进组和1个联合督查组，具体负责活动的协调、监督、组织和实施。口岸各相关部门按照《满洲里口岸开展优化通关环境、创建和谐文明口岸“百日竞赛”活动方案》的要求，认真组织实施，采取了一系列便利通关措施，优化口岸通关环境工作取得了实效，公路口岸出入境客车通关时间减少了50%～60%，出入境货车通关时间减少了近50%。提高口岸查验速度，加快办理通关手续，完善口岸“绿色通道”，进一步缩短进口木材、矿粉、煤炭、化肥等大宗货物的总体通关时间；铁路部门不断提高换运能力和输运效率，保证大宗品类的接运和换装，增加新的进出口品类，扩大煤炭进口量，增加口岸货运量。进一步推进电子口岸建设，提升口岸信息化水平。“一单两报”系统投入试运行，上线运行了口岸通关监控指挥系统、进出口货物信息查询系统、公路口岸进出境货车信息管理查询系统、铁路口岸进出口货物仓单传输系统，进一步完善了进出口货物通关、申报、网上税费结算等系统。初步建成了全国一流的电子口岸，口岸通关效率和信息化水平得到了有效提升。

【呼和浩特海关落实八大指标促进自治区经济发展】 呼和浩特海关坚持把落实《国务院关于进一步促进内蒙古经济社会又好又快发展的若干意见》等政策措施与落实《署区合作备忘录》紧密结合，务实、积极推进八大类26项指标的落实。一是积极推进口岸开放工作。力促满都拉口岸通过对外开放验收，支持条件成熟地区申建综合保税区，批准设立甘其毛都口岸首个保税仓库；积极推进包头、二连浩特、呼和浩特、阿拉善等“陆港”业务建设，呼和浩特市“陆港”实现首票通关；鄂尔多斯国际空港即将实现开放，二连浩特国际空港的开放进入日程；集宁海关筹备组顺利入驻，阿拉善盟、巴彦淖尔市区域中心海关建设取得实质进展。二是为促进区域经济发展尽一己之力。将“属地申报，口岸验放”区域通关模式的适用范围扩大到一年内无走私违规记录、资信良好的B类生产型出口企业。截至目前，呼和浩特海关先后与11个海关签署了区域通关联系配合办法，加入区域通关企业达18家，区域通关业务量占关区业务总量的11%。认真落实《东北及内蒙古地区海关、检验检疫局建立关检合作机制的协议》，积极开展区域海关合作，开展关检“三个一”（一次申报、一次查验、一次放行）试点调研，深入推进执法统一性建设。三是中蒙边境海关合作不断提升。以边境地海关联络官会晤及各层级互访、会晤为依托，加强与蒙古国海关在查验信息、情报交流、联合打私、案件协查等方面的合作，切实解决边境口岸通关和互助合作过程中出现的问题。中蒙联合监管试点工作已经取得实效，联合作业货运量占关区货运总量的58%，有效促进了中蒙贸易便利化。

【内蒙古边防总队服务自治区改革开放9项措施】 2012年，内蒙古边防总队制定出台了9项服务自治区改革开放措施。一是全力支持口岸对外开放。主动服务自治区“十二五”期间口岸扩能改造、国际航线开通等地方政府聚焦的口岸建设长远规划；着力支持和服务甘其毛都、策克国际性口岸常年开放，阿日哈沙特、额布都格、满都拉双边性口岸常年开放，满洲里、二连航空口岸增开国际航线，阿尔山、乌力吉、巴格毛都、鄂尔多斯新开口岸建设；在申请边检警力编制、加强勤务组织保障、完善口岸基础设施等方面超前谋划，及时跟进，积极推动构建自治区立体化口岸开放新格局。二是推动跨境能源运输便捷通关。跟进服务自治区能源进口发展战略，以中蒙甘其毛都—嘎顺舒苏海图口岸为试点加快推进边防检查自助查验通道建设，实现能源运输车辆自助通关，将查验一辆出入境运输车辆的时间缩短至原来的1/5，并逐步向全区能源型口岸推广，打造内蒙古“快进快出”口岸通关模式，确保国家战略能源进口通关顺畅。三是服务保障重点跨境工程建设。跟进自治区“三横九纵十二出口”建设规划，密切与俄蒙边检机关开展警务合作，进一步完善跨境施工管理方案，简化查验手续，查验方式灵活，提高查验效率，保障重点跨境工程建设物资快捷通关，全力支持和服务甘其毛都、策克、珠恩嘎达布其、室韦口岸跨境公路、铁路建设，满洲里—后贝加尔斯克公路口岸货运通道双向扩能，以及蒙古国松贝尔、俄罗斯奥洛契口岸等跨境援建项目施工，进一步畅通自治区“北开南联、沟通内外”的运输通道。四是推行鲜活农产品运输车辆优先验放。全面落实自治区农产品流通体系“542”建设工程要求，边检站与鲜活农产品监管单位和出口企业建立诚信协作管理机制，为经满洲里、二连浩特口岸出境的鲜活农产品运输车辆开通专用绿色通道，实行诚信免检、优先验放，大幅降低企业运输、保鲜成本，全力支持和巩固内蒙古自治区对俄、对蒙最大鲜活农产品出口基地地位。五是实行涉外企业诚信通关制度。内蒙古边防总队所属边检站与具有一定资质和诚信通关信誉的出入境运输企业、铁路货运代理公司签订《诚信通关协议》，按照“守信便利，失信从严”的原则，对诚信企业运输车辆给予预约服务、抽检免检等优惠待遇，提供最大限度的通行便利。六是建立信息服务机制。为国内旅客提供本人出入境记录查询服务，满足旅客在证件遗失补办、就业、教育、纳税等方面核查出入境记录的需求。对外公布边防总队和12个边检站的服务热线，为广大出入境旅客就边防检查工作和涉边政策提供释疑服务。与联检单位和地方政府职能部门建立出入境信息互通机制，共享口岸动态信息和查验数据，为出入境旅客提供更为及时全面的通关信息服务。七是延伸涉外维权服务链。内蒙古边防总队与境外口岸查验部门就《双方边检机关跨境互助协作机制》进行积极磋商，协调对应口岸边检部门在毗邻口岸设立服务热线，受理中国公民境外维权事宜，维护我国公民合法权益在境外不受侵犯。八是完善跨境紧急救助机制。与对应俄、蒙方边检机构磋商落实跨境紧急救助机制，明确救助范围，简化通关手续，为在境内外遇难、遇险、病重的各国出入境人员开通生命救助通道和应急救援通道，确保受困旅客第一时间顺畅通关。九是建立重大勤务保障机制。制订专门查验工作预案，组建特勤查验组，为重要党政、经贸、文化、科技团组出入境提供集中、快捷验放等便利服务。实行特殊航班特殊查验，保证临时政务包机、公务机随到随检，货运飞机即到即运。在各口岸启动无线验放系统，在遇有特殊勤务时，前移至停机坪及口岸前沿办理边检手续，为要客通关提供“零距离”边检服务。

【海拉尔航空口岸新增口岸落地签证业务】 经过中俄两级地方政府和自治区口岸办的不懈努力，2012年8月7日，海拉尔口岸落地签证业务获得了国务院正式批复（国函〔2012〕99号）：同意在内蒙古自治区海拉尔航空口岸开展口岸签证工作。现在，口岸签证处已经正式成立并即将启动。

【甘其毛都口岸法院挂牌成立】 2012年10月19日，巴彦淖尔市乌拉特中旗人民法院甘其毛都口岸分院在甘其毛都口岸挂牌成立，核定编制人数15人。甘其毛都口岸法院成立后，将充分发挥审判职能，依法审理、执行口岸各类诉讼案件，推动口岸法治建设；依法解决、处理口岸征地拆迁、环境保护、城市管理等领域的矛盾纠纷，切实保障人民群众合法权益；依法惩治各类犯罪，维护口岸社会秩序，增强口岸人民群众安全感，为甘其毛都口岸建设创造良好的法律环境。

【内蒙古自治区10个口岸成为扩大边贸人民币结算退（免）税新试点】 按照国家财政部、国家税务总局印发的《关于边境地区一般贸易和边境小额贸易出口货物以人民币结算准予退（免）税试点的通知》要求，内蒙古自治区指定珠恩嘎达布其、二连浩特、满洲里、甘其毛都、黑山头、阿日哈沙特、额布都格、满都拉、室韦、策克口岸作为试点，享受边境小额贸易出口货物以人民币结算准予退（免）税政策，允许内蒙古自治区行政区域内登记注册的出口企业，以一般贸易或边境小额贸易方式从陆地指定口岸出口到接壤毗邻国家的货物，并采取银行转账人民币结算方式的，可享受应退税额全额出口退税政策。外汇管理部门对上述货物出具出口收汇核销单，该项政策使企业在对外贸易中有效规避汇率风险，加快企业结算速度，降低费用支出，提高企业资金使用效率，将对内蒙古自治区进出口贸易发展起到积极的推动作用。

开放口岸

【呼和浩特航空口岸】 呼和浩特白塔国际机场位于内蒙古自治区首府呼和浩特，距市中心14千米，1958年10月1日建成通航，1991年经国务院批准对外开放。机场建筑面积37.4万平方米，可供35架飞机同时停放；航站区新建航站楼5.45万平方米，年吞吐量为300万人次，新站坪机位达32个，机场飞行区等级为4E级。截至2012年年底，该口岸运营国际航线6条，国内航线78条。2012年，呼和浩特航空口岸进出境客运量4.5万人次，同比增长12.5%；进出境飞机784架，同比增长29.8%。

呼和浩特出口加工区于2002年6月21日经国务院批准设立，位于呼和浩特市西郊，规划面积2.2平方千米，2007年12月28日正式封关运作。按照整体规划、分期开发的原则，一期开发建设了1.038平方千米土地。截至2012年年底，呼和浩特出口加工区共有7个项目签约注册，5个已投产经营，项目总投资8 000万美元，实现工业总产值95 178万元，进出口总额21 166.9万美元，其中进口9 240.2万美元，出口11 926.7万美元。呼和浩特出口加工区基础设施配套完善。区内道路、热力、燃气、供电、给水、污水、雨水、通讯及网络配套已建设完成，基本实现了“九通一平”，建成了4.4千米不间断全封闭金属围网；1个永久性卡口，卡口设置6条通道，其中货车通道2条，客车通道2条，人员通道2条，通道安装电子闸门放行系统、车辆自动识别系统和摄像系统组成的闭路电视监控系统；建有可供海关及检验检疫部门共同使用的1.5万平方米的验货场地，其出入口设置2台电子地磅，区内建有1 550平方米的监管仓库，1 000平方米验货平台，1.7万平方米的标准厂房，5 268平方米的综合办公楼，为区内外企业开展保税物流业务提供了良好的条件。加工区内规划4种功能区：加工工业区、监管及仓储区、管理服务区和公用工程区。

【满洲里航空口岸】 满洲里航空口岸距满洲里市区9千米，交通顺畅便利。机场候机楼面积为2万平方米，跑道2 800米，有3条廊桥，可满足国内国际进出港旅客200万人次，高峰小时1 400人次的需求。2012年，满洲里航空口岸进出境客运量4.3万人次，同比增长114.3%；进出境飞机661架，同比增长88.9%。满洲里国际航空口岸在2005年~2007年连续3年临时对外开放的基础上，于2009年5月22日正式实现对外开放。2010年8月，开通了满洲里至伊尔库茨克临时国际航班，并于2010年9月被中俄双方正式纳入国际航线直飞点，开通满洲里至俄罗斯伊尔库茨克、赤塔、乌兰乌德等多条正式国际航线，为中俄友好往来和跨境旅游搭建起空中交通走廊，提供更加便捷的交通条件，带动中俄毗邻地区的合作与发展。

【海拉尔航空口岸】 海拉尔机场地处呼伦贝尔市中心，据海拉尔市区5千米，辐射全市25万平方千米内的13个旗市区和东北三省等地，是目前内蒙古自治区唯一拥有两个正式国际航班和拥有直通港澳台地区国际航班的空港。海拉尔航空港飞行区达到4D级标准，跑道达2 800延长米，可起降波音767－300以下机型的飞机。2006年12月起海拉尔至俄罗斯赤塔国际航班转为正式国际航班，每周三、周五飞行；2008 年、2009 年开通海拉尔至日本国际旅游包机 12 架次；2009 年 8 月，海拉尔至蒙古国乌拉巴托航线正式通航。2012 年海拉尔航空口岸新开通海拉尔至伊尔库茨克国际航线 1 条，海拉尔—香港—台湾地区间航线 1 条，使海拉尔成为了内蒙古自治区首个同港台建立长期航班的首府城市。2012 年 8 月海拉尔航空口岸新增口岸签证业务。

【满洲里铁路口岸】 满洲里铁路口岸位于中俄 41 号界标处，与俄罗斯后贝加尔斯克铁路口岸相对应，是我国规模最大的铁路口岸，也是中俄贸易最大的通商口岸，承担了中俄贸易 60% 的货运量。满洲里铁路口岸于 1901 年开通，距今已有百年的历史，现有宽准轨到发编组线 51 条，其中宽轨 24 条，准轨 27 条；口岸站换装线、专用线等线路 90 余条；宽轨列车会让站 1 个。自 2007 年以来，口岸过货量就已经突破了2 400万吨，按照近几年口岸运量持续增长的情况来看，目前的口岸换装能力已经不能满足口岸发展的需要。为此，满洲里市启动了满洲里新国际货场建设。满洲里新国际货场占地面积约 15 平方千米，一期投资 33 亿元，由铁道部、中铁集装箱公司、俄罗斯伊利托集团等共同出资建造，主要包括铁路物流中心、煤炭散装货场、汽车专业货场、集装箱专办站、矿石散装货场和化学危险品等专业货场。投入使用后，铁路口岸站场布局资源配置将会更加合理，铁路口岸年综合换装能力可达 7 000万吨。

满洲里铁路口岸查验手段先进，通关作业信息化程度高，配有钴 -60 火车自动检查系统、列车电子监控系统、放射性检测仪等现代化设备设施。建立了覆盖各监管场区的网络系统、实现了进出口货物远程监控和查验信息的同步传输。各货代报关企业与海关、检验检疫局、铁路车站实现了微机联网，海关与铁路车站实现了舱单的网络传输。满洲里铁路车站与俄罗斯后贝加尔车站间实现了电子数据交换，配备了多种性能先进的现代化换装设备，能够满足各种进出口货物的换装仓储需求。

满洲里铁路口岸进口货物主要有木材、原油、化工、纸类、化肥、铁矿砂、合成橡胶等。货物流向全国 29 个省、直辖市、自治区。出口货物以轻工产品、机电产品、矿产品、石油焦、食品、建材等为主。2012 年，满洲里铁路口岸进出口货运量2 715. 8万吨，同比增长 4. 8%；进出境客运量 30. 1 万人次，同比增长 437. 5%；进出境火车 1. 3 万列次，同比增长 1. 8%。

【二连浩特铁路口岸】 二连浩特铁路口岸位于内蒙古自治区正北部集二线终端，中蒙 815 号界标附近，与蒙古国扎门乌德市相距 9 千米，是我国与蒙古国接壤的唯一铁路口岸。1956 年，随着中、蒙、苏（北京—乌兰巴托—莫斯科）三国国际联运通车，口岸正式对外开放，对应蒙古国东戈壁省扎门乌德铁路口岸。二连浩特口岸自古就是我国内陆通往北亚、东欧最近、最便捷的通道。通过京包线与天津港相连，是日本、东南亚及其他邻国开展对蒙古国、俄罗斯及东欧各国转口贸易的理想通道，更是蒙古国走向出海口的唯一通道，也是我国向北开放的前沿阵地和重要的进出口商品集散地。

二连浩特铁路口岸功能齐全，查验设备先进，现有宽准轨线路 169 条，建有世界上最大的散堆装货场、列车换轮库，拥有世界一流的 H986 货运列车检验系统。口岸 24 小时通关，年吞吐能力1 000万吨。该口岸主要进出口货物有铁矿石、木材、铜矿粉、原油、水泥等，蒙古国 70% 的果蔬和日用品经由该口岸运入。2012 年，二连浩特铁路口岸进出口货运量 937. 6 万吨，同比增长 10. 8%。其中，进口铁矿石 506. 7 万吨，占进口运量的 61.8%；进口木材 90.4 万吨；进口铜矿粉 50.8 万吨；进口基础油 33.7 万吨。出口水泥 11.1 万吨，同比增长 246.3%。进出境客运量为 26.2 万人次，同比增长 9.6%；进出境火车达8 770列次，同比增长 4.3%。

【满洲里公路口岸】 满洲里国际公路口岸于 1998 年投入使用，是我国唯一实行 24 小时通关的国际公路口岸。口岸分为旅检区和货检区，旅检通关大楼共分为 3 层，一层为出入境人员的候检大厅，二层为出境大厅，三层为入境大厅，楼内共开设十进十出人员通道；货检区开设三进三出 6 条货车通道，使满洲里公路口岸的年通过能力达到人员1 200万人次，车辆 120 万辆次，货物 600 万吨。货检区出口货物主要以蔬菜水果为主，占出口总量的 85%；进口货物主要以废钢和木材为主，占进口总量的 90%。目前我国有 29 个省份的蔬菜水果经由这里出口到俄罗斯，最远可以到达俄罗斯的圣彼得堡和莫斯科等地，成为我国开拓俄罗斯农产品市场的桥头堡。

口岸主体建筑有货检大楼、旅检大楼、部队兵营、会晤站，以及相配套的公路口岸交易市场、海关监管区等。口岸封闭区集通关、查验、仓储运输、生活服务于一体，可一次性完成报检报关、税费征缴业务。2012 年，满洲里公路口岸进出口货运量为 99.8 万吨，同比增长 51.7%；进出境客运量为 134.5 万人次，同比增长 1.4%；进出境车辆为 22.1 万辆次，同比增长 4.2%。

【二连浩特公路口岸】 二连浩特公路口岸位于中蒙边界 815 号界标处，与蒙古国扎门乌德隔界相望，是欧亚大路桥中的重要战略枢纽。二连浩特市也是国务院首批批准的全国 13 个沿边开放城市之一。

二连浩特公路口岸旧通道于 1992 年开通试运营，是在中蒙两国铁路员工通勤通道的基础上改建的，只有一条客货混用通道，基础设施、查验条件非常简陋。2000 年 6 月，为了改变二连浩特公路口岸的落后面貌，经上级批准，二连浩特市扩建公路口岸。公路口岸新联检通道位于国门西侧，工程总投资5 600万元人民币，总占地面积为 34.3 万平方米，设计最大通过能力为货运 240 万吨，客运 300 万人次。2012 年，二连浩特公路口岸进出口货运量为 222.8 万吨，同比增长 21%；进出境客运量为 184.5 万人次，同比增长 3.3%；进出境车辆达 42.5 万辆次，同比增长 1.2%。

二连浩特公路口岸主要设施有：联检大楼 3 889平方米，海关特检区货检大楼 274 平方米，货运报关楼 534 平方米，边检营房2 100平方米，以及相配套的口岸监管区。通道北出口与蒙古国边境相接，南出口经市区与 208 国道相连。东西两条次干线与友谊路相连接，新建联检区设有四进四出八通道，实现客货分流。公路口岸新联检区集通关查验、仓储运输、生活服务于一体，可一次性完成报关报检和稽费征缴工作。新建公路口岸的运营，从根本上改变了老口岸功能单一、设施滞后的状况，极大提高了公路口岸的过货能力和通关效率，为二连浩特市改革开放、经济发展奠定良好的基础。

【甘其毛都公路口岸】 甘其毛都公路口岸与蒙古国南戈壁省汉博格德县嘎舒苏海图口岸相对，位于内蒙古自治区巴彦淖尔市乌拉特中旗巴音杭盖苏木境内，占地面积 9.4 万平方米。口岸年设计过货能力为3 000万吨，年旅客通行能力为 100 万人次。口岸对应蒙古国南戈壁省，其总面积 60% 以上的地下都有煤矿资源，已探明煤储量 530 亿吨，铜矿储量位居世界前列。甘其毛都口岸将成为内蒙古自治区乃至全国重要的向北开放的前沿阵地和能源大通道。

2012年，甘其毛都公路口岸大通关环境进一步优化。境外蒙古国塔本陶勒盖煤矿区、奥云陶勒盖铜矿区至甘其毛都口岸公路开工建设；境内投资1.29亿元建成9.2千米的疏港柏油公路和五进五出煤炭专用通道工程，实现海关查验卡口智能化、边检卡口自动化，神华甘泉铁路全线投入运营，提高了口岸外运能力。口岸进口原煤单日最高突破10万吨大关。组建成立口岸公安分局、交警大队、运管所、法庭、城管执法队、地税分局等部门，并成功引进河套农业商业银行，填补了口岸20多年来无金融服务的空白。2012年，甘其毛都公路口岸进出口货运量为1 241.7万吨，同比增长16.3%，其中原煤进口1 216.4万吨，同比增长18.8%；进出境客运量37.6万人次，同比下降10.5%；进出境车辆27.8万辆次，同比下降5.5%。

巴彦淖尔市现代农畜产品（B型）保税物流园区位于内蒙古自治区规划的重点沿黄沿线经济带—呼包鄂金三角和蒙晋陕能源富集区的辐射地带，紧邻呼包银和京津冀经济圈，区位优势显著，交通条件便利。园区规划总控制面积34平方千米，分为南北两区，主要规划建设农畜产品加工区、综合市场区、仓储物流区、危化品区及铁路货运站等。目前，已有43个项目入驻园区，项目总投资额达到64.1亿元。园区建成后年可出口农畜产品100万吨以上，实现营业额35亿元以上，实现利税5亿元以上。同时可容纳8万人口入驻，可解决就业人员3万多人。

【策克公路口岸】 策克公路口岸位于内蒙古阿拉善盟额济纳旗境内，与蒙古国南戈壁省西伯库伦口岸相对应，是阿拉善盟对外开放的唯一国际通道，是内蒙古第三大口岸，同时也是内蒙古、陕西、甘肃、宁夏、青海五省区所共有的陆路口岸。2005年6月，国务院批准策克口岸为中蒙双边性常年开放口岸，口岸分设公路通道和铁路煤炭运输专用线通道。

策克口岸对外辐射蒙古国南戈壁、巴音洪格尔、戈壁阿尔泰、前杭盖、后杭盖5个畜产品、矿产资源较为富集的省区，这些地区蕴藏着金、铜、铝、铅等多种丰富的贵金属矿藏资源，亟待开发。策克口岸为额济纳旗开辟了一条重要的贸易通道，在对外开放和地方经济发展中起到了活一片经济、富一方百姓、繁荣一个城市的效应，形成一业带动多业发展的独特优势。为提升口岸地区服务、管理、贸易功能，国家投资3.6亿元建设了策克口岸物流园区。策克口岸将建成以国际贸易为主，以矿产资源加工增值和第三产业为辅，以边贸旅游为补充的贸易经济区。

目前策克口岸已成为内蒙古自治区向北开放的成功典范，成为我国西北地区连通国内外的一个较为重要的交通枢纽、商贸中心、货物集散地和资源大通道。策克公路口岸进口货物主要是原煤，出口货物主要是电力、水泥、机械设备。截至2012年年底，口岸进出口货运量为902.8万吨，同比下降12.7%；进出境客运量为24.2万人次，同比下降19.3%；进出境车辆为20.8万辆次，同比下降18.5%。

【珠恩嘎达布其公路口岸】 珠恩嘎达布其公路口岸位于内蒙古自治区锡林郭勒盟东乌珠穆沁

旗嘎达布其镇境内，中蒙边境 1046 号界标处，与蒙古国苏赫巴托省毕其格图口岸相对应。珠恩嘎达布其口岸对内辐射东北、华北，具有连接东西、纵贯南北的地缘区位优势，对外辐射矿产和动植物资源极为丰富的蒙古国苏赫巴托省、东方省、肯特省，是蒙古国、俄罗斯等国家便捷的出海口之一，也是京、津、唐地区通往俄罗斯、蒙古国最便捷的通道。

2012 年是珠恩嘎达布其口岸对外开放 20 周年，成功举办了珠恩嘎达布其口岸通关 20 周年庆祝活动、珠恩嘎达布其口岸过货量突破 100 万吨庆典、口岸工作总结表彰大会等一系列活动，为社会各界全面展示了口岸 20 年来所取得的成绩及东乌珠穆沁旗与蒙古国东部三省在 20 年来的经贸合作、人文交流领域取得的成果，进一步深化中蒙友好合作关系，取得了良好的社会效果。

珠恩嘎达布其公路口岸进口货物主要是原油、煤炭，出口货物主要是机械设备、建筑材料。2012 年，珠恩嘎达布其口岸已发展成为过货量突破百万吨级的口岸，口岸进出口货运量达 105 万吨，同比增长 109.6%；进出境客运量为 8.6 万人次，同比增长 19%；进出境车辆为 6.1 万辆次，同比增长 45.2%。

【黑山头公路口岸】 黑山头公路口岸位于俄罗斯赤塔州和呼伦贝尔市交界的额尔古纳河东岸，中俄边界 91 号界标处，交通位置优越，公路向南连接满洲里口岸，向北与室韦口岸相连，向东距额尔古纳市区 62 千米，距黑山头镇 12 千米，西隔额尔古纳河与俄罗斯赤塔州旧粗鲁海图口岸相望，两口岸垂直距离 1.5 千米。距口岸 22 千米的俄罗斯普里阿尔贡斯克区有公路、铁路通往俄罗斯腹地，是中俄双方通商往来的便捷通道。黑山头口岸是 1989 年国务院批准，1991 年正式对俄罗斯开放的国家双边性常年开放口岸。根据当时对俄罗斯贸易的需要，采取边开通边建设的办法，口岸过货经历了冰上—木桥—永久性水泥桥过货的发展过程。

黑山头新公路口岸自 2006 年开始建设，截至目前，口岸累计投资9 000余万元，2012 年开始黑山头口岸国门建设及海关监管货场一期工程。拉布大林—黑山头口岸疏港公路于 2012 年秋天建成通车，目前正在积极争取海拉尔—黑山头—普里阿尔贡斯克区铁路项目，并且正在拟建跨界煤炭皮带输送项目，届时黑山头口岸将成为连接中俄两国铁路公路的交汇点，在中俄两国贸易往来中发挥重要作用。2012 年，黑山头公路口岸进出口货运量为 13.6 万吨，同比增长 9.7%；进出境客运量为 6.8 万人次，同比增长 21.4%；进出境车辆为 2.7 万辆次，同比增长 8%。

【室韦公路口岸】 室韦公路口岸位于中俄界河额尔古纳河中游东岸第 111 号界标处，南距额尔古纳市区 168 千米，北距莫尔道嘎镇 90 千米，西隔额尔古纳河与俄罗斯奥洛契口岸相对，两口岸相距 1 千米，两口岸码头相距仅 200 米。室韦口岸是 1989 年国务院批准的国家双边性常年开放口岸，于 2001 年 10 月建成室韦—奥洛契口岸界河大桥，实现了常年通关过货。

室韦口岸相对应俄罗斯赤塔州东北部 9 个市区，矿产资源十分丰富，以黄金开采最为发达，铅、锌、铁、铜等矿产资源也有相当储量，森林资源更为丰富，木材储积量达 4.5 亿立方米。该地区公路发达，离西伯利亚大铁路相距 200 多千米，内陆交通也十分便利。目前正在积极争取室韦—莫尔道嘎铁路项目，并拟建室韦口岸跨界矿石皮带输送项目和木材深加工基地，室韦口岸将成为东北进口木材、钢铁、煤炭、建筑材料的重要集散地。

2012 年，室韦公路口岸进出口货运量为 7.8 万吨，同比增长 178.6%；进出境客运量为 1.4 万人次，同比增长 27.3%；进出境车辆为 1.2 万辆次，同比增长 50%。

【阿日哈沙特公路口岸】 阿日哈沙特公路口岸位于呼伦贝尔市新巴尔虎右旗阿日哈沙特镇境内，中蒙边界 1495 号界标处，与蒙古国东方省克尔伦县哈比日嘎口岸相对应，是我国对蒙古国开放的重要口岸之一，1990 年实现首次过货，1992 年国务院批准阿日哈沙特公路口岸为双边性季节开放口岸，每年 1 月 6 日至 25 日、4 月 1 日至10月31日开放。目前，阿日哈沙特口岸常年开放已列入国家“十二五”规划，2013年实现常年开放。

阿日哈沙特公路口岸进口货物主要是铅锌粉、铁矿石和民族工艺品服饰；出口货物主要是食品（土豆、洋葱、圆白菜、水果）、建材（白灰、瓷砖、水泥等）、家电（洗衣机、冰箱等）、摩托车、机械设备和日常生活用品。入驻蒙古国的中铁资源集团有限公司日处理矿石能力达3 500吨，日产铅锌粉600吨，预计每年有25万吨铅锌矿精粉经阿日哈沙特口岸运回国内。2012年，阿日哈沙特公路口岸进出口货运量为14.8万吨，同比增长13.8%；进出境客运量为4.2万人次，同比增长2.4%；进出境交通工具为8 275辆次，同比下降0.5%。

【满都拉公路口岸】 满都拉公路口岸位于内蒙古自治区包头市达尔罕茂明安联合旗（简称达茂旗）满都拉镇，中蒙边境757界标处，处于呼（和浩特）包（头）鄂（尔多斯）经济辐射圈内，是距自治区首府呼和浩特市和最大的工业城市包头市最近的陆路口岸，区位优势十分明显。2009年2月，满都拉口岸被国务院批准为国家级双边性季节开放口岸，开放时间为每年3月、5月、8月、11月16日至30日，2012年12月满都拉口岸正式通过国家验收。

满都拉公路口岸对应的蒙古国杭吉口岸位于蒙古国东戈壁省，矿产资源非常丰富，有额勒苏泰铁矿、阿嘎如特铁矿、杭格呼德尔铁矿、艾勒巴音焦煤矿。口岸进口货物以铁矿石、煤炭为主，2011年，满都拉口岸开始进口焦煤，并且实现日过货量万吨；出口货物以机械设备、建材为主。2012年，满都拉公路口岸进出口货运量为42.2万吨，同比增长149.7%；进出境客运量为9.0万人次，同比增长17%；进出境车辆为3.5万辆次，同比增长31.3%。

包头市国际集装箱中转站是经商务部批准的目前唯一一个建在内蒙古自治区及西北地区集口岸、国际货代、国际国内公铁物流、快递、国际验箱资质等功能于一体的国际集装箱内陆中转站，是和天津港（集团）有限公司共同投资建设的“无水港”项目，是包头及周边地区的“国际出海口”。其占地面积26.6万平方米，铁路专用线1 515米，集装箱堆场6.28万平方米，海关监管仓库6 658平方米，普通仓库3 000平方米，停车场8 000平方米，综合业务大楼6 500平方米。有海关监管集装箱牵引车42台，普通及特种货物运输车辆383台，集装箱装卸及配套作业设备25台，自备集装箱6 000组，目前已实现“一次申报、一次查验、一次放行”。2012年，包头市国际集装箱中转站吞吐量达175万吨，运营收入达2.25亿元。

【额布都格公路口岸】 额布都格公路口岸地处内蒙古自治区呼伦贝尔新巴尔虎左旗阿木古郎镇西南18千米，中蒙边界1423界标处。2009年2月，额布都格公路口岸被国务院批准为国家级双边季节性公路客货运输口岸，开放时间为每年2月、5月、8月、11月1日至15日。

额布都格公路口岸与蒙古国白音呼舒口岸隔河（哈拉哈河）相望，对应的蒙古国内石油、盐、畜产品和水产品等资源极为丰富。口岸进口货物以饲草、水产品、煤炭、废旧金属、大庆—塔木察格油田设施设备为主，出口货物以副食品、电器、建材、农机产品为主。2012年12月，大庆石油公司首次从蒙古国塔木察格油田进口原油。2012年5月、8月贸易通关期间，4次组织当地居牧民共110余人的旅游团赴蒙古国东方省哈拉哈苏木进行模拟式跨境游，通过实地考察，一条成熟的旅游线路已基本形成。目前，额布都格口岸中蒙跨境经济合作区项目前期工作有序进行，积极对接完成了将要入驻跨境合作区项目《中蒙跨境合作区牛羊加工项目建议书》及《中蒙经济合作区生物制药项目》的可行性研究报告。额布都格公路口岸发展前景广阔，对开发利用蒙古国矿产资源，发展跨国旅游将起到关键作用。

2012年，额布都格公路口岸进出口货运量为5.4万吨，同比增长35%；进出境客运量为1.6万人次，同比增长11.8%；进出境交通工具为

0.6万辆次，同比增长21%。

【阿尔山公路口岸】 阿尔山公路口岸位于兴安盟阿尔山市天池镇（原伊尔施镇），距离阿尔山市45千米，在中蒙边境1382号~1383号界碑之间，努木尔根河右岸门山处，与蒙古国东方省松贝尔口岸相对应。1992年内蒙古自治区人民政府批准开放阿尔山公路口岸，2012年3月国务院批准阿尔山口岸为国际性季节开放公路客货运输口岸，2012年12月通过国家级验收。2012年口岸基础设施建设累计完成投资2 239万元，用于供水、供热、排水及污水处理等市政管网设施工程和口岸报关报检大厅、口岸会谈会晤站、联检区内部道路工程等项目的建设。阿尔山口岸物流园区总占地面积为5平方千米，包括停车场、全封闭和半封闭贸易大厅各8 000平方米、贸易市场、物流加工区、仓储区等，2012年阿尔山口岸国际综合物流加工园区已升级为自治区级园区。阿尔山—乔巴山铁路是第四条连接欧亚大陆的铁路大通道，也是连接东北亚地区的重要枢纽。阿尔山—乔巴山铁路已列入《中国铁路网中长期规划》、《中国东北地区振兴规划》和蒙古国铁路重点发展规划。开通“两山”铁路，可以形成东起图们，西连蒙古、俄罗斯，贯通整个东北亚新的欧亚大陆桥，阿尔山则成为这座欧亚大陆桥的“桥头堡”，其经济地理位置十分重要，区位优势明显。

内蒙古自治区口岸大事记

1月17日

俄罗斯别列佐夫铁矿石正式从室韦公路口岸进口。据统计，当天进口铁矿石共计65吨，标志着俄罗斯别列佐夫铁矿开采进口工作取得实质性进展。

2月2日~3日

中华人民共和国驻蒙古国特命全权大使王小龙在内蒙古自治区外事办和巴彦淖尔市政府领导的陪同下，专程到甘其毛都公路口岸及口岸加工园区调研。

2月29日

北京—海拉尔—赤塔的航班实现了统一航班号，实现了国际航班国内段以同一航班号联运，成为第一条经停内蒙古自治区航空口岸并以同一航班号直达北京的国际航班。

3月2日

国家口岸办批准阿尔山—松贝尔公路口岸为国际性季节开放公路客货运输口岸。

3月17日~20日

蒙古国东戈壁省省长珀·钢呼亚嘎一行30人到满都拉公路口岸进行实地考察。

3月28日~29日

满洲里市口岸委与俄罗斯联邦边境设施建设署西伯利亚管理局区域处在满洲里市举行了口岸专项工作会谈，重点围绕“优化口岸通关环境”工作就中俄口岸建设、口岸通关及建立双方工作联系等问题进行了深入交流。经过协商，双方在加强口岸合作方面达成一致，建立了满洲里市口岸委与俄罗斯联邦边境设施建设署西伯利亚管理局区域处的口岸协调联络机制。

4月11日

自治区口岸办与俄联邦边界建设署西伯利亚局在俄罗斯后贝加尔斯克举行第一次工作会晤，并签署了2012年协作计划和会晤纪要。

4月9日~20日

内蒙古自治区口岸办组织自治区各联检单位对全区口岸进行了实地调研，并形成《关于内蒙古自治区对外开放和口岸建设情况的调研报告》上报自治区党委和政府。

4月11日~13日

蒙古国外交部领事司司长德·钢呼亚嘎一行，在内蒙古自治区政府外事办和兴安盟领导陪同下对兴安盟阿尔山口岸进行考察。考察期间，蒙古国外交部工作组一行分别就阿尔山市口岸园区、口岸公路、中蒙界河桥、中方边检设施建设、阿尔山机场等进行实地考察。

4月14日

蒙古国对外关系和贸易部工作组恩和巴雅尔一行对甘其毛都公路口岸进行考察。

4月20日

满都拉公路口岸进口电煤706.9吨，这是满都拉口岸2012年度首次进口煤炭资源。

5月8日~9日

在蒙古国首都乌兰巴托市举行《中蒙边境口岸及其管理制度协定》执行情况第四轮司局级会晤。内蒙古自治区口岸办主任郭刚、副主任李春生参加了会晤。

5月14日

内蒙古自治区人民政府批准成立自治区级策克口岸经济开发区。

5月16~20日

呼伦贝尔市新巴尔虎左旗政府旗长银山一行赴蒙古国乌兰巴托市，就额布都格口岸常年开放、中蒙额布都格—巴彦呼舒跨境经济合作区建设及大庆—塔木察格石油开采等事宜分别拜访了蒙古国海关总署、国检总局、外交部领事司及乌兰巴托市政府相关领导。

5月17日

中断了2年零8个月从二连浩特口岸通关的赴蒙古国扎门乌德市一日游旅游线路正式恢复。

5月26日

策克公路口岸实现双进双出四车道通关。

6月2日

海拉尔—香港—台北航线成功实现延伸，使海拉尔成为内蒙古自治区首个同港台建立长期航班的首府城市。

6月16日

海关总署天津特派办党组书记、主任杨晨光一行赴额布都格公路口岸考察调研，重点视察了额布都格口岸联检办公大楼、海关监管仓库等，并听取了额布都格口岸开放、基础设施建设及口岸过货等工作开展情况。

6月26日

中宣部副部长、中央外宣办主任王晨一行来阿尔山口岸调研，内蒙古自治区党委和兴安盟主要领导陪同调研。

6月28日

国家质检总局副局长刘平均一行在二连浩特口岸调研质检工作。

7月7日

呼和浩特航空口岸恢复运行呼和浩特—济州岛旅游包机航线。

7月11日

内蒙古自治区党委常委、政府常务副主席潘逸阳率领自治区口岸领导小组成员深入策克口岸考察调研。

7月16日

内蒙古自治区党委副书记、自治区主席巴特尔到二连浩特口岸新通道、环宇国际出口物流园实地考察了口岸基础设施建设、园区进出口货物运输发展情况。

7月20日

满洲里电子口岸“一次录入、分别申报”系统（即“一单两报”系统）上线测试成功，并在试点企业投入试运行。

7月22日

内蒙古自治区政协副主席云峰一行到二连浩特国门景区、公路口岸旅检通道、公路口岸货检通道、环宇公路出口物流园、浩通铁路国际物流园进行调研。

7月25日

内蒙古自治区政协主席任亚平在巴彦淖尔市政府领导的陪同下到甘其毛都公路口岸调研。调研期间，实地察看了口岸物流园区、五进五出运煤通道、口岸联检大楼。

8月7日

海拉尔航空口岸落地签证业务获得了国务院正式批复，同意在内蒙古自治区海拉尔航空口岸开展口岸签证工作。

8月11日

内蒙古自治区党委书记胡春华到珠恩嘎达布其公路口岸视察工作。

9月1日

海拉尔航空口岸成功通航海拉尔—伊尔库茨克航线。

9月4日

由国家工信部中小企业发展促进中心项目运营总监贺时健带队的美国AA风光新能源开发集

团公司、中国洲际集团江苏光大鸿瀚电子科技有限公司、中工信泰投资发展有限公司等领导组成的考察团在新巴尔虎右旗各部门领导的陪同下，到阿日哈沙特公路口岸进行了实地考察。

9月17日

呼和浩特航空口岸正式开通呼和浩特—香港航线。

9月20日~10月26日

内蒙古自治区口岸办组织开展了“喜迎十八大，北疆口岸行”媒体大型采访和宣传报道活动。

9月22日

二连浩特至乌兰巴托直航国际临时包机航线验证飞行暨首航圆满成功。

9月26日

由国家口岸办、海关总署、外交部、公安部、国家质检总局、总参谋部等国家有关部门组成的验收组，对额布都格公路口岸对外开放前的准备工作进行了检查验收。

10月9日

甘其毛都口岸交管大队在甘其毛都口岸挂牌成立。成立后，将针对辖区拉运煤炭车不断增加的实际情况，加大对机动车乱停和占道行驶、超载等严重违法行为的查处力度，确保行人、车辆出行安全，有效预防重特大道路交通事故的发生。

10月15日

中蒙双方口岸边检部门在中蒙阿日哈沙特—哈比日嘎口岸进行了联合处置突发事件实战演练。

10月18日

以蒙古国政府办公厅副主任丹庆、蒙古国政府口岸总负责人苏和巴特尔、南戈壁省议会长巴图朝鲁为团长的蒙古国政府代表团一行11人，到甘其毛都公路口岸考察调研。

10月19日

巴彦淖尔市乌拉特中旗人民法院甘其毛都口岸分院在甘其毛都口岸挂牌成立。

10月30日

甘其毛都口岸110千伏变电站建成。甘其毛都口岸110千伏变电站占地1.3万平方米，架设高压电缆1.3千米，1套变压机组，总投资2 732万元，供应口岸城区和周边矿区用电。

11月15日

巴彦淖尔河套农村商业银行甘其毛都口岸支行挂牌成立，填补了多年来口岸金融服务的空白。

11月20日

在东乌旗乌里雅斯太镇和珠恩嘎达布其公路口岸分别举行了珠恩嘎达布其公路口岸通关20周年图片展和口岸过货量突破100万吨仪式。

11月25日

内蒙古自治区人民政府援建中国二连浩特口岸至蒙古国扎门乌德公路货运专用线通车剪彩仪式隆重举行。

12月1日

海关总署批准同意中国免税品集团有限责任公司在甘其毛都口岸设立并经营口岸免税店，向从甘其毛都口岸出境的旅客销售免税品。

12月4日~5日

由国家口岸办、海关总署、外交部、公安部、国家质检总局、总参谋部等国家有关部门组成的验收组，对阿尔山公路口岸对外开放前的准备工作进行了检查验收。

12月6日~7日

由国家口岸办、海关总署、外交部、公安部、国家质检总局、总参谋部等国家有关部门组成的验收组，对满都拉公路口岸进行验收。

12月9日

甘其毛都口岸学校暨琮霖国际学校举行落成庆典仪式。

12月11日

蒙古国后杭盖省新闻代表团一行9人在内蒙古自治区领导的陪同下来甘其毛都公路口岸考察。

12月14日

策克公路口岸举行开关20周年座谈会。

12月30日

策克公路口岸煤炭进口企业协会成立。

2012 年内蒙古自治区口岸流量统计表

口岸类型		口岸名称	货运量（万吨）				集装箱量（万标箱）				人员（万人次）				交通工具（辆、艘、架、列次）			
			出口	进口	合计	同比（%）	出口	进口	合计	同比（%）	出境	入境	合计	同比（%）	出境	入境	合计	同比（%）
空运口岸		呼和浩特									2.3	2.2	4.5	+12.5	394	390	784	+29.8
		满洲里									2.2	2.1	4.3	+114.3	325	336	661	+88.9
		海拉尔									0.9	0.9	1.8	+41.8	259	259	518	+16.9
		分计									5.4	5.2	10.6	+45.2	978	985	1 963	+18.8
陆运口岸	公路口岸	甘其毛都	25.3	1 216.4	1 241.7	+16.3					18.6	19.0	37.6	−10.5	138 008	139 129	277 137	−5.5
		策克	30.3	872.5	902.8	+12.7					12.1	12.1	24.2	−19.3	103 708	103 603	207 311	−18.5
		二连浩特	216.2	6.6	222.8	+21.0					92.9	91.6	184.5	+3.3	209 921	215 218	425 139	+1.2
		珠恩嘎达布其	19.3	85.7	105.0	+109.6					4.3	4.3	8.6	+19.0	29 804	30 426	60 230	+45.2
		满洲里	90.6	9.2	99.8	+51.7					67.5	67.0	134.5	+1.4	111 010	109 638	220 648	+4.2
		满都拉	0.4	41.8	42.2	+149.7					4.5	4.5	9.0	+17.0	17 572	17 409	34 981	+31.3
		阿日哈沙特	9.0	5.8	14.8	+13.8					2.1	2.1	4.2	+2.4	4 152	4 123	8 275	−0.5
		黑山头	1.8	11.8	13.6	+9.7					3.2	3.6	6.8	+21.4	13 016	14 429	27 445	+8.0
		室韦	0.2	7.6	7.8	+178.6					0.7	0.7	1.4	+27.3	5 905	5 853	11 758	+50.0
		额布都格	4.8	0.6	5.4	+32.0					0.8	0.8	1.6	+11.8	3 108	3 140	6 248	+21.0
		阿尔山																
		分计	397.9	2 258.1	2 656.0	+8.5					206.6	205.9	412.5	+0.5	636 204	642 968	1 279 172	−4.2
	铁路口岸	满洲里																
		二连浩特																
		分计																

续表

口岸类型		口岸名称	货运量（万吨）				集装箱量（万标箱）				人员（万人次）				交通工具（辆、艘、架、列次）			
			出口	进口	合计	同比（%）	出口	进口	合计	同比（%）	出境	入境	合计	同比（%）	出境	入境	合计	同比（%）
水运口岸	海港口岸																	
		分计																
	河港口岸																	
		分计																
合计			1 170. 3	4 808. 0	6 729. 2						239. 8	239. 6	479. 4		646 889	653 600	1 302 770	
同比（%）			+28. 4	+7. 1	+9. 0						+7. 2	+7. 2	+7. 2		-5. 2	-0. 7	-3. 0	

表注：货运量合计包括转口运量 750. 9 万吨，同比下降 2. 8%；内陆中转 419. 8 万吨；交通运输转口 2281 列，同比下降 2. 4%。

（内蒙古自治区口岸办提供）

2012 年呼和浩特海关主要数据统计表

项目		2012 年	同比（%）
进出口货运量（万吨）	合计	3 498.1	+6.0
	进口	3 228.1	+5.5
	出口	270.0	+12.5
进出口贸易总值（万美元）	合计	745 691.50	+0.14
	进口	532 879.22	+2.28
	其中：江、海运输	97 755.57	-8.72
	铁路运输	214 960.87	-2.49
	汽车运输	215 563.44	+15.32
	航空运输	4 595.80	-29.70
	邮件运输	3.24	-65.34
	其他运输	0.28	—
	出口	212 812.28	-4.83
	其中：江、海运输	464.46	-41.67
	铁路运输	55 708.40	+9.89
	汽车运输	153 111.52	-7.37
	航空运输	3 166.49	-52.28
	邮件运输	223.72	+85.43
	其他运输	137.69	+91.17
税收（万元）	两税合计	665 500.00	+5.08
	关税入库	34 900.00	+8.72
	进口环节税入库	630 600.00	+4.87

（呼和浩特海关提供）

2012 年满洲里海关主要数据统计表

项目		2012 年	同比（%）
进出口货运量（万吨）	合计	1 803.1	+4.6
	进口	1 653.2	+4.2
	出口	149.9	+9.5
进出口贸易总值（万美元）	合计	579 208.1	-10.2
	进口	416 489.0	-17.8
	其中：江、海运输	93.9	+230.5
	铁路运输	409 097.9	-18.5
	汽车运输	7 297.1	+56.5
	航空运输	—	—
	邮件运输	—	—
	其他运输	—	—
	出口	162 719.1	+18.0
	其中：江、海运输	14.5	—
	铁路运输	96 346.7	+21.4
	汽车运输	66 348.1	+13.3
	航空运输	—	—
	邮件运输	—	—
	其他运输	9.9	-3.4
税收（万元）	两税合计	363 800.0	-24.8
	关税入库	24 300.0	-11.9
	进口环节税入库	339 500.0	-25.6

（满洲里海关提供）

2012 年内蒙古边防局口岸出入境主要数据表

单位：（人员）人次；（交通工具）辆、艘、架、列次

项目			2012 年	2011 年	同比（%）
出入境人员	出入境人员总数		4 449 461	4 434 968	+0.33
	入境人员		2 225 508	2 217 210	+0.37
	出境人员		2 223 953	2 217 758	+0.28
	出入境旅客		3 574 897	3 557 472	+0.49
	出入境员工		874 564	877 496	-0.33
	中国公民	小计	882 849	883 530	-0.08
		内地居民（因公）	114 379	129 342	-11.57
		内地居民（因私）	764 647	752 566	+1.61
		港澳居民	3 000	1 229	+144.10
		台湾同胞	823	393	+109.42
	外籍人员		3 566 612	3 551 438	+0.43
	从海港出入境人数		0	0	0
	从陆港出入境人数		4 348 549	4 371 002	-0.51
	从空港出入境人数		100 912	63 966	+57.76
交通运输工具	总计		1 262 835	1 262 698	+0.01
	船舶		0	0	0
	飞机		1 896	1 397	+35.72
	火车		19 300	18 703	+3.19
	机动车辆		1 241 639	1 242 598	-0.08

（内蒙古公安边防总队提供）

2012 年内蒙古出入境检验检疫业务统计表

项目	货物检验检疫				交通工具				集装箱（标箱）		发现动植物疫情		货物通关		出入境人员查验（人次）	健康检查及预防接种（人次）			
	批次	金额（万美元）	检验检疫不合格		船舶（艘）	飞机（架）	火车（节）	汽车（辆）	合计	检出问题	种类数	种次	批次	金额（万美元）		健康检查	艾滋病监测	发现病例	预防接种
			批次	金额（万美元）															
本年累计	261 823	982 361	133	555	0	1 764	554 069	1 217 971	160 403	0	4	0	237 777	815 833	4 109 326	35 231	35 056	6 562	32 830
其中 出境	94 866	246 069	77	284		874	266 680	605 949	85 526				69 315	95 239	2 051 455	32 061	31 895	4 904	32 830
其中 入境	166 957	736 292	56	271		890	287 389	612 022	74 877		4		168 462	720 594	2 057 871	3 170	3 161	1 658	
同比（%）	-10.8	-5.8	-39.5	-14.0		+32.9	+4.1	+3.6	-13.3		+300.0		-13.5	-4.4	-2.3	+6.5	+7.5	+106.9	+14.5
其中 出境	+15.3	-6.3	-60.7	-52.7		+33.0	+5.3	+3.7	-11.3				+6.2	-8.2	-1.8	+7.8	+9.0	+73.8	+14.6
其中 入境	-20.9	-5.7	+133.3	+503.5		+32.8	+3.0	+3.5	-15.5		+300.0		-19.6	-3.9	-2.8	-5.2	-5.2	+373.7	-100.0

（内蒙古自治区出入境检验检疫局提供）

口岸数量及分布

截至2012年年底，辽宁省共有经国务院批准对外开放的口岸13个，其中航空口岸2个，分别是沈阳桃仙国际机场、大连周水子国际机场；水运口岸8个，分别是大连港、庄河港、旅顺新港、长兴岛港、营口港、丹东港、锦州港、葫芦岛港；铁路口岸1个，即丹东铁路口岸；公路口岸1个，即丹东公路口岸；输油管道口岸1个，即丹东输油管道口岸。中朝边境口岸计6个。

口岸运行数据

2012年，辽宁省口岸外贸进出口货运量完成17 834.6万吨，同比增长1.6%。其中，外贸进口12 216.3万吨，同比增长1.1%；出口5 618.3万吨，同比增长2.8%。按运输方式分，水运口岸进出口货物17 613.2万吨，同比增长1.0%；铁路口岸进出口货物47.3万吨，同比增长2.2%；公路口岸进出口货物102.3万吨，同比增长35.3%；航空口岸进出口货物4.4万吨，同比下降10%；输油管道口岸出口67.4万吨，同比增长27.4%；全省口岸出入境旅客288.7万人次，同比增长6.3%。集装箱运输完成1 513.3万标箱，同比增长26.3%，其中外贸483.6万标箱，同比增长2.4%。口岸进出口贸易额为1 296.7亿美元，同比增长3.7%。其中，进口715.4亿美元，同比增长5.5%；出口581.3亿美元，同比增长1.5%。

2012年，辽宁省外贸进出口突破千亿美元，迈上新台阶，进出口总值完成1 039.91亿美元，同比增长8.37%。其中，出口579.5亿美元，同比增长13.54%；进口460.41亿美元，同比增长2.5%。其特点是：一般贸易出口295.63亿美元，同比增长32.68%，保持较快增长；民营企业出口217.12亿美元，同比增长61.68%，持续快速增长。

口岸监管与服务

【口岸开放进一步深化】 2012年对朝口岸工作任务十分繁重。丹东国门湾公路口岸和安民公路口岸分别于2012年6月和10月以辽宁省政府文件报国务院审批。在国家口岸办的大力支持下，按照省政府的要求，努力协调有关部门，解决安民临时口岸设施和运营管理问题，9月15日实现了安民口岸的临时开放，确保两省道举行的管委会大楼奠基仪式按计划举行，为经济区开发建设顺利实施提供了顺畅的口岸通行条件。营口港仙人岛港区第6次获交通运输部批准临时开放，扩大和完善了营口港功能。盘锦港海港区实现第2次临时开放，这对于优化辽宁省港口功能布局，推进盘锦水运口岸正式开放起到重要作用。原二类口岸清理工作取得进展，9月在丹东召开原二类口岸工作会议，对监管设施改造达标提出具体时限要求。各原二类口岸设施改造按计划进行，长甸河口口岸完成较快，于11月下旬恢复运营。

【口岸大通关工作持续深入开展】 辽宁省口岸办公室委托辽宁省国际货运代理协会和辽宁电子口岸公司，对辽宁省口岸大通关情况进行了测评，范围覆盖沈阳、大连、丹东、锦州和营口等5个主要口岸城市的通关企业。辽宁省口岸办公室组织到各查验一线执法单位，专门反映企业对通关工作的合理诉求，与各查验单位面对面交流情况，研究解决问题的办法。各单位对本次测评结果高度重视，并专门到所属一线单位检查，整改存在的问题。2012年11月，辽宁省通关办会同辽宁省国际货运代理协会，进行一轮检查、调研整改情况，对2012年大通关工作进行评估，并向省政府提交了工作报告。从工作实践看，辽宁省大通关工作的成效得到社会各界的认可。

【电子口岸建设取得重要进展】 在辽宁电子口岸平台应用项目不断扩展、功能逐渐完善的基础上，加快推进电子口岸建设步伐。完成了东北电子口岸建设规划；东北“六关四检”在黑龙江举行的东北四省（区）最高行政首长年会上，签署了合作协议，明确支持东北电子口岸建设；2012年四省（区）口岸办主任联席会议上签署了合作建设东北电子口岸的备忘录；国家电子口岸办于2012年11月召开的“第八期地方电子口岸建设经验交流会”明确了辽宁电子口岸牵头推进四省区共建“东北电子口岸”工作。目前，东北电子口岸建设实施方案（草案）已完成，准备进行四省（区）会商。

【口岸协调机制不断完善和扩大】 建立和完善协调机制是贯彻《辽宁省口岸管理办法》的核心内容。承办2012年口岸海事联系机制年会和建立与军事主管机关协调机制的“军地口岸开放项目汇报磋商业务工作会”，辽宁省市口岸办（局）与辽宁海事局及驻各市分支机构、驻辽部队的主管机关，建立起口岸开放项目、口岸重大事项和各查验主管部门、军方的沟通协调平台，确定了密切联系的制度，沟通口岸开放和管理的重点事项和需要相互支持、配合的工作内容，为辽宁省口岸开放项目会商、推动国家审批进程、处理应急突发事件起到重要的作用。

【大连海关服务地方经济发展推出新举措】 贯彻落实中央和海关总署的部署和要求，针对地区经济实际，迅速出台了涵盖创新通关模式、进一步改进税收征管、提升服务能力、创新和简化保税监管手续、维护公平贸易秩序五大方面的21条具体措施，最大限度发挥海关服务在促进外贸稳定增长中的作用。面对复杂的经济形势，加大调研工作力度，在坚持经常性沟通走访的基础上，制定了跟踪服务企业制度，切实帮助企业解决通关难题。根据海关总署安排，全面开展了“服务经济、服务企业、服务基层”活动，制订具体方案，加大监督检查力度，确保服务措施落到实处。紧密结合省、市政府软环境建设有关要求，在关区广泛开展软环境建设年活动。各业务现场全面开展“三优一满意”活动，实施“5+1”工作制、“7×24小时”预约通关措施，全天候运行“12360”服务热线，有效保障企业通关顺畅。积极推进关检合作，与辽宁出入境检验检疫局启动了通关无纸化、进出口直通放行及关检共同查验工作。加大电子口岸建设力度，完成了东北电子口岸建设方案。扶持大连国际服务外包产业发展，创新和完善国际服务外包保税监管模式，保证国际服务外包保税研发中心顺畅运行。积极推动辽宁省政府开展了对特殊区域的考核工作。促进完成大连保税区优化升级和出口加工区A区缩网改造工作。

【沈阳海关高标准推进沈阳综合保税区建设】 积极发挥海关职能作用，成立沈阳综合保税区海关筹备组，加快沈阳综合保税区海关各项筹建工作进度，对综合保税区基础设施建设、海关监管设备等前期工程提出合理化建议；与综合保税区管委会加强协作、密切配合，及时解决相关问题，高质量、高标准推进沈阳综合保税区加快建设。在沈阳海关牵头组织和努力推动下，沈阳综合保税区先后顺利通过省级预验收和国家十部委正式联合验收，成为全国第18家综合保税区。目前沈阳综合保税区已引进项目57个，总投资额116亿元人民币，为东北振兴打造新平台、新枢纽、新引擎。

【辽宁出入境检验检疫局主动作为促发展成效显著】 辽宁省政府提出建设外贸大省目标后，辽宁出入境检验检疫局高度重视、积极支持，出台“十个全力”的支持措施，成立工作组深入辖区调研。积极贯彻落实国务院及国家质检总局关于稳增长、促外贸工作要求，制定了稳增长促外贸6条措施。深入落实辽宁省政府提出的农产品出口3年倍增计划，2012年共有7个出口农产品示范区获得国家级典型食品农产品出口安全示范区资格，数量位居全国第三。深度服务辽宁沿海经济和沈阳经济区一体化国家战略，全力支持园区建设，将服务向园区延伸，建立季报制度，强化“一区一组、一企一策”及“一对一联络员制度”的落实。2012年12月18日，沈阳经济区工作领导小组对辽宁出入境检验检疫局《沈阳经济区检验检疫一体化框架协议》所取得的阶段性成果给予充分肯定。构建东北四省（区）关检合作平台，2012年8月10日，在东北四省（区）最高行政首长联席会议上，在国家质检总局、海关总署主要领导及四省（区）书记、省长见证下，签署关检合作协议，建立全国最大范围的关检合作区。

【辽宁省公安边防总队积极服务地方经济发展】 大连、沈阳、葫芦岛、营口鲅鱼圈等边检站主动跟进口岸建设发展进程和外向型经济增长需求，出台配套服务措施，推动口岸通关服务一体化进程；全力支持新建鸭绿江界河公路大桥建设、沈阳桃仙机场T3航站楼建设、跨境经济区建设开发等国家重点口岸建设项目；积极调剂警力承担了丹东安民公路口岸、长兴岛口岸恒力石化、浦项制铁企业码头临时开放期间的出入境边防检查工作，配合省市两级口岸主管部门开展了原二类口岸清理工作；就沈阳口岸开通直飞欧美航线、丹东安民口岸申请临时开放、长兴岛口岸基础设施建设等问题与各级口岸主管机关开展了密切沟通协作；沈阳、大连周水子边检站圆满完成了“第十一届辽宁台湾周”、“沈阳韩国周”等大型活动的通关保障工作。

【辽宁海事局提前部署，主动服务，“融化”黄渤海冰情】 2012年黄渤海海域海冰来得早，冰情严重，给港口生产及航运安全带来影响。辽宁海事局在认真总结防抗海冰工作的基础上，采取多项措施，助力港口生产，保证通航安全。一是预警预控，“吐纳”信息。根据冰情预报及时修订了《海冰防控预案》，让预案更加有的放矢；积极督促各港口码头、陆岛运输船舶结合实际，做好防滑、防冻等应对措施准备；与航海保障部门积极沟通，提前更换冰期灯浮标，对移位航标尽早复位；在专题调研的基础上，编制《防冰手册》，发放给港方、船方和引航机构等作为抗冰参考；与气象、海洋等部门紧密联系，及时获得冰情预警预报信息；专项巡航冰情，实地察看冰情，及时通过大连海岸电台、各分支局船舶交管中心、短信平台、外网等，向港口方、船方（货代）、引航机构发布海冰及大风寒潮预警信息及海事监管建议等。二是利用VTS、CCTV、AIS等科技手段，加大现场巡视，在交通组织上动足脑筋。组织船舶进出港时，普遍采取历年常用的“大船带小船”、拖轮护航的编队原则，在此过程中，VTS中心时刻紧盯船队，提醒船舶注意间距，不要偏离航道；设法保证航道内24小时有船进出，必要时派出破冰拖轮在航道内反复航行，防止航道内已经被压破的碎冰再次冻结；与港方紧密联系，大幅提高锚地利用效率。三是重要船舶“即抵即靠”，对于集装箱班轮、电煤船、成品油等重点物资运输船舶，开通“绿色通道”，重点保证，优先靠离，切实减少这些船舶在港时间；在保证安全的情况下，对重点船舶需要办理的各项手续，能简化就简化，做到“即抵即靠、即完即离”，并提供全程破冰护航服务；与港口方积极协调，在货物堆存和装卸上予以优先保障；对于电煤船，各分支局还实行预约申报、预约签证等措施，提高现场查验效率，保持港口经济持续稳定发展。

开放口岸

【沈阳桃仙航空口岸】 沈阳桃仙国际机场位于沈阳市东陵区桃仙镇，距市中心22千米，为国家民用一级机场。机场于1985年开始筹建，1989年4月16日正式启用。机场跑道长3 200米，宽为45米，飞行区等级为4E，有46个机位，14部廊桥。机场净空条件良好、功能齐全、设备先进，可保障国内外大型客、货机使用。机场现拥有两座航站楼，T1航站楼设计年旅客吞吐量90万人次。1995年开始二期工程扩建，2001年12月1日，T2航站楼正式投入使用。T2航站楼设计年旅客吞吐量606万人次。2011年开始T3航站楼施工建设，工期计划2013年7月投入使用。

2012年，经沈阳桃仙国际机场的航线共有153条，其中国内航线128条；国际及地区航线25条，与日本（东京、大板、福冈、名古屋）、韩国（首尔、釜山、济州）、朝鲜（平壤）、德国（法兰克福）、加拿大（温哥华）、新加坡等6个国家和香港、澳门、台湾地区通航。2012年沈阳空港口岸旅客吞吐量为1 101万人次，其中国际和地区航线出入境旅客101万人次，同比增长20%。出入境航班为8 352架次，进出口货物为10 313.7吨。

【大连周水子航空口岸】 大连周水子国际机场口岸位于大连市西北部，始建于1972年10月，从军民合用机场发展建设成为民用机场。1973年4月开航，1985年经国务院批准对外开放。该机场距大连市中心10千米，距沈大高速公路5千米，交通运输网络十分便利。

大连周水子国际机场口岸占地面积363万平方米，飞行跑道长3 300米，候机楼面积3.5万平方米，停机坪面积11.1万平方米，拥有一整套先进的航管、通信、导航设施，符合4EI类机场标准，可供目前各种大型飞机安全起降。

大连周水子国际机场口岸已开通航线146条，其中国际（地区）航线38条；与13个国家、88个国内外城市通航，其中国际（地区）通航城市29个；国内外36家航空公司在大连周水子国际机场运营。大连周水子国际机场成为通往日、韩、俄的重要门户，东京、大阪、首尔3条日韩航线占其国际运量的80%以上，近年俄罗斯的旅客也有较大幅度增长。2012年，大连周水子航空口岸旅客吞吐量为1 333.7万人次，同比增长11%，其中国际（地区）航线出入境旅客132万人次，同比基本持平，国际旅客吞吐量位居全国机场第4位。

【丹东铁路口岸】 丹东铁路口岸通过鸭绿江大桥与朝鲜新义州口岸相连，地点在铁路丹东站。该口岸分为客运和货运两部分。1954年，中朝两国签订了铁路联运协定，开通北京至平壤、平壤至莫斯科往返直通国际联运旅客列车，经停丹东站，每周二、四、五、日出境，一、三、四、六入境。国际联运货物列车每天有4对进出境，主要货种为煤炭、木材、矿石、水泥、粮食等。2001年11月24日，中朝两国签订了《中朝边境口岸及其管理制度的协定》，明确规定：铁路口岸允许持有效护照及签证或边境通行证的双方公民、货物和运输工具通过；允许持有效护照及签证的第三国公民、货物和运输工具通过；铁路口岸每日的开放时间按中朝双方间有关协议中的铁路运行时刻表执行，不受双方规定的节假日和边境口岸每天开放时间的限制。2012年，丹东铁路口岸进出口货物47万吨，同比增长2%，其中进口29万吨，出口18万吨；出入境旅客8万人次，同比减少8%，其中进境4万人次，出境4万人次；出入境火车1 427列次，同比减少50%。

【丹东公路口岸】 丹东公路口岸位于市区内

鸭绿江大桥旁边，是1955年经中朝双方商定，国家批准开放的一类口岸。1966年关闭，1981年恢复通关。该口岸是中朝边境贸易主要通行口岸，公务人员、中外客商、国际游客等也大多经过该口岸进出境。公路客运由中朝双方按上、下午轮流营运，每天往返两次。

2012年，丹东公路口岸进出口货物103万吨，同比增长35%，其中进口17万吨，出口86万吨；进出境旅客19万人次，同比增长30%；出入境汽车16万辆次，同比增长23%。

【大连水运口岸】 大连港始建于1899年，距今已有百余年的历史。1960年6月，经国务院批准，正式对外开放。大连港居西北太平洋的中枢，是正在兴起的东北亚经济圈的中心，是该区域进入太平洋，面向世界的海上门户。港口港阔水深，不淤不冻，自然条件非常优越，是转运远东、南亚、北美、欧洲货物最便捷的港口。大连港口岸开放水域346平方千米，陆地面积15平方千米；现有港内铁路专用线150千米，仓库30万平方米，货物堆场180万平方米。大连港与世界上160多个国家和地区、300多个港口建立了海上经贸航运往来关系，开辟集装箱国际航线81条，已成为中国重要的集装箱海铁联运和海上中转港口。大连港拥有30万吨级原油码头和30万吨级矿石码头。大连港与美国的奥克兰港、休斯敦港，加拿大的温哥华港，日本的北九州港、横滨港、伏木富山港等结为友好港。

大连港按功能划分为9个生产作业区。一是大港区。大连港大港区位于大连市中心区，靠近繁华的人民路地段，是大连港的发源地。港区综合通过能力为1 143.4万吨/年，经营货种有粮食、化肥、钢铁、矿石、杂货、内贸集装箱、滚装等，另外还从事客运生产。二是寺儿沟港区。寺儿沟港区位于大连湾南岸东海头，是大连港油品、液体化工产品运输的专业港区。港区综合通过能力为446万吨/年，主要经营货种有原油、成品油、动植物油、液体化工产品。三是黑咀子港区。黑咀子港区位于大连湾西南岸，是大连港以接卸地方小船为主的码头。港区综合通过能力为120万吨/年，主要经营货种为矿建材料、木材、钢铁、粮食和杂货。四是香炉礁港区。香炉礁港区位于大连湾西岸湾底，是大连港钢铁、木材运输的专业化码头。港区综合通过能力261万吨/年，主要经营钢铁、木材、大件、玉米及客/货滚装等货种。五是甘井子港区。甘井子港区位于大连湾北岸，是大连港散货运输专业化生产港区。港区综合通过能力为220万吨/年，主要装卸货种有煤炭、水泥和玉米。六是大连湾港区。大连湾港区位于和尚岛，是“七五”期间新建的煤炭和危险品专业化港区。后经扩建改造，发展成为大连港综合能力较强的港区。港区综合通过能力为615万吨/年，主要经营货种为煤炭、玉米、特资、杂货和滚装货。七是新港港区。新港港区位于大孤山半岛东端，是1976年为出口大庆原油而建设的专业化深水码头。港区综合通过能力为3 000万吨/年，主要经营进出口原油、出口成品油。八是大窑湾港区。大窑湾港区位于大窑湾南岸，是我国规划建设的四大国际深水中转港之一，是大连港运输国际集装箱的专业化港区。除国际集装箱外，大窑湾港区还从事粮食、钢铁、木材、玻璃、汽车、矿建材料等货物的装卸。九是北良港港区。北良港位于大连经济技术开发区的南部，与大连市区隔海相望，是一个以中转粮食为主的专业化港口，年设计中转能力1 200万吨，1997 年建成投入使用。2012 年大连港完成货物吞吐量达37 426万吨，集装箱吞吐量达 806 万标箱，同比分别增长 11% 和 26%，其中外贸货物吞吐量11 018万吨，集装箱 467 万标箱，同比分别增长 3.2% 和 2.4%。

【营口水运口岸】 营口水运口岸位于渤海湾东北岸、辽河的入海口。营口港包括沿辽河的营口老港区、沿渤海的鲅鱼圈港区和仙人岛港区 3 个港区。营口老港区于 1864 年通航，至今已有 150 年的历史，1984 年经国务院批准对外开放。鲅鱼圈港区是营口港的核心港区，以矿石、煤炭、集装箱、钢材、油品、粮食、商品汽车等运输为主，1984 年开工建设，1988 年对外开放。仙人岛港区于 2008 年经国家批准建设，主要以油品、化工品等液体散货和通用散、杂货运输为主，目前 30 万吨级原油码头及 80 万立方米罐区已投入运营。

营口港陆域面积 2 000 万平方米，其中鲅鱼圈港区 1 400 万平方米，营口老港区 100 万平方米，仙人岛港区 500 万平方米。营口港现有库房 40 万平方米，堆场 610 万平方米，储罐 341 万立方米，筒仓 120 万立方米；拥有占地 552.3 万平方米的营口港保税物流中心及海关监管仓库，集装箱、汽车、煤炭、粮食、矿石、钢材、大件设备、成品油及液体化工品和原油等九大货种专用码头，其中矿石码头、原油码头分别为 30 万吨级，集装箱码头可以靠泊第五代集装箱船。

营口港码头岸线长16 581米，现有泊位 66 个，其中鲅鱼圈港区 49 个，营口港区 14 个，仙人岛港区 3 个；万吨级以上泊位 39 个。鲅鱼圈港区现有深水航道宽 230 米，底标高 -18.0 米，长 19.4 千米，可满足 15 万吨级以下船舶全天候通航，30 万吨级矿石码头的船舶乘潮通航，3 万吨级以下的船舶可双向航行。仙人岛港区航道现有 30 万吨级航道，宽 300 米，底标高 -22.5 米，长约 27.85 千米。

营口港已经同 50 多个国家和地区 140 多个港口建立了通航业务关系。现有东亚航线、日本关东航线、韩国釜山航线、韩国仁川航线（国际客货班轮航线）外贸直航航线 4 条，以及多条通过大连、天津、青岛、上海、宁波、南沙等国内主要港口进行国际中转的外贸内支线。集装箱内贸航线已覆盖南沙、黄埔、蛇口、汕头、上海、烟台、宁波、日照等沿海主要港口。散杂货内贸航线主要分布在上海、青岛、江阴、宁波、舟山、温州、泉州、钦州、厦门、深圳、湛江及广州等地。营口港现有散杂货定线航线分精品定线班轮及普通定线班轮两种等级，精品定线班轮已达 30 艘。散杂货外贸航线是韩国、日本、朝鲜、台北地区、新加坡、伊朗、印度和其他东南亚国家，澳大利亚、巴西、美国、荷兰、意大利、英国、加拿大等欧美国家及南北美洲部分国家和地区。港口主要通航国家及地区为韩国、日本、印度、澳大利亚、巴西、新加坡、缅甸、比利时、越南、荷兰、菲律宾、美国、加拿大、英国等。内外贸航线每月达到 400 余航班。2012 年，营口港货物吞吐量达30 107万吨，同比增长 15%；集装箱吞吐量达 485 万标箱，同比增长 20%，两项主要生产指标均创历史新高。

【锦州水运口岸】 锦州水运口岸位于渤海西北部的锦州湾北岸，1986 年 10 月开工建设，1990 年 12 月经国家批准对外开放。锦州港笔架山港区现有水域面积 6 845 万平方米，陆域面积

10平方千米，主要由石化作业区、粮食及件杂货作业区、集装箱综合作业区、油品作业区、专业化散货作业区等组成。锦州港主航道水深－17.9米，岸线总长5 500米，堆场总面积165万平方米；生产泊位23个，万吨级泊位21个。目前锦州港有外贸集装箱内支线2条（大连、天津），内贸航线8条，同世界上80多个国家和地区建立了通航关系。2012年，锦州港货物吞吐量为7 355万吨，同比减少3%；集装箱吞吐量为87万标箱，同比增长3%。

【丹东水运口岸】 丹东港口岸是中国海岸线最北端的国际贸易商港，是天然不冻良港，辖大东（海港）和浪头（河港）两个港区。现有生产性泊位28个，拥有粮食、矿石、煤炭、油品、集装箱、客滚、散杂、通用等专业泊位和配套的专业化、自动化装卸系统及货物存放库场，港口年综合吞吐能力达亿吨。目前已与日本、韩国、俄罗斯、美国、巴西、印度等70多个国家和地区的90多个港口开通了散杂货、集装箱、客运航线。预计到“十二五”期末，新建大型深水泊位40余个，年综合吞吐能力达到2亿吨。

2012年，丹东港完成货物吞吐量9 606万吨，同比增长26%。进出口货物632万吨，同比增长9%，其中进口443万吨，出口189万吨。集装箱吞吐量为125万标箱，同比增长77%。

【葫芦岛水运口岸】 葫芦岛港始建于1908年，1984年，经中央军委和国务院批准，葫芦岛港开始军民合用，联合开发。2000年4月，经国务院批准，葫芦岛港实现了国轮外运。2005年3月，葫芦岛港移址迁建至柳条沟港区，2010年11月，葫芦岛口岸通过国家口岸扩大开放验收，实现了对外国籍船舶开放。

葫芦岛港已建成两座散杂泊位，形成码头后方堆场120万平方米，3.6万吨粮食筒仓、7 000平方米各类仓库，5万吨成品油、1万吨液体化工泊位及配套的4个5 000立方米柴油存储罐。

2012年，葫芦岛港货物吞吐量为1 403万吨，同比下降5%，其中外贸运输完成16万吨。

【旅顺水运口岸】 旅顺水运口岸位于辽东半岛最南端，距旅顺城内中心12.3千米，距山东蓬莱66千米。旅顺水运口岸地理位置优越，交通十分发达，为北方特有的天然不冻良港。口岸内设施齐全，设有生活服务楼、港客站、通讯大楼、仓储区等。外轮停泊锚地2处，面积45平方千米。旅顺水运口岸2010年1月正式对外开放，现有泊位8个，其中1.5万吨级泊位1个，5 000吨级泊位2个，3 000吨级以下泊位5个，已成为大连客滚运输中心。

2012年，旅顺新港口岸通过外贸船舶981艘次，完成外贸货物吞吐量76万吨，同比增长33%，进出口货物总值12.11亿美元。

【庄河水运口岸】 庄河港位于大连至丹东350千米空白海岸线中间，距大窑湾港32海里，是我国距韩国、日本最近的港口。该港于1992年经大连市计划委员会批准立项，2002年12月开工建设。2002年6月，庄河市与韩国（株）大宇建设签订了合资建港合同。起步工程规模为：10 000吨级泊位和5 000吨级泊位各1个及附属配套设施。设计年货物吞吐能力95万吨，外贸货物75万吨。庄河港于2010年1月正式对外开放。

【长兴岛水运口岸】 大连长兴岛港口岸于2011年7月经国务院批准对外开放。目前，验收准备工作全面启动。长兴岛港北岸港区恒力石化的7个泊位和葫芦山港区浦项板材1个泊位实现临时开放。长兴岛港已建成投产的4个港区26个泊位均实现口岸临时开放。北港区30万吨级原油码头试运营投产。

【中朝输油管道口岸】 中朝输油管道口岸位

于丹东市振安区楼房镇，是我国专设的向朝鲜输送原油的管道，现归中国石油天然气股份有限公司管理，主要任务是完成国家下达的向朝鲜输送原油的计划。中朝输油管道工程于 1974 年 2 月动工，同年年底形成输油能力。1976 年 1 月 5 日，管道正式向朝方输送原油，至 2012 年年底已输送原油近3 000万吨。近几年输油量有所下降，每年在 50 万吨左右。

2012 年，输油管道口岸出口原油 68 万吨，同比增长 28%。

辽宁省口岸大事记

2 月 17 日

中朝鸭绿江界河公路大桥建设协调领导小组第三次会议在丹东市召开。

3 月 27 日

沈阳开通至法兰克福直航航线。这是东北地区开通的首条直航欧洲航线。

3 月 30 日

大窑湾三期工程 17 号、18 号集装箱泊位通过交通运输部验收。

4 月 9 日

锦州、朝阳、阜新、盘锦、葫芦岛 5 个出入境检验检疫局和中检集团辽宁有限公司在锦州检验检疫局签署《关于打造检验检测公共技术服务平台、促进辽西地区经济发展合作备忘录》。

4 月 25 日

国家口岸管理办公室在丹东召开中朝两个经济区口岸通关组第二次工作会议。

4 月 26 日

大连国际航运仲裁院成立。

5 月 10 日

锦州出入境检验检疫局历经两年时间完成的科研课题 LK25 - 2009《冷鲜牛肉中蜂房哈夫尼亚菌检测方法的建立和风险分析研究》，其成果被评定为国内领先。

5 月 15 日

由沈阳市口岸办公室、沈阳桃仙国际机场主办，德国汉莎航空公司和四川航空公司承办的“走进黑龙江”欧（法兰克福—沈阳—青岛）美（成都—沈阳—温哥华）航线推介活动在哈尔滨举行。

5 月 24 日

营口港务集团与大连、丹东、营口市政府签署建设丹东海洋红港区框架合作协议，大孤山经济区与营口港务集团关于建设海洋红港区的合作协议同时签署。

5 月 25 日

由国家发展改革委、商务部、交通运输部等组成的调研组到丹东调研沿边开发开放情况。

7 月 16 日

国家口岸管理办公室在大连举办制定地方口岸指导意见座谈会。

8 月 10 日

国家批准长兴岛港恒力石化港区和浦项板材港区临时开放。

8 月 14 日

东北内蒙古四省（区）口岸工作联席会议在沈阳召开。

9 月 6 日

辽宁电子口岸“大通关综合信息查询系统”、“场站综合服务系统”、“保税仓、出口监管仓综合服务系统”3 个项目通过验收。

9 月 7 日

大船重工长兴岛修船基地和长兴岛 30 万吨级原油码头口岸临时开放工作启动。

9 月 14 日

国家口岸办正式批复同意丹东设立安民临时公路口岸，允许与项目建设有关的人员、车辆设备和物资进出朝鲜，时间为 2012 年 9 月 15 日至 2013 年 3 月 14 日。

9 月 15 日

安民口岸临时开放，辽宁省与平安北道在朝鲜黄金坪岛举行管委大楼建设奠基仪式。

10 月 23 日

沈阳边防检查站首次年验放出入境人员突破百万人次。

10月30日

沈阳综合保税区顺利通过海关总署牵头的国家10部委联合验收组的验收，成为全国第十八家特殊开放区域。

11月5日

经辽宁公安边防总队同意，从2012年10月31日开始，中国船级社大连分社（业务范围覆盖我国东北地区）验船师，凭借“一证通”式登轮证可在大连口岸范围内登外籍轮船开展业务。

11月13日

大连港股份有限公司与大窑湾边检站签署保障集装箱码头生产作业顺畅的战略协议，助推大连港“三年千万标箱”任务完成。

11月27日

辽宁省和朝鲜平安北道间安民口岸通关组第一次会议在丹东举行。

（撰稿人：杨国彦、孔晓东、胡戈、李胜、颜若伊、高杰、严柏林、徐林、王晓云、毛建国、陈京雁、冀旭、李宁）

2012 年辽宁省口岸流量统计表

口岸类型		口岸名称	货运量（万吨）				集装箱量（万标箱）				人员（万人次）				交通工具（辆、艘、架、列次）			
			出口	进口	合计	同比（%）	出口	进口	合计	同比（%）	出境	入境	合计	同比（%）	出境	入境	合计	同比（%）
空运口岸		沈阳	0.40	0.60	1.00								101.10	+20				
空运口岸		大连	2.00	1.40	3.40	-12.8							131.90	+1.8				
空运口岸		分计	2.40	2.00	4.40								233.00	+6.6			21 000	+10.5
陆运口岸	公路口岸	丹东	85.70	16.60	102.30	+35.3							19.20	+30.6			155 000	+23
陆运口岸	公路口岸	分计																
陆运口岸	铁路口岸	丹东	18.40	28.90	47.30	+2.2							7.10	-6.6			1 000	-50
陆运口岸	铁路口岸	分计																
水运口岸	海港口岸	大连	3 964.30	7 053.20	11 017.50	+3.2			466.90	+2.4								
水运口岸	海港口岸	营口	1 104.30	3 962.00	5 066.30	-6.4			10.40	+7.2								
水运口岸	海港口岸	丹东	188.90	442.70	631.60	+8.7			5.0	-9.1								
水运口岸	海港口岸	锦州	171.10	709.20	880.30	+27			1.30	+8.3								
水运口岸	海港口岸	葫芦岛	15.80		15.80	+393.8												
水运口岸	海港口岸	盘锦		1.70	1.70	-57.5												
水运口岸	海港口岸	分计	5 444.40	12 168.80	17 613.20	+3.2			483.60	2.4			29.40	-4.2			15 000	-11.6
合计			5 550.9	12 216.30	17 767.2	+1.6			483.6	+2.4							192 000	+17.1
同比																		

（辽宁省口岸办提供）

2012 年大连海关主要数据统计表

项目		2012 年	同比（%）
进出口货运量（万吨）	合计	13 019.30	+0.70
	进口	97 39.20	+0.40
	出口	3 280.10	+1.60
进出口贸易总值（万美元）	合计	12 060 595.35	+2.91
	进口	6 468 163.49	+3.38
	其中：江、海运输	6 065 509.17	+3.44
	铁路运输	7 116.30	-5.53
	汽车运输	55 271.18	+13.96
	航空运输	336 856.75	+1.83
	邮件运输	1 320.77	-13.38
	其他运输	2 089.32	-52.86
	出口	5 592 431.86	+2.38
	其中：江、海运输	5 012 282.42	+1.49
	铁路运输	31 459.36	+32.52
	汽车运输	167 474.53	+22.14
	航空运输	220 727.03	+2.49
	邮件运输	25 829.56	+23.53
	其他运输	134 658.96	+6.41
税收（万元）	两税合计	7 588 900	+16.19
	关税入库	1 037 200	+11.25
	进口环节税入库	6 551 700	+18.50

（大连海关提供）

2012年辽宁省口岸出入境主要数据表

单位：（人员）人次；（交通工具）辆、艘、架、列次

<table>
<tr><th colspan="3">项目</th><th>2012年</th><th>2011年</th><th>同比（%）</th></tr>
<tr><td rowspan="14">出入境人员</td><td colspan="2">出入境人员总数</td><td>3 370 884</td><td>3 207 636</td><td>+5.09</td></tr>
<tr><td colspan="2">入境人员</td><td>1 667 570</td><td>1 587 360</td><td>+5.05</td></tr>
<tr><td colspan="2">出境人员</td><td>1 703 314</td><td>1 620 276</td><td>+5.12</td></tr>
<tr><td colspan="2">出入境旅客</td><td>2 887 897</td><td>2 711 836</td><td>+6.49</td></tr>
<tr><td colspan="2">出入境员工</td><td>482 987</td><td>495 800</td><td>-2.58</td></tr>
<tr><td rowspan="5">中国公民</td><td>小计</td><td>2 004 360</td><td>1 770 784</td><td>+13.19</td></tr>
<tr><td>内地居民（因公）</td><td>262 880</td><td>266 136</td><td>-1.22</td></tr>
<tr><td>内地居民（因私）</td><td>1 627 479</td><td>1 396 049</td><td>+16.58</td></tr>
<tr><td>港澳居民</td><td>29 359</td><td>26 816</td><td>+9.48</td></tr>
<tr><td>台湾同胞</td><td>84 642</td><td>81 783</td><td>+3.50</td></tr>
<tr><td colspan="2">外籍人员</td><td>1 366 524</td><td>1 436 852</td><td>-4.89</td></tr>
<tr><td colspan="2">从海港出入境人数</td><td>571 156</td><td>602 492</td><td>-5.20</td></tr>
<tr><td colspan="2">从陆港出入境人数</td><td>276 292</td><td>239 252</td><td>+15.48</td></tr>
<tr><td colspan="2">从空港出入境人数</td><td>2 523 436</td><td>2 365 892</td><td>+6.66</td></tr>
<tr><td rowspan="6">交通运输工具</td><td colspan="2">总计</td><td>192 601</td><td>164 161</td><td>+17.32</td></tr>
<tr><td colspan="2">船舶</td><td>14 809</td><td>16 381</td><td>-9.60</td></tr>
<tr><td colspan="2">飞机</td><td>21 107</td><td>19 443</td><td>+8.56</td></tr>
<tr><td colspan="2">火车</td><td>1 432</td><td>2 029</td><td>-29.42</td></tr>
<tr><td colspan="2">机动车辆</td><td>155 253</td><td>126 308</td><td>+22.92</td></tr>
</table>

（辽宁公安边防总队提供）

2012年沈阳海关主要数据统计表

项目		2012年	同比（%）
进出口货运量（万吨）	合计	937.08	+25.28
	进口	740.99	+41.90
	出口	196.09	-13.15
进出口贸易总值（万美元）	合计	919 216.09	+15.24
	进口	698 118.61	+30.77
	其中：江、海运输	548 001.76	+34.92
	铁路运输	75 417.39	+96.13
	汽车运输		
	航空运输	73 925.81	-16.79
	邮件运输	773.65	+114.77
	其他运输		
	出口	221 097.48	-16.20
	其中：江、海运输	140 357.30	-15.48
	铁路运输	14 591.79	+2.44
	汽车运输	214.53	-71.57
	航空运输	51 184.74	-19.96
	邮件运输	2 249.54	-5.79
	其他运输	12 499.58	-23.93
税收（万元）	两税合计	986 300	+60.03
	关税入库	219 300	+74.88
	进口环节税入库	767 000	+56.24

（沈阳海关提供）

2012 年辽宁省出入境检验检疫业务统计表

项目		货物检验检疫				交通工具				集装箱（标箱）		发现动植物疫情		货物通关		出入境人员查验（人次）	健康检查及预防接种（人次）			
		批次	金额（万美元）	检验检疫不合格																
				批次	金额（万美元）	船舶（艘）	飞机（架）	火车（节）	汽车（辆）	合计	检出问题	种类数	种次	批次	金额（万美元）		健康检查	艾滋病监测	发现病例	预防接种
本年累计		463 202	7 383 079	3 102	33 7289.09	12 841	20 872	8 996	133 877	4 258 242	6 000	310	69	496 039	7 405 251.81	3 298 290	73 372	73 370	22 476	66 518
其中	出境	319 025	2 315 112	242	1 689.47	6 460	10 569	4 281	67 200	1 414 346	19	15	3	348 582	2 386 218.2	1 661 096	65 897	65 895	19 818	66 362
	入境	144 177	5 067 967	2 860	335 599.62	6 381	10 303	4 715	66 677	2 843 896	5 981	305	66	147 457	5 019 033.61	1 637 194	7 475	74 75	2 658	156
同比（%）		+5.19	+2.77	-8.68	-23.39	-7.33	+9.84	-26.36	+3.84	+6.11	-10.45	+7.27	331.25	-1.97	+2.58	+6.22	-3.23	-0.07	+22.21	+2.24
其中	出境	-1.15	-0.75	+2.54	+29.95	-8.32	+9.81	-28.96	-4.63	-1.18	+18.75	-11.76	0	-2.93	-5.05	+6.40	-7.25	-4.00	+13.01	+2.05
	入境	+22.60	+4.47	-9.52	-23.55	-6.31	+9.88	-23.84	+14.05	+10.15	-10.52	+8.54	+312.5	+0.39	+6.66	+6.03	+56.45	+56.45	+210.88	+372.7

（辽宁出入境检验检疫局提供）

2012 年辽宁海事局进出港船舶统计汇总表

船舶类别	进港船舶							出港船舶						
	艘数（艘）	总吨（吨位）	总载重量（吨）	载客量（客位）	船员人数（人次）	货物到达量（吨）	旅客到达量（人）	艘数（艘）	总吨（吨位）	总载重量（吨）	载客量（客位）	船员人数（人次）	货物发送量（吨）	旅客发送量（人）
总计	176 916	628 093 802	632 973 123	13 554 870	1 404 092	195 875 140	11 760 499	178 390	633 904 062	645 204 364	13 545 076	1 453 207	236 400 513	5 038 825
中国籍船舶	166 420	413 563 976	340 828 203	13 436 478	1 213 930	93 628 945	5 338 490	167 840	414 234 458	341 356 246	13 427 239	1 262 511	204 762 522	4 911 512
其中：外贸船	10 496	214 529 826	292 144 920	118 392	190 162	102 246 195	6 422 009	10 550	219 669 604	303 848 118	117 837	190 696	31 637 991	127 313

（辽宁海事局提供）

口岸数量及分布

截至2012年年底，吉林省共有经国务院批准的对外开放口岸17个，其中航空口岸2个，分别是长春、延吉；铁路口岸3个，分别是集安、图们、珲春；公路口岸10个，分别是图们、南坪、珲春、圈河、长白、临江、三合、开山屯、古城里、沙坨子；公务通道1个，是双目峰；水运口岸1个，是大安港。

口岸运行数据

2012年，吉林省口岸进出境货运量达200万吨，同比下降1.56%，其中进境货运量144万吨，同比下降6.5%；出境货运量56万吨，同比下降12.6%。全省口岸进出口货值为89.3亿美元。从进出口货物情况看，进口货物排前3位的商品是：汽车零件40.5亿美元，汽车和汽车底盘17.2亿美元，大豆7.4亿美元，同比增长分别是15.92%、27.74%、40.04%。进口增幅最大的是合成橡胶产品。出口货物排前3位的商品是：轨道客车及其零件6.89亿美元，服装及衣着附件5.66亿美元，胶合板及类似多层板3.42亿美元，同比分别增长93.8%、8.06%、15.72%。全省口岸进出境客运量达160.2万人次，同比增长14%。进出境交通工具19.61万列辆架次，同比增长7.8%，其中铁路口岸进出境交通运输工具0.12万列次，同比增长15.9%；公路口岸进出境交通工具18.97万辆次，同比增长7.8%；航空口岸进出境交通工具0.52万架次，同比增长7.8%。

2012年吉林省各市县进出口统计表

单位：万美元

市、县	进出口额	出口额	进口额	累计比去年同期增减（%）		
				进出口	出口	进口
总　值	2 457 171	598 269	1 858 902	+11.40	+19.70	+8.90
长春市	1 968 931	291 137	1 677 794	+13.50	+28.50	+11.30
珲春市	129 971	112 776	17 194	+26.50	+28.60	+14.50
吉林市	114 954	49 133	65 821	-9.50	-14.40	-5.50
延吉市	21 058	16 910	4 148	+1.00	+13.50	-30.40
图们市	14 903	8 580	6 323	-13.40	-15.40	-10.60
安图县	12 389	11 571	817	+21.90	+17.80	+142.70
集安市	3 897	1 662	2 235	+28.20	-8.10	+81.50
和龙市	2 822	1 845	977	+2.63	-7.45	+29.20
龙井市	2 110	1 479	632	+3.30	-12.60	+79.90
临江市	1 540	1 539	1	-10.50	-2.40	-99.50
长白县	785	775	10	+66.60	+65	+561

表注：按出口额排序。

（吉林省商务厅提供）

口岸监管与服务

【口岸开放进一步深化】 2012年经吉林省政府批准，完成了安图双目峰口岸、集安公路口岸升级并开放为国家级口岸的调研论证、申报工作。7月17日~19日，吉林省口岸办组成由省外办、省交通厅和珲春市口岸办一行6人的吉林省口岸工作代表团，赴俄与俄罗斯远东边界局举行了会晤，共同研究了珲春—克拉斯基诺口岸作息时间、互通小型车辆等问题，双方共同签署了《中国吉林省口岸办公室与俄罗斯联邦国家边界建设设施署远东地区当局工作会晤纪要》和《2012年俄罗斯联邦建设署远东地区管理局与吉林省口岸办公室协同工作计划》。同时，吉林省口岸办组织国家驻省各联检单位对吉林省罗先经贸区通关工作进行调研，并就《中朝共同开发和共同管理两个经贸区出入境手续简化规则》实施办法向国家提出具有实际操作性的意见建议，保证罗先经贸区口岸通关工作的顺利进行，积极推动了中朝两国政府共同管理、共同开发“两个经济区”建设。

【口岸基础建设工作取得新突破】 集安公路口岸建设项目前期审批工作于2012年5月中旬正式启动，已经相继完成了节能评估（省发改委）、环境影响评估（省环保厅）、地质灾害危险性评估（省国土厅）、水土保持评估（省水利厅）、用地预审（省国土厅）、规划选址意见书（市规划处）、建设用地批准证书（市规划处）等7个项目的前期审批工作。

集安铁路口岸会客室和卫生间重新装修工程完成，并新购置了电视机、空调、洗发、茶几等相关设施，使集安铁路口岸的接待水平得到了明显的提高。

珲春口岸拆除了口岸旧联检楼和临道门市，并对拆除的口岸区域地面进行了硬化；重新制作了口岸通道标志牌；装修和完善了口岸货物查验楼；对海关货物监管区域进行了地面硬化和封闭；完善了综合服务楼场所，并对口岸大门两侧进行了改造；改建了珲春边防检查站指挥中心；协调市住建局对监护中队营房进行了保暖工程；对监护中队区域进行了封闭；维修了口岸供电、供水和供暖设施。

圈河口岸完成了互市贸易场区建设；整修了联检楼棚顶，并对联检楼墙体进行了粉刷；新装修了贵宾接待室和会议室；新建了口岸办事处职工休息室；维修和改造了监护中队宿舍和供暖设施；对口岸区进行了绿化；维修了口岸供电、供水和供暖设施。

为了保证长白、古城里、沙坨子3个口岸顺利通过国家验收，珲春市新建了沙坨子口岸大门，对口岸区域进行了封闭并安装了监控等设施，扩建了海关货物监管库，对国境桥上下100米区域进行了封闭，补充和完善了联检楼办公设施和贵宾接待室，对口岸区进行了绿化。吉林省和龙市已完成古城里口岸联检楼建设、口岸区域内拆迁等工作，完成古城里口岸监管查验场地、口岸封闭、地面硬化、监管场地口岸广场建设，现古城里口岸总占地面积31 000平方米，建筑面积5 000平方米。吉林省长白县根据长白口岸实际情况，加快推进货场建设工作，目前，监管货场地面硬化二灰完成，工程进入收尾阶段。

【先行先试，动态通关】 珲春市口岸办组织各联检单位落实《图们江区域合作开发规划纲要》和《中国图们江区域（珲春）国际合作示范区》的文件精神，并结合中朝合作和珲春市各口岸的实际，建立了包括信息、业务、技术、队伍等全方位、高层次的合作机制，开展“一次申报、一次查验、一次放行”的合作试点；珲春市各口岸为了保障重点项目通关、重要节假日通关，其辖下的各口岸已经将延时闭关（保障客商的经济利益不受损失）、开通绿色救助通道（救助在朝受伤的我国公民）、开辟大宗货物专用通道（保障内贸货物等大宗货物运输）、开设贵宾通道（为党和国家重要领导人出访）等一系列非常规举措变为常态化。

【长春海关积极主动采取新措施，促进吉林省经济发展】 长春海关始终坚持“依法行政、为国把关、服务经济、促进发展”的海关工作方针，牢固树立“实心实意、实实在在、主动自觉”的工作理念，采取了一系列举措积极支持和服务吉林省经济社会又好又快发展。一是主动融入吉林省经济社会发展大局。为有效应对复杂严峻的国内外经济形势，认真贯彻落实国务院《关于促进外贸稳定增长的若干意见》以及《海关总署关于促进外贸稳定增长的若干措施》，出台了《长春海关关于促进吉林省外贸稳定增长的若干措施》。长春海关还不断推进海关政务公开，加强窗口建设，履行服务承诺，为广大进出口企业打造了优良的通关软环境。二是为内贸货物跨境运输稳步开展做好服务。长春海关主动加强与入境地海关的联系协调，在保证有效监管的前提下为运输企业提供优质通关服务，积极促进此项业务良性发展。2012 年，累计实现内贸货物跨境运输煤炭 10 万吨。三是支持吉林省重点园区建设。支持长春兴隆综合保税区建设。在海关积极支持配合下，综合保税区联检大楼已投入使用，查验中心主体工程基本完工，招商工作稳步开展，园区已具备封关运行条件。支持珲春国际合作示范区建设。2012 年 4 月 13 日，中国图们江区域（珲春）国际合作示范区（以下简称珲春国际合作示范区）经国务院批准正式设立，长春海关立即报请海关总署出台支持珲春国际合作示范区建设的政策建议并获批，为推动珲春国际合作示范区加快发展创造了有利条件。支持中新（中国—新加坡）吉林食品区建设。按照吉林省政府要求，做好中新吉林食品区建设派驻海关机构调研，开展海关政策咨询服务，积极对上沟通、争取政策，全力配合相关主管部门推动中新吉林食品区上升为中新两国国家级合作项目。

【区域通关快速通道建设取得新进展】 长春海关已与大连、沈阳、满洲里、哈尔滨、北京、天津、青岛、上海等 8 个海关签署“属地申报，口岸验放”合作协议，拓展了口岸辐射范围，为吉林省进出口企业带来更大通关便利。对重点招商引资项目缩短企业分类评定时间，对特殊需要的企业实行 24 小时预约通关、优先申报验放等便利通关措施。

【关警融合深入推进，“国门之盾”行动成效显著】 2012 年，长春海关行政和刑事案件的数量、案值、偷逃税额及入库罚没款、追补税款等指标都实现了同比大幅增长。濒危动植物、毒品走私得到有效遏制。全年共查办珍稀、珍贵动植物及其制品走私案件 16 起；立案侦办毒品走私犯罪案件 9 起，抓获犯罪嫌疑人 5 名，查获冰毒 230.6 克。进出口贸易环境不断优化。通过严厉打击粮食、冻品、果仁加工等行业走私，进一步规范了进出口经营秩序。年内，图们海关破获一起加工贸易渠道走私冻鳕鱼案件，案值7 242万元，偷逃税款为1 415万元，起到了强大的震慑作用。2012 年，关区海关业务部门共向缉私部门移交案件线索 324 条，同比增长 1.2 倍。加强同俄罗斯远东缉私海关间的缉私执法协作。与俄罗斯远东缉私海关进行工作会晤，签署了《中国长春海关、俄罗斯远东缉私海关执法合作备忘录》。2012 年 3 月 16 日，珲春分局侦办的“12·14”特大走私珍贵动物制品案犯罪嫌疑人金某在俄罗斯被俄方海关人员抓获并协助将其遣返中国，长春海关同俄方海关加强执法协作机制的优势初步显现。

【助力长吉图开发开放先导区建设，边检服务经济发展能力突显】 吉林边防总队以地方经济发展重点为中心，采取有力措施，全力助推吉林省长吉图开发开放先导区建设。一是出台服务配套措施，解决实际问题。出台“总队全力助推省旅游产业发展 8 项措施”，协助地方政府开通图们—七宝山、沙坨子—王在山等 6 条国际旅游线路；出台“总队服务长吉图开发开放 20 项措施”，累计为企业延时开闭关3 000余小时，挽回企业经济损失6 000余万元；出台“总队创新发展 10 项工作措施”，简化工作环节，缩减行政收费，为企业及出入境旅客节约资金3 000余万元，受益人群达12 000余人；出台“总队服务支持小微企业发展 10 项措施”，累计帮助吉林省 60 余家旅行社、240 余家外贸单位解决了经营难题。二是加强国际合作，解决通关难题。充分发挥中俄三级代表机制作用，协调俄罗斯克拉斯基诺边检站增建两条边防检查通道，我省中俄边贸通关速度提升近1倍。充分发挥中朝公安安全代表机制作用，多次帮助解决边贸企业通关难题。圆满完成中朝罗先经贸区、集安—满浦界河公路大桥建设服务保障任务，解决了大型机械通关、建设人员通关难题。三是主动跟进服务，彰显保障能力。长吉图战略实施以来，总队所属边检站共检查出入境旅客160余万人次，交通工具19.6万余辆（列、架）次，查获口岸偷渡461人，边检服务地方经济社会发展能力显著增强，社会知名度和群众满意率空前提升，长春边检站吴晓曼入围全国边检机关“文明使者”候选人，全省6名检查员被部局评为提高边检服务水平先进个人。

【口岸协作机制得到不断完善】 为了提升口岸核与化学突发事件应急能力，吉林出入境检验检疫局主动与海关、边检、民航、公安、环保等部门加强协作配合，2012年6月10日，在长春机场成功举办了全国中小型机场口岸首次核与辐射、生化恐怖突发事件应急演练，受到全国各直属出入境检验检疫局观摩专家的一致好评。为加快口岸大通关水平，吉林出入境检验检疫局还与深圳出入境检验检疫局、宁波出入境检验检疫局签署合作备忘录，进一步搭建了产地与口岸和谐、互动、高效的合作机制和协作平台。

【口岸疫情防控出新举措】 2012年，吉林出入境检验检疫局与毗邻的朝鲜有关地方机构签署了口岸媒介生物监测协议，全面铺开边境图们江、鸭绿江流域和边境地区医学媒介生物监测和病原检测工作，获得国家质检总局的通报表扬。同时，还与吉林省卫生厅联合开展了吉林省边境地区流行性出血热调查，扎扎实实做好朝鲜由变异型杆菌引发肺结核等疫情的防控工作。

【积极主动搭建对朝协调平台】 和龙市口岸办以“培养感情为先，加大工作力度为后”的原则，与朝方进行全方位接触。一方面，以朝方重大节日为契机，进行有针对性的“公关”；另一方面，将朝方相关部门以考察、互访等形式邀请到我方，进行沟通，争取达到他为我用，以点通线、以线盖面的效果。同时，加大对外贸企业的保护教育力度，对外贸企业在对朝贸易中可能发生的相关情况，进行必要的教育帮扶，增强企业自我保护意识。针对朝方通关环境的劣势，组织和龙市外贸企业总结经验，在对朝贸易中有策略地与朝方相关单位进行协调；组织协调联检单位在与朝方对等的层面，进行必要的交涉，最大限度地保护我方企业的利益。

【图们物流集散港一期工程全面开工】 图们市于2010年2月成功获批为全国首批46个流通领域现代物流示范城市之一。按照物流示范城市的建设要求，图们市立足区位优势，积极启动图们物流集散港建设项目。项目拟建于图们市月晴镇曲水村，一期工程于2012年7月26日全面开工，规划面积29万平方米，总投资3亿元，主要建设海关监管场地、综合服务大楼、集装箱堆场、冷藏库、月台仓库、建材仓库等项目。

【中朝综合利用清津港开展国际集装箱陆海联运及内贸货物跨境运输】 清津港建设所需的40吨型集装箱和散货两用吊车吊装设备已经在上海定制完毕，195台车皮已过境朝鲜，已完成总面积3.6万平方米的码头地面硬化工程，用于集装箱吊装设备的地面钢轨已铺设完毕，为此通道的开通奠定了良好基础。2012年9月1日，中国海华贸易集团与朝鲜港湾总会社在朝鲜平壤正式签署了合营合同书，成立了合营企业——海港合营会社。合营合同书就共同管理和利用清津港3号至4号连接线码头做出具体约定。

开放口岸

【长春航空口岸】 长春航空口岸位于吉林省长春市与吉林市之间，地处长春市九台东湖镇与龙嘉镇交汇处，距长春市区21千米，为一类口岸，于1992年4月开通。长春航空口岸最初设立于大房身机场。2005年8月26日正式迁入长春龙嘉国际机场。长春龙嘉国际机场为国内干线机场，占地3.2平方千米，飞行等级为4D，跑道长3 200米，宽45米，可起降大中型客机。航站楼占地4万平方米，站坪近机位7个，远机位5个。航空口岸登机桥3个，出境通道10条，入境通道12条。设有海关报关大厅、监管仓库。年旅客吞吐量为320万人次，年设计起降飞机32 231架次。高峰期可吞吐旅客1 700人/小时，货邮量56 700吨。国际联检部门办公楼建筑面积为4 500平方米。

长春航空口岸现有12条国际和地区航线，正式运行6条国际和地区航线，即长春—首尔、长春—长沙—香港、长春—仙台、长春—东京、长春—名古屋、长春—福冈。2007年7月18日开通了长春—满洲里—伊尔库茨克国际中转航线，8月1日开通了长春—法兰克福、长春—莫斯科、长春—新加坡3条经北京至国际城市中转航线，旅客可以在长春办理通关手续，经北京查验后直接出境。2012年2月份引进了泰国阳光航空公司，开通了长春至曼谷的包机航线，另外每年还有数条不定期国际包机航线开通。2004年10月，国务院正式批准长春航空口岸开展落地签证业务。

2012年长春航空口岸实现进出境旅客36.31万人次，飞行3 442架次。长春航空口岸已成为吉林省通向世界的重要交通枢纽。

【延吉航空口岸】 延吉航空口岸位于延边州首府延吉市西南郊区，距市区5千米。机场占地面积3.7万平方米，跑道长2 600米，道面厚34厘米，现已达到国际4C级机场标准，可飞行空客320、330、319及波音737、TU－154等大中型飞机，波音747等大型客机可减载飞行。通信、导航系统均采用国内外较先进设备，性能优良。延吉机场航站楼建筑面积为1.7万平方米，分国内、国际两部分。其中，国际部分面积6 007平方米，国际联检厅功能齐备，查验通道设有出入境各6个通道，能够满足30万人次出入境旅客的需要。

目前延吉航空口岸已开辟了延吉—首尔、延吉—符拉迪沃斯托克（海参崴）两条国际航线。口岸设有海关、边防检查站、出入境检验检疫局等机构。

2012年，延吉航空口岸实现运输进出境旅客39.33万人次，进出境交通工具2 334辆次。延吉航空口岸现已成为我国与韩国两国人民友好交往的重要空中通道。

【集安铁路口岸】 集安铁路口岸位于吉林省集安经济开发区，始建于1946年，设计通关能力为30万吨。对应口岸是朝鲜满浦口岸，是我国对朝三大铁路口岸之一。

近年来，口岸累计投入建设资金2 457万元，先后完成了集安铁路口岸联检楼建设工程、口岸

区外部环境整治工程、海关监管中心暨国际物流仓储区建设工程，使集安铁路口岸基础设施更加完善、功能结构更加完备、开放管理更加规范、通关环境更加优化，综合效能显著提高。“十一五”期间，集安铁路口岸进出口货物819 730万吨，进出口货值15 433万美元，出入境人员45 966人。与此同时，作为集安铁路口岸的重要配套设施，总投资1 340万元的集安海关监管中心暨国际物流仓储区已于2009年开始运营。该中心占地面积7万平方米，与火车站物流中心相连，铁路专用线、龙门吊、装卸车、地重衡及各种监管设备配置齐全。作为目前中朝边境唯一开始运营的海关监管场地，不仅创新了海关监管作业模式，而且有效提高了口岸的通关效能，成为集安铁路口岸又一个新的亮点。

2012年，集安铁路口岸实现货运量1.93万吨，进出境人员0.8万人次，进出境车辆1 896车次。

【图们铁路口岸】 图们铁路口岸是一类口岸，与朝鲜咸境北道稳城郡隔图们江相望。通过铁路口岸可直达朝鲜的罗津港、清津港，经朝鲜豆满江铁路可达俄罗斯远东地区，是吉林省与朝鲜进行贸易往来的主要通道。

图们铁路口岸始建于1932年，1933年正式开设商埠，有铁路大桥与朝鲜南阳相连，铁路桥全长439.96米（中方230.20米），年过货能力为500万吨。1954年开始开通国际联运，是我国列车通往朝鲜或经朝鲜铁路连接俄罗斯铁路的客货运输线，货物联运能力为250万吨/年。1985年中、朝、日三国“小路桥”运输开通，中朝之间每月对开7对列车，每年经口岸铁路过境桥出境物资达150万吨以上。1992年，图们—朝鲜南阳—朝鲜豆满江—俄罗斯哈桑铁路线开通运营，打开了我国对俄铁路运输的又一通道，1995年停运。1997年8月，图们—罗津边境游旅客列车临时开通，2000年停运，期间接待游客1.2万人次。

图们铁路口岸拥有全国一等编组站，站内共有编组线24条，包括：12条调车线，其中编发线3条；到发线11条，客运线5条；1条走行线。日均编组能力达1 300辆，日均发客货车30多列。

2012年，图们铁路口岸实现入境货物8.48万吨，实现交通工具3 033辆次。

【珲春铁路口岸】 珲春铁路口岸位于吉林省延边州珲春边境经济合作区南侧铁路换装站内，总建筑面积为2.15万平方米（其中查验设施面积3 976平方米），站区占地面积为1 22.6万平方米，从城西到接轨处的站地面积为217.7万平方米。

口岸距离俄罗斯卡梅绍娃亚换装站28.3千米（境内8千米，境外20.3千米），卡梅绍娃亚换装站到马哈林诺铁路口岸12千米，初期货物年换装和查验能力为50万吨，旅客年查验能力为50万人次；中期货物年换装和查验能力为250万吨，旅客年查验能力为100万人次。1993年4月初铁路动工兴建。1998年12月17日，口岸经国务院正式批准为一类口岸。2006年6月至2007年10月，投资300多万元兴建了珲春铁路口岸综合服务楼，建筑面积为2 109平方米，占地面积3 000平方米。2012年6月，俄罗斯远东铁路局工程轨道检测列车驶入中国珲春，对该段铁路路基、枕木及轨道进行检测；2012年12月中俄双方领导和专家在中国长春市举行了工作会晤，进一步加快了珲春—马哈林诺铁路口岸恢复国际联运的步伐。

【图们公路口岸】 图们公路口岸与朝鲜咸境北道稳城郡隔图们江相望，是我国对朝鲜的第二大陆路口岸，年过货能力为60万吨。

1933年，设图们税关并正式开设商埠；1941年建成图们—南阳之间国际大桥，全长514.92米（中方98米）；1945年开始建立双方边民的探亲制度，并开展了易货贸易。1950年2月，海关总署将图们税关改为中华人民共和国图们关，管理图们公路、铁路口岸进出口货物和珲春、龙井分关；同年9月，国家在图们口岸正式设立边防检查站。1954年开通国际联运，素有“东北亚第一大陆桥”之称。1985年新建图们公路口岸联检楼等口岸设施。2004年4月，开通了图们—朝鲜稳城步行游。为了满足多国合作开发和大通关的需要，2006年新建了图们公路口岸联检大楼，面积为8 000余平方米，设施标准已达到国际化通道式综合联检大楼水准。

2012年，图们公路口岸实现入境货物13.16万吨，出入境人员达2.95万人次，交通工具实现11 306辆次。

【南坪口岸】 南坪口岸坐落于吉林省延边州和龙市（县）南坪乡（镇），距和龙市区50千米。口岸始建于1951年，是当时中国志愿军后勤补给的重要驿站通道，抗美援朝战争结束，一直作为两国边民探亲访友的口岸，每年物资与人员往来数量较少。改革开放以后，随着中朝两国贸易往来的增多，南坪口岸基础设施建设及配套设施逐步完善，通关能力得到明显提高。口岸年均过货量300吨，客运量4万余人，交通工具出入境3.5万辆次。口岸现修建有联检大厅、查验综合楼、海关仓库等设施总计6 310平方米。

与南坪口岸对应的朝鲜咸镜北道茂山郡，矿产资源极其丰富，以铁矿开采最为发达，铁矿储量居亚洲前列。随着中朝两国经贸往来的逐步发展，经贸互补、资源相互配置已经成为两国发展的必然趋势，南坪口岸必将逐步成为专业化的铁矿石及其产品材料进口基地，成为吉林省乃至我国沿边开放带建设战略的重要一翼。

2012年，南坪口岸实现进出境货物21.53万吨，进出境旅客1.6万人次，进出境交通工具14 410辆次。

【珲春公路口岸】 珲春公路口岸是吉林省唯一的对俄罗斯国际公路口岸。该口岸位于延边州珲春市区东南部，占地面积4.8万平方米，距市区14.1千米。口岸对面是俄罗斯克拉斯基诺口岸。口岸距俄罗斯克拉斯基诺镇28.5千米，距俄罗斯波谢特港42千米，距俄罗斯扎鲁比诺镇63千米；距俄罗斯拉夫扬卡港105千米，距俄罗斯符拉迪沃斯托克（海参崴）170千米；距俄罗斯纳霍德卡340千米，距东方港350千米。中俄边界线长246千米。

1988年5月10日，国务院批复同意开放珲春长岭子口岸为边境贸易口岸。1990年8月27日，国务院口岸领导小组正式批准将珲春长岭子口岸更名为珲春口岸，同年10月1日起执行。1993年4月4日，国务院批准该口岸为国家一类口岸，允许第三国人通行。1998年5月5日，口岸开始正式过客，现已开通至俄罗斯扎鲁比诺、海参崴等地的旅游线路。2000年4月28日，开通了珲春（中国）——扎鲁比诺（俄罗斯）——束草（韩国）客货陆海联运航线。出口韩国的货物有农副产品、土特产、工艺品等，进口货物有膨化食品、家用电器、轻工产品等。口岸年设计过货能力为60万吨，年过客能力为60万人次。2004年8月11日，国务院批准珲春口岸开展落地签证工作。2005年10月21日，口岸正式实施落地签证，极大地方便了外国客人来访，贸易往来日渐活跃。2008年10月25日，开通中、日、韩、俄四国陆海联运航线，当日入境日本旅客60人。

2012年，珲春公路口岸实现进出境货物8.51万吨，进出境旅客31.34万人次，进出境交通工具22 680辆次。

【圈河口岸】 圈河口岸位于吉林省延边州珲春市区东南部，坐落在圈河与图们江汇合处，占地面积4.2万平方米，对面是朝鲜元汀口岸。圈河口岸历史上曾经是重要的通商口岸，新中国成立后一直作为原二类口岸运行，是中朝边民探亲往来的重要通道。在圈河口岸和元汀口岸之间有一座12孔钢架结构公路大桥，始建于1936年，1937年开通使用，桥长518米，宽6.6米，承载能力30吨~40吨，由中、朝两国各管一半。

1981年9月，在中、朝双方公安、安全总代表参加的第13次例会上，根据中方意见，双方研究决定自1982年1月1日起暂时关闭圈河口岸。1995年9月4日，随着图们江下游地区国际合作开发步伐的不断加快，经吉林省政府批准，恢复开通了圈河公务通道，同年10月7日开始过货，10月10日，迎来首批来自韩国的集装箱货物进口。11月10日，开通了由圈河口岸经朝鲜罗津港至韩国釜山的陆海联运航线，出境货物有布料、木制品、生铁、明太鱼丝，入境货物有膨化食品、布料、纺织机械等。1998年12月17日，国务院正式批准圈河口岸为国家一类口岸。经对老口岸重新建设，现建有联检大楼、货物海关监管仓库、卫生检疫等口岸基础设施。口岸年设计过货能力为60万吨，年设计过客能力为60万人次。2001年投资302万元，维修加固了该桥中方一侧的桥墩，延长了使用寿命。圈河口岸距图们江入海口36千米，距市区43千米，距朝鲜罗先市51千米，距罗津港51千米（6米宽沙石路），距朝鲜先锋港36千米，距清津港127千米，是我国直接进、出朝鲜罗先自由经济贸易区的唯一陆路通道。随着国务院长吉图开发开放先导区规划的实施，圈河口岸正成为吉林省对外通道的桥头堡。

2012年，圈河口岸实现入境货物19.73万吨，出入境人员达35.74万人次，交通工具实现102 172辆次。

【长白公路口岸】 长白公路口岸位于吉林省长白朝鲜族自治县长白镇境内，地处鸭绿江开放带的中心地段，与朝鲜两江道首府惠山市惠山口岸相对应，是鸭绿江上游第一个陆路边境口岸。

长白口岸设立于1952年，原属于二类口岸，2007年8月10日被国务院批复升格为一类陆路口岸。口岸设有长白边防检查站、长白海关、长白出入境检验检疫局。口岸与朝鲜惠山口岸由149米长的中朝国际公路桥连接。

目前，长白口岸占地面积4.06万平方米，已建成联检大楼、国门、监管货场，有先进的查验配套设施，实现了通路、通电、通水、通暖、通讯、通有线电视，极大改善了联检机关各部门办公条件和环境，进一步完善了通关环境，实现了就地报关、电子报关，提高了通关效率，满足了通关现代化、便利化需要。进口商品主要有原木，板方材、卫生筷子、雪条棒等木制品，铜、金、钼、铅、锌等各种矿产品，松籽等野山果，中药材等；出口商品主要有大米、玉米、白面等农副产品，还有电力、汽柴油、机器设备、机电产品、建筑材料、纺织服装、各种日用品等。目前，口岸开放发展贸易方式也由原始的易货贸易向现代的加工、补偿、转口贸易转变，向合资、合作、合营贸易方式转变。长白口岸的开放，有力地促进了经济、文化各项事业快速发展。长白口岸已成为对朝内陆地区贸易往来的重要通道。

2012 年，长白公路口岸实现进出境货物15.2 万吨，进出口总值4 486万美元，进出境旅客31 648人次，进出境交通工具12 836辆次。

【临江公路口岸】 临江公路口岸于 20 世纪 40 年代末建立，1950 年 10 月经国务院批准为国家级开放口岸。临江口岸作为陆路口岸已有 60 多年的历史。目前为全面提升口岸整体功能，临江口岸正对联检综合楼、国门、人行天桥等基础设施进行重新建设和改造。2009 年新建的9 605平方米的联检综合楼已投入使用，国门和人行天桥建设于 2011 年年底正式投入运营。新建出入境查验场地占地 1 万平方米，监管场地建设项目占地 1 万平方米，于 2011 年年底竣工。改造后的临江联检综合楼及国门、人行天桥总建筑面积 1.1 万平方米，设计年过货量 50 万吨，过客 30 万人次，进出口额5 000万美元左右。中朝国际大桥项目于 2012 年开工，预计 2014 年竣工。届时，临江口岸基础设施将焕然一新，一座现代化的新型口岸将屹立于祖国的鸭绿江畔。

2012 年，临江公路口岸实现进出境货物 5.6 吨，进出境旅客 1.0 万人次，进出境交通工具 4 509辆次。

【三合口岸】 三合口岸位于吉林省延边州龙井市东南部距市区 48 千米的三合镇，始建于 1930 年，属于双边客货运输口岸，1950 年建立了三合口岸联检机构。三合国境桥始建于 1941 年，桥身全长 300 米，其中中方桥长 151 米，宽 6 米。三合口岸设计年过货量 30 万吨，年过客量 15 万人次。口岸进出口商品主要是粮油、农产品、五金、矿粉、杂货等。三合口岸与朝鲜咸镜北道会宁市隔江相望，距朝鲜清津港仅 86.8 千米，是中方口岸中距离朝鲜清津港最近的口岸。

2012 年，三合口岸实现入境货物 21.15 万

吨，出入境人员达 2.42 万人次，交通工具实现13 071辆次。

【开山屯口岸】 开山屯口岸位于吉林省延边州龙井市以东 38 千米的开山屯镇，于 1951 年 7 月设立，属于双边客货运输口岸。开山屯口岸国境桥始建于 1933 年，是一座公路、铁路两用桥。桥梁全长 327.7 米，其中中方桥长 165.7 米；公路桥桥面宽 3.5 米，铁路桥桥面宽 2.2 米。1993 年为开展边境贸易的需要，吉林省政府批准开山屯口岸桥维修后准许货运车辆通行。开山屯口岸设计年过货量 10 万吨，年过客量 5 万人次。开山屯口岸与朝鲜咸镜北道稳城郡三峰区隔江相望，距朝鲜清津港仅 120 千米，距罗津港 96 千米（曾有铁路相连），具有明显的交通地域优势。口岸进出口商品主要是粮油、农产品、五金、海产品、杂货等。

2012 年，开山屯口岸实现进出口货物 1.04 万吨，进出境旅客 0.74 万人次，进出境交通工具2 612辆次。

【古城里口岸】 古城里口岸位于吉林省延边州和龙市南部图们江北岸的崇善镇，距和龙市 80 千米，距朝鲜大红丹郡 24 千米，距朝鲜惠山市 175 千米，地理环境优越，是吉林省延边州对朝鲜两江道的唯一口岸。口岸始建于 1929 年，1988 年 4 月经吉林省人民政府批准，临时经古城里口岸进出口货物。1995 年 5 月，经吉林省政府批准，南坪海关、图们出入境检验检疫局南坪办事处抽调部分工作人员临时进驻古城里口岸进行监管。同年 9 月 15 日，全长 76 米、宽 9 米的永久性钢筋混凝土国境桥正式开通。2007 年 8 月，国务院批准古城里口岸为国家级口岸。

自 2007 年古城里口岸获国务院批准升级后，吉林省开始对口岸基础设施进行全面建设。2008 年总投资1 029万元，新建口岸联检楼；2009 年完成联检楼装修、口岸区域内拆迁等工作；2010 年，总投资 517 万元，征地面积 1.2 万平方米，建筑面积1 000平方米，并对口岸监管查验场地、口岸封闭、地面硬化进行全面建设，当年 9 月竣工。现在的古城里口岸总面积为 3.1 万平方米，建设面积为5 000平方米。

在全面建设硬环境的同时，不断解放思想，投入大量人力物力，加大了口岸软环境建设，使古城里口岸软环境得到优化。近年来，古城里口岸的进出口货物量、货值、进出境人员大幅上升，进口主要货物以木材为主，目前古城里口岸已成为吉林省从朝鲜进口木材的重要口岸。

2012 年，古城里口岸实现进出口货运量 8.6 万吨，进出境人员 1.01 万人次，进出境车辆7 142辆次。

【沙陀子口岸】 沙陀子口岸位于吉林省延边州珲春市区西部，占地面积 3.1 万平方米，距珲春市区 11 千米，对面是朝鲜赛别尔口岸。沙坨子口岸大桥始建于 1936 年，该大桥总长 423.62 米（中方 351.25 米），内径宽为 6.1 米，有 47 孔（中方 39 孔，朝方 8 孔）。2007 年 9 月 30 日，国务院正式批准该口岸为二类口岸。

沙坨子口岸自建立起一直是中朝两国边民间

贸易口岸，改革开放前，主要为双方边民探亲往来服务。沙坨子口岸距朝鲜庆源郡4千米，朝方一侧路面为沙石路，宽6米。

1949年1月1日成立沙坨子海关。口岸初期模式为两国边民往来的通道，1953年经吉林省政府批准为二类口岸。1985年2月18日，海关总署决定将沙坨子支关改为沙坨子海关，并于同年开始过货。2010年为提升口岸功能，扩大开放能力，开始对口岸现场进行全面改造，改造项目包括改建联检楼、硬化口岸场地、封闭口岸、完善场地和货物仓储仓库等口岸基础设施。口岸年过货能力可达20万吨，过客能力可达20万人次，口岸占地面积2万平方米。

2012年，沙坨子口岸实现入境货物1.61万吨，出入境人员达0.48万人次，实现交通工具2 090辆次。

【双目峰公务通道】 双目峰公务通道位于吉林省延边州安图县境内，与朝鲜两江道三池渊郡口岸相对，距长白山天池20千米，距安图县二道白河镇65千米，距朝鲜三池渊郡35千米，是中朝两国边界线上唯一的陆路通道，是《中华人民共和国政府和朝鲜民主主义人民共和国政府关于边境口岸及其管理制度的协定》中所列的15个边境口岸之一，1985年被国家批准为双边公务通道，只允许中朝双方公务人员和边贸货物通行。2009年9月，双目峰公务通道被国家口岸办批准为临时口岸，通行范围扩大到允许中朝双方因私旅游人员过境，季节性开放。

双目峰公务通道现建有口岸联检楼一座，建筑面积300平方米，通行道路为8米宽的土质路面；临时海关监管仓库1个，建筑面积1 000平方米；过境旅客服务中心1个，建筑面积500平方米；联检单位工作人员宿舍，建筑面积450平方米；已完成23千米通信光缆、供电线路的架设；联检通道已封闭，联检楼办公设备、查验设施已安装完毕，可满足联检单位工作的需要。目前吉林省边防总队在双目峰驻有边防大队，代行边防检查职能，待海关、检验检疫派驻人员后即可开展正常的联检业务。

2012年该通道升级为国家口岸事项，已被列入《国家“十二五”口岸发展规划》。新的口岸建设规划已出台，预计2013年开始动工。

【大安港口岸】 大安港口岸是1990年12月3日经国务院批准的吉林省唯一的一类内河口岸。

大安港口岸位于大安市城区北4千米的嫩江右岸，对岸是黑龙江省的肇源县，作为水陆码头已有80多年历史，俗称“老坎子”码头。1958年正式建港，后几经扩建，形成了布局合理、配套齐全，具有一定规模的港口。主要外贸对象为俄罗斯。从大安港顺流而下经嫩江、松花江、黑龙江省的同江港进入黑龙江，上可到达俄罗斯布拉戈维申斯克，下经下列宁斯科耶、哈巴罗夫斯克（伯力）、共青城、尼古拉耶夫斯克（庙街）港进入日本海。航道从每年4月15日开航，至11月5日终航，航期为200天，航期内可往返16个航次；至黑河港（俄方为布拉戈维申斯克港），全程1 800千米，一次往返加在港时间共18天，航期内可往返9个航次；至俄罗斯哈巴罗夫斯克港，全程1 300千米，一次往返加在港时间共14天，可往返12个航次。

从1992年起，该口岸停止过货。

吉林省口岸大事记

5月30日

《延边州口岸管理条例》得到吉林省人大常委会通过，这是吉林省第一部有关口岸管理的法律。

6月8日

吉林省人民政府签署表彰决定，给为维护边境稳定、推动长吉图开发开放先导区和珲春国际合作示范区建设、服务经济社会发展做出突出贡献的圈河边防检查站荣记集体一等功。

6月29日

俄方轨道车从珲春铁路口岸入境考察线路，进行珲春—马哈林诺铁路口岸恢复运营的前期准备工作。

6月10日~8月20日

三合—会宁国境桥朝方侧维修工程完工。

7月26日

图们市2012年重点项目集中开工暨图们物流集散港一期工程奠基仪式在图们市曲水物流园区举行。

7月24日

全国人大原副委员长蒋正华视察长白口岸。

8月22日

全国政协副主席厉无畏，民革中央副主席、全国政协副秘书长修福金一行在图们市委书记金基德、市政协副主席安进利等陪同下，视察了图们口岸和中国朝鲜族非物质遗产展览馆。

9月4日

日本爱媛县华侨华人联合会会长林全南一行在图们市委常务副书记李忠文陪同下对图们市进行了考察。林全南一行先后考察了中国朝鲜族非物质文化遗产展览馆和图们公路口岸。

9月15日

前国务委员、原外交部部长、中日友协会长唐家璇一行在图们市委书记金基德，市委常委、副市长朴峰，市政协副主席安进利等陪同下视察了图们市中国朝鲜族非物质文化遗产展览馆和图们口岸。

10月26日

圈河—元汀口岸元汀至罗津港公路改造项目竣工并正式通车。

（撰稿人：韦海鸥、张丽春、费红伟、周广仁）

2012 年吉林省口岸流量统计表

口岸类型		口岸名称	货运量（万吨）				集装箱量（万标箱）				人员（万人次）				交通工具（辆、艘、架、列次）			
			出口	进口	合计	同比（%）	出口	进口	合计	同比（%）	出境	入境	合计	同比（%）	出境	入境	合计	同比（%）
空运口岸		长春航空			0.00				0.00		18.13	18.18	36.31	+17.00	1 721	1 721	3 442	+43.00
		延吉航空									19.86	19.47	39.33	+3.00	1 168	1 166	2 334	-19.86
		分计			0.00				0.00		37.99	37.65	75.64	+7.90	2 889	2 887	5 776	+21.22
陆运口岸	公路口岸	图们	4.44	8.72	13.16	+2.00					1.47	1.48	2.95	+14.16	5 663	5 643	11 306	+14.60
		南坪	2.87	18.67	21.53	-51.10					0.84	0.76	1.60	-19.00	7 196	7 214	14 410	-42.10
		古城里	0.46	8.14	8.60	-9.60					0.53	0.48	1.01	-7.60	3 571	3 571	7 142	-3.30
		临江	2.20	2.30	4.50	+0.05					0.39	0.36	0.75	+5.50	2 300	2 209	4 509	+51.50
		长白	4.60	10.60	15.20	+20.00					1.08	1.09	3.17	+4.10	6 418	6 418	12 836	+2.30
		三合	17.42	3.73	21.15	+43.00			0.00		1.21	1.21	2.42	-18.00	6 527	6 544	13 071	-2.00
		圈河	13.13	6.60	19.73	+0.50					17.92	17.82	35.74	+36.90	51 377	50 795	102 172	+22.90
		珲春	2.71	5.80	8.51	+18.90					15.84	15.5	31.34	+11.10	10 743	10 737	21 480	+20.40
		沙坨子	1.25	0.36	1.61	+25.30					0.24	0.24	0.48	+23.10	1 045	1 045	2 090	+23.60
		开山屯	0.37	0.67	1.00	+222.00			0.00		0.37	0.37	0.74	+194.00	1 306	1 306	2 612	+258.00
		分计	49.45	65.59	115.03	+0.10					39.89	39.31	79.20	+18.68	96 146	95 482	191 628	+18.16
	铁路口岸	图们	1.80	6.68	8.48	+93.66					0.07	0.07	0.14	+33.41	1 528	1 505	3 033	+99.02
		集安	0.69	1.24	1.93	+61.20			0.00		0.38	0.42	0.80	+1.80	948	948	1 896	+134.10
		分计	2.49	7.92	10.41	+86.56			0.00		0.45	0.49	0.94	+1.80	2 476	2 453	4 929	+100.00
合计			51.94	73.51	125.44						78.33	77.45	155.78		98 622	98 020	196 642	
同比（%）			-38.30	+100.00	+4.80						+15.40	+13.40	+14.40		+18.15	+14.00	+13.26	

（吉林省口岸办提供）

2012 年长春海关主要数据统计表

项目		2012 年	同比（%）
进出口货运量（万吨）	合计	200	-8.30
	进口	144	-6.50
	出口	56	-12.60
进出口贸易总值（万美元）	合计	892 950	-0.10
	进口	761 947	-0.60
	其中：江、海运输	673 903	-2.20
	铁路运输	24 673	+770.90
	汽车运输	31 367	-6.60
	航空运输	31 744	-21.50
	邮件运输	250	-21.90
	其他运输	10	-82.40
	出口	131 003	+2.50
	其中：江、海运输	17 695	-12.50
	铁路运输	4 037	-30.30
	汽车运输	102 753	+8.40
	航空运输	5 809	-7.90
	邮件运输	539	-0.60
	其他运输	170	+28.10
税收（万元）	两税合计	1 282 200	+1.15
	关税入库	406 200	+1.77
	进口环节税入库	876 000	+0.86

（长春海关提供）

2012年吉林省口岸出入境主要数据表

单位：（人员）人次；（交通工具）辆、艘、架、列次

项目			2012年	2011年	同比（%）
出入境人员	出入境人员总数		1 602 091	1 405 228	+14.00
	入境人员		799 019	696 161	+14.70
	出境人员		803 072	709 067	+13.20
	出入境旅客		1 283 263	1 107 461	+15.80
	出入境员工		89 168	86 226	+3.40
	中国公民	小计	1 052 887	890 574	+18.20
		内地居民（因公） 内地居民（因私）	1 041 401	884 239	+17.70
		港澳居民	821	775	+5.90
		台湾同胞	10 665	5 560	+91.80
	外籍人员		549 204	514 654	+6.70
	从海港出入境人数				
	从陆港出入境人数				
	从空港出入境人数				
交通运输工具	总计		196 065	181 726	+7.80
	船舶		0.00	0.00	+0.00
	飞机		5 164	4 790	+7.80
	火车		1 182	1 019	+15.90
	机动车辆		189 719	175 917	+7.80

（吉林公安边防总队提供）

2012 年吉林省出入境检验检疫业务统计表

项目		货物检验检疫				交通工具				集装箱（标箱）		发现动植物疫情		货物通关		出入境人员查验（人次）	健康检查及预防接种（人次）			
		批次	金额（万美元）	检验检疫不合格		船舶（艘）	飞机（架）	火车（节）	汽车（辆）	合计	检出问题	种类数		批次	金额（万美元）		健康检查	艾滋病监测	发现病例	预防接种
				批次	金额（万美元）															
本年累计		83 005	510 571	257	600	0.00	4 280	4 219	182 033	91 147		13	35	32 234	178 530	1 321 992	42 503	42 587	5 807	24 781
其中	出境	53 303	263 556	51	302	0.00	2 143	2 105	91 822	12 666				20 075	41 080	664 674	39 624	39 708	5 311	24 781
	入境	29 702	247 015	206	298	0.00	2 137	2 114	90 211	78 481		13	35	12 159	137 450	657 318	2 879	2 879	496	
同比（%）		+16.70	-7.83	+4.90	-36.14	0.00	+29.70	+47.83	+15.63	-5.27		+85.71	-70.83	+12.62	-2.15	+21.13	+6.34	+6.34	+17.88	+24.20
其中	出境	-3.25	-2.69	-50.49	+7.54	0.00	+29.88	+51.77	+16.58	+39.91				+10.21	+2.27	+20.71	+5.41	+5.42	+15.28	+24.20
	入境	+85.27	-12.75	+45.07	-54.77	0.00	+29.52	+44.10	+14.67	-9.96		+85.71	-70.83	+16.83	-3.40	+21.55	+20.92	+20.92	+55.49	

（吉林出入境检验检疫局提供）

口岸数量及分布

截至2012年年底，黑龙江省共有经国务院批准对外开放口岸25个，其中航空口岸4个，分别是哈尔滨、齐齐哈尔、牡丹江、佳木斯；铁路口岸2个，分别是哈尔滨、绥芬河；公路口岸4个，分别是东宁、绥芬河、密山、虎林；水运口岸15个，分别是哈尔滨、佳木斯、桦川、绥滨、富锦、抚远、同江、萝北、嘉荫、孙吴、黑河、呼玛、漠河、饶河、逊克；中俄边境口岸15个。

口岸运行数据

2012年，黑龙江口岸进出口货运量达2 521.1万吨，同比增长13.8%，进口货运量2 338.0万吨，出口货运量183.1万吨。其中，铁路口岸进出口货物812万吨，同比增长28.6%；公路口岸进出口货物89.9万吨，同比下降13.7%；水运口岸进出口货物314.3万吨，同比增长50.8%；航空口岸进出口货物5.1万吨；管道运输1 299.8万吨，同比增长0.6%。

口岸监管与服务

【口岸开放与扩大开放取得新进展】 为拓展口岸辐射能力，促进黑龙江省经贸和旅游业的发展，黑龙江省口岸管理办公室积极协调省直相关部门，一是开通了双鸭山—富锦口岸—同江口岸—下列宁斯阔耶口岸—比罗比詹、双鸭山—饶河口岸—波克罗夫卡口岸—比金—哈巴罗夫斯克国际客货运输线路。二是4月21日，佳木斯—哈巴罗夫斯克国际航线正式开通，这是佳木斯航空口岸自开通韩国首尔航线后，新开辟的又一条跨境空中通道。三是于4月6日开通了黑河口岸—布拉戈维申斯克口岸间浮箱固冰通道，成为黑龙江省边境水运口岸继同江、饶河口岸后第三个跨境浮箱固冰通道。

【口岸大通道建设亮点频出】 一是为推动中俄旅游年活动的开展，5月28日，哈尔滨至海参崴国际列车开通运营。在此次活动中，黑龙江省口岸办按照省领导的指示，主动与俄方主管部门和查验单位沟通联络取得支持与配合，积极协调查验单位做好代表团主要领导通关礼遇和旅行团组人员在列车上查验通关工作。二是推进绥芬河公路口岸小汽车自驾游开通。为尽快开通小汽车自驾游，省口岸办多次赴沈阳、北京向沈阳军区和国家口岸办等主管部门汇报，争取支持与帮助，多次在与俄远东边境管理局会谈会晤时加以推进，敦促俄方做好相关主管部门工作，争取早日开通，在各部门的大力支持下，截至2012年10月底已有16辆俄方私家车进入绥芬河公路口岸。

此外，在推进同江设立铁路口岸、黑瞎子岛设立公路口岸、扩大开放漠河口岸、恢复开通洛古河口岸工作中，黑龙江省口岸办在有关部门配合下，先后几次向国家发展改革委、国家口岸办、沈阳军区等主管部门请示汇报，征得理解与支持，利用与俄方远东边境管理工作接触之机适时推进，俄方表示将积极配合并向其联邦政府汇报。2012年5月，省口岸办会同黑瞎子岛管委会赴新疆霍尔果斯考察了公路口岸和“中哈跨境经济合作中心”，为黑瞎子岛开设口岸模式做前期准备工作。在推进恢复开通洛古河口岸工作中，省口岸办多次配合大兴安岭行署赴北京和沈阳汇报，做了大量前期准备工作，取得了积极进展，并将推进结果适时报省政府。为加大推进力度，10月份，以黑龙江省商务厅厅长孟祥君为团长的经贸代表团赴俄外贝加尔边区就恢复开通该口岸事宜与俄对外经济联络部举行工作会谈，俄方表示将积极配合并将会谈结果向联邦政府汇报，争取国家层面的支持。

【口岸基础设施建设日益完善】 为完善边境口岸基础设施与查验配套设施建设，提高通关能力，改善通关环境，黑龙江省口岸办于2012年年初制定了《省重点边境口岸基础设施发展规划》并配合口岸所在地政府积极协调省发展改革委、财政厅，争取把建设项目纳入规划进行立项配置建设资金，目前绥芬河铁路口岸客运综合楼、绥芬河公路口岸整体改造工程和东宁公路口岸联检综合办公楼建设规划已制定完成，各项开工前准备工作也全面就绪，预计2013年初开工建设。黑河口岸新建立壁码头及其附属设施全部完工并已投入使用，码头扩建后旅客吞吐量可由原来的200万人次提升至300万人次。同江东港国际商贸服务中心建设项目现已动工建设。抚远口岸新改造口岸入境通道4条，结束了抚远口岸出入境通道并行的历史。密山口岸海关监管仓库的建设已完工交付使用。萝北口岸对口岸封闭区进行了全面的改造，业务用房项目已建设完毕并交付使用。

【中俄边境口岸合作不断加强】 黑龙江省口岸办利用各种会谈会晤机会与俄联邦边界建设署远东局建立了长期口岸合作协调机制，随时处置双方口岸通关中出现的问题，为双方口岸系统搭建了一个全新的合作平台，构筑了一条顺畅的沟通渠道。遇有口岸突发情况和矛盾突出事件，双方及时通过函电等形式协商解决，为顺畅通关创造了有利条件，特别是在口岸工作机制问题上，省口岸办与俄联邦边界建设署远东局达成一致，双方共同商定口岸工作时间。2012年省口岸办与俄联邦边界建设署远东局在俄哈巴、抚远、珲春、绥芬河共举行工作会谈会晤4次，分别就口岸开放与扩大开放、恢复开通帕什科沃口岸、延长部分边境口岸工作时间、改善服务水平、提高通关效率、开通小汽车自驾游等问题交换了意见并达成初步共识，签署了会谈纪要。省口岸办与俄联邦边界建设署远东局建立的合作机制得到双方上级部门的充分肯定，成为中俄口岸合作的典范。

【电子口岸信息平台建设有序推进】 黑龙江省电子口岸建设一期工程已搭建完成了黑龙江电子口岸（虚拟）门户网站，并在绥芬河铁路口岸试点运行成功，实现了铁路、海关和检验检疫部门进口货物流、信息流的数据交换和资源共享。在此基础上，2012年上半年又开通了“报关单实时查询平台”和“口岸进出口商品实时查询平台”，实现信息共享，企业足不出户就可查询单据及货物进出境状态和相关情况。目前绥芬河口岸正在探讨开通“绥芬河口岸集成信息管理系统”和“电子通关系统”。

【口岸精神文明建设呈现新局面】 按照2012年年初部署的口岸精神文明建设计划，在全省口岸积极开展精神文明建设工作。一是加强党风、政风、行风建设，聘请部分口岸所在地政府纪检委、党校工作人员对口岸系统职工进行了党风廉政建设培训，开展“关注民生、服务发展”评议活动，公开服务承诺，开展岗位风险效能排查，制定了岗位风险廉政排查表，制订防控方案；二是在部分边境口岸举办了口岸系统篮球赛、象棋赛等活动，举办了口岸广场专场文艺演出，丰富了职工的文化生活，增进了部门间的了解；三是建立和实施针对性强、富有实效的制度，根据黑龙江省口岸实际，不断丰富和完善“货运24小时预约通关、随到随检制度”、“服务承诺制”、“首问负责制”、“限时办结制”，有效地推动了“效率口岸”和“文明口岸”的进程。

【哈尔滨海关以签署合作备忘录为抓手，努力为黑龙江外经贸企业营造良好发展环境】 全力推动东北地区开放型经济发展，积极推动海关总署与黑龙江省政府签署《署省合作备忘录》，并出台细则，狠抓落实；与国家濒管办黑龙江办事处、黑龙江省人民检察院等单位和部门签署了合作备忘录，并与省内进出口量较大的口岸城市绥芬河市、黑河市签署了合作备忘录，努力营造合作共赢的工作局面。为进一步服务东北老工业基地的振兴，全力推动东北地区开放型经济发展，哈尔滨海关经过认真研究思考，提出了建立“东北四省区关检合作机制”的设想，并积极推动落实。这一想法得到了海关总署和省委、省政府的大力支持，也得到了东北四省区其他5个直属海关、4个检验检疫局的积极响应。2012年8月，在东北四省区行政首长联席会议上，在吉炳轩书记和王宪魁省长的见证下，签署了《东北及内蒙古地区关检合作协议》和《东北及内蒙古地区海关合作协议》。此外，哈尔滨海关还牵头组织召开了东北及内蒙古地区6个海关的联席会议，将执法统一性建设、推动东北电子口岸建设、深化“属地申报，口岸验放”通关模式等6项工作作为合作的重点。

【主动参与，加强和创新社会管理】 按照海关总署关于加强和创新社会管理的要求，哈尔滨海关努力适应新形势的需要，把工作重点更多地移向民生领域，通过制定涉及民生物资的优惠通关、强化进出境食品监管、扶持小微企业发展、减轻通关费用等措施，切实担负起保障和改善民生的重要职责，并以此作为当前的重要任务。同时，认真贯彻落实总署关于保障和改善民生的各项决策部署，积极参加社会公益活动，积极担负社会责任；深化政风行风建设，主动接受社会监督；创新便捷通关举措，不断优化通关环境；取消五项收费，着力减轻企业负担；严格进口食品、医疗卫生用品、文化产品等民生物品监管，有效履行了保护人民群众身心健康的重要职责。

【以支持黑龙江重大项目建设为突破口，提升服务质量和服务水平】 哈尔滨海关建立了海关大客户协调员制度，为黑龙江省A类和AA类大型国有企业提供有针对性的特色服务；开通了“12360”海关热线，为进出口企业和进出境人员提供政策咨询与服务；积极为黑瞎子岛保护与开发开放、中俄同江铁路大桥等大项目提供政策支持；积极推进“内贸货物跨境运输”、“陆海联运”、“江海联运”大通道建设，解决了黑龙江省作为铁路通道末梢的运输瓶颈问题；大力推进黑河、嘉荫、萝北固冰浮箱通道的建设和开通；加大了对俄罗斯海运进口能源优惠政策的落实力度；协调解决了黑龙江省对俄农产品回运价格审定问题，提出境外种植农产品回运享受税收优惠政策的建议；全力助推跨境调运卢布现钞业务的开通，积极支持黑龙江省国际物流业、金融业的发展。结合哈尔滨市实际，积极推动哈尔滨内陆港、龙运物流园区、集装箱中心站等物流基础设施的功能整合，提出并积极研究在哈尔滨设立综合保税区，此项工作得到了黑龙江省政府的高度重视，正在全力推进中。

【以改进监管服务为重点，主动帮助企业减负增效】 哈尔滨海关结合关区实际，认真贯彻落实《海关总署关于印发海关促进外贸稳定增长若干措施的通知》精神，专题研究边贸货物海运进口享受国家边贸优惠政策等问题，努力扩大省内边贸企业享受国家优惠政策的适用范围；结合实际，为农机、重大技术装备等黑龙江省重点项目专门成立了审批工作组，开设单独的业务受理窗口通道，对于符合规定的备案和审批申请随到随批。全年共办理减免税14 391笔，减免税款8.53亿元，办理加工贸易手册458本，备案金额3.3亿美元；主动协调，联合黑龙江省6家电子口岸联审单位，优化工作流程，为企业提供一站式服务，便利企业入网电子口岸。

【黑龙江海事局强化管理，提高口岸监管水平】 一是以签证、查验和安检为主线，抓好界河船舶日常监管。及时掌握船舶进出港口、锚地信息、船舶密度、船舶交通流量等动态，把最有效的监管力量投入到重点环节。二是以重点水域、重点船舶、重点时段船舶管理为监管工作的切入点，及时掌握船情、水情。三是紧紧依靠地方政府及相关部门，共同参与整治活动，加大联合执法力度，形成了界河管理齐抓共管的局面。组织开展了“清理整治违规越界船舶专项整治”、“客渡船舶安全专项检查活动”、“水上交通安全风险源排查”、“水上交通安全生产领域‘打非治违’专项行动”等多项专项整治活动并取得实效。四是强化运输船舶进出口岸查验工作。加强现场查验，对船舶设备、防污设施、人员配备情况和载货情况等实施严格检查。五是根据辖区国际航线航行船舶种类、用途和管理方式，对客船、货船进行分类管理。重点加强国际航线的中、俄水翼高速客船的现场监管。严格执行《高速客船安全管理规则》和中俄水翼客船安全航行技术协议规定，严格查处旅客携带危险品上船的行为，严把源头管理关，为中外旅客营造安全出行氛围。

【黑龙江海事局加强浮箱固冰通道监管】 一

是加强制度建设，组织制定了《浮箱固冰通道安全管理办法》。定期对浮箱固冰通道开展安全监管工作，落实经营单位的安全管理责任，召开专项会议，督促其建立安全规章制度、安全管理方案、事故应急预案，建立与交通、安监、边检等部门的联系制度，确定管理员、安全员和值班员，随时保持通讯畅通并上报安全管理情况。二是优化搭建方案，检查施工船舶。在浮箱固冰通道搭建前，勘察搭建地点，积极与相关部门沟通联系，提供针对性建议和意见。在浮箱固冰通道的选址、搭建前的准备工作上积极给予协助和支持。在搭建过程中提供海巡艇为其保驾护航。配合相关部门对浮箱固冰通道的技术状况、岸边环境以及浮箱与岸边的衔接处等问题进行实地查看；开展施工船舶安全检查，排查各类安全隐患，对即将投入施工的船舶进行全面的安全检查，认真检查船舶和船员证书配备、船舶航行设备、信号设备、消防救生设备等，确保船舶各项指标符合要求。三是组织技能演练，提高突发能力。浮箱固冰通道的搭建、拆解工作艰巨、任务繁重，一旦发生安全事故，将涉及外交事宜，影响重大。黑龙江海事局从加强施工人员操作技能角度出发，积极组织施工人员进行消防、救生操作演练，提高其快速、有效运用消防、救生器材的能力。

【加强与俄罗斯海事部门间合作】 佳木斯海事局与俄罗斯联邦阿穆尔国家海河监督局哈巴罗夫斯克分局签署了《关于航行安全管理合作协议》，主要就中俄双方船舶航行安全、船舶防污染、船舶安全检查、安全信息通报、水上应急反应机制的建设等领域取得的进展交换了意见，同时就今后进一步加强沟通与协作，不断强化界江船舶安全监督检查工作等方面达成了共识。抚远海事处与俄罗斯哈巴罗夫斯克港监局就工作信息交流合作进行了磋商，双方初步达成了《工作信息交流合作协议》。饶河海事处与俄罗斯哈巴罗夫斯克边区水运公司开展会谈，针对船舶通关及安全监管达成多项共识，为口岸建设和便利通关打下了良好的基础。黑河海事局与俄罗斯布市港口检查部门、航行监督部门举行了 2012 年工作会谈，决定建立完善水上交通安全监督管理和防污染合作机制，明确界河污染事故实施优先保护原则，即不分国别优先保护双方城市饮用水源地，然后是自然保护区、城市岸线；推行“两国一城”无国界突发事件联合搜寻救助机制；成立中俄联合执法行动联络指挥部，及时交流通报船舶违法信息，定期开展中俄界河跨境联合执法行动，检查本国船舶《中俄国境河流航行规则》执行情况；共同开展气垫船运营“防碰撞、防火灾、防爆炸”专项整治活动；共同维护浮箱固冰通道安全监管。

【黑龙江出入境检验检疫局创新进出口检验检疫监管模式】 黑龙江出入境检验检疫局自主研发“出口食品安全信息化电子监管系统(EFS)”，实现出口食品生产加工全程管理；开发“检验检疫智能化管理系统”，实现口岸进出口商品全申报，有效控制了非法检进出口商品风险；推广使用“传染病电子监管系统”，提高口岸传染病监测比例。推进“全产业链管理”模式，推动省政府召开首次全省标准化农产品出口基地现场会，为 10 个通过考核验收的省级典型示范区颁牌，并兑现鼓励政策，推荐 4 个出口农产品质量安全示范区通过国家级考核验收。创建哈尔滨汽车产品、伊春、牡丹江穆棱木制品 3 个出口工业品质量安全示范区，其中穆棱市出口木制品质量安全示范区通过黑龙江检验检疫局验收，并由检验检疫局为其授牌。从边贸实际出发，针对边贸物流企业、出口包裹、市场采购出口干调类食品、市场采购出口机电产品等不同的对象，采取相应的监管模式，实现了“检企互动、科学监管、提高效率和便利贸易”的目标。

【黑龙江出入境检验检疫局提升宏观质量管理水平】 推进实施质量兴省战略，争取使政府出台了《黑龙江省“质量龙江”建设战略实施方案（2012 年—2015 年)》，并在系统内首开先河，设立“全省出口商品质量安全奖”和“出口质量安全示范区奖励资金”两个奖项。结合“3·15”、食品安全宣传周、哈尔滨国际经济贸易洽谈会、质量月等重大活动，加大《质量发展纲要》宣传力度。质量月期间，联合省委宣传部等20个中省直部门共同刊发“贯彻质量纲要 建设质量强省”倡议书。加强质量统计分析，在季度质量分析报告的基础上，首次编印《黑龙江进出口商品质量白皮书2011》，全面系统地反映了黑龙江进出口商品的质量状况，为各级领导制定和实施宏观经济政策、宏观质量战略提供支持。

【黑龙江出入境检验检疫局推动外贸转型升级】 建立珠宝玉石检测鉴定中心，推进东北亚宝玉石产业基地建设，力争将东宁建成“北方的玉门关”。支持保税区大项目建设，与摩尔多瓦相关部门沟通，解决葡萄酒生产标准等问题。在中俄两国总理定期会晤机制框架下，加强区域交流沟通，打破对俄电站设备出口技术壁垒。在中俄标准、计量、认证和检验检疫常设工作组第十次会议上，取得对俄大项目认证重大突破。加强与直属局的合作，与深圳出入境检验检疫局签署合作备忘录，分别在哈尔滨和深圳召开企业对接会，推动黑龙江省地产食品、农产品对港澳出口。支持良种引进，圆满完成美国水貂、芬兰狐狸、美国AA祖代鸡雏的引进监管和新西兰和牛引进工作。推动3家黑龙江熟制牛羊肉企业获得蒙古国注册资格；支持乳品出口，乳制品出口量较去年同期增长6倍。推动企业“走出去”，在深化落实对境外工业园区的十项服务措施基础上，加强对境外种植园区的支持和指导。力促农业“走出去”粮食回运，牵头研究“走出去”农产品进口检验检疫监管措施，开展风险分析评估，为国家质检总局出台相关政策提供技术支持，获得省质检总局批准进口境外劳务生产大豆8万吨、玉米1.5万吨的指标。

【将风险管理成果转化为保安全的举措】 巩固和发展“两个专项行动”成果，建立完善长效机制。加强风险监测和预警，黑龙江出入境检验检疫局与省林业厅等部门就共同开展边境地区非洲猪瘟等疫情防控建立合作机制。推进“两国五方四联动”防控机制，与俄罗斯哈巴边区、阿穆尔州、犹太州开展黑瞎子岛鼠传、蜱传疾病监测以及中俄边境蜱传疾病联合监测，全省口岸共捕蜱4 501只、鼠21只、蜚蠊126只。加强口岸卫生管理，快速检测口岸食品样品7 773份，检出不合格36次；严格口岸查验，截获禁止进境物4 096批次，截获有害生物57次43种，在日本入境航班行李中捕获输入性媒介生物黑胸大蠊。制订了《黑龙江省反恐防范督导检查工作方案》，完善了应急预案和处置技术方案。举办船舶卫生处理应急演练，提升队伍素质，切实增强应对国际突发的疫病疫情的能力。

【黑龙江出入境检验检疫局坚持科技兴检】 注重检测能力提升，16家食品检验机构全部通过了“食品检验机构资质认定”现场评审，检测项目能力累计达到3 856项次，提前3年完成“十二五”规划。与中国疾病预防控制中心共同开展科研合作，建立了“传染病预防控制国家重点实验室——黑瞎子岛合作研究基地”。首次以主要承担单位申报2013年度质检系统国际科技合作与交流项目《黑瞎子岛特殊地理位置生物病原谱研究》等两项课题，所申报的2013年度质检公益性行业科研3项课题均通过科技司初评。进出口电子监管系统、综合监管地理信息系统和数字化实验室系统上线运行，网站建设工作全系统排名第四，并荣获优秀奖和特色栏目奖。

【黑龙江公安边防总队加强与俄方交流】 根据中俄两国商定，2012年~2013年为“中俄旅游年”，这是继中俄互办“国家年”、“语言年”之后，中俄促进两国全面战略协作伙伴关系的又一重大主题活动。黑龙江边防总队以搭建国际性、权威性、开创性的中俄旅游、经贸、文化合作交流大平台为切入点，精心策划、主动服务“中俄旅游年”，全力助推黑龙江经贸、旅游业大发展。黑龙江省公安边防总队与俄罗斯联邦安全总局阿穆尔州、滨海边疆区边防局开展会谈3次，书信往来20余次，直通电话联系34次，双方围绕同江铁路界河桥建设、浮箱固冰通道建设和联合打击边境走私枪支弹药、越界捕捞等有关边防检查事宜进行了富有成效地磋商，并取得积极成效。全省边防检查站与俄对应口岸边检机关开展会谈会晤22次，互访交流8次，积极解决涉及人员、交通运输工具出入境边防检查工作的具体问题，为口岸通关顺畅打造了良好的外部环境。

【黑河、同江、东宁、抚远等口岸施行便利措施】 2012年黑河边防检查站创建“中俄界河模范服务港”，黑河边检站执勤业务一科被中共黑河市委授予“中俄界河模范服务岗”荣誉称号。同江、东宁、抚远等边检站设立“口岸信息平台”，开通“鲜活产品绿色通道”，进一步便利出入境人员和交通运输工具顺畅通关，便利旅客出入境。一年来，全省边检站救助中外籍旅客182人次，收到锦旗76面、感谢信32封，赢得了各级党委政府和广大服务对象的一致好评。

开放口岸

【东宁公路口岸】 与俄罗斯波尔塔夫卡公路口岸相对。位于黑龙江省东南边陲三岔口朝鲜族镇。1989年12月经国务院批准为一类口岸，1990年3月中苏两国政府换文确认为双边客货公路运输口岸，同年5月正式对外开放。1992年11月中俄两国政府换文开通旅客运输，陆续开通了东宁至俄罗斯近邻城市的旅游业务。1994年1月中俄两国政府再次换文确定为双边公路客货运输口岸。2006年6月开通了口岸落地签证业务，2008年8月开通了客运7天12小时无午休工作制，2009年4月开通了异地办证业务。

东宁边防检查站、东宁海关、东宁检验检疫局承担该口岸的监管任务。2012年东宁公路口岸进出口货运量30.9万吨，出入境人员50.2万人次。

【绥芬河公路口岸】 与俄罗斯波格拉尼奇内口岸相对。位于黑龙江省绥芬河市东部，是301国道的起点，与俄罗斯滨海边疆区毗邻，距俄对应口岸城市波格拉尼奇内区16千米，绥芬河公路口岸于2000年9月16日由国务院批准正式对外开放，现在实行12小时无间断通关工作制。口岸占地为19.7万平方米，口岸设计运能为年过货物100万吨，过客50万人次。

绥芬河边防检查站、绥芬河海关、绥芬河检验检疫局承担该口岸的监管任务。2012年，绥芬河公路口岸进出口货运量53.4万吨，出入境人员62.2万人次。

【密山公路口岸】 与俄罗斯图里洛格口岸相对。位于黑龙江省密山市当壁镇中俄界湖兴凯湖西北岸1.5千米处，距密山市区38千米。密山口岸始建于1992年，1992年4月10日，密山至图里洛格口岸公路桥竣工通车，进行首批过货。1993年6月正式开通，每周开关6天。口岸设有四条进出口货物检验通道，两条出入境旅客查验通道。口岸年过货能力在50万吨以上，过客能力在30万人次以上。

密山边防检查站、密山海关、密山检验检疫局承担该口岸的监管任务。2012年，密山公路口岸进出口货运量2.9万吨，出入境人员2.6万人次。

【虎林公路口岸】 与俄罗斯马尔科沃口岸相对。虎林口岸位于虎林市区东南58千米处。1992年10月，中俄两国外交部正式换文确认开通虎林—马尔科沃口岸；1993年5月18日，虎林—马尔科沃口岸正式开通。虎林口岸处于南起绥芬河、北到同江的600千米扇状沿边开放带的中点位置，具有一岸对两区（俄滨海和哈巴）、辐射半径大的特点。设计日通车能力700辆次，年过客能力100万人次，年过货能力260万吨，是一个不受流冰期限制可全天候均衡过货的口岸。

虎林边防检查站、虎林海关、虎林检验检疫局承担该口岸的监管任务。2012年，虎林公路口岸进出口货运量2.7万吨，出入境人员0.8万人次。

【哈尔滨铁路口岸】 哈尔滨内陆港，是国务院1996年9月24日批准的全国第一个一类内陆口岸试点，办理国际集装箱业务。1997年7月11日通过国家验收，同年8月1日正式对外开放使用。货场占地面积10万平方米，拥有6条铁路到发线，装卸作业便利，堆存能力充足，通关功能完善，可以办理20英尺和40英尺国际集装箱运输业务，年吞吐量10万标箱。哈尔滨内陆港于1998年11月30日延伸到满洲里、绥芬河口岸，实现了国际集装箱直通过境运输，形成了南接沿海、北连边陲的多式物流网络，成为黑龙江及其周围腹地最大的集装箱集散地。

哈尔滨海关内陆港办事处、黑龙江检验检疫局内陆港办事处承担该口岸的监管任务。2012年，哈尔滨内陆港进出口货运量1.2万吨

【绥芬河铁路口岸】 绥芬河火车站位于绥芬河—满洲里铁路与俄罗斯远东铁路的接轨处，绥芬河东与俄罗斯滨海边疆区接壤，铁路口岸地处要道，陆海联运可到达日本新潟、横滨，韩国的釜山，美国的西雅图等地区，处于东北亚经济区中心位置。绥芬河铁路车站现为一等站，业务性质为客、货运输站，主要办理国际联运货物运输，国际、国内旅客运输，以及自站货物的到发、装卸等作业，有南、北两个站场，管辖绥阳（为二等站）、宽沟两个中间站。绥芬河铁路口岸站年设计综运能力为1 000万吨，实际换装能力已经达到1 300万吨/年。其中，进口能力为1 050万吨，出口能力为150万吨，地起能力为100万吨。

绥芬河边防检查站、绥芬河海关、绥芬河检验检疫局承担该口岸的监管任务。2012年，绥芬河铁路口岸进出口货运量810.8万吨，出入境人员15.6万人次。

【哈尔滨航空口岸】 哈尔滨太平国际机场位于哈尔滨市西郊30千米处。1987年7月1日经国务院批准对外开放，1989年9月22日正式对外开放使用。机场总占地面积332万平方米，航站楼面积6.7万平方米，可满足年旅客吞吐量666万人次，高峰小时3 000人次，每日飞行180架次的需要。停机坪面积33万平方米，可满足18架宽体大型客机的停放和维护，可用近机位13个，远机位8个。哈尔滨太平国际机场地处东北亚中心位置，是东南亚至北美航线的最佳经停点，也是中国东北地区乃至东北亚的重要空中交通枢纽之一。

哈尔滨机场边防检查站、哈尔滨机场海关、哈尔滨检验检疫局承担该口岸的监管任务。2012年，哈尔滨航空口岸进出口货运量0.2万吨，出入境人员50.5万人次。

【齐齐哈尔航空口岸】 齐齐哈尔民航机场位于市区东南13千米处，1987年开始建设，2009年12月8日通过国家验收，正式对外开放。齐齐哈尔机场是黑龙江西部地区的航空枢纽，机场等级为4C级，属军民合用机场。主跑道长2 600米，宽45米，客机坪面积2.5万平方米，候机楼面积7 200平方米，分国际、国内区域，年可容纳旅客70万人次，货邮物1.5万吨。机场先后开通了北京、上海、广州、黑河、沈阳、大连、青岛、海拉尔等航线，还开通了齐齐哈尔至俄罗斯布拉格维申斯克、克拉斯诺亚尔斯克国际包机航线。

齐齐哈尔机场边防检查站、齐齐哈尔海关、齐齐哈尔检验检疫局承担该口岸的监管任务。2012年，齐齐哈尔航空口岸进出口货运量0.8万吨。

【牡丹江航空口岸】 牡丹江海浪机场位于牡丹江市西南郊9千米处，是黑龙江省东南部地区重要交通枢纽，1985年9月2日正式运营，1996

年被国务院批准为一类口岸。目前，飞行区等级为4C，装备有I类精密进近灯光系统、仪表着陆系统和全向信标台，主跑道为2 600米×60米×0.45米，能满足B－757以下中型客机昼夜起降的需要。候机楼面积8 200平方米，设有国际联检厅，进出港通道各1条，配有较先进的广播系统、航班显示系统、旅客自动离港系统和录像监控系统。停机坪面积3.6万平方米，设有4个停机位（D类1个，C类3个），停车场面积1.14万平方米，设计年旅客吞吐量为50万人次。

牡丹江机场边防检查站、牡丹江海关、牡丹江检验检疫局承担该口岸的监管任务。2012年，牡丹江航空口岸进出口货运量4.1万吨，出入境人员6.9万人次。

【佳木斯航空口岸】 佳木斯机场距市区9千米，是日伪时期遗留的机场。1992年经国务院批准对外开放，2009年国家验收正式对外开放。目前，为4C级支线机场，是黑龙江省东部地区重要机场。佳木斯航空口岸曾多次飞行俄罗斯哈巴罗夫斯克包机，并于2010年6月开通了佳木斯至韩国首尔的国际航班。在稳定飞行佳木斯至哈巴罗夫斯克、佳木斯至韩国首尔空中航线的基础上，逐步向俄腹地延伸。

佳木斯机场边防检查站、佳木斯海关、佳木斯检验检疫局承担该口岸的监管任务。2012年，佳木斯航空口岸出入境人员1.1万人次。

【哈尔滨水运口岸】 哈尔滨港位于哈尔滨市区的东北部，地处松花江中游南岸，是我国八大内河港之一，也是我国东北地区内河最大的水陆换装枢纽港，年营运期平均在210天左右，封冻期约为150天，是一个典型的季节性生产港口。有人工直立码头1 454延长米，铁路专用线6股5 870延长米。哈尔滨港设有14个千吨级泊位，年吞吐能力450万吨，日通过能力2万吨。哈尔滨港是1958年3月经国家主席刘少奇同志批准对前苏联开放的内河水运口岸。1989年7月1日经国务院批准，哈尔滨港作为一类口岸恢复对外开放。哈尔滨港经松花江、黑龙江与俄罗斯远东地区的下列宁斯阔耶、波亚尔科沃、哈巴罗夫斯克、共青城、布拉戈维申斯克、尼古拉耶夫斯克等七个大中港口城市相连。

【黑河水运口岸】 黑河港位于黑龙江省北部边陲，中俄界河黑龙江上游末端南岸黑河市内，隔江与俄罗斯阿穆尔州首府布拉戈维申斯克口岸相对，双方货运码头相距3 500米，客运码头相距750米，是中俄边境水运口岸中运输距离最近的对应口岸。1982年1月经国务院批准对外恢复开放，1994年1月经中俄两国政府确认为国际客货运输口岸。2004年4月经国务院批准开展口岸签证工作。由该口岸经布拉戈维申斯克可与俄罗斯西伯利亚大铁路和贝阿铁路连接，经其空中航线可与俄罗斯国内各大城市相通；由该口岸沿黑龙江水道下行，还可抵达中俄各开放港口直至日本海沿岸各国港口。

黑河边防检查站、黑河海关、黑河检验检疫局、黑河海事局承担该口岸的监管任务。2012年，黑河水运口岸进出口货运量37.7万吨，出入境人员110.6万人次。

【同江水运口岸】 同江港分为东西两港。西港与俄哈巴港水上距离272千米，与俄下列港水上距离35千米，岸线总长1 991.8米，是松花江最末端港口，口岸陆域面积48万平方米。可通行3 000吨级船舶，通航期为6个月，主要功能是进出口货物运输。该港口设有10个泊位，铁路专用线4.8千米。东港位于同江市区东北38千米的哈鱼岛西北端，与俄下列港一江之隔，水上最近距离仅为1千米，距俄哈巴港240千米。规划岸线总长度为9 157.71米，规划口岸陆域面积为520万平方米。在夏季有船舶运输、汽车轮渡运输，冬季有国际汽车运输，流冰期有气垫船运输，实现了全年通关。

同江边防检查站、同江海关、同江检验检疫局、同江海事局承担该口岸的监管任务。2012年，同江水运口岸进出口货运量47.4万吨，出入境人员12.2万人次。

【抚远水运口岸】 抚远港位于抚远县抚远镇，口岸距所对应的俄罗斯远东第一大城市——哈巴罗夫斯克市口岸航道距离仅65千米，距离俄西伯利亚大铁路在远东地区最大编组站卡杂科维茨沃只有2.5千米。1992年5月经国务院批准对外开放。抚远口岸港区拥有各类码头泊位28个，码头岸线总长2 300延长米。抚远拥有275千米的中俄界江黄金水道。

抚远边防检查站、抚远海关、抚远检验检疫局、同江海事局承担该口岸的监管任务。2012年，抚远水运口岸进出口货运量2.7万吨，出入境人员13.2万人次。

【萝北水运口岸】 萝北口岸位于黑龙江省东北部，小兴安岭和三江平原接壤处，黑龙江南岸萝北县名山镇境内。1989年经国务院批准对外开放。萝北口岸基础设施齐全，名山港拥有现代化煤炭专用码头、木材专用码头和滚装式轮渡码头各1座，吞吐能力45万吨，其中煤炭专用码头每小时可装运原煤400吨，是黑龙江沿岸最大的煤炭输出港。

萝北边防检查站、萝北海关、萝北检验检疫局、萝北海事局承担该口岸的监管任务。2012年，萝北水运口岸进出口货运量1.5万吨，出入境人员4.7万人次。

【饶河水运口岸】 饶河港位于黑龙江省东部中俄界河乌苏里江中段，双鸭山市饶河县镇南7.5千米处。与俄方对应口岸波克洛夫卡口岸隔江相望，直线距离470米，距比金市35千米，距哈巴罗夫斯克市263千米。1989年经国务院批准对外开放。口岸通关能力年货运量100万吨，日过客2 000人次；联检大楼4 700平方米，拥有双向四通道客货检通道，查验、通讯、监控设施完备。

饶河边防检查站、饶河海关、饶河检验检疫局、饶河海事局承担该口岸的监管任务。2012年，饶河水运口岸进出口货运量1.3万吨，出入境人员12.5万人次。

【富锦水运口岸】 富锦港位于松花江下游南岸，自然条件优越，是具有千米岸线的深水良港，1989年7月经国务院批准为一类口岸。港区内有6个3 000吨级泊位和7.62千米的铁路专用线连接码头，集输条件较好，进口大宗货物实现了国际水铁联运一条龙。港区面积近5万平方米，日装卸能力可达3 000吨，年货运量在30万吨左右。富锦口岸检查检验机关和服务部门机构齐全，查验设施完备。联检机关还承担着鹤岗市绥滨口岸的查验任务。

富锦边防检查站、富锦海关、富锦检验检疫局、富锦海事局承担该口岸的监管任务。2012年，富锦水运口岸进出口货运量0.3万吨。

【嘉荫水运口岸】 嘉荫港位于黑龙江省北部边陲嘉荫县城朝阳镇，距县城中心9.5千米处的黑龙江南岸，与俄罗斯犹太自治州帕什科沃口岸隔江对应，航道距离14千米。1989年经国务院批准对外开放。口岸港口线总长650延长米，设客运、木材、滚装、综合4个码头，对应8个泊位。正常水位可停靠3 000吨级驳船，枯水期也可停靠1 000吨级驳船，并配备了各种装卸设备，修建了通港道路、输变电线路和通讯线路，年吞吐量为75万吨。明水期开展水上船舶运输，冰封期开展冰上汽车运输。船舶沿黑龙江上行可达黑河、漠河等港口，下行可达同江、抚远等港口。

嘉荫边防检查站、嘉荫海关、嘉荫检验检疫局、嘉荫海事局承担该口岸的监管任务。2012年，嘉荫水运口岸进出口货运量5.6万吨，出入境人员0.8万人次。

【逊克水运口岸】 逊克港位于黑龙江中游南岸逊克县奇克镇，与俄阿穆尔州对应口岸波亚尔科沃隔江相距12千米。1989年经国务院批准对外开放。旅客联检大厅1 650平方米，边检营房1 500平方米，口岸综合办公楼2 200平方米，建筑立壁式码头60延长米，边检办公楼2 500平方米。逊克口岸年出入境旅客能力为5万人，年吞吐货物能力5万吨。

逊克边防检查站、逊克海关、逊克检验检疫局、逊克海事局承担该口岸的监管任务。2012年，逊克水运口岸进出口货运量4.5万吨，出入境人员0.5万人次。

【漠河水运口岸】 漠河港位于黑龙江省西北边陲漠河县，是黑龙江上游重要的江运码头，为我国最北端的口岸。同俄罗斯阿穆尔州斯科沃罗季诺区对应口岸加林达隔江相望，相距仅500米。1989年4国务院批准对外开放。该口岸江段水流充沛，可停靠千吨级货轮。岸线总长842延长米，设有木材、综合、粮食码头，对应4个泊位。占地面积近万平方米，建有900平方米联检楼、1 104平方米综合楼、635平方米旅检厅、100平方货检厅，还有1 000平方米全封闭和半封闭仓库各1座，备有100吨地中衡、8吨汽车吊和20吨汽车吊各1台，年设计通过能力20万吨以上。2012年，漠河水运口岸进出口货运量213万吨，出入境人员0.5万人次。

【佳木斯水运口岸】 佳木斯港位于市区内松花江中下游南岸，沿松花江上行可达哈尔滨港，下行可达富锦、同江，进入黑龙江后可直达俄罗斯的下列宁斯阔耶、哈巴罗夫斯克、共青城等开放港口，是1989年经国务院批准正式对外开放的内河口岸。目前拥有千吨级泊位15个。1992年中俄两国签订协议，中方船舶可经俄罗斯阿穆尔河下行，经尼古拉耶夫斯克港出海，开展国际江海联运业务。目前采取冬季浮箱固冰通道和夏季轮渡两种过境方式开展汽车运输。

佳木斯边防检查站、佳木斯海关、佳木斯检验检疫局、佳木斯海事局承担该口岸的监管任务。2012年，佳木斯水运口岸进出口货运量0.3万吨，出入境人员1.1万人次。

【绥滨水运口岸】 绥滨港位于黑龙江省东北边陲绥滨县城，地处松花江下游北岸，1995年经国务院批准对外开放开展国际客货运输。绥滨港上行可通佳木斯、哈尔滨等港口，下行可达富锦、同江等港口，与富锦港隔江相距15千米；沿黑龙江继续下行经俄罗斯阿穆尔河，可通过尼古拉耶夫斯克入海，进入鞑靼海峡及日本海，江海联运的货物可直达日本、韩国等太平洋沿岸国家和地区。该口岸检查检验工作暂由富锦水运口岸检查检验单位承担，近年来由于松花江枯水，加之对外贸易规模较小，进出口货运量不大，均统计在富锦水运口岸。

【孙吴水运口岸】 孙吴港位于黑龙江省北部边陲孙吴县，坐落在黑龙江中游南岸的四季镇，距孙吴县城54千米，距俄方阿穆尔州对应口岸康斯坦丁诺夫卡27千米。上行可达黑河及俄方布拉戈维申斯克港，下行可抵逊克及俄方波亚尔科沃港。1993年经国务院批准对外开放。该港口江面水丰宽阔，为天然深水港，枯水期也可停靠千吨驳船。港口岸线总长528延长米，建有综合性客货栈桥式码头及粮食、石油、煤炭、木材专用码头，可同时停靠5个千吨级驳船作业，装卸及相关设备齐全，年吞吐量30万吨。1998年12月中俄总理定期会晤委员会运输合作分委会口岸工作组第二次会议上，俄方曾建议暂不开放康坦丁诺夫卡—孙吴口岸，该口岸目前尚未正式开通使用。

【呼玛水运口岸】 呼玛港位于黑龙江省西北边陲呼玛县城呼玛镇，与俄罗斯阿穆尔州施马诺夫斯克区乌沙科沃口岸隔黑龙江相望，航道距离19千米。1993年经国务院批准对外开放，港口岸线总长410延长米，设有客运、工作船、木材、综合、简易码头，对应8个开放泊位。已实现机械化或半机械化换装，年货物吞吐能力可达50万吨，旅客通过能力可达20万人次。1998年12月中俄总理定期会晤委员会运输合作分委会口岸工作组第二次会议上，俄方曾建议暂不开放呼玛—乌沙科沃口岸。鉴于中俄经贸合作形势发展需要，2005年至2008年该工作组第八至第十次会议上，双方确认对开放该对口岸予以关注，并要根据两国现行法律予以解决。随后两国地方政府多次协商通报情况，目前我方已做好开通准备工作，俄方仍在进行开通报批工作。

【桦川水运口岸】 桦川港位于佳木斯东部松花江下游南岸，松花江干流贯穿境内96.5千米，上行可至佳木斯、哈尔滨，下行可至绥滨、富锦、同江、抚远。顺流直下可东出鄂霍次克海抵达太平洋沿岸各国，具有得天独厚的发展外向型经济的优势。1994年经国务院批准对外开放。桦川港口岸深水区域1.5千米，明水期可泊千吨位江海联运船或内河船。天然船坞可泊千吨驳船10艘，港口内设有船站一处，年吞吐量50万吨，码头4个：粮食杂货码头1个，航运公司码头1个，石油码头1个，煤炭码头1个。目前该口岸尚未正式开通使用。

黑龙江省口岸大事记

3月

制订《黑龙江省重点边境口岸基础设施发展规划》。

双鸭山—富锦口岸—同江口岸—下列宁斯阔耶口岸—比罗比詹国际客货运输线路正式开通。

4月

黑河口岸—布拉戈维申斯克口岸浮箱固冰通道正式开通，成为黑龙江省边境水运口岸继同江、饶河口岸后第三个跨境浮箱固冰通道。

佳木斯—哈巴罗夫斯克国际航线正式开通，这也是佳木斯航空口岸自开通韩国首尔航线后，新开辟的又一条跨境空中通道。

5月

哈尔滨至海参崴国际列车开通运营。

9月

双鸭山—饶河口岸—波克罗夫卡口岸—比金—哈巴罗夫斯克国际客货运输线路正式开通。

哈尔滨—鹤岗—萝北口岸—阿穆尔捷捷特—比罗比詹国际客货运输线路正式开通。

10月

绥芬河公路口岸实现小汽车自驾游。

2012 年黑龙江省口岸流量统计表

口岸类型		口岸名称	货运量（万吨）				集装箱量（万标箱）				人员（万人次）				交通工具（辆、艘、架、列次）			
			出口	进口	合计	同比（%）	出口	进口	合计	同比（%）	出境	入境	合计	同比（%）	出境	入境	合计	同比（%）
空运口岸		哈尔滨			0.2								50.5					
		齐齐哈尔			0.8													
		牡丹江			4.1								6.9					
		佳木斯											1.1					
		分计	2.5	2.6	5.1						29.3	29.2	58.5	+31			5 194	+31.26
陆运口岸	公路口岸	东宁			30.9								50.2					
		绥芬河			53.4								62.2					
		密山			2.9								2.6					
		虎林			2.7								0.8					
		分计	57.6	32.3	89.9	-13.7					57.3	58.5	115.8	+6.5			148 283	-1.07
	铁路口岸	哈尔滨			1.2													
		绥芬河			810.8								15.6					
		分计	36.5	775.5	812	+28.6					8.6	7	15.6	-64.6			7 870	+8.54

续表

口岸类型		口岸名称	货运量（万吨）				集装箱量（万标箱）				人员（万人次）				交通工具（辆、艘、架、列次）			
			出口	进口	合计	同比（%）	出口	进口	合计	同比（%）	出境	入境	合计	同比（%）	出境	入境	合计	同比（%）
水运口岸	海港口岸																	
		分计																
	河港口岸	哈尔滨																
		佳木斯			0.3								1.1					
		桦川																
		绥滨																
		富锦			0.3													
		抚远			2.7								13.2					
		同江			47.4								12.2					
		萝北			1.5								4.7					
		嘉荫			5.6								0.8					
		孙吴																
		黑河			37.7								110.6					
		呼玛																
		漠河			213								0.5					
		饶河			1.3								12.5					
		逊克			4.5								0.5					
		分计	86.5	227.8	314.3	+50.8					81.1	75	156.1	-5.5			28 653	-6.54
管道运输				1 299.8	1 299.8	+0.6												
合计			183.1	2 338	2 521.1	+13.8					176.3	169.7	346	-5.4			190 000	-0.92
同比（%）																		

（黑龙江省口岸办提供）

2012 年哈尔滨海关主要数据统计表

项目		2012 年	同比（%）
进出口货运量（万吨）	合计	2 525	+13.1
	进口	2 370	+13.3
	出口	155	+9.9
进出口贸易总值（万美元）	合计	2 006 110.0	+14.0
	进口	1 454 710.6	+9.8
	其中：江、海运输	17 369.9	-40.6
	铁路运输	130 782.4	+8.8
	汽车运输	17 018.8	+15.5
	航空运输	20 794.6	+12.3
	邮件运输	46.2	-2.8
	其他运输	1 268 698.7	+11.0
	出口	551 399.4	+27.0
	其中：江、海运输	69 709.7	+1.4
	铁路运输	38 727.2	+9.8
	汽车运输	441 728.8	+34.5
	航空运输	1 199.4	-7.8
	邮件运输	34.3	-93.5
	其他运输		
税收（万元）	两税合计	1 715 429	+31.3
	关税入库	12 832	-2.1
	进口环节税入库	1 702 597	+31.7

（哈尔滨海关提供）

2012 年黑龙江省口岸出入境主要数据表

单位：（人员）人次；（交通工具）辆、艘、架、列次

项目			2012 年	2011 年	同比（%）
出入境人员	出入境人员总数		3 456 562	3 663 941	-5.66
	入境人员		1 721 486	1 826 808	-5.77
	出境人员		1 735 076	1 837 133	-5.56
	出入境旅客		3 112 200	3 320 623	-6.28
	出入境员工		344 362	343 318	+0.3
	中国公民	小计	1 281 005	1 119 574	+14.42
		内地居民（因公）	157 787	157 980	-0.12
		内地居民（因私）	1 080 674	935 024	+15.58
		港澳居民	10 183	15 272	-33.32
		台湾同胞	32 361	11 298	+186.43
	外籍人员		2 175 557	2 544 367	-14.5
	从海港出入境人数		1 180 764	1 289 242	-8.41
	从陆港出入境人数		1 686 569	1 924 983	-12.39
	从空港出入境人数		589 229	449 716	+31.02
交通运输工具	总计		190 000	191 756	-0.92
	船舶		28 653	30 657	-6.54
	飞机		5 194	3 957	+31.26
	火车		7 870	7 251	+8.54
	机动车辆		148 283	149 891	-1.07

（黑龙江公安边防总队提供）

2012 年黑龙江出入境检验检疫业务统计表

项目	货物检验检疫				交通工具				集装箱（个）		发现动植物疫情		货物通关		出入境人员查验（人次）	健康检查及预防接种（人次）			
	批次	金额（万美元）	检验检疫不合格		船舶（艘）	飞机（架）	火车（节）	汽车（辆）	合计	检出问题	种类数	种次	批次	金额（万美元）		健康检查	艾滋病监测	发现病例	预防接种
			批次	金额（万美元）															
本年累计	203 310	1 683 310	718	436	30 834	5 126	260 406	127 077	9 508		12	4	177 021	1 535 630	3 045 529	100 724	71 917	12 301	13 742
其中 出境	54 821	216 586	127	77	15 422	2 622	130 251	62 352	4 270		3	4	31 055	129 676	1 519 855	98 727	70 036	12 171	13 700
其中 入境	148 489	1 466 724	591	359	15 412	2 504	130 155	64 725	5 238		9	0	145 966	1 405 954	1 525 674	1 997	1 881	130	42
同比（%）	+17.35	+5.61	-4.77	+6.83	+3.00	+33.63	+14.04	-7.24	-16.79		-14.3	-60	+19.76	+9.34	-5.48	-1.78	-9.33	-26.45	-0.44
其中 出境	+2.42	-14.42	-32.5	-23	+4.06	+34.67	+14.01	-8.13	-17.04		+50	-60	+0.04	+13.48	-5.63	-2.07	-9.81	-25.99	-0.66
其中 入境	+24.03	+9.39	+4.42	+16.3	+1.96	+32.56	+14.06	-6.38	-16.59		-25	0	+25.00	+8.98	-5.33	+14.77	12.91	-53.24	+250.00

（黑龙江出入境检验检疫局提供）

2012 年黑龙江海事局进出港船舶统计汇总表

船舶类别	进港船舶							出港船舶						
	艘数（艘）	总吨（吨位）	总载重量（吨）	载客量（客位）	船员人数（人次）	货物到达量（吨）	旅客达到量（人）	艘数（艘）	总吨（吨位）	总载重量（吨）	载客量（客位）	船员人数（人次）	货物达到量（吨）	旅客达到量（人）
总计	308 726	73 446 135	42 119 263	7 383 307	1 543 630	20 372 877.54	6 781 103	308 608	73 371 559	42 122 194	7 383 921	1 543 040	12 050 528.44	6 746 451
中国籍船舶	292 775	70 225 161	40 272 126	7 059 513	1 463 875	19 816 040	6 215 564	292 652	70 149 725	40 272 558	7 059 684	1 463 260	11 591 280	6 192 363
其中：外贸船	15 951	3 220 974	1 847 137	323 794	79 755	556 837.54	565 439	15 956	3 221 834	1 849 636	324 237	79 780	459 248.44	554 088

（黑龙江海事局提供）

上　海　市

上海市口岸分布示意图

口岸名称	批准开放时间	开放状态
虹桥航空口岸	1963.11	国际常年
浦东航空口岸	1999.10	国际常年
上海铁路口岸	2009.11	国际常年
罗泾港区		国际常年
吴淞港区	1949.1	国际常年
外高桥港区		国际常年
洋山深水港区	2005.11	国际常年

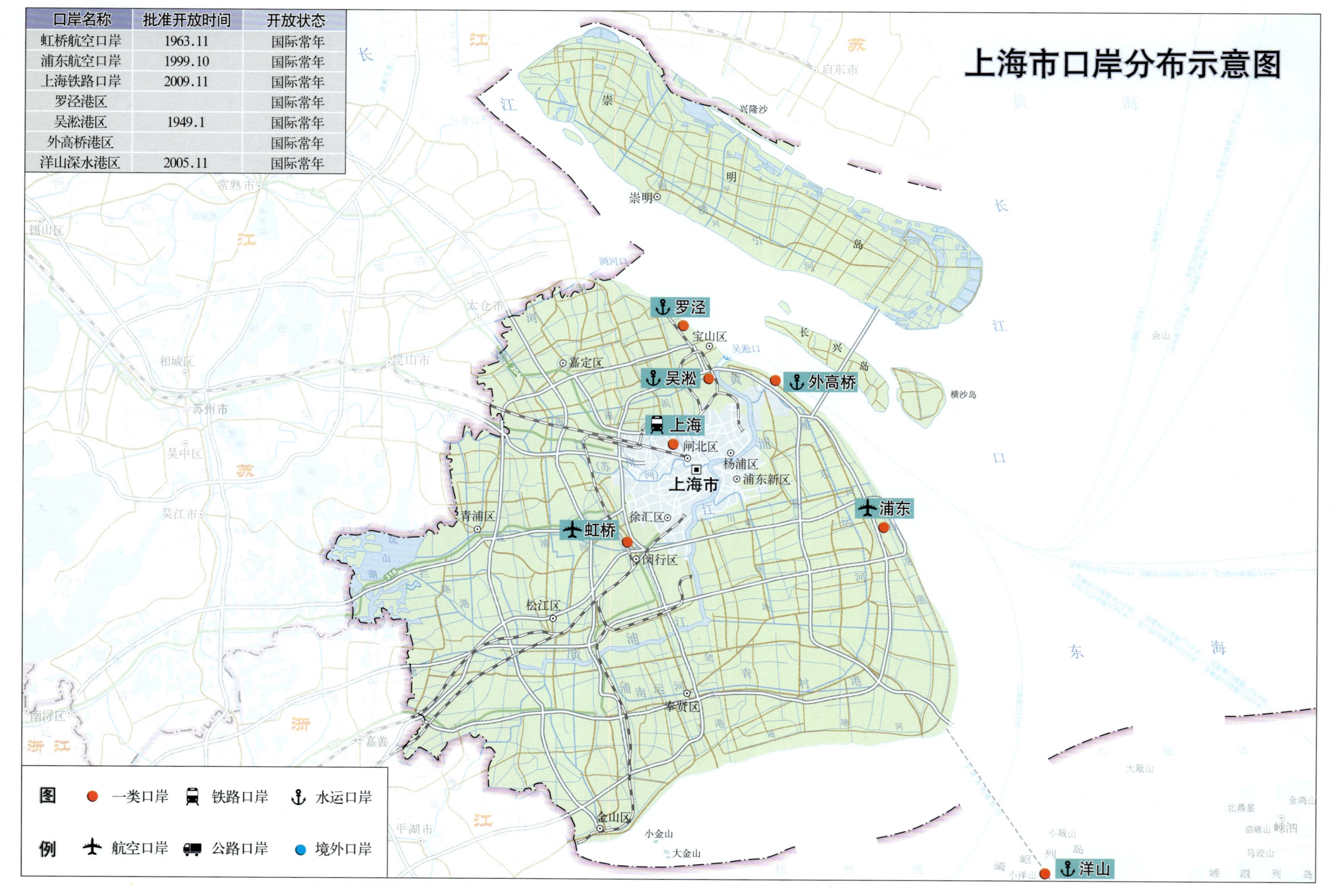

口岸数量及分布

截至2012年年底，上海经国务院批准对外开放口岸3个，其中，水运口岸1个，上海港口岸，其包括“洋山深水港区、杭州湾北岸、长江上海段、黄浦江沿岸”四大开放区域88座码头、288个泊位；航空口岸1个，上海航空口岸，其包括浦东国际机场和虹桥国际机场；铁路口岸1个，设在铁路上海站。

口岸运行数据

2012年，上海口岸进出口货物总值10 578亿美元，同比微降0.7%，占全国比重27.4%，其中出口6 273.6亿美元，同比微增0.4%；进口4 304.4亿美元，同比下降2.3%（上海关区进出口货物总值8 010亿美元，同比下降1.4%，占全国比重20.7%，其中出口4 909亿美元，同比下降1.8%；进口3 101亿美元，同比下降0.7%）。进出口货物吞吐量3.6亿吨，同比增长5.9%。其中，水运口岸货物吞吐量3.58亿吨，同比增长6.1%，占上海港货物吞吐量7.36亿吨的48.7%，同比增长2%；航空口岸货邮吞吐量261.6万吨，同比下降4.9%，占上海空港货邮吞吐总量337.9万吨的77.4%。进出口集装箱吞吐量2 815.9万标箱，同比增长2.1%，占上海港集装箱吞吐总量3 253万标箱的86.6%（上海港集装箱吞吐量连续两年保持世界第一）。出入境人员2 682.5万人次、旅客2 437万人次，同比分别增长6.1%和6.6%，其中航空口岸2 386.9万人次，同比增长6%；水运口岸35万人次，同比增长67%；铁路临时口岸15.1万人次，同比增长0.1%。出入境交通运输工具200 146（艘、架、列次），同比增长0.6%，其中，国际邮轮218艘次，同比增长20.4%。

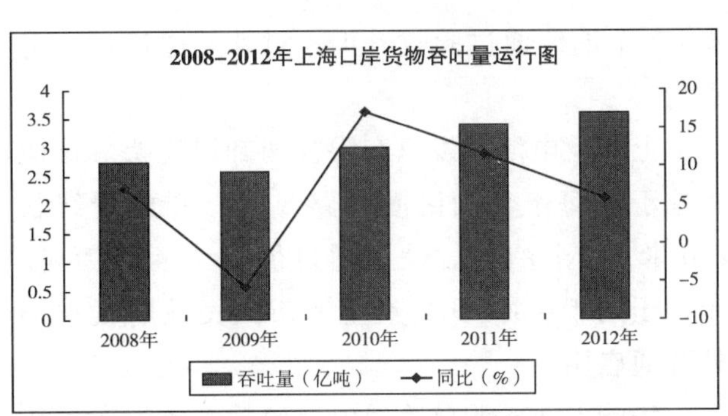

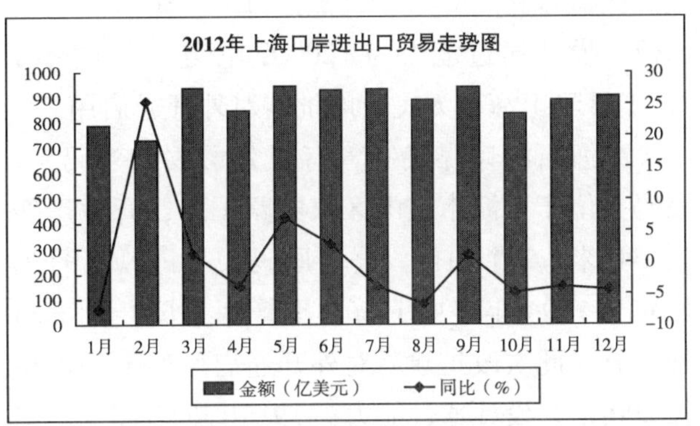

口岸监管与服务

【口岸开放】 2012年，上海口岸坚持口岸扩大对外开放与加强日常管理服务并举，进一步提升口岸运行管理效能。

一是完善对外开放格局。按照上海市市级专项规划要求，编制完成上海口岸发展“十二五”规划。洋山保税港区扩区和杭州湾北部临港作业区扩大开放正式获国务院批准。扩区后的洋山保税港区规划面积14.16平方千米，其中岛屿规划面积7.31平方千米，陆域规划面积6.85平方千米。扩大开放的杭州湾北部临港作业区1号码头岸线长760米，共9个泊位。截至2012年年底，上海口岸形成水运口岸、航空口岸、陆路口岸并存的全方位对外开放格局。水运口岸四大开放水域范围内共有88座码头、288个泊位对外开放；航空口岸虹桥、浦东2个国际机场3座航站楼和1个国际公务机基地对外开放；铁路口岸正式对外开放已通过预验收。

二是完成口岸开放年度计划项目。根据2012年度上海口岸开放计划安排，水运口岸有4座码头、8 个泊位通过验收，正式对外开通启用。分别为：

上海上电漕泾发电有限公司卸煤码头。该码头位于上海市金山区漫华路 8 号，开放岸线长 270 米，1 个泊位。设计通过能力为 400 万吨/年，于同年 4 月 10 日经上海市人民政府批准对外开通启用。

华能上海石洞口第二电厂码头。该码头位于宝山区盛石路 350 号，开放岸线长 586 米，2 个泊位。设计通过能力为1 200万吨/年，于同年 9 月 11 日经上海市人民政府批准对外开通启用。

上海石洞口煤气制气有限公司改扩建码头。该码头位于上海市宝山区煤电路 1 号，开放岸线长 440 米，2 个泊位。公司原码头（即现 2 号泊位）于 1994 年经原上海口岸管理委员会批准对外开放。此次改扩建后对外开通启用的 1 号泊位长 290 米，设计通过能力为 191 万吨/年。

上海氯碱化工股份有限公司（上海化学工业区）改扩建码头。该码头位于上海化学工业区内，由原天原华胜码头向西延长 498 米改造而成，新增 6 个泊位。公司原码头（天原华胜码头）于 2007 年经上海市人民政府批准对外开放。此次改扩建后对外开通启用的 4 个泊位，设计通过能力为 700 万吨/年。同年 11 月，铁路上海站口岸通过上海市口岸办组织的预验收，待国家有关部委验收后，即可正式宣布对外开放。铁路上海站自 2003 年 10 月起开通上海至香港九龙旅客直通列车以来，一直属于临时口岸。2009 年 11 月，国务院批复同意上海站铁路口岸对外开放。经过对通关设施改建和整修，该口岸通关候车总面积增至 478 平方米，新整修的 1 号候车室候检区面积约1 000平方米，进一步优化了通关流程和旅客联检区域布局。

三是规范口岸开放管理。制订《上海口岸开放范围内作业区对外开通启用验收工作规程（试行）》和《上海口岸开放范围内作业区临时接靠工作办理规程（试行）》两个配套规范性文件，进一步规范了口岸对外开通启用验收和临时接靠手续办理的相关程序。按照国家口岸管理办公室要求，选择了功能较为齐全、业务量较大、运行态势较有代表性的外高桥港区和浦东国际机场口岸区域，分别作为水运口岸和航空口岸运行管理绩效评估试点，取得了预期效果。接受国家口岸管理办公室委托，承担完成了全国水运口岸查验设施建设标准研究课题。根据国家口岸管理办公室的通知要求，采取由各口岸单位自行排查、市口岸办督促落实的做法，组织开展口岸安全排查工作，排查范围涵盖上海口岸所有已对外开通启用的码头、航站楼和铁路上海站，以及洋山保税港区、外高桥保税区、上海浦东机场综合保税区等口岸区域。

【口岸设施建设取得新进展】 一是实施航空口岸改造工程。上海浦东国际机场第四、第五跑道和 T1 航站楼改造工程前期工作陆续展开，其中 T1 航站楼改造项目于 12 月正式实施。虹桥国际机场东片区及 T1 航站楼改造规划各项工作有序推进。二是完成口岸通关服务重大设施建设。总建筑面积9. 3万平方米的浦东国际机场综合保税区口岸通关服务中心和总建筑面积 4. 8 万平方米的上海国际航运服务中心口岸通关服务中心 2 个项目分别建成并正式启用。三是港航建设持续推进。基本完成洋山深水港区四期前期工作和临港产业区东港区公用码头工程。外高桥六期工程全面竣工，投入使用。长江口深水航道整治三期顺利完成，内河高等级航道整治工程全面启动，黄浦江上游航道整治工程竣工，大芦线一期（临港新城段）、赵家沟航道整治工程进入收尾阶段。

【颁布《上海市推进国际贸易中心建设条例》】 为加快推进上海国际贸易中心建设，2012 年 11 月 21 日，上海市第十三届人大常委会第三十七次会议表决通过《上海市推进国际贸易中心建设条例》，自 2013 年 1 月 1 日起正式施行。该条例定位于地方促进法，以市场体系建设为核心，以健全市场载体、集聚贸易主体、优化贸易环境为重点，对上海建设国际贸易中心相配套的投资环境、服务环境、法制环境等领域作了规定。条例要求各口岸相关单位在推进上海国际贸易中心建设中加强协作配合，推进通关协调，优化通关流程，创新监管模式，在推动进出口通关便利化、增强口岸集散作用、构建口岸现代物流服务体系等方面发挥作用。该条例的实施，将进一步促进上海口岸通关环境优化和服务功能提升。

【首部上海口岸发展白皮书问世】 根据《上海口岸服务条例》规定的要求，上海市口岸服务办公室会同口岸相关单位编制了《2011 年上海口岸发展报告》。报告分口岸发展综述、口岸运行分析、通关环境优化、口岸开放管理、口岸安全监管、口岸服务保障等部分，比较全面客观地反映了 2011 年上海口岸发展的总体情况和主要成果，展望了 2012 年上海口岸发展的重点任务和举措，是一部涵盖全面、重点突出，数据翔实、内容丰富，体现上海口岸发展特点的综合类行业发展报告。2012 年 7 月，在市政府新闻办举办的专题新闻发布会上，正式发布了该报告。

【启动上海市志口岸分志口岸综述卷编纂工作】 作为上海市志的组成部分，上海第二轮地方志修志设置了口岸分志。该分志共分“口岸综述卷”、“海关卷”、“出入境检验检疫卷”和“出入境边防检查卷”四卷，记述时间自 1978 年至 2010 年。开展口岸修志，是上海口岸文化建设的一项基础性工作，对于传承上海口岸历史文脉，完整记述改革开放以来口岸发展成就具有重要意义。根据《〈上海市志·口岸分志·口岸综述卷〉编纂实施方案》，“口岸综述卷”由上海市口岸办承编，19 家口岸相关单位参编。2012 年 12 月 11 日召开的《上海市志·口岸分志·口岸综述卷》编纂工作会议，标志着这项工作正式启动。

【上海海关着力改进海关监管和服务】 根据海关总署部署深入开展“国门之盾”专项行动，先后组织开展“3·12”打击水产品走私、“0706”打击快件渠道走私等专项行动，全年共立案各类走私违规案件2 372起，案值 88.7 亿元，涉税 2.6 亿元，同比分别增长 10.4%、6.5% 和 50%。2012 年 10 月 31 日，上海海关查获上海口岸首起货运渠道毒品走私案件，收缴毒品可卡因 20.06 千克。主动服务企业，促进外贸稳定增长。制定出台了管用、实在的具体支持举措，在保障有效监管前提下，将“属地申报，口岸验放”通关模式适用范围放宽至一年内无走私违规记录、资信良好的 B 类生产型出口企业。

【上海海关着力推进口岸大通关建设】 2012 年 5 月，在全国率先实现了分类通关改革关区全覆盖。上海口岸约有 83% 的出口货物和 80% 的进口货物以低风险验放方式通关，此类货物单证的海关平均作业时间由改革前的 15 分钟缩短至 7 分钟 ~8 分钟。上海海关受理的进出口单证 24 小时内放行率分别为 96% 和 100%。有序推进通关作业无纸化改革。2012 年年内，有17 890家企业完成通关作业无纸化改革签约手续，放行通关无纸化报关单 20.3 万票，货值 129.3 亿美元，试点规模居全国 12 家试点海关首位。深入推进电子口岸建设。至 2012 年年底，上海海关对海运口岸 97% 出口集装箱货物实现了放行电子化。完善“5 +2”通关工作制，确保节假日办理通关业务与工作日同规程、同标准。

【上海海关开展区域通关改革和口岸合作】 在与全国所有直属海关建立区域通关合作机制基础上，区域通关改革已率先覆盖至全国所有直属海关，2012 年办理区域通关进出口业务 12.18 万余票，货值 299.61 亿美元，在上海各海空运口岸可适用“属地申报，口岸验放”通关模式的本地及外地企业已达22 984家。根据海关总署的统一部署，进一步深化关检合作，在上海口岸试点开展“一次申报、一次查验、一次放行”工作。

【上海出入境检验检疫局加大通关改革创新力度】 联合海关启动无纸化通关改革试点，先后对出口、进口法检商品实施电子通关。平均每月签发进出境电子通关单达 34.6 万批，无纸化通关放行率接近 90%。实施提货单电子签章，对入境海运和空运集装箱货物 100% 取消提货单纸质签章。全面推进集中审单管理模式，实现在上海所有检务工作点全覆盖，日均电子审单达 1.5 万批，基本实现 365 天 24 小时实时审单和智能化审单。加强“两个平台”建设：集中查验场站设施配备，实现封闭式管理；依托地方电子口岸，建立检验检疫查验、放行“电子闸口”。启动检务工作“通报通放”新模式试点，从洋山口岸、外高桥口岸入境的货物，除可选择在入境口岸办理检验检疫手续外，也可选择在上海局驻航交所办事处进行申报、报检、放行和领取证单，受到进出口企业广泛欢迎。

【上海出入境检验检疫局努力推进企业诚信体系建设】 将62 955家企业纳入检验检疫诚信管理体系，并通过泛长三角合作机制信息平台，将7家AA级企业和71家A级企业的诚信信息实现共享共用；联合浦东发展银行共建“检银合作平台”，共同培育诚信、优质的进出口企业。

【上海出入境检验检疫局推进跨区域检验检疫通关合作和口岸单位协作联动】 全面推广应用泛长三角检验检疫合作机制信息平台，实现了检验检疫口岸局和产地局跨区域业务协同处理无纸化和信息化，进一步发挥了直通放行和电子转单的便捷通关优势。进一步推广进出口货物直通放行，截至2012年年底，苏沪虚拟口岸直通放行模式已在苏州15家重点进出口企业实施，通过直通放行进出口货物6.1万批，货值72亿美元。2012年，先后与安徽出入境检验检疫局、湖北出入境检验检疫局合作，联合实行直通放行制度。加强检空、检海合作。与上海机场集团签订战略合作协议，围绕推进上海国际航空枢纽建设，探索优化检验检疫工作流程和查验模式；与上海海事局签署合作备忘录，确定共同开展口岸电子申报系统建设、建立突发事件处置联动协作机制等8个方面合作。

【上海海事局推进“中国洋山港”保税船舶登记制度】 上海海事局成立了“上海海事局船舶登记中心保税区分中心”，开创国内保税港区保税船舶登记先例。2012年7月，“中国洋山港”保税船舶“冠海朝阳轮”成为全国首艘保税登记船舶，此举对中资外籍船舶回归具有指向标意义。加快推进上海船员评估示范中心建设，积极争取中国船舶油污损害理赔事务中心落户上海，各项筹建工作取得新进展。建立内支线船舶双档作业服务新机制，探索干线集装箱船舶“四船双套泊”作业新举措，推出洋山主航道双向通航水上监管服务新模式，加快了港口通关速度，提升了上海口岸水水中转比例。

【上海海事局促进口岸管理信息兼容共享】 与上海海关签订合作备忘录，共建了电子数据交换平台，实现数据共享、联合监管等工作机制。与上海出入境检验检疫局签订合作备忘录，就信息通报、案件移交、联合执法等加强合作。依托“国际航行船舶进出口岸EDI申报系统”，受理国际航行船舶24小时计划动态，在局政务网、上海电子口岸平台发布；向海关、国检、边检等查验单位提供国际航行船舶24小时计划动态，提高国际航行船舶在上海口岸的通关效能。同时，中国船舶动态监控中心落户上海进入实质性推进阶段，机构设置、资源配置、各项技术开发等工作稳步实施。

【上海海事局建设水上安全监管长效机制】 2012年，围绕辖区重大危险源管理等5个课题开展研究，形成课题成果。加强水上搜救应急能力建设，7月28日，全国海事系统最大的5 000吨级大型巡航救助船“海巡01”正式下水，提升了上海海事局辖区巡航救助能力。9月26日，成功举行有几十家单位、33艘船艇、4架飞机、近500人参加的“2012年东海民用航空器遇险联合搜救演习”。推进上海港船舶污染事故应急处置中心和设备储备基地建设，建立船舶污染事故应急组织协调指挥体系，提高水域防污染应急能力。

【上海出入境边防检查总站提高口岸管控能力】 通过创新勤务组织，坚持科技强警，加强后勤保障，强化内部管理，确保口岸通关安全、畅通。在做好通关工作同时，从加强查控查堵入手，全面提高口岸管控能力，成功查获多名涉恐嫌疑人员、危害国家安全人员和改换身份企图蒙混入境的不准入境人员，圆满完成全国“两会”、上合组织峰会、“亚沙会”、2012亚洲公务航空会展等重大活动安保任务。

【上海出入境边防检查总站创新边检管理改革】 2012年3月15日起，经公安部批准，浦东国际机场口岸在全国率先试行24小时直接过境旅客免办边检手续政策，全年24小时直接过境免办边检手续达24万余人次。积极推动延长48小时免签时间至72小时政策，经过争取，该项政策于2013年1月1日实施。认真做好货机快速便利通关工作，设立货机检查队提供24小时全天候服务，货机进场后第一时间办理检查手续。在全国率先开展港口边检管理改革，通过船舶预先申报、简化接送船手续等方式，确保绝大部分船舶到港后第一时间开工作业，研发启用国际航行船舶风险评估系统，对国际航行船舶实行分类分级管理，推动建立信誉管理制度，构建由边检主导，船方、码头企业参与共管的口岸综合防控体系。进一步便利相关船舶、人员办理边检手续。在上海化工区、龙吴关港、宝山罗泾、外高桥等口岸区域设立综合执勤队或办证点，便利相关船舶、人员就近办理边检手续。

【上海出入境边防检查总站促进建立通关合作机制】 上海出入境边防检查总站与各口岸查验单位就出入境交通运输工具和人员检查、口岸突发事件处置等建立了信息通报和应急联动机制；与苏、浙、皖、沪公安厅局出入境管理部门就外籍人员遣返、非法出入境案件调查和嫌疑人员身份核实等工作建立了协作机制；与苏、浙公安边防总队就强化长三角区域间往来的国际航行船舶检查管理工作建立了网上联动机制。

【口岸通关监管政策和措施取得突破】 2012年，上海口岸多项通关政策取得重大突破，多项通关流程进行重大改革，多项便利措施得到全面推广，多项服务功能实现显著提升。

在货物通关方面，上海海关与上海出入境检验检疫局共同开展在上海口岸实施通关单无纸化试点，对一般贸易全部出口法检商品和部分进口法检商品正式实施通关单无纸化试点；同年11月，该试点扩大到上海口岸全部进出口商品。8月1日起，海关总署在上海开展海运进出口货物通关作业无纸化改革试点工作，截至2012年年底，共有17 890家企业与上海海关签约，共放行无纸化报关单203 134票，货值129.32亿美元，居全国12家试点海关首位。5月15日，上海外高桥保税区海关分类通关改革全面启动，至此，上海海关将所有进出口货物报关单全部纳入分类通关改革，在全国率先实现分类通关改革关区全覆盖。上海检验检疫局大力推行入境货物“提货单电子签章放行”试点。国家质检总局确立上海为“全国入境再利用产业检验检疫示范区”。浦东国际机场综合保税区率先探索区港一体化运作模式，使空运货物平均进区时间由原来的10小时缩短至3小时，分拨配送出区时间合计由原来的48小时缩短至8小时。启运港退税政策启动试点，“中国洋山港”保税船舶登记制度实现突破。国际中转集拼业务正式启动，上海口岸枢纽功能进一步深化拓展。

在旅客通关方面，3月15日起，上海浦东国际机场试行24小时过境旅客免办边检手续政策，全年直接过境旅客免办边检手续达24万余人。上海航空口岸过境免签证扩大到45个国家、时间延长至72小时政策获国务院批准，从2013年1月1日起实施。2012年11月21日，上海公安局出入境管理局在浦东国际机场和虹桥国际机场启用台胞签注自助受理机，投入使用后，月业务量超过5 000证次，占台胞口岸签注总量的80%。

【口岸信息化建设】 2012年，上海口岸推进信息化建设取得了一系列新的进展：一是深化拓展“一单两报”试点。自2011年1月正式启动“一单两报”试点，试点企业增加到了24家。根据试点企业提出的需求和建议，不断改进软件中的问题，并对新试点的上海元初国际物流有限公司，协调解决了企业ERP数据导入到一单两报联合录入软件过程中的一系列技术问题。“一单两报”试点为进一步深化口岸单位的信息共享提供了经验。二是开展上海通关口岸无纸化研究。系统梳理了上海口岸通关全流程的信息流、单证流和资金流，针对通关过程中的问题提出相应对策，完成口岸通关无纸化课题研究，积极推进课题成果转化，形成上海口岸通关无纸化三年行动计划基本框架，确定了上海口岸推进通关无纸化工作的总体目标和各项任务。三是航运金融电子支付基础平台进入市场运行阶段。截至2012年年底，平台交易金额约1.6亿，交易笔数约30

万笔，支付企业达千家，覆盖了同类市场份额的30%。现有多家大中型船（代）公司在进口换单费和出口放箱费方面通过与平台合作，实现在线结算。航运金融电子支付基础平台将电子支付基础平台与业务系统对接，为航运企业提供航运费用网上支付服务，降低企业运营风险、加速其资金回笼。四是进出港船舶调度管控系统投入运营。该项目整合了上海港生产业务干支线调度和各码头装卸作业系统，包括船舶计划管理、码头船舶作业监控、数据标准化、自动数据交换、信息整合等5个子系统，通过统一的电子报文格式，实现了港口管理部门与港域内各码头企业信息系统的对接，为增强港口服务合作体系，实现智能化港口奠定了基础。五是拓展现代物流信息服务领域。上海电子口岸积极探索长三角、长江流域通关物流信息一体化，进一步与各地电子口岸开展多种形式合作，为武汉港在上海电子口岸平台上创建物流信息协同系统并开通运行；完成了湖北电子口岸建设项目验收。

【口岸窗口服务】 2012年，围绕优化口岸环境、提升口岸服务，上海口岸窗口服务水平有新的提高：一是健全完善口岸“一门式”通关服务体系。2012年，上海浦东国际机场综合保税区口岸通关服务中心正式运作，迁至新址的上海国际航运服务中心口岸通关服务中心挂牌并投入运营。浦东机场综保区口岸通关服务中心设有海关、检验检疫、税务、工商等各类服务窗口约400个。该中心为进出浦东机场和机场综保区的货物提供“一站式”通关服务，是上海口岸“大通关”的又一个综合性服务平台。设在北外滩的上海国际航运服务中心自1998年建立以来，在实施“一门式”通关服务、“5+2”通关工作制、分类通关改革等方面进行了一系列探索，先行先试，在上海口岸大通关建设中发挥了重要作用。此次随着搬迁新址设立的口岸通关服务中心，进驻单位包括为航运服务的海关、检验检疫、海事、边检等口岸查验单位，航运交易、金融保险、法律咨询等机构，以及港务、航运、船东、货代等企业，不仅改善了“一门式”窗口服务环境，更增强、完善了通关服务功能。新设立的口岸通关服务中心完善了工作协调机制，加强了海关、检验检疫、海事、边检、机场、港口及相关口岸单位之间的协作联动，进一步提升了上海口岸窗口服务效能。二是口岸查验单位推出多项窗口服务举措。上海海关积极推行部分窗口“7×24小时”预约通关制度，通过关（科）长接待日、服务专窗、快速通道等措施加大政务公开力度，并委托第三方机构对全关22个窗口开展明察暗访。上海检验检疫局将“5S管理法”要求与窗口标准化和服务规范化建设相结合，进一步提高窗口服务质量，着力打造检验检疫“精品窗口”。上海海事局积极推行网上自助处罚系统，强化网上政务中心办事功能，加强“一门式”服务窗口建设。上海边检总站启动“中国边检、阳光国门”服务品牌宣传推介，深入开展“文明使者”评选活动，友好、高效、专业服务出入境人员。三是口岸服务窗口建设取得新的成果。2012年，浦东国际机场在国际机场协会（ACI）公布的全球机场旅客满意度测评中，年度测评得分4.77分，在全球199家机场中排名第七位，在4 000万以上人次机场组排名第四位，连续3年在ACI全球测评中进入前10名。同年3月，上海同创共建文明口岸活动领导小组会议命名表彰了20个五星级“文明口岸示范窗口”和10个五星级“文明口岸示范窗口”入围窗口。

【重大活动保障】 2012年6月16日至22日在山东省海阳市举办的第三届亚洲沙滩运动会，参赛国家和地区达到45个。上海虹桥国际机场和浦东国际机场设为中转抵离机场。为做好第三届亚沙会上海口岸通关服务保障工作，上海航空口岸各单位专门拟订工作方案，建立工作机制，设置专用通道，提供便利服务，保障该赛事顺利举办。亚沙会期间，先后为进出上海航空口岸的16个国家300余人次提供了优质服务保障，为此，亚沙会组委会专门致信感谢。

【邮轮经济】 2012年，上海口岸出入境邮轮218艘次（母港邮轮164艘次，访问港邮轮54艘次），同比增长20.4%；出入境旅客33.4万人次，同比增长72.2%，其中中国内地旅客随邮轮出入境24.2万人次，同比增长82.4%，以上海为母港的4艘3万吨以上大型邮轮旅客占75%。全年，吴淞国际邮轮码头先后有4次两艘国际邮轮同时靠泊，刷新了亚洲邮轮母港日均进出邮轮游客人数的纪录。由上海国际港务集团、英国海贸（国际）传媒集团、上海海事大学共同筹建的亚洲邮轮学院在上海成立，该学院是我国乃至亚洲范围内第一家具有学位授予资格的邮轮管理专业人才培养基地；在由上海世界旅游博览会组委会、上海旅游会展中心和VNU亚洲展览集团共同举办的WTF世界旅游行业评选中，上海港国际客运中心获得邮轮板块奖项“最受欢迎邮轮客运中心”大奖；国家旅游局确定上海为“中国邮轮旅游发展实验区”，开展我国邮轮旅游业创新发展先行先试，为上海力争成为国际一流邮轮母港、长三角国际邮轮组合母港和中国邮轮门户港创造了条件。第三届亚洲邮轮大会在上海召开，大会吸引了超过2 300位来自国内外邮轮及旅游业界的领导者和顶尖邮轮公司业界精英，对扩大上海和中国邮轮产业发展起到了积极作用。

为支持上海邮轮经济发展，上海口岸查验单位积极采取各项措施：上海海关根据国际邮轮靠泊情况，增设临时通道，及时调配人力，保障进出上海口岸国际邮轮顺利、快速通关。上海检验检疫局不断完善吴淞口国际邮轮码头检验检疫设施，使其顺利通过了国家质检总局卫生检疫核心能力建设的考核，推动首届国际邮轮卫生检疫研讨会在沪召开。上海海事局实施全天候办理邮轮报检通关等手续，在对国际邮轮提供全程跟踪服务同时，依托LRIT、VTS、AIS、CCTV等多种手段对大型邮轮安全航行实施全程监控。上海边检总站采取“随轮办证”、“登轮办证”、“通道办理”等多种勤务模式，应对邮轮客流高峰，确保邮轮靠泊后旅客第一时间通关，并出台信用评估考评和邮轮登轮管理类证件审核发放等办法，使上海口岸邮轮进入常态化管理新阶段。

【区域通关合作】 2012年，上海口岸依托长三角区域大通关协作、上海与中部六省大通关合作、川渝沪大通关合作三大工作机制，进一步深入推进区域大通关合作。一是深化长三角区域大通关协作。2012年3月，安徽省正式加入长三角区域大通关协作机制，至此，长三角区域大通关协作由二省一市扩大为三省一市，参与长三角区域大通关合作的口岸城市群范围由原有的15个扩大至28个。根据《长三角口岸城市群大通关合作协议》确定的干支线中转、铁海联运、空陆（空空）联运、保税物流和区域通关等五方面内容，梳理了15个具体合作项目，覆盖区域内19个主要口岸城市，参与单位总数超过100个。合作领域从原来较为单一的区域通关模式改革，逐步拓展到信息平台建设、保税货物便利监管和口岸物流多式联运等方面，使长三角城市群口岸合作更加务实深化。长三角跨区域多式联运进入常态化运作，跨区域水水中转、铁海联运、空（空）陆联运等多式联运业务日趋成熟。截至2012年年底，长江直线班轮密度达每周50班，已实行班轮化运作的船公司达12家；铁海联运新增常州—上海，蚌埠—上海班列，上海口岸铁海联运货物全年达11万标箱。杭州、南通两地与上海间的单月空陆联运货物量同比增长近300%。二是加强上海与中部六省区域大通关合作。2012年，上海与武汉港率先试点启运港退税；上海与中部六省联程中转旅客6万人次，同比翻两番；上海、武汉、九江电子口岸与物流平台建设不断加强，上海与中部四省检验检疫局实现口岸与产地间电子转单、直通放行、企业信用等信息交换和共享。三是稳步推进川渝沪口岸区域大通关合作。在区域通关改革合作方面，渝沪口岸查验单位探索创新了“数据直转、分段监管”便捷转关模式；川沪海关签订了特殊区域间货物多式联运便捷转关协议；渝沪等地推进检验检疫区域进出口直通放行，取得实质性突破。在水运口岸合作方面，沪渝合作开通了“五定”快班轮和江海直达班轮。在航空口岸合作方面，成都、重庆和上海的联程中转旅客全年达4万人次。在铁路口岸合作方面，上海芦潮港中心站发到成都、重庆等地的箱量达到和接近班列化运行水平。在口岸信息化合作方面，上海与重庆推进口岸物流平台建设和数据交换等合作，川渝沪三地检验检疫机构依靠信息化实现进出口货物流程监管的全覆盖。

开放口岸

【上海港口岸】 上海港位于中国大陆海岸线中部，长江与东海交汇处，是中国最大港口和对外开放水运口岸。上海港始建于隋唐，至清康熙二十四年即公元1685年，上海设立江海关。第一次鸦片战争后，上海成为通商五口岸之一，于1843年11月17日正式对外开埠。1852年，上海港超越广州港成为中国第一外贸港。20世纪20、30年代，上海港已成为远东的航运中心。新中国成立后，上海港吞吐量、进出口外贸量、出入境船舶检验量等均居全国前列。

自20世纪80年代起，上海港掀起了集装箱码头建设和老港区改造、外移的高潮。相继完成了外高桥一期、洋泾港区和宝山港区集装箱码头改造，外高桥港区集装箱码头，宝钢、上海石化等一批新码头先后建成并对外开通启用。进入21世纪以来，上海港步入了建设国际航运中心的快车道，实现了生产方式从粗放到集约的转变，生产结构从以散杂货为主到以集装箱为主的转变，生产布局从以黄浦江内老港区为主向以长江口、杭州湾新港区和洋山深水港为主的转变，拥有散杂货、集装箱、汽车滚装、油气输送等各种用途码头，形成了规模化、集约化、多种运输方式一体化的发展格局。目前，上海港与世界上200多个国家及地区的500多个港口和600多家航运公司建立了航运往来，班轮航线遍及全球主要港口，月平均进出国际航行船舶达2 000多艘次。自2005年以来，上海港货物吞吐量一直排名世界第一；自2010年起，上海港集装箱吞吐量连续3年排名世界第一。截至2012年年底，上海水运口岸形成了“洋山深水港区、杭州湾北岸、长江上海段、黄浦江沿岸”四大开放区域，共有88座码头、288个泊位对外开放。

洋山深水港是上海打造国际航运枢纽港的核心工程，也是上海口岸重要组成部分。洋山深水港位于杭州湾口、长江口外，距上海浦东芦潮港东南约32千米，平均水深15米，是距上海最近的深水良港。港口北距长江口72千米，南距宁波北仑港90千米，离国际航线仅104千米，扼守亚洲—美洲、亚洲—欧洲两大国际航线要道，第五、第六代集装箱船可以全天候满载进港作业，其主要功能是承担国际集装箱中转。洋山深水港总体规划是依托大、小洋山岛链形成南、北两大港区，其中小洋山一侧一期、二期、三期工程相继建成并已投入使用，四期工程正在建设当中。2005年11月，国务院正式批复同意上海港口岸洋山深水港区对外开放。同年12月开港启用，结束了上海没有深水航道和深水码头、泊位的历史。洋山深水港对提升上海口岸能级，增强上海口岸集聚辐射功能起到重大促进作用。2012年，洋山深水港区全年靠泊国际航行船舶9 206艘次，完成集装箱吞吐量1 415.4万标箱，其中水水中转比例达到47%。

上海港不仅是中国最大的外贸港，历史上也一直是中国重要的国际客运港。自1850年英商开辟上海港第一条定期班轮航线至20世纪初，上海港国际客运已形成一定规模。改革开放后，上海港恢复了中断30多年的国际客运航线。目前，上海港开辟有至日本神户、大阪的定期客运航线。位于上海市虹口区北外滩的上海港国际客运中心是上海港国际客班轮和国际邮轮码头。该码头面积约2万平方米，拥有岸线全长近1 200米，水深9米~13米，可同时停靠3艘7万吨级的豪华邮轮。被誉为“东方之睛”的上海吴淞口国际邮轮码头，是上海打造国际邮轮港的又一重要工程。该码头位于上海吴淞口长江岸线炮台湾水域，毗邻长江入海口，码头规划岸线总长1 500米。已建成的一期工程有2个大型邮轮泊位，岸线长度774米，宽度32米，可同时靠泊1艘10万吨级邮轮和1艘20万吨级邮轮，通关查验大楼总建筑面积约2.3万平方米。吴淞口国际邮轮于2011年10月开港试运行，至此，上海形成了拥有两个邮轮码头、6个泊位的布局。

【上海航空港口岸】 上海航空港是中国主要航空门户之一，是中国目前最大的航空口岸。

20世纪20年代，上海开始建设航空港，虹桥机场和龙华机场分别始建于1921年和1922年，其时主要用于军事用途。抗战胜利后，龙华机场扩建成为当时远东地区屈指可数的国际机场，先后开通有5条国际航线。1963年11月，经国务院批准，上海虹桥机场扩建为国际机场，次年4月开通至巴基斯坦航线，标志着上海航空口岸形成。目前，上海两大国际机场已形成共有5条跑道、4座航站楼（其中3座对外开放）、1个国际公务机基地、5个货运区的规模。有49个国家及地区、120个城市（含中国香港、澳门、台湾）与上海通航。有近90家中外航空公司执行至上海两机场的定期航班。

位于上海浦东长江入海口南岸滨海地带的浦东国际机场，占地面积40平方千米，距上海市中心约30千米。浦东国际机场一期工程于1999年9月建成并对外通航，二期工程于2008年3月建成并对外开通启用。目前，浦东国际机场拥有T1、T2两座航站楼，2条4E级跑道，1条4F级跑道。2012年，浦东国际机场出入境航班163 523架次，出入境旅客2 147.4万人次，进出口货邮260.3万吨（总货邮吞吐量295万吨，连续第5年排名世界第三），跻身世界最繁忙机场行列。

位于上海西郊的虹桥国际机场，距市中心13千米。1963年8月开通上海—卡拉奇国际航线。经过多次改扩建，目前，虹桥国际机场拥有T1、T2两座航站楼（其中T2航站楼为国内航班），2条4E级跑道，1个国际公务机基地。现国际

（含地区）航线主要至日本、韩国等国城市和中国香港、澳门、台湾等地。2012年，虹桥国际机场出入境航班13 980架次，出入境旅客249.4万人次，进出口货邮1.3万吨。

【上海铁路口岸】 上海铁路口岸位于上海市中心北端上海火车站。2003年9月，铁路上海站设立临时口岸。同年10月1日起，开行上海—香港（九龙）往返直通式旅客列车。2009年11月，国务院批准上海站铁路口岸正式对外开放。2012年上海站铁路口岸全年出入境旅客15万多人次。

上海市口岸大事记

1月1日

上海崇明出入境边防检查站成立。

2月1日

上海海关召开2012年工作会议。上海市委副书记、市长韩正出席会议并讲话。

2月7日

根据《海关总署、国家质检总局关于建立关检合作机制备忘录》框架，上海海关与上海检验检疫局举行合作备忘录签约仪式。

2月8日

2012年上海口岸工作领导小组会议召开。上海市委常委、常务副市长、上海口岸工作领导小组副组长杨雄出席会议并讲话。

2月14日

国家质检总局、上海市政府合作备忘录联席会议在沪举行。国家质检总局副局长魏传忠、上海市副市长姜平出席会议并讲话。

2月15日

上海浦东国际展览品监管服务中心揭牌暨合作备忘录签字仪式举行。

2月20日

上海海关与上海海事局共同签署《上海海关、上海海事局合作备忘录》。

2月29日

上海召开《上海口岸服务条例》3月1日正式实施宣传贯彻大会。

3月1日

上海首部地方口岸管理法规——《上海口岸服务条例》正式实施。

3月6日

洋山保税港区举行“保税船舶登记”启动仪式，“上海海事局船舶登记中心保税区分中心”成立。

3月9日

上海市文明办、上海市口岸办联合组织召开2012年上海口岸同创共建文明口岸活动领导小组会议，发布十大文明口岸共建典型项目，命名表彰一批五星级“文明口岸示范窗口”及入围窗口。

3月13日

上海海关与上海边检总站举行《合作备忘录》签字仪式。

3月15日

上海浦东国际机场24小时直接过境中转旅

客免办边检手续启动。

“上海口岸”官方微博平台正式启用并上线运行。

3月19日

上海国际航运服务中心口岸通关服务中心正式启动运营。

4月1日

上海空港口岸正式实行空运入境非应施检货物免签章电子放行工作。

4月5日

上海海事局“船载污染危害性货物EDI申报系统”正式全面运行。

中国民用航空局与上海市人民政府《关于加快上海民航发展的战略合作协议》签字仪式在沪举行。上海市委副书记、市长韩正，国家民航局局长李家祥出席。

4月17日

上海检验检疫局与上海海事局举行合作备忘录签字仪式。

4月19日

上海检验检疫局召开工作会议。上海市委常委、常务副市长杨雄出席并讲话。

4月23日

上海口岸所有出口法检商品和部分高资信企业进口商品通关时，海关凭检验检疫部门发送的出入境货物通关单电子数据为企业办理进出口通关手续，检验检疫部门不再签发纸质通关单。

5月15日

上海外高桥保税区海关分类通关改革全面启动，至此，上海海关所有进出口货物报关单全部纳入分类通关改革。

7月1日

洋山深水港主航道实现双向试通航。

7月4日

中共中央政治局委员、上海市委书记俞正声赴上海虹桥商务区检验检疫“一站式”服务中心视察。

7月25日

上海市政府新闻办举行新闻发布会，上海口岸首部白皮书——《2012年上海口岸发展报告》发布。

8月1日

“启运港退税政策试点启动仪式”在上海市人民政府举行。

8月3日~4日

长三角区域大通关合作第四次联席会议第二次联络员会在安徽省合肥市召开，江浙皖沪三省一市口岸办领导出席。

8月6日

泛长三角口岸城市群大通关合作皖沪项目对接会在安徽省合肥市召开。

8月10日

交通运输部、上海市人民政府联合召开合力建设上海国际航运中心阶段总结推进会，暨加快推进国际航运中心建设深化合作备忘录签字仪式。交通运输部部长李盛霖，上海市委副书记、市长韩正出席仪式并致辞。交通运输部副部长徐祖远、党组成员何建中，上海市常务副市长杨雄、副市长沈骏等出席。

8月12日

上海市人民政府与中国远洋运输（集团）总公司在沪签署战略合作框架协议。

8月19日

上海出入境边检总站在浦东国际机场2号航站楼举行“中国边检　阳光国门”服务品牌发布仪式，上海市常务副市长、上海口岸工作领导小组副组长杨雄出席。

8月20日

由公安部出入境管理局主办，国际移民组织、香港特别行政区入境事务处协办的口岸通关移民管理与服务国际研讨会在上海开幕。公安部副部长孟宏伟，国际移民组织总干事斯温，上海市副市长、市公安局局长张学兵出席会议并致辞。

8月23日

由国家质检总局主办、上海检验检疫局承办的中俄总理定期会晤委员会经贸分委会中俄动植物检验检疫与食品安全常设工作组第一次会议在沪举行。

8月29日

“和谐口岸共守国门”——上海口岸文艺展演晚会在东方艺术中心举行，海关总署副署长孙毅彪，上海市常务副市长、上海口岸工作领导小组副组长杨雄等出席。

9月6日

上海综合保税区管委会举行上海综合保税区融资租赁产业发展推进会，上海市委常委、上海市常务副市长杨雄，市委常委、浦东新区区委书记徐麟，上海市政协副主席、浦东新区区长姜樑出席。

9月11日

“全国入境再利用产业检验检疫示范区”授牌仪式在沪举行。

上海海事局与虹口区政府举行加快推进北外滩航运服务总部基地建设深化合作框架协议签约仪式。

9月26日

交通运输部与上海市人民政府联合主办“2012年东海民用航空器遇险联合搜救演习”。

9月27日

第三届亚洲邮轮大会在沪举行。

10月17日

上海出入境检验检疫局与长宁区政府签署战略合作协议备忘录。

上海海关与中国海运（集团）总公司签署谅解备忘录。

11月8日~9日

长三角区域大通关合作第四次联席会议第三次联络员会议在江苏省无锡市召开，江浙皖沪四地口岸办领导参加。

11月21日

台湾居民进出上海口岸签注自助受理机启用仪式在浦东国际机场T2航站楼举行。

11月29日~30日

上海与中部六省口岸大通关合作第七次联席会议、川渝沪口岸区域大通关合作五次联席会议在沪召开。

12月10日

泛长三角地区检验检疫机构通关机制改革研讨会在沪召开。上海市常务副市长杨雄，国家质检总局副局长魏传忠出席。

12月27日

长三角区域大通关建设协作第五次联席会议在江苏省常州市召开。浙江省常务副省长龚正、江苏省副省长张卫国、安徽省副省长花建慧和上海市政府副秘书长周波出席。

（撰稿人：张俭、刘江萍、沈娉、赵刚）

2012年上海市口岸流量统计表

口岸类型		口岸名称	货运量（万吨）				集装箱量（万标箱）				人员（万人次）				交通工具（辆、艘、架、列次）			
			出口	进口	合计	同比（%）	出口	进口	合计	同比（%）	出境	入境	合计	同比（%）	出境	入境	合计	同比（%）
空运口岸		上海航空口岸			261.6	-4.9							2 565.9	+5.8			174 376	+1.4
		分计			261.6	-4.9							2 565.9	+5.8			174 376	+1.4
陆运口岸	公路口岸																	
		分计																
	铁路口岸																	
		分计											16.03	+0.3			366	+0.5
水运口岸	海港口岸																	
		分计			35 825	+6.1	1 218.6	1 170.8	2 389.4				100.3	+16.8			25 404	-4.6
	河港口岸	内支线							426.5	+5.1								
		分计																
合计					36 086.60		1 218.60	1 170.80	2 815.9	+2.1			2 682.23				200 146	
同比（%）					+5.9				+2.1				+6.1				+0.6	

（上海市口岸服务办公室提供）

2012年上海海关主要数据统计表

项目		2012年	同比（%）
进出口货运量（吨）	合计	190 292 140	+8.3
	进口	102 926 196	+17.6
	出口	87 365 944	-1.0
进出口贸易总值（万美元）	合计	80 100 581.04	-1.35
	进口	31 005 991.99	-0.70
	其中：江、海运输	18 189 161.30	-1.42
	铁路运输	69 674.76	+313.59
	汽车运输	263 469.80	+22.14
	航空运输	12 462 981.96	-0.30
	邮件运输	9 633.50	-2.32
	其他运输	11 070.67	+63.92
	出口	49 094 589.05	-1.75
	其中：江、海运输	37 152 687.57	-0.63
	铁路运输	94 308.58	+14.54
	汽车运输	85 136.01	+6.64
	航空运输	11 456 813.44	-5.48
	邮件运输	1 407.96	-89.86
	其他运输	304 235.49	+6.24
税收（万元）	两税合计	37 104 260.2	+5.2
	关税入库	8 270 266.0	+8.6
	进口环节税入库	28 833 994.2	+4.3

（上海海关提供）

2012 年上海市口岸出入境主要数据表

单位：（人员）万人次；（交通工具）万辆、艘、架、列次

项目			2012 年	2011 年	同比（%）
出入境人员	出入境人员总数		2 683	2 528	+6.13
	入境人员		1 332	1 259	+5.80
	出境人员		1 351	1 269	+6.46
	出入境旅客		2 437	2 287	+6.56
	出入境员工		246	241	+2.07
	中国公民	小计	1 520	1 343	+13.18
		内地居民	1 205	1 027	+17.33
		港澳居民	122	126	-0.32
		台湾同胞	193	190	+1.58
	外籍人员		1 163	1 185	-1.86
	从海港出入境人数				
	从陆港出入境人数				
	从空港出入境人数				
交通运输工具	总计		20	20	0
	船舶		3	3	0
	飞机		17	17	0
	火车		0.036 6	0.036 4	+0.55
	机动车辆				

（上海出入境边防检查总站提供）

2012 年上海市出入境检验检疫业务统计表

项目	货物检验检疫				交通工具				集装箱（标箱）		发现动植物疫情		货物通关		出入境人员查验（人次）	健康检查及预防接种（人次）			
	批次	金额（万美元）	检验检疫不合格																
			批次	金额（万美元）	船舶（艘）	飞机（架）	火车（节）	汽车（辆）	合计	检出问题	种类数	种次	批次	金额（万美元）		健康检查	艾滋病监测	发现病例	预防接种
全年累计	2 375 701	21 508 740.4	33 971	699 569.04	23 049	178 637	3 840		9 788 870	232 450	888	278 182	4 451 820	22 482 352.6	26 657 077	73 816	65 945	119 720	79 884
其中 出境	784 877	3 530 194.4	214	514.51	12 875	89 816	1 920		1 117 649		1	1	3 372 737	12 834 907	13 336 206	25 150	24 545	44 383	79 871
其中 入境	1 590 824	17 978 546	33 757	699 054.53	10 174	88 821	1 920		8 671 221	232 450	887	278 181	1 079 083	9 647 445.6	13 320 871	48 666	41400	75 337	13
同比（%）	+12.41	+7.59	+27.01	+89.55	-0.68	+1.25	+12.28		+0.31	+20.64	+6.48	+119.2	+5.77	+0.35	+8.62	-0.87	-0.47	-3.95	+8.09
其中 出境	+2.72	+8.21	+0.94	+2.34	+3.21	+1.18	+12.28		-7.26				+5.24	-0.15	+9.12	+13.93	+14.84	+25.3	+8.19
其中 入境	+17.89	+7.47	+27.22	+89.67	-5.2	+1.32	+12.28		+1.38	+20.64	+6.48	+119.2	+7.48	+1.03	+8.13	-7.11	-7.76	-15.56	-82.67

（上海市出入境检验检疫局提供）

2012 年上海海事局进出港船舶统计汇总表

船舶类别	进港船舶							出港船舶						
	艘数（艘次）	总吨（吨位）	总载重量（吨）	载客量（客位）	船员人数（人）	货物到达量（吨）	旅客到达量（人）	艘数（艘次）	总吨（吨位）	总载重量（吨）	载客量（客位）	船员人数（人）	货物发送量（吨）	旅客发送量（人）
总数	100 321	1 002 934 547	1 165 975 954	6 500 156	1 523 669	335 887 246. 76	1 291 907	110 950	1 023 567 640	1 175 435 700	10 032 087	1 592 461	186 754 782. 28	960 787
中国籍船舶	80 313	279 770 167	280 729 863	6 283 516	976 361	178 610 928. 27	1 114 341	90 778	291 901 567	272 694 109	9 815 258	1 065 871	66 670 250. 58	785 761
其中：外贸船	1 088	25 629 868	23 345 746	32 734	27 400	11 640 735. 05	7 340	1 383	27 113 455	25 481 659	33 079	34 638	6 516 449. 64	7 808

（上海海事局提供）

口岸数量及分布

截止2012年年底，江苏省共有经国务院批准对外开放口岸18个，其中航空口岸4个，分别是南京、徐州、盐城、无锡；水运口岸14个，分别是连云港、南通、如皋、张家港、南京、镇江、江阴、扬州、泰州、太仓、常熟、常州、大丰、靖江。其中，靖江水运口岸对外开放批准时间为2012年11月22日，暂未验收。

口岸运行数据

2012年，江苏省水运口岸外贸运输量达31 095.82万吨，同比增长5.73%；外贸集装箱运量达704.15万标箱，同比增长4.52%。航空口岸出入境旅客1 881 961人次，同比增长30.76%，货运量32 695.5吨，同比减少31.45%。

江苏省水运口岸外贸运输情况表

	外贸运输量（万吨）		集装箱运量（万标箱）	
	自年初累计	同比（%）	自年初累计	同比（%）
全省合计	31 095.83	+5.73	704.15	+4.52
连云港	9 680.34	+5.71	316.86	+3.81
大丰	217.31	+9.57	2.17	-29.80
南通	3 284.60	+21.00	28.81	+11.40
如皋	472.82	+12.82	0.00	0.00
张家港	5 037.30	-3.80	47.21	-10.30
南京港	1 742.10	+64.11	62.25	+25.25
镇江	2 132.70	+15.90	37.54	+3.50
江阴	1 432.93	+5.87	7.66	+0.02
扬州	568.20	+2.60	19.11	+2.30
泰州	694.81	+36.55	13.66	+13.70
太仓	4 343.54	+21.58	135.56	+23.12
常熟	1 082.07	+4.47	21.84	+11.04
常州	407.11	+15.70	11.48	+22.60

2012年江苏省航空口岸外贸运输情况表

	出入境旅客（人次）		货运量（吨）	
	自年初累计	同比（%）	自年初累计	同比（%）
全省合计	1 881 961	+30.76	32 695.50	-31.45
南京	1 271 323	+22.36	29 394.40	-17.88
徐州	129 383	+112.38	90.00	0.00
盐城	110 993	+65.81	105.10	+20.73
无锡	370 262	+44.11	3 106.00	+487.03

口岸监管与服务

【口岸开放进一步推进】 2012年江苏省大力推进口岸开放工作。水运口岸方面，全年开放新建码头21座，共计泊位29个，靖江港口岸获得国务院批准对外开放。航空口岸方面，连云港白塔埠机场、淮安涟水机场香港临时包机在机场出入境获得批准，常州奔牛机场列入国家口岸管理办公室开放审理计划。积极推进海关特殊监管区的申报和验收工作，先后办理了太仓、镇江、江阴综合保税区和大丰保税物流中心（B型）的申报，参与盐城综合保税区（一期）、昆山综合保税区（二期）的正式验收工作。

【加强口岸查验单位协作，坚持联席会议制度】 自2006年起，由江苏海事局牵头，省级口岸查验单位及省口岸办协作、支持，江苏省口岸查验单位坚持每年定期召开联席会议，目前为止已召开16次会议。通过联席会议平台研究口岸查验工作中的热点、难点问题，着力解决企业发展中存在的困难和问题，做到重大问题能够及时解决，突出矛盾尽早化解，服务江苏省口岸经济发展。2012年，通过联席会议平台，研究解决了非开放的船厂码头新造外贸船舶交接问题，制定了《扬州大洋船厂出口船舶交接查验监管暂行意见》，并在全省予以推广；研究了南通振华港机码头接靠国际航行船舶监管问题，帮扶外贸企业解决了出口通道问题，共同帮扶企业渡过金融危机。联席会议研究了国际航行船舶进出新开口岸查验监管意见和已开放口岸码头动态监管工作。修订起草了《江苏省开放港口口岸涉外码头监督管理规定（草案）》。

【江苏海事局保障通航环境安全畅通】 2012年，江苏海事局全力做好－12.5米深水航道上延至南京的通航安全维护和航行保障工作，目前第五、第六代集装箱船和10万吨级海轮可以满载乘潮直航至太仓港；持续完善《长江江苏段船舶定线制规定》，相继制定出台海轮、小型船舶、危险品船舶长江安全航行与避让行为导则，长江江苏段通航环境和通航秩序得到进一步改善；争取交通运输部投资近4亿元，建设了26个雷达站、7个VTS中心，融合GIS（地理信息系统）、VTS（船舶交通服务系统）、AIS（船舶自动识别系统）、GPS（卫星定位系统）等信息系统，建成了全国最先进的通航安全保障与监控服务信息系统，并将部分信号免费提供给口岸查验单位、航运企业以及相关部门，在水路运输监管、服务与应急反应等方面发挥了突出作用。

【南京海关做好服务型海关建设】 一是细化18项落实举措促进外贸稳定增长。首次由江苏省人民政府举办专题新闻发布会，开展在线访谈，扩大海关政策影响。面对江苏外贸增长乏力甚至负增长的严峻局面，多次召开专题研究会议，出台支持措施，向省委省政府提出稳增长建议。扶持船舶、光伏、IT等重点行业发展，现场办公化解难题；坚决停止5项收费，从实施到年底全关少收约1 500万元，切实为企业减负增效。积极推动贸易便利化，扩大“属地申报，口岸验放”适用范围，简化转关手续；加强沪宁海关协作，共同出台提升通关便利化水平8项措施；坚持“5＋2”预约加班、关领导一线带班、组织“青年突击队”、连续加班加点。2012年江苏外贸进出口达到5 481.9亿美元，同比增长1.6%。二是多措并举推动转型升级。站在科学发展、国计民生的高度全力支持加工贸易转型升级，争取海关总署为苏州“量身定制”5项试点政策并取得明显效果，仅“放宽综保区外发加工期限”一项就惠及区内外企业150余家，涉及货值约5亿美元；加快特殊监管区域优化整合，盐城、无锡、淮安、南京综保区先后获批设立并逐步通过验收，支持苏州开展综保区“一区多片”探索研究，推进综保区统一管理平台建设，启动“返区维修”试点，特殊区域数量、功能、业务量领先全国；按照“管精、管少、管好”要求优化加贸及保税管理，探索工单报核、无纸化报核等改革。会同江苏省发展改革委、经济和信息化委员会、商务厅、科技厅等单位建立税收优惠政策宣传机制，积极落实创新驱动战略，助推产业结构调整升级。积极支持企业“走出去”，开展与美国海关C－TPAT实地联合验证、与韩国海关AEO互认磋商，使更多国内企业享受他国通关便利。三是创新方式主动为民服务。大力推进政务公开，树立“人人都是宣传员”的服务意识，编写发放5万余字的企业高管办理海关事务法律指引，送政策进企业、进社区；做精做强“12360”服务热线，开展“12360通关伴你行”政策巡回宣讲活动，面对面答疑解惑、零距离提供服务，会同海关总署办公厅举办在线访谈，访问量达2万余次。强化窗口服务，打造海关“金钥匙”等服务品牌。总结推广“杜洋工作法”，树立“网络奶粉君”刘捷等先进典型，借助微博、QQ群在海关与社会间架起和谐互信的桥梁，积极倡导年轻关员树立立足本职主动服务的新时期雷锋精神。

【江苏出入境检验检疫局内外联动“抓质量”】 2012年，江苏检验检疫局围绕“抓质量、保安全、促发展、强质检”工作方针，注重创新方法，夯实基础，一是以打造法治质检样板区为抓手，持续提升自身执法监管水平，全力打造口岸卫生检疫核心能力、国门生物安全防御体系、进口工业产品检验监管、进口食品口岸监管、法制监督、认证执法等6大样板，全年共验收通过31个样板点。截至11月25日，共检出不合格工业品6 862批，截获检疫性有害生物147种、1万多种次，截获医学媒介生物7 931批次，检出致病菌55种、1 461批次。二是以创新质量管理模式为带动，持续推动企业主体责任落实。一方面，首创出口企业优质奖。推动省政府牵头，纳入政府评价考核体系，对优质出口企业给予政策便利和扶持，充分发挥龙头企业的示范带动作用。另一方面，大力推广质量诚信管理。新批AA级企业6家，评定一类企业838家、二类企业5 034家，437家企业因不符合国家质检总局要求被降类。对全省近6万家进出口企业实施信用管理，评级率超90%。联合地方信用部门打造企业信用共享平台，实现质量信用信息网上实时查询和共享。

【检验检疫推广风险管理模式】 江苏出入境检验检疫局着眼长远，查建结合，以风险管理加大“保安全”新力度。深入开展“两个专项”行动，有效防范系统性、区域性、行业性质量安全风险。确立“三个四”的活动思路，将整治行动分解细化为4大方面、18项重点活动，建立信息周报、舆情监控、集中会审、局长例会4项机制；做到查改、内外、点面及自查与督查4个结合。其中，在质量安全风险排查整治方面，共检查1.3万家企业，排查风险隐患1 582个，查处案件30件，移送公安机关4起，整改问题1 406个。在道德领域突出问题专项教育治理方面，着力抓好集中行动、社会力量巡查、选树行业之星等10项可操作性工作。以“两个平台”建设提升口岸综合能力，联合交通、海事部门在连云港和太仓港开展示范建设，连云港口岸信息化系统得到国家质检总局推广，太仓港建成占地6.6万平方米的集中查验中心。建成南京、张家港、昆山等8个进口食品检验检疫监管样板，基本实现了江苏主要进口食品的集中管理。建成张家港、连云港等4个进口粮食示范口岸和泰州、太仓2个进口木材示范口岸。以WHO达标验收提升口岸卫生检疫核心能力，10个口岸一次性被世界卫生组织授予口岸卫生检疫核心能力达标单位，达标口岸数占全国系统1/6，位居全国系统第一。全面推广风险管理模式，有效建立质量安全管理长效机制，开展风险管理模式研究及应用，紧扣“物流监管、企业监管、业务监管”三个核心环节，创造性提出并试行了“三环联控”的独立执法架构，初步实现了预警先行、风险可控。依托信息化手段拓宽风险预警覆盖面，研发使用检验监管信息和风险管理系统，推广运用“出口退货信息管理系统”，对7 954批、3.83亿美元的退运货物实施追溯调查。建立舆情监测管理预警平台，实现全方位网络预警及短信提示。共调查120个重点案例，推动设立全国首个“检验监管综合改革实验区”，在全球维修业务、进口大型成套设备预申报等8个方面先行先试。实施出口机电产品“三检三分离”、轻纺产品“两分一合”、进口食品集中监管、进口奶牛“一船一港两场”隔离检疫、3C产品闭环管理等模式改革，有力提升了监管有效性。

【江苏省公安边防总队创新形成边检服务管理“江苏模式”】 针对边检勤务日趋繁重与警力严重不足的矛盾，江苏省公安边防总队进一步深化边检勤务改革，创新创优为民服务举措，探索推出了勤务实战型指挥中心、“三级监控监管、四位一体”、驻企边检警务室、旅游团便捷通关等12项举措，形成了符合江苏省口岸实际的边检服务管理“江苏模式”，实现了边检工作从被动服务向主动服务、从程序化服务向用心服务、从表面服务向定式服务转变的“三个根本性变化”。各边检站也纷纷因地制宜地打造服务模式，张家港边检站以党建促服务，形成“沿江党建带”；南京港边检站以人文、法治、平安、科技、和谐为目标，创建“爱民固边模范港区”；南通边检站创新边检服务员、警企联络员、法律宣传员、纠纷调解员、安全指导员“五员”工作法；太仓边检站创新“三区一厅”勤务模式，实现了服务发展便捷化、联勤联动一体化、口岸管控网格化；泰州边检站创新“边检分站+执勤点+勤务室”的勤务模式，将到点执勤时间控制在10分钟内，提供就近服务；南京、盐城机场边检站开展爱民固边模范空港创建活动，营造了更加安全顺畅的通关环境。省公安边防总队主动策应沿江沿海开发开放战略，提前介入口岸开放、码头新建、航线新增等项目规划，积极提供边检政策咨询和配套服务措施，真正当好驻地经济发展的建设者、保障者和促进者。他们克服警力不足的困难，坚持边开放、边建设、边组建，保障了148个码头泊位开放。各边检站定期梳理码头企业在生产经营、安全防范等方面的需求，按季度编报边检数据分析报告。空港边检站针对出入境人员迅猛增加的情况，推行网上预报检、团队分散通关等措施，提高了空港通关效率。针对金融危机对企业生产带来的影响，各边检站大力推行无线验放、网上预报预检、网上办证等便民服务措施，仅去年一年就为企业、船方、货主节约经费及挽回经济损失1.8亿余元。

开放口岸

【南京航空口岸】 南京禄口国际机场位于南京市江宁区禄口镇，于1997年7月1日正式通航，是中国重要的干线机场。1997年11月经国务院和中央军委批准对外开放。2005年4月，南京禄口国际机场被WHO评为国际卫生机场，2008年12月5日通过国家航空安全审计。机场现拥有4E级飞行区和1条4E级跑道。候机楼建筑面积13.2万平方米，年旅客保障能力1 200万人次。货运中心面积4.1万平方米，年货邮保障能力40万吨。禄口机场现与下列12个境外及地区航点开通定期客运航班：法兰克福，悉尼，东京、大阪、名古屋，首尔，新加坡，香港，澳门，台北，台中，台东；与曼谷、普吉境外航点开通定期包机航班；与洛杉矶、芝加哥、台北等3个境外及地区航点开通定期货运航班。南京禄口国际机场正在进行二期扩建工程，将新建第2跑道与T2候机楼，设计年旅客吞吐量3 000万人次，货邮吞吐量80万吨；飞行区等级将提升至4F级，可起降包括A380在内的所有机型，预计将于2014年7月建成并投入使用。2012年出入境人员137.92万人次，同比增长21.40%；进出口货运量3.58万吨，同比减少15.70%；出入境飞机9 821架次，同比增长27.10%。

2012年以来新开通香港航空香港—南京—香港定期航线，东方航空南京—台中—南京、南京—高雄—南京定期航线及北京—南京—悉尼航线。新开南京至曼谷、普吉、金边、暹粒、釜山等5条定期包机客运航线。其中，北京—南京—悉尼客运航线，是继南京—法兰克福航线后，江苏省开通的另一条国际远程直达航线。目前禄口机场口岸主要国际及地区航线为：

航线	班次
南京—法兰克福	每周3班
北京—南京—悉尼	每周3班
南京—首尔	每周14班
南京—东京	每周2班
南京—曼谷	不定期
南京—香港	每周28班
南京—澳门	每周14班
南京—台湾	每周18班
青岛—南京—新加坡	每周5班
新加坡—厦门—南京—安克雷奇—芝加哥/洛杉矶（货）	每周2班
南京—台北（货）	每周3班

【徐州航空口岸】 徐州观音机场位于徐州市东南方向的睢宁县双沟镇境内，距离徐州市区45千米，南临104国道，北靠盐徐高速公路，地面交通十分便利。2008年经国务院批准对外开放。观音机场旅客吞吐量连续多年居苏北及淮海地区各机场首位。机场现有1条3 400米跑道，能够起降波音737、空客330及以下各类型飞机。全年航班起降1 362架次，同比增长143.21%；旅客吞吐量97.5万人次，同比增长15.2%；货物吞量6 000吨，同比增长21.6%。目前已开通香港、台湾和曼谷3条国际和地区航线。观音机场不仅服务徐州，还直接辐射周边的宿迁、淮北、宿州、枣庄等市，是淮海经济区的中心机场。

2012年4月27日，徐州观音机场国际货运业务开通，组织了多批国际货运，完善了国际空港的功能。截至2012年年底，进出口货运量90吨，主要种类为电子产品。

2012年7月1日，徐州至泰国曼谷国际航线正式开通，该航线为观音机场开通的首条国际航线。徐州至泰国（曼谷）航线班期为每6天一班（非定期航班），由泰国东方航空公司执行。航线开通以来，泰国航班共运行25班次，运送旅客4 942人次，平均客座率76.12%。

2012年，徐州航空口岸地区航班保障情况良好。香港航班共运行132班次，运送旅客26 240人次，平均客座率62.7%左右。台北航班共运行299班次，运送旅客59 252人次，平均客座率63%左右。

【盐城航空口岸】 盐城南洋机场始建于1958年，位于江苏省盐城市亭湖区南洋镇境内，1984年，被国务院和中央军委批准为军民合用机场。1988年，与空军联合成立“江苏盐城联合航空公司”。1996年，盐城市人民政府新征土地16万平方米，自筹资金1.2亿元建设盐城民航站。2000年开通民航班机。2009年正式对外开放。目前，机场飞行区等级为4C级，跑道长2 200米，可保障波音737、空客320等中等机型起降。2011年机场旅客吞吐量突破23万人次，航班量每周最高50班，在飞航线有首尔、曼谷、香港、台北等4条国际和地区航线，北京、广州、上海、昆明、长沙等多条国内航线，是苏北地区国际和地区航线数量最多的机场。

盐城机场边防检查站、盐城海关驻机场办事处、盐城出入境检验检疫局机场办事处承担该口岸的监管任务。2012年，盐城航空口岸进出境旅客110 993人次、进出境货运量105.10吨。

【无锡航空口岸】 苏南硕放国际机场位于江苏省无锡市新区硕放镇，距无锡市中心16千米，距苏州市区25千米。2012年全年共安全保障运输航班起降28 464架次，进出港旅客323.86万人次，货邮84 026.7吨，分别比去年同期增长9.4%、10.2%、26.9%。其中，国际（地区）出入境旅客37.03万人次，出入境货邮3 106吨，分别同比增长44.1%和487.03%。

2012年，苏南硕放国际机场先后执飞了大阪、东京、宫崎、熊本、吉隆坡、济州、曼谷、普吉、暹粒、香港（客运）、香港（全货机）、澳门、台北等国际和地区航线，其中新开通2条航线，分别为济州及香港全货机。

公安部批准在苏南硕放国际机场设立台湾居民口岸签注点。自2012年6月20日起，苏南硕放国际机场口岸公安机关出入境管理部门可以为事先未办妥入境证件或签注直抵口岸的台湾居民办理《台湾居民往来大陆通行证》签注业务。

【连云港水运口岸】 位于中国沿海中部，新亚欧大陆桥东方桥头堡，是长三角和渤海湾之间重要的区域性国际枢纽港和集装箱干线港，是中西部地区对外交流、扩大开放的重要口岸，是亚欧大陆间国际集装箱水陆联运的黄金物流通道。

连云港港历史悠久，于1933年开港。连云港港由连云、赣榆、徐圩、前三岛和灌河5大港区组成，规划港口岸线100.7千米。各港区的主要功能定位为：连云港区以集装箱和大宗散货运输为主，兼顾客运和散、杂货运输的综合性公共港区；赣榆、徐圩港区依托临港工业起步，逐步发展成为服务腹地经济和后方临港工业的综合性产业港区；前三岛港区以远期预留石油运输为主；灌河港区以散杂货和化工品运输为主，兼顾修造船功能的海河联运产业开发的综合港区。

2012年25万吨级航道竣工通航，30万吨级矿石码头正式对外开放，氧化铝散化肥码头建成试投产，旗台防波堤、液体散货泊位水工、56号~57号泊位水工、保税物流中心二期土建、公路中心货运站主楼等一批项目都按期完工。至2012年年底，连云港港共有开放码头泊位48个，码头长度约11.5千米，综合通过能力10 978万吨（含集装箱285万标箱），其万吨级以上泊位45个，最大靠泊吨级30万吨级。目前全港发展仍以集装箱、煤炭、矿石等门类齐全的各种物资综合运输功能为主，2012 年完成货物吞吐量 1.85 亿吨、增幅 11.4%，其中散杂货 1.16 亿吨、增幅 12%，集装箱 502 万标箱、增幅 3.47%。目前，港口拥有国际国内航线60 条，月航班达300 班次，与世界上 150 多个国家和地区的近千个港口有贸易运输往来。连云港港被交通运输部和原铁道部定为铁水联运首批试点港口，开通了 9 条班列，其中连云港至阿拉山口、西宁、郑州班列实现客车化运行，并于2012 年 12 月 25 日，新开辟了连云港至霍尔果斯国际过境班列。集装箱铁水联运量继续领先沿海港口，年运量达到 30.3 万标箱。

【大丰水运口岸】 大丰港位于江苏1 040千米海岸线港口空白带的中心位置，东经 120°46′1″、北纬 33°16′18″，利用此海域特有的潮汐通道“西洋深槽”建设深水码头，“西洋深槽”水深稳定，－15 米等深线宽 3 千米 ~4 千米，长 55 千米，并与外海深水贯通，可进出 10 万吨级船舶。大丰港区位优势明显，集疏运体系完善，是国家交通运输部规划填补沿海港口空白带的项目，是江苏省沿海重点建设的三大港口之一，直接服务于苏中、苏北及皖北、豫南等中西部地区。大丰港与韩国、日本一衣带水，距釜山港 420 海里、长崎港 430 海里、上海港 250 海里、连云港港 120 海里；毗邻盐城、南通机场、沿海高速、新长铁路、通榆运河，构成了海陆空体系完善的集疏运网络；苏通长江大桥通车后，大丰港已成为江苏沿海重要的交通枢纽和物流中心。

大丰港自 2007 年 9 月正式成为国家一类口岸以来，已建成万吨级至 10 万吨级泊位 8 个，年吞吐能力达3 000万吨，三期工程通用和集装箱专用码头正加快桩基工程、上部结构、预制构件等建设进度。10 万吨 ~15 万吨级进港深水航道工程已经纳入国家交通运输部“十二五”规划。目前已开通至韩国仁川港、釜山港，日本门司港和经上海至欧美等国际集装箱班轮航线，至日本、俄罗斯杂货航线，以及至大连、天津、秦皇岛、青岛等散杂货航线。

2012 年，大丰港完成货物吞吐量2 022万吨，集装箱吞吐量近 5 万标箱。

【南通水运口岸】 南通港地处长江和沿海“T”字型经济发展带的交汇点上，是我国发展综合运输的沿海主枢纽港、上海国际航运中心北翼的重要组成部分，1982 年，南通港水运口岸经国务院、中央军委批准对外开放，是一类口岸，现与世界上 100 多个国家和地区的 300 多个港口通航。南通港拥有长江岸线 219 千米，其中干堤岸线 166 千米、洲堤岸线 53 千米，可建万吨级深水泊位的岸线 30 多千米；拥有海岸线 203 千米，其中可建 5 万吨级以上深水岸线 40 多千米。共规划有 11 个港区，沿江有如皋、天生、通州、任港、狼山、富民、江海、通海、启海 9 个港区，沿海有洋口、吕四两个港区。地处腰沙—冷家沙海域的通州湾港区正在进行规划研究和编制，即将成为南通港第 12 个港区。目前，南通港共有各类码头泊位 227 座。其中，生产性泊位 137 座，非生产性泊位 23 座，舾装码头 67 座，万吨级以上泊位共 93 座。码头年设计货物通过能力10 340.20万吨。南通港共 13 个锚地，长江主航道流经沿江各港区，沿江拥有营船港航道、天生港航道两条专用航道，沿海洋口港区烂沙洋南航道、北航道，吕四港区进港航道建成通航。全市海岸带面积 1.3 万平方千米，沿海滩涂 0.21 万平方千米，发展空间广阔。

南通港经过近 30 年的发展建设，临港工业项目加速集聚，新兴物流市场蓬勃发展，全市 90% 以上的基础物流由港口完成。截至 2012 年年底，南通辖区长江沿岸对外开放码头达 34 座，泊位 55 个。南通港依托原有的出口加工区申报南通综合保税区获国务院批准。

2006年，南通港货物吞吐量首次突破亿吨，跻身当年全国十大亿吨大港之列，此后不断刷新纪录。2012年，全港吞吐量完成1.85亿吨，与去年同期相比增长6.9%。从品种来看，金属矿石、煤炭、石油及制品仍然是南通港的支柱货物。口岸外贸运量3 757.42万吨，同比增长19.9%，其中进口2 925.42万吨，同比增长24.6%；出口832万吨，同比增长6%。集装箱吞吐量50.4万标箱，外贸集装箱吞吐量28.81万标箱，同比增长11.4%。国际航行船舶进出口岸4 789艘次，各项指标创历史新高。

【如皋水运口岸】 如皋港口岸位于长江三角洲北翼，江苏省南通市如皋市最南端，与张家港隔江相望，距上游江阴港36千米、南京港200千米，距下游南通港24千米、上海港120千米，距离入海口223千米。如皋港现有长江深水岸线约17.56千米、人工港池岸线14.2千米，目前已建生产性泊位32个，其中万吨级以上泊位10个；修造船及海工泊位19个，其中30万吨级舾装泊位8个。2008年如皋港经国务院批准对外开放，目前已开放泊位15个。

如皋海事局于6月18日揭牌成立，标志着如皋港口岸开放功能基本完善。如皋海关、如皋边防检查站和如皋出入境检验检疫局等查验单位已于2009年~2010年相继入驻。

2012年如皋港外贸货物吞吐量367.8万吨，同比增长3.17%，进出国际航行船舶650艘次，同比下降6.07%。进出如皋港口岸的外贸货物主要以大宗散杂货和危化品为主，散货货种主要为煤炭、金属矿石等，危化品主要货种为基础油、棕榈油等。

散货业务主要来源于如皋港务集团有限公司码头，该公司建有5万吨级以上公用泊位4个，已全部对外开放，有大型门吊15台，大型装载机18台，后沿堆场近70万平方米，是长江北岸重要的货物集散地。

危化品业务主要来源于诚晖石化等4家石化企业的5个开放泊位，2012年度外贸吞吐量144.5万吨。目前如皋港已经成为华东地区重要的、极具发展潜力的危险品仓储、中转基地，拥有各类大小储罐233个，已具有200万立方米的储存能力和每年2 000万吨的吞吐能力。

如皋港还形成了以江苏熔盛重工有限公司为龙头的10多家船舶修造企业和20多家船舶配套企业板块，该公司共有4座大型船坞，其中139.5米×580米的4号船坞是目前国内最大的干船坞，配备了1台世界最大的1 600吨龙门吊，已为巴西淡水河谷公司、阿曼航运公司等船东建造了数条38万吨级的世界最大的矿砂船。

【张家港水运口岸】 张家港水运口岸东距上海吴淞口146.5千米，西离南京港219.4千米，南与杭嘉湖地区相连，北通苏北各港。港口面江、傍河、通海，具有水水中转优势。可承接钢材、木材、化工品、粮油、煤炭、集装箱、件杂货等不同货种的中转储运。随着全省大交通格局的形成，港口陆路运输网络不断健全，自港口出发，1小时车程可覆盖苏州、无锡、常州、南通，2小时车程可到达上海、南京、杭州。作为苏州、无锡、常州地区对外开放的重要门户，港口拥有富庶的经济腹地和区港一体的自然条件，是长江内河流域最早对外开放的一类口岸。依托口岸建立的张家港保税港区是中国目前唯一的县域口岸保税港区和江苏唯一的保税港区。

张家港水运口岸主要由长山、张家港、化学工业园、新港、冶金工业园和东沙6个作业区组成。长山作业区主要为后方的船舶等装备制造业发展服务。张家港作业区以承担木材、煤炭等江海物资转运和集装箱支线运输为主，是内外贸相结合的综合性枢纽作业区。化学工业园作业区以化工品和粮食运输为主，服务于后方扬子江化学工业园的开发，兼有部分化工品的中转贮运功能。新港作业区以重大件、钢铁等件杂货和水泥等散货运输为主，主要服务于张家港市机械装备业的开发，以及后方临港工业的原材料和产成品运输。冶金工业园作业区以承担铁矿石、钢铁、煤炭等通用散杂货运输为主，主要服务于后方扬子江冶金工业园的开发。东沙作业区主要为后方临港工业的能源、原材料和产成品运输服务，同时兼顾部分公共货物的运输。

张家港水运口岸线西起长山（与江阴交界），东至东沙（与常熟接界），全长80.4千米，其中主江岸线63.6千米、深水岸线约35.8千米。岸线顺通，-10米以下深水贴岸，不冻不淤，并有江心福姜沙作天然屏障，是得天独厚的避风良港。全港共有大小泊位118个，其中开放泊位73个；万吨级以上泊位65个，其中开放泊位61个。口岸每周集装箱航班近66班，包括韩国、日本等近洋航线和上海洋山、外高桥等中转国际航线。目前，张家港口岸已同世界上40多个国家和地区的100多个港口有货运往来。

2012年，张家港水运口岸货物吐量超过2.42亿吨，集装箱吞吐量完成150万标箱。

2012年张家港港集装箱干、支线航班统计表

序号	航线		每周航班
			2012年
1	近洋航线	日本	1
2		韩国	4
3		台湾	暂停
	小计		5
4	内贸直达航线	泉州/黄埔	2
5	中转航线	洋山	23
6		外高桥	36
	小计		59
	合计		66

【南京水运口岸】 南京水运口岸地处长江下游，距吴淞口300余千米，港辖区沿长江两岸分布，南岸全长104.2千米，北岸全长91.0千米，航道维护水深达10.5米，可满足3万吨级海轮常年通航、5万吨级海轮乘潮通航。长江南京港是我国沿海25个主枢纽港之一。1986年3月，经全国人大常委会批准，南京港对外国籍船舶开放。2012年出入境人员4.57万人次，同比增长19.8%。进出口货运量1 496.73万吨，同比增长6.3%。监管运输工具量2 326艘次，同比增长11.80%。南京港现常年接靠国际航行船舶的码头泊位共有63个。其中，今年新增3个对外开放码头，分别是中化扬州石化码头仓储有限公司6067码头泊位、西坝港区二期工程码头1号~2号泊位、龙潭港区五期工程明州码头3号~4号泊位。

南京水运口岸现有国际集装箱班轮航线4条，每月航班量达20班，其中南京—日本4班/月，南京—韩国16班/月；外贸内支线26条，每月航班量达248班，其中南京—洋山96班/月，南京—外高桥148班/月，南京—宁波4班/月。

南京综合保税区于2012年9月17日经国务院批准设立，规划面积5.03平方千米，分为龙潭和江宁两个片区，其中龙潭片区位于栖霞区，紧临龙潭港区，规划面积3.83平方千米。江宁片区位于江宁开发区，是在原出口加工区（南区）规划范围内升级改造，规划面积1.2平方千米。目前，正开展南京综合保税区的规划和建设工作，计划一年内完成封关验收。南京综合保税区封关验收后不再保留南京出口加工区和龙潭保税物流中心。

【镇江水运口岸】 镇江水运口岸位于长江与京杭运河两条黄金水道的十字交汇处，上距南京87千米，下距长江入海口279千米。1986年经国务院批准对外开放，是我国沿海25个主要港口和两岸海上直航大陆63个港口之一，是国家主枢纽港、长江三角洲地区重要的对外开放口岸。

镇江市规划港口岸线总长126.0千米，其中深水港口岸线75.1千米。截至2012年年底，已利用港口岸线39.3千米，其中深水岸线28.3千米。目前，镇江港共有生产性泊位226个，设计通过能力1.12亿吨，其中集装箱通过能力40万标箱。

镇江港下辖高资、龙门、谏壁、大港、扬中、高桥、新民洲等7个港区，主要经营煤炭、矿石、钢材、豆类、植物油等散杂货及集装箱业务，是长江中上游地区大宗物资江海中转效益最佳区段，具有江海直达和海江河转运的区位优势，进港主航道水深-10米以上，3万吨级船舶可常年通航，具备深水码头成片规模开发建设的条件，具有持续发展的广阔空间。

镇江港与沪宁城际铁路、京沪高速铁路等铁路主干线相连接，沪宁高速、扬溧高速、沿江高速、312国道、104国道等公路主干线连接各大港区，润扬大桥连接大江南北，泰州长江公路大桥穿越镇江港扬中港区，港口距南京禄口国际机场仅1小时车程，集疏运条件畅通便捷，是多种运输方式交汇的中转枢纽港和物流中心港。镇江港是一类开放口岸。目前，镇江口岸共有对外开放泊位41个，已与世界上70多个国家近300个港口建立外贸运输业务，建有镇江新区出口加工区、中远物流保税仓库、金东纸业保税仓库、惠龙港务出口监管仓库、李长荣化工液体化学品保税罐等特殊监管区域。2012年，镇江港共完成货物吞吐量13 460.5万吨、外贸吞吐量2 132.9万吨、集装箱吞吐量37.5万标箱。

2012年镇江港货物吞吐量完成情况

		2012年	2011年	同比（%）
1.	港辖区货物吞吐量（万吨）	13 460.49	11 806.18	+14.0
	公用码头	8 669.30	8 718.88	-0.57
	货主码头	4 791.19	3 087.30	+55.19
2.	外贸货物吞吐量（万吨）	2 135.88	1 840.54	+16.05
	公用码头	1 707.19	1 607.64	+6.19
	货主码头	428.69	232.90	+84.07
3.	集装箱（万标箱）	37.54	36.26	+3.53
	港务集团	34.17	33.17	+3.01
	货主码头	3.37	3.09	+9.06

【江阴水运口岸】 江阴水运口岸位于江苏省江阴市，地处长江A、B级航道分界点，辖有35千米长江深水岸线，为无锡地区唯一出海通道。1992年5月成为一类对外开放水运口岸。2007年7月，经国务院批复同意，长江靖江一侧24.1千米沿江岸线纳入江阴水运口岸扩大开放范围，江阴水运口岸初步形成一体两翼、南北联动的发展格局。

2012年，江阴水运口岸全面落实“以港兴产”战略，转型提升步伐不断加快。2012年年内，基础建设稳步推进，《江阴市内河港口总体规划》获批实施，完成港口投资6.44亿元，新辟至东南亚、韩国仁川、中东等3条件杂货班轮航线，港口协会正式运作；对外开放纵深推进，港口集团（大港分公司）、苏龙热电、华澄重工、大通国际、长强钢铁等5家企业共8个泊位通过省级开放验收，年开放泊位数创历史新高，江阴水运口岸开放泊位升至43个；协调保障载人潜水器“蛟龙号”再次从江阴港口岸启航，德国“汉萨蒂克”号五星级豪华邮轮顺利停靠苏南码头，口岸知名度显著提升；文明共建形式多样，以江阴港一类口岸开放20周年为契机，创作港口口岸之歌，制作宣传片、宣传画册，举办江阴口岸第三届乒乓球比赛等活动，增强口岸凝聚力；推行受理窗口、职能科室、分管领导三方同时审核机制，缩短审批时限，优化服务举措，口岸服务提速增效。截至2012年年底，江阴水运口岸拥有千吨级以上码头泊位89个，其中万吨级以上泊位45个，全年完成港口货物吞吐量、集装箱吞吐量1.32亿吨、115.38万标箱，同比分别增长2.43%、3.40%，化工品、金属矿石、钢铁、石油及制品、煤炭成为主要进出口货种。年内，江阴港口岸成为全国首批通过世界卫生组织口岸核心能力考核的达标口岸之一，并连续5年（2007年~2011年）获“江苏省文明口岸”称号，江阴市口岸办公室获评江苏省共建文明口岸活动先进组织者、江苏省交通运输行业文明单位、无锡市交通行业管理先进单位、无锡市交通运输系统安全工作先进单位、江阴市百佳创先争优示范先锋奖等荣誉。

【扬州水运口岸】 扬州港位于江苏中部、长江下游北岸、江淮平原南端，地处长江和京杭大运河交汇处。扬州是我国较早开展对外贸易和国际交往的城市之一，是国务院第一批命名的历史文化名城。扬州是上海经济圈和南京都市圈的节点城市，向南接纳苏南、上海等地区经济辐射，向北作为开发苏北的前沿阵地和传导区域，素有“苏北门户”之称。沪宁高速公路、宁通高速公路在扬州境内交汇，扬溧高速公路经润扬长江公路大桥直通苏南。扬州已实现环城贯通高速公路，此外，沿江高等级公路、安大公路、淮江公路、盐金公路、仪扬公路等国省干线公路构筑起400千米的“市域环路”，宁启铁路横穿扬州境内，京杭大运河与长江在扬州南部汇流，构成市域航道主骨，形成了便捷的输港通道，是长江北岸重要的交通枢纽和货物集散中心。扬州口岸（扬州港水运口岸），是经国务院批准的一类口岸。1992年11月29日，扬州港经国务院批准对外国籍船舶开放。

扬州港内有长江岸线81千米，其中开放岸线共计近70千米。沿江有仪征、江都、邗江一市二区和省级扬州经济开放区。

扬州水运口岸布局为“一港三区”，主港区为六圩港区，江都港区、仪征港区分列两翼，具有广阔的经济腹地和江海河联运的区位优势，共有各类码头泊位45个，其中万吨级以上泊位21个。扬州港六圩港区以集装箱运输为主，兼顾煤炭、铁矿石等大宗散货；江都港区距扬州市区36千米，将以件杂货为主，现有万吨级泊位10个；扬州港仪征港区距扬州市区29千米，是一个液体化工专业港区，目前已建成万吨级以上泊位8个，千吨级泊位12个，近年来，港区后方扬州化学工业园区迅速崛起，众多大型化工项目纷纷落户园区，给仪征港区带来了广阔的发展前景。

目前扬州港已与全球50个国家和地区的120个港口有货物中转往来，每周有30多个航班从扬州至上海外贸集装箱支线运输，40多个航班从事内贸集装箱支干线运输，通达世界50个国家120个港口，为江苏苏北、苏中地区从“运河经济”迈向“海河经济”架起了金桥。

2012年扬州港完成货物吞吐量8 000万吨，集装箱吞吐量50万标箱。

【泰州水运口岸】 泰州港，原为高港港，形成于北宋乾德三年（公元965年），1902年高港港开埠。泰州港位于长江下游北岸、我国沿海经济带与沿江经济带T形交汇处，上距南京145千米，下离上海247千米，西起江都界，东至靖如界，拥有长江岸线96.3千米，其中深水岸线53.65千米。1992年11月经国务院批准为国家一类开放口岸。1997年交通运输部同意高港港更名为泰州港，继续对外国籍船舶开放。已与世界上60多个国家的港口有运输往来，成为长江下游一个重要的对外口岸。

泰州为苏中门户，自古就有“水陆要津，咽喉据郡”之称。优越的区位优势，凸显泰州承南启北交通枢纽的重要地位。京沪、盐靖、启扬高速公路纵横全境。近几年来，泰州港充分利用自身区位优势、岸线资源，加快港口建设，港口大型化、专业化、规模化水平不断提升，货物吞吐量屡创新高，2011年跨入全国亿吨大港行列。可承接钢材、木材、化工品、粮油、煤炭、集装箱、件杂货等不同货种的中转储运，是全国木材、钢材、粮油、化工品等货物的重要中转港和国际贸易商港。

泰州水运口岸环境优越，涉外服务机构配套齐全，为外贸进出口发展提供了全方位、便捷、高效的服务。2012年新增对外开放码头3座，对外开放码头达20座32个泊位。2012年，泰州港港口吞吐量1.3亿吨。其中口岸进出口运量1 656.45万吨，同比增长18.5%，其中进口1 278.87万吨，同比增长25.3%，出口378.07万吨，与上年基本持平。监管进出境船舶3 160艘次，监管进出境船员61 232人次，同比分别增长16%、16.8%。

【太仓水运口岸】 太仓港位于长江入海口南

岸，距上海市、苏州市中心均为60千米，1995年经国务院批准正式对外开放。目前，太仓港拥有长江岸线38.8千米，其中深水岸线25.7千米，通航水深12.5米。已建成码头泊位66个，吞吐能力1.04亿吨、435万标箱，拥有航线108条，其中近洋航线13条，挂靠日本、韩国、台湾等国家和地区12个港口；内贸干线31条，覆盖沿海各大港口；长江（运河）支线45条，挂靠长江、运河沿线21个港口；洋山支线19条，实行定点、定线、定时、定航次、定价“五定”班轮服务。太仓口岸功能齐全，拥有太仓港保税物流中心、信息中心、口岸集中查验中心、国际客运站、长三角唯一国家级进口木材检疫除害处理区、集卡停车场、危险品堆场、扩建海轮锚地、综合监管救助基地、集卡免费通行高速公路信息化等功能载体。争取交通运输部批准同意，自5月18日起太仓港进出境船舶引航实现“一次申请、在航交接”。争取财政部、国家发展改革委、交通运输部批准同意，自2013年1月1日起太仓港作为沿海港口管理，并执行相关的行政事业性收费政策，太仓港从此由内河港正式变身为海港，开始迈入海洋时代。

2012年，太仓港完成集装箱吞吐量401.46万标箱，货物吞吐量1.23亿吨。太仓港已成为长江集装箱运输第一大港，全国海运木材进口第一大港，长江沿线铁矿石进口第一大港，长江沿线接靠船舶吨位最大、吃水最深、接靠超大型船舶数量最多的港口。

2012年太仓港货物吞吐量完成情况表

		2011	2012	同比（%）
货物吞吐量（万吨）		10 253.73	12 262.47	+19.59
集装箱吞吐量（万标箱）		3 057 860.00	4 014 616.50	+31.29
外贸进出口量（万吨）	出口	622.76	717.05	+15.14
	进口	2 949.83	3 626.49	+22.94
	合计	3 572.59	4 343.54	+21.58

【常熟水运口岸】 常熟水运口岸位于江苏沿江工业带和沿海开放带的两条主轴线“T”字结构的交汇处，距上海港仅80千米。常熟港是上海国际航运中心的组合港，集装箱支线港，长三角区域重要中转港，临江工业和商品贸易的配套港，是具有现代物流特征的综合性国际港口。常熟港是一类口岸，于1996年11月正式对外国籍船舶开放。

常熟港拥有长江岸线37.5千米，由兴华作业区、金泾塘作业区、铁黄沙作业区（近期开发）组成，此外还有白茆小沙预留发展区。兴华作业区以钢材、纸浆、木材等件杂货江海物资转运和集装箱支线、喂给运输为主，是内外贸相结合的综合性作业区；金泾塘作业区主要为后方常熟经济开发区的电力、化工、造纸、钢铁、装备制造等产业发展提供能源、原材料和产成品运输服务；铁黄沙作业区以通用散杂货和集装箱运输

为主，主要为常熟市经济发展和临港工业开发服务，兼顾为长江沿线及周边地区物资转运服务。

常熟港进港航道总长 23.1 千米，最大水深 10.5 米。全港共有码头泊位 43 个，其中万吨级以上泊位 20 个，码头泊位总长6 221.4米，最大靠泊等级 10 万吨级（减载靠泊），设计年货物吞吐能力3 661.4万吨；共有锚地 3 个，总面积 13.9 平方千米。常熟港累计开辟航线 58 条，其中近远洋件杂货航线 19 条，内外贸集装箱班轮航线 39 条，月到港集装箱班轮 350 多艘次，与 53 个国家和地区的 265 个国际港口实现了通航通商。

常熟出口加工区于 2005 年 6 月经国务院批准设立，规划面积 0.94 平方千米，实际围网使用面积 0.88 平方千米。2010 年 1 月经国务院批准调整规划范围，分设 A 区、B 区。其中 A 区面积 0.53 平方千米，于 2007 年 5 月正式封关运作；B 区面积 0.35 平方千米，2011 年 6 月正式封关运作。目前常熟出口加工区不仅具有出口加工制造，还具有保税仓储、国际贸易、物流配送、设计研发、检测维修等功能。

常熟直通式监管点是原二类口岸，于 2003 年 12 月开始正式运作，占地 3.3 万平方米，包括海关监管仓库约2 900平方米，集装箱堆场约 2 万平方米，设有2 500平方米货物查验区域。主要对陆路进出口转关货物进行监管，办理检验检疫、查验、放行等业务。

2012 年，常熟港完成货物吞吐量6 311.7万吨，同比增长 10.7%，完成外贸货物吞吐量 1 082.1万吨，同比增长 4.5%，其中进口货物 802.3 万吨，同比增长 11.5%，出口货物 279.8 万吨，同比减少 11.5%。完成集装箱吞吐量 34.65 万标箱，同比增长 8.3%。完成外贸集装箱吞吐量 21.84 万标箱，同比增长 11.0%。

【常州水运口岸】 常州水运口岸位于常州市新北区境内，长江南岸，北隔长江与泰兴相望，上距南京长江大桥 167 千米，下至上海吴淞口 180 千米。2001 年 4 月经国务院批准对外国籍船舶开放。至 2012 年年底，已建成并对外开放的万吨级长江深水泊位 8 个，码头功能完备，可接卸散货、件杂货、液体化工品、集装箱等货物。港口各种水文、气象、河势和航道情况良好，码头泊位水深 -11 米以上，可常年满足万吨级海轮直航和靠泊需要。

常州水运口岸拥有较完善的开放配套设施和良好的口岸通关服务环境。口岸查验监管部门全面实施了“5 +2”工作日制及“7 ×24 小时”预约服务制；各口岸查验单位港区办事机构全部进驻口岸联检大楼办公，实现了现场监管视频传输实时化、办公及业务操作电子网络化、口岸通关申报一门式服务。2012 年完成货物吞吐量2 667 万吨，其中外贸进出口量 391 万吨，集装箱运量 142 602标箱。

江苏省口岸大事记

5 月 8 日

“国家质检总局国际合作交流基地”揭牌仪式在常州国检局举行。

6 月 8 日

连云港港 30 万吨级航道一期工程首航仪式在旗台作业区 25 万吨级矿石码头举行。

7 月 5 日

中央政治局委员、国务院副总理王岐山一行视察常州海关、常州检验检疫局高新区办事处，慰问海关和质检基层一线干部职工。

7 月 13 日

海关总署署长于广洲到泰州考察调研，在江苏省副省长张卫国陪同下视察了泰州海关出口加工区通关监管现场。

7 月 14 日

海关总署署长于广洲一行到徐州，在江苏省省长李学勇等省市领导陪同下到徐州海关驻开发区直通式监管点调研。

9 月 19 日

国家检质检总局发文公布了首批通过世界卫生组织口岸核心能力考核达标的 61 家口岸及单位，张家港港口岸和常州港口岸名列其中。

10月22日

由中华人民共和国科学技术部批准设立的“中国港口协会科学技术奖”2012年度评审会在北京召开，连云港港口集团通信工程公司申报项目港口设施资源系统软件及新陆桥（连云港）码头有限公司申报项目火车车厢物料平整机，分别荣获2012年度中国港口协会科学技术奖三等奖。

11月22日

江苏靖江港口岸获国务院批准对外开放。

12月27日

长三角区域大通关建设协作第五次联席会议在常州市召开。

2012 年江苏省口岸流量统计表

口岸类型		口岸名称	货运量（万吨）				集装箱量（万标箱）				人员（人次）				交通工具（辆、艘、架、列次）			
			出口	进口	合计	同比（%）	出口	进口	合计	同比（%）	出境	入境	合计	同比（%）	出境	入境	合计	同比（%）
空运口岸		南京			2.94	−17.88							1271 323	+22.36				
		徐州			0.01	0.00							129 383	+112.38				
		盐城			0.01	+20.73							110 993	+65.81				
		无锡			0.31	+487.03							370 262	+44.11				
		分计			3.27	−31.45							1881 961	+30.76				
水运口岸	海港口岸	连云港			9 680.34	+5.71			316.86	+3.81								
		大丰			217.31	+9.57			2.17	−29.80								
		分计			9 897.65	+5.92			319.03	+4.13								
	河港口岸	南通			3 284.60	+21.00			28.81	+11.40								
		如皋			472.82	+12.82			0.00	0.00								
		张家港			5 037.30	−3.80			47.21	−10.30								
		南京港			1 742.10	+64.11			62.25	+25.25								
		镇江			2 132.70	+15.90			37.54	+3.50								
		江阴			1 432.93	+5.87			7.66	0.02								
		扬州			568.20	+2.60			19.11	+2.30								
		泰 州			694.81	+36.55			13.66	+13.70								
		太仓			4 343.54	+21.58			135.56	+23.12								
		常熟			1 082.07	+4.47			21.84	+11.04								
		常州			407.11	+15.70			11.48	+22.60								
		分计			21 198.18	+5.64			385.12	+4.85								
合计					31 099.10				704.15									
同比（%）					+5.72				+4.52									

（江苏省口岸办提供）

2012年南京海关主要数据统计表

项目		2012年	同比（%）
进出口货运量（万吨）	合计	27 519.08	+10.39
	进口	22 142.24	+14.29
	出口	5 376.84	-3.22
进出口贸易总值（万美元）	合计	34 173 592.87	+1.25
	进口	18 783 958.64	-0.22
	其中：江、海运输	11 732 108.81	-4.08
	铁路运输	12 078.22	+694.04
	汽车运输	989 145.57	+86.70
	航空运输	6 029 033.93	-0.51
	邮件运输	2 560.30	-6.93
	其他运输	19 031.81	+2 279.56
	出口	15 389 634.23	+3.11
	其中：江、海运输	9 223 596.05	-5.26
	铁路运输	138 427.94	+35.39
	汽车运输	1 161 749.97	+80.26
	航空运输	4 848 351.72	+10.90
	邮件运输	2 132.48	-81.78
	其他运输	15 376.07	-74.73
税收（万元）	两税合计	293.67	+37.03
	关税入库	290.60	+37.55
	进口环节税入库	3.07	+1.03

（南京海关提供）

2012年江苏省口岸出入境主要数据表

单位：（人员）人次；（交通工具）辆、艘、架、列次

项目			2012年	2011年	同比（%）
出入境人员	出入境人员总数		2 626 718	2 162 515	+21.47
	入境人员		1 320 416	1 093 783	+20.72
	出境人员		1 306 302	1 068 732	+22.22
	出入境旅客		2 009 093	1 579 235	+27.22
	出入境员工		617 625	583 280	+5.89
	中国公民	小计	2 082 734	1 586 098	+31.31
		内地居民（因公）	283 512	279 767	+1.34
		内地居民（因私）	1 383 943	979 742	+41.26
		港澳居民	93 059	86 574	+7.50
		台湾同胞	322 220	240 015	+34.25
	外籍人员		543 984	576 417	-5.63
	从海港出入境人数		612 384	618 388	-0.97
	从陆港出入境人数				
	从空港出入境人数		2 014 334	1 544 127	+30.45
交通运输工具	总计		39 880	36 174	+10.24
	船舶		25 139	24 652	+1.98
	飞机		14 741	11 522	+27.94
	火车				
	机动车辆				

（江苏省公安边防总队提供）

2012 年江苏省出入境检验检疫业务统计表

项目	货物检验检疫				交通工具				集装箱（标箱）		发现动植物疫情		货物通关		出入境人员查验（人次）	健康检查及预防接种（人次）			
	批次	金额（万美元）	检验检疫不合格																
			批次	金额（万美元）	船舶（艘）	飞机（架）	火车（节）	汽车（辆）	合计	检出问题	种类数	种次	批次	金额（万美元）		健康检查	艾滋病监测	发现病例	预防接种
本年累计	2 086 220	15 486 433			28 739	14 274									2 673 783	129 425	125 621		107 249
其中 出境	1 758 830	8 067 714			14 480	6 981									1 319 608	106 763	104 277		101 182
其中 入境	327 390	7 418 719			14 259	7 293									1 354 175	22 662	21 344		6 067
同比（%）	+6. 80	+2. 80			+1. 80	+23. 80									+21. 20	+2. 00	+0. 60		+3. 80
其中 出境	+5. 50	+2. 40			+30	+19. 50									+22. 10	+1. 40	+1. 20		+5. 50
其中 入境	+14. 40	+3. 10			+0. 70	+28. 20									+20. 30	+4. 90	-2. 20		-18. 10

（江苏出入境检验检疫局提供）

2012 年江苏海事局进出港船舶统计汇总表

船舶类别	进港船舶							出港船舶						
	艘数（艘）	总 吨（吨位）	总载重量（吨）	载客量（客位）	船员人数（人次）	货物到达量（吨）	旅客到达量（人）	艘数（艘）	总 吨（吨位）	总载重量（吨）	载客量（客位）	船员人数（人次）	货物发送量（吨）	旅客发送量（人）
总　计	1 088 770	1 495 638 789	1 755 775 439	112 636 049	1 645 514	838 771 187	69 641 516	1 092 227	1 510 019 000	1 783 611 513	111 754 639	1 658 455	367 716 609	69 819 197
中国籍船舶	103 353	458 358 294	617 380 242	41 887	1 307 563	410 611 963	20 661	103 632	466 255 807	632 728 666	46 215	1 316 798	68 248 943	17 548
其中：外贸船	1 832	15 475 806	16 134 462	40 376	51 023	10 853 466	20 606	1 962	18 190 809	20 276 871	40 376	55 608	3 978 987	17 268

（江苏海事局提供）

浙　江　省

浙江省口岸分布示意图

口岸名称	批准开放时间	开放状态
杭州航空口岸	1980	国际常年
宁波航空口岸	1992.7	国际常年
温州航空口岸	1994.9	国际常年
宁波水运口岸	1979.6	国际常年
舟山水运口岸	1986.4	国际常年
温州水运口岸	1957	国际常年
台州水运口岸	1989.5	国际常年
嘉兴水运口岸	1996.1	国际常年

口岸数量及分布

截至2012年年底，浙江省共有经国务院批准对外开放口岸8个，其中航空口岸3个，分别是杭州萧山国际机场、宁波栎社国际机场和温州永强机场，开通国际和地区定期航线33条（其中杭州航空口岸25条、宁波航空口岸3条、温州航空口岸5条），不定期航线25条（其中杭州航空口岸20条、宁波航空口岸5条）；海港口岸5个，分别是宁波港、舟山港、温州港、台州港和嘉兴港口岸，全省口岸对外开放码头85座（泊位171个，其中万吨级以上泊位64个），开辟国际集装箱航线235条（其中远洋干线124条），每月有1 400多个航班，通达100多个国家和地区的600多个港口，形成遍布全球的海上集疏运网络。

口岸运行数据

2012年，浙江省完成外贸进出口总值3 122.36亿美元，同比增长0.92%。其中出口2 245.70美元，同比增长3.8%；进口876.66亿美元，同比减少5.76%。水运口岸共完成进出口货物3.5亿吨，同比增长6.2%，完成进出口集装箱1 400.66万标箱，同比增长6.82%，入出境船舶21 241艘次，同比增长5.52%。其中，宁波港口岸完成进出口货物24 533.07万吨、进出口集装箱1 336.23万标箱，同比分别增长6.51%和5.49%；舟山港口岸共完成进出口货物8 205.7万吨，进出口集装箱10.72万标箱，同比分别增长2.3%和330.7%；台州港口岸完成进出口货物992.80万吨，进出口集装箱5.26万标箱，同比分别减少7.10%和增长4.50%；嘉兴港口岸完成进出口货物734.65万吨，进出口集装箱35.30万标箱，同比分别增长23.64%和52.35%；温州港口岸完成进出口货物548.8万吨，进出口集装箱13.16万标箱，同比分别增长18.0%和1.90%。航空口岸共实现出入境飞机24 326架次、出入境人员346.71万人次，同比分别增长30.22%和25.89%。其中，杭州航空口岸出入境飞机16 872架次、出入境人员254.72万人次、进出口货物83 353吨，同比分别增长22.84%、19.30%和103.53%；宁波航空口岸出入境飞机6 310架次、出入境人员78.10万人次，同比分别增长49.88%和46.10%；温州航空口岸出入境飞机1 144架次、出入境人员13.88万人次，进出口货物690吨，同比分别增长55.43%、64.62%和减少5.48%。

2012年浙江省进出口货值统计表

单位：亿美元

	进出口值	出口值	进口值	同比（%）		
				进出口	出口	进口
全省合计	3 122.35	2 245.69	876.66	+0.92	+3.8	-5.76
省级公司	88.01	64.63	23.38	-12.6	-8.83	-21.5
杭州市	528.82	347.98	180.84	-1.87	+1.06	-7.05
宁波市	965.72	614.45	351.27	-1.63	+1.02	-5.94
温州市	204.38	176.96	27.42	-5.34	-2.57	-20.0
湖州市	87.36	73.96	13.40	+0.85	+0.55	+2.54
嘉兴市	287.44	196.03	91.41	+0.92	+1.72	-0.77
绍兴市	320.98	255.57	65.41	-4.19	-1.65	-13

续表

	进出口值	出口值	进口值	比去年同期增减（%）		
				进出口	出口	进口
金华市	227.39	213.13	14.26	+38.4	+40.7	+10.6
衢州市	30.18	18.59	11.59	+12.4	+5.6	+25.3
舟山市	153.56	92.24	61.32	+15.8	+23.4	+5.87
台州市	206.22	172.39	33.83	+0.58	+1.2	-2.47
丽水市	22.29	19.76	2.53	+4.91	+8.94	-18.6

（浙江口岸协会提供）

口岸监管与服务

【口岸开放成效显著】 2012年5月，《国家口岸发展规划（2011年—2015年）》经国务院批准发布，浙江省上报的宁波、舟山、温州、台州、嘉兴5个水运口岸扩大开放以及义乌航空口岸对外开放项目全部纳入国家口岸发展规划，为浙江省今后一个时期加快口岸开放步伐，服务“三大国家战略”奠定了坚实的基础。2012年3月，宁波港口岸梅山港区对外开放获得国务院批复同意，开放区域覆盖保税港区27千米海岸线、在建的1号~5号集装箱码头泊位和1号~2号多用途码头泊位；7月，国务院又批复同意舟山港口岸高亭等5个港区（17个项目）对外开放。温州航空口岸扩大开放顺利通过了国家正式验收，成为浙江省继杭州萧山国际机场、宁波栎社国际机场后第三个对外籍飞机开放的国际机场。12月，舟山港口岸高亭等5个港区（17个项目）对外开放通过国家正式验收。在口岸对外开放范围内的宁波港口岸大榭港区万华液体化工码头、实华45万吨级原油码头和嘉兴港口岸乍浦港区美福仓储码头、嘉港石化码头等一批新建码头通过省级验收，实现对外开放启用。宁波中宅煤炭码头、穿山港鑫东方白峰码头、光明通用码头、浙江LNG码头和舟山亚泰船舶修造工程有限公司码头等5个项目获得交通运输部批准首次实行临时开放。宁波梅山国际集装箱码头、嘉兴平湖独山港区港务有限公司码头、舟山马迹山宝钢矿石中转二期码头、舟山世纪太平洋化工码头、温州港状元岙港区8号和9号泊位、台州港大麦屿港区对台直航客运码头及义乌航空口岸继续实行临时开放。杭州航空口岸新开辟杭州至花莲、岘港、马累、巴厘岛、卡里波等5条国际（地区）新航线；温州航空口岸开辟了温州至曼谷、首尔、济州、台北等4条国际（地区）新航线。义乌航空口岸对外开放和舟山港口岸“十二五”扩大开放项目的请示件已上报国务院。2012年浙江省海港口岸新开放、启用码头（船坞）14座、泊位15个，临时开放码头12座、17批次，航空口岸新开国际（地区）航线9条。

【大通关建设稳步推进】 长三角大通关协作进一步深入。认真落实《长三角区域大通关协作备忘录》，创新区域通关协作模式，部署开展了“点对点、城与城”口岸城市群合作。围绕长三角区域大通关协作第四次联席会议确定的项目分工，破解矛盾、狠抓落实，推动了舟山大浦口集装箱码头干支线水水中转业务、杭州出口加工区货物在上海机场空陆联运业务、安吉内河国际集装箱支线运输以及台州、义乌至宁波、连云港五定班列项目等开展，推进做好义乌至俄罗斯出口商品“绿色通道”的有关协调工作。进一步创新查验监管模式。针对国际贸易形势十分严峻的实际，深入贯彻落实国务院办公厅《关于促进外贸稳定增长的若干意见》，支持鼓励海关、检验检疫等口岸查验部门出台各类便捷通关政策措施，进一步降低口岸通关成本，提高口岸通关效率。杭州海关实行小商品出口分类通关改革，义乌小商品的出口通关时间平均缩减85.3%；杭州、宁波关区间实行转关作业无纸化改革，从12月开始全面取消纸质转关关封，实现省内转关货物“一次申报、一次查验、一次放行”；“属地申报，口岸验放”、“出口商品直通放行”等便捷通关（通检）模式扩大适用范围至B类企业，使更多的企业享受便利通关服务。嘉兴港口岸集装箱实现24小时进提箱作业；移动组合式集装箱查验设备H986顺利落户嘉兴港，并投入试运行，单车通关查验时间缩减至7秒钟，集装箱查验效率大幅提升。嘉兴港口岸列入杭州海关下属三个无纸化转关放行试点，报关单无纸化申报试点已启动，有三家企业列入实单测试。

【口岸配套设施建设加大投入】 嘉兴港通关服务中心建设已启动前期工程。通关服务中心占地面积约1万平方米，大楼建筑面积约2万平方米，主要包含联检单位办公用房、查验办证大厅、港口物流公共服务平台用房等，工程建设总投资约14 750万元，由嘉兴市财政、嘉兴港区管委会、平湖市政府、海盐县政府按比例共同出资。义乌机场国际航站楼开工建设，总建筑面积1万多平方米，投资约2.2亿元。舟山港综合保税区口岸联检大楼开工建设，总建筑面积4.7万平方米，总投资2.6亿元。舟山口岸通关服务中心位于中国（舟山）大宗商品交易中心内，总建筑面积1万平方米，总投资6 000万元。舟山六横联检大楼开工建设，总建筑面积1.87万平方米，总投资7 000万元。舟山马迹山边检站营房扩建工程开工建设，总建筑面积1 060平方米，总投资330万元。

【电子口岸建设扎实推进，口岸信息化建设水平进一步提高】 根据《国家电子口岸发展“十二五”规划》要求，启动编制《浙江省电子口岸发展规划》。浙江电子口岸有限公司采用“增资扩股”的方式进行了经营管理体制改革。截至2012年年底，浙江、宁波两家电子口岸累计自主研发并上线运行各类政务和商务项目近200项，平台注册用户超过12.75万家，同比分别增长27.7%和12%。推进电子口岸平台互联和信息共享，中国电子口岸浙江省分站正式上线，实现了中国电子口岸与浙江地方电子口岸的功能整合。2012年，浙江电子口岸围绕浙江省“三大国家战略举措”的实施，拓展服务范围，提升服务效能。一是上线运维杭州海关大通关平台二期、加贸通系统三期、商务百事通公共信息服务平台一期、义乌小商品出口综合管理信息平台、特殊监管区域信息管理系统升级、中国电子口岸IC卡预约系统升级、口岸服务集成平台二期、国际物流园区管理系统等8个重点项目。杭州海关大通关平台二期实现了杭州关区的分类通关和试点地区通关全过程无纸化作业。加贸通系统三期强化了加工贸易业务的在线查询、在线管理功能，为企业提供及时有效的系统实务辅助、信息化管理手段和一站式便捷通关服务。商务百事通公共信息服务平台一期为企业提供通关数据查询及下载、信息提醒、外贸咨询、业务代办、培训等综合服务。义乌小商品出口综合管理信息平台累计联网义乌商户33 262家，实现交易记录214 178笔，组货记录375 261条。二是获得国家发展改革委和海关总署批准的中央部门政策性试点杭州市跨境贸易电子商务服务试点项目的承建资格，推动跨境贸易电子商务企业快速通关，规范结汇与退税。三是建设运维国家交通运输物流公共信息平台，参与东北亚物流信息服务网络（NEAL—NET）的建设，推动三国物流信息互联互享，提升东北亚地区物流信息服务水平。四是平台累计注册用户突破11万家，门户网站“政务咨询”栏目处理在线留言累计68 036条。五是“外贸大讲堂”累计开展培训183场，培训企业10 641家。

【杭州海关制定出台促进浙江外贸稳定增长16条举措】 为贯彻落实国务院、海关总署关于促进外贸稳定增长的部署和要求，服务浙江外贸稳定健康发展，2012年5月和10月杭州海关先后制定支持浙江省外贸发展的8项措施和16项举措，提高海关促进贸易便利化的水平。一是在关区全面推行进出口分类通关改革，稳步推进通关作业无纸化改革，与宁波海关合作开展转关作业无纸化改革试点。二是自2012年11月15日起扩大“属地申报，口岸验放”的企业适用范围至1年内无走私违规记录、资信良好的B类生产型出口企业。三是调整海关资信良好企业评定标准，将AA类企业评定标准从年出口值3 000万美元下调为50万美元。四是自2012年10月1日起停止收取进口货物付汇用纸质报关单证明联、出口货物收汇用纸质报关单证明联、出口报关单退税联打印费，报关单条形码费，海关监管手续费等三项费用。五是加强外贸进出口统计研判和监测预警。六是积极服务浙江海洋经济发展示范区和舟山群岛新区建设。七是积极服务义乌国际贸易综合改革试点。八是围绕科技经济结合、创新驱动发展的导向支持浙江省“国家技术创新工程试点省”建设。九是有效支持省内加工贸易转型升级，对辖区B类以上加工贸易企业实施“内销集中办理纳税手续”措施，进一步简化联网监管企业核销手续。十是维护公平贸易秩序，为广大守法企业营造规范、公平、有序的发展环境。十一是积极为跨境电子商务企业搭建通关便利化信息平台，扎实做好海关业务指导和实际监管服务。十二是加强海关知识产权保护。十三是打造海关“12360”热线优质服务品牌，加强业务咨询服务。十四是全面落实节假日海关预约通关服务措施。十五是积极为省内“走出去”企业提供通关便利服务。十六是进一步加大与其他管理部门的协作力度，为省内企业营造更加高效便捷的通关环境。

【杭州海关开展通关作业改革提高通关便利水平】 一是开展分类通关改革。分类通关是以风险分析为手段、以守法便利为前提，让守法企业享受更简便的通关作业程序和更快的通关速度，极大地方便了合法企业的进出口，截至2012年10月31日，杭州海关已实现关区所有业务现场的分类通关改革全覆盖。二是开展通关作业无纸化改革。通关作业无纸化是指海关以企业分类管理和风险分析为基础，按照风险等级对进出口货物实施分类，通过信息化技术的应用，直接对企业联网申报的报关单及随附单证的电子数据进行无纸审核、验放处理的一种全新的通关管理模式，不仅有利于提升通关效率，而且有利于降低企业的通关成本。自2012年8月1日正式启动通关作业无纸化改革试点以来，截至2012年年底，杭州海关共在关区8个试点业务现场接受25家试点企业的通关作业无纸化报关单8 248票。三是开展转关作业无纸化改革试点。转关作业无纸化是在通关作业无纸化的基础上实现转关申报单的自动放行和自动核销，从根本上取消纸质转关申报单，从而简化转关作业手续，进一步方便转关进出口企业的转关作业。根据海关总署部署，杭州海关与宁波海关共同负责转关作业无纸化的改革试点，自2012年12月3日起，两关共同全面取消陆运转关进出口货物的纸质关封流转，两地海关凭转关申报单或报关单复印件、传真件（无须加盖海关印章）办理进出口转关核销手续。四是开展通关单无纸化联网核查试点。自2012年12月24日起，杭州海关与浙江检验检疫局开始对杭州地区法定检验检疫进出口商品（以下简称“法检商品”，除进口可用作原料的废物和进出海关特殊监管区域货物之外，涉及法检商品目录5 403项）试行通关单无纸化联网核查，试点地区企业申报进出口法检商品时，检验检疫部门不再签发纸质通关单，海关凭检验检疫部门发送的通关单电子数据为企业办理进出口通关手续。

【杭州海关服务浙江海洋经济发展示范区建设和舟山群岛新区建设】 杭州海关不断优化通关服务，积极创新监管模式，推动浙江海洋经济发展示范区建设、舟山群岛新区建设等两项国家战略建设。一是主动配合地方政府开展政策解读、规划建议、前期论证、项目报审等工作，舟山港综合保税区于2012年9月29日顺利获得国务院批复设立，浙江省拥有了首个综合保税区。综合保税区是目前国内已有的开放层次最高、优惠政策最多、功能最齐全、手续最简化的海关特殊监管区域，具有国际中转、国际配送、国际采购、转口贸易、出口加工、商品展示等诸多功能。二是提高保税仓库效能，支持企业扩大调拨油料品种，保税油料跨关区调拨业务迅猛发展，调拨范围已覆盖杭州、宁波、上海、南京、厦门和大连等6个地区的17条线路，已形成国内品种全、规模大的保税油料调拨基地，2012年杭州海关审批调拨保税油145.3万吨。三是优化外籍船舶修造管理，促进海洋传统优势产业发展，推动海关总署参照舟山海关监管标准立项研制《外籍船舶修理海关监管操作办法》并在全国海关范围内征求意见，同时积极争取海关总署支持在舟山开展先期试点，截至2012年年底，试点企业已有万邦永跃等12家，为企业节省各类费用约700余万元。四是全力打造金塘大浦口集装箱码头“公共出海口”，以“属地申报，口岸验放”为核心，加强海陆联动，推行“一次申报、一次查验、一次放行”的“直通关”模式，提高舟山与义乌、金华、温州等地的联运水平，有效增强舟山港口功能对浙江内陆腹地的辐射效能，同时支持码头开通国际航线，增强对省内外贸企业的吸引力，2012年新增航线7条，航线总数达到9条，进出口集装箱23.7万标箱，同比增长1.6倍。

【杭州海关开展义乌国际贸易综合改革试点】 2012年杭州海关实际受理义乌小商品出口报关单26.1万份，监管集装箱45万标箱，同比分别增长18.7%和25.1%，总量均创建关以来新高。为促进小商品出口又好又快发展，杭州海关在依法行政的前提下积极打造贸易便利化环境，促进小商品出口持续繁荣。一是为“市场采购”贸易方式试点工作提供小商品出口“234”组合专项服务（即为试点企业开辟企管、接单“两个”服务专窗，在企业使用符合规定的监管车辆的基础上专门开辟“三条”绿色通道，在货物查验平台紧张的情况下专门腾设“四个”专用查验平台），在“管得住、通得快、可溯源”的原则指导下推动出口经营企业本地化，截至2012年年底，杭州海关共受理“市场采购”贸易方式试行报关单11.4万份、试行报关金额达54亿美元，本地外贸企业报关占总报关单量的90%以上。二是开辟新型物流渠道，拓宽小商品出口通道。2012年9月开始开展小商品“卡车航班”业务（即市场采购商品经义乌海关监管可以装车运到上海机场直接装入国际航班飞机出口），在传统海陆运渠道的基础上打通了小商品出口的空运渠道，此外，在义乌—舟山、义乌—温州之间开辟出口“快速通道”，小商品在义乌报关后，集装箱直接运抵舟山港和温州港码头装船出境，取消转关手续，每个集装箱为企业节省仓储、运输、滞港费至少600元以上。2012年共接受“卡车航班”报关单111份，货运量241.9吨，总货值146.8万美元；接受“义乌—舟山”、“义乌—温州”直通报关单1.3万票和1 483票，同比分别增长4倍和42.5%。三是积极发挥海关统计和政务公开作用。2012年启动“小商品出口咨询服务计划”，为正在开拓新兴市场的小商品经营户提供经验、指明方向，促进了小商品对新兴市场出口的快速增长。2012年经义乌海关报关出口至金砖国家的小商品达到13.6亿美元，同比增长31.9%。

【宁波海关深入开展服务企业工作成效显著】 2012年，宁波海关主动适应国家和地方经济发展大局，加大服务企业工作力度，建立健全工作机制，有效落实帮扶措施，积极提供通关便利，努力为企业解难题、做好事、办实事，受到广大企业的普遍好评。一是开展重点帮扶，积极助推企业发展。建立五大工作机制，推出八大帮扶措施，制定13条通关便利措施，确定50家重点帮扶企业，组建关企联络员队伍和关企联络员QQ群，签订《关企合作备忘录》，为重点帮扶工作的扎实开展奠定基础；加强日常帮扶，设立重点企业专窗，优先办理进出口申报，便捷查验，加快物流业务办理，并通过组织专题培训、上门辅导、“企业进海关”活动等形式，积极为企业提供政策指导服务；加强实时跟进，定期汇总分析工作进展情况，抓好企业问题的督办落实，密切与地方经济部门和行业协会的沟通协作，逐步建立服务企业长效机制。2012年，宁波海关累计走访重点企业100多家，解决企业困难和问题200多个，培训企业人员上千人次，为50家重点企业节约通关时间上千小时，节约直接成本1 000多万元，企业满意率达100%。二是开展“升类引导”，促进企业诚信建设。多方宣传引导，鼓励企业主动参评海关AA类、A类企业，促进企业规范内部管理，享受海关便捷通关服务；落实通关便利，对不同类别的企业实行差别化管理，确保诚信企业享受通关便捷，充分发挥A类以上企业的示范带动作用；主动预警提醒，通知企业及时递交《企业经营状况评估报告》、办理《海关注册登记证书》换证手续，避免企业因未及时办理相关手续而被降类；加强工作联动。宁波市口岸打私办、宁波市外经贸局均已将A类以上企业数量列为对各县（市、区）的考核指标，进一步扩大诚信企业规模。2012年，宁波关区共计升AA类企业27家、升A类企业535家，关区现有AA类企业63家、A类企业2 306家，同比分别增长70.3%和18.6%。三是加强科技应用，提升海关服务水平。研发重点企业预警服务系统，主动为企业提供系统通知和短信提醒服务，包括有效期、类别变更、报关差错率、处罚情况、贸易额、材料提交等信息，方便企业办理海关业务；应用宁波海关关企合作（服务企业）管理系统，进一步完善服务企业工作的记录登记、问题流转、答复反馈、汇总分析和管理评估，提高工作的针对性和有效性；推广应用宁波海关企业办事平台，实现企业通过一个平台就能办理和查询所有海关业务，构建关企实时互动交流的新渠道，解决关企信息不对称问题。平台已有注册企业17 086家，注册用户24 399个，总访问量357.45万次，平均日访问量近2 100次。2012年，宁波海关多项工作创新和服务举措得到地方政府领导高度肯定，先后被授予“下基层送政策”活动先进单位、为侨胞服务先进单位、外商投资企业优质服务单位等荣誉称号。

【宁波海关扎实推进查验工作取得实效】 2012年，宁波海关按照海关总署相关部署，着力夯实查验业务基础，创新查验模式，规范查验流程，查验业务各项工作得到全面推进。全年共查验进出口货物报关单18.61万份，进出口查验率5.28%，查获报关单2.73万份，进出口查获率14.65%。一是夯实根基，加强查验业务基础建设。细化业务操作规范，修订查验工作规程，明确查验业务流程，规范查验业务操作；强化查验业务组织指挥机制建设，依托查验指挥中心，建立并完善“集中指挥、集中机检、集中监控、集中评估”的“四个集中”运行机制，确保业务事项高效执行和反馈；推进标准化查验平台建设，在查验中心新增标准化查验平台3个，通过查验平台的应用，排除了雨、雪、台风等恶劣天气对人工查验的影响，增加了实施查验倒箱的作业面积，提高了堆场的作业效率与作业能力，实现了查验集装箱的快速轮转，提高了查验效率。二是克服困难，完成查验工作任务。加强查验一线人力资源投入，抽调机关及其他业务岗位人员充实到查验业务一线，累计增加查验人员48人；协调武警执勤部队，将其他岗位执勤人员补充到查验岗位，增加查验兵力35人；成立“党员突击队”、“雷锋服务岗”加班加点开展查验工作，有效弥补了查验人力资源的不足。调整工作方式和时间，继续开展查验两班制作业，晚班作业时间适当延长到凌晨，对出口货物坚持当天船期当天查验完毕，确保口岸正常通关，2012年，查验现场累计加班1 850人次。增加港务部门和监管场所的设备和人力投入，满足港区查验作业需要。2012年，新增堆高机、叉车、铲车等装卸设备130余台，增加装卸人员80余人。三是应用科技，努力提升查验作业效能。充分利用现有H986大型集装箱检查设备开展机检查验工作，努力提升查验工作效能，单台H986最高日过机量达415自然箱；完善宁波海关风险布控查验管理系统，以电子关封形式实现查验作业全过程无纸化；完善集中机检模式，将分散在各监管场所的4台机检设备的扫描图像集中汇总到机检查验中心，集中专家力量开展图像分析，机检整合后，人力资源配置得到优化，执法统一性有效提高，通关效率大幅提升；积极推进查验监管设备配备工作，顺利完成大榭招商码头H986设备预验收工作并投入试运行，为北仑港区和机场安装3台门户式防辐射设备、2台行邮X光机，为相关业务现场配备手持式辐射巡检设备3套、手持式核素检查设备3套、个人辐射计量仪6套，上述监管设备的投入运用，有效提升了业务现场的查验水平和效能。

【宁波海关加快推进“12360”服务热线建设，实现“四个提升”】 2012年，宁波海关以促进外贸稳定增长为目标，以突出服务保障能力为重点，着力实现四方面提升，优化“12360”服务热线运作机制取得显著成效。2012年，宁波海关“12360”服务热线累计受理业务咨询24 219个，问题解决率超过90%，满意度超过95%，获得较高评价。一是夯实热线基础建设，实现从“日常工作”向“品牌建设”的提升。加强热线制度建设，制定完善《12360服务热线工作规范》等4项制度，促进关区业务咨询工作的统一规范管理；加强热线实体建设，通过增配前台人员、开展话务咨询室的硬件改造、升级完善热线话务系统，提前完成与海关总署的互联互通工程；设计印制“宁波海关12360热线服务卡”在业务现场免费发放，向社会各界主动宣传热线工作，扩大影响力、提升知名度。2012年11月23日，宁波人民广播电台在“宁广早新闻”中对该关“12360”热线进行了专题报道。二是大力推动资源整合，实现从“解答问题”向“解决问题”的提升。将“12360”服务热线设置在关区业务指挥中心的前台，实现服务热线与指挥中心的深度融合，依托业务指挥中心职能，在服务热线的后台实现关区业务资源的有效整合，对于“12360”热线受理的企业急、重、疑难问题，不仅实现前台的现场解答，还通过指挥中心实施后台的协调办理，为解决各类疑难问题提供业务支撑；有效整合各部门业务专家力量，组建热线“智囊团”，在建成统一机构、统一电话、统一传真、统一网址的“四个统一”服务平台基础上，突出“一站式”服务理念，确保“一站式”受理咨询、“一站式”答复问题、“一站式”处置办理，进一步提高“12360”热线的服务效能，丰富热线的服务内容。2012年，为企业、群众办理解决疑难问题62项。三是科学开展队伍建设，实现从“指令式管理”向“指标式管理”的提升。深入开展岗位练兵，举办“专家进热线”系列专题培训，邀请关区业务专家走进话务室带班授课，通过“一边干、一边练”的形式提高咨询员的海关业务能力；加强服务能力建设，作为荣获“省级青年文明号”和“市级巾帼文明岗”光荣称号的窗口单位，该热线始终把行风建设放在首要位置，严格按照海关准军事化纪律部队的要求开展队伍管理；主动转变管理方式，制定《宁波海关12360热线前台管理考核办法》，对咨询员进行量化考核，同时建立与之配套的绩效工资制度，既通过量化考核实现科学管理，又通过绩效工资促进队伍稳定。2012年，该热线被推荐为该关参评宁波市“政风行风建设争优奖”和“青年工作创新奖”的唯一服务窗口。四是积极引入外部力量，实现从“行业性服务平台”向“社会化服务平台”的提升。由于口岸执法涉及的相关部门较多，企业在咨询过程中往往因具体问题的职能归属而困惑，为解决这一矛盾，“12360”服务热线加强与地方相关单位的合作，积极走访联络宁波市8718公共服务平台等综合性服务平台，推动实现相关资源的共享，拓宽服务企业有效渠道。

【宁波海关多措并举推动保税区发展，引领宁波地区外贸转型升级】 宁波海关主动适应国家和地方经济发展大局，开展业务、服务和管理多方面的创新，推动宁波保税区的发展，引领宁波地区外贸转型升级收到实效。2012年，宁波保税区获商务部授牌，成为第二批国家级“进口贸易促进创新示范区”。一是开展业务模式创新，不断提高通关效率。推行分类通关、分送集报、进境货物“提前报关、货到验放”等新模式，优化内销监管模式，不断提升保税区通关效率；积极开发和升级区域信息化管理辅助系统，实现保税区与港口之间的监管信息“无缝隙对接”，进出港区之间的保税区货物实现“一次申报、一次查验、一次放行”，推动货物在境内外的快速集拼和快速流动。通关效率的提升，为产业的升级带来动力，特色产品不断汇聚，保税区在传统的加工中心以外，已建成运营铁矿砂、固体化工品、进口食品等3个进口商品分拨中心、固体化工品期货交割库和进口商品直销中心。二是开展服务方式创新，促进企业向特殊区域集聚。在地方政府开展进口贸易便利化的整体框架下，积极创新服务方式，推动宁波保税区率先开展进口贸易便利化试点。按照重点突破的原则，对宁波保税区的电子产品、关键零部件、葡萄酒、食用油等10类重点进口商品及其进口贸易企业奇美电子、永裕贸易有限公司等开展贸易便利化试点，制订针对性的监管服务措施，通过实施扶优扶强，已培育出3家规模大、效益好的进口骨干企业。积极开展业务指导、上门宣传、开辟政策辅导专窗、建立企业服务QQ群等，吸引更多有条件的企业利用特殊区域的独特优势开展进口贸易，不断增强宁波市进口贸易主体竞争实力。2012年，宁波保税区集聚进口贸易企业349家，大宗商品贸易企业630余家，其中销售额1亿~5亿元企业75家，5亿~10亿元企业23家，10亿~50亿元企业15家，50亿元以上企业8家。三是开展管理模式创新，不断提升管理合力。进行企业户籍式管理尝试，设计企业风险管理体系表，按照“综合分析、重点研判”原则，建立以企业会计报表、纳税情况、结汇情况、违规情事等一系列指标为基础的风险度量指标体系。将所有企业在工商、税务、外管、海关、商检等各环节的数据综合研判，为企业分类管理提供准确的判断依据。开展建立统一的区域化信息平台，构建稳定、高效的数据交互平台的相关调研与探讨，以实现区内、区间业务全覆盖，海关、港务公司、管委会、驻区机构、企业互联互通，构筑快速快捷的环形信息高速通道，减少因各方信息不对称而产生的影响，通过管理理念的转变和统一平台的搭建，逐步实现企业自管、海关监管和社会共管的三位一体管理格局。

【浙江出入境检验检疫局与相关单位签署合作备忘录，共同推进浙江口岸发展】 根据国家质检总局部署，2012年10月23日，浙江省交通运输厅、浙江出入境检验检疫局、宁波出入境检验检疫局、浙江海事局在杭州共同签署了《关于落实海洋经济发展战略提高口岸服务监管水平加快港航强省建设合作备忘录》。备忘录从加强口岸规划建设，加快口岸转型升级；加强信息化平台建设，提高口岸通关效率；加强大通关建设，提升运输和贸易便利化；建立执法联动机制，加强进出境监管；建立危险品管理合作机制，强化运输安全；加强疫病疫情防控合作，共同维护国门安全；建立联席合作机制，密切沟通联系等七个方面建立四厅局的紧密合作长效机制，其核心是共同推进口岸监管平台和信息化平台建设。《备忘录》的签署对强化浙江检验检疫局与交通、海事部门的协作，对建设相对独立的检验检疫查验场地和信息化控制系统，提升检验检疫机构在口岸对货物放行环节的控制权，提升检验检疫的执法把关能力、执法地位具有重要的意义。

【国家质检总局与浙江省人民政府签署共同推进三大战略举措合作备忘录】 2012年10月23日，国家质检总局与浙江省人民政府在杭州举行《共同推进浙江海洋经济发展示范区建设、舟山群岛新区建设、义乌市国际贸易综合改革试点等战略举措合作备忘录》签字仪式。根据《合作备忘录》，浙江口岸将进一步扩大对外开放，进一步拓展口岸功能，口岸能力也将有效提升。国家质检总局支持浙江将“义乌港”建设成为功能完备的“始发港”和“目的港”；将温州港、舟山港、嘉兴港口岸列入进境种苗指定口岸；将温州港、舟山港、台州港、杭州萧山机场口岸列入进境水果指定口岸。还将支持浙江在粮谷产品、铁矿石、葡萄酒、高端石化产品、海洋生物等专业，以及化学品分类鉴定与包装、植物检疫、卫生检疫等领域新建5家国家级重点实验室，以促进大宗战略性物资在浙江口岸进境。同时，国家质检总局还将研究出台舟山群岛新区建设的配套政策以及与“市场采购”新型贸易方式相适应的检验检疫监管政策，并积极支持在浙江先行先试。浙江省将完善浙江口岸管理制度，加强对外开放平台建设管理工作，支持特殊监管区域检验检疫监管工作；加大投入，按照检验检疫工作要求和相关标准，加大对浙江口岸检验检疫基础设施和配套设施建设的扶持力度，提升口岸功能；

加快义乌市场采购商品出口综合治理机制建设，建立“规范出口示范区”；坚定不移地实施品牌和标准化战略，全面实施政府质量奖励制度，完善浙江名牌评价机制；进一步加大对检验检疫技术检测体系和国家级质检中心建设支持力度，督促国家级重点实验室和国家级质检中心等检验检测公共技术服务平台所在地政府落实资金、用地等方面的配套政策。

【浙江出入境检验检疫局首批申请核心能力验收】 浙江出入境检验检疫局首批申请核心能力验收的杭州萧山国际机场和舟山海港口岸完成国家质检总局现场考核。2012 年 9 月 3 日 ~5 日，国家质检总局口岸核心能力建设考核验收专家小组完成了对浙江检验检疫局杭州机场办和舟山局口岸核心能力建设情况的考核验收。通过检查，考核验收组对杭州萧山国际机场和舟山海港口岸核心能力建设工作给予了肯定。杭州萧山国际机场以口岸核心能力建设为主线，借力新航站楼建设、信息化应用推广和联防联控机制建立，从软件、硬件方面加大对口岸核心能力建设的投入力度，改善口岸检验检疫工作环境，提高检验检疫科技含量和基础设施设备建设水平，培养了一支高素质的卫生检疫队伍，提升了突发公共卫生事件应急处置能力和实验室检测能力，不断丰富核心能力建设内涵，取得了显著的成效，机场口岸检验检疫事业实现了跨越式发展。舟山海港口岸通过协调各单位和开放企业，从完善制度、加强监管、升级硬件、提升能力等几方面着手口岸核心能力建设，取得显著成效。口岸沟通协调核心能力得到加强、卫生检疫常规核心能力得到提升、口岸应急处置核心能力得到巩固、基础设施建设得到完善、人才队伍专业素质得到提升，已经具备《国际卫生条例（2005）》要求的承担口岸预防、抵御和控制疾病国际传播并采取公共卫生应对措施的能力。

【浙江出入境检验检疫局多项举措推进义乌市场采购国际贸易方式改革】 为实施浙江省“三大国家战略”，扎实推进义乌市国际贸易综合改革试点的检验检疫配套改革，浙江出入境检验检疫局创新工作思路，以创新采购地检验检疫制度为主要任务，以“监管精准化、贸易便利化、服务高效化”为目标，在三方面 9 个落点进行工作机制创新，全力推进检验检疫相关配套改革措施的实施。一是强调监管精准化，追求“零滞留，低风险”目标。针对义乌市场实际情况，拓宽申报渠道，将市场经营主体纳入管理；针对市场采购商品“通得快”的要求，实施检验前置机制；针对市场采购商品品种多、数量少、监管难等特点，形成监控和降低进出口商品质量安全风险的制度框架。二是推行查验放行新模式，追求“手续简，效率高”目标。实行“进区申报、分类监管、查验出单、卡口放行”的内陆口岸检验检疫查验运行模式；实施信用放行、检验放行、验证放行等便利通关机制；将市场采购出口商品纳入到直通放行模式中，并对目的地为义乌的进口商品实现直接转检，简化通关手续，缩短通关时间。三是夯实基础建设，追求“服务深，应对快”目标。不断强化检验检测技术支撑能力，提高技术性贸易措施应对能力，提高信息化应用水平。自改革措施实施以来，通关速度明显加快。通过实施集中审单一站式服务，80% 的报检商品可在 1 ~2 小时内办结，大大提高通关效率；实现企业对出口商品的联网申报，并在此基础上，推出“联网申报、预检验”的工作模式，大大提升了检验效率，缩短检验周期，降低了企业成本。

【杭州海关、浙江出入境检验检疫局通关单无纸化联网核查试点正式启动】 2012 年 12 月 24 日，杭州海关和浙江出入境检验检疫局联合发布了关于通关单无纸化联网核查试点的公告，即日起，对杭州地区的法定检验检疫进出口商品，海关凭检验检疫部门发送的出入境货物通关单电子数据为企业办理进出口通关手续。除应急等特殊情况外，检验检疫部门不再签发纸质通关单，海关不再收取纸质通关单（进口废物原料和进出海关特殊监管区域货物暂时除外）。通关单是法定的出入境通关单证之一，是连接检验检疫和海关工作的重要纽带。进出口企业或其代理人在办理进出口法定检验检疫的货物通关以前，必须首先向检验检疫部门报检，取得出/入境货物通关单，并据此向海关部门办理进一步的通关手续。长期以来，通关单的申请、缮制、传递、核对均以纸质方式进行，无论对于口岸监管部门还是对于相关企业而言，都存在着不方便、不安全、耗时耗力的问题。通关单无纸化后，企业节省了到检验检疫机构现场申领纸质通关单以及等候制证时间，检验检疫部门的电子通关单数据传递到海关，只需 3 ~4 分钟，企业立即可办理报关手续，通关效率大为提高，企业的通关成本也随之降低。在严峻的外贸经济形势下，检验检疫和海关携手推出的“通关单无纸化”试点，是两个部门切实落实《关检合作备忘录》、共同推进加快通关速度、为外贸企业减负增效的一项重大的通关便利化措施，是对 2008 年以来实行的通关单联网核查业务模式的进一步深化，是迈向全程无纸化通关的重大跨越，必将对口岸通关电子化进程产生深远而积极的影响。

【浙江出入境检验检疫局建立灰名单企业管理制度】 2012 年 12 月，浙江出入境检验检疫局发布了《浙江出入境检验检疫局灰名单企业管理办法（试行）》。浙江出入境检验检疫局通过前期 7 个多月在部分分支局的试行，将这项制度推广到了全省系统。在对红黑名单企业的管理过程中，一些企业的不诚信行为由于未达到黑名单企业的条件，无法适用黑名单企业管理制度，但也不适用原有的企业管理等级，因此，浙江检验检疫局给这些企业一个观察期，在这个观察期内实施一种既有别于黑名单，也有别于原有管理类别的措施；同时，针对企业存在的问题，采取加严检验检疫监管等措施。灰名单企业在观察期内不再发生违法行为并积极配合检验检疫执法工作的，期满后恢复原有管理类别；如再有违法行为的，则直接实施黑名单管理措施。前期，该项制度在温州、台州、绍兴、湖州和衢州 5 个局试点。作为 2012 年的重点工作之一，灰名单企业管理制度的制定是浙江出入境检验检疫局在诚信体系建设方面的一个大胆创新。

【浙江出入境检验检疫局支持浙江对外贸易平衡发展】 针对 2012 年严峻的外贸形势，浙江出入境检验检疫局积极采取有效措施促进浙江社会经济发展，先后出台了《浙江检验检疫局关于实施支持推动民营经济大发展大提升十大举措的通知》、《浙江检验检疫局关于进一步促进对外贸易发展的实施意见》、《浙江检验检疫局“抓订单、促转型、保目标”外贸企业服务月活动方案》、《浙江检验检疫局关于做好进口检验检疫工作促进对外贸易平衡发展的实施意见》、《浙江检验检疫局关于贯彻执行国家质检总局部署切实做好促进外贸稳定增长的意见》5 个文件。时任浙江省委书记赵洪祝和浙江省常务副省长龚正对上述工作予以充分肯定并作出重要批示。在服务外贸便利化方面，浙江出入境检验检疫局继续深化大通关建设，截至 2012 年年底，浙江出入境检验检疫局辖区出口直通放行企业已达5 572家，直通放行商品 17. 87 万批次，货值 76. 00 亿美元，其中从宁波口岸直通放行商品 8. 38 万批次，货值 36. 40 亿美元，分别占从宁波出口货物的 14. 90% 和 16. 60%；绿色通道企业达 959 家。

【宁波出入境检验检疫局推动创建国际卫生港工作】 宁波出入境检验检疫局推动宁波市政府全面启动全港“创卫”工作。起草《宁波创建国际卫生港总体方案》，推动市政府召开常务会议，成立由市长挂帅的领导小组，国家质检总局专门出台支持宁波建设国际强港十条意见，质检总局领导亲临出席全市动员大会。大榭港区、北仑港区、梅山港区和栎社机场等 4 个口岸以全系统综合得分第一的成绩通过国家质检总局第一批次口岸核心能力考核验收。全面建成海、空港口岸两大应急处置中心，通过国家质检总局口岸卫生处理质量安全督导检查。

【北仑港区被评为全国“进境植物种苗示范口岸”】 2012 年 12 月 26 日，国家质检总局公布了新调整的进境植物种苗指定口岸和全国进境植物种苗示范口岸，宁波北仑港区作为浙江唯一进境种苗指定海港，列入全国“示范口岸”，级别从 B 类上升至 A 类。2012 年宁波口岸进口种苗

139批次、1 037.4万美元，同比分别增长396%、491%，进口箱量达1 200标箱。在进境种苗中全国首次截获里夫丝剑线虫、葡萄茎枯病菌、马丁长针线虫、山茶根结线虫、苹果根结线虫、剧毒毛刺线虫等6种检疫性有害生物，宁波口岸首次截获南芥菜花叶病毒等3种检疫性有害生物，截获检疫性有害生物52批次15种93种次，一般有害生物138批次91种2017种次，占进境货检总种次近1/3。国家质检总局据此四次向全国发布预警通报，29次向违规国家进行对外违规通报，央视《新闻联播》也对宁波口岸在进境种苗中截获疫情的情况进行了播报。

【宁波出入境检验检疫局评选表彰首届宁波市出口质量奖获奖企业】 根据《宁波市出口质量奖评选办法》的具体要求，宁波出入境检验检疫局、宁波市外经贸局、宁波市财政局联合成立评审组，按照公平、公正、公开的原则，于2012年初正式启动"出口质量奖"首次评选。通过企业主动提出申请，分支机构推荐后，由评审组对备选的50家企业进行评分并择优确定10家获奖企业，在公示5天后予以最终确定。3月28日，宁波市首届出口质量奖颁奖仪式隆重举行，国家质检总局魏传忠副局长和宁波市政府分管副市长亲自参会为获奖企业颁奖，市财政给予每家获奖企业经营者10万元人民币的奖励。

【宁波出入境检验检疫局推进进出口商品采购贸易改革示范区建设】 宁波出入境检验检疫局与宁波经济技术开发区管委会合作共建"进出口商品采购贸易改革示范区"。检验检疫为示范区量身定做政策，引导在国际物流园区设立集中仓储，实现"集中仓储、集中监管、集中配送"，缩短物流和监管周期；地方政府配套税收减免、仓储费用减免等优惠政策，逐步将采购货物集散地转至宁波。每个集装箱降低物流综合成本约2 000元，示范区推进之后仅4个月时间，区内采购贸易出口金额已达5 000万美元。同时支持企业建设出口采购交易平台和出口商品配送中心，已实现"一次采购，组货配送，分批出口"采购贸易供应链，确保了国际配送速度，在外贸竞争中赢得先机。

【宁波出入境检验检疫局与相关单位签署技术性贸易措施工作战略合作框架协议】 宁波出入境检验检疫局与国家质检总局标准法规中心、宁波市质量技术监督局签署技术性贸易措施工作战略合作框架协议，根据协议内容，国家质检总局标准法规中心将对宁波地区的技术性贸易措施工作加强指导，并在对外通报评议、专项应对、企业培训等方面给予支持和便利。宁波出入境检验检疫局和宁波市质监局将积极配合国家质检总局标准法规中心的相关工作，尤其是要发挥宁波在机动车辆零部件、打火机、电动工具、文具、纺织服装、小家电、危险化学品、食品接触材料等领域的产业优势，把重点企业、行业协会和产业科研机构的积极作用融入到应对工作中来，加强地方的全方位合作，在服务宁波出口的同时，也为全国技术措施工作的开展做出有益的探索和实践。协议明确，三方将通过加强资源共享、交流协作、人才培养和互助研究，共同致力于提升宁波技术性贸易措施工作能力，加快全市出口的转型升级，提升宁波产品的国际市场竞争力。2012年，宁波出入境检验检疫局共组织国外通报评议25次，贸易关注6次，并积极向宁波市政府申请建立宁波通报评议基地，继续强化"WTO检验检疫信息网"，着力建成泛长三角地区技术性贸易措施信息发布平台。

【浙江省公安边防总队推进海港勤务创新】 为努力适应海港口岸形势任务的发展变化，浙江省公安边防总队研究制定了《海港边检勤务创新工作方案》，统筹谋划全省海港边检站勤务创新工作，确定北仑、舟山边检站为创新海港勤务模式试点单位，试点内容主要有"科队联勤、分片驻点、锚地协作共管、移动警务车、打造智慧边检平台"等。一是警力安排无缝衔接。重新调配窗口办证、现场检查、执勤执法专业人员，推行"1+1+2+8"警力配备标准（即每天保持1名科领导+1名窗口检查员+2名巡查检查员+8名执勤战士的警力配置标准），通过24小时滚排倒班制、上下半夜分班制，不仅保持部队旺盛的战斗力，而且充分实现了全年全天海港边检一线不间断开展工作。二是内外梯队无缝衔接。科学配备从点到面的警务力量，将拥有多年执勤执法经历的骨干充实到带班科队长队伍中，通过检查员队伍分批“轮”训、执勤骨干蹲点“挂”训、科队之间交叉“调”训等方式，解决深入推进窗口前移、执勤力量前置等试点工作中多专多能骨干缺乏问题，确保每班次执勤人员都能独立处置问题。同时，全面启动口岸企业安保协管机制，建立警务责任区，设定固定口岸安保协管员，以寓警于民的方式，实现了每一个码头的内外保卫有机结合，有效提升了警力效能。三是信息平台无缝衔接。将3G港巡通管理终端从站指挥中心扩大至一线执勤点，并自主成功开发3G音视频无线传输系统及海港边检现场巡查动态管理系统，实现巡查线路倒查、辖区勤务动态指挥、巡查效果绩效考评的管理、反馈、监督，在机关基层之间搭建了直通的桥梁。同时依托站边检服务网、警务微博、边检QQ群等网络平台，及时将出入境法律法规、最新政策、手续办理流程等内容进行发布，让服务对象和边检政策法规之间保持同步。试点工作有效破解了执勤警力紧张的突出矛盾，优化了警力配置，整合了多方资源，实现了服务前移，实实在在地为口岸企业解决了办证远、时间长的问题，方便了企业生产运营，得到了广大服务对象的充分肯定。

【浙江省公安边防总队推出便民利民措施】 2012年，浙江省公安边防总队制定出台了《关于深入推进驻甬边检机关服务工作全力保障我省海洋经济示范区宁波核心区建设的指导意见》，指导驻甬边检机关紧紧围绕服务和保障宁波经济社会发展大局，深化推进边检服务工作的使命感和紧迫感，积极创新服务举措，不断创新优化边检勤务管理模式，着力提升服务水平，努力适应新形势新任务发展的需要。各边检站集中开展了“大走访”和提高边检服务水平专项调研活动，广泛征求地方党委、政府、口岸部门、企业、群众的意见建议，并结合公安部12项便民措施的贯彻落实，推出了“智能边检平台”、“全省一证通”、“边检流动服务车”、“边检证件电子化”等一系列便民服务措施。北仑边检站立足实际，推出口岸重点航线、大型企业绿色通关服务，打造了“畅通美洲线绿色通关服务”、“吉利汽车出口绿色通关”等项目，实现了船舶进港即作业，装船完毕即离港，船舶非作业待港时间从125分钟缩减到39分钟，每年为企业节约通关费用2 000多万美元。舟山边检站根据舟山群岛新区建设规划要求，推出了新建项目帮扶指导、涉外业务网上办理、邮轮经济提前介入等服务举措。温州边检站主动融入“两海两改”国家战略大局，按照温州市委、市政府提出的“十二五”温州港“亿吨大港、百万标箱”的建设目标，先后推出《服务浙江海洋经济建设执勤执法十项举措》、《服务温州金融综合改革试验区建设八项举措》、《口岸安保十项机制》等措施，有力提升了服务经济社会发展，维护国家安全稳定的水平和能力。

【浙江省公安边防总队创建边检服务品牌】 2012年8月19日，根据公安部的统一部署，浙江省公安边防总队分别在杭州、宁波、温州、台州、舟山、嘉兴等6个地级市中心区域设立了宣传阵地，隆重举办了“中国边检服务品牌推介会”，活动现场设置了“中国边检服务品牌推介会”背景墙，设立“中国边检阳光服务咨询台”，摆放服务品牌形象易拉宝和品牌形象弹簧座，张贴宣传海报，悬挂带有“中国边检　阳光国门”LOGO的气球，各市中心区域LED大屏幕、通关服务区域滚动播放宣传片、广告片和品牌形象介绍片，使品牌主形象“天天”和宣传口号“你好”深入人心。活动期间，各边检站共向现场的群众发放宣传折页3.5万余份，各类宣传品、纪念品1.6万余份，接受咨询5 300余人次。中央和浙江省主流媒体以及人民网、新华网、法制网、浙江在线等门户网站纷纷以首页头条、醒目位置、系列报道等形式予以集中报道。

【浙江省公安边防总队推行“全省一证通”】 2012年，浙江省公安边防总队推行的“全省一证通”被纳入了浙江省政府支持浙商创业创新促进浙江发展意见，并在舟山开展试点工作。舟山边检站不等不靠，迅速召开专项工作部署会，成立了“全省一证通”试点工作领导小组，组织业务骨干认真抓好试点工作的落实。该站通过深入走访调研，先后走访了船舶修造厂、船舶清舱公司、外轮供应企业、代理单位、检验机构等近百家涉外单位，详细了解服务对象在实施登轮生产作业时存在的不便以及对进一步提升边检工作质量的意见建议。该站研究制定了《登轮许可“全省一证通”试行方案》、《登轮许可“全省一证通”管理规定》，明确了“全省一证通”签发的标准和发放对象，制作了《申请单位备案表》、《需登外轮人员申请表》、《允许登轮从事相关业务的委托书》、《丢失证件情况说明范本》等一系列表格材料，为全面推行该便利措施奠定了扎实的基础。试点工作取得初步成效后，省边防总队随即在全省推行该便民措施，指导各海港边检站充分理解“全省一证通”政策，进一步转变工作理念，提高服务意识，加强站与站之间的信息共享交流，避免出现企业或个人重复申领证件的情况。该便民措施得到了广大服务对象的拥护和认可，各涉外企业充分肯定了边检机关“想企业所想、急企业所急”的服务理念，认为该措施极大便利了企业跨港区、口岸登外轮作业，节省了作业时间，降低了生产成本。

【浙江省公安边防总队研发旅游团入境免排系统】 省边防总队牢固树立科技强警的战略思想，坚持向科技要警力、向科技要战斗力，围绕边检工作实际，用先进科技手段进一步提高口岸大通关信息化水平。为实现内地旅游团入境查验“化整为零、先到先走、单独验放、实时管控”的目标，解决旅游团入境旅客等待时间长、口岸秩序管理难度大等问题，省边防总队部署宁波机场边检站研发了“边防检查内地旅游团入境免排系统”，该系统能够自动完成旅游团旅客数据的导入、调取、比对、统计和提示，应用该系统后，每位旅游团旅客候检时间节省约10分钟，提高了通关速度，得到了广大旅客、旅行社、航空公司和旅游团成员的广泛好评。该系统被公安部评为第二届全国公安基层技术革新奖二等奖。

【浙江海事局船舶污染社会专业应急力量建设初见成效】 根据《防治船舶污染海洋环境管理条例》和《船舶污染海洋环境应急防备和应急处置管理规定》精神，浙江海事局积极推进船舶污染物清除协议制度，引导社会专业应急队伍建设。针对辖区拟申请资质的单位数量多，水平参差不齐的情况，鼓励辖区清污力量整合资源，有效防止了辖区船舶污染清除单位无序发展，避免了不必要的资源浪费；多次下发关于执行船舶污染清除协议制度的文件，明确了各分支局推进时间节点、具体要求及签约方案；针对航运经济形势低迷，航运企业运营困难的现状，主动上门走访、宣传，组织航运企业和代理对辖区船舶污染清除单位进行观摩，主动和省物价管理部门沟通协调签约收费标准并取得共识，督促引导辖区船舶污染清除单位统一收费标准，杜绝了收费过高或过低等现象的发生，既避免了无序发展、恶性竞争，又保障了船东利益。辖区现已成立一级资质船舶污染清除单位2家（宁波、舟山各1家），二级资质船舶污染清除单位2家（台州、嘉兴各1家），清污协议签约率达到99%。已初步形成以宁波—舟山港为核心、全面覆盖南北两翼的船舶污染清除单位布防格局。辖区清污单位参加了2012年7月“YUAN－TONG”轮沉船打捞应急防备，起到了防备控制船舶溢油污染，保护辖区海洋环境的重要作用。

【浙江辖区船舶污染应急体系建设初具规模】 2012年，浙江海事局以贯彻落实《防污条例》为契机，进一步完善应急管理体系，统筹中央、地方及社会应急能力建设投入，采取多项措施推进辖区船舶污染应急体系建设。一是充分依托地方，以保障浙江省海洋经济发展为己任，落实服务浙江省海洋经济示范区以及舟山群岛新区建设的相关举措，积极引导地方政府开展应急规划并投入溢油应急能力建设。浙江沿海各市均已完成或启动防治船舶及其有关作业活动污染海洋环境应急能力建设规划的编制工作，中央、地方投入的应急能力建设初见成效。二是积极优化整合社会应急力量，针对现状明确了“统筹兼顾、平稳过渡、适度掌控和引导发展”的思路，着力整合、优化社会应急力量，积极引导并公开清污费用标准，确保了辖区社会应急力量建设又好又快发展。三是加强大型油轮安全监管，落实船舶污染预防预控工作。从单壳油轮审批、危险货物申报、大型油轮作业监控等方面加强大型油轮作业安全监管。四是着力提高船舶污染应急信息化水平。利用浙江省碧海生态建设行动计划的配套资金，建立本地化、高精度的潮流场和风场，构建智能化、可视化，具有准确性、高效性、可靠性和扩展性的海上溢油应急指挥系统。五是积极与科研单位开展合作，共同推进船舶溢油/散化事故风险及应急防备需求评估研究工作，量化辖区污染风险，为污染预控和应急处置能力建设提供切实可行的应急防备方案和措施。截至2012年年底，宁波大型库、舟山小型库已经建设完毕，应急设备物资全部到位，购置了各类型常规应急设备，以及自行式收油机、快速布放围油栏、化学品吸收剂、环保型微生物消油剂等特种应急装备。中型溢油应急回收船“海特111”正式列编，并于2012年7月29日参加了舟山“YUAN-TONG”轮沉船爆破的应急防备工作。船舶污染事故应急决策软件已通过验收，有效提升了事故应急指挥和决策能力。舟山市政府进一步加大投入，“十二五”期间投入近两个亿的资金，开展“一船（综合清污船）、一中心（舟山市溢油应急中心）、一库（溢油应急设备库）、一基金（溢油专项资金）”的溢油防治体系建设，由政府出资构建的应急能力初具规模。浙江辖区社会应急力量已初步形成以宁波—舟山港为核心、全面覆盖南北两翼的布防格局。

【宁波海事局全力助推象山对台贸易“小三通”健康快速发展】 2012年，浙江省政府同意设立浙台经贸合作区，并将对台经贸合作区纳入省级开发区管理序列，在海事部门大力支持以及全方位指导下，宁波港石浦港区对台贸易发展从无到有，从小规模发展到现有新港区对台专用码头、高塘岛乡石斑鱼基地码头，对台贸易发展迅猛。2012年到港船舶53艘次，比2011年增加10航次，对台贸易额继续增长，达1 000多万美元，涉及进港货物包括食品、机械配件类等上千种。宁波海事局结合辖区实际，采取多项举措保障台轮进出港安全，营造便利通关环境。一是制订完善台轮进出港安全管理具体措施与现场监管举措，采取另纸签证，解决台轮航次签证问题；二是创新办法，真诚服务，采取“绿色通道”、“24小时预约服务”、“零等待服务”等一系列措施，为促进两岸贸易往来营造一个方便快捷的通关氛围；三是提前介入，共同参与，开展联合服务，与海关、国检等口岸部门协作配合，在现场进行监管与服务，试行服务性安全检查；四是强化预警预控，利用CCTV、GIS、VHF等进行点对点提醒与呼叫，强化船舶动态管理，严格落实各项安全措施，并加强与各方沟通联系，形成良好联动机制。通过努力，2012年所有到港台湾籍船舶未发生任何事故与险情，同时台湾籍船舶进出港与装卸货时间进一步缩短，受到地方政府以及相关部门好评。

开放口岸

【杭州航空口岸】 杭州萧山国际机场位于浙江省杭州市东部萧山区，机场面积10平方千米，地理坐标东经120°26′01″，北纬30°13′46″，距杭州市中心27千米，是我国干线机场、国际定期航班机场。机场拥有两条跑道，可起降空客A380飞机，机场航站楼面积37万平方米，机坪面积90万平方米，能满足年旅客吞吐量3 300万人次、货邮吞吐量80.5万吨、航班起降量26万架次的保障需求。杭州萧山国际机场是由原军民合用杭州笕桥机场迁址新建机场。杭州笕桥机场始建于1935年。1957年成立杭州民用航空站，成为军民合用机场。1979年开通了杭州—香港包机。1980年，经国务院、中央军委批准，杭州笕桥机场航空口岸正式对外开放。1997年7月，杭州萧山国际机场动工新建，2000年12月正式建成通航。2003年9月，国务院批复同意杭州航空口岸扩大对外国籍飞机开放。2004年3月，杭州航空口岸通过国家验收，正式扩大对外国籍飞机开放。2007年11月，杭州萧山国际机场二期扩建工程开工，2010年7月新国际航站楼完工并投入使用，新国际航站楼建筑面积9.6万平方米，飞行区站坪及道面面积22.66万平方米，近机位8个，远机位12个，出发层设计44个国际值机柜台，设计年入出境旅客量384万人次，高峰小时1 020人次。杭州萧山机场内建有独立的口岸工作园区和完善的口岸设施及功能（包括落地签证、台胞签注点等），实行“5+2”工作制和24小时通关。截至2012年年底，杭州航空口岸开通了45条国际（地区）航线，其中，国际航线有18个通航点，即阿姆斯特丹、东京、大阪、首尔、仁川、釜山、济州、吉隆坡、曼谷、法兰克福、新加坡、悉尼、普吉、德里、亚的斯亚贝巴、巴厘岛、长滩岛、马尔代夫马累；地区航线有7个通航点，即香港、澳门、台北桃园、台北松山、高雄、台中、花莲；国际不定期通航点19个，即务安、大邱、冲绳、哥打基纳巴卢、古晋、马尼拉、山形、福冈、札幌、名古屋、清州、静冈、函馆、青森、北九州、带广、金边、关岛、暹粒（吴哥窟）。平均每周航班达162班（324架次）。

2012年，杭州航空口岸出入境人员254.72万人次，同比增长19.3%。其中，出入境旅客239.48万人次（入境120.38万人次，出境119.10万人次），同比增长19.29%；机组员工15.24万人次，同比增长19.44%。出入境飞机16 872架次（入境8 481架次，出境8 391架次），同比增长22.84%。进出口货物量8.34万吨（进口货物量1.13万吨，出口货物量7.21万吨），同比增长103.53%；进出口快件352.68万件（其中进口快件144.63万件，出口快件208.05万件），同比增长2.09%；进出口货值（含快件）31.9亿美元，同比增长4.3%。

杭州保税物流中心（B型）于2009年12月1日经国家海关总署、财政部、税务总局、外汇局批准设立，2011年6月9日通过国家四部委验收，2011年12月正式封关运营。项目位于杭州空港经济区内，杭州萧山国际机场东北侧，与机场货运区相连。中心规划面积50万平方米，建筑面积近10万平方米，主要建成：保税大厦1.1万平方米，五库（1个监管仓库，4个保税仓库）6.8万平方米，堆场2.3万平方米，内外两个卡口（分别为5进5出10通道及2进2出4通道）和其他必备设施。杭州保税物流中心的经营主体——杭州空港新城保税物流中心有限公司，是杭州空港经济区（空港新城）管委会独家出资控股的国有企业，注册资金4亿，承担着保税物流中心的开发、建设、运营、物流资产经营和服务等职能。2012年，共完成进出口报关数3 286票，进出口货运量达202 250.30吨，进出口货运值（人民币）329 908.51万元。引入入驻企业10家，仓库租赁面积1万平方米以上。

【宁波航空口岸】 宁波栎社国际机场位于浙东鄞西平原，距宁波市中心约12千米，是国内重要的干线机场。机场占地面积近2 503万平方米，现有跑道长3 200米，宽60米，配有国际先进的通信导航和航行管制设备，为4E级标准，可满足波音747等大型飞机起降。机坪面积14.2万平方米，有16个停机位，其中7个近机位。现使用的候机楼总建筑面积4.35万平方米，按年旅客吞吐量380万人次、高峰小时1 700人次的要求建设。地下车库1.34万平方米，地面停车场5 271平方米，可同时停靠330多辆小车和30辆大客车。航空货站建筑面积7 881平方米，拥有国内出发到达、国际出发到达4个库区，功能设置基本达到了现代物流要求标准。

1992年7月宁波栎社机场航空口岸经国务院批准正式对外开放，宁波至香港直达航班开通；1998年11月，宁波—澳门—台北/高雄航线开通；1992年底，国际航空货运业务开通；2005年3月1日，宁波至香港全货机航班正式开通。2005年4月1日，宁波航空口岸对外国籍飞机开放得到国务院正式批准，9月2日，宁波栎社机场对外国籍飞机开放通过国家验收。2006年4月22日，东方航空公司空客A320型客机由宁波直飞韩国首尔国际机场，这是宁波栎社机场升格为国际机场后开通的首条定期国际航线。截至2012年年底，机场开通了47条航线，建立了通往北京、广州、深圳、成都、重庆、厦门、青岛、大连、哈尔滨、昆明、三亚、郑州、兰州等国内主要大中城市及香港、台湾地区航线网络。2012年，宁波航空口岸出入境飞机6 310架次，出入境人员78.10万人次，比上年分别增长了49.88%和46.10%。

【温州航空口岸】 温州永强机场地处浙江省三大中心城市之一温州市的龙湾区，距温州市中心21.7千米。温州永强机场于1987年5月开始建设，1990年7月12日建成通航。机场占地面积约3.87平方千米，现有2 400米长、60米宽（含道肩）的飞行跑道1条，国内、国际候机楼总面积近1.4万平方米，停机坪面积达7.3万平方米，可满足A300、MD－90等D类飞机起降。温州永强机场于1990年正式通航启用，1994年9月，温州永强机场航空口岸获国务院、中央军委批准对外开放（限中国籍飞机飞港澳地区），1995年开通温州至澳门航线，1996年开通至香港航线。2011年6月，国务院批复同意温州机场对外国籍飞机开放，2012年7月，经国家验收通过温州机场正式对外国籍飞机开放。温州航空口岸已开辟温州至香港、曼谷、首尔、济州、台北等5条国际（地区）航线。2012年出入境人员、飞机和进出口货物量分别为13.88万人次、1 144架次和690吨，同比分别增长64.62%、55.43%和减少5.48%。

温州永强机场飞行区扩建工程已进场施工，按照4E级飞行区标准新建1条3 200米跑道，届时可满足波音747系列机型起降；新的国际厅建设已在规划中，建成后可保障出入境旅客大幅增长的需要。

【宁波水运口岸】 宁波港位于我国历史文化名城和著名沿海港口城市——宁波市，是我国对外贸易的重要港口口岸。1979年6月，国务院正式批复宁波港对外开放。宁波港由甬江、镇海、北仑、大榭、穿山、梅山、象山、石浦八大港区组成，拥有大、中、小相配套的各类经营性泊位324个，其中万吨级以上10万吨级以下大型泊位45个，10万吨级以上特大型深水泊位23个，集装箱泊位21个，对外开放码头（泊位）90个。2012年，全港货物吞吐量4.53亿吨，同比增长4.5%，吞吐量前5位的货种为：矿石8 218万吨、煤炭6 631万吨、原油5 509万吨、化工原料及制品1 319万吨、粮食199万吨；集装箱吞吐量1 567万标箱，同比增长8.0%，已开通集装箱班轮航线235条，其中远洋干线124条，月均航班1 400班，现与世界上100多个国家和地区的600多个港口通航，全球排名前20位的国际班轮公司都已登陆宁波港口岸。2012年宁波港口岸完成外贸货物吞吐量2.45亿吨，进出口集装箱吞吐量1 336.23万标箱，入出境船舶12 266艘次，同比分别增长6.51%、5.49%和减少1.78%。

宁波水运口岸将按照建设大口岸、实施大通关、发展大物流、构筑大平台、搞好大服务的基本思想，努力推进口岸扩大开放，积极做好口岸把关服务、综合管理、文明共建、共创和谐口岸等工作。以一流管理、一流技术、一流服务、一流效益、一流人才为目标，突出提高通关效率，突出口岸发展，突出管理科学，强化服务意识，促进口岸创新和发展，促进口岸环境不断优化、通关报检快捷高效、企业费用不断下降，把口岸建设和发展推向新阶段。

【舟山水运口岸】 舟山港，地处我国东部海岸线与长江水道的交汇处，背靠长三角经济腹地，面向太平洋，是华东地区和长江流域重要的对外开放的海上门户和通道。

舟山水运口岸于1986年4月经国务院、中央军委批准对外开放。舟山港已经形成定海、老塘山、金塘、马岙、沈家门、六横、高亭、衢山、泗礁、绿华山、洋山11个港区，全市开放面积1 302平方千米，拥有万吨级以上泊位41个，25万吨级超大型深水泊位5个，一类口岸监管点15个（其中油品码头监管点7个，散杂货码头监管点5个，矿砂、煤炭和国际客运码头监管点各1个），外籍船舶修理企业22家，外轮联检锚地15个，保税仓库13家。2012年，舟山港吞吐量2.9亿吨，同比增长11.7%，其中进出口货物8 205.67万吨，同比增长2.4%，主要进口货物：矿砂3 307.18万吨、原油（成品油）2 822.33万吨、煤炭887.98万吨、大豆308.06万吨、化工品30.17万吨和小麦7.99万吨，主要出口货物：船舶548.0万吨、原油（成品油）215.08万吨、船舶配件20.30万吨和水产品1.97万吨，外贸集装箱完成10.72万标箱，同比增长330.7%，入出境船舶4 363艘次，同比增长9.87%。

舟山水运口岸处在浙江海洋经济发展前沿，区域内拥有丰富优质的港口岸线资源，深水岸线中尚未利用的有41处共160千米。2011年6月30日，国务院批准设立浙江舟山群岛新区，舟山成为我国首个以海洋经济为主题的国家战略层面新区。根据批复，舟山群岛新区将建设成为我国海洋经济发展的先导区、海洋经合开发试验区和长江三角洲地区经济发展的重要增长极，这给舟山港口岸带来了更大的历史机遇与挑战。

【温州水运口岸】 温州港位于全国最早开放的十个口岸城市之一温州市。温州港由状元岙港区、乐清湾港区、大小门岛港区3个核心港区以及瓯江港区、瑞安港区、平阳港区、苍南港区4个辅助港区组成。1957年，温州港口岸经国务院批准对外开放，1964年8月27日首艘外轮日本"东宫丸"抵达温州。改革开放后，温州港口岸陆续开放了龙湾码头、龙湾石化码头、小门岛油气中转码头、七里港区码头等8个码头，22个泊位。经过多年的发展，温州港口岸已经逐步成为浙西南、赣东、闽北等地区对外交流的重要海港口岸。集装箱航线已开通至台湾近洋干线1条，至宁波港、上海港的外贸内支线2条，外贸集装箱航线通过直达及内支线航运公司与德国、英国、意大利、俄罗斯、美国、南非、阿联酋、日本、韩国、印度、新加坡、中国香港及中国台湾等国家和地区开展航运业务。内贸集装箱航线可抵达全国沿海及长江流域港口。2012年温州港货物吞吐量6 996.95万吨，同比增长1.90%，其中外贸货物吞吐量548.80万吨，同比增长18.00%，主要进口货物：矿物燃料296.36万吨、矿砂91.92万吨、原木65.41万吨、牛皮15.37万吨、塑料11.42万吨，主要出口货物：鞋类10.03万吨、硫黄7.9万吨、陶瓷3.96万吨、船舶3.55万吨。进出口集装箱吞吐量13.16万标箱，入出境船舶280艘次，同比分别减少1.88%和3.11%。

"十一五"时期，温州水运口岸着力构筑大口岸、推动大物流、服务大开放，全力构建口岸大开放格局。随着温州港状元岙港区一期8号和9号2个5万兼靠10万吨级泊位、七里港区二期2个2万吨级泊位、浙能乐清电厂3.5万吨级卸煤泊位等一批万吨级项目建成投产，温州港口岸由"瓯江时代"向"东海时代"迈进，实现由河口型港向近海深水港、地区性港向沿海枢纽港、集装箱喂给型港向重要支线港发展的三大历史性转变。

"十二五"期间，温州水运口岸规划投资百亿元建设港口基础设施，新建深水泊位15个以上，港口货物吞吐量达1亿吨，其中外贸货物1 000万吨；集装箱吞吐量100万标箱，外贸集装箱吞吐量达 30 万标箱。加大与上海、宁波港的合作力度，开辟国际（地区）集装箱航线，巩固发展温州—台湾海上直航集装箱班轮，形成干线、近洋航线、内支线并存的新格局。

【台州水运口岸】 台州港位于浙江中部沿海，地处我国海岸带中段，是浙中沿海的水运枢纽。台州港由海门、大麦屿、健跳、临海、路桥和温岭等 6 个港区组成。台州港口岸（原名海门港口岸）1983 年 11 月经国务院批准开展国轮外贸运输业务；1989 年 5 月经国务院、中央军委批准对外国籍船舶开放，1990 年 10 月 1 日正式对外开放，成为一类港口口岸；2008 年经国务院批准同意海门水运口岸更名为台州水运口岸。

台州水运口岸海门港区现有开放码头 5 座，泊位 8 个，其中5 000吨级集装箱专用码头 1 座 2 个泊位。外贸港区划分为 2 个散杂货区和 2 个集装箱海关监管区。2009 年台州港口岸新增扩大对外开放水陆域面积 426. 2 平方千米，使台州的对外开放水陆域面积扩展至 692. 5 平方千米。

台州水运口岸大麦屿港区是浙中南和闽北沿海之间唯一可以满足第四代以上集装箱船进出的海港。2008 年 4 月 18 日，国务院同意台州港口岸大麦屿港区扩大开放，继 2009 年下半年台州港口岸开通对台湾海上客运直航后，2010 年 6 月底又开通大麦屿港区台湾基隆港海上客运直航定期航班，成为大陆第二个、省内第一个对台湾开展海上定期客运直航业务的水运口岸。2012 年，全港货物吞吐量5 358万吨，集装箱吞吐量 15. 09 万标箱，同比分别增长 5. 1% 和 11. 9%；其中外贸货物吞吐量 992. 8 万吨，外贸集装箱吞吐量 5. 25 万标箱，同比分别减少 7. 1% 和 4. 5%；从进口货物情况看，进口货物排前两位的商品：煤炭 711. 4 万吨，同比减少 8. 8%，废五金 165. 7 万吨，同比增长 21. 9%。出入境国际航行船舶 2 778艘次，出入境船员36 654人次，同比分别增长 23. 25% 和 27. 4%。“中远之星”轮对台湾客运直航临时进靠顺畅，2012 年共进出船舶 66 艘次，出入境旅客29 659人次，同比减少 12. 1%。

【嘉兴水运口岸】 嘉兴港（原名乍浦港）是浙北地区唯一的海港和一类口岸，是杭嘉湖及周边地区发展外向型经济的重要口岸，是全国海河联运主要港口之一，也是浙江省接轨上海的桥头堡，以及长江三角洲港口群和上海国际航运中心的组成部分。嘉兴港位于杭州湾北岸，陆上距上海市区 95 千米，杭州市区 117 千米，嘉兴市区 43 千米；海上距上海吴淞 122 海里，洋山港区 53 海里，宁波港 74 海里。

嘉兴水运口岸所辖自然岸线东起平湖金丝娘桥，经益山、郑家埭至海盐县澉浦长山闸，总长 74. 1 千米，自东至西分为独山、乍浦、海盐 3 个港区（其中乍浦港区已对外开放口岸），规划码头泊位岸线 26. 5 千米，其中深水岸线 23 千米，非深水岸线 3. 5 千米，可建泊位逾百个，年吞吐能力近亿吨。截至 2012 年，已建成泊位 39 个（其中万吨级以上泊位 26 个），年设计货物吞吐能力3 889万吨。港区功能：独山港区以承担煤炭、粮食等大宗干散货、液体化工品、件杂货运输及集装箱中转；乍浦港区主要承担液体化工、件杂货运输及集装箱中转；海盐港区主要承担散杂货和件杂货运输。

1993 年 3 月，嘉兴水运口岸临时对外开放，1996 年 1 月，嘉兴水运口岸经国务院批准对外开放，并于 2001 年 4 月通过正式验收。现有对外开放泊位 11 个。海盐港区正在上报口岸扩大对外开放，独山港区一码头获得临时对外开放。嘉兴港口岸已与日本、韩国、俄罗斯、美国、沙特阿拉伯、伊朗、澳大利亚、英国、荷兰、南非等

40多个国家和地区的近百个港口建立了运输往来，作为宁波港、上海港的喂给港，嘉兴港外贸集装箱业务可覆盖全球运输网络。

2012年，嘉兴港货物吞吐量6 003.89万吨，同比增长14.18%，其中外贸货物吞吐量完成734.65万吨，同比增长23.64%。集装箱完成75.1万标箱，同比增长45.86%，其中外贸集装箱完成35.30万标箱，同比增长52.35%，入出境船舶1 554艘次，同比增长37.77%。从进出口货物情况看，嘉兴港水运口岸外贸货物以进口为主，出口货物以集装箱运输为主。外贸进出口货物排前三位的有：适箱货物408.90万吨，化工品202.03万吨，油品类80.65万吨，同比分别增长57.62%、17.47%、6.75%。

宁波市

【口岸运行数据】 2012年，宁波口岸进出口贸易额1 975.12亿美元，同比下降1.4%，位列全国口岸第七，贸易顺差508.09亿美元；宁波港货物吞吐量4.5亿吨，同比增长4.53%；集装箱吞吐量1 567.14万标箱，同比增长7.99%，均位列全国沿海港口第三。其中，外贸货物吞吐量2.45亿吨，进出口集装箱吞吐量1 336.23万标箱，入出境船舶12 266艘次，同比分别增长6.51%、5.49%和减少1.78%。空港口岸出入境飞机6 310架次，同比增长49.88%。出入境旅客73.05万人次，同比增长46.31%。

【口岸开放工作稳步推进】 梅山港区扩大开放和北仑四期2号泊位扩大开放均已获国务院批准；穿山港区（北）3家企业码头已获准临时开放；大榭万华2万吨级液体化工码头和实华2万吨、45万吨原油码头已正式开放；象山石浦新港码头的临时进靠、穿山北港区整体开放和镇海化工品保税物流中心的申报等工作顺利进行。优化空港口岸功能，大力发展空港全货机和快件业务，2012年，快件量已突破100万件，航空物流集聚能力进一步提升。配合有关部门继续拓展国际客运航线、国际快件业务和国际货运专线，做好正常航班、新增（加密）国际（地区）航班和临时加班包机的空港口岸保障工作，顺利完成世界“宁波帮”大会的口岸礼遇工作。

【继续推动宁波—舟山港一体化，推动沿海港口联盟和无水港建设】 2012年，无水港集装箱业务量完成31.2万标箱，同比增长36.7%；集装箱公路双重运输承运12.3万标箱，与2011年持平。推进宁波口岸海铁联运向中西部延伸。2012年5月，宁波—上饶海铁联运“五定”班列正式纳入铁道部“百千战略”，实行客车化管理，并延伸至鹰潭，全面提升了班列的影响力。2012年9月，在宁波口岸和襄阳口岸的合力推进下，宁波—襄阳海铁联运开通，实现了宁波口岸海铁联运向中西部延伸。2012年10月，宁波—金华海铁联运试运行，为金华的进出口企业提供集疏运方式的选择。2012年，宁波口岸集装箱海铁联运完成59 470标箱，同比增长18.9%。继续在嘉兴、湖州、杭州、绍兴、丽水、衢州、金华等宁波港主要腹地进行宁波口岸环境推介活动，广泛征求进出口企业对宁波口岸通关环境的意见建议，搭建了腹地企业与口岸各部门间面对面的沟通交流平台，对各地企业提出的意见和建议提交口岸相关单位进行整改落实。2012年，宁波口岸吸引力和辐射力继续保持良好的增长势头，异地企业从宁波口岸进出口的货物金额1 211亿美元，占同期进出口总额的61.3%。

【大通关建设稳步推进】 宁波市政府口岸与打击走私办公室制订下发了《2012年宁波口岸

大通关建设工作实施方案》。经过一年的推进，“十件实事”完成情况良好。宁波海关“无纸化通关”顺利推进。宁波出入境检验检疫局进口查验比例进一步降低。宁波口岸出口环境基本与上海持平，进口环境明显优化，努力确保运转协调、监管有效、服务高效，让广大外贸生产经营企业充分享受到实实在在的改革成果。深入宁波口岸各部门及单位，开展“干部进村入企，一线解难创优”活动。组织宁波口岸通关环境调研，先后在宁波、绍兴、义乌、杭州和上海走访外贸企业和口岸有关单位50多家，召开征求企业意见座谈会10余场次，听取企业对宁波口岸环境的意见和建议，协调解决口岸大通关方面的有关问题，先后完成了《义乌国际贸易综合改革试点工作调研报告》、《增强宁波口岸对省内企业吸引力的分析研究报告》、《宁波口岸进口服务环境分析》、《宁波口岸综合商务成本研究》等一批课题研究成果。继续推进区域大通关，努力建立不同关区间的沟通协调机制。2012年6月，宁波港至鹰潭的废金属集装箱海铁联运进口转关业务正式获批。2012年8月，宁波海关开展通关作业无纸化改革试点，在宁波、杭州关区之间，对部分试点企业的转关货物取消纸质转关申报单。进一步完善宁波空港与上海、杭州空港之间“虚拟航班”（一关通）的通关监管模式，保持宁波航空口岸货运的竞争力。协调推进空港货物与海关特殊监管区之间及海港口岸之间的便捷流通，实现海空港联动。进一步完善国际航运服务中心、空港通关中心、海港通关中心“一体两翼”功能。积极配合各口岸部门综合运用管理创新、机制创新、科技创新等手段，简化口岸工作流程、减少口岸工作环节，实现口岸环境更优、工作效率更高、通关速度更快、综合费用更低。2012年，宁波海关90%以上报关业务、宁波出入境检验检疫局90%以上的口岸和报检业务在航运中心和北仑通关中心完成，达到企业、单位和政府三满意。积极推进北仑海港口岸通关中心新大楼的置换工作，完善进驻方案。重点推进“货物5+2预约报关”，大力发展空港全货机和快件业务，努力将空港通关中心（快件监管中心）打造成为管理规范、运作高效、设施先进的智能物流平台。加强进出口企业诚信建设。评选出年度进出口企业228家，新增海关AA类企业26家，同比增长70%，新增A类企业349家，同比增长9.18%。持续推进《关于进一步提升宁波口岸中介服务业发展水平的若干意见》（甬政发〔2011〕1号）文件精神的贯彻落实，努力完善信用管理体系，加强法规引导和行政督导，促进了口岸中介服务业发展水平的提升。

【提升电子口岸服务效能，新项目上线运行】 在深入调研、各单位上报项目的基础上召开了政务项目立项协调会和立项会，经过讨论、研究、整合后，确定“宁波电子口岸门户改版及海运通关子平台矩阵化整合、宁波电子口岸空运大通关子平台（一期）、宁波电子口岸危险品管理子平台（一期）、海关车辆及货物途中监管系统、国检进口展会产品监管系统”等6个项目为年度政务建设项目，宁波口岸景气指数监测系统（一期）作为预立项项目。各项目开发建设进展情况顺利，12月份完成初验收。根据形势的发展变化和任务需要，对原《宁波电子口岸信息平台运营考核暂行办法》进行了重新修订，下发了《宁波电子口岸平台运行考核暂行办法》。

【推行跨境贸易电子商务试点】 积极开展国家发展改革委和国家海关总署推行的跨境贸易电子商务试点。依托电子口岸建设机制和平台优势，实现外贸电子商务企业与口岸管理相关部门的业务协同与数据共享。推进智慧口岸（口岸应急指挥中心）建设。认真组织关于推进口岸进出口货物通关无纸化申报改革的调研工作。进一步拓展宁波口岸应急联合指挥中心功能，拓宽信号源渠道，不断完善数据监控、视频监控、物流监控、数据展示功能。

【宁波航运交易所正式开业运行】 宁波航运交易所于2012年9月18日正式开业运行，在航运服务中心增设与航运交易相关的服务窗口。航运信息平台一期已开发完成并正式上线运行；加快航运交易平台建设，航运交易服务试点项目被国家发展改革委正式列入国家电子商务示范城市电子商务试点项目。推进五大市场建设，船舶交易市场2012年完成国内二手船交易79艘，实现交易额10亿，其中通过船舶司法拍卖平台实现交易额近4亿；航运人才市场正式开业运营，为宁波航运服务产业链相关企业和人才提供集交易、管理、协调、服务于一体的市场平台；以宁波航运订舱平台公司为实体运营的集装箱舱位交易市场正式开业；液体化学品船租运市场正筹建中。积极开展航运交易所共建工作。与海事法院签约，深化共建船舶司法拍卖统一平台；与浙江义联共建订舱平台；筹备宁波—伦敦（英国）航运产业发展合作伙伴条例活动方案。

浙江省口岸大事记

1月4日

宁波海关在关区全面推广进口货物分类通关改革。

1月5日

2012年全国直属海事系统工作会议在浙江杭州召开。

1月6日

舟山口岸通关服务中心正式运行，舟山海关等4家查验部门及船代、货代、报关、报检等部分口岸中介服务企业同时进驻，开设36个窗口，承办37项口岸通关服务。

1月10日

浙江省政府召开全省出入境检验检疫工作会议。

1月20日

《国务院办公厅关于印发推进浙江省义乌市国际贸易综合改革试点重点工作分工方案的通知》（国函〔2012〕15号）。

2月2日

浙江省委副书记、省长夏宝龙视察国家交通运输物流公共信息平台，“要求平台做大、做强、做久，为浙江经济转型发展做好服务”。

2月8日

舟山出入境检验检疫局、嵊泗出入境检验检疫局开通“12365”质量投诉和咨询服务热线电话。

2月23日~24日

浙江省政府办公厅牵头组织对温州航空口岸扩大对外国籍飞机开放筹备工作进行预验收。

3月1日

宁波保税区海关审批科被授予浙江省巾帼文明岗荣誉称号。

经舟山市政府常务会议通过的《舟山口岸查验监管点动态管理制度》即日起试行。

3月2日

国务院批复同意宁波港口岸梅山港区和北仑港区四期2号泊位对外开放。

3月14日~15日

海关总署组织国家发展改革委、财政部等六部委进行舟山港综合保税区筹建工作调研。

3月20日

浙江省委副书记、省长夏宝龙到杭州海关进行工作调研。

3月22日

浙江省口岸办主任会议在安吉召开。

3月25日

温州航空口岸开通“温州—台北”直达航线。

3月26日

宁波海关全面启动50家重点外贸企业帮扶

活动。

3 月 29 日

南非警察部行动局局长马万拉中将率团到浙江省公安边防总队下属北仑边检站、宁波机场边检站等单位进行友好访问。

3 月 31 日

国务院副总理王岐山在浙江省委书记赵洪祝和国家质检总局局长支树平等陪同下，视察宁波北仑口岸现场。

海关总署署长于广洲陪同国务院副总理王岐山在宁波视察。

海关总署署长于广洲在绍兴听取杭州海关党组工作汇报。

浙江出入境检验检疫局根据《国家质检总局关于进一步促进对外贸易发展的若干意见》，结合浙江省实际，出台“六方面 23 条措施”。

4 月 10 日

杭州航空口岸开通“杭州—花莲”直达航线。

4 月 12 日

国家口岸管理办公室第 6 次批复同意义乌航空口岸临时开放。

4 月 19 日

浙江省省长夏宝龙一行考察“义乌港”。

4 月 27 日

《国家口岸发展规划（2011 年—2015 年）》经国务院批准发布，浙江省宁波、舟山、温州、台州、嘉兴等 5 个水运口岸扩大开放项目及义乌航空口岸对外开放项目纳入该规划。

5 月 16 日

宁波实华原油码头有限公司 45 万吨级码头泊位通过对外启用验收。

5 月 22 日

浙江省委副书记、省长夏宝龙在舟山视察工作，在舟山口岸通关服务中心看望慰问边检、检验检疫等工作人员。

5 月 27 日 ~29 日

浙江省委书记、省人大常委会主任赵洪祝在舟山考察调研海洋经济发展情况。

6 月 5 日

台州海关玉环办事处正式开关启用。

6 月 12 日

浙江省政府办公厅组织省级查验单位对嘉兴港口岸乍浦港区内的浙江乍浦美福码头仓储有限公司和嘉兴市嘉港石化码头有限公司两石化码头对外启用验收。

6 月 14 日

嵊泗出入境检验检疫局举行全国文明单位揭牌仪式。

6 月 15 日

宁波港股份有限公司与丹麦马士基公司签订合资设立宁波梅山保税区梅龙码头经营有限公司的协议。

6 月 22 日

“宁波—首尔”定期直航包机正式开航。

7 月 1 日

国航新开杭州至东京航线 CA845 航班准时起飞，拉开了杭州萧山国际机场夏季新增国际航班运营的序幕。

7 月 2 日

杭州空港口岸开通“杭州—越南岘港”、“杭州—马尔代夫马累”两条往返航线，

7 月 3 日

浙江省委副书记、省长夏宝龙赴浙江出入境检验检疫局视察工作。

7 月 4 日

浙江省委书记赵洪祝一行考察“义乌港”。

7 月 5 日

浙台（象山—石浦）经贸合作区正式挂牌。

7 月 6 日

泰国亚洲航空执飞的“宁波—曼谷”航线开通。

7 月 11 日

国务院下发《关于同意浙江舟山港口岸扩大开放的批复》（国函〔2012〕86 号）。

7 月 24 日

温州航空口岸扩大对外国籍飞机开放筹备工作通过国家验收。

8月1日

杭州海关、宁波海关启动通关作业无纸化改革试点工作。

8月16日

浙江省委书记、省人大常委会主任赵洪祝，省委副书记、省长夏宝龙等领导在省人民大会堂接见浙江公安边防总队第二次代表大会全体会议代表。

8月16日

浙江省委书记赵洪祝到梅山保税港区考察集装箱码头建设情况。

8月20日

济州航空公司执飞的“济州—温州”包机航线开通。

9月12日

长三角地区口岸协会联席会议在江苏省连云港市召开。

9月14日

台北市海运承揽运送商业同业公会考察团考察宁波国际航运服务中心。

9月18日

宁波航运交易所开业运行。

9月25日~26日

浙江省口岸管理办公室和省口岸协会联合举办了“省口岸开放项目培训班”。

9月25日~27日

浙江省委副书记、省长夏宝龙考察浙江沿海港口。

9月29日

国务院批准设立舟山港综合保税区。

10月11日

义乌、金华海关正式启动小商品出口分类通关作业。

10月23日

国家质检总局和浙江省人民政府在杭州举行《共同推进浙江海洋经济发展示范区建设、舟山群岛新区建设、义乌市国际贸易综合改革试点等战略举措合作备忘录》签字仪式。

11月6日

国务院办公厅正式批复宁波梅山保税港区为我国新一批汽车整车进口口岸。

11月14日~16日

浙江省政府办公厅组织有关单位对舟山港口岸扩大对外开放准备工作进行预验收。

12月3日

杭甬两关间转关货物全面取消纸质“关封”的流转。

12月10日

浙江省政府办公厅会同省级查验单位对北仑四期集装箱码头2号泊位对外开放筹备工作进行省级预验收。

12月18日

浙江电子口岸与浙江省商务厅共建的商务百事通公共信息服务平台上线试运行。

12月19日~20日

国家口岸管理办公室组织国家有关部委，对舟山港口岸扩大开放项目中的宝钢马迹山矿石中转二期等6家企业码头船坞进行了验收。

12月28日

嘉兴市口岸协会成立。

（撰稿人：钱风云 王静 方蕴捷 李云峰 卢文津 高鹏 汤军 邱琳 陈燕燕 叶再武 赵华明 李华楠 汤征国）

2012 年浙江省口岸流量统计表

口岸类型		口岸名称	货运量（万吨）				集装箱量（万标箱）				人员（万人次）				交通工具（辆、艘、架、列次）			
			出口	进口	合计	同比（%）	出口	进口	合计	同比（%）	出境	入境	合计	同比（%）	出境	入境	合计	同比（%）
空运口岸		杭州	7.20	1.13	8.34	+103.53					126.71	128.02	254.73	+19.30	8 391	8 481	16 872	+22.84
空运口岸		宁波									38.63	39.48	78.11	+46.10	3 152	3 158	6 310	+49.88
空运口岸		温州	0.02	0.06	0.07	−5.48					6.71	7.17	13.88	+64.62	570	574	1 144	+55.43
空运口岸		分计	7.22	1.19	8.41	+101.68					172.05	174.67	346.71	+25.89	12 113	12 213	24 326	+30.22
陆运口岸	公路口岸																	
陆运口岸	公路口岸	分计																
陆运口岸	铁路口岸	宁波北站					0.47		0.47	−4.84								
陆运口岸	铁路口岸	分计					0.47		0.47	−4.84								
水运口岸	海港口岸	宁波	8 787.88	15 745.19	24 533.07	+6.51	677.76	658.47	1 336.23	+5.49	9.30	14.09	23.39	−0.58	4 816	7 450	12 266	−1.78
水运口岸	海港口岸	舟山	800.90	7 404.77	8 205.67	+2.40	0.09	10.62	10.71	+330.00	4.40	4.82	9.22	+6.27	2 093	2 270	4 363	+9.87
水运口岸	海港口岸	温州	43.69	505.12	548.81	+18.00	7.26	5.90	13.16	−1.88	0.32	0.22	0.54	−7.83	160	120	280	−3.11
水运口岸	海港口岸	台州	68.50	924.30	992.80	−7.10	2.60	2.65	5.25	−4.50	2.77	3.54	6.31	+1.01	1 024	1 754	2 778	+23.25
水运口岸	海港口岸	嘉兴	142.58	592.07	734.65	+23.64	14.44	20.86	35.30	+52.35	1.15	1.40	2.55	+36.44	700	854	1 554	+37.77
水运口岸	海港口岸	分计	9 843.55	25 171.45	35 015	+5.52	702.15	698.51	1 400.66	+6.82	17.94	24.07	42.01	+2.70	8 793	12 448	21 241	+5.52
水运口岸	河港口岸																	
水运口岸	河港口岸																	
合计			9 850.77	25 172.64	35 023.41	+5.53	702.62	698.50	1 401.12	+6.82	189.99	198.74	388.73	+22.89	20 906	24 661	45 567	+17.41
同比（%）			+9.75	+3.96	+5.53		+4.47	+9.29	+6.82		+22.57	+23.19	+22.89		+16.10	+18.55	+17.41	

（浙江省口岸办提供）

2012 年杭州海关主要数据统计表

项目		2012 年	同比（%）
进出口货运量（万吨）	合计	11 765.34	+4.80
	进口	10 127.63	+2.00
	出口	1 637.71	+26.90
进出口贸易总值（万美元）	合计	8 786 807.49	+5.30
	进口	5 217 628.22	-1.60
	其中：江、海运输	4 929 125.68	-0.20
	铁路运输	1 367.21	-49.70
	汽车运输	4 648.33	-34.80
	航空运输	281 757.61	-19.50
	邮件运输	729.39	-34.40
	其他运输		
	出口	3 569 179.27	+17.30
	其中：江、海运输	3 264 010.71	+19.20
	铁路运输	16 989.56	+26.40
	汽车运输	9 425.42	-3.60
	航空运输	270 706.55	-0.80
	邮件运输	8 047.03	-4.60
	其他运输		
税收（万元）	两税合计	5 555 777.70	+10.20
	关税入库		
	进口环节税入库		

（杭州海关提供）

2012年宁波海关主要数据统计表

项目		2012年	同比（%）
进出口货运量（万吨）	合计	13 259	+1.44
	进口	9 978	+3.64
	出口	3 281	-4.72
进出口贸易总值（万美元）	合计	19 751 207	-1.44
	进口	7 338 483	-4.30
	其中：江、海运输	7 126 240	-4.70
	铁路运输		
	汽车运输	91 209	+30.41
	航空运输	121 002	+0.97
	邮件运输	2	+84.82
	其他运输	31	+179.39
	出口	12 412 724	+0.33
	其中：江、海运输	12 230 726	+0.16
	铁路运输	28 712	+15.94
	汽车运输	63 437	+3.51
	航空运输	55 245	+3.82
	邮件运输		
	其他运输	34 603	+55.52
税收（万元）	两税合计	7 929 186	+4.76
	关税入库	484 761	-0.94
	进口环节税入库	7 444 424	+5.15

（宁波海关提供）

2012年浙江省口岸出入境主要数据表

单位：（人员）人次；（交通工具）辆、艘、架、列次

项目			2012年	2011年	同比（%）
出入境人员	出入境人员总数		3 887 314	3 163 221	+22.89
	入境人员		1 987 445	1 613 365	+23.19
	出境人员		1 899 869	1 549 856	+22.58
	出入境旅客		3 286 022	2 621 368	+25.36
	出入境员工		601 292	541 853	+10.96
	中国公民	小计	3 013 949	2 347 069	+28.41
		内地居民（因公）	215 841	202 630	+6.52
		内地居民（因私）	2 109 678	1 476 244	+42.91
		港澳居民	226 468	211 428	+7.11
		台湾同胞	461 962	456 767	+1.14
	外籍人员		873 365	816 152	+7.01
	从海港出入境人数		420 183	409 121	+2.70
	从陆港出入境人数				
	从空港出入境人数		3 467 131	2 754 100	+25.89
交通运输工具	总计		45 567	38 811	+17.41
	船舶		21 241	20 130	+5.52
	飞机		24 326	18 681	+30.22
	火车				
	机动车辆				

（浙江省公安边防总队提供）

2012 年浙江省出入境检验检疫业务统计表

项目	货物检验检疫				交通工具				集装箱（标箱）		发现动植物疫情		货物通关		出入境人员查验（人次）	健康检查及预防接种（人次）			
	批次	金额（万美元）	检验检疫不合格																
			批次	金额（万美元）	船舶（艘）	飞机（架）	火车（节）	汽车（辆）	合计	检出问题	种类数	种次	批次	金额（万美元）		健康检查	艾滋病监测	发现病例	预防接种
本年累计	1 777 949	9 672 671	7 887	658 833	8 935	17 878			641 563	3 383	944	11 886	242 817	4 336 343	2 876 366	67 914	67 531	82 857	54 996
其中 出境	1 717 117	5 902 660	4 830	13 595	3 973	8 966			184 075	15			197 461	814 268	1 417 989	57 248	56 955	65 121	54 501
其中 入境	60 832	3 770 011	3 057	645 238	4 962	8 912			457 488	3 368	944	11 886	45 356	3 522 075	1 458 377	10 666	10 576	17 736	495
同比（%）	+4. 48	+3. 62	−0. 30	+0. 94	+16. 68	+21. 26			+42. 43	+65. 43	+6. 43	+31. 26	+14. 45	+3. 01	+20. 44	+3. 73	+6. 12	+14. 58	+7. 24
其中 出境	+4. 84	+3. 15	−10. 02	−12. 26	+21. 05	+21. 36			+4. 09	+150			+15. 3	+10. 22	+20. 23	+3. 76	+5. 04	+12. 18	+6. 8
其中 入境	+5. 92	+4. 36	+20. 21	+1. 26	+13. 39	+21. 17			+67. 22	+65. 18	+6. 43	+31. 26	+10. 88	+1. 47	+20. 65	+3. 56	+12. 39	+24. 35	+94. 12

（浙江出入境检验检疫局提供）

2012 年宁波市出入境检验检疫业务统计表

项目	货物检验检疫				交通工具				集装箱（标箱）		发现动植物疫情		货物通关		出入境人员查验（人次）	健康检查及预防接种（人次）			
	批次	金额（万美元）	检验检疫不合格 批次	检验检疫不合格 金额（万美元）	船舶（艘）	飞机（架）	火车（节）	汽车（辆）	合计	检出问题	种类数	种次	批次	金额（万美元）		健康检查	艾滋病监测	发现病例	预防接种
全年累计	780 840	9 601 745	4 042	409 335	12 178	6 366			9 630 628	30 741	583	9 732	1 188 544	9 632 113	1 011 463	6 496	6 276	911	4 596
其中 出境	609 670	1 989 909	1 514	3 457	4 780	3 181			4 206 118		12	49	1 091 458	4 195 534	477 486	4 043	4 025	556	4 535
其中 入境	171 170	7 611 836	2 528	405 878	7 398	3 185			5 424 510	30 741	571	9 683	97 086	5 436 579	533 977	2 453	2 251	355	61
同比（%）	+4.7	−0.30	−6.40	−9.60	+1.5	+55.6			+2.6	+20.1	−3.9	−0.1	+5.6	+1.2	+34.7	−1.2	−2.8	−7.6	−4.6
其中 出境	+5.9	+7.2	−32.3	−58.00	−8.9	+55.6			−1.5		−25.0	+157.9	+6.0	+6.3	+31.1	−6.2	−5.9	−12.7	−4.8
其中 入境	+0.5	−2.1	+21.5	−8.8	+9.50	+55.6			+6.1	+20.1	−4.0	−0.4	+1.4	−2.5	+38.0	+8.1	+3.4	+1.7	+13.0

（宁波出入境检验检疫局提供）

2012 年浙江海事局进出港船舶统计汇总表

船舶类别	进港船舶							出港船舶						
	艘数（艘）	总吨（吨位）	总载重量（吨）	载客量（客位）	船员人数（人次）	货物到达量（吨）	旅客到达量（人）	艘数（艘）	总吨（吨位）	总载重量（吨）	载客量（客位）	船员人数（人次）	货物发送量（吨）	旅客发送量（人）
总数	704 838	1 194 825 547	1 480 650 596	70 984 637	5 310 629	500 292 885	25 026 193	706 345	1 200 020 591	1 488 244 098	70 848 636	5 336 344	248 482 347	24 814 970
中国籍船舶	688 035	532 482 884	571 322 749	70 960 020	4 989 761	277 274 867	25 010 730	689 243	532 967 682	572 272 960	70 824 020	5 009 172	189 928 449	24 801 155
其中：外贸船	1 501	25 757 855	27 556 472		29 895	13 109 477		1 507	24 162 167	25 737 194		29 936	3 505 418	

（浙江海事局提供）

口岸数量及分布

截至2012年年底，安徽省共有经国务院批准对外开放口岸7个，其中水运口岸5个，分别是芜湖、安庆、铜陵、池州、马鞍山；航空口岸2个，分别是合肥、黄山。

口岸运行数据

2012年，安徽省口岸完成进出口货运量1 574.36万吨，同比下降7%，其中进口1 381.13万吨，同比下降11%；出口193.23万吨，同比增长36.1%；剔除马钢铁矿砂、铜陵有色铜精砂进口减少因素，口岸进出口货运量同比增长23.14%。进出口集装箱运量350 679标箱，同比增长17.3%，其中重箱（已装货物的集装箱）211 447标箱，同比增长23.3%。进出境旅客333 410人次，同比增长63.3%；进出境航班3 111架次，同比增长58.4%。

2012年，安徽省口岸进出口货运量和进出口集装箱重箱运量同比增长的有：芜湖115.76万吨，同比增长15.1%，125 422标箱，同比增长15.1%；池州39.94万吨，同比增长15.8%，4 273标箱，同比增长4.1%；安庆15.8万吨，同比增长37.4%，10 338标箱，同比增长42.8%；蚌埠11.46万吨，同比增长23.5%，3 627标箱，同比增长7.6%；阜阳2.04万吨，同比增长8.5%，1 171标箱，同比增长43.3%。马鞍山因铁矿砂进口减少，完成进出口货运量1 232.56万吨，同比下降10.3%，但进出口集装箱重箱运量60 373标箱，同比增长49%；铜陵因铜精砂进口减少，完成进出口货运量156.8万吨，同比下降3.3%，进出口集装箱重箱运量5 736标箱，同比下降7%。合肥、黄山两个航空口岸出入境人员实现了高速增长，其中合肥完成249 642人次，同比增长57.7%，突破20万人次大关，逼近25万人次；黄山完成83 768人次，同比增长82.8%，达到国家新开航空口岸3年内不少于5万人的标准，突破8万人次，创历史新高。

口岸监管与服务

【加入长三角区域大通关建设协作机制】 2012年3月，安徽省口岸办与上海、江苏和浙江三省市口岸办签订《长三角口岸城市群大通关合作协议》，正式加入长三角区域大通关建设协作机制。苏浙皖沪四省市间大通关合作，将重点围绕干支线中转、铁海联运、空陆空空联运、保税物流和区域通关等内容，以项目为抓手，以口岸城市群为重要载体，进行“点对点、城对城”的务实合作，提高贸易便利化水平。12月27日，长三角区域大通关建设协作第五次联席会议在江苏省常州市召开，安徽省首次以正式成员身份参加会议，标志安徽省与长三角合作进入更高层次。

【区域协作推进口岸建设成效显著】 一是利用加入长三角口岸工作协调组的契机，出台了《安徽省参加长三角区域大通关建设协作工作方案》，建立启动以各市口岸办、口岸协会、省口岸办为主体、职责明确的专题协作组，推进项目落实。二是加快推进长三角区域大通关协作，与上海市口岸办联合召开“长三角口岸城市群大通关合作皖沪项目对接会”，安徽省口岸单位和运营企业与上海市口岸运营企业进行现场对接，开展区域通关合作。新开和加密芜湖、合肥、池州等港至上海、太仓、南通等港外贸内支线班轮，开通了蚌埠至上海芦潮港的铁海联运班列。

【制定“十二五”口岸发展规划】 经国务院批准，芜湖、马鞍山、池州水运口岸列入国家“十二五”扩大开放口岸项目规划。根据国家“十二五”口岸发展规划，制定下发了《全省“十二五”口岸发展规划》。为贯彻落实国务院办公厅《电子口岸发展“十二五”规划》，会商安徽省电子口岸领导小组主要成员单位征求意见，拟定意见和建议报安徽省政府办公厅。

【实现口岸查验机构全覆盖】 随着安徽出入境检验检疫局亳州、宿州、淮南、六安办事处（筹备）揭牌，淮北、亳州、宿州、淮南、六安海关工作组分别挂牌，全省16个省辖市口岸查验机构实现了全省覆盖，逐步开展“属地申报，口岸验放”、“直通式转关”、“国八条”等便捷通关模式，将大大方便全省外贸企业，提高通关效率，降低物流成本。

【出台12条意见促扩大进口】 为促进对外贸易平衡发展，安徽省政府出台了关于扩大进口的12条意见。内容主要包括以下方面：一是在扩大进口规模方面，提出要对企事业单位进口先进设备、核心技术关键零部件等，给予政策性资金的优先补助；鼓励企业参加境外采购对接会，支持安徽省特色明显交易规模大的专业市场拓展进口贸易功能，建立原材料、机械设备、日用消费品等进口商品交易市场。二是在优化进出口环境方面，提出要推进出口加工区、保税物流中心、保税仓库等海关特殊监管区和保税监管场所建设。在进口涉及的商务通关、检验检疫、物流配送方面提供更多方便，减免更多税费，优化程序提高效率。三是在加大财政金融支持力度方面，提出要鼓励商业银行开展进口信贷，几家主要金融机构对企业进口的年融资授信额度不低于300亿元，并给予利率优惠。

【合肥海关制定了促进外贸稳定增长的实施意见】 为贯彻落实《海关总署关于印发海关促进外贸稳定增长若干措施的通知》要求，结合安徽省实际，制定了《合肥海关落实〈海关总署关于促进外贸稳定增长的若干措施〉实施意见》，帮扶企业积极应对当前复杂严峻的经济形势，支持安徽省外贸稳定增长。实施意见包括：对企业进出口货物纸质报关单证明联、出口报关单退税联打印费、报关单条码费等费用，从2012年10月1日起停止收取；在保障有效监管前提下，在11月15日前将“属地申报，口岸验放”通关模式应用范围放宽至一年内无走私违规记录、资信良好的B类生产型出口企业；认真执行AA类企业评定标准下调为进出口业务量50万美元的规定，对上一年度进出口额或进出口报关单数未达标的企业暂不下调管理类别，提高AA、A类企业及“属地申报，口岸验放”、“担保验放”企业资格的审批效率；简化出口设备进境维修监管手续；优化征税管理，减轻“走出去”企业的税费负担。

【有序推进合肥新桥国际机场转场口岸验收工作】 自2012年2月起，着手协调“一关两检”口岸查验单位、机场建设指挥部和安徽省民航集团公司等单位开展新桥机场口岸查验功能验收筹备工作，通过实地走访勘察，召开现场协调会，成立转场口岸查验功能验收领导小组，制定转场口岸查验功能验收工作方案，签订责任书等形式，倒排工作进度，紧锣密鼓地组织开展各项工作，确保完成转场查验验收工作。

【大力开展口岸建设调研】 深入安徽省内外口岸一线开展通关环境、海关特殊监管区及口岸建设等多项调研，形成了《发展长江国际集装箱运输为安徽省开放经济发展服务》及《关于加强全省海关特殊监管区域和口岸建设工作意见和建议》等调研报告，为下一步推动安徽省口岸建设，更好地为外向经济发展服务提供参考及可行性建议。

【口岸协调管理工作扎实有序开展】 2012年3月下旬，安徽省在池州召开了“全省口岸工作会议”，总结了2011年全省口岸工作，部署2012年的工作；表彰了2011年度口岸工作先进集体和先进个人；下达2012年口岸目标任务。8月，召开口岸办主任座谈会，全省9个市口岸办主要负责同志及相关人员参加了座谈。各市口岸办2012年上半年的工作进行了总结，对下半年工作谈了各自的安排和打算，并就全省口岸建设建言献策。按照国家口岸管理办公室《关于开展全国水运、空运口岸查验基础调查的通知》（国岸发〔2012〕4号）文件要求，上报了安徽省水运、空运口岸查验基础情况调查表；转发《国家口岸管理办公室对全国口岸进行安全排查工作的通知》（国岸发〔2012〕7号），要求各市口岸办按文件认真检查本市口岸安全隐患，建立健全应急机制，强化报告制度。向国家口岸管理办公室报送推荐安徽省运行管理先进口岸材料参加评选。向国家口岸管理办公室报送安徽省各口岸宣传影像资料。根据国家口岸管理办公室通报，对安徽省未达标的安庆水路口岸进行调研指导。

【积极协调口岸和谐共建】 通过口岸联席会议、联创联建座谈会、八一慰问合肥边防检查站一线执勤官兵等活动，积极开展口岸文明共建，形成“自建为基础，自建带共建，共建促自建”的良好氛围，加强了口岸各单位的交流与沟通，口岸通关环境进一步优化。芜湖水运口岸、合肥航空口岸荣获2012年“全国运行管理先进口岸”称号，铜陵边防检查站党委被评为2011年度公安边防部队标兵单位，马鞍山港口集团被确定为安徽省信息化和工业化融合示范企业并荣获2012年安徽省诚信企业称号。

【加强口岸宣传力度】 一是开展口岸政策咨询服务。在安徽省商务厅公众网“商务政策ABC”上，将口岸政策法规共计23项予以公布，使安徽省各口岸单位及时了解口岸政策指导工作。二是加强新闻宣传。2012年在安徽日报头版头条、新安晚报、江淮晨报、新华网、中安在线等新闻媒体多次报道安徽省口岸的相关新闻。通过安徽商务信息、送阅材料、《安徽口岸》简报及商务厅公众网“安徽口岸”栏目等发布相关口岸信息。三是做好向国家口岸办、中国口岸协会信息报送工作。2012年共有110多条信息被采用，宣传了安徽省口岸，同时也反映了安徽省口岸及有关联检单位的工作动态和风采。为此连年荣获“全国口岸信息工作先进集体”。四是密切口岸系统联系。建立安徽口岸QQ群，及时发布信息，利用高效的通讯手段，提升口岸工作效率，打造全省口岸系统交流平台，增强口岸凝聚力。

开放口岸

【芜湖水运口岸】 1980年2月经国务院批准为一类口岸，1991年10月全国人大常委会批准对外国籍船舶开放，1992年5月12日通过国家验收。芜湖水运口岸是首批对台湾直航的口岸。

芜湖港是我国内河主枢纽港之一，是安徽省重要的水陆交通枢纽，素有“皖南门户，长江巨埠”之美誉。地处青弋江、运漕河与长江汇合处，位于东经118°22′8″，北纬31°22′29″，沿长江向下距南京港96千米，距马鞍山港48千米。港口岸线顺直、水深流缓，可常年靠泊5 000吨~10 000吨级船舶。南北岸线全长190千米，拥有各类泊位60余座，年通过能力5 000万吨。长江第一大煤炭能源中转港（芜湖港裕溪口煤码头）和安徽省最大的外贸、集装箱主枢纽港（朱家桥外贸码头）是芜湖港两大主业港区。芜湖港裕溪口煤码头目前年实际通过能力为1 280万吨，最大年通过能力达1 580万吨，煤炭堆场一次堆存能力达60万吨；朱家桥外贸码头是安徽省最大的外贸、集装箱主枢纽港，是安徽省对外贸易的重要窗口，目前码头年吞吐量为600万吨，集装箱年通过能力达10万标箱，汽车年滚装能力为5万辆，是一座集散货、件杂货、集装箱、汽车滚装等中转运输一体化物流服务的综合性码头。

芜湖港是长江煤炭能源输出第一大港，也是安徽省最大的港口。2010年货物吞吐量6 609.4万吨，集装箱吞吐量14.3万标箱。纵观芜湖港全年运行情况，有以下主要特点：一是大产业、大项目、大物流的带动和支撑作用明显。二是临港工业、物流园区与港口已逐步形成区港联动、优势互补、相互支撑的良性发展格局。三是货种结构呈现出多元化发展趋势，芜湖港在巩固传统的大宗散货如非金属矿、水泥、煤炭、矿建材料等货种的同时，商品汽车、钢材、成品油、集装箱等高附加值货种增幅较大。四是货物吞吐量出港远远大于进港，出港货种主要流向长三角港口，外贸集装箱和商品汽车等主要通过上海港中转出口，芜湖港与长三角港口联系日益紧密。

目前，芜湖港正积极按照“十二五”规划，以港口为战略支撑平台，着力打造煤炭物流、大宗生产资料商贸物流、集装箱物流三大物流体系，加快推进项目建设。一是淮矿物流总部物流园区项目，包括石材物流基地（芜湖港朱家桥外贸码头二期）、集装箱物流基地、钢材物流基地、大宗生产资料基地、港口物流中心等五项工程，计划总投资 88.5 亿元。二是煤炭物流项目，包括芜湖港煤炭储配中心、芜湖港煤炭储配中心工程煤码头改扩建、芜湖港煤炭交易市场、镇江港公共型煤炭专用码头等四项工程。

【铜陵水运口岸】 1993 年 1 月经国务院批准对外国籍船舶开放，1994 年 8 月通过国家验收；1997 年正式开通国际集装箱内支线航班；2009 年交通运输部确立铜陵港为海峡两岸三通直航港口。

铜陵港地处长江中下游南岸、八百里皖江中部，素有皖中南及中国古铜都对外开放桥头堡之称。这里陆域平坦，岸线顺直，航道宽阔，水深流缓，河床稳定，是交通运输部《长江干线航道发展规划》确立的万吨级海轮进江终点港。铜陵港地理位置优越，区位优势明显，处在上海—武汉、九江—南京、合肥—黄山及安徽长江五港的中心点，沿江高速、合铜黄高速、铜宣杭高速、宁铜铁路、铜九铁路和已经在建的宁宜城铁、京福高铁交汇于港区及腹地边际，水陆交通四通八达，是皖中南物流集散中心和长江干线重要港口企业。港口现有 15 座码头、17 个泊位，分布于大通、横港、兴隆、铜陵县城关四大港区，港区岸线 29.1 千米，其中对外开放码头 4 座，辟有日本、朝鲜、韩国、中国香港、东南亚及欧美等国家和地区的直达或中转航线，常年可通航和靠泊万吨级海轮。主要从事国际、国内集装箱和件杂散货的装卸、仓储、中转及理货、船舶代理、水陆运输、旅游服务等物流服务等业务，是一个多功能、综合性、现代化港口。

【安庆水运口岸】 1996 年 1 月经国务院批准对外国籍船舶开放，1996 年 8 月通过国家验收。

安庆市地处皖鄂赣三省交界处，临江近海。安庆港是长江干线上兼有沿海和内陆双重优势对外开放的重要港口，也是安徽省境内长江北岸唯一深水良港，被称为“皖西南咽喉”。

安庆港辖区岸线总长 247 千米，其中本港区上起皖河口下至前江口，全长 22.5 千米，岸线资源极为丰富。港辖区内长江干线河势稳定，具有建设5 000吨～10 000吨级江海轮深水泊位的岸线优越条件。航道水流平缓，不受潮汐影响，冬无冰冻，春无凌汛，通行能力较好。航道枯水期为 5 米，中洪水期 6 米，洪水期 7.5 米，可通行万吨轮船。安庆港地理位置优越，对外交通十分便利，公路、水路、铁路、航空相结合的立体交通体系已逐步形成。

安庆港现有四大港区，即安庆本港区、宿松港区、华阳港区和枞阳港区，大小泊位 220 余个，其中主要生产用泊位180多个，5 000吨级泊位10个，集装箱专用泊位3个，锚地4处。码头前沿最大起重能力40吨，港口年设计综合通过能力3 000万吨。2007年港口货物吞吐量近3 000万吨，集装箱吞吐量近万标箱。

2011年7月5日交通运输部批准安庆港为两岸海运直航港口。安庆港对台直航后，将紧紧抓住利用获准直航的有利时机，充分利用皖江北岸深水良港的有利条件，加快基础设施建设，争取尽早建成皖西南、长江中下游北岸集多种运输方式为一体，布局合理、功能完善、服务高效、环境和谐的区域性中心枢纽港口。

【马鞍山水运口岸】 1990年10月经国务院批准办理国轮外运业务，2007年9月经国务院批准扩大对外国籍船舶开放，2009年7月通过国家验收组验收。马鞍山水运口岸是首批对台湾直航的口岸。

马鞍山港位于长江下游南岸的马鞍山市，东经118°27′9″，北纬31°44′1″，地处安徽省中部东端，与江苏省交界，是“皖江”的东大门，上毗芜湖，下邻南京，逆江而上至重庆1 959千米，顺流而下至上海440千米。港辖区上起和县的西梁山，下至乌江的驻马河口，全长41千米。港辖区自采石矶翠螺山至慈湖和尚港，全长15.7千米。

马鞍山港是长江十大港口之一，是我国重要的钢铁流通基地，距长江入海口仅320千米，通航条件好。在马鞍山地区具有明显的区域优势和良好的港口条件，沿江近海，集疏运便利、承东启西、经济腹地广阔，是安徽的东大门，皖江的第一站。马鞍山市临江近海，水陆交通十分便利，宁铜铁路上接京沪线，下连皖赣线，与全国铁路网相接，宁芜公路、宁马高速公路与全国公路网贯通。马鞍山至和县长江汽车轮渡沟通大江南北，水陆属长江“黄金”水道，可与国内外港口四季通航。

【池州水运口岸】 2005年7月经国务院批准对外国籍船舶开放，2009年7月通过国家验收。

池州市沿江分布有池州港新港区、江口港区、牛头山港区3个大型港区和香口、东流、大渡口、乌沙、梅龙5个小型港区，钱江口、吉阳矶为规划港区。内河有江口、童埠、殷汇、杏花村、尧渡等港区。全港共有泊位71个，长江干流泊位62个，内河泊位9个。其中，5 000吨级泊位11个，3 000吨级泊位17个，1 000吨级以上泊位24个。

池州市依江近海，水网发达，长江流经池州市158千米，岸线长162千米，长江池州段水流平稳，岸坡稳定，常年通航5 000吨级船舶，属国家一级航道；长江岸线多数水域建港条件优越，具有良好的水运条件。一般能建5 000吨级码头，江口至梅龙段可建万吨级码头。随着多条高速公路的建成使用和现有公路的拓宽改造，发展水陆联运和水铁联运前途广阔。

池州是全国第一个生态经济示范区，又是安徽省“两山一湖”旅游区的北部入口，为发挥水运独有的旅游资源优势，已建成拥有4.4万平方米客运广场的旅游码头。池州旅游码头是安徽省唯一停靠涉外游轮的旅游码头，每年停靠涉外游轮约130航次，接待入境游客约3万人次，推动和促进了该市旅游经济的发展。

【合肥航空口岸】 1990年3月经国务院批准对港澳地区开放，2005年4月经国务院批准扩大对外国籍飞机开放，2006年6月通过国家验收。

合肥骆岗国际机场是安徽省连接东西部和沿海发达地区的重要航空枢纽，1977年11月兴建竣工，1996年为完善现代化航空港4D标准进行扩建，设计年旅客吞吐量150万人次，新扩建停机坪可供9架B767类大中型飞机同时起降进出港。1977年11月投入运营，历经1997年、2002年和2009年的3次改扩建，系4D级机场，2006年正式升为一类航空口岸。目前航站楼面积18 780平方米，停机位19个，登机廊桥5座，设计能力为年旅客吞吐量400万人次、高峰小时1 800人次。目前，合肥骆岗国际机场有国内外21家航空公司投入航班运力，共开通航线50多条，航线网络辐射到全国40多个大中城市，每周执行计划航班500多班。开通至韩国首尔、新加坡、日本、泰国、中国香港、中国台湾、中国澳门等国家和地区航线10条。同时，合肥骆岗国际机场已在淮南、铜陵、蚌埠、宿州、亳州、和县、无为等地市及县区建立了18座城市候机楼，使机场对周边区域的辐射力、带动力持续增强。

2012年旅客吞吐量突破500万人次大关，迈入全国大型运输机场行列。

【黄山航空口岸】 1992年9月经国务院批准对港澳地区开放，2009年8月经国务院批准扩大对外籍飞机开放，2010年9月通过国家验收。

黄山机场地处皖浙赣三省交界地区，辐射皖南、浙西、赣东，是三省交界地区人流、物流、资金流、信息流的集散地，对发展航空运输具有得天独厚的区位优势。以黄山为主的皖南地区，旅游资源丰富，其辖区内被称为“三山一湖”的黄山、九华山、太平湖、齐云山及周边景区是安徽省的王牌旅游产品。尤其是黄山市，其旅游资源密度之大、品位之高、内涵之丰富，堪称世界一绝。该机场1959年10月竣工通航，历经4次扩建，为4D级机场，航站楼面积1.46万平方米，飞机停靠机位8个，登机廊桥3座。设计能力为年旅客吞吐量112万人次。2010年升级为一类口岸，是皖南及皖浙赣区域重要空中门户。黄山机场目前开通航线10多条，其中开通至韩国的定期国际航线2条，通航大中旅游城市12个，年旅客吞吐量近50万人次。机场飞行区等级指标为4C，跑道长2 600米，宽45米。主航方向设I类精密进近仪表着陆系统和助航灯光系统；停机坪面积为4.88万平方米，可同时停放8架B－737。航站区占地25万平方米，垂直于跑道方向建有两座候机楼，地区候机楼面积2 200平方米，国内候机楼年设计吞吐量为90万人次、面积1万平方米；航管楼面积为1 380平方米。机场下辖20个科级单位。其中，航务部提供本站飞行技术资料和本场及航路气象资料服务及飞行指挥服务；地勤部提供MD90、A－320、B－737、BAE－146、ATR－72、CRJ、SAAB－340、YUN－7、DH4、DON－328等多种机型的经停维修服务；通导部提供保障飞行导航和通信服务；公安分局和安全检查站维护机场治安管理和空防安全；客货公司提供客货销售代理服务，其销售网点覆盖黄山市及其周边城镇，初步形成航空客货销售网络；候管部、蓝天实业公司、航空食品公司、车队和航空旅行社，为中外旅客及航空公司提供吃、住、行、游、娱等多方位的服务。

安徽省口岸大事记

1月9日

“皖电运018”拖船缓缓通过阜阳船闸，标志着阜阳船闸试通航成功，断航30余年的沙颍河“黄金水道”自此全线贯通。

1月18日

台湾长荣航空公司BR769航班载着220件共1 063公斤的酒精测试仪货物，从黄山至台北航线首航，标志着黄山航空口岸货运业务实现“零”的突破。

2月28日

安徽出海边防证件芜湖办理处正式成立，今后芜湖可直接办理出海船舶及船员出海边防证件的申请、受理、审批、签发、年审和查验等业务，芜湖通江达海的长江水道优势进一步凸显。

3月22日~25日

“活力澳门推广周（合肥）”在合肥举办，安徽省口岸办积极协调、主动作为、靠前服务，圆满地完成了澳门特别行政区行政长官崔世安率领的政府和经贸代表团463人来皖的合肥航空口岸保障任务。

3月31日

安徽省口岸办主要负责人和相关人员出席了在上海召开的长三角区域大通关建设协作第四次联席会议第一次联络员会议。长三角区域大通关建设协作机制由江苏、浙江和上海三省市组成，口岸办负责人和相关人员参加了会议。会议商议通过了安徽省加入长三角区域大通关建设协作工作机制，讨论了2012年长三角口岸城市群大通关重点合作项目，明确了推进目标、责任分工和推进措施。

4月23日

合肥—韩国济州包机航线开通。

4月26日

合肥—日本大阪航线举行首航仪式，安徽省副省长黄海嵩出席仪式。

4月28日

蚌埠海关驻宿州工作组挂牌成立。

5月3日

安徽出入境检验检疫局亳州、宿州、淮南、六安办事处（筹备）揭牌仪式在合肥举行，国家质检总局副局长魏传忠、安徽省副省长花建慧出席仪式并揭牌。标志着全省16个省辖市口岸检验检疫机构的全面建立。

8月3日

长三角区域大通关建设协作第四次联席会议第二次联络员会议在黄山市召开。

8月6日

安徽省口岸办公室与上海市口岸服务办公室联合举办“长三角口岸城市群大通关合作皖沪项目对接会”，就干支线中转、铁海联运和空空联运等合作项目进行了具体对接，共达成9项成果。

10月25日

合肥—曼谷定期国际旅游包机航线首航。

11月15日

黄山机场年旅客吞吐量突破50万人次大关。

12月10日

蚌埠口岸至上海芦潮港站铁海联运开通，将助推外向型企业加快发展壮大，促使蚌埠口岸建设迈上崭新台阶，带动蚌埠乃至皖北地区开放型经济实现跨越式发展。

2012 年安徽省口岸进出口（出入境）运量总统计表

类别	单位	运量		
		数量	上年同期	同比（%）
1. 货运量	万吨	1 574.36	1 693.60	-7.0
其中：进口	万吨	1 381.13	1 551.60	-11.0
出口	万吨	193.23	142.00	+36.1
2. 货值	万美元	982 139.24	1 056 121.64	-7.0
其中：进口	万美元	638 111.48	796 622.96	-19.9
出口	万美元	344 027.76	259 498.68	+32.6
3. 客运量	人次	333 410	204 186	+63.3
其中：入境	人次	167 551	101 929	+64.4
出境	人次	165 859	102 257	+62.2
4. 到港船舶	艘	3 485	3 501	-0.5
其中：外籍轮	艘	223	234	-4.7
5. 集装箱	标箱	350 679	298 843	+17.3
其中：重箱	标箱	211 447	171 517	+23.3
6. 飞机	架次	3 111	1 964	+58.4
其中：外籍飞机	架次	1 002	411	+143.8

（安徽省口岸办提供）

2012 年安徽省各市口岸进出口集装箱运量统计表

单位：标箱

口岸名称	集装箱运量					
	数量	上年同期	同比（%）	其中重箱		
				数量	上年同期	同比（%）
合计	350 679	298 843	+17.3	211 447	171 517	+23.3
马鞍山	60 373	54 146	+11.5	60 373	40 509	+49.0
铜陵	10 503	10 182	+3.2	5 736	6 170	-7.0
芜湖	250 166	210 413	+18.9	125 422	108 950	+15.1
池州	7 428	6 879	+8.0	4 273	4 105	+4.1
安庆	16 904	12 325	+37.2	10 338	7 242	+42.8
蚌埠*	3 627	3 727	-2.7	3 627	3 370	+7.6
阜阳*	1 678	1 171	+43.3	1 678	1 171	+43.3

表注：“*”标记的为原二类口岸。

（安徽省口岸办提供）

2012 年安徽省各市口岸进出口货值统计表

单位：万美元

口岸名称	进出口货值					
	金额	上年同期	同比（%）	其中进口		
				金额	上年同期	同比（%）
合计	982 139	1 056 121	-7	638 111	796 622	-20
马鞍山	208 153	258 521	-19	174 175	241 533	-28
铜陵	316 725	362 359	-13	313 671	359 028	-13
芜湖	385 661	366 027	+5	110 184	154 419	-29
池州	19 302	13 256	+46	13 904	8 516	+63
安庆	25 036	26 445	-5	13 297	15 069	-12
蚌埠*	15 225	17 263	-12	4 626	8 432	-45
阜阳*	12 037	12 244	-2	8 254	9 625	-14

表注：“*”标记的为原二类口岸。

（安徽省口岸办提供）

2012 年安徽省各市口岸进出口（出入境）运量统计表

单位：万吨、人次

口岸名称		运量								
		总量	上年同期	同比（%）	其中直运			其中转关		
					数量	上年同期	同比（%）	数量	上年同期	同比（%）
进出口货运量	马鞍山	1 232.56	1 373.65	-10.3	79.03	73.37	+7.7	1 153.53	1 300.28	-11.3
	铜陵	156.80	162.22	-3.3	12.60	12.16	+3.6	144.20	150.06	-3.9
	芜湖	115.76	100.57	+15.1	115.76	100.57	+15.1	0.00	0.00	0.0
	池州	39.94	34.50	+15.8	32.23	27.83	+15.8	7.71	6.67	+15.6
	安庆	15.80	11.50	+37.4	15.80	11.50	+37.4	0.00	0.00	0.0
	蚌埠	11.46	9.28	+23.5	0.00	0.00	0.0	11.46	9.28	+23.5
	阜阳	2.04	1.88	+8.5	0.00	0.11	-100.0	2.04	1.77	+15.3
出入境人员	合肥	249 642	158 349	+57.7	—	—	—	—	—	—
	黄山	83 768	45 837	+82.8	—	—	—	—	—	—

（安徽省口岸办提供）

2012 年安徽省各市口岸进口、出口（出、入境）运量统计表

单位：万吨、人次

口岸名称		进口（入境）运量			出口（出境）运量		
		数量	上年同期	同比（%）	数量	上年同期	同比（%）
进出口货运量	马鞍山	1 180.92	1 348.98	-12.5	51.64	24.67	+109.3
	铜陵	144.50	148.89	-2.9	12.30	13.33	-7.7
	芜湖	36.30	37.42	-3.0	79.46	63.15	+25.8
	池州	7.71	7.20	+7.1	32.23	27.30	+18.1
	安庆	5.98	4.71	+27.0	9.82	6.79	+44.6
	蚌埠	5.05	3.55	+42.3	6.41	5.73	+11.9
	阜阳	0.67	0.85	-21.2	1.37	1.03	+33.0
出入境人员	合肥	124 425	78 640	+58.2	125 217	79 709	+57.1
	黄山	43 126	23 289	+85.2	40 642	22 548	+80.2

（安徽省口岸办提供）

2012 年安徽省各市口岸出入境船舶、飞机统计表

单位：艘、架次

口岸名称	到港船舶、飞机					
	数量	上年同期	同比（%）	其中外籍船舶、飞机		
				数量	上年同期	同比（%）
到港船舶合计	3 485	3 501	-0.5	223	234	-4.7
马鞍山	665	675	-1.5	49	54	-9.3
铜陵	416	431	-3.5	50	44	+13.6
芜湖	1 565	1 630	-4.0	98	107	-8.4
池州	310	296	+4.7	26	29	-10.3
安庆	529	469	+12.8	0	0	0.0
到港飞机合计	3 111	1 964	+58.4	1 002	411	+143.8
合肥	2 269	1 581	+43.5	180	33	+445.5
黄山	842	383	+119.8	822	378	+117.5

（安徽省口岸办提供）

2012 年合肥海关主要数据统计表

项目		2012 年	同比（%）
进出口货运量（万吨）	合计	1 609. 50	-7. 0
	进口	1 439. 05	-9. 1
	出口	170. 45	+14. 8
进出口贸易总值（万美元）	合计	1 113 632. 04	-12. 24
	进口	792 414. 01	-20. 55
	其中：水路运输	731 845. 48	-21. 30
	公路运输	3 791. 86	-6. 99
	航空运输	56 770. 04	-10. 41
	其他运输	6. 63	-9. 42
	出口	321 218. 03	+18. 28
	其中：水路运输	314 778. 83	+19. 42
	铁路运输	1 394. 79	-70. 55
	公路运输	11. 38	-93. 85
	航空运输	5 020. 69	+63. 75
	其他运输	12. 34	+1 533. 40
税收（万元）	两税合计	901 528. 1	-27. 2
	关税入库		
	进口环节税入库		

（合肥海关提供）

福　建　省

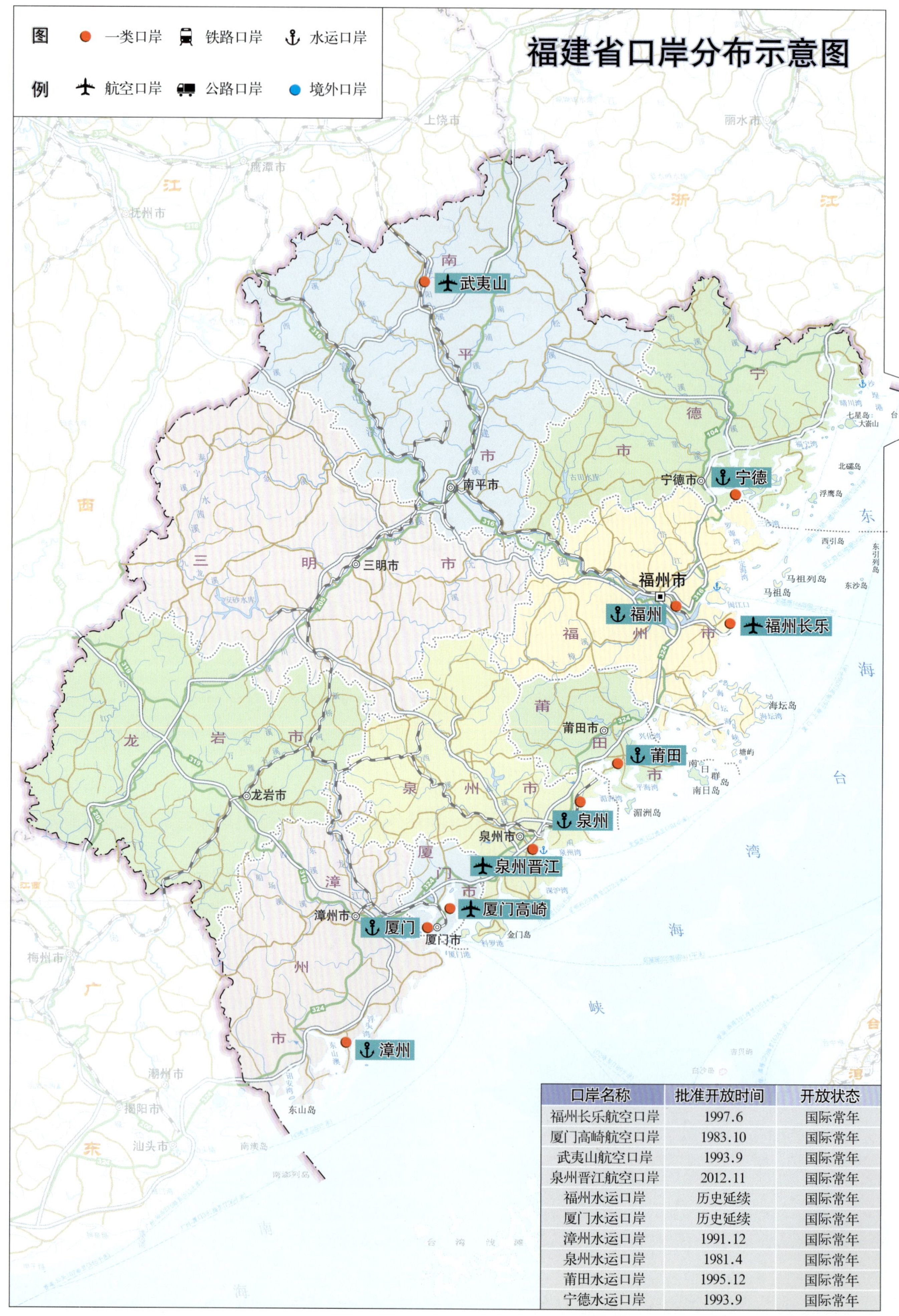

口岸名称	批准开放时间	开放状态
福州长乐航空口岸	1997.6	国际常年
厦门高崎航空口岸	1983.10	国际常年
武夷山航空口岸	1993.9	国际常年
泉州晋江航空口岸	2012.11	国际常年
福州水运口岸	历史延续	国际常年
厦门水运口岸	历史延续	国际常年
漳州水运口岸	1991.12	国际常年
泉州水运口岸	1981.4	国际常年
莆田水运口岸	1995.12	国际常年
宁德水运口岸	1993.9	国际常年

口岸数量及分布

截至2012年年底，福建省共有经国务院批准对外开放口岸10个，其中航空口岸4个，分别是福州长乐国际机场、厦门高崎国际机场、武夷山机场和泉州晋江机场；水运口岸6个，分别是福州港、厦门港、漳州港、泉州港、莆田港和宁德港。

口岸运行数据

2012年，福建省海港口岸累计完成外贸货运量16 747.26万吨，同比增长10.94%，其中进口11 403.85万吨，同比增长13.97%，出口5 343.41万吨，同比增长4.98%；海运国际集装箱吞吐箱量累计完成671.65万标箱，同比增长8.57%，其中进口334.91万标箱，同比增长10.00%，出口336.74万标箱，同比增长7.17%；福建省空港口岸累计出入境旅客335.29万人次，同比增长10.23%，其中入境175.97万人次，同比增长16.45%，出境159.32万人次，同比增长4.08%。

对台直航方面，福建省海港口岸对台累计完成进出口货运量2 332.67万吨，同比增长5.49%，其中进口387.10万吨，同比增长9.31%，出口1 945.57万吨，同比增长4.76%；累计完成直航海运集装箱69.52万标箱，同比增长3.31%；两岸海上直航完成出入境旅客152.36万人次，同比下降2.34%，其中入境77.03万人次，同比下降1.34%，出境75.33万人次，同比下降3.34%。

口岸监管与服务

【口岸开放取得新进展】 一是出台《福建省口岸开放范围内新增涉外作业点启用管理试行办法》。对开放港口口岸范围内新增的外贸作业区审核、验收从制度上进行了规范。二是在做好平潭综合实验区澳前对台客滚码头临时开放每半年延期申报促批工作外，全力推进平潭申请一类口岸工作。国家口岸管理办公室就平潭海港口岸正式开放已发文征求公安部、交通运输部、海关总署、国家质检总局和总参谋部等部门的意见。公安部、海关总署、国家质检总局已复函同意。交通运输部海事局提出的补充要求，平潭管委会正在全面落实。三是福建莆田东吴港区、福建宁德三都澳港区等的扩大开放工作取得阶段性进展。四是泉州晋江机场通过国家级验收，成为福建省第四个正式对外开放的航空口岸。

【完成全国口岸管理运行绩效评估试点工作】 为进一步完善口岸评估体系建设，国家口岸管理办公室在全国开展口岸管理运行绩效评估试点，并把福建作为3个首批试点口岸省份之一。福建省口岸办公室高度重视，在各设区市口岸办和驻闽各查验单位的大力支持下，完成了福建省口岸管理运行绩效评估体系评估工作。根据评估结果，福建省口岸运行管理绩效评估平均得分为91.67分，达“优秀”等级标准。

【全力推动口岸通关便利化工作】 针对外贸的严峻形势，2012年福建省口岸办深入省内各查验单位和基层口岸调研，了解进出口企业存在的困难，牵头制定口岸通关便利化措施，相继以省政府名义出台了《关于口岸通关及国税部门服务促进贸易便利化措施》（闽政办〔2012〕85号）和《关于贯彻落实国务院促进外贸增长若干意见的通知》（闽政办发明电〔2012〕108号）两个促进通关便利化措施。同时，组织口岸通关部门在省内主要媒体进行政策解读与宣传；会同口岸通关部门到9个设区市举办宣讲活动，宣传口岸通关及国税部门服务促进贸易便利化措施；建立重点企业联系名单，听取企业意见，真正把口岸通关便利化措施落到实处。

【加强区域通关协作】 进一步加强与江西省跨省区域合作，积极落实闽赣合作协议，与江西省口岸办公室就双方区域间口岸通关合作和发展省际多式联运等达成合作共识。将直通放行和区域通关扩大到江西，进出口货物实现跨省区直通放行属全国首例。与海南、广东、广西三省区口岸办公室签署《粤桂闽琼口岸主管部门推进入出境邮轮游艇旅游休闲产业发展合作框架协议书》，加强邮轮游艇信息交流、口岸通关、口岸监管、口岸服务保障等方面的交流合作。积极促进扩大检验检疫直通放行和海关区域通关覆盖范围，有效吸引省外货源从福建省进出口。

【加大电子口岸工作力度】 2012 年，福建省持续加大电子口岸工作力度，实现全省特殊区域通关物流信息化统一建设。福建电子口岸先后统一建设了翔安保税物流园区、海沧保税港区、福州保税港区和陆地港等省内各特殊监管区公共信息平台。根据陆地港建设运行情况部署应用。2012 年，实现了晋江陆地港正式上线运行，武夷山陆地港投入试运行，确保了陆地港进出口货物“直通式”通关模式顺利实施，实现全省各口岸及特殊区域通关物流信息化无缝对接。组织制定《平潭综合实验区电子口岸公共服务平台总体规划和实施方案（初稿）》，积极推动平潭综合实验区电子口岸公共服务平台建设，优先将福建电子口岸平台上成熟的船舶联检、电子闸口、闽台通关物流信息平台合作等系统推广应用到平潭综合实验区，保障平潭综合实验区电子口岸公共服务平台建设与平潭综合实验区建设同步推进。

【深化闽台通关物流信息平台合作】 推动福建电子口岸与台湾关贸网路开展合作，闽台通关物流信息平台（一期）项目已于 2012 年 10 月正式上线运行，在闽台航运、物流、通关信息互查、电子原产地证互传等方面提供服务。平台运行以来，已为“海峡号”6 个航次、“中远之星”5 个航次提供舱单及旅客名单信息传输；实现了闽台货物通关物流信息对接，福建省企业可通过平台实时查询货物在台通关物流信息；实现了闽台电子原产地证互传。为提高闽台旅客通关效率，推动闽台通关便利化提供技术支撑。

【福建出入境检验检疫局加大电子检验检疫建设力度】 一是全年实现对4 652家出口企业实施检务放行、机审快核、系统放行等 3 种出口货物检验检疫优化通关新模式，占辖区有出口业务企业总数的 87.8%，共有 33.64 万批出口货物享受到快速通关模式带来的便捷，可为企业节省通关时间共约 55 万小时，节约费用约5 500万元。二是实现出口食品卫生企业备案证明、出口玩具、机械、机电、日用陶瓷、危包产品质量许可证、出境竹木草制品生产企业注册登记证书的电子校验。2012 年共对 580 批涉及出口食品、玩具、机电等企业资质证书过期、录入错误、未具资质的违规报检单进行人工退单，有效防范业务风险。三是率先实现进出口电子监管全覆盖，辖区所有企业及货物 100% 纳入电子监管，由此福建省成为全国首个全面实施进出口产品电子监管的行政省份。在福州、福清、泉州港口运行电子闸口系统进行口岸货物验放。四是对 ECFA、东盟、亚太、中智、秘鲁、新加坡 6 种原产地证书“双重提示”，原产地证书签证持续增长，2012 年福建出入境检验检疫局签发的自贸区优惠原产地证书签证量同比增长 13.8%，签证金额同比增长 22.1%。五是累计实现审单规则维护 386 条，数量居系统第四位。六是利用规则维护方式实现“进出口企业检验检疫信用管理系统”与“集中审单系统”的对接，提高信用管理的应用成效，共有13 396条诚信评级记录实现信息对接共享。

【福建检验检疫不断完善直通放行、绿色通道等服务措施】 一是自 2012 年 6 月 20 日起，福建出入境检验检疫局对产地为福建省并经福建口岸出口的货物，产地检验检疫机构经检验检疫合格后，直接出具通关单供企业办理报关手续，口岸检验检疫机构不再实施查验。全年直通放行货物 16.23 万批，货值 17.46 亿美元，为企业节省通关时间约 21 万小时，节约费用约2 000万元。二是大力推行绿色通道制度。全年通过实施绿色通道制度放行货物 14.36 万批，货值 75 亿美元，为企业节省通关时间约 30 万小时，节约费用约3 000万元。三是全面实施通关单无纸化。在全国率先实现通关单无纸化的基础上，自 2012 年 9 月 1 日起进一步扩大实施企业范围至海关信用等级 A 级和检验检疫信用等级 B 级以上的企业。全年通过通关单无纸化放行出口货物 4.5 万批，货

安 徽 省

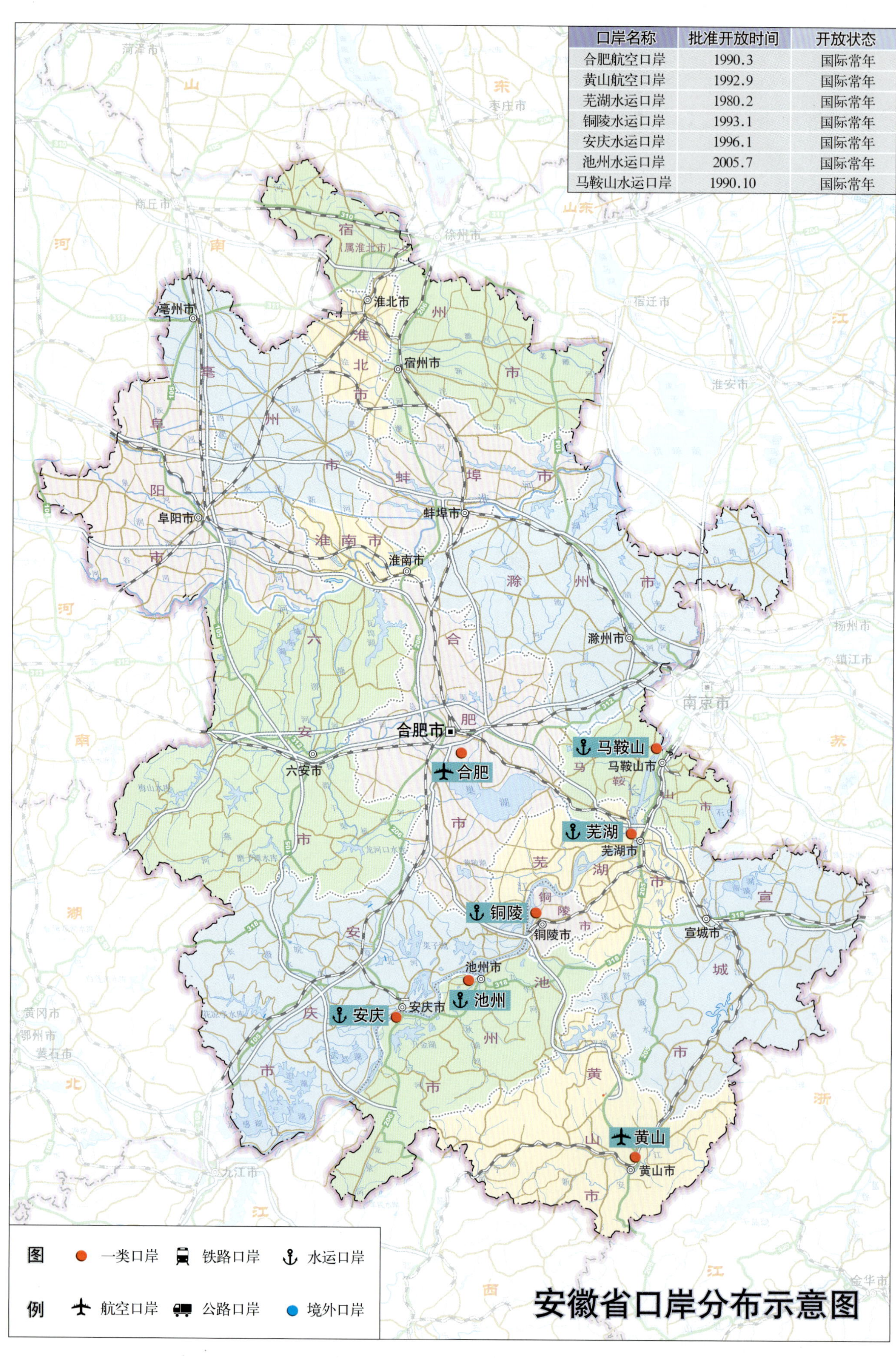

口岸名称	批准开放时间	开放状态
合肥航空口岸	1990.3	国际常年
黄山航空口岸	1992.9	国际常年
芜湖水运口岸	1980.2	国际常年
铜陵水运口岸	1993.1	国际常年
安庆水运口岸	1996.1	国际常年
池州水运口岸	2005.7	国际常年
马鞍山水运口岸	1990.10	国际常年

安徽省口岸分布示意图

值24.76亿美元，可为企业节省通关时间约9万小时，节约费用约1 000万元。四是扩大无纸化报检企业应用范围。自2012年1月1日起，扩大无纸化报检实施企业范围，对自理报检企业信用等级放宽为B级，并首次对A级代理报检企业实施。目前，辖区共有无纸化报检企业181家，2012年无纸化报检9.58万批，货值57亿美元，可为企业节约时间约19万小时，节约费用约500万元。五是全力支持陆地港建设。争取国家质检总局支持，先行先试，赋予晋江陆地港市场采购备案组货单位资质，在风险可控基础上，进一步降低现场检验和查验比例，进出口货值达5亿多美元，市场采购出口商品248批，货值1 557万美元；出台5条具体举措支持三明陆地港建设和发展；支持龙岩陆地港通过省级验收；在晋江陆地港上线检验检疫电子闸口系统，解决了陆地港和辖区口岸的物流信息传输和监管问题。

【检验检疫系统支持平潭开放开发再获突破】 国家质检总局在国家部委中第一个发布支持平潭开放开发意见，政策上实现7个新突破。福建出入境检验检疫局在口岸查验单位中首家进驻平潭，首创“分线管理”新模式，实现对台人员、货物、邮包的全面直航。帮促“海峡号”航线成为海峡两岸最便捷最繁忙的旅客通道。积极推动在平潭设立“海西进出境动植物检疫隔离处理中心”。

【厦门口岸“两个平台”建设经验全国推广】 厦门检验检疫部门通过深化与交通、港务、海关、边检、海事等部门合作，推进“两个平台”建设，构建了独立自主把关的监管体系。厦门口岸总体通关速度达到全国最快，每个集装箱在港堆存时间缩短1.75天，节约费用约200元，每年可为全省企业节本增效15亿多元。国家质检总局和交通运输部专门在厦门召开部际“合力提高口岸工作效率现场推进会”，向全国推广“厦门经验”。

【厦门高崎国际机场和海峡邮轮中心通过世界卫生组织验收】 厦门成为全国唯一同步创建海港空港“国际双创卫”城市，也是全球首个通过《国际卫生条例》口岸核心能力实地测评认证的城市，世界卫生组织认为“无可挑剔”。

【检验检疫对台合作获历史性突破】 厦门出入境检验检疫局积极争取国家质检总局政策支持，2012年8月率先全国直属出入境检验检疫局单独组团赴台，与台湾标准检验、疾病管制、防疫检疫、食品药物、中医药等开展全面交流，就检测结果互认、技术合作、标准共通和信息通报等达成多项合作共识。成功承办首届海峡两岸卫生检疫工作研讨会暨《海峡两岸医药卫生合作协议》检验检疫工作组第三次会议，加入《海峡两岸标准计量检验认证合作协议》认证认可合作工作组并承办该组第四次会议，获国家质检总局及台方代表充分肯定。顺利完成接待台湾FDA专家来闽考察出口水产品安全卫生管理体系任务，取得良好成效。

【厦门检验检疫进出口商品把关成效突出】 加强大宗商品、消费品、食品及出口欧美、非洲等新兴市场商品和援外物资检验监管，2012年连续多次发现进口乳清粉蛋白质含量未达标、葡萄酒铜超标、小食品超范围使用添加剂等重要安全质量问题，全部依法做退运或销毁处理；全国首次从进境船运大豆中检出种衣剂大麦并依法处理；出口食品化妆品国外通报率下降至0.048%，降幅高达96%。全年共检出大宗商品超过5‰短重254批，货值达631多万美元，为企业挽回经济损失4 000多万元；检出不合格进口旧机电134批，同比增长28%；不合格进口棉花36批，1 203万美元，不合格率94.7%。国家质检总局先后25次根据厦门局上报的不合格典型案例向全系统发布警示通报，创历年新高，名列全国系统前列。

【厦门检验检疫帮扶企业政策措施成效明显】 厦门出入境检验检疫局先后出台30多条帮扶政策，由福建省政府发布实施。局领导分别率队深入企业调研，通过“一项一策”等办法帮助企业解难题。对天马微电子等68个省市重点项目14.8亿美元进口成套设备实施“项目管理、打包服务”，备案项目数和金额创历史新高，既促进项目早落地、早投产，又为企业节约费用1亿多元。积极向国家质检总局争取政策，出台便利措施服务联盛纸业、玖龙纸业等重点项目，为企业节约费用5 000多万元。严格执行国家减免费政策，全年共减免企业收费1亿多元；鼓励企业用好原产地优惠政策，全年可为企业减免进口国关税10余亿元。充分发挥厦门WTO工作站作用，密切追踪国外技术壁垒对检区出口影响，免费提供国外技术法规和标准信息，网站月均点击率突破20万；指导企业顺利通过欧盟、新加坡、美国FDA等官方检查，厦门检区出口产品遭国外召回和通报率下降43%。

【福建省公安边防总队积极服务海西建设】 一是积极应对外贸严峻形势。福建省公安边防总队主动开展外贸形势专题调研活动，深入分析口岸外贸发展面临的困境，积极研究提出了提高通关效率、优化窗口服务、电子化通关、取消办证费用等4方面18项边检通关便利化服务措施。同时坚持每季度组织分析研究口岸出入境动态，提出工作建议，积极为地方经济发展建言献策。各边检站也广泛征求服务对象意见和建议，有针对性地推出旅游团散进散出、修造船出入境专属服务、对台直航“便利港”、“六员民生警务”、服务泉州二次创业等便民利民新举措，有效促进了福建省外贸进出口。二是跟进服务地方重点项目建设。主动跟进服务平潭口岸开放开发、环三都澳区域、莆田港城发展、武夷山陆地港建设等地方重点项目，实现窗口前伸、警力前置、服务前移，圆满完成了泉州郑成功文化节、莆田妈祖文化活动周、漳州大型海上钻井平台出口等重点项目的查验任务。三是全力做好两岸大型交流活动的服务保障工作。紧紧围绕服务保障对台直航工作，优化勤务模式，进一步促进两岸密切交流往来，圆满完成海峡论坛、海交会、平潭共同家园论坛等两岸交流活动的边防检查任务。2012年共检查往返两岸人员654 769人次，同比增长19%，再创历史新高。

【厦门边检积极推动管理创新】 对内，积极推进边检勤务改革。在高崎、同益边检站推行“检查员双章验放、小单元错时上下勤、高峰期动态警力支援”的旅检勤务新模式，在海沧边检站试行“交检、巡查监护队职能整合、执勤民警一人多岗”的海港综合执勤队模式，勤务组织更加科学规范。对外，主动服务经济社会发展大局，先后出台服务福建省外贸发展4个方面18项措施，研究推出简化集装箱报检流程、建立口岸联合服务机制等10余项便利举措，进一步降低服务对象通关成本，提升通关效率。

【厦门边检全面加强公共关系建设】 2012年，厦门边检总站加大公共关系建设力度，进一步加强与社会各界和广大服务对象的沟通互动，树立边检良好服务形象。一是成功举办中国边检服务品牌集中推介活动，边检服务品牌宣传片在厦门主要户外广告屏幕、公共服务窗口、公交车、BRT等2 892个终端平台持续60天滚动播放，数十家中央、省、市主流媒体集中报道总站服务品牌推介活动，有效扩大了边检服务品牌的知名度和影响力。二是全方位开展对外宣传。策划开展了“感受忠诚，体验奉献——媒体记者看边检”、“外籍船员边检服务体验日”、“厦门边检成立60周年警营开放日”等多项影响力较大的公共宣传活动，并积极通过报纸、广播及互联网政务网站、公安政务微博、QQ群等渠道，密切警民沟通，增进了社会各界、服务对象对边检工作的理解与支持。三是积极扩大边检社会影响。搭建警企共建、结对帮扶、志愿服务、口岸联创等交流共建新平台，开展“青年文明号”、“巾帼文明岗”等创建活动，取得了良好的社会反响。2012年，先后有5个集体、9名（个）民警（家庭）受到各级地方政府和群众性组织表彰。

【海关总署全力支持海西建设】 2012年10月29日，海关总署与福建省政府在福州签署新一轮署省合作备忘录。在福建省委书记孙春兰等双方有关领导共同见证下，海关总署署长于广洲、福建省省长苏树林分别代表双方在合作备忘录上签字。根据备忘录，双方将在加快平潭开放开发、福建口岸开放建设、海关特殊监管区域

（保税监管场所）建设、加工贸易转型升级、深化通关改革、拓展闽台经贸合作、促进企业创新发展、打击走私综合治理、驻闽海关建设等十二方面深化合作。双方将以此次备忘录签署为契机，进一步深入贯彻落实国家区域发展战略，共同推进海西发展。

【福州海关积极开展政策调研】 2012 年，福州海关积极开展政策调研，先后向福建省委省政府报送了《福州海关分析下半年我省外贸进出口趋势并提出建议》等 20 多篇建议，多次受到省领导的肯定。积极开展涉台课题研究，支持海峡西岸经济区探索两岸交流合作新机制、新模式，独立牵头开展了两岸海关执法合作署级课题。全年开展署级课题研究 2 项，关级课题 16 项。全年编发进出口监测预警信息 268 篇次，向省委省政府报送《福州海关信息增刊》等统计信息和政策建议 268 期。

【福州海关积极推进通关监管改革】 一是通关作业改革稳步推进。分类通关改革范围扩展至福州关区所有业务现场，成为全国第三个全面实现分类通关的直属海关。改革 3 年来，海关进出口平均作业时间较改革前减少了 43.75% 和 93.88%。积极稳步推进通关作业无纸化改革试点。已与621 家 A 类及以上企业签订电子协议，办理通关作业无纸化报关单6 110票。在全国海关率先和检验检疫部门试行通关单无纸化作业的试点，平均每票货物缩短通关时间 1 小时，实现了“关检企”三方共赢。二是区域通关改革继续深化。放宽企业适用范围，海关适用范围扩大至全国 26 个直属海关。三是实际监管力度不断加大。全年验收监管场所 6 家，福州关区监管场所验收合格率达到 100%。超期未核舱单同比减少 81.29%。优化审单作业机制，全年对福州关区 12.32% 的进出口报关单数据实施批量复审。强化对运输工具、监管场所的实际监管，加大对个人邮递物品、进出境人员及敏感货物物品的查验监管力度，提高了实质性查获水平。全年福州关区查验率指标为 6.53%，超过海关总署 5% 的要求，查获率为 14.25%，超过海关总署 13.5% 的要求。业务改革和规范化管理促进了通关时效的提升，2012 年 1 月～11 月进口 24 小时放行率 98.07%，出口 24 小时放行率 100%，各项指标全面超过全国平均水平，综合得分 100 分并列全国第一。四是多措并举，后续管理能力不断加强。逐步建立并完善差别化的稽查作业制度，认真布置开展专项稽查行动，突出稽、核查重点，全年稽查企业 129 家，完成核查作业 320 次，补税入库12 185.16万元。稽查企业覆盖率和稽查有效率等 10 余项业务指标绩效考核位列全国海关先进行列。着力提升风险管理实践应用能力和风险分析科学研判能力，加强风险信息转化应用，切实提高风险信息转化率和可靠性。全年福州关区风险布控率 5.41%，风险布控实体有效率达到 13.73%，实现了海关总署 9 项考核指标均达到满分标准，继续保持全国海关先进水平。作为全国海关首批 11 个推广应用综合业务的管理平台之一，平台运行稳定。深入贯彻“由企及物”管理理念，着眼于企业守法管理体系建设，完善企业注册登记管理信息。落实企业管理绩效考核，企业巡查率达 11.22%，企业分类按时完成率 100%，企管部门分析结果稽查采用率完成 12.50%，企业管理部门风险参数报关单捕中率达 7.41%，高于海关总署下达的指标。坚持每月分期分批调整企业管理类别，实施差别化管理。目前福州关区企业8 013家，其中 AA 类企业数为 56 家、A 类企业数为 537 家。

【福厦海关加大打击违法行为力度】 福州、厦门海关紧紧围绕海关总署确定的“4 个领域、8 个重点”，确立福州关区打私 10 个行动重点，运用“网上缉私”新手法，经营重点情报线索，加强协调联动组织开展了一场声势浩大的“国门之盾”行动。福州关区先后在空港货运渠道破获“2·29”电子产品走私案，在宁德海域一非设关码头查获“5·8”走私冻品大案等重大案件，破获毒品案件 17 起、易制毒化学品案件 1 起，其中“7·21”、“7·25”系列走私毒品案被列为公安部毒品目标督办案件。全年共立案侦办走私犯罪案件 30 起，立案案值9 189.95万元，同比增长99.3%，涉案偷逃税款2 009.66万元，同比增长92.7%，实际逮捕42人，移送起诉28起58人；立案调查行政违法案件613起，案值23 092.81万元，缉私罚没及补税共2 300.96万元；深入开展“清水行动”，查获走私光盘、各类非法书籍、报纸杂志等出版物8 911件。加大海关知识产权保护力度，采取知识产权保护措施156批次，案值1 164.8万元，查扣各类侵权货物141.2万件。福州厦门关区共查获11起走私毒品案件，查获各类毒品22.32千克；查获1起走私象牙案，涉嫌走私象牙1 034根段，重约4.2吨；查获海关总署缉私局二级挂牌督办的走私沉香木大案，缴获沉香木1.33吨；查获成品油走私案件19起，涉案成品油10 220余吨，案值9 002万元；查获海关总署缉私局二级挂牌督办的走私出口氧化镁大案，案值超过1亿元；查获各类侵犯知识产权案件282批次，案值1 941万元。

【厦门海关积极促进对台交流交往】 2012年共监管ECFA项下进口商品4.62亿美元，同比增长122.1%，减免税款2.22亿元，减免额度增长274%，厦门关区进口台湾地区水果量继续保持全国口岸第一；全力支持厦金客运航线开通夜间航班，在全国率先支持开通两岸海运快件直航定期航线，推动厦台实现“客、货、邮”全面直航；联合福州海关出台《对台小额贸易管理办法》，进一步加大对台小额贸易的监管力度，厦门关区对台小额贸易货物总值2.62亿美元，同比增长21.61%；推动大嶝对台小额商品交易市场免税限额自2012年11月1日起从3 000元提高至6 000元，当月市场进口货物同比增幅逾50%；在海关总署的指导下探索两岸海关执法试点合作。厦门海关全年监管两岸直航飞机3 533架次，海上直航16 817航次，货物1 177万吨，旅客194.61万人次，各类包裹、函件111.28万件。

【厦门海关多举措助力海西建设】 一是全力帮扶企业。厦门海关“12360”服务热线电话全年受理并解答进出口企业及社会各界提出的各类问题10 296次，答复网上咨询721件；对福建省市重点企业实施“一对一”帮扶，完善“跟进式”服务机制，主动协调深圳等直属海关，确保厦门关区重点企业在其他关区享受通关便利；恢复30家A类以上企业管理类别，厦门关区现有A类以上企业1 391家；对关区重大投资项目进行跟踪服务，按照减免税政策为企业减免税款10亿元；实行担保通关，减免各类保证金近10亿元；向海关总署建议并推动进口白云石税率从3%最惠国税率调整为1%关税暂定税率，每年可为企业减少1 500万元税负；取消3项收费，每年为企业减轻收费约3 000万元。二是持续改进综合监管。以集约、高效、可控为目标，大力推进厦门关区通关指挥中心建设，实现风险、统计、缉私等多部门集中办公，进一步提升本关区海关业务处置、风险防控能力。推广应用“查验管理辅助系统”，坚持查验工作周通报、月评估制度，进一步提高查验效率，查验率、查获率均高于海关总署指标，分别达5.44%、14.35%。完善风险信息多方研判选查机制，进一步加强布控分析能力，厦门关区人工风险布控率5.64%，布控实体有效率15.45%。进一步发挥稽查后续管理作用，全年完成稽查作业281起、保税常规核查作业802起，补税4 137.48万元。舱单管理系统扩大至厦门关区进口海运现场。监管场所验收合格率达100%。报关单规范申报率达96.6%，位列全国海关第三。三是提高保税监管水平。完善海沧保税港区监管模式，推动海沧保税港区二期顺利验收，封关运作，顺畅运营。简化厦门关区内各类海关特殊区域、场所、口岸之间货物流转操作规范，显著提升通关效率。创新扶持研发、检测、维修等服务业发展的措施，核发首份国际服务外包保税进口货物专用手册，标志着福建省保税监管与服务从“加工贸易”领域拓展到“服务贸易”领域。研究出台海关支持航空维修产业发展的一揽子方案，有效促进做大做强厦门航空维修业。支持厦门市游艇业发展，积极争取海关总署批准在厦门市试点设立全国首家水上游艇保税库。在厦门市翔安保税物流中心（B型）推出“分送集报”、卡口24小时不间断作业等便捷通关措施，有力支持该中心连续3年进出货值位居全国同类前列。

【福建海事积极服务地方经济】 一是积极推行便利企业举措。2012年，福建海事局继续认真履行服务承诺，实行“7×24小时”服务制，全天候受理船舶进出港申报；一般情况下不对国际航行船舶进出口岸实行登轮查验，并推行实施了船舶查验“零待时”制度；对进出港及装卸货不足24小时的（除特别规定外），一次性办理进出口岸手续；对班轮和部分定点船舶在一次查验后不再重复检查；对与民生有重大影响的煤炭、石油、液化气等能源物资运输船舶实行优先审批、优先护航、优先作业，保障能源物资海上运输的安全与便捷。着力创造优越的通关环境，最大可能减少船舶在港时间，提高船舶营运效率，得到了船公司、代理人的普遍好评。二是积极推动口岸对外开放。主动配合地方政府做好水域临时对外开放工作，指导业主采取安全措施，在基本具备通航安全及相关条件的情况下，先行向交通运输部申请临时对外开放。协助平潭澳前码头、福州港罗源湾港区的狮岐3万吨码头、碧里4号码头、可门4号、5号、10号、11号码头、福建华东船厂有限公司码头，以及福建瀚海船业有限公司码头等延续了临时开放。三是求真务实，特事特办。针对辖区部分大型企业生产、码头工程建设的实际和部分码头通航靠泊条件暂未完全具备的情况，福建海事局积极回应企业和地方政府的诉求，通过加强海事的技术指导，加强现场的管控，落实针对性安全措施，采取临时开放、“一船一议”等方式保障船舶安全进出港口，为企业解决生产急需，保障大型船舶安全进出。2012年共特别批准了91艘船舶进出福建辖区的港口。

开放口岸

【泉州水运口岸】 泉州港位于福建省东南部，与台湾地区一水之隔。泉州港口岸历史悠久，早在6世纪的南朝，泉州已开始和国外交往，有大船到南洋诸国通航。唐代泉州开埠，宋元时期，泉州港海外贸易达到鼎盛阶段，公元1087年，北宋设置泉州市舶司，元代，泉州港成为国际重要的贸易港口，海外贸易额一度超过广州。新中国成立后，由于海峡两岸关系紧张，泉州港于1957年关闭。改革开放以来，泉州港口岸开始步入快速发展的轨道，1981年泉州港口岸恢复对外开放。

泉州港口岸辖区海岸线长427千米，区内港曲湾多，湾内港阔水深，风平浪小，多数港区为天然良港，现有码头64个（在建8个），其中万吨级以上泊位13个（在建4个，最大泊位为30万吨级专用油码头），年设计通过能力3 458万吨（集装箱100.6万标箱）。泉州港口岸已形成大中小码头泊位比较齐全，专业、货主、商业码头优势互补，配套设施相对完善，具有一定生产规模的区域性口岸群体。泉州港现辟有泉州至日本、中国香港、韩国等定期散杂货或集装箱班轮航线，与世界60多个国家和地区通航。

2012年，泉州港口岸外贸散杂货运量、集装箱进出口量、对台货运直航、对台小额贸易等指标均创历史新高。港口外贸进出口吞吐量完成2 200.09万吨，同比增长13.43%，其中进口2 110.23万吨，出口89.86万吨；集装箱进出口完成96 342标箱，同比增长5.04%，其中进口67 111标箱，出口29 231标箱；对台进出口吞吐量完成108.24万吨，同比增长5.32%。

【泉州晋江航空口岸】 泉州晋江机场始建于1955年8月，为军用机场。1993年12月，由地方政府自筹资金对机场进行大规模扩建改造，1996年12月12日正式通航。2012年11月航空口岸对外开放通过国家验收。泉州晋江机场具有体系齐全、关系顺畅、保障科学的运行管理体系，飞行区拥有先进的 VOR、DME 通信导航系统和双向盲降系统，具备全天候飞行保障能力。机务维修具备承担空客 319、320、321、波音 737 - 300、500、700、800 等多种机型的航线维修能力。空中管制体系先后代理过东航、南航、海航、国航、菲律宾菲龙等航空公司的签派服务，具有较强的进近指挥和地面保障协调能力。

目前，机场已开通了至北京、上海、天津、重庆、广州、西安、香港、澳门等 20 多条客运航线，并有 4 架全货机运行无锡、北京、潍坊、杭州、深圳之间。厦航、深航、国航、川航、奥凯航、春秋航、菲律宾菲龙等航空公司在本场运营，每周进出港航班约 420 班次。

2012 年泉州晋江机场航空口岸完成1 159架次，出入境旅客142 980人次，其中入境70 273人次，出境72 707人次。

【福州长乐航空口岸】 福州长乐国际机场位于福建省长乐市，机场于 1997 年 6 月 23 日正式通航，距离福州市区约 39 千米，机场到市区约 40 分钟。福州长乐国际机场飞行区等级为 4E，按近期、远期、终端期分三期划分，一次规划、分期建设。近期按航空旅客吞吐量 650 万人次、货邮年吞吐量 20 万吨为标准进行设计和建设，能起降目前世界上最大的波音 747 - 400 型和麦道 11 型飞机，满足直飞东南亚、北美等地区全重起降要求。机场主要建设项目有：1 条长3 600米、宽 45 米的跑道和 1 条长3 600米、宽 23 米的平行滑行道及相应的航管、导航、通讯、气象、助航灯光、供油、货运、消防、供水、供电、污水处理等工程。福州长乐国际机场全面建成后，是我国航空干线网中的重要干线机场，是东南沿海地区及对台、对外重要的国际机场。

福建与台湾隔海相望，福州长乐国际机场是祖国大陆距台湾最近的省会机场，是实现海峡两岸“三通”的重要门户。自 2008 年 12 月 18 日福州—台北（松山）首次实现空中直航以来，福州机场对台航线的快速发展成为一大亮点。全年对台运营航空公司由 2010 年 2 家增加到 6 家，航点也由 2 个增加到 6 个。在航班量大幅度增长的同时客货流量也在不断攀升，中华航空全货机的开通标志着榕台实现货运直航，邮政航空的加盟更是成就大陆首条对台空中邮运航线诞生。同时，福州市是福建省的主要侨区之一，自被列为沿海开放城市以后外向型经济发展很快。因此，福州长乐国际机场不仅是地区经济发展的重要战略步骤之一，而且将对我国东南沿海地区以至全国的经济发展和加速实现海峡两岸“三通”，促进祖国和平统一起到积极作用。

2012 年福州机场口岸全年完成各类飞机安全起降9 047架次，同比增长 5.34%，旅客吞吐量 918 778人次，同比增长 10.11%；货邮吞吐量 12 441.9吨，同比增长 36%。目前，福州机场运营的国际（地区）航线有新加坡、吉隆坡、东京、大阪、首尔、曼谷、柬埔寨、香港和台湾等。

【福州水运口岸】 福州是大陆距台湾地区最近的省会中心城市，是我国南北海上运输主通道的交通枢纽。福州港位于我国东南沿海，台湾海峡西岸，是交通运输部公布的全国沿海 25 个主要港口之一，也是我国沿海主要港口、区域综合运输的重要枢纽和对台“三通”的主要口岸之一。福州港历史悠久，远在东汉时，就开通了福州至越南等东南亚一带国家的航线，1842 年成为“五口通商”口岸之一；近年来随着福州市对外开放的步伐不断加快及两岸关系的不断改善，口岸得到迅速发展。

福州港现下辖闽江口内港区、松下港区、牛头湾港区、江阴港区 4 个开放港区和罗源湾港区 1 个规划开放港区，已拥有生产性泊位 129 个，其中万吨级深水泊位 43 个（5 万吨级以上的泊位17个）。其中，闽江口内港区功能定位以能源物资、矿建、滚装、沿海内贸及近洋集装箱运输为主；松下港区主要服务福清元洪投资区和长乐松下工业区临港工业发展，以粮食、杂货等清洁货类运输为主，兼顾部分干散货运输；牛头湾港区主要为后方粮食物流园区及轻污染的临港产业发展服务，以粮食、散杂货等运输为主；江阴港区是福州港重点发展的综合性港区，以集装箱、煤炭、散杂货和化工品等货类运输为主，兼顾商品汽车滚装运输；罗源湾港区是福州港以散货中转运输为主的深水港区，并为临港工业发展服务。2012年3月19日，第一艘30万吨级超大型干散货轮船靠泊罗原湾港区可门作业区4号泊位，标志着福州港罗源湾港区已成为国内可接卸超大型干散货船舶的港区之一，并完全具备接卸目前全国海运市场上最大型干散货船舶的能力。

福州港口岸目前已开辟了美西、西非、南非远洋航线和日本韩国线、东南亚线、香港线、台湾航线及内支航线，现共有38条外贸航线，其中6条远洋干线、4条近洋航线及台港和其他外贸内支线。自2008年起闽江口内港区、松下港区、江阴港区被确定为大陆开放的对台直航的港口。2012年福州港口岸完成外贸货物吞吐量4 124.52万吨，同比增长24.28%；完成外贸集装箱吞吐量115.74万标箱，同比增长2.18%。

2012年福州港货物吞吐量完成情况

类别	2012年	同比（%）
全港货物吞吐量（万吨）	9 321.48	+13.42
外贸货物吞吐量（万吨）	4 124.52	+24.28
全港集装箱吞吐量（万标箱）	182.47	+9.92
外贸集装箱吞吐量（万标箱）	115.74	+2.18

【宁德水运口岸】 宁德港口岸位于福建省东北部（北纬26°30′~26°45′、东经119°35′~119°58′之间），东临台湾海峡，南依省会福州，西连中部江西，北接浙江温州。宁德港口划为三都澳、赛江、三沙、沙埕4个港区10个作业区，现有对外开放口岸格局为“134+17”，即1个1类口岸（开放范围包括三都澳港区城澳、白马作业区和赛江港区），3个原二类口岸（三沙、沙埕港区和漳湾作业区），4个对台往来点（三沙港区对台小额贸易点，沙埕港区台轮停泊点，城澳作业区和白马作业区对台货运直航点），以及17个一类口岸作业点。进出口货物结构有煤炭、镍矿、废物原料进口和水产品、砂石、船舶出口，以及部分件杂货进出口和外轮维修。有对台（台北、基隆、马祖）直航和日本、韩国、印尼、菲律宾、越南等国际（地区）航线。

2012年，港口完成进出口货运量1 245.45万吨，同比增长17.12%，其中进口803.42万吨，同比增长19.52%；出口442.03万吨，同比增长12.99%。完成对台直航运量436.58万吨，同比增长13.33%。完成外国籍船舶维修37艘次，同比增长5.71%。进出口岸国际航行船舶1 252艘次，同比增长11.49%，进出口岸船员23 696人次，同比增长4.29%。

【莆田水运口岸】 莆田港口岸于1995年12月经国家批准正式对外开放。现有一类口岸1个即湄洲湾秀屿港（含湄洲岛3000吨级客运码头）及莆田市秀屿区南日岛东岱湾港和涵江区三江口港2个原二类口岸。蒲田港位于福建省沿海中部，地理坐标为东经118°58′57″，北纬25°13′3″。现建有10万吨级液化天然气专用码头、20万吨级杂货码头、10万吨级杂货码头、5万吨级多用途码头、4万吨级木材码头、万吨级杂货码头、8 000吨级煤炭专用码头、3 000吨级集装箱杂货两用码头、3 000吨级化工专用码头、3 000吨客运码头等各1座，港内设有20万吨级、5万吨级、2万吨级、1万吨级浮筒各1座，避风避险应急锚地1座，设计年货物吞吐量达3 000万吨，客运20万人次。口岸查验单位海关（含缉私、协助武警）、检验检疫、边检、海事设置齐全，港区现场也都设有分支机构，可全天候开展口岸通关业务。在建的万吨级以上深水泊位10多个，到期将形成近亿吨的吞吐能力。莆田港口岸海上航行航道经2012年疏浚后可最大适航30万吨级船舶通航。口岸设有海港进口木材薰蒸除害处理区、国家重点煤炭、鞋革和木材检验检测实验室，港政、航运、代理、船务、银行、保险等也都全部配套到位，向莆铁路、沈海高速支线直通港区，可实现无转场铁海联运业务，是福建海西重要战略港口。

目前，莆田港口岸已与美国、俄罗斯、加拿大、巴西、阿根廷、韩国、泰国、沙特、印尼、马来西亚、非洲、欧洲等28个国家和地区的50个港口建立了海上航运联系，也开通了与台湾的海上客货运直航业务。

2012年，莆田港口岸共完成外贸货运量681.04万吨，同比减少8%，其中进口675.38万吨，出口5.66万吨；累计完成国际集装箱6 978标箱，同比增长4%，其中进口货柜3 529标箱，同比增长3%，出口货柜3 449标箱，同比增长5%。进出口的主要大宗货物有液化天然气、木材、煤炭、转基因大豆、钢材、粮食、化石、鞋服原辅材料及成品、机器设备等。

【武夷山航空口岸】 武夷山机场位于福建省武夷山市南郊，距国家级旅游度假区和市区各7千米；空中距离距杭州365千米，距上海510千米；距厦门360千米，距香港705千米；距福州228千米，距台北450千米。

武夷山航空口岸是目前福建省4个国家一类航空口岸之一，1993年9月22日经国务院批准为国家一类航空口岸，同时批准设立了边防、海关、检验检疫等口岸查验机构。1994年4月1日武夷山航空口岸正式对外开放。1994年6月30日开通了武夷山至香港的旅游包机，2000年3月28日又开通了武夷山至澳门的旅游包机。2005年7月1日武夷山至香港航班转为民航正式航班，自航线开通以来，共飞行3 200架次，出入境旅客达231 141人次。创造了连续18年旅客零投诉的佳绩，为闽北对外开放和旅游、经贸的发展做出了积极贡献。

2012年12月14日国务院台湾事务办公室宣布武夷山被列入2013年新增对台旅游包机直航点。武夷山机场主要进出口货物种类有茶叶、工艺品、莲子等。

【厦门水运口岸】 厦门位于中国东南沿海——福建省东南部、九龙江入海处，背靠漳州、泉州平原，濒临台湾海峡，面对金门诸岛，与台湾宝岛和澎湖列岛隔海相望。厦门海岸线蜿蜒曲折，全长234千米，适于建港的岸线有31.6千米。港区外岛屿星罗棋布，港区内群山环抱，港阔水深，终年不冻，是我国东南沿海重要的天然深水良港。

厦门港口岸是全国25个主要港口，12个区域性枢纽港，9个沿海国际集装箱干线港之一和对台航运重要口岸，范围跨厦门与漳州两个地市级行政区共八港区（其中厦门东渡、海沧、嵩屿、刘五店、客运五个港区，漳州后石、石码、招银三个港区）。厦门港目前共有集装箱班轮航线186条，其中国际航线112条、内贸线43条、内支线31条，与世界300多个港口建立业务联系，包括马士基、长荣、中远等世界前20名班轮公司在厦门港都设有分支机构和代理机构。

2012年，厦门港口岸完成货物吞吐量17 227.32万吨，同比增长10.05%；集装箱吞吐量720.17万标箱，同比增长11.39%，增幅居全国第四，在南部沿海港口中排名第一。厦门港口岸出入境旅客142.99万人次，同比下降0.5%；厦金航线出入境旅客136.75万人次，同比下降1.05%；国际邮轮进出厦门港30航次，旅客数37 018人次。

【厦门高崎航空口岸】 厦门高崎国际机场位于厦门岛的东北端，距厦门市中心10千米，地处闽南金三角的中心地带，与台湾隔海相望，三面临海，环境优美，净空条件优越，具有良好的区位优势。1982年1月10日厦门高崎国际机场破土动工兴建，1983年10月22日建成并对外开放。1992年经国家批准，投资23亿元人民币进行了大规模的扩建，扩建后的厦门空港飞行区等级为4E级，可起降B747－800等大型飞机，是中国大陆五大空港口岸机场之一。

2012年，厦门空港完成保障安全飞行146 183架次，同比增长7.79%；旅客吞吐量

1 735.4万人次，同比增长10.14%，其中出入境旅客211.30万人次，同比增长6.99%；货邮吞吐量27.20万吨，同比增长4.18%。在厦门空港营运的航空公司达42家，其中国内航空公司25家，国际及地区航空公司17家。累计开通境内外航线182条，其中国际及地区航线47条，航线遍及中国港澳台地区、东南亚、东北亚、北美洲、欧洲，厦门航空口岸已成为华东地区重要的区域性航空枢纽。

【漳州水运口岸】 漳州市位于福建省最南部，海岸线长715千米，天然良港众多。漳州港从15世纪中叶开始就作为中国大陆与中国台湾、东南亚的通商口岸，是交通运输部批准的对台直航试点口岸。

漳州港口岸辖有4个港区：东山、古雷、云霄和诏安港区，目前已对外开放3个港区：东山、古雷和云霄港区，其中东山港区为一类口岸。同时有原二类口岸3个，即旧镇、冬古、宫口，其中冬古、旧镇已于2006年列入《国家“十一五”口岸发展规划》，并得到南京军区的同意，目前已报国务院审批。另有浮宫、旧镇、礁美、铜陵和宫口等5个对台小额贸易点和6个台轮停泊点。初步规划码头泊位岸线长53.05千米，规划建设码头泊位250个（其中深水泊位138个），通过能力28 835万吨，陆域面积5 010万平方米。现已建成客货运码头泊位77个，年综合通过能力2 168.4万吨，其中万吨级以上泊位9个。在建码头泊位19个，其中万吨级10个。拟建码头泊位18个。

2012年，漳州港口岸外贸吞吐量为958.78万吨，同比下降13.69%；外贸集装箱达33 753标箱，同比增长85.21%，再创历史新高。

福建省口岸大事记

1月9日

国务院批准同意福州港江阴港区为汽车整车进口口岸。这是继大连新港、天津新港、上海港、广州黄埔港、广西钦州港之后第6个沿海汽车整车进口口岸。

1月18日

福建省副省长倪岳峰出席厦门出入境检验检疫系统工作会议并为厦门出入境检验检疫局荣获“全国文明单位”揭牌。

1月

莆田海关连续第三年被中央文明委认定为全国文明单位。

厦门边检总站同益边检站被公安部评为“全国边检机关2011年度提高边检服务水平成绩突出单位”。

2月24日

“海峡号”搭载台湾首发旅行团155人从平潭入境，这是首个经台中—平潭航线进境的台湾旅行团。

3月19日

长330米、宽57米、载重315 729吨的香港籍超大型干散货轮“中海荣华（CSB GLORY）”号满载铁矿石从南非萨尔达尼亚港出发，首航靠泊在福建可门港4号泊位。这是福建港口口岸靠泊的第一艘30万吨级超大型干散货船。

3月26日

福建省委书记孙春兰一行莅临福建江阴口岸国际集装箱码头考察江阴汽车口岸整车进口项目。

4月25日

澳大利亚驻华海关、警务联络官一行到福州海关缉私局开展工作访问。

4月29日

国家质检总局副局长、国家认监委主任孙大伟调研厦金航线五通口岸。

5月10日

福建出入境检验检疫局全面实施进出口电子监管系统，即福建局辖区所有进出口企业、所有进出口货物100%纳入电子监管，这标志着福建省是全国首个实现进出口电子监管全覆盖的行政省份。

5月18日

海关总署副署长王松鹤在闽出席第十四届海

峡两岸经贸交易会暨第九届中国福建商品交易会开幕式，并与福建省副省长倪岳峰一同为“海关总署福州原产地管理办公室”揭牌。

5月25日

由美国驻广州总领事馆农业贸易处和厦门出入境检验检疫局联合主办的中美大宗农产品检验检疫技术交流会在厦门召开。

5月

厦门杏林出入境检验检疫局、漳州出入境检验检疫局获得国家质检总局“2011年全国检验检疫系统示范窗口”荣誉称号。

6月1日

厦门海沧保税港区的进口皮毛检验检疫专用场正式启用，这是福建首个专门用于进口皮毛检验检疫的查验场。

6月2日

厦门出入境检验检局与厦门港务股份有限公司、泉州晋江陆地港港务有限公司共同签署了《支持厦门港—陆地港货物便利通关联动发展备忘录》。

6月9日

福建省委书记孙春兰、省长苏树林到平潭澳前口岸调研，并慰问口岸一线查验人员。

6月15日

中共中央政治局常委、全国政协主席贾庆林在福建省委书记孙春兰、省长苏树林等领导陪同下视察平潭综合实验区开放口岸。

6月21日

海关总署召开新闻发布会，宣布出台《关于支持平潭综合实验区开放开发的意见》，海关总署副署长孙毅彪、福建省副省长倪岳峰出席发布会。

6月25日

福建出入境检验检疫局卫生检疫监管处、福州长乐机场办事处旅检科被国家质检总局表彰为“全国口岸卫生检疫为民服务示范岗先进集体”。

6月

厦门出入境检验检疫局卫生处、厦门机场出入境检验检疫局被国家质检总局授予“全国口岸卫生检疫为民服务示范岗先进集体”称号。

7月4日

全国海关深入推进通关作业改革动员部署会议在福州召开。海关总署党组成员、副署长鲁培军出席会议并作重要讲话。

7月6日

福州海关与福州市政府签署战略性《合作备忘录》。

7月25日

厦门高崎国际机场和国际邮轮中心双双通过世界卫生组织专家组的实地测评，获得世卫组织与国家质检总局联合授予的“国际卫生机场”和“国际卫生港口”称号。国家质检总局副局长刘平均，福建省委常委、厦门市委书记于伟国出席测评结果签字暨授牌仪式。

7月26日

福州马尾口岸迎来18吨来自台湾的大米，这是国家质检总局于2012年6日16日发布公告正式允许符合要求的台湾大米输往大陆以来，从台湾输往大陆的首批大米。

8月19日~21日

福州海关缉私局3天连续破获公安部督办毒品目标管理“7·21”、“7·25”系列走私氯胺酮专案、福建省公安厅督办毒品目标管理“7·18”、“7·25”、“7·26”系列走私冰毒专案。

8月24日

海关总署综合统计司正式发文增设平潭地区国内地区代码“3511”，增设平潭综合实验区国内地区代码“35118”，为平潭企业提供便利。

8月28日

厦门出入境检验检疫局技术中心（以下简称厦门IQTC）与德国莱茵TUV大中华区举行战略合作启动仪式，正式启动战略合作伙伴关系。

9月23日

中共中央政治局委员、中央政法委副书记王乐泉一行到平潭视察，实地考察澳前客滚轮码头并看望口岸工作人员。

9 月 25 日

在北京钓鱼台国宾馆举行的“中国质量发展论坛”上，国家质检总局授予福州港、福州江阴港区、泉州港、福州长乐国际机场口岸为中国首批 61 个世界卫生组织口岸核心能力达标口岸。

10 月 29 日

海关总署与福建省政府在福州签署新一轮署省合作备忘录。福建省委书记孙春兰、省长苏树林、海关总署署长于广洲等领导出席。

10 月 30 日

《福州海关厦门海关执法统一协作机制备忘录》在福州签署。海关总署副署长邹志武、福建省副省长倪岳峰出席签字仪式。

10 月 31 日

香港籍船舶“信春”轮运载 30 辆进口汽车靠泊福州江阴港 3 号泊位，这是福州江阴港区获批为汽车整车进口口岸以来首批到港的进口汽车，标志着江阴口岸汽车整车进口业务正式开始。

11 月 5 日

全球航运巨头法国达飞轮船公司在福州港江阴港区新开一条至印尼东南亚近洋航线。这是国际大型航运公司在江阴港区开辟的首条国际近洋航线。

11 月 15 日

福建泉州晋江机场通过国家口岸办组织的国家级验收，正式对外开放。

11 月 19 日 ~20 日

龙岩陆地港通过福建省口岸办组织的省级验收，正式投入运营。

11 月 19 日

宁德市中级人民法院对福州海关 2011 年立案侦办的雷鸣、王振发等人走私普通货物案（4·22走私台货案）作出一审判决，以走私普通货物罪分别判处被告人雷鸣等 16 人无期徒刑、12 年至 1 年不等有期徒刑。

11 月 21 日

国家质检总局批复同意福清江阴港和福州长乐机场作为进境水果指定口岸。

11 月 22 日

国家质检总局与福建省政府合作备忘录联席会议在福州召开。国家质检总局副局长魏传忠、福建省副省长倪岳峰出席会议并讲话，国家质检总局在会上提出了支持福建先行先试八项措施。

12 月 26 日

福建省委书记尤权，省委常委、常务副省长陈桦一行到平潭澳前对台客滚码头检查指导工作。

12 月 27 日

全国政协常委、中国海协会会长陈云林一行视察漳州港招银港区。

12 月 31 日

国家质检总局批准福州长乐国际机场新增为进口植物种苗指定入境口岸。

2012 年福建省口岸流量统计表

口岸类型		口岸名称	货运量（万吨）				集装箱量（万标箱）				人员（万人次）				交通工具（辆、艘、架、列次）			
			出口	进口	合计	同比（%）	出口	进口	合计	同比（%）	出境	入境	合计	同比（%）	出境	入境	合计	同比（%）
空运口岸		福州机场	0.54	0.41	0.95	-27.81					47.06	45.99	93.05	+9.76				
		厦门机场	7.99	5.38	13.37	-7.69					101.19	118.38	219.57	+8.95				
		武夷山机场																
		泉州机场									11.07	11.60	22.67	+26.76				
		分计	8.53	5.79	14.32	-9.38					159.32	175.97	335.29	+10.23				
陆运口岸	公路口岸																	
		分计																
	铁路口岸																	
		分计																

续表

口岸类型		口岸名称	货运量（万吨）				集装箱量（万标箱）				人员（万人次）				交通工具（辆、艘、架、列次）			
			出口	进口	合计	同比（%）	出口	进口	合计	同比（%）	出境	入境	合计	同比（%）	出境	入境	合计	同比（%）
水运口岸	海港口岸	福州港	847.81	3 276.71	4 124.52	+24.28	59.79	55.95	115.74	+2.18	1.71	1.86	3.57	-9.47				
		厦门港	3 816.35	3 715.87	7 532.22	+8.79	272.20	269.99	542.19	+9.82	69.65	70.58	140.23	-2.09				
		漳州港	143.40	810.73	954.13	-14.11	1.47	1.91	3.38	+85.21								
		泉州港	89.86	2 121.19	2 211.05	+14.00	2.92	6.72	9.64	+5.07	3.97	4.59	8.56	-3.17				
		莆田港	5.66	675.38	681.04	-8.00	0.36	0.34	0.70	+5.29								
		宁德港	440.32	803.96	1 244.28	+17.05												
		分计																
	河港口岸																	
		分计	5 343.40	11 403.84	16 747.24	+10.94	336.74	334.91	671.65		75.33	77.03	152.36	-2.34				
合计			5 351.93	11 409.63	16 761.56		336.74	334.91	671.65		234.65	253.00	487.66					
同比（%）			+4.96	+13.94	+10.92		+7.17	+10.00	+8.57		-11.92	-5.00	-8.46					

（福建省口岸办提供）

2012年福州海关主要业务统计表

项目		2012年	同比（%）
进出口货运量（万吨）	合计	5 415.50	+15.1
	进口	4 312.30	+18.5
	出口	1 103.20	+3.4
进出口贸易总值（万美元）	合计	2 500 869.14	+1.52
	进口	1 141 290.90	-0.52
	其中：水路运输	1 017 768.23	-1.2
	铁路运输		
	公路运输	16 772.01	-29.30
	航空运输	101 407.96	+9.70
	邮件运输	436.06	-2.59
	其他运输	4 906.64	+813.81
	出口	1 359 578.24	+3.29
	其中：水路运输	1 274 347.91	+2.06
	铁路运输	1 259.70	+7.70
	公路运输	10 782.49	+34.22
	航空运输	70 212.52	+25.62
	邮件运输	804.56	-67.05
	其他运输	2 171.06	+413 435.50
税收（亿元）	两税合计	119.77	+9.87
	关税入库	14.92	+9.03
	进口环节税入库	104.85	+10.00

（福州海关提供）

2012年厦门海关主要数据统计表

项目		2012年	同比（%）
进出口货运量（吨）	合计	83 520 585	+7.42
	进口	53 764 535	+12.91
	出口	29 756 050	-1.24
进出口贸易总值（万美元）	合计	11 094 143	+7.44
	进口	4 342 597	+11.68
	其中：水路运输	3 350 801	+9.57
	铁路运输	2 216	+3 562.58
	公路运输	178 831	+69.47
	航空运输	810 335	+11.94
	邮件运输	413	-34.10
	其他运输	1	-98.59
	出口	6 751 546	+4.87
	其中：水路运输	5 950 463	+3.44
	铁路运输	3 198	-56.42
	公路运输	310 901	+30.74
	航空运输	475 865	+13.26
	邮件运输	1 089	-82.24
	其他运输	10 030	-27.14
税收（亿元）	两税合计	378	+16.50
	关税入库	40	+13.24
	进口环节税入库	338	+16.90

（厦门海关提供）

2012 年福建省口岸出入境主要数据表

单位：（人员）人次；（交通工具）辆、艘、架、列次

项目			2012 年	2011 年	同比（%）
出入境人员	出入境人员总数		1 640 357	1 387 431	+18.23
	入境人员		820 208	703 158	+16.65
	出境人员		820 149	684 273	+19.86
	出入境旅客		1 385 071	1 156 522	+19.76
	出入境员工		255 286	230 909	+10.56
	中国公民	小计	1 440 330	1 192 678	+20.76
		内地居民（因公）	153 419	133 614	+14.82
		内地居民（因私）	763 731	563 910	+35.43
		港澳居民	183 991	159 922	+15.05
		台湾同胞	339 189	335 232	+1.18
	外籍人员		200 027	194 753	+2.71
	从海港出入境人数		403 187	291 072	+38.52
	从陆港出入境人数				
	从空港出入境人数		1 237 170	1 096 359	+12.84
交通运输工具	总计		21 506	19 921	+7.96
	船舶		11 412	11 027	+3.49
	飞机		10 094	8 894	+13.49
	火车				
	机动车辆				

（福建省公安边防总队提供）

2012 年厦门市口岸出入境主要数据表

单位：（人员）人次；（交通工具）辆、艘、架、列次

<table>
<tr><th colspan="3">项目</th><th>2012 年</th><th>2011 年</th><th>同比（%）</th></tr>
<tr><td rowspan="14">出入境人员</td><td colspan="2">出入境人员总数</td><td>4 094 000</td><td>3 935 000</td><td>+4.05</td></tr>
<tr><td colspan="2">入境人员</td><td>2 048 000</td><td>1 957 000</td><td>+4.62</td></tr>
<tr><td colspan="2">出境人员</td><td>2 046 000</td><td>1 978 000</td><td>+3.48</td></tr>
<tr><td colspan="2">出入境旅客</td><td>3 611 000</td><td>3 481 000</td><td>+3.75</td></tr>
<tr><td colspan="2">出入境员工</td><td>483 000</td><td>454 000</td><td>+6.30</td></tr>
<tr><td rowspan="5">中国公民</td><td>小计</td><td>3 333 000</td><td>3 204 000</td><td>+4.02</td></tr>
<tr><td>内地居民（因公）</td><td>1 680 000</td><td>1 550 000</td><td>+8.37</td></tr>
<tr><td>内地居民（因私）</td><td>（合计在上面）</td><td>（合计在上面）</td><td></td></tr>
<tr><td>港澳居民</td><td>275 000</td><td>261 000</td><td>+5.36</td></tr>
<tr><td>台湾同胞</td><td>1 378 000</td><td>1 393 000</td><td>-1.11</td></tr>
<tr><td colspan="2">外籍人员</td><td>761 000</td><td>731 000</td><td>+4.23</td></tr>
<tr><td colspan="2">从海港出入境人数</td><td></td><td></td><td></td></tr>
<tr><td colspan="2">从陆港出入境人数</td><td></td><td></td><td></td></tr>
<tr><td colspan="2">从空港出入境人数</td><td></td><td></td><td></td></tr>
<tr><td rowspan="5">交通运输工具</td><td colspan="2">总计</td><td>41 000</td><td>39 000</td><td>+1.77</td></tr>
<tr><td colspan="2">船舶</td><td>23 000</td><td>22 000</td><td>+0.96</td></tr>
<tr><td colspan="2">飞机</td><td>18 000</td><td>17 000</td><td>+2.81</td></tr>
<tr><td colspan="2">火车</td><td></td><td></td><td></td></tr>
<tr><td colspan="2">机动车辆</td><td></td><td></td><td></td></tr>
</table>

表注：除同比数据外，其他具体数据使用概数，精确到万位 。

（厦门出入境边防检查总站提供）

2012 年福建省出入境检验检疫业务统计表

项目	货物检验检疫				交通工具				集装箱（标箱）		发现动植物疫情		货物通关		出入境人员查验（人次）	健康检查及预防接种（人次）			
	批次	金额（万美元）	检验检疫不合格																
			批次	金额（万美元）	船舶（艘）	飞机（架）	火车（节）	汽车（辆）	合计	检出问题	种类数	种次	批次	金额（万美元）		健康检查	艾滋病监测	发现病例	预防接种
本年累计	582 170	4 232 531	2 591	343 268.7	16 842	10 098			713 737	1 797	647	7 074	273 359	3 109 257	1 655 875	26 372	26 353	13 496	32 693
其中 出境	542 956	2 419 401	321	1 396	8 133	5 052			244 266		4	13	228 312	1 247 375	824 059	24 687	24 665	12 767	32 648
其中 入境	39 214	1 813 130	2 270	341 872.7	8 709	5 046			469 471	1 797	643	7 061	45 047	1 861 882	831 816	1 685	1 688	729	45
同比（%）	+4.83	+9.99	+27.07	+8.82	-3.47	+13.52			-1.35	-12.77		+8.45	+11.63	+19.05	+18.52	-1.31	-1.30	-5.26	+20.08
其中 出境	+4.24	+7.98	-37.91	-23.11	-4.47	+13.66			+9.19	-100.00		-89.08	+11.08	+14.52	+19.73	+1.65	+1.65	-4.20	+20.23
其中 入境	+13.71	+12.81	+49.15	+9.00	-2.52	+13.39			-6.07	-12.64		+10.26	+14.46	+22.28	+17.35	-30.77	-30.68	-20.59	-38.36

（福建出入境检验检疫局提供）

2012年厦门市出入境检验检疫业务统计表

项目	货物检验检疫				交通工具				集装箱（标箱）		发现动植物疫情		货物通关		出入境人员查验（人次）	健康检查及预防接种（人次）			
	批次	金额（万美元）	检验检疫不合格																
			批次	金额（万美元）	船舶（艘）	飞机（架）	火车（节）	汽车（辆）	合计	检出问题	种类数	种次	批次	金额（万美元）		健康检查	艾滋病监测	发现病例	预防接种
全年累计	467 689	3 103 871	3 531	188 701	23 007	17 951			5 194 621	44 162			690 001	3 621 038	4 104 528	11 462	10 113	1 391	8 715
其中 出境	321 459	1 432 613	139	459	12 014	8 788			2 633 675	0			587 641	2 450 212	2 052 147	9 390	8 095	1 063	8 649
其中 入境	146 230	1 671 258	3 392	188 242	10 993	9 163			2 560 946	44 162			102 360	1 170 826	2 052 381	2 072	2 018	328	66
同比（%）	+11.91	+16.13	+28.17	+34.56	+0.98	+2.66			+6.88	+40.04			+1.97	+4.13	+9.20	+3.08	-5.87	+1.02	+13.34
其中 出境	+5.70	+9.34	-23.2	-13.69	+0.81	+2.40			+7.74	0.00			+1.45	+2.51	+9.52	+10.06	-1.22	+16.94	+13.46
其中 入境	+28.52	+22.67	+31.78	+34.75	+1.16	+2.91			+6.00	+40.04			+5.04	+7.68	+8.88	-19.91	-20.83	-29.90	0

（厦门出入境检验检疫局提供）

2012年福建海事局进出港船舶统计汇总表

船舶类别	进港船舶							出港船舶						
	艘数（艘次）	总吨（吨位）	总载重量（吨）	载客量（客位）	船员人数（人次）	货物到达量（吨）	旅客到达量（人）	艘数（艘次）	总吨（吨位）	总载重量（吨）	载客量（客位）	船员人数（人次）	货物发送量（吨）	旅客发送量（人）
总　计	364 052	519 527 774	646 548 238	77 137 342	2 227 168	225 193 981. 4	34 771 018	365 029	521 455 653	647 688 193	77 110 538	2 255 788	124 770 614. 1	34 617 242
中国籍船舶	349 067	220 278 138	250 062 820	76 062 989	1 972 751	128 373 379. 5	34 368 457	349 954	222 260 988	251 452 559	76 037 845	1 999 597	86 116 138. 38	34 248 303
其中：外贸船	6 769	21 092 836	20 679 097	1 123 996	84 905	11 382 337. 87	433 253	6 545	20 282 273	19 969 478	1 125 079	82 117	4 582 143. 54	455 477

（福建海事局提供）

2012年福建省口岸对台直航统计表

单位：见列表

汇总项目	类别	2012年累计	同比（%）	进口或入境	同比（%）	出口或出境	同比（%）
福州口岸	入出境旅客（人次）	35 744	-9.47	18 615	-6.39	17 129	-12.59
	进出口货物完成量（吨）	3 454 800	+3.95	1 140 100	-8.01	2 314 700	+11.06
	海港国际集装箱（标箱）	305 900	-2.77	149 700	-5.12	156 200	-0.40
厦门口岸	入出境旅客（人次）	1 402 260	-2.09	705 782	-1.01	696 478	-3.17
	进出口货物完成量（吨）	13 515 379	+1.79	2 270 261	+8.89	11 245 118	+0.47
	海港国际集装箱（标箱）	355 299	+6.21	178 707	+8.87	189 708	+11.34
漳州口岸	入出境旅客（人次）		-		-		-
	进出口货物完成量（吨）	944 618	+0.20	108 065	-16.57	836 553	+2.87
	海港国际集装箱（标箱）	3 849	-41.98	1 424	-46.04	2 426	-39.30
泉州口岸	入出境旅客（人次）	85 592	-3.17	45 921	-4.12	39 671	-2.04
	进出口货物完成量（吨）	1 088 527	+44.10	352 623	+302.48	735 904	+10.20
	海港国际集装箱（标箱）	30 142	+75.68	17 983	+103.47	12 159	+46.16
宁德口岸	入出境旅客（人次）		-		-		-
	进出口货物完成量（吨）	4 323 385	+13.38		-	4 323 385	+13.38
	海港国际集装箱（标箱）		-		-		-
总计	入出境旅客（人次）	1 523 596	-2.34	770 318	-1.34	753 278	-3.34
	进出口货物完成量（吨）	23 326 709	+5.49	3 871 049	+9.31	19 455 660	+4.76
	海港国际集装箱（标箱）	695 190	+3.31	347 814	+4.32	360 493	+6.17

（福建省口岸办提供）

江　西　省

江西省口岸分布示意图

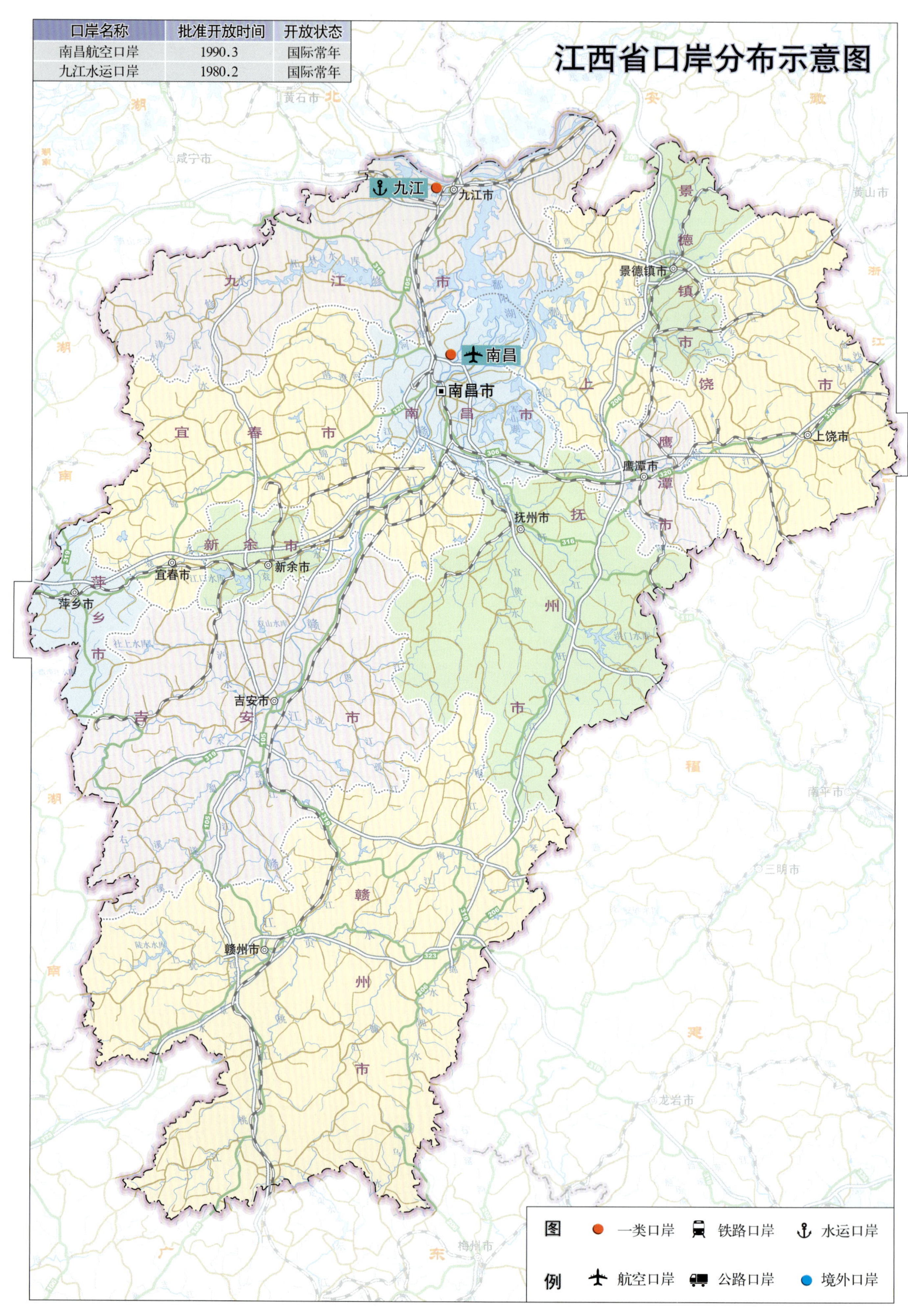

口岸名称	批准开放时间	开放状态
南昌航空口岸	1990.3	国际常年
九江水运口岸	1980.2	国际常年

口岸数量及分布

截至2012年年底，江西省共有经国务院批准对外开放口岸2个，其中航空口岸1个，为南昌昌北国际机场；水运口岸1个，为九江港。

口岸运行数据

2012年，江西省口岸进出口货运量238.07万吨，国际集装箱15.95万标箱，同比分别增长18.66%和11.73%。入境货运量58.88万吨，国际集装箱3.93万标箱，同比分别下降2.06%和6.5%，出境货运量179.19万吨，国际集装箱12.02万标箱，同比分别增长27.52%和19.32%。南昌航空口岸出入境人员12.25万人次，同比增长85.61%，出入境飞机906架次，同比增长48.28%。

江西省水运口岸累计完成进出口货运量181.19万吨，国际集装箱12.2万标箱，同比分别增长9.16%和3.99%。其中，九江水运口岸进出口货运量114.7万吨，国际集装箱7.48万标箱；南昌水运口岸进出口货运量66.49万吨，国际集装箱4.72万标箱。

江西省铁海联运共运送进出口货物48.03万吨，2.76万标箱，同比分别增长54.91%和49.76%。其中，上饶—宁波铁海联运共发送货物18.9万吨，9 001标箱，分别占江西省铁海联运总运量的39.35%和32.61%。

江西省航空口岸南昌至台湾航班出入境人员7.81万人次，同比增长142.79%。在南昌至台湾航线出入境人员快速增长的带动下，南昌航空口岸连续8个月出入境人员超万人次。2012年，实现南昌航空口岸出入境人员12.25万人次，同比增长85.61%。航空口岸进出口货运量0.16万吨，同比增长5.99%。

江西省公路口岸作业区进出口货物总量8.69万吨，进出口集装箱9 890标箱，同比分别增长149.1%和41.12%。

口岸监管与服务

【九江港扩大开放获国务院批复】 2012年11月，《国务院关于同意江西九江港口岸扩大开放的批复》（国函〔2012〕189号）正式下达，同意九江港口岸扩大开放城西港区。江西省长江沿岸区域口岸开放进一步扩大，对推动九江乃至江西省开放型经济发展，促进鄱阳湖生态经济区发展及九江沿江开放开发都具有积极意义。

【设立航空发展资金】 经江西省口岸各相关部门积极争取，江西省政府设立2 500万元航空发展资金，并要求南昌市按照1:2比例给予配套。

【国际航线稳步拓展　开行大飞机】 2012年5月，成功引进韩亚航空开通了南昌至首尔航班，2012年共飞行92个航次，运送旅客13 807人次；10月，成功引进泰国东方航空开通南昌至曼谷临时旅游包机，2012年共飞行18个航次，运送旅客2 368人次。同时，4月台湾中华航空投入大型宽体机执飞南昌至台北航线，这是南昌机场首次引进大飞机飞行固定航线，南昌机场迎来大飞机时代。6月，国航波音747－400执飞美国西雅图至南昌货运包机，成为南昌机场起降最大的飞机。

【九江港至上海洋山港直达货运班轮开通】 2012年1月，正式开通了九江城西港至上海洋山港货运直达快线货运班轮，全程运行时间压缩至57小时，较原接驳运输节省时间2天～3天，有效提高了江西省出口欧美货物运输效率，降低了货运成本。

【九江烟花爆竹水运出口通道开通】 2012年12月，九江港口岸烟花爆竹水运出口通道正式开通，降低了江西省烟花爆竹出口的运输成本，减少了运输时间，比绕道周边省份节省2天～3天时间，每个集装箱运输成本节省1 500元，对扩大江西省烟花爆竹出口，支持传统产业发展具有积极意义。

【口岸作业区建设不断规范】 2012年6月，

制定出台了《江西省口岸作业区建设管理规范（暂行）》，并完成了上栗公路口岸作业区的建设和验收，批复了定南公路口岸作业区建设，促使全省口岸作业区的现代化综合服务功能不断提高。

【上饶至宁波铁海联运客车化运营】 2012年5月，上饶至宁波五定班列正式开通，实行客车化管理，并沿沪昆线开行了阶梯式五定班列，服务范围扩大至江西省沪昆沿线城市及周边区域。2012年该班列共运送集装箱9 001标箱，平均在途时间18.3小时，相比原来2天~3天的时间，时效性大大提高，且集装箱铁路运费下浮30%。

【鹰潭固体废料宁波港转关进口通道正式开通】 2012年，鹰潭铜拆解园区固体废料转关进口共2 385标箱，同比增加179.9%。6月，鹰潭固体废料宁波口岸转关进口通道正式开通，为园区新增了一个废料转关进口通道，比原经九江港通道缩短10天~15天，按平均货值50万元/柜，可为企业节约每柜1 500元~2 250元的成本。帮助协调寻找园区的废料进口安全检测设备（H986），为园区节省设备投入资金上千万元。

【电子口岸加速推广运用】 加工贸易联网系统平稳运行，九江港检港联网和南昌国际集装箱码头关港联网正式上线运行，实现了相关业务办理网络化、无纸化，使口岸查验与现场作业衔接更加紧密，提高了通关效率。制订了《江西电子口岸发展指导意见（2013年—2015年）》。

【一批重点项目稳步推进】 赣州综合保税区申报完成前期工作，并经江西省政府上报国务院，现正积极跟踪推进。南昌综合保税区申报前期工作启动，完成可行性研究论证及相关调研。鹰潭固体废料宁波口岸转关进口通道正式开通。赣州至厦门五定班列的开通工作正在积极推进。

【口岸通关区域合作进一步深化】 引进厦门港投资建设吉安陆路口岸作业区，引进福州港参与高安铁路口岸作业区建设，投资金额上亿元。与厦门港合作推进开行赣州至厦门“五定班列”。与广东省政府相关部门协调畅通江西省柑橘产品出口的“绿色通道”。组织相关单位先后赴贵州、河南、内蒙古、辽宁考察学习，进一步了解了相关省市在口岸及口岸作业区的功能区划、机构布局、电子口岸建设等方面的情况，为江西省口岸建设提供了良好的借鉴经验。

【南昌海关加强《省署合作备忘录》的推动落实和成效评估，省署合作内容顺利完成】 制定出台并实施《南昌海关促进江西外贸稳定增长18项措施》。积极对赣南等原中央苏区振兴发展进行调研，主动参与打造南昌核心增长极，加快推进九江沿江开放开发等意见的论证，积极提出意见建议；加强风险管理，强化实际监管。认真抓好监管场所规范达标建设，开展“蓝海”、“清水”专项查控行动，切实加强有效监管，加强对转关运输、“属地申报，口岸验放”货物、稀土等重点矿产品出口的实际监管，广泛开展“点对点、一对一”服务活动。面向江西11个地市遴选确定了106个重点服务对象，主动帮助政策解难、手续解繁、减负增效。“一市一课”：由海关领导带队赴全省11个地市巡回举办11场开放型经济政策巡回宣讲会。“一企一策”：上门开展结对帮扶，面对面实施个性化指导。“一事一议”：专题研究解决复杂疑难问题131个。活动赢得了江西省委书记苏荣的高度评价，受到地方政府部门和进出口企业一致好评，并被省直机关工委评为省直、中央驻赣单位“百件惠民实事”之一；推进江西口岸大通关提质增速。积极推动高安陶瓷铁路口岸作业区建设和九江港开通外贸直航，进一步推广“属地申报，口岸验放”、“赣粤港（澳）”快速转关、海铁联运和深圳梅林口岸陆路属地申报通关模式，江西省企业选择区域通关模式通关的口岸海关增为24个。主动服务上饶—宁波“五定班列”运行，强化与口岸海关的区域通关联系配合机制，“五定班列”海铁联运通关渠道进一步畅通。积极支持鹰潭市废弃机电产品集中拆解利用加工园区健康发展，开展进口固体废物从宁波口岸转关至园区业务获得海关总署批复同意。2012年，南昌海关进口转关率为83.10%，同比提高11.54个百分点。加强对海关特殊监管区域建设指导服务。加强对南昌、九江、赣州3个出口加工区和南昌保税物流中心运营建设的指导，做好重点项目入区的跟踪服务工作，支持海关特殊监管区域建设。加强井冈山出口加工区建设指导，推动加快工程建设进度，井冈山出口加工区已通过南昌海关预验收。发挥海关特殊监管区域和保税监管场所政策优势，引导加工贸易向产业链高端延伸，向海关特殊监管区域集中。2012年，江西省加工贸易进出口78.6亿美元，同比增长23%。其中，出口46.3亿美元，同比增长4.3%；进口32.3亿美元，同比增长65.5%。江西省出口加工区进出口19.67亿美元，同比增长28.93%。

【江西出入境检验检疫局创新检验检疫工作新举措，努力促外贸平稳增长】 出台《江西检验检疫促进对外贸易发展十项服务新举措》和《江西检验检疫局促进外贸稳定增长工作措施》，其中江西省政府将《江西检验检疫局促进外贸稳定增长工作措施》全文印发全省各级政府和有关部门领导参阅。全年共减免检验检疫收费1 830万元，惠及全省2 590多家进出口企业。帮助鹰潭铜拆解园开通“宁波—鹰潭”海铁联运通道，为进口企业缩短10天左右的货物入境周期，每个货柜节约1 800元运输成本和3 000元左右的综合商务成本。帮扶江铃出口轻型货车获得出口免验资格，促进出口增长70%以上，减免检验检疫及相关费用130多万元。一是主动作为支持赣南等原中央苏区振兴发展。与深圳出入境检验检疫局签署《关于促进江西水果出口的合作备忘录》，与珠海出入境检验检疫局签署《促进江西优质农产品供应澳门合作备忘录》，与广东、深圳出入境检验检疫局签署《支持赣南等原中央苏区振兴发展合作备忘录》，共同构筑江西优质农产品出口绿色通道，可为南丰蜜橘、赣南脐橙节约出口商务成本1 600多万元，促进当年南丰蜜橘出口订单增长5成以上，带动农民增收2.24亿元。二是帮促出口食品农产品质量提升。持续推进食品农产品种养殖场标准化建设，帮助江西省内75家果园、55家水果加工厂获得注册登记，其中22家水果出口企业、12家供港猪场通过GAP认证，通过率为全国行业最高。大力推动质量安全示范区建设，建立了南丰柑橘、信丰脐橙、定南供港活猪、安远脐橙和瑞金出口食品农产品等5个质量安全示范区。其中，南丰柑橘质量安全示范区顺利通过考核成为江西首家国家级出口食品农产品质量安全示范区。三是开创集装箱集中审单检疫监管新模式。以集装箱检疫为抓手，在内陆省份率先开展集装箱集中审单试点工作。依托中国检验检疫电子口岸平台，建立“集装箱—货物—企业”新的监管模式，实现进出境集装箱全申报全检疫。自2012年6月份启动以来，7、8、9、11月，4个月检疫突破1万标箱，2012年检疫集装箱同比增长51.3%，超过货物货值增速53个百分点，不合格检出率同比增长473%。四是积极推动集装箱检验检疫监管区建设。以“政府主导，企业经营，部门监管”模式，在江西省主要出口产品主产区探索建设集装箱检验检疫监管区。截至2012年年底，中部地区首家集装箱监管区已在江西南丰揭牌运行，江西上栗烟花爆竹物流中心基本建成，万载烟花物流中心正式开工，赣州综合保税区、信丰、龙南、瑞金脐橙产业园集装箱监管区等四个平台已列入当地政府建设规划。五是加强技术保障能力建设。首次成功申报国家自然科学基金项目1项，申报检验检疫科学技术研究院青年科技基金项目3项，新增卫生检疫专业领域科研立项2项，获批2012年度国家质检总局立项9项，江西出入境检验检疫局自主立项12项，完成科研制标项目23项，获国家质检总局“科技兴检”三等奖2项，国家专利4项。实验室能力验证数量和满意率均创历年新高，并首次获批组织CNCA、CNAS能力验证各1项，顺利通过“三合一”实验室评审，获得全国食品检测机构的合法资质，新增检测能力项目超过200多项，检测项目覆盖率达到98.22%，为近年来最高水平。

【江西省公安边防总队以执法规范化建设为抓手，进一步提高口岸边检服务和管控能力】 深化执法理念，提高执法素质。认真开展严格公正规范、理性平和文明执法理念专题教育，组织官兵到公安机关跟班学习执法办案，现场观摩治安案件违法嫌疑人询问过程，对办理行政案件程序、要求、应注意的问题和询问的技巧、取证的方法等进行了深入的了解，并在原有2台执法记录仪的基础上，新购置了移动摄像机，全力推行执法过程监督，对案件处理环节实行全程录音录像，并定期刻录光盘存档备查，有效规范执法人员日常执法行为，提高执法质量。进一步推介服务品牌，不断提高边检服务水平。2012年8月，江西省公安边防总队及南昌、九江边检站在南昌八一广场和九江烟水亭广场举办了边检服务品牌推介仪式。仪式现场邀请了广大出入境人员对边检服务工作提出意见建议，开展了服务咨询活动。通过推介仪式，极大地提升了边检服务品牌的社会影响力和关注度。充分利用媒体资源，对边检服务品牌进行多渠道宣传。江西电视台一套、二套、五套，九江电视台等在黄金时间对总队和边检站服务品牌推介活动进行了报道。以重要活动安保为契机，进一步提高口岸管控水平。党的十八大、赣台会等重要活动期间，总队主动发挥职能作用，积极落实管控措施，圆满完成了各项安保任务。通过严密勤务组织，严格控制优检人员范围，加大对口岸限定区域的管理，修订完善处突预案并加强演练，严格人证对照等措施，加大口岸查验查控的力度。严格落实《查控工作规范》，确保了查控人员岗位落实到位，查控工作制度落实到位，查控报警处理系统运行到位。不断完善梅沙系统应急预案，确保查控工作的安全稳定，确保查控工作“万无一失”。积极开展“坚持严密管控、为十八大护航”专项行动，并于7月3日查获一名涉嫌走私5 000余万元，逃税500余万元的重控对象。

【九江海事局加强水上安全监管，打造畅通、高效、平安、绿色的内河航运】 提高进出口岸审批速度，规范口岸联检工作。2012年，九江海事局本着“便利、快捷、优惠”原则，做好国际航行船舶进出口岸审批手续，加快了审批速度，提高了通关效率，为船舶进出口岸提供了优质的服务。“天柱山”轮是2012年唯一的一艘进出九江口岸的国际航行船舶，承担运输3 821吨卷钢从九江至韩国浦项港的任务。九江海事局工作人员在得知该轮的运输任务后，思想上高度重视，加强与船舶代理的密切联系，确保该船按预定时间顺利开航。服务九江造船企业，保证出口新建船顺利试航。为保证试航船舶顺利航行，九江海事局工作人员对登记申请材料和试航及拖带方案严格审批把关，并开辟绿色通道，无论白天黑夜、双休节假，只要接到船厂的申请就立即进行审核，保障了船舶试航顺利航行。2012年，九江海事局为12艘新建出口试航船舶办理临时国籍登记及试航报备、拖带许可手续，派海巡艇对试航船舶进行了精心维护，保障了试航顺利进行。开设集装箱船绿色通道，服务地方经济发展。为便于船员办理船舶进出港签证，实行24小时派海巡艇现场签证，对夜间到港船舶实行“绿色通道”制度，对危险品集装箱船申报实行24小时申报制，对集装箱船安检实行预约安检。主动服务沿江开发，做好水工审批工作。对九江长江二桥、江西铜业、理文化工等重点工程，由局领导负责，定期进行施工现场巡查，提出安全管理要求，进一步增强建设单位和施工单位的水上安全生产意识和遵章守法理念。严格实施水上水下施工作业审批、维护和现场监督检查三位一体的水工管理模式。审批水工项目时注重审查施工作业方案对通航的影响程度，与施工方进一步优化作业方案，尽量减少对通航的影响。如确有影响的要求采取相应安全措施和方案。海巡艇对施工水域加强现场巡航维护，实施现场跟踪服务。海事官员认真检查施工单位、船舶、作业范围、施工内容和期限等是否与许可证一致，并加强施工船舶安检，督促施工方落实安全措施和相关应急预案，规范施工与通航行为。通过以上措施，保证了辖区内城西港区、金砂湾工业园等码头及九江二桥等水上施工通航安全有序。

开放口岸

【南昌航空口岸】 1990年3月5日，国务院以《国务院关于同意开放南昌机场的批复》（国函〔1990〕19号）批准南昌机场对外开放。南昌昌北国际机场原址在南昌向塘机场，1999年9月搬迁至南昌市新建县境内。南昌昌北国际机场与昌九高速相连，距离市中心23千米，占地面积为15平方千米，二期扩建将原跑道延长至4E级标准，达到3 400米，可起降包括空客A380的所有机型，有46个停机位，近2 000个停车位。新建的T2航站楼面积为9.66万平方米，构型为“航站主楼+指廊式”，主楼宽222.4米，进深90米，为国内候机楼，原有的T1航站楼作为国际候机楼。截至2012年年底，南昌航空口岸出入境人员12.25万人次，同比增长85.61%；出入境飞机906架次，同比增长48.28%；先后开通国际（地区）航线4条，分别为韩国、泰国、中国香港、中国台湾，其中南昌至台北航线使用空客A330宽体机执飞；国内旅客吞吐量601.82万人次，同比增长12.5%；货邮吞吐量全年达到37 857吨，同比增长10.3%；国内航线有44条。随着旅客吞吐量增长，2012年南昌昌北国际机场在全国机场排名较去年相比前进两位，从31位升至29位。

南昌出口加工区位于国家级南昌高新技术产业开发区内，总规划面积1平方千米。南昌出口加工区由海关监管，海关实行“一次申报、一次审查、一次查验”，24小时通关服务的新通关模式。区内企业不仅享有海关提供的简单快捷的通关便利，还享有出口加工区和国家高新技术产业开发区特有的税收等优惠政策。2012年，南昌出口加工区进出口货物总值达到8.16亿美元，同比增长33.3%。其中，出口4.83亿美元，同比增长30%。

南昌保税物流中心位于南昌经开区白水湖工业园内，距离南昌国际集装箱码头2千米，距南昌昌北国际机场12千米，昌九高速、105国道、302国道在区内交汇，建设占地面积0.19平方千米，主要对进出口货物提供保税监管、保税仓储、保税物流服务，具有深加工结转一日游，进口保税，入区退税的功能，并提供再包装、信息支持等简单增值服务。南昌保税物流中心是全省唯一的保税物流中心。2012年，南昌保税物流中心进出货物总值为1.55亿美元；报关单单数为1 236票，同比增长206%；进出保税物流中心货物总量12 502吨，同比增长109.59%。同年，新增南昌欧菲光科技有限公司、凤凰光学等10多家省级重点大型进出口企业开展保税物流业务；新引进江西中迅国际货运代理有限公司、江西外运有限公司和新丝路保税物流公司入驻；与九江港实现“区港联动”。

【九江水运口岸】 九江水运口岸位于长江中下游结合部南岸、江西省北端的九江市，拥有长江岸线152千米，对外开放口岸线40余千米。1980年2月14日，经国务院批准，九江港正式对外开放。2012年，九江港开通了1条九江至上海集装箱始发直航班轮，截至2012年年底，九江港共有5条九江—上海集装箱始发班轮运输航线，每周共计有6班班轮驶往上海港。另外，九江港近年来开辟并维护了九江口岸—阿拉山口岸（满洲里口岸）—亚欧铁路国际联运通道。2012年，九江水运口岸进口货种主要以大理石荒料、化工、设备、橡胶、服装、铁矿石等为主，出口货种范围较广，包括板石、炭黑、木制品、瓷器、轮胎、铝塑板、瓷砖、家具、化工、空气罐、太阳能模版、竹制品等。

九江出口加工区是江西省首家国家级出口加工区，距九江市中心区9千米、九江外贸码头15千米、南昌昌北国际机场100千米、九江机场14千米。京九、武九、合九、铜九等9条铁路在此交汇，福银、杭瑞、合九、武九、大广等5条高速公路从旁经过。区内企业享受进口免税、进料保税、入区退税、出口免税、水电气退税等五项优惠。截至2012年年底，园区累计落户项目69个，其中工业项目55个，物流项目8个，配套项目6个。目前，园区基本形成以旭阳雷迪、赛翡蓝宝石、旭阳光电为龙头的新能源，以巨石玻纤、盛祥电子布为龙头的新材料，以铨讯电子、绿晶光电、瀚森科技为龙头的电子信息等三大主导产业。口岸物流企业还配备了物流仓储大型物流仓库和危险品仓储作业区，其中物流仓储区总面积为1.45万平方米，兼顾了进口保税与出口监管功能；危险品仓库面积为2 000平方米，危险品作业场面积为2 100平方米，主要用于危险品物流储存、作业。

江西省口岸大事记

2月3日

江西省口岸工作协调领导小组会议在南昌召开。会上，省口岸工作协调领导小组组长、省政府副秘书长王水平充分肯定了江西省口岸工作取得的成绩。

2月10日

江西省口岸办主任座谈会在鹰潭市召开。

2月15日

抚州市政府正式批准设立抚州市口岸和物流服务办公室（简称“抚州市口岸办”），该办公室为抚州市商务局下属副处级全额拨款事业单位。

2月18日

鹰潭铁路南站集装箱监装点通过南昌海关验收。

2月22日

南昌边防检查站被南昌市委、市政府授予“开放型经济行政服务奖”。

2月29日~3月1日

国家质检总局局长、党组书记支树平在江西考察。

3月3日

海关总署副署长孙毅彪在江西考察。

3月20日

江西省委书记苏荣在南昌听取南昌海关工作介绍。

3月21日

江西省委副书记、省长鹿心社在南昌听取南昌海关工作介绍。

4月12日~13日

海关总署缉私局在上饶市举办内港澳打击象牙走私研讨会。

4月13日

台湾中华航空投入大型宽体机（空客A330）执飞南昌至台北航线，这是南昌机场首次引进大飞机飞行固定航线，南昌机场迎来大飞机时代。

4月17日~21日

国家质检总局副局长、党组副书记杨刚在江西考察。

5月8日

南昌海关成功查获一起重大稀土出口走私案，该案涉嫌走私稀土约800吨，全案案值约3.2亿元，涉嫌偷逃税款约1 200万元。

5月10日

上饶—宁波“五定班列”正式纳入铁道部“百千战略”，按照新的运行图运行，班列从鹰潭站始发，实行客车化管理，全面提升了该班列品牌影响力，吸引更多的企业利用“五定班列”开展进出口贸易。

5月25日

江西省委副书记、省长鹿心社视察九江城西港。

5月26日

南昌至首尔包机开通，每周三、周六飞行两个往返班次。

5月29日

南昌出口加工区“赣粤港直通车”全面顺利通车，实现了“夕发朝至”的出口快速通关效率。

6月11日

萍乡上栗县口岸管理办公室正式成立，副科级建制事业单位。

6月6日

海关总署印发《关于鹰潭固体废物加工区进口固体废物转关问题的复函》（署监函〔2012〕244号），同意鹰潭进口固体废物从宁波口岸转关至园区。

6月19日

南昌海关与江西省人民检察院在南昌签署《关于进一步加强联系配合合作备忘录》。

6月20日

江西出入境检验检疫局和抚州市人民政府签署备忘录，设立抚州市人民政府出入境检验检疫联络办公室。

6月24日

江西省进口种猪货运包机波音747－400从南昌航空口岸入境，成为南昌机场起降最大的飞机。

6月26日

江西省委书记苏荣视察鹰潭废弃机电产品集中拆解加工园区。

6月29日

江西省委副书记、省长鹿心社视察南昌航空口岸，并听取江西省公安边防总队工作汇报。

8月19日

江西省公安边防总队在南昌市八一广场举办边检服务品牌推介仪式。

8月20日

江西省委副书记、省长鹿心社在南昌听取南昌海关工作介绍。

8月30日

萍乡上栗公路口岸作业区通过江西省商务厅等相关部门验收。

9月4日

江西出入境检验检疫局和珠海出入境检验检疫局在南昌签署《促进江西优质农产品供应澳门合作备忘录》。

9月13日

江西省委书记苏荣、省长鹿心社到九江出口加工区视察。

9月26日

南昌市人民政府办公厅正式印发《南昌市海铁联运扶持资金管理（暂行）办法》（洪府厅发〔2012〕125号）。

10月22日

对韩直航货运船舶“天柱山”号货轮从九江水运口岸出境。

10月24日

江西省委书记苏荣到南昌海关进行工作调研。

10月29日

江西电子口岸九江大通关平台检港联网系统正式上线。

11月7日

江西出入境检验检疫局、深圳出入境检验检疫局组织的“支持赣南等原中央苏区振兴发展合作备忘录签署暨出口水果直通放行启动仪式”在南昌举行，江西省副省长洪礼和出席仪式。

11月12日

抚州市南丰蜜橘出口物流园暨南丰集装箱检验检疫监管区、南丰蜜橘出口现场集中验放区正式挂牌运营。

11月14日

《国务院关于同意江西九江港口岸扩大开放的批复》（国函〔2012〕189号）正式下达，同意九江港口岸扩大开放城西港区。

11月20日

南昌综合保税区可行性研究报告通过了专家评审。

12月20日

萍乡上栗公路口岸作业区启动集装箱智能消毒查验系统，实现该县率先在中西部地区拥有集装箱智能消毒查验管理系统。

12月25日

九江港口岸出口烟花爆竹水运通道在城西港集装箱码头正式开通，对扩大江西省烟花爆竹出口，支持传统产业发展具有积极意义。

12月28日

中共中央政治局常委、国务院副总理李克强在九江调研期间视察九江城西港集装箱码头。中央书记处书记杨晶、国务院副秘书长毕井泉、财政部部长谢旭人、国土资源部部长徐绍史、国家税务总局局长肖捷、发展改革委员会副主任徐宪平、国务院政策研究室副主任宁吉喆，江西省委书记苏荣、省委副书记、省长鹿心社陪同视察。

12月28日

井冈山出口加工区通过南昌海关等相关部门的预验收。

（撰稿人：邹志清、朱翌华、陈文钊、张黔、刘晓梅）

2012 年江西省口岸流量统计表

口岸类型		口岸名称	货运量（万吨）				集装箱量（万标箱）				人员（万人次）				交通工具（辆、艘、架、列次）			
			出口	进口	合计	同比（%）	出口	进口	合计	同比（%）	出境	入境	合计	同比（%）	出境	入境	合计	同比（%）
空运口岸		南昌昌北国际机场	0.04	0.12	0.16	+5.99					6.20	6.05	12.25	+85.61	452	454	906	+48.28
空运口岸		分计	0.04	0.12	0.16	+5.99					6.20	6.05	12.25	+85.61	452	454	906	+48.28
陆运口岸	公路口岸	公路口岸作业区	7.22	1.47	8.69	+149.10	0.87	0.12	0.99	+41.12							0	
陆运口岸	公路口岸	分计	7.22	1.47	8.69	+149.10	0.87	0.12	0.99	+41.12							0	
陆运口岸	铁路口岸	铁路口岸作业区	37.00	11.03	48.03	+54.91	2.09	0.67	2.76	+49.76							0	
陆运口岸	铁路口岸	分计	37.00	11.03	48.03	+54.91	2.09	0.67	2.76	+49.76							0	
水运口岸	海港口岸																	
水运口岸	海港口岸	分计																
水运口岸	河港口岸	九江港	90.30	24.40	114.70	+5.39	5.87	1.61	7.48	+4.52	0.002 2		0.002 2	−52.17	1	0	1	−66.67
水运口岸	河港口岸	水运口岸作业区	44.61	21.88	66.49	+17.44	3.19	1.53	4.72	+3.17							0	
水运口岸	河港口岸	分计	134.91	46.28	181.19	+9.16	9.06	3.14	12.20	+3.99	0.002 2		0.002 2	−52.17	1	0	1	−66.67
合计			179.17	58.90	238.07		12.02	3.93	15.95		6.21	6.05	12.26		453	454	907	
同比（%）			+27.52	−2.06	+18.66		+19.32	−6.50	+11.73		+81.93	+91.42	+86.63		+45.35	+48.06	+47.72	

（江西省口岸办提供）

2012 年南昌海关主要数据统计表

项目		2012 年	同比（%）
进出口货运量（万吨）	合计	1 768.60	+24.14
	进口	1 583.10	+26.29
	出口	185.50	+8.42
进出口贸易总值（万美元）	合计	3 340 912	+6.17
	进口	829 858	−13.49
	其中：江、海运输	631 224	−16.30
	铁路运输	6 773	−32.03
	汽车运输	77 669	+51.43
	航空运输	114 164	−20.65
	邮件运输	5	−17.81
	其他运输	23	+1 660.90
	出口	2 511 054	+14.79
	其中：江、海运输	2 150 240	+12.73
	铁路运输	1 195	+16.78
	汽车运输	199 333	+47.63
	航空运输	160 281	+11.34
	邮件运输	5	−91.31
	其他运输		
税收（万元）	两税合计	584 690	−27.56
	关税入库	30 291	−23.70
	进口环节税入库	554 399	−27.76

（南昌海关提供）

2012年江西省口岸出入境主要数据表

单位：（人员）人次；（交通工具）辆、艘、架、列次

项目			2012年	2011年	同比（%）
出入境人员	出入境人员总数		122 530	65 655	+86.63
	入境人员		60 465	31 575	+91.50
	出境人员		62 065	34 080	+82.12
	出入境旅客		113 851	60 097	+89.45
	出入境员工		8 679	5 558	+56.15
	中国公民	小计	105 735	55 398	+90.86
		内地居民（因公）	251	569	-55.89
		内地居民（因私）	63 579	24 009	+164.81
		港澳居民	3 874	5 834	-33.60
		台湾同胞	38 031	24 986	+52.21
	外籍人员		8 116	4 699	+72.72
	从海港出入境人数		22	46	-52.17
	从陆港出入境人数				
	从空港出入境人数		122 508	65 609	+86.72
交通运输工具	总计		907	614	+47.72
	船舶		1	3	-66.67
	飞机		906	611	+48.28
	火车				
	机动车辆				

表注：此表中“中国公民”与“外籍人员”之和为出入境旅客数，不包括出入境员工数。

（江西省公安边防总队提供）

2012 年江西省出入境检验检疫业务统计表

项目	货物检验检疫				交通工具				集装箱（标箱）		发现动植物疫情		货物通关		出入境人员查验（人次）	健康检查及预防接种（人次）			
	批次	金额（万美元）	检验检疫不合格																
			批次	金额（万美元）	船舶（艘）	飞机（架）	火车（节）	汽车（辆）	合计	检出问题	种类数	种次	批次	金额（万美元）		健康检查	艾滋病监测	发现病例	预防接种
本年累计	169 546	855 962	1 437	9 062		911	33		93 048	523		458	19 826	193 375	121 273	11 187	11 109	1 758	11 240
其中 出境	152 120	656 976	998	2 385		454	26		74 210	344			15 423	107 539	61 630	9 705	9 667	1 703	11 231
其中 入境	17 426	198 986	439	6 677		457	7		18 838	179		458	4 403	85 836	59 643	1 482	1 442	55	9
同比（%）	+8.5	-2.1	-15.6	+13.8		+49.3	-41.1		+51.3	+473.0		+105.0	+1.2	+7.4	+84.5	+2.3	+2.9	+4.2	+35.9
其中 出境	+11.1	+5.5	-19.8	+57.9		+32.4	-40.9		+73.9	+287.0			+5.0	+14.6	+81.33	+2.5	+3.4	+5.9	+35.9
其中 入境	-9.7	-20.9	-16.2	-12.9		+71.2	-41.7		+0.1			+105.0	-10.1	-0.4	+87.9	+1.2	-0.3	-32.1	

（江西出入境检验检疫局提供）

2012 年九江海事局进出港船舶统计汇总表

船舶类别	进港船舶							出港船舶						
	艘数（艘）	总吨（吨位）	总载重量（吨）	载客量（客位）	船员人数（人次）	货物到达量（吨）	旅客到达量（人）	艘数（艘）	总吨（吨位）	总载重量（吨）	载客量（客位）	船员人数（人次）	货物发送量（吨）	旅客发送量（人）
总数	75 368	41 660 793	56 570 758	5 588 851	443 416	20 417 625	2 007 488	76 030	41 734 790	56 681 563	5 522 953	447 311	25 074 689	2 001 867
中国籍船舶	75 368	41 660 793	56 570 758	5 588 851	443 416	20 417 625	2 007 488	76 029	41 730 729	56 676 563	5 522 953	447 290	25 070 868	2 001 867
其中：外贸船								1	4 061	5 000		21	3 821	

（九江海事局提供）

山 东 省

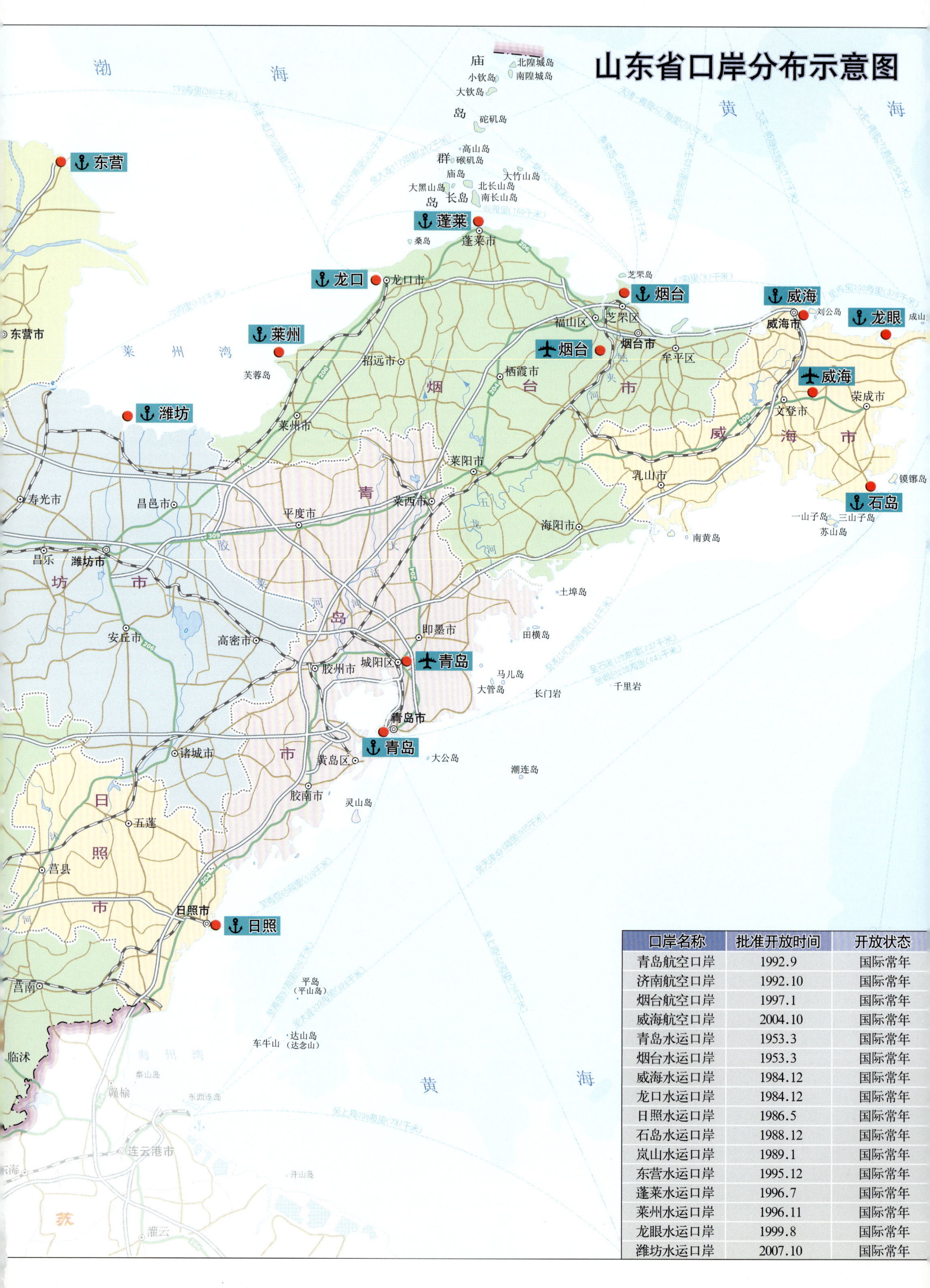

口岸名称	批准开放时间	开放状态
青岛航空口岸	1992.9	国际常年
济南航空口岸	1992.10	国际常年
烟台航空口岸	1997.1	国际常年
威海航空口岸	2004.10	国际常年
青岛水运口岸	1953.3	国际常年
烟台水运口岸	1953.3	国际常年
威海水运口岸	1984.12	国际常年
龙口水运口岸	1984.12	国际常年
日照水运口岸	1986.5	国际常年
石岛水运口岸	1988.12	国际常年
岚山水运口岸	1989.1	国际常年
东营水运口岸	1995.12	国际常年
蓬莱水运口岸	1996.7	国际常年
莱州水运口岸	1996.11	国际常年
龙眼水运口岸	1999.8	国际常年
潍坊水运口岸	2007.10	国际常年

图例
一类口岸
铁路口岸
水运口岸
航空口岸
公路口岸
境外口岸
渤海湾
滨州市
东营市
潍坊市
德州市
济南市
淄博市
莱芜市
聊城市
泰安市
济宁市
菏泽市
枣庄市
临沂市
济南
岚山
德州市
乐陵市
庆云
无棣
沾化
阳信
宁津
惠民
利津
垦利
河口区
东营区
滨州市
陵县
商河
武城
平原
临邑
高青
博兴
广饶
夏津
禹城市
济阳
邹平
桓台
临清市
高唐
齐河
章丘市
周村区
淄博市
临淄区
青州市
茌平
长清区
淄川区
冠县
聊城市
博山区
临朐
东阿
平阴
莘县
泰安市
莱芜市
沂源
阳谷
肥城市
钢城区
东平
新泰市
梁山
宁阳
汶上
泗水
蒙阴
沂水
鄄城
郓城
曲阜市
兖州市
沂南
平邑
东明
菏泽市
巨野
济宁市
嘉祥
邹城市
费县
定陶
金乡
滕州市
山亭区
临沂市
鱼台
成武
罗庄区
曹县
单县
微山
枣庄市
市中区
苍山
郯城
台儿庄区
昭阳湖
微山湖
黄骅市
沧州市
海兴
盐山
泊头市
南皮
孟村回族自治县
东光
吴桥
景县
阜城
武邑
衡水市
冀州市
枣强
故城
南宫市
清河
威县
临西
邱县
馆陶
大名
南乐
清丰
濮阳市
濮阳
范县
台前
兰考
民权
宁陵
睢县
商丘市
虞城
夏邑
砀山
萧县
丰县
沛县
徐州市
邳州市
新沂市
藁城市
晋州市
深州市
武强
辛集市
栾城
赵县
宁晋
新河
隆尧
巨鹿
任县
平乡
广宗
鸡泽
曲周
肥乡
广平
魏县
内黄
河北
河南
安徽
江苏

口岸数量及分布

截至2012年年底，山东省共有经国务院批准对外开放口岸16个，其中航空口岸4个，分别是青岛、济南、烟台、威海；水运（海港）口岸12个，分别是青岛港、烟台港、威海港、龙口港、日照（石臼）港、石岛港、岚山港、东营港、蓬莱港、莱州港、龙眼港、潍坊港口岸。

口岸运行数据

2012年，山东全省开放口岸外贸进出口货运量达到5.89亿吨，同比增长10.24%，其中进口完成4.84亿吨，同比增长11.57%；出口完成1.05亿吨，同比增长4.49%。国际集装箱吞吐量完成1 677.17万标箱，同比增长10.7%，其中青岛海港口岸外贸集装箱运输量完成1 450.26万标箱，占全省的86.47%，全省口岸外贸运量指标均创新高。全年口岸外贸进出港船舶28 494艘次，同比减少1.49%。从各口岸情况看，岚山港口岸增幅明显，全年进出口货物共6 999.11万吨，同比增加58.3%；青岛港口岸2.85亿吨，同比增加7.99%。从进出口货物情况看，进口运量最大的是铁矿石，达到2.46亿吨，同比增长5.96%，增幅最大的是煤炭，达到3 113.41万吨，同比增长63.76%；出口运量最大的货种是钢铁，达到456.92万吨，同比减少26.88%，出口增幅最大的是成品油，达到155.52万吨，同比增加434.43%。2012年，山东各口岸积极开辟新的国际航线，增加航班密度，进出境人员373.06万人次，同比增长9.2%。4个航空口岸进出境人员为259.05万人次，同比增长13.82%。其中，青岛空港达到183.51万人次，占全省70.84%；烟台空港27.49万人次，占10.61%；济南空港24.72万人次，占9.54%；威海空港23.33万人次，占9.01%。国际航线进出境飞机23 541架次，同比增长18.85%。

口岸监管与服务

【继续深化大通关建设】 始终把提高通关效率作为日常口岸工作的主线，按照省政府工作报告中提出的“整合口岸监管资源，推动电子口岸建设，打造便捷高效的大通关体系”的要求，积极协调、支持口岸查验部门和有关单位，进行通关改革，优化通关环境，简化通关流程，提供优质服务，深化“5+2”工作制、船舶在港零待时、“多点报关、口岸验放”、微笑服务等多项便民举措，大大缩短了企业的通关时间，降低了通关成本。目前，山东口岸进出口平均通关时间分别为4.84小时和0.36小时，远低于全国各地平均的19.2小时和1.53小时，进出口货物当日放行率达到99%以上。

【着力提升海港口岸功能】 把强化口岸功能作为一项重点工作，摆在突出位置。特别是在查验编制紧张的矛盾日益突出的情况下，组织口岸管理、口岸查验、行业主管部门，以及港口企业等进行多次调研协调，不断完善安全生产、交通、通信、监管及查验设施。推进了青岛董家口港临时开放工作，完成了烟台、威海等市港口口岸5个港区、4个作业区延长临时停靠国际航行船舶期限工作。推进了荣成市港口口岸扩大开放工作，完善补充了相关资料，调整了扩大开放的范围，赴北京与国家有关部委进行了有效沟通。目前，扩大开放的相关文件已在中央机构编制委员会办公室和国家发展改革委运转。2012年12月5日和6日，组织青岛海关、山东省公安边防总队、山东出入境检验检疫局、山东海事局、山东省交通运输厅港航局组成验收组，分别对青岛港口岸前湾港区11个泊位、蓬莱港口岸8个泊位进行了对外启用验收，大大提高了口岸的外贸通过能力，为完成全年的外贸运输任务提供了有力支撑。认真落实了国家关于港口口岸开放范围确认工作，对全省12个港口口岸的开放水域、开放岸线和229个泊位逐一进行了确认，为规范管理和科学发展奠定了基础。

【全力做好亚沙会通关保障工作】 第三届亚洲沙滩运动会于2012年6月16日~22日在山东省海阳市举办，这是继2008年北京奥运会和2010年广州亚运会后在中国举办的又一重大国际体育赛事，参赛国家多，官员级别高，需通关的人员多、物资多，口岸通关任务重。山东省口岸办根据省政府的要求和安排，认真做好亚沙会的通关协调和保障工作。请国口办协调国家有关部委在通关方面给予政策支持和通关礼遇；组织相关地市和部门在山东省主要航空口岸设立了通关协调机构，现场协调通关过程中的问题；衔接协调北京、上海、云南、新疆、广州等各地口岸办，在通关、礼遇、机票改签、换取登机牌及登机等方面给予亚沙会贵宾积极的支持和帮助。亚沙会期间，各口岸出入境人员近5 000人次，共发布抵离信息约10 056条，有效地保证了亚沙会相关人员出入境顺利通关。亚沙会结束后，组委会和烟台市委专门发来感谢信，对口岸系统的通关保障工作给予充分肯定和高度好评。山东省口岸办被山东省委、省政府评为“第三届亚洲沙滩运动会筹备工作先进集体”。

【努力服务外经贸发展】 为积极应对2012年外贸进出口的严峻形势，促进山东省外经贸平稳发展，山东省口岸办会同青岛海关、山东省公安边防总队、山东出入境检验检疫局、山东海事局制定了《关于提高口岸通关效率促进外经贸发展的意见》，山东省政府办公厅于2012年9月7日以鲁政办发〔2012〕59号文件予以转发。10月15日至27日，山东省口岸办和口岸查验单位一起组成5个联合工作组，深入到各地市，就文件的贯彻落实情况进行督促检查，及时发现和解决文件落实过程中出现的情况和问题，配合口岸查验部门现场说法，答疑解惑，引导外贸企业用好用足政策，切实把文件落到实处，据初步统计，文件印发后为进出口企业节省费用5亿多元，对全省外经贸的平稳发展起到了有力的促进作用。

【积极推进山东电子口岸建设】 为适应全省外经贸发展需要，结合山东电子口岸建设实际，为进一步推进和完善山东电子口岸建设，加大了调研力度，2012年9月17日至22日，山东省口岸办与办公厅电子政务办公室的同志一起，到浙江省和辽宁省进行了专题调研，并于11月12日，陪同分管省长实地考察了浙江电子口岸。根据国家《电子口岸发展“十二五”规划》的有关要求，借鉴兄弟省份的先进经验，结合山东电子口岸建设实际和外经贸发展形势，对山东电子口岸建设问题进行深入研究，重新修订了《山东电子口岸建设方案》，积极推进相关工作。

【青岛海关加大通关监管力度，积极支持地方经济发展】 青岛海关坚持“以质为主、以质促量、量质并举”理念，在业务数量迅速增长同时，业务质量提升明显。2012年，进出口货物查验率5.3%、查获率16.6%。出口通关无纸化比率保持在42%以上，分类通关进出口自动验放比率分别达54%和74%。开展监管场所达标复验专项检查，撤销1家监管场所，责令2家监管场所限期整改。完善监管场所进出转存物流作业日常核查机制，制定下发核查操作指引，加强对监管场所日常作业的实际监管。中韩海运航线“水客”（客带货走私，下同。）治理成效显著，共查获“水客”走私违规案件158起，涉案物品5.7万件，其中人身夹藏案件92起，涉案物品3.9万件；查获超量携带物品情事5476起，退运物品89.5万件，“水客”人数较治理前下降28.5%。开展快件运营人和场所资质审核，取消了6家不符合资质的快件代理的报关权限。加大快件风险分析力度，在海关系统率先进行快件底层数据库分析，查发快件“拆分票”、低报价格等线索。加大对高风险特征快件风险布控力度，加载预定式布控指令7条，涉及快件企业4家，布控查获率达24%。加强对运输工具的监管力度，登临检查比率27.01%，发现进境船舶未向海关申报滞期费8 882万元，查获进出境运输工具违法案件375起，同比增长55.6%。完善舱单核销监控机制，保持关区舱单核销率一直在99.9%以上的较高水平。建立舱单、报关单、载货清单、提单“四单”核查机制，核查进出境舱单40.65万票，核查率14%，通过舱单核查发现走私线索232起。率先完成通关作业无纸化改革试点任务，关区共有30 506家企业办理通关无纸协议签约手续，占关区申报出口企业的62.26%，有12 610家企业采用通关作业无纸化方式通关，占关区申报出口企业的25.73%，出口通关作业无纸化单量为19.7万票，占同期关区出口单量的14.34%，比率居国内海关系统首位，提前完成海关总署确定的通关无纸化单量达到总报关单量5%的任务。深入推进区域通关一体化建设，扩大"属地申报，口岸验放"的适用范围，区域通关货运量3 704万吨，同比增长68.9%，货值74.2亿美元，同比增长34.7%。支持中日韩地方经济合作示范区建设，推进中韩陆海联运甩挂运输物流模式，中韩甩挂运输货物219票477车次，货运量1 374吨，货值6 242万美元。办理直通进出口货物29.4万标箱，货运量364.73万吨，同比分别增长292.36%和139.34%。创新试行陆空联运转关模式，将转关时间从1周左右缩短至1天，节省物流成本70%。办理陆空联运业务355票，货运量33.6吨，货值3.2亿美元。支持青岛经济战略调整，提前介入董家口港的规划建设，指导港务部门配备相应监管设施，支持边申请开放、边建设和试运行，力促尽早产生效益，发挥效能。支持地方临时口岸开放业务，一年内为乳山等10个临时开放口岸共计办理20次延期手续。支持已开放外贸码头的泊位建设和青岛、日照等新增码头泊位的对外启用验收。成立"支持港口发展课题组"，支持协助青岛保税港区申请汽车整车进口业务并获得国务院批准。在青岛前湾港、烟台保税港推行先试先行便利化措施，支持企业通过特殊监管区域和保税监管场所扩大产品进口，推进保税港区集拼、分拨、中转、配送等业务开展，促进保税港区功能拓展与整合。筹建保税港区"三废"集中查验场地。为第三届亚洲沙滩运动会做好通关服务保障，确保赛事期间1 042名人员和货值61.2万美元的赛事物资快速通关。制订《临沂商城小商品出口监管通关操作指引》，落实临沂商城便捷通关模式，临沂商城共申报出口业务60票，货值154万美元。8月，启动青岛前湾保税港区至上海洋山保税港区之间启运港退税试点，共有448票近3 000标箱出口货物在黄岛海关办结放行及出口退税手续。推进跨境人民币结算试点工作，协助山东省、青岛市人民银行筛选确认跨境人民币结算企业千余家。11月，青岛海关"12360"服务热线率先实现与国内海关系统"12360"统一服务热线互联互通。促进重大项目顺利进行，12月山东核电有限公司从国外进口的海阳核电项目一号机组蒸汽发生器等设备运抵烟台，烟台海关提前介入，实施跟踪服务，快速为企业办理了通关手续。帮助企业用好减免税政策，一年内青岛海关取消5项收费为企业减负增效。

【山东省公安边防总队大力推进勤务模式创新】 山东省公安边防总队修订完善了《山东边防总队海港勤务创新工作方案》，积极推行"分区域执勤、一体化服务"的管理模式，构建"扁平化指挥、点对点调度"的指挥模式，深化"高效能用警、规范化运作"的组织模式，有效提升了边检勤务工作的科学化、规范化和精细化水平。黄岛边检站以"通关快捷化、服务就近化、勤务一体化、管理科学化、管控严密化"为目标，进一步丰富完善梯口智能化管控、边检诚信管理、风险评估等5个重点项目建设，积极打造海港勤务创新建设样板，在公安边防部队创新（河、江）港口岸边检服务工作会议上做典型发言，得到公安部边防管理局领导的充分肯定，经验被公安部边防管理局在全国边检站推广。制定出台《全省边检机关服务半岛蓝色经济区建设10项举措》、《服务口岸对外经贸发展若干措施》等相关配套服务措施，主动为区域经济发展战略实施提供优质边检服务。青岛边检站主动跟进"东北亚航运中心"和"邮轮母港"发展战略，深入研究探索新型出入境形态边防检查模式，全力保障世界级豪华邮轮、军舰安全顺畅通关和"克利伯帆船赛"、"国际帆船周"等大型赛事的出入境检查工作。烟台、石岛等边检站开设"边检海上服务快速通道"，优化远洋渔船、钻井平台等特殊勤务模式，为企业节时增效。威海边检站积极探索优化查验模式，为陆海联运第二阶段整车运输的实施打下坚实基础。济南边检站将边检咨询服务电话融入政府“12345 热线”，开展联动服务，为该热线成为全国唯一的服务标准化示范单位做出积极贡献。龙口边检站出台服务大型汽车滚装船舶通关举措，被驻地政府推广。岚山、蓬莱边检站出台服务保障木材进口贸易创新举措，主动服务全国十大原木进口贸易基地建设，受到政府和企业好评。

【山东出入境检验检疫局大力推进通关便利化，积极支持外向型经济发展】 大力推进通关便利化。开展了检验检疫流程时限专项治理，平均流程时限出境缩短 1 个工作日，入境缩短 4 个工作日，累计为企业缩短物流 200 万个工作日。大力推行集中查验模式，查验效率比分散查验的提高 2 倍以上。全面实施“通关单联网核查，纸面通关单不流转”的通关新模式，累计为企业节约近 40 万个工作日。积极开展“两个平台”建设，先后与山东省交通运输厅、山东海事局、青岛海关、山东省邮政管理局建立合作机制；与河南、山西、天津出入境检验检疫局积极开展省际“直通放行”合作。继续扩大进口废纸直通业务，累计为企业节省各类成本2 400余万元。加快推进窗口标准化建设，投入 300 余万元改造报检大厅基础设施，提前 3 年时间完成国家质检总局要求全部达标的任务。全省 6 个口岸机构通过世界卫生组织口岸核心能力建设验收。积极探索建立风险管理机制。进一步完善了风险信息收集、研判、发布平台，累计发布进出口工业品风险预警 60 个，进出口食品农产品风险预警 38 个，累计向地方政府提交各类质量分析报告 40 余份。全面推广应用电子监管和集中审单系统。集中审单率先在全国检验检疫系统实现了“两证”审核由“人审”向“机审”的转变，电子监管首次在全国检验检疫系统实现了所有分支机构、企业、产品统一上线，有效规范制约了一线人员自由裁量权，降低了业务运作差异性，使检验检疫监管更加科学、规范、高效。2012 年，集中审单系统处理单据 110.6 万批，电子监管系统处理单据 61.2 万批，实施快速核放 25.4 万批。及时出台服务发展政策措施。为积极应对外贸严峻形势，全方位支持外贸出口，及时出台《促进山东对外贸易平衡发展二十条措施》、《支持山东外经贸发展 19 条措施》；制订了支持菏泽打造鲁苏豫皖交界地区科学发展新高地 17 条措施和支持台资企业发展扩大鲁台经贸合作 7 条措施；出台了支持保税港区检验检疫先行先试工作措施；积极支持临沂商城国际化步伐，推动国家质检总局专门出台《支持临沂发展国际贸易的意见》；积极参与青岛市口岸汽车整车进口项目规划建设；大力支持中日韩经济合作实验区、中德生态园建设、2014 青岛世园会、中韩海陆联运项目以及服务沂蒙老区和日照精品钢基地的国家级检测重点实验室建设等。认真做好海阳亚沙会、中俄联合军演等重大活动服务保障工作。2012 年累计减免检验检疫费 7.3 亿元，其中第四季度对所有法定检验检疫物全额免收费用 3.87 亿元，惠及全省 2 万余家进出口企业。签发各类优惠原产地证书 26.46 万份，货值 120.4 亿美元，为企业减免进口国关税约 4.6 亿美元。

【山东海事局大力加强海港口岸船舶安全监管】 山东海事局全面实施“3377”网格化管理与服务，不断深化 VTS 理念创新、制度创新，探索推进 CCTV、VTS、AIS、S－AIS、LRIT、卫星遥感和海事车船调度指挥等系统的集成融合和功能拓展，总结提炼“心随舟行”核心价值理念，着力打造“智慧交管”品牌，积极构建“全面履职、全域统筹、全方位覆盖、全天候监控、快速反应”的现代化体系，使海事工作“看得更远、管得更精、反应更快、服务更优”。一年来，辖区各 VTS 中心监控重点船舶 7.3 万艘次，同比增长 32.4%；提供信息服务 33 万次，同比增长 3%；避免险情1 594起，VTS 区域全年无等级事故。携手港口、港航、引航等单位全力打造“安全高效港口”，协调推进烟台西港区等 19 个作业区和 31 个泊位开放，与山东出入境检验检疫局、青岛海关签署合作备忘录，促进口岸“大通关”

建设。积极落实服务山东蓝黄经济发展八大举措，支持帮扶造船企业抵押融资14.5亿元。圆满完成第三届亚洲沙滩运动会、克利伯环球帆船赛青岛站、中俄海上联合军事演习等重大海上活动的海事保障。培训航海专业人才近3万人，服务劳务外派船员1.5万人；推动成立船员服务协会，建立省级海上劳动关系三方协调机制；畅通“海事热线”服务和“网络实时问政”，答复咨询6.3万余人次，处理船员投诉190件，有力维护了船员合法权益，全年社会满意率同比上升1.9个百分点。

开放口岸

【济南航空口岸】 济南遥墙国际机场，位于济南市东郊遥墙镇，距市区20千米。1992年10月经国务院批准对外开放。机场拥有3 600米、2 600米跑道各1条，飞行等级为4E级。2012年济南国际机场共有27家国内外航空公司执飞135条航线，通往49个城市。全年共执行37 800个航班，累计起降78 465架次，同比增长0.8%；完成旅客吞吐量766.41万人次，同比下降2.7%；完成货邮吞吐量7.41万吨，同比下降4.6%。现有国际（地区）航线7条，其中国际航线4条，分别由济南到大阪、首尔、曼谷、普吉岛；地区航线3条，分别由济南到台北、台中、香港。2012年新开通济南至曼谷、普吉岛包机航班；首尔航班由每周四班增至五班，高峰期达到九班；台北航班达到每周九班。

2012年，进出境航班2 318架次，同比增长35.5%；进出境人员24.72万人次，同比增长37.4%；进出境货运总量5 413吨，同比增长0.06%；进出境货值22.8亿美元，同比增长13%。以日韩港台航班为重点，东南亚包机、欧美中转航班为辅助的国际航线新格局初步形成。

2012年5月，国务院批准济南出口加工区升级为济南综合保税区。2012年全年工业总产值31.6亿元，同比增长72.71%；利税总额6.2亿元，同比增长83.74%；固定资产投资总额39.7亿元，同比增长29.87%（其中基础设施投资2 288万元，同比增长88.93%）；进口额2.1亿元，出口额8.04亿元，同比增长分别为25.59%，215.97%。海关监管进出口货运量为41 173吨，货值25 468万美元，其中进口3 818吨，4 485万美元，出口37 355吨，20 983万美元。进出口邮件1 613.6万件。

【青岛航空口岸】 青岛流亭国际机场，位于青岛市北部城阳区，离市中心约23千米，创建于1958年7月，1992年9月4日经国务院批准对外开放。青岛空港飞行等级为4E，客机停机坪44万平方米，停机位41个；货机坪3.2万平方米，停机位4个；登机桥14部。候机楼分国内、国际两个航站楼，左右对称，总建筑面积17.1万平方米。

截至2012年年底，该口岸运营国际航线13条，国内航线95条，进出境人员183.5万人次，同比增长13.5%。

【烟台航空口岸】 烟台国际机场，位于烟台市南部莱山区境内，距烟台市中心约15千米，距青岛市区和威海市区分别约200千米和80千米，外围与沈海高速、威乌高速、绕城高速相连，与周边县市区地面交通均在1小时之内，业务范围覆盖烟台、威海各县市区，最大辐射范围及至青岛北部、潍坊东部等地区。1984年开航，1992年8月开放烟台航空货运口岸；1994年6月开通中国籍飞机执飞香港、澳门客运包机航线；1997年1月经国务院批准正式向外籍飞机开放，是国家一类航空口岸4 D级机场兼部分4E级。机场占地面积18.53万平方米，建有约2.06万平方米的国内候机楼和1万平方米的国际候机楼及各项基础设施，拥有先进的通信、导航及指挥系统。2007年6月，烟台国际机场飞行区改扩建工程全面开工，项目总投资4.88亿元，2008年12月飞行区改扩建工程正式启用。烟台航空口岸先后开通了至首尔、釜山、济州、大阪、香港、台北6条国际（地区）客运航线，开通了至首尔、纽约、洛杉矶、芝加哥、布鲁塞尔、阿姆斯特丹6条国际货运航线。

2012年，烟台航空口岸共运行国际（地区）航班2 973架次，进出境人员27.49万人次，进出境货物12 077.4吨。

【威海航空口岸】 威海大水泊国际机场，位于威海市东南文登市大水泊镇，309国道北侧3千米处，距威海市区45千米，距文登市、荣成市均为19千米。威海国际机场原为军用机场，1992年经国务院、中央军委批准为军民合用机场，1996年1月正式投入运营，2004年10月经国务院批准为一类航空口岸，2005年3月开通至韩国仁川国际航班，2007年6月开通至韩国釜山国际航班，2010年7月至9月开通至俄罗斯哈巴罗夫斯克国际旅游包机航线，是山东半岛重要的门户枢纽机场。机场总占地面积266.7万平方米，机场飞行区技术标准等级为4D级，现有1条长2 600米、宽45米跑道，停机坪面积6.8万平方米，10个停机位，5个登机桥，可供B767－300、空客320等大型飞机起降。为改善空港口岸的通关环境，于2009年投资2.5亿元建设新国际候机楼，新国际候机楼1.2万平方米，设置10个值机柜台，边检通道16条（出境6条、入境10条），海关、检验检疫出入境通道各4条。威海国际机场现有至北京、上海、广州、长春、沈阳、哈尔滨、西安、大连、成都、济南、太原、天津、昆明、南京、武汉等国内航线，开通韩国首尔、釜山国际航线2条和俄罗斯哈巴罗夫斯克包机航线，其中威海至首尔每周21个航班，至釜山每周4个航班，分别由大韩航空、韩亚航空和东方航空负责执飞。威海海关、威海出入境检验检疫局、威海边防检查站承担该口岸的监管任务。主要进出口货物种类为服装、电子及海产品。

2012年，威海国际机场累计进出境飞机2 594架次，进出境人员23.33万人次，进出境货物2 027吨。

【青岛水运口岸】 青岛港是太平洋西海岸重要的国际贸易口岸和海上运输枢纽，是沿黄流域及其腹地外贸物资、能源和原材料运输的重要口岸，是我国重要的大宗原材料进口港、集装箱运输干线港和山东半岛及其腹地重要的物流中心。港口位于山东半岛南岸的胶州湾内，始建于1892

年，主要从事集装箱、原油、铁矿石、煤炭、粮食等各类进出口货物的装卸、储存、中转、分拨等物流服务和国际客运服务。它由青岛老港区、前湾新港区、黄岛油港区和董家口港区（在建）四大港区组成。青岛老港区以一般散、杂货和内贸集装箱运输为主，兼顾少量液体化工品和成品油运输；黄岛油港区以接卸外贸进口原油和成品油、液体化工品为主；前湾新港区以国际集装箱干线及铁矿石、煤炭等大宗干散货中转运输功能为主，是青岛港目前现代化程度最高、规模最大的生产性港区；董家口港区为正在开发建设的新港区，2012 年 4 月 27 日被列入国家“十二五”口岸发展规划。青岛港口岸开放范围内拥有码头 26 座，已对外开放码头泊位 89 个、基地 1 个，其中万吨级以上泊位 68 个，通过能力 2.16 亿吨，可停靠 5 万吨级以上船舶的泊位 28 个；集装箱泊位 25 个，通过能力1 500万标箱。港口平均每月开出的国际国内航班达 650 班，其中国际航班达 460 班。在青岛市注册的航运企业 72 家，拥有航线 161 条，其中国际（地区）航线 147 条、国内航线 14 条，通达非洲、南美、澳洲、欧洲、日本、韩国、地中海、波斯湾、俄罗斯、东南亚等世界 150 多个国家和地区，是太平洋西海岸重要的国际贸易口岸和海上运输枢纽，是世界第七大港，我国第二大外贸口岸。目前，青岛港正在董家口港区加快建设一批世界一流的矿、煤、油和散杂货深水码头，全面发展港口综合物流、专项物流、加工、保税、仓储、商贸、信息、金融和综合服务等功能，打造国家战略物资物流中心、世界重要能源交易中心、东北亚临港产业加工中心、全球大宗物资信息中心和中国港航区域金融中心。青岛老港区邮轮母港码头主体已完工，具备世界最大邮轮靠泊条件，未来将建设成为世界级的邮轮母港。

2012 年青岛水运口岸运输情况统计表

单位：万吨

类别	港口吞吐量	外贸			
		进出口	同比（%）	进口	出口
合计	40 690.06	28 502.33	+7.99	21 273.16	7 229.17
煤炭	1 706.73	640.27	+29.84	484.43	155.84
原油	5 539.89	4 496.64	+6.81	4 223.28	273.36
成品油	725.97	249.32	+162.14	134.59	114.73
铁矿石	13 199.01	11 005.83	+13.63	11 005.83	0.00
钢铁	598.72	239.23	-42.75	21.27	217.96
水泥	26.06	21.60	-24.97	19.18	2.42
木材	56.26	56.26	-2.16	53.96	2.30
非金属矿	22.34	14.80	-57.26	9.94	4.86
化肥	157.85	156.86	+11.90	77.22	79.64
粮食	529.81	514.12	+4.11	503.57	10.55
其他	18 127.42	11 107.40	+3.49	4 739.89	6 367.51

青岛前湾保税港区：于2008年9月7日经国务院批准设立，位于胶州湾西岸，规划面积9.72平方千米。2009年9月1日，青岛保税港区一期（3.42平方千米）顺利通过国家11部委联合验收，正式封关运营。2012年5月8日，青岛保税港区二期（2.02平方千米）封关区域正式开关运营。至此，保税港区实际运营面积达到5.44平方千米，占规划面积的56%，成为继上海洋山、重庆两路寸滩之后，运营面积全国第三的保税港区。保税港区政策覆盖青岛前湾港21个集装箱码头和散杂货泊位。截至2012年年底，青岛前湾保税港区实现进出口总额84.5亿美元，其中出口21.2亿美元，进口63.3亿美元。青岛前湾保税港区拥有灵活高效的管理体制和服务体系。率先通过ISO9001、ISO14001和OHSAS18000三项管理体系认证，建成了花园式投资示范区，被评为国家工业旅游示范区。提供“24小时投资服务热线”、“企业110服务热线”及企业全程代理服务免费等服务。建成了行政服务大厅集商检、工商、国税、地税等职能单位窗口于一体，高效运作，为企业提供便利。重点打造东北亚国际航运中心、区域性国际物流中心、商品交易定价中心和特色产业集聚中心等四大中心，逐步建设成为保税区转型发展的示范区、海关特殊监管区域整合升级发展的试验区、提高通关效率畅通保税物流的先导区、带动区域经济发展的样板区，实现向自由贸易港区转型的最终目标。青岛前湾保税港区目前是中国最大的橡胶、棉花、油品、化工品等大宗原材料进口口岸、重要的棉花仓储中心和物流分拨中心。其中，国际橡胶交易市场已发展成全球三大交易中心之一；棉花、有色金属等市场正发展成为中国大宗原材料定价中心，经济触角延伸到国内各省和世界各地。同时，拥有棉花、轮胎、乳胶3个国家级重点实验室和橡胶、塑料2个区域性重点实验室，是中国重要的工业品检测中心之一。

青岛出口加工区：于2003年3月10日经国务院批准设立，规划面积2.8平方千米，2004年8月正式封关运营。目前，加工区累计注册企业55家，正常开展业务的约40家，投资总额5亿美元，涉及电子、机械加工、纺织、医疗、保税物流等行业。投资国（地区）主要为韩国、中国香港、日本、美国等，产品主要出口日本、美国、中国香港等国家（地区）。2012年，出口加工区累计征收税款7 130余万元，较上年同期增长1.2倍；累计审核各类报关单（备案清单）37 698票，同比增长11.3%；监管货值12.8亿美元，货量14.3万吨，同比分别增长15.2%和17.4%。

青岛西海岸出口加工区：于2006年5月8日经国务院批准设立，位于东部沿海环渤海经济圈山东半岛胶州湾西岸、青岛经济技术开发区北部工业新区内，规划面积2平方千米。2006年10月开工建设，2007年7月18日顺利通过国家联合验收。截至2012年年底，青岛西海岸出口加工区共有20个项目签约注册，5个已投产，固定资产总投资9亿元，2012年实现工业总产值9.6亿元，进出口2.7亿美元，其中出口0.4亿美元，进口2.3亿美元。青岛西海岸出口加工区基础设施配套完善。完成了区内道路、热力、燃气、供电、给水、污水、雨水、通讯及网络配套建设，实现了“九通一平”。建成了2千米不间断全封闭金属围网和1个永久性卡口，卡口设置2条通道，通道安装了电子闸门放行系统、车辆自动识别系统和摄像系统组成的闭路电视监控系统。建有可供海关及检验检疫部门共同使用的6 000平方米的验货场地，其出入口设置5台电子地磅，区内建有1 500平方米的监管仓库，6 300平方米的保税仓库，2.2万平方米供查验单位、管委会使用的综合办公楼，为区内外企业开展保税物流业务提供了良好的条件。

青岛保税物流中心：于2009年9月3日通过海关总署、国税局、财政部、外管总局等四部委验收，2010年4月正式开始运营。青岛保税物流中心位于青岛市城阳区空港工业园，占地面积26.94万平方米，总投资1.7亿元，建成保税仓库6座、海关查验仓库1座，仓库总面积8万平方米，露天堆场2.5万平方米。2012年，青岛保税物流中心共审放报关单2.2万票，同比增长18%，税收入库8 232万元，同比增长55%，监管进出口货物14.69万吨，同比增长48%，监管进出口货值7.37亿美元，同比增长47%。为城阳区企业办理退税约6 000万元，同比增长32%。

【烟台水运口岸】 烟台港位于山东半岛北侧，扼守渤海湾口，隔海与辽东半岛相望，与日本、韩国一衣带水，位于东北亚国际经济圈的核心地带，是中国沿海南北大通道（沈阳—海口）的重要枢纽和贯通日韩至欧洲新欧亚大陆桥的重要节点。烟台港历史悠久，早在1861年8月即被辟为通商口岸，至今已有150多年的历史。新中国成立后，烟台港进行了多次扩建，特别是1973年以来，烟台港进行了多次较大规模扩建。随着改革开放和国民经济的发展，国家日益重视发展烟台港，烟台港建设工程被列为国家重点项目。烟台港是中国环渤海港口群主枢纽港，是中国沿海25个重要港口之一，在全国综合运输网中居于重要地位。

烟台港芝罘湾港区是现有的核心港区，以集装箱、客货滚装运输和矿石、煤炭、粮食、化肥、钢材等散杂货作业为主，共有泊位48个，万吨以上深水泊位25个，最大水深-20米，码头岸线长度8 300米。芝罘湾港区与烟台保税港区一墙之隔。

2012年烟台水运口岸运输情况统计表

单位：万吨

类别	港口吞吐量	外贸			
		进出口	同比（%）	进口	出口
合计	15 368.2	3 071.6	-12.6	2 119.1	952.5
煤炭	449.9	171.1	+97.8	148.6	22.5
原油	39.7	39.7		21.7	18.0
成品油	73.5	70.5		30.9	39.6
铁矿石	1 456.1	1 003.9	-27.6	1 003.9	
钢铁	172.8	84.8	-59.1	47.9	36.9
水泥	50.0				
木材	19.1	19.1	-22.4	19.1	
非金属矿	782.0	452.1	-45.3	452.1	
化肥	434.7	422.4	+49.1	68.0	354.4
粮食	89.2	72.6	-2.8	72.6	
食盐	2.1				
其他	11 799.1	735.4	+18.1	254.3	481.1

烟台港西港区是规划中的核心港区，地处烟台开发区大季家东北海域，规划港区水域面积约500平方千米，陆域面积约50平方千米，码头岸线总长19千米，码头前沿最大水深-28米。港口作业区规划为五大部分：石油作业区、液体化工作业区、大宗散货作业区、通用散货作业区和集装箱作业区，将建成5万~30万吨级泊位65个，最终实现港口吞吐能力2亿吨和1 500万标箱。

烟台保税港区于2009年9月获国务院批准设立，是国内第十三个、山东省第二个保税港区，2010年7月30日通过国家验收，封关面积4.86平方千米，划分为港口作业区、物流作业区、公共查验区、出口加工作业区等四大功能区，主要开展集装箱拆拼、临港增值加工、物流仓储、集装箱国际中转等业务。2012 年合同外资完成1 014万美元，实际利用外资 842 万美元，外贸进出口完成 5. 37 亿美元。

烟台港口岸与世界 100 多个国家和地区的 150 多个港口直接通航，每年有 800 多艘外籍船舶进出港口。开通至日韩各主要港口的外贸航线 16 条，开通国内港口的内贸航线 13 条，开通外贸内支线 4 条，至韩国仁川的国际客货班轮航线 1 条。2012 年烟台港口岸共完成港口吞吐量15 368. 2万吨，其中外贸运量3 071. 6万吨，进口2 119. 1万吨，主要进口货种为铁矿石、非金属矿、煤炭制品、粮食等，出口 952. 5 万吨，主要出口货种为化肥、钢铁、机电设备、商品车等，集装箱运量 144. 4万标箱，出入境旅客 8. 2 万人次。

【威海水运口岸】 威海港位于山东半岛东端，北临黄海，东与朝鲜半岛、日本列岛隔海相望，扼守京津咽喉。水路距大连港 93 海里，青岛港 200 海里，韩国仁川港 136 海里。刘公岛是天然屏障。港深域扩、不淤不冻，地理和自然条件十分优越。

1984 年 12 月，经国务院、中央军委批准威海港正式对外开放。1990 年 9 月 16 日，在中韩尚未建交的情况下，开通了全国第一条对韩客货班轮航线。到 2012 年年底，威海港口岸有 18 条国际班轮航线（2 条客滚，13 条集装箱，3 条外贸内支线），每周 30 班。口岸辖区内有北港、南港、威洋石油码头、三进船业码头等 4 个开放作业区，4 个集装箱场站。共有开放泊位 16 个，其中万吨级以上泊位 5 个。形成了通用码头、客滚码头、集装箱码头、石化煤炭码头功能齐全、公路铁路集疏运完善的口岸运输体系。

威海水运口岸航线开辟情况

	航线	开通时间	每周
客货运航线	威海—仁川	1990. 09. 15	3 班
	威海—平泽	2009. 6. 20	3 班
对韩国集装箱航线	大连—威海—釜山	2000. 10. 11	1 班
	天津—大连—威海—釜山	2002. 04. 17	1 班
	天津—大连—威海—平泽	2002. 11. 26	1 班
	威海—大连—釜山	2002. 08. 27	1 班
	威海—仁川	2003. 07. 09	3 班
	威海—釜山—美国西海岸	2004. 12. 01	1 班
	连云港—青岛—威海—釜山	2005. 03. 25	1 班

续表

	航线	开通时间	每周
对日本集装箱航线	天津—威海—日本大阪、神户、横滨、东京、名古屋	1995.7	1班
	威海—日本下关、门司、博多	2003.3.3	1班
	丹东—威海—日本大阪、神户、横滨、东京、名古屋	2002.11.28	1班
	威海—日本横滨、东京、名古屋	2004.02.29	1班
	天津—大连—威海—日本下关、门司、博多	2005.08.02	1班
	威海—日本关东	2007.11.27	1班
外贸内支线	威海—大连中转至欧美、东南亚各港口	1999.04	1班
	威海—大连中转至欧美、东南亚各港口	2009.07	1班
	威海—青岛中转世界各港	2003.07.25	1班
	威海—青岛中转世界各港	2004.11.19	1班
	威海—釜山	2008.06.01	

威海港口岸设有威海海关、出入境检验检疫局、边防检查站、海事局等查验监管部门。各部门以“提速增效、服务发展”为目标，改革查验模式，优化通关流程。实行了“5+2”、“全天候、无假日”、预约通关、无纸化报关缴费等措施，积极落实国务院、省政府关于提高通关效率促进外贸平稳发展的意见，支持中日韩地方自贸区和威海蓝色经济区建设，降低通关成本，贴心执法服务，创新口岸发展。设立了威海出口加工区和威海邮局国际邮件分拣中心，出口加工区正在抓紧申请转型升级为威海综合保税区。2010年12月威海港口岸在全国率先试点中韩陆海联运汽车运输项目，开启了“门对门”货物直通的物流运输模式。目前威海港口岸集装箱货物通关当天验放率达到100%，旅客通关速度控制在人均35秒以内。2012年，口岸监管货值为135.6亿美元，同比增长3%；完成港口吞吐量4 066万吨，同比增长8.5%，其中外贸货物吞吐量1 781万吨，同比增长8.5%；完成国际集装箱55.7万标箱，同比增长15.8%；运送出入境旅客23.3万人次，与去年同期持平。口岸出口主要目的地为韩国、日本、欧盟、美国、东盟，进口主要原产地国为韩国、东盟、日本、印尼、泰国，韩国为第一大贸易伙伴。进出口商品主要有机电产品、农产品、轮胎和水海产品等。目前口岸与80多个国家和地区的港口建立了贸易往来，基本形成了直达东北亚、辐射世界各地的航运体系。

【龙口水运口岸】 龙口港始建于1914年，地处渤海南岸、胶东半岛西北部，与辽东半岛隔海相望，是距离黄河三角洲最近的10万吨级以上船舶出海口，烟台市和烟台港集团规划建设的三大核心港区和两个亿吨港区之一，中国最大的对非散杂货出口贸易口岸和铝矾土进口口岸、首批对台开放直航港口、国内首家拥有原油仓储资质的港口企业、国家规划建设的北煤外运装船港。1984年12月被国务院和中央军委批准为一类口岸。目前龙口港口岸辖区内有龙口港、龙口胜利码头、龙口渔港码头，主要进出口业务在龙口港。港口现有资产总额76亿元，员工4 000余人，码头岸线约15千米，占地面积6平方千米，生产泊位29个，其中10万吨级7个，年5万吨级5个，万吨级7个，年核定通过能力5 000万吨以上。港区库场面积180万平方米，石油化工仓储能力150万立方米，粮食罐存储能力16万立方米。

龙口港口岸与世界上80多个国家和地区的港口有贸易往来，现有集装箱航线19条，其中环渤海航线9条，龙口港已经成为山东半岛至渤海湾港口之间航线最密集、服务最完善的港口。

龙口水运口岸航线开辟情况

布局	集装箱	挂港顺序
外贸线	海丰关东线	龙口—名封号屋—四日—东京—横滨
	京汉平泽线	龙口—平泽
	大连外支线	龙口—大连及中转世界各地
内贸南下线	人新华黄埔线	龙口—泉州—黄埔—汕头
	中海烟台线	龙口—烟台中转南方各港口
	新良上海线	龙口—上海及中转南方各港口
	新良珠海线	天津—龙口—珠海
	长海泉营线	龙口—营口/锦州—福州/泉州
	信风宁波线	京唐—龙口—宁波（中转乍浦、温州、台州）
	信风温州线	龙口—营口—温州（中转台州）
	信宏黄埔线	龙口—黄埔—湛江
	凯通泉营线	龙口—营口—太仓—泉州
内贸北上线	环渤海大连线	龙口—大连—东北口岸
	华鸿营口线	龙口—营口—锦州
	华鸿营口福州线	龙口—营口—锦州
内贸北上线	中海营口线	龙口—营口—锦州
	信宏营口线	龙口—营口—锦州
	合德京唐线	龙口—京唐—锦州—龙口
	凯通营口线	龙口—营口—龙口

为充分利用龙口港优越的地理环境，向企业和外商提供优质、便捷的海关监管服务，促进外贸经济的快速发展，2005 年 10 月，经青岛海关批复，龙口海达物流公用型保税仓库正式投入使用。保税仓库位于龙口港港区 24 号泊位堆场，面积 10.4 万平方米。2012 年度共入库货物 107 万吨，出库货物 87 万吨。2012 年 11 月 27 日，设立的“龙口保税物流中心（B 型）”申请正式获得山东省人民政府的批复，目前正在通过青岛海关报海关总署批复中。

港口主要经营煤炭、石油化工、铝矾土、铁矿砂、水泥及熟料、集装箱、非洲杂货班轮等业务。2012 年港口实现吞吐量6 656万吨，同比增长 10.3%。

2012 年龙口水运口岸进出口主要货种统计表

货种名称	吞吐量情况（万吨/标箱）	同比（%）
铝矾土	1 895.4	+10.55
煤炭（不含焦炭）	1 534.4	+45.00
液体化工（含港埠燃料油）	975	+15.90
燃料油	484.2	+27.95
木材及木片	308（268.7）	+28.00（35.5）
原油	306.5	+17.95
水泥	215.5	+25.00
铁矿	128.1	-61.15
镍矿	150.2	-49.10
石油焦	176.1	+10.10

续表

货种名称	吞吐量情况（万吨/标箱）	同比（%）
粮食	133.8	+32.00
成口油	103.2	+24.60
非洲杂货班轮	276.2	+5.10
韩国班轮	57.3	+28.70
集装箱	406 563	+31.15

【日照水运口岸】 日照因“日出初光先照”而得名。日照（石臼）港，地处山东半岛与江苏大地夹角的底部，我国海上南北运输主通道的中间地带，是新亚欧大陆桥东方桥头堡，水上北距青岛65海里，南距连云港40海里，东与朝鲜半岛、日本隔海相望。日照港于1982年正式开工建设，1986年5月经国务院口岸领导小组批准正式对外开放，成为一类开放口岸，是我国重点发展的沿海20个主枢纽港之一，包括东港区、北港区、西港区。截至2012年年底已开放煤炭、通用、矿石、散杂、油品、木片、集装箱等泊位28个，与世界100多个国家和地区通航，设计吞吐能力1.1亿吨，2012年完成吞吐量1.93亿吨，进出口货物1.29亿吨，其中进口1.25亿吨，出口368.82万吨，国际集装箱6.45万标箱。

2012年日照水运口岸运输情况统计表

单位：万吨

类别	港口吞吐量	外贸货运量			
		进出口	同比（%）	进口	出口
合计	19 250.35	12 883.17	+4.8	12 514.35	368.82
煤炭	2 956.92	1 330.09	+36.4	1 283.73	46.36
成品油	25.54	1.16	+87.1	1.16	
铁矿石	9 911.89	8 810.05	-2.0	8 809.85	0.20
钢铁	159.93	142.95	+23.3	1.26	141.69
水泥	274.23	17.76	-49.3		17.76
木材	1 146.49	1 137.50	+30.0	1 137.50	
非金属矿	435.66	332.88	-22.0	305.35	27.53
化肥	1.91	1.91	+92.1		1.91
粮食	580.99	557.19	+32.5	557.04	0.15
其他	3 756.79	551.68	+29.3	418.46	133.22

日照港集装箱航线一览表

分类	序号	船公司	航线	承接港口	班期
内贸	1	中远	日照—厦门—蛇口—黄埔	钦州、湛江、海口、珠海、中山及珠江水系各港口	5天一班
	2	中海	日照—连云港—蛇口	防城、湛江、海口、珠海、中山、南沙及珠江水系各港口	7天一班
	3	和易	日照—黄埔		7天一班
			日照—泉州—漳州—汕头		4天一班
			日照—温州		15天一班
			日照—宁波		15天一班
	4	安通	日照—温州—福州—黄埔	防城、湛江	7天一班
			日照—泉州—汕头		10天一班
			日照—海口		7天一班
			日照—营口		7天一班
			日照—天津		15天一班
	5	中谷新良	日照—厦门	泉州、福州、漳州、汕头	4天一班
			日照—黄埔—温州	蛇口、珠海、中山、湛江、南庄	5天一班
			日照—青岛—连云港		每周三班
	6	正和	日照—黄埔		10天一班
			日照—温州—泉州—汕头		7天一班
内贸	7	振华	日照—福州—漳州	汕头、泉州	5天一班
	8	南青	日照—上海—厦门	接转长江各港口、沿海各港口	7天一班
	9	大新华	日照—泉州—汕头		4天一班
	10	锦程	日照—泉州—福州		7天一班
			日照—营口—锦州		7天一班
	11	致通	日照—大连	接转锦州	7天一班
	12	港泰	日照—泉州—黄埔		7天一班
	13	洋浦中良	日照—珠海	接转太仓、黄埔	7天一班
外贸	14	青岛远大	日照—青岛	接转世界各港口	每周三班
	15	海通班轮	日照—平泽	周二、周四、周日 提前一天截港截单	每周三班
	16		日照—伊朗		

日照港口岸配套设施齐全、功能完善。投资3亿元建设的鲁南（日照）国际贸易与航运服务中心，是国内第三个、山东省第一个国际贸易与航运服务中心。海关、出入境检验检疫、海事、边防检查等查验单位进驻大厅，为进出日照港口岸的船舶、货物、人员提供“一

站式”通关、“一条龙”服务。具备国际中转、国际配送、国际贸易、国际采购和保税基本功能的日照保税物流中心（B型），是目前鲁南地区唯一的保税物流中心；具备木材贸易、检验检疫、加工等多种功能的国家级木材贸易加工示范区，是全国第二家木材贸易加工示范区。

日照港口岸交通发达、集疏运条件优越。3条铁路、3条高速公路、2条国道和10条省道纵横市内，150千米半径内有青岛流亭国际机场、连云港机场、临沂机场，形成了比较完备的铁路、公路、海路交通网络，连接港口的兖石铁路与全国铁路网相连，西延经西安、新疆阿拉山口出境，直至荷兰的鹿特丹和比利时的安特卫普港。日东高速和同三高速在此交汇，日照港疏港高速公路建成通车，电气化铁路改造完成，青岛机场在日照设立了虚拟空港；开通了日照港外贸海运直通航线、21条内贸航线和日照至韩国平泽客箱班轮航线及中韩陆海联运汽车货物运输日照通道。此外，山西中南部煤炭铁路大通道已开工建设；黄岛—日照—连云港—盐城铁路和日照至潍坊高速公路将于“十二五”期内开工建设。

【石岛水运口岸】 石岛港位于山东半岛的最东端，与日本、韩国隔海相望，拥有石岛新港、蜊江港、朱口港、石岛港通用泊位码头作业区，1988年12月经国务院批准正式对外开放，2001年8月石岛新港正式对外启用。石岛新港码头沿线总长3 950米，对外启用泊位17个，其中万吨级以上泊位7个，年货物吞吐量1 000多万吨。目前，港口码头三期扩建工程正在进行，建成后可新增岸线2 770米，泊位12个，其中10万吨级泊位2个，5万吨级泊位3个。石岛新港有20万平方米的集装箱堆场和散货场、3 000平方米的国际候船厅。有集装箱桥吊、门机吊、集装箱正面吊、300吨浮吊等各类大型港口吊装设备30多台套、海关监管的集装箱运输车200余辆。石岛新港下设国际物流、船舶代理、报关报检、外轮理货、货物装卸运输等专业化服务部门，主要从事货物装卸储运、旅客运输服务、港机设备租赁、港口拖轮经营、船舶港口服务等业务。港口建有办公自动化、电子卡口、GPS全球定位等先进的管理系统，建立了完善的信息交流平台，实现了资源共享和最佳分配。石岛新港开通了石岛至韩国仁川、群山、日本神户的客货班轮航线，至韩国釜山、日本门司、博多、关东、关西的全集装箱航线，至青岛、泉州的内贸集装箱航线等各类海上国际国内航线15条。2011年11月开通了石岛港中韩陆海联运汽车货物运输通道，实现了快速直达运输。

石岛边防检查站、荣成海关、荣成出入境检验检疫局、威海海事局石岛海事处承担该口岸的监管任务。石岛港口岸进出口货物以煤炭、钢铁、非金属矿和散杂货为主，2012年实现港口吞吐量1 243.7万吨，进出口集装箱13.6万标箱，出入境旅客30.4万人次。

石岛水运口岸海运航线

分类	航线名称	开通时间	航班情况
客货	石岛—仁川	2002.7	每周三班（二、四、日）
	石岛—群山	2008.4	每周三班（一、三、六）
	石岛—神户	2011.7	每周一班（六）
集装箱	石岛—釜山	2003.4	每周一班（五）
	石岛—日本门司、博多	2003.6	每周一班（一）
	石岛—平泽	2007.6	每周一班（五）
	石岛—日本关西	2005.9	每周一班（日）
	石岛—日本关东	2005.10	每周一班（一）
外贸内支	石岛—青岛	2005.3	每周三班（三、五、日）

【岚山水运口岸】 岚山港位于日照市东南部，黄海海州湾北岸，鲁东南、苏北交界处，是1977年作为山东省“七五”重点建设项目而兴建的地方港口，1989年1月经国务院批准为一类口岸，包括南作业区、中作业区、北作业区，截至2012年年底已开放油品、液化、通用、散杂等泊位13个，其中30万吨原油泊位和10万吨原油泊位各1个，港口设计吞吐能力1 626万吨，2012年完成吞吐量0.91亿吨，其中外贸0.7亿吨。港口配套设施完善，配有铁路、引航、轮驳、

储运、理货、动力、通讯、机修及科研等港口生产服务的各类配套保障系统，拥有9条液化品专用装卸线，已成为江北重要的液体化工品集散地和重要的木材进口港。港口交通便利，集疏运体系健全，岚兖铁路直通港口，与204国道交叉，坪岚铁路直通码头和罐区，与京沪线、京九线、陇海线等铁路干线联通，岚山至仪征的输油管线投入使用，岚山至东明输油管道即将开通，坪岚铁路改扩建、岚山至濮阳输油管线也将于“十二五”期内开工建设。

2012年岚山水运口岸运输情况统计表

单位：万吨

类别	港口吞吐量	外贸货运量			
		进出口	同比（%）	进口	出口
合计	13 580.94	6 999.11	+58.3	6 855.58	143.53
煤炭	451.28	399.57	+134.3	399.57	
原油	1 671.43	1 457.87	+1 178	1 457.87	
成品油	497.06	305.88	+92.3	304.99	0.89
铁矿石	3 746.08	3 586.68	+29.1	3 586.68	
钢铁	4 970.43	52.73	+14.5		52.73
水泥	14.82	1.31	−83.3		1.31
木材	495.09	495.09	+4.8	495.09	
非金属矿	185.16	86.16	−42.3	85.96	0.20
粮食	331.14	323.93	−5.3	323.93	
其他	1 218.45	289.89	+65.2	201.49	88.40

【东营水运口岸】 东营港始建于1984年，位于山东省东营市北部，1995年12月经国务院

批准为一类口岸。1997年12月正式对外开放。2010年12月，经省政府有关部门和国家驻鲁口岸查验单位验收，2个新建3万吨散杂货和原油码头正式对外启用。2012年港口完成吞吐量808万吨，进出外轮6艘次，货物6.4万吨。围绕建设“国际物流港”的目标，中海油2×5万吨、万通2×2万吨等10个码头建设全面推进，港口吞吐能力将达到3 000万吨，万佳港航4个1万吨液体化工码头和中海油15万吨岛式原油码头已开始论证。由万通集团建设的南港池15个3 000吨级散杂货码头建设顺利，客运候船楼建设完工，东营至旅顺的滚装船码头已开工建设。

万通海欣100万方保税罐区即将通过验收并投用，中海油16.8万平方米散杂货堆场已经建成，106万方原油库区通过验收并达到投用条件，1 500万吨原油上岸终端项目已开展初步设计，宝港国际100万方海关监管罐区、码头至罐区管廊带2013年投入使用，东营港经济开发区仓储物流区液体化工品一次性仓储能力达到306万立方米。这些项目的陆续完成和投产，为完善口岸综合功能，提高吞吐能力，扩大对外开放将奠定良好基础。

【蓬莱水运口岸】 蓬莱港位于山东半岛最北端，与日本列岛和朝鲜半岛隔海相望，2012年港口吞吐量1 388万吨，其中外贸货物260万吨，主要货种有煤炭、原油、成品油、铁矿石、钢铁、水泥、木材、非金属矿及粮食等。蓬莱港口岸拥有蓬莱新港和栾家口港2个作业区。蓬莱新港位于蓬莱城东8千米开发区以北，地理坐标为东经120°35′50″、北纬37°46′49″，港口腹地陆路交通已成网络，十分便利。1996年7月被国务院批准为一类口岸，1997年12月正式对外开放。目前有6个对外开放泊位，港口占地45万平方米，航道400米，宽100米，水深-10米，拥有15万平方米的堆场，建有2 600平方米的仓库，港口各类设施先进，技术力量雄厚，具有全天候作业能力。现已开通至日本、朝鲜、韩国、中国香港等国家和地区的国际货运航线。栾家口港位于蓬莱市西10千米，始建于1995年4月，2003年6月国务院批准蓬莱港口岸扩大开放至栾家口作业区，2004年2月正式对外开放。港口占地35万平方米，自然条件优越，航道宽畅，有12个对外开放泊位，腹地为蓬莱市西城临港工业区，交通十分便利。目前，蓬莱港口岸共拥有监管区出入卡口通道9条，封闭式查验场房1 400平方米，平台式查验场地1 200平方米，扣留货物仓库2 400平方米，现场查验单位办公场所及值班休息室3 170平方米，视频监控探头47个。

2012年蓬莱水运口岸运输情况统计表

单位：万吨

类别	港口吞吐量	外贸货运量			
		进出口	同比(%)	进口	出口
合计	1 490.39	250.37	+35	214.26	36.11
煤炭	676.23	125.05	+116	122.95	2.10
原油	31.61	31.61	+5	31.61	0
成品油	9.95				
铁矿石	14.19	9.13	+54	8.13	1.00
钢铁	2.02	1.94	-87	0.50	1.44
水泥	64.71	18.02	-47	1.20	16.82
木材	38.2	40.40	+140	37.70	2.70
非金属矿	56.54				
粮食	0.75				
其他	76.69	24.22	-56	12.17	12.05
滚装	519.5				

【莱州水运口岸】 莱州港地处烟台市最西端，位于渤海湾南岸莱州市三山岛工业区，是黄河三角洲地区唯一适合建设10万吨级以上泊位的港口，是唯一同时列入黄河三角洲高效生态经济区和山东半岛蓝色经济区两大国家战略的港口，被山东省交通运输厅规划为黄河三角洲地区龙头港。1996年11月被批准为一类口岸，1997年12月正式对外开放。2009年被批准为对台海运直航口岸，现由中海港务（莱州）有限公司运营。

莱州港口岸主航道水深-14.3米，万吨级以上生产泊位12个，全部对外开放。其中，10万吨级油化品专用泊位1个，5万吨级油化品专用泊位2个，1万吨级油化品专用泊位4个，5万吨级通用泊位2个，1万吨级以上散杂货泊位3个。2012年，莱州港口岸完成吞吐量1 800万吨，其中油化品1 000万吨，散杂货800万吨。

莱州港口岸主营货种为原油、燃料油、成品油等液体化工品及矿石、煤炭、包件货、散盐等散杂货。具有大宗散货和液化品接卸的能力，现有13台门机及各类接卸设备60余台，散货卸船能力达2 000吨/小时，堆场面积为10万平方米，另有2万平方米的专业化包件货仓库；拥有原油罐、汽柴油罐及各类化工品罐150万立方米，全长119千米、年均输送能力1 600万吨的“莱州港—昌邑”输油管线，是环渤海港口中接卸危化品种类最多、设施最齐全、安全保障设施最完备的港口。油化品接卸能力和罐储规模位居山东省第二。

港口全面推进数码港和ISO质量管理体系建设，提供国际船（货）代、多式联运代理、保税和监管物流、物流金融等拓展服务，是鲁中、鲁西北地区陆上运距最短、综合物流成本最低的深水出海口岸，莱州港现有莱州海关监管的散杂货保税堆场2万平方米，保税油罐10万立方米，保税沥青罐2.13万立方米。

【龙眼水运口岸】 龙眼港位于山东半岛最东端，紧邻著名的海上之路——成山头，与日本、韩国隔海相望，距国际主航道仅5海里，1999年8月经国务院批准正式对外开放，是全国第一家村办一类对外开放港口，也是中国距韩国最近的一个港口。龙眼港口岸对外启用泊位10个，其中5万吨级泊位3个，5千吨级以上泊位5个，集装箱专用泊位2个。拥有160吨汽车吊1台，4 000马力拖轮3条，10万平方米货场，3万平方米港口仓库，10万立方米成品油库，并配有大型国际货运集装箱车队、箱站、货代、船代、物流保税库、豪华的国际候船厅。龙眼港港池面积百万平方米，航道广阔，无暗礁、无浅滩，水深30米~40米，船舶在夜间、雾天航行安全无险。2001年10月开通至韩国平泽港的客货航线，是中韩两国客货航程最短、最具优势的航线。2006年建设了5万吨级和8万吨级两座干船坞。2009年投资20亿元建设龙眼港东区，新建15万吨和20万吨级两座干船坞，620米防波堤码头和300米顺岸码头，配套建设其他附属设施10万平方米，预计开放后可承修20万吨级以下各类型船舶，年修船能力将达到200艘次，1 000万载重吨，成为山东省最大的修船基地之一。2011年1月国务院正式批准开展口岸签证业务，同年11月开通了龙眼港中韩陆海联运汽车货物运输通道，可实现“门到门”直达运输。目前，正在运作龙眼港至韩国大山港的旅客运输航线，开通后可实现全程3~5小时中韩通航。

龙眼港边防检查站、荣成海关、荣成出入境检验检疫局、威海海事局龙眼海事处承担该口岸的监管任务。龙眼港进出口货物以钢铁、粮食、煤炭和散杂货为主，2012 年实现港口吞吐量 626.3 万吨，进出口集装箱 5.6 万标箱，进出境旅客 18.3 万人次。

龙眼水运口岸海运航线

分类	航线名称	开通时间	航班情况
客货	龙眼—平泽	2001.10	每周三班（三、五、日）

【潍坊水运口岸】 潍坊港始建于 1996 年，位于渤海莱州湾山东潍坊滨海经济开发区海岸，地处环渤海经济圈黄金地带和东北亚区域经济合作的前沿，是鲁中、鲁北、鲁西物资出海陆路运距最短、最便捷的港口，于 2009 年 7 月 28 日正式对外开放。

潍坊港总体布局为以主航道为轴心“双堤环抱”单一口门的环抱港区，码头形式为离岸式港岛码头。目前，潍坊港中港区码头岸线1 705米，现有开放泊位 7 个，年设计吞吐能力达到了 799.4 万吨。3 个万吨级、3 个 2 万吨级通用泊位已列入山东省 2013 年度口岸扩大开放计划。

森达美港（中港区）作为潍坊港的主港区，依托国家级的滨海经济开发区，是以散杂货运输为主、临港工业所需原材料及产成品运输为辅的综合性港区。西港区依托省级寿光羊口经济开发区，主要为后方农业产业园及现代制造业园服务，积极开展海河联运。东港区依托省级的昌邑下营经济开发区，主要为后方滨海开发区发展建设服务。初步构成了潍坊港“一主两辅、功能互补、多点并进、统筹发展”的框架。

目前，潍坊港已同韩国、日本、俄罗斯、朝鲜、中国台湾等国家和地区的 20 多个港口有贸易往来，2012 年潍坊港完成货物吞吐量2 031万吨，其中外贸吞吐量 45.7 万吨；货种主要包括铝土、煤炭、石油及天然气制品、原盐、铁矿、陶土、纯碱等 30 多个品种，货源涵盖化工、能源、粮食、造纸、建筑、机械加工等多个行业领域，是山东省地区性重要港口。

2012 年潍坊水运口岸主要货种统计表

单位：万吨

货物名称	本年累计	进港	出港
铝土	342.48	342.48	
煤炭	304.95	304.95	
燃料油	249.09	211.16	37.93
原盐	248.48		248.48
铁矿石	245.46	245.46	
陶土	88.13	88.13	
叶腊石	48.73	48.73	
纯碱	39.39		39.39
矿石（金属类）	37.47	1.17	36.30
融雪剂	30.86		30.86

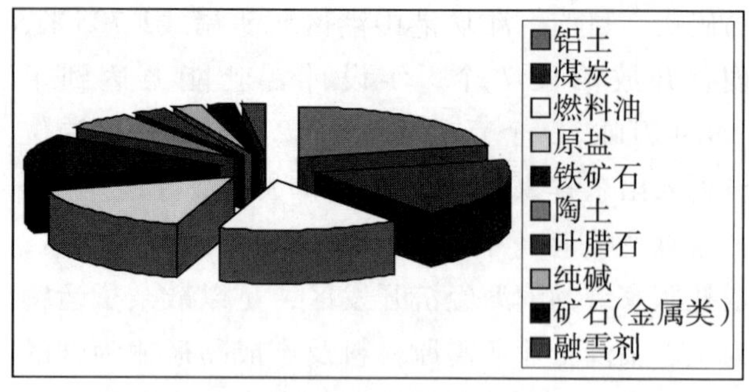

青岛市

【外贸进出口货运量与总值】 2012年，青岛海港口岸外贸进出口货运量28 502.34万吨，同比（下同）增长7.99%。其中，进口21 273.17万吨，增长9.84%；出口7 229.17万吨，增长2.88%。海港货物吞吐量40 690.06万吨，增长9.29%。外贸进出口货运量占港口吞吐量的70.05%。集装箱吞吐量1 450.26万标箱，增长11.39%。空港口岸货邮量17.19万吨，增长3.22%。口岸外贸进出口总值1 491.8亿美元，下降0.38%。其中，进口总值777.1亿美元，增长1.28%；出口总值714.7亿美元，下降2.12%。青岛市进出口总值583.2亿美元，占青岛市口岸年度总值的39.1%。

【进出境人员与交通工具】 2012年，青岛海港口岸进出境旅客129 157人次，下降26.91%。青岛航空口岸进出境人员1835 130人次，增长13.51%。进出境飞机1 5 638架次，增长13.35%；中外客流量12 601 152人次，增长7.55%；机场飞机起降总量115 383架次，增长9.59%。

【提升口岸功能，支持蓝色经济区建设】 实施对外开放先行政策，推动董家口港口及临港产业区建设。2012年4月27日，《海关总署关于印发国家口岸发展规划（2011年—2015年）的通知》（署岸函〔2012〕186号），将董家口港口岸开放正式列入国家“十二五”口岸发展规划。12月21日，《山东省人民政府关于同意青岛港口岸部分新建泊位对外启用的批复》（鲁政字〔2012〕285号），批准青岛前湾港联合集装箱码头有限公司101号~104号和U4号、U5号6个集装箱泊位共11个泊位对外启用。11月6日，国务院办公厅印发《关于同意宁波梅山保税港区等为汽车口岸整车进口口岸的复函》（国办函〔2012〕89号），批复同意青岛前湾保税港区为汽车整车进口口岸。青岛航空口岸新增和加密8条国际（地区）客货运航线，实现了直飞欧美洲际航线“零”的突破，也是历史上开通国际航线最多的一年。3月1日，南方航空公司执飞的广州—青岛—洛杉矶首条直飞美国货运航线首航；3月19日，韩国釜山航空公司执飞的青岛—韩国釜山国际航线首航，这是该航空公司加盟青岛民航市场开通的首条航线；3月27日，德国汉莎航空执飞的青岛—沈阳—法兰克福省内首条通往欧洲的客运航线首航；4月19日，东航新增青岛—武汉—新加坡客运航线；6月30日，韩国济州航空加盟青岛民航市场开通青岛—仁川航线；7月8日，韩亚航空新开洛杉矶—青岛—仁川货运航线；9月3日，山东航空公司新增青岛—东京航线；12月31日，东方航空公司开通青岛—浦东—洛杉矶国际客运航线。

【积极提供重大活动通关保障】 2012年1月11日，青岛市口岸为日本籍“富士丸”号邮轮470名旅客提供通关保障，是青岛市口岸2012年迎来的首条国际邮轮。2月22日至26日，2011/2012克利伯环球帆船赛青岛站赛在青岛举行，青岛市口岸完成参赛的7个国家（地区）的10艘参赛帆船、297人次进出境船员及参赛物资通关保障。4月17日至20日，2012国际极限帆船系列赛青岛站“双星杯”比赛在青岛奥帆中心举办，青岛市口岸完成参赛的12个国家、130名参赛运动员和工作人员，以及参赛物资器材通关保障。4月22日至27日，“海上联合—2012”中俄海上联合军事演习在青岛举行，青岛市口岸完成俄罗斯参演舰艇和人员通关保障。5月24日，青岛市口岸完成德国“汉萨蒂克”号邮轮口岸通关保障，为276名游客及船员提供便捷通关保障。6月16日至22日，青岛市口岸完成第三届亚洲沙滩运动会通关保障任务，为45个国家和地区的5 000余名运动员、媒体记者和技术官员提供便捷通关服务。7月2日，青岛市口岸为中国第五次北极科考队暨“雪龙”号科学考察船从青岛奥帆基地出境赴北极执行科学考察任务提供通关保障。7月14日，青岛市口岸采取锚地检查检验通关模式保障“蛟龙”号载人潜水器母船“向阳红09”号船顺利入境。8月18日至9月2日，2012第四届青岛国际帆船周在青岛奥帆中心举行，青岛市口岸为来自英国、美国、新西兰、澳大利亚等国家和地区的运动员、工作人员等1 500多人和21艘外籍船提供通关保障。12月25日，青岛市口岸为执行我国大洋26航次科考任务的“大洋一号”科考船赴锚地登轮联检，为35名科考队员、30名船员办理了入境通关手续。

【加强口岸跨区域合作】 青岛市政府口岸办牵头组织“政府搭台、企业参与、查验部门支持”，港口、机场、铁路、物流等单位参加寻求“点对点”项目合作口岸跨区域战略合作。2012年4月24日至27日，青岛市口岸代表团赴成都举办青岛—成都两地口岸跨区域合作推介座谈会，与成都市口岸办签署了两地口岸跨区域合作协调，青岛国际机场与四川航空公司就开通日韩中转联程航班事宜达成合作意向。5月15日至19日，青岛市口岸代表团赴河南郑州、焦作、洛阳口岸开展跨区域战略合作，举办了三场合作推介座谈会，青岛与河南两地口岸在共同建设内陆“无水港”，共同开发建设洛阳丰湾集装箱站，开行胶州至洛阳铁路“五定班列”，开通中转联程航班，解决口岸通关效率等方面达成合作意向。6月25日至29日，青岛市口岸代表团赴陕西西安、榆林口岸开展口岸跨区域合作，与西安口岸签署了合作协议，两地共5家物流企业签署了西安地区经青岛市口岸出口东南亚、美欧50多万吨新鲜水果的合作协议，青岛港集团和西安出口加工区达成了为落户西安的三星电子企业经青岛市口岸海铁联运设备和元件达1万多个标箱的意向，两地口岸还达成了共同开发西安—青岛—日韩、榆林—青岛—日韩、青岛—西安、榆林—中西部地区中转联程航线的意向。8月27日至9月2日，青岛市口岸代表团赴新疆开展口岸跨区域合作，分别与新疆霍尔果斯、阿拉山口、喀什口岸委签订了关于促进口岸物流发展的合作协议，双方就区域通关优惠政策，开通中转联程航班，开通铁路“五定班列”，共同开发建设喀什内陆无水港等方面达成合作意向。7月9日，海关总署印发《关于亚欧大陆桥国际集装箱过境运输业务有关问题的批复》，同意青岛港口岸经二连浩特的亚欧大陆桥国际集装箱过境业务，青岛市实施半岛蓝色经济区改革发展试点任务“争取国家支持青岛口岸发展国际过境集装箱运输”的一项重大突破。7月12日，青岛至乌兹别克斯坦通用汽车项目专列在青岛口岸正式启运，是青岛市口岸开展新亚欧大陆桥海铁联运以来最大的运输项目。12月28日，青岛至新疆霍尔果斯口岸国际集装箱联运“五定班列”首列正式启运，实现青岛打造“陆路口岸”历史性突破，构建新亚欧大陆桥东方重要枢纽。

【加大口岸查验基础设施建设力度】 青岛前湾港联合集装箱码头有限公司101号~104号和U4号、U5号6个集装箱泊位口岸查验配套设施符合监管要求。海关监管设施：建设查验平台800平方米，查验仓库500平方米，查验场地4万平方米，废物原料联合查验场地3万平方米（检验检疫共同使用），查验办公用房840平方米，H986机检库756平方米，办公楼490平方米。建设视频监控64路，分布在泊位前沿、堆场、闸口、查验场地、围网等，所有视频信号接入海关查验现场监控室，并通过视频专线将视频信号传输至黄岛海关监控中心。检验检疫监管设施：建设查验平台800平方米，查验仓库500平方米，查验办公用房840平方米，查验场地2.5万平方米，熏蒸场地3.7万平方米。建设视频监控29路，分布在泊位码头前沿、查验平台、查验仓库、熏蒸场地等，配备视频监控台、电视墙，通过视频专线将视频信号传输至黄岛出入境检验检疫监控中心。边检监管设施：建设视频19路，分布在泊位码头前沿、堆场、边检现场执勤办公室、码头闸口等，视频信号接入边检视频服务器，在边检现场办公室配有监控台，配置15画面电视墙，通过视频专线将视频信号传输至黄岛边防检查站。海事监管设施：配置11路视频监控，视频信号接入前湾海事处监控中心，提供现场执法查验办公用房50平方米及相应办公设施，配备围油栏等溢油应急设施。

青岛港（集团）有限公司油港分公司液体化工码头88号~92号5个液体化工泊位口岸查验配套设施符合监管要求。在码头泊位、库区、泵房、装车线及门岗等关键区域安装了103路视频监控系统，配备了控制矩阵、流媒体服务器、硬盘录像机等设备，建设两个中央监控室，设置监控台、电视墙。海关监管设施：将16座海关监管罐、8座保税攸关油品雷达液位、温度、压力等信号引入海关监管系统，实现海关远程监管。25路码头、装车线及罐区等视频监控信号引入海关监控系统，安装了油气液体化工品物流监控系统。检验检疫监管设施：配备2路视频监控，视频信号接入检验检疫视频服务器中，通过视频专线传输至检验检疫视频监控中心。边检监管设施：建设码头闸口现场监控室，把油码头共7路视频信号传至边防110监控中心。3处闸口具备监控室与指挥中心音频通话功能，现场办公室配置监控台。海事监管设施：配置5路视频监控，视频信号接入黄岛海事处监控中心。

【狠抓口岸大通关建设】 2012年5月19日，成立了青岛市口岸大通关工作领导小组，青岛市政府张新起市长任组长，市政府分管领导和各查验单位主要领导任副组长，加强了对青岛市口岸大通关工作的组织领导。5月28日，青岛市口岸大通关工作领导小组推出了以“便捷、高效、顺畅”为主要内容的口岸大通关十件实事，包括扩大口岸开放、深化通关改革、优化通关环境、提高通关效率、降低企业通关成本等具体举措，提升口岸通关效率，降低企业通关成本。针对当前严峻的外向型经济形势，纷纷出台了相关的措施和政策，各查验部门坚持把关与服务并举、监管与促进发展统一，不断推进查验机制创新，相继推出了一系列保障地方外向型经济发展的改革措施。海关推行“出口通关作业无纸化”改革，较有纸通关方式通关时间缩短3.5小时，具体措施有“通关单联网核查，纸面通关单不流转”、“进口货物大口岸管理模式”、“24小时预约通关”、“5+2”工作机制、“一年365天，人轮货不停”、“青岛前湾保税港区1号闸口进口货物出闸24小时运转”、“全面实施分类通关”。边防推出“网上报检”、“预约办证”、边检“易（E）服务”、“登轮许可证”、“搭靠外轮许可证”和“船员登陆证”预约办理、“晚点航班零待时通关”、“迟到免排通道”、“5+2”24小时检查通关，驻青边防在通关现场举办了“中国边检服务品牌集中推介活动”，青岛机场边防女子旅检科被公安部荣记集体二等功。检验检疫推出“电子报检”、“分类审单”、“无纸通关”、“5+2”工作制、“延时服务”和“24小时预约报检”服务，自主研发并推广了“检验检疫内部转单及企业查询电子管理系统”、“检验检疫全程多控系统”等业务管理系统。海事推出关于山东半岛蓝色经济区发展八项措施，推行集装箱危险货物远程开箱管理。青岛市口岸还全面推行“口岸服务零待时”，将国际航行船舶在港等待联检的非生产性时间变为“零”，据船东计算，船期缩短一秒钟就可节省1美元租船费用，按每条船办理手续最低节约时间为105分钟计算，每条船就可节省6 300美元，大大节省了进出口企业运营成本。各口岸查验单位推出的一系列措施均取得实效。

山东省口岸大事记

1月15日

青岛海关与山东出入境检验检疫局在青岛签署《青岛海关、山东出入境检验检疫局加强关检全面合作备忘录》。

2月28日

海关综合业务管理平台在青岛海关上线试运行。

3 月 26 日

山东海事局组织召开 2012 年山东地区中韩、中日客货班轮高层安全管理座谈会，共同签署《中韩中日客货班轮平安高效航线合作备忘录》。辖区中韩、中日客货班轮公司及相关港口部门 39 位高层代表参加会议。

4 月 12 日

青岛海关、韩国仁川海关在青岛召开 2012 年度关际合作工作会议。

4 月 17 日

山东海事局与山西省、山东省地方海事局共同签署为期 5 年的“结对子”协议。

4 月 18 日

山东海事局代表中国海事局与俄、日、韩三方共同举行西北太平洋行动计划第九次溢油应急通信演习。

5 月 8 日

青岛前湾保税港区二期封关区域正式开关运营。

5 月 9 日

中央机构编制委员会办公室下发中编办复字〔2012〕79 号文《关于将济南海关调整为海关总署直属海关的批复》，监管区域为济南、泰安、莱州、淄博、潍坊、德州、滨州、聊城、东营 9 市。

5 月 10 日

山东海事局与山东出入境检验检疫局在青岛签署《关于加强进出口监管提高口岸工作效率合作备忘录》。

5 月 29 日

国务院正式批复同意设立济南综合保税区。

6 月 19 日 ~22 日

山东海事局与韩国西海地方海洋警察厅第 2 次海上搜救合作会谈在韩国木浦召开。

6 月 20 日

交通运输部部长李盛霖到烟台视察水上交通安全工作。

6 月 26 日

韩国仁川海关代表团到青岛海关培训考察。

7 月 10 日

山东省委副书记、省长姜大明，省委常委、副省长、政法委书记才利民，省委常委、宣传部部长孙守刚等领导视察了济南边检站执勤现场，并专门听取了山东省公安边防总队的工作汇报。

7 月 30 日

山东省委副书记、省长姜大明，省委常委、副省长、政法委书记才利民，省委常委、省委秘书长雷建国视察济南边检站执勤现场，并看望慰问执勤官兵。

7 月 30 日

山东出入境检验检疫局和山西出入境检验检疫局在山西太原共同签署《关于鲁晋两地实施直通放行模式合作备忘录》，标志着山东、山西两地检验检疫直通放行模式正式启动。

8 月 1 日

青岛海关通关作业无纸化改革试点正式启动。

8 月 4 日

青岛、上海间开展启运港退税试点工作。

8 月 9 日

交通运输部党组书记杨传堂一行，到烟台检查指导渤海湾安全监管工作，视察了烟台海事局，听取了海事工作情况汇报。

9 月 7 日

山东省政府办公厅以鲁政办发〔2012〕59 号文，转发省口岸办公室等部门关于提高口岸通关效率，促进外经贸发展的意见，出台了 10 项支持外经贸发展的措施。

10 月 18 日

青岛海关与山东海事局签署《合作备忘录》。

11 月 6 日

国务院办公厅印发《关于同意宁波梅山保税港区等为汽车口岸整车进口口岸的复函》（国办函〔2012〕89 号），批复同意青岛前湾保税港区为汽车整车进口口岸。

12 月 3 日

青岛海关全面实施海运出口通关作业无纸化改革。

12 月 13 日

济南海关揭牌仪式在济南举行，济南海关作为海关总署正厅级直属海关，不再隶属于青岛海关。

12 月 21 日

山东省政府以鲁政字〔2012〕284 号、285 号文，批复位于蓬莱港口岸开放范围内的烟台港集团蓬莱港有限公司 5 号～7 号泊位、蓬莱巨涛海洋工程有限公司 1 号～3 号泊位、山东蔚阳栾家口港务股份有限公司 13 号、14 号泊位，以及位于青岛港口岸开放范围内的青岛前湾联合集装箱码头有限责任公司 101 号～104 号和 U4 号、U5 号 6 个集装箱泊位，青岛港（集团）有限公司油港分公司的 90 号原油泊位和 88 号～92 号 5 个液体化工泊位，正式对外启用。

（撰稿人：赵猛、王亚楠、郑珂、沈明磊）

2012 年山东省口岸流量统计表

口岸类型	口岸名称	货运量（万吨）				集装箱量（万标箱）				人员（万人次）				交通工具（辆、艘、架、列次）			
		出口	进口	合计	同比（%）	出口	进口	合计	同比（%）	出境	入境	合计	同比（%）	出境	入境	合计	同比（%）
航空口岸	青岛									91.90	91.61	183.51	+13.58	7 956	7 682	15 638	+20.91
	济南									12.32	12.40	24.72	+37.73	1 163	1 155	2 318	+35.48
	烟台									14.01	13.48	27.49	+11.22	1 609	1 369	2 978	+7.74
	威海									11.53	11.80	23.33	−0.09	1 303	1 304	2 607	+8.67
	分计									129.76	129.29	259.05	+13.82	12 031	11 510	23 541	+18.85
海港口岸	青岛	7 235.81	21 329.80	28 565.61	+7.99	737.10	713.16	1 450.26	+11.39	6.32	6.52	12.84	−27.32	5 910	5 477	11 387	−0.55
	烟台	952.6	2 119.10	3 071.70	−12.60	72.82	71.57	144.39	+3.24	4.14	4.07	8.21	−14.29	1 361	1 416	2 777	−5.19
	威海	891.70	975.80	1 867.50	+8.50	28.57	27.18	55.75	+15.77	14.78	14.63	29.41	+12.56	845	805	1 650	+8.13
	日照	374.01	12 519.50	12 893.51	+4.80	3.16	3.29	6.45	+34.10	7.49	7.44	14.93	+36.49	1 860	2 203	4 063	+8.58
	东营	0.00	0.05	0.05										2	2	4	−69.23
	潍坊	47.15	1.34	48.49	−0.10									129	92	221	−22.73
	岚山	143.53	6 855.58	6 999.11	+58.30									1 208	1 274	2 482	+5.12
	龙口	458.50	3 516.90	3 975.40	+6.60	0.58	0.60	1.18	−25.14					1 092	996	2 088	−12.42
	石岛	296.27	328.49	624.76	+15.98	6.62	6.96	13.58	+3.64	15.04	15.31	30.35	+0.87	710	718	1 428	−3.97
	龙眼	40.90	265.00	305.90	+4.47	2.67	2.89	5.56	+1.46	9.12	9.15	18.27	−7.01	566	571	1 137	−0.87
	蓬莱	43.68	217.03	260.71	+35.00									314	326	640	−20.50
	莱州	0.00	276.19	276.19	−7.22									361	256	617	−22.39
	分计	10 484.15	48 404.78	58 888.93	+10.24	851.52	825.65	1 677.17	+10.70	56.89	57.12	114.01	−0.04	14 358	14 136	28 494	−1.49
合计		10 484.15	48 404.78	58 888.93	+10.24	851.52	825.65	1 677.17	+10.70	186.65	186.41	373.06	+9.20	26 389	25 646	52 035	
同比（%）		+4.49	+11.57	+10.24		+10.61	+10.81	+10.70		+9.00	+9.40	+9.20		+7.93	+5.61	+6.78	

（山东省口岸办提供）

2012 年青岛海关主要数据统计表

项目		2012 年	同比（%）
进出口货运量（万吨）	合计	47 967.00	+8.00
	进口	41 031.00	+9.60
	出口	6 936.00	-0.40
进出口贸易总值（万美元）	合计	3 084.82	+3.10
	进口	1 718.37	+5.83
	其中：江、海运输	1 617.83	+6.13
	铁路运输	1.30	-0.75
	汽车运输	17.35	+58.50
	航空运输	77.80	-7.88
	邮件运输	0.11	-30.77
	其他运输	3.98	+67.36
	出口	1 366.45	-0.17
	其中：江、海运输	1 266.98	-0.34
	铁路运输	7.35	+15.61
	汽车运输	12.70	+186.91
	航空运输	54.26	-8.05
	邮件运输	0.20	-64.27
	其他运输	24.96	-7.64
税收（亿元）	两税合计	1 779.00	+15.30
	关税入库	163.00	+22.50
	进口环节税入库	1 616.00	+14.60

（青岛海关提供）

2012 年山东省口岸出入境主要数据表

单位：（人员）人次；（交通工具）辆、艘、架、列次

项目			2012 年	2011 年	同比（%）
出入境人员	出入境人员总数		4 397 286	4 147 011	+6.04
	入境人员		2 197 411	2 078 563	+5.72
	出境人员		2 199 875	2 068 448	+6.35
	出入境旅客		3 566 848	3 316 154	+7.56
	出入境员工		830 438	830 857	-0.05
	中国公民	小计	2 184 396	1 897 805	+15.10
		内地居民	1 936 079	1 644 748	+17.71
		港澳居民	84 754	93 754	-9.60
		台湾同胞	163 563	159 303	+2.67
	外籍人员		2 212 890	2 249 206	-1.61
	从海港出入境人数				
	从陆港出入境人数				
	从空港出入境人数				
交通运输工具	总计		52 035	48 736	+6.77
	船舶		28 494	28 928	-1.50
	飞机		23 541	19 808	+18.85
	火车				
	机动车辆				

（山东省公安边防总队提供）

2012 年山东省出入境检验检疫业务统计表

项目	货物检验检疫				交通工具			集装箱（标箱）		货物通关		出入境人员查验（人次）	健康检查及预防接种			
	批次	金额（万美元）	检验检疫不合格													
			批次	金额（万美元）	船舶（艘）	飞机（架）	火车（节）	合计	检出问题	批次	金额（万美元）		健康检查	艾滋病监测	发现病例	预防接种
本年累计	1 475 494	18 797 506	19 556	2 468 778	26 716	23 492		5 497 862	96 941	1 549 290	19 285 429	4 413 661	100 428	97 508	45 205	89 923
其中 出境	1 292 894	6 241 742	585	11 520	13 675	12 005		3 255 815	686	1 320 561	6 269 208	2 212 483	92 316	89 434	38 021	89 871
其中 入境	182 600	12 555 764	18 971	2 457 258	13 041	11 487		2 242 047	96 255	228 729	13 016 221	2 201 178	8 112	8 074	7 184	52
同比（%）	+4.62	+11.38	-12.91	-8.43	-0.44	+19.04		-0.43	+1.90	+5.52	+16.71	+10.06	+6.44	+7.23	+18.46	+9.40
其中 出境	+4.33	+2.17	-17.95	-41.00	+1.15	+18.78		-0.17	+431.78	+5.31	+3.07	+10.00	+7.60	+8.2	+23.05	+9.39
其中 入境	+6.68	+16.6	-12.74	-8.20	-2.07	+19.32		-0.80	+1.32	+6.74	+24.65	+10.12	-5.20	-2.52	-1.09	+23.81

（山东省出入境检验检疫局提供）

2012 年山东海事局进出港船舶统计汇总表

船舶类别	进港船舶							出港船舶						
	艘数（艘）	总吨（吨位）	总载重量（吨）	载客量（客位）	船员人数（人次）	货物到达量（吨）	旅客到达量（人）	艘数（艘）	总吨（吨位）	总载重量（吨）	载客量（客位）	船员人数（人次）	货物发送量（吨）	旅客发送量（人）
总计	356 867	967 703 069	1 141 631 866	27 234 924	2 619 267	553 611 925	14 925 201	358 589	976 753 394	1 155 681 171	27 321 290	2 639 401	203 631 324	14 815 607
中国籍船舶	337 452	406 588 673	318 275 902	26 491 880	2 192 026	133 822 813	14 389 967	338 990	408 767 288	320 265 935	26 578 681	2 208 963	140 901 571	14 279 895
其中：外贸船	1 191	20 706 407	27 412 882	9 576	25 229	17 756 844	6	1 234	18 145 435	23 582 008	9 576	24 746	4 465 213	158
外国籍船舶	19 415	561 114 396	823 355 964	743 044	427 241	419 789 112	535 234	19 599	567 986 106	835 415 236	742 609	430 438	62 729 753	535 712

（山东海事局提供）

PEPSICO
GREATER CHINA REGION

■ 百事公司

百事公司是全球食品和饮料行业的领导者，2012年净收入逾650亿美元，旗下品牌系列中有22个品牌的年零售额都在10亿美元以上。我们的主要业务包括桂格麦片食品、纯果乐果汁、佳得乐运动饮料、菲多利休闲食品和百事可乐饮料，以及其他数百种美味健康、全球消费者喜爱的食品及饮料产品。

百事全体员工承诺将共同努力维护广大公众和地球家园的健康未来，从而实现可持续增长，我们相信这也会为公司创造更成功的未来，我们将其定义为“百事公司的承诺”，即百事公司将努力提供多种多样美味健康的食品和饮料产品，探寻节约能源、水和包装材料的创新途径，降低对环境的负面影响，为广大员工创造理想的工作环境，尊重和支持所在社区，并为社区的发展贡献我们的力量。

由于在可持续发展方面做出的不懈努力，百事公司于2012年第六次被列入道琼斯可持续发展世界指数（DJSI World），第七次被列入道琼斯可持续发展北美指数（DJSI North America）。2011年，百事公司在道琼斯可持续发展指数食品和饮料大板块内名列首位，这是百事公司连续第三年被评为饮料行业的领军企业。2012年，百事还获得碳排放披露项目（CDP）的认证，这是公司连续第二年入选CDP全球和标普500领先企业指数。此外，凭借创新和卓越的水管理措施，百事公司还荣获2012年度“斯德哥尔摩工业水奖”。

2011 年，百事公司在由《财富》杂志评选出的“世界最受赞赏的公司榜”上排名第26位，在“最受赞赏的消费食品产品榜”上排名第二，并在2013年财富500强排行榜中排名第137位。同时，我们还在瑞士公司Covalence 的“最具商业道德企业榜”上名列前茅，在18个行业的581个公司中以优异的商业道德名誉排名第三，位列食品和饮料类别第一。2012年，百事公司被《福布斯》杂志评为2012年度美国十大最佳声誉公司之一，并且再次荣登美国《企业责任》杂志公布的年度“最佳企业公民”前列，该榜单被认为是美国3个最重要的商业排名年度评选之一。

■ 百事大中华区

百事公司的产品进入中国已经长达32年，是首批进入中国的国商业合作伙伴之一。在过去的30多年间，百事公司在中国建立成功的食品及饮料业务，同时还积极投资于中国的发展进程。百产品深受亿万中国消费者的喜爱。

百事公司在大中华区经营的主要品牌包括百事可乐、百事怡、百事极度、纯果乐·果缤纷、纯果乐·鲜果粒、纯果乐·百百、美年达、七喜、激浪、佳得乐、草本乐、冰纯水、都乐果汁乐事薯片、优米脆、优麦脆、桂格麦片和奇多等。

■ 百事大中华区饮料系统

1981年，百事公司在深圳设立了第一家灌装厂。2012年3月日，百事公司与康师傅控股完成战略联盟，康师傅控股所属康师饮品成为百事公司在华特许经营装瓶商，与我们现有的本地合作伴合作，专门生产、销售和分销百事的碳酸饮料和佳得乐品牌品。此外，百事公司和康师傅将把旗下各自的果汁饮料产品使用事授权的纯果乐品牌进行联合品牌经营。百事将继续拥有品牌和责这些产品的市场推广活动。此战略联盟创造了中国领先的拥有多家灌装厂的饮料生产网络，销售渠道遍及全国。

■ 百事大中华区食品系统

1993年，百事公司食品业务随着乐事薯片的引进而进入中国如今，百事公司在华的食品业务已经发展壮大到6家食品生产厂和

可持续示范农场。百事公司在中国农业开发领域的资已经超过了2亿元人民币。目前百事中国可持续示农场的马铃薯平均产量为每公顷45吨，位居世界先。在过去12年中，有1万多农民从百事在中国的农业目中获益。

2012年7月，百事武汉食品工厂正式运营，该厂百事公司按照国际权威绿色建筑LEED（即能源与环设计先锋奖）标准，在中国建成的第一家绿色食品厂。2012年12月，百事武汉食品厂获得LEED金奖证，相比2006年百事中国食品工厂的基线，百事武食品工厂采用先进的技术和工序，预计将节水%，节能20%，可以减少长期运营成本。

2011年9月，百事大中华区与中国农业部签署合谅解备忘录，以推动中国可持续发展农业项目，加中国“新农村”建设。作为合作谅解备忘录的一部，百事公司和中国农业部将共同建设并运营采用先灌溉、耕作和作物管理技术的可持续示范农场。双将共同努力，在中国农业系统推广最佳实践经验，助中国的农业种植者提高产量，增加收入，提高生水平。

百事大中华区近3年获得的主要荣誉

近几年，百事大中华区获得了许多环保、人才、业、企业社会责任等方面的荣誉。

★2011年3月，百事大中华区荣获由《商业价值》杂志社联合世界自然基金会、大自然保护协会、气候组织、中国企业社会责任同盟、壹基金评选出的“2011中国企业CSR竞争力奖”。

★2011年5月，百事大中华区获得由中国妇女发展基金会、中民慈善捐助信息中心、公益时报社联合颁发的“十大关爱女性企业（机构）奖”。

★2011年5月，百事大中华区被中国环境报理事会授予“2010年度绿色企业管理奖”。

★2011年11月，在中国饮料工业协会年会上，百事大中华区饮料系统的16家灌装厂荣获了“2011中国饮料行业节水优秀企业”称号，其中超过半数的灌装厂是连续5年获得此项殊荣。

★2012年12月，百事大中华区食品运营公司获得国际权威鉴定机构CRF Institute的“2013中国杰出雇主”认证。

★2012年12月，在“中国企业社会责任年会”上，百事公司大中华区荣获“2012中国企业社会责任特别金奖”，成为当年前10家获奖者中唯一获此殊荣的食品饮料企业，同时百事公司大中华区还荣获了“2012中国社会责任供应链典范奖”。

★2012年12月，在以“为中国饮料寻找再发展动力”为主题的中国饮料工业协会年会上，康师傅与百事公司战略联盟获得90个“2012中国饮料工业节水节能优秀企业”奖项，其中有47家饮料工厂赢得节能优秀企业奖，43家获得节水优秀企业奖，康百联盟旗下工厂获得的奖项数占整个饮料行业该年度所颁奖项总数的57%以上。

★2012年12月18日，全国妇联再次授予百事大中华区“中国妇女慈善奖—典范奖”，以表彰百事大中华区12年来持续参与支持“母亲水窖”女性公益项目，为中国女性公益慈善事业所作出的突出贡献。百事大中华区是获得该级别殊荣的5个爱心企业中唯一的一家世界500强企业。2013年5月，百事公司新近在上海建成的食品和饮料亚洲研发中心荣获LEED金奖认证，成为百事公司全球第四个被授予LEED金奖认证的研发中心，这也是百事公司大中华区第六个获此殊荣的企业单位。

★2013年，百事“把乐带回家”在戛纳广告节上获得媒体类金狮铜奖，该广告节被称为创意界的奥斯卡，并且每年全世界有超过34 000件优秀作品角逐各个奖项。

★2013年6月，在由《WTO经济特刊》杂志社举办的第八届中国大中华区会议上，百事获得了“金蜜蜂企业”称号，以表彰百事大中华区在环境的可持续发展尤其是水、能源节约和LEED工厂上所做出的不懈努力。这是百事自2007年来第二次获得该奖项。

欲进一步了解百事大中华区，请登录网站：www.pepsico.com.cn

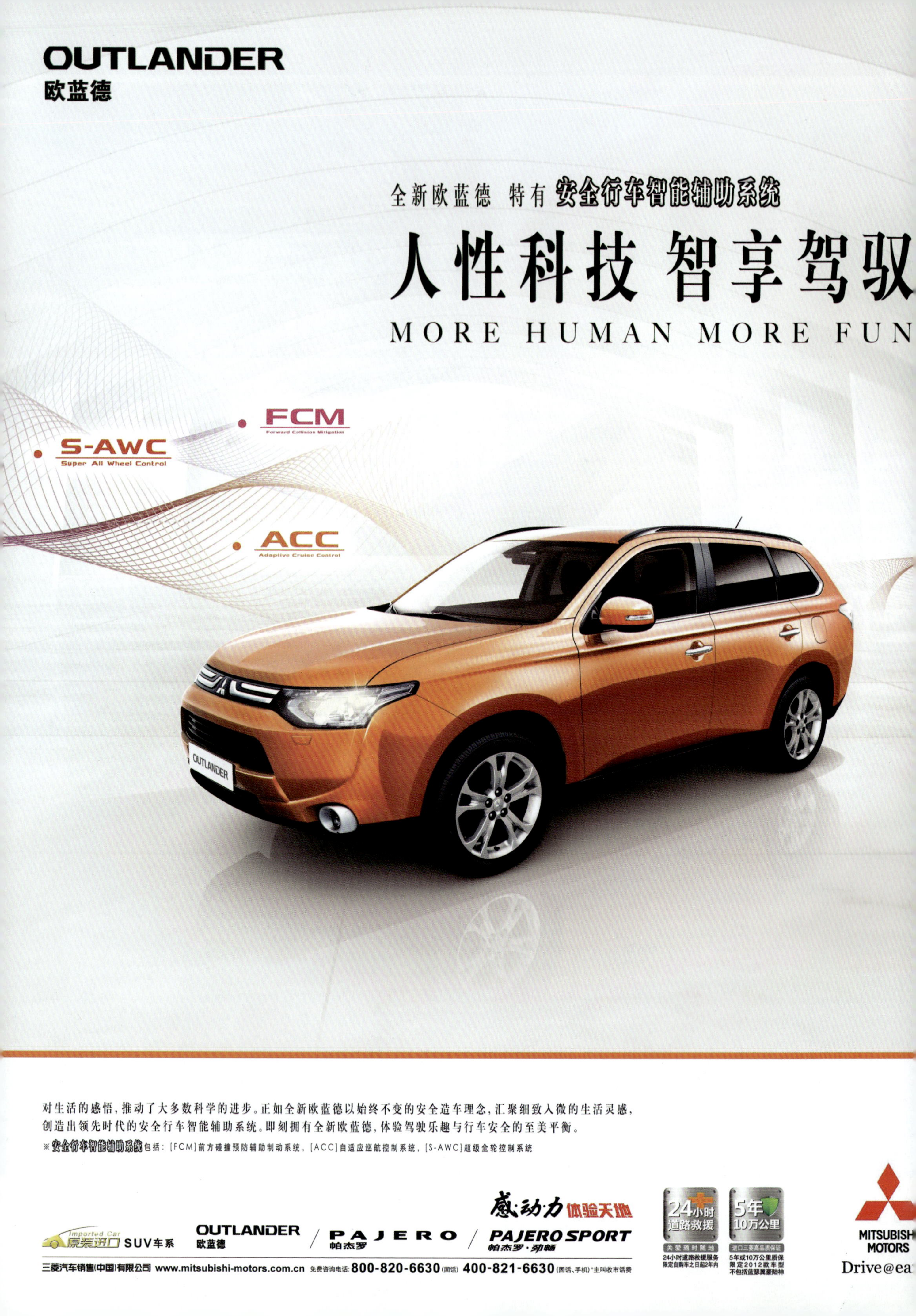
OUTLANDER
欧蓝德
全新欧蓝德 特有安全行车智能辅助系统
人性科技 智享驾驭
MORE HUMAN MORE FUN
FCM
Forward Collision Mitigation
S-AWC
Super All Wheel Control
ACC
Adaptive Cruise Control
对生活的感悟，推动了大多数科学的进步。正如全新欧蓝德以始终不变的安全造车理念，汇聚细致入微的生活灵感，创造出领先时代的安全行车智能辅助系统。即刻拥有全新欧蓝德，体验驾驶乐趣与行车安全的至美平衡。
※安全行车智能辅助系统包括：[FCM]前方碰撞预防辅助制动系统，[ACC]自适应巡航控制系统，[S-AWC]超级全轮控制系统
感·动·力 体验天地
Imported Car 原装进口 SUV车系
OUTLANDER 欧蓝德
PAJERO 帕杰罗
PAJERO SPORT 帕杰罗·劲畅
三菱汽车销售(中国)有限公司 www.mitsubishi-motors.com.cn 免费咨询电话：800-820-6630(固话) 400-821-6630(固话、手机)*主叫收市话费
24小时 道路救援
关爱随时随地
24小时道路救援服务 限定自购车之日起2年内
5年 10万公里
进口三菱高品质保证
5年或10万公里质保 限定2012款车型 不包括蓝瑟翼豪陆神
MITSUBISHI MOTORS
Drive@ea

乐金显示（南京）有限公司
LG Display Nanjing Co., Ltd.

公司全景

FPR 不闪式 3D 技术

IPS 硬屏技术

模组产品展示

乐金显示（南京）有限公司成立于2002年7月15日，系韩国LG Display株式会社（原LG. Philips LCD株式会社）在海外投资的第一家生产法人。其主要经营业务范围为研究、开发、生产LCD系列产品及相应配套产品，并提供相关售后服务。

基本信息

投资方：韩国LG Display株式会社

成立时间：2002年7月15日

投产时间：2003年5月

经济规模

总投资额：10.2亿美元，注册资本3.78亿美元

实收资本：3 亿美元

生产线：49条（大尺寸模组）

产　能：850万/月

员工数：12 000人（2012年10月末）

You Dream,We Display!

Mercedes-Benz

北京奔驰汽车有限公司
BEIJING BENZ AUTOMOTIVE CO., LTD.

GLK-Class

New GLK-Class

北京奔驰汽车有限公司（简称北京奔驰）是北京汽车股份有限公司与戴姆勒股份公司、戴姆勒东北亚投资有限公司组建的合资企业，于2005年8月8日正式成立，目前生产作为社会精英领袖身份象征，“驾乘皆宜”的梅赛德斯—奔驰长轴距E级轿车，将“智”之从容、“动”之激情、“雅”之品尚完美融于一身的C级轿车和集都市休闲与越野纵横于一体，势在·必型的GLK级豪华中型SUV。作为中国最先进的世界级汽车制造企业，北京奔驰为汽车企业设立了全新标准：精益化制造、先进的质量工艺、环保科技和对员工的关注。

在占地面积230万平方米的厂区里，世界领先的精湛工艺在各道工序被完美诠释。冲压采用的自动化封闭式多连杆压机生线，不仅能够以最高达13次/分钟的生产节拍加工成型难度很高的铝板材料，还可以对不等厚高强滚压板进行加工。主装焊线关加工工作均由机器人完成，自动化率达到80%；在线折边、压铆、整车涂胶及整车烘烤等相关工艺，也广泛采用由世界著名公司负设计与制造的一流机器人作业技术，充分保证车身强度及车身刚性。喷漆车间采用先进的喷涂设备，使用环保水性涂料达85%上，充分体现了“绿色制造”理念。总装车间里，车身与底盘的合装采用了先进的RGV运行体系，很方便地实现不同车型的发机、底盘与车身合装的夹具切换，全程由计算机记录，16个“质量门”全程监控生产过程。

北京奔驰时刻关注工人的身体健康和环境保护，生产线配备油气回收装置，最大限度消除加油瞬间挥发出来的油气污染，通有效地回收、过滤，达到最佳节能环保状态。为实现厂区土地的原生态和再生性，公司以重金投入，铺设了保证土地正常呼吸的离层，成为国内汽车业绝无仅有的环保先例。同时，北京奔驰全力支持中国体育、音乐事业发展，已连续6年以首席赞助商的身

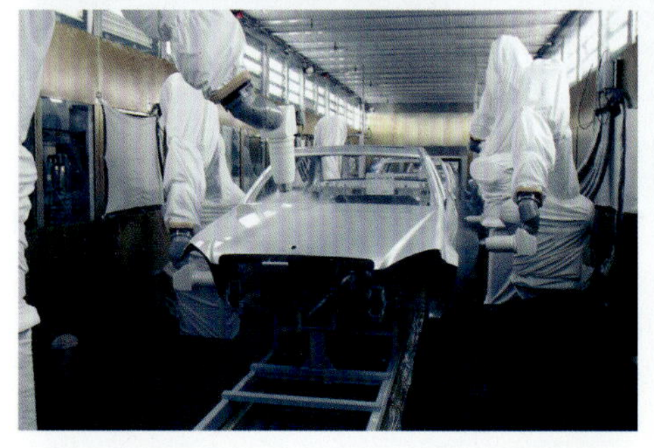

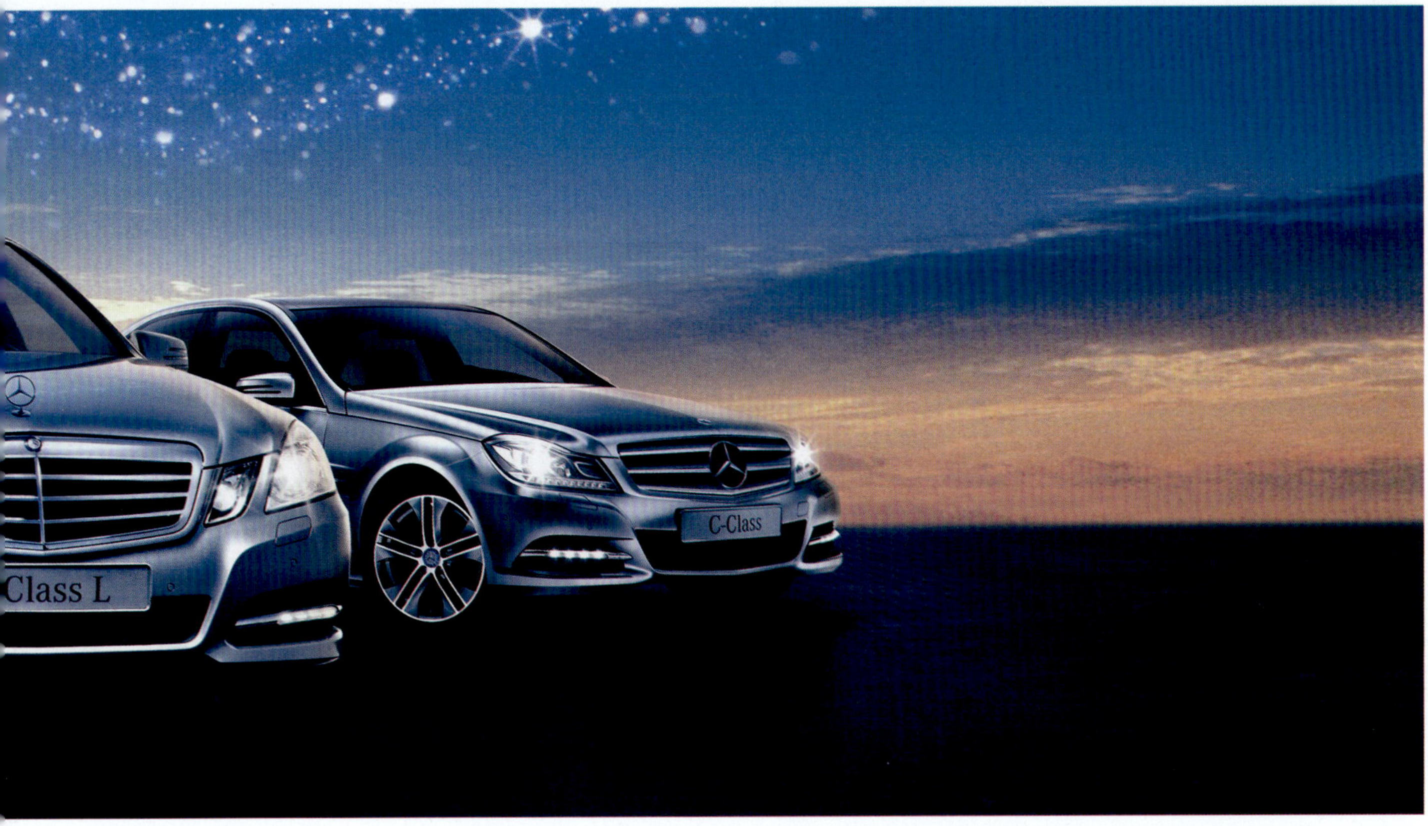

力支持中国网球公开赛，2012年双方更是签订了为期3年的赞助协议，支持中国体育事业蓬勃发展。

2011年6月28日，在德国总理府，国务院总理温家宝与德国总理默克尔共同出席了《北京奔驰发动机工厂、研发中心和新项目投框架协议》的签约仪式。根据这份协议，北汽集团和戴姆勒公司两大股东将投资为北京奔驰新建发动机工厂、研发中心和新总装间，以及未来多款车型和发动机引进生产。此次签约标志着北京奔驰作为汽车合资企业，在核心技术领域的重大突破，更标志着业技术升级和技术开发平台建设的重大突破。

目前北京奔驰未来发展重点项目全面启动：戴姆勒本土外首个发动机工厂及具有亚洲同行业最大单体结构的MRA总装车间已全落成，戴姆勒本土外首个研发中心建设全面铺展，北京奔驰二期工程奠基启动。相信在不久的将来，北京奔驰将成为一个真正优的、国际化的中国高端轿车的标杆企业，引领并创造中国汽车工业和市场发展的新时代。

赞华（中国）电子系统有限公司

赞华（中国）电子系统有限公司是专注于计算机网络存储系统集成、数据保护、移动应用解决方案和内容采集与管理的专业化公司。通过整合业内先进技术和产品，不断的技术创新，赞华（中国）电子系统有限公司开拓了移动应用、数据采集、内容管理、数据存储管理一体化平台及云存储与云服务等领域的产品和服务，为行业客户提供整体IT解决方案并承担了若干国家级IT项目。赞华（中国）电子系统有限公司已成为行业的领军者。

公司注册资本金为1700万美元，建立了完善的服务体系，以全国40个重点城市为中心建设了100多个服务网点，开通了800、400免费服务热线，以技术人员为主体的公司员工达500多名。

公司拥有若干名行业咨询专家，能够针对金融、保险、政府、企业等行业领域进行整体技术解决方案的设计与咨询；拥有30多名有经验的项目经理，能够有效地组织和管理项目；拥有一支具有创新精神的开发队伍，在数据存储灾备、数据保护、移动应用、内容采集和管理领域自主研发了一系列的软硬件产品；拥有100多名厂商认证的专业工程师，能够对HDS、EMC2、NetApp、昆腾、富士通、赛门铁克等公司的产品进行专业化服务。

数据存储和灾备领域：赞华（中国）电子系统有限公司以网络存储集成业务为核心，实现专业化、规范化、规模化，不断拓展增值业务。针对金融、保险、政府、企业领域的存储技术与行业业务的应用特点，集成国外厂商的先进产品和赞华（中国）电子系统有限公司自主开发的软件产品，完成了多个国家部委和银行数据中心建设的重大项目。

当今赞华公司开拓了云计算技术在用户的传统IT架构中的应用，与联想、Asigra、Citrix等大公司建立了云计算、云备份方面的战略合作，通过整合Vmware、Citrix和Asigra的产品和技术，向用户提供虚拟主机、虚拟存储等虚拟化资源服务，并且结合用户的实际环境提供虚拟应用发布及云备份服务和数据加密服务。

数据保护领域：赞华（中国）电子系统有限公司开发了一系列的终端安全产品和存储加密产品，提供了终端一体化解决方案和集中存储一体化解决方案。

移动应用领域：赞华（中国）电子系统有限公司开发了移动应用平台，支持多种手机、移动终端和多种操作系统。在此平台上实现了移动数据采集、手机银行、信用卡发卡与管理、银行对公业务等移动业务处理和行业应用。

赞华移动应用平台是一个高延展性、高可靠性，兼容多种业务系统和中间件系统，支持多种手机应用平台的移动应用平台，可以为政府、企业和银行业务现有和未来的移动应用构建一个通用的运行环境，使得未来移动应用的开发和部署容易、可靠。

内容采集和管理领域：赞华（中国）电子系统有限公司自主开发了内容采集开发包，基于工作流的内容采集系统“DocCap”和内容管理系统“UContent”等软件系统。应用这些产品，赞华（中国）电子系统有限公司在政府、保险、电信、金融、证券、企业等行业完成了多项内容采集与管理的项目。

赞华（中国）电子系统有限公司为满足用户不断提出的解决关键业务的新需求，精心研发，创新技术，把代理的软硬件产品与自主开发的软硬件产品有机地结合在一起，为客户提供了包括内容采集、处理、存储、归档、备份、移动应用，以及存储加密和终端安全等功能的集成解决方案。

近10年来，公司已顺利完成了"海关总署H2000工程"、"全国海关网络安全扩容改造工程"、"金税一期、二期"、"国家统计局第六次全国人口普查项目"、"国家统计局第二次全国农业普查数据采集与处理系统"、"国家发改委空间库项目"、"商务部数据库存储系统"、"商务部外经贸专用网备份存储平台"、"国土资源部国家级数据中心建设项目"、"国家财政部数据中心建设项目"、"国家知识产权局专利局信息存储整合"、"国家图书馆存储系统建设项目"、"中国航空结算存储系统"、"中国人民银行存储系统"、"中国建设银行后督系统"、"中国建设银行信用卡系统"、"中国工商银行数据中心建设项目（北京和上海）"、"中国交通银行数据大集中存储管理系统"、"中国光大银行网络存储及管理系统"、"中国人寿数据运营中心建设项目"、"光大手机银行"、"移动业务处理"等一批国家级大型数据采集和存储集成项目及企业移动应用项目。

在开拓中国内地市场的同时，又将存储业务拓展到了香港地区，为汇丰、花旗、JP摩根、摩根士丹利、美林证券、高盛、里昂证券、瑞士华宝等金融客户完成了数据存储及灾备系统的建设。

赞华（中国）电子系统有限公司已获得若干资质证书和荣誉，计算机信息系统集成一级资质、ISO9001 质量管理体系证书、CMMI L3、国家信息安全服务资质、AAA 级企业信用等级证书、优秀服务商荣誉证书、2008 年度至 2011 年度十大金融科技杰出企业荣誉证书、"中国电子信息商务应用创新成长二十强"、2010 年度中国金服务奖、"2009、2010 年中国科技创新型企业 100 强"、"中华人民共和国建国 60 周年功勋单位"称号、"成就十年 · 中国软件和信息服务领军企业"称号，并已被吸纳成为众多重要 IT 行业协会的成员、中国信息协会常务理事单位、中国信息协会信息技术服务专业委员会副会长会员单位、中国计算机用户协会常务理事单位、中国国际商会常务理事单位等。

赞华（北京）电子系统有限公司总裁：陶莹

近20年来，赞华（中国）电子系统有限公司参与了海关系统多个重大信息化项目的建设，其中包括：

◆ 全国海关的网络建设；
◆ 海关H2000/H2010工程项目（南北中心）；
◆ 全国海关网络改造项目；
◆ 海关风险分析平台项目；
◆ 全国海关存储系统建设项目；
◆ 2012年海关电子口岸无纸化通关项目；
◆ 自2000年至今的全部海关两中心存储的升级与扩容工作。

赞华（中国）电子系统有限公司将继续努力探索，创新技术，优化服务，为海关系统的信息化建设贡献自己的力量。

中国电子口岸数据中心成都分中心

中国电子口岸数据中心成都分中心（以下简称成都数据分中心）主要负责四川省内进出口企业的数据支持服务及相关应用项目开发、合作等。目前，四川省内获得进出口经营权的企业已超过1万家。成都分中心部署专网线路13条，辐射四川省行政区域内的8个地市州，入网企业达13 228家，预录入报关用户达9 318家，通过QP系统预录有实际投资的企业突破150家。

近年来，成都数据分中心结合四川"科学发展，加快发展"的工作要求，围绕成都海关建设内陆"一流海关"的目标，深入贯彻落实全国海关科技创新大会精神和海关总署《关于促进外贸稳定增长的若干措施》、《海关服务和支持企业创新发展的若干措施》、《海关支持企业"走出去"若干措施》的基础上，结合自身工作职责和关区业务发展实际，以"夯实基础，打造亮点，强化服务"为抓手，在"细化措施"、"统筹规划"、"加强宣传"、"督促跟踪"等方面下功夫，扎实推进各项工作，在支持地方经济社会发展上作出了应有的贡献。

近3年以来，成都数据分中心面临巨大的机遇和挑战。2010年10月，国务院批准同意设立成都高新综合保税区，2011年2月通过国家验收；2012年1月，国务院同意成都高新综合保税区扩区设立双流园区；2012年7月，成都高新综合保税区双流园区通过国家验收。在综合保税区的建设过程中，成都数据分中心高度重视信息系统"顶层设计"。随着综合保税区建设，成都数据分中心的网络及信息系统大量增加，如何更好地发挥系统作用，稳妥整合系统资源，是一项重要而艰巨的任务。对此，在确保现有网络和系统稳定运行的同时，成都数据分中心启动了信息系统"顶层设计"的调研和预研工作，努力为关区信息化建设的长远发展，为构建功能强、覆盖广、运行畅、易操作的信息系统打下了坚实的基础，并将调研和预研的结果运用到综合保税区建设中，收效明显。

在海关总署数据中心和成都海关的大力支持下，成都数据分中心在综合保税区信息平台建设过程中，努力实现了综合保税区平台的"一单两报"。综合保税区信息平台辅助海关对特殊监管区进行监管，但成都的综合保税区平台和总署数据中心的预录入程序由不同的软件体系构成，如何能够共享数据，让企业使用更方便，为企业服务更细微，是困扰海关的重要问题，成都数据分中心在信息化建设中急企业之所急，想企业之所想，在多方调研后，详细分析了一单两报工作中的技术难点和协调难度，并制定了专门措施，建立了一对一联系解决技术难题的机制，在建设过程中，还充分考虑大小两类企业在成本、效率、服务层级上的差别，专门制定了两套方案，满足企业的个性化需求。

近两年，数据分中心不仅在成都海关综合保税区平台建设中屡立战功，并在海关特殊监管区以外也战绩明显。成都数据分中心在富士康提出区外企业的电子账册联网监管业务需求后，结合其他兄弟海关已经实施的经验，本着最节省经费的原则，圆满地完成了区外企业电子账册联网监管系统，受到企业广泛好评。

成都数据分中心还建设了保税仓联网监管平台，不仅完成了监管平台和配套查询平台的建设，还根据企业的需求，打通了保税仓联网监管平台到海关的双向传输通道，使该平台使用的J账册可以通过系统传送到海关，并在业务流程完成以后将数据反传回去，使企业能操作更方便。

为不断提升服务企业水平，回报社会，成都分中心还举办了企业培训班和预录入人员培训班，强化与企业的直接沟通与交流。此外，成都分中心还制作并免费发放了企业联系卡、培训光盘，建立了QQ互动交流平台，受到企业广泛赞誉。

2013年，四川地方电子口岸建设进入关键的时期，成都分中心也迎来了新的发展机遇，成都分中心将进一步加强与地方政府及其相关部门和企业的联系、沟通与合作，迎难而上，积极主动开展工作，拓展业务，特别是在航空、铁路、公路口岸物流中心等海关特殊监管区域及地方电子口岸建设中，充分发挥自身专业优势，为加快推进四川"多点多极"格局构建，实现外贸健康发展，作出新的更大的贡献。

[公司简介]

惠普公司（HP） 是一家业务机构遍及全球170 多个国家和地区的资讯科技公司。作为全球最大的科技公司，惠普产品涵盖了打印成像、个人计算、软件、服务和IT基础设施，并以全面的产品组合更有效地服务客户。惠普公司（HP）致力于激发科技的无限潜能，为个人、企业及社会创造积极影响。为了更好地为客户服务，惠普公司不断开拓新的市场，开发新产品、解决方案和新技术。惠普公司发明、设计和提供推动商业价值，创造社会价值及改善客户生活的技术解决方案，并在UNIX服务器、Linux服务器、Windows服务器、磁盘存储系统、存储局域网系统（SAN）、外部RAID存储系统、工作站、台式机、笔记本电脑、手持设备、喷墨打印机、激光打印机、打印耗材等多个市场领域占据领先地位。

惠普打印耗材产品

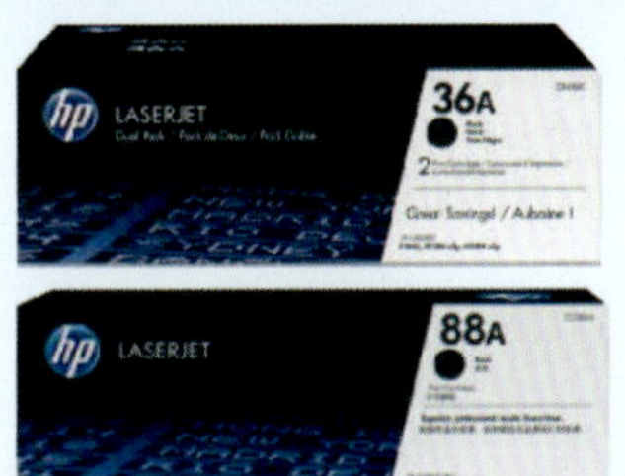

惠普硬件产品

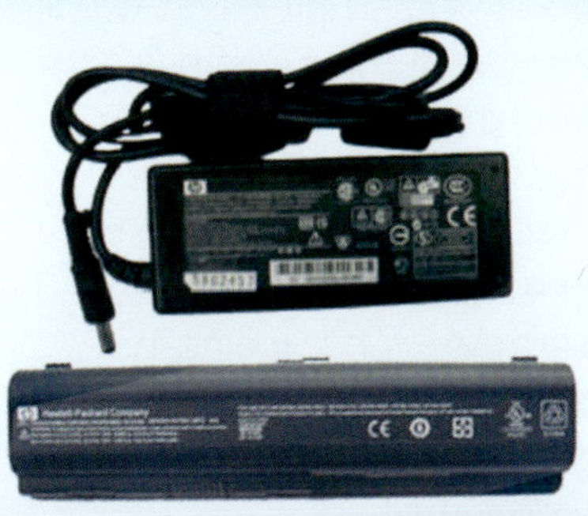

墨盒和硒鼓防伪标签

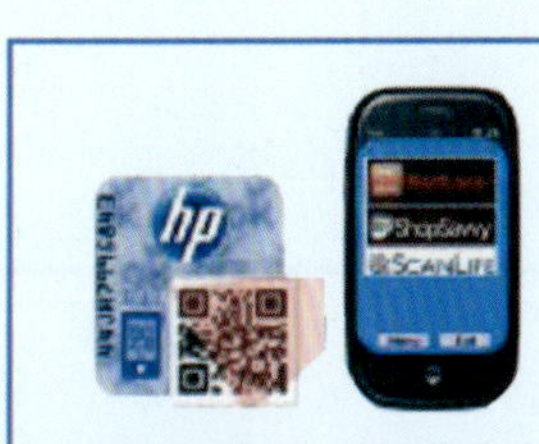

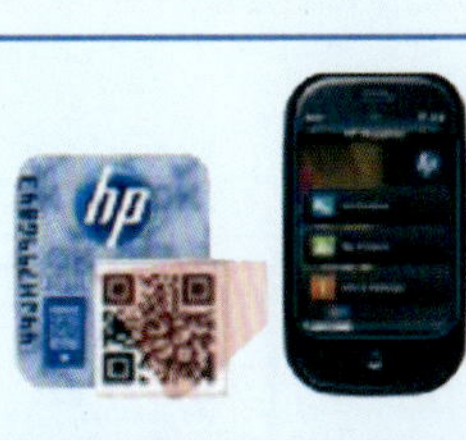

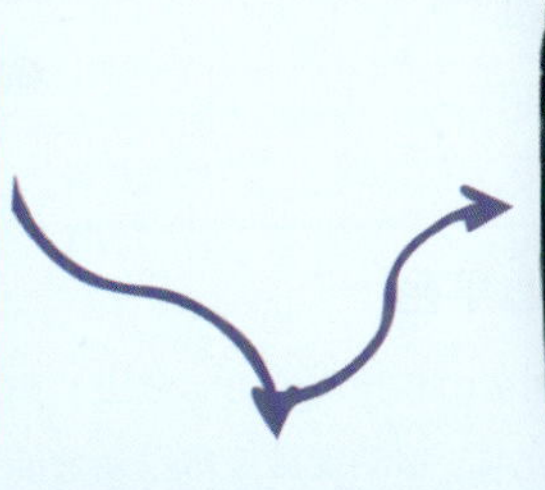

说明：防伪标签颜色将随着观察角度的不同而从浅至深变化，“OK”和“√”符号可以360度浮动。

二维码手机认证，使用智能手机的二维码读取器提取防伪代码，检视惠普的回应，“OK”表示可以安心购买，“X”表示可能是假冒产品。

地址：北京市朝阳区建国路112号　　电邮：anti-fraud.china@hp.com
打假热线：800 810 7518

一、公司简介

东方口岸科技有限公司，成立于 2002 年2月，是中国电子口岸数据中心、中国电信集团和中信21世纪电讯有限公司共同出资成立的高新科技企业。 东方口岸科技有限公司是中国电子口岸物流商务的推动者和实践者，承担“中国电子口岸物流商务基地”日常运行职责。

东方口岸科技有限公司为政府行政管理部门、物流行业、各大银行、保险公司、信息安全行业等和全国50万家进出口企业用户提供物流电子商务服务和解决方案（产品），主要包括CA认证与安全交换、物流链集成、物流及关务系统开发、电子计费与支付、电信增值业务、企业ERP咨询实施等。

东方口岸科技有限公司积极与包括SAP、IBM、ORACLE、Dell等众多全球知名IT企业保持密切联系，与不同国家和地区的机构建立广泛合作与长期战略伙伴关系。东方口岸科技有限公司的发展战略是“以服务为宗旨，以促进为目的，以需求为导向，以合作促发展”。

面向未来，东方口岸科技有限公司将认真贯彻落实科学发展观，加速推进持续成长，继续走技术领先、服务领先的专业化道路，实现电子政务和电子商务的协同发展，向实现产业升级，塑造行业领先地位的战略目标迈进。

二、资质认证

- 中华人民共和国电信与信息服务业务经营许可证
- 中华人民共和国增值电信业务经营许可证（含短消息类服务接入代码使用证书）
- 软件企业认定证书
- CMMILevel 3
- 计算机软件著作权登记证书（25个）
- 商用密码产品型号证书（10个）
- 商用密码产品生产定点单位证书
- 商用密码产品销售许可证
- 高新技术企业证书
- 中关村高新技术企业

三、产品概况

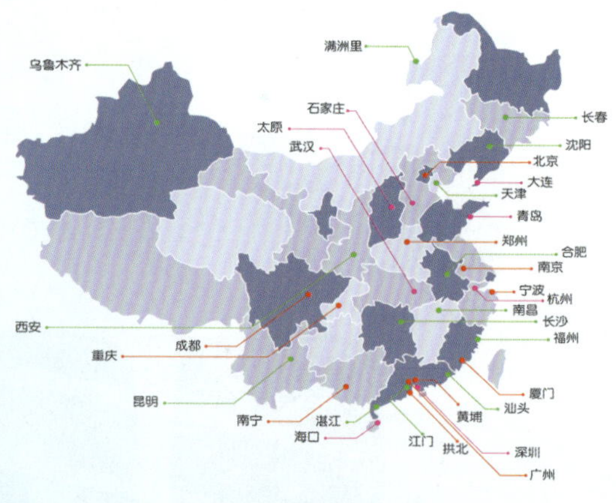

区域节点模式
总部节点模式
正在洽谈关区

集成通系统

集成通是面向贸易、物流与通关领域，为企业与企业之间、企业与管理部门之间的业务协作提供以数据传输、标准转换、流程管理、安全支持、支付支持、辅助申报为核心功能的综合数据集成服务，从而推动企业实现与合作伙伴之间、和口岸管理部门间业务协作的自动化、无纸化，帮助企业优化贸易、物流与通关的业务流程，消除进出口业务链上的数据鸿沟，增强业务的透视度，提高运作效率，降低运作成本，全面提升企业在全球供应链下的竞争水平。

集成通分类：

物流集成通、报关集成通、特区集成通、加贸集成通

智能指挥中心平台

根据金关工程二期的要求及海关总署关于指挥中心建设的指导意见，自2011年4月开始，东方口岸科技有限公司将先进的物联网技术、移动视频技术以及智能视频分析技术整合形成“智能指挥中心平台”，该系统由“指挥中心基础系统”、“智能监控系统”、“智能分析系统”、“智能指挥系统”和“指挥中心数据库”5个主要应用系统构成。为海关各级办公指挥、风险管理、监管通关、审单、查验、稽查部门提供了定制化智能支持服务，切实发挥了信息化系统对实际监管工作的预警、调控、指挥、监督作用，成为直属海关指挥中心日常运行的重要信息化辅助应用工具。

智能指挥中心平台的网络架构涉及对外接入局域网、管理网、视频专网。

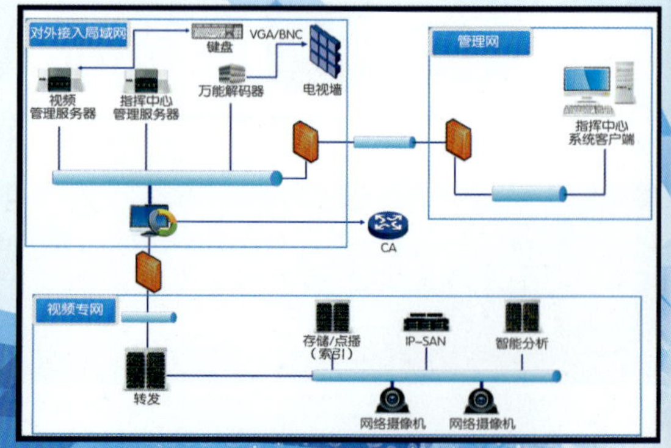

地址：北京市朝阳区三丰北里1号楼悠唐国际A座15层　邮编：100020　电话：010-65195500　传真：010-65194718　网址：www.east-port.cn　热线：010-95198-2

高峰创建家私（深圳）有限公司

高峰创建家私（深圳）有限公司，坐落于风景秀丽的深圳市龙岗区葵涌街道雷公山工业区，成立于2000年，是一家专业从事中高档沙发生产和全球配送的外商独资企业，产品全部出口，远销欧美及澳洲等17个国家与地区。

公司一贯秉承"质量第一"的理念，成立十年来取得快速发展，沙发出口已连续多年稳居国内同行业前5名。公司现有员工2 600多人，工厂面积16万平方米。2012年度出口总值1.4亿美元，全年纳税总额916万元。

公司自成立以来，始终专注于对产品质量的孜孜追求，精益求精。公司对产品所有材料，都有严格的质量控制程序，公司设立有专门的检测室，并配备各类仪器对材料进行严格测试。

举例说来：对于牛皮，公司有阻燃测试、拉力测试；对海绵，有阻燃测试、压力测试；对面料布，有阻燃测试；对木材，有含水量检测；对夹板，有甲醛含量检测；对油漆，有重金属测试；对松紧带，有弹力测试……只有经过测试合格的材料，才会验收并投放于生产使用。

即使经过如此繁杂的材料合格测试后，做出来的成品亦会经过多道程序的质量检测。公司设立有专门的质检部门，对生产中的钉架、上胶、裁剪、电车、扪皮、包装每道工序都有详细的品质检查。经过上述多道程序的严格检验之后，产品才可正式装柜出口。故自公司成立以来，高峰的产品质量一直为客户赞誉有加。

并且，公司从保护国内森林资源出发，从提高产品质量出发，多年以前，公司即开始进口木材，至今，公司生产所使用80%以上木材，皆为进口木材。同时，公司特设立热处理消毒房，对生产用木方进行热处理消毒，以保证产品质量。消毒房经深圳检验检疫局批准，并获得国家统一热处理资质。

针对澳洲客户的特殊要求，公司组建了澳洲生产专线，专线生产用木材全部经过高温消毒处理，并向检验部门申请消毒证书。此外，对专线的生产环境，亦提出苛刻要求，严格保证产品质量。

由于公司历年来守法经营，积极纳税，连续多年获得以下荣誉：

- 2004年，成为深圳海关联网监管企业
- 2006年，被深圳海关评为AA企业
- 2007年，成为深圳海关为数不多的客户协调员制度企业
- 2010年，被深圳诚信联盟评定为诚信AAA企业（最高等级）
- 2012年，获中国检验检疫协会颁发"中国质量诚信企业"

社会责任方面，公司多年来积极参与各类社会公益捐助。无论是汶川地震还是青海地震，公司都慷慨捐助，并积极发动公司员工进行募捐，公司内部员工有困难之处，公司亦会由公司董事会带头发起募捐。公司自成立以来，已募捐数百万元。

2006年，公司获得龙岗区总工会颁发"双爱双评"先进企业称号。

2009年，公司获得葵涌街道办颁发"2008年抗震救灾活动"先进单位称号。

公司在内部管理上，制订了非常细致的工厂管理制度，并与每位员工签订劳动合同，为每位员工缴纳社会保险，按时发放员工工资，从未发生拖欠工人工资事件。公司于2008年获龙岗区政府颁发"和谐企业"称号。

近年来，受全球金融危机影响，经济持续下滑，民众购买力疲软，家具行业一度受到重创。在此环境下，高峰公司沉着应对，积极开拓市场，于2012年创下出口达到1.40亿美元的佳绩，为同行羡慕不已。虽取得骄人成绩，但高峰公司并不以此沾沾自喜，高峰深知自身所负的社会责任，未来的发展道路上，高峰将一如既往以谦逊谨慎精益求精的态度，脚踏实地，一步一个脚印地走下去，在业绩上再创高峰，在质量上再创高峰。

中国电子口岸数据中心福州分中心

中国电子口岸数据中心福州分中心（以下简称分中心）自2003年5月成立至今，在福州海关及海关总署数据中心各级领导的关怀指导下，带领全体人员开拓创新、扎实工作，不断推动电子口岸建设又好又快发展。

2012年，分中心新一届领导班子牢固树立服务创新意识，全面履行电子口岸职责，努力营造良好的通关环境，在新的起点上拓宽眼界，真抓实干，以科学发展观的理念继续推动福州关区电子口岸建设取得新的进步。

一、深入践行“四好”总体要求，以科学发展观为指导，全面加强分中心领导班子建设

一是建设学习型班子，着力提高政治和业务素质；二是坚持民主集中制，着力提高科学领导水平；三是坚持求真务实，着力改进工作作风；四是重视征求意见，扎实推动整改落实；五是注重廉洁自律，发挥班子的带头示范作用；六是认真履职，不断推动电子口岸工作取得新进步。

二、牢牢把握“服务至上”的电子口岸建设宗旨，全心全意做好为国家宏观经济发展、海关建设、电子口岸共建部门、进出口企业的服务

一是配合完成通关作业无纸化改革试点工作；二是积极推动12360热线互联互通；三是配合完成海关税费电子支付系统的推广部署；四是部署企业网上办事平台系统上线运行；五是参与海关监管场所验收；六是参与完成海关总署数据中心“分中心业务管理系统”的项目测试；七是加强技术人员的培训；八是强化完善热线呼叫中心功能；九是优化办事流程，实现海关对外办事窗口的统一管理和规范管理；十是建立业的培训机制，提高企业外贸知识水平和海关业务操作能力，帮助企业快速通关。

三、结合工作实际，深入贯彻落实福州海关关党组的工作部署，积极支持海西重点项目建设

一是参与《福建省电子口岸平台总体技术框架》方案的编制工作；二是完成福州海关电子口岸专网与福建电子口岸平台网络的对接；三是为福建电子口岸平台提供报关单通关状态信息；四是积极推进“服务型”电子口岸建设；五是参与保税港区、陆地港的信息化建设，为保税港、陆地港和区域通关提供信息化支持；六是加强与厦门海关的合作，共同为福建电子口岸的建设贡献力量。

2013年，分中心将深入学习领会十八大精神，坚持理论联系实际，在工作中不断加深对十八大精神的理解，把十八大精神真正落到实处，确保电子口岸工作科学健康发展。

BLC

武汉东西湖保税物流园

2012年，武汉东西湖保税物流中心以推进现代物流业发展为目标，不断开拓创新，打造物流强区品牌，获得社会各界的认可。在第九届中国国际物流节上，保税物流中心被评为"2012年最佳物流园区"；保税物流中心有限公司被评为"2012中国物流品牌价值百强企业"，被中国物流与采购联合会评为"2012中国物流创奖"，被中国交通企业管理协会评为"2012年度全国交通运输先进物流企业"。2012年，保税物流中心仓库被中国仓储协会评为"五星"仓库。

启动全球商品采购中心建设。中心与法国西南贸易促进会签订协议，在东西湖保税物流中心设立法国葡萄酒保税区，将其打造成为法国进口葡萄酒乃至进口品的华中集散中心。此外，还与中国国际贸易学会国际品牌管理中心签订协议，建设中部地区首个全球商品采购中心，通过统一布局、统一发展、统一采购、统一销、统一服务，打造"全球采购、全国分销"模式，获得进口商品定价权，从而达到商务部对该中心提出的"创新流通模式，降低进口消费品价格"的要求。通过两大项目，打造特色板块，逐步形成进口商品和高新技术产品的国际商品展示交易中心。目前国际商品展示交易中心引进红酒企业4家，在谈企业4家，年销售红50万瓶。

通关量再创新高。中心与天河机场签订区港联动协议，将武汉机场空港的港口功能延伸至武汉东西湖保税物流中心，使中心成为虚拟空港，具有集疏、储、包装、理货、配载和分送等综合功能的空运始发地和目的地。区港联动不仅方便企业，还将增加中心的通关来源。2012年，保税物流中心服务企业100多家，服范围覆盖湖北、安徽、山西等十省市；进出口业务达24 172票，同比增长35.7%；货运量203 325吨，同比增长35.2%；货值33.2亿美元，同比增长47%；征收税3.86亿人民币。

全面推进各项经济工作。2012年中心实现全口径财政收入2.66亿元，同比增长33%；实现地方可支配财政收入5 997万元，同比增长30%；实现固定资产投14.32亿元，同比增长74.2%；实现规模以上工业总产值10.78亿元，同比增长40.4%；实现社会消费品限上零售总额21.18亿元。在经济总量增长的同时，经济结不断调整，先进制造业和现代物流业进一步发展壮大，高科技企业、电子商务企业快速发展。

2012年，保税物流中心继续加大招商引资力度，推进现代物流、电子商务、国际商品展示交易中心等几大板块的建设。园区注册企业408家，同比增长17%。进DHL武汉物流中心、美国安博武汉物流基地、国电集团下属公司国电航运有限公司、中通速递华中总部、德邦物流二期等项目。亚马逊二期、苏宁电器华中物流地、九州通现代医药物流园等重点项目建设进展顺利。

下一步中心还将尽快转变职能，除完成武汉吴家山经济技术开发区"现代物流产业发展规划"外，还将以推进经济技术开发区现代物流业发展为目标，拟订全交通物流发展规划及有关政策，提供信息与服务，推进传统运输业向现代物流业转型，推进重点交通物流基地基础设施建设和信息化建设。

中国电子口岸数据中心西宁分中心

青海省副省长王令浚(左二)和西宁海关关长刘丰(右二)为青海电子口岸揭牌

海关总署副署长李克农(左)和青海省副省长骆玉林(右)签署电子口岸合作备忘录

2013年1月9日，青海省委常委、副省长王令浚出席青海省电子口岸建设工作会议

青海省于2001年年初开始推广应用中国电子口岸应用项目。中国电子口岸数据中心西宁分中心作为青海电子口岸的主要成员之一，在中国电子口岸数据中心和西宁海关党组的正确领导下，按照“以服务为宗旨，以促进为目的，以需求为导向，以合作促发展”的指导思想和“统一认证、统一标准、统一品牌”的建设原则，认真贯彻全国地方电子口岸建设现场会精神，以地方电子口岸建设为中心，扎实做好各项基础性工作和电子口岸应用项目的推广工作。

截至2011年年底，青海省电子口岸入网企业已达到728家，实现了与省商务厅、省质监局等6个政府部门的互联互通，开通了联网报关、进口付汇、出口收汇和网上税费支付等业务。青海省电子口岸平台目前上线运行的应用项目有25个，其中包括上级开发并推广应用的项目23个，以及自行开发并推广应用的项目2个。这些项目的上线运行，实现了青海省电子口岸成员单位之间的通关数据实时共享，为推进跨部门贸易便利化联网应用项目建设奠定了良好的基础，并在提高电子口岸职能部门办事效率，为企业提供贸易便利，加快通关速度，减少贸易成本等方面都发挥了非常重要的作用。同时，中国电子口岸数据中心西宁分中心积极协同海关、银行、企业和第三方支付公司开展了海关税费电子支付改革试点，进一步促进电子政务和电子商务高度融合，有效提高了青海省进出口通关效率，赢得了社会各界的广泛关注和普遍好评。

中国电子口岸数据中心西宁分中心在做好各项基础工作的同时，不断提高服务企业的意识和质量，制定和完善电子口岸热线电话的管理制度，公开办事流程，对重点纳税企业及自身技术力量较弱的企业提供上门服务，切实解决企业在实际操作中和项目推广过程中遇到的问题。在对企业的服务过程中，树立了中国电子口岸数据中心西宁分中心的良好形象，扩大了青海电子口岸的影响。

中国电子口岸数据中心西宁分中心将一如既往，努力把青海省电子口岸建设成为严密、高效、科学、安全的大通关信息平台，使其在规范经济秩序、降低贸易成本、提高通关效率、增强企业竞争力、促进经济发展中发挥出更大的作用。

上海亿通国际股份有限公司

上海亿通国际股份有限公司成立于2001年7月，是一家专业从事口岸物流公共信息和国际经贸电子商务统一平台建设运营和服务的控股型企业，是中国内地口岸物流信息化建设领域的先行者和引领者。

公司成立以来，根据国家口岸管理部门和上海市政府授权，在上海口岸相关政府部门和单位的大力支持下，积极推动上海口岸物流信息资源的整合，逐步形成了以统一数据处理平台为核心，相关口岸监管及港口航运单位“一点接入”的大口岸物流基础信息共享支撑体系，网络覆盖上海海港、空港口岸及所有特殊监管区域，并辐射长三角和长江流域，与香港、台湾等地区的物流信息网络衔接，服务功能贯穿“外贸监管”、“现代物流”、“供应链管理”、“电子支付”四大业务环节，为上海航运航空枢纽建设提供了重要的技术支撑和保障。

公司发展至今，已拥有1 100平米的电信级数据中心和600平方米的异地容灾备份中心，平台网络连接海关、检验检疫、港口局、海事局、边检等主要口岸监管单位，并通过上海政务外网实现与工商、税务、质检、国资、外经贸委、外管局的网络互联，同时实现了十大金融机构的网络接入。客户网络涉及各类出口加工制造企业、第三方物流企业、各类进出口及国际物流业务中的相关单位，覆盖上海的洋山保税港区、外高桥保税区、保税物流园区、五大出口加工区及上海所有的海空港口岸。此外，还实现与香港、台湾物流信息网络的衔接，积极探索“两岸三地”的口岸信息共享。

近年来，响应国务院及上海市政府提出的建设上海国际航运中心的号召，公司积极地参与到上海国际航运中心综合信息共享平台的建设中，按照“整合资源、强化主业、优化结构、和谐发展”的指导方针，不断强化公司核心竞争力建设，提高自主创新能力和市场竞争能力，实现跨越式发展。公司提出了集团式发展战略、数据中心战略和长江战略三大核心战略，重点围绕上海国际航运中心信息化服务体系建设，以公共信息服务平台建设和运营为目标，努力提高上海口岸物流信息一体化服务能力，同时实现长江流域主要港口信息互联，提高航运信息增值服务能力，大力拓展跨区域、跨国界、全覆盖的物流信息采集、处理和交换，构建具有高度市场竞争力的现代物流信息服务产业集团，并利用5~10年的时间成为全国乃至全球领先的电子数据服务商。

总经理：李伟达
董事长：刘亚东

山东雄狮建筑装饰工程有限公司

北京南站

天津滨海世贸财富中心

刚果（布）布拉柴维尔玛雅-玛雅国际机场

朝鲜柳京大厦

山东雄狮建筑装饰工程有限公司位于滕州市经济开发区腾飞路699号，是集建筑幕墙、建筑装饰设计施工于一体的大型专业化公司，是建筑幕墙、建筑装饰、金属门窗施工一级企业和建筑幕墙甲级设计、建筑装饰甲级设计单位，通过了国际质量、环境和职业健康安全三大体系认证，拥有对外承包经营资格证书和银行AAA+资信登记证书。连续三届被省建管局授予"山东省建筑装饰十强企业"、"山东省建筑幕墙十强"，并名列十强之首；连续八年被山东省建管局评为"先进企业"和"先进外出施工企业"，是中国建筑幕墙"50强"企业，并名列全国第十二位，是全国"守合同、重信用"企业和全国优秀施工企业。目前公司已发展成为成长最快、技术实力最强、最具有竞争实力的装饰公司之一。

公司自1998年组建以来，采取了"走出去、闯市场"的发展思路，先后设立四大加工基地（滕州总部、北京、上海、西安），3个驻外分公司，21个驻外办事处和总面积30 000平方米的生产研发基地。公司从美国、德国、意大利引进了多套具有当今世界先进水平的幕墙数控加工中心等生产设备，目前公司拥有国内一流规模的幕墙加工生产线，已实现100万平方米产值和150万平方米的年设计生产能力。公司现有一级建造师23人，二级建造师35人，高中级专业技术人员52人，各类专业技术人员200多人，还设有25个具有较高管理素质的项目经理部和32支施工经验丰富的安装队伍，搭建了覆盖全国的营销网络和加工安装、售后服务体系，造就了广阔的优势资源平台和市场扩建空间，形成了具有一批规模市场、信誉市场和效益市场的良好局面。

近年来公司承建的北京南站、北京科技财富中心、北京中环世贸大厦、天津泰达足球场、天津博物馆、天津体育中心主会馆、上海中欣大厦、上海科技城、上海政华大厦、西安财富中心、西部国际广场、滕州市市政大厦、滕州市人民医院、"朝鲜第一高楼"朝鲜柳京大厦等一系列难度大、规模大、影响大的世界顶级幕墙工程，更是成为地标建筑、行业典范。2008年公司与美国英科·劳斯公司就单元幕墙产品的加工，签订了长期供货协议。2009年年初又承接了刚果（布）首都国际机场航站楼幕墙工程。在公司承担的500多项国内外工程项目的设计与施工中，50多项夺杯获奖，其中天津泰达体育场等五项工程荣获中国建筑工程质量最高奖——"鲁班奖"。

一流的技术、执着的追求、完善的服务、卓越的品质，使公司赢得了良好的社会信誉。雄狮正为实现成为世界一流水平的建筑幕墙工程、金属门窗工程和建筑装饰工程的专业承包企业的目标而努力奋进！

公司名称：山东雄狮建筑工程有限公司　地址：山东省滕州市经济开发区腾飞路699号　电话：0632-5886000

传真：0632-5898369　电子邮箱：sdxszs@vip.163.com　邮编：277500

江苏省大丰市口岸管理委员会

大丰市口岸管理委员会成立于2004年4月9日。在2004年至2006年间，其克服重重困难，行程30多万公里，于2006年6月13日得到由温家宝总理签发的《国务院关于同意江苏大丰港口岸对外开放的批复》（国函【2006】50号），将大丰港成功申报为一类口岸（越过二类，直接申报）。2007年7月30日，大丰港口岸一次性通过国家验收组的正式验收，同年9月20日正式对外开放。2010年8月6日，大丰港二期码头 1 个 5 万吨级（兼靠 7 万吨级）和 1 个 2 万吨级（兼靠 4 万吨级）级散杂货泊位通过了江苏省相关部门组织的正式验收，省政府8月24日发文同意大丰港二期码头正式对外开放（苏政复【2010】59号）。

大丰港自从2007年9月正式成为国家一类口岸以来,目前已建成万吨级至10万吨级泊位8个，年吞吐能力达3 000万吨，三期工程通用和集装箱专用码头正加快桩基工程、上部结构、预制构件等建设进度。10万吨~15万吨级进港深水航道工程已经纳入国家交通运输部“十二五”规划。目前已开通至韩国仁川港、釜山港，日本门司港和经上海至欧美等国际集装箱班轮航线，至日本、俄罗斯杂货航线，以及至大连、天津、秦皇岛、青岛等散杂货航线。2012年，大丰港完成货物吞吐量2 022万吨，集装箱吞吐量近5万标箱。

在江苏沿海地区发展上升为国家战略和长三角地区区域规划正式实施的大好形势下，大丰市口岸管理委员会将继续秉承和发扬“大气、包容、创新、争先”的大丰精神，认真履行“综合管理、协调服务”职能，为早日实现建成江苏沿海亿吨大港的宏伟目标作出更大的贡献！

张锦生主任

盐城大丰海事处

盐城海关驻大丰港办事处

盐城出入境检验检疫局大丰港办事处

盐城边防检查站

地址：大丰港经济区中央大道1号　邮编：224145　电话：0515－83555129　传真：0515－83555280

上海索广映像有限公司

上海索广映像有限公司（简称索广映像，英文简称SSV）成立于1995年12月，是由索尼（中国）有限公司与上海仪电子（集团）有限公司合资设立的索尼牌视像产品制造企业。公司总投资为4.102 9亿美元，注册资金1.025 8亿美元。公司位于上海市浦东新区金桥工业区南区，占地面积106 208平方米。

索广映像是国内率先生产平面彩电的企业。目前主要从事设计开发 、生产制造“BRAVIA博大晶深”液晶彩色电视机和液晶模块，其新产品具有1920×1080全高清分辨率、3D立体和Edge LED背光、DLNA家庭娱乐网络、WI-FI Ready、XMB世界导航菜单，同时采用RGB传感器，该传感器可以依据周围环境自动调整整机的颜色和亮度。同时，在专业用视像类产品领域，从事开发制造液晶前投影机及投影光机。实现了从核心部件到整机一体化生产。

索广映像高度重视企业的社会责任，贯彻“给地球关爱”和“以人为本”的理念，致力于建立完善的环境和安全管理系统，生产最佳的绿色环保产品，创造一流的产品质量，树立一流的企业形象。先后通过ISO9001质量管理体系的认证、ISO14001环境管理体系的认证、OHSMS职业健康与安全管理系统的认证，并获得国家“产品质量免检”证书及上海市文明单位、上海市高新技术企业、国家商检一类管理企业、免办CCC诚信企业、海关实施AA类管理企业、“安全生产先进”企业、上海市厂务公开民主管理工作先进单位、上海市3星诚信创建企业、外商投资先进技术企业、上海市外商投资双优企业、上海市外商投资销售收入百强企业、上海市外商投资上缴利税百强企业、中国对外贸易百强企业、上海市创新型企业、上海市平安单位、全国机械工业职工技术创新优秀组织单位、“外汇服务绿色通道”企业、上海市浦东新区社会责任达标企业、上海市浦东新区企业研发机构、上海出入境检验检疫局“快检快放”便捷化监管措施企业等荣誉。

粤兴机电工程（中山）有限公司

粤兴机电工程（中山）有限公司坐落在珠江三角洲中部的中山市火炬高新技术开发区，是香港珠江集团船厂有限公司的全资子公司，总投资近2 000万元人民币，拥有10 000平方米的厂区。

近年来，公司致力于MTU，MWM，Volvo，Perkins，Cummins，Mercury美国水星机船用、陆用、车用发动机和发电机组，ZF，REINTJES齿轮箱，MJP及KAMEWA船用喷水推进器的专业维修及零配件供应。公司除承接本公司代理的高速客轮的维修工程外，还对外承接其他船只的维修工程，主要有国内海关船艇、公边船艇、客渡轮、海军等船舶的发动机、波箱、发电机组、空调等设备的维修和安装，以及陆用动力发电设备维修保养等。

公司经过多年的技术积累，已经拥有20多名持有上述设备维修资格证书的工程师及技师，且大部分技师从事MTU机器维修经验均达15年以上。公司具有MTU主机W6级认可指定维修工场资格及海关总署认可MTU主机维修网点资格，近年来完成MTU主机W5级及以上修理工程超过200台次。

地址：广东省中山市火炬开发区十涌路16号　电话：0760-88293800　传真：0760-88287866

天津海关

2012年，天津海关按照海关总署党组要求，认真履责、锐意进取，紧紧围绕“与时俱进，稳中求进，推动各项工作迈上新台阶”的工作主题，一步一个脚印坚实前行，海关监管更加有效，规范化管理水平显著提升，各项工作平稳有序、健康发展，以“进”为核心的工作主题得到有效落实。

——2012年共接受并审核进出口报关单259.23万份，监管货运量1.81亿吨，货运值2 042.52亿美元，同比分别增长1.6%、8.2%和3.6%。开展一年有余的分类通关改革提前5个月完成关区全覆盖，出口货物全部实现运抵报告管理，监管场所验收合格率达到100%。通关作业无纸化试点全面启动并提前达到阶段目标。

——2012年实现税收总量2 095.02亿元，同比增长9.6%，首次突破2 000亿大关，再创历史新高。其中，实征税收1 863.93亿元，转出税收231.09亿元，同比分别增长10.7%和2%。电子支付比率达到54.9%。

——2012年“国门之盾”行动战果丰硕，全年侦办刑事案件100起，查办行政案件5 864起，均创历史新高。侦破亿元以上刑事案件8起，位列全国海关第一，“5·29”特大冻品走私案等一批大要案在全国产生重大影响。全年办结简易案件3 213起，当日办结率达90%。

——2012年认真落实署市合作备忘录，顺利完成东疆保税港区二期验收，积极推动完成出口加工区整合升级方案。迅速落实海关总署党组部署，及时出台促进外贸稳定增长25项措施并狠抓落实，赢得社会各界和海关总署的充分肯定。

乐山无线电股份有限公司

乐山无线电股份有限公司位于中国西部大开发中心地带的历史文化名城——四川乐山，创建于1970年，是以半导体分立器件为主产品的综合性电子企业。在改革开放中，经过多年艰苦奋斗，工厂持续快速发展壮大成为拥有多个独资和合资公司的集团企业。

从1993年起，乐山无线电股份有限公司产品销量一直位居中国同行业前列，是中国西部著名的省优秀企业、高速增长型企业、科技先导型企业和出口创汇企业，2001年起连续5年成为中国电子信息百强企业，2007年7月按“快速成长壮大类”纳入四川省大企业大集团培育名单，2008年首批获得四川省“高新技术企业”认定证书，2010年1月成为“2009年度四川省外贸出口领军企业”，2010年和2011年，又连续两年进入中国“电子信息百强企业”行列。

集团获得首届中国市场消费品质量信誉竞争力评比“同行业十佳品牌”，中国技术监督情报协会“中国质量过硬放心品牌”，中国半导体行业协会“2010年中国十大封装测试企业”，生产线通过ISO9001、ISO/TS16949、ISO14001和QC080000标准体系认证，产品符合ROHS等有害物资管理法律法规要求。

乐山无线电股份有限公司将继续坚持科学发展观，以构建和谐社会、创新型社会、学习型社会和节约型社会为主题，以改革开放和科技创新为动力，以产品结构调整为主线，以为社会作出更大贡献和提高员工生活水平为根本目的，在社会经济环境的变化中，全力以赴，抓住机遇，拓展市场，促进企业不断进步。

乐山无线电股份有限公司将继续坚持以人为本，团结一致，永远保持不骄不躁、艰苦奋斗的作风和开拓创新的精神，做好科学决策，为中国电子信息产业的发展作出新的贡献。

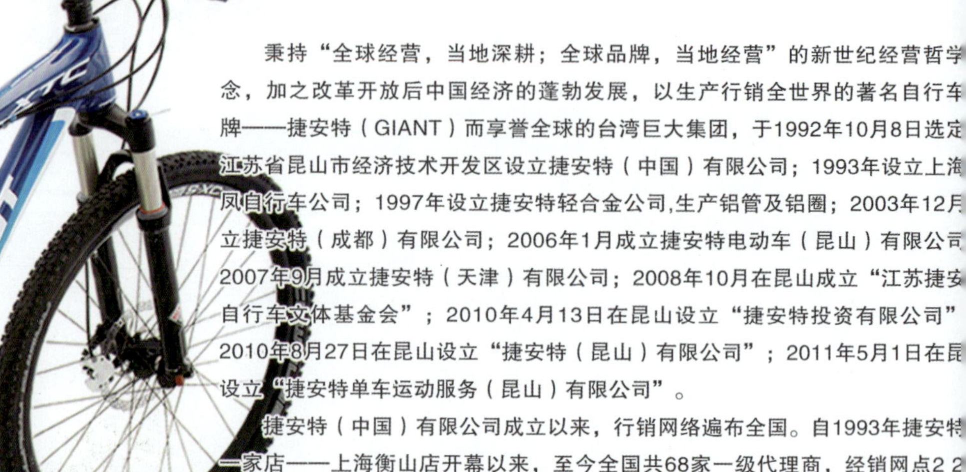

秉持“全球经营，当地深耕；全球品牌，当地经营”的新世纪经营哲学念，加之改革开放后中国经济的蓬勃发展，以生产行销全世界的著名自行车牌——捷安特（GIANT）而享誉全球的台湾巨大集团，于1992年10月8日选定江苏省昆山市经济技术开发区设立捷安特（中国）有限公司；1993年设立上海凤自行车公司；1997年设立捷安特轻合金公司,生产铝管及铝圈；2003年12月立捷安特（成都）有限公司；2006年1月成立捷安特电动车（昆山）有限公司2007年9月成立捷安特（天津）有限公司；2008年10月在昆山成立“江苏捷安自行车文体基金会”；2010年4月13日在昆山设立“捷安特投资有限公司”2010年8月27日在昆山设立“捷安特（昆山）有限公司”；2011年5月1日在昆设立“捷安特单车运动服务（昆山）有限公司”。

捷安特（中国）有限公司成立以来，行销网络遍布全国。自1993年捷安特一家店——上海衡山店开幕以来，至今全国共68家一级代理商，经销网点2 2家，其中专卖店共1 640家，店中店共575家，自行车租赁站为5家，专业维修共7家。捷安特的通路形态主要表现为生活馆（Lifestyle）、社区店（Elite）、贩专业店及租赁体验店等。

捷安特（中国）有限公司

捷安特（中国）有限公司秉承GIANT品牌将品质视为第一工作的精神，始将产品品质和工作品质作为首要工作。

1996年通过日本制品安全协会SG MARK认证，成为大陆首家通过此认证的行车生产厂。1997年通过中国商检质量认证中心ISO9001:1994版审核认证，由建立了企业内部全面的品质管理体系，为全员参与品质保障提供了良好的契机1998年设立研发中心及导入铝合金车架的生产。1999年1月被《中华工商时报评选为“98年中国十大成功产品”。1999年4月成为中国自行车协会副理事长位。同年，公司成为中国江苏出入境检验检疫局认定的“江苏出口商品生产企一类企业”。2000年7月“GIANT捷安特”商标被中国工商行政管理总局商标列入“全国重点商标保护名录”。随着企业规模的扩大和生产经营的发展，20年公司又通过ISO9001:2000版换版认证，使得公司以品质为第一工作的品质管体系在新的环境下从顾客满意和内部沟通等方面得到了更加全面的充实。2001 3月，经审核确认为“外商投资先进技术企业”。2003~2006年连续被国家质量督检验检疫总局认定为国家免检产品。2004年被国家工商行政管理总局认定为名商标。2006年被国家质量监督检验检疫总局认为中国名牌。2001~2006年全市场同类产品销售量第一。2005年11月获得“苏州市外商研发机构”称号，获“江苏省外商研发机构”称号。2005年12月成立捷安特联想女子职业自行车队积极培训选手，参与专业自行车比赛活动。2006年12月，自行车及电动车通过家质量监督检验检疫总局“产品质量免检”认证。2007年9月，自行车通过国质量监督检验检疫总局“出口商品免验”认证。2008年3月，由中国传媒大学中国商旅广告协会发动的2008中国消费者理想品牌大调查中，GIANT名列自行预购品牌及理想品牌第一名，常用品牌第二名。2009年推出，新品牌MOMETUM莫曼顿及LIV/giant。2010年4月荣获由中国轻工业联合会选出的2009中国工业自行车行业十强企业第一名。2010年5月1日，捷安特在中国营运总部成立2011年3月，捷安特（昆山）有限公司导入碳纤维自行车的生产。

河　南　省

河南省口岸分布示意图

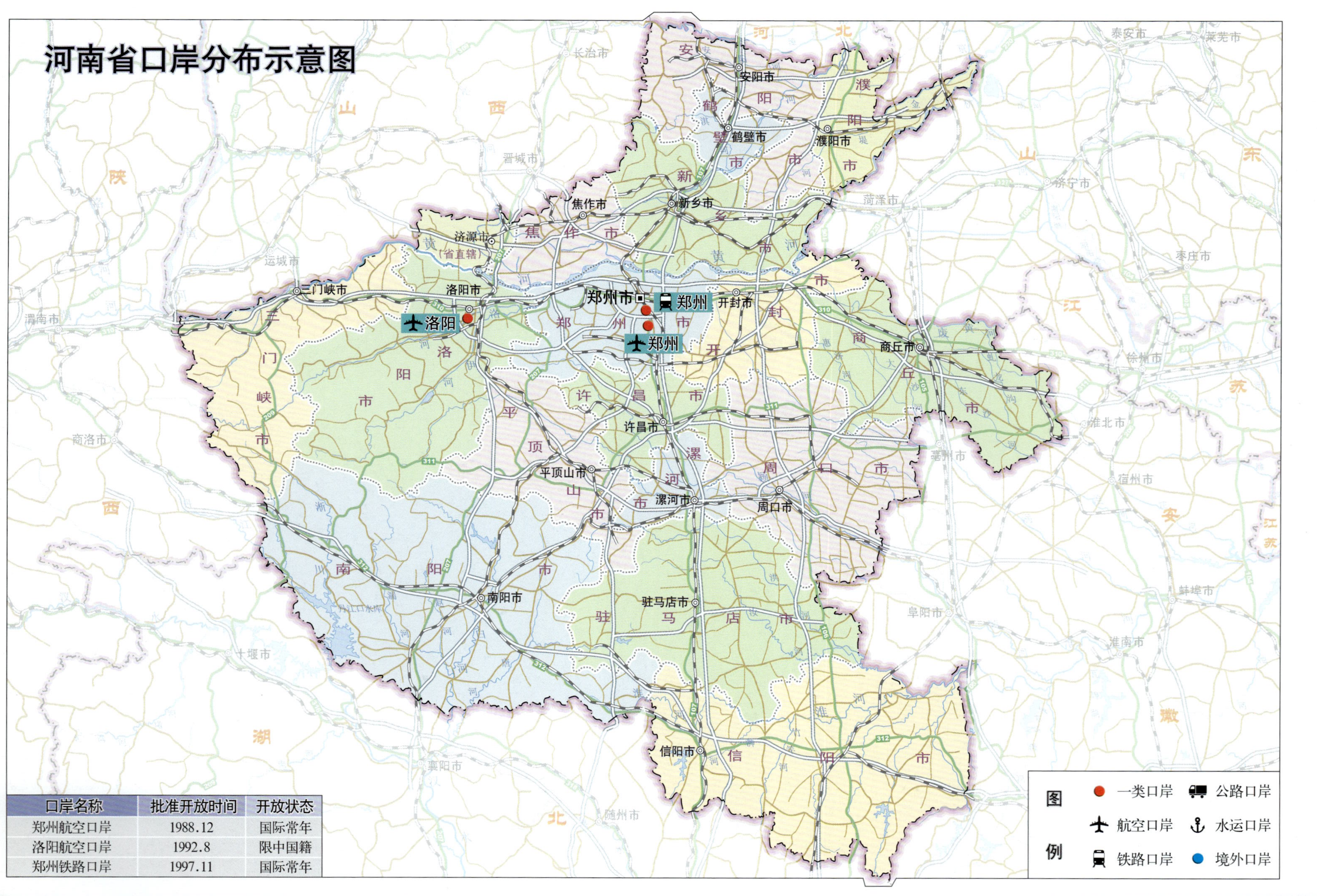

口岸名称	批准开放时间	开放状态
郑州航空口岸	1988.12	国际常年
洛阳航空口岸	1992.8	限中国籍
郑州铁路口岸	1997.11	国际常年

口岸数量及分布

截至2012年年底，河南省共有经国务院批准对外开放的口岸3个，其中航空口岸2个，分别在郑州、洛阳；铁路口岸1个，在郑州。经国务院批准的海关特殊监管区域2个（均在郑州），分别是河南郑州出口加工区、河南郑州新郑综合保税区；海关特殊监管场所1个，即河南保税物流中心（郑州）。

口岸运行数据

2012年，河南省外贸进出口总值达5 174 816.2万美元，同比增长58.6%，其中进口2 206 987.3万美元，出口2 967 828.9万美元，同比分别增长64.9%和54.3%。外贸进出口货物量为1 269万吨，同比增长24%，其中进口1 227万吨，同比增长25%；出口42万吨，同比减少0.4%。

2012年，河南省郑州和洛阳两个航空口岸客运量为411 970人次（入境204 090人次，出境207 880人次），同比增长33.73%。其中，出入境旅客382 723人次，同比增长33.05%；出入境员工29 247人次，同比增长43.37%。验放出入境客运飞机3 966架次（出境2 177架次，入境1 789架次），同比增长57.13%。验放出入境货运航班1 136架次，同比增长173.08%。河南省航空口岸出入境人员首次突破40万人次，出入境货运航班首次突破1 000架次。2012年，郑州航空口岸客运量410 490人次，出入境客运航班为3 946架次，出入境货运航班为1 136架次，同比分别增长34.03%、57.59%和173.08%；洛阳航空口岸客运量为1 480人次，出入境客运飞机为20架次，与上年持平。

郑州东站铁路口岸集装箱吞吐量为3.88万标箱（其中进口1.88万标箱，出口2.01万标箱），比上年减少20%。

口岸监管与服务

【口岸开放进一步深化】 2012年，为适应河南省扩大对外开放、建设内陆开放高地加快口岸发展的新要求，河南省口岸办认真梳理河南省口岸发展中的薄弱环节，系统谋划工作思路。在深入调研、反复征求各有关方面意见的基础上，起草了《河南省人民政府关于进一步加快口岸发展的意见》，并经省政府第105次常务会议研究通过。2012年7月21日，河南省人民政府批准印发了《河南省人民政府关于进一步加快口岸发展的意见》［豫政（2012）62号］，为加快推进内陆开放高地建设、加快口岸发展提出了新部署和新要求。该意见对省辖市申请设立综合保税区，支持海关、检验检疫机构建设，加快现有海关特殊监管区域（场所）的建设和发展，完善提升口岸通关服务功能，加快推进电子口岸和“一站式”大通关等涉及口岸发展重大问题作了全面安排部署，为全面提升河南省口岸建设指明了方向，提供了依据。

【推进海关特殊监管区域申建与发展】 针对河南省长期以来海关特殊监管区域（场所）数量少、类型单一、严重滞后于扩大开放要求的实际，河南省口岸办提出了统筹全省综合保税区建设意见。在洛阳、南阳、新乡等地设立综合保税区的意见，已经省政府同意上报国务院。指导和支持驻马店、焦作等地与保税物流中心合作，建设保税仓库和出口监管仓库，拓展保税物流中心功能，服务当地及周边企业。在抓好申建工作的同时，着力抓好现有海关特殊监管区域（场所）建设发展。结合郑州航空经济综合实验区的谋划，对郑州新郑综合保税区拓展苹果手机维修、内销、融资租赁、保税期货、资金结算等功能进行了研究，提出了相关政策建议，并已纳入航空港经济综合实验区争取国家政策支持范围。着力推进综合保税区二期建设，0.24平方千米区域的基础和监管设施已完成建设，并顺利通过海关总署委托郑州海关进行的验收。2012年富士康集团下辖企业实际完成进出口 293.9 亿美元，占全省进出口的 56.8%；累计入驻员工 26 万人。郑州出口加工区扩区 1.8 平方千米的上报意见已经国家九部委同意，并上报国务院待批。

【推进争取国家政策性试点及特定口岸申报工作】 发挥牵头协调作用，认真策划、成功申报河南保税物流中心跨境贸易电子商务试点。2012 年 9 月 12 日举行了启动仪式，12 月 19 日，国家跨境贸易电子商务服务试点启动部署会在郑州召开，并进入试运行阶段。河南保税物流中心在全国同类试点申报单位中脱颖而出，以总分第一的成绩通过国家发展改革委和海关总署的评审，被列为全国跨境贸易电子商务服务试点单位，也是唯一一家涵盖了海关、检验检疫、外汇等综合业务的试点，这一试点对于推动河南省成为国际网购商品集散分拨中心、建设郑州航空港经济综合实验区建设具有重大意义。

【郑州航空口岸开通台胞落地签】 为做好郑州航空口岸台胞落地签工作，河南省口岸办积极协调公安、机场等有关单位，统筹签注业务办公场地改造、业务规范制定、人员培训等软件建设工作。2012 年 3 月 23 日开通台胞落地签注业务工作，截至 12 月底，共办理台湾居民来往大陆签注1 466枚，通行证 111 个。此项业务工作的开展，进一步完善了郑州航空口岸功能，对促进河南省与台湾的人文、经贸交流及河南省开放型经济发展意义重大。2012 年，郑州航空口岸进出境人数首次突破 40 万人，达到 41.2 万人次，同比增长 34.03%。

【推进省辖市口岸查验机构建设】 2012 年，积极推进省辖市口岸查验机构建设，经海关总署批准设立了安阳海关、鹤壁海关，已获批的三门峡海关、新乡海关即将建成开关，安阳海关、鹤壁海关、焦作海关正在建设之中。许昌、新乡、鹤壁三市设立检验检疫局已获国家批准，目前正在积极筹建之中。

【郑州跨境贸易电子商务服务项目启动】 2012 年 9 月 12 日，郑州跨境贸易电子商务服务项目启动仪式在河南保税物流中心举行。郑州跨境贸易电子商务服务试点项目，就是利用河南保税物流中心的进口保税、入区退税、国际分拨等功能，对跨境电子商务产品采取出口产品入区退税、进口产品出区征税的管理办法，同时利用经营团队的海外国际物流分拨配送系统，建立一个以郑州为核心的河南电子商务全球物流供应链服务体系，既符合市场规律又符合国家监管需要的进出口综合跨境贸易服务平台，力求大幅度降低企业电子商务的物流和交易成本。该试点项目建成期两年，经国家部委验收后面向全国推广。

【5 家示范区定为国家级质量安全示范区】 国家质检总局 2012 年 11 月 6 日公布的国家级出口食品农产品质量安全示范区名单中，河南省 5 家出口食品农产品质量安全示范区通过考核验收，被确定为国家级质量安全示范区。截止目前，河南省国家级出口食品农产品质量安全示范区数量居全国第四位，中西部第一位。5 家示范区名单为：西峡县出口香菇质量安全示范区、西峡县出口猕猴桃质量安全示范区、陕县出口果品果汁质量安全示范区、灵宝市出口果品果汁质量安全示范区、夏邑县出口食用菌质量安全示范区。河南省促进食品农产品出口工作领导小组决定给予上述 5 家示范区通报表扬。

【河南边防总队新时期“四个服务”】 2012 年，河南边防总队圆满完成郑州、洛阳两个航空口岸查验工作，验放出入境人员411 970人次，验放出入境客运飞机3 966架次，验放出入境货运航班1 136架次。河南省航空口岸出入境人员首次突破 40 万人次，出入境货运航班首次突破 1 000架次。准确把握河南经济社会发展态势脉搏，深入研究人民群众对边防检查的新需求、新期待，提出了河南边防新时期“四个服务”。河南边防新时期“四个服务”，即“为政府决策提供信息服务、为经贸活动提供便捷服务、为重要宾客提供优质服务、为特殊旅客提供及时服务”。河南边防新时期“四个服务”，着力打造“边检在口岸，边防在河南”服务品牌，显著提升了边检机关的影响地位。一是立足大局讲主动。以中原经济区发展战略总体规划发展为依托，充分发挥边检机关职能优势，主动向河南省委、省政府及地方相关部门上报边检机关服务最新举措、出入境动态形势分析和口岸安全风险评估，充分发挥参谋助手作用，得到了省市各级领导的充分认可。二是跟进部署重作为。严格秉持“重大经贸活动必有专项工作方案”的服务宗旨，指导郑州、洛阳边检站先后圆满完成壬辰黄帝故里拜祖大典、第30届中国洛阳牡丹文化节、2012年中国郑州世界旅游城市市长论坛及赴苏丹维和部队轮换等边防检查任务，保障了各项重大活动的顺利开展。三是创新服务赢肯定。积极跟进大型跨国企业落户郑州综合保税区、保障豫台经贸交流等省内重大事项，为包括中国台湾地区国民党主席吴伯雄、联合国世界旅游组织执行主任 Frederic Pierret、美国联合包裹公司（UPS）全球总裁 Daniel Brutto、富士康总裁郭台铭等在内的重要宾客提供了高效、优质的通关服务，得到了活动组委会和服务对象的高度评价。洛阳、郑州边防站先后为两名重病旅客开通了“绿色救助通道”，为患者赢得了宝贵的救助时间。其中，郑州边检站救助美国籍旅客事迹被中央电视台、中央人民广播电台等多家中央级媒体关注和报道，进一步扩大了中原边检服务品牌影响力。

【主动服务经济发展，不断提升海关社会形象】 2012年，郑州海关牢固树立并积极践行“小关大作为”工作理念，把促进河南省经济社会发展作为海关工作的出发点和落脚点，主动适应发展、服务发展、促进发展，实现了“海关总署放心，关警员工舒心，地方党政满意，企业群众好评”的工作目标。郑州海关注重拓展服务区域经济发展新思路，重点落实国务院下发的《中原经济区规划》、《关于大力实施促进中部地区崛起战略的若干意见》和《国务院关于加强进口促进对外贸易平衡发展的指导意见》，以署省合作备忘录为抓手，大力支持中原经济区建设、郑州航空港经济综合实验区建设，将海关工作主动融入河南省对外开放发展大局中，在开展跨境贸易电子商务服务试点，优化全省海关特殊监管区域布局建设，改善通关环境，推动河南口岸发展，承接加工贸易产业转移和支持河南省重点项目、重点工程建设等方面深入研究新举措，提出新思路，以不断深化改革创新海关监管模式为突破口，努力提升海关服务全省经济社会发展的水平。2012年，河南省进出口总值为517.5亿美元，同比增长58.6%，在全国排名第12位，创历史新高。加大对走私毒品、枪支等非涉税案件打击力度，破获首起走私冰毒案，缴获毒品冰毒3.28公斤。查获走私犯罪案件2起，其中“1·10”走私国家资源性产品硅铁案，案值5 697万元，涉嫌偷逃税款1 103.7万元，是内陆海关破获的首起绕越设关地的资源性产品走私案件。2012年，共立案行政处罚案件545起，数量超过前5年案件数量的总和，案值1.86亿元，涉税1 087.5万元。查获走私进口象牙1.68公斤，海象牙0.43公斤，河马牙0.16公斤，穿山甲鳞片2.19公斤，濒危物种檀香紫檀近62公斤；查获非法携带出境一般文物古币326枚。2012年关区税收净入库79.06亿元，同比增长44.1%，再创历史新高。积极宣传和引导企业用好各项优惠政策，依法简化和规范审批程序，为河南省企事业单位审批减免税款。完善企业分类管理，重视解决中小出口企业困难。降低加贸企业外发加工和梯度转移成本，推进内销便利化。坚持24小时预约通关机制，积极开展网上支付业务，降低企业贸易成本。制定并对外公布《郑州海关“向社会承诺，让人民满意”公开承诺书》，接受社会监督，受到广泛赞誉。

【检验检疫服务地方发展工作扎实有效】 2012年，河南检验检疫局围绕“抓质量、保安全、促发展、强质量”工作方针，注重发挥职能作用，注重主动服务大局，注重强力有效监管。一是落实支持中原经济区建设措施，深入贯彻国务院加快中原经济区建设的战略部署，根据国家质检总局《关于支持河南省加快中原经济区建设的意见》精神，第一时间出台了6个方面15项服务中原经济区建设措施。南阳、焦作、商丘、三门峡等分支机构相继出台措施，积极做好沿海产业向河南转移、产业聚集区发展、质量安全示范区建设等方面服务工作。二是着力打造内陆开放高地，围绕推动180个产业聚集区进出口业务发展、6个省级出口基地建设，集中开展了检验检疫政策宣讲活动；针对17个有代表性的产业聚集区和出口基地，进行重点培育、扶持、提升，集中实施各种优惠政策、帮助措施，促进扩大出口，其中有5个产业聚集区首次实现出口。落实省部推进食品农产品出口合作联系机制，促请河南省政府召开了全省促进食品农产品出口工作会议，各地积极致力于扩大食品农产品出口工作。三是推动河南“特色口岸”建设，支持郑州新郑国际机场成为全国进口粮食、肉类、汽车等产品的指定口岸，积极推动新郑国际机场创建国际卫生机场开展的各项工作。围绕国务院批准设立“郑州航空港经济综合实验区”，开展相关的调研工作。四是推动贸易便利化，认真落实国务院、国家质检总局关于促进外贸稳定增长的政策措施。2012年，河南出入境检验检疫局检验检疫出入境货物10.9万批，货值258.9亿美元，同比分别增长26.6%和102.7%。其中，进出口商品批次合格率为98.2%，同比下降1.8个百分点；共检出不合格商品545批，涉及货值4 210万美元，其中入境不合格434批，不合格货值3 792万美元，对外索赔890.4万美元。完成出入境人员检测体检36 400人次，检出传染病例1 288例，其中艾滋病4例。

开放口岸

【郑州航空口岸】 郑州航空口岸于1988年12月经国务院批准开放，当时只限中国籍飞机出入境，2002年5月经国务院批准可供中国籍和外国籍飞机出入境。1997年建成并通航的河南郑州新郑国际机场位于郑州市东南，距市区27千米，占地467万平方米，飞行区等级为4E级，跑道长3 400米，可满足波音747机型的顺利起降，是国家开放航空口岸和中国国内干线运输机场，是国家民航局确定的全国八大区域性枢纽之一。建设有高速公路直达机场，交通条件优越。2007年航站楼改扩建工程完工，扩建后航站楼建筑面积达到12.89万平方米，客机坪18.25万平方米，货机坪7.6万平方米，机位43个，可满足波音747以下机型全载起降，年旅客和货邮保障能力分别为1 200万人次、15万吨。特别是近几年，国际和地区航线航班开发取得新突破。客运方面，国际和地区旅客吞吐量高速增长。随着郑州机场对台湾居民正式开通落地签注业务，豫台两岸航班飞行班次大幅提升，且运营态势良好；同时引进了长荣航空，加密了豫台航线。上海航空新开了郑州经上海浦东至大阪的定期航线，南方航空增加了郑州至韩国首尔的定期航班，大韩航空除加密郑州至首尔航班外，开通了郑州至釜山、郑州至大邱的临时客运包机，远东航空和华信航空开通了郑州至台湾澎湖的客运包机，复兴航空开通了郑州至台湾花莲的客运包机，方便了国际和地区旅客到郑州机场乘机旅行。货运方面，空桥货运航空国际货运航班加密至每周7班。其他货运航空公司也在积极筹措增加航班事宜，如增加UPS货运航空公司，国泰航空也由每周2班加密至6班。郑州新郑国际机场航空口岸国际候机厅宽敞明亮，为出入境旅客提供了舒适的环境。口岸联检工作人员以优质的服务，笑迎天下宾客。2012年，郑州航空口岸出入境人员吞吐量41.05万人次，同比增长34.03%。

【洛阳航空口岸】 洛阳航空口岸于1992年8月1日经国务院国函〔1992〕95号文批准为开放航空口岸，同时批准建立洛阳海关、洛阳边防检查站、洛阳卫生检疫局、洛阳动植物检疫局。洛阳航空口岸成为河南省第二个国家开放航空口岸（只限中国籍飞机入出境）。洛阳是中国七大古都之一，也是河南省的主要工业城市，具有古文化、重化工、高科技和自然资源等优势。尤其是洛阳古老的文化和悠久的历史对国外旅游者有很大的吸引力，一年一度的洛阳牡丹花会，使洛阳对外联系和交流不断扩大，先后与日本冈山市、须贺川市及法国团尔市等结为友好城市，并与70多个国家和地区开展了经济、技术、文化交流活动。洛阳机场位于洛阳北部，距市中心9

千米。该机场净空条件优越，各种设施、设备齐全，可起降B737、B767、MD82等大型客机，是北京机场、郑州机场理想的备降机场。机场候机楼面积1.7万平方米，其中国际部分1.2万平方米。从1993年2月4日开通以来，运送来自56个国家和地区的出入境旅客近8万人次。除直航洛阳到香港的包机外，还开通了洛阳至日本（冈山）、韩国、新加坡等国家的不定期直航包机。2012年，洛阳航空口岸出入境人员吞吐量为0.15万人次，同比减少16.85%。

【郑州东站铁路货运口岸】 郑州东站铁路货运口岸位于郑州铁路东站，1991年3月经河南省批准为二类铁路口岸。1994年12月经铁道部、海关总署和河南省政府协商，开通了郑州东站至香港九龙的直达集装箱专列。1997年11月28日，《国务院关于同意开放河南郑州东站铁路货运口岸的批复》（国函〔1997〕106号文）批准该口岸为国家开放口岸。截至目前，全国只批准河南省郑州和黑龙江省哈尔滨两个开放铁路货运口岸试点。

郑州东站位于京广、陇海铁路交汇处，是全国铁路特等货运站。1993年被国家确定为国际大型集装箱中转站，全国9条国际集装箱联运线中有4条在此经达。1997年被国家批准为一类口岸后，郑州铁路局投资5 000多万元，对原集装箱场地进行扩建，增添了吊装设备等硬件设施。口岸占地面积24万平方米，其中集装箱场地5.1万平方米；拥有大型仓库9座，货物装卸线9条，装卸机133台；辖管铁路专用线44条，海关监管区1个，达5万平方米，监管仓库2个。年货物吞吐量为780万吨，是国内在新亚欧大陆桥上最大的货运站和集装箱货物集散地之一。

为了树立口岸“窗口”形象和为货物进出口提供简便、快捷的服务，河南省政府投资300万元购置了1 770平方米联检办公用房，郑州铁路局出资100万元对联检办公用房进行了改造和装修。郑州海关、河南出入境检验检疫局出资购置了微机，增加了检验检疫设备。安装了电话和铁路专用电话、传真机、空调、电梯等设施。采取“一座楼办公、一条龙服务”的方式。除海关，检验检疫局等查验部门集中办公外，还组织报关行、保险、外运外代等部门进驻口岸联合办公，为客户提供报关、报验、结汇、外代等服务。在运输方式上采取一次收费、一票到底、全程服务、微机管理，途中货物随时查询等措施，减少了环节，增加了透明度。该口岸与沿海口岸如青岛、深圳、天津、上海、连云港等口岸达成协议，简化手续，避免重复检验，基本上实现“直通”，使郑州东站铁路货运口岸成了河南自己的“出海通道”，从而也大大降低了货物进出口成本费用。目前，郑州东站铁路口岸新址正在建设中，计划2014年年底建成投入使用。届时，郑州东站铁路货运口岸将以一个崭新的面貌迎接四方客商。

2012年，郑州东站铁路货运口岸集装箱吞吐量为3.89万标箱，同比减少20%。

河南省口岸大事记

3月23日

开通台胞落地签注业务工作，截至12月底，共办理台湾居民来往大陆签注1 466枚，通行证111个。

5月22日

河南省副省长张大卫率河南省代表团从郑州航空口岸出境前往日本、韩国考察日韩航空基础配套设施建设、旅游交流等事宜。

5月22日

河南省副省长赵建才视察郑州海关，充分肯定了郑州海关在中原经济区建设中勇于担当、敢于创新，在海关特殊监管区域建设、扩大对外开放方面作出的重要贡献。

7月16日

韩国前驻华大使辛正承率领韩国青年友好使者代表团一行访问河南后，从郑州航空口岸出境离郑。

7月21

河南省政府出台《河南省人民政府关于进一

步加快口岸发展的意见》。该意见对涉及口岸发展问题做出了全面安排部署，为全面提升河南省口岸建设水平明确了方向，提供了依据。

8月10日

河南省政府成立河南省打击走私综合治理工作领导小组，河南省副省长赵建才任组长，河南省检察院、法院、公安、国税、文物等18个单位为成员单位，领导小组办公室设在海关，为河南省反走私综合治理工作提供了坚强的组织保障。

10月16日

河南省委副书记、省长郭庚茂在郑州就河南保税物流中心和郑州综合保税区富士康项目建设情况进行专题调研。

10月17日

河南省打击走私综合治理工作会议在郑州黄河迎宾馆召开，全国打击走私综合治理工作领导小组办公室副主任、海关总署缉私局副局长陈建新和河南省打击走私综合治理工作领导小组组长、河南省副省长赵建才参加会议并讲话。

12月18日

海关总署副署长吕滨视察郑州海关，对郑州海关内抓和谐、外树形象、服务地方、促进发展等方面做出的突出成绩给予肯定和好评。同日，河南省省长郭庚茂会见吕滨副署长时对郑州海关工作予以表扬。

12月19日

国家跨境贸易电子商务服务试点启动部署会在郑州召开，跨境贸易电子商务服务进入试运行阶段。海关总署副署长吕滨、河南省副省长赵建才出席会议。

2012年河南省口岸流量统计表

口岸类型		口岸名称	货运量（万吨）				集装箱量（万标箱）				人员（万人次）				交通工具（辆、艘、架、列次）			
			出口	进口	合计	同比（%）	出口	进口	合计	同比（%）	出境	入境	合计	同比（%）	出境	入境	合计	同比（%）
空运口岸		郑州									20.71	20.34	41.05	+34.03	2 167	1 779	3 946	+57.59
		洛阳									0.08	0.07	0.15	-16.85	10	10	20	0
		分计									20.79	20.41	41.2	+33.73	2 177	1 789	3 966	+57.13
陆运口岸	公路口岸																	
		分计																
	铁路口岸	郑州					2.01	1.88	3.89	-20								
		分计					2.01	1.88	3.89	-20								
水运口岸	海港口岸																	
		分计																
	河港口岸																	
		分计																
合计							2.01	1.88	3.89	-20	20.79	20.41	41.2	+33.73	2 177	1 789	3 966	+57.13
同比（%）							-19	-21	-20		+32.22	+35.31	+33.73		+85.75	+32.32	+57.13	

（河南省口岸办提供）

2012 年郑州海关主要数据统计表

项目		2012 年	同比（%）
进出口货运量（万吨）	合计	1 269	+24
	进口	1 227	+25
	出口	42	-0.4
进出口贸易总值（万美元）	合计	5 174 816.2	+58.6
	进口	2 206 987.3	+64.9
	其中：江、海运输	873 580.6	+1.3
	铁路运输	24 865.6	-10.2
	汽车运输	71 750	+71.7
	航空运输	1 236 567.6	+204.2
	邮件运输	21.9	-29.2
	其他运输	201.6	+56.8
	出口	2 967 828.9	+54.3
	其中：江、海运输	1 255 978.3	-1.2
	铁路运输	26 405.9	+19.1
	汽车运输	58 014.4	+6.3
	航空运输	1 627 291.4	+182.6
	邮件运输	138.9	-7.2
	其他运输		
税收（万元）	两税合计	790 636	+44.07
	关税入库	72 097	+22.96
	进口环节税入库	718 539	+46.6

（郑州海关提供）

2012 年河南省口岸出入境主要数据表

单位：（人员）人次；（交通工具）辆、艘、架、列次

项目			2012 年	2011 年	同比（%）
出入境人员	出入境人员总数		411 970	308 058	+33.73
	入境人员		204 090	150 835	+35.31
	出境人员		207 880	157 223	+32.22
	出入境旅客		382 723	287 657	+33.05
	出入境员工		29 247	20 401	+43.36
	中国公民	小计	331 335	239 667	+38.25
		内地居民（因公）	2 799	3 285	-14.79
		内地居民（因私）	245 262	155 643	+57.58
		港澳居民	16 931	22 506	-24.77
		台湾同胞	66 343	58 233	+13.93
	外籍人员		51 388	47 990	+7.08
	从海港出入境人数				
	从陆港出入境人数				
	从空港出入境人数				
交通运输工具	总计		3 966	2 524	+57.13
	船舶				
	飞机		3 966	2 524	+57.13
	火车				
	机动车辆				

（河南省公安边防总队提供）

2012 年河南省出入境检验检疫业务统计表

项目		货物检验检疫				交通工具				集装箱（标箱）		发现动植物疫情		货物通关		出入境人员查验（人次）	健康检查及预防接种（人次）			
		批次	金额（万美元）	检验检疫不合格																
				批次	金额（万美元）	船舶（艘）	飞机（架）	火车（节）	汽车（辆）	合计	检出问题	种类数	种次	批次	金额（万美元）		健康检查	艾滋病监测	发现病例	预防接种
本年累计		109 136	2 589 378.42	545	4 209.66		3 969			12 672		32		30 184	2 136 927.81	411 961	36 400	36 302	13 480	51 903
其中	出境	96 405	2 069 859.76	111	417.22		2 172			1 621				22 451	1 715 621.83	207 819	34 094	34 012	12 257	51 892
	入境	12 731	519 518.66	434	3 792.44		1 797			11 051		32		7 733	421 305.98	204 142	2 306	2 290	1 223	11
同比（%）		+26.6	+102.68	+46.11	+22.26		+56.63			-17.34	-100	+28		+162.93	+606.95	+33.83	+5.39	+5.39	+38.57	+0.91
其中	出境	+28.27	+105.61	-21.83	-33.18		+84.38			-24.81	-100			+298.99	+1 057.22	+32.36	+4.77	+4.77	+37.95	+0.9
	入境	+15.25	+91.82	+87.88	+34.54		+32.52			-16.12		+28		+32.12	+169.57	+35.36	+15.37	+15.37	+45.08	+83.33

（河南出入境检验检疫局提供）

湖　北　省

湖北省口岸分布示意图

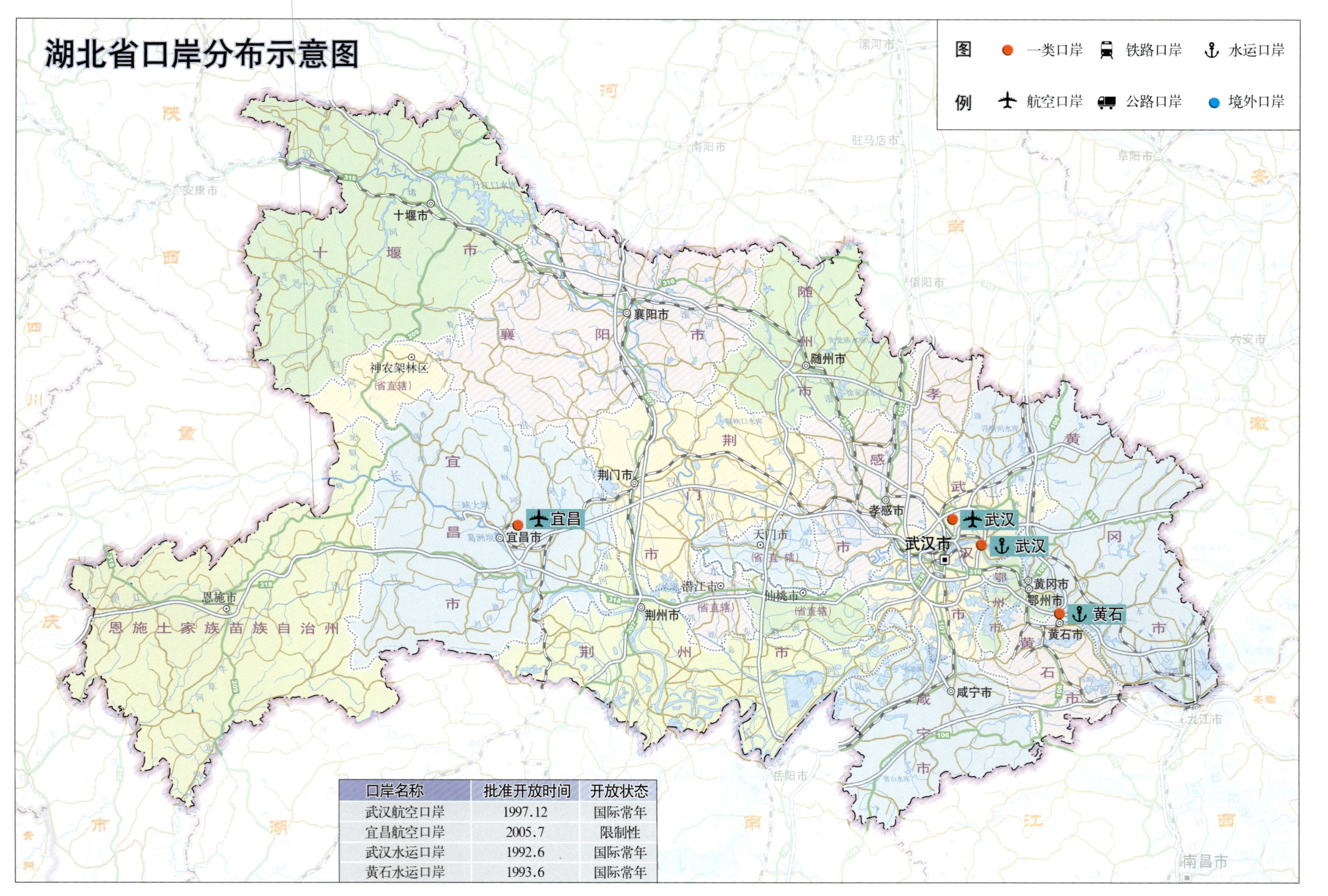

口岸名称	批准开放时间	开放状态
武汉航空口岸	1997.12	国际常年
宜昌航空口岸	2005.7	限制性
武汉水运口岸	1992.6	国际常年
黄石水运口岸	1993.6	国际常年

口岸数量及分布

截至2012年年底，湖北省共有经国务院批准开放的口岸4个，其中航空口岸2个，分别是武汉航空口岸、宜昌航空口岸；水运口岸2个，分别是武汉水运口岸、黄石水运口岸。湖北省政府批准开放的口岸9个，其中水运口岸2个，分别是宜昌港、荆州港；铁路口岸4个，分别是武汉、襄阳、十堰、麻城铁路口岸；公路口岸3个，分别是武汉、襄阳、十堰公路口岸。目前正式运行的口岸8个（4个国家开放口岸，宜昌港、荆州港，襄阳铁路和公路口岸）。另有海关特殊监管区域2个和B型保税物流中心1个（武汉东湖综合保税区、武汉出口加工区、武汉东西湖保税物流中心）。武汉东湖综合保税区于2013年1月15日通过国家验收。

口岸运行数据

2012年，湖北省口岸保持良好运行态势，进出口货运量达2 581.5万吨，同比增长7.4%，其中进口货运量2 188.1万吨，同比增长8.6%；出口货运量393.4万吨，同比增长1.1%。国际集装箱运量为31.4万标箱，同比增长7.4%，其中出口运量23.3万标箱，同比增长6.1%；进口运量8.1万标箱，同比增长11.5%。航空口岸出入境飞机5 298架次，同比增长49.2%；出入境人数70.2万人次，同比增长57.4%，首次突破70万人次大关，其中出境人数35万人次，入境人数35.2万人次，同比分别增长58.5%、56.2%。

湖北省（地、市）进出口总值一览表

单位：万美元

地市名	进出口	同比（%）	进口	同比（%）	出口	同比（%）
武汉	2 035 353	-11	960 577.5	-13.7	1 074 775.7	-8.3
宜昌	218 954	-4.3	52 646.7	-7.8	166 307.4	-3.1
荆州	114 937	17.3	22 718.2	+7.9	92 218.6	+19.8
黄石	207 126	-6.3	96 774.3	-17.1	110 352.3	+6.8
襄阳	125 797	+11.4	19 267.1	-18.6	106 529.8	+39.1
荆门	64 093	+19.6	17 516.3	+14.4	46 576.7	+21.7
孝感	78 065	+54	14 436.2	+10.3	63 628.6	+69.2
十堰	35 458	+2.1	5 586.7	+11.4	29 871.1	+26.7
黄冈	42 880	+24.8	8 004.8	-8.7	34 875.1	+36.4
鄂州	42 423	+24.3	26 685.0	+105.2	15 738.3	-25.3
仙桃	45 467	+37.8	9 827.4	+135.4	35 640.2	+23.6
天门	5 295	-13.2	264.4	-38.9	5 031.1	+23.8
潜江	35 757	-2.3	2 285.9	+26.4	33 470.7	-3.8
随州	82 071	-13.8	12 474.6	+139.2	69 596.1	-22.6
咸宁	29 684	+0.8	6 450.3	+3.6	23 234.2	+0.1
恩施	30 322	+33.9	347.4	+224.5	29 974.9	+33.0
神农架	2 241	-0.7	0.0	0.0	2 240.9	-0.7
合计	3 195 925	-4.8	1 255 862.8	-10.6	1 940 061.6	-0.6

口岸监管与服务

【口岸开放工作】 2012年9月27日，宜昌水运口岸云池港海关监管场所顺利通过武汉海关验收组验收，它对改善宜昌水运口岸设施条件，充分发挥口岸整体功能，提高国际货物通关能力和推动宜昌市对外开放具有重要的意义。武汉东湖综合保税区首期启动区1.82平方千米完成卡口、围网、监管仓库、联检大楼等设施建设。2012年8月22日，武汉东湖综合保税区首期启动区通过预验收，为迎接国家有关部委正式验收做好了相关准备。

【口岸基础设施建设】 推动武汉天河机场国际厅改造，扩建国际厅面积近5 000平方米，增加查验通道，完善查验和服务配套设施，保障了武汉—巴黎、武汉—新加坡等国际航线的顺利开通。完善武汉阳逻港一期、二期口岸基础设施和查验设施建设，建设完成阳逻港一期、二期前沿码头互拖工程。推进宜昌云池港、黄石港棋盘洲码头、武汉铁路吴家山集装箱中心站等口岸规划建设和搬迁改造工作。

【口岸通道建设】 2012年，武汉航空口岸新开武汉—巴黎、武汉—新加坡、武汉—曼谷定期直达航线及武汉—台湾澎湖、高雄、花莲等包机航线，共运输国际旅客18万人次，占全省新增出入境人数的70.4%，成为推动湖北省航空口岸出入境人数高速增长的主要因素。“江海直达”航线运行稳定，武汉至上海洋山“江海直达”航线工作主要抓住“箱源集并、审验通关、装卸作业、水上运输、抵港转运”等关键环节，采取多项保障措施，强化航线运营监管和优质服务，使该航线形成了定航线、定港口、定班期、定运时、定船舶的“五定”班轮化运作模式，实现了72小时点对点直航的航线服务目标。武汉铁路口岸吴家山集装箱中心站开通了“汉新欧”（武汉—新疆—欧洲）国际班列，襄阳铁路口岸开展襄阳—宁波铁海联运，湖北省铁路口岸运输通道进一步完善。口岸物流“区港联动”得到发展，武汉海关启动运行武汉天河机场航空口岸与武汉东湖新技术开发区、武汉经济技术开发区之间的“空陆联运班车”，促进进出口空运货物在机场与主管地海关之间的安全、快速流转。

【电子口岸建设】 湖北电子口岸建设迈出了重要一步，省政府召开专题会议，明确了湖北电子口岸建设、运行、管理的体制和机制，通过了《湖北电子口岸平台应用项目建设五年规划》。按照会议精神，湖北电子口岸由省商务厅（口岸办）统一规划、统一建设、统一管理，口岸相关单位共同参与、协商决策，为湖北电子口岸的建设和发展奠定了基础。湖北电子口岸机房搬迁工作已经完成，信息平台已经进入试运行阶段，为推动口岸相关政务信息共享和业务协同创造了基础条件。

【口岸区域合作】 积极参加上海与中部六省口岸大通关合作工作，加强与其他省市的交流与合作。在上海与中部六省大通关合作机制框架下，重点推进“江海直达”、“启运港退税”等航线发展，武汉海关、湖北出入境检验检疫局进一步扩大“属地申报，口岸验放”和“产地检验，口岸验放”、“口岸转检，属地报检”范围，转关运输快速、便捷，通关效率提高。围绕长江中游城市集群一体化合作，积极开展湖北、湖南、江西三省口岸通关合作工作，主动加强与相关口岸单位的横向交流，研究促进口岸间的资源共享和合作共赢。

【口岸综合管理】 口岸通关保障能力增强，协调海关、检验检疫、边防等查验部门做好通关服务，保障国际新航线的开通和运行。加强与有关部门的沟通协调，推进阳逻港“一港两靠”问题的解决，促进“江海直达”航线发展。针对进口水果和进口种猪的安全快捷通关问题，积极与检验检疫局、武汉海关、机场公司、进口代理等单位进行沟通协商，研究落实通关保障措施，保证了首批台湾水果和两个批次的进口种猪在武汉航空口岸的顺利通关。口岸精神文明创建工作深化。在湖北省文明办的指导下，组织开展了多项口岸文明创建活动。制定了《湖北省共建文明口岸活动实施细则（试行)》，推动文明口岸创建活动制度化、规范化建设。重点做好2011年~2012年度全省口岸文明创建总结工作，评选出全省口岸系统文明口岸3个，口岸文明创建先进单位21个，口岸文明创建先进个人33名。

【武汉海关制定出台促进湖北外贸稳定增长22项措施】 2012年10月，武汉海关制定出台“武汉海关关于促进湖北外贸稳定增长的22项措施”，旨在通过进一步改进海关监管和服务，提高通关效率，降低企业成本，积极扶持湖北省外贸企业发展，帮助湖北有效缓解外贸下行压力，促进外贸稳定增长。改进海关监管和服务，积极推动湖北口岸建设与发展。实行关区内多式联运、空运货物“卡车航班”及使用“监管袋”转运海关监管货物的监管新模式；推动开通“汉—新—欧”国际铁路直达班列；加强统计监测预警；推行“首问负责制、限时办结制、服务承诺制”；完善前置服务工作机制和通关应急机制，实现“12360”热线咨询全天候“7×24小时”服务。加快海关业务改革，提高企业通关效率。进一步深化区域通关改革，武汉企业适用跨关区“属地申报，口岸验放”模式的通关口岸拓展至18个，适用对象范围扩大至一年内无走私违规记录、资信良好的B类生产型出口企业；适度放宽AA类及A类企业的评定和调整标准，对AA类及A类生产型企业适用较低查验率，实施更加便捷的通关待遇。从10月1日起，取消进口报关单付汇联打印费等5项进出口环节收费；加大力度落实减免税优惠政策；大力推行通关事务担保；推广税费电子支付；开展税政调研、提出税则调整建议，帮助湖北优势产业争取更为优惠的税收政策。全力支持武汉东湖综合保税区建设，支持湖北申报设立武汉沌口—阳逻综合保税区，推动湖北省域副中心城市及荆州承接产业转移示范区的建设发展，简化加工贸易内销手续和保税监管手续。坚持依法行政，宽严相济，保持打击走私高压态势；进一步加强对湖北企业的知识产权保护。

【武汉海关全方位促进口岸发展】 依照财政部、海关总署、国家税务总局联合发布的关于试行启运港退税政策的相关部署，作为内陆海关的唯一一家试点单位，武汉海关启动启运港退税试点工作，在武汉阳逻至上海洋山保税港区之间试行启运港退税政策，使武汉新港货源集聚效应和区域辐射功能进一步得到增强。支持开通武汉至巴黎、新加坡等国际直航航线及武汉—北京—洛杉矶共享航线，截至2012年年底，湖北省共有国际航线23条，航空枢纽口岸建设取得明显进展。实施“24小时无节假日预约通关工作制度”，2012年共办理预约通关124次，充分满足企业全天候通关需求。武汉东湖综合保税区顺利通过预验收，武汉沌口—阳逻综合保税区的报批工作进入实质推进阶段。保税仓库和出口监管仓库管理得到进一步完善。2012年在东西湖保税物流中心试行分送集报制度，简化了进出手续。2012年，物流中心监管进出货运值33.11亿美元，同比增长47%，继续保持高速增长态势。

【武汉海关组织开展湖北口岸发展问题调研】 2012年3月至10月，武汉海关由“一把手”牵头、党组成员共同参与，开展了历时8个月的湖北省口岸发展问题研究。课题组向宜昌、襄阳、恩施、随州、咸宁等地政府进行了书面调研；由关党组成员带队，深入湖北各地开展实地调研，先后走访了恩施、宜昌、襄阳、仙桃、随州、荆州、十堰、咸宁等地，考察了天河机场、阳逻港等武汉市主要口岸，与相关地市政府和企业代表进行了交流座谈。专题调研报告立足多年来服务湖北外向型经济发展的实践经验，深入剖析了当前湖北口岸发展面临的现状和问题，给出了建设航空枢纽口岸、打造长江航运中心、统筹设立海关机构等具体措施，提出了逐步构建起与“一元多层次”战略相适应的口岸发展格局的设想，得到湖北省主要领导的高度评价。

【湖北出入境检验检疫局武汉机场办事处推八项服务新举措助航空事业发展】 2012年，为切实服务出入境旅客和交通工具、货物邮包和相关企业，全面提升武汉天河机场检验检疫保障能力，湖北出入境检验检疫局机场办事处对外推出了8项服务新举措，力促航空事业大发展。一是强化服务理念，打造优质服务窗口。推行“弹性”服务，在口岸闭关后，对有特殊需要的交通运输工具、人员，实行预约通关，随到随检。二是创新监管模式，提高检验检疫通关效能。建立电话咨询、预约制度，实行“5+2”和24小时预约服务；对全货机装配的国际货物，做到随到随检，特事特办；积极与湖北机场集团公司协调，完善检疫处理场所及库房等设施，方便进出境货物就地熏蒸。结合武汉航空口岸货运包机检验检疫业务开展情况，全面实施风险管理，优化完善检验检疫监管模式，缩短通关时间，提高工作效能。三是完善防控机制，确保口岸安全。加强口岸联防单位协作，定期召开武汉航空口岸联防联控工作联席会，互通信息，确保口岸联防联控机制有效运转。加强口岸卫生监督和传染病监测，严防口岸疫病疫情传入传出，确保口岸安全。四是加深区域合作，服务航线增长。加强与相关口岸检验检疫机构区域合作，签署检疫监管合作备忘录，建立联合监管服务模式，营造口岸内地联动和高效快捷的良好通关合作氛围，全力扶持国际新航线开通。确保武汉国际航线代码共享航班检疫监管和服务有效性。五是推动国际卫生机场创建，提升口岸形象。加大检企合作力度，认真做好机场“四害”防除、食品饮用水安全管理、航空废弃物处理、传染病控制等系列工作，积极推进武汉天河机场启动国际卫生机场工作，全面提升武汉航空口岸的整体形象。六是加大培训力度，有效服务企业。定期走访企业，了解企业困难和发展瓶颈，为其排忧解难。七是提升口岸功能，拓展全新业务。进一步完善武汉天河机场成功保障大型种畜的进境检疫工作；发挥武汉天河机场被指定为植物种苗入境口岸优势，有效服务湖北省现代农业发展。八是推进政务公开，节约办事成本。对武汉航空口岸检验检疫行政许可程序进行梳理，打造随时受理、首问负责、一次告知、限时办结的行政许可流程，并将行政许可的结果上网公示，行政许可的流程制图上墙。8项服务的推出，获得了政府和企业的肯定和赞誉。

【湖北出入境检验检疫局武汉港办事处服务措施保障“江海直达”航线】 为提高武汉新港外贸集装箱航线航运服务质量和效率，根据武汉市政府《关于保障提升江海直达外贸集装箱航线航运服务工作的意见》，湖北出入境检验检疫局武汉港办事处采取3项服务措施保障“江海直达”航线的准点高效运行。一是人员到位。为“江海直达”提供检验检疫人员保障。二是措施到位。为保证“江海直达”的顺利运行，在保证执法工作到位的前提下，着重体现一个“快”字。开设一个“窗口”：设立专用服务窗口——“江海直达优先通道”；增加两项“公开”：公开流程、公开服务“江海直达”8项承诺；实行3种“优先”：对“江海直达”的集装箱优先报检、优先查验、优先放行。三是设施到位。在新的“江海直达”外贸集装箱航线航运服务工作正式启动前，所有的检验检疫设施，包括放射性检测门、消毒门、各种检验检疫仪器设备已安装调试就绪。

【湖北省公安边防总队建成了智能化通关系统】 湖北省公安边防总队找准信息化这一突破口，集中精力、财力，利用近一年时间在武汉边检站天河机场执勤现场建成了集智能验证、员工通行自动化查验、指纹验章柜智能管理、验讫章自动识别等四大系统于一体的智能通关系统，提升了通关效率和管控水平。启用智能通关系统后，在旅客验放量大幅增长的情况下，查验录入差错率下降25%，回滚率下降63%，2012年未发生漏检漏控事件；旅客评价率迅速从12%上升到了75%，非常满意率从11%上升到了55%，旅客通关更加顺畅和舒适。《边防研究》报社对此进行专访，新华网等中央媒体相继进行报道。总队建成了4条可在人工验放与自助验放间切换的自助查验通道，进一步提高了通关效率。

【湖北省公安边防总队创新服务举措】 武汉天河机场国际厅搬入过渡航站楼后，湖北省公安边防总队、武汉边检站积极与机场集团公司协调，扩大边检区域面积，将出入境通道由10条增加至18条，并新增了自助查验通道，大大提高了通关效率，受到旅客的好评。定期报送口岸数据分析报告，主动为地方经济发展出谋划策。深入开展“三访三评”深化大走访活动，积极宣传边检服务措施，广泛征求各方意见和建议，多渠道、多方式着力解决好服务对象关注的热点和难点问题。积极抓好公安部12项便民措施的贯彻落实，适时推出“团队快速查验法”、“高峰查验定式”等10条便民服务措施，从细微之处着手，推行人性化服务举措，让服务对象感受到便利和实惠。建立完善重大勤务服务机制，优质服务湖北武汉台湾周、香港周、汤尤杯、华创会、中亚区域经济合作部长会议等重要会、节、赛，以优质高效的通关服务和良好的服务形象，保障了重大经贸活动顺利开展，赢得了较好的社会反响。

【湖北省公安边防总队全面启用了边检机关办理行政案件辅助系统】 湖北省公安边防总队受公安部边防管理局委托，完成了边检机关办理行政案件辅助系统的研发任务并顺利通过评审验收，得到专家组的充分肯定。2012年3月份，总队完成了该系统向全国边防部队的推广培训工作；4月份，总队各边检站率先启用该系统。启用该系统后单起普通行政案件办理时间由最少半个小时缩短至10分钟，实现了规范办案流程、案件办理智能提示、快速生成法律文书等功能，大大提高了办案效率，也提高了通关效率。

【湖北省公安边防总队创新勤务管理模式】 近年来，武汉天河机场出入境人员数量激增，每日查验时间由原来的10小时增加至16小时，为适应形势发展需要，湖北省公安边防总队组织业务骨干先后赴长沙、郑州、成都等地考察调研，对武汉边检站的勤务模式进行调整，整合勤务值班室、法制调研科设立现场值班室，站部设专职指挥中心，抽调战士成立勤务保障班，执勤业务科调整为“两科四队”，实行“二二制”勤务模式，更合理地分配了警力，解决了工休矛盾。同时，轮流从三峡机场、汉口和黄石边检站抽调检查员到武汉边检站参与执勤，缓解警力不足的问题。

【湖北省公安边防总队开展边检服务品牌推介活动】 湖北省公安边防总队积极加强边检职业文化建设，创作边检职业文化组歌、原创音乐小品剧等作品，开展“阳光国门故事”征文、“边检有约”、“传统节日特色文化服务周”等实践活动，扩大了边检服务品牌的社会效应和公众知名度。8月份，总队在湖北省公安厅召开中国边检服务品牌湖北地区集中推介新闻通气会，在全省各地级市的中心城区、边检执勤现场、出入境办证大厅等地方设置品牌推介宣传台，通过提供边检咨询、张贴宣传海报、滚动播放服务品牌宣传片、发放宣传折页等形式开展推介活动。先后有21家中央、省市级媒体聚焦总队边检服务品牌推介工作，受到了社会各界的好评。

【长江海事局事故险情创历史最低】 在辖区货运吞吐量同比增长9.4%（达5.8亿吨）的情况下，共发生事故险情153件，其中运输船舶一般以上等级事故15.5件，死亡失踪27人，沉船13艘，直接经济损失1 601.5万元。与2011年相比，等级事故数降16.2%，沉船数持平，死亡失踪人数、直接经济损失分别上升125%、51.4%。武汉、宜昌、岳阳、荆州、黄石、三峡6个分支局实现“零死亡”，4个分支局无等级事故。事故险情数创历史最低，死亡人数创历史次低。重点船舶监管得力。免费安装渡船AIS终端900余套；开展渡船安全隐患大排查、大整改活动，整改缺陷3 529项；维护了4 620万人次、403万台车次，以及18.85万“学生渡”安全。强化砂石船舶管理，实施砂石船视频监控，砂石船事故大幅下降。实施高峰、夜间错时巡航，年巡航里程207万千米。加强水工许可管理，审批涉水工程项目1 121件，发布航行通告810份。规范船舶代理签证，试行远程电子签证。加强船员管理，实施2011版海船船员适任考试发证规则。加强船检管理，检验船舶5 316艘。启动LNG燃料动力船舶试点；开展车客渡船验船质量检查。完成403艘船舶吨位复核，签发临时吨位证书2 147本。升级船载客货电子申报系统。开展危险品船舶和码头隐患排查、治理。建立危防管理人员实操轮训基地。保障了3 146万吨危险货物运输安全。专项整治扎实开展。开展了船舶配员和船员证书、船舶标志和AIS检查，水上无线电通信秩序整治和“打非治违”等专项活动。完成了两坝船闸检修、三峡库尾减淤调度、175米蓄水、汉口水道单向交通管制，以及春运、两会、“十八大”等重点时段的安全监管任务。

【长江海事局电子巡航上线执法】 新巡航模式积极推进，电子巡航系统正式上线执法，覆盖辖区约35%水域。完成船舶超载自动检测系统、VHF远程通信系统开发。无人机应用研究顺利推进。长江干线首艘多功能溢油回收船投入使用，应急防污能力提高。加强船舶建造管理，新建艇趸20艘，3个新船型通过部审。完成基建投资4.24亿元，创建局以来新高。完成10个项目前期工作，13个项目交（竣）工验收，10余个项目变更批复。局信息化顶层设计出台，134个机房完成标准化改造，甚高频无线电监测系统实现全覆盖，95%海事处实现光纤接入，实施海事通二期项目，新版OA系统上线试运行。

【长江海事局惠及民生取得新成效】 一是绿色通道方便快捷。新创“学生渡”品牌得到社会认可；新辟船舶登记绿色通道服务船民；为春播秋收农用船提供服务；科学维护8万吨级海船下水、过桥；为1 261艘船舶办理了抵押权登记，为企业融资达62.25亿元。二是生命救助显新水平。成功应对江津100年一遇、坝上50年一遇、坝下30年一遇特大洪峰；实施各类安全预警346次，水上救助行动156次，救助遇险人员2 184人、船舶210艘次，生命救助成功率达98.38%。三是通信服务保障有力。处理遇险通信457起，播发安全信息4.5万余分钟，110联动转接保证率、安全通信正常率达100%，取缔大功率电台272部，办理船舶入网（年审）4.9万艘。四是引航服务再添新举，太仓港船舶引航实现“一次申请、在航交接”，内贸“三超”船舶全面夜航。内、外贸引航一体化管理加强。引领船舶5.8万艘次、里程756万千米，引航责任事故率为0。五是培训服务不断提升，完成社会船员培训13 169人次。承办各类培训65期4 333人次。电子考场功能增强，水上监管搜救综合训练基地建设初具雏形，多元化发展再上新台阶。

开放口岸

【武汉航空口岸】 武汉航空口岸位于湖北省武汉市黄陂区天河街。1987年经国务院批准对飞行香港的中国籍飞机开放，1997年对外国籍飞机开放。2003年经国务院批准，武汉航空口岸获得落地签证权。武汉天河机场现有3 400米跑道1条，可供波音747－8型飞机起降。武汉航空口岸开通了武汉至首尔、巴黎、新加坡、曼谷、东京、胡志明市、香港、澳门、台北、台中、高雄、花莲、澎湖、普吉岛、岘港、济州岛、大阪、静冈、福冈等20条国际客运航线及武汉至印度国际货运包机航班。2012年，武汉航空口岸进出境飞机5 135架次，同比增长48%；进出境人员68.4万人次，同比增长56.2%；进出口货运量12 458吨，同比增长13.1%。

【宜昌航空口岸】 宜昌航空口岸位于湖北省西部宜昌市猇亭区，距宜昌市中心26千米，距三峡大坝55千米。2005年经国务院批准对中国籍飞机开放，2006年12月31日开通宜昌至香港直航包机航线。三峡机场现有1条2 600米跑道，可满足波音767机型起降；旅客航站楼建筑面积1.38万平方米。2012年，宜昌航空口岸进出境飞机163架次，同比增长98.8%；进出境人员1.8万人次，同比增长118.5%；进出口货运量14吨，同比下降90.9%。

【武汉水运口岸】 武汉港位于湖北省武汉市东部，是长江中上游航运枢纽。目前武汉新港阳逻港区一期、二期投入使用，年集装箱吞吐能力为120万标箱。水路沿长江东至上海1 125千米，西达重庆1 370千米。1980年经国务院批准对航行国际航线的中国籍船舶开放，1992年获批对外国籍船舶开放。2003年，武汉新港开通武汉至上海洋山港的江海直达航线。2010年，武汉新港开通武汉至台湾台中市的“汉台快航”航线。近洋直达日本、韩国、中国香港及东南亚地区，国际集装箱运输主要通过上海港中转。2012 年，武汉港进出口货运量为 2 541.3 万吨，同比增长 10.1%；进出口集装箱运量为 23.8 万标箱，同比增长 13.1%。

【黄石水运口岸】 黄石港位于湖北省东部黄石市中心城区，上距武汉 143 千米，下距上海 982 千米，1980 年经国务院批准对航行国际航线的中国籍船舶开放，1993 年经国务院批准对外籍船舶开放。黄石港最大靠泊能力为5 000吨。2012 年，黄石水运口岸进出口货运量为 91.8 万吨，同比下降 36.4%；进出口集装箱运量为 1.13 万标箱，同比增长 10%。

湖北省口岸大事记

3 月 2 日

“武汉—马公”季节性旅游航线正式首航，由台湾远东航空公司执飞，每周两班。武汉边检站精心部署，周密安排，圆满完成了首航 322 名旅客的入出境航班检查任务。

4 月 11 日

武汉海关、青岛海关在青岛签订《武汉海关、青岛海关与中国东方航空有限公司关于对国际航班国内段载运客运业务监管的联系配合办法》。

4 月 12 日

武汉—巴黎航线正式首航，由法国航空公司执飞，标志着中部地区首条直飞欧洲的远距离国际直航航线正式开通。

4 月 15 日

南航湖北分公司开通武汉直飞台湾高雄航班，每周一班，这也是该公司继开通武汉直航台北航线以来，在武汉开通的第二条直航台湾的航线。

4 月 19 日

东航开通青岛—武汉—新加坡航线，每周二、四、六执行一次往返飞行。

4 月 24 日

新加坡胜安航空开通武汉至新加坡国际直达航线，每周三班。

5 月 19 日

国家口岸办常务副主任赵福地带领公安部、海关总署、国家质检总局、民航局、外交部等部委负责人，赴宜昌三峡机场考察调研航空口岸情况。

5 月 20 日

韩国海关 AEO 代表团到武汉海关开展为期一周的实地验证观摩活动并磋商中韩海关 AEO 互认事宜。此次观摩活动是根据《中韩 AEO 互认安排行动计划》，韩国海关第一次来华观摩 AEO 实地验证，也是比较双方 AEO 制度在执行层面是否兼容的重要步骤。

6 月 5 日

2012 年内港海关高级情报合作工作会议暨“12·09”、“1·28”专案工作研讨会在湖北襄阳召开，会议通报了香港和内地缉私执法情况，对相关案件进行了研讨和交流，对进一步加强香港和内地缉私高级情报合作达成共识。

6 月 19 日

全国人大常委、财经委副主任委员牟新生在武汉关区考察调研。

6 月 27 日

湖北省台湾周活动期间直接采购的首批台湾水果在武汉天河机场航空口岸顺利通关，本批台湾进境水果共 8 个品种 16.77 吨，货值17 247.64 美元。这是首次由湖北省口岸直接完成通关工作的进口水果。

7 月 4 日

上港集团长江港口物流有限公司8 000吨级外贸集装箱江海轮“盛达和谐”号从武汉阳逻港驶往上海洋山港，该船是武汉水运史上最大吨级的集装箱班轮。

8 月 1 日

从今日起，武汉至上海洋山保税港区之间试行启运港退税政策。从武汉启运报关出口，并由中外运湖北有限责任公司永裕 016、永裕 018 承运，从水路转关直航运输经上海洋山保税港区离境的集装箱货物，试行启运港退税政策。

8 月 16 日

海关总署党组书记、署长于广洲在武汉会见湖北省委书记李鸿忠、省长王国生，武汉市委书记阮成发、市长唐良智。湖北省副省长田承忠及武汉海关主要负责人陪同会见和考察。

8 月 17 日

海关总署党组书记、署长于广洲在武汉新港阳逻港区调研，详细了解口岸建设、运行发展情况，深入海关监管区视察，现场观看海关 H986 机检查验设备作业操作情况。海关总署副署长孙毅彪、武汉市市长唐良智和武汉海关负责人陪同调研。

8 月 18 日

海关总署党组书记、署长于广洲在湖北荆州、宜昌等地考察。海关总署副署长孙毅彪、湖北省副省长田承忠及武汉海关主要负责人陪同考察。

8 月 22 日

武汉东湖综合保税区顺利通过省政府和武汉海关的联合预验收。省委常委、武汉市委书记阮成发，副省长田承忠，武汉市市长唐良智等出席仪式。

武汉东西湖保税物流中心与天河机场签订区港联动协议。武汉机场空港的港口功能将延伸至武汉东西湖保税物流中心，使中心成为虚拟空港，具有集疏、储运、包装、理货、配载和分送等综合功能的空运始发地和目的地。同时，保税物流中心功能将延伸至机场，货物的收发货人或其代理人可在武汉东西湖保税物流中心办理报关、查验、征税、放行等海关手续，然后在海关监管下直接通过天河机场进出口货物。

8 月 27 日

武汉新港阳逻集装箱港区三期工程正式开工。湖北省委书记李鸿忠，省委副书记、省长王国生，省政协主席杨松，省委常委常务副省长王晓东，省委常委武汉市委书记阮成发，省委常委省委秘书长傅德辉，省政府资政段轮一，武汉市市长唐良智等出席开工仪式。武汉新港阳逻集装箱港区三期工程共规划 17 个5 000吨兼顾万吨级集装箱泊位及配套设施，将与已建成投入使用的一、二期工程共同实现480 万标箱的吞吐能力。

9 月 27 日

宜昌水运口岸云池港海关监管场所顺利通过武汉海关验收组验收。

9 月 28 日

“襄阳—宁波铁海国际联运”启动暨签约仪式在襄阳铁路口岸举行。

10 月 16 日

武汉海关制定出台了“武汉海关关于促进湖北外贸稳定增长的22 项措施”，包括改进海关监管和服务、加快海关业务改革步伐、降低企业通关成本、支持保税贸易发展、维护公平贸易秩序等5 个方面65 项具体工作。

10 月 24 日

武汉吴家山集装箱中心站开通“汉—新—欧”（武汉—新疆—欧洲）国际货运班列。

11 月 27 日 ~29 日

中国口岸协会会长叶剑在武汉出席第九届中国国际物流节，并作题为《国际物流与国际多式联营》演讲。

（撰稿人：汪洋、熊亚军、金伟、孙毅、乔欣荣）

2012 年湖北省口岸流量统计表

口岸类型		口岸名称	货运量（万吨）				集装箱量（万标箱）				人员（万人次）				交通工具（辆、艘、架、列次）			
			出口	进口	合计	同比（%）	出口	进口	合计	同比（%）	出境	入境	合计	同比（%）	出境	入境	合计	同比（%）
空运口岸																		
		分计	0.89	0.8	1.69	+15.5					34.98	35.25	70.23	+57.4	2 649	2 649	5 298	+49.2
陆运口岸	公路口岸																	
		分计	0.04	0.18	0.23	+37.2	0.01	0.02	0.03	+23.4								
	铁路口岸																	
		分计	0.01	0.17	0.19	-32.3	0.01	0.03	0.03	+112.3								
水运口岸	海港口岸																	
		分计																
	河港口岸																	
		分计	2 187.2	392.2	2 579.4	+7.37	8.08	23.23	31.31	+7.4		16	16			1	1	-75
合计			2 188.14	393.35	2 581.51	+7.37	8.1	23.28	31.37	+7.4	349 776	352 522	702 298	+57.4	2 649	2 650	5 299	+49.2
同比（%）			+8.6	+1.1	+7.37		+11.5	+6.1	+7.4		+58.5	+56.2	+57.4		+48.2	+50.2	+49.2	

（湖北省口岸办提供）

2012年武汉海关主要数据统计表

项目		2012年	同比（%）
进出口货运量（万吨）	合计	2 581.5	+7.4
	进口	2 188.1	+8.6
	出口	393.4	+111
进出口贸易总值（万美元）	合计	2 526 074	+7.4
	进口	1 334 123	-0.5
	其中：江、海运输	783 895	-5.4
	铁路运输	90	+19.3
	汽车运输	11 062	+442.9
	航空运输	235 227	+10.2
	邮件运输	214	-31.1
	其他运输	116 736	-19.2
	出口	1 191 951	-1.5
	其中：江、海运输	834 766	+3.9
	铁路运输	704	-17.8
	汽车运输	888	+29.5
	航空运输	87 525	+30.8
	邮件运输	669	-17.5
	其他运输	105 785	-18.6
税收（万元）	两税入库	1 302 159	-5.5
	关税入库	205 034	-10.0
	进口环节税入库	1 097 125	-4.7

（武汉海关提供）

2012 年湖北省口岸出入境主要数据表

单位：（人员）人次；（交通工具）辆、艘、架、列次

项目			2012 年	2011 年	同比（%）
出入境人员	出入境人员总数		702 298	446 237	+57.38
	入境人员		352 522	225 667	+56.21
	出境人员		349 776	220 570	+58.58
	出入境旅客		656 041	415 936	+57.73
	出入境员工		46 257	30 301	+52.66
	中国公民	小计	592 968	373 765	58.65
		内地居民（因公）	9 108	6 629	+37.39
		内地居民（因私）	478 611	251 542	+90.27
		港澳居民	30 777	38 793	-20.66
		台湾同胞	74 472	76 801	-3.03
	外籍人员		63 073	42 171	+49.56
	从海港出入境人数		16	43	-62.79
	从陆港出入境人数		0	0	-
	从空港出入境人数		702 282	446 194	+57.39
交通运输工具	总计		5 299	3 556	+49.02
	船舶		1	4	-75.00
	飞机		5 298	3 552	+49.16
	火车		0	0	-
	机动车辆		0	0	-

（湖北省公安边防总队提供）

2012年湖北省出入境检验检疫业务统计表

项目	货物检验检疫				交通工具				集装箱（标箱）		发现动植物疫情		货物通关		出入境人员查验（人次）	健康检查及预防接种（人次）			
	批次	金额（万美元）	检验检疫不合格																
			批次	金额（万美元）	船舶（艘）	飞机（架）	火车（节）	汽车（辆）	合计	检出问题	种类数	种次	批次	金额（万美元）		健康检查	艾滋病监测	发现病例	预防接种
本年累计	106 260	830 297	847	9 020		5 212			271 401	146	23		47 391	518 275	688 092	33 641	32 392	9 330	42 361
其中 出境	92 993	637 203	81	496		2 866			156 376	65			32 120	269 067	342 364	29 245	29 041	8 942	42 238
其中 入境	13 267	193 093	766	8 524		2 346			115 025	81	23		15 271	249 208	345 728	4 396	3 351	388	123
同比（%）	+5.94	+0.86	+49.65	+28.63		+50.16			+3.51		-41.03		+7.95	+3.85	+57.24	+3.91	+4.93	-10.56	+29.49
其中 出境	+6.6	+3.71		-27.55		+66.34			+6.7				+8.34	+5.14	+58.12	+2.71	+3.98	-11.54	+29.41
其中 入境	+1.52	-7.5	+57.94	+34.71		34.21			-0.55		-41.03		+6.95	+2.5	+56.37	+12.63	+13.98	+20.5	+68.49

（湖北出入境检验检疫局提供）

2012 年长江海事局进出港船舶统计汇总表

船舶类别	进港船舶							出港船舶						
	艘数（艘）	总吨（吨位）	总载重量（吨）	载客量（客位）	船员人数（人次）	货物到达量（吨）	旅客到达量（人）	艘数（艘）	总吨（吨位）	总载重量（吨）	载客量（客位）	船员人数（人次）	货物发送量（吨）	旅客发送量（人）
总计	14 518	34 535 702	51 384 127		138 202	195 296 51. 75		14 572	35 105 140	52 178 234		139 101	28 949 980. 32	
中国籍船舶	14 396	34 259 092	50 928 729		136 745	19 436 977. 9		14 447	34 827 247	51 721 001		137 613	28 722 661. 48	
其中：外贸船	39	116 532	129 900		616	45 557		46	160 377	203 032		716	153 584. 52	

（长江海事局提供）

湖　南　省

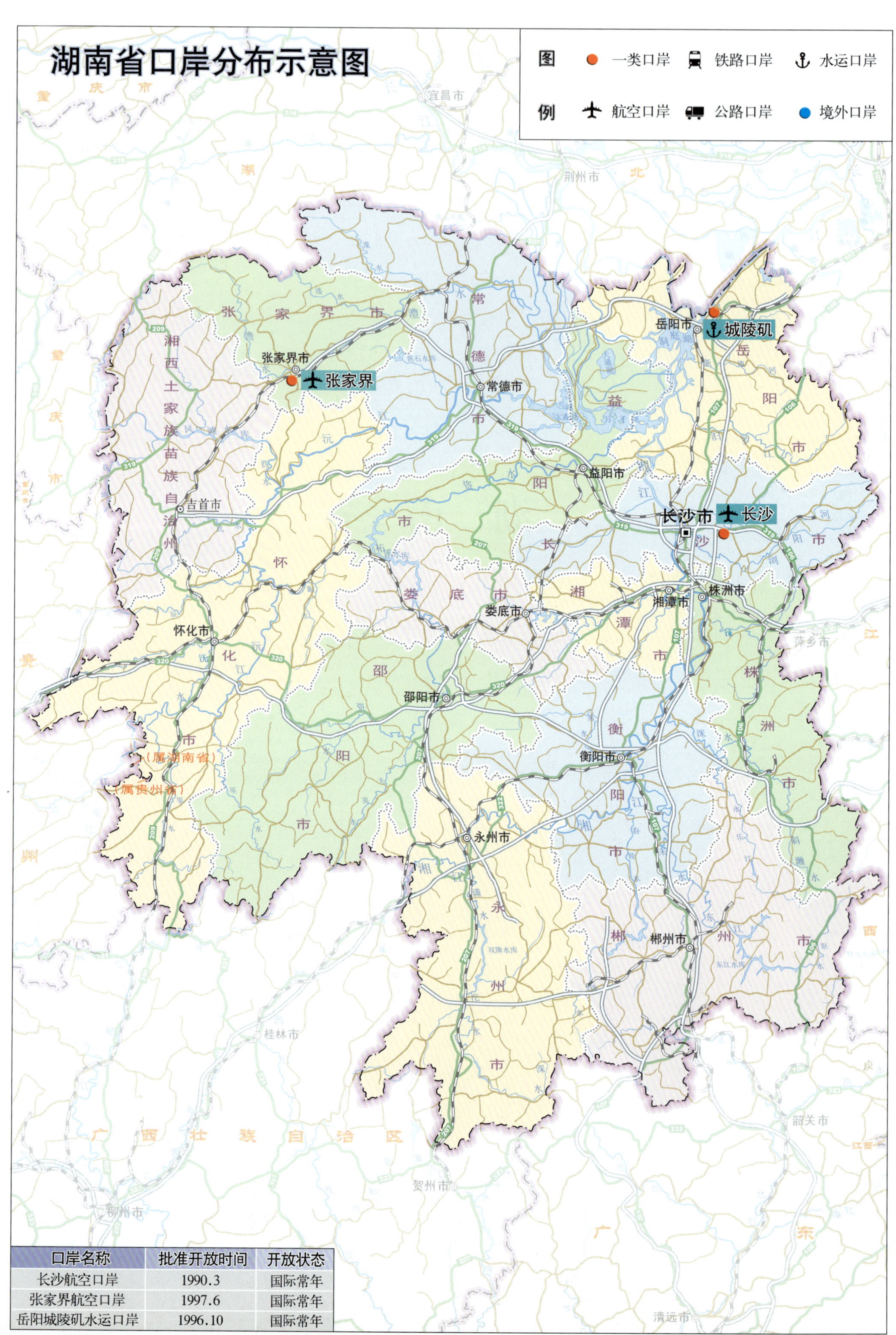

口岸名称	批准开放时间	开放状态
长沙航空口岸	1990.3	国际常年
张家界航空口岸	1997.6	国际常年
岳阳城陵矶水运口岸	1996.10	国际常年

口岸数量及分布

截至2012年年底，湖南省共有经国务院批准对外开放的口岸3个，其中航空口岸2个，分别为长沙航空口岸和张家界航空口岸；水运口岸1个，即岳阳城陵矶水运口岸。

口岸运行数据

2012年，湖南口岸进出境货运量达1 804.9万吨，同比增长5.2%；进出口货值80.93亿美元，与2011年基本持平。进境货运量1 671万吨，同比增长6.6%；出境货运量133.9万吨，同比减少10.1%。按运输方式分，水路运输进出口货值61.03亿美元，同比减少12.43%；铁路运输进出口货值8.4亿美元，同比增长219.39%；公路运输进出口货值3.83亿美元，同比增长8.19%；航空运输进出口货值7.65亿美元，同比减少2.54%；邮件运输进出口货值0.02亿美元，同比减少10.85%。全省外贸进出口总值219.4亿美元，同比增长15.5%。其中，出口126亿美元，同比增长27.3%，进口93.4亿美元，同比增长2.7%。从进出口货物情况看，出口货值排前三位的商品是：钢材13.24亿美元，同比减少17.4%；贵金属或包贵金属的制品（除首饰外）7.21亿美元，同比增长1 427.2%；汽车（包括整套散件）4.59亿美元，同比增长43.5%。出口量较大的还有未锻造银、手持式无线电话机的零件（天线除外）。进口货值排前3位的商品是：铁矿砂及其精矿19.49亿美元，汽车（包括整套散件）10.56亿美元，铅矿砂及其精矿3.8亿美元，同比分别下降29.4%、0.9%和10.1%。进口量较大的还有拉制或吹制的玻璃板（片）、银矿砂及其精矿。全省口岸进出境人员82.5万人次，同比增长19.9%。其中，从空港进出境82.48万人次，同比增长19.9%；从河港进出境179人次（上年为0）。长沙航空口岸进出境人员78.02万人次，同比增长14.7%；张家界航空口岸进出境人员4.46万人次，同比增长466.5%；岳阳城陵矶水运口岸进出境人员179人次。全省口岸进出境旅客77.43万人次，同比增长19.8%；进出境员工5.07万人次，同比增长20.9%。进出境内地居民27.38万人次，同比增长55.95%；进出境港澳居民2.6万人次，同比减少20.8%；进出境台湾同胞14.06万人次，同比增长7.7%；进出境外籍人员38.46万人次，同比增长13.0%。省公安厅人口和出入境管理局办理口岸落地签证4.1万人次。全省口岸进出境交通工具5 682架（艘）次，同比增长22.14%，其中进出境航班5 666架次，同比增长21.8%；进出境船舶16艘次（上年为0）。长沙航空口岸进出境航班5 357架次，同比增长16.7%；张家界航空口岸进出境航班309架次，同比增长398.4%。岳阳城陵矶水运口岸进出境船舶16艘次。

2012年湖南省各市、州进出口统计表

单位：万美元

市、州	进出口额	出口额	进口额	同比（%）		
				进出口	出口	进口
总值	2 194 082	1 259 965	934 117	+15.5	+27.3	+2.7
长沙市	869 252	517 382	351 870	+16.1	+26.7	+3.3
郴州市	277 761	142 663	135 099	+78.2	+71.4	+86.1
株洲市	214 929	183 442	31 487	+15.3	+74.5	-61.2
湘潭市	206 081	84 839	121 242	-16.8	+0.3	-25.7

续表

市、州	进出口额	出口额	进口额	同比（%）		
				进出口	出口	进口
衡阳市	201 645	130 835	70 810	+60.4	+28.1	+199.9
娄底市	168 516	28 450	140 066	-24.6	-45.6	-18.2
常德市	60 175	32 085	28 090	+68.5	+64.3	+73.5
岳阳市	58 119	20 924	37 195	+48.6	+15.3	+77.6
邵阳市	47 274	41 286	5 988	+20.2	+18.7	+31.2
益阳市	35 332	31 977	3 355	-27.6	-20.6	-60.7
永州市	28 973	26 245	2 727	+51.2	+57.2	+10.8
湘西自治州	15 066	14 772	295	-29.0	-23.4	-84.7
怀化市	7 095	1 469	5 627	+30.8	-43.8	+100.3
张家界市	3 865	3 597	267	+48.7	+38.4	—

（长沙海关提供）

口岸监管与服务

【口岸开放步伐明显加快】 国务院批复同意设立衡阳综合保税区；海关总署批准郴州快件监管中心恢复陆路转关快件业务；湖南省政府批准设立长沙霞凝铁路口岸作业区、衡阳铁路口岸作业区；岳阳城陵矶进口肉类指定口岸申报建设工作取得实质性进展；湘潭、长沙、岳阳综合保税区及城陵矶汽车整车进口指定口岸申报工作加速推进；口岸查验分支机构建设步伐加快，中央机构编制委员会办公室批复同意设立湘西海关、湘西出入境检验检疫局和韶山出入境检验检疫局，海关总署批复同意设立永州海关办事处。城陵矶水运口岸成功引进两艘2 300吨级江海轮，开通至港澳定期直达航班，全年往返运营 16 班次；长沙航空口岸开通至澳门定期航班，新增至台湾马公、马来西亚沙巴等航线；张家界航空口岸开通至韩国大邱、清州、釜山和泰国曼谷包机航班，并获批开通对台直航。

【口岸建设投入持续加大】 长沙航空口岸启动先期机检设施建设；张家界航空口岸新航站楼国际厅设计方案通过评审；岳阳城陵矶口岸完善冻品堆场设施，启动进口冻品监管仓库和查验平台建设，将湘北普丰冷链库上报国家质检总局备案；占地 4 万平方米、总投资6 800万元的衡阳公路口岸顺利竣工；总投资8 000万元的郴州铁路物流中心一期战略装车点竣工验收，正式开通营运；醴陵口岸累计投资 900 多万元，建成占地 20 万平方米、全国规模最大的出口花炮燃放试验场，投资1 000多万元建成全国一流的出口电瓷检测实验室；星沙海关综合楼、长沙出入境检验检疫局综合楼奠基，施工进展顺利，霞凝铁路口岸查验基础设施加快完善；永州海关大楼、检验检疫大楼前期工作完成，铁路口岸建设加速推进；湘西海关和检验检疫大楼加紧筹建。湖南省电子口岸服务中心正式挂牌运行，实体平台一期工程完工并上网运行，办公楼改扩建工程竣工投入使用；海关外网平台基础建设和电子口岸专网建设完成，“加工贸易综合服务平台”、衡阳公路口岸信息系统等联网应用项目顺利推进。

【口岸跨区域合作全面推进】 全面落实湖南与上海、广东、广西、福建等沿海地区签署的口岸跨区域合作协议，长沙海关与湛江、南宁、满洲里、天津 4 个口岸海关签订联系配合办法，适用“属地申报，口岸验放”通关模式的口岸海关扩展至 14 个，省内适用企业达 250 家，全年关区累计接受跨关区“属地申报，口岸验放”进出口报关单8 609票，同比增长34.01%。积极与沿海港口开展合作，加快长沙、衡阳、郴州、永州铁路口岸建设，大力拓展铁水联运和“无水港”业务。城陵矶口岸与重庆、四川、江西等周边省市开展进出口集装箱中转换装业务，全年中转集装箱（含内外贸）9.3万标箱，同比增长101%。

【口岸综合管理不断加强】 湖南省政府办公厅湘政办发［2012］25号文件印发《湖南省“十二五”口岸发展规划》；省口岸办修订完善了《国际航空发展专项资金管理办法》，编制完成《湖南省航空口岸突发公共事件总体应急预案》，牵头研究制定了城陵矶口岸至港澳水运直航扶持政策。建立了全省口岸运行统计工作制度和报表体系，加强口岸运行统计分析。健全了口岸信息员队伍，强化口岸信息员业务培训。对省口岸办门户网站进行改版升级，网站功能及信息量有较大提升。深入开展文明口岸创建活动，积极组织口岸联检单位参加全省文明单位创建评比，岳阳海关、怀化出入境检验检疫局获评全省文明单位。长沙航空口岸完成53批次、2 062人次中外贵宾礼遇通关，圆满完成中国中部投资贸易博览会等重大活动通关接待任务。

【特殊监管区域快速发展】 郴州出口加工区、金霞保税物流中心充分发挥保税物流和保税加工政策平台作用，保税业务量实现高速增长。郴州出口加工区全年进出区货值13.13亿美元，同比增长119%，其中加工贸易进出口值12.36亿美元，同比增长105.9%，成为湖南省承接产业转移、促进加工贸易发展的生力军。金霞保税物流中心积极开展加工贸易一日游业务和消费品进口业务，全年进出口值达6.3亿美元，同比增长81.5%。2012年10月25日，国务院正式批复海关总署，同意设立衡阳综合保税区，湖南省特殊监管区域和保税监管场所达到3家，在中西部省份中排第2位。长沙海关积极开展监管场所专项治理行动，推动15个监管场所整改提升，目前已有7家整改达标。

【长沙海关力促湖南外贸稳定增长】 长沙海关牢牢把握“稳中求进”总基调，积极落实《署省合作备忘录》，继2012年6月份发布促进湖南外贸平稳增长的8项措施后，于10月15日又拓展发布30项具体措施，从降低企业通关成本、优化企业分类管理、深化分类通关改革、推进区域通关作业、支持企业创新发展、促进对外经济合作、简化加贸保税监管、营造良好通关环境、强化缉私综合治理、推进文明窗口建设等方面，切实促进湖南外贸稳定增长。一是全面推广实施进出口分类通关改革。降低查验率，加快实货验放，出口平均通关时间缩短为1.08小时，出口、进口货物24小时放行率分别达到99.12%和97.66%。二是大力支持加工贸易发展。全年新增加工贸易企业46家，加工贸易进出口值达63.7亿美元，同比增长136%，实现逆势大幅增长，占同期全省进出口总额的29%，较2011年提升14.8个百分点。借鉴外地经验做法，在郴州出口加工区实行“分批送货，集中报关”模式，为企业提供通关便利。积极支持富士康等重点企业落户，开辟绿色通道，指定专人对口服务。三是认真落实税收减免政策。审批减免税总货值22.94亿美元，减免税款29.74亿元，同比分别增长48%、28%。支持重大技术装备产业进口关键零部件和原材料，审批减免税总货19.65亿美元，减免税款26.90亿元，同比分别增长108%、54%。四是持续助力文化产业发展。出台“支持湖南文化产业发展6项措施”，落实国家优惠政策，适用便捷通关措施，加强知识产权保护，支持文化企业走出去、引进来。与湖南省文化厅、省广播电视台和中南传媒签署合作备忘录，构建长效合作机制。全年文化产品进出口4.9亿美元，同比增长28%。五是充分发挥海关关境保护作用。全力以赴开展“国门之盾”、“蓝海行动”和“清水行动”等专项行动，立案93起，案值1.69亿元。查获枪支及配件103件，铅弹26 375发，查获反动违禁物品2 437件；查获涉及知识产权海关保护货物7批次17 532件，价值170.8万元。六是不断加强文明窗口建设。开展为期8个月的“转作风、提效能、强内控”主题教育整顿活动，全关开展以“如何更好落实服务大局、服务湖南、服务企业、服务民众”为主题的思想解放大讨论，举办开放型经济发展形势报告会和业务培训班，印发《便民服务手册》，推出“限时办结制”和“服务承诺制”，公布88项执法时限，提升了工作效率和服务水平。

【检验检疫部门强化进出口产品质量管理】 湖南出入境检验检疫局本着“抓质量、保安全、促发展、强质检”的原则，从4个方面加强质量管理，支持湖南外向型经济发展。一是强化进出口产品质量安全管理。建设进出口产品质量安全示范区12个，将全省3 400多家企业纳入进出口质量安全诚信管理，获认证企业达1 500多家。对湖南首批直接从黄花机场进境的1 034头美国原种猪，做好境外预检、隔离检疫等工作，预检淘汰率超过6%，国内合格率高达99.7%。加快烟花爆竹国际、标准化进程，在浏阳成功举办国际标准化组织烟花爆竹标准化技术委员会第一次全体会议，湖南出入境检验检疫局副局长王利民出任首届ISO烟花标准技术委员会主席。全省未发生系统性、区域性和行业性进出口质量安全问题，没有大的疫病疫情传入传出，供港澳活大猪连续7年禁用药零检出。二是深入开展进出口产品质量专项整治行动。狠抓重点产品、重点企业、重点环节、重点区域的整治，开展食品非法添加和滥用食品添加剂及出口和供港澳蔬菜、动植物检疫除害处理等多个整治行动，取消23家果蔬基地出口资格，注销14家备案出口饲料厂。三是“无缝化”服务对接支持外贸发展。签发各类产地证书2.35万份，出口产品获目标国关税减免5 139万美元，减免收检验检疫费用1 795万元，暂免小微企业签发一般原产地证书费和一般原产地工本费。对口帮扶工程机械等重点产业，确保顺利出口。对湘南承接产业转移出台8条支持措施，加大长株潭地区省部合作备忘录落实力度，与湘西州地区签署合作备忘录。四是简化出入境检验检疫手续。加大出口绿色通道和直通放行力度，优化口岸查验工作流程，完善进出口电子监管系统和集中审单系统，创新24小时预约检验和“5+2”工作模式，口岸查验效能进一步提升。

【湖南省公安边防总队推进口岸“舒畅工程”】 湖南省公安边防总队创新边检服务模式，全面提升“服务国家安全稳定、服务湖南经济建设、服务出入境人员”能力，加快口岸“畅通工程”建设。一是开展“三访三评”大走访，出台10余项便民措施。走访联检单位、机场公司、涉边企业130余次，召开座谈会10次，发放旅客调查问卷1 200余份，电话回访旅客300余人，推出“移动检查工作站”、“航班正点行动”、口岸紧急商务、边检业务培训、边检业务顾问、实时公布出境旅客验放动态信息等便民利民措施，积极回应服务对象新需求。二是创新边检服务管理，提高旅客通关舒适感。推行“10-5-3-1”服务法（距离旅客10步远，面带微笑；5步远，主动问候；3步远，引导提示；1步远，热情服务）。成立“雷锋号边检女子服务队”。完成执勤现场功能区域改造，在执勤现场设置“团队候检区”，为集中候检的团队加贴不同颜色标签，提前分流引导旅客顺畅通关。长沙边检站获评公安部“提高边检服务水平成绩突出单位”。三是强化口岸管控措施，维护口岸安全和社会稳定。加强情报信息交流共享，提高口岸勤务预警联动能力，深化可疑对象甄别处理，组织口岸反恐维稳应急处置联合演练10次，配合协查重点控制对象400余人次，查处违法违规人员142人次，查处偷渡人员3起4人次，为国家挽回经济损失2亿多元。四是增强服务保障能力，圆满完成系列重大活动边检服务。为第七届中国中部投资贸易博览会、第九届海峡两岸信息产业和技术标准论坛、“盛情湖南·相会台湾”暨湖南第八届两岸经贸交流合作会、2012海峡两岸炎帝神农文化祭等重大活动提供优质的边检服务，受到一致好评。

【岳阳海事局保障进出口货物运输】 充分发挥职能作用，积极服务地方外向型经济发展。一是加强出入境直航船舶监管服务。加强航道水深和通航秩序维护，为岳阳至港澳直航提供良好的通航环境，支持岳阳打造船畅其行、货畅其流的“水上高速公路”。二是维护水运口岸安全畅通。

针对港口吞吐量连年增长的现状，充分发挥AIS等监管平台的作用，主动提供航行信息服务，加强现场监管调度，保障船舶通航和作业安全。三是支持大宗进出口货物运输。开辟烟花爆竹集装箱运输绿色通道，从监管措施、码头平台和通航条件等方面为货主提供便利条件。在枯水季节开辟水上便捷通道，保障岳化、洞氮、华能等企业的电煤、燃油和化工品等重要物资及时运达。四是强化危险品监管。开展烟花爆竹集装箱运输安全事故预防与控制课题调研，对辖区危防管理基础资料数据库进行更新和完善，大力推进危险品船舶差异化管理措施。

开放口岸

【长沙航空口岸】 长沙航空口岸设于长沙黄花国际机场。长沙黄花国际机场位于长沙县黄花镇，距长沙市中心24.2千米，于1986年动工兴建，1989年正式启用，1990年开放航空口岸，是湖南省规模最大的民用机场，也是湖南首个开放口岸。其拥有建筑面积为5.3万平方米的T1航站楼及总建筑面积21.3万平方米、设计年吞吐量1 560万人次的T2航站楼；站坪面积36.1万平方米，机位数量与机位组合布局达到49个，其中75%为近机位。现有跑道长3 200米，宽60米，以及等长、宽23米的平行滑行道，具备ILS、VOR/DME、NDB等通讯导航系统及地面安全和服务保障设备设施，可保障波音737、747、757、767、777、787，空客300、320、330、340，麦道82、90等大型客机起降。飞行区等级为4E。

截至2012年，长沙黄花国际机场国内外通航城市达62个城市，定期航线达86条。其中，境外航点达31个，长沙航空口岸开通了至韩国、泰国、新加坡及中国港澳台地区等6个国家和地区的定期航线航班，至日本、越南、马来西亚及俄罗斯等4个国家的临时包机航班，至法兰克福、巴黎、伦敦、洛杉矶、温哥华、悉尼和墨尔本等7条欧美内部代码共享航线。2012年，长沙黄花国际机场旅客吞吐量达1 475万人次，进入全球机场百强阵容，位列第98位。2012年，长沙航空口岸出入境人数达78万人次，同比增长15%，连续7年居中部地区航空口岸首位。

【张家界航空口岸】 张家界航空口岸位于张家界荷花国际机场，是武陵山区唯一的一类航空口岸。机场地处世界知名旅游胜地——张家界，坐落于著名景点“武陵之魂天门山”脚下，是国内著名旅游机场，湖南省第二家国际机场，在湖南旅游产业发展中发挥着重要作用。机场于1994年8月18日正式通航，1997年获批设立航空口岸，1999年4月16开通至香港直航，正式对外开放，2011年11月17日全面扩大对外国籍飞机开放。机场占地247万平方米，属国家4D类机场，拥有停机位19个，跑道长2 600米，可供空客A300、波音B767等250座以下机型起降。截至2012年年底，运营国内航线62条，韩国首尔、釜山和泰国曼谷等国际航线18条。2012年12月13日，两岸民航磋商将张家界列为两岸直航新航点。2012年，张家界航空口岸进出境飞机309架次，同比增长400%；进出境人员4.5万人次，同比增长460%。

【岳阳城陵矶水运口岸】 岳阳城陵矶水运口岸位于岳阳城陵矶港，1996年获国务院批准正式对外籍船舶开放，是目前湖南唯一的一类水运口岸。处于长江与洞庭湖交汇处的城陵矶港是“长江八大良港”之一，距岳阳市中心区7.5千米，主航道通航水深4.5米，全港岸线22.3千米，堆场总面积45万平方米，各类泊位15个，其中3 000吨~5 000吨级深水泊位5个。2005年，城陵矶被交通部列为全国主要内河港口；2008年，获批为内河对台水运直航口岸；2009年，城陵矶松阳湖新港正式开港运营；2010年，长江干线武汉至城陵矶河段海轮航道开通；2011年，开通至宁波、上海等港口“五定”始发班轮航线，并开启宜昌、川江、重庆等地货物在城陵矶新港中转的新模式；2012年，城陵矶口岸至香港、澳门直达航线正式开通，成为长江中上游首条直达港澳航线。2012年，城陵矶水运口岸完成货物吞吐量1.18亿吨，集装箱吞吐量19.01万标箱。其中，进出口货运量1 500.2万吨，集装箱16.2万箱，同比分别增长19.9%和17%；至上海“五定班轮”开行178班次，发运出口集装箱3.01万标箱。

湖南省口岸大事记

1月9日

湖南出入境检验检疫局与永州市政府在长沙签署《关于共同推动永州开放型经济科学发展的合作备忘录》，建立政检紧密联系机制，共同推动湘南承接产业转移示范区建设。

3月1日

郴州槐树下车站铁路物流中心正式开通营运，标志着郴州物流产业发展迈上一个新台阶。

3月13日

载有1 034只来自美国原种猪的波音747－400型包机，从美国芝加哥安全抵达长沙航空口岸，这是长沙航空口岸首次直接进口境外原种猪。

3月28日

长江中上游首条直达港澳航线——岳阳城陵矶口岸至港澳水运直达航线正式开通。湖南省政府在城陵矶新港码头举行直航开通仪式。

3月28日

泰国曼谷至张家界国际包机航班首航。

5月15日

湖南省人民政府专题致函国家质检总局，申请将岳阳城陵矶口岸认定为进口肉类指定口岸，进口肉类指定口岸申报工作正式启动。

5月18日

以“改进海关监管和服务，促进中部开放崛起”为主题的中部地区海关关长座谈会在长沙举行。

6月6日

郴州国际快件中心顺利通过长沙海关预验收。

6月12日

岳阳市代表团参访台湾基隆港，与基隆港签订两地港口物流发展战略合作协议。

6月17日

湖南省委副书记、省长徐守盛视察长沙航空口岸。

7月1日

长江海事局在岳阳宣布：自即日起，岳阳海事局“电子巡航”范围将拓展到岳阳段以上，全面覆盖长江干线2 100千米水域，巡查从此进入“电子时代”。

7月31日

湖南省政府和澳门航空公司联合举行了长沙至澳门定期航班开航新闻发布会。从9月6日起，长沙至澳门直飞航线正式开通。

9月14日

湖南省政府正式批复同意在长沙新火车北站设立长沙霞凝铁路口岸。

10月25日

国务院向湖南省政府、海关总署下发了《关于同意设立衡阳综合保税区的批复》，湖南首家综合保税区正式获批设立。

11月4日

湖南省口岸协会怀化办事处（分会）正式挂牌成立。

12月14日

两岸民航主管部门在台北举行第七次业务沟通会议，同意增加张家界荷花机场为两岸定期客运航点。

12月12日

长沙海关“关企e线通”系统正式启用。

12月18日

岳阳城陵矶新港有限公司与湖南和立东升实业集团在城陵矶新港举行“进口肉类冷链查验平台投资建设项目”签约仪式。

（撰稿人：罗专、马显佳）

2012 年湖南省口岸流量统计表

口岸类型	口岸名称	进出口货运量（万吨）				国际集装箱运量（万标箱）				出入境人员（万人次）				出入境交通工具（辆、艘、架、列次）			
		出口	进口	合计	同比（%）	出口	进口	合计	同比（%）	出境	入境	合计	同比（%）	出境	入境	合计	同比（%）
空运口岸	长沙									38.964 8	39.06	78.02	+15	2 676	2 681	5 357	+16.71
	张家界									2.224	2.23	4.46	+466	153	156	309	+398
	分计									41.19	41.29	82.48	+20	2 829	2 837	5 666	+21.80
水运口岸	岳阳城陵矶	330.24	11 704	1 500.24	+19.9					120	59	179	—	8	8	16	—
合计		330.24	11 704	1 500.24	+19.9					41.19	41.29	82.48	+20	2 829	2 837	5 682	+22.17

（湖南省口岸办提供）

2012 年长沙海关主要数据统计表

项目		2012 年	同比（%）
进出口货运量（万吨）	合计	1 804.9	+5.2
	进口	1 671	+6.6
	出口	133.9	-10.1
进出口贸易总值（万美元）	合计	809 328.35	-3.4
	进口	51 9105.18	-7.1
	其中：江、海运输	414 067.87	-12.8
	铁路运输	41 376.19	+387.1
	汽车运输	7 228.73	-59.2
	航空运输	56 427.32	-3.0
	邮件运输	5.09	+56.5
	其他运输	—	—
	出口	290 223.17	+4.2
	其中：江、海运输	196 243.05	-11.8
	铁路运输	42 610.14	+139.4
	汽车运输	31 120.61	+75.5
	航空运输	20 075.49	-1.3
	邮件运输	173.88	-12.0
	其他运输	—	—
税收（万元）	两税入库	555 214	-4.4
	关税入库	48 811	-21.8
	进口环节税入库	506 403	-2.3

（长沙海关提供）

2012 年湖南省出入境检验检疫业务统计表

项目	货物检验检疫				交通工具			集装箱（标箱）		货物通关		出入境人员查验（人次）	健康检查及预防接种			
	批次	金额（万美元）	检验检疫不合格													
			批次	金额（万美元）	飞机（架）	火车（节）	汽车（辆）	合计	检出问题	批次	金额（万美元）		监测体检	HIV监测	发现病例	预防接种
本年累计	101 469	593 759	601	2 384	5 630	—	—	83 478	0	22 089	164 996	823 431	15 142	14 366	381	14 618
其中 入境	6 584	81 684	135	1 028	2 814	—	—	26 076	0	4 294	47 830	412 426	2 015	2 055	381	52
其中 出境	94 885	512 075	466	1 356	2 816	—	—	57 402	0	17 795	101 469	411 005	13 127	12 311	—	14 566
同比（%）	+8.70	+12.10	-15.40	+4.80	+21.50	—	—	+4.80		+6.40	-4.80	+19.60	+13.50	+11.4	+35.4	+13.1
其中 入境	+17.00	-11.30	-0.70	-10.60	+21.80	—	—	-5.30		+10.00	-23.30	+19.70	+13.50	+14.6	+4.7	+420
其中 出境	+8.20	+17.00	-18.80	+20.60	+21.10	—	—	+10.10		+5.50	+5.70	+19.40	+13.60	+10.9	—	+12.8

（湖南出入境检验检疫局提供）

2012 年湖南海事局进出港船舶统计汇总表

船舶类别	进港船舶							出港船舶						
	艘数（艘）	总吨（吨位）	总载重量（吨）	载客量（客位）	船员人数（人次）	货物到达量（吨）	旅客到达量（人）	艘数（艘）	总吨（吨位）	总载重量（吨）	载客量（客位）	船员人数（人次）	货物到达量（吨）	旅客到达量（人）
总计	662 316	96 776 711	73 346 130	12 151 879	489 586	45 561 561	8 563 204	661 154	83 706 222	102 725 610	12 035 706	488 741	79 951 845	12 993 086
中国籍船舶	662 316	96 776 711	73 346 130	12 151 879	489 586	45 561 561	8 563 204	661 154	83 664 622	102 685 610	12 035 706	488 741	79 951 845	12 993 086
其中：外贸船	16	41 600	40 000		176	7 360		16	41 600	40 000		176	14 720	

（湖南海事局与岳阳海事局共同提供）

口岸数量及分布

截至2012年年底，广东省共有经国家批准的对外开放口岸55个，其中航空口岸5个，分别是广州、深圳、湛江、梅州、揭阳（经国家口岸办同意由汕头搬迁临时开放）；铁路口岸4个，分别是广州、东莞、肇庆、佛山；公路口岸9个，分别是文锦渡、沙头角、皇岗、罗湖、深圳湾、福田、横琴、珠澳、拱北；水运口岸37个，分别是广州、南沙、新塘、莲花山、赤湾、大亚湾、大铲湾、妈湾、东角头、蛇口、西冲、盐田、珠海、九州、湾仔、万山、斗门、江门、三埠、新会、鹤山、高明、南海、顺德、汕头、潮阳、南澳、中山、虎门、惠州、肇庆、汕尾、潮州、阳江、湛江、茂名、揭阳。

口岸运行数据

2012年，广东省口岸进出境人员3.36亿人次，占全国的78%，同比增长3.4%，其中入境人员1.68亿人次，同比增长3.3%；出境人员1.68亿人次，同比增长3.5%。进出口货运量3.81亿吨（加上向港澳供水出口8亿吨，占全国34.3%），同比增长6.7%，其中出口1.21亿吨，同比增长0.3%；进口2.59亿吨，同比增长10%。入出境交通工具1 959万辆（艘、列、架）次，占全国的78%，同比增长0.8%。其中，船舶23.9万艘次，同比下降8.7%；飞机8.4万架次，同比增长13.1%；火车1.7万列次，同比增长2.4%；机动车辆1 925万辆次，同比增长0.9%。进出口集装箱总量2 714.3万标箱，同比增长0.5%。其中，进口1 320.2万标箱，同比增长2.8%；出口1 394.1万标箱，同比下降1.6%。外贸进出口总值9 838.2亿美元，同比增长7.7%。其中，出口5 741.4亿美元，同比增长7.9%；进口4 096.8亿美元，同比增长7.4%。

口岸监管与服务

【口岸建设开放迈上新台阶】 协调推进重点口岸项目开放或临时开放运作，全力促进能源资源大宗货物扩大进口。加强与驻粤口岸查验单位的沟通协调，督促相关口岸完善查验配套设施建设；积极争取各方支持，协调促成深圳港盐田港区集装箱码头三期扩建工程、珠海港高栏港区集装箱码头新建泊位、广东国华粤电台山发电有限公司专用码头等11个项目通过验收，报请省政府批准正式对外开放；广州港口岸南沙粮食码头、台山核电专用码头、惠州港口岸集装箱码头及揭阳潮汕机场、珠海机场、梅州机场等20个项目获省政府或国家有关部门批准实施临时对外开放运作30多次，新增外贸吞吐能力约9 000万吨、700多万标准箱，其中大部分涉及电煤、矿石、石化、粮食、大型装备等资源性、大宗货物和集装箱进出口专业性码头，为广东省扩大紧缺能源资源进口和重点项目大型设备进出口，实现进口货运量较大幅增长提供强有力保障。继续推进文锦渡、皇岗口岸旅检场地改造工程和拱北口岸旅检大楼扩建工程。

【争取国家赋予广东省口岸开放管理先行先试政策和对重点口岸申报项目审批的支持】 贯彻落实广东省委省政府关于推进行政审批制度改革的部署，务实向国家提出下放特定口岸开放管理行政审批权限，即将对运输资源性大宗商品船舶和对造船企业所造出口船舶临时进出特定口岸的审批权限下放广东省政府，并积极加强与国家口岸各主管部门的沟通，获得特定支持；根据广东省政府关于计划将开放范围内新建港区或码头泊位的开放审批权限下放由有关部门审批办理的要求，已会同相关部门研究提出落实建议和措施；支持广州南沙建设粤港澳口岸通关合作示范区，推进广州港口岸整车进口港区范围扩大至南沙港区，并获国家批准；同时，对已经和即将上报国家审批的中山港、湛江港、揭阳港和揭阳潮汕机场口岸扩大开放等广东省“十二五”口岸发展规划重点项目，以及广东省原二类口岸整合项目等，积极加强与驻粤口岸查验单位和军事主管部门的协调沟通，并多次会同相关部门赴京向国家口岸各主管部门汇报沟通，努力争取各方支持。

【提高口岸通关便利化水平】 加大口岸通关模式改革和科技创新项目的协调推进力度，参与配合广州海关和广东出入境检验检疫局于2012年5月24日在广州南沙举办的关检合作“三个一”（一次申报、一次查验、一次放行）通关模式改革试点启动仪式，加强相互工作沟通对接，积极跟进做好相关协调服务工作，该试点已于11月中旬启动在广东省的推广工作，并已在年底推广至广州海关和广东出入境检验检疫局共同辖区；积极推动“来往港澳小型船舶监管系统”运营单位与广东出入境检验检疫局进行对接，取得良好进展，广东出入境检验检疫局参与系统建设运作，目前已确定联网方案；经海关总署批准，广州海关在广州白云国际机场开通“通程航班”联运业务，经白云机场中转的南航国际航班旅客，将可享受“通程联运、行李直挂”的便利，中转旅客通关更加轻松便捷；按照广东省政府要求，会同相关单位积极争取国家相关部门支持，推动广州白云国际机场试行24小时直接过境旅客免办边检手续及广州白云国际机场72小时落地免签政策取得重大进展。

【推进粤港粤澳口岸合作】 按照国务院批复精神和广东省政府部署，牵头组织相关单位会同香港相关部门，协调落实一次性临时来往粤港小汽车查验方式、通道设置及口岸突发事件处置等通关事宜，并于2012年4月27日正式实施，实现了香港居民来粤“自驾游”；支持配合香港特区政府从2013年1月起分阶段在罗湖、落马洲支线、深圳湾、中国客运码头、港澳客轮码头及香港国际机场管制站将原仅适用香港居民的e通道推广运用于符合资格（一年多次往返香港）的内地赴港旅客，促进内地居民往返香港便利通关；强化粤港过境车辆动态管理机制，继续推进实施深港跨境学童校巴便利通关服务措施；研究推进粤澳新通道项目达成共识；协调落实粤港直通列车更换车底及微调列车运行时刻，进一步提升服务质量。

【泛珠三角区域口岸合作发展】 支持鼓励广州港、深圳港、湛江港、珠海港依托深水良港条件和海铁联运、海陆联运优势，开展共建无水港工作的试点；积极协助海南省口岸办举办第四届泛珠三角区域口岸合作联席会议，与福建、广西、海南四省区口岸主管部门签署《泛珠三角区域沿海省、区口岸推进入出境邮轮游艇旅游休闲产业发展合作框架协议》，并促成湛江与湖南永州口岸部门签署《开展区域口岸大通关合作协议》，推进共建永州无水港项目。

【口岸安全通关保障】 积极推进口岸管理立法工作，会同广东省法制办完成《广东省沿海砂石出口作业点和港澳籍小型船舶进出砂石出口作业点作业的行政许可实施细则》的修改工作，并经省政府常务会议审议通过，以省政府令颁布实施；开展《广东省口岸管理服务条例》、《广东省出入境游艇管理办法》立法研究，并向广东省法制办申请分别列入2013年地方性法规和省政府规章计划项目。做好口岸安全通关防范和突发事件应急处置工作，强化口岸安全通关防范管理，坚持在重大节假日派出工作组赴重点口岸现场进行安全检查，排查安全隐患，确保各项安全制度、安保措施、口岸突发事件应急处置机制落实到位，确保口岸安全有序疏导。及时妥善处置罗湖口岸“4·16”火灾事故，确保次日正常恢复通关，认真总结事故教训，指导各市口岸管理部门加强口岸消防安全检查工作，及时排查消除隐患。积极配合相关部门，研究部署口岸反走私、反偷渡工作，开展原二类口岸码头运作管理现状调查，强化原二类口岸码头规范管理、安全运作。

【全力推动口岸工作新举措】 对广东省游艇码头建设及其对港澳游艇开放计划开展调研摸底，组织广东省直相关部门、有关市口岸管理部门、有关游艇企业和协会召开专题座谈会，就推进游艇码头开放及粤港澳游艇自驾游涉及的相关问题进行研究探讨，指导各地制定推进工作开展的务实措施；初步选定广州南沙和深圳、珠海、中山、江门等地作为开展对港澳游艇开放试点；完成湛江港口岸申报汽车整车进口口岸报批及开展相关协调跟进工作。

【海关总署广东分署积极促进广东外经贸稳定发展】 2012年，广东分署在海关总署正确领导下，紧密结合广东口岸建设与发展需求，不断优化监管和服务，努力为“加快转型升级、建设幸福广东”作出积极贡献。紧密围绕国家和广东省委省政府促进外贸稳定增长的战略部署，与地方和企业共同应对严峻的外贸形势，出台多项举措支持广东外经贸转型发展。广东分署在深入调研基础上，牵头省内海关提出了支持和促进广东外贸发展的六大举措和相关建议，出台扶持中小微企业发展的8项措施，认真落实海关总署关于促进外贸稳定增长的若干措施，努力提高通关效率，为企业减负增效，确保广东省实现7.5%的全年进出口增长目标。此外，推进广东省内海关自2012年10月1日起一律停止收取“三单”打印费、报关单条码费和海关监管手续费，每年可为广东企业减负4亿元。

【海关总署广东分署协调提高口岸通关效率】 广东分署认真贯彻落实国家“十二五”口岸发展规划，不断强化大局意识和服务意识，发挥好综合协调职能作用。一方面，协调省内海关开展口岸规划设置和建设，推动口岸监管场所的规范化、标准化建设，帮助海关各业务现场改善通关条件，及时向广东省口岸办和地方政府反映并协调督促解决省内海关在口岸开设中遇到的实际问题和困难。另一方面，及时向广东省政府提出省内设立、调整或撤销开放口岸的建设性意见，做好对外开放码头、车检场及新建码头征求意见的反馈和检查验收工作；2012年制发省内海关口岸管理征求意见函及反馈省口岸办涉及海关口岸管理意见约80份。2012年，广东分署共办理专用码头口岸开放验收等项目11个，办理专用码头实施临时对外开放运作20个项目约30批次。2012年，广东海关进、出口24小时放行率分别为97.85%和99.95%，通关时效高于全国平均水平。

【支持地方重大口岸项目建设】 积极协调推动广州海关—郑州海关、黄埔海关—郑州海关共同签署了区域通关合作备忘录，进一步打通沿海与内陆、东部与西部之间的物流通道，为两地企业通关提供了更加便利的服务，使辖区内更多的企业享受到了海关改革带来的实惠。支持湛江海关启动“铁海联运”和“无水港”建设，与贵阳海关、长沙海关就支持区域经济合作，联合地方政府推进西南、中南地区大通关建设。为广州南沙、深圳前海、珠海横琴等新区规划和开发建设提供海关政策配套服务。支持深圳海关做好皇岗、文锦渡口岸旅检场地的改造及深圳机场T3航站楼项目建设。推动拱北口岸改扩建、中山港水运口岸扩大开放等工作，并大力支持横琴开发开放，研究制定与分线管理模式相适应、与优惠政策相匹配的监管制度。配合湛江海关对钢铁、石化、浆纸等重大项目的开工建设和运营，采取提前介入、主动对接、全程跟进的“一站式”个性化服务。

【深化业务改革，提升海关监管与服务水平】 广东分署紧密结合广东口岸发展要求，协调省内海关稳步推进分类通关、通关作业无纸化、跨境快速通关等改革试点，取得积极成效。按照海关总署的要求，推动深圳、拱北海关与边检部门共同合作，在与港澳接壤的7个陆路旅检现场设置当天多次进出境旅客专门通道，实行分通道监管，在提高口岸通关效率，规范口岸秩序，防范和打击利用旅客行李物品渠道走私商品方面取得良好的效果；推动白云机场国际航空枢纽的建设进程，对乘坐南航经停白云机场的所有中转出境旅客和部分航班的入境中转旅客，试行“通程航班”监管模式，节省旅客的中转时间。同时，广东分署综合协调推进省内海关“12360”统一服务热线建设，加强政策指引和答疑解难；完善口岸应急管理工作机制，在系统内形成“横向到边、纵向到底”的值班网络，受到省领导、省委办公厅、海关总署办公厅的表扬。

【粤港澳海关合作】 2012年，广东分署推动省内海关不断加强与港澳海关通关合作和执法互助，促进粤港澳更紧密关系发展。一是在查验结果参考互认方面，对运往香港方向货物“绿色关锁互认”方式施加绿色关锁1.8万条；“印章互认”方式实施重车查验后签章9.7万枚次，空车查验签章1.2万枚次；对运往澳门方向货物“绿色关锁互认”方式施加绿色关锁204条，减少双方海关重复查验，有效提高通关速度。二是顺利启动一次性临时来往粤港小汽车项目，2012年深圳海关共验放一次性临时来往粤港小汽车1 453辆次。三是推动内地海关“跨境快速通关”与香港海关“多模式联运转运货物便利计划”衔接项目的试运行工作，实现了试点车辆从香港启运地海关，经粤港两地公路口岸海关，往来内地止运地海关的全程快速通关。四是完成来往港澳小型船舶监管新系统在全国相关海关的推广应用，新增业务功能已上线试运行。五是支持和促进粤港澳率先实现服务贸易自由化，围绕广东省政府下发的《推动率先基本实现粤港澳服务贸易自由化规划纲要（2012年—2014年)》，联合广东省港澳办、省社科院等单位组成课题组，2012年10月完成了广东海关支持服务贸易自由化相关课题研究，提出海关支持措施和相关政策建议，得到广东省领导批示肯定。

【支持珠三角地区建设全国加工贸易转型升级示范区】 海关总署广东分署扎实推动广东加工贸易转型升级，对符合条件的战略性新兴产业企业，量身定做便利监管措施，促进广东新兴产业不断发展壮大；以支持东莞建设全国加工贸易转型升级示范城市为突破口，进一步解放思想、大胆创新，在支持加工贸易企业就地转型和产业转移，支持战略性新兴产业发展，促进加工贸易向产业链高端延伸和支持海关特殊监管区域整合发展等一系列措施的基础上，于2012年5月全面启动了“省内跨关区外发加工免收保证金”、“促进内销便利化”和实行“集中申报”模式等三项加工贸易改革试点工作，进一步加大力度支持推进珠三角地区全国加工贸易转型升级示范区建设。据初步统计，2012年减免保证金50亿元，惠及全省2万余家加工贸易企业。

【发挥海关统计的监测预警作用】 在广东分署的推动下，省内各海关坚持以综合治税为抓手，建立税收长效机制，确保税收征管质量。据统计，2012年广东地区海关入库税收3 392.6亿元，占全国的19.3%；审批减免税109.8亿元人民币（同比增长91.1%），占全国的15.5%；监管进出口货运量11.8亿吨，占全国的34.3%；监管进出口商品总值1.22万亿美元，占全国的31.5%；监管进出境运输工具2 320.6万辆（艘），占全国72.2%；监管进出境人员3.3亿人次。2012年，广东省外贸进出口总值为9 838.2亿美元，同比增长7.7%，高于全国增幅1.5个百分点，占全国外贸总值的25.4%。

【关检合作“三个一”通关模式试点】 广州海关、广东出入境检验检疫局在2011年签署《建立紧密合作机制备忘录》的基础上，于2012年5月24日在南沙成功启动关检合作“三个一”试点工作。海关总署署长于广洲、国家质检总局局长支树平、广东省省长朱小丹等领导出席了启动仪式。“三个一”是指海关与出入境检验检疫部门合作实行“一次申报、一次查验、一次放行”的通关模式。在该模式下，海关和检验检疫部门基本不改变各自现有业务管理系统，通过双方共同搭建的关检公共信息平台，以信息化手段对关检双方的作业流程进行整合和互动，最大限度地简化通关手续，提高通关效率。“一次申报”即“一次录入、分别申报”，对依法须报检报关货物，企业可在企业端一次性录入关检申报数据，分别完成报检和报关，缩减申报时间30%以上。“一次查验”即“一次开箱、关检依法查验/检验检疫”，关检双方对口岸现场同一批货物均需查验时，按照“一次到场、一次开箱”的原则，依照各自的规定要求共同进行查验作业，可使货柜停留查验场的候查时间减少50%以上，并减少相应费用。“一次放行”即“关检联网核放”，关检双方将放行信息经电子口岸发送到口岸经营单位，在卡口对货物实施一次放行。由于电子放行指令提前通知货主和码头，加快了办单提货速度。“三个一”通过简化与协调，同步作业，把企业原本一些需要分别办理的手续，简化为一次即可办理，不但大大提高了通关效率，降低了企业通关成本，而且提高了执法的整体效能，有利于监督制约，实现阳光通关。关检合作“三个一”在南沙口岸顺利实施，并于12月7日推广至佛山新港、顺德北滘和南海三山码头，下一步将逐步推广至双方共同辖区。启动“三个一”试点，是关检双方加强协作、协同创新、共筑和谐国门的重大举措，是口岸大通关模式改革的重大突破；是贯彻落实党中央、国务院关于改进海关、质检等监管和服务，促进对外贸易平稳发展的具体行动；对于维护国家利益、提升国家形象，提高口岸效率、促进贸易便利化，促进执法互助、提升口岸整体执法效能等，都具有十分重要的意义。

【稳步推进通关改革，促进货物通关监管】 深圳海关针对关区货运渠道走私比较严重的情况，努力提高对进出口货物的查验效能。在海运口岸将查验业务由原来的5个岗位、5个环节调整优化为2个岗位、3个环节，以将更多关员安排到一线查验货物；编写下发了《查验宝典》，内容涵盖常见的71种进出口商品，以图文并茂的形式指导现场查验，2012年查验率为4.52%，查获率为16.57%。深圳海关稳步推进通关改革，实行分类通关，该项改革覆盖关区20个隶属海关26个进出口通关监管现场，对高信用企业出口约80%、进口约40%的报关单采取低风险判别处置和快速放行，大幅提升企业通关效率。2012年8月，在陆运口岸启动通关作业无纸化改革试点，有151家企业签约采取该方式通关。深圳海关开创的“跨境快速通关”线路扩大到32条，以皇岗、深圳湾口岸为中心辐射珠三角腹地16个监管场所，陆路物流通关速度显著提高。2012年，深圳海关12月10日，深圳海关、深圳出入境检验检疫局合作，在大铲湾港区试行“三个一”通关新模式。2012年，深圳海关共监管出入境人员2.2亿人次，监管进出境运输工具1 523万辆（艘）次，监管进出口普通货物1.06亿吨，货值7 465.9亿美元，监管进出境海运集装箱2 184.5万标箱，监管进出口快件3 563.9万件，征收税款入库1 232.7亿元。立案走私案件5 898宗，案值19.3亿元；查办走私罪案346宗，走私行为案件8 963宗，违规案件1.9万宗。

【深圳海关简化程序支持加工贸易企业转型升级】 2012年，深圳海关关区共有注册加工贸易生产企业16 520家。深圳海关把支持加工贸易企业转型升级作为工作重点，进一步简化程序，方便企业办理不作价设备和减免税设备的结转手续；对企业在深圳关区内转型和搬迁的，维持企业信用记录和管理类别不变；建立跨关区联系配合和企业信用互认机制，方便企业转进或转出；落实内销便利化措施，对企业内销审批、归类和审价等做到“一个窗口、一次受理、限时办结”。2012年共办理来料加工企业转型手续939家，其中深圳市887家，惠州市52家。在监管工作中，海关还积极为加工贸易企业减负，适度调整加工贸易企业风险担保金征收范围，解决中小微型企业转型升级资金困难。据统计，2012年关区加工贸易进口1 100.63亿美元，出口1 698.72亿美元，总值为2 799.35亿美元，比上年增长8.44%。其中，富士康集团加工贸易进出口值为776.74亿美元，占27.75%；黄金加工业务发展迅猛，增长1.4倍，进出口总值达484.45亿美元；国货复进口619.67亿美元，比2011年增长16.4%。

【加强企业分类管理】 2012年在深圳海关注册登记的进出口企业有4.92万家，其中进出口货物收发货人企业4.86万家、报关企业618家。深圳海关加强企业分类管理工作，引导B类企业升为A类企业，扩大海关便利措施的受惠面，共将1 114家高信用企业上调为AA类或A类，增长468%，至年底，关区A类企业增至3 100家，其中AA类企业275家。年内为净化报关市场环境，组织为期3个月的专项整治行动，规范企业申报行为，企业守法资信程度得到明显提升。持续开展企业注册信息巡访，查处虚假注册空壳企业，从源头防控走私违法风险，全关共巡访企业6 630家。进一步对大型优质企业推行客户协调员制度，将三一重工等3家长沙关区在深圳纳税大户纳入客户协调员制度管理，为其提供“个性化，深层次，增值性”服务。全关区共有客协企业149家，2012年进出口总额2 556.48亿美元，占关区进出口总值的29.8%；纳税额为674亿人民币，占关区纳税总额的58.6%。支持大型企业“走出去”，为华为、神舟两家企业首创保税仓库检测维修业务，为出口产品到境内返修提供便利，返修周期平均缩短1/3，增强了企业的国际竞争力。

【深圳海关全面推进三查合一工作】 2012年，深圳海关稽查企业1 426家，专项稽查查发问题率达80%，稽查追补税入库1.54亿元。3月1日，深圳海关组建一般贸易稽查大队，改变原有一般贸易稽查“分头管理、单兵作战”模式，集中原来分散在口岸海关的稽查人员，统一负责关区一般贸易稽查工作。该大队成立后，在稽查办结、查发问题、追补税、移送缉私等指标上的增长比率均超过一倍以上。稳步推进引入中介机构参与稽核查工作，发挥注册会计师服务海关稽查示范基地作用，与中注协、深注协在信息通报、重大事项商议、会计师事务所遴选等方面建立长效合作机制；开展“加工贸易企业稽查核算控制标准化”研究实践，以28张表格为基础，通过计算机将企业库存、报关单证和企业手册备案等数据进行自动对碰，实现加工贸易稽核查核算的统一、规范、高效。2012年，深圳海关继续全面推进“三查合一”，建立稽查、加贸、缉私部门三方联合工作机制，实行风险信息及情报线索资源共享，加大联查、联办力度，共同打击走私违法行为。年内稽查部门在参与海关统一开展的“国门之盾”缉私行动中，查发并移送缉私局走私案件462宗，涉税1.98亿元。

【深圳海关推广电子支付业务征收税款】 2012年深圳海关征收税款净入库1 232.7亿元，同比增长19.71%，其中关税103.9亿元，进口环节税1 128.8亿元，占全国海关税收的7%。深圳海关注重完善综合治税机制，定期召开税收工作和综合治税联席会议，加强各征税部门的协调配合，并提高商品归类、审价、原产地及减免税的科学化管理水平，着力建立起前期预防、中期监控、后期处置环环相扣的内控体系，及时纠正执法偏差。同时，简化办事流程，推动海关特殊监管区域货物出区和加工贸易保税货物内销便利化工作。制定并下发“深圳海关电子支付系统整合切换方案”，推广电子支付业务，2012年通过电子支付方式征收税款额共计1 050.3亿元，占总税款额的85.39%。

【打击“水客”，维护口岸秩序】 2012年，深圳口岸的“水客”活动突出，总人数约2万人。他们频繁通过深圳6个口岸携带私货入境，甚至暴力抗法、强行冲关，两年内该类事件达46起，有12名海关关员因此受伤。针对“水客”走私发展态势，深圳海关建立重点“水客”信息资料库，掌握“水客”动态，同时于4月起在各口岸设置“当天多次往返旅客”专用通道，加大抽检力度。针对“水客”的暴力抗法情事，组建联合巡逻执勤队伍，在各口岸旅客通道开展清理巡查工作，防范和处置“水客”闹事、暴力抗法等行为。在“国门之盾”行动中连续7次大规模开展查缉行动，打掉多个从事电子产品、红酒、轮胎、海鲜产品等走私活动的“水客”团伙，并在口岸周边查缉外围“水客”、接货人员及“看水”人员4 500余人。其中，查获的大案有：4月23日，在深圳湾口岸查获张某团伙闯关走私案，当场查扣“水客”19名、手机1 700部，张某等后被深圳市中级人民法院分别判处有期徒刑6个月至4年；11月27日，深圳海关出动缉私人员600余人，在深圳华强北数家数码城破获1个涉及境外揽货、口岸通关、境内销售的“水客”网络，打掉“水客”团伙8个，案值过亿元。据统计，深圳海关2012年共破获“水客”及购私、贩私团伙31个，合计案值逾20亿元。

【知识产权保护专项行动】 2012年，深圳海关采取知识产权执法措施4 846批次，查获侵权货物3 600多万件，案值逾1.25亿元人民币。深圳海关关区知识产权案件主要出现在海运口岸，大多是侵犯商标权的出口货物。该关开展了5个专项行动——“国门之盾”行动，“打击侵犯知识产权和制售假冒伪劣商品”工作，“药品、食品和汽车配件专项整治”工作，联合打击“假冒侵权酒类产品”专项集中行动，“三打两建”专项整治行动，查处了大批香烟、手机、手表、化妆品、箱包等侵权货物。其中，较大的案件有：2012年2月5日，在邮局查获一票寄自美国的邮件伪装成“herbal enhancement”（草本强化剂）的货物，实际是逾2万粒标有“艾力达”商标的药片，经确认其侵犯了拜耳股份有限公司商标专用权；2012年3月7日，在蛇口口岸查获一起侵权的出口服装案件，涉及侵权服装7.3万余件，包括耐克（Nike）、阿迪达斯（Adidas）等多个国际知名品牌，估值超过人民币100万元；2012年3月，在蛇口口岸查获一批冒牌“Marlboro”商标的香烟3.85万条；2012年12月4日，在盐田港口岸查获一批出口防寒服，申报总价约合人民币363万元，经确认，该批防寒服上均印有“THE NORTH FACE”品牌字样，属侵权产品。2012年，深圳海关公开销毁侵权货物155万件，并向昆明地区转交部分物资用于社会公益事业。

【拱北海关加大实际监管力度全力提升查验效能】 深化通关作业改革，实现分类通关全覆盖，推进通关无纸化改革试点，扩大报关单证暂存企业数量，拓展“属地申报，口岸验放”适用范围，进、出口通关时间仅为全国海关平均通关时间的46.1%和50.9%。全力提升查验效能，加强重点敏感商品监管，扎实推进监管场所专项治理，推动清理规范原二类口岸码头，通过验收场所25个，达标率为83%，撤并平沙车检场，推进卡口控制与联网系统建设。全力以赴抓好“国门之盾”行动，保持打私高压态势。

【拱北海关全面提升后续监管效能】 深化“三查合一”改革，健全“选查分离、错位监管、联动互补、信息共享”新型机制，实现稽核查成果“前伸后延”。深化关企合作伙伴关系，加大“推优、培优、促优”力度，对高资信企业审批时间比规定时间缩短1/3以上。AA类企业占比连续5年在全国海关排名第一。开展中美C-TPAT联合认证工作，13家企业通过验证，通过率名列全国海关首位。强化保税监管，探索加工贸易行业单耗规范管理，确保准确核销。手册报核率、结案率达100%。全面推广应用油气液体化工品物流监控系统。完善“专业型、风险式、智能化”审单作业模式，建立规范申报工作联动机制，关区规范申报率达98.41%，规范申报水平在广东省内海关名列第一。

【黄埔海关努力服务地方外贸增长】 面对不容乐观的外经贸形势，黄埔海关坚决落实党中央和海关总署稳增长的要求，竭尽全力促进广州和东莞两市外经贸发展。深化分类通关、通关作业无纸化、“属地申报，口岸验放”、企业分类管理等改革，优化“12360”热线、现场窗口及通关效能等服务，让更多企业享受便捷通关服务。停止和取消出口收汇核销单等5项收费。建立内销“快速通道”，扩大“集中申报”企业范围，开展“两单一审”改革，进一步简化手续，切实减轻企业负担。

【黄埔海关助力加工贸易转型升级】 黄埔海关继续按照探索四方联网、推行属地管理、深化联网监管、加强社会共管“四部曲”的总体思路，循序渐进推进加工贸易转型升级。完善三方联网管理模式，试点企业扩大到1 052家；配合地方政府建设并启用“东莞加工贸易管理服务平台”，实现了地方外经、海关、检验检疫与企业的“四方联网”，中共中央政治局委员、广东省委原书记汪洋称赞“‘四方联网’走出的一小步，将带动政务改革迈出一大步”。自主开发“黄埔海关加贸企业监控预警系统”；探索建立促进加工贸易转型升级绩效评价体系，受到海关总署多位领导及地方党政领导的肯定。

【黄埔海关积极探索通关作业无纸化】 作为首批试点海关之一，黄埔海关按照海关总署的统一部署，成立了由“一把手”任组长的领导小组，周密部署，扎实推进。在总结试点经验基础上，逐步将试点企业范围扩大到所有A类及以上企业。该关所有现场已全面启动通关作业无纸化改革试点，截至2012年年底，无纸化报关单达37 165份。2012年12月份，无纸化报关单量占当月全部报关单的6.32%，超过海关总署5%的目标。

【汕头海关加大力度完善口岸管理工作】 2012年，汕头海关坚持创新务实，强化协调，加强服务，加大力度完善口岸管理工作，推进粤东口岸科学发展。一是跟进落实重点新建口岸项目的规划建设和审批进展。支持揭阳潮汕机场口岸对部分外籍飞机临时开放，配合国家口岸办调研组做好调研工作；结合海关职能就揭阳港惠来口岸城、揭阳潮汕机场海关监管场所等建设项目向地方口岸管理部门反馈意见。二是认真做好电力、石化等资源性、大宗货物码头临时开放运作的协调服务工作，全力支持扩大进口。支持揭阳惠来电厂煤码头、揭阳市港务总公司仙桥作业区临时进靠国际航行船舶，支持汕尾港红海湾电厂专用煤码头生产试运行，支持潮州港口岸金狮湾亚太通用码头一期工程1号泊位申请临时开放生产性试运行。2012年经粤东口岸进口煤及褐煤（以下简称煤）1 733万吨，占同期全国煤进口总量的6%。三是开展粤东口岸管理课题调研，梳理分析粤东口岸发展面临的机遇和挑战，深入研究粤东口岸发展存在的突出问题，提出若干对策建议，撰写《汕头关区口岸建设发展现状及促进对策的调研报告》报送国家口岸主管部门及粤东5市党政部门。四是推动监管场所的达标建设和规范化管理。重点整治长期不达标、内外贸兼营和关联经营等高风险场所，关区38个监管场所中已有31个通过海关监管场所验收并成功注册登记，验收通过率超过80%；以信息化管理为手段，与时俱进，统筹计划，不断提升监管场所科技应用水平，稳步推进监管场所管理，规范监管场所经营。

【汕头海关加快通关业务改革，营造便捷通关环境】 2012年，汕头海关紧贴粤东经济社会发展脉搏，树立守法便利的执法导向，优化通关环境，提高服务水平。一是继续完善分类通关改革。在开展出口分类通关改革的基础上，2012年10月18日，关区业务现场全面实施进口货物分类通关改革。2012年关区出口报关单平均海关作业时间为0.29小时，进口报关单平均海关作业时间为2.39小时，比2011年同期提升58.8%。二是落实海关总署促进外贸稳定增长若干措施，及时研究制订《汕头海关关于扩大“属地申报，口岸验放”通关模式适用范围实施方案》，加大宣传力度，吸引更多合格企业适用新型通关模式，帮助企业充分享受通关作业模式改革带来的便利。三是修订印发《汕头海关24小时预约监管管理办法》，自2012年9月1日起在现场海关对外公布的业务工作时间外，依企业申请海关可为其提供办理进出口货物通关手续的便利服务措施。四是量身定做通关服务措施。对鲜活易腐等特殊商品、对台直航货物设立专用窗口，优先办理接单审单手续；对鲜活类、油气类、危险品类货物等应当查验又不便在通关现场实施查验的进出境货物，经企业申请，派员到企业在生产或装卸环节实施查验；提供“绿色关锁”服务，实现粤港海关查验结果互认。五是对AA类企业长期进口列入海关必检商品目录的同一商品，经海关首次取样送检未见异常的，实施不定期取样送检。争取海关总署将汕头出入境检验检疫局批准列入开展委托化验单位，企业部分商品可在汕头就近化验鉴定。

【汕头海关更新服务理念，落实企业税费优惠政策】 2012年，汕头海关不断强化主人翁意识，主动参与和服务粤东经济社会建设，主动推广纳税便利措施，积极落实税费优惠政策。一是全面应用“价格专业认定系统”开展分类审价。制定纳税人管理制度，对符合条件的AA类、A类企业给予预归类、预审价、原产地预确定、网上支付、税款担保等征管便利措施。二是加强与银行部门的联系配合，在关区全面开展电子支付和担保业务。建立业务联系人制度，加强电子支付过程跟踪服务。2012年通过电子支付/担保、网上支付/担保方式缴交税款9.66亿元，占关区税收总数的18.72%，同比增长33.80%。三是提供预归类和归类咨询服务，建立重点企业归类联络员制度，提供商品信息和归类公告查询等网上便民服务。四是做好海关商品规范申报辅助系统、补充申报管理系统上线运行和税费电子支付系统的推广工作，提升企业申报质量，加快企业通关效率，降低企业通关风险。五是积极稳妥地推进台湾、东盟等自贸区优惠关税政策在关区的落实，落实“广东省内海关扶持中小微进出口企业的8项措施”等税收优惠政策。六是坚持“依法减免”和“主动服务”理念，结合粤东地区经济发展特点，关注重点行业和重点项目，主动送政策上门，推行减免税业务“一站式”审批，帮助企业用好用足国家结构性减税等优惠政策。2012年共审批减免税款7 722.6万元。七是加强对关区税源的调研和分析，对关区进口手机液晶显示板情况进行调研，及时将有关意见报全国海关进出口商品归类中心上海分中心，支持地方重点产业发展，助推企业扩大进口量。八是降低企业通关成本。从2012年8月起取消条形码收费、三项单证（出口收汇核销单、进口付汇单、出口报关单退税联）打印费、海关监管手续费，每年为企业减负900万元以上。

【江门海关推进三项改革改进监管和服务】 为有效应对当前复杂严峻的国内外经济形势，促进外贸稳定增长，江门海关加快业务改革步伐，改进监管和服务。一是全力以赴推进分类通关改革，实现进出口分类通关改革在关区的全面覆盖，积极开展“报关单证企业暂存”试点工作，为“无纸通关”改革做好前期准备。2012年关区进出口分类通关报关单占关区进出口报关单总量的91%，关区进出口货物平均作业时间为1.57小时，24小时货物通关完成率达98.16%。二是不断拓展“属地申报，口岸验放”通关模式应用范围。目前，江门关区6个现场与全国12个口岸开展跨关区“属地申报，口岸验放”业务，适用企业有31家。2012年年内该模式进出口货运量为5.4万吨，货值7.8亿美元。三是积极开展“一次申报、一次查验、一次放行”（简称“三个一”）试点工作。制发试点实施方案，加强与江门出入境检验检疫局的联系沟通，先后召开了6次协调会议，建立联系配合机制，科学选择试点口岸，探索以纸质替代电子信息过渡流转方式，在试点口岸实现了“三个一”操作测试，确保试点工作如期完成。

【江门海关隶属鹤山、台山、阳江海关支持地方重点企业发展成效显著】 江门海关隶属鹤山海关坚持特色服务，助力中国印刷产业基地发展。一是深入实地调研。鹤山海关关领导多次带队走访各主要印刷企业，加强与企业联系沟通，关心企业发展状况，帮助、指导企业解决实际问题。二是提高服务水平。加强关员印刷品知识培训，上门为企业培训服务，提高对印刷品申报和审单水平，提高通关效率。坚持24小时预约通关，设立专用窗口为企业提供个性化咨询服务，切实提高服务质量。三是加大扶持力度。加大海关政策宣传，鼓励企业用足用好国家各类优惠措施。大力推广分类通关、“属地申报，口岸验放”、“无纸通关、单证暂存”等便捷通关模式，优化通关环境，节约企业通关时间和成本。据统计，作为广东省印刷行业的龙头企业，鹤山雅图仕印刷有限公司2012年出口货值共3.83亿美元，其出口值位列江门关区所有出口企业首位。

江门海关隶属台山海关紧密贴近地方打造新能源基地的发展思路，不断改进监管和创新服务。一是助力企业用好用足政策。深入台山核电调研和现场办公，及时解决项目建设过程中遇到的设备减免税、口岸临时开放等问题。二是特事特办及时服务解困。推出“组合拳”措施，为台山核电提供量体裁衣、跟踪服务，开辟“绿色通道”，特事特办。三是提高通关效率。搭建个性化通关平台，推广分类通关改革、舱单管理系统；推进物流监控的“无缝监管”链接，提供优先办理货物申报、验放手续等通关便利措施和“门对门”监管服务；提供“零距离面对面服务”、“5+2天”工作制、24小时全天候预约监管等服务措施，优化通关流程，完成通关申报放行手续全过程仅用2个小时。2012年，江门海关专门召开协调会25次，跨关区协调全国8个海关，审批 360 份减免税证明，涉及货值 4 亿美元，减免税款 6.5 亿元。实行“跟进式”服务，及时解决异地口岸凭保放行、设备减免税审批和销保等问题，全力推进以台山核电为主导的新能源项目驶入稳步发展的新航道。

江门海关隶属阳江海关优化服务，大力促进地方外贸经济发展，服务地方重点项目建设，加大水海产品出口扶持力度，继续跟踪阳江核电、广青镍合金和嘉吉粮油等重点项目建设，主动提供海关优质服务；推动地方经济转型升级，继续落实好海关促进外贸稳定增长措施和署省合作备忘录等有关要求，加强政策研究，推动辖区传统行业和加工贸易企业的转型升级，加大海关知识产权宣传和保护力度，落实有关重大技术设备税收减免政策，帮助企业提高自主创新能力；支持产业转移园区建设，推动重点项目落户，组织专题调研和现场办公，及时解决企业在产业转移过程中涉及海关手续的疑难问题；加强统计分析和进出口监测预警，主动为地方经济发展建言献策，尤其突出对本口岸大宗敏感商品的监测预警，密切与地方政府及有关部门的联系沟通。

【江门海关支持地方重大项目建设】 2012 年，江门海关认真贯彻国家和海关总署支持外贸稳定增长的决策部署，全面落实国家税收优惠政策，进一步提高行政效率，主动支持地方重点项目建设。2012 年，先后为台山核电、新会南车、新会亚太纸业、广东富华重工、阳江核电等重点大型项目审批减免税货值近亿美元，减免税款超亿元人民币，有力地支持了地方重点项目建设，为地方经济发展注入强劲的动力。2013 年 1 月 19 日，《江门日报》头版头条以“江门海关减免税款超亿元”为主题对此进行了报道。随后《南方日报》、《广州日报》也纷纷发表了相关专题报道，新浪、搜狐、网易等大型门户网站也进行了转载。

【湛江海关积极推进业务改革，不断优化监管和服务】 一是推进电子通关改革，减少纸质单证的人工流转，提高通关效率，降低企业通关成本。二是深化风险情报中心建设，建立专家业务风险会诊制度，开发“诚信风险研判处置系统”，提升风险研判能力，2012 年关区查验率达到 6.5%，查获率提升到 17%，位居全国海关前列。三是强化业务监控，在直属海关风险管理平台增设 28 项监控功能，在基层海关开发应用企业信用动态评级系统、四位一体监控指挥信息平台和 AIS 船舶监控系统，强化对通关效能、企业、物流和船舶的监控。四是探索诚信通关体系建设，研究整体框架、企业诚信等级评估标准、综合监管模式、体系运行机制、配套科技应用项目等核心内容，并根据“由企及物”的理念在事前、事中和事后三个环节建立各部门联动作业的差别化监管模式，进一步优化监管资源配置，提高监管效能。2012 年湛江海关共监管进出口货物 7 036万吨，同比增长 5.5%；进出境人员 7.4 万人次，同比下降 26.6%；进出口货物总量 314.4 亿美元，同比下降 0.97%；进出境集装箱 21 万标箱，同比增长 3.1%；税收净入库 318.7 亿元，同比增长 14.30%。监管进出口货运量、税收净入库再创历史新高。

【湛江海关服务粤西开放型经济稳步增长】 一是深化重点项目建设服务。全程跟进服务钢铁、炼化、造纸等重大项目建设；根据政府及企业的要求，主动指导和支持粤西再生资源基地的规划建设，完善再生资源进口监管措施，加强对进口再生资源行业发展的扶持力度。二是促进经济转型升级。制定支持粤西外经贸转型升级的 18 项措施，联合地方政府及口岸部门共同推进转型升级工作；针对广东省首批外贸转型升级试点企业，出台 22 条具体支持措施，开展“一对一”帮扶，为企业提供量体裁衣式服务。加强对粤西传统优势产业的扶持和引导，鼓励牛皮加工企业入园经营，提升产业档次；支持水产龙头企业建设水产中心交易市场和保税仓冷库，完善物流链，促进产业集聚和升级。三是帮助企业减负增效。联合湛江、茂名两市召开关企座谈会，与企业面对面沟通，宣讲政策并现场办公研究解决企业 30 余项困难；细化外贸企业管理等级调整措施，落实进出口环节收费减免，简化保税监管手续。四是加强品牌保护。通过召开自主知识产权保护座谈会等方式宣传政策法规和帮扶措施，推动23家企业47项知识产权成功向海关总署备案。建立知识产权保护联动监控机制，严厉打击进出口环节侵权行为。五是打造“12360”为民服务品牌。开展“创建优质服务热线工作室”主题活动，加大软硬件设施投入，组建后台专家团队，切实提高“12360”热线服务水平。2012年共受理咨询求助1 463条，回访满意度达100%。

【湛江海关推动区域物流发展】 主动加强与地方政府、兄弟海关及口岸单位的合作，提升关区口岸的区域辐射能力。一是完善区域通关联动机制。加强与兄弟海关的通关合作，与贵阳海关、长沙海关就支持区域经济合作、启动“铁海联运”和“无水港”建设达成共识，联合地方政府继续推进西南、中南地区大通关建设，进一步发挥关区口岸作为西南、中南进出大通道的作用。二是扩大“属地申报，口岸验放”通关模式适用范围。与广州海关开通空运货物“属地申报，口岸验放”模式，与上海、深圳、太原等海关扩大“属地申报，口岸验放”模式适用口岸，并将其放宽至资信良好的B类生产型出口企业，扩大海关优惠措施的覆盖范围。三是积极推动港口功能布局优化。积极建言和推动地方政府明确关区港口功能定位，科学利用港口资源，避免同质竞争，积极协助和指导湛江港推进老港区改造和新港区规划建设，完善港口服务功能，促进港口物流发展。

【广东公安边防总队服务口岸经济发展10条措施】 2012年，为进一步提高边检机关服务经济社会发展能力，结合边检职能和工作实际，广东公安边防总队制定出台了10条措施，提高边检服务水平，支持口岸经济发展。一是推行海港证件“互通互认”一站式办理。实施“航行港澳船舶证明书”异地办理，改变以往“航行港澳船舶证明书”只能在船籍港边检站办理的规定，船籍港在总队所属边检站辖区的船舶，在总队所辖任一有海港业务的边检站均可申办“航行港澳船舶证明书”。手续齐全的即报即办，当日办结，打破地域限制。实行“登轮许可证”同城互通互认，在总队有外轮业务的湛江地区、江门地区、东莞地区，经营单位在任一有外轮业务的边检站申办“登轮许可证”，可在相应地区内互通互认，避免企业重复办证，节约经营成本。二是推行往来港澳小型船舶边检电子政务。依托“往来港澳小型船舶服务和监管平台”，完善网上办证、船舶备案、报检等功能模块，企业在互联网申报的办证、出入境手续、船舶资料备案等数据直接与梅沙系统对接；推行网上办证、网上备案、网上报检等电子政务，企业通过该平台即可实现往来港澳小型船舶手续“一站式”办理，实现船舶办理边防检查手续“零等待”、“零距离”、“零障碍”。同时主动跟进广东省电子口岸平台建设动态及标准，争取将往来港澳小型船舶监管服务平台纳入统一建设，拓展便民服务方式、范围。三是设立边检区域性勤务中心。在东莞、湛江、惠州等港区面积大、码头泊位多的口岸设立边检区域性勤务中心，在其他口岸根据实际需要设立一线警务室，将边检服务职能前移到口岸执勤一线，集中办理船舶出入境边检手续，实现边检手续“一站式”办理，减少企业跨区跨码头办理手续的不便。四是打造边检移动服务平台。在东莞、湛江、惠州、新会等港区面积大、码头泊位多的海港边检站推行边检移动式服务和执法，构建集无线验放、巡查、处警、救助、宣传、办证、执法、监护等功能为一体的边检移动服务直通车，将边检服务推行到码头一线。通过边检行政服务中心和边检移动执勤车相结合，实现边检服务从点到面覆盖，无缝对接。五是探索口岸分类管理模式。推行港区梯口智能管控、船舶出入境风险评估、限定区域分片驻勤和科队联勤等勤务模式，区分国际航行船舶、往来港澳小型船舶、客班轮等类型，分类探索建立口岸管理模式，形成勤务定式。完善口岸协管员制度，制定全省统一的协管员准入标准及管理措施，协助口岸经营企业强化保安队伍建设，保障口岸限定区域安全，助推经济发展。六是支持口岸对外开放工作。以服务地方经济发展为原则，综合分析近年来口岸建设、开放情况，针对不同类型的口岸项目，边检机关主动跟进，提前介入，派出专业人员，协助地方政府解决口岸建设、开放过程中涉及的边检设施建设、人员编制等问题，加快口岸建设、开放进度，确保相关设施符合对外开放要求，全力助推口岸对外开放工作。对载运重点项目建设急需的设施设备的出入境船舶，需要从对外开放口岸以外的地方临时进出的，给予支持。七是跟进服务粤港澳游艇自由行项目。配合广东省政府发展海上绿道旅游事业，主动调研所属边检站辖区内发展游艇业务需求，提前研究游艇边检工作措施，着力在简化出入境手续，提高通关效率上下工夫，为上级制定游艇出入境边防检查政策提供参考。重点指导中山、惠州、江门等边检站做好启动粤港澳游艇出入境工作的准备。八是简化往来港澳小型船舶边检手续。取消船舶异地首次出入境均需到边检站备案的限制，即企业属下船舶首次出境，只需在总队任一有海港业务的边检站属下任一口岸备案即可，经受理的边检站确认后，船舶到其他口岸再次出入境，无须重复备案。对当日往返港澳3次以上且无船员变动的船舶，仅需在当日首次出境和末次入境按规定提交相关单证即可。边检站在执勤现场、服务网站提供“船长报告书”、“航行港澳船舶证明书申请表”等表格供服务对象使用，有条件的口岸提供“船长报告书”自助打印设备。九是推行船舶“诚信管理”制度。建立“船舶诚信”管理办法，促进往来港澳小型船舶经营单位及人员自觉遵守我国出入境边防检查法律、法规，鼓励其规范自我管理和加强诚信建设。对守法经营、信誉度高的出入境船舶，给予优先办理边检手续。对违法违规记录多、自身管理不严的船舶，从严检查和监管。十是提供船舶员工急难救助服务。海港边检站开设绿色通道，遇船员受伤、突发急病需紧急送医救治的，原则上由距离救援交通工具拟停靠地最近的边检站办理，船方、船舶代理申请办理被救治船员边检手续时，最先接到申请的边检站必须受理。如由其他边检站办理更合适，由受理的边检站及时将有关情况通报相关边检站，并告知申请方与相关边检站联系，确保船员第一时间得到救助。

【广州出入境边防检查总站提高出入境边防检查服务水平】 组织开展以访问民情、访察民意、访排民忧和评议工作、评查问题、评选先进为主要内容的“三访三评”深化“大走访”活动，走访群众25 000余人次、企事业单位450家，开展评议活动98次，征求意见建议56条，创新和改进服务举措20项，为群众办实事、做好事、解难事1 000余件，服务对象满意度不断攀升。着力打造“中国边检　阳光国门”服务品牌，举办中国边检服务品牌推介会、“特邀监督员看边检”、“媒体记者边检行”、“警务接待日”、“美在边检”民警服务形象风采展示和推荐总站民警参与“最美警察”媒体推介等活动，扩大边检服务工作的知晓度和影响力。广州出入境边防检查总站所属各出入境边防检查站主动推出贴近口岸实际和服务对象需要的服务举措，白云、天河出入境边防检查站为参加第112届中国进出口商品交易会、首届广州国际城市创新奖及广州国际城市创新大会暨世界大都市协会董事年会的来自153个国家与地区的嘉宾出入境通关开设“红棉通道”；黄埔出入境边防检查站优化船舶检查限时服务、电子登轮许可和回访外籍船员制度；番禺、南沙出入境边防检查站主动服务南沙新区发展，为南沙生态海滨国际旅游节、南沙湾国际游艇博览会和“雪龙”号极地考察船提供优质配套出入境通关服务。

【深圳出入境边防检查总站口岸管控卓有成效】 2012年，深圳出入境边防检查总站精选多名民警开展反恐处突警务实战技能培训，共组织实战演练770余次，提升应急反应及协同配合作战能力。在香港回归15周年庆祝活动和“十八大”会议期间，共投入现场警力8.6万人次，备勤警力1.7万人次，对130余万辆次各类车辆、605艘次船舶、756架次航班实施检查，查获一批非法出入境案件，为香港回归15周年庆祝活动和“十八大”顺利进行提供净、畅、宁的口岸通关环境。2012年，深圳出入境边防检查总站下辖10个出入境边防检查站验放出入境人员2.18

亿人次，同比增长5.6%；验放出入境交通运输工具1 590万辆（艘、架）次，与2011年基本持平。罗湖站被公安部评为“全国公安优秀基层单位”。

【深圳出入境边防检查总站服务创新有举措】 2012年，深圳出入境边防检查总站结合公安部颁布的12项出入境便民服务举措，推出跨境学童交接区和“立体通关指引”等精细化服务举措，研发跨境学童查验系统、粤港一次性小车通关系统和“小车空车道非法载客监控系统”等一系列高科技系统，升级自助通关采集系统。2012年口岸客流量比2011年提前18天突破2亿大关，旅客自助通关人数占旅客总数的45%。

【深圳出入境边防检查总站开展“走进国门评议边检”主题实践有成果】 2012年5月份，深圳出入境边防检查总站邀请特邀社会监督员，来自广东省、深圳市和香港、澳门特别行政区的11名政协委员及中央媒体记者深入各口岸，对边检工作进行近距离接触和全方位评议。同时，该总站积极开展“三访三评”深化“大走访”活动，走访企事业单位、新闻媒体等255家，现场访评出入境旅客2 900余人次，解决执法执勤和队伍管理等方面的问题隐患67个，为群众办实事、做好事、解难事385件。

【深圳出入境边防检查总站口岸通关改革有亮点】 2012年，深圳出入境边防检查总站在各旅检口岸现场推行蛇形通道候检，创新以客流主导勤务的工作模式，提高通关效率和用警效益。与广东省公安厅加强协作，自主研发粤港一次性小车通关软件，为“一站式”服务提速。罗湖、皇岗、深圳湾、沙头角等陆路口岸边检站采取调整勤务班次、优化警力配置、充实常态机动力量、实施分段验放等措施，提高用警效益；盐田、蛇口、大铲湾等海港边检站依靠信息化和情报支持，实行风险评估和信誉管理，与地方政府部门、口岸联检单位、港航企业协作共管管理模式初步形成。

【珠海边检总站5项措施打造边检国门“阳光服务”】 2012年，珠海边检总站主动回应服务对象诉求，不断创新管理方式，积极推出便民服务措施，全力打造“友好、高效、专业”的新时期边检服务品牌形象。一是多种形式打造服务品牌。以开展“三访三评”深化大走访活动为契机，积极走访服务对象、驻地政府、口岸联检单位和澳门特区政府、中央驻澳单位等，深入开展提高边检服务水平专项评议，在总站官网开设“网上评边检”专栏，开通官方微博接受咨询，收集涉及通关速度、服务举措等意见建议323条，认真研究，积极回应。8月份在拱北、横琴等口岸同步开展边检服务品牌大型集中推介活动，边检“阳光服务”品牌形象逐渐深入人心。二是主动推出多项通关便利化措施。2012年年初按照公安部部署在珠海各口岸全面实施扩大自助通道适用范围、查询出入境记录等12项便民措施，受到旅客和社会各界广泛赞誉；自3月28日起在横琴口岸试行70岁以上老人、10岁以下儿童和残障需扶助人员随车查验服务，主动将拱北口岸学童通道验证台高度降低30厘米，在拱北、湾仔口岸自助查验通道加装“湿手器”以提高指纹比对成功率；主动将九洲、湾仔口岸边检报检室前移，每年为服务对象节约经营成本数百万元。三是稳步推进边检管理模式改革。在拱北、横琴、湾仔等边检站推进勤务模式改革，有效提高了客流疏导速度和用警效益；在高栏、湾仔等港口边检站开展港口边检管理改革，逐步建立了码头安全、船舶风险等级评估机制和登轮、代理单位信誉等级管理机制，“边检主管、船方自管、企业协管”的新型港口管理模式初步建成，用警效率和服务能力有效提升。四是加强信息科技应用力度。在高栏港口岸应用边检车载无线监控系统、IC卡电子登轮证管理系统，在拱北、九洲、横琴边检站启用指纹验讫章智能保管柜系统，在拱北、横琴、茂盛围等边检站试行出入境交通运输工具数据形态分析系统，实现了管控效能与用警效益双赢。在九洲、横琴边检站建设工作人员通道指纹验证系统，通过事先采集指纹、面相等生物信息，实现持证人进出口岸时信息自动比对；对拱北口岸边检自助查验系统进行升级，增加红外判断点，改进了防尾随性能；先后对九洲、横琴、茂盛围口岸的边检闭路电视监控系统和横琴口岸莲花大桥红外报警系统进行升级改造，进一步提升了口岸电子化监管巡查能力。五是加强口岸综合治理力度。主动协调珠海市综合治理、公安、口岸管理等部门和有关劳务公司联合开展拱北口岸综合治理，并在横琴、湾仔等口岸开展非法营运专项整治，积极研究论证蛇形候检模式，加强口岸限定区域管理，维护安全稳定的通关秩序。协调有关部门拓宽湾仔口岸候船区域，全面改造拱北等各口岸现场边检执勤标志，细化明确通关服务指引，确保候检秩序井然，通关更加顺畅。

【汕头边检总站服务地方建设推出新举措】 一是推出汕台海上货运直航边检便利措施。汕头港至台湾高雄港海上直通货运航线是广东省唯一对台海上直航定班航线，航线的开通对促进粤东地区对台经贸发展起到积极促进作用，社会效益、经济效益非常明显。汕头边检总站大力支持汕台海上货运直航工作，先后推出7项出入境边防检查服务便利措施，如边检服务窗口前移至码头作业区，民警24小时驻点值勤，为汕台海上直航船舶办理出入境（港）边防检查手续提供24小时不间断服务，对在港停泊时间不足24小时的船舶提供出入境边防检查手续一次性办结等便利服务等。二是不断完善边检窗口服务设施，自筹资金改善5个驻口岸边检服务窗口软、硬件服务设施及其技术保障设施，为办理出入境边防检查手续人员营造舒适的通关环境。三是自制中英文双语版《边检登陆指南》，在海港口岸边检服务窗口免费向服务对象发放，向首次来汕的中外籍船员提供“人本、专业、安全”的边检通关服务。指南内容包括汕头边检服务12点温馨提示、9个求助联系方式，印有汕头口岸各港区、汕头市中心城区地图及市区交通路线图等内容，方便船员抵港后到市区购物、住宿、消费。四是简化组团出入境手续，与汕头、揭阳、潮州三市的多家国际旅行社建立固定业务联系，实行出境旅游团名单预报、预录制度，使团队出境游旅客办理出境边检手续所需时间缩至10分钟以上，极大方便旅客通关。五是在旅检大厅启用入境自助查验通道，该通道可根据入境旅客流量变化，随时切换为人工或自助两种通关模式。自助查验通道的建成并投入使用，使入境旅客每人通关所需时间极大缩减。汕头边检总站创新边检服务新思路，满足服务对象新需求，得到广大服务对象的一致好评，荣获“全国提高边检服务水平先进集体”、“汕头市政府对台海上直航工作成绩突出单位”，服务对象满意率长期保持在99.76%以上。2012年汕头边检总站共收到锦旗13面，感谢信15封。2012年3月，在公安部出入境管理局组织的全国25个中型客运口岸边检通关质量综合考评中，汕头边检总站所辖揭阳潮汕机场口岸的综合考评位列全国第一。

【汕头出入境边防检查总站建立海港勤务新模式】 为适应口岸大进大出、快进快出需求，有效增强勤务组织的科学性和管理的针对性，最大限度减少警力虚耗，2012年6月起，汕头边检总站先后组织有关部门深入一线开展调研，全面评估现行勤务组织、人员结构、警力安排效能等，开展海港口岸边检执勤模式改革。一是科学调配边检警力分布，在海港口岸限定区域实施24小时分片驻点值勤模式，实现海港口岸24小时不间断口岸管控；二是通过技术改造，提高科技强警水平，实现视频监控系统24小时100%全覆盖；三是运用在港船舶风险评估方法进行管理，通过对船舶进港前不安全因素进行采集、运算，得出潜在风险系数，按风险系数高低实施相对应的服务和管理，最大限度地提升口岸通关能力。

【广东出入境检验检疫局7项措施加强进出口商品质量管理】 一是扎实开展了《质量发展纲要》宣传贯彻。提出了贯彻实施《质量发展纲要（2011年—2020年）》的14项行动计划措施，对内举办培训班313场，培训近2万人次，对外宣传贯彻221场，培训企业人员1.8万人次，发放宣传资料6.8万份，广东出入境检验检疫局荣获“全国《纲要》知识竞赛”组织奖。二是认真组织“质量月”活动，开展了55场大型宣传活动和8个实验室开放日活动，媒体宣传报道719次。三是深入开展质量发展政策研究。组建了116名专家组成的政策研究团队，开展了“十二字工作方针”、“国务院58号文”、风险管理和服务广东外经贸发展等4个课题重点专题研究，全力攻克事关全局性、战略性和前瞻性的质量发展课题。四是加强了产品质量分析评估和监督管理。开展了“进出口商品检验监管体系评价及发展战略”研究，建立了质量安全指数模型；调查5 000多家企业，对12类消费品开展质量分析，形成了《广东出口消费品质量安全白皮书》；优化了14类产品合格评定程序，出口货物100%实施电子监管，提高了监管有效性。五是以“三率”为抓手，加强质量安全监管。完善了检出率、检验检疫覆盖率、原产地优惠关税利用率等质量指标体系，开发了统计分析系统，广东出入境检验检疫局“三率”指标持续增长：检验检疫覆盖率比2011年同期提高2.8个百分点；原产地优惠关税利用率比2011年同期提高1.95个百分点；批次、货值不合格率分别比2011年同期提高0.03个百分点和0.1个百分点。六是加强了公共技术平台建设。成功争取将检验检疫公共服务平台建设纳入广东省中小微企业发展政策规划，佛山、东莞和顺德检验检疫局的公共平台被认定为“广东省公共服务示范平台”，成为引领企业产品研发、技术创新和品牌建设的重要阵地。共举办企业培训130场次，培训企业人员6 290人次，为企业免费检测7 574批，优惠检测17 966批，减免费用2 140万元。七是加强了认证监管。全年共组织评审企业2 208家次，向国外推荐企业68家次，审批发放各类证书6 957份；重点对120家获证企业实施网格化监督检查，专项整治出口蜜饯、肉类、乳品等企业，强化企业质量主体意识，切实发挥认证监管的质量基础保障作用；核查13家外资认证机构，取消了5家办事机构的备案资格。

【广东出入境检验检疫局加强质量安全风险排查整治成效显著】 广东出入境检验检疫局按照国家质检总局的统一部署，迅速有力地开展了质量安全风险排查整治和道德领域突出问题专项教育治理活动。一是严格进行高风险敏感商品检验检疫效果明显。检出1 045辆进口大众汽车存在安全隐患，促使大众全球召回。在广州口岸抽检进口棉花424批，品级不符合率高达64.4%，短重批次占87.3%。严厉打击危险品逃漏检违法行为，检出不合格货物1 229批。抽检目录外商品2 228批，检出不合格货物355批，不合格率高达15.9%。在黄埔、南沙、佛山、南海大力推进市场采购出口商品检验监管区建设，共监管市场采购出口商品2 127批，抽查131批，不合格率达20%。检出不合格进口食品2 608批，检出率为2.4%。出口水产品国外实际通报率同比下降59%，湛江出口水产品和江门台山出口鳗鱼示范区成为全国首批国家级出口食品示范区。二是严密监管供港澳食品农产品万无一失。加强源头控制，狠抓过程监管，严格检验监测，加强应急处置，妥善处置了绿色和平组织炒作蔬菜农残超标、网络爆炒鸡场滥用精神药物等突发事件，及时消除负面影响，保障安全稳定供应。根据香港食物及卫生局数据显示，多年来内地供港食品、农产品安全率达到了99.99%。三是防控口岸疫情疫病成效显著。成功发现处置输入性蚊媒传染病等病例194例，阻断了疫情输入传播；在南沙口岸对334艘次入境维修船舶实施检疫，检出6种重要致病菌，检出卫生问题比重高达47%；成功承办了全国口岸核生化应急演练，4个口岸通过口岸核心能力验收；截获植物有害生物2 068种85 646次，截获批次占全系统的14.8%，国家质检总局据此发布9个警示通报；在全国首次检出5种检疫性有害生物，并连续在5批美国进口苹果中截获检疫性有害生物，中美双边植物检疫会谈将此作为首要关注议题。

【广东出入境检验检疫局8项措施加大帮扶企业力度】 一是开展“下基层、访企业”活动，深入基层一线，主动为企业送政策、送技术、解难题、破困局，指导企业克服经济下行挑战。二是主动介入宝钢湛江钢铁、中科炼化、台山核电、阳江核电和国家西气东输香港支线等大项目建设，帮助广石化和华南蓝天油料有限公司实现航空煤油管道输送，实现了“零物流成本”，为企业节省物流成本9 900万元。三是采取措施保障农业企业国外引种安全，帮助企业实现品种改良，提高农业效益，推动农业产业结构调整，助力广东现代农业转型升级。四是实行诚信管理、过程监管、出口检验“三位一体”的出口食品分类检验监管，推动20多种广东特色产品出口“三东一非”新兴市场，出口额同比增长20%。五是充分利用原产地优惠关税政策指导企业扩大出口，全年共签发优惠原产地证书68.3万份，签证金额222.94亿美元，同比增长6.3%；为企业带来15.47亿美元的关税优惠，同比增长7.75%。六是全额免收小微企业一般原产地证签证费用，认定小微企业1 200家，减免费用100万元。汪洋同志和朱小丹省长作出批示予以肯定，指示将广东出入境检验检疫局报告批转13个省直部门参照学习，并促成广东省出台了“56条扶持中小微企业发展措施”。七是坚决落实免收出入境检验检疫费优惠政策，全年累计减免检验检疫收费8.89亿元，惠及4万家企业，切实减轻了企业负担。八是积极应对国外贸易技术壁垒，向国家质检总局提交了8条TBT/SPS特别贸易关注信息，其中5条被选作世界贸易组织例会议题；对776家企业开展遭遇国外技术壁垒情况调查；指导企业积极应对美国、澳大利亚、日本等对我国出口水产品的扣检措施，协助国家质检总局成功促使日本、澳大利亚解除扣检措施。

【广东出入境检验检疫局三大举措力促广东外贸转型升级】 一是提请国家质检总局出台了贯彻落实局省备忘录的40条指导意见，研究提出了6项加快转变外贸发展措施和4项扶持中小微企业发展措施，出台了5项推进生态文明建设措施。二是建立加工贸易转型升级检验检疫服务新模式，帮扶3 500多家企业顺利转型，培育示范企业260多家，出口机电和高新技术产品占比超过50%，有力推动了外贸转型升级。汪洋同志对此高度肯定，指示在全省加工贸易转型升级会上印发广东出入境检验检疫局的工作经验材料。三是大力扶持广东现代化产业发展，提请国家质检总局出台了9条支持广东国际会展业发展措施，打造检验检疫促进国际会展业发展的试验区，有力保障了广交会、中博会和广博会顺利举行；广州经济技术开发区生物材料检验检疫改革试点园区获国家质检总局批准建设，并配套出台了6项便利措施；配合广州实施“空港经济”和“物流枢纽”战略，探索建立了空港综合保税区货物监管模式；确保了广东国际滨海旅游节、南沙游艇会和“雪龙”号南极科考船启航仪式顺利开展，吸引游客20多万，为企业带来近2亿元经济效益；成功助推香港马匹驯养场项目获批立项，推动了亚运会场地赛后利用和现代服务业发展。

【深圳出入境检验检疫局促进外贸发展有“新成效”】 一是出良策、“强”信心。及时出台了“深圳检验检疫局促进对外贸易发展的若干措施”、“关于促进前海湾保税港区转型升级23项优惠举措”、“帮扶深圳地区中小微出口企业发展的若干措施”、“促进扩大进口6项18条措施”、“促进外贸稳定增长若干措施”等系列举措，全力支持深圳“稳增长、调结构、促平衡”。2012年10月，成功举办黑龙江、深圳、香港三地企业对接会，共促黑龙江农产品扩大出口，利用“政府搭台、企业唱戏”新举措，为三地经济外贸健康发展提升正能量。二是减收费、“降”成本。落实国家有关减免检验检疫收费政策，通过签发各类优惠原产地证书67.3万份，货值142.5亿美元，为企业减免关税达10亿美元；通过严把大宗资源产品进口质量关，共检出短重253批次，短少重量7 255吨，为企业挽回经济损失达280.3万美元。三是提效率、“快”通关。加快检验检疫监管平台和信息化服务平台建设，大力推进分类通关改革，完成“出口换证业务全程自动化”和“通关单自动拟稿”两个子项目的研发与试点；深化与海关合作，积极推进关检合作“三个一”试点，逐步扩大出口“通关单电子放行”试点企业范围，共实施电子放行42 811批，货值79.3亿美元，直接为企业节约签证费近30万元，节省通关时间约2万小时；降低绿色通道企业准入门槛，深化“一企一策”、“7 × 24 小时候检”等个性化服务，全面开展全局 18 个窗口标准化建设工作，政务大厅、保安局检务窗口分别被评为“全国检验检疫文明示范窗口”和“达标窗口”，进一步提升窗口形象和服务质量，促进对外贸易便利化。四是真帮扶、“优”服务。局领导、机关处室、分支机构三级联动，深入开展“下基层、访民情、强质检”活动，共服务企业1 852家，召开各类企业座谈会 100 多场次，帮助企业解决实际困难 30 多项；充分发挥职能优势，帮助深圳铭基食品有限公司成为中国首批 11 家对加拿大注册的热加工禽肉企业之一，实现深圳禽肉产品出口贸易新突破；推荐 7 艘远洋捕捞渔船获准列入输美远洋捕捞渔船名单及欧盟第三国渔船名单，实现深圳地区远洋捕捞渔船欧美注册零的突破。

【珠海出入境检验检疫局严格把关，确保港澳地区“菜篮子”安全】 2012 年，珠海出入境检验检疫局以维护“一国两制”和港澳地区繁荣稳定的大局为出发点，严把供港澳食品农产品质量安全关，为保障港澳地区“菜篮子”安全和市场稳定供应采取了多项措施。一是坚持实行“6 个严格”。珠海出入境检验检疫局对于供港澳农产品全流通环节实行了“严格风险管理、严格准入条件、严格企业监管、严格检验检疫把关、严格专项整治、严格处置突发事件”这 6 个严格，严密把好供港澳食品农产品的“准入”、“过程”和“出口”三道关。二是深入开展对供港澳食品农产品专项治理行动。开展质量安全风险排查整治，对珠海辖区供港澳农产品基地和生产加工企业进行全面清理整顿；进一步落实供港澳食品农产品加工企业和原料供应基地的备案标准，按照标准对供港澳食品农产品备案加工企业和种养殖基地进行“拉网式”清理检查；强化对供澳食品农产品的种养、加工、包装过程中的质量监管和对农业化学投入品的使用管理，不断完善对种养殖基地、加工企业、包装场的过程监管制度，帮助企业建立健全自检自控的质量管理体系。三是积极推动供港澳食品农产品企业转型升级。积极推进供澳农产品种养殖基地建设工作，积极推进珠海地区供澳水生动物、蔬菜、水果示范区的建设，帮扶有一定实力、运作较为规范的企业通过资源重组方式组建了蔬菜、水果、水产品三大珠海供港澳农产品加工配送中心，全面实现了对供港澳鲜活农产品从种养殖、收购到加工、出口各环节的全过程管理和质量监控，实行“一条龙”的溯源管理，既保障了质量安全，也推动了供港澳食品农产品企业生产经营的转型升级。四是强化产地—口岸监管协同机制。与全国 10 个省份直属局及其分支局、所辖种养殖基地建立了三级联合监管合作机制，逐级签订供港澳优质农产品质量监管合作协议，促成珠海三大配送中心和上述地区的 34 家种植、养殖基地签订了原料购销协议，既强化了口岸产地合作加强源头监管，也帮扶企业解决了供澳蔬果原料供应问题，促进内地更多优质蔬果供应澳门。五是积极推进监管电子化。利用信息技术手段加强监管力度，首次开发应用了“供港澳蔬菜检验检疫一体化监管服务系统”和“供港澳蔬菜加工企业视频监管系统”，首批 8 家供港澳农产品种养基地和加工企业实现了视频监管，实现了供澳蔬菜原料供货证明、原料进场登记、原料抽样检测、产品加工、监装施封、单证封志管理、企业进出货台账等过程的电子化管理。2012 年，经珠海出入境检验检疫局检验检疫的供港澳食品农产品未发生严重质量安全问题，经香港、澳门特区政府复检 100% 合格。

【珠海出入境检验检疫局服务地方外贸发展，支持建设幸福广东】 2012 年，珠海出入境检验检疫局服务地方外贸发展，积极支持建设幸福广东、服务“蓝色珠海、科学崛起”战略。一是积极促进和支持外贸转型升级。珠海出入境检验检疫局深入贯彻落实总局和广东省政府《共建全国加工贸易转型升级示范区合作备忘录》并出台了配套工作方案，实施扶持中小微企业、发展民营企业和鼓励企业增资扩产措施；组织开展地方外贸形势分析研判，开展企业国外技术性贸易措施影响调查，扩大创新“一企一策”帮扶企业措施；积极帮助推进斗门鲜活农产品基地、高栏港经济开发区游艇产业基地获广东省第二批外贸转型升级专业型示范基地。二是服务横琴开发。贯彻落实广东省《关于加快横琴开发建设的若干意见》，积极参加国家质检总局《横琴出入境检验检疫监管实施方案》和《横琴检验检疫监督管理办法》的起草制定工作，全力推进横琴新区澳门大学校区建设、横琴长隆海洋度假区项目建设和横琴中医药产业园区规划建设。三是服务区域合作，发挥珠海"粤澳桥头堡"作用。贯彻落实国家"十二五"规划纲要涉粤事项总体衔接方案，出台实施检验检疫38项52条工作措施，全面深化珠澳在检验检疫政策、科技、质量、公共安全四大领域的交流合作，发挥"促进珠澳合作检验检疫政策咨询委员会"的平台作用，加强与澳门民政总署在食品安全监管、进口水果和供澳蔬菜质量安全等方面的专题合作；改进监管方式，支持澳门成功举办"粤澳名优商品展销会"、"中国餐饮业博览会"和"中国（澳门）国际汽车博览会"，受到粤澳两地政府部门的高度称赞。四是帮助企业减负，降低企业成本。坚决执行2012年第四季度国家免征检验检疫费用政策，共免收费1 942.04万元，全年减免检验检疫收费共2 104.17万元，占应收费的94.76%；指导企业用足用好外贸优惠政策，全年共签发普惠制和区域优惠原产地证书1.94万份，帮助企业降低缴纳进口国关税约3 206.49万美元。

【广东海事局积极做好重点口岸、码头建设及对外开放工作】 一是组织有关部门，做好分工审批工作。随着广东经济的快速发展，港口口岸进一步扩大，水上水下施工项目及进出港口的船舶进一步增多，为了确保安全，广东海事局积极组织相关部门，做好工程项目审批工作。积极组织开展海上工程项目的通航论证工作，提出合理化建议和要求，并参与有关地市港口规划和海域堪划工作。二是配合做好口岸开放及国际航行船舶进出非对外开放水域工作。广东海事局充分发挥海事部门口岸管理方面的职能作用，积极协调各级地方政府及有关查验部门，积极主动协助交通运输部、省政府相关职能部门，克服种种困难，努力服务地方经济健康、快速发展。研究解决广州、珠海、惠州、江门、揭阳海事局辖区有关船舶进入非对外开放水域或码头问题，积极支持湛江、广州、珠海、东莞、中山、揭阳等地口岸的对外开放工作。

【广东海事局加大科技投入完善监管体系，切实提高口岸通关效率】 为了确保广东水上交通安全畅通，圆满完成各项任务，为广东经济发展作出更大贡献，广东海事局争取部海事局的大力支持，不断加大基础设施及科技的投入，逐渐完善监管体系。一是开创了直升机巡航监管新方法，建立了直升机、船舶交通管理系统（VTS）和海巡船艇相结合的立体监管新模式，大大提高了海巡的威慑力。二是推进技术创新，针对当今海事发展趋势，大力促进信息化建设，加快软件系统的推广和应用，提高了辖区监管能力，对珠江水域主航道的航标进行了等间距、同步闪、LED化、夜间标牌显示等综合效能改造，使航标效能有了质的飞跃，海上快速公路的雏形基本形成。三是完成了南海海区航标遥测遥控试运行工作，有效地缩短了航标发现故障时间，减少了可能发生的故障，提高了航标可利用率，航标正常率达到99.93%，达到部颁标准。通过这一系列的举措，大大完善了水上安全监管体系，有力地保障了水上交通安全畅通，使得航运更方便、快捷，促进了航运经济的发展。

【深圳海事局构建现代化水上交通安全监管体系，推动海事科学管理】 全面推进通航监管、船舶监管、船员监管、危防监管和法制监督"五大体系"构建工作，基本形成全方位覆盖、全天候监管、快速反应的现代化水上交通安全监管系统和海上救援体系。国内航行海船安全检查平均单船缺陷数和滞留率连续多年保持在全国最低水平，辖区诚信公司、安全诚信船舶分别是全国平均水平的8.3倍和11.4倍。2012年船员实操检查覆盖率为69%，对培训机构及培训项目检查覆盖率达100%，连续两年计算机终端考试率达100%。建立并运行辖区污染风险评估预警预控机制，稳妥推进船舶污染清除协议制度实施，积极开展海上溢油应急能力建设和“国家重大海上溢油应急处置预案”编制工作。《海上交通安全法》修订、《行政处罚手册》编写工作取得新进展；执法检查、执法督察常态化机制日趋完善，社会监督和违法举报投诉处理进一步规范，行政许可和行政处罚抽查合规率均实现100%。

【深圳海事局积极采取6项措施保障涉海重大工程安全】 为做好西气东输二线海底管道铺设、广深沿江高速、港珠澳大桥、太子湾邮轮母港等大型涉海重点工程安全保障服务，深圳海事局积极采取6项措施：一是加大日常巡航执法力度，加强航道动态巡航及现场执法，对高风险水域实施定点驻守，维护通航秩序良好；二是及时发布气象预警信息，向过往船舶发放《船舶雾航指南》，加强船舶航行设备及驾驶员航行安全知识检查；三是落实防抗寒潮大风等恶劣天气应急预案，健全安全管理责任制，完善内部工作程序；四是全面进行海事船艇安全检查，排除安全隐患，为水上安全监管提供充足的海上应急救援力量；五是跟踪重大涉海工程施工工程的后续进展，制定通航监管措施，确保辖区重点工程顺利完工；六是主动走访各港航企业，掌握危险品船舶动态，确保重要生产生活物资水上运输畅通。2012年，在辖区涉水工程最多、涉及水域最广、持续时间最长、施工船数量最多的巨大压力下，取得施工期间未发生安全和污染事故佳绩，最大程度降低对港口生产的影响，得到施工单位和社会各界高度评价。

【深圳海事局大力推动“绿色航区”建设成效明显】 近年来，深圳海事局按照交通运输节能减排工作总体要求，以深圳东部辖区水上交通安全管理为载体，率先探索推动“绿色航区”建设，营造安全、清洁的水上交通环境，取得明显成效。一是制定绿色发展规划，强化低碳运输和海洋环保理念。将促进港口航运“绿色低碳”的目标纳入“十二五”发展规划，探索低碳绿色标准，加大能源运输、船舶货物、废弃燃油、压载水等“绿色”控制指标在船舶综合管理中的权重，建立船舶排放气体污染物含量检测制度及危险货物、船舶污染物排放检测系统，并按照质量管理体系要求，进一步完善防污指标体系。二是加强船舶管理，促进海上运输节能减排。将“绿色航区”发展指标分解到海事监管的各个环节，有针对性地加强重点船舶的管理。通过差异化的监管手段，加强行政审批、现场监管和安全检查，加快淘汰高污染船舶和老旧液货船，促进辖区运力结构调整，限制管理水平低、污染排放高的船舶进入市场。积极开展船舶动力燃料“油改气”研究，鼓励运输企业使用清洁能源。大力支持游艇等新兴水上休闲产业发展。三是落实政策措施，提升船舶防污染管理和应急处置能力。全面推动落实法律法规要求，强化防污染作业检查，实现到港船舶货物、废气、燃油、污水及压载水排放的全面、有效监管；建立船载危险货物集装箱安全管理体系和海上溢油应急体系，建立辖区污染风险源数据库，对船舶供受油资质、燃油质量及应急预案进行严格审查，严厉打击船舶污染物非法排放行为，从源头上改善港区环境。四是注重科技应用，提高安全监管和应急处置效率。加强现代科学技术在危管防污领域的应用，自主开发危险货物集装箱信息管理系统，实现对船载危险货物集装箱积载隔离的有效监管，严厉打击谎报瞒报行为；加强科技成果的应用转化，将中国航海科技获奖项目“水上溢油预测预警与应急决策技术”及“珠江口溢油漂移与清污对策快速模拟技术”等一批自主研发成果融入危管防污信息系统建设，全面提升辖区危管防污预警预控及应急处置能力。五是搭建交流平台，形成海上环境保护合力。利用“海上安全服务链”平台，加强同地方政府及辖区重点企业的沟通交流，及时改进海事服务，鼓励港航企业积极做好节能减排和海洋环境保护。充分发挥毗邻港澳区位优势，深化深圳、香港海事合作机制。目前，双方已经在减少船舶废气排放、提高企业清洁生产水平、推动“绿色大珠三角地区优质生活圈”及加强技术经验交流培训等方面，达成多项低碳环保合作计划，共同提高深港两地海洋环境保护水平。

开放口岸

【广州白云口岸】 广州白云国际机场飞行等级为4F级，是国际性航空口岸。其位于广州市白云区人和镇以北、花都区新华镇以东交界处，是我国首个按中枢理念规划建设的航空港，是国内三大枢纽机场之一，也是华南地区最大的航空口岸，是中国南方连接国内各省市及世界各地，特别是中国至东南亚各国的航空交通枢纽。

广州白云口岸于2004年8月5日正式投入使用，现有3 800米×60米、3 600米×45米跑道各1条，可满足A380飞机在内的各类大型飞机全载起降。航站楼建筑面积50万平方米，出入境边检通道各22条，中转通道10条，自助通道5条；海关出发通道3条，到达通道3条，中转通道2条；检验检疫出发通道7条，到达通道11条，中转通道4条。自1978年10月开通广州—香港地区航线至2012年年底，先后开辟通往世界各地的国际和地区客货运航线100多条，连通国内外100多个城市和地区；进出境旅客从1978年的2万多人次跃升至2012年的894万人次。2012年出入境飞机6.1万架次，进出口货运量62万吨。白云口岸现场查验设施的设置力求体现以人为本的理念，通关环境得到进一步的优化，通关效率进一步提高，通关服务更加人性化。

目前，美国联邦快递公司已将公司亚太转运中心整体移驻广州白云国际机场，一大批国内外知名物流企业先后进驻经营。联邦快递亚太转运中心是广州白云机场扩建工程核心项目之一，是联邦快递公司在美国本土以外建造的最大转运中心，总投资40多亿。该项目位于机场东跑道东侧，占地面积1.63平方千米。每周有16条国际货运航线136架货机进出白云国际机场，往返220多个国家和地区，每年为白云国际机场新增40万~50万吨的货物吞吐量。广州白云空港综合保税区已经国务院批准正式设立，随着新机场二期工程完工，各项功能不断完善，白云国际机场必将进一步改善广州投资环境，吸引更多跨国公司落户广州，全面提高广州的国际竞争力和影响力。

2011~2012年白云机场口岸通关情况

	2011年	2012年	同比（%）
出入境飞机（万架次）	5.5	6.4	16.5
出入境人员（万人次）	748.7	894.2	19.4

【深圳航空口岸】 深圳宝安国际机场是我国第一家以地方投资为主兴建的机场，一期工程于1989年5月动工兴建，1991年10月正式开通国内航线，1992年2月经国务院批准为对外开放口岸。深圳宝安机场拥有中国现代化程度最高的航空货站和24万平方米的货运停机坪，货站内建有现代化的立体散货及集装货处理系统，启用了货物存放、存取机械化自动系统，并配备了电脑自动化语音查询系统，为货主提供了规范、流畅、便捷的服务。截至2012年年底，深圳宝安国际机场共开通国内外航线131条（其中国际客运航线8条，国际货运航线8条，港澳台客货运航线3条），通航国内外92个城市，共有9家客货运基地航空公司。2012年，国际空运货物为17.9万吨，同比下降1.2%；出入境旅客136.5万人次，同比增长2.5%；国际及港澳台航班起降1.8万架次。

与机场配套的福永码头于1991年建成，1993年正式运行。由于深圳机场第二跑道和第三航站楼等扩建工程建设的需要，原有深圳机场福永客货运码头迁建至机场南侧，距新建的T3航站口约3千米，紧邻规划中的沿江高速公路。新港区建设规模为3个1 000吨级多用途泊位和4个500吨级的客运泊位。

2012年开通深圳至港澳航线，每天约12个往返航班共24个航次，出入境旅客46.9万人次，同比下降1.2%。

【梅州航空口岸】 梅州航空口岸位于广东省梅州市梅江区三角镇境内，距梅州城区中心约5千米，于1985年6月动工兴建，1987年9月建成投入使用。梅州航空口岸于1989年3月经国务院批准对外开放。1989年11月28日梅州至香港直航包机航线正式通航。梅州机场占地面积86万平方米，跑道长1 800米，宽40米，可供波音737以下各型飞机起降，有可同时停放5架波音737飞机的停机坪，有先进的导航、雷达、卫星通讯系统，先后开通了广州、香港、深圳、珠海、厦门航线。梅州口岸目前已开通梅州至广州、珠海等国内航线和梅州至香港地区航线，香港航线逢周一、五各有一个航班往返。梅州市是我国著名的“华侨之乡”，据统计，梅州市籍的华侨、华人有300多万人，分布在世界60多个国家和地区。2012年11月22日，“高雄—梅县”直航包机仪式在梅县机场举行，这标志着梅州航空口岸又迎来了一个新的发展阶段。

2012年，梅州航空口岸进出境飞机209架次，同比增长2.95%；进出境人员3 594人次，同比增长10.01%；进出口货物3.64万吨，同比增长17.2%。

2011～2012年梅州机场口岸通关情况

	2011年	2012年	同比（%）
出入境飞机（架次）	195	209	+7.2
出入境人员（万人次）	0.4	0.46	+12.8

【湛江航空口岸】 湛江机场原名西厅机场，始建于1936年，原为法国殖民者侵占和租借广州湾时期兴建，距今已有70多年历史。新中国成立后，于1953年经民航局批准，“中国民用航空湛江站”正式成立，建站距今60年，先后历经3次大规模改扩建。1987年7月7日，国务院批准湛江机场对外开放。

湛江机场占地面积182万平方米，按4D标准设计，设计年旅客吞吐量130万人次，高峰旅客吞吐量为784人/小时。湛江机场拥有1条全长2 400米、宽60米（含两侧道肩各7.5米）的跑道。飞行区等级标准为4C级。湛江机场拥有2个停机坪，总面积约4.08万平方米。1号站坪位于跑道东侧，总面积为3.3万平方米；2号站坪位于旧航站楼西侧，总面积为7 560平方米。航站楼总面积6 600平方米，配套有停车场和环停车场道路。

货运中心总面积2 700平方米，年处理货物能力可达10万吨。口岸国际联检厅建于20世纪80年代，21世纪初加盖到达厅，面积为1 600平方米。综合业务楼于2001年建成并投入使用，为5层框架结构，总面积4 616平方米。

2011～2012年湛江机场口岸通关情况

	2011年	2012年	同比（%）
出入境飞机（架次）	296	257	－13.2
出入境人员（万人次）	0.88	0.77	－12

【揭阳潮汕机场口岸（汕头航空口岸搬迁）】 2011年11月30日，经国家口岸办批准将原汕头航空口岸功能搬迁到揭阳潮汕机场临时开放。揭阳潮汕机场位于揭阳市揭东县登岗镇与炮台镇交界处，地处潮汕（汕头、揭阳、潮州）三市中心，距离三市市区各20千米左右，服务半径为总面积3万多平方千米的粤东地区，辐射闽南部分地区，2011年12月15日建成通航。机场占地339万平方米（含场外8万平方米），定位为国内中型机场，是国家“十一五”规划大中型工程建设项目和广东省“十一五”规划重点建设项目。截至2012年年底，揭阳潮汕机场航空口岸开通国际及地区航线3条（香港、曼谷、新加坡），不定期国际包机航线2条（缅甸内比都、韩国首尔）。2012年入出境旅客17.23万人次，飞机起降1 544架次，货邮755.8吨。

揭阳潮汕机场航空口岸承接原来汕头外砂机场国际航线并根据需求开辟新的国际航线，机场口岸与机场主体同步设计、同步建设，于2011年12月15日与机场同步投入使用。揭阳潮汕机场航空口岸定为客、货运航空口岸，对外籍飞机开放；揭阳潮汕机场航空口岸正式启用时，同时关闭汕头外砂机场口岸，汕头外砂机场口岸现有查验机构转设入揭阳潮汕机场航空口岸。2012年

11月13日，揭阳潮汕机场航空口岸第三次获国家口岸批准临时对外开放，2012年4月列入《国家“十二五”口岸发展规划》。

揭阳潮汕机场航空口岸已建成由航站楼旅客出入境查验现场、口岸查验综合办公楼、国际货运站查验设施三部分组成的揭阳潮汕机场口岸查验及配套设施。航站楼国际区域设有两条登机桥，航站楼三层为出发层，检验检疫查验通道6条，海关检查通道7条，边防检查通道8条；航站楼二层和一层为到达层，检验检疫通道6条，边检检查通道10条，海关检查通道5条，动植物检疫设有查验台2个，并配有检疫犬用房。口岸查验综合办公楼建设用地为1.44万平方米，建筑面积1.24万平方米。主楼一层至五层各查验单位面积约3 562平方米，附楼各查验单位面积约580平方米（包括第五层共用多功能会议厅），平均每单位约4 142平方米，停车场约130个车位。国际货运站总建筑面积为7 096平方米，首层为仓库区和现场办公区，分国际到港、国际出港，设有海关、检验检疫现场业务用房，在海关监管仓库内设有海关查验区，并设有X光机、地磅等配套查验设备；二层为海关、检验检疫办公场所及申报大厅。

机场拥有长2 500米跑道1条，可起降B757、A320等中型飞机。候机楼面积2.3万平方米，停机坪面积7.2万平方米，停机位11个（其中4个是登机桥机位），年旅客吞吐能力达300万人次。机场按国家二类标准配备仪表着陆系统、助航灯光系统、气象多普勒雷达等先进设备设施，可全天候24小时起降飞机。机场开通23条国内、国际及地区航线，通航城市25个，其中开通香港、曼谷、新加坡、吉隆坡、韩国、仰光等国际（地区）航线，每天进出港航班51个左右。2010年完成国际航班起降1817架次、出入境旅客185 675人次、进出口货邮量977.6吨。

2011～2012年揭阳潮汕机场口岸通关情况

	2011年	2012年	同比（%）
出入境飞机（架次）	1 415	1 544	+9.1
出入境人员（万人次）	19.2	18	-5.7

【广州天河铁路口岸】 广州天河铁路客运站是国际性陆路口岸，位于广州市天河区中心地带，是我国铁路四大客运枢纽之一。该口岸是连接广州与香港的铁路运输通道，有大型地铁、公交车站等公共交通配套设施，规模大、设备先进、建筑新颖，联检候车大厅面积近万平方米，其间无立柱，面积和跨度为全国之最，出入境旅客多年位居全国铁路口岸之首。

1910年10月1日，九广铁路（英段）通车。1911年10月5日，来往香港与广州的直通车也随九广铁路（华段）建造完成而正式投入服务。1949年10月14日，港穗直通车因中华人民共和国政府成立而中止。1979年3月，经中华人民共和国国务院批准，粤港两地签署协议，并于同年4月在广州火车站举行新中国首列港穗（广州—香港九龙）直通车的开行仪式，直通车在中断了30年后恢复通车，南面总站迁至红磡站，年均运送旅客190万人次。为了给旅客提供更舒适的通关环境，1991年由广州市政府和广铁集团共同投资6.8亿元在天河新建广九直通车站（广州东站），并于1996年正式启用。

广州铁路客运口岸日发广九线列车12对，平均每个小时都有班车，旅客检查手续分别在两个出入境大厅办理，其中出境大厅有13个检查台，5条自助通道，8条检验检疫通道，3条海关通道；入境大厅有12个检查台，5条自助通道，10条检验检疫通道，1条动植检通道，2条海关通道。它对于改善广州市的投资环境，加强穗港两地经济技术交流与合作起到了重要的作用。

2010～2012 年天河铁路客运口岸通关情况

时间	2010 年	2011 年	2012 年
出入境人数（万人次）	276	314	345
出入境列车（列次）	8 760	8 760	8 760

【东莞铁路口岸】 东莞铁路口岸位于东莞市东部的常平镇内，地处京九、广梅汕、广深准高速铁路三线交汇点，是我国南方新兴的铁路交通枢纽，是东莞市对外开放的重要通道之一。1994 年 8 月国务院批准开设东莞常平铁路客运口岸，1994 年 10 月正式对外开放。1997 年 5 月至 2003 年 9 月，经国务院批准，京九、沪九直通旅客列车经停东莞常平铁路客运口岸，并在此办理出入境的有关手续。1997 年 12 月，国务院批准常平铁路客运口岸更名为东莞铁路口岸。

东莞铁路口岸现场设在东莞火车站新综合大楼 3 楼对开的铁路跨线桥上，总建筑面积 3 450 平方米，出境和入境查验场地的面积均为 720 平方米，出、入境旅客候车室各 240 平方米。设有进出境通道各 10 条。2008 年广东边防总队东莞边防检查站将进出境通道中各两条通道改造为进出境各 3 条电子自助通关通道。

东莞铁路口岸自 1994 年 10 月 28 日正式开通以来，客源稳步上升。口岸开通初期，每日经停广州至九龙的直通旅客列车进出境各 1 列次，每列列车安排 1 节车厢 80 坐席在常平上落；1995 年 10 月 8 日，增停肇庆至九龙的直通旅客列车；1997 年 5 月 19 日，北京至九龙、上海至九龙直通旅客列车在常平口岸进行查验；2000 年 8 月，再增停广九线开行的“新时速”列车；2001 年 6 月 28 日，开始承担东莞至九龙假日直通旅客列车的查验和监管任务，假日直通旅客列车在周五、六、日和香港公众假期开行，每列车 8 节车厢，共 586 个坐席。至此，东莞铁路口岸直通车在平时已达“四进四出”共1 620个坐席，当假日直通车开行时达“五进五出”共2 790个坐席。

2011～2012 年东莞铁路口岸出入境人员情况

	2011 年	2012 年	同比（%）
出入境人员（万人次）	42	44	+4

【佛山铁路口岸】 佛山铁路口岸位于广东省珠江三角洲中部的佛山市禅城区，处于广茂线东段。其东邻广州，西接茂名，是连接广东省东西两翼的交通要道，地理位置优越。口岸的出境厅面积 930 平方米，入境厅面积1 225平方米，厅外是可容纳 100 多个停车位的大型停车广场，广场上设有的士专用停车道，为口岸出入境人员提供快捷的交通服务；口岸左边是粤运和兴汽车站，站内设有 30 多条省内外长途班车线路；右边是佛山公共汽车总站，有前往省内各地的班车。铁路口岸距离 325 国道只有 100 多米，交通便利。

佛山铁路口岸停靠的固定班次为九龙至肇庆及肇庆至九龙的直通旅客列车。佛山铁路口岸查验机构设置合理，边检入境厅有查验通道 8 条，出境厅有查验通道 6 条。海关入境厅有红色通道 1 条，绿色通道 1 条，查验工作台 4 个；出境厅有红色通道 1 条，绿色通道 1 条，查验工作台 2 个。检验检疫入境厅入口位置设有 3 个工作卡口，出口位置设有 2 个查验工作台；出境厅入口位置设有 2 个工作卡口，出口位置设有 1 个查验工作台。

2011～2012 年佛山铁路口岸出入境人员情况

	2011 年	2012 年	同比（%）
出入境人员（万人次）	3	2.9	－5

【肇庆铁路客运口岸】 肇庆铁路客运口岸是 1994 年 8 月 6 日经国务院批准开放，1995 年 3 月 28 日建成使用的一类口岸，经营单位为广州铁路集团公司。口岸位于肇庆市端州区西江北路肇庆火车站东侧，距香港 301 千米，途经佛山、广州、东莞口岸，单程行车时间约 4 小时。肇庆—

九龙直通车从 2012 年 12 月 21 日起更换了新车底，直通车以全新的面貌投入运行，大大地提升了直通车档次，使广大旅客乘坐更加舒适、快捷和安全。

2011～2012 年肇庆铁路口岸出入境人员情况

	2011 年	2012 年	同比（%）
出入境人员（万人次）	4.78	5.4	+13.7

【拱北口岸】 拱北口岸地处珠海经济特区境内，距珠海市政府所在地香洲区 9 千米，北面是北岭工业区，西北面是前山镇，西南临近湾仔口岸，东临南海，南与澳门相连。1849 年，葡萄牙人在拱澳之间建筑城墙设置闸口，闸口北面称为上关闸，南为下关闸。1887 年 4 月 2 日，清朝政府在拱北设置海关，新中国成立后接管该关。1999 年 10 月 2 日，迁建后的拱北口岸作为广东省政府迎澳门回归重点工程之一，建成投入使用。

迁建后的拱北口岸占地 16.2 万平方米，总投资 4.7 亿元，建筑面积 8.5 万平方米。其中，联检楼（三层半）3.5 万平方米，免税商场及走廊 1.3 万平方米，进境查验场5 000平方米，出口报关楼及货物查验场 1 万平方米，其他配套设施建筑 1.7 万平方米。联检楼设计日通关能力为旅客 15 万～20 万人次，车辆8 000辆次。拱北口岸设有出入境旅客通道共 145 条，其中联检楼出境大厅人工查验通道 24 条，自助查验通道 32 条，临时出境验放厅通道 10 条；联检楼入境大厅人工查验通道 28 条（其中 1 条为工作人员通道），自助查验通道 38 条，临时查验通道 10 条，入境随车人员验放厅 3 条。一站式客车通道共 12 条，其中出境 6 条（包括鲜活商品通道 1 条），入境 6 条。口岸通关时间：旅检（含客车通道）为 7:00—24:00，鲜活商品通道为 7:00—10:00。

口岸交通中转条件良好。陆运方面，拱北汽车站及信禾车站每天有 100 多个固定班次行驶佛山、广州、汕头、梅州等地的 50 多条客运线路，还有岐关车站公司、拱北口岸旅游公司、港泉湾车路运输公司等单位，拥有充足的各类型客车；广东城际轨道珠海站于 2012 年 12 月 31 日建成投入使用后为旅客提供更便利的交通运输服务。水运方面，可在九洲港、香洲港乘客运班轮到中山、广州、深圳、蛇口等地。在澳门回归特别是国家开放自由行以后，拱北口岸以其优越的地理位置和便捷的通关环境，成为越来越多的中外旅客入出我国内地的首选口岸。

拱北口岸客车“一站式”电子验放系统已开通自动查验通道 8 条，至今验放过境车辆已超过 1 700多万辆次，日平均出入境车辆流量5 700多辆次；车辆通关最快 8 秒，平均 20 秒，通关速度比原来的人工验放提高了 20 倍～30 倍。2012 年，经拱北口岸客车“一站式”电子验放系统出入境的车辆达到 267 万辆次，比 2011 年增加 8.5%。该系统集计算机、通信、自动控制、电子、机械、信息管理等技术，以及边检、海关、检验检疫 3 家联检单位的查验业务为一体，率先在国内首创并联“一站式”电子查验模式，取代传统的、三站串联式人工查验模式，实现对过境客车进行快速验放，司机无须下车填表，实现无纸化通关，查验人员在监控室内即可掌控全局，提高了口岸的通关效率、工作质量和监管水平。2012 年，经拱北口岸出入境旅客9 200多万人次，比 2011 年减少 3.6%；出入境车辆 267 万辆次。

【横琴口岸】 横琴口岸位于珠海市横琴经济开发区十字门东侧，与珠海莲花大桥相接，与澳门路氹隔海相望。珠海横琴口岸于 2000 年 3 月建成（临时）并投入使用。经过一期（2007 年 5 月完成）、二期（2009 年 12 月完成）工程的建设，目前横琴口岸占地 19 万平方米，总建筑面积约 3.16 万平方米（其中永久性的为 1.93 万平方米，临时性的为 1.23 万平方米），总投资约为 2.1 亿元。主要建筑物有联检楼，内设入出境各 12 条人工验放通道和 6 条自助验放通道，出入境客货车查验通道共 20 条（其中客车 8 条，货车 12 条）；进出口报关报检楼、临时出入境货检场及附属配套设施等。2010 年 9 月 6 日出入境客车通道“一站式”电子验放系统建成投入使用。口岸的通关设计能力为旅客7万人次/天，车辆为1万辆次/天。目前横琴口岸的人流量日均为8 000人次/天，车辆为2 000辆次/天。进出口货物每年约260万吨，进出口关税约2亿多元，为推进珠三角地区经济发展起到了重要的桥梁纽带作用。

随着我国第三个国家级新区——横琴新区的挂牌成立，根据国务院批准通过的《横琴总体发展规划》有关创新通关制度的规定，按口岸的总体规划，横琴口岸将实行分线管理，在“十二五”口岸规划中，拟在横琴大桥、横琴二桥、金海大桥设立二线口岸，并计划广珠城际轻轨横琴站与澳门莲花口岸对接，今后横琴口岸将建设成以货运为主，大型物流与客流相匹配的大型客货运枢纽口岸。

【珠澳跨境工业区专用口岸】 2003年12月5日，国函〔2003〕123号文批准成立珠澳跨境工业区，珠澳跨境工业区地处内港，东与澳门青州相接，面积共0.4平方千米，其中珠海园区0.29平方千米，澳门园区0.11平方千米。2004年3月28日珠海园区正式动工，2004年12开始兴建珠澳跨境工业区专用口岸联检楼，口岸占地面积27 863平方米，联检楼建筑面积2 532平方米。

2006年6月25日，国函〔2006〕56号文批复同意珠澳跨境工业区专用口岸对外开放，口岸性质为客货公路口岸，全天24小时开放。2006年6月28日，珠澳跨境工业区专用口岸通过国家验收。2006年9月22日，珠海园区通过海关总署等九部委联合验收。2006年10月18日口岸试通行，12月8日正式通关，是珠海唯一一个实行24小时对外开放的口岸。珠澳跨境工业区专用口岸开通旅检通道4条，其中出入境各2条；车辆通道4条，其中货车、小汽车出入境各2条；另设置业务报关大厅1个，货物检查场1个。

2010年11月18日，国函〔2010〕127号文批准珠澳跨境工业区专用口岸扩大功能，允许内地供澳门鲜活商品运输车辆在此出境，目前正在推进项目前期工作。2012年珠澳跨境工业区专用口岸进出境旅客34.34万人次，同比增长2.1%，其中出境18.38万人次，入境15.96万人次；车辆2.33万辆次，同比增长2.6%，其中出境1.04万辆次，入境1.29万辆次；货运量19.88万吨，同比增长4.3%。

【罗湖口岸】 罗湖口岸位于深圳罗湖商业中心南侧，与香港新界一河之隔，深港两地由一座双层人行桥和一座铁路桥相连。罗湖口岸是改革开放前深圳仅有的两个陆路口岸之一。现联检大楼于1984年1月开始动工兴建，1985年6月14日竣工启用。其占地面积1.81万平方米，主楼高12层（含地下一层），南、北附楼各3层，总建筑面积共7.06万平方米。楼内地下B层和一层为入境（北行）查验场地，建筑面积1.81万平方米；二层和三层为出境（南行）查验场地，建筑面积1.76万平方米。具体设置如下：地下B层设为港澳旅客入境检查通道，一层为非港澳旅客入境检查通道，二层为非港澳旅客出境检查通道，三层为港澳旅客出境检查通道。该口岸入出境验证通道共有216条，其中人工查验通道116条，自助查验通道100条。口岸设计通过能力由20世纪80年代每天20万人次，提高到2002年以来每天40万人次。

罗湖口岸开放时间为每天早晨6:30开闸，晚上24:00关闸，运行17.5小时。2012年，罗湖口岸出入境旅客9 560万人次，日均26.19万人次，同比增长3.1%。

【皇岗口岸】 皇岗口岸位于深圳市福田区南端，与香港新界落马洲隔河相望，口岸南面的皇岗—落马洲大桥横跨深圳河连接深港两地。皇岗口岸是配合广深高速公路建设开设的口岸。1985年5月开始建设，1988年11月30日经国务院批准对外开放，1989年12月29日货运部分启用通车，1991年8月8日客运部分开通使用。1994年11月3日起，开辟两条货检通道试行24小时通关，并设置了空车验放专用通道。1997年3月20日开通了皇岗—落马洲穿梭巴士服务，为方便旅客过境开辟了一条新的途径。1999 年 10 月，实行车辆自然分流通关，即除部分货物、车辆按照有关规定维持现行做法从指定口岸进出境外，其他行走文锦渡、沙头角口岸的货车在原行走口岸晚上关闸以后，可行走皇岗口岸 24 小时通关的货车通道。2003 年 1 月 27 日零时起，皇岗口岸实行旅检通道 24 小时通关。2003 年 10 月 8 日始，允许持有文锦渡、沙头角口岸两地牌的私家车、公务车和商务车在零时至早晨 6:30 时从皇岗口岸出入境。

皇岗口岸区域占地面积 101.6 万平方米，其中监管区 65.3 万平方米，生活区 6.8 万平方米，商业服务区 29.5 万平方米。监管区分东、西两个场地，东场为货检场地，西场为客车和旅检场地。货检场东侧为入境查验场，西侧为出境查验场；旅检大厅东西向排列，东侧为入境大厅，西侧为出境大厅，大厅两侧为客车通道。共设有入出境小汽车、客车检查通道 10 条（出入境各 5 条），货车检查通道 40 条（出入境各 20 条）；旅客检查通道 50 条（出入境各 25 条）。设计通过能力为每日车辆 5 万辆次（标准车）、旅客 5 万人次。

2007 年，皇岗口岸开始对旅检场地进行改造。出入境场地改造完成后，小汽车、客车检查通道为 20 条（出入境各 10 条）；旅客出入境检查通道为 100 条（出入境各 50 条），设计旅客通过能力将提高到每日 25 万人次。2011 年 7 月 26 日，口岸车港城首层出境场地改造完成并正式启用运行，旅客出境查验通道由 25 条增加到 50 条，小客车出境通道由 5 条增加到 10 条。

2012 年，皇岗口岸出入境旅客3 301万人次，日均 9.04 万人次，同比减少 6.3%；出入境车辆 953 万辆次，日均 2.61 万辆次，同比减少 2.3%。

【文锦渡口岸】 文锦渡口岸是以供港鲜活产品过境为特点的客、货运综合性公路口岸，位于深圳市罗湖区南面、香港新界北面，由一座公路桥与香港新界相连。

文锦渡口岸是改革开放前深圳仅有的两个陆路口岸之一，1978 年经国务院批准对外开放。改革开放前，文锦渡只是供港鲜活商品的贸易口岸，1978 年 10 月建成公路桥，1985 年 2 月新建一座公路桥，实行入出境车辆分桥行驶。为配合治理深圳河工程，原出入境桥被拆除，新建一座出入境双向桥于 2005 年 2 月正式投入使用。口岸区域占地面积 13 万多平方米，共有 20 条汽车检查通道，其中小汽车、客车检查通道 2 条（出入境各 1 条），货车检查通道 18 条（出境 8 条，入境 10 条），旅客出入境检查通道 12 条（出入境各 6 条）。设计通过能力每日车辆 1 万辆次、旅客3 000人次。

2010 年，文锦渡口岸开始进行旅检场地改造。从 2010 年 2 月 22 日零时起，文锦渡口岸客运区域改造期间实行临时关闭，原从文锦渡口岸出入境的客车（含过境巴士、私家车、公务车及商务车），按其已选择的口岸出入境。文锦渡口岸客运区域改造期间，口岸货运区域正常开放，通关时间为 7:00—22:00。旅检场地改造完成后，小汽车、客车检查通道为 10 条（出入境各 5 条），旅客出入境检查通道为 44 条（出入境各 22 条），设计旅客通过能力将提高到每日 3 万人次，客车（含私家车）每日3 000辆。口岸停车楼和综合联检楼主体结构分别于 2012 年 1 月和 3 月封顶，预计 2013 年 8 月份恢复运行。

2012 年，文锦渡口岸出入境旅客 21.7 万人次，日均 595 人次，同比增长 27.0%；出入境车辆 152.2 万辆次，日均4 170 辆次，同比减少 1.4%。

【沙头角口岸】 沙头角口岸是服务于深圳市盐田、龙岗及珠江三角洲东部地区的辅助性客货综合性口岸，位于深圳市盐田区沙头角西面，东接沙头角保税区和盐田港，北邻梧桐山公路隧道。其于 1984 年 9 月经国务院批准对外开放，1985 年 3 月建成使用，2005 年 1 月 28 日启用新的口岸跨境大桥。口岸管理区占地面积约 4.2 万平方米，其中出入境旅客查验场地5 700平方米，出入境货物查验场地 3.6 万平方米。旅检大厅设在口岸区中间，东侧是出境货检场，西侧是入境货检场。共设有出入境车辆检查通道 10 条（出入境各 5 条），查车台 15 个；出入境旅客检查通道 22 条（出入境各 11 条）。此外，还建有专门供香港灵柩入境的检查服务设施，为港澳同胞前往大鹏湾“华侨墓园”办理安葬和扫墓活动提供方便。设计通过能力每日车辆1 500辆次、人员1 500人次。旅检和货检场地的通关时间均为每日 7:00 时开闸，22:00 时关闸，运行 15 小时。

2012 年，沙头角口岸出入境旅客 362.2 万人次，日均9 934人次，同比增长 5.0%；出入境车辆 91.1 万辆次，日均2 496 辆次，同比增长 2.6%。

【深圳湾口岸】 深圳湾口岸位于深圳市南山区蛇口东角头，经深圳湾跨海大桥连接香港鳌勘石。深圳湾口岸是国家“十五”重点建设项目，1997 年 12 月国家批准立项，工程于 2003 年 8 月奠基，2007 年 7 月 1 日正式开通启用，是国内首个实施“一地两检”查验新模式的现代化、智能化口岸，深港双方口岸区域均在深圳境内，双方口岸查验单位均在一栋大楼内完成查验工作。口岸占地 117.9 万平方米，其中深方为 76.3 万平方米，港方为 41.6 万平方米；口岸联检大楼建筑面积 5.4 万平方米，其中深方 2.9 万平方米，港方 2.7 万平方米。

深圳湾口岸开通初期采用旅检大楼内同一层双向通行，即出入境旅客均在一层大厅内通行。随着客流量不断攀升，2011 年 2 月 18 日，深圳湾口岸旅检大楼分层改造工程开始施工，同年 4 月 6 日完成二层出境大厅改造工程，7 月 15 日完成一层入境大厅改造工程并投入使用。改造后，深圳湾口岸旅检大楼一层为入境大厅，设人工验放通道 25 条，自助通道 25 条；二层为出境大厅，设人工验放通道 27 条，自助通道 25 条。在小（客）车检查通道上，海关、边检分别在出、入境检查通道上各设小车通道 17 条、客车通道 2 条。在货车检查通道上，货车出境通道海关设 27 条，边检设 22 条；货车入境通道海关设 26 条，边检设 22 条，另设海关二道 12 条。

深圳湾口岸原设计通关时间为 24 小时通关，经深港双方商定，从 2007 年口岸开始运行起，通关时间暂定为 6:30—24:00，每天共 17.5 小时。口岸设计通过能力为每日车辆 5.86 万辆（其中货车 4.32 万辆次，小汽车 1.39 万辆次，大客车1 500辆次），设计旅客流量为每天 6 万人次。

2012 年，深圳湾口岸出入境旅客3 076.1万人次，日均 8.4 万人次；出入境车辆 381.8 万辆次，日均 1.04 万辆次。

【福田口岸】 福田口岸位于福田区裕亨路（福田保税区东侧）。福田口岸工程建设于 2004 年 12 月正式开工，2007 年 8 月 15 日开通启用。其总占地面积62 962平方米，总建筑面积84 198平方米。福田口岸由人行通道桥和旅检大楼组成。人行通道桥连接福田口岸联检大楼和香港九广铁路落马洲管制站，桥长 240 米，深方 116 米，港方 124 米；桥宽 16.5 米，上下两层，单向行走，桥内有自动步行梯（深圳一方每层有一部长 80.5 米的自动步行梯），分别供深港出入境旅客使用（上层为出境，下层为入境）。旅检大厅面积约12 000平方米，二层为入境旅检大厅，三层为出境旅检大厅。出境大厅内设有边检通道 78 条（自助式通道 20 条，人工验放通道 58 条），入境大厅内设有边检通道 68 条（自助式通道 20 条，人工验放通道 48 条），出入境通道共 146 条。设计日过境旅客通过能力为 25 万人次。

设计通关时间为每日 6:30—24:00。经深港双方商定，从 2007 年口岸开始运行起，通关时间暂定为每日 6:30—22:30，运行 16 小时，与深圳地铁的运营时间相衔接。

2012 年，福田口岸出入境旅客4 134.2万人次，日均 11.33 万人次，同比增长 21.0%。

【广州港口岸】 广州港是国际性港口口岸，地处珠江入海口和我国外向型经济最活跃的珠江三角洲中心地带，濒临南海，毗邻香港和澳门。早在2 000多年前的秦汉时期，广州古港就是中国古代“海上丝绸之路”的发祥地；1 300多年前的唐宋时期，“广州通海夷道”是世界上最长的远洋航线。清朝，其成为中国“五口”对外通商口岸和对外贸易的最大港口之一。改革开放以来，社会经济飞速发展使广州港口岸发展成为国家综合运输体系的重要枢纽和华南地区对外贸易的重要口岸。

通过珠江三角洲水网，广州港与珠三角各大城市及与香港、澳门相通，由西江联系我国西南地区，经伶仃洋出海航道与我国沿海及世界诸港相连。广州港由内港港区、黄埔港区、新沙港区、南沙港区和珠江口水域组成。内港港区保留部分泊位的客、货运功能，其部分泊位逐步搬迁、调整为城市功能，主要承担广州市及珠江三角洲地区能源物资、原材料、粮食、杂货、客运及沿海、近洋集装箱运输作业；黄埔港区承担沿海、近洋集装箱运输，粮食、煤炭、化肥、成品油等散货运输和沿海粮食中转及西江沿线非金属矿石运输；新沙港区承担集装箱、煤炭、铁矿石、粮食和化肥等物资运输；南沙港区承担集装箱、能源、石油化工、汽车滚装、杂货、粮食运输，以及保税、物流、商贸、临港工业开发。

广州港出海航道全长约153千米，三期试挖工程完工后，南沙港区至珠江口段出海航道底标高为 -15.5米，有效宽度230米，可满足5万吨级船舶全天候双向通航和10万吨级船舶乘潮通航。广州港拥有码头泊位800多个，其中生产性泊位600多个；开通外贸航线38条，通达世界80多个国家和地区的350多个港口，是我国与东南亚、中印半岛、中东、非洲、澳洲和欧洲各国运距最近的大型贸易口岸，也是华南地区最大的对外贸易口岸。2012年，广州港完成货物吞吐量4.35亿吨，集装箱吞吐量1 454.74万标箱。

2011～2012年广州港货物吞吐量完成情况

		2011年	2012年	同比（%）
货物吞吐量（亿吨）		4.31	4.35	+0.85
外贸进出量（亿吨）	进口	0.67	0.75	+12.4
	出口	0.32	0.35	+7.1
	合计	0.99	1.10	+10.6

【广州南沙客运港口岸】 南沙客运港是国际性港口口岸，位于珠江的入海口河段西侧，南沙蒲洲围东南缘，虎门大桥以南1.6千米，距香港40海里，距澳门41海里，于1992年2月2日正式对外开放。

口岸现为2005年4月28日投入使用的南沙新客运港，投资1.1亿元。设计标准为年客运量160万人次，设计旅客聚集量1 600人，为二级国际客运港。基地面积6.73万平方米，主楼建筑面积1.07万平方米，设计高度21米，副楼建筑面积2 230平方米。码头设顺岸式客船泊位3个，码头岸线长292米，有5艘双体高速客轮，每天往返香港6个航班，每周往返澳门2个航班，航程70分钟。为方便接送旅客，配备了30多台客车，口岸出入境检查大厅设置了8条验证通道。

2012年，广州南沙港客运口岸出入境旅客306 833人次，其中出境旅客158 655人次，入境旅客148 178人次。

【莲花山港客运口岸】 广州莲花山港客运口岸位于广州市番禺区石楼镇莲花山联围村旁边，属水运河港，于1985年6月通过国家验收后对外开放。广州莲花山港客运口岸拥有岸线171米，水深 -5米，泊位2个，码头吨位1 200吨。该口岸是广东省最早开放的客运水路口岸之一，距香港61海里，有先进豪华、安全舒适的双体高速客轮4艘，往返香港航程只需1小时45分，每天往返5个航班。

2012年，广州莲花山港客运口岸出入境旅客446 115人次，其中出境旅客231 477人次，入境旅客214 638人次。

【斗门港口岸】 斗门港位于珠海市斗门区境内，处于西江出海口的磨刀门水道，1987年经国务院批准对外开放。河面宽1 300米，航道深5米～8米，可航行1 000吨～3 000吨级货轮。水路距澳门17海里，距香港54海里；陆路距京珠高速、西部沿海高速15千米，距澳门40千米，距珠海机场40千米，距斗门城区7千米，距白藤湖旅游中心10千米，水陆交通方便，天然条件优良，是港澳连接珠海西部地区、粤西地区的对外开放的重要口岸。

斗门港口岸于1991年1月28日建成，并开通了斗门至香港的客运航线，进行生产性试航。

斗门港占地面积38万平方米（含客、货运区和经济开发区），码头岸线长970米，旅客联检大楼4 700平方米，使用252座豪华快速双体喷射客轮。斗门港的开通，大大改善了斗门区的投资环境，促进了斗门区对外经济迅速发展。区政府为进一步完善港区设施，积极筹建集装箱货运码头，1993年经省政府批准为对外开放的二类口岸，1994年6月18日建成试航，主要从事港区内货物装卸、仓储，道路货物运输（集装箱）业务，为客户提供珠海地区到香港乃至世界各地的门到门全程陆路、水路联运服务。2005年10月，货运码头由珠江船务发展有限公司独资经营。货运码头目前拥有岸线203米，4个1 000吨级泊位，堆场面积达11万平方米，进出口仓库面积3 726平方米，以及一大批大型的、先进的装卸、运输设备。扩建工程完成后港口的通过能力大幅度提高，集装箱年通过能力由6万标箱增加到15万标箱，货物年通过能力由60万吨增加到100万吨。另外，港区还设有对外工业加工区，以方便中外客商投资设厂。

2012年，区口岸工作围绕“服务口岸、公平口岸、安全口岸、效益口岸”的总体目标，以优化口岸大通关环境为中心，以创建文明口岸为要求，认真履行“综合管理，协调服务”的职能，确保口岸的安全、畅通、文明、高效，为外向型经济发展作出新的贡献。全年完成进出口货运量44.28万吨，进出口集装箱69 819个标箱，出入境旅客33 625人次。

【九洲港口岸】 九洲港口岸是客、货运综合性口岸，位于珠江口西岸，距香港36海里，距澳门4海里。1981年9月经国务院批准对外开放，客、货运口岸分别于1982年和1984年建成通航。唐家大坞湾危险品作业区于1991年11月经国务院批准对外开放。

九洲港口岸客、货运码头全长1 442.58米，其中客运码头长436.70米，港池直径275米，航道长10.5海里，水深5.5米~6.5米，港区航道设有灯光等标志，日夜均可通航，可供8艘大型双体快速客船同时靠泊，设计年客运量为200万人次；货运码头长1 005.88米，港池水深5.5米~6.5米，可供2艘5 000吨货轮同时靠泊。港区东面有一条长达450米的防浪堤，西南面有呈月牙形6千米长的海岸线保护着港池，是船舶停靠的良港。货物吞吐能力为206万吨，是珠海对外开放的重要水运口岸。

1992年，珠海市政府投资与九洲客运服务公司合建一座大楼，东边为口岸联检楼，建筑面积7 800平方米；西边为九洲客运站，建筑面积7 000多平方米。大楼前面设有1.2万多平方米的停车场。口岸配套设施日益完善，整体功能充分发挥，入出境旅客逐年增加。通关时间为每天7:30—23:00。目前，九洲港至香港每日进出36航班（其中九洲港至香港国际机场航班每天8班），逢节假日视情况增加航班，最多一天可达60多航班。九洲口岸货运码头设有一座2 400平方米货检大楼及400平方米的货运中心，海关、边检、港监、检验检疫等查验部门及国际货柜公司、外轮代理公司、外轮理货公司均在现场办公，实行一次开箱、联合查验，手续简化，运作高效。口岸查验部门与经营单位都实现电脑联网，信息资源共享，实行电脑打单、电脑记账现代化管理，货主申报查验方便快捷。九洲港口岸货运区拥有7个泊位，其中5 000吨泊位2个，3 000吨泊位3个，1 000吨泊位2个，以及万吨级锚地1个，2 000吨级锚地1个。仓库面积为13 000多平方米，堆场7万多平方米。码头配有各种类型的装卸机械55台，种类齐全，货物起落方便，机械化作业程度高，集装箱作业已全部电脑化管理。

九洲港口岸唐家大坞湾危险品作业区有5 000吨级危险品专用码头，专供载运液化石油气及工业用油的船舶靠泊作业。九洲港口岸的水陆中转运输交通方便。陆路方面，九洲港客运站设有长途客运站，配备各式豪华班车行驶市内各旅游点及佛山、广州、江门、台山等地。水运方面，设有九洲港至深圳蛇口航班；每天8:00—18:30，每30分钟开出一个航班；18:30—21:30每小时一班。货运可同港澳地区及国内外港口直接通航。

【盐田港口岸】 盐田港口岸位于深圳大鹏湾海域西北部，南与香港九龙半岛隔海相望，分为盐田港区、下洞港区和广东大鹏液化天然气

（LNG）专用码头。

盐田港区。盐田港区于1990年6月经国务院批准对外国籍船舶开放，1994年7月正式开港。该港区距深圳市区13千米，距大鹏湾口12海里。岸边水深－15米至－20米。由于大鹏半岛与九龙半岛天然的屏障掩护，湾内水深浪小，无淤积，大型船舶可以自由进出锚地，是少有的天然良港，并被列为中国沿海重点发展的四大国际深水港之一。

盐田港区划分为西、中、东3个港区。西港区建有多用途泊位3个，可停泊10万吨级以上大型集装箱船舶。截至2012年年底，中港区建有大型集装箱专用泊位15个，中港区一期工程2个泊位于1994年7月完工并投入运营，二期工程3个泊位于2000年1月起正式投入使用，三期工程4个泊位于2004年9月陆续投产营运，2012年9月17日至18日，三期扩建工程10～15号新建泊位通过广东省口岸办组织的验收，广东省政府于同年10月17日批准上述6个集装箱专用泊位作为深圳港口岸盐田港区新增泊位正式对外开放。东港区岸线总长为2.5千米，为深圳市长远规划开发的建设项目，主要是以远洋集装箱运输为主的集装箱专用港区。

盐田港与全球近40家大型船公司紧密合作，开通每周近100班远洋国际集装箱班轮。2012年，盐田港集装箱吞吐量达1 066.7万标箱，同比增长3.92%。

下洞港区。下洞港区位于大鹏湾畔，为深圳市东部石油、液化气等危险品码头专用作业区。2002年12月国务院批准下洞港区作为盐田港口岸危险品作业区对外开放，港区内共建有3个独立的栈桥式码头，共9个泊位。

广东大鹏液化天然气（LNG）专用码头。广东大鹏液化天然气（LNG）专用码头位于深圳东部大鹏半岛秤头角，是“十一五”期间广东省口岸发展规划中主要建设项目之一。2007年3月经国务院批准，盐田港口岸大鹏液化天然气专用码头对外国籍船舶开放。LNG码头建有1个靠泊能力为8万吨级的LNG船专用的栈桥式码头泊位和1个5 000吨级的工作船舶。

【大亚湾口岸】 大亚湾核电站专用码头位于深圳市东部大亚湾畔的大坑村麻岭角，距深圳市直线距离约45千米，距香港岛约50千米。大亚湾核电站由广东核电投资有限公司和香港核电投资有限公司合营组成的广东核电合营有限公司负责建设和经营。经国务院批准，大亚湾核电站专用码头于1986年1月1日起对外国籍船舶开放。1987年3月和1989年6月，核电站专用码头和相关配套设备相继竣工投入使用，该码头建有4个泊位。

【梅沙口岸】 梅沙口岸位于深圳东部梅沙旅游区内，西距深圳市区30千米。1984年7月经国务院批准，为对港、澳地区旅游专用口岸，同年8月实现对外开放。梅沙口岸专用码头水深－4米，建有4个泊位，可靠泊高速气垫船和飞翔船。梅沙口岸因客源不足等原因，于1985年5月暂停使用至今。

【蛇口口岸】 蛇口口岸位于珠江口东岸，深圳市西部南头半岛南端，东临深圳湾，南与香港隔海相望，西邻珠海、澳门及深圳机场，北靠南山内陆腹地。陆路距深圳市区27千米，水路距香港22海里。陆路可与广深、广惠公路干道及广深高速公路、平南铁路相通，进而由广深线、广九线与国内衔接。蛇口口岸于1981年9月经国务院批准对外国籍船舶开放，是我国改革开放初期第一个由企业自筹资金建设、管理和经营的一类口岸。

招商港务（深圳）有限公司客货运码头拥有陆域面积75万平方米，岸线总长4 100米（其中客运岸线1 050米），是拥有35个客、货运泊位的中国沿海大型综合性港口，港口年货物通过能力为2 000万吨，集装箱100万标箱，客运500万人次，成为珠三角及华南地区重要的海上门户。

蛇口集装箱码头建有10个泊位，其中一期工程建设规模为2个集装箱专用泊位，年设计吞吐能力为100万标箱，于1991年8月建成投产。蛇口集装箱码头二、三期工程项目于2001年上半年动工兴建，共建成8个集装箱专用泊位，其中二期工程2个集装箱专用泊位，于2003年建成并投入使用，三期工程6个集装箱专用泊位于2010年3月前建成并陆续投入使用。

2012年，蛇口港区集装箱吞吐量达627.2万标箱，同比增长 10.05%；进出口货物共 455.5 万吨，同比增长 8.94%。蛇口客运码头开通至港澳航线，每天约 37 个往返航班共 74 个航次（航班数根据节假日客流量有所调整），出入境旅客 203.8 万人次，同比增长 15.33%。

蛇口港区还有招商局深圳孖洲岛友联修船基地专用码头，为中外客商提供 30 万吨级的修船业务，是深圳市唯一的大型修船基地。该修船基地距蛇口东北侧前海湾约1 500米，陆域面积约 63 万平方米，码头岸线3 400米，建有 4 个泊位（其中 2 个干船坞，2 个浮船坞）。2012 年，停靠孖洲岛修船基地维修船舶 241 艘（其中外国籍船舶 196 艘），同比增长 109%；实现总产值约 13 亿元，同比增长 72%。

【赤湾口岸】 赤湾口岸位于珠江口东岸，深圳市西部的南头半岛西南端，东连蛇口港，位于蛇口港西侧；南面向伶仃洋，与香港、澳门、珠海隔海相望；西接妈湾电厂和妈湾港区；北靠南山半岛。陆路距深圳市中心 30 千米，可与广深、广惠公路干道及广深高速公路、平南铁路衔接；水路与香港、澳门、珠海均在 20 余海里范围。赤湾码头于 1982 年 8 月动工兴建，1983 年 10 月建成一个 1 万吨级泊位并开港，1984 年 5 月经国务院批准对外国籍船舶开放。港区现有泊位 17 个，其中集装箱专用泊位 6 个，码头岸线总长 3 176米。赤湾口岸是中国主要的散装化肥及粮油进出口中转基地之一，是深圳西部港口群中规模仅次于蛇口港，功能集铁路、公路、水路等运输方式为一体的大型综合性口岸。

2012 年，赤湾口岸集装箱吞吐量为 531.1 万标箱，同比下降 8.3%；进出口货物 373.1 万吨，同比增长 25.5%。

【妈湾口岸】 妈湾口岸位于珠江口东岸，深圳市西部的南头半岛西侧，东接赤湾港，南面向伶仃洋，与珠江口主航道对接，西邻深圳机场，北以南山半岛为腹地。陆路距深圳市区 24 千米，可与广深、广惠等公路干道及广深高速公路、平南铁路衔接。水路距香港、澳门、珠海 20 余海里。1987 年开始建设，1990 年 7 月建成第一个 3.5 万吨级多用途泊位，1990 年 2 月经国务院批准对外国籍船舶开放。码头岸线总长3 877米，港区现有泊位 14 个（集装箱专用泊位 3 个，煤码头专用泊位 2 个）。港区的 2 个煤码头专用泊位设计能力均为 5 万吨，为妈湾电力有限公司电厂（深圳能源集团妈湾电厂有限公司）生产所需燃煤提供接卸，2011 年 7 月 12 日 ~ 13 日，深圳能源集团妈湾电厂有限公司煤码头通过了由省口岸主管部门组织的验收，10 月 19 日省政府批准（粤府函［2011］287 号）该专用煤码头正式对外开放。

2012 年，妈湾口岸进出口货物 252.6 万吨，同比下降 27.99%。

【东角头口岸】 东角头口岸位于深圳市西部南头半岛东南端，东距深圳市区 28 千米。东角头码头于 1985 年 3 月由深圳市航运总公司与香港中华造船厂合资兴建，并由深圳市圳华港湾企业有限公司负责管理和经营。1986 年建成 3 个 1 000吨级泊位投入使用，堆场面积 2 万平方米。1987 年 1 月经国务院批准对外开放。因道路改造等原因，截至 2012 年年底，进出口业务已暂停约 5 年。

【大铲湾口岸】 大铲湾口岸位于珠江口内伶仃洋的矾石水道东南部，深圳西部妈湾港区以北的大铲湾内。港区地理位置优越，水、陆路交通便捷，水路南距香港 20 海里，北至广州 40 海里；陆路通过广深高速、机荷高速、107 国道及在建的广深沿江高速公路联系腹地。大铲湾港区岸线总长为 11.6 千米，陆域面积为 10.28 平方千米，拟建大型集装箱深水泊位 17 个，中型泊位 7 个及 19 个驳船泊位，设计年吞吐能力为 1 250万标箱，总投资约 450 亿元人民币。港区整体工程分四期建设。其中，大铲湾港区集装箱码头（一期）工程于 2005 年 9 月正式开工兴建，其建设规模为 3 个 10 万吨级和 2 个 7 万吨级集装箱专用泊位，占地为 112 万平方米，泊位岸线总长为1 830米，设计年吞吐能力为 250 万标箱，整体工程于 2009 年 11 月全部完工。2009 年 5 月，经国务院批准，深圳港口岸大铲湾港区对外国籍船舶开放。2011 年 11 月，大铲湾口岸正式通过国家口岸验收。

2012 年，大铲湾口岸集装箱吞吐量为 57.4 万标箱，同比下降 19.16%。

【湾仔口岸】 湾仔轮渡客运口岸位于珠海市湾仔镇西南面，与澳门一水相隔，水面距离只有几百米。湾仔轮渡客运口岸于1984年经国家批准开设，于1984年12月23日正式通航。

湾仔口岸占地2 700多平方米，总建筑面积1 417.5平方米，办公用房518.5平方米，现共开设旅检通道18条，每日开29个航次，节假日视客流量情况增开班船。口岸开放时间为8:00—11:30、13:00—16:30（首航班8:30，尾航班16:30)。2012年该口岸出入境旅客90.77万人次，同比增长3.1%，其中出境68.53万人次，入境22.24万人次；货运量6 202.22万吨，同比增长2.5%，其中出口水源5 891.54万吨；进出口货物310.68万吨；总货运值254 910.58万元；进出口集装箱17.78万标箱，同比增长2.8%。

【万山港口岸】 万山港口岸位于珠海市万山群岛港区，包括桂山岛、外伶仃岛和大万山岛三大作业区，1995年4月6日经国务院批准对外国籍船舶开放。万山群岛处于珠江出海口下游，是船舶由南海进出珠江三角洲的必经之地，紧临香港和澳门，多条国际航线从港区通过，港区有特殊的地域优势，适合开展大型油品储存和集装箱、大宗散货水运中转业务。

万山港口岸的建设按“一次规划，分步实施；简易入手，逐步完善；先中心港桂山，后其他岛屿；成熟一个，开放一个”的原则进行。该港口是客货运综合性港口，货运码头建有3 000吨级泊位1个，设计年吞吐量为60万吨；客运联检楼占地面积1 164平方米，建筑面积1 785.7平方米。万山港口岸桂山第一、第二作业区客货运口岸于2003年4月正式对外开放。

【珠海港口岸】 珠海港口岸于1994年6月经国务院批准设立，1996年7月28日正式对外开放。珠海港口岸地处珠海市西部，位于珠江三角洲西侧、黄茅海东部沿岸及高栏列岛海域，东距澳门23海里，至香港45海里。其对外开放的水域范围为北纬21°50′至22°00′，东经113°05′至113°17′。该口岸地理优势得天独厚，处于珠江出海口的虎跳门、崖门和鸡啼门之间，外临南海，靠近国际航线大西水道仅1海里，内通西江，具备发展江海联运、南北航运和近远洋运输的优越条件，主要贸易有石化、集装箱、钢铁、造船及能源业务。

珠海港口岸目前已启用码头9个，泊位22个，包括珠海国际货柜码头（高栏）有限公司，设有2万吨级和5万吨级泊位各2个；珠海华南联合石油有限公司，设有5万吨级和5 000吨级泊位各1个；新海能源（珠海）有限公司，设有5万吨级和5 000吨级泊位各1个；珠海一德石化有限公司，设有5 000吨级泊位1个；珠海恒基达鑫国际化工仓储有限公司，设有5万吨级和5 000吨级泊位各1个；珠海碧辟液化石油气有限公司，设有5万吨级和5 000吨级泊位各1个；珠海发电厂，设有5万吨级煤码头泊位和3 000吨级重件码头泊位各1个；珠海粤裕丰钢铁有限公司，设有1万吨级泊位1个；中化格力港务有限公司，设有8万吨级泊位2个和5 000吨级泊位4个。口岸综合楼建设用地面积36 399.95平方米，建筑面积11 706平方米。

2012年，珠海港货物吞吐量（含内外贸）为7 745万吨，出入港船舶（含国轮、外轮）23 685艘次。征收税款51.5亿元，同比增长25%，其中关税4.2亿元，同比减少7%；代征税47.3亿元，同比增长29%。货物吞吐量及征收税款居珠海各口岸首位。

【汕头港口岸】 汕头港位于广东省东部沿海，美丽富饶的潮汕平原的南部，居福州至广州黄金海岸中央，东临台湾海峡，距高雄214海里，西距香港187海里，扼韩江、榕江、练江之出海口，素有“岭东之门户，华南之要冲”的称誉。汕头港是中国华南地区对外贸易的重要口岸，是沿海25个国家级主要港口之一，是广东省东翼的主要港口。汕头港历史悠久，是中国最早对外开放的港口城市之一，于1861年开埠，是一个有150多年历史的老港，至今已与世界57个国家和地区的268个港口有货物往来。汕头港主航道通航水深为9.5米，全港岸线总长9 444米，堆场总面积126万平方米。拥有500吨级以上泊位86个，其中万吨级以上泊位18个，综合通过能力3 282万吨，集装箱吞吐能力达58万标箱。近年来，汕头市大力发展港口物流和海运业，与中国香港地区、泰国、日本等地有集装箱定期货运班轮。

汕头港的直接经济腹地是汕头、潮州、揭阳、梅州4个市所辖14县的广大地区，其间接腹地包括闽西南及赣南部分地区。随着广梅汕铁路的通车，汕头港的腹地范围还将扩大和延伸。腹地经本港吞吐的主要货物有煤炭、石油、钢铁、水泥、化肥、木材、粮食等。汕头市是我国14个沿海开放城市之一，又是最早设立的4个经济特区之一，随着沿海经济的开发及临海工业的发展，已形成塑料玩具、工业电子、纺织服装、塑料皮革、食品加工、医疗器械、包装机械等骨干企业，工业经济特别是外向型经济蓬勃发展。2012年，汕头港完成货物吞吐量达4 563万吨，集装箱吞吐量完成125万标箱。

2011～2012年汕头港货物吞吐量完成情况统计表

		2011年	2012年	同比（%）
货物吞吐量（万吨）		4 005	4 563	+13.9
外贸进出口量（万吨）	进口	796	988	+24.1
	出口	239	238	-0.4
	合计	1 035	1 226	+18.4

【潮州港口岸】 潮州港位于广东省东南部沿海，是广东省最东端的一个天然良港，它包括三百门、西澳、金狮3个港区，海岸线总长136千米，港区规划水域面积230平方千米。潮阳港历史悠久，公元1394年开港，从明代起就直接与越南、泰国、中国台湾、中国香港等国家和地区通商通航，是粤东沿海较早的对外通商口岸。1994年11月国务院同意将三百门港更名为潮州港，并列为独立对外开放口岸，2003年12月28日经广东省政府（受国务院委托）验收并正式对外开放，对外开放水域115平方千米。潮州港东临台湾海峡，距台湾高雄市186海里，是广东省距台湾最近的地区；港口至厦门98海里；至香港192海里；至新加坡、曼谷等东南亚国家港口都在1 700海里之内，区位优势十分明显。

潮州港目前已拥有对外开放码头7座，泊位9个，其中5万吨级码头3座。随着亚太通用码头1号、2号泊位（1个5万吨级，1个3万吨级，水工均以10万吨级设计）的对外开放运作和西澳港区的开发建设，港口规模及货物吞吐量将有一个新的飞跃。

2012年，潮州港吞吐量达到950.92万吨，比2010年增长1.6%；验放进靠航行国际船舶131艘次，货运量达519.01万吨。

【高明港客运口岸】 高明港客运口岸占地8万多平方米，建筑面积3.36万平方米，港区主要的建筑物是口岸出入境大楼。整个港区设计美观，口岸大楼内出入境大堂宽阔明亮，附属设备一应俱全，建筑面积0.61万平方米全部安装中央空调系统及视频监控系统，园林式建设的客运广场面积约1万平方米。建有一座客运码头，码头可同时靠泊两艘高速客轮。高明港客运口岸设有海关、检验检疫、边检、海事等查验机构及相应的配套查验设施，为出入境旅客提供高效、便捷的通关服务。

港口的经营单位是高明明珠客运联营有限公司，主要经营高明至香港的旅客运输业务。公司拥有一艘豪华高速双客轮“高明号”，每天一个航班往返高明—香港。每个航程只需2小时50分钟，舒适、方便、快捷。高明港客运口岸已成为珠三角地区和粤西广大地区旅客出入境首选口岸之一。

2011～2012年高明港口岸通关情况

	2011年	2012年	同比（%）
出入境船舶（艘）	3 657	3 952	+8.1
出入境人员（万人次）	6.4	5.9	-7.8

【南海港口岸】 南海港口岸包括南海客运港和三山港区。南海客运港位于佛山市南海区平洲镇东平水道上，平洲镇永安路1号。南海客运港由国务院于1986年6月18日以国函46号批准建设。根据国务院的批复和广东省人民政府的批准，南海客运港于1992年12月8日正式对外开放。南海客运港按年出入境旅客80万人次的标准进行建设，1993年达20万人次，1996年其出入境旅客达33.61万人次，达历史最高峰。经广

东省人民政府口岸办公室批准，南海客运港于2006年3月起暂停航。

三山港区位于南海三山经济开发区东北角，即在东平水道与陈村水道交汇处，距香港84海里，距澳门85海里。经广东省政府办公室同意开设南海三山港进出口货物装卸点并于1994年1月1日起正式使用。南海三山港按年吞吐量60万标箱、100万吨散杂件货的标准进行建设，现建有多用途泊位5个，件杂货泊位2个，泊位长度420米，港池泊位水深8米；港区总面积40万平方米。

1995年1月26日广东省政府以《关于开设南海港一类货运口岸的请示》向国务院请示将佛山平洲客运港、三山货运港合并，更名为南海港口岸。1996年6月18日，国务院同意原佛山平洲客运港、三山货运港合并，列为一类口岸。三山港驻有口岸管理部门、海关、检验检疫、边防、海事等职能部门。港区内查验监管设施齐全，配备先进的查验设备及完善的物流监控系统（包括24小时闭路电视监控系统、海关X光机集装箱查验系统、80吨及100吨电子地磅等），使货物可以快捷通关。口岸经营单位主要提供进出口货物集装箱装卸业务及仓储等综合物流服务，现驻港区有近20家船务公司，先后开辟南海至香港、蛇口、赤湾、南沙的航线，并有多家驻港车队及专业船代、货代报关公司，为地方外贸经济提供优质的“一站式”物流配送服务。三山港现已发展为珠三角制造业和外贸进出口相配套的地方性中心港口，成为企业进出口的理想转运站。

2011～2012年南海港口岸通关情况

	2011年	2012年	同比（%）
出入境船舶（艘）	7 864	6 636	－15.6
出入境人员（万人次）	5.5	4.8	－13

【顺德港客运口岸】 顺德港客运口岸位于佛山市顺德区大良德胜河板沙尾，东经111.3度，北纬22.3度。口岸于1986年经国务院批准开设，于1987年12月经国家验收后正式对外开放。1995年经广东省政府批准，从顺德容奇港搬迁至现址，并更名顺德港。港口于1998年1月通过有关单位验收合格后正式对外开放。

该港地理条件十分优越，距离香港62海里，距离广州、佛山35千米，距离珠海90千米，城市轻轨经港口而过，水路、陆路交通十分便利。港口岸线260米，航道河宽450米，主航水深9米，码头前沿水深5米，是个天然条件优良的港口。港区占地面积7.28万平方米，建筑面积2.93万平方米。口岸出入境大楼高两层，其中第一层是候船大厅和出入境联检大厅。出入境联检大厅各有旅客出入境检查通道10条。大楼内银行、西餐厅、商场等附属设施一应俱全。港口目前有3艘豪华舒适的大型快速客轮，每天有12个航班往返于顺德—香港，航程为2小时。

【惠州港口岸】 惠州港位于南海大亚湾西北隅，地处我国华南沿海经济中心珠江三角洲东部，毗邻港澳，面对东南亚和中国台湾地区，处在以中国香港地区为核心的航运中心地带，依傍国际环球和环太平洋航线，距香港中环码头47海里，距日本神户港1 400海里，距韩国釜山港800海里，距新加坡港1 580海里，是华南沿海便捷的海上门户和京九铁路的出海口。九龙海关于1899年（清光绪二十五年）在惠州三门岛建立海关分支机构，惠州沿海的澳头和惠东港口成为与港、澳通商口岸。1982年经批准开通至香港航线，1992年7月更名为惠州港，1993年4月正式对外国籍船舶开放，成为一类口岸。

惠州港的深水泊位始建于20世纪90年代初。惠州港现有沿海港口岸线59.4千米，由荃湾港区、东马港区、碧甲港口作业区和亚婆角作业区组成。荃湾港区主航道底标高－10.2米，航道底宽110米，主要提供石油化工、集装箱和件杂货运输服务。东马港区东联航道底高程－10.7米，航道底宽132米；马鞭洲航道底高程－20.8米、航道底宽257米，主要提供石化工业的原材料及产成品装卸服务。碧甲港口作业区主航道底标高－15.7米，航道有效宽度为162米，主要提供临港工业煤炭、矿石等大宗散货及产成品装卸服务。亚婆角作业区可靠泊2 000吨级货轮，主要提供矿建材料和非金属矿石等装卸服务。

2012 年，惠州港国际集装箱码头和平海电厂煤码头实施临时对外开放生产性试运行。惠州港现有 16 座码头 42 个泊位，其中 30 万吨级码头 2 座，15 万吨级码头 2 座；万吨级以上泊位 15 个，设计年吞吐能力为8 112万吨和 70 万标箱。在贸易航线方面，惠州港已开通国际航线、港澳集装箱航线、台湾直航航线等。

2012 年，惠州港口岸进出口货运量为2 087万吨，进出境人员31 303人次，进出境运输工具2 909艘。

【汕尾港口岸】 汕尾港是全国较早对外开放的一类口岸，水路距香港 81 海里，距澳门 112 海里，距广州 179 海里，处于对外开放的黄金海岸地带，历来就是粤东沿海的主要外贸口岸。据历史记载，早在 1894 年，清政府就把汕尾辟为对外通商口岸，1903 年（光绪二十八年）曾开办轮船公司，有“海江号”、“海口号”轮船通航香港的客货业务；孙中山先生在其《建国方略》中曾把汕尾港列为全国重点开放港口。新中国成立后，汕尾港又是我国政府宣布首批（1962年）对外轮开放的 16 个沿海港口之一。

1988 年 3 月，汕尾以得天独厚的港口优势，经国务院批准建立地级市。为达到以港立市、港城共荣，汕尾市委、市政府高度重视港口建设，千方百计筹措建设资金扩建汕尾港，于 1991 年 7 月在市区动工扩建 2 座5 000吨级泊位码头，1993 年 10 月主体工程竣工并试产，1995 年 4 月航道疏浚工程顺利通过验收营运集装箱业务。扩建后的汕尾港增加了 2 个5 000吨级泊位码头（其中集装箱专用码头 1 个座），1 000吨级泊位 3 个（其中油专用码头 1 座）。港区总面积 13 万平方米，年吞吐能力 80 万吨，集装箱年处理能力 2 万个。该港区位于汕尾市区兴港路。2009 年 11 月，汕尾港红海湾港区获得国务院批复同意对外国籍船舶开放。红海湾港区位于汕尾市直辖的红海湾经济开发区，是列入国家“十一五”规划的开放项目。它主要包括汕尾发电厂专用码头泊位、白沙湖万聪船舶修造厂专用码头（船坞）和东洲（小澳）通用码头泊位及商贸通用码头泊位等 4 个码头泊位区。现在已经建成的码头泊位有汕尾发电厂 7 万吨级煤专用码头泊位，3 000吨级重件码头和1 000吨级油码头各 1 座；白沙湖万聪船舶修造厂专用码头（船坞）现已建成 1 万吨级和5 000吨级船坞各 1 个，500 吨级船排 4 个，正在建设 3 万吨级和 1.5 万吨级船台各 1 个。红海湾港区已于 2011 年 7 月 19 日通过广东省预验收。

2011～2012 年汕尾港货物吞吐量情况表

			2011 年	2012 年	同比（%）
汕尾港货物吞吐总量（万吨）			356	426	+19.66
其中	内贸（万吨）		106	122	+15.09
	外贸（万吨）	进口	247	303	+22.67
		出口	2.28	0.15	-93.42
		合计	249.28	303.15	+21.61

【虎门港口岸】 虎门港口岸位于珠江口东岸，处于广州—东莞—深圳—香港城市发展轴带的中间和珠三角经济区中心位置，拥有珠江口 53 千米的深水岸线，海域面积 79 平方千米，航道水深 -13 米，于 1997 年 6 月 27 日经国务院国函〔1997〕59 号《国务院关于同意广东东莞虎门港对外国籍船舶开放的批复》批准开放。2003 年 3 月 25 日，广东省政府批准了虎门港口岸开放水域范围，6 月 6 日顺利通过广东省验收组的预验收，8 月 13 日顺利通过国务院验收组的检查验收，于 2003 年 9 月 28 日经交通部批准作为一类口岸正式对外开放。虎门港自北向南分别是麻涌作业区、沙田作业区、沙角作业区、长安作业区。麻涌作业区为大宗散杂货码头港区；沙田作业区为虎门港的主港区，主要规划建设多功能大型集装箱码头和石化码头，配合虎门港保税物流园区和后方加工贸易区及石化工业园的同步发展；沙角港区主要配合虎门港（太平）客运码头

和虎门镇威远岛整体规划的发展，逐步使威远岛发展成为旅游休闲度假区；长安港区主要为远期规划建设大型深水集装箱码头。近期，虎门港口岸将重点建设麻涌港区新沙南作业区、立沙岛石化基地、西大坦商贸主港区、虎门港中心服务区和物流园区。成熟后的五大港区将各具特色，实现优势互补，并最终形成一体化、系统化、集成化的极具竞争力的现代新港城，打造成东莞直通世界的大型口岸。近年来，随着虎门港口岸的不断发展，相应的查验配套设施也在逐步完善，以满足虎门港口岸扩大对外开放的需要。2003 年年底，虎门市政府投资 1.6 亿元建设了虎门港口岸综合办公大楼及其生活区配套设施，2004 年开通了国际船员通道，2007 年启用虎门港口岸检查检验单位监控信息光纤，2008 年启用了虎门港口岸沙田作业区工作船码头。虎门港口岸于 2010 顺利开通首条对台直航班轮航线，成为珠三角地区对台航班最密集的港口。2011 年，虎门港沙田口岸获得进口水果口岸业务资格，并于 2013 年 2 月 6 日，完成了虎门市第一票进口水果业务。截至 2012 年，纳入虎门港口岸对外开放的一类货运码头有 21 座，泊位 44 个。

太平客运口岸 1982 年 6 月 24 日经国务院港口工作领导小组文件（82）国港字 13 号批准开通，于 1984 年 7 月 2 日正式通航，恢复了中断 20 多年的太平至香港客运航线。太平客运口岸位于东莞市西南部的虎门镇，地处珠江口东侧，是广州—深圳—香港和广州—珠海—澳门这两条经济走廊的交汇点，是连贯珠江三角洲、连接穗港澳的交通枢纽。港口地理位置条件优越、交通网络发达：南往深圳 20 千米，香港 47 海里，澳门 48 海里；北至广州 90 千米，距东莞市区 29 千米；西与番禺隔河相望。水陆交通四通八达，公路干线连接广深高速公路和 107 国道，并通过虎门大桥连番禺通往珠海、广州等地。

太平客运口岸是广东省最早开通的客运口岸之一，口岸由码头和出入境客运大楼两部分组成，出入境现场总面积达2 337.14平方米。现有出入境查验通道共 12 条（其中出境 6 条，入境 6 条），拥有各种检查检验仪器设备，较完备的各种标志牌、电子显示屏、告示牌和闭路电视监控系统。2010 年对口岸出入境大堂、旅客候船厅及预办登机服务大厅等场地进行重新装修升级改造，更换大厅的空调设备，增设标准化航空值机柜台 11 张，自动化行李处理线路 9 条。目前，太平客运口岸设趸船泊位 2 个，长 38 米，宽 6 米，面积 228 平方米；设计水深 3 米，实际水深 2 米。口岸开通时只有 1 艘 150 座位的双体客轮“流花湖”号，经多年更替，目前共有 2 艘客轮营运：“太建”号豪华双体高速客轮，318 个座位，建造地点为澳大利亚，投入使用时间为 1997 年 7 月 23 日；“东太安”号豪华双体高速客轮，271 个座位，建造地点为新加坡，投入使用时间为 1993 年 8 月。太平客运口岸自 1984 年 7 月开通以来，客源稳步上升，至 2010 年年底，共验放入出境旅客 618 万人次。2003 年 9 月 29 日，太平客运口岸虎门至香港国际机场航线正式开通，每日对开 10 个航班（五进五出），客源投送点由原来的东莞虎门至香港中港城的点对点服务，扩展至全球 150 多个国家和地区。截至目前，国泰航空、美国联合航空、港龙航空、中华航空、华信航空、长荣航空、日航航空、印尼航空、香港快运和香港航空 10 家具有国际影响力的航空公司可在太平客运口岸为广大旅客办理值机服务，旅客在乘船转机之际便可直接领取登机牌和办理行李托运手续，抵达香港国际机场过安检后便可直接登机，无须再办理任何手续。

2009～2012 年虎门港口岸通关情况

	2009 年	2010 年	2011 年	2012 年
货物（万吨）	745.1	1 285.14	1 662.3	1 983.3
人员（万人次）	39	37.32	37.48	38.4

【中山港口岸】 中山港地处珠江口西岸，毗邻港澳，水路距香港 54 海里，距澳门 51 海里，向东进入伶仃洋与国际航线相通，内河接珠江水网，公路以广珠东线、京珠高速公路为骨干线。中山港河宽平均 400 米，水深 7 米～

10米，现可通航3 000吨级江海轮。1984年国务院批准客运口岸对外开放，1986年批准货运口岸对外开放。港内设客运码头1个，公共货运码头2个。1985年2月开通香港客运航线，拥有5艘高速双体豪华客轮，总客位1 784个，泊位4个，每天往来中山至香港24个单航次，单程航行时间1小时30分钟。客运联检大楼总面积1.2万平方米，年客运量达100多万人次。货运码头拥有港区面积25.5万平方米，岸线总长600米，泊位12个，最大靠泊能力为5 000吨级，年货物通过能力350万吨、45万个标准箱。外贸码头港区占地面积16万平方米，岸线总长450米，泊位6个，码头的年吞吐能力超过60万个标箱。

2010～2012年中山港口岸通关情况

	进出口货运量（万吨）	进出境人员（万人次）	进出境交通运输工具（艘次）
2010年	673.08	123.3	27 596
2011年	597.47	133.5	23 594
2012年	561.70	118.8	21 072

【江门港客运口岸】 江门港客运码头是广东江门五邑地区具有百年悠久历史的客运口岸，原在江门北街，现位于西江河段江门外海大桥下游1.5千米处，江门市江海区金瓯路1号，地理坐标为东经113°10′，北纬22°35′。江门港水路距香港95海里，距澳门44海里。1982年，经国务院批准增开香港航线。新港于1997年6月建成和投入使用，并由江门北街迁址于此。口岸范围占地面积8万平方米，码头长度133米，500吨泊位3个，设计年客运通过能力100万人次。查验综合大楼建筑面积4万平方米，大楼内出入境查验通关大厅、候船厅、免税商场等口岸功能设施齐全。港口广场及绿化面积6.5万平方米，地下车库建筑面积8 551平方米。新中国成立以来，该口岸大部分时段保持通航澳门，1982年5月扩大开放通航香港。口岸客运公司现有高速豪华客轮2艘，客位712个，日常每天2个航班往返于江门至香港，直航单程只需2小时30分钟左右；该港还与珠海斗门港挂港联运澳门，单程只需1小时15分钟左右。节假日进出境客流高峰时，每天进出航班会增开到6个。口岸公司拥有10多辆各型客车的车队，接送江门五邑各市和中山、顺德等周边地区的旅客。2012年，该口岸出入境旅客7.47万人次，比2011年下降19.2%。

2011～2012年江门港口岸通关情况

	2011年	2012年	同比（%）
出入境船舶（艘）	6 252	6 020	-3.7
出入境人员（万人次）	13.1	11.9	-9.2

【新会港口岸】 新会港口岸包括天马货运港区及新会港口岸开放水域范围的双水发电厂进口煤专用码头、银湖船舶修造专用码头、宜大化工品专用码头。国务院于1992年9月2日批准开设新会港口岸。

新会港口岸天马货运港区。其位于潭江下游的银洲湖左岸，新会今古洲江裕路2号，其航道经崖门出南海，天然水深8米～13米，是少有的内河优良建港水域。其交通便利，水路距香港98海里，距澳门47海里；陆路紧靠广东西部沿海高速公路和广珠铁路。2001年12月全面建成并获准开放，可靠泊外国籍船舶。目前，3 000吨级海轮可全潮、5 000吨级海轮可乘潮进出该口岸，待第二期航道浚深工程完工后，5 000吨级海轮可全潮、10 000吨级海轮可乘潮进出该口岸。首期建成使用的港区占地面积12.8万平方米，码头长323米，含5 000吨级泊位2个、500吨级泊位1个，仓库4 800平方米，集装箱及件杂货堆场共5万平方米，建筑面积近4 000平方米的综合联检办公大楼，进出港道路为六车道一级水泥公路；港口运作配套设施较先进、齐备，装卸运输设备主要有门座起重机4台（最大起重能力45吨），各型集装箱牵引车、叉车和运输车50多辆，港口作业船1艘。目前已投入使用的港区，设计年货物吞吐能力为100万吨，其中集装箱10

万标箱。2012年，该港区进出口货物131.3万吨，比2011年增长11.5%。目前该港区针对年货运量已超出原吞吐能力情况，正在加紧扩建以万吨级码头为主体的二期工程，以适应银洲湖区域产业发展的需要。

新会港口岸双水发电厂进口煤专用码头，其位于天马货运港区下游斜对岸双水发电厂一侧，2006年4月口岸设施建成并获准开放使用。码头长170米，泊位2个，可靠泊5 000吨船，年设计吞吐能力为100万吨。2012年，码头进口电煤3.9万吨，比2011年增长21.8%。

新会港口岸银湖船舶修造专用码头，其位于天马货运港区下游银洲湖出口左岸银湖船舶工程有限公司厂区岸边，2009年2月口岸设施建成并获准开放使用。码头建有万吨级泊位，担负银洲湖区域修造船产业的船舶进出口查验监管，2012年，码头出口船6艘共7.2万吨，出口船总吨数比2011年下降20%。

新会港口岸宜大化工品专用码头，其位于天马货运港区下游银洲湖崖门水道左岸，古井镇南洋围河段。码头总长275米，泊位3个，全潮可靠泊5 000吨船，乘潮可靠泊近万吨级船舶，年设计吞吐能力150万吨。化工库区一、二期工程已建成液体化工库容共10.5万立方米，是广东江门五邑地区具有国际水准、规模较大的石化物流基地。2012年12月全面完成口岸设施建设并获准开放使用。

2011～2012年新会港口岸通关情况

	2011年	2012年	同比（%）
出入境船舶（艘）	2 189	1 871	-14.5
出入境人员（万人次）	1.91	1.64	-14

【广海港口岸】 台山市广海港是1985年10月25日经国务院批准对外国籍船舶开放的一类口岸，距澳门52海里，距香港96海里。广海港口岸分两期建设。第一期工程于1987年3月建成，码头长170米，其中港澳客运和500吨级集装箱船货运泊位各1个，1988年8月开通香港客运航线，原有一艘高速客轮，年客运量曾超过10万人次。1996年11月广海港口岸客运迁往公益港，2000年起由开平三埠港客轮挂港该码头客运，2007年10月起暂停运行。目前广海港口岸开放水域范围增开了国华粤电台山发电有限公司进口煤专用码头，对利用进口燃煤资源发展本区域电力能源工业具有重要的战略意义。该码头位于台山市广海湾东侧铜鼓湾内，建有2个5万吨级泊位（水工设计为10万吨级），港口接卸能力达到1 300万吨。码头前期临时开放，因近两年进口煤大幅递增，于2012年12月全面完成口岸设施建设并获准正式对外开放，2012年进口电煤猛增到334.8万吨，比2011年激增5.5倍。同期，广海港口岸还通过申报临时开放等方式，为台山核电厂重大建设项目解决进口物资在本项目重件码头就地进口，2012年进口设备物资9 915吨；为外资造船企业台山荣德船厂解决了一艘300多吨新造拖轮的现场查验出口。

2011～2012年广海港口岸通关情况

	2011年	2012年	同比（%）
出入境船舶（艘）	8 144	6 048	-34
进出口货物（万吨）	80.14	434.25	+441.8

【鹤山港客运口岸】 位于广东省鹤山市西江河段，325国道九江大桥侧的沙坪河口与西江的汇合处，鹤山沙坪镇口岸路。国务院于1988年4月27日批准该口岸对外开放，1989年1月28日开通鹤山至香港的水路客运航线。港区岸线长260米，码头长48米，泊位1个；建有旅检大楼3 000平方米，内设6条旅客进出境通道；候船厅、免税商场、停车场等设施齐备。目前由佛山高明港高速客轮挂港联运，每天一进一出共2个航班，每航次约需2小时30分钟。2012年，该口岸出入境旅客4.1万人次，比2011年下降24%。

【阳江港口岸】 阳江港口岸坐落于海陵湾，海陵湾位于阳江市西南方向的南海海域。海上北距广州约181海里；东距香港约143海里，距澳门约129海里；西距湛江约125海里。公路距广州210千米，距湛江230千米，位于珠三角经济圈和北部湾经济圈两大板块中间，是联结两大经济圈的桥梁和纽带，同时也是广湛水陆交通线的中心点，在广州港、湛江港两大主枢纽港之间，与主枢纽港一起构成层次分明的水运体系，成为粤西中部和内陆地区重要出海口。

阳江港始建于1989年。1988年2月8日，根据国务院的批复，撤销阳江县设立阳江市。1989年1月13日，广东省计委批准建设阳江港，1989年12月18日，阳江港建设工程奠基典礼在吉树村附近举行，并在当日破土动工。万吨级通用码头于1992年12月28日建成试产，1993年2月9日国务院批准阳江港为一类口岸；1996年7月14日至15日通过国家验收，7月28日正式对外开放。阳江港现有水域纳潮面积约110平方千米，东西两岸的岸线长60多千米，港区的陆域范围按照《阳江港总体布局规划》，海陵山湾东岸，从九姜河至大湾口，陆域宽度1.6千米；大湾北岸陆域纵深500米；大湾南岸陆域纵深600米，面积共约11平方千米。阳江港口岸现有对外开放泊位6个，其中万吨级通用码头泊位2个（6号、7号泊位，设计年吞吐量100万吨），3.5万吨通用码头泊位1个（8号泊位，设计年吞吐量195万吨），3万吨级粮食码头泊位1个（10号泊位，水工结构按靠泊5万吨级设计，设计年吞吐量180万吨），5万吨级公用散货码头泊位2个（11号、12号泊位，水工结构按靠泊5万吨级和预留10万吨级散货船设计，设计年吞吐量381万吨）。通用码头泊位以进口燃煤为主，粮食码头泊位以进口大豆为主，散货码头泊位以进口镍矿为主。目前，阳江港拥有国内设施最先进的10万吨/座散粮仓库2座，3万吨袋装货平面仓库1座，堆场总面积87.3万平方米。

阳江港主航道水深12米，港池和码头前沿水深8.5米~14.5米，目前已按5万吨级航道进行疏浚改造，可满足载重7万吨船舶航行。货轮来自阿联酋、伊朗、莫桑比克、印度、澳大利亚、菲律宾、印尼、马来西亚、越南、韩国、日本、中国香港、中国台湾等国家和地区。“十一五”口岸发展规划期间，进出口货运量年年递增，特别是“金融风暴”后进出货运量仍保持较大增幅，随着阳江口岸的进一步发展，“十二五”期间阳江港口岸的年吞吐能力可达1 000万吨。

2011~2012年阳江港线航次统计表

序号	航线		航次数量	
			2011年	2012年
1	远洋航线	欧洲		2
2		北美洲	3	3
3		南美洲		3
4		澳洲		5
5		中东	7	12
6		非洲	1	4
7		印度	1	
	小计		12	29
1	近洋航线	东南亚	42	105
2		韩国		
3		日本		
4		中国香港	5	1
5		中国台湾		
	小计		47	106
	合计		59	135

2011~2012年阳江港货物吞吐量完成情况

		2011年	2012年	同比（%）
全港货物吞吐量（万吨）		433.30	1 261.99	+191.25
本港货物吞吐量（万吨）		433.30	1 261.99	+191.25
外贸进出口量（万吨）	进口	225.54	836.79	+271.01
	出口	0.01	0.2	+1 900
	合计	225.55	836.99	+271.08

【湛江港口岸】 湛江位于中国大陆的最南端，居粤、桂、琼三省区的中心，西临北部湾，背靠大西南，面向东南亚，是粤西区域性中心城

市。湛江港是我国华南、西南、中南地区的重要交通枢纽及大西南主要出海口，是我国大陆通往东南亚、非洲、欧洲和大洋洲航程最短的口岸。湛江口岸历史悠久，早在2 000多年前的秦汉时期，这里就成了“海上丝绸之路”。公元1821～1851年，逐渐形成港口。

湛江港是一类口岸，主要由霞山港区、霞海港区、调顺港区、南海西部石油公司专用码头及新建的宝满港区和东海岛港区等组成，水域面积270多平方千米。霞山港区是新中国成立后我国第一个自行设计建造的现代化海港，1955年开工建设，1956年建成后正式对外开放。霞海港区和南海西部石油公司专用码头于1985年批准开放。调顺港区于1986年批准开放。湛江港航道长41.1海里，锚地面积11.97平方千米，锚地泊位20多个，年通过能力超亿吨；现拥有生产性码头泊位43个，其中万吨级以上26个（包括全国最大的30万吨级陆岸原油专业化码头1个，华南地区唯一的25万吨陆岸专业化铁矿石码头1个，并拥有30万吨级深水航道）。新建的宝满港区和东海岛港区在建的和拟建的码头泊位30个，其中万吨级以上14个，可承担集装箱、杂货、散货、重大件、危险品、石油、液体化工品的装卸、储存包装、中转业务及汽车滚装运输。

湛江港现与世界100多个国家和地区的港口有贸易往来。集装箱班轮航线14条，每月集装箱航班90班。目前，湛江港已与越南胡志明市的西贡港建立了友好港关系。2012年湛江港完成集装箱吞吐量41万标箱，其中外贸集装箱17.27万标箱。

2011～2012年湛江港国际集装箱航班统计表

序号	航线	每月航班	
		2011年	2012年
1	东南亚（APL）	4	4
2	东南亚—东北亚（万海航运）	4	4
3	东南亚—东北亚（长荣海运）	4	4
4	湛江—中国香港（8家船公司）	48	48
	合计	60	60

2011～2012年湛江港货物吞吐量完成情况

		2011年	2012年	同比（%）
全港货物吞吐量（亿吨）		1.55	1.71	+10
外贸进出口量（万吨）	进口	23.09	24.77	+7.3
	出口	20.95	22.09	+5.4
	合计	44.04	46.86	+6.4

【水东港口岸】 水东港港区位于广东省的西部，茂名市的东南角，距茂名市约28千米，是南海伸入内陆的一个面积为32平方千米的泻湖湾。茂名水东港在清道光年间已成为粤西地区的重要商埠，在清咸丰和民国年间，曾两度对外通商贸易。1958年，广东省航运厅投资在水东湾建成50吨级泊位6个。20世纪80年代开始了大规模的港口开发建设。1984年开辟炮台港为对港澳进出口货物起运点，后经批准成为装卸点。1988年10月，水东港口岸经国务院批准为一类口岸。1993年6月18日，水东港经国务院批准正式对外国籍船舶开放，目前与40多个国家和地区口岸建立了贸易往来。

茂名水东港后方具备公路、铁路、管道等多种运输方式，通过沈海高速（广湛高速）公路、325国道、207国道、高水一级公路及拟建的包茂高速可通往全国各地；通过广茂线、茂湛线及在建的广东沿海铁路可接入国铁干线网络；茂名水东港是我国南方重要的油品中转、集散基地和石化产品进出口基地，也是海产品和农副产品进出口基地。水东港区现有对外开放码头12座，最大码头有3万吨级成品油码头及煤炭码头，30万吨级单点系泊原油接卸码头，港口年吞吐能力1 795万吨。

2012年，茂名水东港口岸进出口货物总量1 266.7万吨，进出境集装箱3.7万标箱，进出境船舶1 187艘次，进出境人员1.7万人次。

【肇庆港口岸】 肇庆港位于肇庆市端州区工农南路2号，距香港143海里，下设货运口岸5个港区，分别是德庆康州港、高要南岸港、肇庆三榕港、肇庆新港和四会马房港，1984年经国务院批准对外开放，“十一五”期间进出口货物

910多万吨，出入境船舶18多万艘次。

德庆康州港区位于西江上游德庆县城西江北岸著名的三元塔傍，现在由肇庆康州珠江货运码头有限公司经营，1989年12月28日建成投入使用。口岸距香港213海里，堆场3.3万多平方米，经扩建码头岸线长由63米增加到101米，港池深度5米，经两期扩建改造，设计年吞吐能力由原来8万吨扩大到60万吨，拥有1 000吨级泊位3个。

四会马房港区现在由肇庆四会珠江物流有限公司经营，位于北江下游——绥江与北江的汇合处，1997年3月28日建成使用。口岸距香港123海里，港区占地面积6.7万平方米，堆场4.7万多平方米，码头岸线长120米，港池水深4米，设2 000吨级码头泊位2个，设计年吞吐能力120万吨。2012年，通过货物92万吨，集装箱11.3万标箱。港口设施齐备，功能齐全。

肇庆三榕港区是于1991年正式投入使用的综合性港口，是目前肇庆市颇具规模的、功能较为全面的集装箱货运港口，其距香港130海里，前沿水深常年在6米以上，航道水深在11米以上。作业码头经扩建升级后，现码头岸线增加到316米，拥有原二类口岸码头2座，主要泊位8个（其中集装箱泊位2个，件杂货泊位6个），可靠泊2 000吨级货轮，年通货能力700万吨，集装箱50万标箱。港区占地面积28万多平方米，拥有堆场18万多平方米，仓库1.5万平方米。

肇庆新港区位于广东省西江中下游，是目前西江流域较具规模的综合性港口，是粤西地区货物中转运输和西江流域江海联运、水陆联运的枢纽港。现拥有码头2个，主要泊位8个（其中集装箱泊位2个，外贸件杂货泊位6个），常年靠泊能力1 000吨级，中水期可靠泊2 000吨级货轮，年通过能力100万吨、集装箱10万标箱。港区占地面积25.4万平方米，拥有堆场10万平方米，仓库1.5万多平方米。

高要南岸港区与肇庆港三榕作业区隔江相望，1990年8月20日建成启用。港区面积7.6万平方米，业务办公面积6 000平方米，码头岸线长54米，港池水深6米，500吨泊位1个，设计年吞吐能力20万吨。高要港地处西江中下游的南岸，水陆交通便捷，上游连接云浮、广西梧州等地，下游达中山、江门、广州、香港、澳门，距香港142海里，距澳门120海里，距广州100海里；距陆路与广海北线（321线、324线）国道及广州至肇庆高速公路相接，三茂铁路从旁经过，口岸配套设施齐全，是西江黄金水道重要的外贸进出口港口之一。

2011～2012年肇庆港口岸通关情况

	2011年	2012年	同比（%）
出入境船舶（艘）	3 334	4 361	+30.8
出入境人员（万人次）	2.6	3.5	+34.6

深圳市

【深圳口岸概览】 在深圳225千米的海岸线和与香港接壤的27.5千米的陆地上，深圳拥有经国务院批准对外开放的一类口岸15个。其中，陆路口岸6个，分别是罗湖、文锦渡、皇岗、沙头角、深圳湾、福田口岸；海港口岸8个，分别是盐田港、大亚湾、梅沙、蛇口、赤湾、妈湾、东角头、大铲湾口岸；空港口岸1个，即深圳宝安国际机场。经省政府批准对外开放的原二类口岸3个，即蛇口装卸点、沙鱼涌装卸点和莲塘起运点。同时，在原126千米的特区管理线上设立了南头、白芒、布吉、沙湾、盐田、背仔角、同乐、梅林、蛇口、溪冲、清水河、盐排、南坪、新区、新城、福龙、南光等17个检查站，形成了一、二线并举，海、陆、空全方位的口岸开放大格局。

罗湖口岸是2012年我国客流量最大的旅客入出境陆路口岸；皇岗口岸是我国货车入出境数量最多的客货综合性公路口岸，也是我国率先实行24小时通关的口岸；深圳湾口岸是我国第一个按照“一地两检”查验模式运作的客货综合性公路口岸；文锦渡口岸是我国最早对外开放的口岸；福田口岸是我国首个内地与香港无缝接驳的地铁口岸；盐田港口岸是我国四大国际深水港之一；蛇口港口岸是第一个由企业自筹资金建设、管理和经营的海港口岸；赤湾口岸是第一个中外合资港口企业建设和经营的海港口岸；深圳宝安国际机场是我国第一家以地方投资为主兴建的机场，是我国四大航空港之一。深圳口岸入出境的旅客连年超亿人次，占全国入出境旅客的52%左右；入出境车辆超千万辆次，占全国入出境车辆的70%左右；海港口岸集装箱吞吐量位列世界第四、全国第二。

2012年，深圳各口岸通关流量持续稳定增长。全年深圳口岸出入境人员2.19亿人次，日均59.9万人次，同比增长5.6%；出入境车辆1 577.8万辆次，日均4.3万辆次，同比减少0.5%。深圳海港口岸集装箱吞吐量达2 294.1万标箱，同比增长1.64%；进出口货物17 732.84万吨，同比增长1.44%。海港客运口岸出入境旅客250.78万人次，同比增长11.83%。深圳空港口岸出入境旅客136.51万人次，同比增长2.5%；国际空运货物17.9万吨，同比减少1.2%。经二线各检查站进入特区人员5.8亿人次，进入特区车辆1.9亿辆次。深圳外贸进出口值为4 667.9亿美元，同比增长12.8%，占全国进出口总值的12.1%，占广东省进出口总值的47.4%，继2007年后再度成为全国外贸进出口规模最大城市，其中出口2 713.7亿美元，同比增长10.6%，占全国出口总值的13.2%，占广东省出口总值的47.3%，实现大中城市出口“二十连冠”。深圳市口岸办连续第八年荣获广东省口岸“大通关”建设特等奖。

【深圳口岸首次实施一次性临时来往粤港小汽车通关】 根据国务院批复意见，粤港双方自2012年3月30日起开始实施香港来粤小汽车通行管理工作。2月底，深圳湾口岸进行来粤小汽车通关演练，为首批香港小汽车顺利通关来粤做好充分准备。按照计划安排，粤港双方自2012年3月30日开始接受香港小汽车临时来粤申请，有关部门按照每天入境50辆的额度予以审批。4月27日首批香港小汽车顺利通关入粤，各项工作正常有序开展，截至2012年年底，一次性来粤小汽车通关总量为1 270辆次，平均入境2.78辆/日，出境2.46辆/日。

粤港两地对此反映较好，认为实施此项工作为香港市民来粤提供了一种新的选择，对深化粤港区域合作、加强两地经济文化交流具有重大意义。2012年在深港双方各有关部门的大力支持、通力协作下，证照发放正常，口岸通关畅顺，系统运行平稳，数据传送及时，总体情况良好。深港双方对通关运行情况予以评估，进一步完善优化实施方案，为第二阶段广东小汽车临时赴港计划实施工作打好基础。

【皇岗口岸首次试行跨境学童免下车查验模式】 随着深港社会的经济发展，深港跨境学童持续增加，为此，深圳陆路口岸先后均设置了跨境学童专用通道，在相对固定的时段和相对固定的通道，为跨境学童出入境提供服务。据统计，深港跨境学童经罗湖、福田、皇岗、深圳湾、文锦渡、沙头角等陆路口岸的过境人数已超过12 600人。针对这一问题，为提供安全快捷通关，2012年8月14日上午，深圳市口岸办副主任王铁良和香港保安局首席助理秘书长周永和联合主持召开由香港保安局、香港教育局、皇岗海关、皇岗出入境检验检疫局、皇岗边检等单位负责人参加的会议，经双方共同协商确定，从2012年9月3日起，在皇岗口岸正式试行3个班次的幼儿班车免下车查验，班车通关时间段为早上7:30—8:00（此三班次的幼儿班车于早上8:00—8:30经落马洲口岸过关）。8月20日前，港方的运输公司、保姆公司及学校需与深方海关、出入境检验检疫局、边检三家查验单位进行有关事宜的接洽，办理备案等手续，并建立相关的联系机制，确保免下车试点查验通关安全快捷。试行初期，只在皇岗口岸出境（10号通道）实施免下车查验，入境暂不实施免下车查验，待入境场地改造完成后再作考虑。跨境学童免下车查验试运行后，视情况如需增加班次，须经深港双方口岸管理部门和查验单位共同协商确定。

此外，2012年8月14日下午，深圳湾口岸就秋季跨境学童增加后的通关事宜邀请港方教育、口岸、运输等部门与深方相关单位召开专题协调会议，共同研究解决通关方案，并于9月初开通深方出境大厅海关西侧通道作为学童专用通道，将深方边检专设的学童通道与港方学童通道更方便地对接，在过境校巴班次由41班次增加至77班次的情况下，顺利地完成学童通关的相关工作。福田口岸采取设置固定通道和跨境学童校车停靠点、固定跨境学童查验流程，由边检固定引导员引导跨境学童进入口岸旅检区域等便利措施，减少了跨境学童过关排队候检时间。

【盐田集装箱码头三期扩建工程通过验收】 深圳港口岸盐田国际集装箱码头三期扩建工程于2005年正式开工兴建，按照“统一设计，统一规划，统一投资，统一建设”的原则，各项口岸查验设施均与码头泊位工程设施等同步建设，新建的6个泊位（10号~15号）已于2010年9月全部陆续建成并投入生产性试运行。2012年9月17日至18日，盐田港区三期扩建工程10号~15号新建泊位通过了广东省口岸办组织的验收。2012年10月17日，《广东省人民政府关于同意深圳港盐田港区三期扩建工程6个码头泊位对外开放的批复》（粤府函〔2012〕307号）同意盐田港区三期扩建工程10号~15号6个码头泊位作为深圳港口岸盐田港区新建码头泊位对外开放。

广东省口岸大事记

1月10日

珠海港口岸珠海市一德石化码头新建泊位正式对外开放。

1月11日

香港货柜车主联会有限公司主席梁根权一行到访深圳出入境检验检疫局，深圳出入境检验检疫局局长刘胜利、副局长钟文强陪同。

1月19日

湛江海关侦办的“2·27”矿产资源走私案被海关总署缉私局列为二级挂牌督办案件。该案案值逾2亿元，偷逃税款约1 000余万元，抓获犯罪嫌疑人4人，查扣相关单证及涉嫌走私天然硫酸钡约1.95万吨。

1月20日

阳江港口岸11号、12号公用散杂货码头泊位正式对外开放。

2月2日

深圳出入境检验检疫局与香港中旅（集团）有限公司签署合作协议，旨在共同促进深圳陆路口岸出入境车辆通关便利化。

2月23日

广东省口岸办联合广东省公安厅在深圳湾口岸举行了一次性临时来粤小汽车通关演练，广东省直有关部门及中央驻深圳各查验单位有关负责人共同参与并观摩了口岸通关演练全过程，在前期周密筹备及粤港各单位的全力配合下，演练取得了圆满成功。

3月1日

广东出入境检验检疫局隆重举行广东出入境检验检疫局机关荣获“全国文明单位”揭牌仪式。

3月28日

在横琴口岸试行对70岁以上老人、10岁以下儿童和残障需扶助人员随车查验服务。

3月30日

广东省口岸办牵头组织广东省公安厅、深圳市口岸办、深圳海关、边检总站和检验检疫局有关人员，赴香港与香港运输及房屋局牵头的港方代表团召开粤港直通客运车辆班次安排会谈专家组会议，探讨文锦渡口岸旅检恢复开放后相关客运班次安排等相关问题。

4月13日

深圳出入境检验检疫局前海湾保税港区办事处正式挂牌成立。

4月16日19时40分

罗湖口岸联检大楼西侧B配电竖井发生火警，罗湖口岸管理处员工与边检民警用灭火器无法控制火情后，于20时报警。消防部门于20时10分赶到现场立即投入灭火工作，20时30分扑灭明火，21时30分完全控制火情。现场没有造成任何人员和旅客伤亡。经过口岸管理部门、各查验单位和供电、电信等部门一昼夜的加班加点工作，确保了4月17日早上6时30分准时恢复正常通关。

5月15日

为落实广东省政府领导关于协调提升深圳湾口岸港方通关效率的指示精神，广东省口岸办与香港特区政府保安局在深圳湾进行会晤，并对深圳湾口岸现场进行调研。港方对提高深圳湾口岸通关效率提出了改进意见。

5月24日，

广东省外经贸厅、广东出入境检验检疫局、广州海关在广州联合举办关检合作“三个一”通关模式改革试点启动仪式。广东省省长朱小丹，国家质检总局局长支树平、海关总署署长于广洲出席启动仪式并致辞。

5月25日

湛江海关成功开发“湛江海关船舶AI5信息监控系统”。该系统采用电子海（地）图界面，操作简便，且信息全面、监控范围广，实现对关区主要码头内、外贸大小船舶的动态跟踪。

5月26日

国家质检总局局长支树平在深圳视察质检工作，充分肯定深圳出入境检验检疫局在疫情防控、出入境旅客健康保护、供港食品农产品质量安全保障及关检合作等方面取得的成效，寄望深圳局充分发挥自身优势，切实履行国门卫士职责，进一步促进地方经济社会健康发展。

6月11日~12日

美国有害生物治理中心副主任Karl Suiter博士和主任助理夏育陆博士到深圳出入境检验检疫局开展学术交流。

6月27日

珠海港口岸高栏港区南水作业区干散货码头1号泊位实施临时对外开放生产性试运行延期一年获得广东省政府批准。

7月17日

深圳出入境检验检疫局与德国国际合作机构联合举办中德（深圳）玩具质量与安全论坛，深圳200多家玩具生产企业的300余名代表参加。

7月23日

国家质检总局联合香港卫生署、澳门入境口岸卫生委员会在深圳举办“中国口岸核心能力建设与全球卫生安全保障论坛”。世界卫生组织官员Daniel Lins Menucci及国际旅行者医疗救助协会董事Shirley Cheng参加，国家质检总局卫生检疫监管司司长张际文出席并讲话。

7月25日

江门海关关区首票“无纸通关、单证暂存”模式下的报关单在鹤山口岸成功申报，当日15点33分，鹤山雅图仕印刷有限公司一份出口货物报关单向海关申报，仅20秒就完成了所有通关手续。这标志着江门海关报关单证企业暂存试点工作正式进入实施阶段。目前，关区两家试点企业成功采取“无纸通关、单证暂存”模式进行通关，企业通关效率得到大幅度提高，试点工作达到预期效果，运行情况良好。

8月3日

深圳出入境检验检疫局联合美国消费品安全委员会、美国玩具行业协会、中国玩具和婴童用品协会举办中美（深圳）玩具安全研讨会。来自深港两地的出口玩具生产企业及检测机构的近400名代表参加。

8月4日

湖南省永州市举办“湘南承接产业转移示范区首批重大项目建设推进大会”系列活动，湛江海关应邀到会，并与长沙海关签署“湛江一永州”口岸大通关合作协议。

8月23日

由广东省口岸办和香港特区政府保安局牵头的粤港双方口岸专责小组在广州召开会议，主要总结2011年度至2012年上半年落实《粤港合作框架协议》口岸合作事项情况和研究下阶段双方合作事项。粤方有省公安厅、港澳办、海关总署广东分署、广东出入境检验检疫局、深圳市口岸办、深圳海关、深圳边检总站、深圳出入境检验检疫局派员参加，港方有香港特区政府保安局、教育局、香港海关、入境事务处、运输署、卫生署派员参加。

9月3日~6日

国家质检总局口岸核心能力考核验收组来深

圳考核验收深圳口岸的核心能力建设情况。深圳第一批上报的宝安国际机场、盐田、深圳湾、沙头角、罗湖、福田共6个口岸全部达标。

9月12日

《国家发展改革委关于印发广州南沙新区发展规划的通知》（发改地区〔2012〕2915号）明确，《广州南沙新区发展规划》已经国务院批准，南沙成为第六个国家级新区，建设粤港澳口岸通关合作示范区。

9月25日

江门海关全面推开分类通关改革，在H2000系统报关的进出口货物报关单，全部实施了分类通关改革，进展顺利，有效实现了企业快速通关与海关严密监管的“双赢”。

9月26日

深圳出入境检验检疫局举办“检测实验室开放日”活动。来自香港中联办、民建联的13位香港代表，30多家深圳企业代表和数家媒体代表近距离了解检验检疫实验室。

10月12日

珠澳口岸通关合作工作小组会议在澳门召开。

11月5日

OOCL公司货运航班在湛江霞海口岸首航。首航由海龙（HAI LONG）318船舶承运的出口货物共有19票19个标箱，主要商品是冻对虾仁、冻罗非鱼片、富贵竹、膨胀螺丝和冲击钻头等。该公司从11月起将每周定期开一航班。

11月9日

经国家口岸办批准，珠海机场临时开放至2012年12月31日。

11月13日

广东省内直属海关、出入境检验检疫局举行关检合作“三个一”扩大试点联合推进仪式。

11月23日

在澳门召开港珠澳大桥跨界通行政策跨境车辆规管三方会议。会议主要探讨了港珠澳大桥通行车辆的种类及监管模式、营办商资格等方面内容。粤方由广东省口岸办牵头，广东省发展改革委、交通厅、公安厅、港澳办、海关总署广东分署、拱北海关、珠海边检总站、珠海出入境检验检疫局、珠海市口岸局参加；港方由运输及房屋局牵头，运输署、路政署、保安局、警务处、香港海关、消防处、入境事务处参加；澳门由交通事务局牵头，治安警察局、澳门海关、建设发展办公室、消防局、民政总署、民航局参加。三方达成多项基本共识。

12月11日

广东国华粤电台山发电有限公司专用码头作为广海港口岸新建码头获准正式对外开放。

12月14日

江门市宜大化工储运有限公司化工码头作为新会港口岸新建码头获准正式对外开放。

12月19日

湛江海关机场办在年初开通“属地申报，口岸验放”出口业务基础上积极拓展业务，成功办理首票“属地申报，口岸验放”进口业务。

12月29日

阳江港8号通用码头泊位正式对外开放。

（撰稿人：沈锐、林孝铭、吴云、陈海雄、凌虹、林雪、万海螺、许维贞、张金桃、王明江、聂宁、胡洋、曹桂香、王雅、邵丹、张爽、房雯、游洪、薛刚、曾海、王枣、石西津）

2012 年广东省口岸数据统计报表

（按口岸类型统计）

单位：万人次、万辆次

口岸名称		人员	同比（%）	交通工具	同比（%）
公路口岸	罗湖口岸	9 560.53	+3.1		
	皇岗口岸	3 857.15	-5.6	919.53	-2.5
	文锦渡口岸	174.97	+2.1	152.79	-1.1
	沙头角口岸	409.08	+4	91.75	+3
	深圳湾口岸	3 208.54	+11.9	382.08	+3.9
	福田口岸	4 134.76	+21.1		
	福田保税区	35.18	+8.1	34.68	+7.9
	拱北口岸	9 328.66	-2.7	275.65	+8
	横琴口岸	313.55	+6.8	66.12	+4.5
	珠澳跨境工业区口岸	52.26	+32	2.45	+4.5
	合计	31 074.68	+3	1 925.06	+0.9
铁路口岸	广州客运东站	346.58	+8.4	0.81	+0.4
	笋岗铁路口岸	0.30	+7.9		
	东莞常平铁路口岸	44.16	+4		
	佛山铁路口岸	9.27	+7.6	0.84	+4.3
	肇庆端州铁路口岸	5.44	+13.7	0.07	+3.8
	合计	405.75	+7.9	1.72	+2.4
航空口岸	广州白云机场	894.19	+19.4	6.42	+16.5
	深圳机场	146.43	+1.5	1.79	+3.3
	汕头空港	18.08	-5.7	0.15	+9.1
	梅州机场	0.46	+12.8	0.02	+7.2
	湛江机场	0.78	-12	0.03	-13.2
	合计	1 059.93	+16	8.41	+13.1
港口口岸	广州莲花山港客运口岸	49.41	-0.9	0.54	-3.8
	广州南沙港客运口岸	35.96	-11	0.47	-20.3
	黄埔港口岸	12.46	-13	1.25	-17.2
	洲头嘴口岸	1.15	-65.5	0.16	-67.5
	新塘口岸	0.44	-18.1	0.06	-23.2
	新沙口岸	3.07	-1.6	0.18	-15.3
	新港口岸	6.11	-1.3	0.62	-5.9
	广州开发区口岸	1.89	+7.6	0.24	-0.3

续表

口岸名称		人员	同比（%）	交通工具	同比（%）
港口口岸	蛇口口岸	247.54	+1.9	5.17	-9.4
	盐田口岸	16.76	-23.5	1.13	-23
	福永码头	53.25	-3.5	0.72	-18.5
	珠海九洲港客运口岸	209.14	+4.3	1.81	-4.4
	珠海湾仔客运口岸	104.47	+9	2.30	+13.5
	珠海斗门港客运口岸	4.04	-6.6	0.09	-13.7
	万山口岸	0.33	-39.4	0.10	-14.9
	高栏口岸	4.00	-10.2	0.24	-9.8
	汕头港	4.16	-5.9	0.34	-9.2
	潮阳港	0.56	-51.5	0.03	-60
	南澳港				
	惠州港	3.62	-8.2	0.35	-12.9
	汕尾港	0.35	-33.1	0.02	-45.1
	东莞太平口岸	38.77	+5.8	0.57	-2.7
	东莞沙田口岸	6.16	+1.3	0.66	-8.3
	中山港	137.75	+7.4	2.01	+0.1
	江门港	11.88	-9.2	0.60	-3.7
	三埠港	0.57	-13.5	0.08	-15.1
	台山公益港	5.83	-16.2	0.60	-21.9
	鹤山港	5.06	-18.1	0.12	-21.3
	新会港	1.64	-14	0.19	-14.5
	高明港	5.91	-7.7	0.40	+8.1
	南海港	4.81	-13	0.66	-15.6
	顺德港	81.54	-0.5	1.27	-3.9
	阳江港	0.82	+70.1	0.04	+68.4
	湛江港	3.91	+0.3	0.23	+1.9
	湛江南油港	0.04	-50.8	0.00	-60
	湛江霞海港	0.19	-17.8	0.01	-29.7
	湛江调顺港	0.74	-14.4	0.03	-10.6
	茂名水东港	1.76	-6.2	0.11	-11.5
	肇庆港	3.49	+35.9	0.44	+30.8
	潮州港	0.52	-29.2	0.02	-39.6
	合计	1 070.08	+1	23.87	-8.7
总计		33 610.44		1 959.06	

表注：统计时间范围为2012年1月至2012年12月。

2012 年广东边防总队口岸出入境主要数据表

单位：（人员）人次；（交通工具）辆、艘、架、列次

项目			2012 年	同比（%）
出入境人员	出入境人员总数		3 762 686	-2.155
	入境人员		1 833 785	-2.797
	出境人员		1 928 901	-1.537
	出入境旅客		2 889 356	-1.455
	出入境员工		873 330	-4.403
	中国公民	小计	3 376 425	-1.679
		内地居民（因公）	823 207	-4.717
		内地居民（因私）	1 071 635	+10.421
		港澳居民	1 273 658	-7.765
		台湾同胞	207 925	-4.955
	外籍人员		386 261	-6.125
	从海港出入境人数		3 225 120	-2.596
	从陆港出入境人数		525 199	+0.792
	从空港出入境人数		12 367	-7.853
交通运输工具	总数		94 211	-8.252
	船舶		93 014	-8.311
	飞机		466	-8.448
	火车		731	+0.137
	机动车辆			

（广东边防总队提供）

2012年广州出入境边防检查总站查验出入境主要数据表

单位：（人员）万人次；（交通工具）万辆、艘、架、列次

项目			2012年	同比（%）
出入境人员	出入境人员总数		1 359.8	+13.74
	入境人员		678.2	+13.27
	出境人员		681.5	+14.20
	出入境旅客		1 240.8	+14.71
	出入境员工		118.9	+4.51
	中国公民	小计	822.9	+15.94
		内地居民	91.1	+2.34
		内地居民	538.2	+25.34
		港澳居民	150.9	+1.19
		台湾居民	42.8	+1.08
	外籍人员		536.8	+10.52
	从海港出入境人数		120.6	-5.26
	从陆港出入境人数		346.6	+8.38
	从空港出入境人数		892.6	+19.26
交通运输工具	总数		11.4	1.14
	船舶		4.4	-11.73
	飞机		6.2	+13.01
	火车		0.8	+0.45
	机动车辆		0	0

（广州出入境边防检查总站提供）

2012年深圳出入境边防检查总站出入境主要数据表

单位：（人员）万人次；（交通工具）万辆、艘、架、列次

<table>
<tr><th colspan="3">项目</th><th>2012年</th><th>同比（%）</th></tr>
<tr><td rowspan="14">出入境人员</td><td colspan="2">出入境人员总数</td><td>21 870.1</td><td>+5.62</td></tr>
<tr><td colspan="2">入境人员</td><td>10 839.9</td><td>+5.42</td></tr>
<tr><td colspan="2">出境人员</td><td>11 030.2</td><td>+5.82</td></tr>
<tr><td colspan="2">出入境旅客</td><td>20 849.1</td><td>+6.02</td></tr>
<tr><td colspan="2">出入境员工</td><td>1 021</td><td>-1.94</td></tr>
<tr><td rowspan="5">中国公民</td><td>小计</td><td>21 085.1</td><td>+5.99</td></tr>
<tr><td>内地居民（因公）</td><td>285.9</td><td>-2.24</td></tr>
<tr><td>内地居民（因私）</td><td>5 983.6</td><td>+26.45</td></tr>
<tr><td>港澳居民</td><td>14 573.6</td><td>-0.32</td></tr>
<tr><td>台湾同胞</td><td>241.8</td><td>-2.46</td></tr>
<tr><td colspan="2">外籍人员</td><td>785</td><td>-3.46</td></tr>
<tr><td colspan="2">从海港出入境人数</td><td></td><td></td></tr>
<tr><td colspan="2">从陆港出入境人数</td><td></td><td></td></tr>
<tr><td colspan="2">从空港出入境人数</td><td></td><td></td></tr>
<tr><td rowspan="5">交通运输工具</td><td colspan="2">总计</td><td>1 590.5</td><td>-0.38</td></tr>
<tr><td colspan="2">船舶</td><td>7.8</td><td>-2.89</td></tr>
<tr><td colspan="2">飞机</td><td>1.7</td><td>+3.32</td></tr>
<tr><td colspan="2">火车</td><td></td><td></td></tr>
<tr><td colspan="2">机动车辆</td><td>1 581</td><td>-0.37</td></tr>
</table>

（深圳边检总站提供）

2012年珠海出入境边防检查总站出入境主要数据表

单位：（人员）万人次；（交通工具）万辆、艘、架、列次

<table>
<tr><th colspan="3">项目</th><th>2012年</th><th>同比（%）</th></tr>
<tr><td rowspan="14">出入境人员</td><td colspan="2">出入境人员总数</td><td>10 016</td><td>-2</td></tr>
<tr><td colspan="2">入境人员</td><td>5 086</td><td>-1.7</td></tr>
<tr><td colspan="2">出境人员</td><td>4 930</td><td>-2.4</td></tr>
<tr><td colspan="2">出入境旅客</td><td>9 940.6</td><td>-2</td></tr>
<tr><td colspan="2">出入境员工</td><td>75.7</td><td>-0.4</td></tr>
<tr><td rowspan="5">中国公民</td><td>小计</td><td>9 834</td><td>-2%</td></tr>
<tr><td>内地居民（因公）</td><td>133</td><td>-0.5</td></tr>
<tr><td>内地居民（因私）</td><td>4 845</td><td>+8.6</td></tr>
<tr><td>港澳居民</td><td>4 761</td><td>-10</td></tr>
<tr><td>台湾同胞</td><td>95</td><td>-14</td></tr>
<tr><td colspan="2">外籍人员</td><td>182</td><td>-2</td></tr>
<tr><td colspan="2">从海港出入境人数</td><td></td><td></td></tr>
<tr><td colspan="2">从陆港出入境人数</td><td></td><td></td></tr>
<tr><td colspan="2">从空港出入境人数</td><td></td><td></td></tr>
<tr><td rowspan="5">交通运输工具</td><td colspan="2">总数</td><td>384.5</td><td>+7</td></tr>
<tr><td colspan="2">船舶</td><td>4.5</td><td>+2.9</td></tr>
<tr><td colspan="2">飞机</td><td>36</td><td>+1 700</td></tr>
<tr><td colspan="2">火车</td><td></td><td></td></tr>
<tr><td colspan="2">机动车辆</td><td>344</td><td>+7</td></tr>
</table>

（珠海边检总站提供）

2012 年汕头出入境边防检查总站出入境主要数据表

单位：（人员）人次；（交通工具）辆、艘、架、列次

项目			2012 年	同比（%）
出入境人员	出入境人员总数		236 622	-5.96
	入境人员		117 415	-5.79
	出境人员		119 207	-6.13
	出入境旅客		172 372	-5.16
	出入境员工		64 250	-8.02
	中国公民	小计	156 681	-6.61
		内地居民（因公）		
		内地居民（因私）		
		港澳居民	17 051	-31.64
		台湾同胞	5 048	-21.69
	外籍人员		79 941	-4.64
	从海港出入境人数			
	从陆港出入境人数			
	从空港出入境人数			
交通运输工具	总计		5 665	-8.19
	船舶		4 121	-11.15
	飞机		1 544	+0.72
	火车			
	机动车辆			

（汕头边检总站提供）

2012年广东省内海关主要数据统计表

项目		2012年	同比（%）
进出口贸易总量（万吨）	合计	118 088	-5.5
	进口	25 942	+10
	出口	92 146	-9.1
进出口贸易总值（万美元）	合计	9 838.2	+7.7
	进口	4 096.8	+7.4
	出口	5 741.4	+7.9
税收（万元）	两税合计	3 392.6	+13.4
	关税入库	538.9	+13.2

（海关总署广东分署提供）

2012年广州海关主要数据统计表

项目		2012年	同比（%）
进出口货运量（万吨）	合计	5 444	+10.4
	进口	3 002	+17.8
	出口	2 442	+2.5
进出口贸易总值（万美元）	合计	12 380 562	+4.3
	出口	5 431 364	-2.9
	其中：江、海运输	3 569 245	-5.8
	铁路运输	192 390	+30.0
	汽车运输	823 195	+0.0
	航空运输	835 817	+1.9
	邮件运输	406	+23.2
	其他运输	10 310	-17.6
	进口	6 949 198	+10.6
	其中：江、海运输	4 932 977	+12.5
	铁路运输	173 549	+37.3
	汽车运输	1 284 871	-0.9
	航空运输	527 345	+23.1
	邮件运输	509	+0.5
	其他运输	29 947	-35.3
税收（万元）	两税合计	4 412 193	-2.2
	关税入库	764 391	-1.3
	进口环节税入库	3 647 802	-2.4

（广州海关提供）

2012 年深圳海关主要数据统计表

项目		2012 年	同比（%）
进出口货运量（万吨）	合计	10 615.0	+2.1
	进口	5 422.2	+1.9
	出口	5 192.8	+2.4
进出口贸易总值（万美元）	合计	74 648 951.7	+21.8
	进口	29 023 771.9	+17.8
	其中：江、海运输	3 483 759.7	+5.8
	铁路运输	—	—
	汽车运输	24 519 094.9	+21.1
	航空运输	228 670.9	-8.7
	邮件运输	1 736.3	+11.7
	其他运输	790 510.1	-6.4
	出口	45 625 179.8	+24.5
	其中：江、海运输	21 862 156.2	+23.2
	铁路运输	19 910.3	+4.3
	汽车运输	22 566 089.5	+27.9
	航空运输	214 834.0	+19.7
	邮件运输	5.1	+42.8
	其他运输	972 184.5	+0.9
税收（万元）	两税合计	12 326 998.9	+19.7
	关税入库	1 038 956.1	+13.0
	进口环节税入库	11 288 042.8	+20.4

表注：深圳海关 2012 年监管进出口货运总量实际为 81 257.5 万吨，其中监管供应香港饮用水 70 642.5 万吨，监管普通货物 10 615 万吨。

（深圳海关提供）

2012 年拱北海关主要数据统计表

项目		2012 年	同比（%）
进出口货运量（万吨）	合计	12 629	+23.33
	进口	1 564	+20.88
	出口	11 065	+23.68
进出口贸易总值（万美元）	合计	6 645 439	-9.37
	进口	2 480 283	-15.17
	其中：江、海运输	2 066 498	-18.23
	铁路运输	0	
	汽车运输	408 926	+3.62
	航空运输	4 611	+250.09
	邮件运输	147	+8.79
	其他运输	102	-61.04
	出口	4 165 156	-5.52
	其中：江、海运输	3 517 897	-6.99
	铁路运输	0	
	汽车运输	578 057	+3.49
	航空运输	22 807	-14.99
	邮件运输	2	-99.09
	其他运输	46 392	+14.85
税收（万元）	两税合计	1 405 750	+1.57
	关税入库	204 773	-2.48
	进口环节税入库	1 200 977	+2.30

（拱北海关提供）

2012 年黄埔海关主要数据统计表

项目		2012 年	同比（%）
进出口货运量（万吨）	合计	8 537.5	+0.4
	进口	6 687.9	+4.5
	出口	1 849.6	-11.9
进出口贸易总值（万美元）	合计	21 615 362.4	+5.4
	出口	10 586 410.6	+1.8
	其中：江、海运输	5 840 219.7	+3.1
	铁路运输	28 299.9	-60.7
	汽车运输	4 705 492.5	+1.4
	航空运输	12 397.5	-37.0
	邮件运输		
	其他运输	1.0	0
	进口	11 028 951.8	+9.1
	其中：江、海运输	5 310 986.3	+11.9
	铁路运输	4 330.2	-90.6
	汽车运输	5 642 500.5	+7.4
	航空运输	27 153.2	+55.2
	邮件运输		
	其他运输	43 981.6	+2.6
税收（万元）	两税入库	11 426 139.3	+14.2
	关税入库	3 075 685.7	+18.1
	进口环节税入库	8 350 453.6	+12.9

（黄埔海关提供）

2012年汕头海关主要数据统计表

项目		2012年	同比（%）
进出口货运量（万吨）	合计	2 206.8	+2.4
	进口	1 923.5	+4.5
	出口	283.3	-10.4
进出口贸易总值（万美元）	合计	1 648 855	+0.9
	进口	580 411	-3.5
	其中：江、海运输	395 706	-0.5
	铁路运输	—	—
	汽车运输	179 489	+5.9
	航空运输	2 711	-91.5
	邮件运输	2 505	+6.4
	其他运输	—	—
	出口	1 068 444	+3.5
	其中：江、海运输	793 513	+4.5
	铁路运输	166	-43.3
	汽车运输	273 926	+13
	航空运输	828	-97.3
	邮件运输	11	-42
	其他运输	—	—
税收（万元）	两税合计	515 905.2	+10.7
	关税入库	68 594.6	-11.2
	进口环节税入库	447 310.6	+15.1

（汕头海关提供）

2012年江门海关主要数据统计表

项目		2012年	同比（%）
进出口货运量（万吨）	合计	1 843.87	+71.48
	进口	1 515.20	+106.26
	出口	328.67	-3.51
进出口贸易总值（万美元）	合计	1 779 124.24	+5.64
	进口	669 505.38	+15.23
	其中：江、海运输	617 343.40	+16.71
	铁路运输	—	—
	汽车运输	47 752.20	+1.94
	航空运输	4 398.62	-15.13
	邮件运输	11.13	-16.78
	其他运输	0.04	-99.76
	出口	1 109 618.86	+0.59
	其中：江、海运输	896 482.10	+0.43
	铁路运输	—	—
	汽车运输	181 126.95	+12.66
	航空运输	335.31	+64.51
	邮件运输	—	—
	其他运输	31 674.51	-35.99
税收（万元）	两税合计	652 448.17	+41.55
	关税入库	101 226.57	+47.03
	进口环节税入库	551 221.60	+40.59

（江门海关提供）

2012 年湛江海关主要数据统计表

项目		2012 年	同比（%）
进出口货运量（万吨）	合计	6 169	+5.7
	进口	5 794	+6.6
	出口	375	-7.2
进出口贸易总值（万美元）	合计	3 156 268	-1.3
	进口	2 776 791	-1.4
	其中：江、海运输	2 772 438	-1.4
	铁路运输		
	汽车运输	3 656	+23.7
	航空运输	697	-18.4
	邮件运输		
	其他运输		
	出口	379 477	+0.1
	其中：江、海运输	368 637	-0.5
	铁路运输		
	汽车运输	10 830	+23.1
	航空运输	9	+164.8
	邮件运输		
	其他运输		
税收（万元）	两税合计	3 186 515	+14.3
	关税入库	135 415	-0.1
	进口环节税入库	3 051 100	+15.0

（湛江海关提供）

2012年广东出入境检验检疫局业务统计表

项目	货物检验检疫				交通工具			集装箱（标箱）		货物通关		出入境人员查验（人次）	健康检查及预防接种（人次）			
	批次	金额（万美元）	检验检疫不合格													
			批次	金额（万美元）	飞机（架）	火车（节）	汽车（辆）	合计	检出问题	批次	金额（万美元）		健康检查	艾滋病监测	发现病例	预防接种
本年累计	4 170 061	26 911 543.81	28 441	924 014.24	64 635	93 911	323 088	9 720 562	98 200	3 697 057	24 625 439	16 588 173	137 051	60 112	48 499	167 920
其中 出境	3 442 018	14 457 979.45	3 566	11 363.74	32 445	46 828	262 586	5 357 538	607	3 051 537	13 462 355	8 445 411	117 590	39 463	38 250	164 690
其中 入境	728 043	12 453 564.36	24 875	912 650.50	32 190	47 083	60 502	4 363 024	97 593	645 520	11 163 084	8 142 762	19 461	20 649	10 249	3 230
同比（%）	+4.4	+10.8	+7.78	+16.43	+13.79	+5.69	+14.25	+10.31	+114.8	-0.6	+6.36	+6.83	+1.8	+2.43	-1.69	+5.7
其中 出境	+1.5	+10.8	-2.83	+13.75	+13.96	+5.32	+12.24	+7.88	+281.76	+0.5	+9.96	+7.71	+4.17	+5.48	-4.32	+4.43
其中 入境	+21	+10.7	+9.49	+16.47	+13.63	+6.06	+23.88	+13.44	+114.21	-5.46	+2.31	+5.92	-10.5	-2.93	+9.56	+177.49

（广东出入境检验检疫局提供）

2012年深圳出入境检验检疫业务统计表

项目		货物检验检疫				交通工具				集装箱（标箱）		发现动植物疫情	货物通关		出入境人员查验（人次）	健康检查及预防接种（人次）			
		批次	金额（万美元）	检验检疫不合格															
				批次	金额（万美元）	船舶（艘）	飞机（架）	汽车（辆）	合计	检出问题	种类数	种次	批次	金额（万美元）		健康检查	艾滋病监测	发现病例	预防接种
本年累计		1 389 692	11 112 548.99	16 549	264 197.03	78 213	18 061	14 912 819	19 704 293	38 385	551	42 873	1 564 202	12 039 167.30	214 928 707	72 426	72 426	2 099	26 761
其中	出境	1 041 786	7 121 741.33	1 336	5 022.91	40 527	9 017	7 480 894	10 083 098	0	0	0	1 231 614	8 393 358.92	108 557 417	21 293	21 293	608	26 761
	入境	347 906	3 990 807.66	15 213	259 174.12	37 686	9 044	7 431 925	9 621 195	38 385	551	42 873	332 588	3 645 808.38	106 371 290	51 133	51 133	1 491	0
同比（%）		+2.4	+2.7	+22.9	+23.2	-2.3	+3.6	-6.3	-2.3	+98.4	-1.6	+9.1	+3.2	+3.8	+5.6	+3.8	+3.8	-58.1	-6.6
其中	出境	+1.4	-3.8	-12.9	+2.3	-2.5	+5.0	-6.1	-7.9	0.0	-100.0	-100.0	+1.1	-0.6	+5.8	+49.9	+49.9	-40.8	-6.6
	入境	+5.6	+16.7	+27.5	+23.7	-2.0	+2.2	-6.5	+4.5	+98.4	-1.6	+9.1	+11.7	+15.6	+5.3	-8.0	-8.0	-62.5	0.0

（深圳出入境检验检疫局提供）

2012 年珠海出入境检验检疫局业务统计表

项目		货物检验检疫				交通工具			集装箱（标箱）		货物通关		出入境人员查验（人次）	健康检查及预防接种（人次）			
		批次	金额（万美元）	检验检疫不合格													
				批次	金额（万美元）	飞机（架）	火车（节）	汽车（辆）	合计	检出问题	批次	金额（万美元）		健康检查	艾滋病监测	发现病例	预防接种
本年累计		368 669	3 046 015	381	1 387	0	0	3 432 842	502 566	162	218 584	1 134 712	100 002 191	17 469	17 467	2 099	1 820
其中	出境	252 946	1 534 632	23	37	0	0	1 716 581	263 306	0	168 804	671 157	49 107 687	15 888	15 887	1 980	1 812
	入境	115 723	1 511 383	358	1 350	0	0	1 716 261	239 260	162	49 780	463 555	50 894 504	1 581	1 580	119	8
同比（%）		-4.84	-16.85	-5.46	-0.93	—	—	+5.28	-7.33	-39.10	-3.3	-1.85	-1.61	+1.01	+1.00	+1.65	+19.89
其中	出境	-1.17	-21.42	-48.89	-43.94	—	—	+4.57	-8.32	-100.00	+1.71	-4.35	-2.16	+54.90	+54.89	+75.53	+21.29
	入境	-11.02	-11.63	0	+1.35	—	—	+6.00	-6.22	-35.71	-17.14	+2.02	-1.08	-77.53	-77.55	-87.30	-66.67

（珠海出入境检验检疫局提供）

2012 年广东海事局进出港船舶统计汇总表

国家（地区）	进港船舶							出港船舶							进出港单船艘数（艘）
	艘数（艘次）	总吨（吨位）	总载重量（吨）	载客量（客位）	船员人数（人）	货物到达量（吨）	旅客到达量（人）	艘数（艘次）	总吨（吨位）	总载重量（吨）	载客量（客位）	船员人数（人）	货物发送量（吨）	旅客发送量（人）	
总计	270 657	823 395 307	911 600 018	33 666 650	2 359 777	510 094 589	13 365 486	274 208	828 094 293	919 640 403	33 815 775	2 389 975	160 707 313	13 663 073	72 264
中国籍船舶	260 096	528 032 368	494 398 408	33 657 815	2 171 296	346 100 524	13 364 356	263 495	530 157 953	497 137 806	33 806 128	2 193 456	141 810 855	13 661 441	62 499
其中：外贸船	28 338	43 164 254	47 200 801	6 635 000	286 742	37 686 504	2 341 884	28 399	49 417 403	55 948 408	6 464 011	292 301	4 049 191	2 481 980	4 211

（广东海事局提供）

2012 年深圳海事局进出港船舶统计汇总表

船舶类别	进港船舶							出港船舶						
	艘数（艘次）	总吨（吨位）	总载重量（吨）	载客量（客位）	船员人数（人）	货物到达量（吨）	旅客到达量（人）	艘数（艘次）	总吨（吨位）	总载重量（吨）	载客量（客位）	船员人数（人）	货物发送量（吨）	旅客发送量（人）
总计	64 138	794 646 436	905 044 467	5 649 039	666 514	82 364 954. 32	2 163 655	65 980	808 584 508	919 009 416	5 728 178	696 311	68 880 329. 56	2 426 388
中国籍船舶	48 605	65 704 866	58 332 401	5 649 039	371 735	30 464 194. 14	2 163 643	50 201	67 732 945	59 835 894	5 728 178	393 547	18 178 623. 83	2 426 388
其中：外贸船	17 969	16 753 451	9 694 957	3 690 421	154 709	2 155 159. 78	1 139 445	18 348	23 115 566	15 823 651	3 716 496	162 474	2 554 674. 74	1 519 913

（深圳海事局提供）

口岸数量及分布

截至2012年年底，广西壮族自治区共有经国务院批准的对外开放口岸18个，其中海港口岸6个，分别是防城港、北海、钦州、江山、企沙、石头埠；内河口岸3个，分别是梧州、贵港、柳州；航空口岸3个，分别是桂林、南宁、北海；铁路口岸1个，为凭祥；公路口岸5个，分别是友谊关、东兴、水口、龙邦、平孟（尚未正式对外公布）。

口岸运行数据

2012年，广西壮族自治区口岸进出口货运量累计9 650万吨，同比增长15.1%，其中进口8 498万吨，同比增长18.3%；出口1 152万吨，同比下降4.2%。进出口货值410.51亿美元，同比增长25.1%，其中进口258.81亿美元，同比增长37.6%；出口151.7亿美元，同比增长8.4%。出入境人员累计726.38万人次，同比增长28.37%，其中出境人员累计363.08万人次，同比增长28.32%；入境人员累计363.3万人次，同比增长28.47%。出入境交通工具29.61万架艘辆列，同比增长55.4%，其中入境14.85万架艘辆列，同比增长51.12%；出境14.76万架艘辆列，同比增长57.93%。出入境集装箱30.91万标箱，同比增长21.01%，其中入境15.62万标箱，同比增长20.36%；出境15.29万标箱，同比增长21.68%。

口岸监管与服务

【口岸开放工作稳步推进】 2012年1月，广西壮族自治区人民政府向国务院报文申请北海港口岸扩大对外开放。4月，北海港口岸扩大开放进入具体审理程序。北海铁山港在临时开放和正式开放获批以前，以“一船一议”模式开展企业原料进口业务。据统计，2012年1至12月份，共有51艘国际航行船舶采用“一船一议模式”靠泊北海铁山港，共进出口货物273.89万吨，其中进口镍矿（38艘）202万吨、进口大豆（11艘）70.66万吨、出口豆粕（2艘）1.23万吨，保证了企业正常生产经营。2012年11月，自治区人民政府向国务院报文申请爱店口岸升格。年内国家口岸管理办公室转文征求国家有关部门意见，爱店口岸升格工作进入国家审理程序。防城港口岸扩大开放和梧州港口岸赤水码头扩大开放于年内开始征求广州军区意见。

【口岸基础设施建设工作全力推进】 2012年落实中央预算内口岸建设资金投资补助3 759万元，全力推进全区口岸和边民互市点基础设施建设。截至2012年年底，15个项目完工，48个新建项目落实建设用地，39个项目筹措了建设资金。全年口岸和边民互市点建设实际投入资金约4.1亿元。其中，北海铁山港口岸基础设施完成了港区综合办公大楼、口岸联检大厅、业务办公用房、边检执勤中心楼、两幢宿舍楼及外贸监管区的永久围网建设；电子地磅、查验平台、卡口系统、视频监控系统完成采购；海关、检验检疫查验区，检验检疫处理区以及两个平台建设基本完成。平孟口岸基础设施完成报关报检大楼建设；口岸广场改造工程即将竣工；平孟边检站站部建设资金已落实。爱店口岸基础设施完成验货场征地3万平方米，完成地面硬化1.1万平方米，冻库和中草药棚等12个附属工程建设；旅客通道改造工程完成通道地面硬化及台阶建设；联检楼扩建和报关楼工程完成项目选址、可行性研究报告、立项、初步设计方案等工作。

【电子口岸再建新项目】 2012年12月26日，广西电子口岸西江物流服务平台在梧州口岸正式上线运行，这是广西内河首个电子口岸，标志着梧州口岸从传统管理型向现代服务型转变跨出实质性步伐。西江物流服务平台是2012年广西电子口岸建设的重点，具有运抵报告管理、口岸单证协同服务、海事危险货物管理、统一权限管理、通关物流查询、电子港图等功能，实现船舶动态、通关、舱单、集装箱等信息的共享互传。同时，通过数据交换，企业单据、码头系统和查验部门系统可实现共享和互动，口岸查验部门可以同时进行审批，节省企业的申报时间，提高口岸的整体通关效率。2012年，广西电子口岸还继续深化海运物流服务平台、凭祥综合保税区、南宁保税物流中心、钦州保税港区等特殊监管区电子信息平台、门户网站、客服系统等项目应用，覆盖口岸物流、保税物流、公众服务的项目框架体系初步建立，门户网站访问量近1 300 000人次，申报仓单、运抵报告、船舶动态、进出特殊监管区等各类业务253 628票，在提升口岸通关效率、降低企业成本、强化口岸监管、优化口岸通关环境方面发挥了日益重要的作用。

【中越广西跨境客货运输工作跨入新里程】 2012年3月，修改后的《中越汽车运输协定》正式生效，中越跨境运输范围扩大到了两国非边境地区，运输方式可实现点至点的直达运输。8月22日，南宁—河内运输线路正式开通，南宁—河内直达运输线路全程381千米，包括通关时间在内，车辆运行约7.5小时，途经中国凭祥、友谊关口岸和越南谅山、北江、北宁等地，不在口岸进行接驳，首次实现“点到点”、“门到门”直达运输服务。12月，自治区交通运输厅、公安厅、外事办公室、口岸办公室、广西公安边防总队、广西出入境检验检疫局、南宁海关共同出台《中国广西与越南汽车运输实施办法》。

【南宁海关支持和服务广西外向型经济发展成效明显】 南宁海关按照国务院、海关总署和自治区党委、自治区政府的工作部署，主动融入大局，充分发挥海关职能优势，将贯彻“稳中求进”工作总基调贯穿于工作始终，不断优化海关监管与服务，为广西抢抓机遇、加快发展提供优质高效服务。一是制定出台支持广西外贸发展25项措施。针对我国外贸形势十分严峻、广西外贸出现下滑的形势，南宁海关及时出台促进广西外贸稳定增长7个方面25项措施，从降低企业通关成本、优化海关监管和服务、加快业务改革步伐、进一步简化加工贸易保税监管手续、支持广西企业创新发展、支持广西企业“走出去”和营造广西外贸健康发展环境等7个方面，着力帮助解决困扰地方发展面临的突出难题和企业进出口急需解决的突出问题，切实为广西外贸企业减负增效。二是大力支持广西边贸做大做强。多次开展边贸新政执行情况调查研究，有效落实国家兴边富民政策，有关部门制定《广西壮族自治区边民互市进口商品管理暂行规定》、《边民互市贸易管理暂行规定》，不断完善边境贸易进出境管理制度，全面提升边民互市贸易规范化管理水平。三是以务实举措解决广西外贸发展重点难点问题。围绕自治区领导关注的外贸发展重大问题和困扰各地市、企业发展的重点难点问题，南宁海关加大工作力度，采取更为务实和灵活的措施，实实在在地解决了一些困扰各地市和企业发展的难题，收到良好的成效。如实地调研了解钦州市和该市重点企业发展诉求，积极研究在1、2、3号泊位采用“同港同船”方式，支持钦州保税港区最大限度地利用现有开放泊位依法统筹开展国内贸易和对外贸易；在二、三期尚未验收封关的情况下，同意3、4、5号泊位开展外贸业务，从保税港区闸口进出，从而扩大一般贸易进出口业务；采取“一船一议、逐船审批”的灵活监管方式，解决了钦州中粮油脂、中石油广西石化和天盛煤炭利用自有码头进口原料的燃眉之急；以最便捷的服务和监管方式支持钦州保税港区整车进口业务和进口红酒交易中心做大做强。支持北海铁山港临时开放，在临时开放获批前特事特办，采取“一船一议”的方式，解决北海铁山港区中石化、渤海农业和诚德镍业等3家重点企业原材料及成品的进出口通关问题，大大节约企业生产成本。为从根本上解决凭祥弄尧、浦寨互市点进出口边境小额贸易货物缺乏政策依据的问题，努力推动将弄尧、浦寨互市点纳入友谊关口岸扩大开放范围报批，并积极向海关总署（国家口岸办）汇报工作，争取对广西的支持；同时，针对广西边贸出口面临的严峻形势，在凭祥弄尧互市点海关监管场所仅具简易监管条件的情况下，南宁海关克服人力不足、监管条件简陋的困难，采取特殊支持措施，从9月份开始同意边境小额贸易货物暂时从弄尧互市点出口，使广西外贸出口迅速得到恢复增长。四是积极推动署区合作备忘录落实。围绕备忘录确定的30项合作内容，加强组织、协调、沟通力度，大力推动中马钦州产业园区、梧州再生资源加工园区、东兴国家重点开发开放试验区、中国—东盟商品交易中心等重点园区和重大项目建设。推进钦州保税港区和凭祥综合保税区二、三期项目建设，参与北海出口加工区扩区以及南宁保税物流中心转型升级为南宁综合保税区项目的规划、论证及审定工作，全力支持广西进出口业务做大做强。

【南宁海关打击走私取得新突破】 坚持监管区域主战场、破大案打团伙和反走私综合治理“三位一体”的缉私工作思路，突出打击货运渠道伪报藏匿、海上及非设关地偷运、假借边民互市贸易走私等违法活动，集中优势兵力开展“决战北仑河—2012”专项行动，打击非设关地走私，强化海关知识产权保护，有力规范了进出口贸易秩序。全年共立案查办各类走私违法犯罪案件2 845起，案值30.12亿元，涉税7.35亿元，同比分别增长39.8%、27.0%和72.5%，创南宁海关缉私警察成立以来之最。

【广西出入境检验检疫局全力提升疫病、疫情防控能力，确保国门安全】 严格口岸传染病疫情防控，提升口岸卫生检疫工作水平，防城港、凭祥友谊关、东兴、桂林空港4个口岸首批通过国家质检总局的核心能力建设考核验收。与越南边境卫生检疫机构联防联控，妥善应对越南南部发生死亡19人的不明原因的疾病疫情。突出抓好进出境活动物、大豆、水果、竹木草制品、木薯类产品等大宗敏感农产品的检疫查验，妥善处理进口巴西大豆检出种衣剂大豆问题，首次在南宁空港口岸使用检疫犬查验出入境行李物品，严防有毒、有害物质和有害生物进出国门，全年共截获进境动物疫病及植物有害生物503种1.5万次，同比分别增长63%和22%。

【广西检验检疫出台10项措施帮助企业应对严峻外贸形势】 为进一步贯彻落实中央关于“稳增长、调结构、促平衡”和广西自治区关于“坚持稳中求进、加快转型升级、力促科学发展”的精神，积极应对国内外复杂严峻的经济形势，更加主动地支持和服务广西对外开放，促进对外贸易平衡发展。广西出入境检验检疫局研究出台支持广西扩大开放促进对外贸易平衡发展十项措施，落实国家免收费政策，引导企业用足、用好原产地证优惠政策，扩大出口。10项具体措施：一是支持口岸扩大开放；二是促进通关便利化；三是支持广西重大产业和重点项目建设；四是促进广西优势食品农产品出口；五是大力促进地方会展经济和现代服务业、物流业发展；六是推动广西农业产业结构调整；七是加快国家级重点实验室建设步伐，支持广西产业转型升级；八是积极促进区域经济共同发展；九是积极帮扶企业用足、用好检验检疫优惠政策；十是积极开展“解放思想、赶超跨越”和“以质取胜、创先争优”活动。2012年，签发各类原产地证书5.6万份，签证金额21亿美元，可为企业获得关税减免5 970万美元。第四季度免收检验检疫费8 682万元，惠及企业2 088家。

【深化中国—东盟质检合作】 2012年广西检验检疫局承办第三届中国—东盟质检部长会议（SPS合作），启动中国—东盟SPS合作门户网站，达成《南宁联合声明》。切实做好东盟国家参展物品的查验监管和通关放行工作，保障展会成功举办，连续9年实现服务工作零投诉。开展《中国与东盟出入境检验检疫管理比较研究》、中国—东盟跨境动植物疫情防控信息平台建设等课题研究，与越南联合开展媒介生物、实蝇监测及技术交流，深化与东盟国家质检部门多领域交流合作。

【广西公安边防总队强化三项措施服务口岸大通关】 全区边检站按照地方党委、政府的统一部署，以服从、服务于对外开放和口岸“大通关”建设为己任，不断改进和加强出入境边防检查工作，推进提高边检服务水平工作，提升边检工作的效率，营造了良好的口岸通关环境。一是推进勤务模式改革，推行系列通关便利化措施。

针对年初入出境交通运输工具和旅客、货物量急剧增加的形势，广西公安边防总队陆地边检站以“通关提速”为目标，在提高服务质量上下工夫，积极探索推进勤务模式改革，通过深化科队联合执勤模式，科学合理调整执勤警力编制比例，优化警力配置，进一步保障口岸“大通关”。同时，完备专用通道、自助通道、绿色通道、车辆快捷通道，设立“边检现场咨询台”，进一步改进预检模式，加快口岸出入境货物车辆的验放速度，缩短货物在口岸的滞留时间，降低企业经营成本；海港边检站高标准推进机制创新，推出了环环相扣、相辅相成的差别化、实战化、常态化海港边检勤务组织管理体系。积极开展海港边检信息系统研发，着力打造综合性海港勤务指挥平台，不断丰富和拓展服务工作的内涵，先后量身定制了移动警务室，研发梯口智能管理系统，有效实现了服务管理职能前移，从根本上保证货物“大通关”的可能，为推进“大通关”建设营造了和谐的外部环境。二是创新服务管理模式，提高口岸通关效率。继续推行网上预报检、条形码扫描查验服务，在出入境流量较大的口岸继续推行网上预报检，通过互联网站免费提供大型出入境旅游团队预录入服务，减少旅客在口岸现场候检时间，提高通关速度。同时，在全区各陆地口岸（通道）继续推行条形码扫描查验服务，通过激光扫描实现边民出入境证件资料的快速录入，并推行“边民年度盖章”的查验新模式，简化了通关流程，大大提高边民通关效率；创新大型团队通关服务模式，推出分团预检预录、分组编号检查的快速查验模式，形成了便捷高效、通关顺畅的大型团队通关专勤服务模式。年内，累计为人数 100 人以上的 120 个大型团队，共1 400人次、汽车 200 辆次提供了优质、高效的通关服务。三是深化服务举措，拓展服务内涵。创新客流高峰期勤务组织模式，通过科学预测口岸流量，准确判断口岸客流高峰期，提前进行勤务准备，及时加强警力部署，加开查验通道，有效缩短了口岸客流高峰期旅客滞留口岸的时间；完善跨境警务协作机制，简化边检通关手续，坚持落实会谈会晤机制，充分发挥边检涉外职能作用，积极与越方边防部门建立定期会谈、会晤及边境事务、紧急情况随时会晤的制度，努力构筑优质、高效的对外服务平台。同时，加强与越方的联动配合，建立口岸应急联动机制，共同设立“紧急救助通道”，形成为紧急情况出入境人员提供快捷通关服务的良好模式。2012 年年内，全区各陆地边检站共开通“紧急救助通道”400 余次，为 560 名中越伤病旅客及 120 多名中外出入境人员提供了及时救助和人性化通关服务，赢得了广泛赞誉。

【广西海事局九项措施力保钦州港一跃成为我国海上原油过驳量第一大港】 广西海事局采取九项主要措施全力保障钦州港海上原油过驳安全、环保、高效：一是科学选定过驳锚地。通过实地勘察钦州港锚地通航环境并组织专家评审，确定了水深条件、锚地底质、回旋水域等条件比较适宜的 3 块锚地作为原油过驳安全作业区，根据过驳母船的大小和吃水状况选取合适的锚地开展过驳作业。二是组织开展原油过驳作业科学研究和风险评估。开展《钦州海上原油过驳监管及应急反应研究》课题研究，督促企业编制了《钦州海上原油过驳作业污染风险评估及方案可行性研究报告》，并通过专家评审；组织编写了公司安全作业手册和海事安全监管手册；定期组织各相关单位评估、座谈，及时总结经验，查找过驳作业中存在的问题和薄弱环节，将各种风险情况想在前、防在先。三是密切协调联动，强化现场监控。制定《钦州海上原油过驳安全与防污染监管方案》，成立综合协调、驻船监管、巡航检查和远程监控四个常态化工作组，重点加强驻船监管，建立实施了驻船监管汇报工作制度；同时安排巡逻船艇到过驳水域对过驳油轮实行 24 小时监控，为二程船清道护航。四是严格作业审批，规范监管流程。按照“5 个必须”，加强对过驳作业的审批和监管，包括严格审核过驳作业时间、水域、设备、气象状况及过驳作业单位和人员资质等条件，现场监督过驳作业是否在规定区域内进行，是否按照工作方案及相应规程来操作，是否超过限制作业条件等。五是深化过驳作业船舶安全检查缺陷查改。派出优秀安检员为参与过驳作业的5艘船舶及其作业设备进行详细的安全检查并督促、指导缺陷整改。六是督促过驳公司加强内部管理。完善安全防污染制度与应急预案，落实安全生产管理、人员作息、应急保障、学习培训等制度。七是破解复杂海况难题。充分听取业内权威专家和广西本地经验丰富专家的意见，并经仿真模拟验证，科学确定了出现“西南涌浪”、台风、雾、雷电等情形时最佳的应对措施。八是破解原油过驳水域与岸基之间手机通信难题。联系当地电信公司，在过驳子船上安装信号放大器，最终解决过驳水域手机通信信号较差问题。九是加强预警预控，提升应急保障能力。密切与气象部门合作，及时发布天气、海况、航行警告等信息，必要时停止过驳作业。督促作业单位与辖区有资质的清污单位签订防污应急值守协议。钦州海巡基地、钦州中型溢油设备库、中型溢油回收船“海特191”、广西北部湾海域溢油应急预警信息系统投入使用。推动钦州市率先实施《港口溢油应急预案》，并成立了市级溢油应急反应机构。2012年，广西钦州港完成大型油轮原油过驳63艘次，过驳量885万吨，为企业降低物流成本近5亿元，为地方增加财税收入60多亿元，取得了显著的社会效益和经济效益。

广西海事局执法人员现场监控海上原油过驳

【广西海事局从4个方面服务口岸经济快速发展】 一是积极助推口岸扩大开放和临时开放。积极协调推进北海铁山港口岸临时开放工作，采取特别措施，保障了280万吨进口大豆、镍矿安全运抵铁山港码头，保障了企业生产需要；对梧州港口岸建设和申请口岸扩大开放提出审理意见，协助中国海事局对北海港口岸扩大开放进行审理；报请延长国际航行船舶临时进靠北海电厂煤码头时间并获交通运输部批准延期至今。二是大力支持口岸水上交通安全基础设施建设。促推铁山港口岸开放配套10万吨级航道验收、锚地划定与建设等，为千亿元临港新材料产业园大宗原材料进口奠定基础；主动服务钦州保税港区和滨海新城建设，在大榄坪北1号~3号泊位、30万吨油码头和航道、茅尾海建设规划等水工项目上，做好行政审批、水工许可、工程验收等工作；帮助广西防城港核电厂一期排水明渠工程、防城港务集团涉水项目完善相关手续，保障了建设工程的安全、有序开展。组织开展了5个重大码头建设工程项目的船舶污染海洋环境风险评估，北海铁山港区1号~4号泊位等通过了码头防污染专项验收。三是增强口岸服务能力，全力保障口岸进出口运输。按照“海事服务四优先”（优先靠泊、优先签证、优先安检、优先通航）原则，打造电煤、成品油、粮食等重点物资运输船舶“绿色通道”，提高船舶作业效率；为铁矿、镍矿、原油等大宗货物进口以及硫黄集散和烟花集装箱中转提供科学监管和优质服务，保证船舶作业安全。四是开展交流合作，促进口岸便利、高效、安全、有序通关。与广西检验检疫局签署《关于加强进出境船舶货物监管，加快推进电子口岸建设合作备忘录》，双方确定从6个方面加强合作，共同构建“依法把关、运转有效、资源共享、协同执法”的口岸监管体系和便捷运输服务体系。与南宁海关洽商，谋求在口岸开放管理、危险货物监管等方面进行长期合作。继续坚持实行每周“5+2”、无假日24小时预约、提前备案、网上申报等便民措施办理口岸查验手续。加强诚信管理，重点打击逃避执法监管、瞒报匿报集装箱装运危险货物的行为，给予诚信企业绿色通道、免开箱检查等优惠措施。加强船籍港管理，对国际航线的中国籍船舶实施开航前检查，及时消除安全隐患和缺陷，避免船舶在境外被滞留而影响运输生产。

开放口岸

【桂林航空口岸】 桂林航空口岸位于桂林市西南方向临桂县境内，距市中心 26 千米，中心点地理方位为北纬 25°13′06″、东经 110°02′22″。2012 年桂林航空口岸共安全保障国际航班（地区）出入境飞机2 707架次，同比增长约 8%，安全验放出入境人员 41.19 万人次，同比增长约 11%。目前已开通国际（地区）定期航班 7 条（泰国曼谷、马来西亚吉隆坡、韩国首尔、新加坡、中国台北、中国高雄、中国香港）、临时航线 4 条（韩国大邱、釜山、仁川、泰国廊曼），12 家中外航空公司在桂林运营，通航国际城市（地区）11 个。2012 年 5 月 1 日，香港港龙航空公司桂林至香港航班复航。2012 年桂林口岸对外开放持续健康增长，外贸进出口总额 9.75 亿美元，同比增长 1.9%。其中，出口 7.89 亿美元，同比增长 10.0%；进口 1.86 亿美元，同比下降 22.2%。进出口主要货物有电线电缆、通信设备、工程轮胎、木衣架、滑石矿、锰矿、铜矿、锌矿、橡胶等。2012 年桂林航空口岸被国家质检总局授予《世界卫生组织口岸核心能力建设达标单位》，成为广西首个符合《国际卫生条例》要求的航空口岸。

【南宁航空口岸】 南宁航空口岸位于南宁市江南区，距南宁市区 32 千米。2012 年 6 月 15 日，南宁至首尔航线复航。南宁航空口岸全年开通直飞香港、澳门、台北、台中、高雄、花莲，及新加坡、吉隆坡、胡志明、雅加达、金边、万象、仰光、曼谷、首尔、济州、普吉、槟城、达卡、熊本、安克雷奇等 21 条国际（地区）航线。2012 年，南宁航空口岸共查验出入境人员 45.3 万人次，首次突破 40 万大关，跃居全区首位，比去年同期增长 63.5%，其中入境 22.7 万人次，出境 22.6 万人次，分别比去年同期增长 64.9% 和 62.0%；出入境航班4 072架次，比去年同期增长 33.8%，其中入境2 063架次，出境2 009架次，分别比去年同期增长 34.8% 和 32.8%，增速和增幅均为历年之最。

【北海航空口岸】 北海航空口岸位于北海市银海区境内，占地面积 373 万平方米。机场飞行区等级为 4D 标准，可全天候起降 B737、A320 等同类机型。北海机场新航站楼投资 3.08 亿，面积 2.7 万平方米，三层，高度 24 米，值机柜台 6 个，VIP 候机室 6 个，廊桥 5 个，远机位 2 个，行李传送系统 1 套，设计旅客吞吐量 270 万人次/年，高峰小时吞吐量1 350人次。2012 年，北海市与东方航空公司云南分公司签署协议，开通北海—香港直飞业务，每周（周一和周五）往返各两班，11:20—12:20 北海飞香港、13:20—14:20 香港飞北海。据统计，2012 年北海航空口岸共出入境飞机 164 架次、出入境旅客3 286人次。

【友谊关公路口岸】 友谊关口岸距离凭祥市区 18 千米，距离越南谅山 18 千米，与越南友谊口岸相对，为常年开放的国际性口岸。1951 年开通，1979 年一度关闭，1992 年 4 月经国务院批准恢复对外开放。2012 年，国家和自治区以及当地政府不断加大对友谊关口岸基础建设力度，极大地改善了友谊关口岸通关环境，对加快口岸的通关速度和发展口岸经济起到积极的推动作用。据统计，2012 年友谊关口岸出入境人员 95.42 万人次，其中入境 48.06 万人次，出境 47.36 万人次；进出口货物 105.48 万吨，其中进口 1.23 万吨，出口 104.25 万吨；进出境车辆61 143辆，其中入境30 571辆，出境30 572辆。2012 年 9 月友谊关口岸荣获世界卫生组织口岸核心能力达标单位。

广西凭祥综合保税区于2008年12月经国务院批准设立，规划控制面积8.5平方千米，位于凭祥市友谊镇。一期于2011年9月30日正式封关运营。凭祥综合保税区是广西北部湾经济区开放开发的重要平台，是服务于中国—东盟自由贸易区贸易往来，集口岸、国际贸易、保税物流、保税加工、国际配送等功能于一体的国际经济合作区域。自封关运营以来，凭祥综合保税区运行情况良好，进驻综合保税区的企业以商贸和物流企业为主。2012年，完成贸易额160.78亿元，入区企业投资完成21 427万元，招商引资签约项目投资额25 889万元，前期工作项目投资额32 293万元。

【东兴公路口岸】 东兴口岸位于东兴市繁华市区，地处我国西南陆地边境线与大陆海岸线的汇合处，在中越边境的最东端，东南濒临北部湾，北面背靠十万大山，通过北仑河大桥和越南芒街口岸连接，为常年开放的国际性口岸。1958年经国务院批准对外开放，1978年一度关闭，于1994年4月17日恢复对外开放。

2011年国务院批准设立东兴开发开放试验区，东兴口岸同东盟各国的贸易、旅游交流将进一步发展。为满足大通关的需要，各级政府高度重视口岸建设，2012年投资5.24亿元建设的东兴口岸改造二期工程引桥项目竣工投入使用，口岸形象得到很大提升。口岸二桥综合服务区项目已取得立项批复，正进行可研、环评、水土保持方案、初设等前期工作。2012年经东兴口岸出入境人员374.60万人次，同比增长16.71%；出入境车辆20 878辆次，同比增长8.67%；进出境货物22.62万吨，同比增长3.57%。经东兴口岸进口的货物主要有橡胶、红木、矿产品、碳、干果、糖果等，经东兴口岸出口的商品主要有纺织品、机械设备、鞋材、干货、电缆、塑料制品等。东兴口岸的发展对促进我国西南地区同东盟各国的发展和联系起着重要的作用。

【水口公路口岸】 水口公路口岸位于龙州县的西端中越边界西路中越边界943（1）号界碑处，水口镇境内，距龙州县城34千米，与越南驮隆口岸仅一河之隔，为常年开放的双边性口岸，1978年曾一度关闭，1992年10月，经国务院批准恢复对外开放。2012年，龙州县委、县政府深入实施“富民兴边，贸工强县”发展战略，着力打造面向东盟开放合作的前沿阵地，以水口口岸为龙头，与驻地联检部门加强协调，通力合作，加强边境口岸基础设施及查验配套设施建设，推动基础设施与越南互联互通，重点建设水口二桥及联检配套设施、水口国际物流园等项目，积极推进崇左—水口高速公路和崇左—水口—越南高平高速铁路的建设。2012年经水口口岸出入境人员37.26万人次，同比增长23.38%；出入境车辆78 687辆次，同比增长270.64%；进出口货物11.49万吨，同比减少45.23%。水口口岸主要进出口货物有冻海产品、腰果、核桃、机电配件及日用品等。

【龙邦公路口岸】 龙邦公路口岸位于百色市靖西县龙邦镇，地处中越边境741号~742号界碑，与越南茶岭口岸对应，距靖西县城42千米，距越南茶岭县城5千米。2003年1月，国务院批准龙邦口岸对外开放。2007年10月，龙邦口岸通过验收正式对外开放。

2012年龙邦口岸边防检查站二中队营房项目通过验收，该项目总建筑面积840平方米，场地硬化、绿化600平方米，总投资500万元；完成口岸车辆出入境通道一期工程并通过验收，项目总投资500万元；开工建设口岸二期挡土墙，项目总投资1 400万元；完成龙邦口岸驻县城办证大楼项目勘探、设计、预算、审计等前期工作，并于12月8日正式开工。龙邦口岸进出口货物主要有：腰果、核桃、冷冻海产品、铁矿、锰矿、钢筋、搅拌机、打谷机、电器、电子产品、照明装置等共11大类型100多个品种全年龙邦口岸出入境人员4.11万人次，同比增长51.66%；进出口货运量7.39万吨，同比增长156.6%；出入境车辆15 668辆次，同比增长97.68%。

【平孟公路口岸】 平孟公路口岸位于中越边界第647号界碑处，与越南朔江口岸相对应，是广西最西端的陆路口岸。2011 年 10 月 9 日，国务院正式批复平孟公路口岸对外开放，口岸性质为中国和越南双边公路客货运输口岸。2012 年平孟口岸尚未通过国家验收正式对外开放。为早日通过国家验收，平孟口岸加快建设步伐。2012 年完成了口岸验货场一期工程、口岸联检楼内部装修和电子监控系统的安装调试及口岸报关报检楼的维修改造和内部装修工作，基本完成口岸联检楼南楼和关内外广场建设。2012 年平孟口岸进出口货物主要有水果、中药材、纺织品、建材、土特产品、矿产品和小五金等。全年平孟口岸出入境人员 8.53 万人次，同比增长 6.49%；进出口货运量 9.79 万吨，同比增长 6.18%；出入境车辆5 674辆次，同比增长 14.51%。

【凭祥铁路口岸】 凭祥铁路口岸位于凭祥市南区，与越南同登口岸相对应，为常年开放的国际性口岸，于 1953 年经国务院批准对外开放，是湘桂铁路的终点，也是广西唯一的一个铁路口岸。

凭祥铁路口岸站区内设立 40 股道标准轨，窄轨铺轨总长 13.2 千米，站线铺轨 21.61 千米，占地 1.8 平方千米，货物站台3 500平方米，旅客站台3 840平方米，候车室 280 平方米，货仓 420 平方米，准轨客车1 397辆，窄轨客车 142 辆，换装能力 111.8 万吨。2012 年主要完成了凭祥（铁路）口岸海关查验设施改造工程及铁路口岸通信光缆维修工程等。目前，铁路口岸的监管服务区占地面积约 5 万平方米。2012 年凭祥铁路口岸进出口货运量 72.47 万吨，其中进口 1.27 万吨，出口 71.2 万吨；出入境人员 7.61 万人次，其中入境 3.86 万人次，出境 3.75 万人次；出入境火车3 146列次，其中入境1 574列次，出境1 572列次。

【防城港水运口岸】 防城港水运口岸位于广西南部沿海北部湾北岸，是我国大陆海岸线最西南端的深水良港，也是我国沿海 11 个主要港口之一及西部第一大港。1983 年 7 月经国务院批准对外国籍船舶开放，为常年开放国际性口岸。口岸地理位置和建港条件得天独厚，北靠云、贵、川，南濒北部湾，东邻粤、琼、港、澳，西接越南，地处华南经济圈、西南经济圈与东盟经济圈的结合部，是中国通往东盟、南亚、西亚、欧洲、非洲、大洋洲及南美洲海上运距最短的口岸。

经过 40 多年的发展，口岸所在港口防城港已经拥有泊位 41 个，其中万吨级以上深水泊位 26 个，泊位最大靠泊能力为 20 万吨级，是广西港口中码头泊位最多，功能最齐全的港口。防城港 20 万吨级矿石码头两边均能靠船，是国内唯一的前沿吃水最深，既可卸船又可装船的 20 万吨级码头。防城港硫磷专用码头是全国目前唯一一个现代化硫磷专用泊位。铁路、高速公路直达港口，各类仓储和装卸设备齐全。与 100 多个国家和地区的 250 多个港口有业务往来。2012 年防城港口岸进出口货运量5 437.35万吨，同比增长 12.41%，入出境集装箱134 905标箱，同比增长 6.71%。防城港口岸进口的产品主要有煤炭、铁矿石、黄豆、化工、农林产品等；出口的产品主要有煤炭、铁矿石、非金属矿石、化肥及农药等。

【北海水运口岸】 北海水运口岸位于广西南端、北部湾东北部的北海半岛西段北岸，东经 109°4′12″，北纬 212°8′5″。她以环北部湾的中心城市北海为依托，水域、地域宽广，地理优势显著：背靠大西南，面向东南亚，南与海南隔海相望，西濒越南，处于“一城系四南”的中枢位置，为常年开放的国际性口岸。现有 9 个泊位，其中 2 个万吨级泊位，1 个 2 万吨级，1 个 3.5 万吨级；设计吞吐能力 215 万吨。码头岸线长 810 米；仓库9 605平方米，堆场75 531平方米。1998 年 4 月，经广西壮族自治区政府同意开通北海至越南下龙海上旅游航线业务。2012 年该航线因故停航一年。2012 年 1 月自治区人民政府向国务院报文申请北海港口岸扩大对外开放。4 月，北海港口岸扩大开放进入具体审理程序。为加快口岸扩大开放，2012 年北海港口岸加快了口岸基础设施建设步伐，年内建成了铁山港区综合办公大楼、口岸联检大厅、业务办公用房、边检执勤中心楼、两幢宿舍楼及外贸监管区的永久围网；完成电子地磅、查验平台、卡口系统、视频监控系统采购；基本完成海关、检验检疫查验区，检验检疫处理区以及两个平台建设。2012 年北海港口岸入出境船舶1 319艘次，进出口货物 768.54 万吨，同比增长 20.97%；出入境集装箱48 040 标箱，同比增长 85%。

【钦州水运口岸】 钦州水运口岸于 1994 年 6 月经国务院批准对外开放，1997 年 5 月通过验收正式对外开放，是常年开放的国际性口岸。钦州港位于广西钦州市境内，北部湾顶端的钦州湾内，地处东经 108°10′55″至 109°09′12″，北纬 21°34′52″至 22°28′01″，处于广西南部沿海南（宁）北（海）钦（州）防（城）沿海经济区的中心位置，面向东南亚，背靠大西南，三面环山，南面向海，是天然的避风良港，水深，港池宽，潮差大，回淤少，建港条件优越，是大西南地区通向东南亚最便捷的出海口之一。2012 年钦州水运口岸基础设施建设主要完成了钦州港口岸联检大楼、钦州保税港区查验部门永久性办公生活用房的项目选址和征地拆迁等前期工作，落实了钦州港果子山边地贸口岸联检楼项目选址和可行性报告评审工作。钦州港口岸出口货物种类主要有化肥、碳电极，磷酸、磷酸氢钙等化工原料，进口货物种类主要有铁矿、锰矿等金属矿石、煤炭、淀粉、生牛皮、机械设备等。2012 年钦州水运口岸进出口货运量2 263万吨，同比增长 39.3%。其中，进口货物2 201万吨；出口货物 62 万吨。

钦州保税港区于 2008 年 5 月 29 日经国务院批准设立，是我国西部沿海唯一的保税港区，规划总面积 10 平方千米，由码头作业区、保税物流区、出口加工区和综合服务区组成。2011 年 2 月 16 日全面开港运营，2011 年 11 月 1 日钦州保税港区整车进口口岸顺利通过国家验收。目前，一期 2.5 平方千米的基础及监管设施已全面建成，两个 10 万吨级集装箱码头已正常运营，一期项目用地已招商完毕，二三期全面开工，吹填工程全面完成，路网及监管设施已完成项目前期工作即将正式开工。整车进口开局良好，特色业务加快培育，集装箱运输业务快速发展，招商引资取得新成效，已有 105 家公司落户保税港区。2012 年，钦州保税港区进出口货运量 455.62 万吨，同比增长 4.7 倍，其中进口 437.97 万吨，出口 17.65 万吨。内外贸易总额 301 亿元，比上年增长 61.83%；进出口总额完成 24.95 亿美元，增长 1.77 倍；关税及进口环节税 19.63 亿元，增长 1.12 倍；集装箱吞吐量 47.4 万标箱，增长 18%，其中外贸集装箱 2.1 万标箱；固定资产投资 12.5 亿元；地方税收7 174.83万元，增长 2.23 倍。

【江山水运口岸】 江山水运口岸于 1994 年 10 月经国务院批准对外开放，1995 年 2 月通过验收正式对外开放，为仅限中国籍和越南籍船舶开展运输业务的常年开放的口岸。江山水运口岸位于防城港市防城区江山半岛西南端，东经 108°13′，北纬 21°30′，其东北部是防城港，西南与越南隔海相望，海路距越南鸿基不足 80 海里，陆路距防城区 38 千米，是一个水深、避风、不淤积的天然良港。2012 年 4 月，江山港边地贸口岸联检大楼竣工，现按要求进行二次装修，配套建设的综合服务楼于 12 月竣工。江山港边地贸口岸开放以来，凭借其距离越南较近，航道状况良好，水路便利等优势，主要进口越南的煤、木材、海草等货物，出口我国的轻工机械建筑材料产品。2012 年江山水运口岸进出口货运量 66.08 万吨。

【企沙水运口岸】 企沙水运口岸于 1994 年 10 月经国务院批准对外开放，1995 年 5 月通过验收正式对外开放，为仅限中国籍和越南籍船舶开展运输业务的常年开放的口岸。企沙水运口岸位于防城港市港口区的企沙镇内，地处北部湾西北部的企沙半岛南端，东面和南面濒临北部湾，东北面与钦州港相邻、西面为防城港，北面背靠大西南。企沙港口岸现有 5 个业主码头，建有泊位 37 个。口岸进口货物主要是矿产品、无烟煤、原木，出口货物主要是白水泥、石膏、建筑用玻璃和机电产品。2012 年 8 月 15 日企沙口岸联检大楼顺利封顶。2012 年企沙口岸进出口货运量

508.19万吨，同比增长4.68%；出入境交通工具7 046辆次，同比减少16.85%。

【石头埠水运口岸】 石头埠水运口岸于1994年10月经国务院批准对外开放，1995年4月通过验收正式对外开放，为仅限中国籍和越南籍船舶开展运输业务的常年开放的口岸。石头埠口岸位于东经109°34′，北纬21°35′，距北海市区45千米。口岸目前有2个1 000吨级泊位，码头陆地面积1.8万吨，堆场面积12万平方米，有4台固定塔吊，4台汽车吊，日装卸能力2 000吨，有两座仓库，容积1 200立方米。主要贸易产品：无烟煤、矿石（含钛矿、铁矿）、化工原料（氟硅酸钠）、虾壳、蟹壳碎料、红螺贝、彩扇贝、木薯干、选矿螺旋机、电选机、选钛机、摇床等。2012年石头埠口岸进出口货运量5.71万吨，同比减少45.52%；出入境交通工具132辆次，同比减少45.45%。

【梧州水运口岸】 梧州水运口岸位于广西东部，北纬23°30′，东经111°，是广西乃至西部地区毗邻粤港澳地区最近的口岸，地处珠江流域中游的桂江、浔江、西江交汇处，与粤港澳一水相连。经梧州沿江而上，可至贵港、南宁、柳州、桂林、百色等地，连接资源丰富的大西南地区；经梧州沿江而下，可达广州、深圳、珠海、香港、澳门，连接沿海经济发达地区，因而梧州口岸素有“广西水上门户”、“两广咽喉”之称。梧州口岸具有百年通关历史，据《梧州市志》记载，早在1897年梧州便作为通商口岸对外开放，凭借着天然水运优势，与130多个国家和地区有经贸往来，成为广西最大的内河港口，是常年开放的限制性内河水运口岸。梧州口岸近年来进出口货物主要包括船舶、人造宝石、电池、松香及其深加工产品、钛白粉、纺织品、服装、玩具、回收固体废料、电子设备、机电产品及配件等等。2012年梧州口岸进出口货运量为85.25万吨，同比增长21.35%，进出口集装箱92 919标箱，同比增长25.81%，出入境人员11 116人次，同比增长9.91%，出入境船舶1 366艘次，同比增长6.22%。

【贵港水运口岸】 贵港水运口岸于1992年3月经国务院批准对外开放，1993年12月通过验收正式对外开放，是常年开放的限制性内河水运口岸。贵港口岸位于广西贵港市珠江干流西江中游，黎湛铁路与西江航道的交汇处。贵港水运口岸罗泊湾码头共建有3个2 000吨级泊位和4个1 000吨级泊位，总面积15万平方米的件杂货、集装箱堆场，2万平方米的仓库，港口装卸设备最大起重能力为45吨，港口年吞吐能力为集装箱20万标箱和180万吨件杂货。2012年贵港口岸联检楼项目完成了立项、环评、土地批复等前期工作。贵港水运口岸主要出口商品是胶合板、办公家具、白砂糖等，主要进口商品是柴油发动机零配件、小型挖掘机零配件、废纸等。2012年口岸进出口货运量12.14万吨，进出境人员2 061人次，进出境船舶284艘次。

【柳州水运口岸】 柳州水运口岸于1988年经国务院批准对外开放，1990年5月通过验收正式对外开放，是常年开放的限制性内河水运口岸。柳州水运口岸位于广西柳州市区内，距离西南出海通道口约400千米，距离中越边境约450千米，交通运输十分方便。鹧鸪江码头是目前柳州水运口岸唯一对外开放的监管场所。由于鹧鸪江码头升级改造，该监管区从2011年初开始拆除重建。2012年柳州口岸业务以转关业务为主，全年进出口货物报关量73.36万吨，同比增长61.69%。

广西壮族自治区口岸大事记

1月7日

梧州—广东南沙水路转关业务正式开通。这是继梧州—深圳（陆）、梧州—蛇口（水）之后梧州水运口岸开辟的第三条转关运输航线。

2月2日

中央政治局委员、全国人大常委会副委员长、中华全国总工会主席王兆国考察广西钦州保税港区。

2月7日

首辆进口整车登陆广西钦州保税港区。该车的进口标志着广西钦州保税港区整车进口口岸功能正式启动。

3月24日

自治区党委书记、人大常委会主任郭声琨视察东兴公路口岸旅检现场及边民互市贸易区。

4月1日

温家宝总理视察广西钦州保税港区，与马来西亚总理纳吉布参观钦州保税港区沙盘演示区，视察港区1、2号码头。自治区党委书记郭声琨、自治区主席马飚、自治区副主席梁胜利等领导陪同视察。

4月10日

首批以一般贸易方式进口整车在钦州保税港区顺利通关。

4月10日~12日

全国政协副主席李兆焯视察广西钦州保税港区、东兴口岸及边民互市贸易区。

4月12日

广西海事局与钦州市人民政府签订战略合作框架协议，从5个方面支持钦州市跨越发展。

4月13日

自治区党委书记郭声琨、自治区主席马飚陪同湖南省委书记周强、省委副书记、省长徐守盛一行考察钦州报税港区。

4月19日

自治区党委书记、人大常委会主任郭声琨、自治区主席马飚陪同四川省党政代表团到钦州保税港区考察。

5月29日

广西海事局与广西检验检疫局在南宁签署《关于加强进出境船舶货物监管，加快推进电子口岸建设合作备忘录》。

7月13日~15日

全国政协副主席白立忱在东兴、钦州考察互市贸易区发展规划、基础设施建设、边民互市贸易政策实施以及钦州保税港区建设发展情况。

8月16日

国务院批复同意东兴市国家重点开发开放试验区建设实施方案。

8月28日

广西海上搜救中心与越南海上搜救中心成功举行了首次海上搜救应急通信演习。

9月12日

自治区副主席蓝天立出席广西检验检疫局实验室开放日活动启动仪式，见证广西检验检疫局与贺州市政府签署《关于加强出口食品农产品质量安全示范区建设，促进农业产业发展合作备忘录》。

9月19日

自治区党委书记、人大常委会主任郭声琨，自治区主席马飚、副主席蓝天立等自治区领导会见国家质检总局局长支树平、副局长魏传忠一行。

国家质检总局局长支树平在南宁会见马来西亚农业与农基产业部部长诺奥玛，签署《中华人民共和国国家质量监督检验检疫总局和马来西亚农业与农基产业部关于中国从马来西亚输入燕窝产品的检验检疫和卫生条件议定书》。

国家质检总局魏传忠副局长在南宁会见越南农业与农村发展部副部长阮氏春秋，签署《中越就输华鱼粉和鱼油卫生证书的备忘录》。

9月20日

第三届中国—东盟质检部长会议（SPS合作）在广西南宁召开。国家质检总局局长支树平，东盟农林部长会议副主席、老挝农林部副部长提·坡马萨，广西自治区主席马飚分别致开幕词。

国家质检总局局长支树平会见柬埔寨农林渔业部部长曾仕伦一行，就柬埔寨输华大米、玉米等农产品质量安全、检验检疫等问题进行会谈。

9月23日

广西壮族自治区检验检疫局和柳州市政府在柳州签署《关于共促柳州市汽车产业发展及扩大出口合作备忘录》。国务院参事、全国政协委员、中国出入境检验检疫协会会长葛志荣，国家质检总局总检验师项玉章等出席并见证签字仪式。

10月30日

自治区党委书记、人大常委会主任郭声琨在防城港市委市政府领导的陪同下赶赴东兴口岸灾区，察看灾情险情，检查指导抗洪救灾工作。

11 月 3 日

国内首条跨国海上旅游高速客运航线——防城港至越南下龙湾航线正式开航运营。

11 月 5 日

2012 年华南四省（区）海上搜救工作联席会议在广西北海市召开。

11 月 7 日

桂粤琼闽四省（区）海事部门共同开展的南海海区联合巡航执法活动正式启动。

11 月 15 日

中越北仑河口自由航行区第三轮磋商会议在广西桂林成功召开。双方就《北仑河口自由航行区船舶航行规则（草案)》进行了磋商，对大部分内容达成一致意见。

12 月 6 日

国家质检总局特殊监管区域检验检疫工作会议在南宁召开。

12 月 26 日

广西电子口岸西江物流服务平台在梧州港口岸正式上线运行。

2012 年广西壮族自治区口岸流量统计表

口岸类型		口岸名称	货运量（万吨）				集装箱量（万标箱）				人员（万人次）				交通工具（辆、艘、架、列次）			
			出口	进口	合计	同比（%）	出口	进口	合计	同比（%）	出境	入境	合计	同比（%）	出境	入境	合计	同比（%）
航空口岸		桂林港	0.01	4.64	4.65	-52.65			0.00		21.34	19.85	41.19	+10.96	1364	1343	2707	+8.11
航空口岸		南宁港	0.00	0.00	0.00	0.00			0.00		22.58	22.67	45.25	+63.36	2 009	2 061	4 070	+33.71
航空口岸		北海港	0.00	0.00	0.00	0.00			0.00		0.18	0.15	0.33	-36.54	82	82	164	-5.75
航空口岸		分计	0.01	4.64	4.65	-52.65			0.00		44.10	42.67	86.77	+32.80	3 455	3 486	6 941	+21.30
陆运口岸	公路口岸	友谊关	104.25	1.20	105.45	-9.08			0.00		47.36	48.06	95.42	+1.63	30 573	30 571	61 144	+5.03
陆运口岸	公路口岸	东兴	17.49	5.13	22.62	+3.57			0.00		187.10	187.46	374.56	+16.71	10 444	10 434	20 878	+8.68
陆运口岸	公路口岸	水口	8.48	3.01	11.49	-45.23			0.00		18.51	18.75	37.26	+23.38	39 343	39 344	78 687	+270.64
陆运口岸	公路口岸	龙邦	1.24	6.15	7.39	+156.60			0.00		2.06	2.05	4.11	+51.66	7 860	7 808	15 668	+97.68
陆运口岸	公路口岸	平孟	3.46	6.33	9.79	+6.18			0.00		4.27	4.26	8.53	+6.49	2 837	2 837	5 674	+14.51
陆运口岸	公路口岸	分计	134.92	21.82	156.74	-8.64			0.00		259.30	260.58	519.88	+14.07	91 057	90 994	182 051	+62.96
陆运口岸	铁路口岸	凭祥	71.20	1.27	72.47	-15.63			0.00		3.75	3.84	7.59	+13.45	1 206	1 208	2 414	-9.45
陆运口岸	铁路口岸	分计	71.20	1.27	72.47	-15.63	0.00	0.00	0.00	0.00	3.75	3.84	7.59	+11.43	1 206	1 208	2 414	-9.45

续表

口岸类型		口岸名称	货运量（万吨）				集装箱量（万标箱）				人员（万人次）				交通工具（辆、艘、架、列次）			
			出口	进口	合计	同比（%）	出口	进口	合计	同比（%）	出境	入境	合计	同比（%）	出境	入境	合计	同比（%）
水运口岸	海港口岸	防城港	637.49	4 799.86	5 437.35	+12.41	6.76	6.73	13.49	+6.71	2.76	3.07	5.83	−8.62	1 497	1649	3 146	−4.55
		北海港	228.18	540.36	768.54	+20.97	2.38	2.42	4.80	+85.00	0.00	0.00	0.00	−100.00	665	654	1 319	−11.65
		钦州港	61.95	2 201.00	2 262.95	+39.29	1.11	0.97	2.08	+20.75	1.88	1.96	3.84	−11.52	1 371	1 417	2 788	−15.97
		江山港	0.00	66.08	66.08	−74.57			0.00		0.24	0.23	0.47	−79.39	369	369	738	−80.65
		石头埠港	0.00	5.71	5.71	−45.52			0.00		0.00	0.00	0.00	0.00	66	66	132	−45.45
		企沙港	1.88	506.32	508.20	+4.68			0.00		1.84	1.85	3.69	−16.33	3 523	3523	7 046	−16.85
		分计	929.50	8 119.33	9 048.83	+15.17	10.25	10.12	20.37	+19.89	6.72	7.11	13.83	−30.26	7 491	7 678	15 169	−26.50
	河港口岸	梧州港	43.43	41.82	85.25	+21.35	4.35	4.94	9.29	+25.80	0.54	0.57	1.11	+9.90	681	685	1 366	+6.30
		贵港港	8.87	3.27	12.14	+8.49	0.64	0.41	1.05	+2.75	0.12	0.08	0.20	+5.26	141	143	284	−4.70
		柳州港	8.12	65.24	73.36	+61.69	0.00	0.00	0.00	0.00	0.00	0.00	0.00	0.00	0	0	0	0.00
		分计	60.42	110.33	170.75	+33.52	4.99	5.35	10.34	+22.80	0.66	0.65	1.31	+8.26	822	828	1650	−11.29
合计			1 196.05	8 257.39	9 453.44	+14.56	15.24	15.47	30.71	+20.86	314.53	314.85	629.38	+16.12	104 031	104 194	208 225	+83.92
同比（%）			−2.00	+17.43	+14.56		+21.43	+20.30	20.86		+15.48	+16.75	+16.12		+86.96	+80.98	+83.92	

（广西壮族自治区口岸办提供）

2012 年南宁海关主要数据统计表

项目		2011 年	同比（%）
进出口货运量（万吨）	合计	9 650	+15.10
	进口	8 498	+18.30
	出口	1 152	-4.20
进出口贸易总值（万美元）	合计	4 105 126	+25.10
	进口	2 588 126	+37.60
	其中：江、海运输	2 513 539	+38.30
	铁路运输	973	-56.10
	汽车运输	63 939	+18.40
	航空运输	9 591	+28.90
	邮件运输	6	+200.00
	其他运输	78	0.00
	出口	1 517 000	+8.40
	其中：江、海运输	533 736	-3.60
	铁路运输	219 574	+29.70
	汽车运输	761 593	+13.00
	航空运输	1 526	-4.00
	邮件运输	221	0.00
	其他运输	350	-35.40
税收（万元）	两税合计	2 906 020	+37.50
	关税入库	301 284	+4.70
	进口环节税入库	2 604 736	+42.70

（南宁海关提供）

2012 年广西壮族自治区口岸出入境主要数据表

单位：人员（人次）；交通运输工具（辆、艘、架、列次）

项目			2011 年	2012 年	同比（%）
出入境人员	出入境人员总数		6 429 797	7 260 322	+12.92
	入境人员		3 216 756	3 634 301	+12.98
	出境人员		3 213 041	3 626 021	+12.85
	出入境旅客		3 125 770	3 778 560	+20.88
	出入境员工		207 881	209 510	+0.78
	中国公民	小计	3 506 298	3 932 952	+12.17
		内地居民（因公）	137 303	119 325	-13.09
		内地居民（因私）	3 095 050	3 439 703	+11.14
		港澳居民	72 434	95 382	+31.68
		台湾同胞	201 511	278 542	+38.23
	外籍人员		2 921 534	3 327 370	+13.89
	从海港出入境人员		149 446	105 428	-29.45
	从陆港出入境人员		3 972 464	4 548 931	+14.51
	从空港出入境人员		664 161	868 935	+30.83
交通运输工具	总计		240 716	215 470	+63.28
	船舶		7 473	7 369	-1.39
	飞机		5 809	6 928	+19.26
	火车		3 218	3 120	-3.04
	机动车辆		224 216	375 614	+67.52

（广西壮族自治区公安边防总队提供）

2012 年广西壮族自治区出入境检验检疫业务统计表

项目	货物检验检疫				交通工具				集装箱（标箱）		发现动植物疫情		货物通关		出入境人员查验（人次）	健康检查及预防接种（人次）			
	批次	金额（万美元）	检验检疫不合格																
			批次	金额（万美元）	船舶（艘）	飞机（架）	火车（节）	汽车（辆）	合计	检出问题	种类数	种次	批次	金额（万美元）		健康检查	艾滋病监测	发现病例	预防接种
本年累计	149 247	2 902 213	1 226	570 974	13 999	5 911	26 056	410 875	289 110	5	159	23	102 529	2 747 146	6 311 702	21 146	20 680	4 136	19 603
其中 出境	107 553	560 933	124	326	6 917	2 965	13 028	250 439	144 233	1	26		62 547	487 205	3 153 866	18 796	18 346	3 809	19 599
其中 入境	41 694	2 341 280	1 102	570 648	7 022	2 946	13 028	250 436	144 867	4	133	23	39 982	2 259 941	3 157 836	2 350	2 334	327	4
同比（%）	-4.98	+31.02	-82	24.83	-39.35	-0.92	+5.38	+26.03	+15.15	+66.67	+13.85	+53.30	-8.02	+24.43	+7.34	+33.58	+34.51	+64.80	+115
其中 出境	-7.58	+10.16	-25	-30.28	-39.35	-0.67	+5.38	+25.61	+14.85	-66.7	-7.14		+3.76	+8	+7.52	+35.89	+37.16	+62.20	+115.10
其中 入境	-26.98	+37.24	-84	24.88	-39.35	-1.17	+5.38	+26.44	+15.45		+24.3	+53.30	-21.89	+28.65	+7.15	+17.62	+16.82	+102	-42.90

（广西壮族自治区出入境检验检疫局提供）

2012 年广西海事局进出港船舶统计汇总表

船舶类别	进港船舶							出港船舶						
	艘数（艘）	总吨（吨位）	总载重量（吨）	载客量（客位）	船员人数（人次）	货物到达量（吨）	旅客到达量（人）	艘数（艘）	总吨（吨位）	总载重量（吨）	载客量（客位）	船员人数（人次）	货物发送量（吨）	旅客发送量（人）
总计	786 631	155 435 648	211 897 228	25 374 517	295 168	86 956 188	20 245 305	790 681	156 835 581	214 381 799	25 399 968	299 137	120 696 983	20 070 750
中国籍船舶	785 654	150 562 050	205 052 597	25 369 253	276 992	82 002 310	20 244 522	789 729	151 452 818	206 946 883	25 395 552	281 100	119 360 471	20 069 962
其中：外贸船	977	4 873 598	6 844 631	5 264	18 176	4 953 878	783	952	5 3827 63	7 434 916	4 416	18 037	1 336 512	788

（广西海事局提供）

海　南　省

海南省口岸分布示意图

口岸名称	批准开放时间	开放状态
海口航空口岸	2003	国际常年
三亚航空口岸	1995	国际常年
海口水运口岸	1962	国际常年
三亚水运口岸	1984.7	国际常年
洋浦水运口岸	1991	国际常年
八所水运口岸	1988.9	国际常年
清澜水运口岸	1996	国际常年

口岸数量及分布

截至2012年年底，海南省共有一类口岸7个，其中航空口岸2个，分别是海口航空口岸、三亚航空口岸；水运口岸5个，分别是海口水运口岸、三亚水运口岸、清澜水运口岸、洋浦水运口岸和八所水运口岸港。

口岸运行数据

2012年，全省口岸出入境旅客822 145人次，同比增长2.94%；出入境飞机6 360架次，同比增长5.1%；进出口货物1 942.79万吨，同比增长2.3%；出入境船舶4 846艘次，同比增长-6.7%；集装箱150 765标箱，同比增长13.8%。

口岸监管与服务

【推动口岸扩大开放】 海口港马村港区、三亚港南山港区水域扩大开放等2个项目被列入《国家口岸发展规划（2011年-2015年)》。洋浦神头港区口岸顺利通过国家专家组验收并正式对外开放，洋浦对外开放领域进一步扩大。继续推进已开放海港口岸水域范围确认工作，协调开通“太原—海口—新加坡”中途分程权航线，全省口岸开放格局进一步扩大。

【加强口岸基础设施建设】 先后对海口美兰国际机场口岸综合楼、三亚凤凰国际机场口岸综合办公楼、省口岸综合服务楼等进行维修，协调海口美兰机场新国际航站楼搬迁工作，跟踪落实海口港口岸联检厅、琼海博鳌机场联检楼等项目建设的相关工作，主动配合陵水黎安国际旅游岛建设先行试验区的口岸基础设施建设规划编制工作，指导相关市县做好口岸规划，逐步完善口岸基础设施，改善口岸通关环境。

【推进海南离岛旅客免税购物政策调整实施】 国务院决定自2012年11月1日起调整海南离岛免税政策部分内容。海关总署重新修订《中华人民共和国海关对海南离岛旅客免税购物监管暂行办法》。离岛免税政策调整内容：（1）将政策适用对象的年龄条件由年满18周岁调整为16周岁；（2）增加美容及保健器材、餐具及厨房用品、玩具（含童车）等3类免税商品品种。调整后，免税商品品种扩大至21种；（3）将离岛旅客每人每次免税购物限额调整为人民币8 000元，即单价8 000元以内（含8 000元）的免税商品，每人每次累计购买金额不得超过8 000元，同时适当提高购买免税商品数量范围；（4）在缴纳进境物品进口税的条件下，每人每次还可以购买1件单价8 000元以上的商品。此外，免税限额中如有剩余（或未使用)，旅客可以在购买1件单价8 000元以上的商品时，予以一次性调剂使用，海关以“离岛免税商店商品零售价格减去剩余免税限额”作为完税价格计征税款。未使用剩余免税限额的，以离岛免税商店商品零售价格作为完税价格计征税款。应征税额在人民币50元以下（不含50元）予以免征。

根据政策调整内容，海南省海防与口岸办公室完善《海南离岛免税购物管理信息系统公共服务平台运行维护联系配合办法》，升级改造离岛免税购物信息管理系统公共服务平台，确保离岛免税购物信息管理系统公共服务平台平稳运行。海口海关及时修订《离岛免税监管操作规程》，进一步规范旅客购物有效证件的使用，并加大对违规行为的处罚力度；密切与海南电子口岸、免税商店、机场等单位的联系配合，建立应急处置方案，及时解决在政策调整实施过程中可能出现的新问题；提前指导免税店建设和增加符合海关监管要求的监管仓库、销售场所，实行24小时通关，全力做好免税品的入库、登记、备案和上架监管工作。政策调整首月，销售免税品数量和金额环比分别增长41%和35%。海南离岛旅客免税购物政策自2011年4月20日试行实施至2012年12月底，离岛免税购物人数158万人次，购物金额34.4亿元，政策效应比较明显。

【深化口岸区域合作】 主办2012年第四届

泛珠三角区域口岸合作联席会议，签署《粤桂闽琼口岸主管部门推进入出境邮轮游艇旅游休闲产业发展合作框架协议书》、《琼粤口岸加强直通车管理合作备忘录》等有关协议，口岸区域合作取得明显成效。建立完善海南航空口岸执行“中途分程权”航线航班联系合作机制，确保“中途分程权”航线航班正常运行。利用海南离岛免税、“口岸入境签证”和“26国入境免签证”等优惠政策，吸引更多境外高端游客从海南入境，赴内地省区旅游观光，有效推动区域口岸经济共同发展。

【提供口岸通关优质服务】 圆满完成2012博鳌亚洲论坛年会、2012年两岸旅游行业联谊会及2012年海口游艇展览会、沃尔沃帆船赛、司南杯帆船赛等重大涉外活动、重要赛事活动的口岸通关服务保障工作。2012年，共服务保障专（包）机、公务机和航班6 573架次，共为20多艘参展游艇、参赛帆船提供口岸通关服务，确保口岸通关便捷顺畅。

【促进外贸经济发展】 顺利完成海南炼化、金海浆纸专用码头临时靠泊外轮的特批任务，确保企业生产经营的正常运转。协调海军、总参、交通运输部海事局等有关部门，完成特批外轮临时进入海南省非开放水域装运鱼苗出口日本。2012年，共临时靠泊外籍鱼苗船舶42艘次，出口鱼苗704万尾，创汇1 650多万美元。协调口岸各查验单位，支持临高威隆造船厂对外承接国际航行船舶应急维修业务。配合海南省实施渔业开发的“南海工程”，积极做好海南宝沙001、011号外租渔业加工船舶停靠海口港的协调保障工作。修改完善《关于加强海南省直通香港（澳门）运输车辆指标管理的暂行办法》，2012年共为14家直通香港运输车公司办理326辆指标续期合作手续。

【推动邮轮游艇产业在规范管理中起步发展】 出台实施《海南省游艇俱乐部（游艇会）审核注册登记备案管理办法》，建立海南省推进邮轮游艇产业发展工作联席会议等制度规范，跟踪推进境外游艇游览景区开放工作，狠抓邮轮游艇产业各项措施的落实，推动了邮轮游艇产业健康、快速发展。2012年，进出境邮轮165艘次，同比增长87.5%；出入境游艇113艘次，同比增长36.1%。截至目前，全省已建成游艇泊位957个，在建游艇泊位1 498个。游艇登记注册工作启动，目前共登记注册游艇50多艘。拥有游艇制造企业5家，游艇销售、服务企业70多家，游艇会（俱乐部）35家。游艇年设计制造量260多艘，2012年以来，实际生产191艘，先后开展了三亚海天盛筵、三亚海洋文化节及海南国际游艇展等多项展销活动，销售游艇10多亿元。

【加快口岸信息化建设】 组建省海防与口岸办信息中心，为全省海防、口岸、打私、游艇监控管理系统和离岛免税购物信息系统公共服务平台等信息化建设提供了强有力的技术支撑。积极推进电子口岸大通关平台建设、管理和运维工作，目前电子口岸大通关安全数据交换系统项目已完成项目招投标，建成后将实现与5家口岸查验单位互联互通。开发建设境外游艇管理信息系统，项目建设资金2 707.7万元。目前该系统已进入项目实施阶段，建成后可实现对境外游艇进出海南和在海南水域活动的有效管理。建设省级海防管理监控中心，对海南省近海海域和环岛岸线进行有效监控，并与国家和广州军区边海防委员会的边海防监控中心实行互联互通。认真做好海南离岛免税购物管理信息系统公共服务平台的运行维护管理和开发工作，主要对游客离岛购买免税商品监管提供技术支持，确保离岛免税购物政策顺利实施。依托海防监控网络和反走私成员单位信息资源，建设全省统一的打私监管信息系统，加大对口岸通关走私、海上绕关走私、水客走私的监管打击力度，提升反走私监控能力。

【海口海关支持重点园区建设】 2012年7月19日，国务院办公厅下发《关于调整海南洋浦经济开发区规划范围的复函》（国办函〔2012〕107号），同意调整海南洋浦经济开发区规划范围，调整后规划面积仍为30平方千米，调整后的洋浦经济开发区规划将石化功能区重点项目全部纳入保税区优惠政策范围。海口海关主动配合海南省政府推进洋浦经济开发区规划调整工作，在企业管理、减免税管理、加工贸易和保税货物管理、监管场所管理等方面确定具体的实施步骤、任务分工、时间节点和目标要求；开发信息系统对海关监管场所采取电子围网管理等措施，保障洋浦规划调整后企业办理海关业务顺利便捷；提出四至范围调整后对原区企业加工贸易、减免税管理、企业管理等业务的后续监管措施；研究对原区、新区监管模式的基本思路和方案，积极推进洋浦经济开发区规划调整工作。

2012年6月6日，海口海关与海南国际旅游岛先行试验区管委会签署《建立紧密合作机制备忘录》，在支持免税购物城建设、邮轮游艇产业发展、新媒体总部基地和主题公园等重大项目建设、会展业、特色文化创意产业、提供海关统计信息和政策法规咨询服务等6个方面为先行试验区提供针对性服务，助推海南国际旅游岛先行试验区建设。

海口海关充分发挥洋浦保税港区、海口综合保税区等海关特殊监管区域辐射带动作用，探索完善特殊监管区域“区港联动”、“区区联动”、“集中申报”等监管模式，主动配合做好招商选资工作，引导高端产业向区内聚集。2012年洋浦经济开发区、洋浦保税港区、海口综合保税区进出口值96.4亿美元，同比增长17%，占海南口岸进出口总值比重达68%。

海口海关还积极配合海南省政府争取国家批准设立博鳌乐城国际医疗旅游先行区和批准东方市开展对越南边民互市贸易，推进海南医疗旅游、边贸产业加快发展。

【建设“绿色海关”助推“绿色崛起”】 一是制定建设规划，通过理论学习会、专题研讨会、大讨论、课题研究、主题征文等方式广泛开展研讨，深入挖掘和提炼“绿色海关”的丰富内涵，找准“绿色海关”建设和支持海南“绿色崛起”的结合点；结合海南“绿色崛起”目标和国际旅游岛建设规划，出台《2012年—2016年“绿色海关”建设工作规划》，明确“绿色海关”建设的总体思路、主要任务和具体措施。二是加强绿色把关。强化海关政治把关、经济把关、文化把关、生态把关等职能作用，构建职责明晰、协同配合、紧密连接、有序运行的综合监管体系，制止一切阻碍绿色崛起、影响社会安全稳定、毒害精神思想文化、污染破坏生态环境的货物物品进出境；针对海南岛屿型经济特点和关区海岸线长、非设关地点多、毗邻越南和北部湾等走私高发地区的特殊地理环境，准确研判国际旅游岛建设背景下走私活动新动向，始终把握反走私工作的主动权，维护国际旅游岛建设良好环境。三是打造绿色服务。构建高效便捷的离岛免税、离境退税、进出境游艇监管、会展赛事的海关监管模式，深入研究和综合运用海南国际旅游岛以及综合保税区、保税港区等各项优惠政策，全面加快推动海南国际旅游岛建设；实施“属地申报，口岸验放”和“省内虚拟统一通关现场”便捷通关模式，采取提前申报、预归类、预审价、网上支付、“一对一”个性化服务等措施，支持海南特殊监管区和重点园区、现代服务业、现代农业和海洋经济、高新技术产业发展。四是实施绿色建关。深入推进准军事化海关纪律部队建设、创先争优活动和关区文化建设，大力倡导和实践海关核心价值观，建设具有时代特征和行业特色的海关文化；强化队伍管理，建立健全制度规范、执行控制、职能监控、专门监督、处置评估有效联动的内控机制；坚持把反腐倡廉工作融入海关行政管理、业务建设、反走私工作和海南国际旅游岛建设中，为“绿色海关”建设提供强有力的组织保障。

【海口海关探索优化综合治税工作机制】 一是创新审单作业机制，提高审单作业整体效能。优化审单作业模式，详细划分专业审单和现场接单的处置权，优化通道参数管理，对重点、敏感、高风险涉税进出口商品进行集中专业审单，通过错位管理提高审单效能；优化风险监控评估，以风险情报信息监控中心为依托，针对审单作业各环节开展风险信息研判，建立审单绩效评估机制，实现动态管理，及时纠偏。二是强化低价商品管理，查堵税收征管漏洞。加大低价商品综合治理力度，对木片等5类低价商品采取专题调研、贸易调查、重点企业稽查等举措，有效防范价格管理风险；强化专项价格核查，通过调阅电子数据和报关单证进行分析排查，并深入企业核实情况，从规范申报源头查堵漏洞。三是加强内控机制建设，提高税收征管水平。完善监控分析网络，建立健全“日监控—月分析—季考核”的税收综合分析监控机制，实时监测税收动态，发布价格、归类及监控信息；强化业务执法检查，以常态化的年度业务执法检查为抓手，全面复查关区业务执法情况，及时整改发现的问题，并着手完善规章制度；优化征管质量考核评估体系，科学调整归类、价格、申报规范等业务考核量化指标和权重分配，实施季度税收征管质量考核通报。四是完善综合治税链条，打造高效联动机制。充分发挥综合治税领导小组作用，及时协调解决业务执法结合部存在的税收隐患；将统计监督信息、执法评估报告作为检验综合治税工作的有效手段，提升税收质量，确保各项税收征管指标处于优质区间；深化部门联动配合机制，建立涉税线索移交、例会制度、成效跟踪等机制，构建反商业瞒骗联动机制，打造风险监控资源共享平台，形成优势互补、成果共享的监管合力。五是强化税收政策服务，切实为企业排忧解难。通过“12360”咨询热线、发放宣传资料、送政策上门等形式，帮助企业用好用足国家税收优惠政策；为海南重大项目、重点税源企业提供全程跟进式咨询服务，确保重大项目进口设备符合国家政策规定，享受相应税收优惠。2012年税款入库107.5亿元，创历史新高；为海南企事业单位实际减免税款约25亿元人民币，同比增长37%。

【海南出入境检验检疫局出台促外贸稳增长10条措施】 为促进海南特色农产品扩大出口和工业品进出口，海南出入境检验检疫局制定并实施促外贸稳增长10条措施：严格执行四季度免收费政策，切实减轻企业负担；围绕园区的产业定位，加强检验检疫政策扶持“项目建设年”活动；支持企业加强质量管理，提升产品质量水平；加强技术性贸易措施研究，提升应对摩擦能力；加强检验检测服务，提高企业实验室建设水平；优化行政审批流程，提高许可审批效率；推进质量品牌建设，提升产品国际竞争力；创新检验检疫监管工作机制，增强监管效能；加大通关模式改革力度，扩大出入境通关便利；严格检验检疫，确保质量安全。

2012年，帮助文昌市出口罗非鱼质量安全示范区列入全国首批90个国家级出口食品农产品质量安全示范区，龙泉文昌鸡首获使用文昌鸡地理标志保护专用标志。全年出境农产品检验检疫6.55亿美元，罗非鱼及其制品出口继续位居全国第一，新增出口农产品种养备案基地79家、27平方千米，同比分别增长2.59倍和4.09倍，出口注册（登记）/备案企业达107家，国外注册188家次。全年进出境工业品检验106.53亿美元，其中出境工业品检验13.05亿美元，同比增长85.65%，检出进口货物短重或与品质不符等问题，帮助企业挽回700多万美元的经济损失。全年检验检疫离岛免税商品966批次共1.1亿美元，检出食品、化妆品和服装等不合格42批次共163万美元，监督销毁过期化妆品2 597件共52万元和不合格食品4 852件共16.4万元。

【海南出入境检验检疫局大力推进海南开放口岸核心能力建设】 促成省政府印发《关于切实做好〈国际卫生条例（2005）〉口岸核心能力建设考核验收工作的通知》，召开海南省口岸核心能力建设推进会，构建起以“地方政府牵头、检验检疫指导、管理主体履责、各部门配合”的海南省口岸核心能力建设共建机制，明确各相关责任单位的责任和工作进度，突出重点抓整改、对照标准抓整改、倒排日程抓整改、学习先进抓整改，口岸核心能力建设工作有序开展并初见成效。2012年，支持配合洋浦口岸神头港区通过国家验收，完成八所口岸获批为进境水果指定口岸后的首批进口水果检验检疫，帮助美兰国际机场进入全国首批61个世界卫生组织口岸核心能力达标口岸。

【海南出入境检验检疫局加强动植物检疫把关】 紧密监测国际周边地区动植物疫情疫病动

态，加强对入境交通工具、集装箱、邮寄物、动植物及其产品、木质包装、废旧物资等高风险敏感进境物的检疫查验和卫生除害处理，提高动植物疫情疫病和外来有害生物的检出率，建立健全动植物疫情疫病安全风险预警和应急处理机制，严防各种疫情疫病、有害生物及有毒有害物质的传入，维护海南“生态省”、“健康岛”、“无规定动物疫病区”的良好信誉。2012 年，经船舶卫生监督，共捕获医学媒介生物 668 只（其中埃及伊蚊、白纹伊蚊 120 只）；口岸截获植物有害生物 729 批次、249 种、1 360种次，批次同比减少 7%，种类、种次同比分别上升 49.1% 和 1.8%，其中检疫性有害生物 41 批次、13 种、41 种次，同比分别上升 57.7%、44.4% 和 41.4%，苹果蠹蛾、法国野燕麦等 4 种检疫性有害生物为海南口岸首次截获，皱匕果芥被国家质检总局认定为具有重大检疫意义的外来杂草。检疫查验出入境邮寄物 38.69 万件，截获违规入境物品 34 批次；查验旅客携带物24 983件，截获违规携带物2 462件，同比增长 45.72%。此外，从一名曾先后到两家地方医院就诊但均未检出疟原虫的患者中首次检出输入性疟疾病例，经妥善处置，有效阻止了疫情扩散。

【海南海事局出台 7 项措施支持三沙市开发建设】 三沙设市后，海南海事局结合实际，出台了 7 项服务措施支持三沙市开发建设。一是加快三沙海事局建设工作，建立健全机构设置和人员配置，努力提高“四型海事”（学习型、责任型、服务型、创新型）建设能力，主动融入三沙市建设发展大局。二是加强现场安全管理，严格查排隐患，严把船舶签证关，确保西沙永兴岛陆岛交通运输安全。三是加快三沙海域海上通信和助航基础设施建设，提升航海保障能力，保障三沙海域海上航行安全。四是加强三沙船舶垃圾和污染物处置研究，提高船舶垃圾和污染物接收处理能力，保持三沙海域海洋环境清洁。五是加强预警预报，强化应急演练，提高海上救助能力，确保三沙海域海上人命安全。六是优化邮轮游艇监督管理，加强水上飞机等新型水上娱乐产业监管研究，为三沙海域旅游开发做好服务。七是完善三沙海事装备建设，配备大型海事巡逻船艇，建立定期巡航制度，积极维护国家海洋主权。

【“两客三游（邮）（客滚船、客渡船和游船、游艇、邮轮）船舶”零事故、零伤亡】 2012 年，海南海事局把加强水上交通安全保障工作当做第一要务，将“两客三游（邮）船舶”作为监管重点，强化琼州海峡客滚运输安全管理，坚持邮轮进出港护航制度，推行游艇“3 + 3”管理模式，编制渡口渡船“档、人、账”安全网，免除渡工培训考试费用，全年安全运送旅客2 101万人次，其中琼州海峡客滚船运输旅客1 094万人次，“三游（邮）船舶”安全运送游客 507 万人次，客渡船舶安全渡运旅客约 500 万人次，实现了“两客三游（邮）”船舶零等级事故、零人员伤亡。

【中国海事第一船—“海巡 21”轮列编海南】 为服务海洋强国战略，维护国家海洋权益，支持海南国际旅游岛建设和三沙海洋经济发展，交通运输部海事局决定将中国海事第一船——“海巡 21”轮配备至海南。2012 年 12 月 27 日，“海巡 21”轮服役南海列编仪式在海口海事基地码头举行，结束了海南海事局无大型海巡船的历史，有效提升海南海事的监管能力和海上搜寻救助能力。“海巡 21”轮主要执行南海海区的巡航执法、海上交通安全监管、海上交通事故调查处理、海上污染监测、海上搜寻救助及履行国际公约等任务。“海巡 21”轮与海南海事局现有海巡船艇一道形成对海南辖区沿海、近海和中国南海海域近 200 多万平方千米海事监管的全覆盖。

“海巡 21”轮具备在多种气象条件下实施海空立体监控和搜寻救助能力。“海巡 21”轮总长 93.2 米，排水量1 583吨，满载时最大续航力为 4 000海里，最大持续航速达到 22 节，船尾设有直升机起降平台和直升机舰载专用格栅，是我国历史上第一艘千吨级可装备舰载直升机的海事巡逻船，也是我国海事系统最早装备的大吨位、最先进海上执法巡逻船。

【海口出入境边防检查总站全面推进边检管

理改革】 海口出入境边防检查总站参照上海吴淞站海港管理改革模式，结合自身实际，以风险评估、信誉管理以核心，以健全协作机制、强化船方、码头和边检机关三方共管责任及加强代理人员和码头企业安全管理为手段，以完善闭路电视监控系统、船舶网上报检系统、船舶动态监控系统（AIS）等技术手段为支撑，全面推进秀英、马村两个海港站边检管理改革，取得了明显成效。主要表现为：一是通过风险评估和信誉管理制度，实现出入境船舶、外贸码头等经营企业的动态化、差别化管理，充分调动起船舶、码头的积极性；二是严格落实《船舶港口设施保安规则》，强化边检机关和船方、码头三方管理责任，建立健全了各负其责、各司其职的综合口岸管控体系；三是通过建设完善港口管理科技手段，初步构建起平面、立体相结合的口岸防控服务体系，提高了口岸管控与服务能力。四是通过管控与服务的精细化、勤务组织管理的科学化，改变了平衡用警的传统方式，推动海港边检勤务管理向科技化、现代化、规范化方向不断发展。2012年，共检查出入境人员43万多人次，同比增加6%以上；检查出入境交通运输工具4 400余架（艘）次，同比增加近8%，其中飞机3 000多架次，船舶近1 300艘次。

【海口出入境边防检查总站加强旅游团出入境监督管理】 海口出入境边防检查总站与省旅游委签订战略合作协议，加强旅游团出入境工作监督管理，进一步规范旅行社组团出境手续。与省旅游委联合制定下发了《旅游团出入境边防检查服务及旅行社信用评估管理办法（试行）》，通过信用评估，调动激励旅行社自觉遵章守纪，同时加大对旅行社违法违规行为的处罚力度。自2012年5月15日起，与省旅游委联手开展为期3个月的旅游团监督服务专项整治行动，重点整治不按规范组团、管理服务不到位等问题。建立与旅游行政管理部门的信息通报机制，及时通报旅行社存在的问题，协调旅游行政管理部门对相关旅行社的违法违规行为进行处罚。通过不断规范与整治，目前出国旅游团、港澳团及外国人入境旅游团的管理工作有了明显改进，旅行社违法违规行为呈下降趋势，有力助推了海南国际旅游岛建设。

【海口出入境边防检查总站积极打造阳光国门新形象】 海口出入境边防检查总站按照建设服务型政府的要求，自2007年起就持续开展了提高边检服务水平活动，牢固树立起人本、专业、安全的服务理念，着力推进“服务理念、职业精神和专业素质”三大支柱建设，近年来出入境人员对边防检查与服务的满意率均保持在95%以上。为推进边检机关提高服务水平向“深水区”迈进，2012年8月19日，海口出入境边防检查总站在海口设立主会场，并在人流集中的口岸和商业繁华地带设立6个分会场，以点带面进行边检服务品牌推介活动，并持续在市区人流量密集的LED宣传广告牌和103辆主要线路公交车上滚动播放边检服务品牌形象介绍片、宣传片和广告片，在海南在线网络平台制作“中国边检 阳光国门”永久专题网页，多维度、立体式、全方位开展宣传。据不完全统计，活动期间共发放宣传折页5 200余册、纪念品1 100余份，现场接受群众咨询400多人次。24家中央和地方平面、网络媒体刊发相关稿件140余篇（次），使边检服务品牌形象更加深入人心。

【海南省公安边防总队以科技为支撑，创新边检勤务模式】 海南省公安边防总队以提升边检执勤科技含量为支撑，不断创新边检勤务模式，全年为各边检站配发了各种服务器、专用电脑、信息采集设备等，有效提升服务海南国际旅游岛建设水平。为确保便民措施落到实处，启用了边检网上报检系统，统一了船舶、旅行社网上申报一站式服务平台，实现网上报检、网上办证、网上咨询、网上应诉等功能的“一网通”，进一步方便了群众办事；推行游艇“一证通”服务，极大方便游艇人员的上下，促进游艇产业的发展；对“大型豪华邮轮快速通关”辅助系统进行升级，全面推广外国人出入境卡片自助打印系统，探索实行随船办检勤务，实现邮轮旅客查验“零等待”，提高通关效率。2012年，总队所属各边检站推广网上报检、网上咨询、预约办证、信息提示等服务措施，开通24小时应急绿色通道，实行24小时全天候服务，逐步实现网络化、远程化、自动化边检服务。其中，凤凰、三亚边检站启用边防检查无线验放系统，实现服务前移、移动检查、移动监管、快速通关等功能；凤凰边检站对“免签团辅助验放系统”进行改造升级，实现了对所有旅游团的“随到随检”。

【海南省公安边防总队积极探索三亚智能化口岸建设】 海南省公安边防总队以实现三亚口岸边检服务和管控的智能化为总目标，以建设“一个平台（指挥中心）、四个系统（验放系统、监护系统、内部管理系统、外部服务系统）”为抓手，以分片驻点、科队联勤模式为勤务基础，以公安部赋予的电子证件、移动警务室和锚地协作共管等试点课题为主攻方向，以大型邮轮快速验放系统、免签团快速验放系统、卡口门禁管理系统、视音频监控系统、北斗星通系统等信息系统为技术支撑，积极探索三亚智能化口岸建设，有效提升了边检服务和管控水平。通过不断总结经验，完善各项运营机制和措施，海南省公安边防总队将不断扩大试点范围。

【海南省公安边防总队开展“中国边检服务品牌集中推介活动”】 2012年8月19日，海南省公安边防总队以“脉动东海岸、快乐三亚湾、微笑凤凰港、活力九龙城、倾情北部湾”为主题，在三亚市设立中心宣传会场，在东方、洋浦、文昌等3市设立分会场，同步举行了“中国边检服务品牌集中推介活动”。500余人参加了主会场的推介活动，期间共发放“天天”卡通形象椰雕10 000个、宣传邮册等纪念品1 300余份、宣传折页5 600余册，现场接受群众咨询400余人次。《法制日报》、《海南日报》、海南省电视电台、人民网、南海网等14家媒体、30余名记者分别到4个活动现场进行采访报道，营造了强大的宣传声势，取得了良好的效果。

开放口岸

【海口航空口岸】 海口美兰国际机场位于海口市灵山镇，占地面积5.83平方千米。1999年建成使用，2003年正式对外开放。国际航空4E级标准园林式机场，跑道长3 600米、宽45米，可满足波音747－400等大型飞机全载起降要求，设计年客运能力930万人次、货物15万吨。机场航站楼总面积9.93万平方米，站坪总面积38.4万平方米，站坪机位33个，即将启用的新国际航站楼占地面积1.32万平方米，建成后可满足年出入境旅客吞吐量105万人次。截至目前，已开通国内航线121条、国际及地区航线9条，年旅客吞吐量已突破1 000万人次，旅客吞吐量年平均增长率保持在10%左右。2012年，美兰国际机场口岸进出境飞机3 729架次，同比增长18.7%；进出境旅客42.1881万人次，同比增长10.4%。

海口美兰国际机场2005年4月1日顺利通过世界卫生组织（WHO）检验，成为我国第四家“国际卫生机场”；2010年荣获ACI全球总干事杰出贡献奖；2011年3月份荣膺SKYTRAX区域最佳机场（中国区）；2011年11月成为国内首家通过ASQ资格认证的机场；2011年12月荣膺SKYTRAX四星机场，成为国内第二家、全球第九家四星级机场；2012年9月，成为我国首批通过口岸核心能力验收的口岸。

【三亚航空口岸】 三亚凤凰国际机场位于三亚市凤凰镇，占地2.58平方千米。1994年建成使用，1995年正式对外开放。国际航空4E级标准热带海岛滨海花园式机场，跑道长3 400米、宽60米，可满足波音747－400等大型飞机全载起降的要求，设计年客运能力650万人次、货物15万吨。机场航站楼总面积4.23万平方米，停机坪可同时停放41架大中型客机。截至目前，已开通国内航线116条、国际及地区航线26条，年旅客吞吐量已突破1 000万人次。2012年，三亚凤凰国际机场口岸进出境飞机2 631架次，同比增长－9.6%；进出境旅客29.932 2万人次，同比增长－14.9%。

近年来，三亚凤凰国际机场先后荣获“海南省低碳经济建设先进企业”、“首届海南国际旅游岛十大经济领军企业”、“博鳌亚洲论坛年会保障工作先进单位”、“全国用户满意明星班组”、“全国巾帼文明岗”、“青年文明号”、“全国航空服务最具公众满意”、“全国用户满意企业”等荣誉，获得了社会各界的广泛认可。

【海口水运口岸】 海口港位于海口市北部，是交通运输部规划的25个沿海主枢纽港之一，由秀英、马村、新港等三大港区组成。其中，秀英港区是海口港的主体港区，1957年对外开放，主要经营大宗散杂货、集装箱、车客滚装运输等，现有码头泊位20个，年吞吐能力为件杂货225万吨、集装箱70万标箱、旅客478万人次、滚装车辆65万辆。2009年~2011年货物吞吐量平均每年增长24%，年均增速超过全国规模以上港口13%的涨幅，集装箱吞吐量稳居北部湾之首；马村港区2005年扩大对外开放，主要经营马村港务有限公司3.5万吨级散杂泊位，年吞吐能力为件杂货65万吨，目前马村港扩建二期工程正在建设中，建设规模为4个2万吨级通用泊位和3个5 000吨级中小泊位，年设计吞吐量275万吨；新港港区2005年扩大对外开放，原有生产泊位16个，货物吞吐能力杂货96万吨、滚装车辆35万辆，现港口业务已搬迁到秀英港区，港区土地正进行城市化改造开发。2012年，海口港口岸出入境货物240万吨，同比增长-11%；出入境人员483人次；出入境船舶1 099艘次，同比增长-13.9%；集装箱7.4576万标箱，同比增长-20%。

海口综合保税区位于海南老城经济开发区内，占地面积1.93平方千米，2008年12月22日经国务院批准设立，是继国务院批准设立洋浦保税港区后，海南又一个由海关监管的开放层次最高、优惠政策最多、功能最齐全、手续最便捷的特殊经济区域。海口综合保税区是海口保税区转型发展、区位调整升格获国务院批准设立的开放层次更高的海关特殊监管区域。1992年10月，海口保税区获国务院批准设立，经过10多年的发展，区域已形成了以生物制药、汽车制造、电子信息和机电加工为支柱的四大产业群，对带动海口市的产业结构调整，促进海南省、海口市的经济发展做出了积极的贡献。但随着城市经济的发展，为解决园区功能定位与城市发展规划的矛盾、区港分离和发展空间不足的三大问题，经海口市、海南省政府报请国务院批准，海口保税区转型升格为海口综合保税区。综合保税区是以虚拟港口为依托，设立在特定区域，参照保税港区管理办法管理，被称为“内陆保税港区”。海口综合保税区将发挥依托省会城市及海口市被批准为全国加工贸易梯度转移的重点承接城市的优势，重点发展具有海南特色的、轻型的外向型加工业、物流业，为海南旅游业、航空航天产业、热带高效农业、水（海）产品出口加工业服务配套的专业园，形成以口岸为依托的高度开放的加工贸易和现代物流运营区。

【三亚水运口岸】 三亚港位于海南岛南端，以国际客运为主、货运为辅，自古以来是著名的盐海港口，1953年改为商港，1984年对外开放，主要担负海南东南部海上客货运输。其中，三亚港码头现有泊位7个，设计年吞吐能力100万吨；三亚凤凰岛国际邮轮港现有1个8万吨级邮轮码头，年接待能力60万人次。二期拟投资30亿元，扩建1个10万吨级、2个15万吨级、1个22.5万吨级泊位；鸿洲国际游艇码头已建成泊位72个。2012年，三亚港口岸出入境货物0.09万吨，同比增长-98.9%；出入境人员100 459人次，同比增长55.4%；出入境船舶336艘次，同比增长18.3%。此外，在2012年第七届中国邮轮发展大会上被评为全国最佳邮轮服务口岸。

【清澜水运口岸】 清澜港位于海南岛北部的文昌市境内，是海南省东部地区重要的支线补充港和国家航天发射基地的主要海运枢纽，1996年对外开放，拥有渔业码头1座、5 000吨级泊位1个和500吨级泊位2个。开通8条航线通往中国大陆、香港、台湾、澳门及东南亚等地区，年设计吞吐能力50万吨。清澜港码头扩建工程于2009年动工实施，分四期完成，预计2015年货物吞吐量将达到310万吨，2020年货物吞吐量将达到370万吨。届时，清澜新港将成为琼东海岸线上重要的货物进出境集散地，也是连接西、南、中沙群岛的重要港口。同时，该港口将具备开辟赴港澳和西沙海上旅游航线以及运转文昌新一代航天发射场重要物资的能力。2012年，清澜港口岸出入境船舶57艘次。

【洋浦水运口岸】 洋浦水运口岸位于海南岛西北部洋浦经济开发区境内，是规划与建设中的区域国际航运枢纽和物流中心，由洋浦、神头等两大港区组成，港口年吞吐量突破3 000万吨，开放海域面积扩大到55平方海里，“十二五”末有望跨入亿吨大港行列。其中，洋浦港区1991年对外开放，素有“天然深水良港”之称，经过三期工程建设，现拥有20个泊位、3个5万吨级通用散货泊位，设计年通过能力1 000万吨；神头港区2012年正式对外开放，现有3 000吨级至30万吨级码头泊位共12个。2012年，洋浦港口岸出入境货物1 593.7万吨，同比增长5.3%；出入境船舶2 990艘次，同比增长-8.5%；集装箱7.62万标箱，同比增长94.26%。

洋浦保税港区位于海南省洋浦经济开发区内，占地面积9.206 3平方千米，将分三期开发建设，2007年9月24日经国务院批准对外开放。洋浦保税港区是我国继上海洋山保税港区、天津东疆保税港区和大连大窑湾保税港区之后，设立的第四个保税港区，也是我国在华南地区设立的首个保税港区。洋浦毗邻东盟贸易区，靠近国际主航线，深水岸线长达50多千米，可建1万~30万吨码头泊位80个，还是距离南海石油天然气资源最近的工业基地。港区将充分发挥区域、资源和政策优势，面向东南亚，建成环北部湾地区最为开放的航运中心；建成以石油、天然气、化工原料、纸浆、纸制品的保税仓储、中转交易为主的物流中心；发展成为全国重要的化工产品加工出口基地。设立洋浦保税港区，是国家实施区域经济发展战略和能源战略、完善国家对外开放格局的重要举措，有利于促进海南特区乃至整个北部湾区域经济加快发展。

【八所水运口岸】 八所港位于海南岛西部北黎湾的西南部，是海南省重要的工业港，1958年对外开放，现有3个作业区共11个泊位，年设计综合吞吐能力1 263万吨。截至目前，八所港与全国沿海各港口以及全球20多个国家和地区通航贸易，口岸服务机构齐全，是环北部湾经济圈主要的贸易港口。计划投入8 000万元，增设1个滚转式泊位，提高货物的进出港能力。规划建设1个边贸专用码头，完善边贸城运作的功能。按照要求在开放港区内划出7.5万平方米土地，作为八所口岸发展邮轮、游艇预留用地。2012年，八所水运口岸出入境货物108.97万吨，同比增长-2.1%；出入境船舶364艘次，同比增长21.3%。

海南省口岸大事记

1月

国家批准海南省开通三亚至越南海上邮轮边境游线路。

1月30日

全国人大财经委主任委员石秀诗率全国人大财经委《旅游法》起草调研组，赴三亚市调研离岛免税购物政策试点实施情况。

2月4日~19日

2012沃尔沃中国帆船赛中国（三亚）经停港活动在三亚半山半岛成功举办。海南省海防与口岸办公室、三亚市海防与口岸办等协调口岸各查验单位为赛事提供了优质的通关保障服务。

2月6日

交通运输部部长李盛霖在海军副司令员丁一平等领导的陪同下，专程到西沙永兴岛慰问驻岛海事、救助、邮政干部职工以及部队官兵。

3月9日~19日

“阿罗哈杯”2012环海南岛大帆船赛在三亚成功举办。海南省海防与口岸办公室协调口岸各查验单位为参赛的外籍船舶、人员等提供了优质的通关保障服务。

3月29日

海南省省长蒋定之视察海口综合保税区海

关，对海口海关支持海口综合保税区建设表示感谢。

3月31日

首届中国（海南）热带医学与口岸安全学术研讨会在海口召开。世卫组织、亚太旅行卫生学会相关负责人参加会议，参会代表就加强口岸卫生安全、保障国际旅行者身体健康，推动国际旅游业产业发展等问题进行了研讨。

4月5日~8日

2012第三届“海天盛筵”在海南省三亚市举行，近270个全球顶级品牌的豪华游艇、公务机等高端度假产品参展，期间售出游艇20多艘，现场交易量高达10多亿元人民币。

4月14日~16日

2012博鳌亚洲论坛年会在海南召开。海南省海防与口岸办公室主动协调各查验单位，先后提供礼遇及便利通关2 300人次，服务保障专（包）机、公务机和航班146架次，圆满完成了口岸通关服务保障工作。

4月19日

海关总署党组书记、署长于广洲在海南调研离岛免税政策运行情况，先后视察三亚凤凰机场离岛免税提货点、海关视频监控中心和海口美兰机场离岛免税店，详细了解海关监管工作及政策运行情况，慰问一线监管关员，对政策运行一年来取得的成效予以充分肯定。当日，于广洲署长在海口会见海南省委书记罗保铭、省长蒋定之。

4月20日

海关总署党组书记、署长于广洲在海口海关视察。当日，于广洲署长、海南省省长蒋定之在海口出席海关总署与海南省政府座谈会，就完善海南离岛免税购物政策、洋浦开发区四至范围调整、国际医疗旅游先行区建设等事项进行会商。

海南离岛免税购物政策实施一周年以来，海口海关共监管海口、三亚两家离岛免税商店销售免税品294万件，购物总金额18.5亿元，购物人数91万人次，征收税款3 000余万元，查处旅客违规行为38起。

5月8日

洋浦港口岸神头港区对外开放通过海南省政府初步验收。

5月11日

海南航空公司执飞的太原—海口—新加坡国际航线往返航班按计划顺利通航。

5月12日

意大利“维多利亚号”邮轮首航三亚凤凰岛国际邮轮港，这是第17艘首航三亚港的世界级豪华邮轮。

5月18日

海南省海事局承担的交通运输部海事局下达的《游艇安全监管研究》课题项目，通过部局组织的评审。

5月27日

自2011年4月20日离岛免税购物政策试点实施以来至2012年5月27日，离岛免税购物人数突破100万，购物金额突破20亿元。

5月

《海南省游艇俱乐部（游艇会）审核注册登记备案管理办法》出台，旨在规范游艇企业经营行为，推动海南游艇产业健康有序发展。

6月20日

海南省省长蒋定之到洋浦经济开发区考察调研，希望海口海关为洋浦的项目建设和企业发展提供更优惠的政策支持和更优质的通关服务，推进洋浦早日跨入全国一流开发区行列。

6月28日

经海关总署批准，海口港海关正式成立，由原来的办事机构升格为具有独立法人资格、履行所有海关事权的隶属海关，这也是海关总署在海南设立的第八个隶属海关，标志着海南扩大开放格局进一步优化。

7月10日

国家发展改革委牵头组织外交部、财政部、卫生部、海关总署等11部委组成联合调研组，赴海南对创建博鳌乐城国际医疗旅游先行区进行实地考察调研。

7月16日~17日

中俄总理定期会晤委员会经贸合作分委会中

俄标准计量认证和检验监管常设工作组第十次会议在海南三亚召开。中俄双方共同签署了《中俄总理定期会晤委员会经贸合作分委会中俄标准计量认证和检验监管常设工作组第十次会议纪要》，草签了中俄石油天然气标准化合作一揽子计划。

7月27日

三亚海事局完成了辖区首艘20米以上的游艇“万达3号”登记工作，并给该艇发放了《船舶国籍证书》。

8月19日

海南省委书记、省人大常委会主任罗保铭视察海南海事局木栏头航标站，勉励海事干部职工为海南国际旅游岛建设做出新的更大贡献。

8月24日

首批200吨进口泰国橡胶运抵海口综合保税区，标志着海口综合保税区保税功能实现新突破。

9月10日

交通运输部转发中编办文件，决定将中华人民共和国西沙海事局更名为中华人民共和国三沙海事局，其隶属关系、机构规格、人员编制保持不变。

9月19日

海南省委书记罗保铭听取海口海关落实离岛免税政策汇报，对该关结合实际改革创新监管方式，有效坚持原则性和灵活性的统一，创造性地落实好海关监管和服务工作，有效保障离岛免税政策效应充分发挥，有力支持海南经济发展的工作予以充分肯定。

9月23日

三亚四季休闲渔业有限公司旗下的海南省首艘休闲渔业海钓船“琼临高96888号”在三亚成功首航。

10月11日

洋浦水运口岸神头港区对外开放通过国家验收，标志着洋浦经济开发区以大口岸、大物流为支撑的“一港三基地”即将步入跨越式发展轨道，为洋浦发展大型临海工业基地和现代保税物流中心奠定了坚实基础。

10月23日

海南省委书记罗保铭到洋浦、儋州调研，听取海口海关推动洋浦四至调整、服务洋浦开发建设重点项目、支持洋浦“一港三基地”建设等方面工作情况汇报并予以充分肯定。

“国家（洋浦）石油化工产品重点实验室”顺利通过专家组的核查验收，成为海南省目前唯一的国家石油化工产品检测重点实验室。

10月24日

海南省政府举办海南省离岛免税政策调整新闻发布会。根据重新修订的《中华人民共和国海关对海南离岛旅客免税购物监管暂行办法》，此次调整自2012年11月1日起执行，主要在免税购物额度、免税商品品种、购买数量、政策适用对象年龄等四方面做了放宽调整。

“琼琼海09039号”渔船在从琼海市潭门港驶往西沙群岛途中漏水沉没。海南省海上搜救中心及时展开搜救，16名落水渔民全部获救。海南省省长蒋定之致电海南省海上搜救中心给予充分肯定。

10月25日

琼州海峡船舶交通管理系统（VTS）改造工程和海南省海事局沿海辖区甚高频（VHF）安全通信系统工程，顺利通过部海事局的竣工验收。

10月30日~31日

财政部、商务部、海关总署、国家税务总局、国家质检总局、国家食品药品监督管理局等国家六部委到海免海口美兰机场免税店、三亚市内免税店检查离岛免税政策调整模拟运行工作。

11月1日

调整后的海南省离岛旅客免税购物政策正式实施，离岛旅客免税品销售数量、金额、购买人数均大幅增长，政策调整产生的效应明显。

11月13日~16日

国家质检总局《海南出入境检验检疫游艇管理办法》立法审查会在三亚市举行。该办法将以部门规章形式发布实施。

11月27日

海南省省长蒋定之在万宁参加中非合作圆桌

会议第三次大会期间视察了石梅湾游艇码头，要求省海防与口岸办加大协调力度，争取申请开放的水域早日开放，促进全省游艇产业发展。

12 月 27 日

中国海事第一船——“海巡 21”轮列编仪式在海口海事基地举行，结束了海南海事局无大型海巡船的历史，有效提升海南海事的监管能力和海上搜寻救助能力。

2012年海南省口岸流量统计表

口岸类型		口岸名称	货运量（万吨）				集装箱量（万标箱）				人员（万人次）				交通工具（辆、艘、架、列次）			
			出口	进口	合计	同比(%)	出口	进口	合计	同比(%)	出境	入境	合计	同比(%)	出境	入境	合计	同比(%)
空运口岸		海口									21.11	21.08	42.19	+10.40	1 864	1 865	3 729	+18.70
空运口岸		三亚									15.31	14.62	29.93	-14.90	1 323	1 308	2 631	-9.60
空运口岸		分计									36.42	35.70	72.12	-1.70	3 187	3 173	6 360	+5.10
陆运口岸	公路口岸																	
陆运口岸	公路口岸	分计																
陆运口岸	铁路口岸																	
陆运口岸	铁路口岸	分计																
水运口岸	海港口岸	海口港	199.70	40.30	240.00	-11.00	4.03	3.43	7.46	-20.00	0.02	0.02	0.04		655	444	1 099	-13.90
水运口岸	海港口岸	八所港	81.22	27.78	109.00	-2.10									111	253	364	+21.30
水运口岸	海港口岸	三亚港	0.09		0.09	-98.90					5.02	5.02	10.04	+55.40	158	178	336	+18.30
水运口岸	海港口岸	洋浦港	1465.22	128.48	1 593.70	+5.30	2.76	4.86	7.62	+94.26					1 436	1 554	2 990	-8.50
水运口岸	海港口岸	清澜港													29	28	57	-18.60
水运口岸	海港口岸	分计	1 746.23	196.56	1 942.79	+2.00	6.79	8.29	15.08		5.04	5.04	10.08		2 389	2 457	4 846	-6.80
水运口岸	河港口岸																	
水运口岸	河港口岸	分计																
合计			1 746.23	196.56	1 942.79	+2.00	6.79	8.29	15.08	+13.83	41.46	40.74	82.20	+2.90	5 576	5 630	11 206	-0.40
同比（%）			-0.90	+39.50	+2.00		-2.90	+32.60	+13.83		+2.90	+3.00	+2.90			-0.80	-0.40	

（海南省海防与口岸办提供）

2012 年海口海关主要数据统计表

项目		2012 年	同比（%）
进出口货运量（万吨）	合计	2 265.00	+5.60
	进口	1 968.00	+4.50
	出口	297.00	+13.50
进出口贸易总值（万美元）	合计	1 417 026.30	+8.70
	进口	1 154 985.80	+5.60
	其中：江、海运输	1 003 884.40	+9.80
	铁路运输		
	汽车运输	1 249.30	-30.50
	航空运输	149 777.10	-15.90
	邮件运输	7.70	-9.40
	其他运输	67.30	
	出口	262 040.50	+24.80
	其中：江、海运输	224 919.20	+27.30
	铁路运输		
	汽车运输	1 870.50	+217.90
	航空运输	2 597.40	+92.20
	邮件运输		
	其他运输	326 53.40	+4.30
税收（万元）	两税合计	1 075 409.00	+0.90
	关税入库	51 388.00	-15.70
	进口环节税入库	1 024 021.00	+1.90

（海口海关提供）

2012 年海南省口岸出入境主要数据表

单位：（人员）人次；（交通工具）辆、艘、架、列次

项目			2012 年	2011 年	同比（%）
出入境人员	出入境人员总数		624 966	559 588	+11.68
	入境人员		310 057	276 762	+12.03
	出境人员		314 909	282 826	+11.34
	出入境旅客		415 025	415 123	-0.02
	出入境员工		209 941	144 465	+45.32
	中国公民	小计	253 968	218 410	+16.28
		内地居民（因公）	41 183	319 98	+28.71
		内地居民（因私）	88 854	53 835	+65.05
		港澳居民	79 900	103 848	-23.06
		台湾同胞	44 031	28 729	+53.26
	外籍人员		370 998	341 178	+8.74
	从海港出入境人员		293 163	185 904	+57.70
	从陆港出入境人员				
	从空港出入境人员		331 803	373 684	-11.21
交通运输工具	总计		6 587	6 902	-4.56
	船舶		3 854	4 007	-3.82
	飞机		2 733	2 895	-5.60
	火车				
	机动车辆				

（海南省公安边防总队、海口出入境边检总站提供）

2012年海南省出入境检验检疫业务统计表

项目		货物检验检疫				交通工具				集装箱（标箱）		发现动植物疫情		货物通关		出入境人员查验（人次）	健康检查及预防接种（人次）			
		批次	金额（万美元）	检验检疫不合格		船舶（艘）	飞机（架）	火车（节）	汽车（辆）	合计	检出问题	种类数	种次	批次	金额（万美元）		健康检查	艾滋病监测	发现病例	预防接种
				批次	金额（万美元）															
全年累计		16 564	1 197 938	345	20 454	4 954	6 575			122 563	10	249	1 360	15 303	1 228 969	1 107 201	4 214	4 201	912	3 214
其中	出境	9 767	196 829	21	191	2 452	3 279			55 694				9 049	201 053	555 858	2 153	2 147	451	
	入境	6 797	1 001 109	324	20 263	2 502	3 296			66 869	10	249	1 360	6 254	1 027 916	551 343	2 061	2 054	461	3 214
同比（%）		-1.03	+15.67	+16.95	+25.09	-6.91	+9.29			+17.72	+25	+49.1	+1.8	-1.29	+26.28	+12.25	+12.98	+12.63	+3.75	+1.16
其中	出境	-3.55	+43.96	-25	-51.38	-6.27	+9.34			+14.98				-0.91	+56.99	+11.99	+49.2	+48.79	+68.91	+1.23
	入境	+2.83	+11.37	+21.35	+26.98	-7.54	+9.25			+20.11	+25	+49.1	+1.8	-1.84	+21.62	+12.52	-9.88	-10.19	-24.67	-100

（海南省出入境检验检疫局）

2012 年海南海事局进出港船舶统计汇总表

船舶类别	进港船舶							出港船舶						
	艘数（艘）	总吨（吨位）	总载重量（吨）	载客量（客位）	船员人数（人次）	货物到达量（吨）	旅客到达量（人）	艘数（艘）	总吨（吨位）	总载重量（吨）	载客量（客位）	船员人数（人次）	货物发送量（吨）	旅客发送量（人）
总计	503 230	263 180 331	141 934 548	33 710 272	1 810 378	66 832 611	8 039 554	503 220	262 804 661	141 833 296	33 645 499	1 814 564	50 014 428	7 974 079
中国籍船舶	501 027	241 269 431	112 261 342	33 550 735	1 716 722	48 671 151	7 982 639	501 051	241 067 468	112 423 171	33 487 561	1 720 070	48 832 680	7 916 334
其中：外贸船	615	2 830 650	3 657 306		8 495	1 763 904		648	3 177 416	4 302 547		9 130	979 157	

（海南海事局提供）

重 庆 市

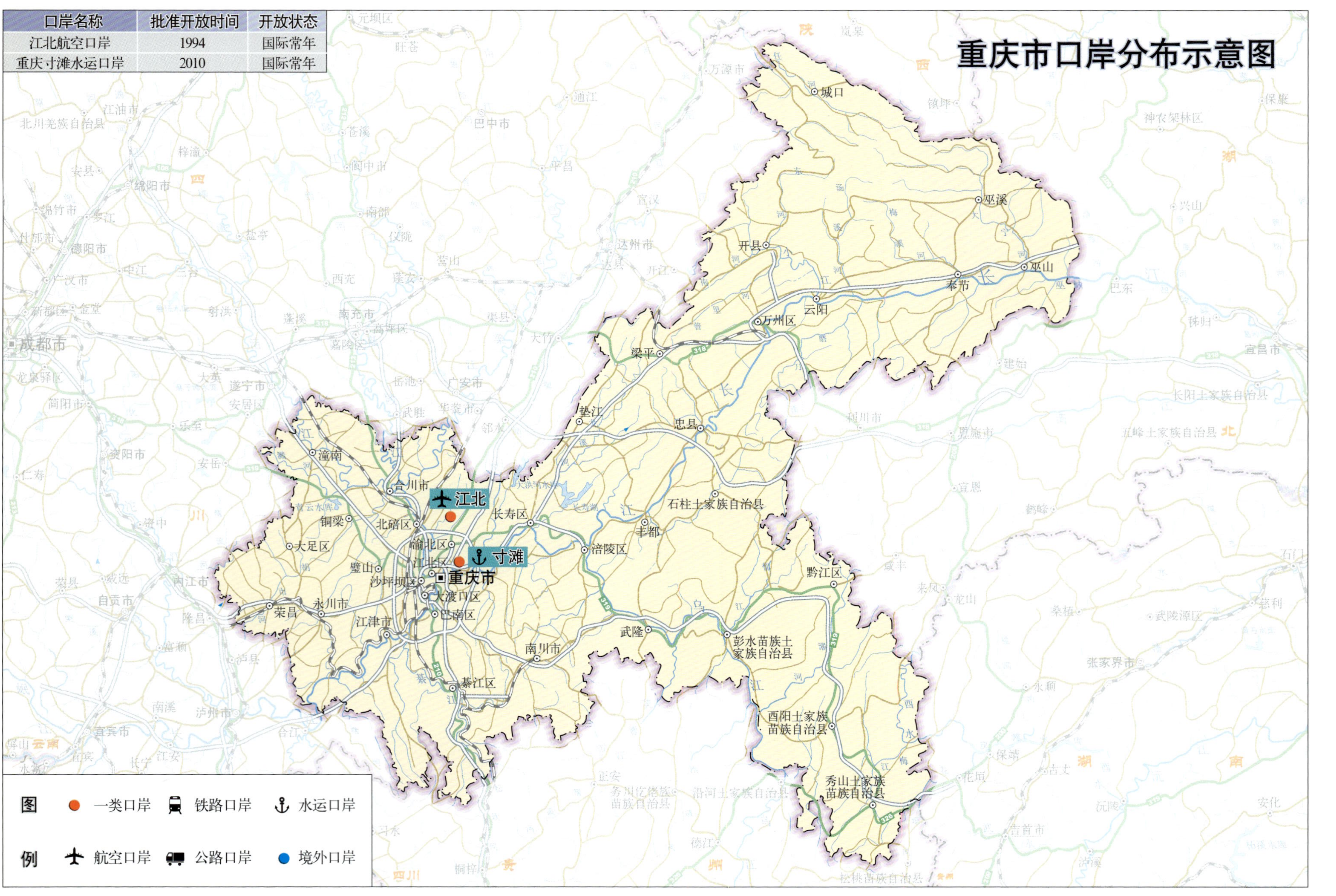
重庆市口岸分布示意图

口岸名称	批准开放时间	开放状态
江北航空口岸	1994	国际常年
重庆寸滩水运口岸	2010	国际常年

江北
寸滩
重庆市
合川市
潼南
铜梁
大足区
北碚区
渝北区
江北区
璧山
沙坪坝区
大渡口区
巴南区
荣昌
永川市
江津市
綦江区
南川市
长寿区
涪陵区
垫江
梁平
忠县
丰都
石柱土家族自治县
万州区
开县
云阳
奉节
巫山
巫溪
城口
武隆
黔江区
彭水苗族土家族自治县
酉阳土家族苗族自治县
秀山土家族苗族自治县
成都市
图例
一类口岸
铁路口岸
水运口岸
航空口岸
公路口岸
境外口岸

口岸数量及分布

截至2012年，重庆市共有经国务院批准对外开放口岸2个，分别为重庆江北航空口岸、寸滩水运口岸；另有11个口岸区域，分别为4个原二类口岸区域：万州水运口岸、涪陵水运口岸、团结村铁路口岸、上清寺邮政口岸；4个口岸后续监管区：永川朱沱港、江津珞璜港、主城区新港、长寿化工码头；3个保税功能区：两路寸滩保税港区、西永综合保税区、机场保税航油库。

口岸运行数据

2012年，重庆口岸国际（地区）航线、旅客量、货邮量、保税航油量、铁路集装箱运量5项指标同比翻番，提前3年并且超额50%以上完成“十二五”规划的预定目标。

航空口岸共有国际（地区）客货运航线34条（其中客运16条、货运18条）；出入境航班8 824架次，同比增长91%；国际旅客量93.6万人次，同比增长99%；国际货邮量15万吨（含保税航油量6.4万吨），同比增长1.5倍。

铁路口岸共运输外贸出口货物18万吨，同比增长55.1%；集装箱1.8万标箱，同比增长342%。开行渝新欧班列41趟，发送集装箱3 580标箱；开行渝深铁海联运班列156趟，发送集装箱14 374标箱。

水运口岸共运输外贸进出口货物903万吨，同比增长18.2%（其中出口389.6万吨，同比增长67%；进口513.5万吨，同比增长1%）。集装箱45.1万标箱，同比增长22%（其中进口集装箱完成19.4万标箱，同比增长24.4%；出口集装箱完成24.7万标箱，同比增长21.8%）。

口岸监管与服务

【口岸基础设施建设】 茄子溪水运口岸完成6 000平方米的联检大楼建设；江北航空口岸17 000平方米的联检大楼封顶；团结村铁路口岸9 105平方米的联检大楼完成装修验收。

【电子口岸建设】 2012年8月9日，重庆市机构编制委员会批准重庆市人民政府口岸管理办公室设立重庆电子口岸中心。10月12日，重庆市政府成立新的电子口岸建设领导小组，印发了《“十二五”期间重庆电子口岸建设的若干意见》。重庆电子口岸建设的总体目标是：以“大通关”为主攻方向，以物联网、云计算等新技术运用为支撑，通过3年时间，建成具有内陆特色的电子口岸统一平台，并实现一次录入、分别申报，联网核查、有效监管，动态查询、全程跟踪，基本实现网络化协同口岸监管模式，基本形成“大通关”一站式服务体系，基本形成与电子口岸发展相适应的技术支撑系统。

【“渝新欧”铁路大通道】 “渝新欧”国际铁路物流大通道是我国对欧贸易的重要战略通道。全程总长11 197千米，东起重庆（渝）铁路集装箱中心站，经四川、陕西、甘肃、新疆阿拉山口边境口岸，进入哈萨克斯坦、俄罗斯、白俄罗斯和波兰，最终抵达德国杜伊斯堡，全程运行时间16天左右。2012年7月，重庆市启动了重庆铁路口岸开放申报工作，拟申报设立“渝新欧”国际货运班列直通口岸；同年11月，团结村铁路口岸联检大楼建设完成，并全面进入装修阶段。

【充分发挥两个海关特殊监管区域功能】 重庆海关积极协调争取到海关特殊监管区域企业产品内销返区维修试点政策。通过创新通关监管模式，实现了区区联动、区港融合以及跨关区便捷转关。拓展海关特殊监管区域功能，实现两路寸滩保税港区和西永综保区保税物流、加工贸易、服务贸易功能凸显。2012年，两个海关特殊监管区域加工贸易进出口值达159.6亿美元，占同期重庆市加工贸易总值的92.2%；保税物流货物进出口值达65.5亿美元，占重庆市进出口总值的12.3%。海关特殊监管区域已成为重庆开放型经济发展的重要增长极和承接产业转移的主要载体。

【广泛探索和实践内陆发展加工贸易的路径】 重庆海关主动参与招商引资，提供政策咨询，帮助搭建政策平台，量身定做监管和服务模式，积极支持重庆承接加工贸易梯度转移。2012 年，重庆加工贸易进出口值达 173.1 亿美元，同比增长 1.5 倍，占重庆外贸进出口总值的 32.5%；监管笔记本电脑出口3 500多万台，货值 125.4 亿美元。

【全力推动重庆国际贸易大通道建设】 重庆海关密切与沿海沿边海关间的合作，支持江海联运、铁海联运、水空联运、区港联动等物流集疏运模式。特别是争取到海关总署支持，重庆港成为安智贸第二批试点港口，重庆市获批跨境贸易电子商务试点城市，还成功承办“渝新欧”国际货运班列沿途国家海关便捷通关研讨会，与沿线地区和国家海关建立起了联系配合机制，为“渝新欧”国际货运班列常态化运行发挥了重要作用。2012 年，重庆海关共监管“渝新欧”班列 53 趟，监管进出口集装箱2 282标箱，货值 4.6 亿美元。

【积极促进贸易便利化】 重庆海关认真落实贸易便利化各项措施，坚持“5 + 2”工作制、“24 小时预约通关制”。充分发挥“12360”服务热线作用，全天候受理企业咨询 2 万件（次）。在服务窗口推行“首问负责制、限时办结制、服务承诺制”，为企业便捷通关做好服务。全体关员“5 + 2”、“白加黑”工作，近年来累计加班已达万余人次。

【积极帮助企业减负增效】 重庆海关创新“属地申报，口岸验放”区域通关模式，在口岸地海关和主管地海关之间实现了“一次申报、一次查验、一次放行”，重庆关区企业采用该模式通关节约物流经费 1.4 亿元；创新内陆型保税港区“预结关 + 转关”通关模式，解决了内地企业获取出口退税证明联时间长、环节多、易出错，资金周转慢和利息高的问题。两路寸滩保税港区封关运作以来，采用该通关模式为企业节省资金周转利息近3 700万元；创新跨关区“数据直转、分段监管”便捷转关模式，简化不同关区海关特殊监管区域间和监管场所间的转关手续，自 2011 年 11 月开展该模式以来已为关区企业节约运输成本 173.8 万元；创新渝深“区港联动”快速通关模式，解决笔记本电脑企业海运集装箱空箱迂回运输所带来的物流费用高、时间长的问题，降低运输成本近 40%；允许重庆理文造纸有限公司、玖龙纸业（重庆）有限公司货物直接运输至自用码头卸货，平均每个 40 尺集装箱节约运输、堆存等费用约1 500元（750 元/标箱），自两个监管场所运营以来累计为企业节约成本 1.2 亿。设立长寿化工码头海关监管作业区，该监管场所的设立为长寿及其周边的进出口企业大大的提供了通关便利，并为每个标箱节约运输等成本约 800 元，自该场所运营以来累计为企业节约成本 571 万元。

【重庆边防总队创优服务举措，拓展服务内涵】 重庆公安边防总队坚持当好地方经济发展的“信息员”、“服务员”和“安全员”。针对驻渝航空企业激增现实，每月定期对现有口岸流量、航线、航班的数据进行调研分析，向政府上报边检数据简报，为新开航线提供数据参考。2012 年共向政府相关部门报送数据分析 12 次，各类工作简报 37 期，先后得到各级领导的批示肯定。3 月，在新浪网上开通“重庆边检”微博，为服务对象提供了更加便捷的边检政策咨询服务，目前共发布微博 100 余条，受理各类咨询 200 余次，粉丝量接近 2 万人，边检工作的社会关注度得到进一步增强。在国际机场协会（ACI）2012 年第三季度发布的全球机场服务质量测评中，涉及边检工作的 3 项指标继续在全球 180 家机场中位居前列。

【重庆边防总队提升服务层次，助力经济发展】 积极适应重庆市内陆开放高地建设和“大进大出，快进快出”的开放新形势，主动为政府部门提供接机便利，开设专用通道，提供通关礼遇。2012 年以来，先后为美国福特总裁穆拉利、斯伦贝谢集团公司全球首席执行官帕尔·吉布斯贾德、富士康总裁郭台铭、力宝集团董事局主席李文正及参加重庆市人民政府市长国际经济顾问团第7届年会、内地与香港建筑业论坛代表团等会议的1 000余名嘉宾提供高效通关保障，多次受相关领导和接待单位表扬肯定。积极在API申报、行政处罚委托备案等方面为涉边企业提供政策引导。先后组织召开出国（境）旅游工作会议2次、口岸航空企业座谈会1次，与涉边企业建立起了常态化的沟通交流平台，及时收集新问题新情况，统一处理办法，帮助企业解决困难。针对口岸货运航班激增，航空物流企业对航班随到随检、货物即到即运需求高的实际，总队执勤人员积极克服货机多为“红眼航班”，起降时段差、过站时间短、停靠机位远以及执勤现场休息场所缺乏的困难，从大局出发，坚持24小时轮流驻场备勤，实现边检查验的“零等待、零距离、零重复”，竭尽所能地节省货物转运时间，实现了无一航班因边检原因而延误。

开放口岸

【江北航空口岸】 2012年，江北航空口岸新开国际航线6条，其中新开客运航线2条（赫尔辛基、曼谷），货运航线5条（法兰克福、莫斯科、卢森堡、新加坡、芝加哥）。国际客货运航线总量达到34条（客运16条、货运18条）。其中，多哈、赫尔辛基、马尔代夫、阿姆斯特丹、卢森堡、莫斯科等为远程客货运航线。

2012年重庆江北机场旅客吞吐量首次突破2 000万人次，达到2 205.7万人次，同比增长15.77%；客货运航线通航点达到121个，其中客运通航国内城市88个、国际城市10个、港澳台城市5个，货运通航国际、国内城市18个。

【重庆寸滩水运口岸】 2012年12月17日，国家质检总局批准重庆两路寸滩保税港设立进口肉类指定口岸，重庆成为内陆第一个获得进境肉类指定口岸功能的城市。目前，重庆正积极开展汽车整车、固体废物、水果花卉指定口岸申报工作。

2012年，两路寸滩保税港区水港功能区外贸集装箱吞吐量32.4万标箱，同比增长7.3%，占全市水运外贸集装箱的72%；出口19.1万标箱，同比增长7.3%；进口13.3万标箱，同比增长7.3%。

重庆市口岸大事记

3月23日

亚洲航空公司开通每天1班重庆—曼谷客运直飞航线。

5月10日

芬兰航空公司开通每周4班重庆—赫尔辛基客运直飞航线。

8月9日

重庆市机构编制委员会批准重庆市人民政府口岸管理办公室设立重庆电子口岸中心。

8月11日

国家发改委批复同意重庆市开展跨境贸易电子商务服务试点。

10月12日

重庆市机构编制委员会办公室批准成立重庆电子口岸建设领导小组。

11月1日

重庆市人民政府印发《“十二五”期间重庆电子口岸建设的若干意见》。

12月17日

国家质检总局批复同意在重庆两路寸滩保税港设立进口肉类指定口岸。

（撰稿人：王荆、王济光、邓诗）

2012年重庆市口岸流量统计表

口岸类型		口岸名称	货运量（万吨）				集装箱量（万标箱）				人员（万人次）				交通工具（辆、架、列次）			
			出口	进口	合计	同比（%）	出口	进口	合计	同比（%）	出境	入境	合计	同比（%）	出境	入境	合计	同比（%）
空运口岸					15	+250					47.3	46.5	93.8	+98.81	4 412	4 412	8 824	+91
		分计																
陆运口岸	公路口岸																	
		分计																
	铁路口岸																	
		分计																
水运口岸	海港口岸																	
		分计																
	河港口岸		389.6	513.5	903	+18.20	24.7	19.4	45.1	+24.4								
		分计																
合计			389.6	513.5	918.1		24.7	19.4	45.1	+24.4	47.3	46.5	93.8	+98.8	4 412	4 412	8 824	+91
同比（%）																		

（重庆市口岸办提供）

2012 年重庆海关主要数据统计表

项目		2012 年	同比（%）
进出口货运量（万吨）	合计	723.96	+8.40
	进口	492.28	+5.67
	出口	231.68	+14.71
进出口贸易总值（万美元）	合计	3 340 818.47	+70.00
	进口	1 298 972.09	+53.50
	其中：江、海运输	468 054.08	-0.20
	铁路运输	28.90	+604.00
	汽车运输	157 442.93	+460.50
	航空运输	673 396.92	+92.80
	邮件运输	49.26	-4.10
	其他运输		
	出口	2 041 846.38	+82.40
	其中：江、海运输	1 237 986.45	+68.80
	铁路运输	117 343.91	+230.60
	汽车运输	27 051.11	+756.80
	航空运输	658 805.32	+92.60
	邮件运输	659.59	-50.50
	其他运输		
税收（万元）	两税合计	91.60	+16.84
	关税入库		
	进口环节税入库		

（重庆海关提供）

2012 年重庆市口岸出入境主要数据表

单位：（人员）人次；（交通工具）辆、艘、架、列次

<table>
<tr><th colspan="3">项目</th><th>2012 年</th><th>2011 年</th><th>同比（%）</th></tr>
<tr><td rowspan="14">出入境人员</td><td colspan="2">出入境人员总数</td><td>938 165</td><td>471 891</td><td>+98.81</td></tr>
<tr><td colspan="2">入境人员</td><td>464 758</td><td>229 506</td><td>+102.50</td></tr>
<tr><td colspan="2">出境人员</td><td>473 407</td><td>242 385</td><td>+95.31</td></tr>
<tr><td colspan="2">出入境旅客</td><td>868 796</td><td>434 737</td><td>+99.84</td></tr>
<tr><td colspan="2">出入境员工</td><td>69 369</td><td>37 154</td><td>+86.71</td></tr>
<tr><td rowspan="5">中国公民</td><td>小计</td><td>820 210</td><td>419 259</td><td>95.63</td></tr>
<tr><td>内地居民（因公）</td><td>19 298</td><td>15 813</td><td>+22.04</td></tr>
<tr><td>内地居民（因私）</td><td>660 949</td><td>282 324</td><td>+134.11</td></tr>
<tr><td>港澳居民</td><td>44 057</td><td>48 233</td><td>-8.66</td></tr>
<tr><td>台湾同胞</td><td>95 906</td><td>72 889</td><td>+31.58</td></tr>
<tr><td colspan="2">外籍人员</td><td>117 955</td><td>52 632</td><td>+124.11</td></tr>
<tr><td colspan="2">从海港出入境人员</td><td></td><td></td><td></td></tr>
<tr><td colspan="2">从陆港出入境人员</td><td></td><td></td><td></td></tr>
<tr><td colspan="2">从空港出入境人员</td><td>938 165</td><td>471 891</td><td>+98.81</td></tr>
<tr><td rowspan="5">交通运输工具</td><td colspan="2">总计</td><td>8 824</td><td>4 627</td><td>+90.71</td></tr>
<tr><td colspan="2">船舶</td><td></td><td></td><td></td></tr>
<tr><td colspan="2">飞机</td><td>8 824</td><td>4 627</td><td>+90.71</td></tr>
<tr><td colspan="2">火车</td><td></td><td></td><td></td></tr>
<tr><td colspan="2">机动车辆</td><td></td><td></td><td></td></tr>
</table>

（重庆市公安边防总队提供）

2012 年重庆市出入境检验检疫口岸业务统计表

项目	货物检验检疫				交通工具				集装箱（标箱）		发现动植物疫情		货物通关		出入境人员查验（人次）	健康检查及预防接种（人次）			
	批次	金额（万美元）	检验检疫不合格																
			批次	金额（万美元）	船舶（艘）	飞机（架）	火车（节）	汽车（辆）	合计	检出问题	种类数	种次	批次	金额（万美元）		健康检查	艾滋病监测	发现病例	预防接种
全年累计	66 900	7 340 094 423	227	43 012 524		9 092			253 476	669			52 967	7 207 979 731	922 326	17 206	15 116	8 097	24 579
其中 出境	53 296	4 981 432 161	65	7 246 954		4 315			144 459	9			37 140	4 194 880 106	464 791	14 607	12 922	6 919	24 547
其中 入境	13 604	2 358 662 262	162	35 765 570		4 777			109 017	660			15 827	3 013 099 625	457 535	2 599	2 194	1 178	32
同比（%）	+25.74	+35.83	+94.02	-0.72		+95.99			+8.58	+29.40			+39.13	+49.67	+107.77	+8.42	+6.87	+5.35	+22.28
其中 出境	+20.14	+21.80	+47.73	+106.17		+93.06			-10.45	-30.77			+31.53	+32.53	+102.96	+7.88	+6.20	+3.52	+22.19
其中 入境	+53.80	+79.47	+121.92	-10.16		+98.71			+51.15	+30.95			+60.97	+82.54	+112.90	+11.55	+11.03	+17.56	+220

（重庆市出入境检验检疫局提供）

四 川 省

四川省口岸分布示意图

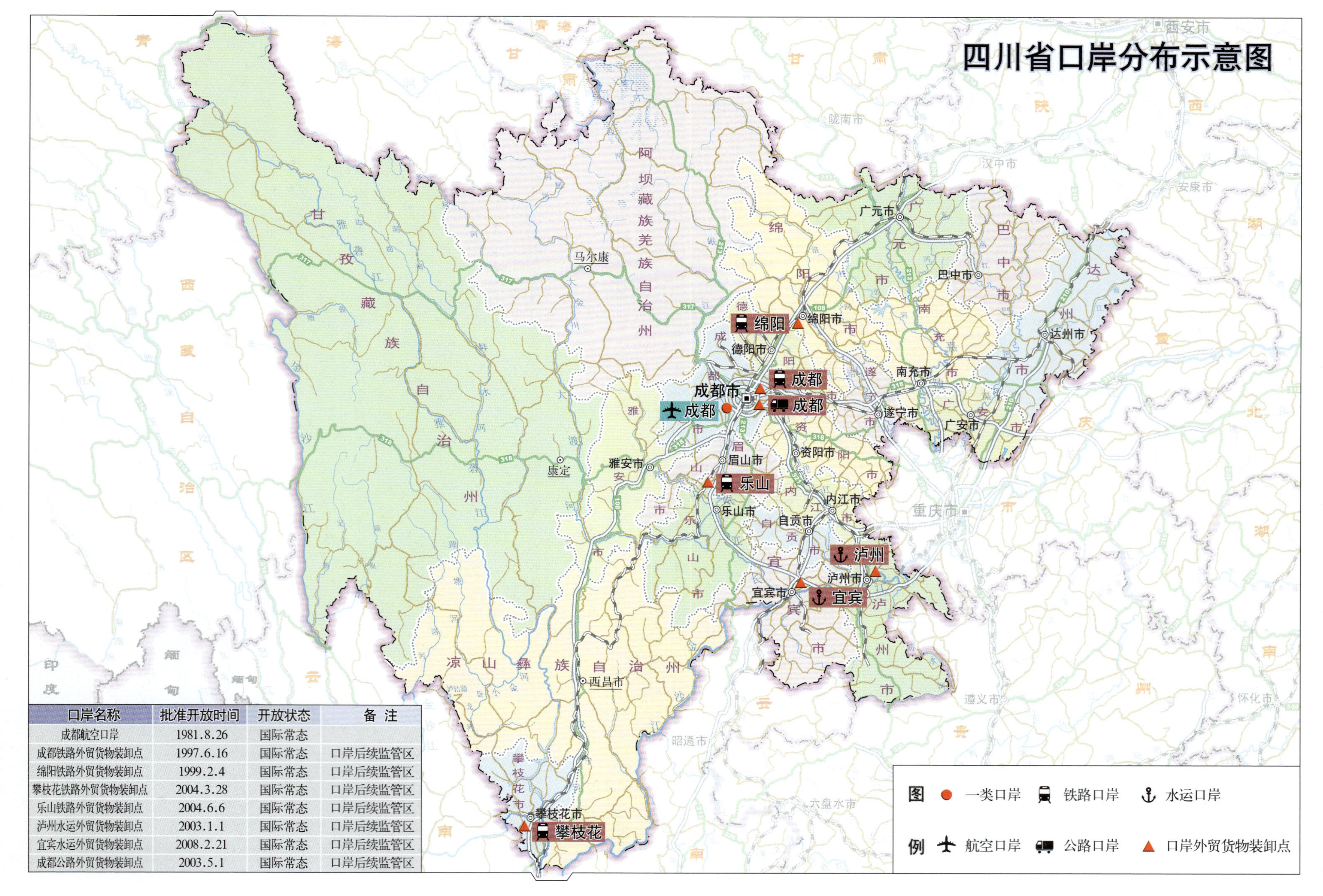

口岸名称	批准开放时间	开放状态	备 注
成都航空口岸	1981.8.26	国际常态	
成都铁路外贸货物装卸点	1997.6.16	国际常态	口岸后续监管区
绵阳铁路外贸货物装卸点	1999.2.4	国际常态	口岸后续监管区
攀枝花铁路外贸货物装卸点	2004.3.28	国际常态	口岸后续监管区
乐山铁路外贸货物装卸点	2004.6.6	国际常态	口岸后续监管区
泸州水运外贸货物装卸点	2003.1.1	国际常态	口岸后续监管区
宜宾水运外贸货物装卸点	2008.2.21	国际常态	口岸后续监管区
成都公路外贸货物装卸点	2003.5.1	国际常态	口岸后续监管区

口岸数量及分布

四川省地处中国内陆西部地区、长江上游，不靠边境、不沿海。截至2012年年底，四川省经国务院批准对外开放口岸1个，即成都航空口岸。经四川省人民政府批准对外开放口岸（口岸后续监管区）8个，其中铁路口岸（口岸后续监管区）4个，分别是成都铁路口岸、绵阳铁路口岸、攀枝花铁路口岸、乐山铁路口岸；水运口岸（口岸后续监管区）2个，分别是泸州水运口岸、宜宾水运口岸；公路口岸（口岸后续监管区）1个，即成都公路口岸；成都国际邮件互换局（成都双流国际快件中心）1个。

口岸运行数据

【航空口岸】 2012年共验放国际航班及出入境飞机15 124架次，同比增长10.86%；共验放和承运出入境人员195.94万人次（其中，中外航空公司机组及员工13.42万人次），同比增长33.02%；经停飞机2 484架次，经停人员72 141人次；共验放、运输进出境货物2.21万吨，同比增长12.75%。为外国籍人士办理口岸签证73人/份，同比减少51.65%；为台湾同胞办理口岸签注4 903人/份，同比增长23.40%。为进、出境的重要客人2 218人次及所乘专机、班机提供了口岸礼遇、乘机、起降保障。

【铁路口岸（口岸后续监管区）】 2012年全省铁路口岸共验放、运输进出口货物68.72万吨，同比减少31.66%；国际集装箱19 445标箱，同比减少34.21%。其中：成都铁路口岸验放、运输进出口货物41.23万吨，同比减少33.52%；国际集装箱17 181标箱，同比减少33.52%。绵阳铁路口岸验放、运输进出口货物1.93万吨，同比减少30.32%；国际集装箱2 264标箱，同比减少39%。攀枝花铁路口岸验放、运输进出口货物25.56万吨，同比减少28.76%。

【水运口岸（口岸后续监管区）】 2012年全省水运口岸共验放、运输进出口货物166.31万吨，同比增长30.94%；国际集装箱136 393标箱，同比增长32.18%。其中，泸州水运口岸验放、运输进出口货物160.68万吨，同比增长32.11%；国际集装箱13.52万标箱，同比增长34.52%。宜宾水运口岸验放、运输进出口货物5.62万吨，同比增长4.46%；国际集装箱1 103标箱，同比减少58.18%。

【公路口岸（口岸后续监管区）】 2012年共验放、运输进出口货物24.13万吨，同比减少20.01%；国际集装箱11 494标箱，同比减少19.99%。

【成都国际邮件互换局（成都双流国际快件中心）】 2012年共查验、交换国际邮件300.87万件，同比增长31.73%；非邮快件3 375吨，同比增长71.93%。

口岸监管与服务

【口岸建设调研】 一是做好甘霖副省长赴成都航空口岸进行航空物流调研的组织协调工作。二是按照《四川省人民政府办公厅关于深入开展内陆开放型经济工作研究的通知》精神，认真做好全省口岸建设研究工作，按时完成了《口岸建设调研》，并获三等奖。三是根据国家口岸管理办公室工作部署，协助中国口岸协会完成成都航空口岸查验基础设施建设调研，进一步提升双流国际机场国家级枢纽机场的形象；协助上海市口岸服务办完成全国水运口岸建设之四川省水运口岸建设情况调研。四是进一步完善省人大外侨委对四川省口岸建设的调研报告。

【组织办好会议】 在查验、运输服务部门的大力支持下，全力承办中国口岸协会在成都市召开的全国口岸信息工作座谈会，做到会务、食宿、接送站安排细致、周全，圆满完成了承办会议的各项工作任务，受到参会代表和上级主管部门的好评。上半年组织参加全省口岸办主任会议代表到成都航空口岸、铁路口岸参观学习，拓宽了视野，提高了对口岸的综合管理和协调能力。

11月下旬，参加了由上海市承办的“川渝沪”口岸合作联席会议；赴三亚市参加了由海南省口岸办主办的第四届泛珠三角区域口岸合作联席会议。交流学习口岸管理、大通关合作经验和做法。

【开通国际（地区）航线】 在口岸各部门、企业的共同努力下，新开通7条国际航线，国航西南分公司在年初和5月2日分别开通成都市至加德满都直航航线和成都市至印度孟买的国际航线；6月22日，四川省航空公司开通第一个内陆城市成都市经沈阳至加拿大温哥华的国际航线；6月27日，越南航空公司开通河内至成都市的国际航线；开通了巴黎瓦特里、莫斯科至成都市至郑州至莫斯科等货运航线。目前成都航空口岸已开通国际（地区）航线59条（其中定期直飞航线20条，直飞货运航线18条，中转和包机客运航线21条），通航国际（地区）城市49个。为促进偏远地区外向型经济快速发展，应广元市政府的邀请，组织口岸查验部门赴广元盘龙机场调研，开展支持开通广元飞韩国包机航线的前期工作。

【口岸建设】 宜宾水运口岸迁建已顺利完成，完成口岸联检大楼、口岸基础设施配套设备建设；进一步完善了口岸检查验放、快速通关功能，于10月18日顺利通过省政府验收，12月18日省政府行文批准对外开放，并正式运行。

成都公路口岸迁建，已组织查验部门、运输企业等单位，先期介入新建公路口岸基础设施、设备建设，避免重复施工造成经济损失和延误口岸开放时间。成都公路口岸迁建已于5月份正式开工，计划2014年底竣工，正式对外开放。

积极推进西昌铁路口岸建设，着手迁建攀枝花铁路口岸，构建四川省通往东南亚、南亚国家经欧洲、非洲国家的国际物流通道，使之尽快为攀西地区外向型经济发展服务，促进攀西地区经济社会的快速发展。

【完善航空口岸功能】 为满足成都航空口岸客货量剧增的需求，组织海关、边防、检验检疫、出入境管理等单位及运输服务企业，专程赴上海浦东、广州新白云国家级枢纽机场学习考察，借鉴经济发达地区航空口岸建设、管理经验，认真研究、规划成都双流国际机场T2航站楼投入营运后，T1航站楼国际厅功能改造，拓宽候机厅、待检厅面积，进一步更新、完善查验、监管设施条件和功能。

【电子口岸建设】 筹建电子口岸机构，按国家要求力争把四川省电子口岸建设成为具有一个“门户”入网，一次认证登陆和“一站式”服务等功能，集口岸通关执法管理及相关物流商务服务一体的大通关统一服务平台，直接为四川省外向型经济发展服务。

【口岸服务保障】 圆满完成了第十三届中国西部博览会、“5·12”防灾救灾综合实战演练国（境）外参（观）演的重要客人口岸接送站任务；圆满完成了四川省举办的全国春季糖酒会、第21届国际木偶联合大会暨国际木偶节、2012四川（成都）台湾名品博览会、第七届APEC中小企业技展会等大型会议、活动的口岸服务保障工作；为来四川省访问的外国政要及世界知名企业家、港澳台地区重要客人、出访的省级领导等要客2218人次及所乘专（包）机、班机，提供出入境相关保障服务。

【口岸年鉴、图册资料】 在查验部门、有关企业的支持、协助下，四川省口岸管理、海关、边防、检验检疫部门、省机场集团公司，按时完成了《中国口岸年鉴》（2011年四川省口岸综述）、《四川年鉴》（2011年口岸管理）、《中国口岸图册》资料的撰写、组稿工作。协助国家口岸管理办公室完成了《开放的中国口岸》“成都航空口岸”影像拍摄工作。

【积极为地方外贸经济发展服务】 成都海关2012年共办理报关单47.5万份，同比增长40.8%；监管进出口货值358.6亿美元，同比增长32.6%；入库两税103.2亿元人民币，同比增长33.3%；审批减免税货值21.7亿美元，同比增长18.2%，减免税款17亿元人民币，同比增长11.4%；验放进出境人员204.7万人次，同比增长31.6%；验放邮递和快递物品71.2万件，同比增长59%；走私立案34起，同比增长17.2%，案值1.68亿元人民币，同比增长9.4倍；结处违规案件86起，同比增长91.1%。其中，入库税收突破百亿元大关，监管进出境人员突破200万人次，监管进出口总值再上百亿美元台阶。2012年四川省外贸进出口591.3亿美元，同比增长23.9%，在外贸总体形势不好的情况下实现逆势增长。中央电视台《新闻联播》头条对成都海关支持四川省开放型经济发展做了报道。

【把好国门，积极开展“国门之盾”行动】 强化正面监管，加强查验工作，查验率达5.5%，查获率达15%；加强审价工作，审价补税3.07亿元，同比增长11倍；推进后续管理，稽查补税2 206万元，同比增长2.8倍。特别是大力推进“国门之盾”行动，深化关警融合，增强打私合力，在重点领域实现新突破，“天网2012”缉毒专项行动相继在空运快件和邮递快件渠道首次查获毒品走私案件，共立案侦查毒品走私案件7起，查获海洛因4 340克。开展打击资源性产品走私出口专项行动，查处稀土和磷化工产品走私违法案件12起。查办大要案取得新进展，在总署缉私局的统一指挥下，成功侦破“11·8”快件渠道走私案件，预估案值1.1亿元，涉嫌偷逃税款1 300万元。氛围营造获得新成效，根据总署“打得准、叫得响”的要求，加大宣传力度，营造良好氛围，特别是成功举办了“成都海关扫黄打非暨口岸维稳工作成果巡回展”，全国“扫黄打非”工作领导小组专职副组长李长江，四川省委常委、宣传部长吴靖平，四川省政府副省长黄彦蓉等省市领导和相关单位2万余人到场参观，社会反响强烈。

【大力支持综保区发展】 将四川省开放型经济发展的“第一平台”——成都市高新综保区作为海关改革创新的“试验区”，推行集成通、分送集报、一单两报、返区维修等多项业务改革，并实行朝九晚十延时工作和“7×24小时”预约通关，建立海关与企业每周碰头、每月座谈、专人联络等联系机制，不断改进监管与服务。全年综保区实现进出口总值262.2亿美元，同比增长42.1%，对四川省外贸增长的贡献度达68%，并成为全国第一个率先实现成功扩区的综保区。目前，以成都综保区为载体，四川省初步形成了关键元器件、芯片和终端产品制造基地和全球供应格局（成都市英特尔的芯片和微处理器产量占其全球总产量接近4成，“成都造”的IPAD占苹果IPAD产量的70%）。四川省打造“万亿电子信息产业”初见成效。

【加强航空枢纽建设】 成都双流国际机场是四川省唯一的一类口岸，也是电子信息产业开放发展的“生命线”。成都海关根据省政府部署牵头推动机场国际物流信息化建设，开展“区港联动”通关改革，推广运用保税监管平台，对高资信企业实施先行报备、信任放行、效能查验、优先接单、分运单核放等措施，进一步优化作业流程，简化审批环节，缩短海关作业时间。目前，已有15家航空公司在成都双流机场开通了国际航班，各类客货国际航线75条，全年进出境货物9.1万吨，同比增长38.1%；进出境人员204.7万人次，同比增长31.6%，均位列中西部第一，航空枢纽作用进一步发挥。

【全力支持四川省对外贸易实现逆势增长】 在总署出台了促进外贸稳定增长的16项措施后，成都海关立即组织研究制订了18条细化措施，并于10月16日对外公布。省政府主要领导批示有关部门，“对成都海关制订的18项措施，要大力支持，密切配合，全面提供保障和服务，充分发挥其效应，以实现外向型经济的跨越发展，加快建设外贸强省。”为进一步将支持措施落到实处，成都海关召开了10余次企业宣讲会，并由关领导带队到各市州宣传政策、督导隶属海关单位认真落实。政府和企业普遍反映，海关的措施政策集中度高、“含金量”高。目前，成都海关平均海关作业时间在0.3小时以内，居内陆海关前列。同时，成都海关继续深化与设关地政府、省级有关部门和重点行业协会、企业的合作，与宜宾、泸州和成都铁路局、欧盟商会等签署合作备忘录，落实“开门办海关”的理念。加强与检验检疫部门的合作，落实定期沟通联系机制，在机场实行“一机两屏”，在青白江铁路现场试点“两单一报”、“同查共放”改革，不断扩大合作范围、内涵和层次。值得一提的是，成都海关在各业务现场建立科长值班制度，方便企业现场咨询。构建政务微博、“12360”热线电话、门户网站“三位一体”政务咨询服务体系，拓展海关与社会公众的沟通渠道。

【四川省出入境检验检疫局】 2012 年四川省出入境检验检疫局共完成检验检疫和查验进出口货物209 650批次，货值3 644 654万美元。检验检疫进出口货物70 925批次，货值622 953万美元，其中，进口货物13 985批，货值174 325万美元；出口货物56 940批，货值448 628万美元。检出不合格货物 200 批，货值1 117万美元。其中，进口货物 101 批，货值 634 万美元；出口货物 99 批，货值 483 万美元。查验进出口货物138 725批次，货值 3 021 701 万美元。出入境人员查验1 961 177人次，健康检查30 020人次，艾滋病监测29 593人次，预防接种44 286人次，检出病例14 862人次。

【深入宣传贯彻《质量发展纲要》】 广泛宣传贯彻《质量发展纲要》。向分管省领导专题汇报宣传贯彻工作措施，召开动员大会，成立领导小组，制定宣传贯彻工作方案，明确任务分工和职责，层层抓落实，全员齐参与；突出宣传、培训和活动三个重点，通过“百名党员进百企”活动，使纲要精神“进机关、进企业、进基层”，掀起宣传贯彻热潮。全年举办质量讲座、研讨等活动 35 场次，参加人员4 600人次，在媒体发表文章、报道 175 篇。

加强质量监管合力。与宜宾市政府签署《共同推进宜宾市开放型经济加快发展合作备忘录》；与成都市政府合作推进质量安全示范区建设，新增国家级出口食品农产品质量安全示范区 2 个；与省卫生厅签署合作备忘录，进一步完善口岸公共卫生联防联控机制；与 300 多家进出口食品企业签订食品质量安全承诺书。年内分类管理企业全部实施信用等级评定，新增检验检疫信用管理 AA 级企业 3 家，新增中国质量诚信企业 24 家，总数居中西部局第一。

推进质量宏观管理。深入开展质量分析，结合地方实际撰写质量分析报告 56 篇，向四川省政府提交检验检疫促进贸易投资便利化研究报告、口岸公共卫生安全报告，服务政府质量宏观决策；举办进口食品法规等系列培训 36 场次，帮助企业提升质量管理水平和产品质量；畅通群众质量诉求渠道，加强“12365”投诉举报案件跟踪处理工作，开展食品检测实验室开放日活动，取得良好社会效果。

【创新监管模式】 推行“口岸转检、属地施检”进口通关模式和“产地施检、口岸直通”的出口通关模式，大力实施出口绿色通道制度，有序推进重点出口企业“省内大直通”模式，积极开展集中审单、电子监管、诚信管理、出口退货等电子检验检疫建设、诚信体系建设，推行分类管理、出口免验等政策，促进通关便利化。全省共有电子监管企业 205 家，绿色通道企业 54 家，一、二类分类管理出口企业 168 家。

推行出口工业品分类管理，加大“1 + 1 + X”检验监管模式的推广实施力度，进一步优化分类管理工作流程，组建分类管理专家库，提升分类管理的科学性和有效性。积极帮助企业执行危险化学品纳入法检的新规定，对涉及 36 个编码、近百家危险化学品生产企业进行培训，确保辖区危险化学品安全出口。探索建立并逐步完善“风险监控 + 快速通关 + 行业提升（3R）”出口鞋类区域化监管模式，推行全链条监管，提升四川省出口鞋类质量安全整体水平。

探索“以风险分析为核心，以三级差异监管手段”为主要内容的“3 + 3G”食品农产品检验检疫监管模式。2012 年，成都市蒲江县的猕猴桃、茶叶及龙泉驿区的水果 2 个质量安全示范区顺利通过国家质检总局考核，成为国家级出口食品农产品质量安全示范区。

建成由四川省出入境检验检疫局视频监控指挥中心、8 个口岸及检验检疫监管区域分控中心组成的视频监控平台，全川已建口岸、特殊监管区域集中查验监管场地实现视频监控“全覆盖”。

【构筑口岸安全屏障】 继续实施“口岸安全保障工程”，口岸核心能力建设取得实效，双流国际机场成为首批通过世界卫生组织口岸核心能力考核达标单位。

全年科学处置输入性疟疾疫情 7 例，截获有害生物 41 种类 147 种次，截获我国禁止进境检疫性有害生物 4 种次，其中系全国首次截获的检疫性有害生物 2 种次。先后举办进境动植物重大疫病疫情应急处置现场演练、口岸核与辐射突发事件应急处置演练，开展科技部公益性项目《航空口岸输入性传染病联防联控技术体系研究》，与四川省卫生厅签署《加强公共卫生合作备忘录》，向四川省政府专题报送《关于严格把关维护四川对外开放口岸公共卫生安全工作情况的报告》并提出政策建议，四川省副省长甘霖批示：“做了大量工作，几点意见很好”。

8 月，双流国际机场 T2 航站楼投入运行，双流国际机场范围内检验检疫部门卫生监管对象增幅达 120%。四川省出入境检验检疫局加强口岸食品、饮水、公共场所等卫生检疫监督，建立口岸食品卫生风险评估机制，全面实行口岸食品卫生监督分级管理；建立完善食品安全工作联席会议机制、企业卫生监督协管员机制、食品安全风险评估机制和食物中毒应急处置演练机制，未发生一起口岸食品及饮用水卫生安全事件。

【优化服务】 相继出台《服务全省外贸加快发展九项措施》、“一引导、五优先”帮扶措施（“一引导”即引导企业用足用好检验检疫免收费政策；“五优先”即对 107 家重点进口企业优先实施进口货物查验通关，优先安排出口货物检验检疫，优先安排实验室检测，优先签发优惠原产地证书，优先办理审批手续），争取国家质检总局支持，专门出台《关于支持四川成都天府新区开发开放 加快建设西部内陆开放高地的意见》，促进四川省对外贸易发展。10 月，由四川省出入境检验检疫局牵头，四川省、重庆市、广西壮族自治区、贵州省、云南省、西藏自治区检验检疫机构在成都市签署《加强区域合作促进西南地区开放型经济加快发展合作备忘录》，共同构建西南地区检验检疫区域合作机制，打造检验检疫区域通关快车道，推动西南地区进出口货物通关便利化。

认真执行出口农产品、纺织服装产品、加工贸易品质检验、国外援助物资等检验检疫收费减免政策。指导企业用好用足优惠原产地证等进口国关税优惠政策。2012 年，为出口企业签发各类原产地证书 1.8 万份，帮助企业享受进口国关税减免6 200余万美元。2012 年第四季度，按照国务院和国家质检总局的部署，全额免收所有进出口企业的检验检疫费用。全年共为进出口企业减免费用近2 000万元。

【开展“两个专项行动”】 按照国家质检总局部署，5 月 ~ 12 月，四川出入境检验检疫局有力有序推进“两个专项行动”（质量安全风险排查整治和道德领域突出问题专项教育治理活动），实现了风险排查不留死角、全面整治不留情面、巩固提高不留隐患等“三个不留”的目标，全年未发生一起质量安全事故，守住了安全底线。

结合四川省进出口产品特点，由上到下、由内到外、由点到面地全面排查质量安全风险。对大宗特色出口产品进行重点排查，持续进行重点监测。对排查出的问题逐一登记并分析原因，对进出口违法违规行为进行深入调查，对辖区内企业、消费者、媒体对不合格产品的投诉、报道进行深入核查。先后出动2 600人次，对1 700家进出口企业进行质量安全风险排查，查找产品质量安全、检验检疫工作、队伍风险共计 13 个方面 16 类安全风险，76 项风险点。

突出源头防范，“一品一策”、“一厂一策”整治质量安全风险。对风险等级较高，安全隐患较多且分布较广的重点产品进行专项整治、区域整治。先后开展 15 项业务专项整治，涉及企业 1 100家，限期整改风险隐患 972 个，撤销、注销企业备案资格 13 家，5 家出口食品企业列入国家质检总局违规企业名单。全面清理行政许可事项，编制《法制工作相关法律文件目录》，做到制度健全、程序规范、监督到位。

以建立长效机制为目的，建立健全了口岸联

防联控机制、出口食品生产企业备案制度等30多个质量安全监管制度，风险分析进一步常态化。派出6个督查组对“两个专项行动”情况进行督查，有力推动了风险排查整治活动深入开展。

【四川省公安边防总队】 2012年坚持把边检工作融入到省市党委、政府“建设西部经济发展高地”、“建设国际化城市”和“打造国家级航空枢纽”的战略部署之中，坚持主动跟进、超前谋划，改革勤务、创新管理，充分发挥国门窗口优势，积极提高边检服务水平，为四川省经济社会发展创造了便捷的通关环境、高效的服务环境、公正的法治环境，树立了四川省文明开放良好形象。2012年，四川省公安边防总队共检查出入境航班15 124架次、旅客195.94万人次，为来川考察、投资的6 000余名嘉宾提供了优质高效的通关礼遇和安全保障服务，为助推四川省经济社会发展贡献了积极力量。

【坚持开门纳谏，主动跟进谋划，全力服务保障省市经济社会发展战略规划】 一是坚持开门纳谏。积极开展“警民亲大走访”活动，坚持主动定期走访征求外事、外经、旅游、物流等政府部门以及航空公司、旅行社等服务对象的意见和建议，全面了解和客观分析社会各界对边检工作的新需求和新期待，研究制订配套边检政策和工作措施。二是主动献计献策。坚持定期为省市党委、政府、航空公司、旅行社等提供成都航空口岸出入境人员数据统计分析信息、国家有关出入境法律政策规定，为政府制订口岸发展规划、航空公司开辟新航线和企业优化经营活动提供决策参考依据。三是及时跟进服务。2012年，为推进国家级航空枢纽建设，总队坚决服从、坚决响应省市党委、政府“加快成都机场口岸实行7×24小时通关”的决策部署，研究制订了12条边检配套措施，全力保障成都机场口岸7×24小时通关。《成都国际化城市建设行动纲要（2012年—2016年）》出台后，总队专门召开中心组扩大学习会进行认真学习解读，及时研究制订了22条配套工作措施，全力服务保障成都国际化城市建设。

【优化通关环境，提高通关效率，全力保障顺畅通关】 在出入境旅客大进大出、快进快出的发展趋势下，一线编制警力紧缺与执勤任务繁重之间的矛盾更加突出，保障顺畅通关压力巨大。总队在改革勤务模式、升级技术装备、优化警力配置、提升队伍素质等方面下工夫，确保检查一名旅客时间不超过45秒钟（港澳旅客不超过15秒），95%的出入境旅客候检时间不超过25分钟，着力提高口岸通关效率，全力保障出入境旅客快速、顺畅通关。一是优化通关环境，提高验放能力。在省市有关部门的关心支持下，先后投入680余万元对执勤现场及执法办案场所进行改造升级，建成了以智能验证台为主的集快速查验、自动比对、红外阻放、远程监控、智能管理等于一体的国内较为先进的多功能综合数字智能验证平台，进一步优化了通关环境，有效提升了口岸验放能力。二是加强培训练兵，提升队伍素质。组建了业务培训办公室，选拔一线执勤经验丰富、具有较高业务水平的执勤骨干担任教员，积极开展“每日一学”、“每周一测”、“每月一考”的“学考结合，以考促学”的岗位练兵活动。2012年，共开展各类边检专业培训考核40余次，培训人员1 600余人次，有效提升了检查员队伍能力素质。三是改革勤务模式，优化警力配置。将原来每日由一个执勤科队执勤改为由两个执勤科队执勤，实行早、晚交接班，有效解决单日执勤时间过长、官兵工作压力大的问题。进一步精简机关警力，积极推行后勤保障社会化改革，将节余警力全部补充到执勤一线；实行大假和航班高峰时段机关干部到执勤一线帮助工作制度，确保执勤一线警力充足，缓解警力紧缺与执勤任务繁重之间的矛盾。

【拓展服务领域，延伸服务触角，积极促进四川省对外开放合作】 面对“外资西进”和成都市平均1.5天一个国际性会展节庆活动的经济社会良好发展态势，总队创新边检管理，积极拓展服务领域、延伸服务触角，着力为四川省对外开放合作服好务。一是前移服务窗口，降低运营成本。深入航空公司、旅行社以及英特尔等外资企业举办边检政策法规宣讲培训班，提高航空公司值机、乘务人员和旅行社导游人员以及其他涉外人员识别伪假证件、签证（签注）的能力，有效降低航空公司的载运风险和其他企业的运营成本。二是提供预约服务，积极扶危帮困。开通边检咨询服务热线，针对重病旅客、无人陪伴旅客、其他有特殊需要旅客等特殊情况，推行预约服务，提前做好边检准备工作，确保旅客零等待和便捷通关。广大检查员以“望、闻、问、切”的方式主动感知旅客的需要，做到“四从四心”服务：从文明用语着手，让旅客开心；从点滴小事着手，让旅客暖心；从解危帮困着手，让旅客顺心；从人文关怀着手，让旅客舒心。三是开辟绿色通道，提供服务礼遇。坚持对来川考察、投资、访问、参会的境内外要客、重要团组，给予优先检查或集中交验护照的通关礼遇。进一步健全重大会展、节庆、体育、外事活动通关保障机制，采取成立特勤队实行 24 小时备勤、开设“专用通道”和“礼遇通道”、实行参会嘉宾过境免排队等做法，全力保障参会嘉宾快速通关。2012 年，四川省边防总队先后为第十三届西部博览会、中国非物质文化遗产节、世界审计组织大会、新加坡总理访华等重大会议、活动以及来四川省考察、投资的6 000余名嘉宾提供了优质高效的通关礼遇和安全保障服务。四是发挥窗口作用，展示四川省形象。协调联系省市旅游、经贸、招商等有关部门，在口岸执勤现场放置四川省旅游景点宣传册和招商引资资料，播放四川省有关宣传片，充分发挥国门窗口作用，大力宣传四川省丰富的旅游资源、良好的投资环境，积极展示四川省经济社会发展成果和文明开放形象。

开放口岸

【成都航空口岸】 位于成都市双流县双桂村，距离成都市区 16 千米。成都双流国际机场是我国西部地区枢纽机场，旅客货吞吐量在全国城市排名第四位，机场排名第五位，中西部机场第一位。机场建有 2 条跑道，1 条 4E 级跑道、1 条 4F 级跑道，可起降 A380 等大型客、货飞行器；建有 2 座航站楼（T1、T2），面积达 50 万平方米。成都航空口岸的国际旅检现场设在 T1 航站楼 A 指廊，建筑面积 3. 9 万平方米；设有 8 个登机廊桥，边防入境 15 个、出境 14 个通道，海关出入境快速通关通道，检验检疫出入境各设 6 个通道。成都航空口岸已开通国际（地区）航线 59 条（其中定期直飞航线 20 条，直飞货运航线 18 条，中转和包机客运航线 21 条），通航国际（地区）城市 49 个。机场建有 3 座航空货运站，总面积 10. 7 万平方米，年货物处理能力 150 万吨，能满足航空货物较长时期的发展需要。其中建筑面积 5. 5 万平方米的双流机场空港新货运站是中国中西部最大、功能较完善的综合货运站。目前机场年验放进出境货物 2 万多吨，除四川省货物外，通过该口岸进出口的货物可中转至国内 30 多个城市；可实行国际货物大通关，加快货物的通关速度，可满足驻川英特尔等世界 500 强企业的高端技术密集型 IT 产品 24 小时内到达全球客户手中。2012 年，成都航空口岸货物吞吐量 2. 21 万吨，同比增长 12. 75%，出入境人员吞吐量 195. 94 万人次，同比增长 33%。

【成都铁路外贸货物装卸点（口岸后续监管区）】 位于成都市青白江区城厢集装箱中心站，距离成都市区 44 千米。已开通成都市至上海、深圳、重庆、通往欧洲蓉新欧“五定班列”。查验设施、设备齐备、完善，联检大厅面积5 210平方米；查验区面积 2. 7 万平方米，海关、检疫监管仓库面积1 920平方米，监管堆场面积 2. 88 万平方米，检验检疫场地6 300平方米、实验楼2 021平方米、熏蒸房 150 平方米及其他功能设施；集装箱正面吊 4 台，叉车 6 台，集装箱卡车 19 台。2012 年，成都铁路口岸货物吞吐量 41. 23 万吨，同比减少 33. 52%，集装箱吞吐量 1. 72 万标箱，同比减少 34%。

【绵阳铁路外贸货物装卸点（口岸后续监管区）】 位于四川省川西北地区绵阳市火车站，距离成都市 93 千米，服务川西北地区外向型经济发展。是四川省川西北地区通往世界的门户。该口岸查验、监管设施、设备、堆场面积、监管仓库等基础设施、设备完善齐全，可满足川西北地区外贸货物进出口查验、验放的需求。2012 年，绵阳铁路口岸货物吞吐量 1.93 万吨，同比减少 30.32%，集装箱吞吐量 0.23 万标箱，同比减少 39%。

【攀枝花铁路外贸货物装卸点（口岸后续监管区）】 位于川南地区攀枝花市渡口火车站，地处川滇结合部，是四川省通往华南、东南亚沿边、沿海口岸的最近点，为“南方丝绸之路”上重要的交通枢纽和商贸物资集散地。其独有的地域位置，凸显了在四川省建设西部综合交通枢纽和发展开放型经济、建设面向东南亚“桥头堡”的重要使命。该口岸查验、监管设施、设备、堆场面积、监管仓库等基础设施、设备完善齐全，可满足攀西地区外贸货物进出口查验、验放的需求。2012 年，攀枝花铁路口岸货物吞吐量 25.56 万吨，同比减少 28.76%。

【乐山铁路外贸货物装卸点（口岸后续监管区）】 乐山铁路口岸设立在乐山市夹江县火车站。位于四川省川南地区，距离成都市 124 千米。

【泸州水运外贸货物装卸点（口岸后续监管区）】 位于四川省川南地区，处于长江上游，泸州市龙马潭区高坝工业园区（龙马潭区罗汉镇泥大坝），距离成都市有 251 千米。可利用成渝、成自泸两条高速公路和通往港口堆场的临港铁路，实现铁路、公路、水路联运。港口堆场面积 100 万平方米，监管仓库（围网查验监管区）面积为 500 平方米；40 吨龙门吊 7 台，40 吨岸吊 4 台，120 吨岸吊 1 台，堆高车 1 台，25 吨集装箱卡车 8 台，1 000吨（兼顾3 000吨级）集装箱泊位 4 个，重件泊位 1 个，重载滚装泊位 1 个。出口监管仓、公用型保税仓库 1 个，年集装箱吞吐能力达 100 万标箱。2012 年，泸州水运口岸货物吞吐量 160.72 万吨，同比增加 32.11%，集装箱吞吐量 13.53 万标箱，同比增长 34.52%。

【宜宾水运外贸货物装卸点（口岸后续监管区）】 位于四川省川南地区，地处四川省宜宾港志城作业区，长江上游北岸。距离成都市 280 千米。宜宾港志城作业区堆场面积为 7 万平方米，其中监管仓库围网查验监管区面积为3 000平方米；40 吨龙门吊 8 台，4 台岸吊 40 吨，堆高车 2 台，正面吊 1 台，60 吨集装箱卡车 20 台，1 000 吨（兼顾3 000吨级）集装箱泊位 4 个，重件泊位 1 个，重载滚装泊位 1 个。出口监管仓、公用型保税仓库 1 个。一期工程年集装箱吞吐能力达 50 万标箱。2012 年，宜宾水运口岸货物吞吐量 5.59 万吨，同比减少 4.46%，集装箱吞吐量 6.72 万标箱，同比减少 58.18%。

【成都公路外贸货物装卸点（口岸后续监管区）】 2010 年 9 月 6 日，四川省政府正式批准从成都市成华区建材路 11 号迁建至龙泉驿区成都（国家）经济开发区物流中心内，于 2012 年迁建动工，计划 2014 年底竣工正式对开放。2012 年，成都公路口岸货物吞吐量 24.13 万吨，同比减少 20.01%，集装箱吞吐量 1.15 万标箱，同比减少 20%。

【成都国际邮件互换局（成都双流国际快件中心）】 位于成都市双流县航空港经济开发区、机场高速公路旁，距双流国际机场不足 10 分钟的车程，距市中心也仅需 30 分钟。快件监管仓库2 500平方米，报关大厅 400 平方米，联检单位办公及休息区2 000平方米，快件企业办公场地 1 000平方米，停车场5 000平方米，监控室 150 平方米。国际邮件快件中心是独立的封闭区域，根据功能限制，流向限制和技术监控等要求，通过有限的物流隔离，划分出不同性质和功能的作业区域，从而实现场地的分区管理，使各区域间保持相对独立，相互隔离，并实施 24 小时监控。成都国际邮件互换局（成都双流国际快件中心）已开通 98 个国家和地区特快专递业务，与 200 多个家国际（地区）城市互通邮件，并同新加坡、韩国、日本、美国 4 个国家和香港地区建立了国际特快专递直封关系。2012 年，成都国际邮件互换局（成都双流国际快件中心）共查验、交换国际邮件 300.87 万件，同比增长 31.73%；非邮快件3 375吨，同比增长71.93%。

四川省口岸大事记

1月29日

四川省委书记、省人大常委会主任刘奇葆赴成都海关看望慰问干部职工。

1月30日

东方航空公司成都分公司开通成都市至台湾高雄直航航班。

2月23日

海关总署在成都市举行工作座谈会。海关总署署长于广洲、四川省委书记刘奇葆在座谈会上作重要讲话，蒋巨峰省长、于广洲署长分别签署《海关总署、四川省人民政府合作备忘录》。

2月24日

海关总署署长于广洲赴四川省绵阳市调研。

2月25日

澳门特别行政区社会文化司司长张裕率领澳门灾后援建小组从成都航空口岸入境参加协调四川省灾后恢复重建协调机制工作会议。

2月28日

国家质检总局反恐防范督导组到四川省出入境检疫局检查反恐防范工作。

4月11日

香港特别行政区发展局局长林郑月娥来川考察援建四川省项目，从成都市航空口岸入、出境。

4月15日~17日

成都市航空口岸为参加第十届亚洲航线发展大会国（境）外参会代表提供优质通关服务。

4月18日~19日

全国口岸工作信息座谈会在四川省成都市召开。会议由中国口岸协会主办，四川省政府口岸办公室协办。

5月7日

新加坡前总理黄根成一行从成都航空口岸入境对四川省进行友好访问。

5月28日

全国政协副主席何厚铧、澳门特区行政长官崔世安从成都航空口岸入、出境，对四川省进行访问。

6月9日

斯里兰卡议会马来尔议长一行15人从成都航空口岸入境，途经四川省了解四川省经济社会发展情况后前往北京对我国进行友好访问。

6月24日

成都航空口岸为印度尼西亚地方代表理事会主席伊尔曼一行提供通关礼遇。

6月27日

越南国家航空公司开通成都市至越南河内的往返国际航线。

7月3日

成都高新综合保税区双流园区通过国家联合评审验收。由海关总署、国家发展改革委、财政部、国土资源部、住房和城乡建设部、商务部、国家税务总局、国家工商总局、国家质检总局、国家外汇管理局组成的联合验收组对该园区进行现场验收，经过综合评议后，同意通过验收，并颁发验收合格证书。

7月18日

泰国内政部副部长一行从成都航空口岸入境对四川省进行友好访问。

9月2日

成都航空口岸为新加坡总理李显龙一行提供通关礼遇。

9月8日

成都航空口岸为俄罗斯联邦委员会主席马特维延科女士一行来四川省进行友好访问提供通关礼遇。

9月9日

国务委员、国防部部长梁光烈9月9日结束对缅甸访问后，从成都航空口岸入境回国。

9月26日~30日

成都航空口岸为来成都市参加第十三届中国西部国际博览会的56个国家和地区的政要以及世界500强企业、工商界人士近8万余人参会，提供通关服务。

10月10日

四川省委书记、省人大常委会主任刘奇葆视察宜宾港国际集装箱码头海关监管场所及保税仓库和出口监管仓库。

10月18日

四川省宜宾水运口岸（口岸后续监管区）迁建完成，顺利通过省政府验收。

10月22日

中国国民党副主席江炳坤先生一行26人从成都航空口岸入境对成都市进行访问。

11月29日~30日

国家质检总局副局长蒲长城率国务院食品安全督查组督查食品安全工作。四川省出入境检验检疫局局长徐武强陪同。

12月6日~7日

国家口岸管理办公室组织的《开放的中国口岸》组到成都航空口岸拍摄影像资料。

12月18日

四川省宜宾水运口岸（口岸后续监管区）迁建竣工，经四川省政府批准正式对外开放。

12月23日

四川省委书记王东明同志到成都高新综保区视察，成都海关关长窦志民陪同。

（撰稿人：李熊　刘礼明）

2012年四川省口岸流量统计表

口岸类型		口岸名称	货运量（万吨）				集装箱量（万标箱）				人员（万人次）				交通工具（辆、艘、架、次）			
			出口	进口	合计	同比（%）	出口	进口	合计	同比（%）	出境	入境	合计	同比（%）	出境	入境	合计	同比（%）
空运口岸		成都航空口岸	1.68	0.53	2.21	+12.75					97.67	98.27	195.94	+33	7 532	7 592	15 124	+10.86
分计		1	1.68	0.53	2.21	+12.75					97.67	98.27	195.94	+33	7 532	7 592	15 124	+10.86
陆运口岸	公路口岸	成都公路口岸	9.71	14.42	24.13	-20.01	0.46	0.69	1.15	-20								
	分计	1	9.71	14.42	24.13	-20.01	0.46	0.69	1.15	-20								
	铁路口岸	成都铁路口岸	28.08	13.15	41.23	-33.52	1.17	0.55	1.72	-34								
		绵阳铁路口岸	0.29	1.64	1.93	-30.32	0.02	0.21	0.23	-39								
		攀枝花铁路口岸	0.66	24.9	25.56	-28.76												
		乐山铁路口岸																
	分计	4	29.03	39.69	68.72	-30.86	1.19	0.76	1.95	-36.26								
水运口岸		泸州水运口岸	91.32	69.4	160.72	+32.11	6.92	6.61	13.53	+34.52								
		宜宾水运口岸	1.95	3.64	5.59	+4.46	0.05	6.67	6.72	-58.18								
	分计	2	93.27	73.04	166.31	+18.28	6.97	13.27	20.24	-11.83								
合计		8	133.69	127.68	261.37	-4.96	8.62	14.72	23.34	-22.69	97.67	98.27	195.94	+33	7 532	7 592	15 124	+10.86

（四川省口岸办提供）

2012 年成都海关主要数据统计表

项目		2012 年	同比（%）
进出口货运量（万吨）	合计	149.08	+4.2
	进口	105.5	-4.2
	出口	43.58	+32.3
进出口贸易总值（万美元）	合计	809 328.37	-3.4
	进口	519 105.2	-7.1
	其中：江、海运输	414 067.87	-12.8
	铁路运输	41 376.19	+387.1
	汽车运输	7 228.73	-59.2
	航空运输	56 427.32	-3.0
	邮件运输	5.09	+56.5
	其他运输	—	—
	出口	290 223.17	+56.9
	其中：江、海运输	196 243.05	-11.8
	铁路运输	42 610.14	139.4
	汽车运输	31 120.61	+75.5
	航空运输	20 075.49	-1.3
	邮件运输	173.88	-12.0
	其他运输	—	—
税收（万元）	两税入库	555 634	-4.4
	关税入库	48 811	-21.8
	进口环节税入库	506 403	-2.3

（成都海关提供）

2012 年四川省口岸出入境主要数据表

单位：（人员）人次；（交通工具）辆、艘、架、列次

项目			2012 年	2011 年	同比（%）
出入境人员	出入境人员总数		1 959 485	1 473 052	+33.02
	入境人员		982 714	738 239	+33.12
	出境人员		976 771	734 813	+32.75
	出入境旅客		1 825 564	1 370 396	+33.21
	出入境员工		133 921	102 656	+30.46
	中国公民	小计	1 514 601	1 094 866	+38.33
		内地居民（因公）	69 914	60 334	+15.88
		内地居民（因私）	1 125 428	737 399	+52.62
		港澳居民	120 646	108 735	+10.95
		台湾同胞	198 613	188 398	+5.42
	外籍人员		444 884	378 186	+17.64
	从海港出入境人员				
	从陆港出入境人员				
	从空港出入境人员		1 959 485	1 473 052	+33.02
交通运输工具	总计		15 124	11 188	+35.18
	船舶				
	飞机		15 124	11 188	+35.18
	火车				
	机动车辆				

（四川省出入境管理局提供）

2012年四川省出入境检验检疫业务统计表

项目	货物检验检疫				交通工具				集装箱（标箱）		发现动植物疫情		货物通关		出入境人员查验（人次）	健康检查及预防接种（人次）			
	批次	金额（万美元）	检验检疫不合格																
			批次	金额（万美元）	船舶（艘）	飞机（架）	火车（节）	汽车（辆）	合计	检出问题	种类数	种次	批次	金额（万美元）		健康检查	艾滋病监测	发现病例	预防接种
全年累计	70 925	622 953	200	1 117		15 624			42 426		41		26 698	460 697	1 961 177	30 020	29 593	14 862	44 286
其中 出境	56 940	448 628	99	483		7 546			14 339				12 355	58 687	973 815	26 670	26 658	12 880	44 254
其中 入境	13 985	174 325	101	634		8 078			28 087		41		14 343	402 010	987 362	3 350	2 935	1 982	32
同比（%）	+3.28	-37.52	+27.39	-10.6		+41.71			-5.71				+47.4	-16.65	+43.84	+9.41	+9.62	+1.96	+17.08
其中 出境	+4.52	+12.96	+26.92	-15.48		+36.63			+12.93				+42.47	+32	+45.6	+10.98	+11.1	+2.68	+17.09
其中 入境	-1.5	-70.94	+27.85	-6.49		+46.82			-13.04				+51.92	-20.91	+42.14	-1.62	-2.23	-2.51	+10.34

（四川省出入境检验检疫局提供）

贵 州 省

贵州省口岸分布示意图

口岸名称	批准开放时间	开放状态
贵阳航空口岸	1992.9	国际常年

口岸数量及分布

截至2012年年底，贵州省有经国务院批准对外开放的航空口岸1个，即贵阳航空口岸。

口岸运行数据

2012年，贵阳航空口岸出入境人员114 257人次，同比增长107.77%，其中入境56 893人次，出境57 364人次。出入境旅客106 486人次，同比增长106.87%。出入境员工7 771人次，同比增长120.96%。出入境航班1 087架次，同比增长145.37%，其中入境540架次，出境547架次。查获网上追逃犯罪嫌疑人3人次，协助遣返境外人员4人次，查处违法违规人员64人次。

2012年贵州省各市、州进出口统计表

单位：万美元

市、州	进出口额	出口额	进口额	同比（%）		
				进出口	出口	进口
总值	663 191	495 226	167 965	+35.78	+65.89	-11.60
贵阳市	505 103	421 398	83 705	+34.00	+51.57	-15.40
毕节市	33 785	33 751	34	+1 629.00	+1 651.80	+22.52
黔东南州	21 834	21 828	6	+440.35	441.70	-47.40
遵义市	14 050	12 482	1 568	+6.39	+8.19	-6.04
安顺市	2 674	2 073	601	+39.75	+48.07	+17.06
黔南州	8 082	1 614	6 468	+12.53	+44.40	+6.66
黔西南州	1 531	1 295	236	+228.80	+1 060.30	-33.40
铜仁市	980	748	232	+179.30	+113.20	+7.50
六盘水市	75 152	37	75 115	-8.80	+9.81	-8.79

表注：按出口额排序

（贵州省商务厅提供）

口岸监管与服务

【口岸开放进一步深化】 2012年，贵州省积极贯彻落实《国务院关于进一步促进贵州经济社会又好又快发展的若干意见》（国发〔2012〕2号）精神，在贵州省委省政府的正确领导下，经过口岸部门的共同努力，贵阳航空口岸发展成效明显，国际及地区航班由过去每周2架次迅速发展到每天至少4架次航班出入境，最多时每天可达到12架次，全年出入境人员达114 257人次，出入境航班1 087架次。2012年8月国务院批准同意在贵州省贵阳航空口岸开展“口岸签证”，公安部于同年12月中旬对工作现场和非工作现场进行了检查验收，2013年1月正式启动相关业务办理工作。

【口岸项目规划与建设】 依照《贵州省“十二五”口岸发展规划》，贵州省政府口岸办公室认真对全省9个市、州的口岸项目进行了推进落实调研，结合当前外向型经济发展实际需求，提出了口岸作业区、保税仓、出口监管仓、保税物流中心、“无水港”、综合保税区等15个重点推进项目，拟设立口岸项目建设专项资金以保障口岸项目建设顺利实施；推进了贵阳综合保税区的申报与筹建工作，贵州省副省长蒙启良多次带队到海关总署，争取海关总署的大力支持，贵州省、贵阳市均成立了综合保税区申建工作专项领导小组，按照“边建设边申报”的工作思路，确定贵阳市城市建设投资（集团）有限公司为贵阳综合保税区建设单位，并于2012年12月16日正式开工建设综合保税区互通线、“三楼三路三点一区”等基础设施。贵阳“无水港”建设项目由贵州商储胜记仓集团筹建，总用地160万平方米，规划在花溪区打造“两港一中心”（即无水港、公路港及铁路转运中心）项目，现已完成贵州“两港一中心”国际物流港项目控制性规划设计，项目建设将按照统一规划、统一征地、分期实施的原则进行。

【制定口岸现场通关协调工作例会制度】 为充分发挥口岸协作机制的作用，切实做好口岸的建设、管理和协调工作，充分发挥口岸优势，整合口岸资源，提高通关速度和效率，共同推进“口岸大通关”建设，构建和谐口岸环境，在贵州省商务厅、贵州省人民政府口岸办公室、贵州省公安边防总队、贵州出入境检验检疫局、贵阳海关、贵州省机场集团有限公司等单位的共同参与下，制定出台了《贵州省口岸现场通关协调工作例会制度》，例会专题研究解决口岸建设、管理及运行中出现的各方面问题，协调、统一相关单位的意见，推动口岸建设和管理工作的有效开展。例会原则上每月召开一次，也可根据需要随时召开，会议形成的共识或达成事项以会议纪要形式发布，口岸现场各单位共同遵守。

【规范国际及地区航线航班管理程序】 为进一步规范航空口岸国际及地区航线管理工作，提高口岸综合管理水平和查验服务质量，确保出入贵阳航空口岸的国际及地区航班正常有序运行，根据《贵阳航空口岸管理暂行办法》，通过口岸各有关单位的共同研究，进一步规范了国际（地区）航线航班管理工作程序，有效保障了新开及恢复国际（地区）航线（含定期包机）的申报运行，确实解决了航班信息混乱、申报程序复杂等问题，为航空公司执飞国际（地区）航班提供了便利。

【应收尽收，强化税收征管】 贵阳海关改善综合治税运行机制，强化对关区商品归类、估价、规范申报、原产地管理、减免税等工作的监督、指导与协调，规范税收征管审批程序。全方位、多角度开展税收征管质量监控，加强对税收征管过程的实时跟踪，规范税单流转程序，提高依法征管、科学征管水平，做到应收尽收。

【多项举措改进监管与服务】 贵阳海关开展分类通关改革，扩大“属地申报，口岸验放”通关范围，综合运用24小时预约通关、提前报关等通关便利措施，对关区高资信企业的货物实行快速验放，协调解决关区企业在口岸海关通关过程中产生的问题，营造优质高效的通关环境；认真落实国家进出口税收优惠政策，促进先进技术、关键设备和零部件进口，全年共减免两税合计9 108万元人民币，同比增长29%。与此同时，支持贵州发展“展会经济”，抽调业务专家服务第二届中国（贵州）国际酒类博览会，制定展品监管办法与实施方案，为参展商品和进境展商提供快速、便捷的通关服务，累计监管各类洋酒4万瓶。积极与人民银行、税务部门等相关单位联系沟通，开展人民币跨境结算，进一步促进贸易、投资便利化。开通了通关税费电子支付系统，提高了企业海关税费的支付速度。

【提高打私效能，维护经济秩序】 2012年，贵阳海关保持打击走私高压态势，积极开展“国门之盾”专项行动，严格落实“一案双查”工作制度，依法打击各类走私犯罪活动。深入推进反走私绩效评估和反走私综合治理，加强执法规范化建设，强化与地方执法部门沟通协作，提升执法质量和执法水平。加大情报工作的投入，完善情报队伍的建设。深化关警融合，规范简易案件的办理程序，指导旅检部门开展简易案件现场办理。开展重点商品和重点渠道打击走私专项行动，在打击矿产品走私、快件走私、毒品走私、冻肉走私、武器、弹药走私等方面成效显著，特别是“11·02”快件走私案件的侦办，得到了海关总署王松鹤副署长“小局也能办大案”的批示肯定。全年共立案走私犯罪案件3起，行政案件7起，总案值0.5亿元，罚没入库174万元。

【助推海关特殊监管区的申建】 2012年，贵阳海关切实贯彻国发〔2012〕2号文件中有关“在有条件的市州设立海关，支持条件成熟的地区设立综合保税区等海关特殊监管区”的精神和贵州省省长赵克志关于“在全省各州、市设立海关”的重要批示精神，成立领导小组，协助地方政府完成综合保税区的考察调研、选址、规划建设、项目招商和设立申报等工作。发挥桥梁纽带作用，促成海关总署和贵州省政府就贵阳综合保税区申建工作进行了多次磋商，邀请海关总署加贸司专家对贵阳综合保税区申建工作进行实地考察指导，为加快申建工作奠定了良好的基础，在支持各市州产业园区设立进口保税仓和出口监管仓库方面也取得了进展。

【强化口岸管控，维护国家利益】 贵州省公安边防总队结合贵阳航空口岸勤务工作实际，定期深入开展安全形势分析和口岸反恐维稳风险评估，并根据公安部边防局有关工作部署，修订完善口岸各类突发事件处置预案及流程图，组织围绕“闯关”、嫌疑人脱逃等情形开展演练，切实提高官兵发现、处置和协同作战能力。落实了针对性管控措施，与贵州省国安、国保、反恐、出入境等单位签订安保协作工作备忘录，建立了口岸反恐维稳协作机制。2012年，边检机关共查办行政案件6起，其中查处航空公司违反API（《国际航班载运人员信息预报实施办法》简称）案件4起，违反《中华人民共和国出境入境边防检查条例》非法载运未持出入境证件人员案件2起。查处未持有效赴台、赴港签注，依法做出阻止出境决定的64人次。在全面加强口岸管控的高压态势下，全年无偷渡案件发生。

【不断创新服务举措】 贵州省公安边防总队扎实开展边检岗位基本业务技能练兵，不断提高检查员专业素质，打牢服务养成基础，结合公安部12项便民措施，认真组织开展“大学习、大讨论、大宣传”活动。在第二届中国（贵州）国际酒类博览会、2012贵州·香港投资贸易活动周等重大活动举办期间，执勤一线队伍积极主动靠前服务，研究制定工作预案，优化服务手续，深入推行“一站式”服务、“7×24小时”全天候验放、24小时热线咨询、边检服务小分队等新型服务模式，为出入境旅客提供优质、高效、便捷的通关服务，为特殊旅客开通绿色通道服务1 200余人次，旅客满意率达到100%。正式开通的网上报检系统极大地简化、便捷了旅行社报检手续，受到了省市有关部门的肯定和服务对象的好评。2012年8月，按照公安部边防局统一部署，认真组织开展“中国边检服务品牌推介活动”，积极邀请各类媒体进行宣传报道，对边检品牌的树立、边检服务的提升、边检形象的推广都起到了极大的推动作用，贵阳边检站也连续第8年被评为“贵阳市对外贸易服务先进单位”。

【检验检疫三项措施狠抓质量安全风险排查整治工作】 按照国家质检总局在全国开展质量安全风险排查整治活动的有关要求和部署，2012年，贵州出入境检验检疫局在贵阳龙洞堡国际机场口岸开展质量安全风险排查整治工作。一是紧密围绕风险监测、风险评估、风险预警和风险快速处置4个环节，构建全过程、系统化的风险分析管理机制。分级别、分层次做好全面排查、重点排查、深入排查，不忽视任何一个领域，不放过任何一个环节，不漏掉任何一个疑点，切实把安全隐患消灭在萌芽状态。二是将口岸质量安全风险排查整治工作纳入到重点目标进行严格考核，周密安排和部署口岸督导、检查、考核工作，确保风险排查工作取得实效。三是在排查整治工作中紧密结合口岸实际，进一步加强对全体员工的廉洁教育，严格管理执法队伍，树立贵州出入境检验检疫人的良好形象。

【五举措强化口岸艾滋病防控和监测】 2012年，贵州出入境检验检疫局共实施艾滋病监测2 551人次，同比增长22.5%。检出艾滋病感染者3例，均为中国籍出境人员，其中2例劳务人员、1例留学人员。这是贵州口岸首次在出国留学人员中检出艾滋病感染者。贵州出入境检验检疫局采取多项措施，加强口岸艾滋病防控和监测。一是继续加大口岸艾滋病防控知识宣传教育力度，加强对商务、劳务、留学等重点人群的宣传教育，进一步拓宽艾滋病防控宣传教育的渠道，口岸艾滋病防控知识宣传覆盖率已达到100%；二是增加艾滋病防控的投入力度，完善口岸艾滋病监测体系；三是完善实验室建设，加强艾滋病防控专业队伍建设，提高检测水平；四是深化联防联控的合作机制，吸收社会力量，努力探索更加科学有效的合作模式，使联防联控能够向广深方向发展；五是寻求口岸艾滋病防控在体制机制上的突破。

【共建贵州进出口诚信管理体系】 2012年，由贵州出入境检验检疫局发起，贵州省商务厅、贵州省工商局、贵州省国税局、贵州省外管局、贵阳海关共六家单位联合建立了贵州进出口诚信管理体系，并签署了合作备忘录。内容包括建立“贵州进出口诚信管理体系”合作平台；加强信息交流，确保“贵州进出口诚信管理体系”合作平台的有效运作；实现结果互鉴，发挥“贵州进出口诚信管理体系”合作平台的作用；开展联合宣传，提升“贵州进出口诚信管理体系”合作平台的地位和形象；共建诚信文化，创建“人人守信、企业诚信”的良好环境；建立日常联系协调及定期会议机制等。

【贵州出入境检验检疫加强进出口食品安全监管】 一是加强监管，严把国门。加强对进口食品的进口商和出口食品生产企业的备案管理，严格检验检疫和监管，强化风险分析和风险预警，加强进口食品安全风险监测，确保进口食品符合我国食品安全国家标准和相关检验检疫要求，确保出口食品符合进口国家和地区的标准或合同要求。二是制订方案，明确责任。按照《进出口食品安全管理办法》和《出口食品生产企业备案管理规定》等要求，结合贵州省出口食品备案企业实际，制定了2012年度备案监管工作实施方案及监管计划，明确监管方法、监管范围、监管内容和实施进度，并指定专人负责组织落实。三是帮扶企业，提升能力。通过监督检查，帮助食品出口企业建立健全以危害分析和预防控制措施为核心的食品安全卫生控制体系，提高企业出口食品安全卫生水平，确保获证企业持续符合备案要求，质量管理体系有效运行，最大限度消除出口食品质量安全隐患。四是加强宣传，提高企业质量意识。产品质量是食品安全的基础，企业是产品质量第一责任人，是确保食品安全的主体。在进口食品检验检疫和出口食品企业的监督检查过程中，进一步加大检验检疫法律法规、《进出口食品安全管理办法》及《出口食品生产企业备案管理规定》的宣传力度，不断提高企业的质量意识和责任意识，指导切实履行企业的主体责任。五是加强内部监督，提高监管有效性。进一步加强对分支机构备案监管工作的指导，对业务部门和分支机构日常监管工作的监督检查，确保业务部门和分支机构对企业和出口食品实施有效监管。

【多举措助推新增产品出口零的突破】 2012年，贵州出入境检验检疫局出台多项措施促进贵州新增产品顺利出口，有效地改善了贵州出口产品的结构。一是早介入。要求工作人员在日常检验监管工作中注意与地方相关部门的联系与沟通，认真收集贵州进出口企业的情况，发现企业有出口意向，立即主动联系，迅速参与到出口事宜中，了解和听取企业在产品出口过程中遇到的困难和问题，积极给予帮助和支持。二是早发现。指派专业技术人员深入企业调研、考察，从源头提高出口产品质量，及时发现企业在生产、制造及装配等过程中出现的问题，指导帮助企业制订整改方案，将各种不利于出口的因素扼杀在萌芽状态，为产品顺利出口提供保证。三是早准备。围绕企业出口产品的质量、特性，有针对性地制订检验监管工作方案，积极搜集、查阅有关检验监管的资料，掌握企业出口国别的产品标准、法律法规、技术性贸易壁垒等情况，为企业产品出口做好检验检疫。在多项措施的推动下，2012年，贵州玉米种子、荞麦、醇酸清漆等产品均实现了出口零的突破。

【检验检疫西南六局签署合作备忘录】 2012年10月16日，四川、重庆、广西、贵州、云南、西藏6个出入境检验检疫局在成都签署了关于加强区域合作，促进西南地区开放型经济加快发展的合作备忘录。四川、重庆、广西、贵州、云南、西藏六省（区、市）共处西南，地域相连，发展程度相近，开放型经济相互关联、相互促进。西南六局本着开拓创新、优势互补、互利共赢的原则，围绕“抓质量、保安全、促发展、强质检”的质检工作方针，紧密结合西南区域开放型经济发展实际，以探索建立适应西南地区实际的检验检疫通关模式和监管模式为重点，推动西南区域进出口货物通关便利化，建立西南区域检验检疫监管协作机制、疫情疫病联防联控协作机制，构筑区域口岸卫生安全屏障，协同服务西南区域大型国际会展活动，推动区域性检验检疫信息共享，开展区域性应对国外技术性贸易壁垒协作，提升西南区域检验检测技术整体实力，加强文化建设交流与合作，共同营造“互通、互补、和谐、共赢”的局面，提升西南地区检验检疫整体实力，提高检验检疫协同执法把关能力，合力推动西南地区开放型经济加快发展。

开放口岸

【贵阳航空口岸】 贵阳龙洞堡国际机场是位于贵州省贵阳市东部的民用国际机场，距离市区约11千米，交通便利。机场于1997年5月28日正式投入空运，机场管理机构为贵州省机场集团有限公司。该机场占地面积约400万平方米，机场跑道长3 200米、宽45米，3条快速脱离道和两条端联络道，可接受波音747，空中客车A330等同类及其以下机型的全重起降，具有先进导航系统和设施的4E级现代化机场。机场候机楼建筑面积约3.4万平方米，有设备先进的国际、国内候机大厅，可满足年旅客吞吐量500万人次，高峰2 000人次/小时的进出港需要，是西南地区一个重要的航空枢纽。贵阳机场形成了以中型飞机为主、小型飞机配套、长短航线互补的航空运输结构。目前该机场直飞航线63条，每周航班起降1 000架次左右，日均客流量超过1.3万人次。直飞航线和包机航线遍及国内50个大中城市和中国香港、中国台湾、韩国、新加坡、泰国等国家及地区。包括4家基地公司在内，总共有16家航空公司在该机场营运。基地航空公司分别是中国国际航空股份有限公司贵州分公司、中国南方航空集团贵州航空有限公司、华夏航空公司、天津航空贵州分公司。

2006年1月19日，贵阳龙洞堡机场更名为贵阳龙洞堡国际机场，成为中国西南地区第四家国际机场。此前，该机场已通过国家有关部门的综合评估和验收，并获得民航总局的正式批复。为真正扩大对外开放，升格为国际机场，贵阳机场在软硬件的建设上先后投入近2亿元：新建机场现场指挥中心楼、机场过夜楼，扩建货运仓库，改造机场隔离区围界、机场宾馆、机场供电系统、综合信息系统，特别是注重了对国际联检厅、国际候机厅各项功能的不断完善。

贵阳龙洞堡国际机场2号航站楼于2013年4月投入使用，1号航站楼将进一步维修改造以适应国际航线发展需要，扩建工程完工后年旅客吞吐量将达1 550万人次，将有效提升机场硬件保障水平。

贵州省口岸大事记

1月7日

为表彰贵阳边检站在响应全省公安机关“大走访”开门评警活动，大力开展“文明示范单位”创建活动，在省内举办的中国（贵州）国际酒类博览会、第九届全国少数民族传统体育运动会、贵州·香港投资贸易活动周等系列重大经贸、文化交流活动中高效、规范、文明的优质通关服务，贵阳边检站被省公安厅授予贵州省公安机关“文明示范窗口”称号。

2月13日

贵州省委书记栗战书在贵阳会见海关总署副署长鲁培军一行。

3月25日

贵阳至曼谷的定期航班开通，这是南方航空公司在贵州市场上首次开通国际定期航班，也是贵州省航空史上首条真正意义上的国际定期航线。

4月5日

贵阳海关被列为海关总署推进廉政文化建设专题试点单位。

4月12日

白云机场海关、贵阳海关机场办事处、南方航空公司签订贵阳—广州—曼谷航线客运业务监管联系配合办法。

6月7日

经海关总署缉私局批准，贵阳海关缉私局遵义海关缉私科正式成立。

6月29日

韩国仁川至贵阳的直达航线开通。

7月4日

全国口岸协会会长、秘书长工作座谈会在贵阳召开。

8月7日~9日

电子口岸西南工作区第八届（2012）年会在贵阳召开。

8月19日

贵州边防总队在贵阳口岸隆重举行“中国边检服务品牌推介活动”启动仪式。

9月9日~13日

由商务部和贵州省人民政府共同举办的第二届中国（贵州）国际酒类博览会在贵阳举办，有来自法国、英国、澳大利亚、新西兰、意大利、西班牙、中国香港、中国台湾等43个国家和地区的知名企业参展，参展人数超过20万人次，贸易总额超过68亿元。

11月15日14时50分

贵阳航空口岸出入境人员首次年度突破10万人次。

12月27日

贵阳海关“12360”海关服务热线与海关总署“010—12360”实现互联互通。

（撰稿人：邓院生、孙伟、王志文、金若行）

2012 年贵州省口岸流量统计表

口岸类型		口岸名称	货运量（万吨）				集装箱量（万标箱）				人员（人次）				交通工具（辆、艘、架、列次）			
			出口	进口	合计	同比（%）	出口	进口	合计	同比（%）	出境	入境	合计	同比（%）	出境	入境	合计	同比（%）
空运口岸		贵阳航空	0.040 0	0.045 0	0.085 0	+31.00					57 364	56 893	114 257	+107.77	547	540	1 087	+145.37
		分计	0.040 0	0.045 0	0.085 0	+31.00					57 364	56 893	114 257	+107.77	547	540	1 087	+145.37
陆运口岸	公路口岸																	
		分计																
	铁路口岸																	
		分计																
水运口岸	海港口岸																	
		分计																
	河港口岸																	
		分计																
合计			0.040 0	0.045 0	0.085 0						57 364	56 893	114 257	+107.77	547	540	1 087	+145.37
同比（%）																		

（贵州省口岸办提供）

2012 年贵阳海关主要数据统计表

项目		2012 年	同比（%）
进出口货运量（万吨）	合计	256.87	+11.1
	进口	194.68	-5.3
	出口	62.19	+143.8
进出口贸易总值（万美元）	合计	112 608.83	+3.9
	进口	60 933.23	-22.6
	其中：江、海运输	55 171.46	-22.9
	铁路运输		
	汽车运输	437.12	-42.2
	航空运输	5 324.65	-16.6
	邮件运输		
	其他运输		
	出口	51 675.60	+74.3
	其中：江、海运输	45 240.16	+83.8
	铁路运输	1 611.73	+21.3
	汽车运输	1 969.24	+21.7
	航空运输	2 854.47	+36.6
	邮件运输		
	其他运输		
税收（万元）	两税合计	67 100	-23.9
	关税入库	14 959	-33.6
	进口环节税入库	52 141	-20.6

（贵阳海关提供）

2012 年贵州省口岸出入境主要数据表

单位：（人员）人次；（交通工具）辆、艘、架、列次

项目			2012 年	2011 年	同比（%）
出入境人员	出入境人员总数		114 257	54 993	+107.77
	入境人员		56 893	27 410	+107.56
	出境人员		57 364	27 583	+107.97
	出入境旅客		106 486	51 476	+106.87
	出入境员工		7 771	3 517	+120.96
	中国公民	小计	104 928	50 339	+108.44
		内地居民（因公）	471	11	+4 181.82
		内地居民（因私）	65 834	30 541	+115.56
		港澳居民	4 086	74	+5 421.62
		台湾同胞	34 537	19 713	+75.20
	外籍人员		1 558	1 137	+37.03
	从海港出入境人员				
	从陆港出入境人员				
	从空港出入境人员		114 257	54 993	+107.77
交通运输工具	总计		1 071	437	+145.08
	船舶				
	飞机		1 071	437	+145.08
	火车				
	机动车辆				

表注：此表中“中国公民”与“外籍人员”之和为出入境旅客数，不包括出入境员工数。

（贵州省公安边防总队提供）

2012年贵州省出入境检验检疫业务统计表

项目		货物检验检疫				交通工具				集装箱（标箱）		发现动植物疫情		货物通关		出入境人员查验（人次）	健康检查及预防接种（人次）			
		批次	金额（万美元）	检验检疫不合格																
				批次	金额（万美元）	船舶（艘）	飞机（架）	火车（节）	汽车（辆）	合计	检出问题	种类数	种次	批次	金额（万美元）		健康检查	艾滋病监测	发现病例	预防接种
本年累计		6 572	96 728.26	36	698.89		1 087			1 889		0		1 338	39 316.64	114 030	2 597	2 551	352	3 697
其中	出境	6 092	87 533.05	24	142.01		547			1 889		0		799	36 543.92	57 139	2 233	2 190	298	3 696
	入境	480	9 195.21	12	556.88		540							539	2 592.72	56 891	364	361	54	1
同比（%）		+2.14	+25.03	-10.00	+356.01		+145.37			-16.10		-100.00		+18.62	+79.34	+107.80	+24.62	+22.47	+80.51	+58.53
其中	出境	+5.73	+29.66	-27.27	+21.93		+143.11			-16.10		-100.00		+14.31	+95.46	+107.79	+25.80	+23.45	+88.61	+58.90
	入境	-28.60	-6.71	+71.43	+1 413.47		+147.71							+25.64	-17.08	+107.81	+17.80	+16.83	+45.95	-83.33

（贵州出入境检验检疫局提供）

口岸数量及分布

云南省陆地边境线4 060千米，约占全国陆地边境线总长的18.7%，其中中越段1 353千米，中老段710千米，中缅段1 997千米。云南省有8个边境州（市）的25个边境县（市）与缅甸、老挝、越南3个国家的9个省（邦）32个县（市）接壤。截至2012年年底，云南省经国务院批准对外开放口岸16个，其中航空口岸3个，分别是昆明、西双版纳、丽江；铁路口岸1个，河口；公路口岸10个，分别是瑞丽、畹町、孟定清水河、腾冲猴桥、打洛、磨憨、勐康、河口、天保、金水河；水运口岸2个，分别是景洪、思茅。经云南省政府批准的7个公路口岸，分别是田蓬、孟连、沧源、南伞、章凤、盈江、片马。中越边境口岸5个，分别是河口铁路、河口公路、天保、金水河，田蓬。中老边境口岸2个，分别是磨憨、勐康。中缅边境口岸11个，分别是瑞丽、畹町、孟定清水河、腾冲猴桥、打洛、孟连、沧源、南伞、章凤、盈江、片马。

口岸运行数据

2012年，云南省口岸进出口额69.6亿美元，同比增长10.1%，占全省进出口贸易额的33.1%，其中出口47.8亿美元，同比增长7.1%，进口21.8亿美元，同比增长17.2%。进出口货运量848.6万吨，同比下降15.8%，其中出口270万吨，同比下降0.8%，进口578.6万吨，同比下降21.4%。出入境人员2 479.7万人次，同比增长10.1%，其中出境1 227.3万人次，同比增长9.4%，入境1 252.4万人次，同比增长10.9%。出入境交通工具441.4万辆（艘、架、列）次，同比增长9.8%，其中出境219万辆（艘、架、列）次，同比增长8.6%，入境222.4万辆（艘、架、列）次，同比增长10.9%。

【对缅甸边境口岸】 中缅边境口岸进出口额占云南省口岸的41.8%，共计29.1亿美元，同比增长4.7%，其中出口23亿美元，同比增长5.3%；进口6.1亿美元，同比增长2.7%。云南省对缅进出口额占云南省口岸对缅进出口额的76.2%，其他省份占23.8%。进出口货运量占全省口岸的39.5%，共计335.4万吨，同比下降41.8%，其中出口115.4万吨，同比下降12.3%；进口220万吨，同比下降50.5%。出入境人员占全省口岸的74.3%，共计1 842.3万人次，同比增长15.3%，其中出境908.2万人次，同比增长14.4%；入境934.1万人次，同比增长16.2%。出入境交通工具占全省口岸的91%，共计401.7万辆（艘、架、列）次，同比增长11%，其中出境198.9万辆（艘、架、列）次，同比增长9.9%；入境202.8万辆（艘、架、列）次，同比增长12%。

【对越南边境口岸】 中越边境口岸进出口额占云南省口岸的14.3%，共计9.9亿美元，同比下降21.2%，其中出口8.5亿美元，同比下降18%；进口1.4亿美元，同比下降36.6%。云南省对越进出口额占云南省口岸对越进出口额的96.6%，其他省份占3.4%。进出口货运量占云南省口岸的18.3%，共计155.6万吨，同比下降40.9%，其中出口101.8万吨，同比增长1.5%；进口53.8万吨，同比下降67%。出入境人员占云南省口岸的16.5%，共计409.5万人次，同比下降8.1%，其中出境205.1万人次，同比下降8.3%；入境204.4万人次，同比下降7.9%。出入境交通工具占云南省口岸的3.7%，共计16.2万辆（艘、架、列）次，同比下降9.5%，其中出境8.1万辆（艘、架、列）次，同比下降12.3%；入境8.1万辆（艘、架、列）次，同比下降6.4%。

【对老挝边境口岸】 中老边境口岸进出口额占云南省口岸的15%，共计10.4亿美元，同比增长56%，其中出口7.6亿美元，同比增长56.5%；进口2.8亿美元，同比增长54.7%。云南省对老进出口额占云南省口岸对老进出口额的32.5%，其他省份占67.5%。进出口货运量占云南省口岸的11.7%，共计99.6万吨，同比增长

20.1%，其中出口38.6万吨，同比增长39.2%；进口61万吨，同比增长10.5%。出入境人员占云南省口岸的2.8%，共计70.1万人次，同比增长1.5%，其中出境35.6万人次，同比增长2.2%；入境34.5万人次，同比增长0.8%。出入境交通工具占云南省口岸的4.9%，共计21.5万辆（艘、架、列）次，同比增长7.1%，其中出境10.9万辆（艘、架、列）次，同比增长7.3%；入境10.6万辆（艘、架、列）次，同比增长6.8%。

口岸监管与服务

【口岸开放规划工作】 2012年，云南省积极落实国家“十二五”口岸发展规划，从不同层次和角度积极推进批准口岸和规划新开口岸开放建设工作。结合国家“十二五”口岸规划，云南省“十二五”口岸建设总体规划即将完成，在规划开放中进一步优化云南省口岸布局，统筹云南省口岸发展，进一步扩大口岸开放力度，提升云南沿边开放水平，形成以公路为主导，铁路为支撑，航空水运为突破口，多层次、全方位的口岸开放格局。同时，重新修编各口岸经济区总体规划和口岸建设规划，统筹各口岸发展实际，实现口岸经济区的规划向经济带规划过渡，与促进边疆民族地区经济社会发展有机结合，搭建起云南省全面对外开放口岸平台，促进口岸功能的发挥，做大做强口岸经济，同时，积极争取规划中的非协议口岸通过国家双边外交会晤进入协议，扩大云南省口岸开放度。经国务院批准，2012年6月12日，中国河口—越南老街（金城）国际性公路口岸第二条通道正式开通。

【口岸基础设施建设】 云南省继续加快新建和改造完善项目的进展。按照项目建设程序，全力完成重点口岸和其他一类、原二类口岸，以及拟新开口岸的查验配套设施建设，加快口岸建设步伐，改善云南口岸通关环境。截至2012年年底，云南省口岸查验基础设施建设全面推进，已完成瑞丽、河口、磨憨、孟连、南伞等口岸16个新建联检楼和查验货场建设；腾冲猴桥、天保、章凤、勐康、都龙等口岸14个联检查验设施在建中；各口岸大部分查验设施配套改造项目已完工，部分在建中。加强项目申报和资金使用方向管理，项目向口岸经济区配套设施倾斜，确保资金使用效益，保证口岸建设项目在促进口岸通关便利化中发挥最大化的功能。继续完善投资项目集群规划信息库建设，做好项目储备工作，建立云南省口岸规划项目数据信息收集、存储、交换、共享一体化信息库。

【创新口岸发展模式，践行“兴边富民”战略】 强化口岸区域协作，推进口岸双边通关便利化合作，拓宽拓展拓深国际物流通道建设。创新口岸发展向口岸城市（镇）、重点通道发展延伸，增加口岸功能和效果，带动口岸区域的经济带发展，形成全产业链服务为一体的经济社会服务体系，凸显云南对外开放的优势和特色，使口岸开放成为促进云南省外向型经济发展的又一强劲“发动机”，为云南省开放型经济持续快速发展提供全方位、多层次、高质量的口岸服务。统筹口岸经济发展目标，协调各口岸相关部门，积极创造促进边民参与边境贸易和发展外向型经济的条件和环境，推进沿边开放、探索沿边口岸开放新模式，把创新作为深入实施“兴边富民”工程的突破口，加速推进口岸建设发展创新力度，凸显云南口岸在对外开放中的优势和特色，促进创新发展、集聚发展要素、配置效能资源，积极推进边民互市贸易场所管理试点工作，提高沿边开放效益，实践“兴边富民”战略。截至2012年年底，已完成盈江、畹町、瑞丽、天保、南伞、章凤、河口、打洛、孟定清水河口岸和绿春平河边民互市贸易场所规范化建设实施方案评审工作，并对盈江、畹町、天保、瑞丽、章凤口岸边民互市贸易场所进行了验收，为边民互市贸易运行打下了良好的基础，为树立国家级口岸良好形象，扩大边境地区对外开放，建立了服务进出口业协作新机制，拓展了促进边境地区产业发展的平台，加快了边远地区脱贫致富，推动了口岸边境地区经济社会又好又快发展，实现各族群众共同富裕和边疆和谐稳定，形成口岸贸易、边民互市交易、物流配套多位一体的现代贸易体系。

【优化口岸通关软实力建设】 在建设、完善基础设施及科技装备等硬件设施的基础上，云南省大力促进信息、模式、人才队伍等软件建设，协调各口岸相关部门，充分发挥云南省政府与海关总署、国家质检总局、商务部等部委签署的合作备忘录的作用，继续推出适应“桥头堡”战略要求的新一轮通关便利化措施，共同推进口岸通关软环境的改善和优化，提高云南口岸综合竞争力，真正形成中国面向西南开放的通达之桥。全面推进以政府牵头协调，统一信息平台、手续前推后移、加快实货验放为导向的“大通关”建设，进一步提高通关效率，为企业搭建平台，提供全方位、多层次、高质量的口岸服务。推进双边和多边合作，各口岸相关部门积极协作，全面推动“属地申报，口岸验放”通关模式，提高通道效率。截至2012年年底，云南省已与黄埔、上海、湛江、南宁、深圳及西安等地进行了广泛的通关合作。建立中越、中老、中泰各方交通运输、物流贸易等官方信息协调机制，促进边境贸易便利化。加强与兄弟省市的大通关协作，与泛珠各省区及贵州省口岸办公室、宁夏自治区口岸办公室等签署合作协议，共同完善通关便利环境。提升口岸智能化水平，推进云南“大通关”建设。紧紧围绕促进口岸通关便利化建设、服务地方经济发展的目标，扎实有效地开展和谐文明口岸建设工作，并在实践中不断探索、总结、发展、创新，确立了抓基础、抓精品、抓整体功能的创建思路，以开展创建文明单位，创建文明行业和示范窗口，创建文明口岸和共建文明先进单位为抓手，狠抓思想道德教育、口岸队伍建设、规范窗口服务和政务公开、廉政建设，做到“五个坚持”即坚持服务中心、坚持以人为本、坚持“三个贴近”（贴近实际、贴近生活、贴近群众），努力营造文明高效的通关环境、温馨热情的服务环境、规范守信的市场环境和公平公正的法治环境，为实施和服务“桥头堡”建设提供良好的精神支撑和发展环境，形成和谐文明共建与口岸发展良性互动的良好局面。

【电子口岸建设】 提升口岸智能化水平，推进云南“大通关”建设。云南电子口岸坚持“以需求为导向，以应用促发展”，从“企业迫切需要，领导重点关注，对云南开放型经济和桥头堡战略有重大促进作用”的联网应用项目入手，按照“平等协商，共建共享”的原则，有的放矢地整合具体联网应用项目所涉及的部门数据和资源，完成云南电子口岸大通关平台主题式推进课题研究报告，通过政府专家评审，开始了云南电子口岸实体平台建设。截至2012年年底，云南电子口岸已建成15个电子口岸应用项目，全省9 600多家外贸企业实现电子报关156 338票，报关单量、数据交换处理量平均增长了20%以上。边境贸易检验检疫业务电子申报系统发送边境小额贸易非法检货物电子申报单2 006单，比2011年试点增长了1 947%，发送边民互市电子申报单10.73万单，比2011年试点增长了51 233%，边境小额贸易非法检货物及边民互市货物电子申报率由2011年的0.72%上升到目前71.63%，云南电子口岸检验检疫应用项目正式上线运行后，边境贸易一次申报和受理的平均时间由原来的13分钟缩短到1分钟，通关效率提高了12倍，基本完成了云南省边境贸易检验检疫业务申报方式从手工申报向电子申报的跨越式转变。2012年，云南电子口岸门户网站共发布口岸信息6 100多条，网站点击率超过100万次，云南电子口岸平台正逐步成为通关便利化的优质服务平台。

【口岸经济区建设】 创新口岸发展向口岸城市（镇）发展延伸，打造以4条国际大通道为重点的经济走廊和具有较强聚集能力的沿边口岸经济带，结合3个跨境经济合作区和6个边境经济合作区，融合边境地区差别化的产业政策，借桥头堡建设的契机，规划先行，确定口岸经济区不同的发展功能和发展重点。加强口岸经济区建设，在中老泰边境地区六方合作第一次会议上，云南省口岸部门积极促进各方贸易交流与合作，建立长效合作机制，共同把中老泰边境地区打造成“国际旅游圈”和“边境贸易圈”。云南省政府与越南老街省人民委员会在昆明签署了《关于加快推进中国河口—越南老街市跨境经济合作区研究和建设合作的框架协议》，促进沿边经济区发展。云南与越南奠边、莱州、老街、河江联合工作组第三次会议在越南奠边省奠边府市举行，会议结束时五省共同签署了会议纪要，共同促进边境口岸经济发展。中国和泰国签署《关于双方经昆曼公路进出口水果检验检疫要求的议定书》，推进磨憨边境经济合作区和昆曼大物流通道效益的提升。2012 年中越（河口）边交会会谈，建立云南省与老街省经贸工作会谈机制，共同支持“中国红河—越南老街跨境经济合作区”建设。

【昆明海关探索通关便利化措施提升通关便利化水平】 2012 年，昆明海关探索通关便利化措施提升通关便利化水平。一是深化通关监管改革。昆明海关持续深化通关监管改革，优化监管和服务，进一步提高口岸通关效率。实施进出口分类通关改革，系统实行“接打放”一体化放行，并对低风险报关单实现快速放行，进出口货物通关效率大幅度提高。通关时间的进一步缩短，降低了企业的运输成本，增加了进出口鲜货在市场上的竞争力。二是启用进出境 IC 卡管理系统。目前已在昆明关区 15 个陆路边境口岸全面推广上线运行边境机动车辆进出境 IC 卡管理系统，完善了进出境车辆备案申报、非货运通道和货场卡口查验放行岗位设置，实现了申报放行一体化作业，提高了进出境车辆通关效率。进一步推进监管场所建设，启用电子监控综合应用系统，建立分类管理使用制度，努力建设运输工具、舱单、监管场所、查验“四位一体”的物流监控体系。三是优化服务措施，促进贸易便利化。昆明海关紧紧围绕云南省的总体部署，全力支持面向西南开放桥头堡建设，支持云南对外开放重大项目建设，推动对外经济发展。继续优化海关服务，主动作为，认真执行好首问负责制、“5+2”工作制等服务措施，不断优化作业流程，提高通关效率。支持“替代种植”、“供电建设”、“林矿开发合作”等项目发展；在口岸监管点和各业务现场设立政务公开栏，全面推行窗口文明服务，为社会各界提供高效、便捷的通关服务。

【昆明海关推进“属地申报，口岸验放”便捷通关模式】 昆明海关推行“属地申报，口岸验放”通关模式；依托风险分析及企业经营诚信等级，推行低风险快速放行，推进分类通关改革；扩大网上支付税费及银行 POS 机缴税业务；主动为企业提供减免税政策咨询服务，切实引导和帮助企业用足用好各项优惠政策；实现了企业进出口货物跨关区通关的“一次申报、一次查验、一次放行”，缩短了通关时间，降低了企业滞港费、滞柜费、运输费等经营成本，加快企业资金周转速度，增强企业市场竞争力，促进地方经济的良性循环发展。采用该模式企业进出口货物通关时间缩短 3 天 ~4 天、通关成本降低 25% ~35%。经过 6 年多的成功运行，与昆明海关合作开展跨关区“属地申报，口岸验放”便捷通关模式的直属海关数量已经由原来试运行时的 1 个增加为目前的 8 个，涉及上海、天津、江苏、广东、广西、山东 6 个省、直辖市。据统计，2012 年，昆明及滇中地区企业采用该模式共计进出口 4.32 亿美元 76 万吨的货物，占进出口总货值的 60.42%、总货运量的 96.57%，与上年同比分别增长 1.54 倍、6.91 倍。

【云南检验检疫创新服务举措，做好边境地区传染病、动植物疫病防控】 为确保云南对外贸易的健康发展和桥头堡建设的顺利推进，有效防范边境疫情疫病风险，云南出入境检验检疫局通过对云南陆路边境的特殊性和复杂性，境外疫情疫病的多发性和严重性，疫情疫病防控的艰巨性和紧迫性的深入研究，提出了“政府主导、分工负责、条块结合、部门联动、国际合作”的云南边境地区传染病和动植物疫情疫病联防联控“3+1”防线体系建设思路，在边境地区建设“3+1”防线，即由检验检疫机构在口岸实施卫生和动植物检疫措施构建的检验检疫防线，由检验检疫、边防、海关、卫生、农业、林业等部门的联动防控构建的联动联控防线，由边境地方政府组织动员边民及社区居民共同参与的群防群控防线，再加上与周边国家边境地区的政府及相关机构加强防控合作的境外合作防线。通过四道防线，变被动防治为主动防控，保护云南生态安全、农业安全和人身健康安全，促进对外经济贸易又好又快发展。2012 年，云南出入境检验检疫局狠抓“一个核心”、建立“两大机制和两大体系”、突出“三大创新”。狠抓“一个核心”，即狠抓“3 + 1”防线体系建设的核心“联、防、控”。建立“两大机制和两大体系”，即建立“3 + 1”防线体系建设的联防联控合作机制、风险分析与预警机制、疫情疫病监测体系和技术支撑与保障体系。突出“三大创新”，即突出“3 + 1”防线体系建设的理念创新、理论创新、实践创新。云南出入境检验检疫局结合云南省各级政府及相关部门的职能和检验检疫的职责，云南边境地区的自然状况和贸易特点，针对传统管理模式的缺陷，在国内外率先提出“3 + 1”防线体系建设的新理念，并将创新的“3 + 1”防线体系建设的理念具体化、理论化，形成了“3 + 1”防线建设理论体系，出版了《“3 + 1”防线建设——云南边境地区疫情疫病联防联控机制研究》等 6 部专著，获得了 3 项国家专利，制定了 2 项国家标准、6 项行业标准。截至 2012 年年底，云南出入境检验检疫局与云南省各级政府、政府相关职能部门签署了备忘录、合作协议 192 份，基本形成了多层次、多领域的联防联控合作机制，有效处置了多起涉及疫情疫病传入、动物及其产品非法入境、进口食品安全的突发事件，截获有害生物8 579次，发现病例9 569例。

【云南检验检疫服务外贸助推高原特色优势产品出口】 为有效助推云南高原特色农产品走出国门，扩大出口，云南出入境检验检疫局大力推进检验检疫监管模式改革，积极探索实施“产地检验、口岸出单”出口通关模式和“口岸转检、属地报检”进口通关模式，在风险可控的前提下，适当放宽绿色通道、直通放行、出口免验条件。2012 年，已对云南省 15 家企业的 30 多种、11 220批次出口货物实施了直通放行，平均每批为企业缩短通关时间 2 小时以上。提升技术支撑能力，不断加快检验检疫电子智能化和重点实验室建设，加大口岸建设投入，提高口岸现场查验设施科技含量和装备水平，实现了口岸人员体温监测、交通工具检疫处理自动化，在流量较大口岸还实现了进口货物放射自动监测、个人携带物品自动监测，极大提高了口岸的通关作业环境和便利化程度，为企业提供更加便利、高效、快捷的通关服务。同时，不断提升质量安全水平，制定系统科学的管理措施，建立“3 + 1”疫情疫病防控体系和检验检疫标准管理体系。积极打破国外技术壁垒，成功应对了欧盟对牛肝菌、日本对松茸的技术壁垒，促使欧盟对牛肝菌干片中尼古丁的限量标准放宽了近 20 倍，促成日本有关机构将我国出口松茸由“命令检查”下调为“监控检查”，2012 年又将“监控检查”恢复到正常监管，确保了云南大宗特色产品的顺利出口，为促进农民增收和边疆少数民族地区的繁荣发展做出了积极贡献。2012 年，检疫出口的冻猪分割肉2 795. 68 万美元，同比增长了 44. 17%；出口的植物及其产品36 886批次，货值 14. 5 亿美元，同比，其中出境花卉货值增长 33. 72%，出口咖啡货值增长 72. 36%，出口茶叶货值增长 54. 43%。2012 年，云南出口农产品共计43 486批，货值 20. 41 亿美元，农产品成为云南出口第一大产品。

【云南省公安边防总队主动占位，积极作为，跟进服务地方经济发展】 一是优化环境促通关。云南省公安边防总队自筹经费4 000余万元对云南省 90 个口岸通道的1 160个执勤现场标志、验证台、咨询台进行统一规范，增设迟到免排、饮水机、休息座椅等 50 余项便民服务设施，优化昆明新机场 7 个边检现场查验配套设施，新建昆明、瑞丽口岸 8 条旅客自助查验通道，在河口、天保口岸推广边贸小汽车“一站式直通车服务”，口岸通关效能大幅提升。二是创新便民利民举措。主动走访地方党委政府和公安机关 100 余次、出入境企业 190 多家、服务对象3 200余人，发放征求意见表42 000份，梳理掌握口岸通关便利化需求 22 条；研究出台《服务桥头堡建设口岸通关便利化5条便民措施》，推出边境旅游专用通道、边境贸易优先放行、大型团队零散进出等60多项优质服务；推动公安部出台为从事边境贸易、替代种植人员和边境地区居民在其证件上一年只加盖一对验讫章的做法，有效节约经济成本，受到出入境人员和企业的赞誉；定期报送《入出境人员流量信息研判》，通过数据比对、分析和研判，为地方党委政府谋划经济发展提供重要参考。三是服务地方重点项目。紧紧围绕桥头堡发展战略，主动跟进瑞丽重点开发开放试验区、中缅天然气石油管道、中电投在缅水电项目、跨境（边境）经济合作区等重点建设项目，圆满完成昆交会、旅交会、农博会、中缅（越、老）边交会，以及东南亚国家领导人访滇、伊斯兰教人员赴沙特朝觐等大型活动的通关服务保障工作。

【云南省公安边防总队改革勤务，创新管理，提升口岸服务管控效能】 一是推进勤务改革，提升服务效能。昆明、瑞丽、河口等边检站积极完善勤务指挥中心软硬件设施，大力推广“分区域执勤、一体化服务”的勤务模式，西双版纳、红河、文山等边防支队针对边境通道多、卡口检查距离远、管理难度大的实际，创新边民出入境集散式检查模式，强化对边民的管理，实现了“问题在一线解决、手续在一线办理、服务在一线实施、效率在一线体现”的目标。二是密切协作配合，提升管控合力。积极深化与公安国保、解放军边防部队、海关、检验检疫等职能部门的协作，并努力拓展合作的宽度和深度，相继与检察院、法院、职业制边检站和境外移民机关等53家单位签署合作备忘录，建立口岸联防机制。三是坚持科技强警，提升信息化水平。坚持把科技创新作为破解工编矛盾和转变服务能力生成方式的重要引擎来抓，投入1 200余万元，相继安装了一批高科技查验设备，推动实现了出入境人员、交通运输工具的动态掌握。

开放口岸

【昆明航空口岸】 昆明长水国际机场（原巫家坝国际机场），1955年经国务院批准对外开放，2012年6月28日转场至位于云南省昆明市官渡区大板桥镇的长水国际机场。昆明长水国际机场旅客吞吐量居西南地区第二位，国际航线开通数量居全国第七位。机场现已建设东、西两条平行跑道，东跑道长4 500米，宽60米，西跑道长4 000米，宽45米，跑道间距1 950米，可供空客A320等所有机型起降。目前已开通国际和地区航线35条，与泰国、越南、缅甸等16个国家106个国内外城市通航。

【西双版纳航空口岸】 西双版纳嘎洒国际机场位于景洪市郊4千米，1990年4月建成通航。设计年旅客吞吐量350万人次，货物吞吐量1.09万吨，飞行区指标为4D，可满足B767、A300系列类型飞机，配有I类灯仪表着陆系统及夜航灯光设备。1995年12月3日经国务院批准为对外开放的一类航空口岸，1996年12月10日通过国家验收，1997年1月1日正式对外开放。西双版纳嘎洒国际机场是国内重要的干线机场和连通东南亚、南亚的中型枢纽机场。先后开通了23条国内航线和3条国际航线。

【丽江航空口岸】 丽江机场位于丽江市古城区七河乡，距离市区约28千米，改扩建后于2012年5月31日正式通航，机场占地面积120万平方米，机场飞行区等级为4D，跑道长度3 000米、宽45米，成南北向，可供波音737－700型及以下机型起降，国际候机楼建筑面积5 300平方米，有3座登机廊桥。拥有仪表着陆系统、助航灯光等通信导航设备。2011年11月11日，国务院正式批准丽江机场对外开放。2012年2月22日，中华人民共和国丽江海关正式挂牌成立。3月15日，中华人民共和国丽江边防检查站正式挂牌成立。4月26日，中华人民共和国丽江出入境检验检疫局正式挂牌成立。目前，开通了中国香港和泰国两条航线，中国东方航空公司和四川航空公司经营这两条航线。2012年5月31日至12月31日，口岸出入境14 922人次，其中入境7 433人，出境7 489人。

【瑞丽公路口岸】 瑞丽公路口岸位于云南省

西部、德宏傣族景颇族自治州的西南，与缅甸木姐口岸对接，边境线长 141.4 千米。距昆明 750 千米、距缅甸木姐 4 千米、腊戍 160 千米、仰光 900 千米，它是中缅铁路通道（昆明—大理—瑞丽—腊戍—曼德勒—印度洋）、中缅公路通道（昆明—瑞丽—仰光）和中缅陆水联运大通道（昆明—瑞丽—八莫港）上的重要口岸。瑞丽口岸还是全国唯一一个实行“境内关外”（入境：货物、车辆可入境不入关，出境：货物、车辆出关不出境）特殊管理的口岸。

瑞丽口岸是云南省较早开放的一类口岸，1978 年国务院批准开放，1985 年经德宏州政府批准为边境贸易区。1991 年 2 月云南省政府批准瑞丽姐告设立边境贸易经济区。1992 年 6 月国务院批准为沿边开放城市，1993 年撤县设市，国务院特区办批准在瑞丽口岸设经济合作区。2000 年经国务院批准按照“境内关外”的方式设立“姐告边境贸易区”，2001 年 10 月 26 日经国务院批准瑞丽口岸对第三国人员开放，2010 年国务院将瑞丽批准为瑞丽开发开放试验区。

瑞丽口岸是中缅边境口岸中人员、车辆、货物流量最大的口岸，其东、南与缅甸棒赛、木姐、南坎三个城市相毗邻，东有该市畹町经济开发区国家一级口岸，西有章凤原二类口岸。姐告是起于上海 320 国道的终点，是昆瑞公路与缅甸的“史迪威”公路相接点，是云南省实施国际大通道战略的试验区和示范区，是中国大西南沿边开放的主要城市，是通往东南亚、南亚的重要门户。近年来瑞丽口岸边民互市贸易，边境小额贸易、一般贸易有了长足的发展，出口商品达 2 000多种，进口 200 多种。不少中国商品通过缅甸转口到孟加拉、泰国、新加坡、印度和中东国家，国外各种商品也源源不断通过瑞丽口岸进入我国内地。

【畹町公路口岸】 畹町公路口岸位于云南省西部德宏傣族景颇族自治州南部。全区地域跨东经 97°58′至 98°10′，北纬 24°02′至 24°08′之间。南与缅甸相邻，西北与瑞丽隔江相望，与缅甸的九谷口岸对接，两国村寨相望，山水相连，国境线长 28.6 千米。畹町口岸是我国开放最早的口岸之一，1952 年畹町口岸开通，为一类口岸。1992 年 6 月 9 日国务院批准畹町为对外开放城市。

畹町是中国历史上较早通向东南亚、南亚的主要贸易通道，是“南方丝绸之路”的重要驿站。抗日战争时期，滇缅公路通车后成为当时中国大后方对外联系唯一的国际陆运口岸。1993 年，畹町—九谷新桥建成，畹町口岸的优势得到进一步发挥。从畹町口岸出境，可直达缅甸中部，水、陆、空设施齐全的曼德勒市。由昆明经畹町、曼德勒至仰光和印度的加尔各答运距要比从昆明经广州绕马六甲海峡到仰光和加尔各答分别缩短4 651千米和4 331千米，是中国大西南通往东南亚、南亚和西亚的捷径。畹町口岸服务功能齐备，基础设施完善。

【河口公路口岸】 河口公路口岸位于红河哈尼族彝族自治州河口瑶族自治县，与越南老街口岸对接，国境线长 193 千米。2011 年 7 月，国务院批准河口公路口岸对外开放。河口公路口岸具有“口岸就是县城，县城就是口岸”的天然优势，是滇越铁路、昆河公路、红河航道与越南乃至东南亚地区铁路、公路、航道连接的交通枢纽，距昆明市469千米，距越南首都河内296千米，距出海口越南海防港416千米，是中国西南进入东南亚、南太平洋的便捷通道。在中国—东盟自由贸易区和“昆明—河内—海防”经济走廊的规划中，处于“咽喉”的重要地位，是中国西南地区与东南亚国家发展对外贸易的窗口，是云南省建立国际大通道中越铁路、中越公路四条出境通道上的重要口岸。目前，河口公路口岸联检楼、公路口岸北山配套查验场已建设完成投入使用，口岸物流配套设施由昆钢集团河口公司正在完善建设中。中国河口—越南老街跨境经济合作区、国际物流园区、边民互市市场、河口口岸免税商品城、海产品交易市场等项目正在快速推进。

【磨憨公路口岸】 磨憨公路口岸位于云南省西双版纳州勐腊县城南58千米的磨憨经济开发区。1992年3月被国务院批准为一类口岸，是国家首批列为沿边开放的地区。1993年12月22日，中老两国共同宣布正式开通磨憨—磨丁国际口岸。2000年6月云南省政府批准磨憨口岸为边境贸易区，并赋予优惠政策。2004年9月6日，国务院批准磨憨口岸开展口岸签证工作，并对第三国人员实行开放。

磨憨口岸与老挝磨丁口岸对接，允许中老双方人员、车辆持有效证照出入境和第三国人员持有效证照通行及各种贸易货物开放。磨憨口岸距老挝南塔省省会南塔60千米、北本码头240千米、首都万象700千米。从磨憨口岸出境经老挝可直抵泰国、越南、柬埔寨等国，是我国通往东南亚各国最大的陆路通道。

目前，磨憨口岸基础设施日益完善，配套功能日益健全，产业培育初见成效。磨憨口岸国际物流客运中心、云维西双版纳大为商贸中心、西部货场、五国商贸城、新联检楼等一大批项目建成投入使用；西双版纳至老挝琅勃拉邦边境旅游环线经国家旅游局批准开通；磨憨国家级边境经济合作区或中老跨境经济合作区的建设工作正在稳步推进。

【金水河公路口岸】 金水河公路口岸位于红河哈尼族彝族自治州金平苗族自治县城西南38千米金水河镇。金水河口岸于1954年12月17日经中越双方会谈同意正式开放为边民互市口岸，1978年12月关闭。1993年2月25日被国务院批准为一类口岸，1993年11月10日正式对外开放。金水河口岸与越南马鹿塘口岸对接，允许中越双方人员、车辆持有效证照通行和开展各种贸易。金水河口岸距越南莱州省省会封土25千米、河内590千米、老挝边境230千米，是国家西南战略安全节点的重要组成部分，云南省主要对越通道和红河州对越开放口岸“桥头堡”之一。2008年金水河口岸进行扩规，同年8月完成《金水河口岸建设总体规划方案（2009年—2020年）》的编制，2010年8月完成《金水河口岸控制性详细规划规划方案》和《金水河口岸南片区市政道路与边民互市可研》的编制。

2009年7月云南省发展改革委批准金水河口岸总体规划的实施（云发改外资〔2009〕1897号）。截至2012年7月，金水河口岸建设总投资达到2 342.22万元。随着蒙自—金水河口岸高等级公路的建成和越南山萝水利枢纽建成投入使用，其水库库淹区航运将缩短金水河口岸至山萝省距离。金水河口岸重点开展以进口玉米、木薯、稻谷、茶叶、咖啡为主的对外贸易。出境金水河口岸，可到达越南西北部旅游重镇奠边府和沙巴，充分领略越南的异国风光、开展中越民俗旅游文化交流和品尝越南风味饮食。

【天保公路口岸】 天保公路口岸位于云南省文山州麻栗坡县南端，距麻栗坡县城 40 千米，与越南河江省清水河口岸对接，口岸距越南河江省省会河江市 23 千米，首都河内 341 千米，海防港 441 千米。该口岸 1954 年 3 月 1 日开通，1960 年 12 月关闭。1963 年 3 月口岸恢复对外开放，1978 年口岸关闭。1993 年 2 月 25 日，经国务院批准恢复天保口岸正式对外开放为一类口岸。

2011 年 6 月 12 日，国务院同意天保口岸扩大对外开放，口岸性质为国际公路客货运输口岸。天保口岸联检楼及查验货场等基础设施已建成投入使用，边防、海关、出入境检验检疫局的办公、生活等基础设施和配套设施已完善。

【腾冲猴桥公路口岸】 腾冲猴桥公路口岸位于腾冲县猴桥镇的槟榔江畔，距腾冲县县城 65 千米，距中缅边界南 4 号界桩 19 千米，与缅甸甘败地口岸对接。口岸距缅甸北部重镇密支那 133 千米，从该口岸经密支那到西印度雷多（里多）仅 687 千米。1991 年 8 月云南省政府批准腾冲为二类口岸（云政发〔1991〕140 号）。2000 年 4 月经国务院批准为一类口岸，2003 年 1 月正式对外开放。该口岸是历史上“南方丝绸之路”的重要通商口岸，是抗日战争时期“史迪威公路”（中印公路）的枢纽，是云南省通向南亚规划建设的大通道之一。

【孟定清水河公路口岸】 孟定清水河公路口岸位于耿马傣族佤族自治县孟定镇人民政府所在地，与缅甸掸邦第一特区接壤，边境线长 47.35 千米，与缅甸清水河口岸对接。距耿马县城 83 千米，平均海拔 510 米。该口岸是我国西南地区通往缅甸和东南亚的重要陆路通道，面积 350 平方千米。1957 年孟定清水河口岸正式对外开展小额贸易进出口业务，1991 年 8 月被云南省政府批准为二类口岸，2004 年 10 月被国务院批准为一类口岸。2007 年 11 月 8 日经国家验收正式对外开放，允许中国和缅甸双方人员、车辆持有效证照通行，并对各种贸易货物开放。目前，孟定清水河口岸联检楼和配套查验货场已建成投入使用。口岸得天独厚的地理位置优势、热带的自然风光、古朴文雅的民俗风情、丰富的旅游资源和热带经济作物使孟定清水河口岸有“黄金口岸”之称。孟定清水河口岸边境贸易辐射面广，公路通往国内外，交通十分便利。从清水河到缅甸重镇户板、滚弄分别为 15 千米和 24 千米，到缅北重要商品集散地腊戌 161 千米，到缅甸仰光 1 136.9千米；从盘姑公路到昆明 750 千米。孟定清水河口岸自建成投入使用以来，一直是国内外经济贸易活动的窗口，对缅甸边境贸易的辐射面主要是第一特区（果敢同盟军）、第二特区（佤邦地区）、清水市、滚弄镇区、户板镇区、腊戌、佤城、仰光等 5 省 1 市 10 个镇区，经营方式也由以物易物小额贸易发展为边境贸易、转口贸易、大贸。

【打洛公路口岸】 打洛公路口岸位于云南省西双版纳州勐海县西南端打洛镇，距勐海县县城66千米，与缅甸掸邦东部第四特区勐拉县接壤，国境线长36.5千米。由打洛出境经缅甸，可达泰国、越南、马来西亚、新加坡、印度等国家，距缅甸景栋86千米，经东枝到仰光1 270千米，到泰缅边界重镇大其力240千米，距泰国清迈550千米，是云南省中路国际大通道的重要口岸之一。

1950年11月成立了海关打洛支关；1956年打洛口岸正式对外开展小额贸易进出口业务；1991年8月10日云南省政府批准打洛为二类口岸；1992年被列为国家首批沿边开放的地区；1997年3月25日中华人民共和国政府和缅甸联邦政府签订《关于中缅边境管理与合作的协定》，中国打洛—缅甸勐拉口岸被列为对第三国人员开放的口岸；2007年11月13日经国务院批准为一类口岸；2009年8月19日海关、检验检疫、边防检查站正式进驻口岸新联检楼。

【勐康公路口岸】 勐康公路口岸位于云南省普洱市江城县，与老挝丰沙里省兰堆口岸对接。距约乌县城52千米，距省城丰沙里186千米，距首都万象830千米，是云南省通往老挝及通向东南亚最便捷的陆路通道，是普洱市对外开放的重要“桥头堡”。

2011年7月24日国务院批准同意中国与老挝边境的云南勐康口岸对外开放，口岸性质为双边公路客货运输口岸。结合“一城连三国”的特殊区位优势，江城县提出把江城建成云南省对越南、老挝开放的黄金前沿门户，普洱市面向东盟的商贸流通基地，努力构建以江城为中心，辐射老挝、越南三国边境经济圈的发展战略，加快勐康口岸、龙富通道建设，实现口岸活县。目前，勐康口岸联检楼、查验货场已建设完成，口岸物流配套设施正在规划建设中，口岸正成为中老边界上一个集边境贸易、生态休闲、民俗文化为一体的边境旅游小镇。

【河口铁路口岸】 河口铁路口岸位于云南省东南端，与越南老街省山水相邻，国境线长193千米。河口铁路口岸具有“口岸就是县城，县城就是口岸”的天然优势，是滇越铁路、昆河公路、红河航道与越南乃至东南亚地区铁路、公路、航道连接的交通枢纽，距昆明市469千米，距越南首都河内296千米，距出海口越南海防港416千米，是中国西南进入东南亚、南太平洋的便捷通道。在中国—东盟自由贸易区和“昆明—河内—海防”经济走廊的规划中，处于“咽喉”的重要地位，是中国西南地区与东南亚国家发展对外贸易的窗口。河口历史上就是中国与越南、东南亚各国进行经济文化交流的门户和咽喉，是

“南方丝绸之路”的第二条通道。

1895年河口被辟为商埠。1910年，随着滇越铁路的建成通车，云南省进出口物资有80%以上经河口铁路口岸进出，河口成为中国西南对外商贸的最大集散地。1992年河口被国务院批准为沿边开放县，同年12月国务院特区办批准在河口设立4.02平方千米的边境经济合作区，1996年河口铁路口岸复通国际货运，河口迎来了千载难逢的发展机遇，进出口贸易焕发出勃勃生机与活力，带动了河口经济社会事业快速发展。

【景洪港口岸】 景洪港口岸是澜沧江—湄公河国际航道上重要的港口口岸，是一个可以辐射三个以上国家的国际性口岸，下设景洪港区中心码头和勐罕、关累两个开放码头。景洪港区中心码头位于云南省西双版纳州政府所在地景洪市区澜沧江北岸，占地面积9.8万平方米，设计规模年货运量40万吨，客运量150万人次，共6个泊位（2个客运泊位、4个货运泊位）。关累码头是景洪港重要的货运码头，设计规模年货运量20万吨，客运量10万人次。景洪港口岸于1993年7月24日经国务院批准为一类口岸。2000年4月20日中、老、缅、泰四国签署四国商船通航协定。2001年6月13日景洪港口岸通过国家正式验收，2001年6月21日宣布对外开放。2001年6月交通运输部批准景洪港口岸对外国籍船舶开放，港口与老挝、缅甸、泰国多个港口开通了散杂货、集装箱、客运航线。

【思茅港口岸】 思茅港口岸位于普洱市思茅港镇，距离普洱市区87千米，1993年7月经国务院批准为一类口岸，2001年4月1日起正式对外国籍船舶开放。思茅港是澜沧江—湄公河国际航运中国境内的第一港，可达老、缅、泰、柬、越五个国家，是东南亚地区最便捷的一条黄金水道，是云南乃至大西南通往东南亚的重要通道。港口规模为年货运30万吨、客运10万人次。有大小船只43艘，国际航运船只31艘，载货能力3 000吨，客位449个，查验设施配套齐全。思茅港边防检查站、思茅海关、普洱市出入境检验检疫局承担口岸的监管任务，由于修建国家重点项目——小白塔电站，从2005年1月起暂停航运。

云南省口岸大事记

2月27日~3月6日

国家口岸管理办公室常务副主任赵福地一行对云南省边民通道规范管理进行调研，并对丽江航空口岸进行开放前国家验收。

4月12日

中共中央统战部副部长、全国工商联党组书记、第一副主席全哲洙率领由万达、亿利、联想、华立、大连一方集团和中国世纪投资有限公司等国内著名企业组成的投资团，到畹町、瑞丽公路口岸调研。

4月13日

云南省委书记秦光荣、云南省副省长顾朝曦一行30余人视察磨憨公路口岸。

4月20日

中国驻希腊大使罗林泉、驻白俄罗斯大使鲁桂成等中国驻外使节团一行70余人到天保公路口岸考察。

4月22日

国家民委主任杨晶在云南省副省长刘平、州委副书记王俊强等省、州领导的陪同下，到畹町公路口岸调研。

5月9日

全国政协民族和宗教委员会副主任王学仁、全国政协副秘书长王胜洪率全国政协调研组到畹町公路口岸调研。

6月11日

国家民委到部分口岸就云南省“桥头堡”建设的相关民族问题进行调研。

6月28日

昆明长水国际机场正式通航运营，昆明巫家坝国际机场谢幕。

7月21日

老挝人民共和国驻昆明领事馆派驻景洪领事宋吉·万坎一行在普洱市外事办主任施挺，县委常委、县人民政府副县长刀继华陪同下到江城县就中老口岸通关情况进行调研。

8月3日~5日

云南省政协主席罗正富到清水河、南伞口岸调研。

8月8日

中国河口—越南老街（金城）国际性公路口岸第二条通道于正式开通。

8月9日

全国人大资源与环境保护委员会副主任委员白恩培在云南省人大常委会副主任杨应楠、省委办公厅副主任马琳等领导陪同下到孟定清水河公路口岸考察。

8月10日

商务部部长陈德铭、云南省省长李纪恒考察瑞丽公路口岸。

9月11日

云南—东盟民航区域航空合作座谈会在昆明举行，云南机场集团与亚洲航空公司在会上签订了战略合作协议。

11月20日

中国、老挝、泰国沿昆曼公路、澜沧江—湄公河国际航道沿线海关工作联席会议在昆明召开。

11月24日

云南省委书记秦光荣到南伞口岸调研。

2012 年云南省口岸流量统计表

口岸类型		口岸名称	货运量（万吨）				人员（万人次）				交通工具（辆、艘、架、列次）			
			出口	进口	合计	同比（%）	出境	入境	合计	同比（%）	出境	入境	合计	同比（%）
空运口岸		昆明机场	0.86	0.38	1.24	+1.10	73.90	74.60	148.50	+11.30	6 436.00	6 449.00	12 885.00	-4.60
		版纳机场					1.42	1.45	2.88	+26.40	241.00	241.00	482.00	+58.00
		丽江机场					0.75	0.74	1.49	+100.00	103.00	103.00	206.00	+100.00
		分计	0.86	0.38	1.24	+1.10	76.07	76.79	152.87	+12.66	6 780.00	6 793.00	13 573.00	-1.76
陆运口岸	公路口岸	瑞丽	71.76	72.94	144.70	+7.00	619.55	630.70	1 250.25	+18.70	1 310 462.00	1 327 518.00	2 637 980.00	+13.20
		畹町	2.44	10.67	13.11	+8.70	31.84	33.25	65.08	+15.80	80 934.00	81 250.00	162 184.00	-24.60
		磨憨	36.39	54.79	91.18	+19.30	32.69	31.62	64.31	+4.30	99 322.00	97 139.00	196 461.00	+7.80
		金水河	0.40	6.11	6.51	+0.70	11.37	11.44	22.81	+156.00	3 418.00	3 302.00	6 720.00	+412.60
		河口	92.10	39.10	131.20	-45.40	158.61	158.90	317.50	-20.40	58 700.00	58 805.00	117 505.00	-25.40
		天保	3.63	4.12	7.75	-7.30	26.95	27.02	53.98	+106.40	15 833.00	15 661.00	31 494.00	+101.60
		腾冲猴桥	3.32	16.15	19.47	-92.40	9.83	9.65	19.47	-55.50	21 846.00	21 905.00	43 751.00	-76.40
		孟定清水河	8.44	4.51	12.95	+47.50	17.61	17.87	35.48	+40.80	43 789.00	41 317.00	85 106.00	+24.20
		打洛	3.02	1.87	4.89	-5.80	22.36	22.29	44.65	+8.20	79 830.00	79 485.00	159 315.00	+18.70
		片马	0.07	25.38	25.45	-44.60	11.31	11.26	22.56	+8.60	51 901.00	51 137.00	103 038.00	+35.00
		盈江	0.33	7.76	8.09	-45.70	53.95	53.94	107.89	+14.30	91 073.00	91 084.00	182 157.00	+13.50
		章凤	3.61	14.49	18.10	-9.10	41.33	51.77	93.10	+36.80	117 290.00	139 282.00	256 572.00	+159.80
		南伞	6.93	40.05	46.98	+85.60	50.86	52.42	103.28	+18.80	92 807.00	94 439.00	187 246.00	+40.00
		孟连	7.98	8.99	16.97	-43.80	31.72	32.10	63.82	-16.20	51 434.00	54 169.00	105 603.00	-9.40
		沧源	7.56	17.19	24.75	+4.60	17.90	18.90	36.80	+16.40	48 050.00	46 215.00	94 265.00	+20.60
		田蓬	5.27	3.77	9.04	+22.50	8.12	6.97	15.09	+32.60	3 846.00	3 005.00	6 851.00	+31.60
		勐康	2.29	6.22	8.51	+29.00	2.92	2.90	5.83	-21.90	9 602.00	9 383.00	18 985.00	-0.10
		分计	255.52	334.12	589.63		1 148.90	1 172.99	2 321.90		2 180 137.00	2 215 096.00	4 395 233.00	
	铁路口岸	河口	0.47	0.03	0.50	+100.00	0.06	0.06	0.12	+100.00	101.00	8.00	109.00	+100.00
		分计	0.47	0.03	0.50	100.00	0.06	0.06	0.12	+100.00	101.00	8.00	109.00	+100.00

续表

口岸类型		口岸名称	货运量（万吨）				人员（万人次）				交通工具（辆、艘、架、列次）			
			出口	进口	合计	同比（%）	出境	入境	合计	同比（%）	出境	入境	合计	同比（%）
水运口岸	海港口岸													
		分计												
	河港口岸	景洪港	6.75	7.50	14.25	-0.20	2.30	2.56	4.86	+34.10	2 639.00	2 629.00	5 268.00	-10.50
		思茅港												
		分计	6.75	7.50	14.25	-0.20	2.30	2.56	4.86	+34.10	2 639.00	2 629.00	5 268.00	-10.50
合计			263.62	342.02	605.64	-15.80	1 227.33	1 252.15	2 479.74	+10.10	2 189 657.00	2 224 526.00	4 414 183.00	+9.80
同比（%）			+0.80	+21.40	-15.80	-15.80	+9.40	+10.90	+10.10	+10.10	+8.60	+10.90	+9.80	+9.80

（云南省口岸办提供）

2012 年昆明海关主要数据统计表

项目		2012 年	同比（%）
进出口货运量（万吨）	合计	849.78	-15.7
	进口	579.79	-21.2
	出口	269.99	-0.8
进出口贸易总值（万美元）	合计	676 662.48	+8.0
	进口	217 293.44	+16.6
	其中：江、海运输	71 105.39	+21.7
	铁路运输	28	-95.9
	汽车运输	100 297.46	+8.8
	航空运输	39 522.59	+40.9
	邮件运输	38	+36.7
	其他运输	6 302	-10.9
	出口	459 369.04	+4.3
	其中：江、海运输	17 689.21	+10.4
	铁路运输	278	-89.2
	汽车运输	385 901.04	+9.4
	航空运输	38 332.01	+0.1
	邮件运输	14.78	-33
	其他运输	17 154	-44.2
税收（万元）	两税合计	189 756.59	-5.44
	关税入库	20 230.53	-37.72
	进口环节税入库	169 526.06	+0.78

（昆明海关提供）

2012年云南省出入境边防检查主要统计数据表

单位：（人员）人次；（交通工具）辆、艘、架、列次

项目			年份	2012年 总数	2012年 占百分比	2011年	同比（%）
出入境人员	1	出入境人员总数	总计	25 329 387		21 973 634	+15.27
			中国籍	6 427 752	25.38%	5 752 812	+11.73
			外国籍	18 901 635	74.62%	16 220 822	+16.53
	2	入境人员		12 830 276	50.65%	11 092 971	+15.66
		出境人员		12 499 111	49.35%	10 880 663	+14.87
	3	非边民出入境		4 457 635	17.60%	3 966 179	+12.39
	4	出入境边民	小计	20 871 752	82.40%	18 007 455	+15.91
			中国籍	2 907 196	13.93%	2 604 854	+11.61
			缅甸籍	14 911 645	71.45%	12 304 729	+21.19
			越南籍	2 594 966	12.43%	2 722 343	-4.68
			老挝籍	457 945	2.19%	375 529	+21.95
	5	从河港出入境人数		48 548	0.19%	38 296	+26.77
	6	从陆港（通道）出入境人数		23 753 329	93.78%	20 578 081	+15.43
	7	从空港出入境人数		1 527 510	6.03%	1 357 257	+12.54
交通运输工具	8	总计		4 182 314		4 057 008	+3.09
		船舶		5 268	0.126%	5 884	-10.47
		飞机		13 547	0.324%	13 822	-1.99
		火车		85	0.002%	340	-75.00
		机动车辆		4 163 414	99.548%	4 036 962	+3.13
遣返工作	9	接收（起）		219		193	+13.47
		人		532		463	+14.90
		遣返（起）		512		284	+80.28
		人		1 958		1 141	+71.60
对外交往	10	合计		457		351	+30.20
		公务联系（次）		344		242	+42.15
		友好活动（次）		113		109	+3.67

（云南省公安边防总队提供）

2012 年云南省出入境检验检疫业务统计表

项目	货物检验检疫				交通工具				集装箱（标箱）		发现动植物疫情		货物通关		出入境人员查验（人次）	健康检查及预防接种（人次）			
	批次	金额（万美元）	检验检疫不合格																
			批次	金额（万美元）	船舶（艘）	飞机（架）	火车（节）	汽车（辆）	合计	检出问题	种类数	种次	批次	金额（万美元）		健康检查	艾滋病监测	发现病例	预防接种
本年累计	95 663	491 195.43	9 528	37 682.96	1 423	13 249	133	1 069 266	18 490			5 690	85 488	391 021.84	15 932 701	36 658	32 834	9 569	86 207
其中 出境	59 331	310 080.42	133	2 480.35	649	6 625		467 398	8 066			32	56 712	267 025.93	4 799 127	23 401	20 205	7 666	86 053
其中 入境	36 332	181 115.01	9 395	35 202.61	774	6 624	133	601 868	10 424			5 658	28 776	123 995.91	11 133 574	13 257	12 629	1 903	154
同比（%）	+5.6	+5.58	+17.51	+3.86	-5.95	-3.6	-88.04	+7.37	+30.44			-9.61	+6.08	+5.13	+12.74	+18.42	+16.57	+94.1	+7.48
其中 出境	+3.2	+14.15	-4.32	-3.31	-8.33	-3.66		+15.57	+21.15			-68.93	+5.45	+14.04	+8.95	+10.64	+7.88	+106.19	+7.48
其中 入境	+9.76	-6.45	+17.89	+4.41	-3.85	-3.54	-88.04	+1.76	+38.67			-8.62	+7.36	-10.03	+14.46	+35.22	+33.82	+57.01	+8.45

（云南出入境检验检疫局提供）

西藏自治区

西藏自治区口岸分布示意图

口岸名称	批准开放时间	开放状态	国外对应口岸
拉萨航空口岸	1993.6	国际常年	
普兰公路口岸	1961	国际常年	雅犁
吉隆公路口岸	1961	国际常年	热索瓦
樟木公路口岸	1961	双边常年	科达里

口岸数量及分布

截至2012年年底，西藏自治区共有对外开放口岸4个，其中航空口岸1个，拉萨航空口岸；公路口岸3个，分别是樟木、吉隆、普兰。中尼边境口岸4个，中印边境口岸1个。

口岸运行数据

2012年，西藏自治区进出境货物运量达到17.4万吨，同比增长8.4%。其中，进境货运量0.4万吨，同比增长62.9%；出境货运量17万吨，同比增长7.4%；公路口岸进出口货物17.4万吨，同比增长8.4%；对尼口岸进出境货运量17.4万吨，同比增长8.4%。全区口岸进出口货值182 837.6万美元。外贸进出口总值342 397.4万美元，同比增长152%，高于全国进出口平均增幅145个百分点。其中，出口335 501.4万美元，同比增长183.6%，进口6 895.9万美元，同比增长60.7%，均创历史最高水平。出口货物主要是纺织品，进口货物排前三位的商品是飞机、中药材、铜制品。全区口岸进出境客运量157.2万人次，同比减少3.7%。其中，公路口岸进出境客运量154.4万人次，同比减少2.5%，航空口岸进出境客运量2.8万人次，同比减少38.6%；对尼口岸进出境客运量155.4万人次，同比减少3.4%，对印口岸进出境客运量1.8万人次，同比减少14.2%。全区口岸进出境交通工具4.2万辆（架）次，同比增长7.9%。其中，公路口岸进出境交通工具4.1万辆次，同比增长8.4%，航空口岸进出境交通工具281架次，同比减少36.7%；对尼口岸进出境交通工具3.6万辆（架）次，同比增长8.2%，对印口岸进出境交通工具6 734辆次，同比增长6.2%。

2012年西藏各地、市进出口统计表

单位：万美元

地、市	进出口额	出口额	进口额	同比（%）		
				进出口	出口	进口
总值	17.544 0	16.913 1	0.630 9	+62.6	+80.8	-56.04
拉萨市	16.635 8	16.010 0	0.625 8	+61.7	+80.9	-56.4
日喀则地区	0.898 3	0.898 1	0.000 2	+83.7	+83.7	-18.6
那曲地区	0.000 8		0.000 8			
阿里地区	0.009 1	0.005 0	0.004 1	-45.1	-70.2	

表注：按进出口额排序

（拉萨海关提供）

口岸监管与服务

【提升口岸对外开放水平】 按照《国家“十二五”口岸发展规划》和《西藏自治区“十二五”口岸发展规划》确定的口岸开放目标，西藏全面启动了吉隆口岸扩大开放的各项前期准备工作。《吉隆口岸规划（2011年—2020年）》《吉隆镇城镇建设规划修编》《吉隆旅游发展规划》《吉隆地质灾害评估报告》已基本完成，待有关部门审核。为扩大口岸开放的需要，吉隆口岸热索一线出入境检查检验基础设施建设项目包括国门及联检大楼、停车场、出入境检查检验业务及备勤用房等，已于2012年10月开工建设。318国道至吉隆口岸中尼界桥——热索桥通油路工程已全面开工建设，2013年将实现全线通车。吉隆口岸电站已建成并投入使用。上述项目的实施为实现吉隆口岸的扩大开放奠定了强有力的基础保障。

【口岸建设稳步推进】 2012年开工建设的吉隆口岸查验区整体基础设施（给排水、供电、道路），投资1 162.83万元；建设面积7 218.96平方米的吉隆口岸国门及联检大楼，投资4 376万元；建设面积4 455.21平方米的吉隆口岸停车场，投资1 205.68万元；建设面积2 806.98平方米的拉萨航空口岸业务及备勤用房项目，投资1 005万元；升级改造的拉萨航空口岸“一关两检”出入境现场LED显示屏、新添置的“一关两检”查验设备及办公家具、海关视频监控系统等，总投资837万元。争取国家发展改革委投入拉萨航空口岸建设资金1 005万元，西藏自治区口岸专项资金5 000万元，2012年累计落实口岸建设资金6 005万元。

【进一步理顺口岸管理体制】 在西藏自治区各级领导的高度重视下，经各相关部门的共同研究，形成了《西藏自治区口岸管理体制意见》上报自治区机构编制委员会办公室，并得到了自治区机构编制委员会办公室的高度重视，在征求有关部门的意见后，已形成正式意见上报自治区人民政府。

【西藏自治区公安边防总队拉萨边检站“格桑花”女子旅检科挂牌成立】 2012年5月8日，拉萨边防检查站“格桑花”女子旅检科挂牌成立。“格桑花”女子旅检科的成立，是西藏自治区公安边防总队创新社会管理，进一步提高边检服务水平，更好地服务西藏经济社会发展的又一有力举措，将为广大出入境旅客创造更好的通关环境。

【提高边检服务水平暨执法规范化】 2012年7月25日至26日，西藏自治区公安边防总队陆地口岸提高边检服务水平暨执法规范化现场推进会在聂拉木边检站召开。通过集中学习、现场观摩等形式，总结回顾近年来全区提高边检服务水平和执法规范化建设工作情况，深入分析面临的形势和存在的问题，研究部署今后一个时期工作任务，推动各项工作全面协调、健康发展。

【拉萨海关服务地方经济措施有力】 拉萨海关主动将海关工作纳入西藏经济社会发展全局，积极贯彻执行海关总署促进外贸增长的各项措施。积极落实对原产于尼泊尔的产品的“零关税”待遇政策，降低企业经营成本。帮助边民用好边民互市贸易免税政策，积极促进边民就业，助推自治区“兴边富民”工程。深化进出口分类通关作业改革，扩大“属地申报，口岸验放”便利通关模式的适用企业范围，通关效率得到明显提高。强化12360海关统一服务热线建设，服务水平迈上新台阶。做好创先争优为民服务窗口工作，改进工作作风，提高办事效率，为企业、旅客和边民提供优质高效的通关服务。开展关区执法统一性调研，执法统一性建设稳步推进。深化关检合作，签署《拉萨海关西藏出入境检验检疫局关于加强关检合作的备忘录》，逐步落实“三个一”工作机制，着力搭建关检大通关平台。为我国政府捐赠尼泊尔物资，中尼经贸洽谈会出口物资及尼泊尔借道运输物资提供了高效便捷的通关服务。积极协调天津海关，圆满完成西藏航空公司飞机进口监管工作，对西藏航空公司乃至西藏经济社会的发展起到了积极的促进作用。积极参与自治区口岸规划调研，对西藏口岸发展建设提出了科学合理的建议。加强统计分析监测预警工作，提高统计监测的质量和水平。圆满完成第25轮中尼边境海关会晤工作，与尼方代表团签署了合作备忘录。

【西藏自治区出入境检验检疫局提升服务水平促进外贸发展】 积极回应尼泊尔官方对中尼贸易顺差问题的关注，最终形成了《尼泊尔柑橘输华植物卫生条件的议定书》，并经国家质检总局授权于2012年7月4日在拉萨与泥泊尔正式签署了该议定书。为推动西南地区进出口货物通关便利化，建立检验检疫监管协作机制，构建区域疫情疫病联防联控协作机制，推动区域信息共享，提升检验检疫技术整体实力，加强文化建设交流与合作，2012年10月，与四川、重庆、广西、贵州、云南五省（区、市）出入境检验检疫局在成都共同签署《加强区域合作促进西南地区开放型经济加快发展合作备忘录》，共同营造“互通、互补、和谐、共赢”的局面。为支持地方经济发展，建设电子口岸，共同应对处置突发事件，促进边贸管理，加强关检文化合作，与拉萨海关签署合作备忘录，初步确定了9个合作项目。

【西藏自治区出入境检验检疫局严格执行减免收费政策】 就支持西藏小型微型企业发展提出了6条便利措施，内容涵盖落实各项减免政策、签证规则知识普及、地理标志、认证认可、名牌战略等；在此基础上，还出台《西藏自治区出入境检验检疫局关于进一步促进外经贸发展若干措施》12条；根据国家质检总局要求于2012年10月1日准时与全系统同步执行“免收2012年第四季度出入境检验检疫费”政策，2012年第四季度共减免费用达90万元。

开放口岸

【拉萨航空口岸】 拉萨航空口岸位于山南地区贡嘎县甲竹林镇，距西藏自治区首府拉萨市65千米。1993年6月29日经国务院批准正式对外开放。机场现有4 000米跑道1条，可供空客A319、A330等飞机起降。截至2012年年底该口岸运营国际航线1条，拉萨至加德满都国际航线。由通航初期的季节性通航，每周1个航班，发展到了目前的全年通航，每周7个航班，是西藏自治区重要的门户枢纽机场。

2012年，进出境飞机281架次，同比减少36.71%；进出境人员14.45万人次，同比减少38.65%。

【樟木公路口岸】 樟木公路口岸与尼泊尔科达里口岸相对，位于西藏自治区日喀则地区聂拉木县樟木镇境内，距地区所在地日喀则市473千米，距拉萨市810千米。1961年12月15日国务院第114次会议通过《国务院在西藏地区设立海关的决定》，确定在聂拉木设立海关。1962年樟木公路口岸正式对外开放。口岸年设计过货能力为30万吨，年通行能力为200万人次。该口岸是目前中尼两国经济、政治、文化交流的主要公路口岸。

2012年，樟木公路口岸进出口货运量17.3万吨，同比增长8.04%；进出境交通运输工具32 804辆次，同比增长14.24%；进出境人员137.64万人次，同比减少1.76%。

【普兰公路口岸】 普兰公路口岸分别与尼泊尔雅犁口岸和印度贡吉口岸相对，位于西藏自治区阿里地区普兰县普兰镇境内，距地区所在地狮泉河360千米，距拉萨市1 350千米。1961年12月15日国务院第114次会议通过《国务院在西藏地区设立海关的决定》，确定在普兰设立海关。1962年普兰公路口岸正式对外开放。同年，因中印边境形势恶化被迫关闭对印通道。1992年7月15日，经两国政府批准中国的普兰和印度的贡吉相互开放。普兰公路口岸是中、印、尼三国政治、经济、文化、宗教交流的重要口岸和通道。但因尼泊尔和印度的公路未修通至口岸，目前仍然是以人背畜驮的方式开放边境贸易，出入境人员以边民、游客和朝圣者为主。

2012年，普兰公路口岸进出口货运量30吨，同比增长766.7%；进出境人员1.6万人次，同比减少7.8%。

【吉隆公路口岸】 吉隆公路口岸与尼泊尔热索瓦口岸相对，位于西藏自治区日喀则地区吉隆县吉隆镇境内，距地区所在地日喀则市560千米，距拉萨市830千米。1961年12月15日国务院第114次会议通过《国务院在西藏地区设立海关的决定》，确定在吉隆设立海关，1962年吉隆公路口岸正式对外开放。吉隆公路口岸自古就有商道、官道、战道之称，历史上曾是西藏与尼泊尔最大的陆路通商口岸之一，是中尼双方政治、经济、文化交流的主要通道，也是中尼间的传统边贸市场。但后因樟木公路口岸的繁荣和自身基础设施建设的滞后，吉隆公路口岸对外贸易于20世纪80年代开始萎缩，海关、边检等口岸管理部门在进出口贸易基本停止的状况下撤出吉隆，口岸功能弱化，仅有零散的、小额的边民互市贸易一直在持续。

根据西藏自治区党委、政府研究确定的“一

干线、两基地、三出口”的南亚贸易陆路大通道战略框架和“重点建设吉隆口岸，稳步提升樟木口岸，积极恢复亚东口岸，加快发展普兰口岸和日屋口岸”的口岸发展思路及《国家“十二五”口岸发展规划》，西藏自治区将吉隆口岸作为南亚贸易陆路大通道的关键接点列入了开放和建设重点，并计划2013年年底前实现口岸的扩大开放。口岸年计划进出口货运量达到3万吨，占中尼货运量的10%以上，进出境人员达到15万人次，进出境交通运输工具达到3.1万辆次。

2012年，吉隆口岸进出境交通运输工具1 437辆次，同比减少47.12%；进出境人员1.86万人次，同比减少36.34%。

西藏自治区口岸大事记

3月8日

拉萨海关成功破获“3·08”特大毒品走私案，查获合成毒品11.7千克，当场抓获犯罪嫌疑人2名。“3·08”走私案是在西藏破获的首例走私合成毒品入境案件，得到了海关总署和西藏自治区党委、政府的高度肯定。全国海关禁毒人民战争领导小组、西藏自治区禁毒委也相继发来贺电，表示祝贺与慰问。

4月30日

拉萨海关查获西藏首起从尼泊尔走私入境易制毒化学品案，缴获易制毒化学品298.8千克，是该关破获的首起公安部目标案件。

5月8日

拉萨边防检查站“格桑花”女子旅检科挂牌成立，西藏自治区妇联、自治区商务厅、拉萨市团委前往祝贺。

5月16日~17日

西藏自治区党委常委、自治区常务副主席秦宜智率西藏军区、日喀则地区行署、机构编制委员会办公室、发展改革委、工信厅、财政厅、国土厅、环保厅、住建厅、交通运输厅、商务厅、边防总队、拉萨海关、西藏自治区出入境检验检疫局、区口岸办等相关部门的负责人，赴吉隆口岸考察调研并现场办公，就吉隆口岸建设与发展有关事宜召开专题会议，听取了相关部门的工作汇报，并对下一步工作做了安排部署。

6月10日

2012年第一批印度官方香客从普兰口岸入境。

6月11日

由自治区党委常委、自治区常务副主席秦宜智主持，召开了自治区口岸建设管理和边境贸易发展领导小组专题会议，对《西藏自治区口岸“十二五”发展规划》《樟木口岸规划（2011年—2020年)》《西藏自治区普兰口岸发展规划(2012年—2020年)》《西藏自治区日屋口岸发展规划（2012年—2020年)》进行了审核，会议原则通过了上述规划，并确定了《西藏自治区口岸“十二五”发展规划》《西藏自治区吉隆口岸发展规划（2012年—2020年)》提交政府常务会审核批准后下发执行，《樟木口岸规划（2011年—2020年)》《西藏自治区普兰口岸发展规划(2012年—2020年)》由自治区人民政府批转下发执行，《西藏自治区日屋口岸发展规划（2012年—2020年)》由自治区商务厅批转下发执行。

6月12日

商务部调研组赴吉隆口岸开展“吉隆口岸跨境经济合作区”调研论证工作，自治区商务厅副厅长周慧及相关人员陪同。

6月15日

为贯彻落实好自治区党委书记陈全国2011年10月赴亚东地震灾区视察时做出的“建设亚东乃堆拉边贸通道国门等基础设施”和自治区主席白玛赤林、自治区常务副主席秦宜智就做好亚东乃堆拉边贸通道国门建设做出的重要指示精神，亚东乃堆拉边贸通道国门新建项目在中印乃堆拉山口举行开工仪式。西藏自治区商务厅厅长谭永寿带队，区商务厅、区财政厅、公安边防总队、日喀则地区行署、西藏军区、拉萨海关、西藏自治区出入境检验检疫局、区口岸办、日喀则地区商务局、亚东县等相关部门的负责人参加了开工仪式。

6月21日

拉萨海关和西藏自治区出入境检验检疫局关于加强关检合作的备忘录签署仪式在拉萨海关举行。合作备忘录的签署，是关检两家为了更好地服务西藏经济建设，进一步促进对外贸易发展，认真贯彻落实海关总署、国家质检总局关于加强关检合作、共建和谐国门的又一次更深层次的合作，通过“促进外贸发展措施、电子口岸建设、执法领域合作、信息共享专业互补”等合作内容的落实，必将为西藏外贸工作创造一个更加方便、快捷、优质、高效的发展环境。

7月3日

拉萨边检站为参加经贸洽谈会的尼泊尔政府官员提供礼遇通道。

7月5日

吉隆边检站为援助尼泊尔洞朗县的大米、电脑等物资交接提供便利服务，确保了共计价值人民币30万元的援尼物资顺利出境交接。

7月13日

中央统战部机关党委书记、中国藏学研究中心副总干事柳应华率《跨越式背景下培育西藏战略性支撑产业的政策与对策研究》课题工作组一行前往亚东进行调研。

7月19日

第25轮中尼边境海关会晤在拉萨海关隶属聂拉木海关举行。中尼双方肯定了彼此为中尼合作与贸易所做出的贡献与努力，就所关心的问题交换了意见和建议，并深入探讨了双方今后加强合作相关事宜。

7月21日

拉萨边检站为尼泊尔内政部代表团一行8人提供礼遇通关服务。

7月24日

西藏自治区公安边防总队高万海总队长一行工作组到达樟木口岸，参加西藏自治区公安边防总队陆地口岸提高边检服务水平暨执法规范化现场推进会，并检查指导驻樟木口岸各部队的各项工作。

8月6日

拉萨航空口岸扩建项目正式开工建设，该项目的建成将极大地改善“一关两检”的办公及生活条件。

8月18日

西藏航空有限公司进口的第四架空客A319型客机抵达拉萨贡嘎机场，拉萨海关积极做好监管准备工作，对该飞机实施了快速验放，受到企业好评。

8月19日

西藏自治区公安边防总队以拉萨为主会场，分别在聂拉木、吉隆、普兰和亚东等地，同步开展了以“中国边检阳光国门”为主题的边检服务品牌集中推介活动。

8月28日

由尼泊尔总理巴特拉伊夫人雅米率领的尼泊尔主流媒体考察团一行12人从拉萨口岸出境，拉萨边检站为该团提供了优质高效的礼遇通关服务。

9月5日

破获“9·05”走私易制毒化学品案，查获易制毒化学品盐酸伪麻黄碱136.45千克，抓获犯罪嫌疑人4名。

9月27日

自治区党委常委、常务副主席洛桑江村同志一行工作组在亚东口岸考察调研。

10月12日

普兰县2012年度援助尼泊尔胡木拉县价值30万元物资经普兰口岸斜尔瓦通道移交尼方。

10月23日

在吉隆县吉隆镇热索举行了吉隆口岸热索一线出入境检查检验基础设施建设项目开工仪式。自治区人民政府副秘书长梅玉宝带队，区商务厅、区财政厅、区发展改革委、区交通运输厅、区外办、公安边防总队、日喀则地区行署、拉萨海关、西藏自治区出入境检验检疫局、区口岸办等相关部门的负责同志参加了开工仪式。此项目建成后，将很好地向世界展现吉隆口岸的对外形象，为口岸区域创造良好的整体环境，并达到一类口岸开放对出入境检查检验基础设施的要求，为出入境人员和货物通关营造良好的口岸通关环境，使吉隆口岸成为整体基础设施完备，人流、货流畅通的国家一类口岸开放格局，为促进扩大中尼两国经济贸易合作不断发展提供有力保障。

11 月 20 日

西藏自治区副主席宫蒲光一行维稳工作督导组，到乃堆拉边贸通道检查指导工作。

11 月 24 日

拉萨边检站为尼泊尔外交秘书杜尔加・普拉萨德・巴特拉伊（常务副部长级）一行 3 人提供外交礼遇通关服务。

11 月 30 日上午

西藏自治区教育厅副厅长、自治区综合治理工作验收组组长朱赟一行在阿里地委常务副书记、政法委书记吴荣富、普兰边检站扎西登巴副站长的陪同下，莅临斜尔瓦通道检查指导边境防控工作。

11 月 30 日～12 月 11 日

西藏自治区口岸办在商务厅厅长谭永寿和副厅长白曼央宗的率领下，赴国家发展改革委就西藏口岸及边贸市场建设情况进行了汇报，同时就“十二五”西藏口岸及边贸市场建设中期调整项目进行了衔接和沟通。

12 月 14 日

聂拉木边检站为中国（西藏）—尼泊尔旅游联合协调委员会第六次会议代表团一行 15 人提供优质、高效的入境通关服务。

12 月 16 日

拉萨市政府在樟木口岸进行了向尼泊尔捐赠 100 套户用太阳能设备的交接工作。聂拉木边检站协助拉萨市政府完成了交接任务。

12 月 20 日

中国驻尼泊尔大使馆杨厚兰大使一行在樟木口岸与相关单位座谈交流。

中国援尼泊尔塔托帕尼边检站项目开工典礼在尼泊尔塔托帕尼举行。尼泊尔塔托帕尼边检站的建设，为助推中尼边境地区经济快速发展、深化中尼友谊万古长青进一步夯实了基础。

12 月 21 日

聂拉木边检站为西藏自治区商务厅党组书记索朗多吉一行赴尼访问代表团提供出境便利。

2012 年西藏自治区口岸流量统计表

口岸类型		口岸名称	货运量（万吨）				集装箱量（万标箱）				人员（万人次）				交通工具（辆、艘、架、次）			
			出口	进口	合计	同比（%）	出口	进口	合计	同比（%）	出境	入境	合计	同比（%）	出境	入境	合计	同比（%）
空运口岸		拉萨		0. 009	0. 009	－64. 90					1. 4	1. 4	2. 8	－38. 65	147	134	281	－36. 71
		分计									1. 4	1. 4	2. 8	－38. 65	147	134	281	－36. 71
陆运口岸	公路口岸	樟木	17	0. 3	17. 3	＋8. 04					68. 64	69. 00	137. 64	－1. 67	15 972	16 832	32 804	＋14. 24
		普兰		0. 003	0. 003	＋766. 70					0. 77	0. 86	1. 63	－7. 80	0	0	0	0
		吉隆									0. 92	0. 94	1. 86	－36. 34	708	759	1 467	－47. 12
		亚东									0. 83	0. 83	1. 66	－15. 00	3 367	3 367	6 734	＋6. 25
		日屋									0	0	0	0	0	0	0	0
		分计									71. 16	71. 63	142. 79	－2. 54	20 047	20 958	41 005	＋8. 40
合计			17	0. 312	17. 312						72. 56	73. 03	145. 59		20 194	21 092	41 286	
同比（%）			＋7. 59	＋47. 62	＋8. 12						－4. 52	－2. 58	－3. 56		＋6. 07	＋9. 64	＋7. 88	

（西藏自治区口岸办提供）

2012 年拉萨海关主要数据统计表

项目		2012 年	同比（%）
进出口货运量（万吨）	合计	17.47	+8.40
	进口	0.46	+62.91
	出口	17.01	+7.42
进出口贸易总值（万美元）	合计	182 837.62	+61.41
	进口	7 122.06	-50.92
	其中：江、海运输	402.18	-61.27
	铁路运输		
	汽车运输	2 362.75	+115.93
	航空运输	4 356.90	-64.80
	邮件运输	0.23	+252.23
	其他运输		
	出口	175 715.56	+77.91
	其中：江、海运输		
	铁路运输		
	汽车运输	175 612.60	+77.99
	航空运输	42.76	
	邮件运输		
	其他运输	60.20	-41.39
税收（万元）	两税合计	6 980.86	-9.88
	关税入库	1 627.32	-20.35
	进口环节税入库	5 353.54	-6.70

（拉萨海关提供）

2012 年西藏自治区出入境检验检疫业务统计表

项目	货物检验检疫				交通工具				集装箱（标箱）		发现动植物疫情		货物通关		出入境人员查验（人次）	健康检查及预防接种（人次）			
	批次	金额（万美元）	检验检疫不合格																
			批次	金额（万美元）	船舶（艘）	飞机（架）	火车（节）	汽车（辆）	合计	检出问题	种类数	种次	批次	金额（万美元）		健康检查	艾滋病监测	发现病例	预防接种
本年累计	2 817	24 230	20	48		301		27 458					2 998	25 156	126 445	1 290	1 276	52	21
其中 出境	2 405	22 915	20	48		157		13 871					2 593	23 691	67 950	316	312	23	21
其中 入境	412	1 315	0	0		144		13 587					405	1 465	58 495	974	964	29	0
同比（%）	+0.28	-14.30	+300.00	+330.12		-33.55		-7.27					-2.85	-10.96	-11.17	+236.81	+243.01	+420.00	-59.62
其中 出境	-3.76	-11.36	+400.00	+12 143.27		-33.19		-6.74					-7.49	-11.95	-11.34	+74.59	+78.29	+228.57	-58.82
其中 入境	+32.90	-45.69	-100.00	-100.00		-33.94		-7.80					+43.11	+8.74	-10.98	+382.18	+389.34	+866.67	-100.00

（西藏自治区出入境检验检疫局提供）

陕 西 省

陕西省口岸分布示意图

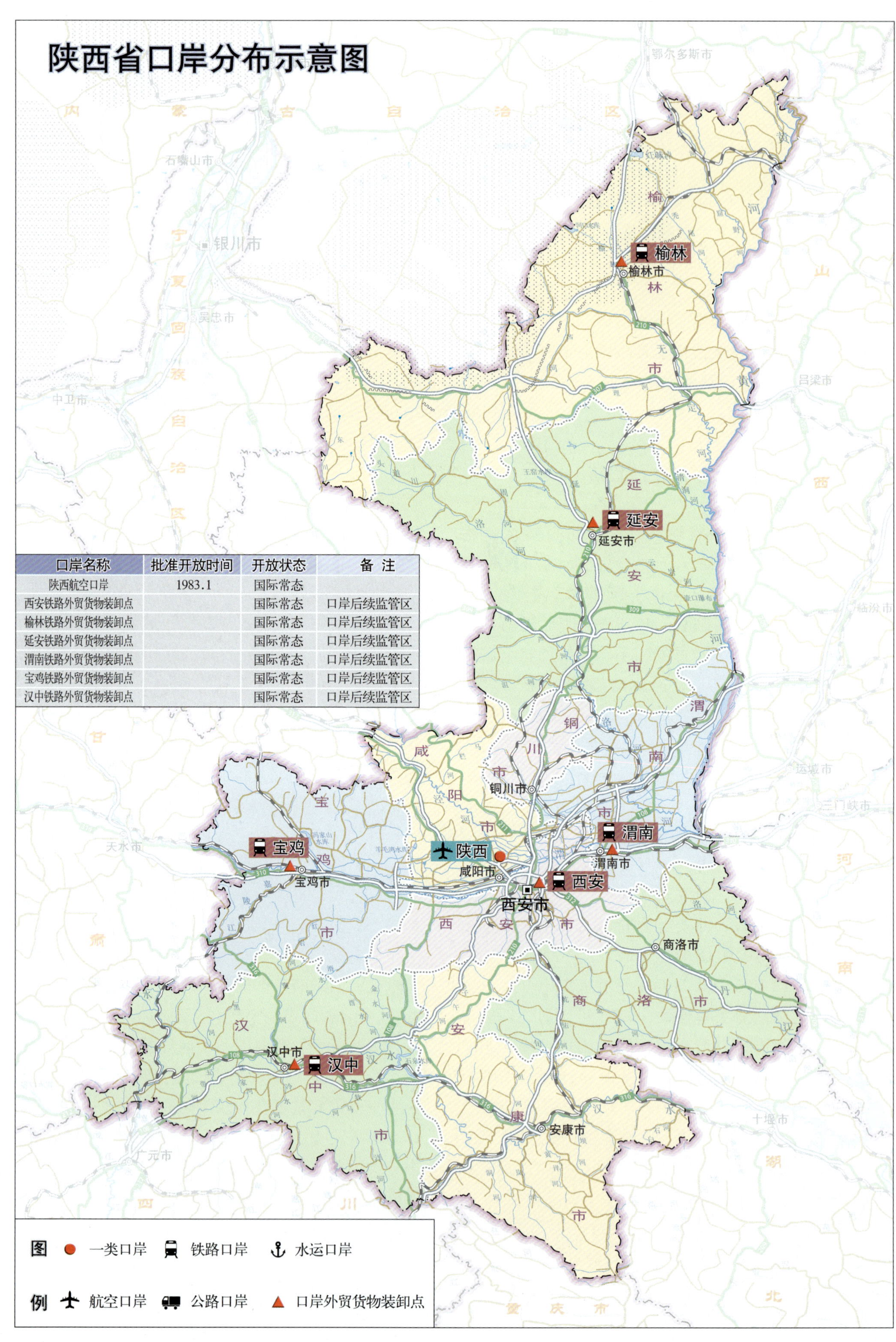

口岸名称	批准开放时间	开放状态	备 注
陕西航空口岸	1983.1	国际常态	
西安铁路外贸货物装卸点		国际常态	口岸后续监管区
榆林铁路外贸货物装卸点		国际常态	口岸后续监管区
延安铁路外贸货物装卸点		国际常态	口岸后续监管区
渭南铁路外贸货物装卸点		国际常态	口岸后续监管区
宝鸡铁路外贸货物装卸点		国际常态	口岸后续监管区
汉中铁路外贸货物装卸点		国际常态	口岸后续监管区

口岸数量及分布

截至2012年年底，陕西省经国务院批准的对外开放口岸1个，即陕西航空口岸（西安咸阳国际机场）；经省政府批准的陆路货运口岸6个，即西安、宝鸡、榆林、延安、汉中、渭南，其中运营的2个，即西安、宝鸡口岸；2个综合保税区，即西安综合保税区、西安高新综合保税区；2个出口加工区，即西安出口加工A区、西安出口加工B区。

口岸运行数据

2012年，陕西省航空口岸进出口货运量达18 370吨，同比下降1.7%；铁路货运口岸进出口货物3 229 790吨，同比下降21%；公路进出口货物531吨，同比增长15.9%；邮运进出口货物9吨，下降10%；西安咸阳国际机场航空口岸出入境飞机4 073架次，同比增长70.92%，出入境人员544 914人次，同比增长65.80%。

口岸监管与服务

【口岸开放进一步扩大】 航空口岸新开通了5条国际和地区航线，即西安至河内、西安至大阪、西安至釜山、西安至平壤、西安至暹粒；增加了西安至曼谷、西安至香港地区的航班架次。

2012年10月18日陕西省政府批准设立延安口岸，2012年3月1日西安海关报海关总署备案批准设立渭南海关筹建处，2012年2月7日国家质检总局批准设立渭南出入境检验检疫局，2012年7月4日国家质检总局批准设立延安出入境检验检疫局，2012年11月5日海关总署批准设立延安海关，2012年9月22日国务院批准设立西安高新综合保税区。

【口岸综合管理】 2012年3月，陕西省口岸工作会议在宝鸡召开，会议通报了2011年全省口岸工作，确定了2012年口岸工作指导思想和工作部署，通报表扬了2011年度口岸工作先进单位和先进个人；设立国际航空运输专项补贴资金，由陕西省口岸办核实飞行班次后报省财政厅发放；陕西省口岸办下发了《关于规范航空口岸工作事务程序的函》，确保陕西航空口岸正常运行。电子口岸已建成“空港电子作业系统”；完成了“三方联网”技术方案和工作方案。

【加大口岸基础设施建设】 在西安咸阳国际机场扩建的同时，陕西省政府、商务厅划拨资金850万元建设了机场口岸综合服务楼，建筑面积2 000余平方米，基本满足了航空口岸办公、生活需求；榆林口岸投资1.7亿元建设了占地3.5万平方米，建筑面积45 966平方米的榆林口岸行政功能区，内设榆林海关、榆林出入境检验检疫局、电子口岸；渭南口岸功能区、汉中口岸功能区、延安口岸功能区正在规划和办理相关手续中。

【西安海关全力为陕西省开放型经济发展服务】 一是紧密跟进陕西开放型经济突破发展新形势，制定、出台《西安海关支持开放型经济十项措施》、《西安海关服务重点项目工作机制》。针对保增长的严峻形势，第一时间出台《西安海关关于贯彻落实海关总署促进外贸稳定增长若干措施的实施意见》；发挥海关统计监测预警作用。定期分析全省进出口运行动态，全年上报《送阅件》129期，被省、市党委政府领导批示30篇，为社会提供咨询服务763人次；全力推进西安高新综合保税区的申报与建设，积极推动西安综合保税区建设确保按期验收，大力支持阎良航空产业基地、西咸新区空港新城等海关特殊监管区域的项目申报。二是积极落实税收优惠政策。联合省发展改革委、商务厅、工信厅等部门对重点区域、重点产业、重点企业、重点项目指导服务，全省享受重大技术装备政策的企业由8家增加到11家。三是深化业务改革加强实际监管。全面推进分类通关改革，深化审单作业模式改革，理顺职能部门、专业审单和现场接单各环节职责分工，初步形成审单业务一体化管理模式，不断加强实际监管。扎实推进海关监管场所规范建设，规范海关监管货物管理。稳步推进加工贸易作业制度改革。四是贯彻“由企及物”理念科学管理企业。制定《西安海关对A类以上生产型企业一体化服务措施》，全年完成升AA类企业13家，升A类149家，关区A类以上企业达到363家。并将“一体化”措施适用范围扩展至B类以上生产型企业。五是全力开展“国门之盾”行动。明确行动开展的组织领导、打击重点和开展步骤。重点打击出口骗退税、邮递、快件渠道走私毒品、武器弹药、文物走私等违法行为。首次查获涉嫌走私毒品可卡因案件，共查获毒品673.02克。成功侦破“3·30”涉嫌走私文物制品案，追回违法所得50万元，追回疑似走私文物48件。重点开展“扫黄打非”专项治理，查获各类非法出版物830件（册），被评为全省“扫黄打非”先进集体。充分利用风险管理、HL2008系统、缉私办案系统及海关各相关部门业务成果，增强情报工作的整体性、协调性和规范性。

【陕西出入境检验检疫局加强口岸检验检疫】开展质量安全风险排查活动，围绕7个方面40个风险点，对42家出口食品企业、26家进口食品企业、10家口岸食品生产经营单位、280家进出口工业产品和动植物及其产品生产企业进行了重点排查，对排查出的23个风险点实施整改措施。口岸卫生安全保障方面，与省卫生厅在出入境人员传染病监测方面建立了协作机制；组织召开了西北六局鼠疫、出血热联防联控工作会；加强国际航线联合监管，与首都机场局、大连机场局及航空公司签署合作备忘录。动植物疫情防控方面，机场口岸采用人机犬相结合的三位一体查验模式，全年截留禁止携带物品1 200批次，检出有害生物25批。举办了核和辐射突发事件暨卫生处理应急演练活动。获得省部级科研项目立项2项，2项科研成果获得总局“科技兴检奖”三等奖，完成制标3项，获得标准立项8项。出台13条措施促陕西外贸发展，主要是贯彻落实免收检验检疫费政策。开展检企宣传交流，宣传免收检验检疫费政策，执行2012年第四季度免收检验检疫费政策；提高通关便利化水平。围绕“一企一策”，对重点大型企业在设备检验检疫与通关放行方面安排专人负责，为龙头企业、骨干企业进出口产品提供便捷检验通关环境，为新兴企业提供信息咨询和技术服务，帮助企业申报绿色通道、直通放行资格，推进无纸化报检通关。收集信息，深入研究国外技术性贸易措施最新动态和应对措施，为地方政府提供信息咨询和决策参考。为促进陕西水果出口，建设和完善了果蔬汁检测、苹果检疫两个国家级重点实验室，成立了陕西省检验检疫技术研究中心和食品级农产品检测中心。陕西苹果、梨已先后实现对澳大利亚等9个国家的出口解禁，年出口量达57万吨左右。浓缩果汁连续多年居陕西出口大宗商品首位，年出口量占全国50%以上。支持韩国三星项目落户西安，提前介入三星项目引进，对于该项目有关二手设备进口办理、3C认证、危险化学品检验监管、贸易通关便利化、检验检疫机构设立等诸多问题提供了相关服务，并成立了的三星项目检验检疫工作领导小组。2012年4月6日，与延安市政府签署《关于筹建延安检验检疫局的协议》；5月3日，与渭南市政府签订《关于筹建渭南出入境检验检疫局的协议》。

【边检工作概述】 2012年，陕西省公安边防总队把边检工作融入经济社会发展大局之中，服务于、服从于地方经济社会发展。一是为政府决策提供前瞻性服务。定期向省市两级党委政府报送工作报告、口岸数据分析，为省、市政府制定经济发展规划，增开国际航线，开设口岸等提供参考意见，为政府决策提供相关信息。二是为地方经济发展提供全方位服务。实行重要旅客和团队预约服务，建立驻陕世界500强企业档案，为来陕投资、经贸洽谈的重要经济人士开辟绿色通道。三是为大型盛会提供礼遇保障服务。近年来，在陕举办的重大会议、活动不断增多。陕西省公安边防总队主动作为，跟进服务，仅2012年就先后为中国东西部合作与投资贸易洽谈会、清明节公祭轩辕黄帝典礼活动、欧亚经济论坛等国际性的重大外事、商务活动及科特迪瓦总统、哥斯达黎加总统、密克罗尼西亚联邦总统、韩国监查院院长等外国政要访陕提供礼遇保障服务37批1 120人次。四是打造边检优质服务品牌。陕西省公安边防总队积极应对口岸“大进大出”、“快进快出”的新形势，积极走访口岸相关单位、服务对象，开展警务评议活动，利用“陕西边防出入境人员预报申报平台”、“西安边检”新浪微博和机场第三方评价机制，广泛征求服务对象的意见及建议，倾听服务对象的新需求，有针对性地改进勤务模式，创造更加优质的通关环境；加强与旅行社和航空公司的沟通交流，主动为相关航空公司、旅行社员工进行边检业培训，树立了陕西边检服务品牌。

开放口岸

【陕西航空口岸】 西安咸阳国际机场（陕西航空口岸）位于陕西省咸阳市，距西安市中心47千米，距咸阳市13千米，海拔高度479米，机场代码XIY。一期于1991年9月1日建成通航，二期于2003年9月16日投入运营，三期于2012年5月投入运营。机场占地564万平方米，机场建筑面积36万平方米，拥有3座航站楼，可以起降空客380等大型客机，实行雷达空中管制系统。目前拥有3 000米×45米的跑道和3 800米×60米的平行滑行道各1条，停机位59个，是西北地区最大的空中交通枢纽、中国第五大机场，是中国东方航空集团公司西北公司、海南航空集团长安公司、南方航空集团西安公司、幸福航空的基地机场。截至2012年年底，开辟的通航点达100个，航线202条，其中国际通航点11个，航线11条，每天有400余架次航班在机场起降。2012年进出境飞机4 073架次，进出境人员544 914人次。

陕西省口岸大事记

1月16日

西安海关召开2012年关区工作会议。关党组全体成员出席会议，陕西省景俊海副省长、省政府姚超英副秘书长、西安市韩松副市长及总署特派员周凤琴应邀出席。

1月

西安边检站获公安部2011年度全国提高边检服务水平成绩突出单位。

2月7日

陕西省省长赵正永、副省长景俊海会见青岛港集团公司董事局主席、总裁常德传一行并洽谈口岸合作事宜。

2月16日

西安海关徐蔚葳关长陪同景俊海副省长在东莞与东莞台商投资企业协会座谈。

西安海关徐蔚葳关长陪同景俊海副省长在东莞出席陕西—东莞项目合作交流暨签约仪式，西安国际港务区与东莞外商投资企业协会签署了在西安综合保税区内建设东莞商贸城的投资意向书。同时，东莞外商投资企业协会还分别与西安市、渭南市签署了支持“东莞城”项目运作发展的金融贷款担保公司及配套的渭南生产加工基地项目意向书。

3月29日

陕西省公安边防总队被西安世界园艺博览会组委会评为“2011西安世界园艺博览会先进集体”，丁多兵等6人被组委会评为先进个人；西安边防检查站被执委会评为“2011西安世界园艺博览会先进集体”，敬军民等23人被执委会评为先进个人。

4月3日

应陕西省省长赵正永邀请，台湾新党主席郁慕明一行2人乘坐HU7980次航班来陕出席“一会一活动”。

5月26日

国家工商总局周伯华局长一行赴西安国际港务区保税物流中心参观考察，陕西省委副书记孙清云、西安市副市长韩松陪同考察。

6月7日

陕西省委常委、常务副省长娄勤俭视察西安保税物流中心，详细了解了海关业务流程和综保区入区企业的进展情况，并对综保区招商工作提

出扎实、稳步开展的具体要求

6月26日

陕西省委常委、西安市委书记魏民洲视察西安保税物流中心，亲切慰问现场关员，详细了解了区内进出口业务发展情况。

7月17日

科特迪瓦总统阿拉萨内·德拉马内·瓦塔拉率访华代表团来华出席中非合作论坛第五届部长级会议开幕式。

8月19日

哥斯达黎加总统劳拉·钦奇利亚·米兰达一行13人结束对陕西省的友好访问回国。

9月3日

国家质检总局免去刘兴范同志陕西局局长、党组书记职务，任命徐华良同志为陕西局局长、党组书记。

9月16日

密克罗尼西亚联邦总统伊曼纽尔·莫里一行9人来陕西进行友好访问。

（撰稿人：杜印、高晓涛、牟炜、王铮）

2012 年陕西省口岸流量统计表

口岸类型		口岸名称	货运量（吨）				集装箱量（标箱）				人员（人次）				交通工具（辆、艘、架、列次）			
			出口	进口	合计	同比（%）	出口	进口	合计	同比（%）	出境	入境	合计	同比（%）	出境	入境	合计	同比（%）
空运口岸		西安咸阳国际机场	5 997	12 373	18 370	−1.70					275 783	269 131	544 914	+65.80			4 073	+70.92
空运口岸		分计	5 997	12 373	18 370	−1.70					275 783	269 131	544 914	+65.80				
陆运口岸	公路口岸				531	+15.90												
陆运口岸	公路口岸	分计			531	+15.90												
陆运口岸	铁路口岸				3 229 790	−21.00	17 676	10 906	28 582	+0.30								
陆运口岸	铁路口岸	分计			3 229 790	−21.00	17 676	10 906	28 582	+0.30								
水运口岸	海港口岸																	
水运口岸	海港口岸	分计																
水运口岸	河港口岸																	
水运口岸	河港口岸	分计																
合计					3 248 691		17 676	10 906	28 582	+0.30	275 783	269 131	544 914	+65.80			4 073	+70.92
同比（%）					−22.80													

（陕西省口岸办提供）

2012 年西安海关主要数据统计表

项目		2012 年	同比（%）
进出口货运量（万吨）	合计	324.87	-22.80
	进口	296.72	-24.90
	出口	28.15	+9.80
进出口贸易总值（万美元）	合计	894 740.07	-3.74
	进口	563 569.81	-13.00
	其中：江、海运输	207 516.09	
	铁路运输		+31.50
	汽车运输	561.33	-36.18
	航空运输	355 147.51	+3.34
	邮件运输	238.69	-26.62
	其他运输	106.19	—
	出口	331 170.26	+17.56
	其中：江、海运输	90 250.56	-15.31
	铁路运输	4 575.30	-32.20
	汽车运输	5 655.24	+65.20
	航空运输	230 646.95	+41.42
	邮件运输	42.21	-97.7
	其他运输		
税收（万元）	两税合计	380 707.00	-14.90
	关税入库	51 756.00	-4.00
	进口环节税入库	328 951.00	-16.30

（西安海关提供）

2012 年陕西省口岸出入境主要数据表

单位：（人员）人次；（交通工具）辆、艘、架、列次

项目			2012 年	2011 年	同比（%）
出入境人员	出入境人员总数		544 914	328 660	+65.80
	入境人员		269 131	163 272	+64.84
	出境人员		275 783	165 388	+66.75
	出入境旅客		508 624	306 549	+65.92
	出入境员工		36 290	22 111	+64.13
	中国公民	小计	409 974	226 004	+81.40
		内地居民（因公）			
		内地居民（因私）			
		港澳居民	46 380	24 199	+91.66
		台湾同胞	67 046	46 802	+43.26
	外籍人员		134 940	102 656	+31.45
	从海港出入境人数				
	从陆港出入境人数				
	从空港出入境人数		544 914	328 660	+65.80
交通运输工具	总计		4 073	2 383	+70.92
	船舶				
	飞机		4 073	2 383	+70.92
	火车				
	机动车辆				

（陕西省公安边防总队提供）

2012 年陕西省出入境检验检疫业务统计表

项目		货物检验检疫				交通工具				集装箱（标箱）		发现动植物疫情		货物通关		出入境人员查验（人次）	健康检查及预防接种（人次）			
		批次	金额（万美元）	检验检疫不合格																
				批次	金额（万美元）	船舶（艘）	飞机（架）	火车（节）	汽车（辆）	合计	检出问题	种类数	种次	批次	金额（万美元）		健康检查	艾滋病监测	发现病例	预防接种
本年累计		32 352	308 293	145	4 878		3 999			4 109	43	30	36	7 512	98 714	534 378	18 846	18 402	6 802	37 933
其中	出境	27 372	221 685	13	511		2 001			849	0	0	0	3 277	53 326	270 692	16 044	15 926	5 798	37 897
	入境	4 980	86 608	132	4 367		1 998			3 260	43	30	36	4 235	45 388	263 686	2 802	2 476	1 004	36
同比（%）		+5.12	-2.86	+18.85	+3.54		+68.45			+14.04	+126.32	-14.29		+11.24	-40.58	+62.90	+12.84	+11.96	+17.38	+13.06
其中	出境	+5.70	+14.04	-50.00	+68.09		+69.29			+379.66				+14.02	+33.60	+64.41	+13.32	+12.58	+16.61	+12.99
	入境	+2.09	-29.57	+37.50	-0.93		+67.62			-4.85	+126.32	-14.29		+9.18	-64.04	+61.38	+10.18	+8.12	+21.99	+176.92

（陕西出入境检验检疫局提供）

甘 肃 省

甘肃省口岸分布示意图

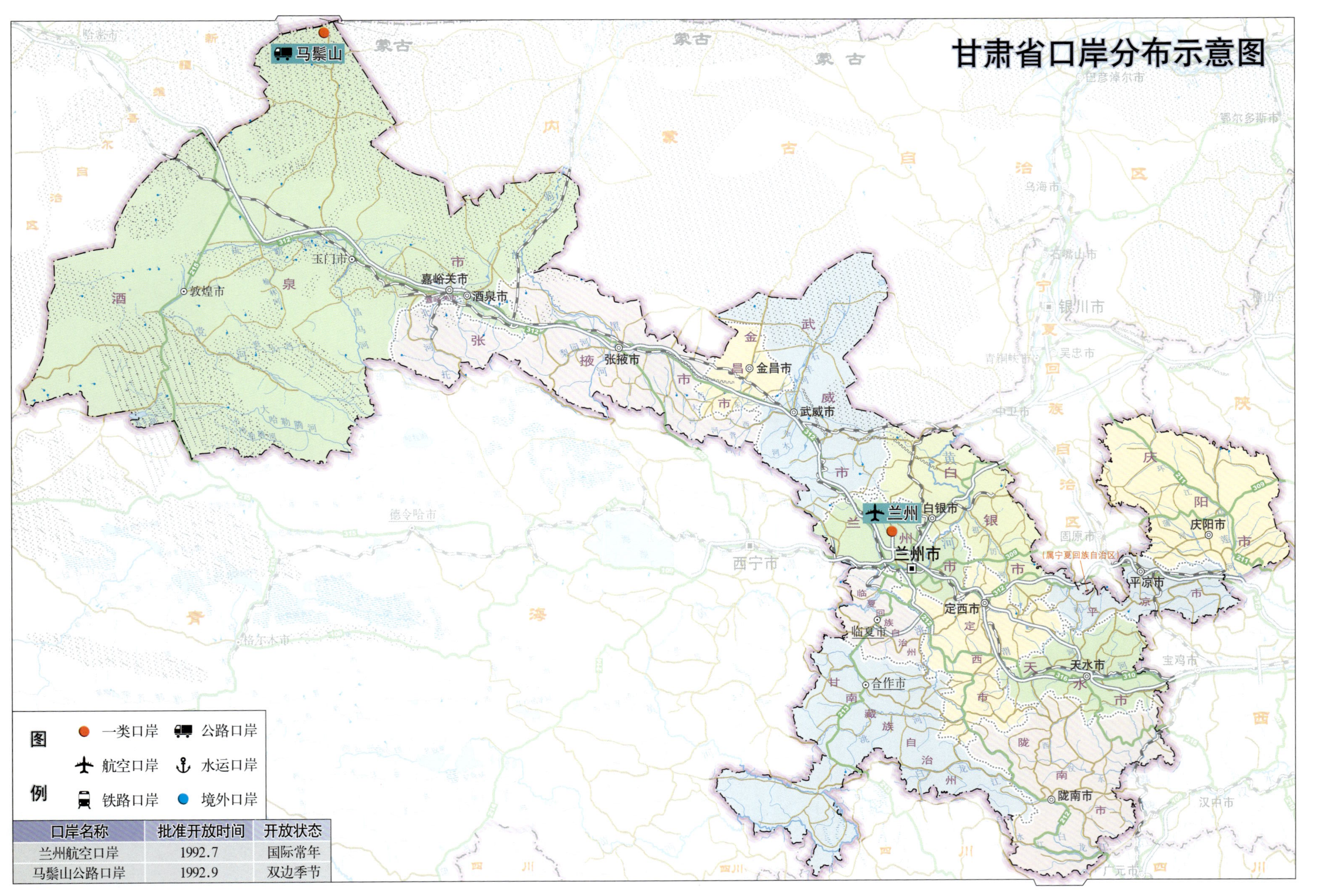

口岸名称	批准开放时间	开放状态
兰州航空口岸	1992.7	国际常年
马鬃山公路口岸	1992.9	双边季节

口岸数量及分布

截至2012年年底，甘肃省共有经国务院批准的对外开放口岸2个，其中一个是航空口岸，为兰州航空口岸；另一个是边贸公路口岸，为中蒙边境的马鬃山陆路口岸。

口岸运行数据

2012年，甘肃省进出口货运量达322.1万吨，同比增长43.7%，其中进口货运量319万吨，同比增长43.2%；出口货运量3.1万吨，同比增长129%；航空口岸进出境客运量34 039人次，同比增长43.91%，其中入境16 898人次，同比增长41.88%；出境17 141人次，同比增长45.97%；进出境运输工具（航空器）208架次，同比增长74.79%。

2012年甘肃省各市州进出口统计表

单位：万美元

市、州	进出口额	出口额	进口额	同比（%）		
				进出口	出口	进口
总值	890 477	357 388	533 089	+2	+66	-19
兰州	338 086	267 873	70 213	+82	+123	+8
金昌	344 760	4 257	340 503	-21	-66	-20
嘉峪关	85 046	3 367	81 679	-10	-67	-3
白银	52 655	22 796	29 859	-45	+14	-61
天水	30 972	22 306	8 666	+18	+16	+26
酒泉	7 278	6 809	469	+26	+22	+152
张掖	3 101	3 004	97	-30	-32	+1 237
武威	1 855	1 855		36	52	
定西	2 064	553	1 511	+61	-35	+246
陇南	568	503	65	-59	-63	+188
平凉	1 838	1 820	18	-26	-22	-89
庆阳	7 326	7 326		+15	+15	
临夏	1 858	1 858		-1	-1	
甘南	13 070	13 061	9	+8	+8	

（甘肃省商务厅提供）

口岸监管与服务

【推动口岸全面开放】 近3年来，甘肃口岸工作重点朝着全面开放兰州航空口岸目标迈进。经过长期努力推动，海关、检验检疫和边防等口岸联检单位驻兰州航空口岸办公生活大楼已于2012年年底主体封顶，正在进行全面装饰装修，计划于2013年5月底竣工交付使用。国际厅及旅客联检通道改造工程已完成一楼入境通道施工，二楼出境大厅及出境通道等改造工程已通过招标，将尽早完成施工。兰州航空口岸的出入境航班班次、人员大幅增长，航线增多。目前国际和地区航线增至6条，2012年航班架次增长率超过70%，出入境人员从2010年的13 089人次，上升到2012年的34 039人次，年均增长51.56%，预计下一年可达到50 000人次。积极推动民航空管部门早日公布中川机场开放相关数据、资料。兰州海关、甘肃出入境检验检疫局、甘肃省公安边防总队等查验单位加强了驻航空口岸队伍建设，强化业务能力，其服务和管理水平得到提高，口岸软环境得到改善。与此同时，甘肃省积极推动敦煌机场对外开放，敦煌航空口岸的设立于2012年5月纳入国家“十二五”口岸发展规划，口岸设施建设和正式开放的申请程序等前期工作正在逐步开展。另外，甘肃省也在积极推动马鬃山公路口岸的中蒙贸易恢复工作。

【口岸基础设施建设】 兰州中川机场改扩建项目已列入甘肃省重点基础设施建设项目并即将动工。国务院批复同意兰州航空口岸对外国籍飞机开放后，甘肃省政府非常重视口岸基础设施的建设和完善改造，多次召集专题会议就联检单位生活办公大楼建设和现有国际厅改造完善做出安排，决定投入5 000万元建造12 000平方米的联检大楼，2012年年底已经完成主体工程建设，国际厅改造完善工程也在逐项施工。敦煌机场4D级扩建项目已经完成勘探、设计和环评工作，并由中国民用航空局报国家发展改革委审批，施工启动在即。马鬃山公路口岸一期工程投资194万元，完成建筑面积1 711平方米，联检设施970平方米，还建有外贸库、边贸市场等，修建边贸公路35千米，边境国门工程完成建筑面积1 041平方米，四层框架结构，总投资200多万元，目前基础设施得到有效维护，基本保持完好。

【电子口岸建设】 甘肃电子口岸设在兰州海关，于2007年开通虚拟平台后满足了当时的基本需求，为外贸企业提供了方便，有利于口岸“大通关”建设。但是电子口岸建设缺乏后续支持，需要进一步加强领导，增加财政投入和专门人力资源投入，建设实体平台，进一步完善基础设施建设，更新技术装备，提高技术水平和服务能力。希望国家有关部门提供有力支持。

【穆斯林朝觐通关保障】 兰州航空口岸是我国穆斯林信众赴沙特朝觐出入境口岸之一。在国家宗教局、中国伊斯兰教协会及国家口岸办的指导下，甘肃省口岸办协调兰州海关、甘肃出入境检验检疫局、甘肃省公安边防总队和甘肃机场集团兰州公司等单位，配合甘肃省宗教局、省伊斯兰教协会连续7年顺利完成甘肃、青海、宁夏和西藏等省区广大穆斯林信众赴麦加朝觐由兰州航空口岸中川机场出入境的保障服务，共已保障出入境朝觐包机200架次，朝觐信众达62 664人次。多次受到国家宗教局、中国伊斯兰教协会和广大穆斯林信众的好评。2012年兰州航空口岸各联检单位既严格把关，强化管理，又文明执法，维护秩序，共计完成验放包机28架次，9 266人次，占全国朝觐穆斯林信众出入境总人数的33.7%。

【兰州海关开展岗位练兵提升业务素质】 兰州海关开展“岗位练兵达标月”活动，深入开展全员岗位学习和技能考核，巩固岗位练兵活动成果，以商品库基础知识为主要内容，编写一线业务岗位达标考核试题，对全关业务部门的所有关（警）员进行闭卷笔试和现场问答两个环节的业务技能达标考核，优秀率达到95%以上，进一步提高队伍的整体素质和执法水平。同时还制定2012年～2015年教育培训工作规划，分专业、分层次、分阶段开展培训。2012年举办大课辅导讲座8次，业务专题培训201次，累计参加各类培训人员2 175人次，干部参训率100%；落实外出培训提交汇报论文制度，全年关网交流培训报告34篇；与天津海关合作开展业务对口支援，双方互派3批6名同志跟班工作学习，提升工作能力。按照海关总署建立专家制度有关要求，制定关区专家制度试点方案，在关税、统计等岗位进行试点，1名同志被评为海关统计工作三级专家。

【检验检疫高度重视口岸疫情防控】 随着国际和地区航班的逐年增加，甘肃出入境检验检疫局高度重视口岸出入境疫情防控工作，针对兰州航空口岸为我国穆斯林信众赴沙特朝觐人数最多的口岸的这一特殊情况，多年来检疫查验工作没有丝毫松懈。2012 年 9 月接到国家质量监督检验检疫总局新型冠状病毒疫情通报后，该局通过多种方式为出境穆斯林信众讲解新型冠状病毒防控知识，并及时请计量部门对机场出入境查验通道红外体温检测设备进行了校准，增购了疫情防控所必需的设备药品和防护用品，落实了口岸新型冠状病毒防控的各项准备工作。在长达半月之久的入境朝觐包机检疫查验过程中，按照应急演练的内容和程序，对 5 例在入境查验通道红外体温检测仪报警的旅客进行了体温复测和现场流行病学调查，排除疑似病人后予以放行。在甘肃省宗教局的协助下，每年还要对入境圣水进行采样送检。

【兰州口岸应对俄罗斯紧急备降航班】 2012 年 6 月 10 日晚，一架俄罗斯 NWS2482 航班在执行泰国普吉至俄罗斯新西伯利亚飞行任务途中飞机右发动机出现故障空中停车，请求紧急备降兰州中川机场。在收到机场现场指挥中心通知后，甘肃省口岸办立即通知兰州海关、甘肃出入境检验检疫局和甘肃省公安边防总队奔赴兰州航空口岸现场。机场全力处置该航班紧急备降，并在安全着陆后确认飞机右发动机故障必须从俄罗斯调机运送配件排故，次日才能到达。根据这种情况及俄方北京办事处的请求，机场与各联检单位进行了沟通。鉴于上述情况特殊，联检单位决定同意该航班旅客下客，先安排到国际厅隔离区休息，之后该航班旅客和机组共 231 人通过卫生检疫、边防和海关通道，在边防部门的监护下于 11 日凌晨乘坐机场派出的 5 辆客车到兰州市区休息，直到 12 日傍晚才从兰州航空口岸出境。其间，口岸各单位各负其责，相互配合，紧密协作，联检单位还对飞机和所载运行李物品等进行现场全程监管，成功应对了这次外籍航班的紧急备降。

【甘肃强势推介边检服务品牌】 2012 年，甘肃省公安边防总队组织召开职业文化建设项目综合评审会，在“中国艺术网”等 8 个艺术类门户网站发布公开征集“兰州边检”品牌标志通知，开创了公安边防部队公开征集形象标志的先河；设计制作了“兰州边检”品牌标志图案、宣传口号、“兰州边检”之歌、兰州边检站站训、检查员誓词、工作愿景、官兵格言等相关内容；联合省公安厅出入境管理局组织举办了“中国边检服务品牌集中推介”活动，共发放边检服务宣传折页 2 万份，悬挂、张贴宣传海报 100 余份，发放印有边检品牌形象的雨伞、扑克、鼠标垫、扇子、纸杯等宣传品5 000余份，接受现场咨询3 000余人次，甘肃省电视台、甘肃省广播电台、兰州市电视台、甘肃日报、甘肃法制报、兰州晨报、新浪网、新华网等多家媒体，对活动进行了现场采访和跟踪报道，赢得了社会各界的广泛关注；结合建站 20 周年，组织举办兰州边检站建站 20 年文艺晚会，充分展示边检官兵的良好风貌和工作成效。另外，边防总队创新服务举措，全面落实了旅游团预报预检、入境团队免排、非定期航班便捷查验、特殊旅客预约通关等便民措施，推出了旅游团队和朝觐包机快速验放方法，通过开展预检预录、上门服务、窗口前移、边检协管员等措施，缩短通关时间，方便服务对象。边防总队还在提供优质服务上下功夫，按照公安部“三访三评”活动方案要求，主动走访地方政府、联检单位、服务对象，认真听取意见建议；上门对航空公司、旅行社相关人员开展边检常识培训，规范简化边防检查流程；在互联网开通“兰州边检”官方微博，设立“兰州边检 QQ 群”，定期发布服务信息和边检工作动态，回答网友咨询和提问；在口岸执勤现场设计制作笑脸墙、心灵驿站等展板，重新规范边检标识标志，增设休息座椅、饮水机、药箱等便民设施；认真落实公安部《标准化服务手册》要求，组织官兵深入开展服务定式和养成训练，进一步规范细化边检执勤人员警容风纪、仪容仪表和言行举止、工作流程、工作态度，创造高效、专业、优质、友好、便捷的通关环境。

开放口岸

【兰州航空口岸】 兰州中川机场是西北地区重要航空港和Ⅰ类国际备降机场，距兰州市中心约70千米。现有候机楼面积2.75万平方米，有8部登机廊桥，11个停机位，飞行区等级为4D级，跑道长3 600米，宽60米，可保证大中型航空器安全起降。1992年7月国务院批准开放兰州航空口岸，开辟了兰州至香港的包机航线。2010年9月国务院批准兰州航空口岸扩大对外国籍飞机开放。2012年机场旅客吞吐量超过450万人次。现有国际联检厅面积3 100平方米，国际和地区航线增至6条，国际和地区航班增长率2012年超过70%，达208架次，出入境人员达到34 039人次，近3年年均增长51.56%。

【马鬃山公路口岸】 马鬃山公路口岸是甘肃省唯一的陆路口岸，位于中蒙边境。该口岸于1992年正式开放，先后季节性开放5次过货4次，进出境货物1 500吨，实现贸易额443.5万元。青海、宁夏和内蒙古等邻近省区也参与了马鬃山口岸的边境贸易活动。1993年因蒙古国单方面终止贸易合同，双方边境贸易中断。近年来，两国边境毗邻省份均有恢复双边贸易的强烈愿望，但蒙方国家层面对此项工作进展缓慢。

甘肃省口岸大事记

1月9日

国家口岸管理办公室批复同意海南航空公司和台湾远东航空公司的兰州至台北客运包机航班在兰州中川机场临时出入境。

1月11日

兰州至台北航线正式开通，在我国内陆高原和宝岛台湾之间架起一座便捷、快速的空中桥梁，不仅方便两地往来，而且有利于促进甘肃省开放型经济快速发展。

4月27日

国务院批准《国家口岸发展规划（2011年—2015年）》。海关总署印发国家“十二五”口岸发展规划，甘肃省敦煌机场被列入全国口岸开放项目。

5月4日

国家口岸管理办公室批复同意兰州至中国台湾地区，兰州至中国香港地区，兰州至韩国首尔、济州岛，兰州至泰国曼谷等航线的客运包机航班在兰州航空口岸中川机场进出境。其中，首尔和曼谷是新辟国际航线，均由外国籍飞机执行。

5月8日

甘肃省政府召开专题会议，研究兰州航空口岸开通有关国际和地区包机航线等事项。甘肃省商务厅、省口岸办、财政厅、交通运输厅、旅游局、海航甘肃机场集团、甘肃机场投资管理公司、甘肃丝绸之路国际旅行社等部门和单位参加会议。

5月28日

甘肃省朝觐工作会议在兰州召开。

6月10日

俄罗斯航空公司NWS2482航班执行泰国普吉至俄罗斯新西伯利亚飞行任务途中飞机右发动机出现故障，备降兰州中川机场，兰州航空口岸各相关单位启动应急预案，飞机安全着陆。口岸各联检单位圆满完成监管任务。甘肃省口岸管理办公室第一时间向国家口岸管理办公室报告情况。

6月19日

由商务部牵头，中央外办、外交部、发展改革委、财政部、交通运输部、铁道部、人民银行和海关总署等部门参加的国家《沿边地区开放开发规划（2011年—2020年）》调研组来甘开展实地调研活动。

7月9日

天津市人大、天津市黄河区域经济发展合作促进会、天津市合作交流办、天津市口岸办等部门及天津工业大学、天津港物流发展有限公司等单位组成的天津市考察团来甘考察访问，就10月份在天津市举办第二届中国黄河滨海经济发展合作论坛事宜听取我省有关单位的意见和建议，并向甘肃省赠送《中国黄河滨海区域经济发展合作白皮书》。

9月7日

国家口岸管理办公室批复同意兰州至沙特朝觐客运包机在兰州航空口岸中川机场进出境，并批复同意兰州至中国台湾地区、兰州至中国香港地区、兰州至韩国首尔、兰州至泰国曼谷旅游包机继续在兰州中川机场进出境。

9月14日

青海省2012年朝觐工作联席会议在兰州召开，甘肃兰州航空口岸各相关单位参加会议。

9月25日~10月6日

甘肃、青海和西藏三省区4 600多名穆斯林信众从兰州航空口岸中川机场出境赴麦加参加朝觐活动。

9月30日

兰州航空口岸中川机场联检大楼建设项目主体封顶。航站楼国际厅入出境通道改造工程初步完成。

11月6日~16日

甘肃、青海和西藏三省区参加完麦加朝觐活动的4 600多名穆斯林信众从兰州航空口岸中川机场顺利入境。

11月27日

国家民航总局空管局通知西北空管局及各运输航空公司对外开放兰州中川机场及有关导航台和航路航段。

（撰稿人：王裕民、汪小刚、吴达、李军）

2012年甘肃省口岸流量统计表

口岸类型		口岸名称	货运量（万吨）				集装箱量（万标箱）				人员（万人次）				交通工具（辆、艘、架、列次）			
			出口	进口	合计	同比（%）	出口	进口	合计	同比（%）	出境	入境	合计	同比（%）	出境	入境	合计	同比（%）
空运口岸											1.71	1.69	3.40				208	
		分计									1.71	1.69	3.40				208	
陆运口岸	公路口岸																	
		分计																
	铁路口岸																	
		分计																
水运口岸	海港口岸																	
		分计																
	河港口岸																	
		分计																
合计			3.1	319	322.10						1.71	1.69	3.40				208	
同比（%）			+129.00	+43.20	+43.70						+45.97	+41.88	+43.91				+74.79	

（甘肃省口岸办提供）

2012 年兰州海关主要数据表

项目		2012 年	同比（%）
进出口货运量（万吨）	合计	322.10	+43.70
	进口	319.00	+43.20
	出口	3.10	+129.00
进出口贸易总值（万美元）	合计	387 000.00	-4.20
	进口	382 000.00	-4.60
	其中：江、海运输		
	铁路运输		
	汽车运输		
	航空运输		
	邮件运输		
	其他运输		
	出口	5 000.00	+35.70
	其中：江、海运输		
	铁路运输		
	汽车运输		
	航空运输		
	邮件运输		
	其他运输		
税收（万元）	两税合计	429 700.00	+9.67
	关税入库	2 000.00	+8.04
	进口环节税入库	427 700.00	+9.68

（兰州海关提供）

2012 年甘肃省口岸出入境主要数据表

单位：（人员）人次，（交通工具）辆、艘、架、列次

项目			2012 年	2011 年	同比（%）
出入境人员	出入境人员总数		34 039	23 653	+43.91
	入境人员		16 898	11 910	+41.88
	出境人员		17 141	11 743	+45.97
	出入境旅客		32 320	22 622	+42.87
	出入境员工		1 719	1 031	+66.73
	中国公民	小计	33 451	23 121	+44.68
		内地居民（因公）	366	361	+1.39
		内地居民（因私）	29 739	20 364	+46.04
		港澳居民	1 359	2 305	-41.04
		台湾同胞	1 987	91	+2 083.52
	外籍人员		588	532	+10.53
	从海港出入境人数		0	0	0.00
	从陆港出入境人数		0	0	0.00
	从空港出入境人数		34 039	23 653	+43.91
交通运输工具	总计		208	119	+74.79
	船舶		0	0	0.00
	飞机		208	119	+74.79
	火车		0	0	0.00
	机动车辆		0	0	0.00

（甘肃省公安边防总队提供）

2012 年甘肃省出入境检验检疫业务统计表

项目	货物检验检疫				交通工具				集装箱（标箱）		发现动植物疫情		货物通关		出入境人员查验（人次）	健康检查及预防接种（人次）			
	批次	金额（万美元）	检验检疫不合格																
			批次	金额（万美元）	船舶（艘）	飞机（架）	火车（节）	汽车（辆）	合计	检出问题	种类数	种次	批次	金额（万美元）		健康检查	艾滋病监测	发现病例	预防接种
本年累计	0	0	0	0	0	220	0	0	34	0	0	0	0	0	32 354	9 246	9 098	1 484	16 982
其中 出境						110			0						16 409	9 246	9 098	1 484	16 982
其中 入境						110			34						15 945				
同比（%）						+71.88			-33.33						+39.87	+7.21	+5.50	+245.90	+43.45
其中 出境						+71.88			0						+42.22	+7.21	+5.50	+245.90	+43.45
其中 入境						+71.88			-33.33						+37.61				

（甘肃出入境检验检疫局提供）

青 海 省

青海省口岸分布示意图

口岸名称	批准开放时间	开放状态
西宁航空口岸	2008.3	国际常年

口岸数量及分布

截至2012年年底，青海省有经国务院批准开放的口岸1个，西宁航空口岸。

口岸概况及主要数据

2007年正式成立了青海省人民政府口岸管理办公室，为正处级机构，由青海省商务厅代管，编制3名，主要职责是根据青海省政府的总体要求，牵头组织协调口岸通关中各有关部门的工作关系，推进口岸工作。2008年西宁航空口岸通过国家验收，正式对外开放，是一类口岸。西宁机场航空口岸开放后，执行了西宁至香港、韩国首尔至西宁的旅游包机以及来自印度尼西亚的商务包机，运送出入境旅客共计671人次。

2012年度出入境旅客共计189人次，其中入境76人次，出境113人次。

【口岸基础设施建设】 青海省委省政府高度重视口岸的基础建设工作，在财力有限的情况下，一是拨专款建造青海省公安边防总队的营房和办公用房，2012年全部完工；二是2012年9月在曹家堡机场开工建设建筑面积7 500平方米的口岸联检综合楼，该项目投资3 200万元，是口岸、海关、检验检疫、公安边防等单位执行口岸通关检查服务的重要办公场所，预计2014年8月全部完工；三是加快T1国际航站楼改造建设，随着机场二期工程即将完工，T1国际航站楼的改造已全面开始。

【国际航线】 在开通国际航线方面，青海省口岸办和各相关部门积极努力，做了大量的工作，积极与国家民航局、海航、深航、川航、香港、台湾等相关航空公司衔接。协调旅游局、旅游公司商谈开拓香港、台湾包机事宜。2013年8月1日将开通西宁至台北定期航班。

【陆路口岸建设方面】 随着青海省临空经济开发区的建设，陆路口岸建设也在积极推进中。目前，西宁曹家堡保税物流中心（B型）（是指经海关批准，由中国境内一家企业法人经营，多家企业进入并从事保税仓储物流业务的海关集中监管场所）及综合配套建设项目已上报海关总署等四部委，等待批复。

宁夏回族自治区

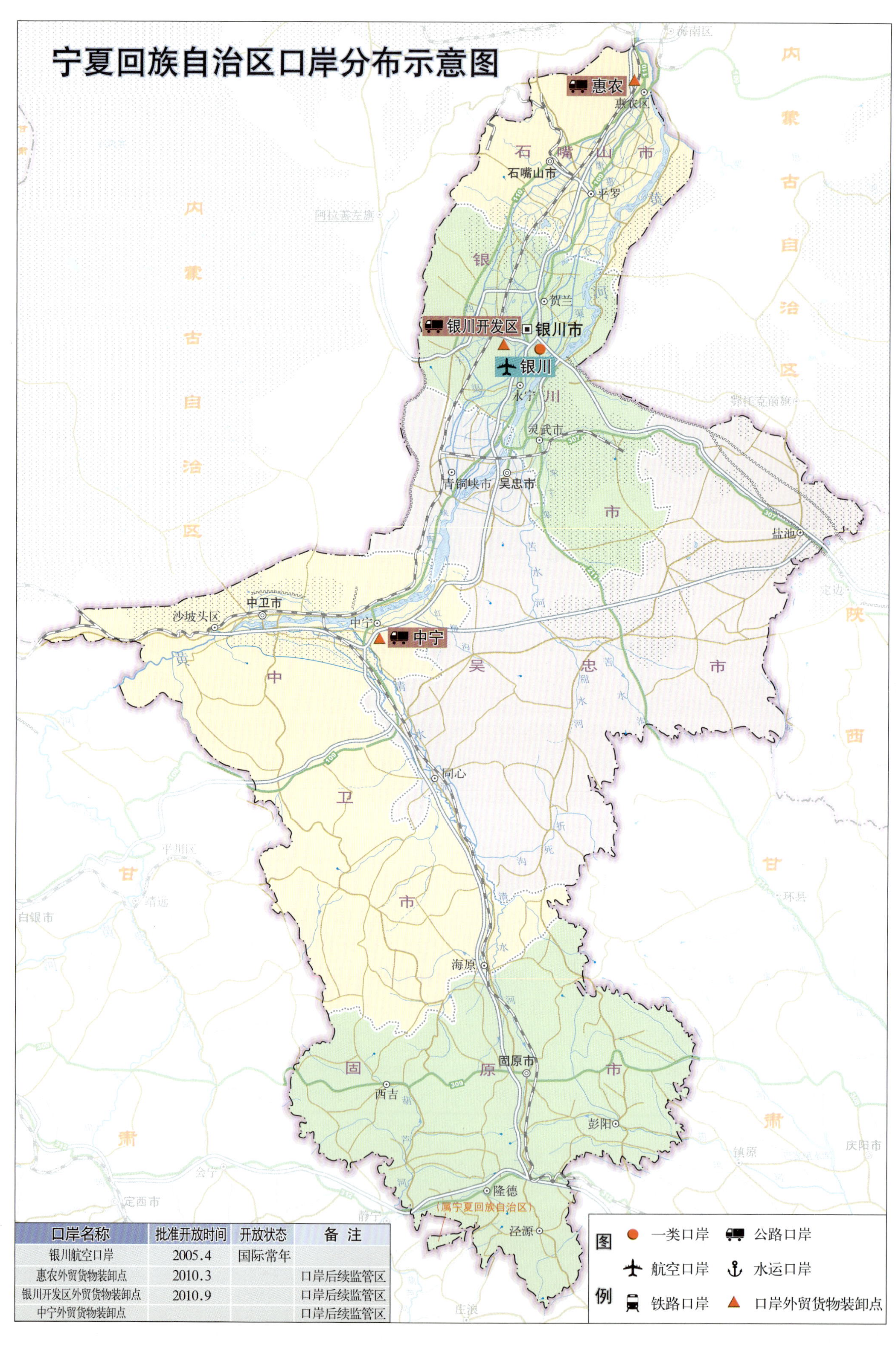

口岸名称	批准开放时间	开放状态	备　注
银川航空口岸	2005.4	国际常年	
惠农外贸货物装卸点	2010.3		口岸后续监管区
银川开发区外贸货物装卸点	2010.9		口岸后续监管区
中宁外贸货物装卸点			口岸后续监管区

口岸数量及分布

截至2012年年底，宁夏有经国务院批准对外开放的一类口岸1个，银川航空口岸。经宁夏人民政府批准开放的陆路口岸（原二类口岸）3个，分别是惠农外贸货物装卸点、银川开发区外贸货物装卸点、中宁外贸货物装卸点。

口岸运行数据

2012年，宁夏外贸实现进出口总额22.2亿美元，同比下降3%，出口16.4亿美元，同比增长2.6%，进口5.8亿美元，同比下降16.2%。资源类产品出口下降，优势特色产品出口增长较快，其中机电产品出口总额2.49亿美元，同比增长31.4%，金属制品和机械设备出口同比分别增长16.8%和19.4%，羊绒纱线、羊绒衫、饲料添加剂和双氰胺出口同比分别增长97.1%、29.5%、56.5%和34.2%。对阿拉伯国家出口快速增长，实现出口额5 167万美元，同比增长35.1%，主要产品为羊绒衫、抗菌素、铁合金、涂布牛皮纸等。

2012年，银川河东机场完成总起降3.3万架次、旅客吞吐量381万人次、货邮吞吐量2.69万吨，同比分别增长11.9%、12.8%和13.3%。银川航空口岸完成出入境航班188架次。旅客吞吐量18 165人次，其中入境9 088人次，同比增长222%，出境9 077人次，同比增长241%；旅客16 827人次，同比增长216%，工作人员1 338人次，同比增长716%，创历史最高水平。进出境交通工具188架次，同比增长1 467%，其中入境99架次，出境89架次，银川—首尔航线162架次，朝觐包机起降16架次，临时包机等10架次。

2012年，宁夏口岸总进出境货物567批，其中入境566批，同比减少21.1%，出境1批，同比减少83.3%。总进出口货值2 006.39万美元，同比增长26.4%，其中出口0.04万美元，同比减少99.7%；进口2 006.35万美元，同比增长27.6%。惠农陆路口岸完成集装箱运量2.4万标箱，同比下降21%，发运56万吨，同比下降15%，营业收入1.66亿元，同比下降20%；银川开发区陆路口岸完成1.38万标箱，23.4万吨，同比分别增长291%、127%。从进出口数据分析，在世界经济形势进一步恶化、经济危机复杂多变的情况下，宁夏外贸虽然进出口额略有下降，但进出口货值呈上升趋势。产品结构进一步合理化，机电产品、羊绒制品等高附加值产品出口量稳中有增，传统工业产品仍保持较高增长，反映出宁夏产业结构正处于调整期；河东机场旅客吞吐量增长速度在西北地区仍保持第一，达381万人次，其中进出境旅客增长幅度较大，主要因开通了银川至韩国首尔的国际航班，拉动了旅客和交通工具进出境大幅增长。在东部航空市场趋于饱和的情况下，各航空公司包括境外航空公司来宁夏拓展新的增长点。宁夏陆路口岸跨区域“属地申报，口岸验放”的口岸功能、保税功能等已经具备，但由于受宁夏铁路运价及口岸货代等服务成本较高，进出口企业习惯于延用在沿海口岸报关报检的传统方式等诸多因素影响，陆路口岸优势还不强，服务于宁夏进出口企业的作用发挥不明显。

口岸监管与服务

【宁夏内陆开放型经济试验区获国务院批准设立】 2012年9月10日，“宁夏内陆开放型经济试验区”（以下简称试验区）获国务院批准设立。9月12日，由国务院副总理李克强在2012“中国（宁夏）国际投资贸易洽谈会暨第三届中国·阿拉伯国家经贸论坛”会议上正式宣布。《宁夏内陆开放型经济试验区规划》（以下简称《试验区规划》）试验区范围为宁夏全境，规划期为2012年至2020年。

宁夏回族自治区党委、政府抓住《试验区规划》建设带来的机遇，整合宁夏优势资源，积极谋划试验区建设，制定“43558”发展规划，即围绕“四大战略定位”，构筑“三大平台”，落实“五项任务”，拓展“五大开放合作领域”，建设“八大基地”。“四大战略定位”：打造国家向西开放的战略高地，国家重要的能源化工基地，重要的清真食品和穆斯林用品产业集聚区，承接产业转移的示范区。“三大平台”：以沿黄经济区为平台，推进区域经济合作；以中阿博览会为平台，拓展对外交流合作；以综合保税区为平台，引领外向型经济发展。“五项任务”：落实创新对外开放体制机制，建立推进特色产业开放合作机制，推进能源领域开放合作，提高对外开放支撑保障能力，构建和谐稳定社会环境等任务。“五大开放合作领域”：推进经济贸易、能源开发、科技教育、文化旅游和投资金融等领域的开放合作。“八个基地”：建设国际旅游目的地，国家大型综合能源化工基地，西部地区承接产业转移基地，清真食品和穆斯林用品集散地，区域战略性新兴产业基地，特色农产品生产加工基地，新亚欧大陆桥重要物流中转基地和中阿合作人才培训基地。

从《试验区规划》的战略定位、平台设置、目标任务、产业基地、合作领域等方面分析，随着与阿拉伯国家及地区的频繁交往，在能源、金融、贸易、旅游、科教和民间合作等领域交流的拓宽，在人员、技术、金融、能源、化工等方面合作的加深，进出境人员、货物将大幅增加，对宁夏口岸在基础建设、通关效率、延伸服务、顺畅保障客流、物流、资金流等方面提出更高的要求。宁夏口岸必须以航权开放为契机，对外，打造向西开放空中“丝绸之路”，拓宽面向中东、北非、东南亚等“宁夏通道”；对内，积极争取国家有关部委和西北民航局的支持改善服务设施，密切联系国内外航空公司新开加密航线航班，加强协调“二关一检”提高通关效率，提升服务水平，增加落地签证或免签证等服务项目，积极营造良好环境，服务宁夏外向型经济的发展。

【银川综合保税区获国务院批准设立】 2012年9月10日，银川综合保税区获国务院批准设立，由国务院副总理李克强在2012“中国（宁夏）国际投资贸易洽谈会暨第三届中国·阿拉伯国家经贸论坛”会议上正式宣布。银川综合保税区是我国第26个保税区，也是西部地区第3个综合保税区，与全国其他保税区享受同样的优惠政策。在银川综合保税区内贸易管理方面，不实行进出口配额和许可证管理；在保税监管方面，不设存储期限，可自由流转；在外汇管理方面，可用外币结算，也可用人民币结算。

银川综合保税区是国家配套建设“宁夏内陆开放型经济试验区”而设立的，是国家向西开放的高地，是关税及优惠政策的洼地。宁夏回族自治区、银川市两级政府结合宁夏与阿拉伯国家及穆斯林地区的实际，紧盯世界500强企业大项目、好项目，高起点超前规划、宽领域招商引资，多层次洽谈合作，在保税区“境内关外”海关、检验检疫的监管模式下，对口岸转关、保险、担保、外汇、结算等口岸服务功能提出了新的要求。宁夏口岸必须加大口岸基础设施建设，拓展口岸服务功能，协调银川海关、宁夏出入境检验检疫局创新保税监管模式，拓宽跨区域口岸合作领域，提高口岸通关效率，高效、便捷、周到服务于保税加工、保税物流、转关贸易等业务。

【成功举办三届中阿经贸论坛】 “中国（宁夏）国际投资贸易洽谈会暨中国·阿拉伯国家经贸论坛”（以下简称“中阿经贸论坛”）是经国务院批准，由国家商务部、中国国际贸易促进委员会、中国人民对外友好协会、宁夏回族自治区人民政府共同主办，宁夏回族自治区具体承办的国际性会议。从2010年开始，连续成功举办三届“中阿经贸论坛”，中共中央政治局委员、国务院副总理回良玉、中共中央政治局常委、全国政协主席贾庆林、中共中央政治局常委、国务院副总理李克强分别出席了三届论坛。得到了外交部、国家发展改革委等43个国家部委的支持，北京市政府、上海市政府等31个省区市的协办。取得了良好的效益和效果。一是政治影响不断扩大。三届中阿经贸论坛，共有18位中外领导人，

200多位中外部长级官员，110多位外国驻华使节，70多个国家、地区和国际机构，5 000多家国内外企业，3万多名参展商参会参展，促进了相互了解，增进了政治互信。二是集聚效益不断提升。三届中阿经贸论坛签订项目协议478个，合同投资2 500多亿元人民币，涉及新能源、装备制造、农副产品、清真食品、穆斯林用品等多个领域。一批阿拉伯对宁项目已开工建设，宁夏与阿拉伯国家之间的进出口贸易保持快速增长势头。三是交流合作不断深入。三届中阿经贸论坛，不仅深入开展了一系列经贸领域的交流与合作，还加强了科技、教育、文化、医疗卫生、旅游、人才培养等领域的合作。目前，宁夏已与31个国家及地区，35个省、州、市缔结了友好关系，与100多个国家和地区建立了经济、科技、文化交流合作关系。

经国务院批准"中阿经贸论坛"将于2013年升级为"中阿博览会"。这是继中国—东盟博览会、中国—东北亚博览会之后，我国又一个面向世界主要经济体的大型综合性开放平台，是加强与阿拉伯国家及地区交流与合作的高规格平台，也是国家向西开放战略中各国政府及地区之间探索国家发展的高层次平台，也是非官方、非正式的民间交往合作相互联络的重要通道。

【银川河东机场三期扩建工程与银川航空口岸基础设施建设全面展开】 银川河东机场三期扩建工程已获国家发展改革委和中国民用航空局批复。该工程分为近期规划目标和远期规划目标两个部分。近期规划目标年为2020年，按照年旅客吞吐量1 000万人次、货邮吞吐量10万吨、飞机起降9.8万架次、高峰小时旅客吞吐量3 651人次及高峰小时起降32架次规划设计。机场等级4E，概算总投资30.08亿元，计划2013年开工建设，2015年建成投运，工期3年。延长现有跑道至3 600米，宽45米，可满足A300－600R、MD－82、B747－400等机型起降。新建航站楼22.5万平方米，新增51个客机位，2个货机位。新建货运区1.68万平方米，其中货运库1.40万平方米、邮件库0.16万平方米、业务办公用房0.28万平方米。新建货机坪2.08万平方米。远期规划目标年为2040年，按照年旅客吞吐量2 200万人次、货邮吞吐量25万吨、飞机起降17.05万架次规划，新建1条长3 200米，宽45米的跑道。目前，工程前期征地、拆迁、"九通一平"等基础性工作已全面展开，各项工作正在有序推进中。

2012年，与银川河东机场三期扩建工程相配套，银川航空口岸基础设施建设也相应展开。规划建设银川航空口岸联检大楼、航空货运堆场、熏蒸库及办公房等，规划建筑面积0.68万平方米，航空货运堆场1万平方米，计划2013年开工建设，2015年建成投用。目前，土地征用、环境评估、联检楼设计、招标投标等工作正在进行中。

【银川综合保税区与宁夏国际空港物流中心合并建设】 宁夏国际空港物流中心是依托银川航空口岸规划建设的国际现代物流基地，位于银川市下属的灵武市临河镇南部，北依银川河东机场，南靠太中银铁路，西临黄河，规划占地总面积385万平方米，分三期完成，一期项目总投资50亿元。设保税物流、临港加工、配送分拨、集装箱堆场、综合商贸、仓储、管理服务7个功能区，可实现保税仓储、出口加工、转关贸易等功能。2008年开始建设，2010年完成口岸联检办公楼及查验场所等基础设施建设，并开始试运营。2011年宁夏邮翔公司、宁夏领鲜公司等企业入园试运营。按照2012年10月12日自治区党委第11次常委会会议精神，将宁夏国际空港物流中心与银川综合保税区合二为一，一体化运作。目前，已经完成了机构改革、职能调整等工作。保税区内基础设施建设、口岸功能、保税功能、产业分布、现代物流功能整合、配套政策制定等工作正在进行中。

【穆斯林朝觐保障】 为解决宁夏穆斯林信众长期从宁夏境外口岸出境赴沙特朝觐的困难，2007年，宁夏回族自治区人民政府成立"自治区朝觐领导小组"，宁夏回族自治区口岸办积极配合"朝觐领导小组"，争取民航总局支持，协调银川海关、宁夏回族自治区出入境检验检疫局、宁夏回族自治区公安边防总队、宁夏回族自治区宗教局、宁夏回族自治区伊斯兰协会、中国民航宁夏空管分局、中国国际航空公司、宁夏机场公司、中国航空油料责任有限公司宁夏分公司等相关单位，成立银川河东机场口岸应急领导小组，制定应急保障预案及特殊情况处置措施，建立口岸保障联络沟通机制，解决了口岸候检区和通道窄小、消防等级不够、跑道长度、宽度不够等问题，优化了银川海关、宁夏回族自治区出入境检验检疫局、宁夏回族自治区公安边总队等联检单位工作流程，采取了设置绿色通道、流动服务车、服务队、咨询服务窗口等措施，克服了通关集中、深夜起降、车辆多、行李多、人员多、赞目赞目水多等困难，解决了穆斯林朝觐信众年龄大、行动不便等问题，自2007年开始，连续6年保障朝觐包机出入境92架次，出入境28 000人次。

2012年，针对境外疫情严重的特点，自治区民委（宗教局）、卫生厅及相关医院专门组织召开疫情分析会，制定了卫生疫情应急保障预案，建立了与境外沙特阿拉伯联合酋长国卫生检疫机构及区内卫生部门沟通联络机制，及时通报朝觐人员疫情，做好应对入境人员疫情各项准备工作。2012年10月7日至11日，11月17日至21日，保障朝觐出入境包机16架次，出入境旅客5 352人次，圆满完成了2012年朝觐包机保障任务。

【银川海关发挥职能作用，服务宁夏“两区”建设】 随着“宁夏内陆开放型经济试验区”和“银川综合保税区”获国务院批准设立，宁夏对外开放的步伐加快。银川海关采取五项措施积极服务“两区”建设，支持宁夏地方经济发展。一是培训宣讲，积极指导。主动配合自治区口岸办，协调宁夏机场公司及宁夏进出口企业，选派银川海关业务骨干在“银川—首尔国际航班通关业务培训班”上进行通关规定等政策宣讲，现场帮助指导运营企业、航空公司做好备案等工作。二是内强素质，提升能力。选派旅检业务骨干到首都机场海关现场观摩、跟班作业学习，强化X光机图像识别、通关查验等专业技能，在银川海关内部开展了旅检业务岗位练兵活动，参加银川市韩语培训班，强化实用韩语听说能力，有效提高了现场关员综合素质和业务技能，为保障银川至韩国首尔国际航班打好了基础。三是有效监管，严守防线。针对银川至韩国首尔国际航线特点，准确把握进出境旅客及携带行李物品规律，结合“国门之盾”和“清水行动”，认真审验旅客舱单、随行申报单据，加强风险分析研判预警，增强监管查验的针对性和精准性，加大对爆炸物、枪支弹药、放射性物质等危险品、毒品、违禁印刷品及音像制品的查缉力度，严防各类违禁品流入境内，严防境内外各种敌对势力的渗透破坏活动，维护社会稳定和民族团结。四是宣传到位，营造环境。随着宁夏口岸对外开放力度加大、航线航班的加密、进出境客流量的增大，银川海关加强与自治区旅游、机场等管理部门沟通协调，采取办班宣讲、咨询服务、发放《银川海关进出境旅客通关宣传册》、设立海关咨询台、宣传栏、指导导游领队等方式，延伸政策法规宣传途径、扩大宣传范围、加大宣传力度，让旅客及时了解通关流程和国家相关法规，取得了旅客的支持和配合。落实海关领导巡查和带班制度，妥善处置现场各类突发情况，避免了冲突和违规行为的发生，保持通关秩序，营造了良好的通关环境。五是规范操作，文明服务。银川海关采取了岗前培训的方式，在操作规范、通关流程、文明执法、礼貌用语、行为举止等方面进行了强化训练，使上岗执法关员，能主动服务、宽严结合，恰当处理通关服务中的严肃性与灵活性，做到了有礼有节服务，得到了自治区口岸办及联检单位的肯定和旅客的好评。

【银川海关八项措施促进宁夏外贸稳定增长】 一是全力支持银川综合保税区建设。根据《海关总署关于银川综合保税区规划建设有关事宜的函》（署加函〔2012〕495号）精神，全力配合自治区相关部门，积极做好入区项目指引，认真筹划后期预验收措施。充分发挥海关优势，主动融入自治区招商引资活动，积极协助联系中东部、沿海保税加工、保税物流企业来宁考察，寻求落户银川综合保税区的合作机会。二是着力服务宁夏外向型经济发展。落实国家税收优惠政策，支持宁夏内陆开放型经济试验区、银川滨河新区、黄河善谷、宁东基地等重大战略项目建设，促进宁夏特色优势产业、装备制造业、新兴产业、文化产业和科教文卫事业的发展。加快减免税项目备案和审批办理速度。对大型项目减免税审批实行专人负责、跟进服务。三是降低企业通关成本，减少进出口环节收费。从2012年10月1日起，停止收取进出口货物纸质报关单证明联（进口付汇用、出口收汇用）和出口报关单退税联打印费、报关单条码费和海关监管手续费。加快办理取消ATA单证册调整费和货物行李物品保管费2个收费项目的工作进程。充分运用保金、保函等金融机构担保措施，加快企业办理海关事务担保，对于符合海关相关规定的企业，给予免担保待遇。四是扩大享受便捷通关待遇的企业范围。在保障有效监管的前提下，从2012年11月15日开始，将“属地申报，口岸验放”通关模式的适用范围，放宽至一年内无走私违规记录、资信良好的B类生产型出口企业。调整企业分类标准，将AA类企业评定标准，从年出口值1 000万美元下调为50万美元。自2012年10月1日起至2013年12月31日止，对上一年度进出口额未达到50万美元或进出口报关单票数未达到3 000票的，企业报关差错率虽超过3%、5%，但记分次数总计不超过20次的AA类、A类企业，暂不下调其管理类别，保持企业原分类等级。此前已下调AA类、A类企业类别的，经申请审核恢复企业原分类类别。对A类生产型企业适用较低查验率、实施更加便捷的通关待遇。五是促进宁夏口岸建设和发展。促进银川航空口岸、惠农外贸货物装卸点、银川开发区外贸货物装卸点、中宁外贸货物装卸点完善和发挥口岸功能作用。推行分类通关、无纸化通关改革，推广“多点报关、多点验放”通关模式，提高口岸通关效率。推动宁夏电子口岸发展，推进宁夏电子口岸实体平台建设，推广电子口岸应用项目，提高税费电子支付比例，减少企业税费支付的环节和风险。六是鼓励宁夏保税加工和保税物流产业发展。落实海关总署关于简化加工贸易内销手续的要求。对B类及以上企业推广“内销集中办理纳税手续”。企业在提供有效担保条件下，可在内销当月办理集中纳税手续。加快办理加工贸易手册备案审批、核销结案手续，支持宁夏承接加工贸易转移。重点支持宁夏天元锰业、中银绒业、东方钽业等符合条件的企业设立“保税仓库”和“出口监管仓库”，鼓励宁夏保税加工和保税物流产业发展。七是提供统计分析和监测预警服务。发挥海关统计优势，做好统计分析、统计监测和统计服务。围绕宁夏外贸发展，跟踪监测分析进出口动态，及时为自治区党政领导、相关部门及地市政府提供《宁夏外贸统计分析报告》。免费为进出口企业提供其自身信息服务。八是营造良好的通关环境。坚持“首问负责制、限时办结制、服务承诺制”，发挥“12360”海关服务热线作用，实行“7×24小时”预约通关制，及时、有效解决企业在通关过程中遇到的紧急、疑难问题。加大知识产权海关保护力度。对无主观故意、违法情节轻微、危害后果不大的案件从快处理，提高办案效率，缩短办案周期，积极营造公平、有序的经济发展环境。

【银川海关全力支持银川综合保税区建设】银川海关主动配合宁夏回族自治区人民政府，积极争取海关总署和国家有关部委的支持，历时仅两个月，“银川综合保税区”获得国务院批准设立，高效完成了申办任务。“银川综合保税区”获批后，银川海关就综合保税区优惠政策、监管方式、运营模式专题向宁夏回族自治区党委、政府作了说明和介绍，提出了合理的意见和建议。发挥自身优势，邀请海关总署领导来宁指导，在机构设置、特殊区监管、加工贸易、保税物流等方面给予指导和帮助，并于2012年11月在银川综合保税区设立“银川综合保税区海关机构筹备处”。为加快推进银川综合保税区建设，银川海关，对外积极考察联络，考察学习了苏州工业园区、昆山保税区、上海外高桥保税区、浦东机场综合保税区等保税区的先进经验，联系保税功能先行实践的省、市与宁夏政府相关部门对接，学习借鉴保税物流、保税加工等运作经验，协助联系富士康等国内外知名企业来宁考察投资、交流经验，力争引入规模大、产业链长、带动力强的物流保税项目；对内深入了解调研，掌握宁东能源化工基地、中银绒业等重点项目和加工贸易企业发展现状、发展趋势及特点，建立联络协调机制，研究服务银川综合保税区具体对策，帮助宁夏境内大型企业、物流"龙头"企业和加工贸易企业创造条件、增强实力，享受"两区"优惠政策，开展保税加工和保税物流等业务，增强宁夏企业参与国际竞争的能力。

【银川海关五项措施保障2012宁洽会暨第三届中阿经贸论坛】 "2012宁洽会暨第三届中阿经贸论坛"于2012年9月在银川举办。银川海关采取五项措施完成了中阿经贸论坛入境国际航班及展品的通关监管工作，被宁夏回族自治区党委、政府评为"2012宁洽会暨第三届中阿经贸论坛保障服务工作先进单位"。一是成立了2012宁洽会暨第三届中阿经贸论坛"银川海关通关监管工作领导小组"，制订"银川海关2012宁洽会暨第三届中阿经贸论坛展品通关工作方案"、"2012宁洽会暨第三届中阿经贸论坛暂时进口货物通关指南"，将前期通关备案、现场通关和后续核销的各个环节分解细化，有效保障了通关的顺利进行。二是积极配合宁夏回族自治区出入境检验检疫局、宁夏回族自治区博览局、宁洽会暨第三届中阿经贸论坛执委会、宁夏机场公司等单位，就通关涉及的各类通关单、许可证签发等进行充分沟通，做好通关服务保障。三是加大对报关代理公司员工的培训力度，以"通关前期准备工作"、"暂时进口货物通关工作"、"暂时进口货物的核销"为主题，对展会指定货代公司进行业务培训，提高代理报关公司的业务水平、规范了企业申报，在"管得住"的基础上实现了"通得快"的目的。四是在监管仓库内开辟"中阿论坛货物专用区域"，与宁夏回族自治区博览局、宁夏机场公司等单位沟通协调，开辟了银川河东机场海关监管仓库至中阿经贸论坛展馆的海关监管"绿色通道"，实施海关监管专车全程监管运送，提高了布展速度。五是根据外交部及海关总署相关规定，在通关现场为外国元首及外交人员开辟了"外交礼遇"通道，对持有"礼遇"护照的外交人员实行简化、便利通关。

【创新监管模式，提升服务企业质量】 宁夏回族自治区出入境检验检疫局积极支持银川至韩国首尔国际航班开通直飞，实行航班备案管理制度，缩短备案审批时间。在旅检通道提前做好应急物资的储备和设备的校准工作，专门派员赴西安咸阳国际机场跟班学习，制作《中韩出入境检验检疫宣传手册》，在旅检通道免费向旅客发放。在携带物查验方面根据西安机场学习经验及动植物产品特性主要抽查纸箱类包装物品，提高行李查验效率。

2012年5月，天津至宁夏集装箱铁水联运示范项目正式启动，宁夏回族自治区出入境检验检疫局惠农办事处全力做好与联检部门、口岸机构的协调对接。2012年9月，宁夏回族自治区出入境检验检疫局全面完成第三届中阿经贸论坛展品检验监管和口岸安全保障等工作，再次被自治区党委、政府评为先进集体。2012年第四季度，国家出台减免检验检疫收费政策后，宁夏回族自治区出入境检验检疫局第一时间召开新闻通报会，加大宣传，确保外贸企业知悉，保证应免尽免，共为全区外贸企业减免费用400多万元。同时，加强普惠制和自由贸易区等区域性优惠原产地证的宣传、咨询和签证工作，增强出口产品的竞争力，共签发各类原产地证书4 046份、涉及金额5.4亿美元，可为企业节省出口关税千万美元以上。

【宁夏回族自治区公安边防总队五项措施保障银川至韩国首尔航班】 一是苦练基本技能。将出入境边防检查中涉及韩国证件的各种录入代码、护照、签证基本制度、韩国护照、电子护照及签证的防伪等基础知识编印成小册子方便随时学习，依托公安网络资源和总队业务培训中心的先进设备，组织开展了三期韩国证件鉴别、韩国人文地理、韩国出入境政策法规培训班。二是开展模拟训练。总队在培训中心搭建了模拟执勤办案环境，设置了前台验证、科队值班、梅沙查控、勤务指挥室等工作站。按照“勤务流程一条龙、执法办案一站式、梅沙系统应用一体化”三大功能进行从前台发现到查处结案全过程模拟训练，提升了实际操作能力。三是派员外出见学。主动与宁夏口岸情况相近且韩国航班业务量较大的湖南省公安边防总队长沙边检站和河南省公安边防总队郑州边检站建立联系，派出3名检查员赴湖南省公安边防总队长沙边检站进行跟班学习，认真学习借鉴了对方在执行韩国航班中的好做法、好经验，进一步提高了保障韩国航班的能力。3月20日，邀请郑州站业务骨干来队就伪、假证件识别、常用韩语等内容进行了辅导授课。四是提高快速反应能力。总队成立了处置突发事件10人处突分队，修订完善了应急处置方案并组织开展模拟演练，提高官兵快速反应和妥善处置能力，为保障航班提供了人力保障。五是提升保障能力。总队积极协调相关部门，为增加旅客候检空间，对边检执勤现场重新进行了规划调整，同时更新了16台查验工作机和4台梅沙查控执法办案工作机，开通了宁夏回族自治区公安边防总队至机场的100兆光纤，确保了开航前各项硬件设施准备到位。

【宁夏电子口岸建设取得新进展】 2007年2月，宁夏电子口岸虚拟平台在银川海关正式挂牌启动，2010年，电子口岸引进中国银行、中国建设银行、交通银行、中国工商银行等银行，与宁夏回族自治区区内23家进出口企业签署网上支付协议，建立网银合作关系，开设了出口收汇、进口付汇、网上支付、网上报关、出口退税、无纸化手册、保税联网核查、新舱单传输等8个功能，实现宁夏回族自治区境内进出口企业“属地申报，口岸验放”的通关目标。2011年完成QP4.0预录入升级版系统，实现网上全面切换。以宁夏启元药业、宁夏有色进出口公司为试点企业，实现并推广网上报关，在全区范围内实现出口收汇、进口付汇、联网核查、网上退税等功能，在降低企业成本、提高口岸通关效率、加工贸易备案核销等方面成效明显，宁夏电子口岸已成为宁夏回族自治区各类电子政务、电子商务平台中效益最显著的平台之一。2011年，入网企业达918家，网上支付税款累计超过24亿元。2012年电子口岸升级为实体平台，目前宁夏电子口岸正在升级。

开放口岸

【银川航空口岸】 银川河东机场位于银川市黄河以东20千米，于1997年9月日正式通航，4D级民用机场，跑道长3 200米、宽45米。可满足B757，A310机型全载起降，二期扩建工程于2008年6月建成投用，现有航站楼4.7万平方米，站坪约12万平方米，拥有21个停机位，10部廊桥，可满足B767及以下机型安全起降。银川河东机场三期扩建工程已获国家发展改革委和民航总局批准。

2003年8月，宁夏回族自治区人民政府开始筹建宁夏航空口岸，2005年4月，国务院批准同意银川航空口岸对外国籍飞机开放，2006年8月，通过国家验收，2008年2月，机场航线数据对外公布，正式对外国籍飞机开放。

2007年~2012年，宁夏口岸连续6年安全保障宁夏及周边省份穆斯林信众赴沙特朝觐，共出入境飞机92架次，出入境人员28 000人次。保障维和部队包机4架次，出入境500多人次。保障中巴“友谊—2010”反恐联全训练包机4架次，300多人次。保障杨洁篪外长专机1架次，入境15人次。保障银川至香港航班306架次，运送旅客近3万人次，其中出入境旅客700多人次。保障迪拜货运航班1架次，运输货物24吨。保障银川至迪拜客运航班170多架次，运送旅客15 000多人次，其中出入境旅客150多人次。保障银川至韩国首尔航班138架次，运送旅客11 000多人次。保障临时国际包机24架次（中阿论坛、临时包机），入境旅客259人次。

2012年，银川河东机场飞机起降架次、旅客吞吐量、货邮吞吐量都呈快速增长势头。国内航线增加到50多条、国际航线增至3条、驻场经营的航空公司增至19家。2012年，新开银川至韩国首尔国际航线，带动出入境交通工具、旅客的数量大幅增长。

【惠农外贸货物装卸点】 惠农陆路口岸，位于石嘴山工业园区内，110国道以西，兴惠路以南，包兰铁路线东侧，紧靠惠农站（一级编组站）。规划占地面积23万平方米，设计年吞吐量10万标箱、运输能力200万吨，总投资1.17亿元。其中，一期工程总面积23万平方米，铁路专用线长800米，设计年吞吐量10万标箱。集装箱堆场（含海关办公房、监管库、停车场）8万平方米，联检单位办公生活用房5 300平方米。2007年4月，经宁夏回族自治区人民政府批准设立，属原二类口岸。2007年4月，开行惠农至天津“五定班列”，每2天1列。2008年，宁夏回族自治区与天津口岸办、天津港口集团签署跨区域口岸合作协议，中海集团、中远集团、中外运集团等船公司进驻惠农陆路口岸开展铁路、海运、货代、保险、银行等业务，延伸天津港口功能、口岸功能到惠农陆路口岸，实现公铁、铁海多式联运的无缝对接。2008年6月开始试运营。2008年8月，银川海关驻惠农口岸监管组、宁夏回族自治区出入境检验检疫局惠农监管局进驻惠农陆路口岸，开行业务。2010年2月通过宁夏回族自治区综合验收，具备了查验、报关、报检、租船订舱、装箱、拆箱、储存、运输等口岸物流服务功能。2010年3月正式封关运营。2011年，天津港集团、中外运天津股份公司确定了“两地”区域通关货物运作方式和物流操作流程及联系配合办法。

2012年，惠农陆路口岸加大了口岸基础设施建设。石嘴山市人民政府与兰州铁路局签署协议，改造惠农站现有货运设施，将新建3条货物线纳入“惠银二线工程”，新建特钢生产项目专用线1条，改扩建危险品专用线1条，目前，铁路专用线设计方案正在设计当中；完成海关监管保税库综合办公、汽修车间及辅助设施一期工程建设，开工建设二期保税仓库项目；拓展口岸服务功能。铁道部与交通运输部“铁水联运示范项目”在惠农陆路口岸正式启动；惠农陆港经济区与天津东疆保税港区管委会签订了《开展启运港退税试点工作合作备忘录》，将宁夏惠农陆路口岸作为第一批启运港退税试点单位，已启动向国家部委争取报批程序；口岸入驻企业津宁物流有限公司向银川海关申报成立“惠农陆路口岸报关行”，已进入审批阶段。2012年受市场影响，外运量下降。全年完成运量2.4万标准集装箱，同比下降21%；发运56万吨，同比下降15%；营业收入1.66亿元，同比下降20%。

依托惠农陆路口岸建设的“国家级口岸经济技术开发区”，2011年9月，获国务院批准成立。口岸经济技术开发区，概算投资1.2亿元，以惠农陆路口岸20万平方米为中心，占地500万平方米，东至宁煤坑木场，西至京藏高速公路，南至惠民路，北至宁煤铁路专用线沿线范围内为核心区，设“中小企业创业孵化基地”。该口岸经济技术开发区，利用现有铁路专用线对外联络，建设对外联络通道，开通惠农至天津、惠农经北京至上海、惠农至嘉峪关、惠农至成都往返铁路班列，搭乘亚欧大陆桥经阿拉山口至欧盟、打通惠农至二连浩特等陆路边境口岸通道，实现保税仓储、国际物流配送、流通加工、进出口贸易、转口贸易、口岸功能、退税功能、物流信息处理等功能，逐步成为面向全国的区域性物流中心。

惠农陆路口岸，是地处西北内陆的宁夏发展外向型经济的重要途径，通过与沿海沿边口岸跨区域合作，实现铁路、公路、海运等多种运输方式的有效结合，既解决宁夏长期以来运力不足、物流成本高、订船订仓不便、大宗货物出不去的问题，也解决沿海沿边口岸运输量下滑、货源不足的问题；既解决宁夏产业结构调整升级、转变发展方式的问题，也解决沿海沿边口岸服务于本地及内陆地区外向型企业升级换代问题。“多式联运、属地申报、口岸验放”是新型经济发展模式的有效尝试，也是沿海和内陆联动发展必要路径。惠农陆路口岸自封关运营以来，年货运量近3万标箱60万吨，不仅带动了石嘴山市外向型经济的发展，也辐射服务着内蒙古鄂尔多斯、乌海、左旗等周边地区的外向型经济发展。既为石嘴山市大宗货物的“请进来、走出去”打造了新的通道，也为能源枯竭型城市宁夏石嘴山市在产业转型升级、转变经济发展方式作了有效尝试。

【银川开发区外贸货物装卸点】 银川开发区陆路口岸位于银川经济技术开发区西区，诚信街以东、经天路以南、文萃南街以西、光明路以北。概算总投资3亿元，占地30万平方米，铁路专用线2 344米。口岸一期项目，占地5.7万平方米，建筑面积8.591 7万平方米，其中口岸联检楼2 637平方米、集装箱堆场3.6万平方米，海关、检验检疫暂扣库500平方米、监管库500平方米，货物中转500平方米。2007年6月，经宁夏回族自治区人民政府批准设立银川开发区陆路（原二类）口岸。2009年9月，开行银川至连云港港集装箱不定期班列。2010年4月，银川陆港海关监管场所“第一监管点”通过银川海关验收，开通启用。2010年，铁道部正式批准了集装箱办理资质。2010年9月，银川开发区陆路口岸一期工程通过了宁夏回族自治区综合验收，并封关运营。2011年，中外运陆港公司与中远、中外运集运、MSC、APL、大新化等班轮公司及青岛港集团公司进行了业务对接，为银川开发区陆路口岸开展“铁海联运”业务奠定了基础；银川开发区陆路口岸外贸铁路专用线改造工程通过了兰州铁路局综合验收，并获得通车令；银川开发区陆路口岸海关监管设施改造工程通过了银川海关验收；完成了银川开发区陆路口岸电子口岸信息平台可行性研究报告，电子口岸信息平台建设取得了宁夏回族自治区现代物流业专项资金的支持；完成了《银川开发区物流业“十二五”发展规划》编制工作，起草了《银川开发区出口加工基地招商引资优惠政策》；2011年，按照银川开发区管委会确定的“八项工程”，全年完成了固定资产投资1.63亿元，其中出口加工基地完成了加工车间5栋、保税仓库1栋等工程，建筑面积51 431平方米。

2012年，银川开发区陆路口岸加大口岸基础设施建设，新建中外运口岸综合业务楼，建筑面积2 000平方米，分拨仓库2栋，建筑面积9 973平方米，海运办公楼，建筑面积6 011平方米，商务楼，建设面积9 571平方米；拓展口岸服务功能，协助入驻企业港通国际物流公司向铁道部申请开通了银川至连云港集装箱循环班列，扩大集装箱运输量；新增代理报关、协助查验、装卸等业务；完善口岸管理服务，协助银川口岸经营主体中外运陆港公司，完善了海关监管管理规章

制度，规范了监管业务计算机管理流程。2012年，完成进出口吞吐量23.4万吨，同比增长127%；集装箱货运量1.38万标箱，同比增长291%。完成进境转关货物16单，890吨，货值2 440.2万美元、关税1 515万元。

银川陆港经济区是以银川开发区陆路口岸为核心的经济开发区，分为“一港五区”。“一港”为内陆无水港；“五区”为综合物流区、冷链物流区、出口加工区、国家物资储备库区、临港服务区。

出口加工区，是依托银川开发区陆路口岸而建设的加工基地，总投资4亿元，占地31万平方米，建筑面积21万平方米。一期工程于2011年3月开工建设。截至2012年12月完成出口加工车间7栋，建筑面积4.2万平方米，保税仓库2栋，建筑面积9 358平方米。

综合物流区和冷链物流区，总投资4.5亿元，占地36万平方米，建筑面积18.2万平方米。截至2012年12月，6家企业入驻基地和园区，并开展相关业务。

银川开发区陆路口岸，是服务于宁夏银川市及周边加工企业的重要平台。银川市开发区口岸办协调银川海关在银川开发区陆路口岸设立银川片区海关第一监管点，入驻经营主体企业中外运陆港公司、宁夏港通公司利用资金优势、网络优势、运输优势，分别与青岛、连云港等沿海口岸实现了跨区域口岸合作，按照货源品种、货源结构、货源流向与惠农口岸相互依托、互为补充，为银川及周边进出口企业提供了更多选择，为宁夏外向型企业在降低物流成本、节约通关时间、提高口岸通关效率等方面做了大量工作，收到预期效果。自2010年9月封关运营以来，每年吞吐量超200万吨，增幅在20%以上，有效解决了银川市及周边大宗货物“请进来、走出去”的问题。

【中宁外贸货物装卸点】 中宁陆路口岸，位于中宁物流园区内，距中宁县3千米。穿行或紧临中宁物流园区有包兰、宝中、太中银3条铁路，石中、中郝、中营、中固、中盐5条高速公路和109、101、201等3条国省道，距太中银铁路中宁战略装车点和包兰铁路石空战略装车点分别为5千米、3千米。概算总投资1.37亿元，占地16.7万平方米，铁路专用线580米，设计年吞吐量8万标箱、160万吨。设有集装箱堆场（含海关办公用房、监管库）6万平方米，联检办公楼及配套用房4 700平方米。2012年7月，经宁夏回族自治区人民政府批准设立中宁陆路（原二类）口岸。2012年5月开工建设，2014年建成投用。2012年，完成了土地拆迁、环境评估、“九通一平”等前期工作，完成了口岸联检办公楼及监管场所主体工程，其他各项工作已全面展开。目前，中宁与天津港、天津口岸洽谈跨区域合作事宜，初步达成意向；协调银川海关、宁夏出入境检验检疫局入驻中宁口岸事宜正在进行中；与兰州铁路局下属的铁联公司合作事宜正在洽谈协商中。

中宁在区位、产业、交通、物流等方面为设立陆路口岸提供了十分优越的条件，具有建立大型物流基地、发展大型物流不可多得的有利条件，发展潜力很大。中宁陆路口岸所处位置，自古就是丝绸之路的旱码头，地理位置非常优越，是3条铁路、5条高速公路的交汇点，是亚欧大陆桥承东启西的中转站，处于东西运输大动脉重要的交通要塞，为中宁发展现代物流提供了无可替代的交通优势。2010年以来，世界经济整体低迷的情况下，中宁工业产值连续3年保持了高增长，中宁进出口额占宁夏外贸进出口总额的47.8%，进出口量每年以20%的速度增长，金属锰、彩钢、金属铝、特色农产品、枸杞及深加工产品等保持了高速增长、后劲十足。中宁物流园区建设已初具规模，具备了货代、仓储、运输、流通加工等物流功能。中宁县委、县政府非常重视中宁口岸的设立，抽调了精干队伍，制定优惠政策，积极协调银川海关、宁夏出入境检验检疫局帮助指导，主动联络天津、青岛、连云港、新疆、内蒙古等沿海沿边口岸建立跨区域口岸合作机制。资源禀赋与想干事、肯干事的人实现有机结合，为最大限度地挖掘中宁陆路口岸潜力，服务于中宁、中卫、宁南地区，辐射甘肃东部、陕西北部经济发展奠定了坚实基础。

宁夏回族自治区口岸大事记

1月5日

银川河东机场检验检疫局分别与银川边防检查站、银川海关驻机场办事处及宁夏回族自治区辐射环境监督站签署了《应急合作机制协议》。

1月10日

宁夏回族自治区出入境检验检疫局与宁夏中卫市中宁县人民政府签署了《加快中卫办事处综合实验楼建设，促进中卫开放型经济发展合作备忘录》。

1月22日

根据自治区机构改革总体方案要求，宁夏回族自治区口岸办整建制由自治区交通运输厅划转到自治区商务厅代管。

1月27日

宁夏回族自治区党委书记张毅，副主席刘慧慰问宁夏回族自治区公安边防总队。

3月24日

银川航空口岸正式开通银川至韩国首尔国际航班。

5月15日

宁夏回族自治区党委书记张毅会见参加“天津至宁夏集装箱铁水联运示范项目启动仪式”的嘉宾天津市副市长尹海林一行，自治区副主席李锐、赵小平陪同。

5月16日

“天津至宁夏集装箱铁水联运示范项目启动仪式”在惠农陆路口岸举行。该示范项目被国家铁道部和交通运输部列入全国首批6个铁水联运示范项目之一。

5月22日

中国民用航空局正式批准《宁夏货运航空公司筹建许可》（民航函〔2012〕614号）。

5月29日

宁夏回族自治区主席王正伟听取银川海关关长孙志杰关于推进银川航空口岸和银川综合保税区工作情况的介绍。

7月3日

宁夏回族自治区党委书记张毅听取银川海关关于银川航空口岸和银川综合保税区推进工作的介绍。

7月18日

宁夏回族自治区人民政府批准设立中宁陆路（原二类）口岸（宁政函〔2012〕146号）。

9月19日

宁夏回族自治区党委书记张毅在自治区党委常委会议上肯定了银川海关推进银川综合保税区建设工作，感谢海关总署给予的大力支持。

10月24日

石嘴山陆港经济区与天津东疆保税港区管委会签订了《开展启运港退税试点工作合作备忘录》和《共建保税物流园区合作备忘录》，将宁夏惠农陆路口岸作为第一批启运港退税试点单位。

10月30日

宁夏回族自治区党委书记张毅调研银川海关推进银川综合保税区建设情况。

10月31日

中宁出口枸杞质量安全示范区获得国家质检总局“全国出口食品农产品质量安全典型示范区”称号。

12月24日

宁夏回族自治区主席王正伟在宁夏2012年经济工作会议上提出宁夏口岸2013年开放宁夏航权，开通银川至中东、中亚、东南亚国际客货运航线航班，宁夏口岸落地签证、120小时过境免签证等任务。

（撰稿人：武卫 陈莉 徐蓓蓓 吴晖 宫小龙 刘尚武）

2012 年宁夏回族自治区口岸流量统计表

口岸类型		口岸名称	货运量（万吨）				集装箱量（万标箱）				人员（万人次）				交通工具（辆、架、列次）			
			出口	进口	合计	同比（%）	出口	进口	合计	同比（%）	出境	入境	合计	同比（%）	出境	入境	合计	同比（%）
空运口岸		银川航空口岸		0.02	0.02	+12.4					0.91	0.91	1.82	+231			188	+1 467
		分计																
陆运口岸	公路口岸																	
		分计																
	铁路口岸	惠农陆路口岸							2.40	-21								
		分计																
水运口岸	海港口岸																	
		分计																
	河港口岸																	
		分计																
合计				0.02	0.02				2.40		0.91	0.91	1.82				188	
同比（%）					+12.4				-21				+231				+1 467	

（宁夏回族自治区口岸办提供）

2012 年银川海关主要数据统计表

项目		2012 年	同比（%）
进出口货运量（万吨）	合计	69.00	+49.87
	进口	68.00	+49.82
	出口	1.00	+55.36
进出口贸易总值（万美元）	合计	55 883.91	+0.70
	进口	55 199.83	+0.74
	其中：江、海运输	39 881.93	-3.58
	铁路运输		
	汽车运输	218.40	
	航空运输	2 513.14	-20.89
	邮件运输		
	其他运输	12 586.36	+22.74
	出口	684.08	-2.57
	其中：江、海运输	588.62	+8.48
	铁路运输		
	汽车运输		
	航空运输	0.05	-99.60
	邮件运输		
	其他运输	95.41	+145.31
税收（万元）	两税合计	61 077.00	-7.72
	关税入库	4 605.00	-47.30
	进口环节税入库	56 472.00	-1.94

（银川海关提供）

2012年宁夏回族自治区口岸出入境主要数据表

单位：（人员）人次；（交通工具）辆、艘、架、列次

<table>
<tr><th colspan="3">项目</th><th>2012年</th><th>2011年</th><th>同比（%）</th></tr>
<tr><td rowspan="14">出入境人员</td><td colspan="2">出入境人员总数</td><td>18 165</td><td>5 484</td><td>+231</td></tr>
<tr><td colspan="2">入境人员</td><td>9 088</td><td>2 820</td><td>+222</td></tr>
<tr><td colspan="2">出境人员</td><td>9 077</td><td>2 664</td><td>+241</td></tr>
<tr><td colspan="2">出入境旅客</td><td>16 827</td><td>5 320</td><td>+216</td></tr>
<tr><td colspan="2">出入境员工</td><td>1 338</td><td>164</td><td>+716</td></tr>
<tr><td rowspan="5">中国公民</td><td>小计</td><td>16 100</td><td>5 468</td><td>+194</td></tr>
<tr><td>内地居民（因公）</td><td>238</td><td>152</td><td>+57</td></tr>
<tr><td>内地居民（因私）</td><td>15 841</td><td>5 312</td><td>+198</td></tr>
<tr><td>港澳居民</td><td>21</td><td>4</td><td>+425</td></tr>
<tr><td>台湾同胞</td><td></td><td></td><td></td></tr>
<tr><td colspan="2">外籍人员</td><td>2 065</td><td>16</td><td>+12 806</td></tr>
<tr><td colspan="2">从海港出入境人数</td><td></td><td></td><td></td></tr>
<tr><td colspan="2">从陆港出入境人数</td><td></td><td></td><td></td></tr>
<tr><td colspan="2">从空港出入境人数</td><td>18 165</td><td>5 484</td><td>+231</td></tr>
<tr><td rowspan="5">交通运输工具</td><td colspan="2">总计</td><td>188</td><td>12</td><td>+1 467</td></tr>
<tr><td colspan="2">船舶</td><td></td><td></td><td></td></tr>
<tr><td colspan="2">飞机</td><td>188</td><td>12</td><td>+1 467</td></tr>
<tr><td colspan="2">火车</td><td></td><td></td><td></td></tr>
<tr><td colspan="2">机动车辆</td><td></td><td></td><td></td></tr>
</table>

（宁夏回族自治区公安边防总队提供）

2012 年宁夏回族自治区出入境检验检疫口岸业务统计表

项目	货物检验检疫				交通工具				集装箱（标箱）		发现动植物疫情		货物通关		出入境人员查验（人次）	健康检查及预防接种（人次）			
	批次	金额（万美元）	检验检疫不合格																
			批次	金额（万美元）	船舶（艘）	飞机（架）	火车（节）	汽车（辆）	合计	检出问题	种类数	种次	批次	金额（万美元）		健康检查	艾滋病监测	发现病例	预防接种
全年累计	567	2 006.39				366							567	2 006.39	16 815	—	—	—	—
其中 出境	1	0.04				184							1	0.04	8 510	—	—	—	—
其中 入境	566	2 006.35				182							566	2 006.35	8 305	—	—	—	—
同比（%）	-21.6	+26.4				+171.1							-21.6	+26.4	+212.5	—	—	—	—
其中 出境	-83.3	-99.7				+174.6							-83.3	-99.7	+216.4	—	—	—	—
其中 入境	-21.1	+27.6				+167.6							-21.1	+27.6	+208.7	—	—	—	—

（宁夏回族自治区出入境检验检疫局提供）

口岸数量及分布

截至2012年年底，新疆维吾尔自治区共有经国务院批准对外开放的一类口岸18个，其中航空口岸2个，陆路口岸16个。航空口岸有乌鲁木齐航空口岸、喀什航空口岸。陆路口岸中，新疆与蒙古的边境口岸为4个，即老爷庙公路口岸（哈密地区）、乌拉斯台公路口岸（昌吉回族自治州）、塔克什肯公路口岸（阿勒泰地区）、红山嘴公路口岸（阿勒泰地区）；新疆与哈萨克斯坦的边境口岸为8个，即阿黑土别克公路口岸（阿勒泰地区）、吉木乃公路口岸（阿勒泰地区）、巴克图公路口岸（塔城地区）、阿拉山口铁路口岸（博尔塔拉蒙古自治州）、霍尔果斯公路和铁路口岸（伊犁哈萨克自治州）、都拉塔公路口岸（伊犁哈萨克自治州）、木扎尔特公路口岸（伊犁哈萨克自治州）；新疆与吉尔吉斯斯坦的边境口岸为2个，即吐尔尕特公路口岸（克孜勒苏柯尔克孜自治州）、伊尔克什坦公路口岸（克孜勒苏柯尔克孜自治州）；新疆与巴基斯坦的边境口岸为1个，即红其拉甫公路口岸（喀什地区）；新疆与塔吉克斯坦的边境口岸为1个，即卡拉苏公路口岸（喀什地区）。

对外开放的18个一类口岸中，正式开通使用的16个，即乌鲁木齐航空口岸、喀什航空口岸、老爷庙公路口岸、乌拉斯台公路口岸、塔克什肯公路口岸、红山嘴公路口岸、阿拉山口铁路口岸、霍尔果斯公路和铁路口岸、巴克图公路口岸、吉木乃公路口岸、吐尔尕特公路口岸、伊尔克什坦公路口岸、红其拉甫公路口岸、都拉塔公路口岸、卡拉苏公路口岸。其中，霍尔果斯（公路）、阿拉山口、巴克图、吉木乃、塔克什肯、红其拉甫、伊尔克什坦口岸和乌鲁木齐航空、喀什航空口岸对第三国人员、货物、交通工具开放。未开通使用的口岸2个，即阿黑土别克公路口岸、木扎尔特公路口岸。

口岸运行数据

2012年，新疆维吾尔自治区共检查进出境人员2 069 294人次，同比增长4.13%，其中旅客1 683 812人次，同比增长2.51%；员工385 482人次，同比增长11.87%。边民互市50 543人次，同比增长49.20%。

2012年，全区口岸进出境交通工具301 155辆（列、架）次，同比增长13.08%，其中飞机6 977架次，同比减少0.39%；火车14 127列次，同比增长1.58%；汽车280 051辆次，同比增长14.12%。

2012年，全区口岸进出口货运量4 125.46万吨，同比增长21.54%，其中进口货运量3 710.42万吨，同比增长22.75%；出口货运量415.04万吨，同比增长11.64%。

2012年，全区口岸贸易额368.82亿美元（含管输油气贸易额），同比增长6.14%，其中进口贸易额210.38亿美元，同比增长10.34%；出口贸易额158.44亿美元，同比增长0.97%。

口岸监管与服务

【口岸开放进一步扩大】 都拉塔口岸、红山嘴口岸、老爷庙口岸向第三国开放列入国家“十二五”口岸发展规划。中哈霍尔果斯铁路口岸已完成临时开放前的各项准备工作并于2012年12月22日实现临时通车过货。2012年6月在中蒙边境口岸及其管理制度协定执行情况第四轮司局级会晤上得到确认，双方同意将口岸扩大为常年开放口岸，目前正抓紧口岸联检区前移的各项基础设施建设。伊宁航空口岸对外开放的前期工作也在抓紧筹备之中。

【着眼长远抓好口岸规划工作】 2012年，新疆维吾尔自治区口岸办加强了对口岸及口岸所在地区规划编制的指导工作，按照既要服务于国家宏观战略要求，又要兼顾自治区经济发展的需要，参与指导了《吐尔尕特口岸总体规划》《阿勒泰地区城镇体系规划纲要》《阿勒泰市城市总体规划》《乌鲁木齐市（头屯河）经济开发区和乌鲁木齐国际物流园整体规划》《伊犁州直城镇体系规划》《霍尔果斯新城（园区）、伊宁市配套产业区、清水河配套产业园总体规划》《塔城市总体规划》等规划的评审。

【管好用好口岸建设资金，改善口岸通关环境】 新疆维吾尔自治区口岸办重点对口岸规划和口岸建设项目申报、审核制度及建设资金的管理和绩效评估制度等进行了完善，尤其是对基层口岸申报的建设项目、建设资金的管理，通过事前摸底、集体审定、逐级报批、事后核查、绩效评估一套严格的程序，确保了口岸建设资金的合理使用。2012 年共落实1.427 8亿元用于口岸基础设施建设，其中中央边境地区转移支付资金10 250余万元，中央预算内补助资金4 028余万元。同时完成了 2013 年中央预算内补助资金项目的申报和立项工作。这些资金的投入，改善了口岸基础设施条件，为创造便捷高效的通关环境提供了有力支撑。

【着眼内外协调，确保口岸通关顺畅】 新疆维吾尔自治区口岸办积极牵头组织乌鲁木齐海关、新疆出入境检验检疫局、新疆公安边防总队、自治区运管局搞好配合和协作，对涉及各部门的相关工作及时沟通、联席研究，形成干好工作的合力，先后召开 7 次联席会议，商讨口岸建设、通关方面的工作，形成了较好的合作局面。通过中哈、中蒙高层会晤，不断完善双边口岸管理及查验部门定期会晤、双边通关政策法规宣传交流、双边疫病疫情防控通报制度，通过双边地方政府口岸工作协调机制，确保及时沟通，尽量化解通关中的不协调因素。中哈巴克图口岸自2011 年 12 月 26 日起，哈方表示因国内发生疫情，无限期闭关，自治区口岸办多次通过外交途径协调，是年 5 月 30 日恢复通关。2012 年，中哈霍尔果斯口岸间歇性出现出境车辆滞留，不仅严重影响通关，而且导致中方业主、货运代理公司、哈方运输从业人员严重不满，投诉增多，自治区口岸办牵头组织乌鲁木齐海关、新疆出入境检验检疫局、新疆公安边防总队、自治区边贸局、运管局等单位参加的调查组，多次赴霍尔果斯口岸现场办公，会晤哈方口岸海关和边检负责人协调通关事宜，解决了口岸车辆滞留问题。

【破解口岸发展难题，推动口岸跨越式发展】 新疆维吾尔自治区口岸办从自治区经济社会发展全局出发，加强对全区口岸的指导和服务工作，对口岸规划建设及绩效评估、口岸运转经费保障、口岸数据共享平台建设、文明口岸共建、发展口岸区域经济等口岸发展中遇到的重点、难点问题，进行了深入研究。2012 年 9 月 24 日 ~26 日，举办了全区口岸工作研讨会，研讨对策，通过研讨，理清了思路，达成了共识。为改善口岸通关的软环境，打造文明、高效、和谐口岸，研讨会还共同修订了《自治区口岸领导小组关于共建“文明口岸”活动考核评比表彰办法》。同时派调研组赴内地省区调研考察，学习借鉴兄弟省区好的经验做法，改进工作方法，完善工作措施。

【口岸经济功能进一步强化】 中哈霍尔果斯、阿拉山口因口岸而兴，利用口岸物流、人流、信息流兴办物流、加工及其他配套服务产业，已经具备一定的规模，取得了较好的经济社会效益，口岸区域经济日益活跃，口岸城市化进程明显加快，目前阿拉山口市已成立，霍尔果斯设市工作已进入国家层面。新疆广汇集团落地吉木乃口岸的天然气和稠油加工项目为该县带来了巨大的收益，待中哈两国高层会晤后该集团从哈方斋桑油气田进口天然气即可通过管道运输。2012 年，新疆八钢、甘肃酒钢从老爷庙口岸进口铁精粉全年预计达 150 万吨，仅此一项就为巴里坤县带来了2 000多万的财税收入，下一步，酒钢落地该县后还会增加当地收入和人口就业。

开放口岸

【乌鲁木齐航空口岸】 乌鲁木齐航空口岸位于新疆维吾尔自治区首府乌鲁木齐市郊地窝堡，距市区 16 千米。乌鲁木齐机场原为中苏民用航空机场，1970 年 7 月经国务院批准进行扩建。1973 年建成并对外开放，是中国五大门户机场之一。

2012 年，口岸进出境人员696 630人次，同比增长 6.9%，其中进出境旅客634 783人次，同比增长 8.2%；进出境员工61 847人次，同比减少 4%。进出口货运量 1.53 万吨，同比减少 23.4%，其中进口 0.23 万吨，同比增长 22.33%；出口 1.3 万吨，同比减少 28.1%。实现贸易额 5.7 亿美元，同比减少 30.8%，其中进口 1.5 亿美元，同比增长 3.3%；出口 4.2 亿美元，同比减少 38.2%。

【喀什航空口岸】 喀什航空口岸位于新疆维吾尔自治区喀什地区喀什市北面，距市中心 10 千米。该口岸 1982 年 8 月经国务院批准开放，2005 年 11 月 17 日向第三国开放。喀什机场 1953 年建成，经过 3 次扩建，目前跑道全长2 800米，宽 50 米，可安全起降图－154 及其以下机型飞机。候机楼4 856平方米，既具有检查、售票等功能，又满足旅客候机、就餐、住宿、购物、迎送的需要。机场飞行保障设备安全，有东西导航台。东面设有夜航灯光设备，备有通用特种车辆，可供飞机昼夜起降。由于缺乏客源，从 2007 年至 2012 年，喀什机场国际航运处于停滞状态。

【阿拉山口铁路口岸】 阿拉山口铁路口岸为中哈边境常年开放口岸，位于新疆维吾尔自治区博尔塔拉蒙古自治州博乐市境内，是一类口岸。对面为哈萨克斯坦共和国阿拉木图州，对方口岸名称为多斯特克。地处东经 83°36′，北纬 45°12′。距博乐市 73 千米，距乌鲁木齐市 460 千米，距中哈两国边防会晤点即接轨点 4.4 千米，距阿拉木图 580 千米。1990 年 6 月 27 日经国务院批准对外开放，于 1992 年 12 月 1 日正式向第三国开放，自开办铁路临时货运以来，口岸过货量保持了年均 25%以上的增长。

2012 年，口岸进出境人员126 872人次，同比增长 0.6%，其中进出境旅客46 404人次，同比减少 6.80%；进出境员工80 468人次，同比增长 5.44%。进出口货运量为2 127.5万吨，同比增长 4.6%，其中进口1 926.1万吨，同比增长 3.4%。出口 201.4 万吨，同比增长 17.3%；铁路口岸进出口货运量1 135 万吨，同比增长 23.4%。公路口岸进出口货运量 25.93 万吨，同比增长 23%。实现贸易额 162.8 亿美元，同比减少 6.4%，其中进口 120.1 亿美元，同比减少 14.2%；出口 42.7 亿美元，同比增长 26.2%。

【霍尔果斯公路口岸】 霍尔果斯公路口岸位于新疆维吾尔自治区伊犁哈萨克自治州霍城县境内，同哈萨克斯坦共和国阿拉木图州毗邻。地处东经80°29′，北纬 44°14′。距伊犁哈萨克自治州首府伊宁市 90 千米，距乌鲁木齐市 670 千米。联检厅距中哈边界线 210 米，距哈萨克斯坦霍尔果斯口岸 1.5 千米，距哈阿拉木图市 378 千米。口岸历史悠久，早在隋唐时期，就是古“丝绸之路”上的重要驿站。自 1881 年起，是中俄两国之间的正式通商口岸。新中国成立后，1950 年～1962 年，中苏贸易进入了兴盛时期。1962 年以后，由于中苏关系紧张，霍尔果斯口岸除保持通邮外，停止了进出口贸易。1983 年 11 月 16 日，经国务院批准，霍尔果斯口岸恢复开放。1986 年起开展了地方贸易和边境贸易。1992 年 8 月，中哈两国政府同意该口岸向第三国开放，具有国际联运地位。1992 年 11 月开始对第三国人员、交通工具和货物开放。2010 年 5 月，中央召开新疆工作座谈会，决定设立霍尔果斯经济开发区，实行特殊的政策，将其建设成为新疆新的经济增长点和全国向西开放的桥头堡。

2012 年，口岸进出境人员774 665人次，同比减少 5.7%，其中进出境旅客703 262人次，同比减少 5.8%；进出境员工71 403人次，同比减少 5.3%。

【霍尔果斯铁路口岸】 霍尔果斯铁路口岸站位于兵团农四师 62 团团部以南，东接精伊霍铁路，西至中哈铁路接轨点，全长 9 千米。工程概算总额为 19.3 亿元，2020 年设计年运量1 900万吨，2030 年设计年运量3 350万吨。已于 2012 年 12 月 22 日实现临时开放并过货通车。

【都拉塔公路口岸】 都拉塔公路口岸位于新疆维吾尔自治区省道 313 线伊犁河谷最西端，南倚乌孙山，北邻伊犁河，西与哈萨克斯坦阿拉木图州春贾区接壤，距伊宁市约 70 千米，距哈萨克斯坦阿拉木图市约 247 千米，距哈方科里扎特口岸仅 3.8 千米。1992 年 8 月中哈两国政府签署协议同意开放口岸。

2012 年，口岸进出境人员43 383人次，同比增长 71.7%，其中进出境旅客23 143人次，进出境员工20 240人次。

霍尔果斯口岸和都拉塔口岸 2012 年进出口货运量共1 661.8万吨，同比增长 50.6%，其中进口1 582.7万吨（含中哈天然气管道1 580.07万吨），同比增长 52.4%；出口 79.1 万吨，同比增长 22.4%。实现贸易额 126.5 亿美元，同比增长 59.5%，其中进口 86 亿美元，同比增长 83.5%；出口 40.5 亿美元，同比增长 24.8%。

【巴克图公路口岸】 巴克图公路口岸位于新疆维吾尔自治区伊犁哈萨克自治州塔城地区境内，地处东经 82°48′，北纬 46°41′，海拔 460 米~480 米。巴克图口岸对面为哈萨克斯坦共和国东哈萨克斯坦州。从巴克图口岸入境至塔城市 17 千米，至乌鲁木齐市 621 千米；出境至哈方巴克特口岸 800 米，至马坎赤市 60 千米，至乌尔加尔机场 110 千米，至阿亚库斯车站 250 千米，至东哈萨克斯坦州首府乌斯季缅市 800 千米。巴克图口岸已有 200 年通商历史，是中国西部通往中亚及欧洲的交通要道。1990 年月 10 月，经批准，巴克图口岸开通临时过货，允许边境双方经贸、旅游人员和交通工具过往。1992 年 8 月，中哈两国政府达成协议，同意该口岸向第三国开放，具有国际联运地位。1994 年 3 月经国务院批准对外开放。1995 年 5 月，巴克图口岸通过国家正式检查验收，于 1995 年 7 月 1 日正式对中哈两国及第三国公民、交通工具和货物开放。年货运能力 20 万吨，客运量 10 万人次。

2012 年，口岸进出境人员57 606人次，同比减少 13.4%，其中进出境旅客50 890人次，进出境员工6 716人次。进出口货运量 7.28 万吨，同比减少 23.6%，其中进口 0.28 万吨，同比减少 65.2%；出口 7 万吨，同比减少 19.8%。实现贸易额 7.74 亿美元，同比增长 15.9%，其中进口 0.04 亿美元，同比减少 57.6%；出口 7.7 亿美元，同比增长 16.9%。

【木札尔特公路口岸】 木札尔特公路口岸位于新疆维吾尔自治区伊犁哈萨克自治州昭苏县西南 109 千米处，地处天山北麓，特克斯河上游，地理坐标为东经 80°45′，北纬 44°35′，海拔1 806 米。距新疆生产建设兵团农四师 74 团机关西北 9 千米，距伊宁市 296 千米。对面为哈萨克斯坦共和国阿拉木图州纳林果勒区，对方口岸名称为纳林果勒口岸，两口岸相距 4 千米，距阿拉木图市 320 千米。木札尔特口岸在 1953 年曾作为中苏两国临时过货点，一度是边民易货贸易的进出口货物集散地。由于历史原因，关闭 30 多年。1992 年 8 月，中哈两国政府签订协议，同意开放该口岸。1994 年 3 月经国务院批准对外开放。截至 2012 年年底，该口岸尚未开通。

【吉木乃公路口岸】 吉木乃公路口岸位于新疆维吾尔自治区阿勒泰地区吉木乃县境内，对面为哈萨克斯坦共和国东哈萨克斯坦州。吉木乃口岸地处阿尔泰山南麓，东经 85°43′，北纬 47°33′，平均海拔 770 米左右。口岸所在地属大陆性北温带干旱气候。从吉木乃口岸入境至吉木乃县城 24 千米，至阿勒泰市 198 千米，至乌鲁木齐市 650 千米；从吉木乃口岸出境至哈方对应口岸迈哈布奇盖 0.5 千米，距斋桑县 60 千米，至东哈萨克斯坦州首府乌斯季缅约 500 千米。吉木乃口岸历史上就是新疆的通商口岸，1962 年以后中断贸易和人员往来，口岸关闭。1991 年中哈两国政府签订协议，批准吉木乃口岸开通临时过货。1992 年 8 月，中哈两国政府签署协定，同意开放吉木乃口岸为双边常年开放口岸，允许中哈两国人员、货物和交通工具通行。1994 年 3 月经国务院批准对外开放，1997 年 11 月正式通过国家验收。2002 年中哈两国同意该口岸向第三国开放。

2012 年，口岸进出境人员 138 792 人次，同比增长 25.7%，其中进出境旅客 127 647 人次，同比增长 30%；进出境员工11 145人次，同比减少 8.8%。进出口货运量 12.7 万吨，同比减少

9.8%，其中进口 0.3 万吨，同比减少 57.6%；出口 12.4 万吨，同比减少 7.5%。实现贸易额 7.068 亿美元，同比减少 28.8%，其中进口 0.058 亿美元，同比减少 25%；出口 7.01 亿美元，同比减少 28.8%。

【阿黑土别克公路口岸】 阿黑土别克公路口岸位于新疆维吾尔自治区阿勒泰地区哈巴河县西部，对面为哈萨克斯坦共和国东哈萨克斯坦州。地处北纬 48°21′，东经 85°44′。阿黑土别克口岸距哈巴河县城 117 千米，距阿勒泰市 284 千米，距乌鲁木齐市 829 千米。口岸区驻有新疆生产建设兵团农十师 185 团一营。1992 年 8 月，中哈两国政府签订协议，同意开放阿黑土别克口岸，允许中哈两国人员、交通工具和货物通行。1994 年 3 月经国务院批准对外开放。阿黑土别克口岸的总体规划已完成。截至 2012 年年底，该口岸尚未开通。

【吐尔尕特公路口岸】 吐尔尕特公路口岸位于新疆维吾尔自治区克孜勒苏柯尔克孜自治州乌恰县境内，地处图噜噶尔特山口，地理坐标为东经 75°23′，北纬 49°30′，海拔3 795米。距阿图什市 170 千米，距喀什 165 千米，距乌鲁木齐1 630 千米。与吐尔尕特口岸对应的为吉尔吉斯斯坦共和国的图噜噶尔特口岸，该口岸位于吉方的纳伦州境内，距吉尔吉斯斯坦共和国首都比什凯克 400 多千米，距中国吐尔尕特口岸 12 千米，海拔 3 700米，气候和自然条件较差，但终年可以通车。早在汉代，吐尔尕特即是“丝绸之路”上的一个重要驿站。口岸通商始于 1881 年，已有上百年的历史。20 世纪初期口岸已经开放。新中国成立后，根据中苏两国签订的贸易协定和换货合同，于 1950 年正式办理进出口过货。1958 年 5 月开展了中苏两国间的边境贸易。1969 年通商贸易停止。1983 年 12 月 13 日，再次恢复通商贸易。

2012 年，口岸进出境人员45 367人次，同比增长 17.9%，其中进出境旅客11 589人次，进出境员工33 778人次。

【伊尔克什坦公路口岸】 伊尔克什坦公路口岸位于新疆维吾尔自治区克孜勒苏柯尔克孜自治州乌恰县境内，地处东经 73°58′，北纬 39°42′，距乌恰县 150 千米，距阿图什市 250 千米。伊尔克什坦国境公路经 X54 省道与 314 国道相连，从该口岸至吉尔吉斯奥什州 210 千米，比从吐尔尕特口岸出境到奥什州近 800 千米，是我国最西端的一条重要国际通道。伊尔克什坦口岸是古“丝绸之路”上的一个重要通道和驿站，历史上曾有过一段商旅不断的繁荣时期。20 世纪 50 年代，这里是中苏两国边民贸易的通道。后因中苏关系恶化，该口岸被迫关闭。随着我国改革开放的不断深入发展，中吉两国人民企盼伊尔克什坦口岸重新开放，中亚乌兹别克、塔吉克等国也强烈要求开放该口岸。鉴于此。1996 年江泽民主席出访中亚五国期间，与吉尔吉斯共和国总统达成开放该口岸的协议。伊尔克什坦口岸于 1997 年 7 月 21 日临时开通。1998 年 1 月 26 日国务院批准该口岸为一类口岸，对吉尔吉斯共和国及第三国人员、货物、交通工具开放。

2012 年，口岸进出境人员47 236人次，同比增长 8.6%，其中进出境旅客10 383人次，同比减少 41.9%；进出境员工36 853人次，同比增长 16.4%。

【红其拉甫公路口岸】 红其拉甫公路口岸位于新疆维吾尔自治区喀什地区塔什库尔干塔吉克自治县境内，同巴基斯坦北部地区毗邻。口岸海拔4 500米，地处东经 75°33′，北纬 37°02′。从红其拉甫入境，至塔什库尔干县 130 千米，至喀什市 420 千米，至乌鲁木齐市1 890千米。从红其拉甫出境，至巴基斯坦苏斯特 125 千米，至巴基斯坦北部地区首府吉尔吉特市 270 千米，至巴基斯坦首都伊斯兰堡约 870 千米。与红其拉甫口岸对应的是巴基斯坦北部地区的苏斯特口岸。由于红其拉甫口岸海拔较高，严重缺氧，气候恶劣，1993 年口岸检查检验机构下迁至塔什库尔干县城办公。1981 年 9 月，中国和巴基斯坦政府达成原则协议，同意开放红其拉甫口岸。1982 年 8 月 27 日，红其拉甫口岸对中巴两国公民正式开放。1986 年 5 月 1 日正式向第三国人员开放。

2012年，口岸进出境人员18 232人次，同比增长4.3%，其中进出境旅客7 980人次，进出境员工为10 252人次。

【卡拉苏公路口岸】 卡拉苏公路口岸位于新疆维吾尔自治区喀什地区塔什库尔干塔吉克自治县境内，在西昆仑山和萨雷阔勒岭之间，东经74°52′，北纬38°11′，海拔4 050米，属高原山地气候，早晚温差大，气候比较寒冷。距塔什库尔干县城62千米，距喀什市225千米，距塔吉克斯坦穆尔加布市89千米，距塔吉克斯坦首都杜尚别约850千米。2004年5月25日对外临时开放。

2012年，吐尔尕特口岸、伊尔克什坦口岸、红其拉甫口岸、卡拉苏4个口岸进出口货运量共110.9万吨，同比增长8%，其中进口9.5万吨，同比增长29.7%；出口101.4万吨，同比增长6.3%。实现贸易额54.21亿美元，同比增长1.4%，其中进口0.91亿美元，同比增长13.3%；出口53.3亿美元，同比增长1.2%。

【乌拉斯台公路口岸】 1991年6月24日，中蒙两国政府在北京签署《中华人民共和国政府和蒙古人民共和国政府关于中蒙边境口岸及其管理制度的协定》，批准开放中蒙边境乌拉斯台口岸—北塔格口岸（蒙），为一类双边季节性开放口岸。乌拉斯台（蒙语意为有白杨树的地方）口岸地处奇台县北塔山地区，土地使用权属新疆生产建设兵团农六师北塔山牧场。位于中蒙边界73号界标正西方向4.3千米处，东经90°44′，北纬45°22′。口岸距边防会谈会晤站通道界线4.8千米，乌拉斯台会谈会晤站4千米，蒙古国北塔格口岸6.5千米。距奇台县城248千米，距乌鲁木齐市450千米，距昌吉市485千米。

2012年，口岸进出境人员113人次，其中进出境旅客57人次，进出境员工56人次。进口货物5吨，实现贸易额7万美元。

【老爷庙公路口岸】 老爷庙公路口岸位于新疆维吾尔自治区哈密地区巴里坤哈萨克自治县境内，与蒙古国戈壁阿尔泰省相邻，对面为布尔嘎斯台口岸。从老爷庙入境至巴里坤县城172千米，至哈密市308千米，至乌鲁木齐市773千米。从老爷庙出境至蒙古布尔嘎斯台57千米，至布格特县城280千米，至戈壁阿尔泰省会阿尔泰市484千米。老爷庙口岸历史上就是古代商人的驿站，是中蒙之间的通商要道。1991年6月24日，中蒙两国政府达成协议，开放老爷庙—布尔嘎斯台口岸。老爷庙口岸于1992年3月正式开通。

2012年，口岸进出境人员41 217人次，同比增长92%，其中进出境旅客1 394人次；进出境员工39 823人次。进出口货运量173.36万吨，同比增长53.2%，其中进口172.63万吨，同比增长54.3%；出口0.73万吨，同比减少40.9%。实现贸易额1.63亿美元，同比增长16.4%，其中进口1.47亿美元，同比增长21.4%；出口0.16亿美元，同比减少19.4%。

【红山嘴公路口岸】 红山嘴公路口岸位于新疆维吾尔自治区阿勒泰地区福海县境内，地处东经88°55′，北纬48°51′，距福海县城240千米，距阿勒泰市192千米，距乌鲁木齐市896千米，至中蒙边界线2千米，与蒙古国巴彦乌列盖省萨格赛县接壤，距巴彦乌列盖省省会乌列盖市180千米，距萨格赛县城160千米，从红山嘴出境至蒙古国大洋口岸12千米。红山嘴口岸历史上就是中蒙贸易通道。1991年6月24日，中蒙两国政府签订协议，开放红山嘴口岸。1992年经国务院批准对外开放，于1992年7月正式开通。

2012年，口岸进出境人员1 965人次，同比减少11.6%，其中进出境旅客1 807人次，同比增长287.7%；进出境员工158人次，同比减少90.8%。出口货物110吨，同比减少87.3%。实现贸易额3万美元，同比减少83.4%。

【塔克什肯公路口岸】 塔克什肯公路口岸位于新疆维吾尔自治区阿勒泰地区青河县境内，地处东经90°48′，北纬46°11′。对面为蒙古国科布多省布尔干县。从塔克什肯入境距青河县城90千米，距阿勒泰市380千米，距乌鲁木齐市510千米。口岸距中蒙边界线15.5千米，距对方布尔干口岸25千米，距布尔干县城65千米，距科布多省会约265千米。塔克什肯口岸依山傍水，地势平坦，历史上就是中蒙贸易通道。新中国成立后中蒙贸易有所发展，当时中国向蒙古国出口的商品主要有农副产品和生活用品，进口的商品则是牲畜、棉布和茶叶。20世纪60年代初，塔克什肯与布尔干之间的贸易中断。1989年7月20日，塔克什肯口岸经国家批准对外开放。

2012年，口岸进出境人员76 257人次，同比增长27.5%，其中进出境旅客63 798人次，同比增长1 257.7%；进出境员工12 459人次，同比减少14.2%。进出口货运量30.5万吨，同比增长216.6%，其中进口18.6万吨，同比增长1 879.5%；出口11.9万吨，同比增长36.8%。实现贸易额2.9亿美元，同比减少20.1%，其中进口0.2亿美元，同比增长371.23%；出口2.7亿美元，同比减少25.4%。

新疆维吾尔自治区口岸大事记

3月

以新疆维吾尔自治区政府名义向国务院申报都拉塔口岸向第三国开放事宜，现正待批复。

5月

新疆维吾尔自治区口岸办牵头查验部门对已投入使用的卡拉苏口岸查验区、监管区进行预验收，基本达到正式开放条件。

“中蒙边境口岸及其管理制度协定执行情况第四轮司局级会晤”举行，双方同意老爷庙—布尔嘎斯台口岸扩大为常年开放口岸。

8月

新疆维吾尔自治区政府向国务院请示伊宁航空口岸对外开放。

2012 年新疆维吾尔自治区口岸运行情况汇总表（一）

	口岸名称	货物量（万吨）				贸易额（亿美元）			
		进口	出口	合计	同比（%）	进口	出口	合计	同比（%）
1	阿拉山口（铁）	904.48	201.4	2 127.5	+4.60	120.1	42.7	162.8	-6.40
	阿拉山口（管输）	1 021.69							
2	霍尔果斯 霍尔果斯（天然气） 都拉塔	1 582.7（天然气 1 580.07）	79.1	1 661.8	+50.60	86	40.5	126.5	+59.50
3	吉木乃	0.3	12.4	12.7	-9.80	0.058	7.01	7.068	-28.80
4	巴克图	0.28	7	7.28	-23.60	0.04	7.7	7.74	+15.90
5	老爷庙	172.63	0.73	173.36	+53.20	1.47	0.16	1.63	+16.4
6	塔克什肯	18.6	11.9	30.5	+216.60	0.2	2.7	2.9	-20.10
7	红山嘴		0.011	0.011	-87.30		0.000 3	0.000 3	-83.40
8	乌拉斯台	0.000 5		0.000 5		0.000 7		0.000 7	
9	喀什海关（包含吐尔尕特、伊尔克什坦、卡拉苏、红其拉甫）	9.5	101.4	110.9	+8.00	0.91	53.3	54.21	+1.40
10	乌鲁木齐机场	0.23	1.3	1.53	-23.40	1.5	4.2	5.7	-30.80
	总计	3 710.4	415.24	4 125.58	+21.54	210.3	158.27	368.55	+6.14

表注：霍尔果斯数据中含都拉塔口岸相关数据，喀什海关数据为 4 个口岸的合计数。

（新疆维吾尔自治区口岸办提供）

2012 年新疆维吾尔自治区口岸运行情况汇总表（二）

口岸名称		出入境人员（人次）			
		入境	出境	合计	同比（%）
1	阿拉山口	63 511	63 361	126 872	+0.6
2	霍尔果斯	383 028	391 637	774 665	-5.7
3	吉木乃	68 228	70 564	138 792	+25.7
4	巴克图	28 734	28 872	57 606	
5	都拉塔	22 143	21 240	43 383	
6	塔克什肯	37 886	38 371	76 257	+27.5
7	红山嘴	1 073	892	1 965	-11.6
8	吐尔尕特	22 398	22 969	45 367	
9	伊尔克什坦	23 768	23 468	47 236	+8.6
10	红其拉甫	8 917	9 315	18 232	
11	乌鲁木齐机场	345 648	350 982	696 630	+6.9
12	卡拉苏				
13	老爷庙	20 611	20 606	41 217	+92.0
14	乌拉斯台	54	59	113	
15	喀什机场	646	313	959	
合计		1 026 645	1 042 649	2 069 294	+4.13

（新疆维吾尔自治区口岸办提供）

2012 年乌鲁木齐海关主要数据统计表

项目		2012 年	同比（%）
进出口货运量（万吨）	合计	4 111.73	+18.60
	进口	3 623.91	+19.80
	出口	487.82	+10.30
进出口贸易总值（万美元）	合计	400.35	+7.73
	进口	208.36	+7.38
	其中：江、海运输	0.85	-30.29
	铁路运输	35.35	-36.78
	汽车运输	2.78	+11.18
	航空运输	1.21	-11.05
	邮件运输	0.001 7	-24.27
	其他运输	168.17	+26.4
	出口	192.00	+8.12
	其中：江、海运输	0.000 57	-89.41
	铁路运输	38.65	+18.32
	汽车运输	149.49	+8.09
	航空运输	3.85	-41.74
	邮件运输		
	其他运输		
税收（万元）	两税合计	2 043 541.50	+23.9
	关税入库		
	进口环节税入库		

（乌鲁木齐海关提供）

台 湾 地 区

2012 年台湾地区口岸工作综述

2012 年，全球经济受欧债问题未解及美国财政悬崖危机影响，复苏力减弱；台湾地区经济亦受波及，出口贸易衰退，经济成长趋缓。唯交通方面，由于两岸情势稳定、政府持续推动公共运输发展并坚守运输费概率稳定政策，以及积极行销国际观光带动下，在运输、观光、邮政等领域仍有亮丽的表现。

运输方面：各项轨道运输（包括台铁、北高捷运及高铁客运量）均缔造新高佳绩，汽车客运创近 13 年新高，港埠货柜装卸量亦刷新历年纪录；自由港区贸易量、值双双攻顶；机场国内航线客运量在推广离岛观光效益下，创近 5 年新高，两岸航线客运量持续刷新纪录。

观光方面：来台旅客人数高达 731 万人次，中国大陆、日本、美国、马来西亚、德国及法国等 13 个主要国家（地区）来台人数同创新高，观光市场经营成效卓著；另台湾地区民众离岛人数1 024万人次，亦达高峰。

邮政方面：邮政储金结存金额创历年新高，收寄包裹件数亦刷新历年纪录，其中两岸收寄包裹及快捷邮件同创历年最高。

2012 年交通施政成果说明表

各业施政指标		实数	年增率（%）	成果
铁公路	1. 台铁每日客运量	60 万人次	+6.7	创历年新高
	2. 北捷每日客运量	165 万人次	+6.0	创历年新高
	3. 高捷每日客运量	15 万人次	+13.5	创历年新高
	4. 高铁每日客运量	12 万人次	+6.7	创历年新高
	5. 汽车每日客运量	325 万人次	+1.8	近 13 年新高
港埠	6. 港埠货柜装卸量	1 388 万标箱	+3.4	创历年新高
	7. 港埠货物装卸量	6.9 亿计费吨	+1.7	近 5 年新高
	8. 港埠进出港旅客人数	70 万人次	+5.2	近 31 年新高
	9. 自由港区贸易量	1 018 万公吨	+149.8	创历年新高
	10. 自由港区贸易值	5 019 亿元	+65.8	创历年新高
航空	11. 各机场进出旅客人数	4 542 万人次	+9.7	近 11 年新高
	12. 各机场两岸航线客运量	894 万人次	+25.0	创历年新高
	13. 桃园国际机场旅客人数	2 784 万人次	+11.6	创历年新高
观光	14. 来台旅客人数	731 万人次	+20.1	创历年新高
	15. 来台观光目的旅客人数	468 万人次	+28.7	创历年新高
	16. 台湾地区民众离岛人数	1 024 万人次	+6.8	创历年新高
邮政	17. 邮政储金结存金额	5.0 兆元	+5.9	创历年新高
	18. 收寄包裹件数	2 795 万件	+2.7	创历年新高

表注：本表港埠系指国际商港（基隆港、高雄港、台中港、花莲港、苏澳港、安平港及台北港）。其中，金额体制为新台币。

一、货柜装卸量创新高，台北港表现最亮眼

2012年，台湾国际商港货柜装卸量计1 388万标箱，创历年新高，同比增长3.4%。各港以高雄港978万标箱居首（增1.5%），其中转口柜467万标箱占47.8%，预期2013年高雄港成为英国伦敦金属交易中心（LME）递交港后，第一年将可增加33万吨转口货，增加该港装卸量；其次基隆港161万标箱（减8.1%），系唯一负增长之货柜港，主要受航商航线调度影响；台中港则增长至140万标箱（增0.9%）；台北港于2011年年底增加1座货柜码头及航商转靠部分航线，装卸量大幅增长至110万标箱（增67.9%），刷新历年纪录。

两岸海运自2008年12月开启直航以来因大幅缩短运程及提升时效，2012年台湾国际商港两岸海运直航货柜装卸214万标箱，占各港货柜装卸总量之15.4%，且其增幅8.8%高于装卸总量之3.4%，显见掌握两岸契机，畅通台湾地区与东亚地区货物运输，有助再创港埠商机及竞争力。就各港两岸直航货柜装卸量占该港货柜装卸量的比率观察，以台中港31.3%居冠，基隆港26.1%次之。另直航相对应之中国大陆港口货柜量，以上海港60万标箱（增9.4%）最高，厦门港45万标箱（增11.1%）次之。

国际商港货柜装卸量说明表

单位：万标箱、%

年份	总计			高雄港			基隆港			台中港			台北港		
		两岸			两岸			两岸			两岸			两岸	
			占率			占率			占率			占率			占率
2008年	1 298	–	–	968	–	–	206	–	–	124	–	–	–	–	–
2009年	1 171	157	13.4	858	98	11.4	158	33	20.8	119	26	22.1	36	0.05	0.1
2010年	1 274	192	15.1	918	112	12.2	176	43	24.4	136	36	26.2	43	1	2.6
2011年	1 342	196	14.6	964	113	11.7	175	40	23.0	138	37	26.8	65	6	9.2
2012年	1 388	214	15.4	978	120	12.3	161	42	26.1	140	44	31.3	110	8	7.3
增减率（%）	+3.4	8.8	+0.8	+1.5	+6.6	+0.6	−8.1	+3.4	+2.9	+0.9	+17.6	+4.5	+67.9	+33.2	−1.9

表注：1. 总计包含安平港。
2. 2008年12月15日起实施两岸海运直航。
3. 2008年年底台北港货柜储运中心完成2座货柜码头，2009年2月18日正式营运。
4. 国际商港两岸占率＝两岸直航货柜装卸量÷该港货柜装卸量。

二、国际商港货物装卸量续增，小三通运量创新高

2012年，国际商港货物装卸量计69 080万计费吨，为近5年新高，同比增长1.7%。就各港货物装卸量观察，以高雄港44 030万计费吨（增0.6%）居首，其散杂货以油品增长最多；台中港11 117万计费吨（增3.2%），创历年新高，主要系燃料油及化学品增长，已连续3年突破亿计费吨，表现亮眼；另台北港5 253万计费吨（增37.0%），装卸量已达基隆港之76%，其散杂货以煤炭及汽车增长较多；基隆港6 940万计费吨（减8.0%），主要系货柜量减少之故。

另2012年两岸海运直航货物装卸量稳定成长，国际商港及小三通港口装卸量均创新高，其

中国际商港为9 351万计费吨（增6.8%），占其装卸总量之13.5%；小三通港口198万计费吨（增36.2%），以金门港99万计费吨（占50%）居冠，增长35.5%，马公港51万计费吨（增4.1%），另福澳港因兴建海堤及码头，进口中国大陆块石增加，装卸量大幅增长至48万计费吨，成长1倍。

国际商港货物装卸量

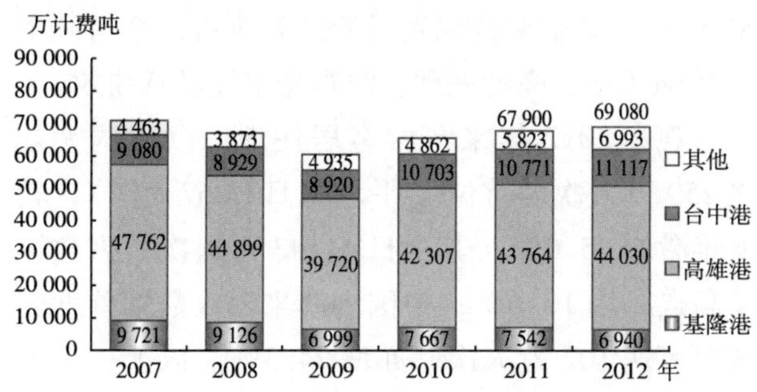

注：其他包含花莲港、苏澳港、安平港及台北港。

三、台中港旅客人数屡创新高，两岸直航效益成果展现

2012年，国际商港进出港旅客计70万人次，同比增长5.2%，创31年来新高。各港以基隆港43万人次居首（减7.2%），主要系国际线定（不定）期邮轮及两岸定期渡轮航次减少所致；台中港受惠“海峡号”客货轮两岸定期航线之增辟，客运量达14万人次，大增1.2倍，运量刷新历年纪录且首度超越高雄港；高雄港12万人次（减5.1%），其中地区内航线占75%，减少11.6%，国际航线旅客量占25%，则增长22.2%。

若按航线观察，以国际航线（含港澳）旅客32万人次（占45.8%）最多，减7.7%；地区内航线20万人次（占29.1%），减4.9%；两岸航线旅客18万人次（占25.1%），大增68.4%，两岸海运直航带动观光邮轮弯靠及定期航线之增辟，有助于航运业之客运发展。

2012年，台湾地区完成航港体制改革，港务发展从货运业渐次延伸至客运领域，冀期打造南（高雄港）北（基隆港）两大国际商港客运专区，除精进旅运服务质量，更能带动客运与观光之发展。

国际商港进出港旅客人数

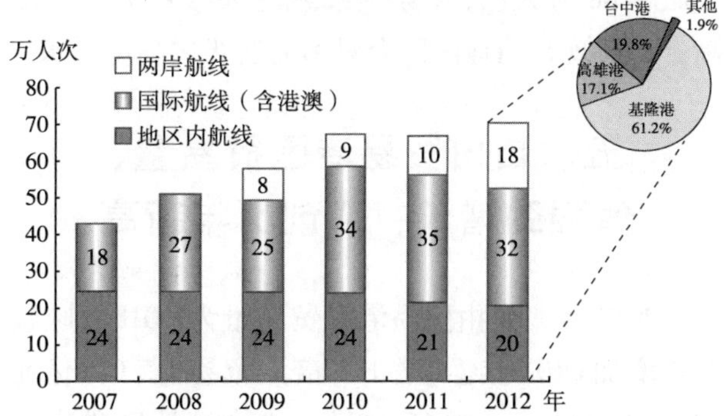

四、机场旅客人数创近11年新高，地区内外航线营运续扬

2012年，台湾地区各机场进出旅客合计4 542万人次（平均每日12.4万人次），由于观光吸引带动来台旅客人数增长，机场进出旅客创近11年新高，较上年增加403万人次（增9.7%），其中国际航线（含港澳）旅客2 392万人次，增加9.0%；两岸航线894万人次，增25.0%；地区内航线1 068万人次，增1.9%；另过境旅客188万人次，增3.9%。

台湾各机场进出旅客人数——按航线划分

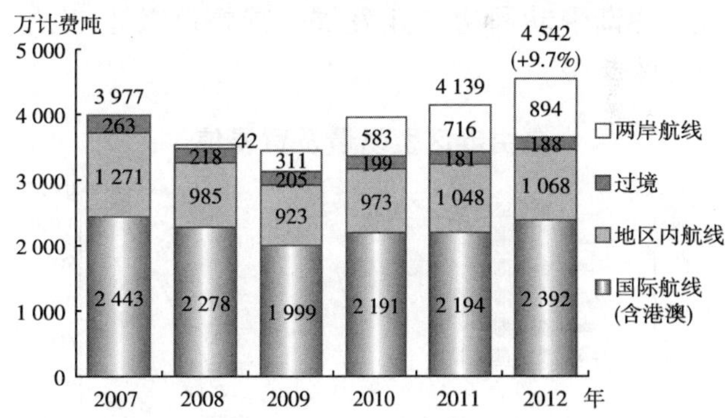

注：2008年7月4日起实施两岸航空客运直航。

观察2012年国际及两岸定期航班载客人数以往返香港地区788万人次最多，较上年增10.6%，其次为东京成田航线182万人次，增24.7%，并列上海浦东航线，澳门地区、新加坡、首尔仁川、东京羽田、大阪及曼谷等共9条航线，载客量均达百万人次，其中除澳门地区及曼谷航线为负增长外，余皆呈向正增长；地区内

航线则以台北—金门航线连续4年旅客突破百万人次，达129万人次最高，其次为台北—马公航线旅客88万人次，2条航线载客人数皆创历年新高，亦展现台湾地区民众对离岛航线之高度需求。

五、自由贸易港区贸易量、值强劲增长，双创历年新高

2012年，自由贸易港区贸易量为1 018万吨较上年增加610万吨（增1.5倍）贸易值5 019亿元增加1 993亿元（增65.8%），占台湾地区进出口贸易总值169 269亿元（减2.3%）之3.0%，显示自由贸易港区贸易量、值不受整体进出口贸易衰退影响，仍呈强劲增长之势，并双创历年新高。

综观各自由港区贸易值变化，以台中港2 905亿元居冠，金额首次超越桃园空港，主要因为油品储转业务发展迅速而较上年大幅增加2.2倍。高雄港300亿元，增加43.6%，主要由于委外加工、检测业务增长及国际物流公司作为袋装石化品原料转运中心所致。基隆港129亿元，因物流加值贸易业务大幅增长，增加1.7倍。桃园空港1 120亿元，因全球电子产业尚未明显复苏，续减11.6%，唯由于云端设备业者进驻，逐渐带动周边产业发展，减幅已较上年之23.6%为缓。

自由港区贸易量及贸易值

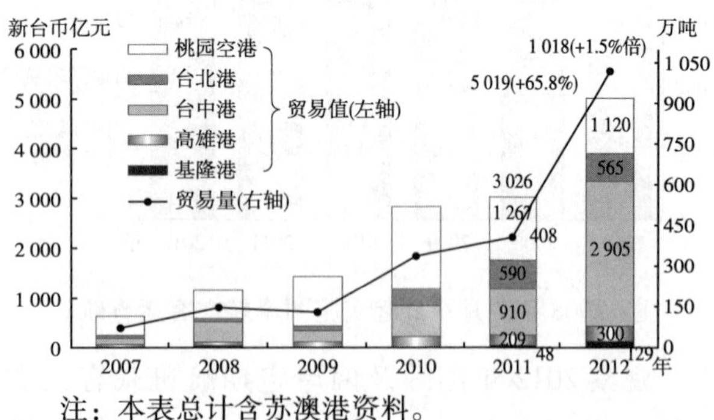

注：本表总计含苏澳港资料。

展望未来，透过“自由经济示范区”规划，推动“新世代自由贸易港区”，将可增加招商诱因，扩大发展多元营运模式，使海空港自由港区成为串联地区内产业与国际供应链的关键节点，提升整体国际竞争力，带动台湾地区经济发展。

六、来台旅客连续10个月2位数成长，全年突破700万人次

2012年在两岸情势稳定与积极行销国际观光下，来台之亚洲客源表现突出，虽受欧美经济成长力道不足影响，唯整体来台旅客仍持续向上跃升全年突破700万人次而达731万人次（平均每日19 977人次），较上年增加122万人次（增20.1%），其中来台观光目的旅客所占比率持续上升至64.0%，高度展现台湾观光市场经营绩效。

观察2012年来台旅客居住地，以中国大陆之259万人次居首位（平均每日7 067人次），较上年激增45.0%；其次日本143万人次，人数续攀高点，增10.6%；中国港澳来台人数则首度突破百万达102万人次，亦增24.3%。以上三国家（地区）均刷新历年纪录，并同马来西亚、新加坡等国，计13个国家（地区）突破历年水平值。欧美地区受困于经济动荡，致美国来台人数出现小幅衰退，唯欧洲及美洲地区仍分别较上年增2.8%及0.5%。

就旅客年龄层而言，2012年年龄在60岁以上之来台旅客数已突破百万人次，占来台总人数之16.6%，较2008年增加4.0个百分点；性别方面，女性占比为48.9%，5年间增长5.3个百分点，反映市场客层结构逐渐变化中。

2012年来台旅客人数——按居住地划分

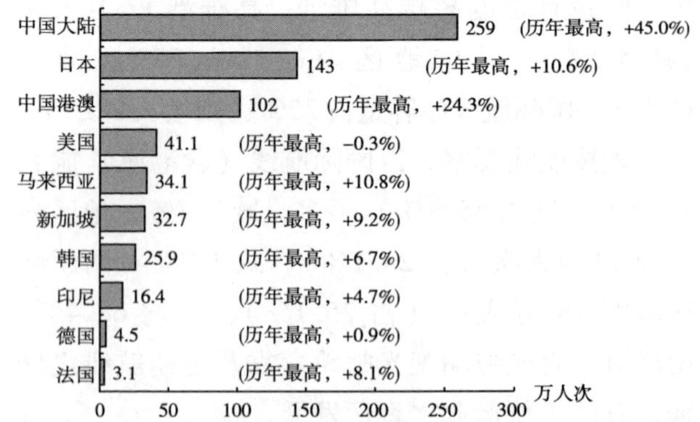

注：2012年来台旅客创新高国家（地区）有中国大陆、日本、中国港澳、马来西亚、新加坡、韩国、印度尼西亚、德国、法国、加拿大、意大利、澳大利亚及荷兰等13个。

七、台湾地区民众离岛人数首逾千万人次

2012 年，台湾地区民众离岛人数达1 024万人次（平均每日 2.8 万人次），创历年新高，同比增长6.8%。以离岛首站地点观察，由于两岸便捷航空网趋动，前往中国大陆人数突破 300 万人次而达314 万人次，续创新高，已连续 3 年夺冠；另时空环境改变，港澳转机之观光优势不复，致台湾地区前往香港地区 202 万人次及澳门地区 53 万人次，同比分别下降 6.3% 及 10.3%。

前往日本及韩国人数，分别为 156 万人次及 53 万人次，主因增辟松山—东京羽田航线及松山—首尔金浦航线之效益显现，各增长 37.3% 及 25.9%；前述的中国大陆、日本、韩国、越南及菲律宾等 5 个国家（地区），台湾地区前往人数皆创历年新高。

另观察 2012 年台湾地区民众离岛人口年龄结构，以 30 岁 ~39 岁及 40 岁 ~49 岁 2 个年龄层为主，分占 23.8% 及 22.0%；就前往各主要国家（地区）之性别分析，女性以前往韩国之比率65.6% 最高，男性则以前往中国大陆之比率63.5% 最高，显示男、女性受旅游、商务等离岛目的之不同，而产生性别比率的差异。

离岛人数——按目的地划分

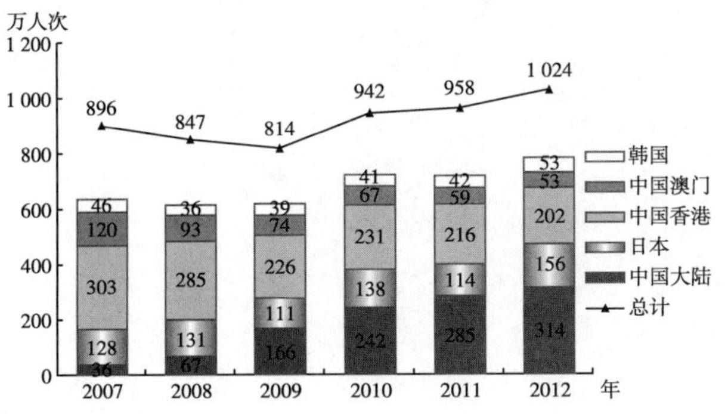

八、邮务交流频繁，两岸收寄包裹及快捷邮件均创新高

2012 年，中华邮政收寄邮件合计274 201万件（减 2.6%），其中收寄函件270 641万件（减 2.7%）及收寄快捷 765 万件（减 0.2%），略为下降；收寄包裹2 795万件（增 2.7%），则刷新历年纪录，主因邮局提供优质便利箱袋服务及搭配业务行销吸引网拍业者交寄包裹所致。另两岸收寄包裹 8.3 万件（增 7.9%）及收寄快捷 29.4 万件（增 13.6%）持续攀升，亦均创历年新高。

中华邮政公司于 2012 年 9 月 17 日开办“两岸邮政速递（快捷）”业务，其效益除可节省民众邮寄资费外，且能提升递送时效，可望再造两岸邮政业务的营运佳绩。

中华邮政收寄包裹、快捷邮件及函件

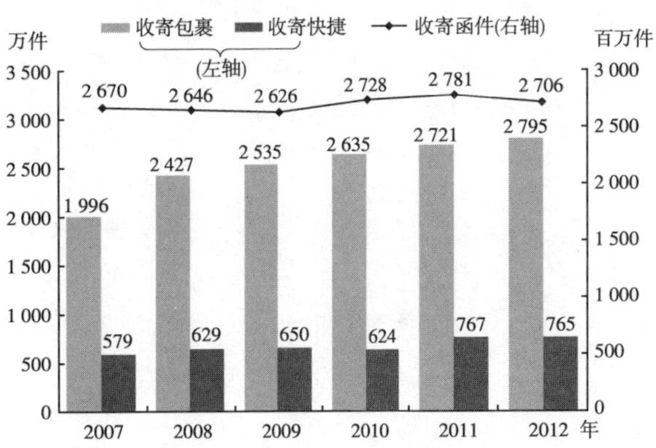

在邮政储金方面，2012 年年底结存户数为3 333万户，刷新历年纪录，较上年增加 63 万户（增 1.9%）；结存金额49 960亿元（增 5.9%），平均每户结存金额达 15 万元（增 3.9%），均创历年新高。

香港地区

2012年香港地区口岸工作综述

说明：香港地区对外贸易包括香港地区的对外商品贸易及服务贸易。香港地区的对外商品贸易统计是根据进出口报关单上的资料编制。《中华人民共和国香港特别行政区基本法》说明，香港特别行政区为单独的关税地区。香港地区与中国内地之间的贸易，亦须办理进出口报关，有关的统计资料包括在香港地区的对外商品贸易统计数字内。香港地区与中国内地之间的服务贸易视作对外交易，并包括在香港地区服务贸易统计数字内。

总体商品贸易

单位：10亿港元

贸易种类	2007年	2011年	2012年
进口（到岸价）	2 868.0	3 764.6	3 912.2
同比（%）	+10.3	+11.9	+3.9
港产品出口（离岸价）	109.1	65.7	58.8
同比（%）	-18.9	-5.5	-10.5
转口（离岸价）	2 578.4	3 271.6	3 375.5
同比（%）	+10.8	+10.5	+3.2
整体出口（离岸价）	2 687.5	3 337.3	3 434.3
同比（%）	+9.2	+10.1	+2.9
贸易总额	5 555.5	7 101.8	7 346.5
同比（%）	+9.8	+11.0	+3.4
商品贸易差额	-180.5	-427.3	-477.8
差额占进口百分比（%）	6.3	11.4	12.2

按主要国家／地区划分的商品贸易

单位：10亿港元

贸易种类／主要国家／地区		2007年	2011年	2012年
进口	总量	2 868.0	3 764.6	3 912.2
	同比（%）	+10.3	+11.9	+3.9
中国内地		1 329.7	1 696.8	1 840.9
日本		287.3	318.6	311.6
新加坡		194.8	254.6	246.3
中国台湾		205.1	240.9	244.9
美国		138.8	211.4	204.5
亚太经合组织		2 502.7	3 172.5	3 309.1

续表

贸易种类／主要国家／地区		2007 年	2011 年	2012 年
欧洲联盟		204.6	303.9	305.5
港产品出口	总量	109.1	65.7	58.8
	同比（%）	-18.9	-5.5	-10.5
中国内地		40.6	30.7	26.0
美国		23.9	7.2	6.8
瑞士		1.0	2.8	3.1
新加坡		3.0	2.6	2.7
中国台湾		4.0	3.0	2.7
亚太经合组织		84.8	53.0	47.0
欧洲联盟		17.1	4.6	2.9
转口	总量	2 578.4	3 271.6	3 375.5
	同比（%）	+10.8	+10.5	+3.2
中国内地		1 267.7	1 716.7	1 831.7
美国		344.3	323.6	331.7
日本		116.7	133.6	142.8
中国台湾		48.9	82.3	78.1
德国		78.1	88.7	77.4
亚太经合组织		2 064.7	2 629.8	2 761.9
欧洲联盟		346.7	354.9	329.9

按用途划分的进口、留用进口及转口

单位：10 亿港元

用途类别	2007 年	2011 年	2012 年
食品			
进口	77.2	145.2	150.7
留用进口	59.8	109.3	114.0
转口	19.1	39.2	39.5
消费品			
进口	762.2	938.1	944.4
留用进口	146.9	250.5	270.0
转口	815.2	883.8	866.7
原料及半制成品			
进口	1 098.7	1 297.7	1 284.4

续表

用途类别	2007 年	2011 年	2012 年
留用进口	276.5	327.6	318.8
转口	915.1	1 115.6	1 110.4
燃料			
进口	88.1	146.0	141.9
留用进口	84.0	141.6	135.6
转口	4.3	4.6	6.7
资本货品			
进口	841.8	1 237.6	1 390.8
留用进口	164.4	197.0	245.4
转口	824.7	1 228.4	1 352.2
总计			
进口	2 868.0	3 764.6	3 912.2
留用进口	731.6	1 026.0	1 083.8
转口	2 578.4	3 271.6	3 375.5

表注：留用进口是指留在香港地区使用，而没有转口往其他地方的进口货物。留用进口货值的估计方法是将进口货值减去转口货物的估计进口值。后者是把估计的转口毛利从转口货值剔除而计算出来。

按主要货品类别划分的港产品出口

单位：10 亿港元

主要货品类别	2007 年	2011 年	2012 年
首饰、金器及银器，以及其他宝石或半宝石制成品	8.7	8.5	8.9
初级形状的塑料及非初级形状的塑料	6.5	7.5	6.4
电动机械、仪器和用具及零件	7.9	3.9	3.2
办公室机器及自动数据处理机	2.9	2.4	3.2
制成的烟草	1.9	2.5	3.0

商品贸易指数

（2010 年 =100）

指数类别／贸易种类	2007 年	2011 年	2012 年
货值指数			
进口	85.2	111.9	116.3
同比（%）	+10.3	+11.9	+3.9
港产品出口	157.0	94.5	84.6
同比（%）	-18.9	-5.5	-10.5

续表

指数类别／贸易种类	2007 年	2011 年	2012 年
留用进口	83.6	117.3	124.2
同比（%）	+9.4	+17.3	+5.9
转口	87.1	110.5	114.0
同比（%）	+10.8	+10.5	+3.2
整体出口	88.7	110.1	113.3
同比（%）	+9.2	+10.1	+2.9
单位价格指数			
进口	90.1	108.1	111.6
同比（%）	+2.3	+8.1	+3.2
港产品出口	90.4	106.4	109.1
同比（%）	+0.8	+6.4	+2.5
留用进口	91.2	109.5	112.8
同比（%）	+2.4	+9.5	+3.0
转口	91.0	108.0	111.7
同比（%）	+2.4	+8.0	+3.4
整体出口	91.0	108.0	111.6
同比（%）	+2.3	+8.0	+3.3
货量指数			
进口	90.8	104.1	105.1
同比（%）	+10.4	+4.1	+1.0
港产品出口	169.5	88.1	76.6
同比（%）	-19.8	-11.9	-13.1
留用进口	88.1	107.8	111.6
同比（%）	+11.7	+7.8	+3.5
转口	91.8	102.7	102.9
同比（%）	+9.9	+2.7	+0.2
整体出口	93.6	102.4	102.3
同比（%）	+8.3	+2.4	-0.1
贸易价格比率指数	101.0	99.9	100.0
同比（%）	+0.1	-0.1	+0.1

表注：1. 贸易指数已更新为以 2010 年为基期。数字是全年指数。

2. 贸易价格比率指数是指计算自整体出口单位价格指数与进口单位价格指数的比率。

澳门地区

2012年澳门地区口岸工作综述

2012年，全年澳门地区生产总值为3 482亿元（澳门元，下同），实质增长率为9.9%，人均本地生产总值为611 930元（约76 588美元）。经济增长主要由服务出口及内部需求带动，其中，博彩服务出口增加6.9%，旅客总消费上升6.4%；内部需求方面，固定资本投资因公共工程大幅增加而上升19.1%，私人消费支出及政府最终消费支出分别增加9.1%及6.9%，货物出口明显回升23.2%。

澳门地区生产总值主要指标

	2011	2012
本地生产总值－当年价格（亿澳门元）	2 950.5	3 482.2
实质增长率（%）	21.8	9.9
人均本地生产总值－当年价格（澳门元）	537 103	611 930
人均本地生产总值实质增长率（%）	19.1	6.1

在本地生产总值结构方面，货物及服务净出口和内部需求占2012年本地生产总值的比重分别为58.6%及41.4%，与2011年相同。由于公共工程增加，令投资的比重上升0.9个百分点至14.7%，私人消费支出的比重（19.9%）及政府最终消费支出的比重（6.8%）分别回落0.6及0.3个百分点。

本地生产总值主要组成部分结构

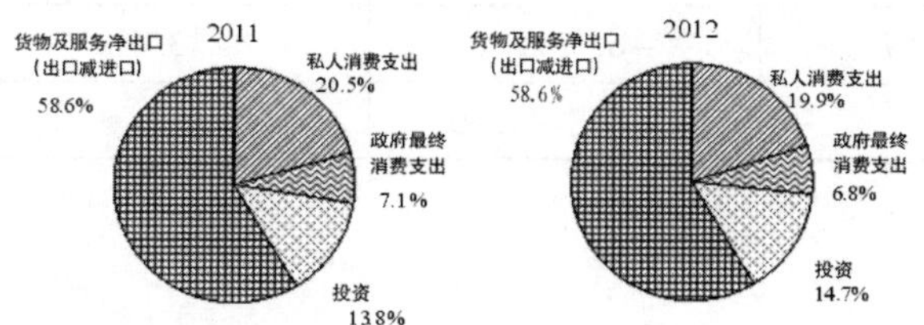

【进出口贸易】 2012年，全年总出口货值为81.6亿元，同比增长17.1%，其中再出口货物58.7亿元，同比增长28.2%，本地产品出口22.8亿元，同比下降4.4%；总进口货值为709.3亿元，同比增长13.9%。2012年货物贸易逆差达627.7亿元。

2012年，输往中国香港地区（41.0亿元）及中国内地（13.7亿元）的货值同比分别增长31.7%及24.7%，输往美国（5.1亿元）及欧洲联盟（3.2亿元）的货值同比分别下降8.7%及17.7%。

2012年，非纺织品出口（71.1亿元）同比增长26.2%，其中机器设备与零件（14.3亿元）和旅行用物品及手袋（2.1亿元）的同比分别增长127.1%及110.1%；纺织品及成衣出口（10.5亿元）同比下降21.3%。本地产品方面，烟酒出口（5.3亿元）同比增长12.7%，针织/钩织成衣出口（3.3亿元）同比下降25.3%；再出口货物方面，机器设备与零件（14.2亿元）同比增长129.0%。

2012年，来自中国内地（232.0亿元）与欧洲联盟（166.5亿元）的进口货值同比分别增长21.3%及7.4%。进口消费品（433.6亿元）同比增长12.3%，其中黄金制首饰（73.7亿元）、手表（51.5亿元）与小客车及电单车（33.1亿元）同比分别增长10.7%、30.6%和33.9%，香烟及雪茄（5.1亿元）同比下降39.7%；此外，资本货物进口（131.6亿元）同比增长21.5%。

2012年，澳门地区对外商品贸易总额达790.9亿元，同比增长14.2%。

【货运情况】 截至2012年年底，经陆路进出澳门地区及中国内地的汽车总流量达4 465 854架次，同比增长8%，其中经关闸的汽车流量占83%。

在航空运输方面，经澳门国际机场抵达及离

境的商业航班共38 563班，同比增长9%，主要往来中国内地（占37%）、中国台湾（占28%）及泰国（占13%）。往来港澳（14 920班）及中国内地（3 412班）的直升机航班同比分别下降8%及7%。

在海路客运方面，全年往来港澳的客轮有112 691班，同比下降7%；往来中国内地的客轮共27 264班，同比增长8%。

海路货柜总吞吐量为119 927标准货柜单位，共87 831柜次，同比分别增长18%及17%。经海路进出口的货柜货物毛重共207 280吨，同比增长13%，其中转口货物6 064吨。经陆路进出口的货柜货物毛重共30 681吨，同比下降13%，其中转口货物10 986吨。

经空路出口及进口货物分别为16 348吨及6 393吨，同比分别下降34%及35%。转口货物共5 054吨，同比增长6%。

【居民出入境情况】 2012年12月，入境旅客有2 495 851人次，同比下降2.0%，其中不过夜旅客为1 243 291人次（占总数49.8%）。旅客平均逗留1.0日，按年增加0.1日。

中国内地旅客有1 495 316人次，同比增长0.9%，主要来自广东省（613 392人次）及福建省（67 444人次）；个人游内地旅客为603 904人次，同比增长5.4%。中国台湾（88 814人次）及韩国（44 150人次）旅客同比分别增长3.6%及14.7%，中国香港（611 826人次）及马来西亚（37 778人次）旅客均同比下降7.0%。此外，来自欧洲（22 828人次）的长途旅客同比增长5.9%，而美洲（26 070人次）及大洋洲（12 436人次）旅客同比分别下降6.8%及4.5%。

2012年全年入境旅客共28 082 292人次，同比增长0.3%；不过夜旅客为14 504 994人次（占总数51.7%）。旅客平均逗留1.0日，与2011年相同。

按原居地计算，2012年中国内地（16 902 499人次）旅客同比增长4.6%，个人游内地旅客为7 131 904人次，同比增长8.2%；韩国（444 773人次）及泰国（231 295人次）旅客同比分别增长11.5%及17.8%。中国香港（7 081 153人次）及中国台湾（1 072 052人次）旅客同比分别下降6.6%及11.8%。长途旅客方面，欧洲（262 692人次）及大洋洲（129 165人次）旅客同比分别增长4.3%及0.9%，美洲（306 521人次）则同比下降1.3%。

澳门地区对外商品贸易变化表

	2011		2012	
	1月至12月	同期	1月至12月	同期
贸易指标	千澳门元	变动率（%）	千澳门元	变动率（%）
出口	6 970 934	0.16	8 159 668	17.05
本地产品出口	2 390 241	0.02	2 284 965	-4.40
再出口	4 580 692	0.23	5 874 702	28.25
进口	62 288 890	41.19	70 927 777	13.87
差额	-55 317 956	-48.87	-62 768 109	-13.47
出进口比率	11.19		11.50	

澳门国际机场空运货物流量

单位：吨

年		总数	来源地								
			中国内地	中国台湾	韩国	日本	泰国	菲律宾	新加坡	马来西亚	其他
出口	2011	9 825	261	7 637	135	213	553	642	69	115	200
	2012	6 393	323	4 108	86	165	638	716	85	104	168
年		总数	来源地								
			中国内地	中国台湾	韩国	日本	泰国	菲律宾	新加坡	马来西亚	其他
进口	2011	24 949	1 433	19 525	313	583	1 465	33	788	719	90
	2012	16 347	1 491	9 089	555	529	2 338	57	842	1 205	241

（澳门机场管理有限公司提供）

澳门地区边检站汽车总流量

单位：辆次

年	总数	入境				出境			
		小计	重型汽车		轻型汽车	小计	重型汽车		轻型汽车
			客车	货车			客车	货车	
2010	3 812 243	1 900 933	337 569	178 361	1 385 003	1 911 310	336 482	179 744	1 395 084
2011	4 135 910	2 047 054	400 534	165 854	1 480 666	2 088 856	408 324	167 740	1 512 792
2012	4 465 854	2 222 373	471 706	163 814	1 586 853	2 243 481	479 667	160 778	1 603 036

澳门地区各口岸货柜货物毛重统计表

单位：吨

年	总数	进口						出口					
		小计	内港	关闸	九澳港	路氹城边检站	跨境工业区	小计	内港	关闸	九澳港	路氹城边检站	跨境工业区
2010	195 550	171 248	126 577	1 357	20 453	22 760	101	24 302	16 290	12	3 207	4 765	28
2011	202 854	175 484	120 361	1 170	36 406	16 863	684	27 370	16 438	29	5 088	5 768	47
2012	220 911	198 927	116 648	678	66 907	14 088	606	21 984	13 928	27	3 732	4 225	72
年	总数	转口入境						转口出境					
		小计	内港	关闸	九澳港	路氹城边检站	跨境工业区	小计	内港	关闸	九澳港	路氹城边检站	跨境工业区
2010	28 547	14 957	1 749	–	9 000	4 157	51	13 590	863	801	240	11 576	110
2011	15 201	8 613	2 083	–	1 888	4 226	416	6 588	274	820	422	4 941	131
2012	17 049	10 022	1 015	–	2 557	3 051	3 399	7 027	324	711	2 167	3 772	53

澳门地区货柜流量统计表

单位：柜次

年	总数	进口			出口		
		小计	海路	陆路	小计	海路	陆路
2010	69 888	43 317	40 894	2 423	26 571	24 378	2 193
2011	78 763	50 228	48 235	1 993	28 535	26 668	1 867
2012	91 270	56 188	54 253	1 935	35 082	33 454	1 628
年	总数	转口入境			转口出境		
		小计	海路	陆路	小计	海路	陆路
2010	1 313	700	429	271	613	117	496
2011	916	530	182	348	386	44	342
2012	615	338	108	230	277	16	261

澳门地区离澳货船统计表

年	船旗											
	中国内地			中国香港			巴拿马			其他		
	船次	千总吨	千净吨	船次	千总吨	千净吨	船次	千总吨	千净吨	船次	千总吨	千净吨
2010	3 011	2 125	1 213	1 842	1 325	639	16	43	14	22	30	10
2011	5 429	3 114	1 750	3 249	2 161	1 035	17	39	14	34	47	18
2012	8 622	4 027	2 278	2 892	1 985	967	16	32	13	37	62	25

按原居地统计之出入境旅客表

原居地	入境					出境				
	2011 年		2012 年		变动率（%）	2011 年		2012 年		变动率（%）
	人次	结构（%）	人次	结构（%）		人次	结构（%）	人次	结构（%）	
总数	28 002 279	100. 0	28 082 292	100. 0	+0. 3	27 912 917	100. 0	27 977 281	100. 0	+0. 2
亚洲	27 287 076	97. 4	27 356 924	97. 4	+0. 3	27 199 968	97. 4	27 254 921	97. 4	+0. 2
其中：中国内地	16 162 747	57. 7	16 902 499	60. 2	+4. 6	16 117 584	57. 7	16 845 684	60. 2	+4. 5
中国香港	7 582 923	27. 1	7 081 153	25. 2	-6. 6	7 550 269	27. 0	7 051 906	25. 2	-6. 6
中国台湾	1 215 162	4. 3	1 072 052	3. 8	-11. 8	1 213 658	4. 3	1 068 405	3. 8	-12. 0
印度	169 660	0. 6	150 825	0. 5	-11. 1	169 933	0. 6	150 149	0. 5	-11. 6

续表

原居地	入境					出境				
	2011 年		2012 年		变动率（%）	2011 年		2012 年		变动率（%）
	人次	结构（%）	人次	结构（%）		人次	结构（%）	人次	结构（%）	
印度尼西亚	220 423	0.8	209 084	0.7	-5.1	220 398	0.8	208 703	0.7	-5.3
日本	396 023	1.4	395 989	1.4	0	395 132	1.4	395 963	1.4	+0.2
马来西亚	324 509	1.2	301 802	1.1	-7.0	323 889	1.2	301 344	1.1	-7.0
菲律宾	268 710	1.0	283 881	1.0	+5.6	265 372	1.0	279 376	1.0	+5.3
韩国	398 807	1.4	444 773	1.6	+11.5	398 444	1.4	443 496	1.6	11.3
新加坡	280 602	1.0	205 692	0.7	-26.7	280 266	1.0	205 568	0.7	-26.7
泰国	196 375	0.7	231 295	0.8	+17.8	196 309	0.7	230 492	0.8	+17.4
越南	11 394	0	13 868	0	+21.7	9 779	0	10 849	0	+10.9
其他	59 741	0.2	64 011	0.2	+7.1	58 935	0.2	62 986	0.2	+6.9
美洲	310 608	1.1	306 521	1.1	-1.3	309 769	1.1	305 665	1.1	-1.3
其中：巴西	10 505	0	10 283	0	-2.1	10 443	0	10 240	0	-1.9
加拿大	79 818	0.3	83 459	0.3	+4.6	79 623	0.3	83 239	0.3	+4.5
美国	196 065	0.7	188 730	0.7	-3.7	195 572	0.7	188 278	0.7	-3.7
其他	24 220	0.1	24 049	0.1	-0.7	24 131	0.1	23 908	0.1	-0.9
欧洲	251 748	0.9	262 692	0.9	+4.3	250 818	0.9	261 195	0.9	+4.1
其中：法国	42 710	0.2	42 486	0.2	-0.5	42 610	0.2	42 297	0.2	-0.7
德国	28 811	0.1	29 320	0.1	+1.8	28 729	0.1	29 197	0.1	+1.6
荷兰	12 769	0	12 506	0	- 2.1	12 736	0	12 485	0	-2.0
意大利	13 121	0	13 004	0	-0.9	13 086	0	13 002	0	-0.6
葡萄牙	13 339	0	14 497	0.1	+8.7	13 017	0	14 035	0.1	+7.8
俄罗斯	16 512	0.1	26 844	0.1	+62.6	16 450	0.1	26 618	0.1	+61.8
西班牙	8 691	0	8 190	0	-5.8	8 688	0	8 145	0	-6.3
瑞士	7 087	0	7 521	0	+6.1	7 098	0	7 471	0	+5.3
英国	61 637	0.2	59 468	0.2	-3.5	61 525	0.2	59 322	0.2	-3.6
其他	47 071	0.2	48 856	0.2	+3.8	46 879	0.2	48 623	0.2	+3.7
大洋洲	127 983	0.5	129 165	0.5	+0.9	127 800	0.5	128 865	0.5	+0.8
其中：澳大利亚	111 827	0.4	113 295	0.4	+1.3	111 693	0.4	113 025	0.4	+1.2
新西兰	14 897	0.1	14 399	0.1	-3.3	14 845	0.1	14 388	0.1	-3.1
其他	1 259	0	1 471	0	+16.8	1 262	0	1 452	0	+15.1
非洲及其他	24 864	0.1	26 990	0.1	+8.6	24 562	0.1	26 635	0.1	+8.4
其中：南非	5 185	0	4 667	0	- 10.0	5 168	0	4 663	0	-9.8
其他	19 679	0.1	22 323	0.1	+13.4	19 394	0.1	21 972	0.1	+13.3

第五篇

口岸相关法规

中华人民共和国海关总署令

中华人民共和国海关总署第206号令

《海关总署关于修改〈中华人民共和国海关关于执行《内地与香港关于建立更紧密经贸关系安排》项下《关于货物贸易原产地规则》的规定〉的决定》已于2012年3月28日经海关总署署务会议审议通过，现予公布，自2012年4月1日起施行。

署　长　于广洲

二〇一二年三月三十日

海关总署关于修改《中华人民共和国海关关于执行〈内地与香港关于建立更紧密经贸关系的安排〉项下〈关于货物贸易的原产地规则〉的规定》的决定。

根据国务院批准的《〈内地与香港关于建立更紧密经贸关系的安排〉补充协议八》，海关总署决定将《中华人民共和国海关关于执行〈内地与香港关于建立更紧密经贸关系的安排〉项下〈关于货物贸易的原产地规则〉的规定》（海关署令第106号公布，海关总署令第141号、第198号修改，以下简称《规定》）第六条作如下修改：

一、将第六条第四款“‘从价百分比’是指完全在香港获得的原料、组合零件、劳工价值和产品开发支出价值的总和与出口制成品船上交货价格（FOB）的比值”的表述修改为“‘从价百分比’是指香港原产的原料、组合零件的价格以及在香港产生的劳工价值和产品开发支出价格的合计与出口制成品船上交货价格（FOB）的比值。”

二、增加“香港使用内地原产的原料或者组合零件在香港构成出口制成品组成部分的，在计算该出口制成品的从价百分比时，该内地原产原料或者组合零件应当视为原产于香港。该出口制成品的从价百分比应当大于或者等于30%，且在不记入该内地原产的原料或者组合零件价格时的从价百分比应当大于或者等于15%。”的规定，作为第六条第六款，第六条原第六款、第七款、第八款、第九款顺序后延。

本决定自2012年4月1日起施行。

《规定》根据本决定作相应修改，重新公布。

中华人民共和国海关关于执行《内地与香港关于建立更紧密经贸关系的安排》项下《关于货物贸易的原产地规则》的规定

第一条　为了促进内地与香港的经贸往来，正确确定《内地与香港关于建立更紧密经贸关系的安排》（以下简称《安排》）项下进口货物的原产地，根据《海关法》和《安排》，制定本规定。

第二条　本规定适用于从香港进口的《安排》项下货物（产品清单详见《中华人民共和国进出口税则》）。

第三条　对于直接从香港进口的《安排》项下货物，应当根据下列原则确定其原产地：

（一）完全在香港获得的货物，其原产地为香港；

（二）非完全在香港获得的货物，只有在香港进行了实质性加工的，其原产地才可以认定为香港。

第四条　本规定第三条第（一）项所称“完全在香港获得的货物”是指：

（一）在香港开采或者提取的矿产品；

（二）在香港收获或者采集的植物或者植物产品；

（三）在香港出生并饲养的活动物；

（四）在香港从本条第（三）项所述动物获得的产品；

（五）在香港狩猎或者捕捞所获得的产品；

（六）持香港牌照并悬挂香港特别行政区区旗的船只在公海捕捞获得的鱼类和其他海产品；

（七）在持香港牌照并悬挂香港特别行政区区旗的

船只上加工本条第（六）项所述产品获得的产品；

（八）在香港收集的香港消费过程中产生的仅适于原材料回收的废旧物品；

（九）在香港加工制造过程中产生的仅适于原材料回收的废碎料；

（十）利用本条第（一）项至第（九）项所述产品在香港加工所获得的产品。

第五条 下列加工或者处理，无论是单独完成还是相互结合完成，均视为微小加工处理，在确定货物是否完全获得时应当不予考虑：

（一）为运输或者贮存货物而进行的加工或者处理；

（二）为便于货物装运而进行的加工或者处理；

（三）为货物销售而进行的包装、展示等加工或者处理。

第六条 本规定第三条第（二）项所称“实质性加工”，应当采用“制造或者加工工序”标准、“税号改变”标准、“从价百分比”标准、“其他标准”或者“混合标准”，在规定的情形下可以采用其他附加条件认定。具体按照《安排》项下《享受货物贸易优惠措施的香港货物原产地标准表》的规定执行。该表是本规定的组成部分，由海关总署另行公布。

“制造或者加工工序”是指赋予加工后所得货物基本特征的主要工序。在香港境内完成该工序的视为进行了实质性加工。

“税号改变”是指非香港原产材料在香港境内加工生产后，所得产品在《中华人民共和国进出口税则》中4位数级的税目归类发生了变化，并且该产品不再在香港以外的国家或者地区进行任何改变4位数级税目归类的生产、加工或者制造。

“从价百分比”是指香港原产的原料、组合零件的价格以及在香港产生的劳工价值和产品开发支出价格的合计与出口制成品船上交货价格（FOB）的比值。该比值大于或者等于30%，并且产品的最后制造或者加工工序在香港境内完成的，视为进行了实质性加工。用公式表示如下：

（原料价格＋组合零件价格＋劳工价值＋产品开发支出价格）÷出口制成品的船上交货价格（FOB）×100%≥30%

公式中的“产品开发”是指在香港境内为生产或者加工有关出口制成品而实施的产品开发。产品开发支出价格应当与该出口制成品有关，包括生产加工者自行开发、委托香港境内的自然人或者法人开发以及购买香港境内的自然人或者法人拥有的设计、专利权、专有技术、商标权或者著作权而支付的费用。该价格应当能够依据公认的会计准则和《关于实施1994年关税与贸易总协定第7条的协定》的有关规定明确确定。

香港使用内地原产的原料或者组合零件在香港构成出口制成品组成部分的，在计算该出口制成品的从价百分比时，该内地原产原料或者组合零件应当视为原产于香港。该出口制成品的从价百分比应大于或者等于30%，且在不记入该内地原产的原料或者组合零件价格时的从价百分比应大于或者等于15%。

“从价百分比”的计算应当符合公认的会计准则和《关于实施1994年关税与贸易总协定第7条的协定》的有关规定。

“其他标准”是指除上述“制造或者加工工序”标准、“税号改变”标准和“从价百分比”标准之外，内地与香港主管部门一致同意采用的确定原产地的其他方法。

“混合标准”是指确定原产地时同时使用的上述两个或者两个以上的标准。

其他附加条件是指当上述“实质性加工”有关认定标准不足以确认原产地时，经内地与香港主管部门一致同意，可以采用品牌要求等附加条件。

第七条 简单的稀释、混合、包装、装瓶、干燥、装配、分类或者装饰不应当视为实质性加工。

以规避本规定为目的的加工或者定价措施不应当视为实质性加工。

第八条 货物制造过程中使用的能源、工厂、设备、机器、工具的产地，以及不构成货物组成成分或者组成部件的材料的产地，在确定货物原产地时不予考虑。

第九条 随货物一起报关进口，并在《中华人民共和国进出口税则》中与该货物一并归类的包装、包装材料、容器以及附件、备件、工具、介绍说明性材料，在确定货物原产地时应当忽略不计。

第十条 《安排》项下的进口货物应当从香港直接运输至内地口岸。

第十一条 《安排》项下的进口货物报关时，收货人应当主动向申报地海关申明该货物适用零关税，并提交符合《安排》项下《关于原产地证书的签发和核查程序》规定的有效原产地证书。原产地证书经海关联网核对无误的，海关准予按照零关税办理货物进口手续。经海关核对确认证书无效的，不适用零关税。

申报地海关因故无法进行联网核对，且收货人要求放行货物的，海关可以按照非《安排》项下该货物适用的税率征收相当于应缴税款的等值保证金后先予放行货物，并按规定办理进口手续，进行海关统计。申报地海关应当自该货物放行之日起90天内核定其原产地证书真实情况，根据核定结果办理退还保证金手续或者保证金转为进口关税手续，海关统计数据应当作相应修改。

第十二条 申报地海关对原产地证书内容的真实性产生怀疑时，可以经海关总署或者其授权的海关向香港海关提出协助核查的请求。在等待香港海关核查结果并确认有关原产地证书期间，申报地海关可以按照非《安排》项下该货物适用的税率征收相当于应缴税款的等值保证金后先予放行货物，并按规定办理进口手续，进行海关统计。香港海关核查完毕后，申报地海关应当根据核查结果，立即办理退还保证金手续或者保证金转为进口关税手续，海关统计数据应当作相应修改。

第十三条 海关对进口货物收货人提供的用于原产地证书核查的资料负有保密义务。未经收货人同意，海关不得泄露或者用于其他用途，但法律、行政法规及相关司法解释另有规定的除外。

第十四条 违反本规定的行为，海关按照《中华人民共和国海关法》和《中华人民共和国海关行政处罚实施条例》的规定处理；构成犯罪的，依法追究刑事责任。

第十五条 本规定由海关总署负责解释。

第十六条 本规定自2004年1月1日起施行。

中华人民共和国海关总署第207号令

《海关总署关于修改〈中华人民共和国海关关于执行《内地与澳门关于建立更紧密经贸关系安排》项下《关于货物贸易原产地规则》的规定〉的决定》已于2012年3月28日经海关总署署务会议审议通过，现予公布，自2012年4月1日起施行。

署　长　于广洲

二〇一二年三月三十日

海关总署关于修改《中华人民共和国海关关于执行〈内地与澳门关于建立更紧密经贸关系的安排〉项下〈关于货物贸易的原产地规则〉的规定》的决定

根据国务院批准的《〈内地与澳门关于建立更紧密经贸关系的安排〉补充协议八》，海关总署决定将《中华人民共和国海关关于执行〈内地与澳门关于建立更紧密经贸关系的安排〉项下〈关于货物贸易的原产地规则〉的规定》（海关总署令第107号公布，海关总署令第142号、第198号修改，以下简称《规定》）第六条作如下修改：

一、将第六条第四款"'从价百分比'是指完全在澳门获得的原料、组合零件、劳工价值和产品开发支出价值的总和与出口制成品的船上交货价格（FOB）的比值"的表述修改为"'从价百分比'是指澳门原产的原料、组合零件的价格以及在澳门产生的劳工价值和产品开发支出价格的合计与出口制成品船上交货价格（FOB）的比值"。

二、增加"澳门使用内地原产的原料或者组合零件在澳门构成出口制成品组成部分的，在计算该出口制成品的从价百分比时，该内地原产原料或者组合零件应当视为原产于澳门；该出口制成品的从价百分比应当大于或者等于30%，且在不记入该内地原产的原料或者组合零件价格时的从价百分比应当大于或者等于15%。"的规定，作为第六条第六款，第六条原第六款、第七款、第八款、第九款顺序后延。

本决定自2012年4月1日起施行。

《规定》根据本决定作相应修改，重新公布。

中华人民共和国海关关于执行《内地与澳门关于建立更紧密经贸关系的安排》项下《关于货物贸易的原产地规则》的规定

第一条 为了促进内地与澳门的经贸往来，正确确定《内地与澳门关于建立更紧密经贸关系的安排》（以下简称《安排》）项下进口货物的原产地，根据《海关法》和《安排》，制定本规定。

第二条 本规定适用于从澳门进口的《安排》项下货物（产品清单详见《中华人民共和国进出口税则》）。

第三条 对于直接从澳门进口的《安排》项下货

物，应当根据下列原则确定其原产地：

（一）完全在澳门获得的货物，其原产地为澳门；

（二）非完全在澳门获得的货物，只有在澳门进行了实质性加工的，其原产地才可以认定为澳门。

第四条 本规定第三条第（一）项所称“完全在澳门获得的货物”是指：

（一）在澳门开采或者提取的矿产品；

（二）在澳门收获或者采集的植物或者植物产品；

（三）在澳门出生并饲养的活动物；

（四）在澳门从本条第（三）项所述动物获得的产品；

（五）在澳门狩猎或者捕捞所获得的产品；

（六）持澳门牌照并悬挂澳门特别行政区区旗的船只在公海捕捞获得的鱼类和其他海产品；

（七）在持澳门牌照并悬挂澳门特别行政区区旗的船只上加工本条第（六）项所述产品获得的产品；

（八）在澳门收集的澳门消费过程中产生的仅适于原材料回收的废旧物品；

（九）在澳门加工制造过程中产生的仅适于原材料回收的废碎料；

（十）利用本条第（一）项至第（九）项所述产品在澳门加工所得的产品。

第五条 下列加工或者处理，无论是单独完成还是相互结合完成，均视为微小加工处理，在确定货物是否完全获得时应当不予考虑：

（一）为运输或者贮存货物而进行的加工或者处理；

（二）为便于货物装运而进行的加工或者处理；

（三）为货物销售而进行的包装、展示等加工或者处理。

第六条 本规定第三条第（二）项所称“实质性加工”，应当采用“制造或者加工工序”标准、“税号改变”标准、“从价百分比”标准、“其他标准”或者“混合标准”认定，在规定的情形下可以采用其他附加条件认定。具体按照《安排》项下《享受货物贸易优惠措施的澳门货物原产地标准表》的规定执行。该表是本规定的组成部分，由海关总署另行公布。

“制造或者加工工序”是指赋予加工后所得货物基本特征的主要工序。在澳门境内完成该工序的视为进行了实质性加工。

“税号改变”是指非澳门原产材料在澳门境内加工生产后，所得产品在《中华人民共和国进出口税则》中4位数级的税目归类发生了变化，并且该产品不再在澳门以外的国家或者地区进行任何改变4位数级税目归类的生产、加工或者制造。

“从价百分比”是指澳门原产的原料、组合零件的价格以及在澳门产生的劳工价值和产品开发支出价格的合计与出口制成品船上交货价格（FOB）的比值。该比值大于或者等于30%，并且产品的最后制造或者加工工序在澳门境内完成的，视为进行了实质性加工。用公式表示如下：

（原料价格 + 组合零件价格 + 劳工价值 + 产品开发支出价格）÷ 出口制成品的船上交货价格（FOB）× 100% ≥30%

公式中的“产品开发”是指在澳门境内为生产或者加工有关出口制成品而实施的产品开发。产品开发支出价格应当与该出口制成品有关，包括生产加工者自行开发、委托澳门境内的自然人或者法人开发以及购买该方境内的自然人或者法人拥有的设计、专利权、专有技术、商标权或者著作权而支付的费用。该价格应当能够依据公认的会计准则和《关于实施1994年关税与贸易总协定第7条的协定》的有关规定明确确定。

澳门使用内地原产的原料或者组合零件在澳门构成出口制成品组成部分的，在计算该出口制成品的从价百分比时，该内地原产原料或者组合零件应当视为原产于澳门；该出口制成品的从价百分比应当大于或者等于30%，且在不记入该内地原产的原料或者组合零件价格时的从价百分比应当大于或者等于15%。

“从价百分比”的计算应当符合公认的会计准则和《关于实施1994年关税与贸易总协定第7条的协定》的有关规定。

“其他标准”是指除上述“制造或者加工工序”标准、“税号改变”标准和“从价百分比”标准之外，内地与澳门主管部门一致同意采用的确定原产地的其他方法。

“混合标准”是指确定原产地时同时使用的上述两个或者两个以上的标准。

其他附加条件是指当上述“实质性加工”有关认定标准不足以确认原产地时，经内地与澳门主管部门一致同意，可以采用品牌要求等附加条件。

第七条 简单的稀释、混合、包装、装瓶、干燥、装配、分类或者装饰不应当视为实质性加工。

以规避本规定为目的的加工或者定价措施不应当视为实质性加工。

第八条 货物制造过程中使用的能源、工厂、设备、机器、工具的产地，以及不构成货物组成成分或者组成部件的材料的产地，在确定货物原产地时不予考虑。

第九条 随货物一起报关进口，并在《中华人民共和国进出口税则》中与该货物一并归类的包装、包装材料、容器以及附件、备件、工具、介绍说明性材料，在确定货物原产地时应当忽略不计。

第十条 《安排》项下的进口货物应当从澳门直接运输至内地口岸。

进口货物从澳门经过香港运输至内地口岸，并且同时符合下列条件的，视为从澳门直接运输：

（一）仅是由于地理原因或者运输需要；

（二）未在香港进行贸易或者消费；

（三）除装卸或者保持货物处于良好状态所需的加工外，在香港未进行其他任何加工。

第十一条 《安排》项下的进口货物报关时，收货人应当主动向申报地海关申明该货物适用零关税，并提交符合《安排》项下《关于原产地证书的签发和核查程序》规定的有效原产地证书。

从澳门经过香港运输至内地口岸的进口货物，除符合前款规定外，收货人还应当向申报地海关补充提供下列单证：

（一）在澳门签发的联运提单；

（二）货物的原厂商发票；

（三）符合本规定第十条第二款规定的相关证明文件。

第十二条 原产地证书经海关联网核对无误的，海关准予按照零关税办理货物进口手续。经海关核对确认证书无效的，不适用零关税。

申报地海关因故无法进行联网核对，且收货人要求放行货物的，海关可以按照非《安排》项下该货物适用的税率征收相当于应缴税款的等值保证金后先予放行货物，并按规定办理进口手续，进行海关统计。申报地海关应当自该货物放行之日起 90 天内核定其原产地证书真实情况，根据核定结果办理退还保证金手续或者保证金转为进口关税手续，海关统计数据应当作相应修改。

第十三条 申报地海关对原产地证书内容的真实性产生怀疑时，可以通过海关总署或者其授权的海关向澳门海关或者澳门经济局提出协助核查的请求。在等待澳门海关或者澳门经济局核查结果并确认有关原产地证书期间，申报地海关可以按照非《安排》项下该货物适用的税率征收相当于应缴税款的等值保证金后先予放行货物，并按规定办理进口手续，进行海关统计。澳门海关或者澳门经济局核查完毕后，申报地海关应当根据核查结果，立即办理退还保证金手续或者保证金转为进口关税手续，海关统计数据应当作相应修改。

第十四条 海关对进口货物收货人提供的用于原产地证书核查的资料负有保密义务。未经收货人同意，海关不得泄露或者用于其他用途，但法律、行政法规及相关司法解释另有规定的除外。

第十五条 违反本规定的行为，海关按照《中华人民共和国海关法》和《中华人民共和国海关行政处罚实施条例》的规定处理；构成犯罪的，依法追究刑事责任。

第十六条 本规定由海关总署负责解释。

第十七条 本规定自 2004 年 1 月 1 日起施行。

中华人民共和国国家质量监督检验检疫总局令

国家质量监督检验检疫总局令
第 145 号

《进口食品境外生产企业注册管理规定》已经 2011 年 6 月 21 日国家质量监督检验检疫总局局务会议审议通过，现予公布，自 2012 年 5 月 1 日起施行。

局　长　支树平

二〇一二年三月二十二日

进口食品境外生产企业注册管理规定

第一章　总　则

第一条　为加强进口食品境外食品生产企业的监督管理，根据《中华人民共和国食品安全法》及其实施条例、《中华人民共和国进出口商品检验法》及其实施条例等法律、行政法规的规定，制定本规定。

第二条　向中国输出食品的境外生产、加工、储存企业（以下统称进口食品境外生产企业）的注册及其监督管理适用本规定。

第三条　国家质量监督检验检疫总局（以下简称国家质检总局）统一管理进口食品境外生产企业注册工作。

国家认证认可监督管理委员会（以下简称国家认监委）组织实施进口食品境外生产企业的注册及其监督管理工作。

第四条　《进口食品境外生产企业注册实施目录》（以下简称《目录》）由国家认监委负责制定、调整，国家质检总局公布。

《目录》内不同产品类别的注册评审程序和技术要求，由国家认监委另行制定、发布。

第五条　《目录》内食品的境外生产企业，应当获得注册后，其产品方可进口。

第二章　注册条件与程序

第六条　进口食品境外生产企业注册条件：

（一）企业所在国家（地区）的与注册相关的兽医服务体系、植物保护体系、公共卫生管理体系等经评估合格；

（二）向我国出口的食品所用动植物原料应当来自非疫区；向我国出口的食品可能存在动植物疫病传播风险的，企业所在国家（地区）主管当局应当提供风险消除或者可控的证明文件和相关科学材料。

（三）企业应当经所在国家（地区）相关主管当局批准并在其有效监管下，其卫生条件应当符合中国法律法规和标准规范的有关规定。

第七条　进口食品境外生产企业申请注册，应通过其所在国家（地区）主管当局或其他规定的方式向国家认监委推荐，并提交符合本办法第六条规定条件的证明性文件以及下列材料，提交的有关材料应当为中文或者英文文本：

（一）所在国（地区）相关的动植物疫情、兽医卫生、公共卫生、植物保护、农药兽药残留、食品生产企业注册管理和卫生要求等方面的法律法规，所在国（地区）主管当局机构设置和人员情况及法律法规执行等方面的书面资料；

（二）申请注册的境外食品生产企业名单；

（三）所在国家（地区）主管当局对其推荐企业的检疫、卫生控制实际情况的评估答卷；

（四）所在国家（地区）主管当局对其推荐的企业符合中国法律、法规要求的声明；

（五）企业注册申请书，必要时提供厂区、车间、冷库的平面图，工艺流程图等。

第八条　国家认监委应当组织相关专家或指定机构对境外食品生产企业所在国家（地区）主管当局或

其他规定方式提交的资料进行审查，并根据工作需要，组成评审组进行实地评审，评审组成员应当2人以上。

从事评审的人员，应当经国家认监委考核合格。

第九条 评审组应当按照《目录》中不同产品类别的评审程序和要求完成评审工作，并向国家认监委提交评审报告。

国家认监委应当按照工作程序对评审报告进行审查，做出是否注册的决定。符合注册要求的，予以注册，并书面通告境外食品生产企业所在国家（地区）的主管当局；不予注册的，应当书面通告境外食品生产企业所在国家（地区）的主管当局，并说明理由。

国家认监委应当定期统一公布获得注册的境外食品生产企业名单，并报国家质检总局。

第十条 注册有效期为4年。

境外食品生产企业需要延续注册的，应当在注册有效期届满前一年，通过其所在国家（地区）主管当局或其他规定的方式向国家认监委提出延续注册申请。

逾期未提出延续注册申请的，国家认监委注销对其注册，并予以公告。

第十一条 已获得注册的境外食品生产企业的注册事项发生变更时，应当通过其所在国家（地区）主管当局或其他规定的方式及时通报国家认监委，国家认监委根据具体变更情况做出相应处理，并报国家质检总局。

第十二条 已获得注册的境外食品生产企业应当在其向我国境内出口的食品外包装上如实标注注册编号。

禁止冒用或者转让注册编号。

第三章　注册管理

第十三条 国家认监委依法对《目录》内食品的境外生产企业进行监督管理，必要时组织相关专家或指定机构进行复查。

第十四条 经复查发现已获得注册的境外食品生产企业不能持续符合注册要求的，国家认监委应当暂停其注册资格并报国家质检总局暂停进口相关产品，同时向其所在国家（地区）主管当局通报，并予以公告。

境外食品生产企业所在国家（地区）主管当局应当监督需要整改的企业在规定期限内完成整改，并向国家认监委提交书面整改报告和符合中国法律法规要求的书面声明。经国家认监委审查合格后，方可继续向我国出口食品。

第十五条 已获得注册的境外食品生产企业有下列情形之一的，国家认监委应当撤销其注册并报国家质检总局，同时向其所在国家（地区）主管当局通报，予以公告：

（一）因境外食品生产企业的原因造成相关进口食品发生重大食品安全事故的；

（二）其产品进境检验检疫中发现不合格情况，情节严重的；

（三）经查发现食品安全卫生管理存在重大问题，不能保证其产品安全卫生的；

（四）整改后仍不符合注册要求的；

（五）提供虚假材料或者隐瞒有关情况的；

（六）出租、出借、转让、倒卖、涂改注册编号的。

第十六条 列入《目录》内的进口食品入境时，出入境检验检疫机构应当查验其是否由获得注册的企业生产，注册编号是否真实、准确，经查发现不符合法定要求的，依照《中华人民共和国进出口商品检验法》等相关法律、行政法规予以处理。

第十七条 进口国家实行注册管理而未获得注册的境外食品生产企业生产的食品的，依据《中华人民共和国进出口商品检验法实施条例》第五十二条，由出入境检验检疫机构责令其停止进口，没收违法所得，并处商品货值金额10%以上、50%以下的罚款。

第四章　附　则

第十八条 国际组织或者向我国境内出口食品的国家（地区）主管当局发布疫情通告，或者产品在进境检验检疫中发现疫情、公共卫生失控等严重问题的，国家质检总局公告暂停进口该国家（地区）相关食品期间，国家认监委不予接受该国家（地区）主管当局推荐其相关食品生产企业注册。

第十九条 境外食品生产企业所在国家（地区）主管当局应当协助国家认监委委派的评审组完成实地评审和复查工作。

第二十条 香港特别行政区、澳门特别行政区和台湾地区向中国大陆出口《目录》内食品的生产、加工、储存企业的注册管理，参照本规定执行。

第二十一条 本规定中所在国家（地区）主管当

局包括境外食品生产企业所在国家（地区）负责相关食品安全卫生的官方部门、官方授权机构及行业组织等。

第二十二条 本规定由国家质量监督检验检疫总局负责解释。

第二十三条 本规定自2012年5月1日起施行。原国家质量监督检验检疫总局2002年3月14日公布的《进口食品国外生产企业注册管理规定》同时废止。

国家质量监督检验检疫总局令 第146号

《出入境人员携带物检疫管理办法》已经2012年6月27日国家质量监督检验检疫总局局务会议审议通过，现予公布，自2012年11月1日起施行。

局 长 支树平

二〇一二年八月二日

出入境人员携带物检疫管理办法

第一章 总 则

第一条 为了防止人类传染病及其医学媒介生物、动物传染病、寄生虫病和植物危险性病、虫、杂草以及其他有害生物经国境传入、传出，保护人体健康和农、林、牧、渔业以及环境安全，依据《中华人民共和国进出境动植物检疫法》及其实施条例、《中华人民共和国国境卫生检疫法》及其实施细则、《农业转基因生物安全管理条例》、《中华人民共和国濒危野生动植物进出口管理条例》等法律法规的规定，制定本办法。

第二条 本办法所称出入境人员，是指出入境的旅客（包括享有外交、领事特权与豁免权的外交代表）和交通工具的员工以及其他人员。

本办法所称携带物，是指出入境人员随身携带以及随所搭乘的车、船、飞机等交通工具托运的物品和分离运输的物品。

第三条 国家质量监督检验检疫总局（以下简称“国家质检总局”）主管全国出入境人员携带物检疫和监督管理工作。

国家质检总局设在各地的出入境检验检疫机构（以下简称“检验检疫机构”）负责所辖地区出入境人员携带物检疫和监督管理工作。

第四条 出入境人员携带下列物品，应当申报并接受检验检疫机构检疫：

（一）入境动植物、动植物产品和其他检疫物；

（二）出入境生物物种资源、濒危野生动植物及其产品；

（三）出境的国家重点保护的野生动植物及其产品；

（四）出入境的微生物、人体组织、生物制品、血液及血液制品等特殊物品（以下简称“特殊物品”）；

（五）出入境的尸体、骸骨等；

（六）来自疫区、被传染病污染或者可能传播传染病的出入境的行李和物品；

（七）国家质检总局规定的其他应当向检验检疫机构申报并接受检疫的携带物。

第五条 出入境人员禁止携带下列物品进境：

（一）动植物病原体（包括菌种、毒种等）、害虫及其他有害生物；

（二）动植物疫情流行的国家或者地区的有关动植物、动植物产品和其他检疫物；

（三）动物尸体；

（四）土壤；

（五）《中华人民共和国禁止携带、邮寄进境的动植物及其产品名录》所列各物；

（六）国家规定禁止进境的废旧物品、放射性物质以及其他禁止进境物。

第六条 经检验检疫机构检疫，发现携带物存在重大检疫风险的，检验检疫机构应当启动风险预警及快速反应机制。

第二章 检疫审批

第七条 携带动植物、动植物产品入境需要办理检疫审批手续的，应当事先向国家质检总局申请办理动植物检疫审批手续。

第八条 携带植物种子、种苗及其他繁殖材料入境，因特殊情况无法事先办理检疫审批的，应当按照有关规定申请补办。

第九条 因科学研究等特殊需要，携带本办法第五条第一项至第四项规定的物品入境的，应当事先向国家质检总局申请办理动植物检疫特许审批手续。

第十条 《中华人民共和国禁止携带、邮寄进境的动植物及其产品名录》所列各物，经国家有关行政主管部门审批许可，并具有输出国家或者地区官方机构出具的检疫证书的，可以携带入境。

第十一条 携带特殊物品出入境，应当事先向直属检验检疫局办理卫生检疫审批手续。

第三章 申报与现场检疫

第十二条 携带本办法第四条所列各物入境的，入境人员应当按照有关规定申报，接受检验检疫机构检疫。

第十三条 检验检疫机构可以在交通工具、人员出入境通道、行李提取或者托运处等现场，对出入境人员携带物进行现场检查，现场检查可以使用X光机、检疫犬以及其他方式进行。

对出入境人员可能携带本办法规定应当申报的携带物而未申报的，检验检疫机构可以进行查询并抽检其物品，必要时可以开箱（包）检查。

第十四条 出入境人员应当接受检查，并配合检验检疫人员工作。

享有外交、领事特权与豁免权的外国机构和人员公用或者自用的动植物、动植物产品和其他检疫物入境，应当接受检验检疫机构检疫；检验检疫机构查验，须有外交代表或者其授权人员在场。

第十五条 对申报以及现场检查发现的本办法第四条所列各物，检验检疫机构应当进行现场检疫。

第十六条 携带植物种子、种苗及其他繁殖材料入境的，携带人应当向检验检疫机构提供《引进种子、苗木检疫审批单》或者《引进林木种子、苗木和其它繁殖材料检疫审批单》。

携带除本条第一款之外的其他应当办理检疫审批的动植物、动植物产品和其他检疫物以及应当办理动植物检疫特许审批的禁止进境物入境的，携带人应当向检验检疫机构提供国家质检总局签发的《中华人民共和国进境动植物检疫许可证》（以下简称“检疫许可证”）和其他相关单证。

检验检疫机构按照《引进种子、苗木检疫审批单》、《引进林木种子、苗木和其他繁殖材料检疫审批单》、检疫许可证和其他相关单证的要求以及有关规定对本条第一、二款规定的动植物和动植物产品及其他检疫物实施现场检疫。

第十七条 携带入境的活动物仅限犬或者猫（以下称“宠物”），并且每人每次限带1只。

携带宠物入境的，携带人应当向检验检疫机构提供输出国家或者地区官方动物检疫机构出具的有效检疫证书和疫苗接种证书。宠物应当具有芯片或者其他有效身份证明。

第十八条 携带农业转基因生物入境的，携带人应当向检验检疫机构提供《农业转基因生物安全证书》和输出国家或者地区官方机构出具的检疫证书。列入农业转基因生物标识目录的进境转基因生物，应当按照规定进行标识，携带人还应当提供国务院农业行政主管部门出具的农业转基因生物标识审查认可批准文件。

第十九条 携带特殊物品出入境的，携带人应当向检验检疫机构提供《入/出境特殊物品审批单》并接受卫生检疫。

携带供移植用器官、骨髓干细胞出入境，因特殊原因未办理卫生检疫审批手续的，出境、入境时检验检疫机构可以先予放行，货主或者其代理人应当在放行后10个工作日内申请补办卫生检疫审批手续。

携带自用且仅限于预防或者治疗疾病用的血液制品或者生物制品出入境的，不需办理卫生检疫审批手续，但需出示医院的有关证明；允许携带量以处方或者说明书确定的一个疗程为限。

第二十条 携带尸体、骸骨等出入境的，携带人应当按照有关规定向检验检疫机构提供死者的死亡证明以及其他相关单证。

检验检疫机构依法对出入境尸体、骸骨等实施卫生检疫。

第二十一条 携带濒危野生动植物及其产品进出境或者携带国家重点保护的野生动植物及其产品出境的，应当在《中华人民共和国濒危野生动植物进出口管理条例》规定的指定口岸进出境，携带人应当向检验检疫机构提供进出口证明书。

第二十二条 检验检疫机构对携带人提供的检疫许可证以及其他相关单证进行核查，核查合格的，应当在现场实施检疫。现场检疫合格且无需作进一步实验室检疫、隔离检疫或者其他检疫处理的，可以当场放行。

携带物与提交的检疫许可证或者其他相关单证不

符的，作限期退回或者销毁处理。

第二十三条 携带物有下列情形之一的，检验检疫机构依法予以截留：

（一）需要做实验室检疫、隔离检疫的；

（二）需要作检疫处理的；

（三）需要作限期退回或者销毁处理的；

（四）应当提供检疫许可证以及其他相关单证，不能提供的；

（五）需要移交其他相关部门的。

检验检疫机构应当对依法截留的携带物出具截留凭证，截留期限不超过7天。

第二十四条 携带动植物、动植物产品和其他检疫物出境，依法需要申报的，携带人应当按照规定申报并提供有关证明。

输入国家或者地区、携带人对出境动植物、动植物产品和其他检疫物有检疫要求的，由携带人提出申请，检验检疫机构依法实施检疫并出具有关单证。

第二十五条 检验检疫机构对入境中转人员携带物实行检疫监督管理。

航空公司对运载的入境中转人员携带物应当单独打板或者分舱运载，并在入境中转人员携带物外包装上加施明显标志。检验检疫机构必要时可以在国内段实施随航监督。

第四章 检疫处理

第二十六条 截留的携带物应当在检验检疫机构指定的场所封存或者隔离。

第二十七条 携带物需要做实验室检疫、隔离检疫的，经检验检疫机构截留检疫合格的，携带人应当持截留凭证在规定期限内领取，逾期不领取的，作自动放弃处理；截留检疫不合格又无有效处理方法的，作限期退回或者销毁处理。

逾期不领取或者出入境人员书面声明自动放弃的携带物，由检验检疫机构按照有关规定处理。

第二十八条 入境宠物应当隔离检疫30天（截留期限计入在内）。

来自狂犬病发生国家或者地区的宠物，应当在检验检疫机构指定的隔离场隔离检疫30天。

来自非狂犬病发生国家或者地区的宠物，应当在检验检疫机构指定隔离场隔离7天，其余23天在检验检疫机构指定的其他场所隔离。

携带宠物属于工作犬，如导盲犬、搜救犬等，携带人提供相应专业训练证明的，可以免予隔离检疫。

检验检疫机构对隔离检疫的宠物实行监督检查。

第二十九条 携带宠物入境，携带人不能向检验检疫机构提供输出国家或者地区官方动物检疫机构出具的检疫证书和疫苗接种证书或者超过限额的，由检验检疫机构作限期退回或者销毁处理。

对仅不能提供疫苗接种证书的工作犬，经携带人申请，检验检疫机构可以对工作犬接种狂犬病疫苗。

作限期退回处理的，携带人应当在规定的期限内持检验检疫机构签发的截留凭证，领取并携带宠物出境；逾期不领取的，作自动放弃处理。

第三十条 因不能提供检疫许可证以及其他相关单证被截留的携带物，携带人应当在截留期限内补交单证，检验检疫机构对单证核查合格，无需作进一步实验室检疫、隔离检疫或者其他检疫处理的，予以放行；未能补交有效单证的，作限期退回或者销毁处理。

携带农业转基因生物入境，不能提供农业转基因生物安全证书和相关批准文件的，或者携带物与证书、批准文件不符的，作限期退回或者销毁处理。进口农业转基因生物未按照规定标识的，重新标识后方可入境。

第三十一条 携带物有下列情况之一的，按照有关规定实施除害处理或者卫生处理：

（一）入境动植物、动植物产品和其他检疫物发现有规定病虫害的；

（二）出入境的尸体、骸骨不符合卫生要求的；

（三）出入境的行李和物品来自传染病疫区、被传染病污染或者可能传播传染病的；

（四）其他应当实施除害处理或者卫生处理的。

第三十二条 携带物有下列情况之一的，检验检疫机构按照有关规定予以限期退回或者销毁处理，法律法规另有规定的除外：

（一）有本办法第二十二条、第二十七条、第二十九条和第三十条所列情形的；

（二）法律法规及国家其他规定禁止入境的；

（三）其他应当予以限期退回或者作销毁处理的。

第五章 法律责任

第三十三条 携带动植物、动植物产品和其他检疫物入境有下列行为之一的，由检验检疫机构处以

5000元以下罚款：

（一）应当向检验检疫机构申报而未申报的；

（二）申报的动植物、动植物产品和其他检疫物与实际不符的；

（三）未依法办理检疫审批手续的；

（四）未按照检疫审批的规定执行的。

有前款第二项所列行为，已取得检疫单证的，予以吊销。

第三十四条 有下列违法行为之一的，由检验检疫机构处以警告或者100元以上5000元以下罚款：

（一）拒绝接受检疫，拒不接受卫生处理的；

（二）伪造、变造卫生检疫单证的；

（三）瞒报携带禁止进口的微生物、人体组织、生物制品、血液及其制品或者其他可能引起传染病传播的动物和物品的；

（四）未经检验检疫机构许可，擅自装卸行李的；

（五）承运人对运载的入境中转人员携带物未单独打板或者分舱运载的。

第三十五条 未经检验检疫机构实施卫生处理，擅自移运尸体、骸骨的，由检验检疫机构处以1000元以上1万元以下罚款。

第三十六条 有下列行为之一的，由检验检疫机构处以3000元以上3万元以下罚款：

（一）未经检验检疫机构许可擅自将进境、过境动植物、动植物产品和其他检疫物卸离运输工具或者运递的；

（二）未经检验检疫机构许可，擅自调离或者处理在检验检疫机构指定的隔离场所中截留隔离的携带物的；

（三）擅自开拆、损毁动植物检疫封识或者标志的。

第三十七条 伪造、变造动植物检疫单证、印章、标志、封识的，应当依法移送公安机关；尚不构成犯罪或者犯罪情节显著轻微依法不需要判处刑罚的，由检验检疫机构处以2万元以上5万元以下罚款。

第三十八条 携带废旧物品，未向检验检疫机构申报，未经检验检疫机构实施卫生处理并签发有关单证而擅自入境、出境的，由检验检疫机构处以5000元以上3万元以下罚款。

第三十九条 买卖动植物检疫单证、印章、标志、封识或者买卖伪造、变造的动植物检疫单证、印章、标志、封识的，有违法所得的，由检验检疫机构处以违法所得3倍以下罚款，最高不超过3万元；无违法所得的，由检验检疫机构处以1万元以下罚款。

买卖卫生检疫单证或者买卖伪造、变造的卫生检疫单证的，有违法所得的，由检验检疫机构处以违法所得3倍以下罚款，最高不超过5000元；无违法所得的，由检验检疫机构处以100元以上5000元以下罚款。

第四十条 有下列行为之一的，由检验检疫机构处以1000元以下罚款：

（一）盗窃动植物检疫单证、印章、标志、封识或者使用伪造、变造的动植物检疫单证、印章、标志、封识的；

（二）盗窃卫生检疫单证或者使用伪造、变造的卫生检疫单证的；

（三）使用伪造、变造的国外官方机构出具的检疫证书的。

第四十一条 出入境人员拒绝、阻碍检验检疫机构及其工作人员依法执行职务的，依法移送有关部门处理。

第四十二条 检验检疫机构工作人员应当秉公执法、忠于职守，不得滥用职权、玩忽职守、徇私舞弊；违法失职的，依法追究责任。

第六章 附 则

第四十三条 本法所称分离运输的物品是指出入境人员在其入境后或者出境前6个月内（含6个月），以托运方式运进或者运出的本人行李物品。

第四十四条 需要收取费用的，检验检疫机构按照有关规定执行。

第四十五条 违反本办法规定，构成犯罪的，依法追究刑事责任。

第四十六条 本办法由国家质检总局负责解释。

第四十七条 本办法自2012年11月1日起施行。国家质检总局2003年11月6日发布的《出入境人员携带物检疫管理办法》（国家质检总局令第56号）同时废止。

第六篇

全国口岸运行主要数据

2012 年全国口岸进出口商品总值表

序号	口岸名称	进出口总值（万美元）	比重（%）	同比（%）	进口总值（万美元）	同比（%）	出口总值（万美元）	同比（%）
0	合　计	386 676 033	100.0	+6.2	181 782 557	+4.3	204 893 476	+7.9
1	北京口岸	8 096 865	2.1	-0.8	5 309 193	-3.4	2 787 673	+4.7
2	天津口岸	20 425 226	5.3	+3.6	10 623 954	+4.8	9 801 272	+2.2
3	河北口岸	4 275 524	1.1	+4.4	3 682 655	+5.6	592 869	-2.3
4	山西口岸	427 761	0.1	-12.5	423 312	-12.0	4 449	-46.3
5	内蒙古口岸	1 324 685	0.3	-5.3	949 156	-7.7	375 529	+3.9
6	辽宁口岸	12 913 069	3.3	+3.2	7 152 606	+5.4	5 760 463	+0.6
7	吉林口岸	884 463	0.2	-0.1	757 367	-0.8	127 096	+3.8
8	黑龙江口岸	2 005 860	0.5	+14.0	1 454 468	+9.8	551 392	+27.0
9	上海口岸	80 092 019	20.7	-1.4	30 997 783	-0.7	49 094 235	-1.8
10	江苏口岸	34 181 720	8.8	+1.3	18 791 814	-0.2	15 389 905	+3.1
11	浙江口岸	28 437 316	7.4	+0.4	12 503 951	-3.5	15 933 365	+3.6
12	安徽口岸	1 113 893	0.3	-12.2	792 675	-20.5	321 218	+18.3
13	福建口岸	13 597 829	3.5	+6.3	5 485 028	+8.8	8 112 801	+4.6
14	江西口岸	1 157 147	0.3	-10.0	700 175	-15.4	456 972	-0.2
15	山东口岸	30 850 487	8.0	+3.1	17 183 548	+5.8	13 666 939	-0.1
16	河南口岸	3 634 634	0.9	+227.5	1 863 738	+105.1	1 770 896	+780.7
17	湖北口岸	1 921 926	0.5	-1.7	1 015 584	-1.5	906 342	-1.8
18	湖南口岸	809 706	0.2	-3.0	519 109	-6.1	290 597	+3.3
19	广东口岸	121 787 872	31.5	+13.2	51 463 284	+13.8	70 324 588	+17.3
20	广西口岸	4 101 371	1.1	+24.9	2 584 370	+37.2	1 517 001	+8.4
21	海南口岸	1 417 283	0.4	+8.7	1 155 242	+5.6	262 041	+24.8
22	重庆口岸	3 322 762	0.9	+70.4	1 289 761	+53.8	2 033 001	+82.9
23	四川口岸	3 577 064	0.9	+33.9	1 713 421	+15.5	1 863 643	+56.9
24	贵州口岸	112 610	0.0	+3.9	60 926	-22.6	51 684	+74.3
25	云南口岸	676 645	0.2	+8.0	217 281	+16.5	459 364	+4.3
26	西藏口岸	182 816	0.0	+61.4	7 096	-51.2	175 720	+77.9
27	陕西口岸	894 821	0.2	-3.7	563 663	-13.0	331 158	+17.6
28	甘肃口岸	389 819	0.1	-4.4	379 309	-6.2	10 510	+203.2
29	宁夏口岸	43 135	0.0	-3.7	42 546	-3.7	589	+0.4
30	青海口岸	16 374	0.0	+29.9	16 209	+29.3	165	+146.7
31	新疆口岸	4 003 334	1.0	+7.7	2 083 332	+7.4	1 920 001	+8.1

2012 年全国口岸进出口货运量统计表

序号	口岸名称	进出口			进　口		出　口	
		货运量（吨）	比重（%）	同比（%）	货运量（吨）	同比（%）	货运量（吨）	同比（%）
0	合　计	3 447 158 984	100.0	+3.8	2 085 847 424	+11.7	136 131 1561	-6.4
1	北京口岸	5 658 260	0.2	-21.8	4 313 710	-29.3	1 344 550	+18.4
2	天津口岸	181 103 752	5.3	+8.2	128 694 831	+11.9	52 408 921	+0.1
3	河北口岸	229 992 909	6.7	+28.7	220 636 487	+30.9	9 356 422	-8.4
4	山西口岸	19 202 319	0.6	+5.1	19 175 642	+5.1	26 677	-0.4
5	内蒙古口岸	53 011 608	1.5	+5.5	48 812 642	+5.1	4 198 966	+11.4
6	辽宁口岸	139 563 086	4.0	+2.0	104 801 602	+2.5	34 761 484	+0.6
7	吉林口岸	2 004 598	0.1	-8.3	1 439 747	-6.5	564 851	-12.6
8	黑龙江口岸	25 243 669	0.7	+13.1	23 696 687	+13.3	1 546 982	+9.9
9	上海口岸	190 292 140	5.5	+8.3	102 926 196	+17.6	87 365 944	-1.0
10	江苏口岸	275 190 725	8.0	+10.4	221 422 362	+14.3	53 768 363	-3.2
11	浙江口岸	250 239 820	7.3	+3.0	201 056 245	+2.8	49 183 575	+3.9
12	安徽口岸	16 094 968	0.5	-7.0	14 390 482	-9.1	1 704 486	+14.8
13	福建口岸	137 675 123	4.0	+10.3	96 887 206	+15.3	40 787 917	0.0
14	江西口岸	17 685 674	0.5	+24.1	15 830 346	+26.3	1 855 328	+8.4
15	山东口岸	479 672 834	13.9	+8.0	410 314 122	+9.6	69 358 712	-0.4
16	河南口岸	12 685 054	0.4	+23.6	12 269 607	+24.7	415 447	-1.0
17	湖北口岸	25 814 988	0.7	+7.4	21 881 286	+8.6	3 933 702	+1.1
18	湖南口岸	18 053 415	0.5	+5.2	16 714 905	+6.6	1 338 510	-10.1
19	广东口岸	1 180 879 924	34.3	-5.5	259 420 208	+10.0	921 459 716	-9.1
20	广西口岸	96 500 591	2.8	+15.1	84 977 890	+18.3	11 522 702	-4.2
21	海南口岸	22 647 184	0.7	+5.6	19 681 227	+4.5	2 965 957	+13.5
22	重庆口岸	7 239 592	0.2	+8.4	4 922 833	+5.7	2 316 759	+14.7
23	四川口岸	1 490 740	0.0	+4.2	1 054 958	-4.2	435 782	+32.3
24	贵州口岸	2 568 732	0.1	+11.1	1 946 859	-5.3	621 873	+143.8
25	云南口岸	8 497 811	0.2	-15.7	5 797 876	-21.2	2 699 935	-0.8
26	西藏口岸	174 739	0.0	+8.4	4 620	+62.9	170 119	+7.4
27	陕西口岸	3 248 691	0.1	-22.8	2 967 236	-24.9	281 455	+9.8
28	甘肃口岸	3 221 004	0.1	+43.7	3 189 744	+43.2	31 260	+129.0
29	宁夏口岸	355 828	0.0	+66.4	349 296	+66.3	6 532	+71.9
30	青海口岸	31 923	0.0	-79.2	31 495	-79.4	428	+116.2
31	新疆口岸	41 117 283	1.2	+18.6	36 239 077	+19.8	4 878 206	+10.3

2012年全国口岸监管进出口
邮递物品、印刷品和音像制品、快递物品统计表

序号	口岸名称	邮递物品		印刷品和音像制品		快递物品	
		数量（件）	同比（%）	数量（件）	同比（%）	数量（件）	同比（%）
0	合　计	57 974 881	+61.5	133 698 143	+2.6	157 506 609	+20.1
1	北京口岸	10 983 594	+120.0	89 497 370	+7.1	15 202 130	+11.5
2	天津口岸	170 138	-56.1	6 505 773	+7.2	1 975 552	+11.7
3	河北口岸	0	-100.0	0	-100.0	0	—
4	山西口岸	0	—	0	—	0	—
5	内蒙古口岸	45 562	+18.7	420 680	+2.7	28 108	-7.7
6	辽宁口岸	505 849	-2.4	1 154 404	+8.0	2 306 178	+12.9
7	吉林口岸	97 916	+4.8	375 456	-0.7	495 980	+16.0
8	黑龙江口岸	158 925	+9.9	626 682	-17.1	272 919	+26.0
9	上海口岸	14 743 129	+21.0	6 193 581	+28.3	54 241 151	+21.6
10	江苏口岸	5 323 729	+857.4	1 683 301	-14.8	1 816 914	+58.0
11	浙江口岸	7 098 005	+196.3	1 333 412	+12.1	9 783 502	+60.0
12	安徽口岸	0	—	0	—	0	—
13	福建口岸	1 743 222	+39.5	1 181 956	+1.5	3 346 185	+24.6
14	江西口岸	0	—	14 229	+399.4	0	—
15	山东口岸	907 495	+12.6	934 826	-29.0	4 251 418	+23.5
16	河南口岸	115 098	+9.2	2 087 261	+91.6	467 819	+84.0
17	湖北口岸	343 417	+449.2	1 372 659	+0.2	291881	-16.5
18	湖南口岸	518 308	+18.4	129 607	+7.1	105 346	+83.3
19	广东口岸	14 777 659	+29.1	15 779 656	-22.0	60 584 398	+14.5
20	广西口岸	57 258	+10.3	205 409	+26.1	216 570	-16.7
21	海南口岸	16 279	+22.5	34 307	+14.8	29 306	-5.6
22	重庆口岸	37 874	+29.9	1 038 713	-6.9	1 067 048	+160.7
23	四川口岸	105 853	-0.4	1 919 187	-8.3	607 276	+77.6
24	贵州口岸	0	—	0	—	124 725	+14.5
25	云南口岸	48 070	+6.6	229 268	-6.0	111 483	+15.7
26	西藏口岸	3 866	-15.3	25 975	+45.7	1 416	-13.8
27	陕西口岸	110 675	-14.5	769 870	-15.2	145 325	-8.7
28	甘肃口岸	0	—	0	—	0	—
29	宁夏口岸	0	—	0	—	0	—
30	青海口岸	0	—	0	—	0	—
31	新疆口岸	62 960	+87.9	184 561	+26.7	33 979	+14.5

1981年~2012年进出口商品总值表（一）

单位：百万元人民币

年　份	进出口总值	出口总值	进口总值	差　额（+出超、-入超）	同比（%）	
					出口	进口
1981年	73 534	36 761	36 773	-12	—	—
1982年	77 137	41 383	35 754	+5 629	+12.6	-2.8
1983年	86 015	43 833	42 182	+1 651	+5.9	+18.0
1984年	120 103	58 056	62 047	-3 991	+32.4	+47.1
1985年	206 671	80 886	125 785	-44 899	+39.3	+102.7
1986年	258 037	108 211	149 826	-41 615	+33.8	+19.1
1987年	308 416	146 995	161 421	-14 426	+35.8	+7.7
1988年	382 179	176 672	205 507	-28 835	+20.2	+27.3
1989年	415 592	195 606	219 986	-24 380	+10.7	+7.0
1990年	556 012	298 584	257 428	+41 156	+52.6	+17.0
1991年	722 575	382 710	339 865	+42 845	+28.2	+32.0
1992年	911 962	467 629	444 333	+23 296	+22.2	+30.7
1993年	1 127 102	528 481	598 621	-70 140	+13.0	+34.7
1994年	2 038 190	1 042 184	996 006	+46 178	+97.2	+66.4
1995年	2 349 994	1 245 181	1 104 813	+140 368	+19.5	+10.9
1996年	2 413 386	1 257 643	1 155 743	+101 900	+1.0	+4.6
1997年	2 696 724	1 516 068	1 180 656	+335 412	+20.5	+2.2
1998年	2 684 968	1 522 354	1 162 614	+359 740	+0.4	-1.5
1999年	2 989 623	1 615 977	1 373 646	+242 331	+6.1	+18.2
2000年	3 927 325	2 063 444	1 863 881	+199 563	+27.7	+35.7
2001年	4 218 362	2 202 444	2 015 918	+186 526	+6.7	+8.2
2002年	5 137 815	2 694 787	2 443 027	+251 760	+22.4	+21.2
2003年	7 048 345	3 628 789	3 419 556	+209 232	+34.7	+40.0
2004年	9 553 909	4 910 333	4 643 576	+266 757	+35.3	+35.8
2005年	11 692 177	6 264 809	5 427 368	+837 441	+27.6	+16.9
2006年	14 097 474	7 759 789	6 337 686	+1 422 103	+23.9	+16.8
2007年	16 692 407	9 362 714	7 329 693	+2 033 020	+20.7	+15.7
2008年	17 992 147	10 039 494	7 952 653	+2 086 841	+7.2	+8.5
2009年	15 064 806	8 202 969	6 861 837	+1 341 132	-18.3	-13.7
2010年	20 172 234	10 702 284	9 469 950	+1 232 334	+30.5	+38.0
2011年	23 640 195	12 324 056	11 316 139	+1 007 916	+15.2	+19.5
2012年	24 416 021	12 935 925	11 480 096	+1 455 829	+5.0	+1.4

1981 年～2012 年进出口商品总值表（二）

单位：百万美元

年　份	进出口总值	出口总值	进口总值	差　额（＋出超、－入超）	同比（%）	
					出　口	进　口
1981 年	44 022	22 007	22 015	－8	—	—
1982 年	41 606	22 321	19 285	＋3 036	＋1. 4	－12. 4
1983 年	43 616	22 226	21 390	＋836	－0. 4	＋10. 9
1984 年	53 549	26 139	27 410	－1 271	＋17. 6	＋28. 1
1985 年	69 602	27 350	42 252	－14 902	＋4. 6	＋54. 1
1986 年	73 846	30 942	42 904	－11 962	＋13. 1	＋1. 5
1987 年	82 653	39 437	43 216	－3 779	＋27. 5	＋0. 7
1988 年	102 784	47 516	55 268	－7 752	＋20. 5	＋27. 9
1989 年	111 678	52 538	59 140	－6 602	＋10. 6	＋7. 0
1990 年	115 436	62 091	53 345	＋8 746	＋18. 2	－9. 8
1991 年	135 634	71 843	63 791	＋8 052	＋15. 7	＋19. 6
1992 年	165 525	84 940	80 585	＋4 355	＋18. 2	＋26. 3
1993 年	195 703	91 744	103 959	－12 215	＋8. 0	＋29. 0
1994 年	236 621	121 006	115 615	＋5 391	＋31. 9	＋11. 2
1995 年	280 864	148 780	132 084	＋16 696	＋23. 0	＋14. 2
1996 年	289 881	151 048	138 833	＋12 215	＋1. 5	＋5. 1
1997 年	325 162	182 792	142 370	＋40 422	＋21. 0	＋2. 5
1998 年	323 949	183 712	140 237	＋43 475	＋0. 5	－1. 5
1999 年	360 630	194 931	165 699	＋29 232	＋6. 1	＋18. 2
2000 年	474 297	249 203	225 094	＋24 109	＋27. 8	＋35. 8
2001 年	509 651	266 098	243 553	＋22 545	＋6. 8	＋8. 2
2002 年	620 766	325 596	295 170	＋30 426	＋22. 4	＋21. 2
2003 年	850 988	438 228	412 760	＋25 468	＋34. 6	＋39. 8
2004 年	1 154 554	593 326	561 229	＋32 097	＋35. 4	＋36. 0
2005 年	1 421 906	761 953	659 953	＋102 001	＋28. 4	＋17. 6
2006 年	1 760 438	968 978	791 461	＋177 517	＋27. 2	＋19. 9
2007 年	2 176 175	1 220 060	956 115	＋263 944	＋25. 9	＋20. 8
2008 年	2 563 255	1 430 693	1 132 562	＋298 131	＋17. 3	＋18. 5
2009 年	2 207 535	1 201 612	1 005 923	＋195 689	－16. 0	－11. 2
2010 年	2 974 001	1 577 754	1 396 247	＋181 507	＋31. 3	＋38. 8
2011 年	3 641 864	1 898 381	1 743 484	＋154 897	＋20. 3	＋24. 9
2012 年	3 867 119	2 048 714	1 818 405	＋230 309	＋7. 9	＋4. 3

2012 年进出口商品国别（地区）总值表

单位：千美元

进口原产国（地） 出口最终目的国（地）	2012 年			2011 年		
	出　口	进　口	出入超	出　口	进　口	出入超
总值	2 048 714 419	1 818 405 003	230 309 416	1 898 380 887	1 743 483 459	154 897 429
亚洲	1 006 811 857	1 038 293 365	-31 481 508	899 038 093	1 004 084 550	-105 046 457
阿富汗	464 049	5 187	458 863	230 010	4 403	225 607
巴林	1 202 781	348 026	854 755	880 012	325 836	554 176
孟加拉国	7 969 913	479 922	7 489 991	7 810 572	448 643	7 361 929
不丹	15 604	13	15 591	17 382	76	17 306
文莱	1 252 438	373 099	879 339	744 394	566 816	177 578
缅甸	5 673 712	1 298 226	4 375 486	4 821 497	1 679 900	3 141 597
柬埔寨	2 708 110	215 323	2 492 787	2 314 810	184 298	2 130 512
塞浦路斯	1 093 321	144 511	948 810	1 123 405	26 261	1 097 144
朝鲜	3 532 400	2 503 763	1 028 636	3 164 727	2 476 767	687 959
中国香港	323 430 624	17 880 374	305 550 251	267 983 077	15 492 427	252 490 650
印度	47 677 512	18 795 816	28 881 696	50 537 090	23 371 151	27 165 939
印度尼西亚	34 283 375	31 950 703	2 332 672	29 217 237	31 337 383	-2 120 146
伊朗	11 597 450	24 868 392	-13 270 942	14 762 091	30 341 314	-15 579 223
伊拉克	4 911 820	12 655 773	-7 743 953	3 824 651	10 443 634	-6 618 983
以色列	6 988 134	2 922 317	4 065 816	6 740 798	3 037 705	3 703 094
日本	151 621 834	177 833 947	-26 212 113	148 270 491	194 563 441	-46 292 950
约旦	2 958 638	297 103	2 661 535	2 512 724	256 722	2 256 002
科威特	2 089 184	10 467 809	-8 378 626	2 128 415	9 175 205	-7 046 790
老挝	934 143	786 634	147 509	476 270	824 608	-348 338
黎巴嫩	1 691 939	20 327	1 671 612	1 458 393	25 916	1 432 477
中国澳门	2 708 212	279 176	2 429 036	2 355 273	162 269	2 193 004
马来西亚	36 525 282	58 306 765	-21 781 483	27 885 985	62 136 712	-34 250 727
马尔代夫	76 488	185	76 302	97 122	136	96 987
蒙古	2 653 504	3 947 703	-1 294 198	2 731 642	3 701 071	-969 429
尼泊尔联邦民主共和国	1 968 164	29 520	1 938 644	1 181 226	13 865	1 167 361
阿曼	1 811 576	16 975 441	-15 163 865	998 177	14 876 488	-13 878 311
巴基斯坦	9 275 393	3 138 254	6 137 139	8 439 707	2 118 620	6 321 087

续表1

进口原产国（地） 出口最终目的国（地）	2012 年			2011 年		
	出　口	进　口	出入超	出　口	进　口	出入超
巴勒斯坦	40 674	338	40 336	47 815	1 041	46 775
菲律宾	16 731 333	19 644 131	-2 912 798	14 255 382	17 991 655	-3 736 274
卡塔尔	1 205 099	7 278 103	-6 073 004	1 198 757	4 694 309	-3 495 551
沙特阿拉伯	18 452 347	54 861 871	-36 409 523	14 849 707	49 467 535	-34 617 828
新加坡	40 741 872	28 530 778	12 211 094	35 570 135	28 139 921	7 430 214
韩国	87 677 679	168 737 615	-81 059 937	82 920 062	162 706 290	-79 786 227
斯里兰卡	3 001 092	161 955	2 839 136	2 988 724	152 888	2 835 837
叙利亚	1 189 444	10 915	1 178 529	2 420 241	26 155	2 394 086
泰国	31 196 204	38 554 656	-7 358 451	25 694 754	39 039 095	-13 344 341
土耳其	15 584 562	3 511 012	12 073 550	15 613 575	3 123 757	12 489 818
阿拉伯联合酋长国	29 568 321	10 851 969	18 716 352	26 812 849	8 306 375	18 506 474
也门共和国	1 955 099	3 604 055	-1 648 956	1 104 281	3 135 702	-2 031 421
越南	34 208 114	16 231 294	17 976 820	29 090 142	11 117 700	17 972 441
中华人民共和国	—	142 942 188	-142 942 188	—	122 614 415	-122 614 415
中国台湾	36 777 429	132 203 635	-95 426 205	35 108 942	124 908 665	-89 799 722
东帝汶	62 474	688	61 785	70 433	1 743	68 690
哈萨克斯坦	11 000 728	14 680 843	-3 680 115	9 566 530	15 394 704	-5 828 174
吉尔吉斯斯坦	5 073 367	88 949	4 984 418	4 878 289	98 163	4 780 125
塔吉克斯坦	1 747 870	108 829	1 639 042	1 996 778	72 228	1 924 550
土库曼斯坦	1 699 117	8 673 382	-6 974 265	784 163	4 693 173	-3 909 011
乌兹别克斯坦	1 783 339	1 091 849	691 490	1 359 242	807 371	551 871
亚洲其他国家（地区）	95	—	95	113	—	113
非洲	85 310 606	113 250 640	-27 940 035	73 083 028	93 239 865	-20 156 837
阿尔及利亚	5 416 656	2 311 906	3 104 750	4 471 882	1 960 543	2 511 340
安哥拉	4 039 030	33 561 905	-29 522 875	2 784 158	24 922 180	-22 138 023
贝宁	2 413 662	261 538	2 152 124	2 874 685	176 476	2 698 208
博茨瓦那	182 121	120 676	61 445	616 162	100 668	515 494
布隆迪	46 460	10 678	35 782	42 544	13 748	28 796
喀麦隆	1 064 318	890 432	173 887	874 109	662 949	211 160
加那利群岛	2 522	1	2 520	2 370	—	2 370
佛得角	57 490	1	57 489	49 752	12	49 740
中非	17 684	48 619	-30 936	14 271	28 138	-13 867
塞卜泰（休达）	340	—	340	87	—	87

续表2

进口原产国（地） 出口最终目的国（地）	2012年			2011年		
	出口	进口	出入超	出口	进口	出入超
乍得	172 778	220 729	-47 951	94 803	265 319	-170 515
科摩罗	14 943	6	14 937	8 186	7	8 179
刚果（布）	521 098	4 556 309	-4 035 210	489 431	4 672 160	-4 182 729
吉布提	901 780	617	901 162	508 853	176	508 677
埃及	8 223 992	1 320 737	6 903 255	7 283 238	1 518 340	5 764 898
赤道几内亚	361 228	1 822 829	-1 461 601	266 317	1 672 947	-1 406 630
埃塞俄比亚	1 529 483	309 366	1 220 118	885 361	292 092	593 269
加蓬	426 595	617 967	-191 372	269 915	578 159	-308 244
冈比亚	257 513	84 713	172 801	290 994	54 190	236 803
加纳	4 790 663	643 607	4 147 056	3 109 948	363 185	2 746 763
几内亚	753 851	10 995	742 856	630 170	15 567	614 603
几内亚（比绍）	15 895	6 633	9 261	14 851	4 100	10 751
科特迪瓦共和国	803 907	142 556	661 351	540 633	162 101	378 532
肯尼亚	2 788 739	52 415	2 736 323	2 368 775	59 691	2 309 084
利比里亚	3 446 550	228 607	3 217 943	4 966 687	41 245	4 925 442
利比亚	2 384 239	6 376 124	-3 991 885	720 379	2 063 575	-1 343 196
马达加斯加	542 414	114 411	428 003	503 376	103 397	399 980
马拉维	249 067	47 503	201 564	112 097	46 039	66 058
马里	290 232	331 689	-41 457	297 735	149 595	148 140
毛里塔尼亚	455 402	1 464 972	-1 009 570	386 275	1 510 455	-1 124 180
毛里求斯	620 171	10 713	609 458	496 927	9 687	487 241
摩洛哥	3 131 193	559 643	2 571 550	3 042 649	476 699	2 565 950
莫桑比克	940 887	401 776	539 111	700 251	257 241	443 010
纳米比亚	438 911	241 228	197 683	282 265	224 483	57 781
尼日尔	158 492	37 163	121 329	142 167	2 105	140 062
尼日利亚	9 296 028	1 273 918	8 022 110	9 204 084	1 583 793	7 620 291
留尼汪	139 735	153	139 582	143 182	26	143 156
卢旺达	90 107	71 465	18 642	66 652	78 129	-11 477
圣多美和普林西比	3 008	43	2 965	1 792	2	1 791
塞内加尔	793 973	51 356	742 617	680 361	68 709	611 652
塞舌尔	33 167	263	32 904	35 010	322	34 688
塞拉利昂	249 188	502 980	-253 792	224 834	27 994	196 840
索马里	101 107	3 104	98 003	91 209	5 796	85 412

续表 3

进口原产国（地） 出口最终目的国（地）	2012 年			2011 年		
	出　口	进　口	出入超	出　口	进　口	出入超
南非	15 323 017	44 671 266	-29 348 248	13 362 306	32 107 907	-18 745 601
西撒哈拉	288	—	288	2	18	—16
苏丹	2 178 620	1 554 267	624 354	1 994 602	9 541 547	-7 546 945
坦桑尼亚	2 089 722	379 297	1 710 425	1 653 632	489 891	1 163 741
多哥	3 383 103	84 811	3 298 292	1 831 410	76 567	1 754 843
突尼斯	1 391 920	176 976	1 214 944	1 112 591	219 462	893 129
乌干达	495 144	42 881	452 263	359 382	40 272	319 110
布基纳法索	72 506	232 656	-160 150	55 619	182 408	-126 790
刚果（金）	837 486	3 512 914	-2 675 429	826 685	3 160 525	-2 333 841
赞比亚	697 216	2 691 957	-1 994 741	617 342	2 771 899	-2 154 558
津巴布韦	430 490	584 427	-153 937	410 278	464 092	-53 814
莱索托	94 413	5 418	88 995	73 109	7 411	65 698
梅利利亚	7 880	—	7 880	3 938	—	3 938
斯威士兰	28 920	100 381	-71 461	30 686	344	30 342
厄立特里亚	53 532	1 259	52 272	148 156	871	147 285
马约特岛	23 396	112	23 284	11 210	—	11 210
南苏丹	34 522	499 465	-464 944	1 323	—	1 323
非洲其他国家（地区）	1 812	206	1 606	1 331	4 609	-3 278
欧洲	396 399 091	286 689 855	109 709 236	413 571 079	287 174 866	126 396 213
比利时	16 376 585	9 964 364	6 412 221	18 973 607	10 131 153	8 842 454
丹麦	6 539 744	2 905 412	3 634 332	6 446 594	2 813 451	3 633 143
英国	46 297 156	16 805 084	29 492 072	44 121 661	14 556 811	29 564 850
德国	69 210 333	91 921 057	-22 710 724	76 400 046	92 743 969	-16 343 923
法国	26 899 212	24 118 214	2 780 998	29 998 851	22 063 296	7 935 556
爱尔兰	2 098 345	3 797 158	-1 698 813	2 166 085	3 699 439	-1 533 353
意大利	25 653 432	16 067 556	9 585 876	33 692 806	17 576 665	16 116 141
卢森堡	1 956 195	262 580	1 693 615	1 595 051	309 228	1 285 823
荷兰	58 896 802	8 702 613	50 194 189	59 499 495	8 660 297	50 839 198
希腊	3 593 166	427 301	3 165 864	3 949 368	353 607	3 595 762
葡萄牙	2 500 694	1 514 900	985 794	2 801 434	1 161 792	1 639 641
西班牙	18 237 071	6 333 894	11 903 177	19 721 250	7 551 547	12 169 703
阿尔巴尼亚	343 905	143 115	200 790	281 483	154 534	126 949
安道尔	26 846	324	26 522	5 619	148	5 471

续表 4

进口原产国（地） 出口最终目的国（地）	2012 年			2011 年		
	出　口	进　口	出入超	出　口	进　口	出入超
奥地利	2 040 227	4 723 685	-2 683 457	2 226 819	4 761 360	-2 534 541
保加利亚	1 054 574	838 887	215 687	1 005 616	459 282	546 334
芬兰	7 440 553	3 832 339	3 608 213	6 640 367	4 540 825	2 099 543
直布罗陀	114 585	3	114 582	28 752	23	28 729
匈牙利	5 737 973	2 323 095	3 414 878	6 806 022	2 452 217	4 353 804
冰岛	95 388	88 961	6 427	76 581	75 599	982
列支敦士登	15 239	71 287	-56 049	13 324	78 914	-65 589
马耳他	2 245 419	884 707	1 360 713	2 329 586	851 729	1 477 857
摩纳哥	82 496	6 762	75 734	22 725	12 646	10 079
挪威	3 019 714	3 067 668	-47 954	3 785 872	3 621 911	163 960
波兰	12 386 457	1 996 903	10 389 554	10 939 549	2 047 976	8 891 573
罗马尼亚	2 797 178	979 567	1 817 611	3 453 775	946 247	2 507 528
圣马力诺	1 485	839	646	1 831	304	1 527
瑞典	6 415 281	6 922 178	-506 897	6 566 860	7 116 875	-550 015
瑞士	3 492 236	22 816 694	-19 324 458	3 700 228	27 208 327	-23 508 100
爱沙尼亚	1 233 542	135 773	1 097 769	1 130 855	205 417	925 437
拉脱维亚	1 312 709	68 827	1 243 882	1 192 947	63 436	1 129 510
立陶宛	1 630 425	89 497	1 540 928	1 335 102	87 607	1 247 495
格鲁吉亚	740 158	33 582	706 576	761 069	38 105	722 964
亚美尼亚	113 204	34 063	79 141	135 723	34 632	101 091
阿塞拜疆	1 069 828	213 897	855 931	892 619	193 720	698 898
白俄罗斯	919 817	663 130	256 687	705 135	598 486	106 648
摩尔多瓦	123 942	18 619	105 323	97 491	12 828	84 662
俄罗斯联邦	44 055 956	44 155 035	-99 078	38 903 515	40 369 851	-1 466 335
乌克兰	7 323 268	3 031 482	4 291 786	7 147 075	3 262 473	3 884 602
斯洛文尼亚	1 566 641	256 030	1 310 611	1 675 371	202 040	1 473 331
克罗地亚	1 299 830	74 514	1 225 316	1 540 929	79 531	1 461 398
捷克	6 323 044	2 406 989	3 916 055	7 669 407	2 317 927	5 351 480
斯洛伐克	2 423 032	3 655 227	-1 232 194	2 512 600	3 457 346	-944 746
前南斯拉夫马其顿	88 750	139 780	-51 030	91 811	154 308	-62 498
波斯尼亚—黑塞哥维那	46 712	23 301	23 411	41 435	29 895	11 540
梵蒂冈城国	27	71	-44	—	13	-13
法罗群岛	1 280	49 532	-48 251	406	27 130	-26 724

续表 5

进口原产国（地） 出口最终目的国（地）	2012 年			2011 年		
	出　口	进　口	出入超	出　口	进　口	出入超
塞尔维亚	412 876	101 347	311 529	396 353	77 891	318 462
黑山	145 761	22 015	123 746	89 982	12 056	77 926
欧洲其他国家（地区）	—	—	—	—	—	—
拉丁美洲	135 215 205	126 072 646	9 142 558	121 719 299	119 668 199	2 051 100
安提瓜和巴布达	746 977	71	746 905	656 772	51	656 721
阿根廷	7 869 263	6 560 925	1 308 338	8 502 508	6 256 828	2 245 680
阿鲁巴岛	16 244	13 243	3 001	17 689	35	17 654
巴哈马	592 077	116 885	475 192	550 137	62 901	487 235
巴巴多斯	96 112	10 443	85 669	143 863	6 708	137 155
伯利兹	52 512	7 787	44 725	49 491	2 902	46 588
多民族玻利维亚国	351 915	324 078	27 837	384 540	273 454	111 087
博内尔	53	1	52	33	—	33
巴西	33 419 561	52 329 398	-18 909 836	31 836 633	52 394 489	-20 557 856
开曼群岛	113 579	123	113 456	29 545	90	29 455
智利	12 599 454	20 626 670	-8 027 216	10 816 726	20 568 560	-9 751 834
哥伦比亚	6 229 250	3 157 248	3 072 002	5 838 843	2 394 767	3 444 076
多米尼克	25 299	1 146	24 153	26 490	396	26 094
哥斯达黎加	901 758	5 270 237	-4 368 479	884 523	3 844 030	-2 959 507
古巴	1 173 584	569 169	604 415	1 043 649	904 045	139 604
库腊索岛	26 148	146	26 002	20 090	117	19 972
多米尼加共和国	1 029 931	409 670	620 261	967 391	286 877	680 514
厄瓜多尔	2 613 996	938 323	1 675 673	2 223 606	579 890	1 643 716
法属圭亚那	15 481	29	15 453	12 863	1	12 862
格林纳达	19 869	4	19 865	5 912	1	5 912
瓜德罗普岛	34 283	34	34 249	38 396	1	38 395
危地马拉	1 283 666	68 508	1 215 158	1 253 975	23 345	1 230 630
圭亚那	199 523	26 077	173 446	132 608	14 532	118 077
海地	283 708	9 968	273 740	303 639	7 368	296 271
洪都拉斯	1 056 653	251 050	805 603	421 853	146 684	275 169
牙买加	786 097	30 686	755 410	370 913	3 971	366 943
马提尼克岛	21 934	442	21 492	26 524	1 057	25 467
墨西哥	27 515 487	9 159 607	18 355 880	23 975 879	9 368 578	14 607 300
蒙特塞拉特	9	39	-30	18	85	-67

续表 6

进口原产国（地） 出口最终目的国（地）	2012 年			2011 年		
	出　口	进　口	出入超	出　口	进　口	出入超
尼加拉瓜	466 787	115 850	350 937	422 029	24 370	397 659
巴拿马	15 306 042	53 000	15 253 042	14 555 810	42 858	14 512 952
巴拉圭	1 335 794	47 842	1 287 953	1 248 051	44 493	1 203 557
秘鲁	5 332 481	8 466 353	-3 133 872	4 653 277	7 856 713	-3 203 436
波多黎各	656 216	882 384	-226 168	557 104	1 043 080	-485 976
萨巴	900	—	900	269	5	264
圣卢西亚	28 785	120	28 666	10 152	288	9 864
圣马丁岛	2 189	—	2 189	3 429	1	3 428
圣文森特和格林纳丁斯	29 060	2	29 058	77 939	24	77 916
萨尔瓦多	490 528	7 365	483 162	449 992	6 377	443 616
苏里南	189 112	23 353	165 759	136 184	15 900	120 284
特立尼达和多巴哥	312 180	139 662	172 518	286 558	340 114	-53 557
特克斯和凯科斯群岛	296	1	295	400	—	400
乌拉圭	2 413 266	1 911 220	502 046	2 001 532	1 413 417	588 115
委内瑞拉	9 304 202	14 543 342	-5 239 141	6 521 892	11 738 216	-5 216 323
英属维尔京群岛	153 822	7	153 815	155 440	26	155 414
圣其茨－－尼维斯	2 705	134	2 572	4 385	476	3 909
圣皮埃尔和密克隆	4	0	4	2	—	2
荷属安地列斯群岛	115 637	1	115 635	99 253	82	99 171
拉丁美洲其他国家（地区）	775	3	772	494	—	494
北美洲	380 110 095	156 165 667	223 944 428	350 075 064	144 346 938	205 728 126
加拿大	28 124 796	23 210 485	4 914 311	25 266 103	22 169 947	3 096 156
美国	351 776 792	132 897 455	218 879 338	324 453 359	122 128 906	202 324 453
格陵兰	447	57 448	-57 001	535	48 065	-47 529
百慕大群岛	207 757	—	207 757	355 016	3	355 013
北美洲其他国家（地区）	303	279	24	51	17	34
大洋洲	44 867 565	91 666 113	-46 798 548	40 894 324	88 927 327	-48 033 002
澳大利亚	37 728 309	84 617 940	-46 889 630	33 909 938	82 673 150	-48 763 212
库克群岛	4 034	1 018	3 016	4 966	738	4 228
斐济	214 023	22 161	191 861	171 186	1 217	169 970
盖比群岛	40	—	40	196	—	196
马克萨斯群岛	—	—	—	1	3	-2
瑙鲁	972	51	921	185	9	176

续表 7

进口原产国（地） 出口最终目的国（地）	2012 年			2011 年		
	出　口	进　口	出入超	出　口	进　口	出入超
新喀里多尼亚	96 653	149 380	-52 727	135 163	80 846	54 317
瓦努阿图	133 612	2 418	131 195	133 860	2 394	131 466
新西兰	3 864 542	5 810 289	-1 945 747	3 736 693	4 981 317	-1 244 625
诺福克岛	323	2	321	358	—	358
巴布亚新几内亚	640 097	642 265	-2 168	453 024	815 220	-362 196
社会群岛	3 964	—	3 964	3 452	—	3 452
所罗门群岛	36 681	377 698	-341 017	30 676	348 807	-318 131
汤加	20 160	0	20 159	13 277	47	13 230
土阿莫土群岛	—	—	—	—	—	—
土布艾群岛	—	—	—	55	—	55
萨摩亚	71 746	23	71 722	37 816	27	37 789
基里巴斯	33 983	173	33 810	13 076	90	12 986
图瓦卢	143 449	0	143 449	14 939	0	14 939
密克罗尼西亚联邦	4 079	10 925	-6 846	3 413	1 615	1 797
马绍尔群岛共和国	1 823 200	23 379	1 799 821	2 190 067	16 542	2 173 526
帕劳共和国	1 640	28	1 612	1 194	5	1 189
法属波利尼西亚	43 818	8 038	35 781	38 135	5 293	32 842
瓦利斯和浮图纳	201	—	201	563	—	563
大洋洲其他国家（地区）	2 039	325	1 714	2 092	7	2 085
国别（地区）不详	—	6 266 716	-6 266 716	—	6 041 713	-6 041 713
东南亚国家联盟	204 254 583	195 891 608	8 362 974	170 070 606	193 018 089	-22 947 483
欧洲联盟	333 959 111	212 078 347	121 880 764	355 974 529	211 157 799	144 816 730
亚太经济合作组织	1 306 084 098	1 162 775 280	143 308 817	1 162 909 114	1 121 546 762	41 362 352

表注：1. 东南亚国家联盟包括文莱、缅甸、柬埔寨、印度尼西亚、老挝、马来西亚、菲律宾、新加坡、泰国、越南。

2. 欧洲联盟包括比利时、丹麦、英国、德国、法国、爱尔兰、意大利、卢森堡、荷兰、希腊、葡萄牙、西班牙、奥地利、芬兰、瑞典、塞浦路斯、匈牙利、马耳他、波兰、爱沙尼亚、拉脱维亚、立陶宛、斯洛文尼亚、捷克、斯洛伐克、保加利亚、罗马尼亚。

3. 亚太经济合作组织包括文莱、中国香港、印度尼西亚、日本、马来西亚、菲律宾、新加坡、韩国、泰国、越南、中华人民共和国、中国台湾、俄罗斯、智利、墨西哥、秘鲁、加拿大、美国、澳大利亚、新西兰、巴布亚新几内亚。

4. 保加利亚与罗马尼亚于 2007 年 1 月正式加入欧盟。本表在计算对欧盟贸易与上年同期增长率时，按照新的范围口径对 2006 年同期的数据进行了调整。

2012 年进出口商品构成表

单位：千美元

商　品	出　口		进　口	
	金　额	比重（%）	金　额	比重（%）
总　值	2 048 714 419	100.0	1 818 405 003	100.0
一、初级产品	100 558 212	4.9	634 934 183	34.9
0 类　食品及活动物	52 074 909	2.5	35 259 844	1.9
00 章　活动物	582 866	0.0	499 523	0.0
01 章　肉及肉制品	3 132 693	0.2	4 112 678	0.2
02 章　乳品及蛋品	292 266	0.0	3 256 794	0.2
03 章　鱼、甲壳及软体类动物及其制品	18 121 679	0.9	5 660 220	0.3
04 章　谷物及其制品	1 516 899	0.1	5 188 455	0.3
05 章　蔬菜及水果	18 429 183	0.9	6 933 920	0.4
06 章　糖、糖制品及蜂蜜	1 704 667	0.1	2 576 182	0.1
07 章　咖啡、茶、可可、调味料及其制品	2 408 778	0.1	997 982	0.1
08 章　饲料（不包括未碾磨谷物）	2 961 226	0.1	3 230 032	0.2
09 章　杂项食品	2 924 650	0.1	2 804 058	0.2
1 类　饮料及烟类	2 590 405	0.1	4 402 873	0.2
11 章　饮料	1 328 495	0.1	3 086 857	0.2
12 章　烟草及其制品	1 261 910	0.1	1 316 016	0.1
2 类　非食用原料（燃料除外）	14 341 466	0.7	269 659 516	14.8
21 章　生皮及生毛皮	15 068	0.0	3 651 563	0.2
22 章　油籽及含油果实	1 066 704	0.1	37 756 557	2.1
23 章　生橡胶（包括合成橡胶及再生橡胶）	865 950	0.0	11 937 656	0.7
24 章　软木及木材	1 075 661	0.1	14 208 893	0.8
25 章　纸浆及废纸	127 783	0.0	17 248 802	0.9
26 章　纺织纤维及其废料	3 219 795	0.2	17 652 644	1.0
27 章　天然肥料及矿物（煤、石油及宝石除外）	2 943 306	0.1	6 946 988	0.4
28 章　金属矿砂及金属废料	473 812	0.0	158 780 115	8.7
29 章　其他动、植物原料	4 553 388	0.2	1 476 299	0.1
3 类　矿物燃料、润滑油及有关原料	31 006 959	1.5	313 084 909	17.2
32 章　煤、焦炭及煤砖	2 033 051	0.1	28 742 280	1.6

续表 1

商　品	出　口		进　口	
	金　额	比重（%）	金　额	比重（%）
33 章　石油、石油产品及有关原料	25 705 375	1.3	263 789 009	14.5
34 章　天然气及人造气	2 035 887	0.1	20 202 139	1.1
35 章　电流	1 232 645	0.1	351 481	0.0
4 类　动植物油、脂及蜡	544 473	0.0	12 527 041	0.7
41 章　动物油、脂	179 410	0.0	305 436	0.0
42 章　植物油、脂	247 365	0.0	11 991 661	0.7
43 章　已加工的动植物油、脂及动植物蜡	117 697	0.0	229 944	0.0
二、工业制品	1 948 156 134	95.1	1 183 470 816	65.1
5 类　化学成品及有关产品	113 565 357	5.5	179 286 808	9.9
51 章　有机化学品	34 734 166	1.7	61 413 329	3.4
52 章　无机化学品	13 884 744	0.7	7 956 634	0.4
53 章　染料、鞣料及着色料	5 326 192	0.3	4 126 620	0.2
54 章　医药品	11 934 743	0.6	13 886 021	0.8
55 章　精油、香料及盥洗、光洁制品	5 395 189	0.3	3 633 018	0.2
56 章　制成肥料	7 200 440	0.4	4 022 305	0.2
57 章　初级形状的塑料	11 178 314	0.5	52 590 691	2.9
58 章　非初级形状的塑料	10 005 585	0.5	12 304 180	0.7
59 章　其他化学原料及产品	13 905 983	0.7	19 354 009	1.1
6 类　按原料分类的制成品	333 140 809	16.3	145 952 546	8.0
61 章　皮革、皮革制品及已鞣毛皮	1 826 835	0.1	4 453 126	0.2
62 章　橡胶制品	20 755 157	1.0	8 608 789	0.5
63 章　软木及木制品（家具除外）	11 254 731	0.5	774 441	0.0
64 章　纸及纸板；纸浆、纸及纸板制品	13 160 068	0.6	4 316 425	0.2
65 章　纺纱、织物、制成品及有关产品	95 443 850	4.7	19 806 121	1.1
66 章　非金属矿物制品	42 043 177	2.1	15 553 808	0.9
67 章　钢铁	53 831 188	2.6	22 826 517	1.3
68 章　有色金属	21 693 410	1.1	55 119 942	3.0
69 章　金属制品	73 132 393	3.6	14 493 377	0.8
7 类　机械及运输设备	964 361 302	47.1	652 940 680	35.9
71 章　动力机械及设备	32 053 966	1.6	24 418 043	1.3
72 章　特种工业专用机械	34 473 525	1.7	36 401 157	2.0
73 章　金工机械	6 905 925	0.3	18 177 779	1.0
74 章　通用工业机械设备及零件	86 479 487	4.2	48 375 790	2.7

续表 2

商　品	出　口		进　口	
	金　额	比重（%）	金　额	比重（%）
75 章　办公用机械及自动数据处理设备	222 056 387	10.8	63 770 386	3.5
76 章　电信及声音的录制及重放装置设备	235 397 890	11.5	63 051 838	3.5
77 章　电力机械、器具及其电气零件	240 202 099	11.7	307 769 273	16.9
78 章　陆路车辆（包括气垫式）	61 965 334	3.0	70 412 071	3.9
79 章　其他运输设备	44 826 688	2.2	20 564 343	1.1
8 类　杂项制品	535 671 874	26.1	136 518 762	7.5
81 章　活动房屋；卫生、水道、供热及照明装置	23 951 007	1.2	809 862	0.0
82 章　家具及其零件；褥垫及类似填充制品	56 186 843	2.7	2 214 859	0.1
83 章　旅行用品、手提包及类似品	25 515 134	1.2	1 503 380	0.1
84 章　服装及衣着附件	159 609 822	7.8	4 533 821	0.2
85 章　鞋靴	46 811 105	2.3	1 785 253	0.1
87 章　专业、科学及控制用仪器和装置	58 670 405	2.9	87 350 463	4.8
88 章　摄影器材、光学物品及钟表	16 900 925	0.8	18 489 922	1.0
89 章　杂项制品	148 026 632	7.2	19 831 203	1.1
9 类　未分类的商品	1 416 792	0.1	68 772 020	3.8

2012 年进出口商品类章总值表

单位：千美元

类　　章	出　口		进　口	
	金　额	比重（%）	金　额	比重（%）
总　值	2 048 714 419	100.0	1 818 405 003	100.0
第一类　活动物；动物产品	15 477 262	0.8	13 795 002	0.8
01 章　活动物	582 866	0.0	499 523	0.0
02 章　肉及食用杂碎	980 500	0.0	4 108 025	0.2
03 章　鱼、甲壳动物、软体动物及其他水生无脊椎动物	11 322 707	0.6	5 489 359	0.3
04 章　乳品；蛋品；天然蜂蜜；其他食用动物产品	533 947	0.0	3 251 400	0.2
05 章　其他动物产品	2 057 243	0.1	446 695	0.0
第二类　植物产品	17 629 480	0.9	50 981 904	2.8
06 章　活树及其他活植物；鳞茎、根及类似品；插花及装饰用簇叶	256 113	0.0	136 593	0.0
07 章　食用蔬菜、根及块茎	6 905 648	0.3	2 406 847	0.1
08 章　食用水果及坚果；甜瓜或柑橘属水果的果皮	3 771 774	0.2	3 808 433	0.2
09 章　咖啡、茶、马黛茶及调味香料	1 942 961	0.1	306 327	0.0
10 章　谷物	443 108	0.0	4 750 662	0.3
11 章　制粉工业产品；麦芽；淀粉；菊粉；面筋	602 273	0.0	579 729	0.0
12 章　含油子仁及果实；杂项子仁及果实；工业用或药用植物；稻草、秸秆及饲料	2 626 516	0.1	38 596 147	2.1
13 章　虫胶；树胶、树脂及其他植物液、汁	989 896	0.0	203 308	0.0
14 章　编结用植物材料；其他植物产品	91 191	0.0	193 857	0.0
第三类　动植物油、脂及其分解产品；精制的食用油脂；动植物蜡	567 362	0.0	13 041 040	0.7

续表 1

类　章	出　口		进　口	
	金　额	比重（%）	金　额	比重（%）
15 章　动植物油、脂及其分解产品；精制的食用油脂；动植物蜡	567 362	0.0	13 041 040	0.7
第四类　食品；饮料、酒及醋；烟草、烟草及烟草代用品的制品	27 417 060	1.3	14 349 250	0.8
16 章　肉、鱼、甲壳动物、软体动物及其他水生无脊椎动物的制品	8 951 442	0.4	182 694	0.0
17 章　糖及糖食	1 265 250	0.1	2 543 314	0.1
18 章　可可及可可制品	332 925	0.0	623 936	0.0
19 章　谷物、粮食粉、淀粉或乳的制品；糕饼点	1 499 716	0.1	1 945 551	0.1
20 章　蔬菜、水果、坚果或植物其他部分的制品	7 561 784	0.4	623 618	0.0
21 章　杂项食品	2 223 241	0.1	966 100	0.1
22 章　饮料、酒及醋	1 386 621	0.1	3 102 418	0.2
23 章　食品工业的残渣及废料；配制的动物饲料	2 934 172	0.1	3 045 604	0.2
24 章　烟草、烟草及烟草代用品的制品	1 261 910	0.1	1 316 016	0.1
第五类　矿产品	34 827 471	1.7	453 349 708	24.9
25 章　盐；硫黄；泥土及石料；石膏料、石灰及水泥	3 391 702	0.2	6 346 644	0.3
26 章　矿砂、矿渣及矿灰	424 290	0.0	133 870 665	7.4
27 章　矿物燃料、矿物油及其蒸馏产品；沥青物质；矿物蜡	31 011 478	1.5	313 132 399	17.2
第六类　化学工业及其相关工业的产品	94 441 845	4.6	118 061 435	6.5
28 章　无机化学品；贵金属、稀土金属、放射性元素及其同位素的有机及无机化合物	13 924 159	0.7	9 772 700	0.5
29 章　有机化学品	40 405 450	2.0	60 864 037	3.3
30 章　药品	5 890 639	0.3	12 993 951	0.7
31 章　肥料	7 241 904	0.4	4 024 450	0.2
32 章　鞣料浸膏及染料浸膏；鞣酸及其衍生物；染料、颜料及其他着色料；油漆及清漆；油灰及其他类似胶粘剂；墨水、油墨	5 470 030	0.3	4 166296	0.2

续表 2

类　章	出口		进口	
	金　额	比重（%）	金　额	比重（%）
33 章　精油及香膏；芳香料制品及化妆盥洗品	3 299 859	0.2	2 151 261	0.1
34 章　肥皂、有机表面活性剂、洗涤剂、润滑剂、人造蜡、调制蜡、光洁剂、蜡烛及类似品、塑型用膏、“牙科用蜡”及牙科用熟石膏制剂	2 946 741	0.1	3 410140	0.2
35 章　蛋白类物质；改性淀粉；胶；酶	2 214 246	0.1	2 979 469	0.2
36 章　炸药；烟火制品；火柴；引火合金；易燃材料制品	859 726	0.0	110 444	0.0
37 章　照相及电影用品	1 211 128	0.1	2 278 593	0.1
38 章　杂项化学产品	10 977 963	0.5	15 310 095	0.8
第七类　塑料及其制品；橡胶及其制品	77 343 473	3.8	90 072 426	5.0
39 章　塑料及其制品	55 192 939	2.7	69 420 266	3.8
40 章　橡胶及其制品	22 150 533	1.1	20 652 160	1.1
第八类　生皮、皮革、毛皮及其制品；鞍具及挽具；旅行用品、手提包及类似品；动物肠线（蚕胶丝除外）制品	31 738 549	1.5	9 938 393	0.5
41 章　生皮（毛皮除外）及皮革	445 170	0.0	7 125 633	0.4
42 章　皮革制品；鞍具及挽具；旅行用品、手提包及类似容器；动物肠线（蚕胶丝除外）制	28 243 256	1.4	1 876 260	0.1
43 章　毛皮、人造毛皮及其制品	3 050 123	0.1	936 499	0.1
第九类　木及木制品；木炭；软木及软木制品；稻草、秸秆、针茅或其他编结材料制品；篮筐及柳条编结品	14 121 457	0.7	14 997 826	0.8
44 章　木及木制品；木炭	12 314 833	0.6	14 938 272	0.8
45 章　软木及软木制品	15 559	0.0	45 062	0.0
46 章　稻草、秸秆、针茅或其他编结材料制品；篮筐及柳条编结品	1 791 065	0.1	14 491	0.0
第十类　木浆及其他纤维状纤维素浆；纸及纸板的废碎品；纸、纸板及其制品	17 321 140	0.8	23 385 702	1.3

续表3

类　章	出　口		进　口	
	金　额	比重（%）	金　额	比重（%）
47章　木浆及其他纤维状纤维素浆；纸及纸板的废碎品	127 783	0.0	17 248 802	0.9
48章　纸及纸板；纸浆、纸或纸板制品	13 721 751	0.7	4 600 238	0.3
49章　书籍、报纸、印刷图画及其他印刷品；手稿、打字稿及设计图纸	3 471 606	0.2	1 536 662	0.1
第十一类　纺织原料及纺织制品	246 045 494	12.0	40 867 676	2.2
50章　蚕丝	1 706 530	0.1	95 450	0.0
51章　羊毛、动物细毛或粗毛；马毛纱线及其机织物	2 583 914	0.1	3 585 727	0.2
52章　棉花	14 838 380	0.7	18 680 691	1.0
53章　其他植物纺织纤维；纸纱线及其机织物	1 068 189	0.1	603 239	0.0
54章　化学纤维长丝	14 296 994	0.7	3 778 652	0.2
55章　化学纤维短纤	10 624 213	0.5	3 383 454	0.2
56章　絮胎、毡呢及无纺织物；特种纱线；线、绳、索、缆及其制品	3 540 343	0.2	1 154 436	0.1
57章　地毯及纺织材料的其他铺地制品	2 403 738	0.1	147 008	0.0
58章　特种机织物；簇绒织物；花边；装饰毯；装饰带；刺绣品	4 637 482	0.2	736 681	0.0
59章　浸渍、涂布、包覆或层压的纺织物；工业用纺织制品	6 848 614	0.3	1 934 408	0.1
60章　针织物及钩编织物	11 218 102	0.5	2 357 759	0.1
61章　针织或钩编的服装及衣着附	87 043 017	4.2	1 344 884	0.1
62章　非针织或非钩编的服装及衣着附件	61 220 174	3.0	2 670 797	0.1
63章　其他纺织制成品；成套物品；旧衣着及旧纺织品；碎织物	24 015 804	1.2	394 490	0.0
第十二类　鞋、帽、伞、杖、鞭及其零件；已加工的羽毛及其制品；人造花；人发制品	58 811 524	2.9	2 163 226	0.1
64章　鞋靴、护腿和类似品及其零件	46 811 105	2.3	1 785 253	0.1
65章　帽类及其零	3 897 089	0.2	46 831	0.0

续表 4

类　章	出　口		进　口	
	金　额	比重（%）	金　额	比重（%）
66 章　雨伞、阳伞、手杖、鞭子、马鞭及其零件	2 825 428	0.1	20 742	0.0
67 章　已加工羽毛、羽绒及其制品；人造花；人发制品	5 277 901	0.3	310 401	0.0
第十三类　石料、石膏、水泥、石棉、云母及类似材料的制品；陶瓷产品；玻璃及其制品	39 709 899	1.9	9 268 838	0.5
68 章　石料、石膏、水泥、石棉、云母及类似材料的制品	8 072 248	0.4	1 344 655	0.1
69 章　陶瓷产品	16 745 933	0.8	657 163	0.0
70 章　玻璃及其制品	14 891 717	0.7	7 267 020	0.4
第十四类　天然或养殖珍珠、宝石或半宝石、贵金属、包贵金属及其制品；仿首饰；硬币	45 451 332	2.2	13 220 216	0.7
71 章　天然或养殖珍珠、宝石或半宝石、贵金属、包贵金属及其制品；仿首饰；硬币	45 451 332	2.2	13 220 216	0.7
第十五类　贱金属及其制品	149 073 446	7.3	111 186 645	6.1
72 章　钢铁	37 115 897	1.8	23 280 072	1.3
73 章　钢铁制品	56 160 089	2.7	10 067 394	0.6
74 章　铜及其制品	7 190 967	0.4	54 495 531	3.0
75 章　镍及其制品	880 835	0.0	4 785 772	0.3
76 章　铝及其制品	18 640 467	0.9	9 598 225	0.5
78 章　铅及其制品	60 506	0.0	114 672	0.0
79 章　锌及其制品	158 320	0.0	1 469 479	0.1
80 章　锡及其制品	97 126	0.0	920 506	0.1
81 章　其他贱金属、金属陶瓷及其制品	3 193 338	0.2	1 483 283	0.1
82 章　贱金属工具、器具、利口器、餐匙、餐叉及其零	12 262 046	0.6	3 175 598	0.2
83 章　贱金属杂项制品	13 313 856	0.6	1 796 113	0.1
第十六类　机器、机械器具、电气设备及其零件；录音机及放声机、电视图像、声音的录制和重放设备及其零件、附件	863 208 739	42.1	563 500 580	31.0

续表5

类　　章	出　口		进　口	
	金　额	比重（%）	金　额	比重（%）
84章　核反应堆、锅炉、机械器具及零件	375 887 928	18.3	181 980 392	10.0
85章　电机、电气设备及其零件；录音机及放声机、电视图像、声音的录制和重放设备及其零件、附件	487 320 810	23.8	381 520 188	21.0
第十七类　车辆、航空器、船舶及有关运输设备	108 369 591	5.3	91 175 998	5.0
86章　铁道及电车道机车、车辆及其零件；铁道及电车道轨道固定装置及其零件、附件；各种机械（包括电动机械）交通信号设备	12 886 036	0.6	1 180 149	0.1
87章　车辆及其零件、附件，但铁道及电车道车辆除外	55 113 849	2.7	70 598 283	3.9
88章　航空器、航天器及其零件	1 558 315	0.1	17 613 977	1.0
89章　船舶及浮动结构体	38 811 390	1.9	1 783 590	0.1
第十八类　光学、照相、电影、计量、检验、医疗或外科用仪器及设备、精密仪器及设备；钟表；乐器；上述物品的零件、附件	79 391 164	3.9	110 606 192	6.1
90章　光学、照相、电影、计量、检验、医疗或外科用仪器及设备、精密仪器及设备；上述物品的零件、附件	72 625 598	3.5	106 154 171	5.8
91章　钟表及其零件	5 063 267	0.2	4 149 099	0.2
92章　乐器及其零件、附件	1 702 298	0.1	302 923	0.0
第十九类　武器、弹药及其零件、附件	138 674	0.0	9 060	0.0
93章　武器、弹药及其零件、附件	138 674	0.0	9 060	0.0
第二十类　杂项制品	125 679 579	6.1	5 576 642	0.3
94章　家具；寝具、褥垫、弹簧床垫、软坐垫及类似的填充制品；未列名灯具及照明装置；发光标志、发光名牌及类似品；活动房屋	77 885 562	3.8	2 872 338	0.2

续表 6

类　章	出　口		进　口	
	金　额	比重（%）	金　额	比重（%）
95 章　玩具、游戏品、运动用品及其零件、附件	35 618 759	1. 7	1 418 260	0. 1
96 章　杂项制品	12 175 258	0. 6	1 286 045	0. 1
第二十一类　艺术品、收藏品及古物	534 303	0. 0	87 929	0. 0
97 章　艺术品、收藏品及古物	534 303	0. 0	87 929	0. 0
第二十二类　特殊交易品及未分类商品	1 415 578	0. 1	68 769 316	3. 8
98 章　特殊交易品及未分类商品	1 415 578	0. 1	68 769 316	3. 8

2012年进出口商品贸易方式总值表

单位：千美元

贸易方式	进出口总值		出　口		进　口	
	金　额	比重（%）	金　额	比重（%）	金　额	比重（%）
总　值	3 867 119 422	100.0	2 048 714 419	100.0	1 818 405 003	100.0
一般贸易	2 010 285 758	52.0	987 899 394	48.2	1 022 386 364	56.2
国家间、国际组织无偿援助和赠送的物资	578 978	0.0	551 717	0.0	27 261	0.0
其他捐赠物资	340 009	0.0	1 644	0.0	338 365	0.0
来料加工装配贸易	183 387 638	4.7	98 818 812	4.8	84 568 826	4.7
进料加工贸易	1 160 564 175	30.0	763 857 715	37.3	396 706 460	21.8
寄售代销贸易	4 243	0.0	3 719	0.0	524	0.0
边境小额贸易	39 509 629	1.0	24 215 943	1.2	15 293 686	0.8
加工贸易进口设备	912 472	0.0	—	—	912 472	0.1
对外承包工程出口货物	14 776 662	0.4	14 776 662	0.7	—	—
租赁贸易	7 345 246	0.2	562 599	0.0	6 782 647	0.4
外商投资企业作为投资进口的设备、物品	13 418 029	0.3	—	—	13 418 029	0.7
出料加工贸易	434 772	0.0	195 809	0.0	238 963	0.0
易货贸易	482	0.0	290	0.0	192	0.0
免税外汇商品	25 448	0.0	—	—	25 448	0.0
保税监管场所进出境货物	126 315 744	3.3	42 465 159	2.1	83 850 585	4.6
特殊监管区域物流货物	279 955 454	7.2	94 824 106	4.6	185 131 348	10.2
特殊监管区域进口设备	6 093 594	0.2	—	—	6 093 594	0.3
其他	23 171 088	0.6	20 540 850	1.0	2 630 238	0.1

2012年出口商品贸易方式企业性质总值表

单位：千美元

企业性质 贸易方式	合　计	国有企业	中外合作	中外合资	外商独资	集体企业	私营企业	其　他
	金额 / ±%	金额 / ±%	金额 / ±%	金额 / ±%	金额 / ±%	金额 / ±%	金额 / ±%	金额 / ±%
总　值	2 048 714 419	256 249 948	16 160 045	287 260 663	719 199 368	50 864 806	715 668 099	3 311 491
	(+7.9)	(-4.1)	(-8.5)	(+5.2)	(+2.1)	(-8.2)	(+24.0)	(+40.1)
一般贸易	987 899 394	150 344 046	6 240 046	108 085 434	142 163 482	39 775 523	539 753 210	1 537 653
	(+7.7)	(-4.9)	(-7.3)	(-4.3)	(+6.1)	(-8.3)	(+17.0)	(+12.1)
国家间、国际组织无偿援助和赠送的物资	551 717	485 859	—	—	—	29 347	20 497	16 014
	(+17.1)	(+17.2)	—	—	—	(+215.5)	(-37.0)	(+72.6)
其他捐赠物资	1 644	685	—	33	20	—	9	898
	(-84.7)	(-33.0)	—	(-88.5)	(-95.7)	—	(-99.0)	(-87.7)
补偿贸易	—	—	—	—	—	—	—	—
	—	—	—	—	—	—	—	—
来料加工装配贸易	98 818 812	18 212 849	4 315 214	13 916 410	47 108 772	2 132 444	12 972 049	161 073
	(-8.2)	(-22.9)	(-9.7)	(-4.2)	(-1.0)	(-39.1)	(-4.0)	(+55.2)
进料加工贸易	763 857 715	38 326 269	4 953 564	145 133 683	499 612 984	6 425 286	68 081 401	1 324 528
	(+5.0)	(-3.4)	(-10.7)	(+11.8)	(+0.5)	(-3.9)	(+41.0)	(+124.4)
寄售代销贸易	3 719	—	—	—	—	—	3 719	—
	(+63.5)	—	—	—	—	—	(+67.0)	—
边境小额贸易	24 215 943	1 639 584	—	—	—	274 937	22 301 389	34
	(+19.9)	(+26.2)	—	—	—	(+69.9)	(+19.0)	(+42.3)

续表

企业性质 贸易方式	合　计	国有企业	中外合作	中外合资	外商独资	集体企业	私营企业	其　他
	金 额 / ±%	金 额 / ±%	金 额 / ±%	金 额 / ±%	金 额 / ±%	金 额 / ±%	金 额 / ±%	金 额 / ±%
对外承包工程出口货物	14 776 662	13 947 653	139	206 666	145 837	30 512	434 800	11 054
	(-1.0)	(-2.2)	(-49.3)	(+45.8)	(+550.1)	(-33.8)	(-5.0)	(+724.1)
租赁贸易	562 599	433 406	—	1 121	1 774	—	126 298	—
	(+235.5)	(+652.7)	—	(-45.8)	(-51.0)	—	(+21.0)	—
出料加工贸易	195 809	104 983	3 406	43 305	40 073	—	3 880	162
	(-1.4)	(-20.6)	(+60.1)	(-3.7)	(+214.6)	—	(-29.0)	(-83.9)
易货贸易	290	1	—	—	—	6	283	—
	(-66.4)	(-99.0)	—	—	—	—	(-62.0)	—
保税监管场所进出境货物	42 465 159	20 515 700	559 504	8 699 168	3 115 858	1 267 993	8 056 287	250 649
	(-1.9)	(-9.3)	(-4.7)	(+16.0)	(+17.4)	(+1.9)	(-5.0)	(+13.1)
特殊监管区域物流货物	94 824 106	11 725 793	19 826	11 109 646	26 930 487	765 004	44 271 019	2 330
	(+90.9)	(+80.3)	(+1.0)	(+40.2)	(+15.9)	(+129.7)	(+280.0)	(+867.1)
其他	20 540 850	513 119	68 346	65 197	80 080	163 753	19 643 261	7 095
	(+20.0)	(-1.6)	(+19 970.4)	(+76.3)	(+9.7)	(+266.2)	(+20.0)	(-87.7)

2012年进口商品贸易方式企业性质总值表

单位：千美元

企业性质 贸易方式	合计	国有企业	中外合作	中外合资	外商独资	集体企业	私营企业	其他
	金额／±%	金额／±%	金额／±%	金额／±%	金额／±%	金额／±%	金额／±%	金额／±%
总值	1 818 405 003	495 825 706	8 241 066	274 941 206	588 324 461	35 304 169	345 987 382	69 781 013
	(+4.3)	(+0.4)	(-3.8)	(+7.5)	(-2.0)	(-13.1)	(+18.0)	(+37.3)
一般贸易	1 022 386 364	400 059 783	4 473 964	139 074 921	197 339 527	28 047 433	222 251 187	31 139 550
	(+1.5)	(-0.9)	(+6.4)	(+1.4)	(+0.3)	(-10.3)	(+9.0)	(+1.7)
国家间、国际组织无偿援助和赠送的物资	27 261	16 807	—	—	—	—	3 205	7 249
	(+72.3)	(+94.3)	—	—	—	—	(-15.0)	(+140.9)
其他捐赠物资	338 365	155 362	—	—	—	—	27 795	155 208
	(+27.8)	(+182.9)	—	—	—	—	(+160.0)	(-22.0)
补偿贸易	—	—	—	—	—	—	—	—
	—	—	—	—	—	—	—	—
来料加工装配贸易	84 568 826	19 379 391	1 227 496	10 202 070	41 711 920	939 700	8 081 750	3 026 499
	(-9.7)	(-11.7)	(-7.9)	(-5.8)	(-10.0)	(-46.6)	(-4.0)	(+2.2)
进料加工贸易	396 706 460	11 418 764	2 218 640	77 825 983	250 098 986	2 245 983	18 043 701	34 854 402
	(+5.5)	(-14.1)	(-17.9)	(+21.6)	(-3.7)	(-20.4)	(+4.0)	(+115.2)
寄售代销贸易	524	524	—	—	—	—	—	—
	(-70.3)	(-70.3)	—	—	—	—	—	—
边境小额贸易	15 293 686	6 435 572	—	—	—	112 886	8 741 160	4 068
	(+5.8)	(+15.9)	—	—	—	(-39.3)	(0)	(+0.7)

续表

企业性质 贸易方式	合　计	国有企业	中外合作	中外合资	外商独资	集体企业	私营企业	其　他
	金额/±%	金额/±%	金额/±%	金额/±%	金额/±%	金额/±%	金额/±%	金额/±%
加工贸易进口设备	912 472	114 880	8 746	75 783	660 940	14 132	37 992	—
	(+3.0)	(-0.5)	(+73.4)	(+86.3)	(+4.1)	(-48.9)	(-39.0)	—
租赁贸易	6 782 647	4 683 991	—	1 389 586	205 052	7 182	496 748	88
	(+24.1)	(+22.1)	—	(+50.2)	(+68.6)	(+133.4)	(-14.0)	(+422.0)
外商投资企业作为投资进口的设备、物品	13 418 029	—	147 106	5 011 304	8 259 620	—	—	—
	(-23.2)	—	(+73.8)	(-13.4)	(-28.8)	—	—	—
出料加工贸易	238 963	153 755	3 643	34 735	43 579	-	3 251	-
	(+226.9)	(+309.7)	(+59.5)	(+100.3)	(+271.3)	-	(-23.0)	-
易货贸易	192	192	—	—	—	—	—	—
	(-91.1)	(-75.3)	—	—	—	—	—	—
免税外汇商品	25 448	25 448	—	—	—	—	—	—
	(+90.1)	(+90.1)	—	—	—	—	—	—
保税监管场所进出境货物	83 850 585	34 166 603	125 884	18 833 598	8 031 360	2 174 929	20 219 174	299 037
	(+5.3)	(+11.2)	(-24.4)	(+5.3)	(-21.2)	(+6.0)	(+11.0)	(-30.2)
特殊监管区域物流货物	185 131 348	18 863 560	18 834	19 205 115	77 886 076	1 744 131	67 379 591	34 042
	(+31.5)	(+36.4)	(-66.2)	(+5.6)	(+11.0)	(-29.9)	(+87.0)	(-1.5)
特殊监管区域进口设备	6 093 594	28 283	3 074	2 960 467	3 044 532	29	57 205	3
	(+28.5)	(+39.7)	(-17.6)	(+352.4)	(-23.1)	(-79.4)	(-45.0)	—

2012 年进出口商品经营单位所在地总值表

单位：千美元

经营单位所在地	进出口总值		出口		进口	
	金额	比重(%)	金额	比重(%)	金额	比重(%)
总　值	3 867 119 422	100.0	2 048 714 419	100.0	1 818 405 003	100.0
北京市	408 107 319	10.6	59 632 089	2.9	348 475 229	19.2
北京新技术产业开发实验区	3 969 070	0.1	1 683 066	0.1	2 286 004	0.1
北京经济技术开发区	15 872 283	0.4	5 396 223	0.3	10 476 060	0.6
天津市	115 634 272	3.0	48 312 563	2.4	67 321 709	3.7
天津滨海新区	79 418 445	2.1	30 004 575	1.5	49 413 870	2.7
天津经济技术开发区	46 076 090	1.2	21 892 126	1.1	24 183 964	1.3
河北省	50 563 055	1.3	29 598 202	1.4	20 964 853	1.2
石家庄市	12 951 474	0.3	7 339 339	0.4	5 612 135	0.3
石家庄高新技术产业开发区	20 739	0.0	10 329	0.0	10 410	0.0
秦皇岛市	4 413 399	0.1	2 487 351	0.1	1 926 048	0.1
秦皇岛经济技术开发区	2 869 184	0.1	1 175 382	0.1	1 693 801	0.1
山西省	15 043 109	0.4	7 016 041	0.3	8 027 068	0.4
太原市	8 471 296	0.2	4 242 106	0.2	4 229 190	0.2
大同市	503 948	0.0	233 996	0.0	269 952	0.0
大同经济技术开发区	8	0.0	0	0.0	8	0.0
晋中市	497 695	0.0	252 281	0.0	245 415	0.0
晋中经济技术开发区	0	0.0	0	0.0	0	0.0
内蒙古自治区	11 258 982	0.3	3 970 163	0.2	7 288 819	0.4

续表1

经营单位所在地	进出口总值		出口		进口	
	金额	比重(%)	金额	比重(%)	金额	比重(%)
呼和浩特	1 699 672	0.0	832 971	0.0	866 701	0.0
二连浩特	1 914 729	0.0	883 506	0.0	1 031 223	0.1
满洲里市	2 131 931	0.1	250 644	0.0	1 881 287	0.1
辽宁省	104 089 997	2.7	57 959 053	2.8	46 130 944	2.5
沈阳市	12 749 046	0.3	5 965 325	0.3	6 783 722	0.4
沈阳南湖科技开发区	1 473 929	0.0	997 285	0.0	476 644	0.0
大连市	64 126 330	1.7	34 691 142	1.7	29 435 188	1.6
大连经济技术开发区	22 365 436	0.6	8 341 337	0.4	14 024 099	0.8
大连市高新技术产业园区	1 428 632	0.0	1 077 645	0.1	350 988	0.0
丹东市	4 594 762	0.1	2 875 319	0.1	1 719 444	0.1
吉林省	24 563 009	0.6	5 982 684	0.3	18 580 325	1.0
长春市	19 671 963	0.5	2 903 569	0.1	16 768 394	0.9
长春新技术开发区	712 101	0.0	190 371	0.0	521 730	0.0
珲春市	1 299 709	0.0	1 127 771	0.1	171 938	0.0
黑龙江省	37 590 291	1.0	14 435 173	0.7	23 155 118	1.3
哈尔滨市	4 611 951	0.1	1 879 794	0.1	2 732 158	0.2
哈尔滨高技术开发区	241 656	0.0	110 886	0.0	130 770	0.0
黑河市	2 743 731	0.1	2 481 792	0.1	261 939	0.0
绥芬河市	8 047 019	0.2	1 842 692	0.1	6 204 328	0.3
上海市	436 586 953	11.3	206 730 168	10.1	229 856 785	12.6
上海漕河泾新兴技术开发区	3 187 178	0.1	1 667 970	0.1	1 519 208	0.1
上海经济技术开发区	5 063	0.0	4 342	0.0	721	0.0
上海浦东新区	201 332 400	5.2	68 946 637	3.4	132 385 764	7.3

续表 2

经营单位所在地	进出口总值		出口		进口	
	金额	比重(%)	金额	比重(%)	金额	比重(%)
江苏省	547 961 489	14.2	328 523 522	16.0	219 437 968	12.1
南京市	55 234 353	1.4	31 895 361	1.6	23 338 991	1.3
南京高新技术外向型开发区	1 551 669	0.0	820 729	0.0	730 940	0.0
苏州市	305 600 731	7.9	174 679 647	8.5	130 921 085	7.2
苏州工业园	79 514 986	2.1	42 266 210	2.1	37 248 776	2.0
南通市	26 306 418	0.7	18 793 818	0.9	7 512 601	0.4
南通经济技术开发区	4 204 868	0.1	2 409 078	0.1	1 795 790	0.1
连云港市	7 994 666	0.2	3 599 411	0.2	4 395 255	0.2
连云港经济技术开发区	2 583 808	0.1	936 271	0.0	1 647 537	0.1
浙江省	312 401 358	8.1	224 517 144	11.0	87 884 213	4.8
杭州市	61 666 019	1.6	41 257 083	2.0	20 408 936	1.1
杭州高新技术产业开发区	1 604 259	0.0	1 261 863	0.1	342 396	0.0
宁波市	96 553 915	2.5	61 430 768	3.0	35 123 147	1.9
宁波经济技术开发区	16 935 549	0.4	7 165 641	0.3	9 769 909	0.5
宁波高新技术产业开发区	4 504	0.0	4 426	0.0	78	0.0
温州市	16 883 733	0.4	14 709 994	0.7	2 173 739	0.1
温州经济技术开发区	1 244 170	0.0	1 162 094	0.1	82 077	0.0
金华市	10 009 460	0.3	9 511 520	0.5	497 940	0.0
金华经济技术开发区	84 943	0.0	82 746	0.0	2 197	0.0
安徽省	39 284 543	1.0	26 748 502	1.3	12 536 041	0.7
合肥市	17 611 335	0.5	13 602 170	0.7	4 009 165	0.2
合肥高新技术产业开发区	1 615 803	0.0	1 196 864	0.1	418 939	0.0
芜湖市	4 560 372	0.1	3 369 569	0.2	1 190 803	0.1

续表 3

经营单位所在地	进出口总值		出口		进口	
	金额	比重(%)	金额	比重(%)	金额	比重(%)
芜湖高新技术产业开发区	8 959	0.0	8 896	0.0	63	0.0
蚌埠市	1 230 532	0.0	1 001 594	0.0	228 938	0.0
蚌埠高新技术产业开发区	101 942	0.0	101 728	0.0	214	0.0
马鞍山市	3 643 597	0.1	1 196 870	0.1	2 446 727	0.1
马鞍山经济技术开发区	—	—	—	—	—	—
铜陵市	3 570 098	0.1	353 382	0.0	3 216 716	0.2
铜陵经济技术开发区	23 577	0.0	7 227	0.0	16 351	0.0
安庆市	1 238 710	0.0	1 004 920	0.0	233 791	0.0
安庆经济技术开发区	—	—	—	—	—	—
滁州市	1 499 293	0.0	1 160 454	0.1	338 839	0.0
滁州经济技术开发区	10 377	0.0	68	0.0	10 308	0.0
池州市	344 675	0.0	218 728	0.0	125 947	0.0
池州经济技术开发区	64	0.0	64	0.0	0	0.0
福建省	155 937 957	4.0	97 832 594	4.8	58 105 363	3.2
福州市	31 045 037	0.8	21 124 110	1.0	9 920 926	0.5
福州经济技术开发区	4 639 053	0.1	3 031 764	0.1	1 607 289	0.1
福州市科技园区	16 200	0.0	16 199	0.0	1	0.0
厦门市	74 496 557	1.9	45 399 824	2.2	29 096 733	1.6
厦门火炬高技术产业开发区	2 364 170	0.1	1 147 535	0.1	1 216 635	0.1
平潭	5 831	0.0	5 714	0.0	117	0.0
平潭综合试验区	0	0.0	0	0.0	0	0.0
江西省	33 413 829	0.9	25 112 787	1.2	8 301 043	0.5
南昌市	8 289 361	0.2	6 465 672	0.3	1 823 689	0.1

续表4

经营单位所在地	进出口总值		出口		进口	
	金额	比重(%)	金额	比重(%)	金额	比重(%)
南昌经济技术开发区	464 010	0.0	463 158	0.0	852	0.0
景德镇市	1 275 724	0.0	1 212 658	0.1	63 066	0.0
景德镇高新技术产业开发区	278 515	0.0	260 374	0.0	18 141	0.0
萍乡市	1 111 340	0.0	1 100 610	0.1	10 730	0.0
萍乡经济技术开发区	—	—	—	—	—	—
九江市	4 141 090	0.1	3 236 135	0.2	904 955	0.0
九江经济技术开发区	45 224	0.0	40 989	0.0	4 234	0.0
新余市	2 448 212	0.1	1 420 186	0.1	1 028 027	0.1
新余高新技术产业开发区	70 310	0.0	60 234	0.0	10 076	0.0
赣州市	3 292 378	0.1	2 842 859	0.1	449 518	0.0
赣州经济技术开发区	114 058	0.0	111 783	0.0	2 276	0.0
上饶市	2 704 952	0.1	2 626 054	0.1	78 898	0.0
上饶经济技术开发区	—	—	—	—	—	—
吉安市	2 731 582	0.1	2 571 941	0.1	159 641	0.0
井冈山经济技术开发区	241 863	0.0	241 863	0.0	0	0.0
山东省	245 544 324	6.3	128 709 205	6.3	116 835 119	6.4
济南市	9 132 854	0.2	5 714 419	0.3	3 418 435	0.2
济南市高技术产业开发区	70 035	0.0	39 036	0.0	30 999	0.0
青岛市	73 210 222	1.9	40 783 900	2.0	32 426 322	1.8
青岛经济技术开发区	8 651 661	0.2	4 134 286	0.2	4 517 375	0.2
烟台市	43 930 684	1.1	26 004 429	1.3	17 926 255	1.0
烟台经济技术开发区	12 161 210	0.3	6 629 785	0.3	5 531 425	0.3
威海市	12 353 043	0.3	7 206 488	0.4	5 146 556	0.3

续表 5

经营单位所在地	进出口总值		出口		进口	
	金额	比重(%)	金额	比重(%)	金额	比重(%)
威海火炬高技术产业开发区	1 637 331	0.0	1 274 626	0.1	362 705	0.0
河南省	51 738 806	1.3	29 676 445	1.4	22 062 360	1.2
郑州市	35 856 898	0.9	20 288 972	1.0	15 567 926	0.9
郑州经济技术开发区	600	0.0	5	0.0	595	0.0
郑州高新技术产业开发区	683 276	0.0	481 114	0.0	202 162	0.0
湖北省	31 963 751	0.8	19 398 498	0.9	12 565 253	0.7
武汉市	20 352 049	0.5	10 746 245	0.5	9 605 804	0.5
武汉东湖新技术开发区	6 634 651	0.2	3 959 642	0.2	2 675 009	0.1
武汉经济技术开发区	3 626 438	0.1	1 366 381	0.1	2 260 058	0.1
武汉吴家山经济技术开发区	—	—	—	—	—	—
黄石市	2 077 849	0.1	1 103 415	0.1	974 434	0.1
黄石经济技术开发区	—	—	—	—	—	—
襄阳市	1 013 818	0.0	822 662	0.0	191 155	0.0
襄阳经济技术开发区	1 307	0.0	86	0.0	1 221	0.0
荆州市	1 559 493	0.0	1 334 963	0.1	224 530	0.0
荆州经济技术开发区	28 044	0.0	25 879	0.0	2 165	0.0
湖南省	21 948 732	0.6	12 602 200	0.6	9 346 532	0.5
长沙市	8 690 457	0.2	5 173 014	0.3	3 517 443	0.2
长沙高新技术产业开发区	327 368	0.0	223 826	0.0	103 542	0.0
岳阳市	538 580	0.0	197 810	0.0	340 770	0.0
广东省	984 020 460	25.4	574 050 767	28.0	409 969 693	22.5
广州市	117 149 928	3.0	58 910 486	2.9	58 239 443	3.2
广州经济技术开发区	16 340 920	0.4	7 521 466	0.4	8 819 453	0.5

续表 6

经营单位所在地	进出口总值		出　口		进　口	
	金　额	比重(%)	金　额	比重(%)	金　额	比重(%)
广州天河高新技术产业开发区	15 331 424	0.4	5 907 034	0.3	9 424 391	0.5
深圳市	466 812 701	12.1	271 360 870	13.2	195 451 831	10.7
深圳科技工业园	538 677	0.0	289 537	0.0	249 140	0.0
珠海市	45 679 797	1.2	21 630 893	1.1	24 048 904	1.3
汕头市	8 802 062	0.2	6 163 439	0.3	2 638 623	0.1
湛江市	4 700 504	0.1	2 209 095	0.1	2 491 409	0.1
湛江经济技术开发区	705 969	0.0	534 772	0.0	171 197	0.0
中山市	33 519 515	0.9	24 641 210	1.2	8 878 305	0.5
中山火炬高技术产业开发区	14 001	0.0	2 352	0.0	11 649	0.0
广西壮族自治区	29 484 460	0.8	15 467 752	0.8	14 016 708	0.8
南宁市	4 147 551	0.1	2 517 636	0.1	1 629 915	0.1
桂林市	975 177	0.0	788 805	0.0	186 372	0.0
桂林新技术产业开发区	362 058	0.0	292 545	0.0	69 513	0.0
北海市	2 077 378	0.1	1 183 852	0.1	893 526	0.0
凭祥市	5 822 594	0.2	5 542 181	0.3	280 412	0.0
东兴市	672 745	0.0	298 063	0.0	374 682	0.0
海南省	14 322 096	0.4	3 136 100	0.2	11 185 996	0.6
海口市	3 907 234	0.1	1 541 345	0.1	2 365 889	0.1
海南国际科技工业园	0	0.0	0	0.0	0	0.0
海南洋浦经济技术开发区	9 521 206	0.2	1 072 262	0.1	8 448 944	0.5
重庆市	53 203 582	1.4	38 567 582	1.9	14 636 001	0.8
重庆高新技术产业开发区	1 644 289	0.0	1 580 080	0.1	64 209	0.0
万州区	360 569	0.0	250 353	0.0	110 216	0.0

续表 7

经营单位所在地	进出口总值		出　口		进　口	
	金　额	比重(%)	金　额	比重(%)	金　额	比重(%)
万州经济技术开发区	7 638	0.0	7 638	0.0	0	0.0
长寿区	798 119	0.0	187 889	0.0	610 230	0.0
四川省	59 143 598	1.5	38 469 065	1.9	20 674 532	1.1
成都市	47 399 246	1.2	30 243 301	1.5	17 155 945	0.9
成都高新技术产业开发区	3 256 626	0.1	1 713 275	0.1	1 543 351	0.1
绵阳市	2 195 557	0.1	1 355 679	0.1	839 878	0.0
绵阳经济技术开发区	0	0.0	0	0.0	0	0.0
贵州省	6 631 558	0.2	4 952 229	0.2	1 679 329	0.1
贵阳市	5 053 601	0.1	4 213 938	0.2	839 662	0.0
云南省	21 013 732	0.5	10 017 371	0.5	10 996 361	0.6
昆明市	14 420 250	0.4	5 685 802	0.3	8 734 448	0.5
昆明经济技术开发区	2 469 747	0.1	1 240 733	0.1	1 229 014	0.1
畹町市	136 698	0.0	41 694	0.0	95 004	0.0
瑞丽县	976 428	0.0	833 753	0.0	142 675	0.0
河口县	353 952	0.0	277 980	0.0	75 971	0.0
曲靖市	252 147	0.0	202 199	0.0	49 948	0.0
曲靖经济技术开发区	678	0.0	597	0.0	81	0.0
西藏自治区	3 424 143	0.1	3 355 184	0.2	68 960	0.0
拉萨市	3 329 755	0.1	3 261 300	0.2	68 456	0.0
陕西省	14 799 032	0.4	8 652 264	0.4	6 146 768	0.3
西安市	13 014 807	0.3	7 299 126	0.4	5 715 681	0.3
西安新技术产业开发区	3 692 174	0.1	2 735 845	0.1	956 329	0.1
汉中市	54 260	0.0	52 557	0.0	1 703	0.0

续表 8

经营单位所在地	进出口总值		出　口		进　口	
	金　额	比重(%)	金　额	比重(%)	金　额	比重(%)
汉中经济技术开发区	—	—	—	—	—	—
甘肃省	8 900 752	0.2	3 573 545	0.2	5 327 207	0.3
兰州市	3 344 809	0.1	2 639 998	0.1	704 811	0.0
兰州新技术产业开发区	24 678	0.0	21 648	0.0	3 031	0.0
青海省	1 157 470	0.0	728 764	0.0	428 705	0.0
西宁市	932 491	0.0	661 069	0.0	271 422	0.0
青海高新技术产业开发区	—	—	—	—	—	—
宁夏回族自治区	2 216 706	0.1	1 641 117	0.1	575 588	0.0
银川市	1 331 966	0.0	1 043 495	0.1	288 470	0.0
新疆维吾尔族自治区	25 170 059	0.7	19 345 647	0.9	5 824 412	0.3
乌鲁木齐市	10 396 196	0.3	8 063 127	0.4	2 333 069	0.1
乌鲁木齐经济技术开发区	2 728 943	0.1	1 895 904	0.1	833 040	0.0
博乐市	2 457 294	0.1	1 345 836	0.1	1 111 459	0.1
伊宁市	5 710 294	0.1	3 758 908	0.2	1 951 387	0.1

2012 年进出口商品境内目的地/货源地总值表

单位：千美元

境内目的地/货源地	进出口总值		出口		进口	
	金额	比重(%)	金额	比重(%)	金额	比重(%)
总值	3 867 119 422	100.0	2 048 714 419	100.0	1 818 405 003	100.0
北京市	128 665 912	3.3	31 247 742	1.5	97 418 169	5.4
北京新技术产业开发实验区	2 322 334	0.1	1 019 632	0.0	1 302 702	0.1
北京经济技术开发区	16 259 954	0.4	6 736 985	0.3	9 522 969	0.5
天津市	122 847 918	3.2	49 060 476	2.4	73 787 442	4.1
天津滨海新区	73 426 253	1.9	27 119 908	1.3	46 306 344	2.5
天津经济技术开发区	40 060 614	1.0	20 295 219	1.0	19 765 395	1.1
河北省	82 288 995	2.1	37 273 277	1.8	45 015 718	2.5
石家庄市	11 492 342	0.3	5 638 561	0.3	5 853 782	0.3
石家庄高新技术产业开发区	20 635	0.0	9 883	0.0	10 752	0.0
秦皇岛市	5 341 276	0.1	3 121 152	0.2	2 220 124	0.1
秦皇岛经济技术开发区	2 186 949	0.1	1 204 509	0.1	982 440	0.1
山西省	16 591 735	0.4	8 446 886	0.4	8 144 849	0.4
太原市	7 007 330	0.2	3 714 786	0.2	3 292 545	0.2
大同市	573 430	0.0	310 263	0.0	263 167	0.0
大同经济技术开发区	0	0.0	0	0.0	0	0.0
晋中市	554 663	0.0	168 270	0.0	386 392	0.0
晋中经济技术开发区	0	0.0	0	0.0	0	0.0
内蒙古自治区	13 969 178	0.4	5 393 992	0.3	8 575 186	0.5

续表 1

境内目的地/货源地	进出口总值		出　口		进　口	
	金　额	比重(%)	金　额	比重(%)	金　额	比重(%)
呼和浩特	942 285	0.0	430 756	0.0	511 529	0.0
二连浩特	1 791 516	0.0	876 927	0.0	914 589	0.1
满洲里市	1 813 580	0.0	43 211	0.0	1 770 369	0.1
辽宁省	118 337 842	3.1	52 517 153	2.6	65 820 689	3.6
沈阳市	12 274 476	0.3	5 397 772	0.3	6 876 704	0.4
沈阳南湖科技开发区	856 311	0.0	496 847	0.0	359 464	0.0
大连市	69 370 080	1.8	30 046 931	1.5	39 323 149	2.2
大连经济技术开发区	24 613 191	0.6	7 633 039	0.4	16 980 153	0.9
大连市高新技术产业园区	1 319 541	0.0	918 348	0.0	401 192	0.0
丹东市	4 176 457	0.1	2 488 474	0.1	1 687 983	0.1
吉林省	24 478 358	0.6	6 027 706	0.3	18 450 652	1.0
长春市	18 587 596	0.5	2 667 226	0.1	15 920 370	0.9
长春新技术开发区	651 232	0.0	151 248	0.0	499 984	0.0
珲春市	1 026 283	0.0	853 714	0.0	172 569	0.0
黑龙江省	28 213 021	0.7	9 907 607	0.5	18 305 414	1.0
哈尔滨市	5 840 531	0.2	4 417 815	0.2	1 422 717	0.1
哈尔滨高技术开发区	171 873	0.0	66 465	0.0	105 408	0.0
黑河市	419 568	0.0	197 394	0.0	222 174	0.0
绥芬河市	2 062 164	0.1	521 007	0.0	1 541 158	0.1
上海市	434 157 120	11.2	193 542 446	9.4	240 614 674	13.2
上海漕河泾新兴技术开发区	2 882 310	0.1	1 448 460	0.1	1 433 850	0.1
上海经济技术开发区	22 717	0.0	14 644	0.0	8 072	0.0
上海浦东新区	183 740 724	4.8	51 709 838	2.5	132 030 886	7.3

续表 2

境内目的地/货源地	进出口总值		出　口		进　口	
	金　额	比重(%)	金　额	比重(%)	金　额	比重(%)
江苏省	588 665 944	15.2	334 240 292	16.3	254 425 652	14.0
南京市	51 928 514	1.3	22 005 829	1.1	29 922 685	1.6
南京高新技术外向型开发区	1 541 272	0.0	813 011	0.0	728 261	0.0
苏州市	311 462 576	8.1	175 138 986	8.5	136 323 590	7.5
南通市	35 798 131	0.9	21 963 786	1.1	13 834 345	0.8
南通经济技术开发区	3 774 351	0.1	1 741 216	0.1	2 033 135	0.1
连云港市	11 931 245	0.3	2 994 817	0.1	8 936 428	0.5
连云港经济技术开发区	718 087	0.0	565 080	0.0	153 007	0.0
浙江省	348 187 334	9.0	244 665 427	11.9	103 521 906	5.7
杭州市	47 150 651	1.2	31 792 796	1.6	15 357 855	0.8
杭州高新技术产业开发区	1 508 735	0.0	1 186 612	0.1	322 123	0.0
宁波市	113 876 206	2.9	59 216 310	2.9	54 659 896	3.0
宁波经济技术开发区	13 047 090	0.3	3 568 796	0.2	9 478 294	0.5
宁波高新技术产业开发区	0	0.0	0	0.0	0	0.0
温州市	16 602 025	0.4	14 637 298	0.7	1 964 727	0.1
温州经济技术开发区	177 180	0.0	115 258	0.0	61 921	0.0
金华市	12 204 007	0.3	11 713 095	0.6	490 912	0.0
金华经济技术开发区	5 539	0.0	2 715	0.0	2 825	0.0
安徽省	32 959 345	0.9	20 646 746	1.0	12 312 599	0.7
合肥市	8 732 665	0.2	5 794 021	0.3	2 938 645	0.2
合肥高新技术产业开发区	706 985	0.0	423 502	0.0	283 484	0.0
芜湖市	4 847 005	0.1	3 495 286	0.2	1 351 719	0.1
芜湖高新技术产业开发区	7 033	0.0	6 898	0.0	135	0.0

续表3

境内目的地/货源地	进出口总值		出　口		进　口	
	金　额	比重(%)	金　额	比重(%)	金　额	比重(%)
蚌埠市	819 056	0.0	646 505	0.0	172 551	0.0
蚌埠高新技术产业开发区	880	0.0	385	0.0	495	0.0
马鞍山市	3 807 266	0.1	1 117 110	0.1	2 690 157	0.1
马鞍山经济技术开发区	6 188	0.0	3 113	0.0	3 075	0.0
铜陵市	3 704 685	0.1	387 466	0.0	3 317 219	0.2
铜陵经济技术开发区	8 433	0.0	2 660	0.0	5 774	0.0
安庆市	1 158 819	0.0	933 335	0.0	225 485	0.0
安庆经济技术开发区	581	0.0	504	0.0	77	0.0
滁州市	1 430 948	0.0	1 051 807	0.1	379 141	0.0
滁州经济技术开发区	8 686	0.0	435	0.0	8 251	0.0
池州市	394 935	0.0	231 038	0.0	163 897	0.0
池州经济技术开发区	246	0.0	139	0.0	107	0.0
福建省	146 191 032	3.8	88 827 145	4.3	57 363 887	3.2
福州市	24 484 620	0.6	14 960 508	0.7	9 524 112	0.5
福州经济技术开发区	2 688 119	0.1	1 659 039	0.1	1 029 080	0.1
福州市科技园区	16 420	0.0	16 182	0.0	237	0.0
厦门市	53 502 972	1.4	29 021 385	1.4	24 481 587	1.3
厦门火炬高技术产业开发区	2 284 304	0.1	1 092 235	0.1	1 192 070	0.1
平潭	5 817	0.0	5 210	0.0	606	0.0
平潭综合试验区	5 817	0.0	5 210	0.0	606	0.0
江西省	30 235 672	0.8	20 021 054	1.0	10 214 617	0.6
南昌市	5 041 168	0.1	3 356 768	0.2	1 684 400	0.1
南昌经济技术开发区	50 668	0.0	39 608	0.0	11 060	0.0

续表 4

境内目的地/货源地	进出口总值		出口		进口	
	金额	比重(%)	金额	比重(%)	金额	比重(%)
景德镇市	669 965	0.0	620 039	0.0	49 926	0.0
景德镇高新技术产业开发区	25 937	0.0	7 770	0.0	18 167	0.0
萍乡市	1 013 118	0.0	226 191	0.0	786 928	0.0
萍乡经济技术开发区	89	0.0	89	0.0	0	0.0
九江市	2 970 635	0.1	1 782 560	0.1	1 188 075	0.1
九江经济技术开发区	5 052	0.0	1 522	0.0	3 530	0.0
新余市	2 014 734	0.1	974 151	0.0	1 040 583	0.1
新余高新技术产业开发区	166 789	0.0	151 211	0.0	15 578	0.0
赣州市	3 090 334	0.1	2 569 860	0.1	520 473	0.0
赣州经济技术开发区	62 737	0.0	42 910	0.0	19 827	0.0
上饶市	1 170 449	0.0	1 050 130	0.1	120 319	0.0
上饶经济技术开发区	20	0.0	20	0.0	0	0.0
吉安市	945 495	0.0	738 039	0.0	207 456	0.0
井冈山经济技术开发区	20 579	0.0	5 909	0.0	14 670	0.0
山东省	296 646 415	7.7	135 935 882	6.6	160 710 533	8.8
济南市	9 070 506	0.2	5 830 817	0.3	3 239 689	0.2
济南市高技术产业开发区	60 848	0.0	24 447	0.0	36 401	0.0
青岛市	96 001 393	2.5	38 117 066	1.9	57 884 328	3.2
青岛经济技术开发区	10 009 442	0.3	4 102 526	0.2	5 906 916	0.3
烟台市	46 592 667	1.2	26 187 250	1.3	20 405 417	1.1
烟台经济技术开发区	10 196 328	0.3	5 093 059	0.2	5 103 269	0.3
威海市	11 418 123	0.3	7 683 443	0.4	3 734 680	0.2
威海火炬高技术产业开发区	1 625 364	0.0	1 266 474	0.1	358 891	0.0

续表 5

境内目的地/货源地	进出口总值		出口		进口	
	金额	比重(%)	金额	比重(%)	金额	比重(%)
河南省	54 333 078	1.4	31 930 719	1.6	22 402 359	1.2
郑州市	34 616 422	0.9	19 046 639	0.9	15 569 782	0.9
郑州经济技术开发区	66 425	0.0	22 307	0.0	44 118	0.0
郑州高新技术产业开发区	402 581	0.0	301 859	0.0	100 722	0.0
湖北省	32 437 827	0.8	18 753 741	0.9	13 684 086	0.8
武汉市	18 464 791	0.5	8 861 556	0.4	9 603 235	0.5
武汉东湖新技术开发区	6 383 355	0.2	3 801 119	0.2	2 582 236	0.1
武汉经济技术开发区	3 450 310	0.1	1 199 731	0.1	2 250 579	0.1
黄石市	2 369 817	0.1	1 088 071	0.1	1 281 746	0.1
黄石经济技术开发区	891	0.0	891	0.0	0	0.0
襄阳市	952 330	0.0	539 704	0.0	412 626	0.0
襄阳经济技术开发区	2 608	0.0	115	0.0	2 493	0.0
荆州市	1 846 283	0.0	1 385 639	0.1	460 644	0.0
荆州经济技术开发区	5 431	0.0	3 156	0.0	2 275	0.0
湖南省	21 452 338	0.6	12 342 022	0.6	9 110 316	0.5
长沙市	7 056 624	0.2	3 540 285	0.2	3 516 338	0.2
长沙高新技术产业开发区	206 302	0.0	101 183	0.0	105 119	0.0
岳阳市	699 236	0.0	393 813	0.0	305 423	0.0
广东省	1 115 328 415	28.8	636 221 692	31.1	479 106 723	26.3
广州市	140 725 477	3.6	71 562 481	3.5	69 162 995	3.8
广州经济技术开发区	15 279 152	0.4	6 772 124	0.3	8 507 028	0.5
广州天河高新技术产业开发区	15 004 459	0.4	5 739 379	0.3	9 265 080	0.5
深圳市	513 979 738	13.3	284 142 335	13.9	229 837 403	12.6

续表 6

境内目的地/货源地	进出口总值		出口		进口	
	金额	比重(%)	金额	比重(%)	金额	比重(%)
深圳科技工业园	75 817	0.0	51 868	0.0	23 948	0.0
珠海市	38 092 734	1.0	21 400 498	1.0	16 692 236	0.9
汕头市	10 541 473	0.3	7 057 074	0.3	3 484 399	0.2
湛江市	8 316 302	0.2	2 378 900	0.1	5 937 402	0.3
湛江经济技术开发区	527 302	0.0	392 511	0.0	134 791	0.0
中山市	34 720 656	0.9	25 890 926	1.3	8 829 730	0.5
中山火炬高技术产业开发区	59 969	0.0	43 143	0.0	16 826	0.0
广西壮族自治区	40 874 720	1.1	9 215 001	0.4	31 659 719	1.7
南宁市	3 900 537	0.1	2 439 397	0.1	1 461 140	0.1
桂林市	1 117 401	0.0	918 154	0.0	199 247	0.0
桂林新技术产业开发区	201 059	0.0	143 097	0.0	57 962	0.0
北海市	6 583 955	0.2	1 150 992	0.1	5 432 963	0.3
凭祥市	105 929	0.0	44 363	0.0	61 565	0.0
东兴市	10 095	0.0	7 491	0.0	2 605	0.0
海南省	14 560 535	0.4	2 807 028	0.1	11 753 507	0.6
海口市	3 031 091	0.1	739 437	0.0	2 291 653	0.1
海南国际科技工业园	0	0.0	0	0.0	0	0.0
海南洋浦经济技术开发区	9 589 468	0.2	1 071 817	0.1	8 517 651	0.5
重庆市	45 240 933	1.2	31 046 721	1.5	14 194 212	0.8
重庆高新技术产业开发区	737 731	0.0	702 020	0.0	35 710	0.0
万州区	355 364	0.0	236 559	0.0	118 805	0.0
万州经济技术开发区	0	0.0	0	0.0	0	0.0
长寿区	834 968	0.0	265 567	0.0	569 401	0.0

续表 7

境内目的地/货源地	进出口总值		出　口		进　口	
	金　额	比重(%)	金　额	比重(%)	金　额	比重(%)
四川省	51 702 023	1.3	31 155 671	1.5	20 546 352	1.1
成都市	39 667 282	1.0	23 066 291	1.1	16 600 991	0.9
成都高新技术产业开发区	1 541 835	0.0	714 648	0.0	827 187	0.0
绵阳市	1 379 613	0.0	645 586	0.0	734 027	0.0
绵阳经济技术开发区	0	0.0	0	0.0	0	0.0
贵州省	5 052 435	0.1	3 146 073	0.2	1 906 362	0.1
贵阳市	3 400 050	0.1	2 440 834	0.1	959 216	0.1
云南省	12 119 370	0.3	5 423 636	0.3	6 695 734	0.4
昆明市	8 245 567	0.2	3 125 566	0.2	5 120 000	0.3
昆明经济技术开发区	31 322	0.0	24 482	0.0	6 840	0.0
畹町市	4 310	0.0	2 571	0.0	1 739	0.0
瑞丽县	243 770	0.0	14 483	0.0	229 287	0.0
河口县	31 740	0.0	4 517	0.0	27 223	0.0
曲靖市	299 064	0.0	132 896	0.0	166 168	0.0
曲靖经济技术开发区	1 693	0.0	912	0.0	781	0.0
西藏自治区	2 115 397	0.1	2 023 695	0.1	91 703	0.0
拉萨市	1 796 718	0.0	1 715 455	0.1	81 263	0.0
陕西省	15 189 728	0.4	8 500 770	0.4	6 688 958	0.4
西安市	10 874 429	0.3	5 834 522	0.3	5 039 907	0.3
西安新技术产业开发区	1 183 007	0.0	739 094	0.0	443 914	0.0
汉中市	208 545	0.0	87 742	0.0	120 804	0.0
汉中经济技术开发区	0	0.0	0	0.0	0	0.0
甘肃省	7 163 388	0.2	1 830 417	0.1	5 332 970	0.3

续表 8

境内目的地/货源地	进出口总值		出　口		进　口	
	金　额	比重(%)	金　额	比重(%)	金　额	比重(%)
兰州市	1 184 858	0.0	873 686	0.0	311 172	0.0
兰州新技术产业开发区	12 569	0.0	9 917	0.0	2 652	0.0
青海省	812 950	0.0	427 965	0.0	384 985	0.0
西宁市	438 616	0.0	196 619	0.0	241 997	0.0
青海高新技术产业开发区	19	0.0	19	0.0	0	0.0
宁夏回族自治区	2 673 095	0.1	1 874 592	0.1	798 503	0.0
银川市	795 378	0.0	415 452	0.0	379 926	0.0
新疆维吾尔族自治区	33 627 372	0.9	14 260 844	0.7	19 366 528	1.1
乌鲁木齐市	23 494 835	0.6	7 844 524	0.4	15 650 311	0.9
乌鲁木齐经济技术开发区	866 564	0.0	327 878	0.0	538 686	0.0
博乐市	1 621 449	0.0	515 861	0.0	1 105 588	0.1
伊宁市	4 497 245	0.1	2 573 811	0.1	1 923 434	0.1

2012 年进出口商品运输方式总值表

单位：千美元

运输方式	进出口总值		出　口		进　口	
	金　额	比重（%）	金　额	比重（%）	金　额	比重（%）
总　值	3 867 119 422	100.0	2 048 714 419	100.0	1 818 405 003	100.0
水路运输	2 485 421 884	64.3	1 376 192 728	67.2	1 109 229 156	61.0
铁路运输	34 438 626	0.9	17 655 169	0.9	16 783 458	0.9
公路运输	694 462 049	18.0	362 097 111	17.7	332 364 938	18.3
航空运输	593 230 337	15.3	272 139 414	13.3	321 090 923	17.7
邮件运输	662 963	0.0	247 265	0.0	415 698	0.0
其他运输	58 903 562	1.5	20 382 732	1.0	38 520 830	2.1

2012年进出口商品前40位国别（地区）总值表

单位：千美元

最终目的国（地区）	出口额	名次	原产国（地区）	进口额	名次
总值	2 048 714 419	—	总值	1 818 405 003	—
美国	351 776 792	1	日本	177 833 947	1
中国香港	323 430 624	2	韩国	168 737 615	2
日本	151 621 834	3	中国	142 942 188	3
韩国	87 677 679	4	美国	132 897 455	4
德国	69 210 333	5	中国台湾	132 203 635	5
荷兰	58 896 802	6	德国	91 921 057	6
印度	47 677 512	7	澳大利亚	84 617 940	7
英国	46 297 156	8	马来西亚	58 306 765	8
俄罗斯联邦	44 055 956	9	沙特阿拉伯	54 861 871	9
新加坡	40 741 872	10	巴西	52 329 398	10
澳大利亚	37 728 309	11	南非	44 671 266	11
中国台湾	36 777 429	12	俄罗斯联邦	44 155 035	12
马来西亚	36 525 282	13	泰国	38 554 656	13
印度尼西亚	34 283 375	14	安哥拉	33 561 905	14
越南	34 208 114	15	印度尼西亚	31 950 703	15
巴西	33 419 561	16	新加坡	28 530 778	16
泰国	31 196 204	17	伊朗	24 868 392	17
阿联酋	29 568 321	18	法国	24 118 214	18
加拿大	28 124 796	19	加拿大	23 210 485	19
墨西哥	27 515 487	20	瑞士	22 816 694	20
法国	26 899 212	21	智利	20 626 670	21
意大利	25 653 432	22	菲律宾	19 644 131	22
沙特阿拉伯	18 452 347	23	印度	18 795 816	23
西班牙	18 237 071	24	中国香港	17 880 374	24
菲律宾	16 731 333	25	阿曼	16 975 441	25
比利时	16 376 585	26	英国	16 805 084	26
土耳其	15 584 562	27	越南	16 231 294	27
南非	15 323 017	28	意大利	16 067 556	28

续表

最终目的国（地区）	出口额	名次	原产国（地区）	进口额	名次
巴拿马	15 306 042	29	哈萨克斯坦	14 680 843	29
智利	12 599 454	30	委内瑞拉	14 543 342	30
波兰	12 386 457	31	伊拉克	12 655 773	31
伊朗	11 597 450	32	阿联酋	10 851 969	32
哈萨克斯坦	11 000 728	33	科威特	10 467 809	33
委内瑞拉	9 304 202	34	比利时	9 964 364	34
尼日利亚	9 296 028	35	墨西哥	9 159 607	35
巴基斯坦	9 275 393	36	荷兰	8 702 613	36
埃及	8 223 992	37	土库曼斯坦	8 673 382	37
孟加拉国	7 969 913	38	秘鲁	8 466 353	38
阿根廷	7 869 263	39	卡塔尔	7 278 103	39
芬兰	7 440 553	40	瑞典	6 922 178	40

2012年出口商品排序表（前100位）

单位：千美元

商品编号	商品名称	数量单位	数　量	金　额
	总　值	—	2 048 714 419	
84713000	重量≤10千克的便携自动数据处理设备	台	288 128 532	113 784 150
85171210	手持（包括车载）式无线电话机	台	1 014 472 869	81 024 733
90138030	液晶显示板	个	3 166 492 405	36 248 198
85177030	手持式无线电话机的零件（天线除外）	千克	64 557 671	28 719 191
85423100	处理器及控制器	个	49 295 280 838	27 056 418
		千克	16 389 111	—
84733090	品目8471所列其他机器的零件、附件	千克	697 031 942	25 344 987
71131919	其他黄金制首饰及其零件	克	364 472 438	19 255 766
84717010	硬盘驱动器	台	302 553 093	16 343 398
71159090	其他贵金属或包贵金属的非工业或实验室制品	克	298 412 236	15 866 281
89019041	载重量≤15万吨的机动散货船	艘	580	15 227 441
85423200	存储器	个	12 988 245 497	14 374 593
		千克	3 703 917	—
85414020	太阳能电池	个	365 420 309	12 774 561
		千克	1 269 676 722	—
64029929	未列名塑料制鞋面的鞋靴	千克	1 396 315 334	11 491 400
		双	3 701 071 728	—
42021290	以塑料或纺织材料作面的提箱、小手袋、公文箱、公文包、书包及类似容器	千克	1 410 821 166	10 412 646
		个	2 416 471 534	—
84715040	微型机的处理部件	台	26 278 745	10 147 863
61103000	化纤制针织钩编套头衫、开襟衫、外穿背心等	件	1 740 101 320	9 975 334
		千克	533 599 270	—
85340090	四层及以下的印刷电路	块	26 671 414 859	9 017 482
		千克	191 459 328	—
85177090	品目8517所列设备用其他零件	千克	163 906 242	8 793 373
73089000	其他钢铁结构体；钢结构体用部件及加工钢材	千克	4 969 144 292	8 637 155
40112000	客车或货运机动车辆用新的充气橡胶轮胎	千克	2 333 782 605	8 056 332
		条	59 629 781	—
84439990	品目8443所列设备用其他零件及附件	千克	418 250 732	7 875 012

续表 1

商品编号	商品名称	数量单位	数　量	金　额
27101911	航空煤油，不含有生物柴油	千克	7 450 356 903	7 848 588
		升	9 329 639 151	—
61102000	棉制针织钩编的套头衫、开襟衫、外穿背心等	件	1 304 994 737	7 671 055
		千克	402 931 952	—
64039900	其他橡、塑或再生皮革外底，皮革鞋面的鞋靴	千克	444 825 876	7 565 262
		双	617 741 647	—
94032000	其他金属家具	件	257 027 958	7 555 905
		千克	2 327 273 114	—
84433110	有打复印及传真两种及以上功能静电感光机器	台	13 033 141	7 518 454
85423900	其他集成电路	个	48 938 352 542	7 507 611
		千克	9 275 618	—
39269090	未列名塑料制品	千克	1 641 389 602	7 470 939
64041900	其他橡胶或塑料外底，纺织材料鞋面的鞋靴	千克	767 729 083	7 467 631
		双	1 920 716 147	—
62046200	棉制女裤	条	1 145 042 939	7 438 877
		千克	449 119 456	—
85437099	未列名具有独立功能的电气设备及装置	台	1 314 310 755	7 254 323
94036099	未列名木家具	件	135 991 274	7 143 964
		千克	2 368 106 512	—
27101922	5～7 号燃料油，不含有生物柴油	千克	10 248 801 484	7 023 460
		升	10 408 796 738	—
85287222	液晶显示器彩色数字电视接收机	台	31 688 487	6 992 387
39264000	塑料制小雕塑品及其他装饰品	千克	858 796 148	6 548 832
85044099	未列名静止式变流器	个	2 038 865 297	6 241 650
61043200	棉制针织或钩编的女式上衣	件	1 107 115 137	6 028 555
		千克	347 396 914	—
85285110	专用于或主要用于品目 8471 自动数据处理系统的液晶监视器	台	59 105 440	5 892 572
40111000	机动小客车用新的充气橡胶轮胎	千克	1 506 634 797	5 878 993
		条	154 630 574	—
94054090	未列名电灯及照明装置	千克	486 612 165	5 868 975
64059010	其他橡胶、塑料或再生皮革制外底的其他鞋靴	千克	414 546 052	5 805 941
		双	687 719 518	—
85258029	非特种用途的其他类型数字照相机	台	83 540 914	5 728 773
85369000	其他连接用电气装置，线路电压≤1000V	千克	136 589 941	5 449 304

续表2

商品编号	商品名称	数量单位	数　量	金　额
94017190	其他带软垫的金属框架坐具	个	110 143 453	5 351 823
		千克	817 409 344	—
42022200	以塑料片或纺织材料作面的手提包	千克	585 105 169	5 257 451
		个	2 232 973 918	—
85258013	非特种用途的其他类型电视摄像机	台	737 254 964	5 219 322
84818040	其他阀门	套	1 011 041 971	4 897 289
		千克	691 810 710	—
89019042	15 万吨＜载重量≤30 万吨的机动散货船	艘	67	4 872 681
84718000	自动数据处理设备的其他部件	台	126 855 183	4 828 530
61046200	棉制针织或钩编的女裤	条	996 470 808	4 794 881
		千克	310 953 353	—
54075200	聚酯变形长丝≥85%染色布	米	4 216 923 221	4 747 628
		千克	730 849 860	—
62034290	棉制其他男裤	条	672 592 405	4 743 026
		千克	323 998 789	—
85340010	四层以上的印刷电路	块	2 572 897 791	4 721 667
		千克	51 484 537	—
85423300	放大器	个	6 989 392 481	4 495 569
		千克	1 658 704	—
85076000	锂离子蓄电池	个	1 173 929 686	4 464 821
85285910	其他彩色监视器	台	26 606 041	4 427 814
95045090	其他视频游戏控制器及设备，但子目号 9504. 30 的货品除外	台	26 110 223	4 417 471
		千克	17 911 056	—
95030089	其他玩具	个	18 236 412 037	4 404 579
		千克	1 006 708 887	—
94059900	品目 9405 所列货品的其他材料制零件	千克	370 578 968	4 362 412
72107000	涂漆或涂塑普通钢铁板材	千克	5 132 013 173	4 351 467
85235110	未录制固态非易失性存储器件（闪速存储器）	个	1 146 620 271	4 304 257
		千克	7 765 274	—
84733010	大、中、小型计算机及其部件的零件、附件	千克	102 435 673	4 277 669
84151021	制冷≤4000 大卡/时分体窗式或壁式空调	台	19 176 753	4 249 714
42029200	以塑料片或纺织材料作面的其他类似容器	千克	528 923 062	4 238 229
		个	3 203 273 055	—

续表 3

商品编号	商品名称	数量单位	数　量	金　额
85183000	耳机、耳塞（无线耳机、耳塞除外），不论是否装有传声器，由传声器及一个或多个扬声器组成的组合机	个	1 955 235 654	4 207 439
85176239	未列名有线数字通讯设备	台	53 478 304	4 200 442
73269090	未列名钢铁制品	千克	1 562 971 000	4 199 604
84433190	其他具有打复印及传真两种及以上功能的机器	台	30 017 868	4 188 829
61091000	棉制针织或钩编的 T 恤衫、汗衫、背心	件	1 692 053 652	4 179 458
		千克	242 827 651	—
85219012	数字化视频光盘（DVD）播放机	台	104 549 171	4 094 297
87087090	未列名车辆用车轮及其零件、附件	千克	865 027 543	4 047 905
94039000	家具的零件	千克	1 078 474 268	4 005 781
85176299	其他接收、转换并且发送或再生声音、图像或其他数据用的设备	台	172 864 371	3 921 647
94049040	化纤棉填充的其他寝具及类似用品	千克	614 149 847	3 905 875
61099090	未列名纺材制针织或钩编 T 恤衫、汗衫、背心	件	1 296 898 179	3 736 848
		千克	192 492 354	—
85176110	移动通信基站	台	391 171	3 645 889
85176236	路由器	台	104 941 738	3 636 335
84818090	龙头、旋塞及类似装置	套	587 757 324	3 622 531
		千克	321 205 562	—
69089000	其他上釉的陶瓷砖、瓦、块及类似品	千克	9 404 898 697	3 573 216
		平方米	597 047 831	—
72283000	其他合金钢热轧、热拉拔或热挤压条、杆	千克	5 390 252 746	3 542 596
84714940	系统形式的微型机	台	5 006 240	3 527 494
63079000	6301 至 6307 的未列名制成品，包括服装裁剪样	千克	543 037 694	3 489 566
72104900	其他镀或涂锌普通钢铁板材	千克	4 571 546 911	3 484 731
85176232	以太网络交换机	台	30 546 907	3 416 273
62019390	未列名化纤男式带风帽防寒短上衣、防风衣等	件	239 968 634	3 288 564
		千克	193 242 785	—
85371090	其他电气控制或电力分配盘板台等，电压≤1 000V	个	242 100 441	3 276 346
		千克	115 434 967	—
72279000	不规则盘卷的其他合金钢热轧条、杆	千克	5 308 929 022	3 244 729
72253000	其他合金钢热轧卷材，宽≥600mm	千克	5 370 925 727	3 190 902
95051000	圣诞节用品	千克	416 908 277	3 178 804

续表 4

商品编号	商品名称	数量单位	数 量	金 额
94017900	其他金属框架坐具	个	202 939 653	3 154 325
		千克	895 729 109	—
85443020	机动车辆用点火布线组及其他布线组	千克	180 279 782	3 141 063
84314990	品目 8426、8429 及 8430 所列机械的其他零件	千克	1 254 287 577	3 120 792
85393191	紧凑型热阴极荧光灯	只	2 753 363 118	3 119 731
85287221	液晶显示器彩色模拟电视接收机	台	15 988 748	3 043 494
84433212	专用于品目 8471 所列设备的激光打印机	台	13 675 300	3 035 425
27101210	车用汽油和航空汽油，不含有生物柴油	千克	2 916 772 890	3 029 046
		升	3 948 935 397	—
85176292	无线网络接口卡	台	204 053 540	3 020 091
86090029	其他 40 英尺集装箱	个	696 559	3 019 882
94035099	其他卧室用木家具	件	29 780 392	3 016 525
		千克	1 151 109 602	—
85044013	品目 8471 所列机器用的稳压电源	个	281 102 906	3 008 341

2012年进口商品排序表（前100位）

单位：千美元

商品编号	商品名称	数量单位	数 量	金 额
总 值			—	1 818 405 003
27090000	石油原油及从沥青矿物提取的原油	千克	271 027 110 246	220 799 886
85423100	处理器及控制器	个	91 979 446 185	108 356 454
		千克	27 418 971	—
98010010	单项记录价值≤2 000RMB的非税、证进口商品	千克	—	68 769 316
26011120	0.8mm≤平均粒度<6.3mm的未烧结铁矿砂及精矿	千克	497 061 469 021	62 612 894
90138030	液晶显示板	个	3 582 762 509	50 324 665
85423200	存储器	个	25 600 860 684	38 009 857
		千克	10 194 222	—
85423900	其他集成电路	千克	22 851 410	36 596 285
		个	101 961 651 186	—
12019010	黄大豆，种用除外	千克	58 383 242 446	34 990 099
85177030	手持式无线电话机的零件（天线除外）	千克	37 508 467	26 686 142
74031111	未锻轧铜含量>99.993 5%的精炼铜阴极	千克	3 048 531 528	24 533 983
84717010	硬盘驱动器	台	322 052 886	22 226 699
26011190	平均粒度≥6.3mm的未烧结铁矿砂及其精矿	千克	143 811 818 596	18 294 740
27101922	5~7号燃料油，不含有生物柴油	千克	24 909 259 419	17 465 791
		升	25 282 898 351	—
26030000	铜矿砂及其精矿	千克	7 826 290 593	16 950 727
74040000	铜废碎料	千克	4 859 355 667	14 836 860
84733090	品目8471所列其他机器的零件、附件	千克	113 845 081	12 114 250
52010000	未梳的棉花	千克	5 134 552 242	11 803 632
27011290	其他烟煤	千克	101 092 471 662	10 481 964
26011110	平均粒度<0.8mm的未烧结铁矿砂及其精矿	千克	70 091 322 796	9 609 036
29024300	对二甲苯	千克	6 286 054 308	9 566 627
85423300	放大器	个	22 297 708 777	9 183 880
		千克	4 228 311	—
87032362	汽油越野车（4轮驱动），2 500ml<排量≤3 000ml	辆	161 446	9 104 132
88024010	15 000kg<空载重量≤45 000kg的飞机等航空器	架	200	9 066 923
27112100	天然气	千克	15 800 669 701	8 564 984

续表 1

商品编号	商品名称	数量单位	数　量	金　额
27111100	液化天然气	千克	14 676 269 841	8 279 879
85340090	四层及以下的印刷电路	块	38 721 192 120	8 247 823
		千克	88 013 618	—
29053100	1，2－乙二醇	千克	7 937 417 439	8 137 055
85369000	其他连接用电气装置，线路电压≤1 000V	千克	96 609 644	7 994 181
27011210	炼焦煤	千克	53 536 997 844	7 646 452
84439990	品目 8443 所列设备用其他零件及附件	千克	167 108 566	7 082 285
87032361	汽油小轿车，2 500ml＜排量≤3 000ml	辆	103 947	6 930 250
85258013	非特种用途的其他类型电视摄像机	台	607 210 525	6 452 568
87084091	小轿车用自动换挡变速箱及其零件	个	2 975 298	6 394 496
		千克	299 104 202	—
85340010	四层以上的印刷电路	千克	36 687 476	6 234 221
		块	2 581 497 714	—
30049090	未列名混合或非混合产品构成的药品	千克	16 494 740	6 231 465
38249099	未列名化学工业及相关工业化学产品及配制品	千克	1 398 100 801	6 084 601
88024020	空载重量＞45 000kg 的飞机等航空器	架	58	5 883 985
39021000	初级形状的聚丙烯	千克	3 915 018 607	5 802 550
85419000	品目 8541 所列货品的零件	千克	12 490 286	5 785 822
39012000	初级形状的聚乙烯，比重≥0. 94	千克	4 010 633 412	5 516 761
27101911	航空煤油，不含有生物柴油	千克	5 264 565 645	5 392 226
		升	7 014 990 772	—
15119010	棕榈液油（熔点 19℃～24℃）	千克	5 170 393 766	5 389 359
40012200	技术分类天然橡胶（TSNR）	千克	1 627 192 265	5 340 300
26040000	镍矿砂及其精矿	千克	62 446 465 209	5 246 321
26011200	已烧结的铁矿砂及其精矿	千克	32 582 724 548	5 217 453
84733010	大、中、小型计算机及其部件的零件、附件	千克	41 505 872	5 135 495
85414010	发光二极管	个	72 134 994 718	5 051 404
		千克	4 520 846	—
85322410	片式多层瓷介电容器	千个	2 063 382 539	4 832 196
		千克	16 969 257	—
29025000	苯乙烯	千克	3 336 747 749	4 823 082
87032341	汽油小轿车，1 500ml＜排量≤2 000ml	辆	174 064	4 789 725
29173611	精对苯二甲酸	千克	4 190 904 309	4 606 526
84798999	未列名具有独立功能的机器及机械器具	台	166 452 487	4 545 831
27075000	其他芳烃混合物，T＝25℃，蒸馏出芳烃≥65%	千克	4 130 103 718	4 519 502

续表2

商品编号	商品名称	数量单位	数　量	金　额
85177090	品目8517所列设备用其他零件	千克	28 438 178	4 420 048
47032100	半漂白或漂白的针叶木烧碱木浆或硫酸盐木浆	千克	6 589 138 819	4 336 487
90139020	编号9013.8030（液晶显示板）所列货品的零件、附件	千克	27 403 240	4 305 882
71023900	其他非工业用钻石	克拉	8 704 057	4 226 323
74020000	未精炼铜；电解精炼用的铜阳极	千克	522 416 563	4 178 435
76020000	铝废碎料	千克	2 592 533 434	4 127 918
39074000	初级形状的聚碳酸酯	千克	1 375 486 901	4 118 433
90012000	偏振材料制的片及板	千克	50 762 998	4 009 153
85389000	品目8535、8536或8537所列装置的其他零件	千克	82 269 127	3 992 529
85076000	锂离子蓄电池	个	2 042 197 326	3 966 572
27011900	其他煤	千克	45 171 981 949	3 850 153
87032411	汽油小轿车，3 000ml < 排量≤4 000ml	辆	53 184	3 735 679
47071000	回收（废碎）的未漂白牛皮纸或瓦楞纸及纸板	千克	17 243 777 445	3 716 730
90328990	其他自动调节或控制仪器及装置	台	44 740 486	3 706 093
90318090	其他未列名测量或检验仪器、器具及机器	台	197 628 671	3 671 359
90019090	未列名未装配的光学元件	千克	113 375 554	3 668 507
47032900	半漂白或漂白的非针叶木烧碱木浆或硫酸盐木浆	千克	6 076 718 116	3 577 063
87082990	车身（包括驾驶室）的未列名零件、附件	千克	361 633 587	3 508 679
27021000	褐煤，不论是否粉化，但未制成型	千克	54 125 112 134	3 407 888
85412900	耗散功率≥1W的晶体管	个	26 822 599 388	3 385 779
		千克	12 339 639	—
27011100	无烟煤	千克	34 416 379 774	3 320 736
84571010	立式加工中心	台	44 186	3 225 503
39033090	其他初级形状的丙烯腈—丁二烯—苯乙烯（ABS）共聚物	千克	1 497 608 269	3 192 244
26070000	铅矿砂及其精矿	千克	1 814 854 205	3 175 781
39019020	初级形状的线型低密度聚乙烯	千克	2 306 696 228	3 166 692
85411000	二极管，但光敏二极管或发光二极管除外	个	136 171 706 798	3 126 393
		千克	17 399 264	—
85045000	其他电感器	个	150 189 882 975	3 079 149
27101220	石脑油，不含有生物柴油	千克	3 089 418 730	3 003 337
		升	4 278 844 674	—
29012200	丙烯	千克	2 148 995 842	2 966 207
39206200	聚对苯二甲酸乙二酯非泡沫塑料板、片、膜等	千克	277 115 174	2 947 143

续表 3

商品编号	商品名称	数量单位	数 量	金 额
31042090	其他氯化钾	千克	6 341 767 825	2 918 533
84716090	其他输入或输出部件	台	200 682 484	2 908 604
87032412	汽油越野车（4 轮驱动），3 000ml < 排量≤4 000ml	辆	78 184	2 853 993
85412100	耗散功率 < 1W 的晶体管	个	85 217 293 526	2 844 274
		千克	10 778 299	—
72044900	未列名钢铁废碎料	千克	4 726 533 598	2 837 058
84099199	其他点燃式活塞内燃发动机的零件	千克	162 438 152	2 754 543
85416000	已装配的压电晶体	个	21 141 164 625	2 691 037
		千克	2 449 568	—
74031119	未锻轧其他精炼铜阴极	千克	333 241 825	2 643 690
71101100	未锻造铂，铂粉	克	51 823 656	2 637 556
75021090	其他未锻轧非合金镍	千克	146 694 009	2 590 945
87032342	汽油越野车（4 轮驱动），1 500ml < 排量≤2 000ml	辆	73 668	2 581 933
87032422	汽油越野车，排量 > 4 000ml	辆	31 705	2 496 791
39151000	乙烯聚合物的废碎料及下脚料	千克	3 692 553 539	2 473 140
87084099	未列名机动车辆用变速箱及其零件	个	1 200 107	2 473 070
		千克	111 472 121	—
51011100	未梳含脂剪羊毛	千克	250 296 852	2 397 534
39199090	未列名塑料胶粘板、片、膜、箔等	千克	86 660 803	2 383 821
27101993	润滑油基础油，不含有生物柴油	千克	1 966 424 826	2 383 743
		升	2 214 194 382	—

2012年出口商品经营单位排序表（前100位）

单位：千美元

经营单位	出口额	名　次
总值	2 048 714 419	—
富泰华工业（深圳）有限公司	25 221 625	1
达功（上海）电脑有限公司	23 949 988	2
鸿富锦精密电子（郑州）有限公司	15 646 177	3
昌硕科技（上海）有限公司	15 142 431	4
鸿富锦精密电子（成都）有限公司	11 994 496	5
惠州三星电子有限公司	9 422 166	6
华为技术有限公司	8 555 173	7
鸿富锦精密电子（烟台）有限公司	6 999 076	8
名硕电脑（苏州）有限公司	6 545 916	9
达丰（重庆）电脑有限公司	6 518 209	10
苏州得尔达国际物流有限公司	6 200 333	11
鸿富锦精密工业（深圳）有限公司	6 041 762	12
诺基亚通信有限公司	5 356 003	13
中兴通讯股份有限公司	5 165 630	14
苏州三星电子电脑有限公司	5 055 909	15
东莞三星视界有限公司	4 632 176	16
仁宝信息技术（昆山）有限公司	4 478 566	17
仁宝电子科技（昆山）有限公司	4 454 071	18
天津三星通信技术有限公司	4 239 707	19
鸿富锦精密电子（重庆）有限公司	4 152 354	20
北京索爱普天移动通信有限公司	4 066 747	21
东莞市对外加工装配服务公司	3 964 090	22
中国国际石油化工联合有限责任公司	3 961 263	23
英顺达科技有限公司	3 897 815	24
深圳华为通信技术有限公司	3 573 762	25
昆山世远物流有限公司	3 510 777	26
仁宝资讯工业（昆山）有限公司	3 503 898	27
英源达科技有限公司	3 491 209	28
纬新资通（昆山）有限公司	3 477 269	29
深圳市宝安区外经发展有限公司	3 463 026	30

续表 1

经营单位	出口额	名　次
长城国际系统科技（深圳）有限公司	3 416 259	31
达丰（上海）电脑有限公司	3 024 004	32
鸿富锦精密工业（武汉）有限公司	2 901 121	33
伟创力制造（珠海）有限公司	2 817 531	34
深圳中外运物流有限公司	2 806 399	35
乐金飞利浦液晶显示（广州）有限公司	2 780 242	36
纬智资通（昆山）有限公司	2 739 826	37
联想信息产品（深圳）有限公司	2 713 694	38
摩托罗拉移动技术（中国）有限公司	2 653 202	39
达富电脑（常熟）有限公司	2 636 812	40
深圳嘉泓永业物流有限公司	2 503 177	41
深圳中电投资股份有限公司	2 496 809	42
纬创资通（昆山）有限公司	2 482 372	43
珠海格力电器股份有限公司	2 414 012	44
纬创资通（中山）有限公司	2 242 141	45
晟碟半导体（上海）有限公司	2 217 607	46
福建捷联电子有限公司	2 211 340	47
大连船舶重工集团有限公司	2 202 489	48
捷普电子（广州）有限公司	2 048 324	49
昆山飞力仓储服务有限公司	2 043 654	50
松日信息科技（深圳）有限公司	2 043 395	51
广东美的制冷设备有限公司	2 037 053	52
海太半导体（无锡）有限公司	1 989 965	53
天津三星视界移动有限公司	1 931 829	54
富士施乐高科技（深圳）有限公司	1 927 101	55
宝山钢铁股份有限公司	1 859 331	56
深圳市华南国际物流有限公司	1 854 649	57
上海浦东国际机场进出口有限公司	1 838 859	58
英特尔产品（成都）有限公司	1 817 250	59
广州盛科电子有限公司	1 810 337	60
深圳市龙岗区对外经济发展有限公司	1 810 165	61
深圳招商局海运物流有限公司	1 809 215	62
鸿富泰精密电子（烟台）有限公司	1 801 238	63
江苏沙钢国际贸易有限公司	1 789 987	64

续表 2

经营单位	出口额	名　次
中国中化集团公司	1 765 302	65
乐金飞利浦液晶显示（南京）有限公司	1 708 405	66
美光半导体（西安）有限责任公司	1 673 813	67
富士康精密电子（太原）有限公司	1 665 529	68
丹沙物流（上海）有限公司	1 648 406	69
深圳市卓领实业有限公司	1 630 041	70
大连西太平洋石油化工有限公司	1 623 067	71
上海振华港口机械（集团）股份有限公司	1 619 379	72
宸鸿科技（厦门）有限公司	1 600 251	73
希捷科技（苏州）有限公司	1 589 309	74
友达光电（苏州）有限公司	1 583 873	75
STX（大连）造船有限公司	1 578 312	76
深圳市亿宝隆珠宝首饰有限公司	1 576 049	77
富华杰工业（深圳）有限公司	1 574 213	78
深圳市中隆基珠宝首饰有限公司	1 571 484	79
中石化浙江舟山石油有限公司	1 571 233	80
深圳宝华行珠宝首饰有限公司	1 499 015	81
苏州佳世达电通有限公司	1 478 477	82
广东省东莞机械进出口有限公司	1 451 018	83
珠海三美电机有限公司	1 444 964	84
深圳盐田港普洛斯物流园有限公司	1 425 102	85
深圳市金运达国际物流有限公司	1 416 516	86
上海近铁国际物流有限公司	1 416 110	87
深圳市信利康实业有限公司	1 409 575	88
日立环球存储产品（深圳）有限公司	1 407 681	89
天津三星电子有限公司	1 365 846	90
友达光电（厦门）有限公司	1 365 008	91
无锡尚德太阳能电力有限公司	1 352 022	92
佳能（苏州）有限公司	1 343 972	93
深圳市一达通企业服务有限公司	1 343 572	94
苏州市东吴仓储有限公司	1 332 306	95
深圳市高彩珠宝有限公司	1 329 204	96
浪潮乐金数字移动通信有限公司	1 315 988	97
中化兴中石油转运（舟山）有限公司	1 313 260	98
南海奇美电子有限公司	1 301 937	99
金宝电子（中国）有限公司	1 299 367	100

2012 年进口商品经营单位排序表（前 100 位）

单位：千美元

经营单位	进口额	名　次
总值	1 818 405 003	—
中国国际石油化工联合有限责任公司	101 927 585	1
中国联合石油有限责任公司	30 863 496	2
富泰华工业（深圳）有限公司	16 215 348	3
中化国际石油公司	14 212 497	4
丹沙物流（上海）有限公司	13 111 298	5
鸿富锦精密电子（郑州）有限公司	12 609 951	6
中国石油国际事业有限公司	12 384 114	7
大庆中石油国际事业有限公司	10 779 508	8
惠州三星电子有限公司	8 670 349	9
宝马（中国）汽车贸易有限公司	8 633 248	10
中国石化国际事业有限公司	8 522 798	11
珠海振戎公司	7 721 156	12
中国石化海南炼油化工有限公司	7 567 058	13
昆山飞力仓储服务有限公司	7 400 165	14
一汽—大众汽车有限公司	7 383 649	15
中国第一汽车集团进出口公司	6 497 705	16
梅赛德斯—奔驰（中国）汽车销售有限公司	6 250 129	17
中海油中石化联合国际贸易有限责任公司	6 229 593	18
宝山钢铁股份有限公司	6 205 542	19
大连西太平洋石油化工有限公司	5 724 012	20
鸿富锦精密工业（深圳）有限公司	5 298 272	21
鸿富锦精密电子（成都）有限公司	4 930 500	22
乐金飞利浦液晶显示（广州）有限公司	4 565 256	23
天津三星通信技术有限公司	4 517 710	24
鸿富锦精密电子（烟台）有限公司	4 486 526	25
深圳综合信兴物流有限公司	4 385 271	26
黑龙江联合石油化工有限公司	4 372 221	27
深圳嘉泓永业物流有限公司	4 260 215	28
大众进口汽车销售有限公司	4 181 184	29
江苏沙钢国际贸易有限公司	4 092 509	30

续表 1

经营单位	进口额	名 次
中国石化集团石油商业储备有限公司	3 916 391	31
中建材集团进出口公司	3 903 963	32
三星电子（苏州）半导体有限公司	3 894 716	33
山东晨曦集团有限公司	3 721 353	34
中国首钢国际贸易工程公司	3 671 962	35
东莞三星视界有限公司	3 623 448	36
英特尔产品（成都）有限公司	3 587 477	37
达功（上海）电脑有限公司	3 571 342	38
全球物流（上海）有限公司	3 533 613	39
丰田汽车（中国）投资有限公司	3 511 803	40
世天威物流（上海外高桥保税物流园区）有限公司	3 502 434	41
全球物流（重庆）有限公司	3 478 937	42
河北钢铁集团有限公司	3 453 355	43
大连中石油国际事业有限公司	3 447 364	44
江西铜业股份有限公司	3 436 435	45
金川集团有限公司	3 395 973	46
国航进出口有限公司	3 393 409	47
昌硕科技（上海）有限公司	3 211 845	48
中储粮油脂有限公司	3 122 543	49
捷豹路虎汽车贸易（上海）有限公司	3 027 979	50
保时捷（中国）汽车销售有限公司	3 006 063	51
华宝马汽车有限公司	2 992 550	52
日照钢铁控股集团有限公司	2 918 856	53
武钢集团国际经济贸易总公司	2 815 994	54
深圳市中兴康讯电子有限公司	2 810 801	55
阳谷祥光铜业有限公司	2 741 136	56
中海石油气电集团有限责任公司	2 693 445	57
东莞市对外加工装配服务公司	2 674 442	58
东方航空进出口有限公司	2 661 672	59
深圳华为通信技术有限公司	2 649 010	60
北京索爱普天移动通信有限公司	2 628 923	61
中钢贸易有限公司	2 618 335	62
上海浦东国际机场进出口有限公司	2 603 040	63
友达光电（厦门）有限公司	2 588 193	64
中国船舶燃料有限责任公司	2 583 275	65
苏州得尔达国际物流有限公司	2 577 776	66

续表 2

经营单位	进口额	名　次
上海新金桥国际物流分拨有限公司	2 552 620	67
天津市物资集团总公司	2 529 067	68
中化兴中石油转运（舟山）有限公司	2 450 831	69
中国南航集团进出口贸易有限公司	2 421 942	70
东营方圆有色金属有限公司	2 421 860	71
瑞钢联集团有限公司	2 369 511	72
中国烟草进出口（集团）公司	2 343 334	73
中国储备棉管理总公司	2 319 905	74
名硕电脑（苏州）有限公司	2 319 117	75
无锡夏普电子元器件有限公司	2 262 537	76
苏州三星电子液晶显示器有限公司	2 245 954	77
英运物流（上海）有限公司	2 245 007	78
乐金飞利浦液晶显示（南京）有限公司	2 243 962	79
美光半导体（西安）有限责任公司	2 234 529	80
佳能（中国）有限公司	2 184 409	81
伟创力制造（珠海）有限公司	2 163 060	82
宁波奇美电子有限公司	2 130 147	83
中国原子能工业公司	2 123 815	84
中国石化青岛石油化工有限责任公司	2 070 034	85
北京奔驰—戴姆勒·克莱斯勒汽车有限公司	2 042 314	86
南海奇美电子有限公司	2 037 267	87
天津三星视界移动有限公司	2 035 702	88
深圳市九立商贸有限公司	2 032 282	89
金隆铜业有限公司	2 031 850	90
张家港保税区长江国际港务有限公司	1 955 077	91
柳州钢铁股份有限公司	1 935 701	92
上海大众汽车有限公司	1 932 856	93
中航油进出口有限责任公司	1 898 024	94
晟碟半导体（上海）有限公司	1 894 149	95
霍尔果斯中石油国际事业有限公司	1 882 549	96
青岛益佳经贸实业进出口有限公司	1 823 138	97
松日信息科技（深圳）有限公司	1 822 727	98
东海粮油工业（张家港）有限公司	1 813 768	99
中国矿产有限责任公司	1 805 905	100

第七篇

和谐口岸创建

第 十 章

国家口岸管理办公室关于表扬全国运行管理先进口岸的通报

各省、自治区、直辖市口岸办：

近年来，在党中央、国务院的正确领导下，全国口岸系统坚持以邓小平理论、“三个代表”重要思想和科学发展观为指导，紧紧围绕口岸中心工作，努力推动建立“执法公平公正、管理科学高效、经营健康有序、环境文明良好”的口岸运行机制，不断提升口岸管理和服务水平，为促进经济社会发展做出了积极贡献。

为树立典型、弘扬先进，促进口岸事业和谐健康发展，我办决定对运行管理方面表现突出的北京首都机场航空口岸等61个口岸进行通报表扬。希望受到表扬的口岸珍惜荣誉，再接再厉，继续完善工作机制，优化口岸环境，在口岸改革和建设中再创佳绩、再立新功。

希望全国口岸系统以先进口岸为榜样，深入学习贯彻党的“十八大”精神，坚定信心、振奋精神、开拓进取、扎实工作，进一步加大对口岸工作的组织推动力度，为全国口岸事业的发展做出新的更大贡献。

国家口岸管理办公室

全国运行管理先进口岸名单

（共61个）

首都机场航空口岸
东疆保税港区水运口岸
唐山港水运口岸
满洲里陆路口岸
二连浩特陆路口岸
大连港水运口岸
丹东陆路口岸
圈河陆路口岸
延吉机场航空口岸
绥芬河陆路口岸
黑河水运口岸
东宁陆路口岸
同江水运口岸
哈尔滨机场航空口岸
洋山港水运口岸
外高桥水运口岸
浦东机场航空口岸
张家港水运口岸
太仓港水运口岸
江阴港水运口岸
南通港水运口岸
宁波港水运口岸
杭州机场航空口岸
芜湖港水运口岸
合肥机场航空机场
郑州机场航空机场
厦门港水运口岸
福州港水运口岸
厦门机场航空口岸
九江港水运口岸
青岛港水运口岸
日照港水运口岸
威海港水运口岸
烟台港水运口岸
武汉机场航空口岸
长沙机场航空口岸
深圳湾陆路口岸

皇岗陆路口岸
拱北陆路口岸
广州机场航空口岸
广州火车站陆路口岸
广州港水运口岸
湛江港水运口岸
盐田港水运口岸
虎门港水运口岸
中山港水运口岸
南海港水运口岸
东兴陆路口岸
防城港水运口岸
南宁机场航空口岸
海口机场航空口岸
三亚港水运口岸
洋浦港水运口岸
重庆机场航空口岸
成都机场航空口岸
昆明机场航空口岸
河口陆路口岸
瑞丽陆路口岸
樟木陆路口岸
阿拉山口陆路口岸
红其拉甫陆路口岸

第八篇

附录

全国开放口岸分地区统计一览表

省/市/自治区	口岸总数	口岸类型	分计数量	名称		
北京	2	空运口岸	1	北京		
		铁路口岸	1	北京西站		
天津	3	空运口岸	1	天津		
		水运口岸	2	渤中原油	天津	
河北	4	空运口岸	1	石家庄		
		水运口岸	3	黄骅	秦皇岛	唐山
山西	1	空运口岸	1	太原		
内蒙古	14	空运口岸	3	海拉尔	满洲里	呼和浩特
		公路口岸	9	策克	满都拉	室韦
				甘其毛都	黑山头	珠恩嘎达布其
				阿日哈沙特	额布都格	阿尔山
		铁路口岸	2	满洲里	二连	
辽宁	11	空运口岸	2	大连	沈阳	
		水运口岸	8	大连	丹东	葫芦岛
				锦州	旅顺新港	营口
				庄河	长兴岛	
		铁路口岸	1	丹东		
吉林	15	空运口岸	2	延吉	长春	
		水运口岸	1	大安		
		公路口岸	9	古城里	长白	临江
				南坪	珲春	圈河
				沙坨子	开山屯	三合
		铁路口岸	3	集安	珲春	图们
黑龙江	25	空运口岸	4	齐齐哈尔	佳木斯	牡丹江
				哈尔滨		
		水运口岸	15	呼玛	萝北	绥滨
				漠河	哈尔滨	黑河
				孙吴	抚远	嘉荫
				逊克	富锦	桦川
				佳木斯	饶河	同江
		公路口岸	4	东宁	虎林	绥芬河
				密山		
		铁路口岸	2	哈尔滨	绥芬河	

续表 1

省/市/自治区	口岸总数	口岸类型	分计数量	名称		
上海	3	空运口岸	1	上海		
		水运口岸	1	上海		
		铁路口岸	1	上海站		
江苏	18	空运口岸	4	南京	徐州	无锡
				盐城		
		水运口岸	14	连云港	常州	南通
				大丰	南京	常熟
				太仓	泰州	扬州
				张家港	江阴	镇江
				如皋	靖江	
浙江	13	空运口岸	3	杭州	宁波	温州
		水运口岸	10	大陈岛	黄兴岛	台州
				洞头	绿华岛	温州
				红光	宁波	嘉兴
				舟山		
安徽	7	空运口岸	2	合肥	黄山	
		水运口岸	5	安庆	马鞍山	芜湖
				池州	铜陵	
福建	12	空运口岸	4	福州	晋江	厦门
				武夷山		
		水运口岸	8	松下	莆田	厦门
				福州	肖厝	漳州（东山）
				宁德	泉州	
江西	2	空运口岸	1	南昌		
		水运口岸	1	九江		
山东	16	空运口岸	4	济南	青岛	威海
				烟台		
		水运口岸	12	东营	莱州	岚山
				龙口	龙眼	蓬莱
				青岛	日照	潍坊
				石岛	威海	烟台
河南	3	空运口岸	2	洛阳	郑州	
		铁路口岸	1	郑州东站		

续表 2

省/市/自治区	口岸总数	口岸类型	分计数量	名称		
湖北	4	空运口岸	2	武汉	宜昌	
		水运口岸	2	黄石	武汉	
湖南	3	空运口岸	2	长沙	张家界	
		水运口岸	1	城陵矶		
广东	58	空运口岸	5	广州	汕头	湛江
				梅州	深圳	
		水运口岸	39	虎门	水东	梅沙
				高明	南海	盐田
				顺德	潮阳	深圳
				莲花山	潮州	阳江
				南沙	汕头	揭阳
				新塘	汕尾	湛江
				广州	大亚湾	肇庆
				惠州	南澳	中山
				广海	西冲	万山
				三埠	赤湾	湾仔
				新会	东角头	斗门
				鹤山	妈湾	九州
				江门	蛇口	珠海
		铁路口岸	5	佛山	深圳	东莞
				广州	肇庆	
		公路口岸	9	拱北	文锦渡	福田
				横琴	深圳湾	皇岗
				珠澳	沙头角	罗湖
海南	7	空运口岸	2	海口	三亚	
		水运口岸	5	海口	清澜	洋浦
				八所	三亚	
广西	18	空运口岸	3	北海	桂林	南宁
		水运口岸	9	石头埠	企沙	柳州
				北海	防城港	钦州
				江山	贵港	梧州
		公路口岸	5	龙邦	友谊关	水口
				平孟	东兴	
		铁路口岸	1	凭祥		

续表 3

省/市/自治区	口岸总数	口岸类型	分计数量	名称		
四川	1	空运口岸	1	成都		
重庆	2	空运口岸	1	重庆		
		水运口岸	1	重庆		
贵州	1	空运口岸	1	贵阳		
云南	16	空运口岸	3	昆明	西双版纳	丽江
		水运口岸	2	思茅	景洪	
		公路口岸	10	猴桥	河口	天保
				瑞丽	金水河	打洛
				畹町	孟定	磨憨
				勐康		
		铁路口岸	1	河口		
西藏	4	空运口岸	1	拉萨		
		公路口岸	3	普兰	吉隆	樟木
陕西	1	空运口岸	1	西安		
甘肃	2	空运口岸	1	兰州		
		公路口岸	1	马鬃山		
新疆	17	空运口岸	2	乌鲁木齐	喀什	
		公路口岸	14	红山嘴	塔克什肯	红其拉甫
				阿黑土别克	老爷庙	吐尔尕特
				吉木乃	卡拉苏	伊尔克什坦
				巴克图	霍尔果斯	乌拉斯台
				都拉塔	木扎尔特	
		铁路口岸	1	阿拉山口		
宁夏	1	空运口岸	1	银川		
青海	1	空运口岸	1	西宁		
总计	285					

表注：1. 截至 2012 年 12 月 31 日，全国共有对外开放口岸 285 个，其中空运口岸 63 个，水运口岸 139 个，公路口岸 64 个，铁路口岸 19 个。

2. 此表由国家口岸管理办公室提供。此表中部分数据与第四篇各省（自治区、直辖市）开放口岸统计有差异，主要原因是按照国务院相关通知要求，部分口岸的调整、合并、清理工作正在进行中，而各部门统计口径有所不同。